# Die deutschen und österreichischen U-Boot-Verluste

Überprüfung der Fachterminologie durch Heinz W. Hermes
Für freundliche Hinweise und sachkundigen Rat beim Zustandekommen dieser deutschsprachigen Ausgabe dankt der Verlag Horst Bredow, Rainer Busch, Bodo Herzog, Dr. Axel Niestlé, Professor Dr. Jürgen Rohwer und Hans Joachim Röll

Die Originalausgabe „U-Boats Destroyed - German Submarine Losses in the World Wars" erschien bei Arms & Armour Press, London


Deutschsprachige Ausgabe


Satz: Satz+Grafik GmbH, D-82152 Planegg vor München
Druck und Einband: Clausen & Bosse, D-25917 Leck
Printed in Germany

ISBN 3.924896-43-7

Paul Kemp

Die deutschen und österreichischen

# U-Boot-Verluste

in beiden Weltkriegen

Aus dem Englischen übertragen von Alfred P. Zeller

Geleitwort

Lothar-Günther Buchheim

Urbes Verlag

# Inhalt

# Geleitwort

Historiker haben bisher wenig dazu beigetragen, ein *richtiges* Bild vom U-Boot-Krieg zu zeichnen. Es gibt nun einmal für diesen schrecklichen Teilkrieg auf und unter dem Wasser, für das Dahinleben der Besatzung am Rande der Existenz und ihr elendes Sterben keine Vergleiche. Die Historiker können sich also schwerlich vorstellen, worüber sie schreiben. Ihr Anspruch, die Vergangenheit - und damit auch diesen ans Mythologische grenzenden Untersee-Orlog - mit wissenschaftlichen Analysen zu bewältigen, *muß* unerfüllt bleiben: Daten, Zahlen und Kurven können die menschliche Psyche nicht erfassen, nicht die Nervenqualen durch den stets drohenden Untergang. Was können sie schon wissen über eine Kampfesart, die außerhalb aller „normalen" Erfahrungen liegt!

Nicht einmal die wenigen Museumsboote, die es noch gibt, können einen deutlichen Begriff davon vermitteln, wie die Eingepferchten von damals während der oft über einen Monat langen Feindfahrten existieren mußten.

Die Kriegswirklichkeit ist nun einmal eine andere als die von Booten in Museumshallen oder an -piers. In ihnen gibt es keinen Mief mehr, keine Nässe, nichts mehr bewahrt das Höllenleben von damals. Es gehört mehr als ein Funken Phantasie dazu, um in den leeren Karkassen nacherleben zu können, wie es damals war, als das Boot der Lebensraum für ein halbes Hundert junger Männer war, die sich jede Sekunde vom Gegner bedroht fühlen mußten - vom Wasser und aus der Luft.

Über die Art des Todes, den die U-Boot-Fahrer zu erleiden hatten, wurde im Krieg kein Wort verloren. Dieses Thema war tabu. Aber insgeheim kreisten in den Stahlröhren die Gedanken eines jeden immer wieder darum, wie das Boot die nächste Wasserbombenattacke überstehen würde. Zum grassierenden Usus, Kriegsschrecken zu verbrämen, gehört es, von den toten U-Boot-Fahrern als von „Gefallenen" zu reden. Dabei sind nur die allerwenigsten durch Bordwaffen des Gegners ums Leben gekommen. Wasserbomben waren das Verderben der U-Boot-Soldaten. Mit Wasserbomben sind sie in ihren grauen Särgen zu Tode gebracht worden - grausam ertränkt wie Würfe überzähliger Katzen im Sack.

28000 von 40000 jungen Männern sind im letzten Weltkrieg abgesoffen. Das bedeutet: Von vier Mann, die „gegen Engelland" ausgefahren waren, kamen drei nicht zurück - die schrecklichste Bilanz aller Waffengattungen in diesem Krieg. „Hoher Blutzoll" nannte man das damals.

Der U-Boot-Krieg steht als ein grausiges Paradigma für *alle* Schrecknisse des Krieges. Als Paradigma auch dafür, wie brutal eine Verbrecherclique, wenn sie erst einmal die Macht über Leben und Tod besitzt, die „Blüte der Nation" ins Verderben schicken kann, die Wirklichkeit verfälschende Geschichtsschreibung das Grauen mit ihren „sachlichen" Statistiken und Auflistungen vergessen macht.

*Lothar-Günther Buchheim*

# Vorwort

„Deutsche U-Boote werden nicht versenkt – sie werden vernichtet“, soll Winston Churchill zu einem Fähnrich auf der *Prince of Wales* gesagt haben, der ihn unbedachterweise gefragt hatte, ob ein auf der Seekarte verzeichnetes U-Boot versenkt worden sei. Churchills heftige Reaktion spiegelt seine Besorgnis über Großbritanniens Existenzbedrohung durch die deutschen U-Boote. In zwei Weltkriegen hatten diese versucht, die Engländer durch Angriffe auf ihren Überseehandel auszuhungern.
Ein Vierteljahrhundert und eine technische Revolution liegen zwischen dem Waffenstillstand von 1918 und der deutschen Kapitulation von 1945, und doch ähnelte sich vieles in der in den beiden Weltkriegen praktizierten U-Bootbekämpfung. In den Anfangsjahren beider Kriege war sie hauptsächlich über Wasser erfolgreich. Ein U-Boot wurde entweder aufgetaucht gesichtet oder durch Wasserbomben zum Auftauchen gezwungen, dann unter Geschützfeuer genommen oder gerammt und versenkt. Mit weiterentwickelter Technik waren die alliierten Geleitzüge in der Lage, getauchte U-Boote aufzuspüren, anzugreifen und zu vernichten. Berichte über solche Aktionen sind höchst technische Dokumente ohne viel menschliches Interesse. Sicherer Nachweis von Toten war unter solchen Umständen das nach erfolgreichem Angriff aufschwimmende entsetzliche Treibgut. „Ich weiß nicht, was es ist, aber der Doktor sagt, es sei was von Menschen“, bemerkte der Kommandant einer Sloop, die Wrackteile aus dem Wasser geborgen hatte. Die Versenkungen von UC 49 am 8. August 1918 und von U 327 am 27. Februar 1945 zeigen, wie parallel sich die Techniken der U-Bootjagd in beiden Kriegen entwickelten. Beide wurden durch Horchgerät bzw. ASDIC geortet, und beide wurden in getauchtem Zustand durch Wasserbomben außer Gefecht gesetzt. Danach wurden beide Wracks mit weiteren Wasserbomben belegt, um aufgesprengt zu werden, damit Trümmer an die Oberfläche kamen als Bestätigung der Versenkung.

Im Ersten Weltkrieg waren die geographischen Gegebenheiten mit Meerengen wie der Straße von Dover, der Straße von Otranto und den Passagen zwischen Schottland, den Shetlandinseln und Norwegen, die von den deutschen U-Booten auf dem Weg in die Operationsgebiete passiert werden mußten, für die Entente von großem Vorteil. Gegen Ende des Krieges wurden die deutschen U-Boote in ihren Stützpunkten durch dichte Minensperren und andere Sperrvorrichtungen blockiert, so daß sie zwar nicht besiegt, aber doch in Schach gehalten wurden.
Im Zweiten Weltkrieg verliefen die Dinge anders. Selbst als die sowjetische Armee bereits zum Endkampf um Berlin angetreten war, waren deutsche U-Boote noch imstande, von ihren Stützpunkten in Norwegen aus weitere Angriffe zu fahren. Die Deutschen verfügten über neue Boote, die Elektroboote der Typen XXI und XXIII, die tiefer tauchen und mit höherer Geschwindigkeit unter Wasser laufen konnten und gegen die die Alliierten nur durch die Konzentration massiver Kräfte zur U-Bootbekämpfung anzukommen vermochten. Gegen Ende des Zweiten Weltkrieges banden 25 deutsche U-Boote in britischen Gewässern rund 400 alliierte Schiffe und 800 Flugzeuge. Der offizielle britische Historiker stellte fest: „Eine ständige und endgültige Beherrschung der U-Boote ist uns nie gelungen.“ Er mußte dieses Urteil später zurücknehmen, um in der neu gebildeten deutschen Bundeswehr keinen Zweifel darüber aufkommen zu lassen, daß die Deutschen 1945 total besiegt worden waren.
Dieses Buch berichtet über 178 im Ersten Weltkrieg und 784 im Zweiten Weltkrieg vernichtete deutsche U-Boote. Nach dem Waffenstillstand von 1918 und nach der Kapitulation von 1945 durch die Besatzungen selbst versenkte Boote sind nicht berücksichtigt. Auch durch Unfälle in Friedenszeiten verlorene U-Boote nicht.
Dieses Buch dokumentiert auch gewaltige Verluste an Menschenleben. Mehr als 5400 Offiziere, Unteroffiziere und Mannschaften fanden von 1914 bis 1918 in ihren Booten den Tod, fast 30

Prozent aller Bootbesatzungen. Diese Zahl mag niedrig erscheinen angesichts des hohen Blutzolls, den die Schlachten an der Westfront forderten, doch ist sie bezeichnend genug. Höher noch waren die Verluste der U-Bootwaffe im Zweiten Weltkrieg: 27 491 Offiziere, Unteroffiziere und Mannschaften sind gefallen, fast sechsmal so viele wie im Ersten Weltkrieg. Keine andere Waffengattung hat prozentual so viele Männer eingebüßt wie die U-Bootwaffe. Die Namen aller, deren Grab das Meer wurde, sind am U-Boot-Ehrenmal in Kiel-Möltenort verzeichnet.

Mein Dank gilt allen Menschen und Institutionen, die mir bei der Arbeit an diesem Buch geholfen haben: Dick Boyle, Horst Bredow vom U-Bootarchiv, Gus Britton vom Royal Navy Submarine Museum, Colin Bruce und Allison Duffield vom Department of Printed Books des Imperial War Museum, dem verstorbenen Commander J. R. H. Bull, meinem geduldigen Verleger Roger Chesneau, den sehr hilfreichen Angestellten der Kent County Council Central Lending Library, David Lees, der Lloyds Bank (die sehr geduldig war), Jane Middleton für den Zugang zur unschätzbaren Dokumentation ihres Großvaters über Q-Schiffe, der Naval Historical Branch, Guy Robbins vom National Maritime Museum, Vizeadmiral Sir John Roxburgh, dem Public Record Office und dem US Navy Historical Center. Besonders dankbar bin ich meiner Tochter Sophie, die geduldig und gewissenhaft die zahlreichen U-Boot-Daten geprüft hat. Und schließlich danke ich meiner Frau Kitty, die mir bei der Niederschrift dieses Buches ungemein hilfreich war.

Paul Kemp

# Erster Weltkrieg

Die U-Boote der österreichisch-ungarischen K.u.k.Marine sind durch römische Zahlen gekennzeichnet

## 1914

### U 15

| | *Stapellauf* | *Indienststellung* |
|---|---|---|
| | 18.9.1911 | 7.7.1912 |
| Typ | U 13 | |
| Kommandant | Kapitänleutnant R. Pohle (gefallen) | |
| versenkt am | 9. August 1914 | |
| Position | Nordsee vor Fair Isle, 58°22'N 00°58'O | |
| durch | Rammstoß | |
| Tote | 23 | |
| Überlebende | keine | |
| gehoben | nein | |

Der Kreuzer *Birmingham* sichtete das aufgetaucht und gestoppt in dichtem Nebel liegende Boot. Hämmern im Bootsinneren deutete auf Reparaturarbeiten hin. Als das Boot wieder Fahrt aufnahm, wurde es von dem Kreuzer mit äußerster Kraft gerammt. Zwei große Wrackteile schwammen auf, aber keine Überlebenden.

### U 13

| | *Stapellauf* | *Indienststellung* |
|---|---|---|
| | 16.12.1910 | 25.4.1912 |
| Typ | U 13 | |
| Kommandant | Kapitänleutnant Graf A. von Schweinitz (gefallen) | |
| versenkt am | 12. August 1914 | |
| Position | Deutsche Bucht | |
| durch | Mine (?) | |
| Tote | 23 | |
| Überlebende | keine | |
| gehoben | nein | |

U 13 lief am 6. August von Helgoland aus und blieb seither verschollen. Vielleicht lief das Boot auf eine Mine des Defensivsperrgürtels in der Deutschen Bucht oder sank infolge technischer Mängel oder menschlichen Versagens.

### U 18

| | *Stapellauf* | *Indienststellung* |
|---|---|---|
| | 25.4.1912 | 7.11.1912 |
| Typ | U 17 | |
| Kommandant | Kapitänleutnant Heinrich von Hennig (gerettet) | |
| versenkt am | 23. November 1914 | |
| Position | Scapa Flow, Pentland Firth, 58°42'N 02°48'W | |
| durch | Rammung | |
| Tote | 1 | |
| Überlebende | 22 | |
| gehoben | nein | |

U 18 wollte zum britischen Marinestützpunkt in Scapa Flow auf den Orkney-Inseln vorstoßen, doch wußte von Hennig nicht, daß die Briten wegen der U-Bootgefahr die Grand Fleet an die Westküsten von Schottland und Irland verlegt hatten und die Bucht praktisch von Kriegsschiffen geräumt war. U 18 verfolgte einen Dampfer bis Hoxa Boom, fand aber kein lohnendes Ziel und lief mit Kurs auf Cromarty südwärts ab. Am frühen Nachmittag des 23. November sichtete eine Sloop das Sehrohr und gab Alarm. Der Fischdampfer *Dorothy Grey* rammte das Sehrohr und nahm somit dem Boot die Sicht. U 18 pendelte einige Zeit zwischen Grund und Wasseroberfläche auf und ab und wurde dann durch den Zerstörer *Garry* ein zweites Mal gerammt. Das Boot fiel auf etwa 70 Meter Tiefe, konnte aber noch einmal auftauchen. Von Hennig befahl die Räumung und Selbstversenkung des Bootes, dessen Überlebende von der *Garry* aufgenommen wurden. Ein Vergleich dieser Versenkung mit der von UB 116 am 28. Oktober 1918, das ebenfalls beim Eindringen in Scapa Flow verlorenging, läßt erkennen, welche Fortschritte die U-Bootbekämpfung in vier Jahren machte.

## U 11

| | *Stapellauf* | *Indienststellung* |
|---|---|---|
| | 2.4.1910 | 21.9.1910 |

| | |
|---|---|
| Typ | U 9 |
| Kommandant | Kapitänleutnant F. von Suchodoletz (gefallen) |
| versenkt um den | 9. Dezember 1914 |
| Position | vor der belgischen Küste, 51°06'N 01°29'O |
| durch | Mine (?) |
| Tote | 29 |
| Überlebende | keine |
| gehoben | nein |

U 11 lief wahrscheinlich nördlich Zeebrugge auf eine Mine, kann aber auch durch eine Havarie infolge technischer Mängel oder menschlichen Versagens gesunken sein.

## U 5

| | *Stapellauf* | *Indienststellung* |
|---|---|---|
| | 8.1.1910 | 2.7.1910 |

| | |
|---|---|
| Typ | U 5 |
| Kommandant | Kapitänleutnant J. Lemmer (gefallen) |
| versenkt um den | 18. Dezember 1914 |
| Position | vor der belgischen Küste, ca. 51°23'N 03°11'O |
| durch | Mine |
| Tote | 29 |
| Überlebende | keine |
| gehoben | gehoben und abgewrackt |

U 5 lief wahrscheinlich nördlich Zeebrugge auf eine Mine oder sank durch eine Havarie infolge technischer Mängel oder menschlichen Versagens.

# 1915

## U 31

| | *Stapellauf* | *Indienststellung* |
|---|---|---|
| | 7.1.1914 | 18.9.1914 |

Typ U 31
Kommandant Oberleutnant zur See Wachendorff (gefallen)
versenkt im Januar 1915
Position vor der britischen Ostküste, genaue Position nicht bekannt
durch ?
Tote 31
Überlebende keine
gehoben nein

U 31 lief wahrscheinlich vor der britischen Ostküste auf eine Mine. Das Gerücht, man habe das Boot über Wasser und die ganze Besatzung tot aufgefunden, entbehrt jeder Grundlage. Es ist auch möglich, daß das Boot infolge technischer Mängel oder menschlichen Versagens gesunken ist.

## U 7

| | *Stapellauf* | *Indienststellung* |
|---|---|---|
| | 28.7.1910 | 18.7.1911 |

Typ U 5
Kommandant Kapitänleutnant Georg Koenig (gefallen)
versenkt am 21. Januar 1915
Position vor der holländischen Küste, 53°43'N 06°02'O
durch deutsches U-Boot
Tote 26
Überlebende 1
gehoben nein

Das erste von einem eigenen Boot versenkte deutsche U-Boot. U 7 war versehentlich in das Operationsgebiet von U 22 (unter Kapitänleutnant Bruno Hoppe) eingelaufen. Bei diesigem Wetter sichtete U 22 das Schwesterboot, rief es an, und als keine Antwort kam, hielt Hoppe U 7 für ein britisches Boot, tauchte und torpedierte es. Erst als der einzige Überlebende aus dem ölbedeckten Wasser gerettet wurde, erkannte Hoppe seinen Irrtum.

## U 8

| | *Stapellauf* | *Indienststellung* |
|---|---|---|
| | 14.3.1911 | 18.6.1911 |

Typ U 5
Kommandant Kapitänleutnant Alfred Stoss (gerettet)
versenkt am 4. März 1915
Position Straße von Dover, 50°41'N 00°06'O
durch Sprengschleppgerät eines Zerstörers
Tote ?
Überlebende ?
gehoben nein

U 8 fiel einer neu gelegten Netzsperre in der Straße von Dover zum Opfer. Am 4. März lief das Boot westwärts in die Sperre und versuchte verzweifelt, wieder freizukommen. Dadurch wurde der Fischdampfer *Robur* aufmerksam, der patrouillierende Zerstörer alarmierte. Der Zerstörer *Gurkha* ließ sein Sprengschleppgerät ins Wasser, das zündete, als es auf ein Hindernis stieß. Im U-Boot gingen die Lichter aus, Wasser drang ein, in der Zentrale brach Feuer aus, und beide Maschinen fielen aus. Stoss tauchte auf und befahl der Besatzung, von Bord zu gehen, doch inzwischen hatten die Zerstörer *Gurkha* und *Maori* das Feuer eröffnet und versenkten das Boot. Am Abend wurden Stoss und seine Offiziere von britischen Offizieren zum Essen auf das Versorgungsschiff *Arrogant* geladen, wo sie, sicherlich nach reichlichem Alkoholgenuß, aufgefordert wurden, ein englandfeindliches Lied zu singen. So ritterlich ging es 1915 bei der Marine noch zu.

## U 12

| | *Stapellauf* | *Indienststellung* |
|---|---|---|
| | 6.5.1910 | 13.8.1911 |

Typ U 9
Kommandant Kapitänleutnant Kratzsch (gefallen)
versenkt am 10. März 1915
Position Nordsee vor Fife Ness, 56°07'N 02°20'O
durch Rammung/Artillerie
Tote 20
Überlebende 2 Offiziere, 8 Unteroffiziere und Mannschaften
gehoben nein

U 12 war am 4. März von Helgoland ausgelaufen, um vor der britischen Ostküste zu operieren. Am Morgen des 10. März sichtete ein Fischdampfer vor Fife Ness das Boot und rief drei Zerstörer herbei. Nach einer Stunde waren diese zur Stelle und eröffneten das Feuer, worauf U 12 tauchte. Dabei gelang es dem Zerstörer *Ariel*, den Turm zu rammen, der mindestens einen Granattreffer abbekommen hatte. Kratzsch tauchte wieder auf und wurde im Turm durch eine Granate zerfetzt. Nun machte die Besatzung die Zeitzünder für die Selbstsprengung scharf und ging von Bord. Das Boot explodierte fast sofort und ging so rasch unter, daß nur zehn Überlebende gerettet werden konnten.

## U 29

| | *Stapellauf* | *Indienststellung* |
|---|---|---|
| | 11.10.1913 | 1.8.1914 |
| Typ | U 27 | |
| Kommandant | Kapitänleutnant Otto Weddigen (gefallen) | |
| versenkt am | 18. März 1915 | |
| Position | Pentland Firth, 58°20'N 00°57'O | |
| durch | Rammung | |
| Tote | 32 | |
| Überlebende | keine | |
| gehoben | nein | |

Auf Patrouille zwischen Schottland und den Orkney-Inseln stieß U 29 auf hoher See auf die ganze britische Grand Fleet. Weddigen griff das Schlachtschiff *Neptune* an, verfehlte es jedoch und merkte nicht, daß sich das Schlachtschiff *Dreadnought* von achtern näherte. Dort sichtete man das Sehrohr, drehte darauf zu und setzte zur Rammung an. Das Boot wurde hochgeschleudert, so daß man die auf den Bug aufgemalte Kennummer „U 29" deutlich sah, ehe es in die Tiefe ging. Otto Weddigen war als Kommandant von U 9 berühmt geworden, hatte er doch an einem einzigen Tag, dem 22. September 1914, die britischen Kreuzer *Cressy*, *Hogue* und *Aboukir* durch Torpedos versenkt.

## U 37

| | *Stapellauf* | *Indienststellung* |
|---|---|---|
| | 25.8.1914 | 9.12.1914 |
| Typ | U 31 | |
| Kommandant | Kapitänleutnant E. Wilke (gefallen) | |
| versenkt im | April 1915 | |
| Position | Straße von Dover | |
| durch | ? | |
| Tote | 32 | |
| Überlebende | keine | |
| gehoben | nein | |

U 37 lief vermutlich vor Zeebrugge auf eine Mine oder sank durch eine Havarie infolge technischer Mängel oder menschlichen Versagens.

## UB 3

| | *Stapellauf* | *Indienststellung* |
|---|---|---|
| | 5.3.1915 | 14.3.1915 |
| Typ | UB I | |
| Kommandant | Oberleutnant zur See S. Schmidt (gefallen) | |
| versenkt im | Mai 1915 | |
| Position | Ägäis | |
| durch | ? | |
| Tote | 14 | |
| Überlebende | keine | |
| gehoben | nein | |

Das erste deutsche U-Boot, das im Mittelmeer verlorenging. Ursache können eine Havarie, technische Mängel oder menschliches Versagen gewesen sein.

## U 14

| | *Stapellauf* | *Indienststellung* |
|---|---|---|
| | 11.7.1911 | 25.4.1912 |
| Typ | U 13 | |
| Kommandant | Oberleutnant zur See M. Hammerle (gefallen) | |
| versenkt am | 5. Juni 1915 | |
| Position | Nordsee vor Peterhead, 57°16'N 01°16'O | |
| durch | Artillerie | |
| Tote | 1 | |
| Überlebende | 6 Offiziere, 21 Unteroffiziere und Mannschaften | |
| gehoben | nein | |

U 14 näherte sich vor Peterhead dem Fischdampfer *Oceanic II*, um ihn durch Artilleriebeschuß zu versenken. Alarmiert durch die hohen Verluste, die deutsche U-Boote der Fischereiflotte zufügten, hatte die britische Seekriegsleitung einige Fischdampfer mit Geschützen bewaffnet, so auch die *Oceanic II*, die sofort das Feuer erwiderte. Hammerle wollte tauchen, doch die Bugtauchzellen ließen sich nicht fluten, so daß U 14 nicht unter Wasser kam. Inzwischen war ein zweiter bewaffneter Fischdampfer hinzugestoßen, und beide versenkten U 14 durch Geschützfeuer.

## U 40

| | *Stapellauf* | *Indienststellung* |
|---|---|---|
| | 22.10.1914 | 14.2.1915 |

Typ U 31
Kommandant Kapitänleutnant Gerhard Fürbringer (gerettet)
versenkt am 23. Juni 1915
Position Nordsee vor Aberdeen, 56°35'N 01°02'W
durch britisches U-Boot
Tote 29
Überlebende 3
gehoben nein

Um der unausgesetzten Bedrohung der britischen Fischereiflotte durch deutsche U-Boote Einhalt zu gebieten, ergriffen die Briten immer raffiniertere Maßnahmen. Der Stellvertreter von Vizeadmiral David Beatty, der Paymaster Commander Frank Spicknernell, schlug vor, daß Fischdampfer getauchte U-Boote in Schlepp nehmen sollten. Der Fischdampfer sollte als Köder fungieren, um gegnerische U-Boote anzulocken. Zwischen beiden Schiffen verlief ein Telefonkabel, durch welches dem britischen U-Boot Feindboote gemeldet werden konnten. Vor einem Angriff wurde die Schleppverbindung gelöst.
Als Fürbringer am Nachmittag des 23. Juni den Fischdampfer *Taranaki* sichtete, glaubte er, eine leichte Beute gefunden zu haben, aber der Dampfer hatte das britische U-Boot C 24 (Lt Taylor) im Schlepp, dem der Dampferkapitän aufgeregt das deutsche Boot meldete. Von da an ging alles schief. Vergeblich versuchte Taylor, die Schleppverbindung zu lösen, und so befahl er der *Taranaki*, sie zu kappen. Durch die lange Trosse buglastig, hatte Taylor alle Mühe, sein Boot in Schußposition zu bringen. Schließlich konnte er einen Torpedo abfeuern, der U 40 unterhalb des Turms traf. Das Boot sank, doch Fürbringer und zwei seiner Offiziere konnten gerettet werden. Auf der *Taranaki* beschwerte sich Fürbringer nach seiner Gefangennahme, man habe sein Boot „auf hinterhältige Weise" versenkt.

## UC 2

| | *Stapellauf* | *Indienststellung* |
|---|---|---|
| | 12.5.1915 | 17.5.1915 |

Typ UC I
Kommandant Oberleutnant zur See K. Mey (gefallen)
versenkt am 2. Juli 1915
Position Nordsee vor Yarmouth, 52°28'N 01°48'O
durch Rammung und Mineneigenexplosion
Tote 15
Überlebende keine
gehoben nein

Am 2. Juli rammte der Dampfer *Cottingham* vor Yarmouth ein unter Wasser liegendes Hindernis. Die Stelle wurde mit Schleppnetzen abgesucht, die an etwas hängen blieben. Am Abend gab es eine heftige Explosion, und tags darauf fand ein Taucher das Wrack von UC 2. Der zerfetzte Druckkörper deutete darauf hin, daß das Boot beim Minenlegen durch eine eigene Mine versenkt worden war. Unklar ist, ob das Boot schon zerstört auf Grund lag, als es von der *Cottingham* gerammt wurde. Eine von den Briten am Abend beobachtete Explosion wurde durch eine zweite, durch das Schleppnetz gezündete Mine ausgelöst.

## U 23

| | *Stapellauf* | *Indienststellung* |
|---|---|---|
| | 12.4.1913 | 11.9.1913 |

Typ U 23
Kommandant Oberleutnant zur See H. Schulthess (gerettet)
versenkt am 20. Juli 1915
Position Nordsee bei Fair Isle, 58°55'N 00°14'O
durch britisches U-Boot
Tote 24
Überlebende 4 Offiziere, 6 Unteroffiziere und Mannschaften
gehoben nein

U 23 wurde wieder das Opfer einer U-Bootfalle, eines Gespanns von Fischdampfer und U-Boot. Mit dem britischen U-Boot C 27 im Schlepp, sichtete der Fischdampfer *Princess Louise* ein deutsches U-Boot. Als der Kapitän des Dampfers die Meldung durchgab, riß das Telefonkabel. Der britische U-Bootkommandant löste die Schleppverbindung und feuerte einen Torpedo ab, der sein Ziel verfehlte. Um Zeit zu gewinnen, ging ein Teil der Besatzung des Dampfers in scheinbarer Panik von Bord, aber als sich die Deutschen dadurch nicht täuschen ließen, hißten die auf der *Princess Louise* Zurückgebliebenen die britische Kriegsflagge und eröffneten das Feuer. Inzwischen hatte C 27 einen zweiten Torpedo abgeschossen, der U 23 hinter dem Turm traf und versenkte.

## U 36

| | *Stapellauf* | *Indienststellung* |
|---|---|---|
| | 6.6.1914 | 14.11.1914 |
| Typ | U 31 | |
| Kommandant | Kapitänleutnant Ernst Graeff (gerettet) | |
| versenkt am | 24. Juli 1915 | |
| Position | Atlantik vor den Hebriden, 59°10'N 05°30'W | |
| durch | Artillerie einer U-Bootfalle | |
| Tote | 18 | |
| Überlebende | 4 Offiziere, 11 Unteroffiziere und Mannschaften | |
| gehoben | nein | |

Das erste durch ein Q-Schiff (Köderschiff, U-Bootfalle) versenkte deutsche U-Boot. U-Bootfallen waren Handelsschiffe, die mit deutlich sichtbaren Scheinladungen und leeren Ölfässern zur Vergrößerung des Auftriebs beladen und mit getarnten Geschützen bestückt waren. Dadurch sollten nichtsahnende U-Boote in Schußweite geködert und versenkt werden. U 36 näherte sich dem Trampschiff *Prince Charles* und befahl ihm beizudrehen. Als das deutsche Boot auf 600 Meter herangekommen war, hißte der Dampfer die britische Kriegsflagge und eröffnete das Feuer. Der Kommandant von U 36 war völlig überrascht und leitete erst nach drei Minuten das Tauchmanöver ein, doch inzwischen war das Boot schon so schwer beschädigt, daß es sank. Nur ein Teil der Besatzung konnte sich retten.

## U XII

| | *Stapellauf* | *Indienststellung* |
|---|---|---|
| | 14.3.1911 | 21.8.1914 |
| Typ | Holland | |
| Kommandant | Linienschiffsleutnant Egon Lerch (gefallen) | |
| versenkt am | 8. August 1915 | |
| Position | nördliche Adria, 7,6 nm Peilung 104° vom Leuchtturm Punta Sabbioni in der Lagune von Venedig | |
| durch | Mine | |
| Tote | 13 | |
| Überlebende | keine | |
| gehoben | ja, Ende 1915 ins Dock des venezianischen Arsenals eingeschleppt und 1917 abgewrackt | |

U XII wurde auf Patrouille vor Venedig am 6. August durch den italienischen Zerstörer *Rossolino Pilo* beschädigt. Am 8. August wurde in der Minensperre vor Venedig eine heftige Explosion beobachtet, und Taucher fanden das Wrack von U XII mit abgerissenem Heck. Die Besatzung wurde mit militärischen Ehren auf dem Inselfriedhof von San Michele beigesetzt.

## U III

| | *Stapellauf* | *Indienststellung* |
|---|---|---|
| | 20.8.1908 | 12.1.1909 |
| Typ | Germania, Gruppe U 3/4 | |
| Kommandant | Linienschiffsleutnant Karl Strnad (gefallen) | |
| versenkt am | 13. August 1915 | |
| Position | Mittelmeer, Straße von Otranto, 41°N 18°15'O | |
| durch | Rammung/Artillerie | |
| Tote | 7 | |
| Überlebende | 14 | |
| gehoben | nein | |

U III wurde am 12. August durch den italienischen Hilfskreuzer *Città di Catania* gerammt und so schwer beschädigt, daß Tauchmanöver unmöglich waren. Am 13. August wurde das Boot vom französischen Zerstörer *Bisson* gesichtet und durch Geschützfeuer versenkt.

## UB 4

| | *Stapellauf* | *Indienststellung* |
|---|---|---|
| | ? | 23.3.1915 |
| Typ | UB I | |
| Kommandant | Oberleutnant zur See C. Groos (gefallen) | |
| versenkt am | 15. August 1915 | |
| Position | Nordsee vor Yarmouth, 52°43'N 02°18'O | |
| durch | Artillerie einer U-Bootfalle | |
| Tote | 15 | |
| Überlebende | keine | |
| gehoben | nein | |

UB 4 stoppte den Fischdampfer *Inverlyon* bei der Smith's-Knoll-Spar-Tonne. Das Q-Schiff ließ die Deutschen bis auf 30 Meter herankommen und eröffnete das Feuer. Die erste und dritte Granate explodierten im Turm, und das U-Boot schien manövrierunfähig zu sein. Nach vier weiteren Treffern ging es über den Bug in die Tiefe.

## U 27

| | *Stapellauf* | *Indienststellung* |
|---|---|---|
| | 14.7.1913 | 8.5.1914 |
| Typ | U 27 | |
| Kommandant | Kapitänleutnant Bernhard Wegener (gefallen) | |

| | |
|---|---|
| versenkt am | 19. August 1915 |
| Position | westliche Zufahrt zu den Scilly-Inseln, 50°25'N 08°15'W |
| durch | Artillerie einer U-Bootfalle |
| Tote | 37 (siehe unten) |
| Überlebende | keine |
| gehoben | nein |

U 27 hatte den mit Maultieren für die britische Armee beladenen Frachter *Nicosian* gestoppt, um ihn zu versenken, und übersah dabei das hinter dem Frachter herankommende britische Q-Schiff *Baralong* (Lt-Cdr Godfrey Herbert). Herbert hielt die *Nicosian* zwischen seinem Schiff und dem U-Boot, so daß dieses die *Baralong* erst aus 600 Meter Entfernung entdeckte. Herbert eröffnete sofort das Feuer und versenkte U 27 mit 34 Schuß. Etwa ein Dutzend Überlebende schwammen auf die *Nicosian* zu. Herbert befahl seinen Männern, auf sie zu schießen, doch vier Deutsche wurden nicht getroffen und erreichten an herabhängenden Leinen das Deck des Frachters. Herbert entsandte ein Kommando auf die *Nicosian*. Die Briten fanden die vier Deutschen im Maschinenraum des Frachters und erschossen sie. Nie wurde geklärt, ob dies kaltblütiger Mord war oder ob die Deutschen versucht hatten, die *Nicosian* durch Öffnen der Bodenventile zu versenken. Wegener wurde im Wasser erschossen, während er zur *Nicosian* schwamm.
Die Briten wollten den Vorfall geheim halten, aber einige amerikanische Passagiere der *Nicosian* informierten nach ihrer Rückkehr in die USA die Presse. In Deutschland war man entrüstet und verlangte, die Besatzung der *Baralong* wegen Mordes abzuurteilen, was die Briten ablehnten. Deshalb fürchtete Herbert zeitlebens die Rache der Deutschen. Andererseits wollte die amerikanische Regierung wissen, ob die *Baralong* während des Angriffs die amerikanische Flagge gehißt hatte; nach manchen Aussagen wurde sie erst eingeholt, nachdem das Q-Schiff bereits das Feuer eröffnet hatte. Die Amerikaner bestanden darauf, daß die US-Flagge nur nach den Regeln des Kriegsrechts als *ruse de guerre* geführt werden dürfe.

# U 26

| | *Stapellauf* | *Indienststellung* |
|---|---|---|
| | 16.10.1913 | 20.5.1914 |
| Typ | U 23 | |
| Kommandant | Kapitänleutnant von Berckheim (gefallen) | |
| versenkt im | August/September 1915 | |
| Position | Finnischer Meerbusen | |
| durch | ? | |
| Tote | 30 | |
| Überlebende | keine | |
| gehoben | nein | |

Vielleicht sank U 26 durch eine Havarie, verursacht durch technische Mängel oder menschliches Versagen.

# U 6

| | *Stapellauf* | *Indienststellung* |
|---|---|---|
| | 18.5.1910 | 12.8.1910 |
| Typ | U 5 | |
| Kommandant | Oberleutnant zur See Rheinhold Lepsius (gefallen) | |
| versenkt am | 15. September 1915 | |
| Position | Nordmeer vor Stavanger, 58°55'N 05°10'O | |
| durch | britisches U-Boot | |
| Tote | 24 | |
| Überlebende | 5 | |
| gehoben | nein | |

U 6 lief an der Oberfläche, wobei der in der eiskalten Luft kondensierende dicke Qualm der Dieselmotoren weithin sichtbar war. Das britische U-Boot E 16 (Lt-Cdr E. Talbot) sichtete die Qualmwolke und feuerte aus knapp 500 Meter Entfernung querab beide Bugtorpedos ab. Einer von ihnen traf U 6 unterhalb des Turms und versenkte das deutsche Boot.

# U 41

| | *Stapellauf* | *Indienststellung* |
|---|---|---|
| | 10.10.1914 | 1.9.1915 |
| Typ | U 31 | |
| Kommandant | Kapitänleutnant K. Hansen (gefallen) | |
| versenkt am | 24. September 1915 | |
| Position | w Scilly-Inseln, 49°10'N 07°20'W | |
| durch | Artillerie einer U-Bootfalle | |
| Tote | 35 | |
| Überlebende | 2 Offiziere | |
| gehoben | nein | |

Als U 41 vor den Scilly-Inseln den Frachter *Urbino* versenkte, tauchte das Q-Schiff *Baralong* auf. Der mißtrauische deutsche Kommandant ging auf Tauchstation, tauchte aber wieder auf, als die *Baralong* die amerikanische Flagge hißte, und wollte die Schiffspapiere sehen. Das Deckgeschütz von U 41 war zwar bemannt, konnte jedoch im sofort eröffneten Feuer der *Baralong* nur einen Fehlschuß erzielen. Hansen wollte unter Wasser ablaufen. Das Boot fiel auf 76 Meter Tiefe, und Hansen ließ alle Tauchzellen anblasen. U 41 schoß zur Oberfläche empor, war aber so stark beschädigt, daß die Besatzung von Bord gehen mußte. Das Boot sank allerdings so rasch, daß nur zwei Offiziere gerettet werden konnten.

# UC 9

| | *Stapellauf* | *Indienststellung* |
|---|---|---|
| | 11.7.1915 | 15.7.1915 |
| Typ | UC I | |
| Kommandant | Oberleutnant zur See P. Schürmann (gefallen) | |
| versenkt am | 21. Oktober 1915 | |
| Position | Long-Sands-Feuerschiff, 51°47'N 01°37'W | |
| durch | ? | |
| Tote | 14 | |
| Überlebende | keine | |
| gehoben | nein | |

UC 9 lief am 20. Oktober von Zeebrugge aus, um die Gewässer um das Long-Sands-Feuerschiff zu verminen. Genaues weiß man nicht, aber wahrscheinlich wurde das Boot durch eine eigene Mine versenkt. Die von den UC-Booten gelegten Ankertauminen waren mit dem Ankerstuhl durch eine Substanz verbunden, die sich im Seewasser langsam auflöste, so daß die Minen nach einiger Zeit aufschwammen, nachdem das U-Boot abgelaufen war. Manchmal löste sich die Substanz zu schnell auf, so daß das Boot durch eine eben ausgelegte Mine zerstört wurde. Die Leiche des Leitenden Ingenieurs von UC 9 wurde später bei Long Sands angetrieben.

# UC 13

| | *Stapellauf* | *Indienststellung* |
|---|---|---|
| | Mai 1915 | 15.5.1915 |
| Typ | UC I | |
| Kommandant | Kapitänleutnant Kirchner (gerettet) | |
| versenkt am | 29. November 1915 | |
| Position | Schwarzes Meer, 41°09'N 30°30'O | |
| durch | Strandung | |
| Tote | keine | |
| Überlebende | ? | |
| gehoben | nein | |

Durch einen Kompaßdefekt, der zu einem Navigationsfehler führte, lief UC 13 während eines Sturms auf Grund und ging östlich des Bosporus unter.

# 1916

## UC 12

| | *Stapellauf* | *Indienststellung* |
|---|---|---|
| | 29.4.1915 | 2.5.1915 |
| Typ | UC I | |
| Kommandant | Oberleutnant zur See E. Fröhner (gefallen) | |
| versenkt am | 16. März 1916 | |
| Position | vor Tarent, 40°27'N 17°11'O | |
| durch | eigene Minen | |
| Tote | 15 | |
| Überlebende | keine | |
| gehoben | ja | |

UC 12 sollte die Zufahrt zum Hafen von Tarent verminen. Zu dieser Zeit stand Deutschland noch nicht im Krieg mit Italien, aber das umging man, indem man UC 12 nominell unter österreichisches Kommando stellte (zwischen Österreich-Ungarn und Italien herrschte bereits Krieg) und einen österreichischen Verbindungsoffizier an Bord nahm. Eine der gelegten Minen explodierte vorschnell mit einer hohen Wasserfontäne und weckte die Aufmerksamkeit der Hafenbehörde. Man sah nach und entdeckte Bootstrümmer und Leichenteile, und Taucher fanden das zerfetzte Boot auf dem Meeresgrund. Überrascht stellten die Italiener fest, daß das Boot, das ihre Gewässer so eifrig verminte, einem Land gehörte, mit dem sie einen Beistandspakt geschlossen hatten. Der Vorfall steigerte den Deutschenhaß in Italien und ebnete der italienischen Kriegserklärung an Deutschland den Weg.

## U 68

| | *Stapellauf* | *Indienststellung* |
|---|---|---|
| | 1.6.1915 | 17.8.1915 |
| Typ | UD | |
| Kommandant | Kapitänleutnant L. Güntzel (gefallen) | |
| versenkt am | 22. März 1916 | |
| Position | sw Irland, 51°54'N 10°53'W | |
| durch | Artillerie einer U-Bootfalle | |
| Tote | 38 | |
| Überlebende | keine | |
| gehoben | nein | |

U 68 stieß auf das als Kohlendampfer getarnte Q-Schiff *Farnborough* und feuerte einen Torpedo ab, der sein Ziel verfehlte. Dann tauchte das Boot auf und stoppte die *Farnborough* durch einen Schuß vor den Bug. Während ein Teil der Besatzung der U-Bootfalle in gespielter Panik in die Rettungsboote ging, kam U 68 auf 800 Meter heran und schoß einen zweiten Torpedo ab, der ebenfalls nicht traf. Plötzlich setzte der vermeintliche Kohlendampfer die britische Kriegsflagge und eröffnete das Feuer. U 68 tauchte und wurde mit zwei Wasserbomben belegt, worauf das Boot wieder nach oben kam, so daß man ein großes Leck im Bug erkennen konnte. Die *Farnborough* feuerte weiter und versenkte U 68; Öl und Wrackteile schwammen auf.

## UB 26

| | *Stapellauf* | *Indienststellung* |
|---|---|---|
| | 14.12.1915 | 7.1.1916 |
| Typ | UB II | |
| Kommandant | Oberleutnant zur See W. Smiths (gerettet) | |
| versenkt am | 5. April 1916 | |
| Position | vor Le Havre, 49°28'N 00°02'W | |
| durch | Sperrnetz/Patrouillenboote | |
| Tote | keine | |
| Überlebende | 21 | |
| gehoben | ja | |

Am 3. April erhielten die Briten aus unbekannter Quelle die Meldung, daß zwei deutsche U-Boote vor Le Havre operierten. Sie alarmierten die französische Hafenverteidigung, und tatsächlich kollidierte ein Fischdampfer mit einem Sehrohr. Das Boot versuchte abzulaufen, indem es sich auf Grund legte, wurde aber von dem französischen Zerstörer *Trombe* mit Wasserbomben belegt und mit einem Sperrnetz überzogen. Als Smiths freikommen wollte, überhitzte er die Motoren, die zu brennen begannen, weil sich das Netz in den Schrauben verfangen hatte. Er hatte keine andere Wahl als an die Oberfläche zu kommen und sein von der Besatzung geräumtes Boot selbst zu versenken.

Zwar hatte Smiths versucht, alle geheimen Dokumente zu vernichten, aber französische Taucher fanden noch viel Interessantes im Wrack, so Seekarten, in denen die deutschen Minenfelder und vermutete britische Minenfelder in der Straße von Dover eingezeichnet waren.

UB 26 wurde von den Franzosen am 3. August 1916 gehoben und als *Roland Morillot* in Dienst gestellt (nach einem französischen U-Bootkommandanten, der in der Adria gefallen war). Das Boot überlebte den Krieg und wurde im Januar 1925 abgewrackt.

## UB 13

| | *Stapellauf* | *Indienststellung* |
|---|---|---|
| | 8.3.1915 | 6.4.1915 |

Typ UB I
Kommandant Oberleutnant zur See A. Metz (gefallen)
versenkt am 24. April 1916
Position vor der belgischen Küste, 51°33'N 02°45'O
durch Mine
Tote 17
Überlebende keine
gehoben nein

Wahrscheinlich aufgrund der in UB 26 gefundenen Seekarten legten die Briten am 24. April im Norden und Nordwesten von Zeebrugge 1565 Minen. UB 13 lief am Abend des 23. April von Zeebrugge aus und wurde vermutlich durch eine der neu gelegten Minen versenkt, doch kann auch ein Unfall den Verlust des Bootes verursacht haben.

## UC 5

| | *Stapellauf* | *Indienststellung* |
|---|---|---|
| | 13.6.1915 | 19.6.1915 |

Typ UC I
Kommandant Oberleutnant zur See Mohrbutter (gerettet)
versenkt am 27. April 1916
Position Nordsee, Shipwash Shoal, 51°59'N 01°38'O
durch Strandung
Tote keine
Überlebende 15
gehoben ja

UC 5 lief an der Shipwash Shoal auf Grund und saß bei Ebbe fest. Während die Besatzung Seekarten und geheime Unterlagen vernichtete, meldete Mohrbutter sein Mißgeschick nach Zeebrugge. Der Funkspruch wurde von den Briten abgehört und der Zerstörer *Firedrake* zur Sandbank beordert. Als der Zerstörer in Sicht kam, befahl Mohrbutter die Räumung des Bootes und das Scharfmachen der Sprengsätze für die Selbstversenkung. Diese detonierten jedoch nicht, und später wurde UC 5 von den Briten gehoben und als Reklame für Kriegsanleihen zur Schau gestellt.

## U VI

| | *Stapellauf* | *Indienststellung* |
|---|---|---|
| | 12.6.1909 | 1.7.1910 |

Typ Holland
Kommandant Linienschiffsleutnant Hugo von Falkhausen (gerettet)
versenkt am 13. Mai 1916
Position Mittelmeer, Straße von Otranto, 40°10'N 16°10'O
durch Sperrnetz
Tote keine
Überlebende 15
gehoben nein

U VI verfing sich in einer von den Fischdampfern *Calistoga, Dulcie Dorry* und *Evening Star* geschleppten Netzsperre. Da das Boot nicht mehr freikommen konnte, tauchte von Falkhausen auf und versenkte das von der Besatzung verlassene Boot durch Öffnen der Flutventile.

## U 74

| | *Stapellauf* | *Indienststellung* |
|---|---|---|
| | 10.8.1915 | 24.11.1915 |

Typ UE I
Kommandant Kapitänleutnant E. Weisbach (gefallen)
versenkt am 27. Mai 1916
Position vor Peterhead, 57°10'N 01°20'O
durch Artillerie
Tote 34
Überlebende keine
gehoben nein

U 74 sollte vor Rosyth eine Minensperre legen, um das Auslaufen der High Seas Fleet zu behindern (das dieser freilich wenig später zur Skagerrakschlacht doch gelang). Am 27. Mai sichteten drei Fischdampfer vor Peterhead das deutsche U-Boot, das zur Tarnung Segel gesetzt hatte. Es kam zu einem Schußwechsel, U 74 versuchte zu tauchen, war aber bereits so schwer beschädigt, daß das Boot wieder auftauchen mußte. Der Trawler *Kimberley* lief auf Nahschußweite heran und versenkte das U-Boot durch Dauerfeuer.

## UC 3

| | *Stapellauf* | *Indienststellung* |
|---|---|---|
| | 28.5.1915 | 1.6.1915 |

Typ UC I
Kommandant Oberleutnant zur See G. Kreysern (gefallen)
versenkt am 27. Mai 1916

| | |
|---|---|
| Position | n Zeebrugge, 51°35'N 03°08'O |
| durch | Mine |
| Tote | 18 |
| Überlebende | keine |
| gehoben | nein |

Am 26. Mai legten die Briten nördlich Zeebrugge noch einmal 750 Minen und überwachten das Seegebiet mit Zerstörern und Wasserflugzeugen. UC 3 sollte mit drei weiteren U-Booten vor Orfordness eine Minenoperation durchführen. UC 1 sichtete UC 3 zum letzten Mal unweit dieser neu gelegten Minen. Vielleicht ist UC 3 auf eine Mine gelaufen, kann aber auch infolge technischer Mängel oder menschlichen Versagens verlorengegangen sein.

# U 10

| | *Stapellauf* | *Indienststellung* |
|---|---|---|
| | 24.1.1911 | 31.8.1911 |
| Typ | U 3 | |
| Kommandant | Kapitänleutnant F. Stuhr (gefallen) | |
| versenkt im | Juni 1916 | |
| Position | Finnischer Meerbusen | |
| durch | ? | |
| Tote | 29 | |
| Überlebende | keine | |
| gehoben | nein | |

U 10 ist vielleicht auf eine Mine gelaufen oder durch eine Havarie infolge technischer Mängel oder menschlichen Versagens gesunken.

# UC 7

| | *Stapellauf* | *Indienststellung* |
|---|---|---|
| | 6.7.1915 | 9.7.1915 |
| Typ | UC I | |
| Kommandant | Oberleutnant zur See G. Haag (gefallen) | |
| versenkt am | 7. Juli 1916 | |
| Position | Ärmelkanal n Zeebrugge, 51°22'N 01°35'O | |
| durch | Mine | |
| Tote | 18 | |
| Überlebende | keine | |
| gehoben | nein | |

UC 7 ist vermutlich im neu verlegten britischen Minenfeld zwischen der Thorntonbank und Zeebrugge auf eine Mine gelaufen (zumindest wurde das U-Boot am 5. Juli von UB 12 in diesem Gebiet gesichtet), doch kann es auch infolge technischer Mängel oder menschlichen Versagens gesunken sein.

# U 77

| | *Stapellauf* | *Indienststellung* |
|---|---|---|
| | 9.1.1916 | 10.3.1916 |
| Typ | UE | |
| Kommandant | Kapitänleutnant E. Günzel (gefallen) | |
| versenkt im | Juli 1916 | |
| Position | nördliche Nordsee | |
| durch | ? | |
| Tote | 33 | |
| Überlebende | keine | |
| gehoben | nein | |

U 77 lief am 5. Juli von Helgoland zu einer Minenoperation vor Kinnaid Head aus. Zwei Tage später entdeckten die Briten die Minen und räumten sie. U 77 blieb verschollen. Vielleicht ist das Boot auf eine Mine gelaufen, oder es sank durch eine Havarie infolge technischer Mängel oder menschlichen Versagens.

# U 51

| | *Stapellauf* | *Indienststellung* |
|---|---|---|
| | 25.11.1915 | 24.2.1916 |
| Typ | weiterentwickelter Typ U 41 | |
| Kommandant | Kapitänleutnant W. Rumpel (gefallen) | |
| versenkt am | 14. Juli 1916 | |
| Position | Nordsee vor der Emsmündung, 53°56'N 07°55'O | |
| durch | britisches U-Boot | |
| Tote | 43 | |
| Überlebende | 4 | |
| gehoben | nein | |

Beim Auslaufen aus der Emsmündung wurde U 51 von dem britischen U-Boot H 5 (Lt H. „Crom" Varley) versenkt. Varley hatte in diesem Seegebiet überhaupt nichts verloren, „aus Langeweile" hatte er das ihm zugewiesene Operationsgebiet verlassen und war in aussichtsreichere Gewässer gelaufen, „weil er unbedingt ein U-Boot versenken" wollte. Von zwei abgeschossenen Torpedos traf einer U 51 unterhalb des Turms. Obgleich er sich „im Hinterhof der Kriegsmarine" befand, tauchte Varley auf, um als Beweis für die Versenkung deutsche Überlebende nach England mitzunehmen, wurde aber durch deutsche Zerstörer beschossen und zum Tauchen gezwungen und konnte erst nach mehrstündiger Verfolgung entkommen.

In U 51 drängten sich 18 Überlebende und der Kommandant im Bugraum. Da es nicht genug Tauchretter gab, warteten sie auf den langsamen Tod durch Kohlendioxidvergiftung. Nach vier

Stunden versuchten sie den Ausstieg, aber nur zwei der Männer im Bug erreichten die Wasseroberfläche, dazu drei weitere im Heck eingeschlossene Männer, von denen einer beim Auftauchen starb.
Im Heimathafen wurde Varley kein sonderlich freundlicher Empfang zuteil, hatte er doch befehlswidrig das ihm zugewiesene Operationsgebiet verlassen. Er mußte deshalb ein Jahr lang warten, bis ihm für diese Versenkung die Verdienstmedaille verliehen wurde.

## UB 44

| | *Stapellauf* | *Indienststellung* |
|---|---|---|
| | 20.4.1916 | 11.5.1916 |
| Typ | UB II | |
| Kommandant | Oberleutnant zur See F. Wäger (gefallen) | |
| versenkt im | August 1916 | |
| Position | Ägäis | |
| durch | ? | |
| Tote | 24 | |
| Überlebende | keine | |
| gehoben | nein | |

Mit Kurs auf Konstantinopel lief UB 44 am 4. August von Cattaro aus und blieb seither verschollen. Vielleicht wurde das U-Boot am 4. August auf 48°12'N 18°46'O durch die Patrouillenboote *Quarrie*, *Knowe* und *Garrigil* versenkt, aber bewiesen ist das nicht. Möglicherweise sank UB 44 auch durch eine Havarie infolge technischer Mängel oder menschlichen Versagens.

## UC 10

| | *Stapellauf* | *Indienststellung* |
|---|---|---|
| | 15.7.1915 | 17.7.1915 |
| Typ | UC I | |
| Kommandant | Oberleutnant zur See W. Albrecht (gefallen) | |
| versenkt am | 21. August 1916 | |
| Position | Straße von Dover, Schouwenbank, 52°02'N 03°54'O | |
| durch | britisches U-Boot | |
| Tote | 18 | |
| Überlebende | keine | |
| gehoben | nein | |

Nach dem Minenlegen vor der Humbermündung war UC 10 auf dem Rückmarsch. Bei der Schouwenbank wurde das Boot von dem auf UC 10 angesetzten britischen U-Boot E 54 gesichtet und mit zwei Torpedos angegriffen, von denen einer traf, worauf UC 10 in einer Rauchwolke sank.

## UB 7

| | *Stapellauf* | *Indienststellung* |
|---|---|---|
| | ? | 6.5.1915 |
| Typ | UB I | |
| Kommandant | Oberleutnant zur See H. Lütjohann (gefallen) | |
| versenkt im | September/Oktober 1916 | |
| Position | Schwarzes Meer, ca. 44°30'N 33°15'O | |
| durch | ? | |
| Tote | 15 | |
| Überlebende | keine | |
| gehoben | nein | |

Unbewiesen ist die Behauptung, das Boot sei vor dem Leuchtturm Chersones durch ein russisches Flugzeug versenkt worden. Vielleicht lief es dort auf eine Mine oder sank durch eine Havarie infolge technischer Mängel oder menschlichen Versagens.

## U XVI

| | *Stapellauf* | *Indienststellung* |
|---|---|---|
| | 28.8.1915 | 6.10.1915 |
| Typ | UB I | |
| Kommandant | Linienschiffsleutnant Orest von Zopa (gerettet) | |
| versenkt am | 17. Oktober 1916 | |
| Position | Adria vor der albanischen Küste | |
| durch | Rammung (?) | |
| Tote | 2 | |
| Überlebende | 12 | |
| gehoben | nein | |

Nachdem U XVI den italienischen Zerstörer *Nembo* torpediert hatte, wurde das Boot durch den Frachter *Bormida* durch Rammstoß versenkt. Nach offizieller österreichischer Version könnte auch die Explosion der von der *Nembo* mitgeführten, noch ungesicherten Wasserbomben das Boot versenkt haben.

## U 56

| | *Stapellauf* | *Indienststellung* |
|---|---|---|
| | 18.4.1916 | 23.6.1916 |
| Typ | weiterentwickelter Typ U 41 | |
| Kommandant | Kapitänleutnant H. Lorenz (gefallen) | |
| versenkt am | 2. November 1916 | |

| | |
|---|---|
| Position | Eismeer, genaue Position nicht bekannt |
| durch | ? |
| Tote | 35 |
| Überlebende | keine |
| gehoben | nein |

U 56 hatte am 1. November den norwegischen Frachter *Ivanhoe* versenkt und trotz Beschusses durch vier russische Schiffe die Besatzung gerettet. Tags darauf setzte Lorenz die Norweger im Tanafjord ab und lief wieder aus. Seither ist U 56 verschollen. Vielleicht lief das Boot auf eine Mine oder sank durch eine Havarie infolge technischer Mängel am Boot oder menschlichen Versagens.

## U 20

| | *Stapellauf* | *Indienststellung* |
|---|---|---|
| | 18.12.1912 | 5.8.1913 |

| | |
|---|---|
| Typ | U 19 |
| Kommandant | Kapitänleutnant Walther Schwieger (gerettet) |
| versenkt am | 5. November 1916 |
| Position | Nordsee w Jütland, 56°33'N 08°08'O |
| durch | Strandung |
| Tote | keine |
| Überlebende | 35 |
| gehoben | an Ort und Stelle am 5. November gesprengt, 1925 abgewrackt |

U 20 hatte im April 1915 unter Schwiegers Kommando die *Lusitania* torpediert und versenkt. Am 4. November lief das Boot in dichtem Nebel westlich Jütland auf Grund und forderte durch Funkspruch Hilfe an.

Die deutschen Bergungsschiffe wurden von vier Schlachtschiffen, einem Schlachtkreuzer und einer halben Zerstörerflotille eskortiert, konnten U 20 jedoch nicht mehr flottmachen. Das Boot wurde gesprengt, die Besatzung aufgenommen. Die Briten hatten jedoch den Funkverkehr abgehört und schickten das U-Boot J 1 (Cdr Noel Laurence) in das Seegebiet. Am 5. November sichtete Laurence die heimkehrende deutsche Armada und feuerte vier Torpedos ab, von denen zwei die Schlachtschiffe *Großer Kurfürst* und *Kronprinz Wilhelm* trafen, das einzige Mal in der Geschichte des Seekriegs, daß zwei große Kriegsschiffe durch einen einzigen Torpedofächer getroffen wurden.

## UB 45

| | *Stapellauf* | *Indienststellung* |
|---|---|---|
| | 12.5.1916 | 25.5.1916 |

| | |
|---|---|
| Typ | UB II |
| Kommandant | Kapitänleutnant K. Palis (gefallen) |
| versenkt am | 6. November 1916 |
| Position | Schwarzes Meer vor Warna, 43°12'N 28°09'O |
| durch | Mine |
| Tote | ? |
| Überlebende | 5 |
| gehoben | ja, 1936 in Bulgarien abgewrackt |

Hinter zwei Minenräumbooten lief UB 45 aus dem Schwarzmeerhafen Warna aus, lief auf eine neu ausgelegte Mine und sank.

## UC 15

| | *Stapellauf* | *Indienststellung* |
|---|---|---|
| | 19.5.1915 | 28.6.1915 |

| | |
|---|---|
| Typ | UC I |
| Kommandant | Oberleutnant zur See B. Heller (gefallen) |
| versenkt im | November 1916 |
| Position | Schwarzes Meer |
| durch | ? |
| Tote | 15 |
| Überlebende | keine |
| gehoben | nein |

UC 15 sollte die Donaumündung vor Sulina verminen und verschwand spurlos. Vielleicht lief das Boot auf eine Mine oder sank durch eine Havarie infolge technischer Mängel oder menschlichen Versagens.

## UB 19

| | *Stapellauf* | *Indienststellung* |
|---|---|---|
| | 2.9.1915 | 17.12.1915 |

| | |
|---|---|
| Typ | UB I |
| Kommandant | Oberleutnant zur See Noodt (gefallen) |
| versenkt am | 30. November 1916 |
| Position | Ärmelkanal, 50°00'N 02°48'W |
| durch | Artillerie einer U-Bootfalle |
| Tote | 8 |
| Überlebende | 16 |
| gehoben | nein |

Acht Tage nach dem Auslaufen von Zeebrugge stieß UB 19 auf die U-Bootfalle *Penshurst*, stoppte das Schiff durch einen Schuß vor den Bug und kam näher, um den Namen des „Opfers“ erkennen zu können. Ein Teil der Besatzung ging in gespielter Panik von Bord, aber Noodt war mißtrauisch, weil das Q-Schiff keinen Namen trug und im Schlachtschiffgrau der britischen Kriegsmarine gestrichen war. Aus einer Entfernung von 250 Meter eröffnete die *Penshurst* das Feuer und versenkte UB 19.

## UC 19

| | *Stapellauf* | *Indienststellung* |
|---|---|---|
| | 15.3.1916 | 22.8.1916 |
| Typ | UC II | |
| Kommandant | Oberleutnant zur See A. Nitzsche (gefallen) | |
| versenkt am | 6. Dezember 1916 | |
| Position | vor der irischen Südküste, 49°41'N 06°31'W | |
| durch | Sprengschleppgerät | |
| Tote | 25 | |
| Überlebende | keine | |
| gehoben | nein | |

Der Zerstörer *Ariel* sichtete UC 19, warf eine Wasserbombe und senkte sein auf 10 Meter Tiefe eingestelltes Sprengschleppgerät ab, das bei Kontakt mit dem U-Boot detonierte. Öl und Wrackteile zeigten, daß UC 19 versenkt war.

## UB 46

| | *Stapellauf* | *Indienststellung* |
|---|---|---|
| | 31.5.1916 | 12.6.1916 |
| Typ | UB II | |
| Kommandant | Kapitänleutnant C. Bauer (gefallen) | |
| versenkt am | 7. Dezember 1916 | |
| Position | Bosporus, 41°26'N 28°35'O | |
| durch | Mine | |
| Tote | 20 | |
| Überlebende | keine | |
| gehoben | nein | |

Am 6. Dezember sichtete Bauer nördlich des Bosporus ein großes russisches U-Boot und lief tags darauf nur 300 Meter vom Ufer entfernt auf eine Mine, die vielleicht von dem russischen Boot gelegt worden war. In schwerer See fand die ganze Besatzung von UB 46 den Tod.

## UB 29

| | *Stapellauf* | *Indienststellung* |
|---|---|---|
| | 31.12.1915 | 18.1.1916 |
| Typ | UB II | |
| Kommandant | Oberleutnant zur See E. Platsch (gefallen) | |
| versenkt am | 13. Dezember 1916 | |
| Position | Ärmelkanal, 51°09'N 01°46'O | |
| durch | Wasserbomben | |
| Tote | 22 | |
| Überlebende | keine | |
| gehoben | nein | |

UB 29 wurde von dem britischen Zerstörer *Landrail* gesichtet und mit zwei Wasserbomben belegt. Zwei Tage später schwamm an dieser Stelle ein dicker Ölteppich auf.

# 1917

## UB 37

| | *Stapellauf* | *Indienststellung* |
|---|---|---|
| | 28.12.1915 | 17.5.1916 |
| Typ | UB II | |
| Kommandant | Oberleutnant zur See P. Günther (gefallen) | |
| versenkt am | 14. Januar 1917 | |
| Position | Ärmelkanal, 50°07'N 01°47'W | |
| durch | Artillerie einer U-Bootfalle | |
| Tote | 21 | |
| Überlebende | keine | |
| gehoben | nein | |

Das als Trampschiff getarnte Q-Schiff *Penshurst* wurde von UB 37 gestoppt. Sofort ging die „Panikgruppe" in die Boote, und das U-Boot lief näher, um den Dampfer durch Geschützfeuer zu versenken. Als UB 37 auf 700 Meter heran war, eröffnete die auf dem Q-Schiff gebliebene Besatzung das Feuer, und nach mindestens fünf Treffern sank das Boot über das Heck. Zur Sicherheit warf die *Penshurst* noch zwei Wasserbomben. Wrackteile kamen nicht zur Oberfläche, doch ein Ölteppich breitete sich aus.

## U 76

| | *Stapellauf* | *Indienststellung* |
|---|---|---|
| | 12.3.1916 | 11.5.1916 |
| Typ | U 71 | |
| Kommandant | Kapitänleutnant W. Bender (gerettet) | |
| versenkt am | 27. Januar 1917 | |
| Position | Nordkap, 71°00'N 23°00'O | |
| durch | schweren Sturm | |
| Tote | 1 | |
| Überlebende | 32 | |
| gehoben | im Juli 1971 und abgewrackt | |

Am 26. Januar wurde U 76 von einem russischen Dampfer gerammt und beschädigt. Tags darauf geriet das Boot vor Hammerfest in einen schweren Sturm, die Maschinen versagten den Dienst, und U 76 begann zu sinken. Seenotsignale wurden abgefeuert, und ein norwegischer Fischkutter rettete die Besatzung bis auf einen Mann. Sie wurde nicht in Norwegen interniert, da das U-Boot nicht durch Feindeinwirkung, sondern durch ein Unwetter versenkt worden war.

## UC 46

| | *Stapellauf* | *Indienststellung* |
|---|---|---|
| | 15.7.1916 | 15.9.1916 |
| Typ | UC II | |
| Kommandant | Oberleutnant zur See E. Moecke (gefallen) | |
| versenkt am | 8. Februar 1917 | |
| Position | Ärmelkanal so der Goodwin Sands, 51°08'N 01°39'O | |
| durch | Rammstoß | |
| Tote | 23 | |
| Überlebende | keine | |
| gehoben | nein | |

UC 46 war im Ärmelkanal auf dem Rückmarsch und tauchte am 8. Februar kurz nach Mitternacht bei den Goodwin Sands auf. Vielleicht wollte Moecke bei Hochwasser aufgetaucht weiterfahren, um den Grundminen zu entgehen. Im hellen Mondlicht kam das Boot eine knappe halbe Seemeile vom Zerstörer *Liberty* entfernt über Wasser und wurde von diesem unverzüglich durch Rammstoß versenkt.

## UC 39

| | *Stapellauf* | *Indienststellung* |
|---|---|---|
| | 25.6.1916 | 29.10.1916 |
| Typ | UC II | |
| Kommandant | Oberleutnant zur See Otto Ehrentraut (gefallen) | |
| versenkt am | 8. Februar 1917 | |
| Position | Nordsee vor Flamborough Head, 53°56'N 00°06'O | |
| durch | Wasserbombe/Artillerie | |
| Tote | ? | |
| Überlebende | 17 Unteroffiziere und Mannschaften, 2 britische Kriegsgefangene | |
| gehoben | nein, im Juni 1918 durch Taucher untersucht | |

UC 39 lag gestoppt auf der Wasseroberfläche und versenkte den Frachter *Hornsey*. Plötzlich näherte sich der Zerstörer *Thrasher*. Ehrentraut tauchte, wurde aber von dem Zerstörer mit einer Wasserbombe belegt, die das U-Boot zur Oberfläche schleuderte, wo es von der *Thrasher* sofort unter Feuer genommen wurde. Die ersten Besatzungsmitglieder, die das sinkende Boot verlassen wollten, wurden durch die Granaten getötet, bis ein an Bord befindlicher mutiger britischer Kriegsgefangener, der Kapitän der *Hannah Larsen*, an Deck kam und ein weißes Tuch schwenkte, worauf das Feuer eingestellt wurde.

## U 83

| | *Stapellauf* | *Indienststellung* |
|---|---|---|
| | 13.7.1916 | 6.9.1916 |

| | |
|---|---|
| Typ | U 81 |
| Kommandant | Kapitänleutnant Bruno Hoppe (gefallen) |
| versenkt am | 17. Februar 1917 |
| Position | sw Irland, 51°34'N 11°23'W |
| durch | Artillerie einer U-Bootfalle |
| Tote | 36 |
| Überlebende | 2 |
| gehoben | nein |

U 83 hatte südwestlich von Irland einen Dampfer zum Beidrehen gezwungen, und Hoppe nahm auf Sehrohrtiefe das Ziel in Augenschein. Er feuerte einen Torpedo ab, der im Maschinenraum des Dampfers explodierte, und sofort ging die „Panikgruppe" von Bord. Der scheinbar harmlose Dampfer war das Q-Schiff *Farnborough* (Cpt Gordon Campbell). Hoppe ging als erfahrener U-Bootkommandant kein Risiko ein. Er lief zunächst auf die Rettungsboote der Panikgruppe zu, wobei sein Sehrohr den Booten so nahe kam, daß ein Matrose mahnte: „Sprecht leiser, sonst kann er euch hören!" Dann umkreiste er die *Farnborough* so dicht, daß die auf dem Q-Schiff gebliebenen Besatzungsmitglieder den U-Bootkörper im Wasser sehen konnten. Hoppe hielt den Dampfer für ungefährlich und tauchte in knapp 100 Meter Entfernung auf. Kaum war er auf der Brücke, als die *Farnborough* die britische Kriegsflagge hißte und das Feuer eröffnete. Eine der ersten Granaten riß Hoppe den Kopf ab. Insgesamt wurden 45 Granaten abgefeuert; die meisten trafen das U-Boot, das dann sehr rasch sank. Acht Überlebende trieben danach im kalten ölverschmutzten Wasser, von denen nur zwei vom Q-Schiff gerettet werden konnten.
Auch die *Farnborough* war durch Hoppes Torpedo schwer beschädigt worden und drohte zu sinken, kam aber noch bis nach Berehaven und wurde dort auf Strand gesetzt. Campbell wurde für die Versenkung mit dem Victoria Cross ausgezeichnet, seine Männer mit zwei DSO, drei DSC, zehn DSM und 24 Ehrenvollen Erwähnungen. Man hielt alles, was Q-Schiffe betraf, so geheim, daß Campbells Auszeichnung nicht in der *Gazette* erwähnt und er als „Mystery VC" bezeichnet wurde.

Kapitänleutnant Hoppe hatte als Kommandant von U 22 am 21. Januar 1915 versehentlich das Schwesterschiff U 7 (siehe dort) durch Torpedo versenkt.

## UC 18

| | *Stapellauf* | *Indienststellung* |
|---|---|---|
| | 4.3.1916 | 15.8.1916 |

| | |
|---|---|
| Typ | UC II |
| Kommandant | Oberleutnant zur See W. Kiel (gefallen) |
| versenkt am | 19. Februar 1917 |
| Position | Ärmelkanal, 49°15'N 02°34'W |
| durch | Artillerie einer U-Bootfalle |
| Tote | 28 |
| Überlebende | keine |
| gehoben | nein |

Kiel und seine Männer mußten ihre Sorglosigkeit mit dem Leben bezahlen. Nachdem sie im Ärmelkanal durch einen Torpedo einen Dampfer (das Q-Schiff *Lady Olive*) gestoppt hatten, tauchten sie auf und umkreisten das „Opfer" ganz dicht, um den Namen erkennen zu können, ehe sie es versenkten. Plötzlich eröffneten die gut getarnten Geschütze des Q-Schiffs das Feuer und versenkten UC 18 in wenigen Minuten. Aber auch die *Lady Olive* war durch den Torpedo so schwer beschädigt worden, daß sie einige Stunden später sank.

## UC 32

| | *Stapellauf* | *Indienststellung* |
|---|---|---|
| | 12.8.1916 | 13.9.1916 |

| | |
|---|---|
| Typ | UC II |
| Kommandant | Oberleutnant zur See H. Breyer (gerettet) |
| versenkt am | 23. Februar 1917 |
| Position | Nordsee vor Sunderland, 55°15'N 01°20'W |
| durch | eigene Minen |
| Tote | 19 |
| Überlebende | 3 |
| gehoben | nein; das Wrack wurde am 26. Februar durch Taucher inspiziert, die u.a. einen Torpedo bargen |

UC 32 legte vor dem Roker-Pier-Leuchtturm Minen und wurde dabei durch eine eigene Mine versenkt, deren Verbindung zum Ankerstuhl sich zu schnell im Wasser aufgelöst hatte. Von einem Patrouillenboot wurden später Breyer und zwei seiner Männer aus dem Meer geborgen.

## UC 43

| | *Stapellauf* | *Indienststellung* |
|---|---|---|
| | 5.10.1916 | 25.10.1916 |
| Typ | UC II | |
| Kommandant | Kapitänleutnant E. Sebelin (gefallen) | |
| versenkt am | 10. März 1917 | |
| Position | n Muckle Flugga vor den Shetlands, 60°57'N 01°11'W | |
| durch | britisches U-Boot | |
| Tote | 26 | |
| Überlebende | keine | |
| gehoben | nein | |

Die britischen U-Boote E 49 und G 13 patrouillierten nördlich und östlich der Shetland-Inseln, um deutschen U-Booten den Weg in den Atlantik zu versperren. Am 10. März teilte der Kommandant von E 49 per Funk mit, er wolle wegen schlechten Wetters den Rückmarsch antreten; zwei Tage später wurde das Boot durch eine von UC 43 gelegte Mine versenkt. Der Kommandant von G 13, Lt-Cdr Bradshaw, blieb im zugewiesenen Operationsgebiet und sichtete am 10. März gegen 16 Uhr ein deutsches U-Boot. Bradshaw ging auf Tauchstation, hatte aber bei schwerem Sturm alle Mühe, sein Boot auf Sehrohrtiefe zu halten. Mächtige Wellen versperrten die Sicht. Als das deutsche U-Boot wieder zu sehen war, hatte es den Kurs geändert; Bradshaw lief mit äußerster Kraft hinterher. Schließlich feuerte er aus knapp 3000 Meter Entfernung zwei Torpedos ab, und als er schon anhand der gestoppten Zeit glaubte, das Ziel verfehlt zu haben, gab es eine starke Explosion; UC 43 ging über das Heck in die Tiefe.

## U 85

| | *Stapellauf* | *Indienststellung* |
|---|---|---|
| | 22.8.1916 | 23.10.1916 |
| Typ | U 81 | |
| Kommandant | Kapitänleutnant W. Petz (gefallen) | |
| versenkt am | 12. März 1917 | |
| Position | Ärmelkanal vor Start Point, 50°02'N 04°13'W | |
| durch | Artillerie einer U-Bootfalle | |
| Tote | 38 | |
| Überlebende | keine | |
| gehoben | nein | |

U 85 feuerte auf das Q-Schiff *Privet* einen Torpedo ab, der sein Ziel verfehlte. Dann tauchte das Boot auf und eröffnete mit dem Deckgeschütz das Feuer, das von der *Privet* erwidert wurde. Mehrere Granaten trafen das tauchende U-Boot, das so schwer beschädigt wurde, daß es über das Heck sank. Die durch Granaten beschädigte *Privet* wurde zunächst auf Strand gesetzt, später geborgen, repariert und wieder in Dienst gestellt.

## UB 6

| | *Stapellauf* | *Indienststellung* |
|---|---|---|
| | ? | 8.4.1915 |
| Typ | UB I | |
| Kommandant | Oberleutnant zur See Steckelberg (gerettet) | |
| gestrandet am | 12. März 1917 | |
| Position | Nordsee vor der holländischen Küste, 51°53'N 03°58'O | |
| durch | Strandung | |
| Tote | keine | |
| Überlebende | 14 | |
| gehoben | ja und in den Hafen Hellevoetsluis eingeschleppt | |

Im Nebel lief UB 6 an der holländischen Küste auf Strand; nach Klärung rechtlicher Fragen wurden Boot und Besatzung am 13. März von den Holländern interniert. Da UB 6 fahrtüchtig war, als das Boot strandete, konnten die Deutschen nicht erwarten, wie Schiffbrüchige behandelt zu werden. Vermutlich durch Schlamperei sank UB 6 am 18. März im Hafen Hellevoetsluis, wurde später gehoben und den Franzosen übergeben. Das Boot wurde 1921 in Brest abgewrackt.

## UC 68

| | *Stapellauf* | *Indienststellung* |
|---|---|---|
| | 12.8.1916 | 17.12.1916 |
| Typ | UC II | |
| Kommandant | Oberleutnant zur See H. Degetau (gefallen) | |
| versenkt am | 13. März 1917 | |
| Position | Ärmelkanal vor Start Point, 50°17'N 03°32'W | |
| durch | eigene Minen | |
| Tote | 27 | |
| Überlebende | keine | |
| gehoben | nein | |

UC 68 lief am 16. Februar zur ersten Feindfahrt von Zeebrugge aus. Am 13. März wurde vor Start Point eine heftige Explosion beobachtet, worauf die Briten eine Anzahl deutscher Minen räumten.

## U XXX

| | *Stapellauf* | *Indienststellung* |
|---|---|---|
| | 27.12.1916 | 17.2.1917 |
| Typ | UB II | |
| Kommandant | Linienschiffsleutnant Friedrich Fähndrich (gefallen) | |
| versenkt am | ? | |
| Position | Straße von Otranto oder zwischen Malta und Kreta | |
| durch | ? | |
| Tote | 14 | |
| Überlebende | keine | |
| gehoben | nein | |

U XXX lief am 31. März von Cattaro (heute Kotor) in das Seegebiet zwischen Malta und Kreta aus und blieb seither verschollen. In alliierten Quellen findet sich kein Hinweis auf eine Versenkung. Es ist möglich, daß das Boot auf eine Mine lief oder durch Havarie, verursacht durch technische Mängel am Boot oder menschliches Versagen, verlorenging.

## U 22

| | *Stapellauf* | *Indienststellung* |
|---|---|---|
| | 6.3.1913 | 25.11.1913 |
| Typ | U 23 | |
| Kommandant | Kapitänleutnant Bruno Hoppe (gerettet) | |
| versenkt am | 6. April 1917 | |
| Position | Nordsee vor Horns Reef | |
| durch | Mine | |
| Tote | ? | |
| Überlebende | vermutlich die ganze 27köpfige Besatzung | |
| gehoben | ja, repariert, aber nur noch als Schulboot benutzt | |

Die Deutschen hatten rings um Helgoland die ganze Deutsche Bucht vermint und für deutsche Schiffe einige Korridore frei gelassen. Natürlich waren die Briten an diesen Durchfahrten interessiert, um sie ihrerseits zu verminen. Sie legten in den drei ersten Monaten des Jahres 1917 über 4000 Minen in der Deutschen Bucht. Am Ausgang der von den Deutschen „Auslaufweg Blau" genannten Durchfahrt legten drei britische Minenleger 1235 Minen. Als U 22 am 6. April durch diese Passage lief, meldete der Kommandant einen Minentreffer im Achterschiff und das Sinken des Bootes, das aber von Torpedobooten eingeschleppt werden konnte, obwohl das Heck völlig zerfetzt war.

## UC 30

| | *Stapellauf* | *Indienststellung* |
|---|---|---|
| | 27.7.1916 | 22.8.1916 |
| Typ | UC II | |
| Kommandant | Oberleutnant zur See H. Stenzler (gefallen) | |
| versenkt am | 21. April 1917 | |
| Position | Nordsee vor Horns Reef, 55°20'N 07°15'O | |
| durch | Mine | |
| Tote | 27 | |
| Überlebende | keine | |
| gehoben | nein | |

Nachdem U 22 durch eine britische Mine beschädigt worden war, verlegten die Deutschen den Auslaufweg „Blau" westwärts, doch wurde die neue Ausfahrt von den Briten durch 1500 weitere Minen gesperrt. UC 30, mit allen Minen an Bord auf dem Rückmarsch, gab am 19. April die letzte Positionsmeldung durch und blieb seither verschollen. Schlechtes Wetter verhinderte die Suche mit Luftschiffen und Torpedobooten. Vermutlich lief UC 30 auf eine der neu gelegten britischen Minen, doch kann das Boot auch durch Havarie infolge technischer Mängel oder menschlichen Versagens gesunken sein.

## U 81

| | *Stapellauf* | *Indienststellung* |
|---|---|---|
| | 24.6.1916 | 22.8.1916 |
| Typ | U 81 | |
| Kommandant | Kapitänleutnant R. Weisbach (gerettet) | |
| versenkt am | 1. Mai 1917 | |
| Position | vor der irischen Westküste, 51°25'N 13°05'W | |
| durch | britisches U-Boot | |
| Tote | 24 | |
| Überlebende | 7 | |
| gehoben | nein | |

Das in Queenstown als U-Bootjäger mit Patrouillengebiet im Westen Irlands stationierte britische U-Boot E 54 (Lt-Cdr R.H. Raikes) überraschte U 81 beim Versenken eines Frachters. Als Weisbach auftauchte, um sein Opfer durch Geschützfeuer zu erledigen, tauchte Raikes ab. Während U 81 das Heck des Dampfers rundete, um seinen Namen abzulesen, lief E 54 am Bug des Schiffes vorbei und feuerte aus 400 Meter Entfernung zwei Torpedos ab. Die in die Boote gegangene Besatzung des Dampfers war verblüfft und wußte zunächst nicht, wer wen torpediert hatte, und hielt das auftauchende E 54 für ein deutsches

U-Boot, vor dem sie in panischer Angst davonruderte. Es dauerte einige Zeit, bis Raikes die Männer davon überzeugt hatte, daß er Engländer war, und sie überreden konnte, auf ihr Schiff zurückzukehren.

## UC 26

| | *Stapellauf* | *Indienststellung* |
|---|---|---|
| | 22.6.1916 | 18.7.1916 |

| | |
|---|---|
| Typ | UC II |
| Kommandant | Oberleutnant zur See Graf von Schmettow (gefallen) |
| versenkt am | 9. Mai 1917 |
| Position | vor der Themsemündung, 51°03'N 01°40'O |
| durch | Rammstoß eines Zerstörers |
| Tote | 24 |
| Überlebende | 2 |
| gehoben | nein |

UC 26 hatte vor Le Havre, Ouisterham und Cherbourg Minen gelegt und befand sich auf dem Rückmarsch. Am frühen Morgen des 9. Mai sichtete der britische Zerstörer *Milne* das deutsche U-Boot, das tauchen wollte, aber zu langsam war und von dem Zerstörer mittschiffs gerammt wurde (dabei wurde er selbst durch in den Bug eindringende Bootstrümmer stark beschädigt). Zwei weitere Zerstörer belegten das sinkende U-Boot mit Wasserbomben. Acht Mann konnten das Wrack verlassen, aber nur zwei von ihnen konnte die *Milne* bergen.

## UC 76

| | *Stapellauf* | *Indienststellung* |
|---|---|---|
| | 25.11.1916 | 17.12.1916 |

| | |
|---|---|
| Typ | UC II |
| Kommandant | Oberleutnant zur See Barten (gefallen) |
| versenkt am | 10. Mai 1917 |
| Position | Nordsee, Helgoland, 54°10'N 07°54'O |
| durch | eigene Minen |
| Tote | 15 |
| Überlebende | 11 |
| gehoben | Noch am gleichen Tag vom Bergungsschiff *Oberelbe* gehoben, außer Dienst gestellt, ab Juli 1918 als Schulboot benutzt |

Beim Verladen von Minen in Helgoland rutschte eine Mine ab und explodierte unter dem U-Boot. Bei Kriegsende lief das Boot, um nicht in britische Gefangenschaft zu geraten, nach Schweden, wo die Besatzung am 13. November 1918 in Karlskrona interniert wurde. Am 1. Dezember 1918 wurde das Boot den Briten übergeben und 1919/20 in Briton Ferry abgewrackt.

## U 59

| | *Stapellauf* | *Indienststellung* |
|---|---|---|
| | 20.6.1916 | 7.9.1916 |

| | |
|---|---|
| Typ | U 43 |
| Kommandant | Kapitänleutnant Freiherr von Fircks (gefallen) |
| versenkt am | 14. Mai 1917 |
| Position | Nordsee bei Horns Reef, 55°33'N 07°15'O |
| durch | deutsche Mine |
| Tote | 33 |
| Überlebende | 4 |
| gehoben | nein |

Als Antwort auf die britische Verminung der Deutschen Bucht legten die Deutschen vor Horns Reef zwei weitere Minengürtel. Am Abend des 14. Mai wurde U 59 von drei Sperrbrechern in die Nordsee geleitet. In rauher See kamen die Deutschen weiter nach Norden ab, als sie beabsichtigen, und U 59 lief auf eine der neu gelegten deutschen Minen. Ein Großteil der Besatzung konnte zunächst gerettet werden, doch im Dunkel und im allgemeinen Durcheinander gerieten die Begleitschiffe ebenfalls in den deutschen Minengürtel, so daß schließlich nur vier Mann von U 59 überlebten.

## UB 39

| | *Stapellauf* | *Indienststellung* |
|---|---|---|
| | 29.12.1915 | 29.4.1916 |

| | |
|---|---|
| Typ | UB II |
| Kommandant | Oberleutnant zur See H. von Küster (gefallen) |
| versenkt am | 14./15. Mai 1917 |
| Position | Ärmelkanal, 50°20'N 01°20'O |
| durch | Mine |
| Tote | 24 |
| Überlebende | keine |
| gehoben | nein |

UB 39 ging im Ärmelkanal verloren. Nachdem das Boot offiziell als überfällig geführt wurde, meldete UB 12, bei der britischen 9A-Tonne eine Unterwasserdetonation beobachtet zu haben. Da sich die deutschen U-Boote beim Durchlaufen des Ärmelkanals an dieser Fahrwassertonne orientierten, ist anzunehmen, daß UB 39 hier auf eine Mine gelaufen ist.

## U V

| | *Stapellauf* | *Indienststellung* |
|---|---|---|
| | 10.2.1909 | 1.4.1910 |

| | |
|---|---|
| Typ | Holland |
| Kommandant | Linienschiffsleutnant Friedrich Schlosser (gerettet) |
| versenkt am | 16. Mai 1917 |
| Position | Adria, Fasana-Kanal, 44°57'8"N 13°44'2"O |
| durch | Mine |
| Tote | 6 |
| Überlebende | 17 |
| gehoben | am 23.6.1917, aber nicht wieder in Dienst gestellt, sondern bis Kriegsende als Schulboot benutzt |

Während einer Torpedoschießübung lief U V in 9,5 Meter Tiefe auf eine Mine. Schlosser konnte das Boot auf 4,3 Meter Tiefe hochbringen, so daß Überlebende der Besatzung von Bord gehen konnten.

## UC 36

| | *Stapellauf* | *Indienststellung* |
|---|---|---|
| | 25.6.1916 | 3.11.1916 |

| | |
|---|---|
| Typ | UC II |
| Kommandant | Kapitänleutnant G. Buch (gefallen) |
| versenkt im | Mai 1917 |
| Position | Ärmelkanal |
| durch | ? |
| Tote | 27 |
| Überlebende | keine |
| gehoben | nein |

Zum Minenlegen vor dem Nab-Feuerschiff und den Needles lief UC 36 am 16. Mai von Zeebrugge aus. Die beim Feuerschiff gelegten Minen wurden von den Briten geräumt, aber vor den Needles wurden keine deutschen Minen entdeckt. Vielleicht wurde das U-Boot von einer eigenen Mine zerrissen, doch kann es auch durch Havarie infolge technischer Mängel oder menschlichen Versagens gesunken sein.

## UB 36

| | *Stapellauf* | *Indienststellung* |
|---|---|---|
| | 15.1.1916 | 22.5.1916 |

| | |
|---|---|
| Typ | UB II |
| Kommandant | Oberleutnant zur See von Keyserlingk (gefallen) |
| versenkt am | 21. Mai 1917 |
| Position | vor Ushant, 48°42'N 05°14'W |
| durch | Rammstoß |
| Tote | 23 |
| Überlebende | keine |
| gehoben | nein |

UB 36 hatte vor Ushant einen französischen Geleitzug angegriffen und ein Schiff versenkt. Vierzig Minuten später feuerte das Boot einen weiteren Torpedo ab, der sein Ziel verfehlte. Der Steuermann des Dampfers *Molière* änderte den Kurs, folgte der Blasenspur des Torpedos und rammte das unter Wasser deutlich sichtbare U-Boot. Mächtige Luftblasen verrieten, daß UB 36 getroffen und versenkt war.

## UC 24

| | *Stapellauf* | *Indienststellung* |
|---|---|---|
| | 4.3.1916 | 17.8.1916 |

| | |
|---|---|
| Typ | UC II |
| Kommandant | Kapitänleutnant K. Willich (gefallen) |
| versenkt am | 24. Mai 1917 |
| Position | Adria, Bocce di Cattaro, 42°06'N 18°09'O |
| durch | französisches U-Boot |
| Tote | 24 |
| Überlebende | 2 |
| gehoben | nein |

UC 24 und UC 74 liefen gemeinsam von Cattaro aus. Vor der Bucht patrouillierte das französische U-Boot *Circe* (Leutnant zur See de Cambourg). Der erfahrene de Cambourg lief so nahe unter der Küste, wie es ihm die scharfäugigen österreichischen Küstenwachen und die Minensperren erlaubten (diese wurden nach 1914/15 gelegt, denn damals konnten französische U-Boote noch ungefährdet bis in den Hafen von Cattaro vorstoßen). Er sichtete die direkt auf ihn zulaufenden U-Boote. UC 74 lief mit äußerster Kraft und konnte von ihm nicht eingeholt werden, aber UC 24 war nur 250 Meter entfernt und wurde durch zwei Torpedos der *Circe* versenkt.

## UC 29

| | *Stapellauf* | *Indienststellung* |
|---|---|---|
| | 15.7.1916 | 15.8.1916 |

| | |
|---|---|
| Typ | UC II |
| Kommandant | Kapitänleutnant Ernst Rosenow (gefallen) |
| versenkt am | 7. Juni 1917 |

| | |
|---|---|
| Position | vor der irischen Südküste, 51°50'N 11°50'W |
| durch | Artillerie einer U-Bootfalle |
| Tote | 23 |
| Überlebende | 1 Offizier, 1 Mannschaftsgrad |
| gehoben | nein |

Kurz nach 8 Uhr wurde das Q-Schiff *Pargust* (Cdr Gordon Campbell) steuerbords von einem Torpedo getroffen. Die „Panikgruppe" ging in die Boote. Lt Francis Hereford spielte mit Melone auf dem Kopf und einem Käfig mit einem ausgestopften Papagei in der Hand dabei überzeugend die Rolle eines verzweifelten Handelskapitäns. Fast eine halbe Stunde lang umkreiste das U-Boot, oft weniger als 50 Meter entfernt, in Sehrohrtiefe sein Opfer, tauchte dann auf und verfolgte die Rettungsboote, um die „Schiffbrüchigen" zu befragen und den vermeintlichen Kapitän gefangenzunehmen. Doch die Männer ruderten, gefolgt von UC 29, zu ihrem Schiff zurück und waren im Bewußtsein, das U-Boot in den Untergang zu ködern, derart aufgekratzt, daß sie so laut lachten, daß man es bis zur *Pargust* hörte und Campbell schon befürchtete, daß die Deutschen dadurch mißtrauisch würden.

Als UC 29 sich der *Pargust* näherte, rissen die an Bord Gebliebenen plötzlich die Verkleidungen von den Geschützen. Das U-Boot schoß aus 50 Meter Entfernung einen Torpedo ab (der sein Ziel verfehlte) und eröffnete mit dem Deckgeschütz das Feuer. Dann stoppte es, wurde von mehreren Granaten des Q-Schiffs getroffen und bekam Schlagseite nach Steuerbord. Das Luk des Maschinenraums öffnete sich, und mehrere Mann kamen an Deck, um sich offenbar zu ergeben. Campbell ließ das Feuer einstellen, befahl aber sofort wieder zu schießen, sollte das U-Boot zu entkommen versuchen. Dessen auf Deck stehende Männer wurden von einer hohen Welle weggerissen, und weitere Granaten der *Pargust* brachten die von UC 29 geladenen Minen zur Explosion und zerfetzten das Boot. Die noch in den Rettungsbooten befindliche Panikgruppe rettete zwei Überlebende, darunter einen Offizier, der zu Campbell auf die Brücke gebracht wurde und das versenkte Boot als UC 29 identifizierte.

Die *Pargust* wurde von der Sloop *Crocus* in Schlepp genommen und erreichte tags darauf unter dem Schutz der Sloop *Zinnia* und des amerikanischen Zerstörers *Cushing* Queenstown. Wie üblich, wurde Campbell aufgefordert, Offiziere und Mannschaftsgrade seiner Besatzung für Auszeichnungen vorzuschlagen, doch Campbell meinte, jeder seiner Männer habe sich tapfer geschlagen, so daß keiner zu bevorzugen sei. Nach § 13 der Satzung des Victoriakreuzes zeichnete König Georg V das Schiff durch zwei Victoriakreuze aus, die einem Offizier und einem Mannschaftsgrad in geheimer Abstimmung verliehen werden sollten. Die Glücklichen waren Lt Donald Stuart, der schon den DSO besaß, und Vollmatrose William Williams, der bereits die DSM hatte. Campbell erhielt das Band zum DSO und wurde vorzeitig zum Captain befördert. Weiter wurden für die Versenkung von UC 29 zwei DSO, zwei DSC, acht DSM und elf Ehrenvolle Erwähnungen verliehen.

## UC 66

| | *Stapellauf* | *Indienststellung* |
|---|---|---|
| | 15.7.1916 | 18.11.1916 |
| Typ | UC II | |
| Kommandant | Oberleutnant zur See Herbert Pustkuchen (gefallen) | |
| versenkt am | 12. Juni 1917 | |
| Position | Ärmelkanal vor The Lizard, 49°56'N 05°10'W | |
| durch | Wasserbombe | |
| Tote | 23 | |
| Überlebende | keine | |
| gehoben | nein | |

Im Juni 1917 stattete die Royal Navy mehrere im westlichen Ärmelkanal operierende Patrouillenschiffe mit Hydrophonen (Unterwasserhorchgeräten) aus, um der wachsenden U-Bootgefahr in diesem Gewässer Herr zu werden. UC 66 tauchte eine knappe Seemeile vor dem Trawler *Sea King* auf. Entweder hielt Pustkuchen das Schiff für eine leichte Beute, oder er hatte es gar nicht bemerkt. Die *Sea King* lief auf das U-Boot zu, zwang es zum Tauchen und warf dann eine Wasserbombe in den Heckwirbel. Auf deren Explosion folgten sechs weitere sehr starke Detonationen unter Wasser, die wohl von den im U-Boot befindlichen Minen herrührten.

Als Kommandant von UB 29 hatte Pustkuchen am 24. März 1916 den Kanaldampfer *Sussex* torpediert und versenkt. Unter den Passagieren des Schiffes waren 25 Amerikaner, und so gab es aus den USA heftige diplomatische Proteste, die dazu führten, daß die Deutschen die zweite Phase ihres uneingeschränkten U-Bootkriegs zunächst beendeten.

# U 99

| | *Stapellauf* | *Indienststellung* |
|---|---|---|
| | 27.1.1917 | 28.3.1917 |

Typ U 81
Kommandant Kapitänleutnant M. Eltester (gefallen)
versenkt am 7. Juli 1917
Position Nordsee, 58°00'N 03°05'O
durch britisches U-Boot
Tote 40
Überlebende keine
gehoben nein

U 99 operierte zwischen Norwegen und den Shetlands und hatte am 6. Juli rund 70 Seemeilen vom Pentland Firth entfernt den Zerstörer *Itchen* versenkt. Tags darauf sichtete das britische U-Boot J 2 ein deutsches U-Boot in drei bis vier Kilometer Entfernung und feuerte vier Torpedos ab, von denen einer U 99 traf und innerhalb weniger Minuten versenkte.

# UC 1

| | *Stapellauf* | *Indienststellung* |
|---|---|---|
| | 26.4.1915 | 7.5.1915 |

Typ UC I
Kommandant Oberleutnant zur See Mildenstein (gefallen)
versenkt am 19. Juli 1917
Position Ärmelkanal vor Nieuport
durch Mine
Tote 17
Überlebende keine
gehoben nein

Am 14. Juli 1917 legten die Briten über den Sandbänken vor Nieuport mehr als 150 Minen, um den von Zeebrugge auslaufenden deutschen U-Booten den Weg zu versperren. Vier Tage später lief UC 1, der erste der kleineren UC-Minenleger, zu einer Minenoperation vor Calais aus. Das Boot kehrte nie von diesem Einsatz zurück und lief wahrscheinlich in der neuen britischen Sperre auf eine Mine.

# UC 61

| | *Stapellauf* | *Indienststellung* |
|---|---|---|
| | 11.11.1916 | 13.12.1916 |

Typ UC II
Kommandant Oberleutnant zu See G. Gerth (gerettet)
versenkt am 26. Juli 1917
Position Ärmelkanal w Boulogne, 50°53'N 01°37'O
durch Selbstversenkung
Tote keine
Überlebende 26
gehoben nein

UC 61 lief in der Nähe von Kap Gris Nez auf Grund und konnte nicht mehr flottgemacht werden. Gerth vernichtete alle Papiere und sprengte sein Boot, die ganze Besatzung wurde durch in der Nähe lagernde belgische Kavallerie gefangengenommen. Trotz der Zerstörung von UC 61 konnte noch viel Interessantes geborgen werden, so ein intaktes Periskop (die deutschen Sehrohre waren den britischen überlegen) und Seekarten, in die deutsche und britische Minenfelder eingezeichnet waren.

In französischen Quellen heißt es, UC 61 habe einen Offizier an Bord gehabt, bei dem man eine hohe Summe des Geldes gefunden habe, das von den Militärbehörden in Calais und Boulogne für britische Truppen gedruckt worden war; vermutlich sei er ein Spion gewesen, der von UC 61 an Land gesetzt werden sollte. In britischen Quellen ist davon keine Rede, und in der Tat ist so etwas eher unwahrscheinlich, denn ein echter Spion hätte wohl vor der Gefangennahme alle Beweismittel vernichtet.

# UB 20

| | *Stapellauf* | *Indienststellung* |
|---|---|---|
| | 26.9.1915 | 10.2.1916 |

Typ UB II
Kommandant Oberleutnant zur See H. Glimpf (gefallen)
versenkt am 28. Juli 1917
Position vor Zeebrugge
durch ?
Tote 13
Überlebende keine
gehoben nein

UB 20 lief am 28. Juli von Zeebrugge aus, um nach Reparaturen, die im Rahmen der üblichen Instandhaltungsarbeiten gemacht worden waren, Tauchmanöver zur Überprüfung des Bootes durchzuführen. Die Manöver sollten nur ein paar Stunden dauern, aber das Boot kehrte nicht mehr zurück. Vermutlich lief es auf eine Mine oder sank durch Havarie infolge technischer Mängel (es war schließlich eben erst überholt worden) oder menschlichen Versagens.

## UB 27

| | *Stapellauf* | *Indienststellung* |
|---|---|---|
| | 10.2.1916 | 23.2.1916 |
| Typ | UB II | |
| Kommandant | Oberleutnant zur See Freiherr von Stein und Lausnitz (gefallen) | |
| versenkt am | 29. Juli 1917 | |
| Position | vor der englischen Ostküste bei der Smith's-Knoll-Spar-Tonne, 52°47'N 02°24'O | |
| durch | Rammstoß/Wasserbomben | |
| Tote | 22 | |
| Überlebende | keine | |
| gehoben | nein | |

Das alte Torpedokanonenboot (Vorläufer des Zerstörers) *Halcyon* sichtete vor der Smith's-Knoll-Spar-Tonne das Sehrohr eines deutschen U-Boots, lief mit äußerster Kraft darauf zu, rammte das Boot und warf zwei der neuen 500-lb-Wasserbomben. Ein großer Ölfleck schwamm auf. Später wurde die Stelle mit Grundschleppleinen untersucht, die ein großes Hindernis erfaßten. Taucher stiegen hinab, konnten aber das Wrack wegen schlechter Sicht unter Wasser nicht finden.

## U 69

| | *Stapellauf* | *Indienststellung* |
|---|---|---|
| | 24.6.1915 | 4.9.1915 |
| Typ | U 66 | |
| Kommandant | Kapitänleutnant Wilhelms (gefallen) | |
| versenkt im | Juli 1917 | |
| Position | sw Irland | |
| durch | ? | |
| Tote | 40 | |
| Überlebende | keine | |
| gehoben | nein | |

U 69 lief am 9. Juli 1917 von Emden in das Seegebiet südwestlich vor Irland aus. Am 11. Juli stand das Boot laut Positionsmeldung vor der norwegischen Südküste und meldete sich danach nicht mehr. Aufgefangener britischer Funkverkehr läßt darauf schließen, daß U 69 bis zum 23. Juli im zugewiesenen Operationsgebiet patrouillierte.

Keine britischen oder amerikanischen Quellen melden die Versenkung von U 69. Vielleicht lief das Boot auf eine Treibmine oder ging durch Havarie infolge technischer Mängel oder menschlichen Versagens verloren.

## UC 44

| | *Stapellauf* | *Indienststellung* |
|---|---|---|
| | 10.10.1916 | 4.11.1916 |
| Typ | UC II | |
| Kommandant | Kapitänleutnant Kurt Tebbenjohanns (gerettet) | |
| versenkt am | 4. August 1917 | |
| Position | vor Waterford an der irischen Südküste, 52°07'N 06°59'W | |
| durch | deutsche Mine | |
| Tote | 28 | |
| Überlebende | 1 | |
| gehoben | im September 1917 und abgewrackt | |

UC 44 wurde das Opfer einer geschickten Manipulation des Funkverkehrs, die Konteradmiral W. „Blinker" Hall, der überaus fähige Leiter des Marinenachrichtendienstes, ersonnen hatte. Aus aufgefangenem deutschem Funkverkehr wußte Hall, daß die Deutschen den britischen Code kannten, mit dem die Räumung deutscher Minenfelder gemeldet wurde. Hall vereinbarte mit dem CinC von Queenstown, Admiral Sir Lewis Bayley, daß die nächsten entdeckten deutschen Minenfelder zwar markiert und in der üblichen Weise gemeldet, aber nicht geräumt werden sollten. So geschah es mit den Minen, die UC 42 im Juni 1917 vor der irischen Südküste gelegt hatte. Da die Deutschen diese Minen für geräumt hielten, sollte UC 44 die Stelle erneut verminen. Es kam, wie es kommen mußte, und UC 44 lief auf eine der von UC 42 ausgelegten Minen. Von der Besatzung konnte sich nur Tebbenjohanns durch einen spektakulären Ausstieg ohne Tauchretter durch das Turmluk retten.

Das Wrack wurde am 26. September bei Waterford an Land gespült. Man fand darin einiges Interessante, so die Befehle mit den Plänen für das sichere Passieren der Straße von Dover.

## U 44

| | *Stapellauf* | *Indienststellung* |
|---|---|---|
| | 15.10.1914 | 7.5.1915 |
| Typ | U 43 | |
| Kommandant | Kapitänleutnant P. Wagenführ (gefallen) | |
| versenkt am | 12. August 1917 | |
| Position | vor der norwegischen Südküste, 58°51'N 04°20'O | |
| durch | Rammstoß | |
| Tote | 44 | |
| Überlebende | keine | |
| gehoben | nein | |

U 44 operierte erfolglos im Seegebiet westlich von St. Kilda. Mehrmals stieß das U-Boot auf U-Bootfallen, und am 5. August war Wagenführ durch das Q-Schiff *Chagford* so überraschend zum Tauchen gezwungen worden, daß Wasser in die Batterien gelangte. Nach einer Begegnung mit U 84 westlich der Hebriden entschloß sich Wagenführ zum Rückmarsch, doch war die FT-Verbindung so schlecht, daß die Funkzentrale des Hauptquartiers der Reichsmarine in Nauen bei Berlin erst nach 24 Stunden die Meldung klar empfangen konnte, U 44 werde um 06.00 Uhr am 13. August vor Lyngvig warten, um durch die deutschen Minenfelder geleitet zu werden.

Diese Meldung wurde auch von den Briten aufgefangen und entschlüsselt. Sie alarmierten das vor Norwegen patrouillierende 3. Geschwader Leichter Kreuzer. Der dazu gehörende Zerstörer *Oracle* sichtete am Horizont am 12. August gegen 06.00 Uhr ein verdächtiges Schiff und lief darauf zu, um es in Augenschein zu nehmen. Es war U 44 mit einem zur Tarnung gesetzten Segel. Warum Wagenführ so lange an der Oberfläche blieb, wissen wir nicht; vielleicht konnte er wegen der beschädigten Batterien nicht mehr für längere Zeit tauchen.

Die Ausgucks der *Oracle* erkannten beim Näherkommen die verräterischen Formen eines U-Boots, das tauchte, ehe der Zerstörer das Feuer eröffnen konnte. Nach weniger als zehn Minuten tauchte Wagenführ wieder auf, dann wieder ab und noch einmal auf; offensichtlich war das Boot nicht mehr ordnungsgemäß zu trimmen oder die Luft im Boot durch Chlorgasdämpfe der Batterien so schlecht, daß Wagenführ nicht auf Tauchstation bleiben konnte. Sekunden nach dem zweiten Auftauchen wurde U 44 von der *Oracle* gerammt und mit einer Wasserbombe belegt. Öl und Wrackteile schwammen auf, darunter Teile der Korkisolation des Bootskörpers, die als Beweise für die Versenkung aus dem Wasser gefischt wurden.

## UC 72

| | *Stapellauf* | *Indienststellung* |
|---|---|---|
| | 12.8.1916 | 5.12.1916 |
| Typ | UC II | |
| Kommandant | Kapitänleutnant E. Voigt (gefallen) | |
| versenkt am | 20. August 1917 | |
| Position | Golf von Biscaya, 46°00'N 08°48'W | |
| durch | Artillerie einer U-Bootfalle | |
| Tote | 31 | |
| Überlebende | keine | |
| gehoben | nein | |

UC 72 lief am 12. August von Zeebrugge aus, um vor der französischen Küste Minen zu legen und danach im Golf von Biscaya Handelskrieg zu führen. Am 19. August überstand das Boot eine Begegnung mit der U-Bootfalle *Penshurst*, stieß aber tags darauf auf das Q-Schiff *Acton*, dessen Panikgruppe unverzüglich von Bord ging, nachdem auf dem Schiff Feuer entzündet worden waren, um schwere Schäden vorzutäuschen. Bei seiner Erkundung auf Sehrohrtiefe kam Voigt der *Acton* so nahe, daß er mit dem Boot sogar an den Schiffsrumpf stieß. Beim Auftauchen wurde das Boot von zahlreichen Granaten getroffen und ging sofort unter. Überlebende gab es keine.

UC 72 war das letzte von einer U-Bootfalle versenkte deutsche U-Boot. Solange die deutschen U-Boote die Prisenordnung beachteten und vor dem Versenken eines Schiffes auftauchten, um sich von dessen Identität zu überzeugen, waren Köderschiffe zur U-Bootbekämpfung von Nutzen. Nachdem aber die U-Bootkommandanten mißtrauischer geworden waren und der uneingeschränkte U-Bootkrieg erklärt worden war, konnten Q-Schiffe nur noch wenig ausrichten.

## UC 41

| | *Stapellauf* | *Indienststellung* |
|---|---|---|
| | 3.9.1916 | 11.10.1916 |
| Typ | UC II | |
| Kommandant | Oberleutnant zur See H. Förste (gefallen) | |
| versenkt am | 21. August 1917 | |
| Position | vor der Taymündung, 56°25'N 02°35'W | |
| durch | eigene Minen und Wasserbomben | |
| Tote | 27 | |
| Überlebende | keine | |
| gehoben | nein | |

Die am 21. August vor der Taymündung kreuzenden Patrouillenboote *Jacinth*, *Thomas Young* und *Chikara* beobachteten eine starke Explosion unter Wasser und liefen zur vermuteten Position. Dort nahmen sie mit den Horchgeräten das Geräusch laufender Elektromotoren wahr. Sie warfen Wasserbomben, worauf Öl und Luftblasen aufschwammen. Es folgte eine weitere starke Detonation, durch die Wrackfetzen und Leichen-

teile nach oben geschleudert wurden. Taucher untersuchten später das Wrack und bargen unter anderem das Deckgeschütz, durch welches das Boot als UC 41 identifiziert werden konnte.
UC 41 hatte vor der Taymündung Minen gelegt und entweder durch das Sehrohr oder das Horchgerät die Patrouillenboote ausgemacht. Förste wollte wahrscheinlich getaucht aus dem Gebiet ablaufen und fiel dabei einer eigenen Mine zum Opfer, was die erste Explosion erklärt. Die zweite Explosion wurde vermutlich ebenfalls durch Förstes Minen ausgelöst, die durch die Wasserbomben zur Detonation gebracht wurden.

## U 50

| | *Stapellauf* | *Indienststellung* |
|---|---|---|
| | 31.12.1915 | 4.7.1916 |
| Typ | U 43 | |
| Kommandant | Kapitänleutnant G. Berger (gefallen) | |
| versenkt | August/September 1917 | |
| Position | vor Terschelling, genaue Position nicht bekannt | |
| durch | ? | |
| Tote | 44 | |
| Überlebende | keine | |
| gehoben | nein | |

U 50 war eben zur Feindfahrt ausgelaufen und durch den Auslaufweg „Gelb" geleitet worden, der durch die Defensivminenfelder in der Deutschen Bucht führte. Am 31. August gab das Boot eine Positionsmeldung durch, nach der es laut Beobachterdienst der Deutschen auf 55°15'N 04°10'O stand. Seither blieb U 50 verschollen, keine britischen Quellen melden eine Versenkung dieses Bootes. Ende September wurde Bergers Leiche an einer der Nordfriesischen Inseln angetrieben; eine Untersuchung ergab, daß die Leiche etwa einen Monat lang im Wasser gewesen war.
Wahrscheinlich lief U 50 auf eine der fast 2000 Minen, welche die Briten Anfang August an den Ausgängen der minenfreien Auslaufwege für deutsche Schiffe gelegt hatten; am 22. August sichtete UB 21 einen ablaufenden britischen Minenleger vor dem Auslaufweg „Gelb", meldete dies jedoch nicht weiter. U 50 mußte dieses Seegebiet passieren. Daß das Boot auf eine dieser Minen gelaufen ist, ist wahrscheinlich, es kann aber auch durch Havarie infolge technischer Mängel oder menschlichen Versagens verlorengegangen sein.

## U 28

| | *Stapellauf* | *Indienststellung* |
|---|---|---|
| | 30.8.1913 | 26.6.1914 |
| Typ | U 23 | |
| Kommandant | Kapitänleutnant G. Schmidt (gefallen) | |
| versenkt am | 2. September 1917 | |
| Position | Barentssee vor dem Nordkap, 72°24'N 27°56'O | |
| durch | Explosion des Dampfers *Olive Branch* | |
| Tote | 39 | |
| Überlebende | keine | |
| gehoben | nein | |

U 28 hatte den mit Munition beladenen Frachter *Olive Branch*, der nach Archangelsk unterwegs war, durch einen Torpedo beschädigt. Nachdem die Besatzung des Frachters von Bord gegangen war, tauchte Schmidt auf, um das Schiff durch Geschützfeuer zu versenken. Durch die zweite Granate wurde die Munition im Frachter zur Explosion gebracht. Herumfliegende Trümmer beschädigten U 28 so schwer, daß das U-Boot sank. Zwar konnten einige Überlebende noch aussteigen, wurden aber von der in die Rettungsboote gegangenen Besatzung der *Olive Branch* nicht aufgenommen.
Ähnlich erging es U 132 am 4. November 1942 (siehe dort).

## U 66

| | *Stapellauf* | *Indienststellung* |
|---|---|---|
| | 22.4.1915 | 23.7.1915 |
| Typ | U 66 | |
| Kommandant | Kapitänleutnant G. Muhle (gefallen) | |
| versenkt im | September 1917 | |
| Position | Nordsee in Höhe der Doggerbank, genaue Position nicht bekannt | |
| durch | ? | |
| Tote | 40 | |
| Überlebende | keine | |
| gehoben | nein | |

U 66 durchlief ohne Zwischenfälle die deutschen und englischen Minenfelder in der Deutschen Bucht und meldete am 3. September eine Position unweit der Doggerbank. Seither blieb das Boot verschollen. Es kann auf eine Mine gelaufen sein oder ging vielleicht auch durch Havarie infolge technischer Mängel oder menschlichen Versagens verloren.

## U 88

| | *Stapellauf* | *Indienststellung* |
|---|---|---|
| | 22.6.1916 | 7.4.1917 |
| Typ | U 66 | |
| Kommandant | Kapitänleutnant Walther Schwieger (gefallen) | |
| versenkt am | 5. September 1917 | |
| Position | Nordsee vor Terschelling, genaue Position nicht bekannt | |
| durch | Mine | |
| Tote | 43 | |
| Überlebende | keine | |
| gehoben | nein | |

U 88 lief im Kielwasser von U 54 (Heeseler) von Helgoland in die Nordsee. Beide Boote benutzten den Auslaufweg „Gelb" und gerieten an dessen Ausgang in die britische Minensperre. Dort schrammte die Ankerkette einer Mine am Bootskörper von U 54 entlang. Als dieses Boot auf 54°09'N 04°47'O stand, hörte die Besatzung im Abstand von zehn Minuten zwei Explosionen unter Wasser. U 88 meldete sich seither nicht mehr, wurde also höchstwahrscheinlich durch eine britische Mine versenkt.
Als Kommandant von U 20 hatte Schwieger am 7. Mai 1915 den Cunard-Liner *Lusitania* versenkt, was weltweite Empörung ausgelöst hatte.

## UC 42

| | *Stapellauf* | *Indienststellung* |
|---|---|---|
| | 21.9.1916 | 18.11.1916 |
| Typ | UC II | |
| Kommandant | Oberleutnant zur See Müller (gefallen) | |
| versenkt am | 10. September 1917 | |
| Position | irische Südküste vor Cork, 51°44'N 08°18'W | |
| durch | eigene Minen | |
| Tote | 27 | |
| Überlebende | keine | |
| gehoben | nein, Wrack durch Taucher untersucht | |

Beim Minenlegen vor Cork wurde UC 42 durch eigene Minen versenkt. Erst Ende Oktober wurden Patrouillenboote auf einen Ölteppich aufmerksam und warfen dort Wasserbomben. Am 3. November untersuchte ein Taucher das Wrack von UC 42. Der Minenladeraum im Bug war leer, das Heck zerfetzt. Das deutet darauf hin, daß sich bei einer der Minen die Verbindung zum Ankerstuhl vorzeitig im Wasser aufgelöst hatte und die Mine gegen das Heck geprallt und explodiert war. Die Luken von Bug und Turm waren offen; vermutlich hatte die Besatzung von Bord gehen wollen. Leichen wurden nicht gefunden. Später barg man noch einiges aus dem Boot, so das Sehrohr, eine Telefonboje und Dokumente, darunter das Logbuch, dessen letzte Eintragung vom 10. September stammte.
Die Deutschen erfuhren von der Versenkung von UC 42 erst durch zwei amerikanische Kriegsgefangene des US-Zerstörers *Jacob Jones*, der am 6. Dezember von U 53 versenkt wurde. Sie berichteten, Taucher hätten das Wrack eines Minenleger-U-Boots vor Cork untersucht. Bei diesem kann es sich nur um UC 42 gehandelt haben. Das Boot sank – eine Ironie des Schicksals – unweit der Stelle, wo UC 44 auf eine von UC 42 gelegte Mine gelaufen war.

## U 49

| | *Stapellauf* | *Indienststellung* |
|---|---|---|
| | 26.11.1915 | 31.5.1916 |
| Typ | U 43 | |
| Kommandant | Kapitänleutnant R. Hartmann (gefallen) | |
| versenkt am | 11. September 1917 | |
| Position | Golf von Biscaya, 46°17'N 14°42'W | |
| durch | Rammung/Artillerie | |
| Tote | 43 | |
| Überlebende | keine | |
| gehoben | nein | |

U 49 sollte westlich der Doggerbank ein Seekabel durchtrennen, meldete aber, daß der Trennapparat nicht funktionierte und das Boot zum Handelskrieg in den Atlantik weiterlaufen wolle. Seither meldete sich U 49 nicht mehr. Am 11. September lieferte sich der Frachter *British Transport* ein Artillerieduell mit einem deutschen U-Boot, das bald tauchte, und sichtete bei Anbruch der Nacht direkt voraus die Blasenspuren zweier Torpedos, denen das Schiff ausweichen konnte. Mit äußerster Kraft voraus lief der Frachter zu einem phosphoreszierenden Streifen, an dessen Ende der Ausguck einen dunklen Schatten ausmachte, der die Form eines U-Boots hatte. Alle britischen Kapitäne hatten die Anweisung, im Zweifelsfall sofort zu rammen. Das tat auch die *British Transport*. Das U-Boot stoppte und begann über das Heck zu sinken. Als drei Mann der Besatzung an Deck kamen und um Hilfe riefen, explodierte eine Granate des Frachters im Bootsinneren. U 49 ging rasch in die Tiefe; Überlebende konnten in der Dunkelheit von der *British Transport* nicht geborgen werden.

## U 45

| | *Stapellauf* | *Indienststellung* |
|---|---|---|
| | 15.4.1915 | 9.10.1915 |
| Typ | U 43 | |
| Kommandant | Kapitänleutnant R. Sittenfeld (gefallen) | |
| versenkt am | 12. September 1917 | |
| Position | w Shetland-Inseln, 55°48'N 07°30'W | |
| durch | britisches U-Boot | |
| Tote | 43 | |
| Überlebende | 2 | |
| gehoben | nein | |

U 45 wurde an der Oberfläche vom britischen U-Boot D 7 mit einem Torpedo aus dem Heckrohr beschossen und versenkt. Zwei Überlebende wurden gerettet, darunter der Funker.

## UB 32

| | *Stapellauf* | *Indienststellung* |
|---|---|---|
| | 4.12.1915 | 11.4.1916 |
| Typ | UB II | |
| Kommandant | Kapitänleutnant Hans von Dittfurth (gefallen) | |
| versenkt am | 22. September 1917 | |
| Position | Ärmelkanal beim Sunk-Feuerschiff, 50°08'N 01°13'W | |
| durch | Luftangriff | |
| Tote | 23 | |
| Überlebende | keine | |
| gehoben | nein | |

UB 32 war das erste durch ein Flugzeug versenkte deutsche U-Boot, aber nicht das erste U-Boot überhaupt, das aus der Luft versenkt wurde; dies war die französische *Foucault*, die am 15. September 1915 einem österreichischen Flugzeug zum Opfer fiel. Das britische Curtiss-H8-Large-America-Flugboot, mit Kennummer 8695 der RNAS (Royal Navy Air Squadron) und der Besatzung Flt Sub-Lt N.A. Magor, Flt Sub-Lt C.E.S. Lusk, CPO E.A. Boyd und Leading Mechanic R.A. Lucas, sichtete ein nach Südosten laufendes U-Boot, das bei Sichtkontakt mit dem Flugzeug zu tauchen versuchte. Die Briten warfen zwei 230-lb-Bomben ab und konnten beobachten, wie das U-Boot kenterte und in mächtigen Luftblasen versank, worauf Wrackteile und Öl aufschwammen.

## UC 21

| | *Stapellauf* | *Indienststellung* |
|---|---|---|
| | 1.4.1916 | 15.9.1916 |
| Typ | UC II | |
| Kommandant | Oberleutnant zur See von Zerboni di Sposetti (gefallen) | |
| versenkt im | September/Oktober 1917 | |
| Position | Ärmelkanal, genaue Position nicht bekannt | |
| durch | ? | |
| Tote | 27 | |
| Überlebende | keine | |
| gehoben | nein | |

UC 21 lief am 13. September zum Minenlegen vor der französischen Küste von Zeebrugge aus und sollte danach Handelskrieg führen. Seither blieb das U-Boot verschollen. Vielleicht ist es in der Straße von Dover auf eine britische Mine gelaufen oder wurde beim Minenlegen durch eine eigene Mine versenkt, doch kann es auch durch eine Havarie infolge technischer Mängel oder menschlichen Versagens verlorengegangen sein.

## UC 33

| | *Stapellauf* | *Indienststellung* |
|---|---|---|
| | 26.8.1916 | 25.9.1916 |
| Typ | UC II | |
| Kommandant | Oberleutnant zur See A. Arnold (gerettet) | |
| versenkt am | 26. September 1917 | |
| Position | St.-Georgs-Kanal, 51°55'N 06°14'W | |
| durch | Rammstoß | |
| Tote | 27 | |
| Überlebende | 1 | |
| gehoben | nein | |

Beim Minenlegen waren durch die Sperrnetze vor Waterford die Tiefenruder von UC 33 beschädigt worden, so daß das Boot nicht mehr tauchen konnte. In dichtem Nebel torpedierte Arnold im St.-Georgs-Kanal den Tanker *San Zeferino* und wollte dann über Wasser ablaufen, wurde aber vom Patrouillenboot PC 61 des Geleitschutzes gesichtet und verfolgt. Es kam zum Schußwechsel, und PC 61 setzte zum Rammstoß an. Kurz vor dem Aufprall stoppte PC 61 die Maschinen, um tiefer im Wasser zu liegen und mit dem Bug den dünnen Rumpf des U-Boots wirkungsvoller aufschlitzen zu können. Das Boot sank, und Öl und Wrackteile schwammen auf. Eine starke Detonation unter Wasser schleuderte drei Mann der Besatzung nach oben, von denen nur Oberleutnant Arnold gerettet werden konnte.

# UC 6

| | *Stapellauf* | *Indienststellung* |
|---|---|---|
| | 20.6.1915 | 24.6.1915 |

Typ: UC I
Kommandant: Oberleutnant zur See G. Reichenbach (gefallen)
versenkt am: 27. September 1917
Position: North Foreland, 51°30'N 00°34'O
durch: Mine
Tote: 16
Überlebende: keine
gehoben: nein

Nach der Räumung von Minen, die deutsche U-Boote beim Feuerschiff Kentish Knock gelegt hatten, verminten die Briten das Gewässer gegen weitere deutsche Minenleger. Am 27. September um 14.30 Uhr meldeten Horchposten des Feuerschiffs nahe Schraubengeräusche eines U-Boots. Um 16.30 Uhr gab es in den britischen Minengürteln fünf Explosionen, auf die dreißig Minuten später drei weitere folgten.
Überraschenderweise wurde das Gebiet erst im Januar 1918 untersucht; man fand Wrackteile eines deutschen U-Boots und einen deutschen Ankerstuhl.

# UC 55

| | *Stapellauf* | *Indienststellung* |
|---|---|---|
| | 2.8.1916 | 15.11.1916 |

Typ: UC II
Kommandant: Oberleutnant zur See Rühle von Lilienstern (gerettet)
versenkt am: 29. September 1917
Position: vor Lerwick, 60°02'N 01°02'W
durch: technisches Versagen
Tote: 10
Überlebende: ?
gehoben: nein

Beim Minenlegen vor Lerwick hatte die Trimmung von UC 55, durch die das Gewicht der gelegten Minen ausgeglichen wurde, eine Fehlfunktion. Die Trimmzellen wurden vorschnell geflutet, und das U-Boot begann zu fallen. Von Lilienstern gelang es dennoch aufzutauchen, doch sah er sich dem Trawler *Moravia* und den bewaffneten Fischdampfern *Sylvia* und *Tyrade* gegenüber, die sofort das Feuer eröffneten. Von Lilienstern warf alle geheimen Dokumente über Bord und befahl das Verlassen des Bootes. Einige der Überlebenden behaupteten bei ihrem Verhör aufgebracht, Sabotage im Heimathafen habe den Verlust des Bootes verursacht.

# UC 14

| | *Stapellauf* | *Indienststellung* |
|---|---|---|
| | 13.5.1915 | 5.6.1915 |

Typ: UC I
Kommandant: Oberleutnant zur See d.R. A. Feddersen (gefallen)
versenkt am: 3. Oktober 1917
Position: vor Zeebrugge, 51°19'N 02°43'O
durch: Mine
Tote: 17
Überlebende: keine
gehoben: nein

Auf dem Rückmarsch lief UC 14 auf eine von den Briten vor Zeebrugge gelegte Mine. Von der Zeebrugger Mole aus beobachtete man eine starke Explosion, und einige Zeit später wurde Feddersens Leiche an Land gespült.

# UC 16

| | *Stapellauf* | *Indienststellung* |
|---|---|---|
| | 1.2.1916 | 26.6.1916 |

Typ: UC II
Kommandant: Oberleutnant zur See G. Reimarus (gefallen)
versenkt am: 4.(?) Oktober 1917
Position: vor Zeebrugge (?)
durch: Mine (?)
Tote: 27
Überlebende: keine
gehoben: nein

UC 16 wurde vermutlich wie UC 14 ein Opfer der von den Briten vor Zeebrugge gelegten Minen. Das Boot hatte am 3. Oktober vor Boulogne Minen gelegt (die entdeckt und geräumt wurden), kehrte jedoch nicht nach Zeebrugge zurück. Am 26. Oktober wurde die Leiche eines Besatzungsmitglieds beim holländischen Noordwijk an Land gespült.

# UB 41

| | *Stapellauf* | *Indienststellung* |
|---|---|---|
| | 6.5.1916 | 25.8.1916 |

Typ: UB II
Kommandant: Oberleutnant zur See M. Ploen (gefallen)
versenkt am: 5. Oktober 1917
Position: englische Ostküste vor Scarborough, 54°19'N 00°21'W
durch: Mine
Tote: 24
Überlebende: keine
gehoben: nein

Die Küstenwache von Scarborough meldete am 5. Oktober eine Explosion, der höchstwahrscheinlich UB 41 zum Opfer fiel. Unklar ist, ob das Boot auf eine der Anfang September gelegten britischen Minen lief, oder ob es durch einen Navigationsfehler in das von UC 55 am 9. Juli gelegte deutsche Minenfeld geriet.

## U 106

| | *Stapellauf* | *Indienststellung* |
|---|---|---|
| | 12.6.1917 | 28.7.1917 |
| Typ | U 81 | |
| Kommandant | Kapitänleutnant H. Hufnagel (gefallen) | |
| versenkt am | 7./8. Oktober 1917 | |
| Position | Nordsee bei Terschelling, 54°50'N 06°00'O | |
| durch | Mine | |
| Tote | 41 | |
| Überlebende | keine | |
| gehoben | nein | |

Auf dem Rückmarsch erhielt U 106 die Warnung, die Briten hätten die Auslaufwege durch die deutschen Minenfelder in der Deutschen Bucht vermint, meldete jedoch zurück, man habe das FT nur unvollständig empfangen. Trotz der Minengefahr kamen Geleitschiffe und Minenräumer zum vereinbarten Treffpunkt am Ausgang der Durchfahrt, konnten aber U 106 nicht finden. Höchstwahrscheinlich ist das Boot auf eine britische Mine gelaufen.

## UC 62

| | *Stapellauf* | *Indienststellung* |
|---|---|---|
| | 9.12.1916 | 8.1.1917 |
| Typ | UC II | |
| Kommandant | Oberleutnant zur See M. Schmitz (gefallen) | |
| versenkt am | 14.(?) Oktober 1917 | |
| Position | ? | |
| durch | ? | |
| Tote | 30 | |
| Überlebende | keine | |
| gehoben | nein | |

Das Boot lief wahrscheinlich auf eine Grundmine vor Portland, wo UC 62 den bereits bestehenden deutschen Minengürtel vergrößern sollte, doch kann es auch durch Havarie infolge technischer Mängel oder menschlichen Versagens verlorengegangen sein.

## UC 63

| | *Stapellauf* | *Indienststellung* |
|---|---|---|
| | 6.1.1917 | 30.1.1917 |
| Typ | UC II | |
| Kommandant | Oberleutnant zur See von Heydebreck | |
| versenkt am | 1. November 1917 | |
| Position | Ärmelkanal bei den Goodwin Sands, 51°23'N 02°00'O | |
| durch | britisches U-Boot | |
| Tote | 26 | |
| Überlebende | 1 | |
| gehoben | nein | |

Britische U-Boote lauerten bei den bekannten Navigationspunkten deutschen U-Booten auf. E 52 lag bei einer Tonne nördlich des Sperrgürtels vor Dover und versenkte das von Feindfahrt zurückkehrende UC 63. Ein Überlebender konnte gerettet werden.

## UC 65

| | *Stapellauf* | *Indienststellung* |
|---|---|---|
| | 8.7.1916 | 10.11.1916 |
| Typ | UC II | |
| Kommandant | Kapitänleutnant Klaus Lafrenz (gerettet) | |
| versenkt am | 3. November 1917 | |
| Position | Ärmelkanal, 50°31'N 00°27'O | |
| durch | britisches U-Boot | |
| Tote | 22 | |
| Überlebende | 5 | |
| gehoben | nein | |

UC 65 lief aufgetaucht heimwärts, wobei Lafrenz auf die Geschwindigkeit und Wendigkeit des Bootes über Wasser vertraute. Das britische U-Boot C 16 sichtete UC 65, tauchte und feuerte zwei Torpedos ab. Dem einen konnte Lafrenz ausweichen, doch vom zweiten wurde das Boot mittschiffs getroffen und versenkt.
Lafrenz geriet in britische Kriegsgefangenschaft und verriet bereitwillig, auf welchen Schleichwegen die deutschen U-Boote die britischen Sperren vor Dover umgingen.

## UC 51

| | *Stapellauf* | *Indienststellung* |
|---|---|---|
| | 5.12.1916 | 6.1.1917 |
| Typ | UC II | |
| Kommandant | Oberleutnant zur See H. Galster (gefallen) | |
| versenkt am | 17. November 1917 | |
| Position | Ärmelkanal vor Start Point, 50°08'N 03°42'W | |

| | |
|---|---|
| durch | Mine |
| Tote | 29 |
| Überlebende | keine |
| gehoben | nein |

Als der Trawler *Lois* vor Start Point patrouillierte, wurde er von einer Unterwasserexplosion durchgeschüttelt. Ein deutsches U-Boot wurde zur Oberfläche geschleudert, sank jedoch rasch und hinterließ Wrackteile und zerfetzte Leichen auf dem Wasser. Man konnte das Boot anhand des Seestiefels eines Besatzungsmitglieds identifizieren.

## U 58

| | *Stapellauf* | *Indienststellung* |
|---|---|---|
| | 31.5.1916 | 9.8.1916 |
| Typ | U 43 | |
| Kommandant | Kapitänleutnant G. Amberger (gerettet) | |
| versenkt am | 17. November 1917 | |
| Position | Bristolkanal vor Milford Haven, 51°32'N 05°21'W | |
| durch | Wasserbombe | |
| Tote | 2 | |
| Überlebende | 36 | |
| gehoben | nein | |

Das erste durch Amerikaner versenkte deutsche U-Boot. Der amerikanische Zerstörer *Fanning* sichtete ein Sehrohr und belegte das Boot mit einer Wasserbombe. Deren Explosion riß die Tiefenruder von U 58 ab und machte das Boot manövrierunfähig. Amberger tauchte auf, um sich zu ergeben, und die Besatzung kam mit erhobenen Händen an Deck. Nicht gerettet wurden zwei Deutsche, die ins Boot zurückkehrten, um es durch Öffnen der Flutventile zu versenken.

## UC 47

| | *Stapellauf* | *Indienststellung* |
|---|---|---|
| | 30.8.1916 | 13.10.1916 |
| Typ | UC II | |
| Kommandant | Oberleutnant zur See von Wigankow (gefallen) | |
| versenkt am | 18. November 1917 | |
| Position | Nordsee vor Flamborough Head, 54°03'N 00°23'O | |
| durch | Rammstoß | |
| Tote | 28 | |
| Überlebende | keine | |
| gehoben | nein | |

Das Patrouillenboot P 57 sichtete ostsüdöstlich Flamborough Head eine mutmaßliche Boje und lief darauf zu, aber die Boje erwies sich als ein aufgetaucht fahrendes deutsches U-Boot. P 57 nahm Fahrt auf, rammte das Boot direkt vor dem Turm, wendete, warf eine Wasserbombe und unmittelbar darauf eine zweite. Bald schwamm ein dicker Ölteppich auf. Im weiteren Verlauf des Tages untersuchten Taucher das Wrack und identifizierten es anhand der gefundenen Papiere als UC 47.

## UC 57

| | *Stapellauf* | *Indienststellung* |
|---|---|---|
| | 7.9.1916 | 22.1.1917 |
| Typ | UC II | |
| Kommandant | Kapitänleutnant F. Wissmann (gefallen) | |
| versenkt | Mitte November 1917 | |
| Position | Finnischer Meerbusen, 59°N 23°O | |
| durch | ? | |
| Tote | 27 | |
| Überlebende | keine | |
| gehoben | nein | |

UC 57 sollte von Danzig aus Waffen und Vorräte zu den rußlandfeindlichen Kräften in Finnland schaffen. Am 17. November traf das Boot in Finnland ein, und Wissmann berichtete von russischen Minenlegern im Finnischen Meerbusen. Vermutlich ist sein Boot auf dem Rückmarsch auf eine dieser russischen Minen gelaufen.

## U 48

| | *Stapellauf* | *Indienststellung* |
|---|---|---|
| | 3.10.1915 | 22.4.1916 |
| Typ | U 43 | |
| Kommandant | Kapitänleutnant C. Edeling (gefallen) | |
| versenkt am | 24. November 1917 | |
| Position | Ärmelkanal bei Goodwin Sands, 51°11'N 01°31'O | |
| durch | Strandung | |
| Tote | 19 | |
| Überlebende | 22 | |
| gehoben | nein (das Wrack ist aber infolge der Wanderung der Sandbank gelegentlich bei Ebbe zu sehen) | |

U 48 lief zur Feindfahrt durch die Straße von Dover aus, aber Edeling wollte umkehren, da außergewöhnlich heller Mondschein herrschte. Dabei geriet er in die Sperrnetze nördlich der Goodwin Sands und lief auf Grund. Am folgenden Tag sichteten die Patrouillenboote *Paramount, Majesty, Present Help, Feasible, Acceptable* und *Claud Hamilton* das gestrandete Boot und eröffneten das Feuer, das von U 48 erwidert wurde. Als die Deutschen den herannahenden Zerstörer *Gypsy* sichteten, sprengten sie ihr Boot und ergaben sich.

## UB 61

| | *Stapellauf* | *Indienststellung* |
|---|---|---|
| | 28.4.1917 | 23.6.1917 |

Typ: UB III
Kommandant: Oberleutnant zur See T. Schultz (gefallen)
versenkt am: 29. November 1917
Position: Nordsee vor Vlieland, 53°20'N 04°56'O
durch: Mine
Tote: 25
Überlebende: 9
gehoben: nein

UB 61 geriet in ein britisches Minenfeld vor einem der „sicheren" Auslaufwege durch die deutschen Minensperren in der Deutschen Bucht. Das britische U-Boot E 51 hatte am 18. November diese Minen gelegt.

## UB 81

| | *Stapellauf* | *Indienststellung* |
|---|---|---|
| | 18.8.1917 | 18.9.1917 |

Typ: UB III
Kommandant: Oberleutnant zur See Saltzwedel (gefallen)
versenkt am: 2. Dezember 1917
Position: Ärmelkanal, 10 nm so des Dunose Head auf der Isle of Wight, 50°27'N 00°53'W
durch: Mine
Tote: 29
Überlebende: 6
gehoben: nein

UB 81 hatte unbehelligt die Straße von Dover durchlaufen, mußte aber vor Dunose Head tauchen. Dabei wurde das Heck durch eine Mine beschädigt, und das Boot sank auf den 25 Meter tiefen Grund. Das Leck konnte abgedichtet und das Boot mit dem Bug über Wasser gebracht werden. Sieben Mann krochen durch ein Bugtorpedorohr, während die übrigen im Boot warteten. Seenotraketen wurden abgeschossen, worauf das Patrouillenboot P 32 auftauchte, dessen Kommandant jedoch die Lage nicht erkannte und beim Längsseitsgehen den Bug von UB 81 unter Wasser drückte. Durch das offene Torpedorohr einströmendes Wasser brachte UB 81 zum Sinken. Es gab nur sieben Überlebende, von denen sechs gerettet wurden.

## UC 69

| | *Stapellauf* | *Indienststellung* |
|---|---|---|
| | 7.8.1916 | 23.12.1916 |

Typ: UC II
Kommandant: Oberleutnant zur See H. Thielmann
versenkt am: 6. Dezember 1917
Position: Ärmelkanal vor Kap Barfleur, 49°57'N 01°10'W
durch: versehentliches Rammen durch U 96
Tote: 11
Überlebende: 18
gehoben: nein

Infolge Nachlässigkeit beider Brückenwachen rammte U 96 nachts das kleinere UC 69. Um der Besatzung von UC 69 Zeit zum Verlassen des sinkenden Bootes zu geben, stützte U 96 dieses mit dem Bug ab, doch zehn Minuten nach der Kollision sank UC 69.

## UB 18

| | *Stapellauf* | *Indienststellung* |
|---|---|---|
| | 21.8.1915 | 11.12.1915 |

Typ: UB II
Kommandant: Oberleutnant zur See G. Niemeyer (gefallen)
versenkt am: 8./9. Dezember 1917
Position: Ärmelkanal, 49°17'N 05°47'W
durch: Rammstoß
Tote: 24
Überlebende: keine
gehoben: nein

Der einen Kohlenkonvoi über den Ärmelkanal sichernde Trawler *Ben Lawer* versenkte UB 18 durch Rammstoß, wodurch er seinerseits so schwer beschädigt wurde, daß er nur mit Mühe den Hafen erreichte.

## UB 75

| | *Stapellauf* | *Indienststellung* |
|---|---|---|
| | 5.5.1917 | 11.9.1917 |

Typ: UB III
Kommandant: Oberleutnant zur See F. Walther (gefallen)

| | |
|---|---|
| versenkt am | 13. Dezember 1917 (an diesem Tag überfällig gemeldet) |
| Position | Nordsee vor Flamborough Head, 54°05'N 00°10'O |
| durch | Mine |
| Tote | 34 |
| Überlebende | keine |
| gehoben | nein |

UB 75 war zwischen dem 5. und 9. Dezember auf Minenoperation vor Whitby und meldete sich seither nicht mehr. Wahrscheinlich lief das Boot im Minenfeld vor Flamborough Head auf eine britische Mine.

## U 75

| | *Stapellauf* | *Indienststellung* |
|---|---|---|
| | 30.1.1916 | 26.3.1916 |
| Typ | UE | |
| Kommandant | Kapitänleutnant Schmolling (gerettet) | |
| versenkt am | 13. Dezember 1917 | |
| Position | Nordsee vor Terschelling, 53°59'N 05°24'O | |
| durch | Mine | |
| Tote | 23 | |
| Überlebende | 8 | |
| gehoben | nein | |

U 75 war von zwei Minensuchern durch die deutschen Minensperren um Helgoland in die Nordsee eskortiert worden. Dort nahmen sie den Frachter *Nordstern* ins Geleit und kehrten in den Hafen zurück. Kaum war U 75 allein, als das Boot auch schon auf eine Mine lief. Ein Teil der Besatzung ging an Deck und schoß Seenotraketen ab, die auf der *Nordstern* gesichtet wurden, aber bis der Frachter gewendet und das sinkende Boot erreicht hatte, waren nur noch acht Besatzungsmitglieder im Wasser, die gerettet wurden.

## UC 38

| | *Stapellauf* | *Indienststellung* |
|---|---|---|
| | 5.6.1916 | 19.10.1916 |
| Typ | UC II | |
| Kommandant | Oberleutnant zur See Hans Wendlandt (gerettet) | |
| versenkt am | 14. Dezember 1917 | |
| Position | Ägäis, Golf von Korinth, 38°15'N 22°22'O | |
| durch | Wasserbomben | |
| Tote | ? | |
| Überlebende | 25 | |
| gehoben | nein | |

UC 38 hatte den französischen Kreuzer *Châteaurenault* torpediert und wollte ihn durch einen zweiten Torpedo versenken, aber dieser verfehlte sein Ziel. Die Zerstörer *Lansquenet* und *Mameluk* folgten der Blasenspur des Torpedos und warfen an deren Anfang Wasserbomben, die erheblichen Schaden am U-Boot anrichteten; die Haupt- und Hilfsballastpumpen wurden zerstört, und Wasser drang durch das Hecktorpedorohr, das sich nicht mehr schließen ließ. Als alle Lichter ausgingen, befahl Wendlandt, sämtliche Tauchzellen anzublasen, so daß das Boot an die Oberfläche schoß und von der Besatzung verlassen werden konnte, ehe es endgültig in die Tiefe ging.

## UB 56

| | *Stapellauf* | *Indienststellung* |
|---|---|---|
| | 6.6.1917 | 19.7.1917 |
| Typ | UB III | |
| Kommandant | Oberleutnant zur See H. Valentiner (gefallen) | |
| versenkt am | 19. Dezember 1917 | |
| Position | Straße von Dover, 50°58'N 01°21'O | |
| durch | Mine | |
| Tote | 37 | |
| Überlebende | keine | |
| gehoben | nein | |

Die Versenkung von UB 56 war eine unmittelbare Folge der Verstärkung der britischen Sperren vor Dover. Aus verschiedenen Quellen (und nicht zuletzt durch den geschwätzigen Kapitänleutnant Lafrenz von UC 65) wußten die Briten, wie die deutschen U-Boote die Sperrnetze, Minenfelder und Patrouillen in der Straße von Dover umgingen. Am 18. Dezember erhielt der zuständige Flaggoffizier in Dover, Vizeadmiral Bacon, die Anweisung, zur Verschärfung der Sperrmaßnahmen in der Nacht Scheinwerfer auf Netzsperren und Minenfelder zu richten. UB 56 war in der Nacht vom 19. zum 20. Dezember angelaufen. Valentiner hoffte, im Schutz der Dunkelheit unbeschadet durch die britischen Sperren zu kommen, mußte aber wegen der angeleuchteten See und den Suchscheinwerfern zwischen der Colbart-Sandbank und Kap Gris Nez tauchen und lief auf eine Mine. Kurz darauf entdeckte der Zerstörer *Gypsy* zwei im Wasser treibende Deutsche, von denen einer bereits tot war. Der zweite wurde geborgen, starb aber kurz darauf, nachdem er die Identität des Bootes preisgegeben hatte.

# U 87

| | *Stapellauf* | *Indienststellung* |
|---|---|---|
| | 22.5.1916 | 26.2.1917 |
| Typ | U 87 | |
| Kommandant | Kapitänleutnant Freiherr von Speth-Schülzburg (gefallen) | |
| versenkt am | 25. Dezember 1917 | |
| Position | Irische See, 52°56'N 05°07'W | |
| durch | Rammstoß | |
| Tote | 44 | |
| Überlebende | keine | |
| gehoben | nein | |

Beim Angriff auf einen Geleitzug in der Irischen See wurde U 87 durch die *Buttercup* gerammt, aber nicht versenkt. Das Patrouillenboot PC 56 belegte das beschädigte Feindboot mit zwei Wasserbomben, durch die U 87 hochgeschleudert wurde. Das kleine PC 56 hielt feuernd auf das Boot zu, traf es mehrmals und rammte es schließlich erneut dicht vor dem Turm. Der abgerissene Bug von U 87 blieb noch etwa 10 Minuten über Wasser, so daß die Besatzungen der *Buttercup* und von PC 56 ins Innere des U-Boots sehen konnten.

# 1918

## U 95

| | *Stapellauf* | *Indienststellung* |
|---|---|---|
| | 20.1.1917 | 19.4.1917 |
| Typ | U 93 | |
| Kommandant | Kapitänleutnant A. Prinz (gefallen) | |
| versenkt am | 7. Januar 1918 | |
| Position | Ärmelkanal vor The Lizard, 49°59'N 05°12'W | |
| durch | Rammung | |
| Tote | 36 | |
| Überlebende | keine | |
| gehoben | nein | |

U 95 wurde vom Dampfer *Braeneil* gerammt, der das Boot in dichtem Nebel in knapp 100 Meter Entfernung gesichtet hatte. Vielleicht dachte der Kapitän an die auf die Versenkung feindlicher U-Boote ausgesetzte Belohnung, denn nach der Rammung lief er mit äußerster Kraft zurück, um die Bresche im Rumpf des U-Boots durch einen zweiten Rammstoß zu vergrößern. Deutsche Stimmen wurden auf dem Wasser gehört, aber keine Überlebenden geborgen.

## UB 69

| | *Stapellauf* | *Indienststellung* |
|---|---|---|
| | 7.8.1917 | 12.10.1917 |
| Typ | UB III | |
| Kommandant | Oberleutnant zur See A. Klatt (gefallen) | |
| versenkt am | 9. Januar 1918 | |
| Position | Mittelmeer vor Biserta, 37°30'N 10°38'O | |
| durch | Sprengschleppgerät | |
| Tote | 31 | |
| Überlebende | keine | |
| gehoben | nein | |

UB 69 war am 26. Dezember 1917 mit Kurs auf Pola (heute Pula) vom deutschen Heimathafen ausgelaufen und griff am 9. Januar einen von der Sloop *Cyclamen* gedeckten Geleitzug vor Biserta an. Als die *Cyclamen* das Sehrohr des Bootes sichtete, brachte sie das Sprengschleppgerät aus, dessen Minen bei Kontakt mit dem U-Boot explodierten. Daraufhin tauchte der Bug von UB 69 noch einmal kurz auf; es sank dann in einem großen Ölteppich. Zur Sicherheit warf die *Cyclamen* noch eine Wasserbombe ins Öl.

## UB 66

| | *Stapellauf* | *Indienststellung* |
|---|---|---|
| | 31.5.1917 | 1.8.1917 |
| Typ | UB III | |
| Kommandant | Kapitänleutnant F. Wernicke (gefallen) | |
| versenkt am | 18. Januar 1918 | |
| Position | Mittelmeer vor Kap Bon, 35°35'N 14°39'O | |
| durch | Wasserbomben | |
| Tote | 30 | |
| Überlebende | keine | |
| gehoben | nein | |

UB 66 feuerte zwei Torpedos auf ein Schiff eines von der Sloop *Campanula* gedeckten Geleitzugs. Die *Campanula* warf über der geschätzten Position des U-Boots zwei Wasserbomben, worauf Öl und Wrackteile aufschwammen.

## UB 22

| | *Stapellauf* | *Indienststellung* |
|---|---|---|
| | 9.10.1915 | 2.3.1916 |
| Typ | UB II | |
| Kommandant | Oberleutnant zur See K. Wacker (gefallen) | |
| versenkt am | 19. Januar 1918 | |
| Position | Nordsee, 54°27'N 06°32'O | |
| durch | Mine | |
| Tote | 22 | |
| Überlebende | keine | |
| gehoben | nein | |

UB 22 lief in einem Korridor durch die deutschen Minensperren in der Deutschen Bucht auf eine Mine. Zuvor schon war das vor UB 22 als Geleitschutz laufende Torpedoboot S 16 von einer Mine zerfetzt worden und sank mit der gesamten Besatzung, worauf das in seinem Kielwasser folgende U-Boot nur wenige Minuten später vom gleichen Schicksal ereilt wurde.

## U 93

| | *Stapellauf* | *Indienststellung* |
|---|---|---|
| | 15.12.1916 | 10.2.1917 |
| Typ | U 93 | |
| Kommandant | Kapitänleutnant K.H. Gerlach (gefallen) | |

versenkt im Januar 1918
Position westlicher Ärmelkanal
durch ?
Tote 43
Überlebende keine
gehoben nein

U 93 meldete Ende Dezember 1917 die wohlbehaltene Ankunft im westlichen Ärmelkanal und blieb seither verschollen. Vielleicht fiel das Boot einer Mine oder einer Havarie, verursacht durch technische Mängel des Bootes oder menschliches Versagen, zum Opfer.

## U 109

| | *Stapellauf* | *Indienststellung* |
|---|---|---|
| | 25.9.1916 | 7.7.1917 |

Typ U 105
Kommandant Kapitänleutnant O. Ney (gefallen)
versenkt im Januar 1918
Position Straße von Dover, 50°54'N 01°32'O
durch ?
Tote 43
Überlebende keine
gehoben nein

U 109 sollte durch die Straße von Dover in den westlichen Ärmelkanal marschieren. Das Boot war am 24. Januar ausgelaufen, meldete aber keine unbeschadete Durchquerung der Meerenge, in der es vermutlich auf eine Mine des englischen Sperrgürtels gelaufen ist.

## U 84

| | *Stapellauf* | *Indienststellung* |
|---|---|---|
| | 22.7.1915 | 7.10.1916 |

Typ U 87
Kommandant Kapitänleutnant W. Röhr (gefallen)
versenkt am 26. Januar 1918
Position St.-Georgs-Kanal, 51°53'N 05°44'W
durch Rammstoß
Tote 40
Überlebende keine
gehoben nein

U 84 wurde vom britischen Patrouillenboot PC 62 gesichtet, das unverzüglich zum Rammstoß ansetzte. Röhr wendete und versuchte abzulaufen, wurde aber von PC 62 eingeholt, gerammt und versenkt. Es gab keine Überlebenden, nur einen großen Ölfleck auf dem Wasser.

## UB 35

| | *Stapellauf* | *Indienststellung* |
|---|---|---|
| | 28.12.1915 | 22.6.1916 |

Typ UB II
Kommandant Oberleutnant zur See K. Stöter (gefallen)
versenkt am 26. Januar 1918
Position Ärmelkanal, 51°03'N 01°46'O
durch Wasserbomben
Tote 21
Überlebende 6
gehoben nein

Am 25. Januar beobachtete UB 58, wie UB 35 den Frachter *Epstatios* versenken wollte, aber durch das Patrouillenboot P 34 zum Tauchen gezwungen wurde. Zuvor war ein sechsköpfiges Prisenkommando auf die *Epstatios* gegangen und wurde dort gefangengenommen. Diese Deutschen hatten Glück, denn tags darauf belegte der Zerstörer *Leven* nördlich von Calais UB 35 mit Wasserbomben und versenkte das Boot. Zwischen Öl und Trümmern kamen sechs Deutsche an die Wasseroberfläche, doch nur einer konnte gerettet werden und starb wenig später auf der *Leven*, da ihm das Auftauchen ohne Tauchretter die Lungen zerrissen hatte. Die sechs auf der *Epstatios* gefangengenommenen Deutschen bestätigten die Identität des Bootes, nachdem man ihnen aus dem Wasser geborgene Uniformstücke und Briefe gezeigt hatte.

## UB 63

| | *Stapellauf* | *Indienststellung* |
|---|---|---|
| | 26.5.1917 | 23.7.1917 |

Typ UB III
Kommandant Oberleutnant zur See R. Gebeschus (gefallen)
versenkt am 27.(?) Januar 1918
Position Nordsee/Irische See
durch ?
Tote 33
Überlebende keine
gehoben nein

UB 63 lief am 14. Januar zur Feindfahrt in die Gewässer westlich von Irland aus. Vielleicht wurde das Boot am 28. Januar von den Trawlern *W.S. Bailey* und *Fort George* auf 56°10'N 02°00'W durch Wasserbomben versenkt, aber das ist nicht bewiesen. Mindestens drei weiteren Angriffen wird die Versenkung des U-Boots zugeschrieben, aber die Berichte sind widersprüchlich und unbelegt. Die Umstände der Versenkung bleiben ungeklärt.

## UC 50

| | *Stapellauf* | *Indienststellung* |
|---|---|---|
| | 23.11.1916 | 21.4.1917 |
| Typ | UC III | |
| Kommandant | Kapitänleutnant R. Seuffer (gefallen) | |
| versenkt am | 4. Februar 1918 | |
| Position | Golf von Biscaya, 50°49'N 00°59'W | |
| durch | Wasserbomben | |
| Tote | 29 | |
| Überlebende | keine | |
| gehoben | nein | |

Auf dem Rückmarsch tauchte UC 50 westlich der Sperren vor Dover auf, um die Position und die Zeit des mutmaßlichen Einlaufens in Zeebrugge zu melden. Mit ausgefahrenem Funkmast war das U-Boot sehr auffällig. Die Brückenausgucks bemerkte den herankommenden Zerstörer *Zubian* erst, als dieser fast auf das Boot auflief. Seuffer wollte tauchen, aber der Kiel der *Zubian* schrammte über den Druckkörper, der anschließend noch durch vier Wasserbomben zerrissen wurde.

## UB 38

| | *Stapellauf* | *Indienststellung* |
|---|---|---|
| | 1.4.1916 | 19.7.1916 |
| Typ | UB II | |
| Kommandant | Oberleutnant zur See G. Bachmann (gefallen) | |
| versenkt am | 8. Februar 1918 | |
| Position | Straße von Dover, 50°56'N 01°25'O | |
| durch | Mine | |
| Tote | 27 | |
| Überlebende | keine | |
| gehoben | nein | |

Der Fischdampfer *Gowan II* sichtete UB 38 nordöstlich der Sandbank Le Colbart. Das Boot tauchte, und zwanzig Minuten später wurden der Dampfer, ein Zerstörer und einige weitere Schiffe, die herbeigeeilt waren, durch drei Unterwasserexplosionen erschüttert. Höchstwahrscheinlich ist Bachmann beim Tauchen direkt in ein Minenfeld gelaufen.

## U 89

| | *Stapellauf* | *Indienststellung* |
|---|---|---|
| | 6.10.1916 | 21.6.1917 |
| Typ | U 81 | |
| Kommandant | Kapitänleutnant W. Bauck (gefallen) | |
| versenkt am | 13. Februar 1918 | |
| Position | Atlantik vor Malin Head, 55°38'N 07°32'W | |
| durch | Rammung | |
| Tote | 43 | |
| Überlebende | keine | |
| gehoben | nein | |

U 89 lag auf Lauer zwischen Malin Head und dem schottischen Festland im Nordkanal, den alle nach Liverpool laufenden Geleitzüge passieren mußten. In der Nacht des 10. Februar sichtete Bauck einen Geleitzug, der aber mit so hoher Fahrt lief, daß er nicht in Angriffsposition kam. Drei Tage später sichtete der Zerstörer *Roxburgh* das U-Boot in 200 Meter Entfernung; der Zerstörer hatte den Konvoi in den britischen Küstengewässern gesichert und kehrte nun nach Liverpool zurück. Ein erster Rammstoß riß den dünnen Druckkörper von U 89 auf, und um das Zerstörungswerk zu vollenden, lief der Zerstörer mit äußerster Kraft zurück und rammte das sinkende Boot ein zweites Mal.

## U XXIII

| | *Stapellauf* | *Indienststellung* |
|---|---|---|
| | 5.1.1917 | 1.9.1917 |
| Typ | Havmanden (Gruppe U 20/U 23) | |
| Kommandant | Linienschiffsleutnant Klemens von Bezard (gefallen) | |
| versenkt am | 21. Februar 1918 | |
| Position | Mittelmeer, Straße von Otranto, 40°26'N 19°02'O | |
| durch | Sprengschleppgerät | |
| Tote | 12 | |
| Überlebende | keine | |
| gehoben | nein | |

Beim Durchlaufen der Straße von Otranto wurde U XXIII von dem italienischen Zerstörer *Airone* gesichtet, der das Boot zu rammen versuchte und es nach dem Tauchen durch Schleppminen versenkte. Nur Öl und Wrackteile blieben auf dem Wasser zurück.

## UB 17

| | *Stapellauf* | *Indienststellung* |
|---|---|---|
| | 21.4.1915 | 4.5.1915 |
| Typ | UB I | |
| Kommandant | Oberleutnant zur See A. Branscheid (gefallen) | |
| versenkt im | März 1918 | |
| Position | Nordsee | |

| | |
|---|---|
| durch | ? |
| Tote | 21 |
| Überlebende | keine |
| gehoben | nein |

UB 17 lief am 11. März von Zeebrugge aus und meldete sich nicht mehr. Vielleicht wurde das Boot am 18. März in der südlichen Nordsee vom Patrouillenboot CMB 20 durch Wasserbomben versenkt, aber dann wäre UB 17 viel länger unterwegs gewesen als die angesetzten fünf Tage. Wir wissen nicht, wodurch das Boot versenkt wurde.

## UB 54

| | *Stapellauf* | *Indienststellung* |
|---|---|---|
| | 18.4.1917 | 12.6.1917 |
| Typ | UB III | |
| Kommandant | Oberleutnant zur See E. Hecht (gefallen) | |
| Versenkt um den | 12. März 1918 | |
| Position | Ärmelkanal, 50°08'N 00°16'O | |
| durch | ? | |
| Tote | 29 | |
| Überlebende | keine | |
| gehoben | nein | |

UB 54 lief am 1. März zur Feindfahrt aus und blieb seither verschollen. Vielleicht wurde das Boot auf 53°15'N 00°45'O von *Sturgeon, Thruster* und *Retriever* angegriffen, doch dieser Angriff galt UB 78 und erfolgte weit entfernt vom zugewiesenen Operationsgebiet vor Portland, das UB 54 hätte aufsuchen sollen. Wir wissen also nicht, wodurch dieses U-Boot versenkt wurde.

## U 110

| | *Stapellauf* | *Indienststellung* |
|---|---|---|
| | 28.7.1917 | 25.9.1917 |
| Typ | U 81 | |
| Kommandant | Korvettenkapitän K. Kroll (gerettet) | |
| versenkt am | 15. März 1918 | |
| Position | Atlantik nw Malin Head, 55°49'N 08°26'W | |
| durch | Wasserbomben | |
| Tote | 39 | |
| Überlebende | 4 | |
| gehoben | nein | |

U 110 wurde von den Zerstörern *Michael* und *Moresby* mit Wasserbomben belegt; sie waren durch das gefunkte SOS des Frachters *Amazon* alarmiert worden, den Kroll versenkt hatte. Durch die Wasserbomben schwer beschädigt, wollte das Boot über Wasser ablaufen, wurde aber wieder zum Tauchen gezwungen. Da es inzwischen wegen schwerer Schäden nicht mehr auszutrimmen war, tauchte Kroll notgedrungen erneut auf, die Besatzung ging von Bord, aber nur vier der Männer konnten lebend geborgen werden.

## U 61

| | *Stapellauf* | *Indienststellung* |
|---|---|---|
| | 22.7.1916 | 2.12.1916 |
| Typ | U 43 | |
| Kommandant | Kapitänleutnant V. Dieckmann (gefallen) | |
| versenkt am | 26. März 1918 | |
| Position | Irische See, 51°48'N 05°32'W | |
| durch | Wasserbomben | |
| Tote | 36 | |
| Überlebende | keine | |
| gehoben | nein | |

Aufgetaucht wurde U 61 in knapp 300 Meter Entfernung vom britischen Patrouillenboot PC 51 gesichtet. Dieses setzte mit äußerster Kraft voraus zum Rammstoß an, doch das Ruder klemmte, so daß es einen Vollkreis fahren mußte, bis der Bug wieder auf U 61 zeigte, das bereits teilweise unterschnitten hatte. PC 51 belegte es mit drei Wasserbomben; es gab unter Wasser drei Explosionen, und Wrackteile und zerfetzte Leichen schwammen auf.

## UB 33

| | *Stapellauf* | *Indienststellung* |
|---|---|---|
| | 4.12.1915 | 22.4.1916 |
| Typ | UB II | |
| Kommandant | Oberleutnant zur See F. Gregor (gefallen) | |
| versenkt am | 11. April 1918 | |
| Position | Straße von Dover bei der Varnebank, 50°56'N 01°17'O | |
| durch | Mine | |
| Tote | 28 | |
| Überlebende | keine | |
| gehoben | nein | |

Auf dem Rückmarsch nach Zeebrugge lief UB 33 auf eine Mine. Am 11. April um 18.00 Uhr beobachtete der Fischdampfer *Ocean Roamer* südwestlich der Varnebank eine Explosion und sichtete auf dem Wasser Wrackteile und einen dicken Ölteppich. Es dauerte einige Zeit, bis Taucher das Wrack gefunden hatten, da die *Ocean Roamer* keine genaue Position angegeben hatte. Erst am 21. Mai stießen sie auf das, was von UB 33 noch übrig war. Im Turmluk steckte Gregors Leiche, vielleicht hatte er nach der Minenexplosion aus dem Boot aussteigen wollen. Er wurde an Land beigesetzt, doch interessanter war eine im Boot entdeckte wasserdichte Stahlkassette mit geheimen Papieren und dem Code der deutschen U-Boote.

# UB 82

| | *Stapellauf* | *Indienststellung* |
|---|---|---|
| | 1.9.1917 | 2.10.1917 |
| Typ | UB III | |
| Kommandant | Kapitänleutnant W.G. Becker (gefallen) | |
| versenkt am | 17. April 1918 | |
| Position | Irische See, 55°13'N 05°55'W | |
| durch | Wasserbomben | |
| Tote | 32 | |
| Überlebende | keine | |
| gehoben | nein | |

UB 82 operierte im Nordkanal zwischen Schottland und Nordirland und meldete sich zum letzten Mal am 15. April, an dem das Boot mit U 19 Erkennungssignale austauschte. Zwei Tage später entdeckten die Fischdampfer *Young Fred* und *Pilot Me* das Sehrohr von UB 82 und warfen vier Wasserbomben, durch die der Bug des Bootes aus dem Wasser gehoben wurde, so daß es mehrere Minuten im Winkel von 45 Grad im Wasser stand, ehe es sank. Zwei weitere Wasserbomben brachten zahlreiche Überreste des Bootes an die Oberfläche, darunter eine fast unversehrte Koje, Bekleidung und persönlicher Besitz der U-Bootmänner.

# UC 79

| | *Stapellauf* | *Indienststellung* |
|---|---|---|
| | 19.12.1916 | 22.1.1917 |
| Typ | UC III | |
| Kommandant | Oberleutnant zur See A. Krameyer (gefallen) | |
| versenkt am | 19. April 1918 | |
| Position | Straße von Dover, 48°17'N 05°17'W | |
| durch | Mine | |
| Tote | 30 | |
| Überlebende | keine | |
| gehoben | nein | |

UC 79 lief in der Nacht vom 19. zum 20. April in der Sperre vor Dover auf eine Mine. 24 Stunden lang schwammen Öl und Luftblasen auf, doch das Wrack des U-Boots wurde nie gefunden.

# UB 71

| | *Stapellauf* | *Indienststellung* |
|---|---|---|
| | 12.7.1917 | 23.11.1917 |
| Typ | UB III | |
| Kommandant | Kapitänleutnant K. Schapler (gefallen) | |
| versenkt am | 21. April 1918 | |
| Position | Mittelmeer, Straße von Gibraltar, 35°58'N 05°18'O | |
| durch | Wasserbomben | |
| Tote | 32 | |
| Überlebende | keine | |
| gehoben | nein | |

UB 71 war am 4. April mit Kurs auf Pola (heute Pula) von Deutschland ausgelaufen, um die Mittelmeerflottillen zu verstärken. Am 21. April stieß das Boot in der Straße von Gibraltar auf eine am 17. April eingerichtete Patrouillenkette aus britischen Schiffen. Das Patrouillenboot ML 413 hörte zunächst das Geräusch von Dieselmotoren und sichtete dann die Bugwelle von UB 71. Dreißig Meter vor ML 413 tauchte das Boot, wurde von den Briten verfolgt und mit vier Wasserbomben belegt. Danach vernahm der Horchposten keine Motorengeräusche mehr, und am nächsten Morgen trieben Öl und Wrackteile auf dem Wasser.

# UB 55

| | *Stapellauf* | *Indienststellung* |
|---|---|---|
| | 9.5.1917 | 1.7.1917 |
| Typ | UB III | |
| Kommandant | Oberleutnant zur See Wenninger (gerettet) | |
| versenkt am | 22. April 1918 | |
| Position | Straße von Dover, 51°01'N 01°21'O | |
| durch | Mine | |
| Tote | 23 | |
| Überlebende | 6 | |
| gehoben | nein | |

UB 55 war am 21. April von Zeebrugge ausgelaufen und wollte über Wasser die Straße von Dover passieren, doch unmittelbar nördlich der Varnesandbank mußte Wennninger tauchen. Auf Sehrohrtiefe wurde das Boot durch eine heftige Explosion im Heck erschüttert und begann zu sinken.

Acht Mann der Besatzung waren in der Zentrale und zwölf weitere im Bug, doch standen ihnen

nur vier Drägerapparate zur Verfügung, da die übrigen, die sich im Bootsheck befunden hatten, zerstört waren. Um die Luken öffnen zu können, mußte der Luftdruck im Boot dem Wasserdruck in 36 Meter Tiefe angeglichen werden. Wenninger befahl nun, die einzelnen Abteilungen nacheinander zu fluten.
Die Zeit, während die Abteilungen nacheinander volliefen, muß furchtbar gewesen sein. Der steigende Druck durch die komprimierte Luft führte zu Kopfschmerzen und platzenden Trommelfellen, während gleichzeitig die wachsende Konzentration von Chlorgasen, die aus den Batterien entwichen, das Atmen immer schwerer machte. Zwei der Männer hielten das nicht aus und begingen Selbstmord. Schließlich konnte Wenninger das Luk öffnen und wurde zusammen mit weiteren Männern (drei kamen durch das Turmluk, zwölf aus dem Luk im Bug) in der Luftblase zur Oberfläche geschleudert. Den meisten wurden dabei die Lungen zerrissen, so daß sie starben. Als fast drei Stunden danach ein Bergungsschiff eintraf, gab es nur noch sieben Überlebende, von denen einer wenig später starb.

## U 104

| | *Stapellauf* | *Indienststellung* |
|---|---|---|
| | 3.7.1917 | 12.8.1917 |
| Typ | U 99 | |
| Kommandant | Kapitänleutnant K. Bernis (gefallen) | |
| versenkt am | 25. April 1918 | |
| Position | St.-Georgs-Kanal, 51°59'N 06°26'W | |
| durch | Wasserbomben | |
| Tote | 41 | |
| Überlebende | 1 Mannschaftsdienstgrad | |
| gehoben | nein | |

Der amerikanische Zerstörer *Cushing* beschädigte am 23. April U 104 durch Wasserbomben, konnte aber eine Versenkung des Bootes nicht mit Sicherheit feststellen. Als die Besatzung von U 104 über Wasser die Schäden am Druckkörper ausbessern wollte, wurde U 104 von der britischen Sloop *Jessamine* gesichtet. Bernis tauchte sofort, wurde aber von der *Jessamine* mit drei Wasserbomben belegt und mußte wieder auftauchen. Dabei versuchten zehn Mann, durch das Luk am Bug auszusteigen, aber nur einer konnte einige Zeit später von der britischen *Sloop* lebend geborgen werden.

## UB 85

| | *Stapellauf* | *Indienststellung* |
|---|---|---|
| | 26.10.1917 | 24.11.1917 |
| Typ | UB III | |
| Kommandant | Kapitänleutnant Krech (gerettet) | |
| versenkt am | 30. April 1918 | |
| Position | Irische See, 54°47'N 05°27'W | |
| durch | Artillerie | |
| Tote | keine | |
| Überlebende | 34 | |
| gehoben | nein | |

Der Fischdampfer *Coreopsis* sichtete UB 85 im Nordkanal zwischen Schottland und Nordirland. Über Wasser hätte das U-Boot dank seiner hohen Geschwindigkeit entkommen können, aber Krech tauchte. Dabei wurde das Boot am Turm durch eine Granate getroffen, worauf Wasser in die Zentrale eindrang und die Batterien überflutete, aus denen Chlordämpfe entwichen. Krech beschloß, aufgetaucht den Kampf mit dem Dampfer aufzunehmen, aber inzwischen standen auch die Munitionsmagazine unter Wasser und waren damit unerreichbar. Zum Zeichen der Kapitulation wurde eine weiße Signalrakete abgefeuert, und die Besatzung kam an Deck. Beim späteren Verhör berichtete Krech, daß sie meisten seiner Männer unter Magenkrämpfen litten, weshalb es ihnen an der nötigen Kampfmoral gefehlt habe.

## UB 31

| | *Stapellauf* | *Indienststellung* |
|---|---|---|
| | 16.11.1915 | 25.3.1916 |
| Typ | UB II | |
| Kommandant | Oberleutnant zur See d.R. W. Braun (gefallen) | |
| versenkt am | 2. Mai 1918 | |
| Position | Straße von Dover, 51°06'N 01°28'W | |
| durch | Mine | |
| Tote | 26 | |
| Überlebende | keine | |
| gehoben | nein | |

UB 31 erlitt ein ähnliches Schicksal wie UC 78 (siehe unten).

## UC 78

| | *Stapellauf* | *Indienststellung* |
|---|---|---|
| | 8.12.1916 | 10.1.1917 |
| Typ | UC III | |
| Kommandant | Kapitänleutnant H. Kukat (gefallen) | |
| versenkt am | 2. Mai 1918 | |

| | |
|---|---|
| Position | Straße von Dover |
| durch | Mine |
| Tote | 29 |
| Überlebende | keine |
| gehoben | nein |

Innerhalb weniger Stunden gingen am 2. Mai in der Straße von Dover zwei deutsche U-Boote durch Minen verloren. Das erste war zwischen Folkestone und der Varnesandbank von den Fischdampfern *Ocean Roamer* und *Lord Leitrim* mit Wasserbomben belegt worden. Dieser Angriff löste im Minenfeld vor Dover eine Explosion aus, als wäre das U-Boot von seinen Jägern in die Minen getrieben worden. Kurz danach gab es auf der anderen Seite der Straße von Dover in einem Minenfeld vor Le Colbart eine starke Explosion, und bald darauf bedeckten dort Öl und Wrackteile das Wasser. UC 78 und UB 31 waren in der fraglichen Zeit in diesem Seegebiet und blieben seit damals verschollen.

## UB 70

| | *Stapellauf* | *Indienststellung* |
|---|---|---|
| | 17.8.1917 | 29.10.1917 |
| Typ | UB III | |
| Kommandant | Kapitänleutnant J. Remy (gefallen) | |
| versenkt im | April/Mai 1918 | |
| Position | ? | |
| durch | ? | |
| Tote | 33 | |
| Überlebende | keine | |
| gehoben | nein | |

UB 70 lief am 16. April mit Kurs auf Pola von einem deutschen Hafen aus. Wo und wodurch das Boot verlorenging, wissen wir nicht. Erst als gefangengenommene Überlebende anderer U-Boote das Boot als vermißt bezeichneten, erfuhren die Briten, daß es überfällig war. Es kann auf eine Mine gelaufen oder infolge technischer Mängel oder menschlichen Versagens gesunken sein.

## U 32

| | *Stapellauf* | *Indienststellung* |
|---|---|---|
| | 28.1.1914 | 3.9.1914 |
| Typ | U 31 | |
| Kommandant | Kapitänleutnant K. Albrecht (gefallen) | |
| versenkt am | 8. Mai 1918 | |
| Position | Mittelmeer nw Malta, 36°07'N 13°28'O | |
| durch | Wasserbomben/Artillerie | |
| Tote | 41 | |
| Überlebende | keine | |
| gehoben | nein | |

Albrecht griff einen von Gibraltar nach Alexandria marschierenden Geleitzug an und wurde von der *Wallflower* durch Geschützfeuer und Wasserbomben versenkt.

## UB 78

| | *Stapellauf* | *Indienststellung* |
|---|---|---|
| | 2.6.1917 | 20.10.1917 |
| Typ | UB III | |
| Kommandant | Oberleutnant zur See A. Stosberg (gefallen) | |
| versenkt am | 9. Mai 1918 | |
| Position | Ärmelkanal w Cherbourg, 49°50'N 01°40'W | |
| durch | Rammstoß | |
| Tote | 35 | |
| Überlebende | keine | |
| gehoben | nein | |

Nördlich von Cherbourg an der Oberfläche fahrend, wurde UB 78 von dem Truppentransporter *Queen Alexandra* gesichtet und durch Rammstoß versenkt. Der Transporter lief weiter, aber das Patrouillenboot P 35 wurde an die Stelle beordert und fand auf dem Wasser Öl und Batteriesäure.

## UB 16

| | *Stapellauf* | *Indienststellung* |
|---|---|---|
| | 26.4.1915 | 12.5.1915 |
| Typ | UB I | |
| Kommandant | Oberleutnant zur See von der Lühe (gerettet) | |
| versenkt am | 10. Mai 1918 | |
| Position | Nordsee, 52°06'N 02°01'O | |
| durch | britisches U-Boot | |
| Tote | 15 | |
| Überlebende | 1 | |
| gehoben | nein | |

Das britische U-Boot E 34 (Lt R. Pulleyne) marschierte vom Minenlegen nach Harwich zurück und sichtete rechts voraus ein U-Boot auf Gegenkurs. Da in dem Seegebiet weitere britische U-Boote operierten, beobachtete Pulleyne das Boot lange durch das Sehrohr, bis er es als deutsches U-Boot identifizierte. Er feuerte zwei Torpedos ab und registrierte zwei Treffer, von denen nur einer explodierte. Als er auftauchte, um sich der Versenkung zu vergewissern, konnte er den im Wasser treibenden von der Lühe als einzigen Überlebenden retten.

## U 154

| | *Stapellauf* | *Indienststellung* |
|---|---|---|
| | 10.9.1917 | 12.12.1917 |
| Typ | U 151 (U-Kreuzer) | |
| Kommandant | Korvettenkapitän H. Gercke (gefallen) | |
| versenkt am | 11. Mai 1918 | |
| Position | Atlantik w Kap St. Vincent, 36°51'N 11°50'W | |
| durch | britisches U-Boot | |
| Tote | 77 | |
| Überlebende | keine | |
| gehoben | nein | |

U 154 wurde vom britischen U-Boot E 35 (Lt-Cdr Guy D'Oyly Hughes) gesichtet. Das deutsche Boot wartete, über Wasser in langsamem Zickzackkurs laufend, auf U 62 und war wegen des nicht vorhersehbaren Kurses nur schwer angreifbar. Einmal war E 35 in bester Schußposition, aber dem Ziel so nahe, daß die Torpedos aus dieser Entfernung sich nicht selbst scharf machen konnten. Die Brückenwache auf U 154 war ziemlich nachlässig und bemerkte nicht, daß das Boot fast zweieinhalb Stunden lang von dem auf Sehrohrtiefe laufenden E 35 verfolgt wurde. Um 18.18 Uhr stimmten endlich Entfernung und Position; E 35 feuerte einen Torpedo ab, der allerdings das Ziel verfehlte und von den deutschen Ausgucks auf der Brücke nicht gesichtet wurde. Um 18.25 Uhr wurde ein zweiter Torpedo abgeschossen, der U 154 unterhalb des Heckgeschützes traf und das Boot versenkte. E 35 tauchte auf und fand drei Überlebende in einem rasch wachsenden Ölteppich auf dem Wasser. Als man sie bergen wollte, sichtete man das Sehrohr von U 153, das einen Torpedo abschoß, der nicht traf. E 35 tauchte sofort und überließ die drei Deutschen ihrem Schicksal. Sie ertranken.

## U 103

| | *Stapellauf* | *Indienststellung* |
|---|---|---|
| | 9.6.1917 | 15.7.1917 |
| Typ | U 81 | |
| Kommandant | Kapitänleutnant C. Rücker (gerettet) | |
| versenkt am | 12. Mai 1918 | |
| Position | Ärmelkanal, 49°16'N 04°51'W | |
| durch | Rammstoß | |
| Tote | 10 | |
| Überlebende | 35 | |
| gehoben | nein | |

Mit U 46, U 55, U 70 und U 94 bildete U 103 eine Kampfgruppe, die im Westausgang des Ärmelkanals einen Geleitzug abpassen sollte. Die Position schien günstig zu sein, da laut den auf einem amerikanischen Frachter gefundenen Instruktionen Truppentransporter nur bis in Höhe Fastnet im Geleit liefen und dann einzeln weiterfuhren. U 103 wartete in der Nacht über Wasser auf einen Geleitzug, als ein Ausguck die Bugwelle eines ungewöhnlich großen Dampfers sichtete. Es war einer der größten Liner der Welt, die *Olympic* der White Star Line, die amerikanische Truppen nach Southampton brachte. Rücker konnte nicht mehr schnell genug tauchen und wurde von der mit 24 Knoten laufenden *Olympic* durch Rammstoß versenkt. Rücker und 34 seiner Männer wurden von der amerikanischen *Davis* gerettet und nach Queenstown gebracht.

## UB 72

| | *Stapellauf* | *Indienststellung* |
|---|---|---|
| | 30.7.1917 | 9.9.1917 |
| Typ | UB III | |
| Kommandant | Oberleutnant zur See F. Traeger (gefallen) | |
| versenkt am | 12. Mai 1918 | |
| Position | Ärmelkanal, 50°08'N 02°41'W | |
| durch | britisches U-Boot | |
| Tote | 34 | |
| Überlebende | 3 | |
| gehoben | nein | |

UB 72 wartete weiter nördlich im Ärmelkanal auf den gleichen Geleitzug wie U 103 und wurde von dem englischen U-Boot D 4 gesichtet, das durch den deutschen Funkverkehr über die Konzentration deutscher U-Boote im Kanal unterrichtet war. In Sehrohrtiefe anlaufend, sah D 4 auf der Brücke von UB 72 Offiziere und Mannschaften, die ausnahmslos gespannt nach Westen Ausschau hielten und deshalb das achtern herankommende britische U-Boot nicht bemerkten. D 4 feuerte aus etwa 600 Meter Entfernung zwei Torpedos ab, die beide trafen und das Boot versenkten. Nach dem Auftauchen konnte D 4 drei Überlebende aus dem ölbedeckten Wasser retten.

## UC 35

| | *Stapellauf* | *Indienststellung* |
|---|---|---|
| | 6.5.1916 | 4.10.1916 |
| Typ | UC II | |
| Kommandant | Oberleutnant zur See H. P. Korsch (gefallen) | |
| versenkt am | 16. Mai 1918 | |

| | |
|---|---|
| Position | Mittelmeer sw Sardinien, 39°48'N 07°42'O |
| durch | Geschützfeuer |
| Tote | 20 |
| Überlebende | 5 (und ein gefangengenommener spanischer Matrose) |
| gehoben | nein |

UC 35 wurde durch das Geschützfeuer des französischen Patrouillenboots *Ailly* versenkt, das Korsch für das Schiff eines Geleitzugs gehalten hatte. Schon die erste Granate traf eine Tauchzelle und machte UC 35 manövrierunfähig, doch die Kanoniere des U-Boots feuerten weiter, bis das Boot unter ihren Füßen absackte.

## UB 52

| | *Stapellauf* | *Indienststellung* |
|---|---|---|
| | 8.3.1917 | 9.8.1917 |
| Typ | UB III | |
| Kommandant | Oberleutnant zur See Otto Launburg (gerettet) | |
| versenkt am | 23. Mai 1918 | |
| Position | Mittelmeer, Straße von Otranto, 41°36'N 18°25'O | |
| durch | britisches U-Boot | |
| Tote | 32 | |
| Überlebende | 2 | |
| gehoben | nein | |

UB 52 wurde durch das britische U-Boot H 4 (Lt Oliver North) versenkt, das das über Wasser auf Heimatkurs laufende deutsche Boot verfolgte und aus knapp 300 Meter Entfernung zwei Torpedos abschoß, die beide trafen. Nur Launburg und sein Obersteuermann, die sich zum Zeitpunkt des Angriffs auf der Brücke befunden hatten, konnten gerettet werden.

## UB 74

| | *Stapellauf* | *Indienststellung* |
|---|---|---|
| | 13.9.1917 | 24.10.1917 |
| Typ | UB III | |
| Kommandant | Oberleutnant zur See E. Steindorff (gefallen) | |
| versenkt am | 26. Mai 1918 | |
| Position | Ärmelkanal, 50°32'N 02°32'W | |
| durch | Wasserbomben | |
| Tote | 35 | |
| Überlebende | keine | |
| gehoben | nein | |

In der Lymebucht wurde das Sehrohr von UB 74 vom Patrouillenboot *Lorna* gesichtet, dem deutsche U-Boote in der Bucht gemeldet worden waren, und mit zwei Wasserbomben belegt. UB 74 ging sofort in mächtigen Luftblasen unter und hinterließ auf der Oberfläche Öl und Wrackteile, zwischen denen vier Männer trieben. Um ganz sicher zu gehen, warf die *Lorna* noch eine Wasserbombe, durch die drei der Deutschen getötet wurden. Der vierte wurde aus dem Wasser gezogen, starb jedoch wenig später, nachdem er die Identität von UB 74 preisgegeben hatte.

## UB 119

| | *Stapellauf* | *Indienststellung* |
|---|---|---|
| | 13.12.1917 | 9.2.1918 |
| Typ | UB III | |
| Kommandant | Oberleutnant zur See W. Kolbe (gefallen) | |
| versenkt im | Mai 1918 | |
| Position | ? | |
| durch | ? | |
| Tote | 34 | |
| Überlebende | keine | |
| gehoben | nein | |

UB 119 lief am 27. April von Helgoland aus und meldete am 25. Mai die Versenkung eines Dampfers vor Belfast. Danach meldete sich das Boot nicht mehr, doch liegt auch keine alliierte Versenktmeldung vor. Es kann auf eine Mine gelaufen oder infolge technischer Mängel oder menschlichen Versagens gesunken sein.

## UC 75

| | *Stapellauf* | *Indienststellung* |
|---|---|---|
| | 6.11.1916 | 6.12.1916 |
| Typ | UC II | |
| Kommandant | Oberleutnant zur See W. Schmitz (gerettet) | |
| versenkt am | 31. Mai 1918 | |
| Position | vor der britischen Ostküste, 53°57'N 00°09'O | |
| durch | Rammstoß | |
| Tote | 19 | |
| Überlebende | 14 | |
| gehoben | nein | |

Beim Angriff auf einen Geleitzug vor der britischen Ostküste wurde UC 75 vom Dampfer *Blaydonian* gesichtet, der zum Rammstoß ansetzte, aber nur über das Deck des U-Boots schrammte. Immerhin wurde das Boot dadurch so schwer beschädigt, daß es mitten im Geleitzug auftauchen mußte. Der Kommandant des Zerstörers *Fairy* hielt es für ein britisches U-Boot und rief es an. Als keine Antwort kam, rammte er es im Wissen,

daß die Besatzung eines britischen U-Boots rechtzeitig gerettet werden könnte. Auf UC 75 herrschte offensichtlich ein Chaos; während von der Brücke Zeichen kamen, man wolle sich ergeben, wurde gleichzeitig das Deckgeschütz bemannt. Nun setzte die *Fairy* zu einem zweiten Rammstoß an und zerfetzte das Boot zwischen Turm und Deckgeschütz. Zwei Mann der Besatzung sprangen vom Deck des sinkenden Bootes auf das Vorschiff des Zerstörers und hoben die Hände. Zwölf weitere Überlebende wurden aus dem Wasser geborgen.
Durch die beiden Rammstöße gegen einen anderthalb Mal so großen und schwer gepanzerten Gegner wurde der Bug der 1897 vom Stapel gelaufenen *Fairy* so schwer beschädigt, daß sie bald darauf sank.

# U 64

| | *Stapellauf* | *Indienststellung* |
|---|---|---|
| | 29.2.1916 | 15.4.1916 |
| Typ | U 43 | |
| Kommandant | Kapitänleutnant Robert Moraht (gerettet) | |
| versenkt am | 17. Juni 1918 | |
| Position | Mittelmeer so Sardinien, 38°07'N 12°27'O | |
| durch | Geschützfeuer | |
| Tote | 38 | |
| Überlebende | 5 | |
| gehoben | nein | |

Beim Angriff auf einen Geleitzug zwischen Sardinien und Sizilien wurde U 64 von der *Lychnis* mit Wasserbomben belegt und beschädigt. Nach dem Auftauchen wurde das Boot von der *Lychnis* gerammt, dabei aber nur leicht gestreift, so daß Moraht erneut tauchen konnte, doch war U 64 kaum noch manövrierfähig, was den Kommandanten zu einem zweiten Auftauchen zwang. Er wollte sich aufgetaucht der *Lychnis* stellen, doch bevor er das Deckgeschütz bemannen konnte, erhielt das Boot so schwere Treffer, daß es fast sofort sank.

# UC 64

| | *Stapellauf* | *Indienststellung* |
|---|---|---|
| | 27.1.1917 | 22.2.1917 |
| Typ | UC II | |
| Kommandant | Oberleutnant zur See F. Schwartz (gefallen) | |
| versenkt am | 20. Juni 1918 | |
| Position | Straße von Dover zwischen Folkestone und The Varne, 50°58'N 01°23'O | |
| durch | Mine und Wasserbomben | |
| Tote | 30 | |
| Überlebende | keine | |
| gehoben | nein | |

UC 64 war auf Marsch in das Seegebiet vor Bordeaux/Gironde, lief aber östlich The Varne auf eine Mine. Die Explosion wurde von dem Fischdampfer *Ocean Roamer* gemeldet, der mit der *Loyal Friend* das mit einer deutlichen Spur aus Öl und Luftblasen manövrierende U-Boot aufspürte und mit Wasserbomben belegte. Das Boot sank; seine Identität wurde am 6. Juli von Tauchern festgestellt.

# UC 11

| | *Stapellauf* | *Indienststellung* |
|---|---|---|
| | 11.4.1915 | 23.4.1915 |
| Typ | UC I | |
| Kommandant | Oberleutnant zur See K. Utke (gerettet) | |
| versenkt am | 26. Juni 1918 | |
| Position | Straße von Dover, 51°55'N 01°01'O | |
| durch | Mine | |
| Tote | 18 | |
| Überlebende | 1 | |
| gehoben | nein | |

UC 11 lief auf Tauchfahrt nordöstlich des Sunk-Feuerschiffs auf eine Mine und lief rasch voll. Die Tauchzellen ließen sich nicht anblasen, und es sank. Utke wartete im Turm, bis durch den wachsenden Luftdruck im Boot der Wasserdruck ausgeglichen wurde und er das Turmluk öffnen konnte. Als einziger der Besatzung kam er zur Oberfläche und wurde nach einer halben Stunde von einem Boot des Feuerschiffs gerettet. Bei der Gefangennahme gab er sich als Leitender Ingenieur von UC 11 aus, wurde jedoch als Kommandant entlarvt.
Interessant ist, daß Utke später behauptete, auf eine deutsche Mine gelaufen zu sein. Wenn das stimmt, war es – eine Ironie des Schicksals – eine der von UC 11 bei einer früheren Operation gelegten Minen.

## U XX

| | *Stapellauf* | *Indienststellung* |
|---|---|---|
| | 18.9.1916 | 20.10.1917 |
| Typ | Havmanden (Gruppe U20/U 23) | |
| Kommandant | Linienschiffsleutnant Ludwig Müller (gefallen) | |
| versenkt am | 4. Juli 1918 | |
| Position | nördliche Adria, 45°29'N 15°02'O | |
| durch | italienisches U-Boot | |
| Tote | 12 | |
| Überlebende | keine | |
| gehoben | ja (siehe unten) | |

U XX wurde von dem italienischen U-Boot F 12 durch Torpedo versenkt. Die Italiener fanden später einen großen Ölteppich, aber kein Wrack. Am 21. Juli 1962 wurde das Heck und am 3. Oktober 1962 der Bug von U XX durch die Bergungsfirma Sponza & Zuberti aus Grado gehoben; die Toten wurden auf dem Militärfriedhof in Wiener Neustadt beigesetzt. Der Turm, ein Anker und andere Reste des U-Boots sind seit drei Jahrzehnten im Heeresgeschichtlichen Museum in Wien ausgestellt.

## U X

| | *Stapellauf* | *Indienststellung* |
|---|---|---|
| | 16.5.1915 | 12.7.1915 |
| Typ | UB I | |
| Kommandant | Linienschiffsleutnant Johann von Ulmansky (gerettet) | |
| gestrandet am | 9. Juli 1918 | |
| Position | nördliche Adria zwischen Caorle und der Mündung des Tagliamento | |
| durch | Mine und anschließende Strandung | |
| Tote | keine | |
| Überlebende | 13 | |
| gehoben | am 26. Juli 1918 durch die Österreicher, nach Triest gebracht, aber später als wirtschaftlicher Totalschaden eingestuft, außer Dienst gestellt und nach Kriegsende abgewrackt | |

U X lief auf eine Mine, aber Ulmansky konnte das Boot auf Strand setzen, so daß die ganze Besatzung sicher von Bord kam.

## UB 65

| | *Stapellauf* | *Indienststellung* |
|---|---|---|
| | 26.6.1917 | 18.8.1917 |
| Typ | UB III | |
| Kommandant | Kapitänleutnant M. Schelle (gefallen) | |
| versenkt am | 10. Juli 1918 | |
| Position | St.-Georgs-Kanal, s Fastnet-Leuchtturm, 51°07'N 09°42'W | |
| durch | technisches Versagen | |
| Tote | 37 | |
| Überlebende | keine | |
| gehoben | nein | |

Beim Angriff auf das amerikanische U-Boot L 2 (Lt P.F. Foster) ging UB 65 verloren, weil es beim Magnetzünder eines auf L 2 abgeschossenen Torpedos zu einer Fehlfunktion kam, die dazu führte, daß dieser noch innerhalb der Sicherheitszone detonierte und damit UB 65 selbst zum Verhängnis wurde.

## UC 77

| | *Stapellauf* | *Indienststellung* |
|---|---|---|
| | 2.12.1916 | 29.12.1916 |
| Typ | UC II | |
| Kommandant | Oberleutnant zur See J. Ries (gefallen) | |
| versenkt im | Juli (?) 1918 | |
| Position | Ärmelkanal, genaue Position nicht bekannt | |
| durch | ? | |
| Tote | 30 | |
| Überlebende | keine | |
| gehoben | nein | |

UC 77 lief am 11. Juli mit Kurs auf das Seegebiet vor Portland/Ower aus und blieb seither verschollen. Vielleicht war es dieses Boot (oder UB 108), das am 14. Juli in der Minensperre vor Dover durch eine Explosion zerstört wurde, die einen Ölteppich und Wrackteile auf der Oberfläche hinterließ, doch kann UC 77 auch infolge eines Unfalls gesunken sein.

## UB 108

| | *Stapellauf* | *Indienststellung* |
|---|---|---|
| | 21.7.1917 | 1.3.1918 |
| Typ | UB III | |
| Kommandant | Kapitänleutnant Walter Amberger (gefallen) | |
| versenkt im | Juli (?) 1918 | |
| Position | ? | |
| durch | ? | |
| Tote | 36 | |

| | |
|---|---|
| Überlebende | keine |
| gehoben | nein |

UB 108 lief am 2. Juli mit Kurs auf den Westausgang des Ärmelkanals aus und blieb seither verschollen. Vielleicht fiel das Boot am 10. Juli zwischen Folkestone und The Varne dem Wasserbombenangriff zweier Patrouillenboote zum Opfer, der auf dem Wasser Öl und Wrackteile hinterließ. Ursache seiner Zerstörung könnte auch eine Detonation gewesen sein, die sich am 14. Juli im Minengürtel vor Dover ereignete.

## UB 110

| | *Stapellauf* | *Indienststellung* |
|---|---|---|
| | 1.9.1917 | 23.3.1918 |
| Typ | UB III | |
| Kommandant | Kapitänleutnant W. Fürbringer (gerettet) | |
| versenkt am | 19. Juli 1918 | |
| Position | vor der englischen Ostküste, 54°39'N 00°55'W | |
| durch | Wasserbomben/Rammung | |
| Tote | 13 | |
| Überlebende | 21 | |
| gehoben | fast sofort durch Taucher gesucht, am 4. Oktober 1918 gehoben und wenig später abgewrackt | |

Beim Angriff auf einen Geleitzug wurde Fürbringers Sehrohr durch eines der Geleitschiffe gesichtet, die sich sofort sammelten und Wasserbomben warfen. Dadurch wurde das Tiefenruder beschädigt, in einem der Elektromotoren gab es einen Kurzschluß, und ein Öltank leckte. Fürbringer tauchte auf, aber noch ehe sich die Besatzung ergeben konnte, wurde UB 110 durch zwei Rammstöße des Zerstörers *Garry* versenkt.

## UB 124

| | *Stapellauf* | *Indienststellung* |
|---|---|---|
| | 19.3.1918 | 22.4.1918 |
| Typ | UB III | |
| Kommandant | Oberleutnant zur See Wutsdorff (gerettet) | |
| versenkt am | 20. Juli 1918 | |
| Position | Irische See, 55°43'N 07°51'W | |
| durch | Wasserbomben | |
| Tote | 2 | |
| Überlebende | 32 | |
| gehoben | nein | |

UB 124 sichtete den tags zuvor von UB 64 durch Torpedo beschädigten Passagierdampfer *Justicia*, der in den Hafen von Liverpool eingeschleppt wurde. Wutsdorff schoß um 09.10 Uhr zwei Torpedos ab, die beide trafen, doch durch den Abschuß wurde der Turm des Bootes über Wasser gehoben, das in den folgenden neunzig Minuten mit mehr als fünfzig Wasserbomben belegt wurde – für 1918 ein große Anzahl (erst 25 Jahre später warf das Geleitgeschwader von Captain Walker bei einem einzigen Angriff mehr Wasserbomben). Gegen 17.50 Uhr glaubte Wutsdorff, unbehelligt auftauchen zu können, denn im schwer beschädigten Boot war es fast nicht mehr auszuhalten; es kam durch das Notauftauchen in derart steilem Steigungswinkel hoch, daß Batteriesäure in die Bilgen floß und Chlorgasdämpfe aufstiegen. Über Wasser warteten die Zerstörer *Marne* und *Millbrook* auf UB 124. Trotz der unhaltbaren Lage im Boot tauchte Wutsdorff erneut und konnte einem weiteren Wasserbombenangriff ausweichen. Dreißig Minuten später tauchte er wieder auf und versuchte mit äußerster Kraft abzulaufen, wurde aber von den Zerstörern verfolgt. Es gab kein Entrinnen. Tauchen konnte Wutsdorff wegen der defekten Batterien nicht mehr, also machte er die Sprengladungen für die Selbstversenkung des Bootes scharf, und die Überlebenden gaben sich den Briten gefangen.

## UB 107

| | *Stapellauf* | *Indienststellung* |
|---|---|---|
| | 21.7.1917 | 16.2.1918 |
| Typ | UB III | |
| Kommandant | Kapitänleutnant von Prittwitz und Gaffron (gefallen) | |
| versenkt am | 27. Juli 1918 | |
| Position | vor der englischen Ostküste, 54°23'N 00°24'W | |
| durch | Wasserbomben | |
| Tote | 38 | |
| Überlebende | keine | |
| gehoben | nein | |

UB 107 wurde vor Scarborough von einem britischen Patrouillenboot gesichtet und von einer spontan gebildeten Jagdgruppe aus Patrouillenbooten und Trawlern verfolgt, zu der später noch der Zerstörer *Vanessa* stieß. Am Abend des 27. Juli kam der Turm von UB 107 unmittelbar vor dem Trawler *Calvia* aus dem Wasser, und sofort warfen drei Trawler Wasserbomben, die das Boot versenkten, worauf Öl und große Luftblasen aufschwammen. Die Schiffe blieben über Nacht an

Ort und Stelle, und am nächsten Morgen barg die *Vanessa* eine Leiche in deutscher Marineuniform aus dem Wasser, der der Kopf abgerissen worden war.

## UB 53

| | *Stapellauf* | *Indienststellung* |
|---|---|---|
| | 9.3.1917 | 21.8.1917 |
| Typ | UB III | |
| Kommandant | Kapitänleutnant Sprenger (gerettet) | |
| versenkt am | 3. August 1918 | |
| Position | Mittelmeer, Straße von Otranto, 39°58'N 19°01'O | |
| durch | Mine | |
| Tote | 10 | |
| Überlebende | 27 | |
| gehoben | nein | |

Von Pola ausgelaufen, wollte UB 53 getaucht die Sperren in der Straße von Otranto durchqueren. Gegen 17 Uhr hatte das Boot nach Sprengers Berechnung die Sperren durchlaufen, so daß er glaubte, unbeschadet auftauchen zu können. Zu seinem Pech hatten die Franzosen das Minenfeld nach Osten hin vergrößert, und UB 53 wurde beim Auftauchen durch zwei Minen so schwer beschädigt, daß es zu sinken begann. Sprenger vernichtete seine geheimen Papiere, machte die Sprengladungen für die Selbstversenkung des Bootes scharf und ging mit den Überlebenden von Bord. Um 17.30 Uhr sank das Boot. Dreieinhalb Stunden später wurden die Deutschen vom britischen Kreuzer *Martin* gesichtet und gerettet.

## UC 49

| | *Stapellauf* | *Indienststellung* |
|---|---|---|
| | 7.11.1916 | 2.12.1916 |
| Typ | UC II | |
| Kommandant | Oberleutnant zur See H. Kükenthal (gefallen) | |
| versenkt am | 8. August 1918 | |
| Position | englische Küste vor Start Point, 50°20'N 03°26'W | |
| durch | Wasserbomben | |
| Tote | 31 | |
| Überlebende | keine | |
| gehoben | nein | |

UC 49 war auf Minenoperation vor Plymouth und Falmouth. Kaum hatte das Boot vor Start Point mit dem Minenlegen begonnen, als es auf eine eigene Mine lief, dabei zwar heftig durchgeschüttelt, aber nicht schwer beschädigt wurde. Den Vorfall beobachtete der britische Zerstörer *Opossum*, der auf Patrouille nach deutschen U-Booten Ausschau hielt. Kükenthal legte das Boot auf Grund und ließ die Motoren abschalten, während die *Opossum* Wasserbomben warf. (Im gleichen Seegebiet verlegten sich im Sommer 1944 im Zweiten Weltkrieg Kükenthals Nachfolger auf die gleiche Taktik.) Um 15.20 Uhr ließ Kükenthal einige Nebenaggregate starten, um herauszubekommen, ob der Zerstörer noch auf der Lauer lag, und wurde prompt mit weiteren Wasserbomben belegt. Das wiederholte sich um 17.57 Uhr. Dann verlegte sich die *Opossum* auf eine Kriegslist und lief mit äußerster Kraft etwa 2,5 Seemeilen ab, um dort auf das Boot zu warten. Dieses tauchte nach einer Viertelstunde auf, wurde prompt unter Beschuß genommen und so schwer getroffen, daß es nach knapp 20 Sekunden sank. Der Zerstörer warf weitere Wasserbomben, und Öl und Luftblasen schwammen auf.

Im Vorgriff auf das Vorgehen im Zweiten Weltkrieg wurde das Wrack am 9. August erneut mit Wasserbomben belegt, um es aufzubrechen und durch die aufschwimmenden Trümmer und Leichen einen endgültigen Beweis für die Versenkung zu haben. In diesem Fall war der Beweis eine Glühbirne mit dem Stempel einer österreichischen Fabrik.

## UB 30

| | *Stapellauf* | *Indienststellung* |
|---|---|---|
| | 16.11.1915 | 18.3.1916 |
| Typ | UB II | |
| Kommandant | Oberleutnant zur See R. Stier (gefallen) | |
| versenkt am | 13. August 1918 | |
| Position | vor der englischen Ostküste, 54°32'N 00°35'W | |
| durch | Wasserbomben | |
| Tote | 26 | |
| Überlebende | keine | |
| gehoben | nein | |

UB 30 war schon am 23. Februar 1917 an der holländischen Küste gestrandet und die Besatzung von den Holländern interniert worden. Durch diplomatischen Druck erreichten die Deutschen die Rückgabe des Bootes. Dieses lief am 13. August 1918 auf Sehrohrtiefe vor Whitby, als der Fischdampfer *John Gillman* das Periskop sichtete und UB 30 zu rammen versuchte, doch das Boot tauchte rasch tiefer, so daß nur seine Außenhülle zerschrammt wurde. Zwei Wasserbomben des Dampfers brachten Öl und Bootstrümmer an die Oberfläche. Die *John Gillman* setzte eine Markierungsboje und wartete den weiteren Gang der Dinge ab. In der Tat sichteten die Trawler *John Brooker* und *Viola* das auftauchende Boot und zwangen es durch Wasserbomben und Geschützfeuer wieder zum Tauchen. Zehn Minuten später tauchte UB 30 abermals auf und wurde nun von der *John Gillman* und der *Florio* beschossen und mit Wasserbomben belegt. Die Briten sahen, wie Öl und Luftblasen aus dem zerfetzten Druckkörper kamen, und schickten dem sinkenden U-Boot vier weitere Wasserbomben hinterher. In der folgenden Nacht wurde die Position des Wracks durch Schleppleinen bestimmt, so daß es später von Tauchern inspiziert werden konnte.

## UB 57

| | *Stapellauf* | *Indienststellung* |
|---|---|---|
| | 21.6.1917 | 30.7.1917 |
| Typ | UB III | |
| Kommandant | Oberleutnant zur See J. Lohs (gefallen) | |
| versenkt am | 14. August 1918 | |
| Position | Ärmelkanal vor Zeebrugge, 51°56'N 02°02'O | |
| durch | Mine | |
| Tote | 34 | |
| Überlebende | keine | |
| gehoben | nein | |

UB 57 lief vermutlich auf eine der Grundminen mit Magnetzündung, die von der 20. Zerstörerflotille gelegt worden waren. Lohs' letzter Funkspruch wurde am 14. August aufgefangen; er meldete die Durchquerung der Sperren vor Dover und das geplante Einlaufen in Zeebrugge durch einen der minenfreien Korridore. Seither blieb das Boot verschollen; eine Woche später wurden die Leichen von Lohs und einiger seiner Männer in der Scheldemündung angetrieben. Wenn die Vermutung stimmt, war UB 57 das erste durch eine Magnetmine versenkte deutsche U-Boot.

## UC 70

| | *Stapellauf* | *Indienststellung* |
|---|---|---|
| | 7.8.1916 | 22.11.1916 |
| Typ | UC II | |
| Kommandant | Oberleutnant zur See K. Dobberstein (gefallen) | |
| versenkt am | 28. August 1918 | |
| Position | vor der englischen Ostküste, 54°32'N 00°40'W | |
| durch | Wasserbomben | |
| Tote | 31 | |
| Überlebende | keine | |
| geborgen | nein | |

Ein Flugzeug sichtete unweit der Position, von der sich U 30 letztmals gemeldet hatte, einen Ölfleck und warf eine Bombe, die weiteres Öl und Luftblasen an die Oberfläche brachten. Der Zerstörer *Ouse* wurde an die Stelle beordert und belegte das Wrack mit Wasserbomben. Taucher stellten am 14. September fest, daß es das Wrack von UC 70 war.

Vielleicht war UC 70 zuvor in einem neuen britischen Minenfeld vor der Küste von Yorkshire beschädigt worden und besserte auf Grund liegend die Schäden aus, als der Ölfleck entdeckt wurde.

## UB 109

| | *Stapellauf* | *Indienststellung* |
|---|---|---|
| | 7.7.1917 | 31.12.1917 |
| Typ | UB III | |
| Kommandant | Kapitänleutnant Ramien (gerettet) | |
| versenkt am | 29. August 1918 | |
| Position | Straße von Dover, 51°04'N 01°14'O | |
| durch | Mine | |
| Tote | 28 | |
| Überlebende | 8 | |
| gehoben | nein | |

UB 109 passierte auf dem Rückmarsch aus dem Golf von Biscaya den Kanal auf der englischen Seite und wußte nicht, daß die Briten vor Folkestone neue Minenfelder gelegt hatten. Um 03.05 Uhr registrierten Horchgeräte in Folkestone die Motorengeräusche von UB 109. Siebzehn Minuten später ließ die Galvanometernadel erkennen, daß sich UB 109 im britischen Minengürtel befand, und gleich darauf wurde das Boot durch eine ferngezündete Mine zerstört. Ramien und sieben seiner Männer konnten sich durch das Turmluk retten.

## UB 12

| | *Stapellauf* | *Indienststellung* |
|---|---|---|
| | 2.3.1915 | 29.3.1915 |
| Typ | UB I | |
| Kommandant | Oberleutnant zur See E. Schoeller (gefallen) | |

| | |
|---|---|
| versenkt | zwischen dem 19. und 31. August 1918 |
| Position | Nordsee, 51°20'N 01°30'O (?) |
| durch | Mine (?) |
| Tote | 19 |
| Überlebende | keine |
| gehoben | nein |

UB 12 lief am 19. August zu einer Minenoperation vor der Themsemündung aus und blieb seither verschollen. Vermutlich lief das Boot auf eine Mine, doch kann es auch infolge technischer Mängel oder menschlichen Versagens gesunken sein.

## U 92

| | *Stapellauf* | *Indienststellung* |
|---|---|---|
| | 12.5.1917 | 22.10.1917 |
| Typ | U 81 | |
| Kommandant | Kapitänleutnant G. Ehrlich (gefallen) | |
| versenkt am | 9. September 1918 (?) | |
| Position | ? | |
| durch | ? | |
| Tote | 42 | |
| Überlebende | keine | |
| gehoben | nein | |

U 92 lief am 4. September zur Feindfahrt in der Irischen See aus und lief vermutlich in der Fair-Isle-Passage, vor der sich das Boot am 9. September letztmals meldete, auf eine Mine.

## UB 83

| | *Stapellauf* | *Indienststellung* |
|---|---|---|
| | 15.9.1917 | 15.10.1917 |
| Typ | UB III | |
| Kommandant | Oberleutnant zur See H. Buntebardt (gefallen) | |
| versenkt am | 10. September 1918 | |
| Position | vor den Orkney-Inseln, 58°28'N 01°50'W | |
| durch | Wasserbomben | |
| Tote | 37 | |
| Überlebende | keine | |
| gehoben | nein | |

Der Turm von UB 83 wurde aus einem Fesselballon gesichtet, den der Zerstörer *Ophelia* im Schlepp hatte. Der Zerstörer lief auf die Position zu und warf drei Wasserbomben. Öl schwamm auf, und unter Wasser gab es eine starke Explosion, doch das U-Boot bewegte sich noch und lief in Richtung Pentland Firth. Die *Ophelia* warf vier weitere Wasserbomben und versenkte UB 83.

## UB 103

| | *Stapellauf* | *Indienststellung* |
|---|---|---|
| | 7.7.1917 | 18.12.1917 |
| Typ | UB III | |
| Kommandant | Kapitänleutnant Paul Hundius (gefallen) | |
| versenkt am | 16. September 1918 | |
| Position | Straße von Dover, 50°52'N 01°27'O | |
| durch | Mine | |
| Tote | 37 | |
| Überlebende | keine | |
| gehoben | nein | |

UB 103 war am 14. September das letzte deutsche U-Boot, das die Straße von Dover westwärts durchlief. Vielleicht wurde es dabei beschädigt, denn am 16. September sichtete das Luftschiff Z 1 eine Ölspur, der es eine halbe Stunde lang folgte. Patrouillenboote wurden alarmiert, die an der Stelle Wasserbomben warfen, auf deren Detonation drei starke Explosionen unter Wasser folgten.

Von da ab war die Meerenge für deutsche U-Boote gesperrt, so daß diese die Britischen Inseln im Norden runden mußten, um in den Atlantik zu kommen, doch auch diese Route hatten die Briten durch Minengürtel (Northern Barrage) versperrt.

## UB 104

| | *Stapellauf* | *Indienststellung* |
|---|---|---|
| | 1.9.1917 | 15.3.1918 |
| Typ | UB III | |
| Kommandant | Oberleutnant zur See T. Bieber (gefallen) | |
| versenkt im | September 1918 | |
| Position | ? | |
| durch | ? | |
| Tote | 36 | |
| Überlebende | keine | |
| gehoben | nein | |

UB 104 lief am 6. September von Zeebrugge aus und konnte die Straße von Dover unbeschadet passieren, denn am 11. September wechselte das Boot Erkennungssignale mit U 57. Eine Woche später operierte es in der Lymebucht, doch seither ist es verschollen. Keine alliierten Quellen melden seine Versenkung, so daß es auf eine Treibmine gelaufen oder durch einen Unfall infolge technischer Mängel oder menschlichen Versagens verlorengegangen sein kann.

## UB 127

| | *Stapellauf* | *Indienststellung* |
|---|---|---|
| | 27.4.1918 | 1.6.1918 |

Typ UB III
Kommandant Oberleutnant zur See W. Scheffler (gefallen)
versenkt im September 1918
Position ?
durch ?
Tote 34
Überlebende keine
gehoben nein

UB 127 lief vermutlich südlich der Fair Isle auf eine Mine. Dort wurde am 20. September eine Leiche in deutscher Marineuniform angetrieben.

## U 156

| | *Stapellauf* | *Indienststellung* |
|---|---|---|
| | 17.4.1917 | 28.8.1917 |

Typ U 151 (U-Kreuzer)
Kommandant Kapitänleutnant R. Feldt (gefallen)
versenkt am 25. September 1918
Position nördliche Nordsee
durch Mine
Tote 77
Überlebende keine
gehoben nein

U 156 kehrte von einer sehr erfolgreichen Feindfahrt in amerikanischen Gewässern zurück, wo durch eine von dem Boot gelegte Mine am 19. Juli der amerikanische Kreuzer *San Diego* verlorenging. Am 24. September meldete Feldt, daß er am 25. September die Northern Barrage passieren wolle und sich danach wieder melden werde. Es gab keine solche Meldung mehr; vermutlich ist U 156 auf eine Mine gelaufen.

## UB 115

| | *Stapellauf* | *Indienststellung* |
|---|---|---|
| | 4.11.1917 | 28.5.1918 |

Typ UB III
Kommandant Oberleutnant zur See R. Thomsen (gefallen)
versenkt am 29. September 1918
Position n Sunderland, 55°14'N 01°22'W
durch Wasserbomben
Tote 39
Überlebende keine
gehoben nein

Die Zerstörer *Ouse* und *Star* wurden durch das Luftschiff R 39 zu einem Ölteppich gerufen und warfen dort sieben Wasserbomben, gefolgt von drei Trawlern, die weitere zehn Bomben warfen. Die Trawler waren mit Horchgeräten ausgerüstet und hörten um 14.00 Uhr, wie ein U-Bootmotor angelassen wurde, worauf sie zwölf weitere Wasserbomben warfen, was sie eine Stunde später nach erneutem Motorengeräusch wiederholten. Von 16.00 bis 18.25 Uhr liefen die Motoren ständig, als ob das U-Boot aufzutauchen versuchte. Um 18.25 verstummte das Geräusch, und die ganze Nacht über und noch zwei weitere Tage lang schwamm Öl auf.

## U 102

| | *Stapellauf* | *Indienststellung* |
|---|---|---|
| | 12.5.1917 | 18.6.1917 |

Typ U 81
Kommandant Kapitänleutnant K. Beitzen (gefallen)
versenkt im September 1918
Position Nordsee, genaue Position nicht bekannt
durch ?
Tote 42
Überlebende keine
gehoben nein

U 102 lief wahrscheinlich in der Northern Barrage auf eine Mine.

## UB 113

| | *Stapellauf* | *Indienststellung* |
|---|---|---|
| | 23.9.1917 | 25.4.1918 |

Typ UB III
Kommandant Oberleutnant zur See U. Pilzecker (gefallen)
versenkt im September 1918
Position ?
durch ?
Tote 39
Überlebende keine
gehoben nein

UB 113 lief von Zeebrugge aus, um im westlichen Ärmelkanal zu operieren, hielt sich aber weiter nördlich. Es gibt unbestätigte Berichte, nach denen das Boot am 9. Oktober vor Boulogne auf eine Mine gelaufen sein soll, aber bewiesen ist nichts, und so wissen wir nicht, wo, wann und wodurch UB 113 verlorengegangen ist.

## U 34

| | *Stapellauf* | *Indienststellung* |
|---|---|---|
| | 9.5.1914 | 5.10.1914 |
| Typ | U 23 | |
| Kommandant | Kapitänleutnant J. Klasing (gefallen) | |
| versenkt im | Oktober 1918 (?) | |
| Position | Mittelmeer | |
| durch | ? | |
| Tote | 34 | |
| Überlebende | keine | |
| gehoben | nein | |

U 34 lief am 18. Oktober aus und blieb seither verschollen. Vielleicht fiel das Boot am 21. Oktober oder 9. November britischen Wasserbomben zum Opfer oder ging infolge eines Unfalls verloren.

## UB 68

| | *Stapellauf* | *Indienststellung* |
|---|---|---|
| | 4.7.1917 | 5.10.1917 |
| Typ | UB III | |
| Kommandant | Oberleutnant zur See Karl Dönitz (gerettet) | |
| versenkt am | 4. Oktober 1918 | |
| Position | Mittelmeer, 150 nm o Malta, 35°56'N 16°20'O | |
| durch | Geschützfeuer | |
| Tote | 1 | |
| Überlebende | 33 | |
| gehoben | Nein | |

Aus einem Geleitzug versenkte Dönitz die *Oopack* (3883 BRT) und tauchte auf, um den Konvoi von der Spitze her erneut anzugreifen. Beim Tauchen hatte der Leitende Ingenieur Jeschen einige Mühe, das Boot zu trimmen; es war buglastig und fiel auf 60 Meter Tiefe, ehe es wieder stieg. In 30 Meter Tiefe wurden die Trimmzellen geflutet, um ein plötzliches Auftauchen zu verhindern, doch jetzt sackte das Boot auf 102 Meter ab (die höchstzulässige Tauchtiefe lag bei 70 Meter). Ventile platzten, und Wasser drang ein. Wieder wurden mit der noch verbliebenen Preßluft alle Tauchzellen angeblasen, und U 68 schoß in einem Winkel von 45 Grad mit dem Heck voraus inmitten des Geleitzugs aus dem Wasser, wurde sofort unter deckendes Feuer genommen und wollte wieder tauchen, aber der Leitende Ingenieur meldete, daß keine Preßluft mehr vorhanden war, so daß ein erneutes Auftauchen unmöglich war. Zwei britische Granaten hatten den Turm beschädigt, und auch die Bugpanzerung war zerfetzt. Dönitz befahl der Besatzung, von Bord zu gehen, und wies Jeschen an, die Bodenventile zu öffnen, um das Boot zu versenken. Das Boot sank in die Tiefe, doch Jeschen tauchte nicht mehr auf. Überlebende meinten, er habe sich den Verlust des U-Boots zugeschrieben und sei deshalb absichtlich in der Zentrale geblieben, um mit dem Boot unterzugehen. Dönitz und seine Männer wurden von der *Snapdragon* aus dem Wasser geborgen und nach Malta gebracht.
Aus dem Oberleutnant zur See Karl Dönitz wurde im Zweiten Weltkrieg der Führer der U-Boote.

## UB 90

| | *Stapellauf* | *Indienststellung* |
|---|---|---|
| | 12.2.1918 | 21.3.1918 |
| Typ | UB III | |
| Kommandant | Oberleutnant zur See G. von Mayer (gefallen) | |
| versenkt am | 16. Oktober 1918 | |
| Position | Skagerrak, 57°55'N 10°27'O | |
| durch | britisches U-Boot | |
| Tote | 38 | |
| Überlebende | keine | |
| gehoben | nein | |

UB 90 war in schwerer See so stark beschädigt worden, daß das Boot nicht sein Operationsgebiet im Bristolkanal erreichen konnte und in der Nordsee patrouillierte, ehe es den Rückmarsch antrat. Von Mayer forderte für den 18. Oktober Geleitschutz an, wurde aber zwei Tage früher von dem auf Sehrohrtiefe laufenden britischen U-Boot L 12 gesichtet und mit vier Torpedos beschossen. Es gab eine starke Explosion, und nach dem Auftauchen entdeckte L 12 auf dem Wasser einen Ölteppich und darin treibend eine zerfetzte Leiche.

## UB 123

| | *Stapellauf* | *Indienststellung* |
|---|---|---|
| | 2.3.1918 | 6.4.1918 |
| Typ | UB III | |
| Kommandant | Oberleutnant zur See R. Ramm (gefallen) | |
| versenkt am | 19. Oktober 1918 | |
| Position | Northern Barrage, genaue Position nicht bekannt | |
| durch | Mine | |
| Tote | 36 | |
| Überlebende | keine | |

UB 123 war auf dem Rückmarsch und wollte am 17. Oktober von UB 125 wissen, ob es eine sichere Passage durch die Northern Barrage gab. Wahrscheinlich lief UB 123 dort auf eine Mine.

# U 78

| | *Stapellauf* | *Indienststellung* |
|---|---|---|
| | 27.2.1916 | 20.4.1916 |
| Typ | UE | |
| Kommandant | Oberleutnant zur See J. Vollbrecht (gefallen) | |
| versenkt am | 28. Oktober 1918 | |
| Position | nördliche Nordsee, 56°02'N 05°08'O | |
| durch | britisches U-Boot | |
| Tote | 40 | |
| Überlebende | keine | |
| gehoben | nein | |

Im Skagerrak nahm das Horchgerät des britischen U-Boots G 2 Erkennungssignale eines deutschen U-Boots auf, die mit einem Oszillator gegeben wurden, ging sofort zum Angriff über und versenkte das Boot durch einen Torpedo. Der Kommandant von G 2 suchte kurz nach dem Wrack und nach Überlebenden, fand jedoch nichts. Da er noch ein weiteres deutsches U-Boot in den Gewässern vermutete, tauchte er und lief ab.

# UB 116

| | *Stapellauf* | *Indienststellung* |
|---|---|---|
| | 4.11.1917 | 24.5.1918 |
| Typ | UB III | |
| Kommandant | Kapitänleutnant Hans-Joachim Emsmann (gefallen) | |
| versenkt am | 28. Oktober 1918 | |
| Position | Orkneys zwischen Hoxa Gate und Scapa Flow, 58°50'N 03°04'W | |
| durch | Mine | |
| Tote | 36 | |
| Überlebende | keine | |
| gehoben | nein | |

Als letztes deutsches U-Boot wurde im Ersten Weltkrieg UB 116 versenkt. Um den für den Winter 1918 von den Deutschen geplanten Entscheidungskampf gegen die Royal Navy vorzubereiten, liefen neun U-Boote am 25. Oktober zur Erkundung vor die britische Ostküste aus. UB 116 sollte zur britischen Flottenbasis in Scapa Flow vorstoßen und die dort vermuteten Schlachtschiffe angreifen. Emsmann hatte die Fehlinformation bekommen, die Zufahrt durch den Hoxasund sei weder durch Minen noch durch Netze gesperrt und könne gefahrlos passiert werden. Doch wurde sein Boot am 28. Oktober vor den Orkney-Inseln gesichtet, und Abwehrmaßnahmen wurden eingeleitet. Horchgeräte nahmen seine Motorengeräusche auf und verfolgten ihn, bis sie ihn um 23.22 Uhr über einem Minengürtel orteten, der vom Ufer aus ferngezündet wurde. Nach den Explosionen waren keine Motorengeräusche mehr zu vernehmen. Tags darauf fanden Taucher das Wrack und darin neben anderem Interessanten das Logbuch.

Ein katholischer Marinepfarrer der Grand Fleet, Father Tom Bradley, vermerkte in seinem Tagebuch, daß nach den Explosionen Klopfen aus dem Rumpf von UB 116 zu hören gewesen sei, was darauf hindeutet, daß es im Wrack Überlebende gab. Da keine Möglichkeit bestand, sie zu retten, warf ein Zerstörer Wasserbomben, um das Vernichtungswerk zu vollenden und so ihre Leiden zu verkürzen.

Emsmanns Operation war mutig, aber sinnlos, da die Grand Fleet schon im April 1918 nach Rosyth verlegt worden war. Die Flottenbasis, in die Emsmann vorzustoßen versuchte, war also geräumt. Dreißig Tage später war der Erste Weltkrieg zu Ende.

# Zweiter Weltkrieg

## 1939

### U 39

| | *Stapellauf* | *Indienststellung* |
|---|---|---|
| | 22.9.1938 | 10.12.1938 |
| Typ | IX A | |
| Kommandant | Kapitänleutnant Gerhard Glattes (gerettet) | |
| versenkt am | 14. September 1939 | |
| Position | nw Irland, 58°32'N 11°49'W | |
| durch | Wasserbomben | |
| Tote | keine | |
| Überlebende | 43 | |
| gehoben | nein | |

U 39 griff den zur U-Bootjagd eingesetzten Flugzeugträger *Ark Royal* mit zwei Torpedos an, die 80 Meter vor dem Ziel explodierten. Die Zerstörer *Faulknor*, *Foxhound* und *Firedrake* reagierten prompt und zielgenau. Zuerst warf die *Foxhound* Wasserbomben, die in einer Tiefe zwischen 75 und 90 Meter explodierten, und *Faulknor* und *Firedrake* folgten dem Beispiel. Am verheerendsten waren die Wasserbomben der *Firedrake*: Wasser stürzte ins Boot, aus den Batterien entwichen Chlordämpfe, und der LI konnte U 39 nicht mehr austrimmen. Um 15.46 Uhr tauchte das Boot auf und wurde von der Besatzung verlassen, die vollzählig geborgen wurde.

### U 27

| | *Stapellauf* | *Indienststellung* |
|---|---|---|
| | 24.6.1936 | 12.8.1936 |
| Typ | VII | |
| Kommandant | Kapitänleutnant Johannes Franz (gerettet) | |
| versenkt am | 20. September 1939 | |
| Position | 60 nm w der Hebriden, 58°35'N 09°20'W | |
| durch | Wasserbomben | |
| Tote | keine | |
| Überlebende | 4 Offiziere, 14 Unteroffiziere, 20 Mannschaften, | |
| gehoben | der Leitende Ingenieur der *Fortune* konnte in U 27 einsteigen, aber das Boot war nicht mehr zu retten | |

Berichte, daß ein deutsches U-Boot vor den Hebriden Fischdampfer stoppte und versenkte, führten zum Einsatz von Zerstörern der Home Fleet, die durch Flugzeuge der Fleet Air Arm unterstützt wurden. Am 20. September sichteten die Zerstörer *Fortune* und *Forester* ein aufgetauchtes U-Boot, das drei Torpedos auf sie abschoß, die jedoch vor Erreichen des Ziels explodierten. Die *Forester* griff dreimal, die *Fortune* einmal das inzwischen getauchte Boot mit Wasserbomben an, die schwere Schäden anrichteten: Eine Schraube wurde beschädigt, die Antriebswelle verbogen, und achtern drang viel Wasser durch Ventile und die Löcher von Nieten ein, die sich gelöst hatten. Franz mußte auftauchen, während die *Fortune* den vierten Angriff fuhr und das Wasser durch die explodierenden Wasserbomben aufschäumte. Der Zerstörer wendete, um das Boot zu rammen und unter Geschützfeuer zu nehmen, stellte jedoch das Feuer ein, als die Besatzung auf Deck kam. Sie wurde aufgefordert, sich zu ergeben und von Bord zu gehen, was um 03.15 Uhr geschah. Aus der Kriegsgefangenschaft konnte Franz in einem verschlüsselten Brief dem BdU mitteilen, daß die verfrühte Explosion der Torpedos sein Verderben gewesen sei.

### U 12

| | *Stapellauf* | *Indienststellung* |
|---|---|---|
| | 11.9.1935 | 30.9.1935 |
| Typ | II B | |
| Kommandant | Kapitänleutnant Dietrich von der Ropp (gefallen) | |
| versenkt am | 8. Oktober 1939 | |
| Position | Straße von Dover, genaue Position nicht bekannt | |
| durch | Mine | |
| Tote | 27 | |
| Überlebende | keine | |
| gehoben | nein | |

Beim Passieren der Straße von Dover lief U 12 auf eine Mine.

## U 40

| | *Stapellauf* | *Indienststellung* |
|---|---|---|
| | 9.11.1938 | 11.2.1939 |
| Typ | IX A | |
| Kommandant | Korvettenkapitän Wolfgang Barten (gefallen) | |
| versenkt an | 13. Oktober 1939 | |
| Position | Straße von Dover | |
| durch | Mine | |
| Tote | 38 | |
| Überlebende | 3 | |
| gehoben | nein | |

U 40 wollte nachts, etwa dreieinhalb Stunden nach Hochwasser, aufgetaucht die Straße von Dover passieren, lief um 03.00 Uhr auf eine Mine und sank sofort. Im britischen U-Bootbekämpfungsbericht vom Oktober 1939 war zu lesen, Barten habe sich nicht an die Erfahrungen seiner Vorgänger im Ersten Weltkrieg gehalten, die die Straße von Dover stets nur genau beim Höchwasserstand durchlaufen hätten, wenn die Minen am tiefsten unter der Wasseroberfläche lagen. Neun Mann der Besatzung konnten in Tauchrettern durch das Heckluk das in etwa 35 Meter Tiefe liegende Boot verlassen. Einer ertrank nach Erreichen der Oberfläche, fünf weitere starben durch Unterkühlung, ehe sie gerettet werden konnten. Die restlichen drei mußten zehn Stunden im Wasser um ihr Leben kämpfen, bevor sie geborgen wurden.

## U 42

| | *Stapellauf* | *Indienststellung* |
|---|---|---|
| | 16.2.1939 | 15.7.1939 |
| Typ | IX A | |
| Kommandant | Kapitänleutnant Rolf Dau (gerettet) | |
| versenkt am | 13. Oktober 1939 | |
| Position | sw Irland, 49°12'N 10°00'W | |
| durch | Wasserbomben | |
| Tote | 25 | |
| Überlebende | 17 | |
| gehoben | nein | |

U 42 griff den Frachter *Stonepool* an, dessen Geleit, die Zerstörer *Imogen* und *Ilex*, abgelaufen waren, um einem vor Kap Clear gemeldeten französischen Tanker beizustehen. Das U-Boot eröffnete mit dem Deckgeschütz das Feuer, das von der *Stonepool* erwidert wurde. Nach etwa zehn Minuten tauchte das Boot, kam aber wenig später wieder nach oben, um die Geschützbedienung aufzunehmen, die man beim Tauchen an Deck zurückgelassen hatte. Dann versuchte Dau, vor der *Stonepool* in eine günstige Schußposition für einen Torpedoangriff zu kommen, doch übersah er dabei die beiden Zerstörer, die das SOS des Frachters empfangen und sofort gewendet hatten. Um 18.55 Uhr wurde U 42 von der *Stonepool* gesichtet. Geschützfeuer der *Ilex* zwang das Boot zum Tauchen. Nun versuchten die Zerstörer, es mit ASDIC zu orten, was der *Imogen* um 19.18 Uhr und der *Ilex* wenig später gelang.

Um 19.27 Uhr setzte die *Ilex* zum ersten Wasserbombenangriff an, der erhebliche Schäden an U 42 anrichtete. Das Boot lag hecklastig im Winkel von 45° im Wasser, so daß die Besatzung nicht die Gefechtspositionen erreichen konnte. Dau ließ die hinteren Trimmzellen anblasen, doch das Heck war so stark zerstört, daß die Preßluft nach außen entwich. Verzweifelt ließ Dau nun auch die mittschiffs und im Bug befindlichen Zellen anblasen. U 42 begann zu steigen, konnte aber nicht auf Sehrohrtiefe abgefangen werden und schoß um 19.30 Uhr an die Oberfläche.

Die *Ilex* setzte zum Rammstoß an, verlangsamte jedoch die Fahrt, um dabei selbst möglichst wenig beschädigt zu werden, und rammte mit einer Geschwindigkeit von sechs Knoten das Heck des Bootes. Unter den Überlebenden waren Dau und sein Erster Wachoffizier. Die im Bug und im Maschinenraum befindlichen Besatzungsmitglieder hatten während des Angriffs die wasserdichten Schotts geschlossen und konnten sich nicht durch das Turmluk retten.

## U 45

| | *Stapellauf* | *Indienststellung* |
|---|---|---|
| | 27.4.1938 | 25.6.1938 |
| Typ | VII B | |
| Kommandant | Kapitänleutnant Alexander Gelhaar (gefallen) | |
| versenkt am | 14. Oktober 1939 | |
| Position | Atlantik sw Irland, 50°58'N 12°07'W | |
| durch | Wasserbomben | |
| Tote | 38 | |
| Überlebende | keine | |
| gehoben | nein | |

U 45 wurde von den Zerstörern *Icarus*, *Ivanhoe*, *Inglefield* und *Intrepid* durch Wasserbomben versenkt.

## U 16

| | *Stapellauf* | *Indienststellung* |
|---|---|---|
| | 28.4.1936 | 16.5.1936 |
| Typ | II B | |
| Kommandant | Kapitänleutnant Horst Wellner (gefallen) | |
| versenkt am | 25. Oktober 1939 | |
| Position | Straße von Dover, 51°05'N 01°28'O | |
| durch | Wasserbomben/Strandung | |
| Tote | 28 | |
| Überlebende | keine | |
| gehoben | siehe unten | |

U 16 lief getaucht durch die Straße von Dover und wurde von der Detektorschleife in der St. Margaret's Bay gemeldet. Die Schiffe *Puffin* und *Cayton Wyke* liefen aus und belegten die Stelle wiederholt mit Wasserbomben. Als das Boot den Angriffen ausweichen wollte, lief es in den Goodwins auf Grund und wurde verlassen.

Am 26. Oktober wurde das Boot auf der Goodwins-Sandbank entdeckt und tags darauf von einem Tauchboot aus untersucht. U 16 war am Bug stark beschädigt, und vor dem Turm war der Druckkörper aufgerissen. Zwei Offiziere stiegen in den Turm und bargen einiges Interessante. Schlechtes Wetter machten eine weitere Untersuchung bis zum 2. November unmöglich. Bis dahin hatte sich das Boot tiefer in den Sand gebohrt, und Taucher meldeten, daß es voller Schlick war. Fortdauernd stürmisches Wetter zwang zum Verzicht auf weitere Bemühungen.

U 16 war das dritte deutsche U-Boot, das der Minensperre vor Dover zum Opfer fiel. Dies führte zu einer Änderung der deutschen Operations pläne. U-Boote mit Kurs auf das Seegebiet westlich der Britischen Inseln mußten fortan die Straße von Dover meiden und Schottland im Norden umfahren. Kleinere U-Boote mit geringer Reichweite mußten sich auf die Nordsee beschränken. Dies änderte sich jedoch acht Monate später, nachdem die Deutschen Frankreich besetzt hatten und die französischen Atlantikhäfen benutzen konnten.

## U 35

| | *Stapellauf* | *Indienststellung* |
|---|---|---|
| | 24.9.1936 | 3.11.1936 |
| Typ | VII A | |
| Kommandant | Kapitänleutnant Werner Lott (gerettet) | |
| versenkt am | 29. November 1939 | |
| Position | Nordsee, 60°53'N 02°47'O | |
| durch | Wasserbomben | |
| Tote | keine | |
| Überlebende | 4 Offiziere, 14 Unteroffiziere, 25 Mannschaften | |
| gehoben | nein | |

Bei Tagesanbruch wurde U 35 von dem Zerstörer *Icarus* gesichtet und mit Wasserbomben angegriffen. Später stießen die Zerstörer *Kashmir* und *Kingston* dazu, die vom Konteradmiral der Home Fleet in Marsch gesetzt worden waren. Nach den Zielberechnungen der *Icarus* spürte die *Kingston* das Boot auf und warf drei Wasserbomben, die keinen sichtbaren Erfolg zeitigten. Sie wendete und setzte zu einem zweiten Angriff an. Als die jetzt geworfenen Wasserbomben explodierten, wurde U 35 inmitten der infolge der Detonationen kochenden See zur Oberfläche geschleudert, während die *Kashmir* ihrerseits einen Angriff einleitete. Die ersten Wasserbomben der *Kingston* hatten die achterlichen Tiefenruder von U 35 beschädigt, so daß sie in Aufwärtsposition klemmten. Die Bootsbesatzung kam an Deck und schickte sich an, das 8,8-cm-Geschütz zu bemannen, doch ein Warnschuß stoppte sie. Die Deutschen gingen von Bord und wurden von der *Kashmir* aufgenommen. Etwa zwanzig Minuten später sank U 35 übers Heck.

Aus bei den Geretteten gefundenen Dokumenten und besonders aus dem Tagebuch eines Maschinisten, der in der Nacht vom 28. zum 29. November ständig den Säurestand der Batterien überprüft hatte, schlossen die Briten, daß U 35 nach Scapa Flow oder Sullom Voe vorstoßen sollte, denn sonst hätte es keinen Grund gegeben, während der ganzen Nacht unter Wasser zu bleiben.

## U 36

| | *Stapellauf* | *Indienststellung* |
|---|---|---|
| | 4.11.1936 | 16.12.1936 |
| Typ | VII A | |
| Kommandant | Kapitänleutnant Wilhelm Fröhlich (gefallen) | |
| versenkt am | 4. Dezember 1939 | |
| Position | Nordsee, 57°00'N 02°47'O | |
| durch | britisches U-Boot | |
| Tote | 40 | |
| Überlebende | keine | |
| gehoben | nein | |

U 36 wurde auf Feindfahrt 75 Seemeilen südwestlich des Lister-Leuchtturms vom britischen U-Boot *Salmon* gesichtet. Dessen Kommandant Bickford hielt den verhältnismäßig kleinen Bootsturm zunächst für ein Wrackteil, aber als er sah, daß er sich fortbewegte, griff er an und feuerte zwei Torpedos ab. Aus seiner Sicht war der Angriff nicht sonderlich erfolgreich, da sein Boot beim Abschuß die Trimm verlor und ein Torpedo deshalb die Wasseroberfläche durchstieß. Aber der zweite Torpedo traf, und U 36 brach in einer starken Explosion auseinander und sank, nachdem Wrackteile bis zu 100 Meter hoch geschleudert worden waren.

# 1940

## U 55

| | *Stapellauf* | *Indienststellung* |
|---|---|---|
| | 19.10.1939 | 21.11.1939 |

Typ: VII B
Kommandant: Kapitänleutnant Werner Heidel (gefallen)
versenkt am: 30. Januar 1940
Position: w Ushant, 48°47'N 07°46'W
durch: Wasserbomben/Luftangriff
Tote: 1
Überlebende: 3 Offiziere, 15 Unteroffiziere, 23 Mannschaften
gehoben: nein

U 55 hatte den Tanker *Vaclita* angegriffen und versenkt, war aber durch das Geschützfeuer des Tankers so stark beschädigt worden, daß es nicht mehr tauchen konnte. Das Boot wollte aufgetaucht ablaufen und wurde von der Sunderland „Y" des 228. RAF-Geschwaders gesichtet und mit Bomben und MG-Feuer belegt. Dann drehte das Flugzeug ab, meldete der Fregatte *Fowey* das auf dem Wasser liegende U-Boot und kehrte zu diesem zurück. Als Heidel das anlaufende Schiff sah, blieb ihm keine andere Wahl als sein Boot zu versenken, nachdem die Besatzung von Bord gegangen war. Die Überlebenden wurden von der *Fowey* gerettet.

## U 15

| | *Stapellauf* | *Indienststellung* |
|---|---|---|
| | 15.2.1936 | 7.3.1936 |

Typ: II B
Kommandant: Oberleutnant zur See Peter Frahm (gefallen)
versenkt am: 30. Januar 1940
Position: vor Hoofden
durch: Rammung
Tote: 25
Überlebende: keine
gehoben: nein

U 15 wurde versehentlich durch das deutsche Torpedoboot *Iltis* gerammt und versenkt. Unklar ist, ob ein Navigationsfehler dazu führte oder ob der Kommandant der *Iltis* glaubte, ein britisches U-Boot vor sich zu haben.

## U 41

| | *Stapellauf* | *Indienststellung* |
|---|---|---|
| | 28.1.1939 | 22.4.1939 |

Typ: IX A
Kommandant: Kapitänleutnant Gustav-Adolf Mugler (gefallen)
versenkt am: 5. Februar 1940
Position: s Irland, 49°21'N 10°40'W
durch: Wasserbomben
Tote: 49
Überlebende: keine
gehoben: nein

Beim Angriff auf den Geleitzug OB-84 wurde U 41 von dem Zerstörer *Antelope* durch Wasserbomben versenkt.

## U 33

| | *Stapellauf* | *Indienststellung* |
|---|---|---|
| | 11.6.1936 | 25.7.1936 |

Typ: VII A
Kommandant: Kapitänleutnant Hans-Wilhelm von Dresky (gefallen)
versenkt am: 12. Februar 1940
Position: Firth of Clyde, 55°25'N 05°07'W
durch: Wasserbomben
Tote: 25
Überlebende: 17
gehoben: nein

U 33 legte im Clyde Minen aus und wurde nachts über Wasser vom Minenräumboot *Gleaner* gesichtet. Dieses belegte das inzwischen getauchte Boot mit Wasserbomben, die beträchtlichen Schaden im Bootsinneren anrichteten. Von Dresky tauchte auf in der Hoffnung, im Schutz der Dunkelheit ablaufen zu können, aber da die *Gleaner* nicht abzuschütteln war, befahl von Dresky die Selbstversenkung des Bootes.
Eine Folge des Angriffs auf U 33 war, daß den Briten drei Walzen der deutschen Kodiermaschine „Enigma" in die Hände fielen, die der Funker ins Meer zu werfen „vergaß", als er von Bord ging.

## U 54

| | *Stapellauf* | *Indienststellung* |
|---|---|---|
| | 15.8.1939 | 23.9.1939 |
| Typ | VII B | |
| Kommandant | Kapitänleutnant Günter Kutschmann (gefallen) | |
| versenkt am | 20. Februar 1940 | |
| Position | Deutsche Bucht, 55°07'N 05°05'O | |
| durch | Mine | |
| Tote | 41 | |
| Überlebende | keine | |
| gehoben | nein | |

## U 78

| | *Stapellauf* | *Indienststellung* |
|---|---|---|
| | 6.5.1939 | 24.6.1939 |
| Typ | VII B | |
| Kommandant | Korvettenkapitän Harald Grosse (gefallen) | |
| versenkt am | 23. Februar 1940 | |
| Position | w der Orkneys, 60°32'N 06°14'W | |
| durch | Wasserbomben | |
| Tote | 42 | |
| Überlebende | keine | |
| gehoben | nein | |

U 53 wurde vom Zerstörer *Gurkha* durch Wasserbomben versenkt.

## U 63

| | *Stapellauf* | *Indienststellung* |
|---|---|---|
| | 6.12.1939 | 18.1.1940 |
| Typ | II C | |
| Kommandant | Oberleutnant zur See Günther Lorentz (gerettet) | |
| versenkt am | 25. Februar 1940 | |
| Position | so der Shetland-Inseln, 58°40'N 00°10'W | |
| durch | Wasserbomben und Artillerie | |
| Tote | 1 | |
| Überlebende | 1 Offizier, 11 Unteroffiziere, 10 Mannschaften | |
| gehoben | nein | |

U 63 wurde vom britischen U-Boot *Narwhal* gesichtet, das den Geleitzug HN-14 eskortierte. Der britische Kommandant unterrichtete die Zerstörer *Escapade*, *Escort*, *Imogen* und *Inglefield*, die das unter Wasser laufende deutsche Boot zwei Stunden lang verfolgten und mit Wasserbomben belegten. Schließlich tauchte das Boot auf, und die Besatzung ging vor der Selbstversenkung von U 63 von Bord. Sie wurde später aufgefischt, nachdem sie im Wasser „eine Menge Lärm" verursacht hatte.

## U 31

| | *Stapellauf* | *Indienststellung* |
|---|---|---|
| | 25.9.1936 | 28.12.1936 |
| Typ | VII A | |
| Kommandant | Kapitänleutnant Johannes Habekost (gefallen) | |
| versenkt am | 11. März 1940 | |
| Position | Nordsee, Jadebusen, 53°44'N 08°04'W | |
| durch | Luftangriff | |
| Tote | 58 | |
| Überlebende | keine | |
| gehoben | am 19. März 1940, am 30. Juli 1940 wieder in Dienst gestellt | |

Blenheims des 82. Bombergeschwaders der RAF hielten vor Borkum nach deutschen Überwasserkräften Ausschau. Als die Blenheim „O" (Sqn Ldr M.V. Delap) die 300 Meter hoch liegende Wolkendecke durchstieß, sichtete der Pilot U 31 und warf vier Bomben, von denen zwei trafen. Das Boot sank. Zwar schwammen keine Trümmer, aber dafür ein dicker Ölteppich auf. Das wieder in Dienst gestellte Boot wurde am 2. November 1940 (siehe dort) endgültig versenkt.

## U 44

| | *Stapellauf* | *Indienststellung* |
|---|---|---|
| | 5.8.1939 | 4.11.1939 |
| Typ | IX A | |
| Kommandant | Kapitänleutnant Ludwig Mathes (gefallen) | |
| versenkt am | 20. März 1940 | |
| Position | sw vor Narvik, 54°14'N 05°26'O | |
| durch | Mine | |
| Tote | 47 | |
| Überlebende | keine | |
| gehoben | nein | |

U 44 lief in ein am 3. März 1940 von den britischen Zerstörern *Express*, *Esk*, *Icarus* und *Impulsive* ausgelegtes Minenfeld. Fälschlicherweise wurde die Versenkung vorschnell dem Zerstörer *Fortune* zugeschrieben.

## U 50

| | *Stapellauf* | *Indienststellung* |
|---|---|---|
| | 1.11.1939 | 12.12.1939 |

Typ VII B
Kommandant Kapitänleutnant Max-Hermann Bauer (gefallen)
versenkt am 6./7. April 1940
Position nw der Shetland-Inseln, 61°59'N 00°14'W
durch Mine
Tote 44
Überlebende keine
gehoben nein

Ursprünglich glaubte man, U 50 sei am 10. April durch Wasserbomben des Zerstörers *Hero* versenkt worden, doch später stellte sich heraus, daß das Boot vermutlich am 7. April auf eine Mine lief.

## U 64

| | *Stapellauf* | *Indienststellung* |
|---|---|---|
| | 20.9.1939 | 16.12.1939 |

Typ IX B
Kommandant Kapitänleutnant Georg-Wilhelm Schulz (gerettet)
versenkt am 13. April 1940
Position vor Bjerkvik im Harjangen no Narvik 68°32'N 06°48'O
durch Luftangriff
Tote 8
Überlebende 38
gehoben im August 1957 und abgewrackt

In der zweiten Schlacht um Narvik wurde U 64 durch eine Swordfish (Pilot P Off F.C. Rice, Beobachter Lt Cdr W.L. Brown, Bombenschütze LA M.G. Pacey), ein Katapult-Wasserflugzeug des Schlachtschiffs *Warspite*, mit Bomben belegt und versenkt. Die Flugzeugbesatzung hatte das vor Bjerkvik ankernde U-Boot gesichtet, bombardiert (zwei Treffer) und mit Maschinengewehren beschossen. Die Überlebenden entkamen durch das Turmluk und brauchten dazu keine Tauchretter.

## U 49

| | *Stapellauf* | *Indienststellung* |
|---|---|---|
| | 24.6.1939 | 12.8.1939 |

Typ VII B
Kommandant Kapitänleutnant Curt von Gossler (gerettet)
versenkt am 15. April 1940
Position Vaagsfjord, Norwegen, 68°53'N 16°59'O
durch Wasserbomben
Tote 1
Überlebende 4 Offiziere, 16 Unteroffiziere, 21 Mannschaften
gehoben nein

Von den Zerstörern *Fearless* und *Brazen* durch Wasserbomben versenkt.

## U 1

| | *Stapellauf* | *Indienststellung* |
|---|---|---|
| | 15.6.1935 | 29.6.1935 |

Typ II A
Kommandant Kapitänleutnant Jürgen Deecke (gefallen)
versenkt um den 16. April 1940
Position Nordsee vor Helgoland
durch Mine
Tote 24
Überlebende keine
gehoben nein

Heute weiß man, daß das am 9. April ausgelaufene U 1 vor Helgoland auf eine Mine gelaufen ist. Zunächst glaubte man, das Boot sei vor dem Egersund vom britischen U-Boot *Porpoise* (Lt-Cdr P.Q. Roberts) angegriffen und versenkt worden. Dieser Angriff galt jedoch U 3, das ihn unbeschadet überstand.

## U 22

| | *Stapellauf* | *Indienststellung* |
|---|---|---|
| | 29.7.1936 | 20.8.1936 |

Typ II B
Kommandant Kapitänleutnant Karl-Heinrich Jenisch (gefallen)
versenkt am 23. April 1940
Position Skagerrak, Jammerbucht, genaue Position nicht bekannt
durch Mine
Tote 27
Überlebende keine
gehoben nein

## U 13

| | *Stapellauf* | *Indienststellung* |
|---|---|---|
| | 9.11.1935 | 30.11.1935 |

Typ II B
Kommandant Oberleutnant zur See Max Schulte (gerettet)

versenkt am 31. Mai 1940
Position Nordsee vor Newcastle, 55°26'N 02°02'O
durch Wasserbomben
Tote keine
Überlebende 3 Offiziere, 11 Unteroffiziere, 12 Mannschaften
gehoben nein

Von der Sloop *Weston* durch Wasserbomben versenkt.

## U 122

| | *Stapellauf* | *Indienststellung* |
|---|---|---|
| | 20.12.1939 | 30.3.1940 |
| Typ | IX B | |
| Kommandant | Korvettenkapitän Hans-Günther Looff (gefallen) | |
| versenkt am | 22. Juni 1940 | |
| Position | Nordatlantik zwischen Nordkanal und Kap Finisterre | |
| durch | ? | |
| Tote | 48 | |
| Überlebende | keine | |
| gehoben | nein | |

Auf dem Marsch ins Einsatzgebiet ist U 122 verschollen. Da keine Versenktmeldung der Alliierten vorliegt, kann das Boot auf eine Mine gelaufen oder infolge technischer Mängel oder menschlichen Versagens gesunken sein.

## U 26

| | *Stapellauf* | *Indienststellung* |
|---|---|---|
| | 14.3.1936 | 11.5.1936 |
| Typ | I A | |
| Kommandant | Kapitänleutnant Heinz Scheringer (gerettet) | |
| versenkt am | 1. Juli 1940 | |
| Position | sw Bishop's Rock, 48°03'N 11°30'W | |
| durch | Wasserbomben | |
| Tote | keine | |
| Überlebende | 4 Offiziere, 17 Unteroffiziere, 27 Mannschaften | |
| gehoben | nein | |

Die Sunderland „H" des 10. RAAF-Geschwaders sichtete U 26 etwa 15 Minuten, nachdem das Boot die in einem Geleitzug fahrende *Zarian* torpediert hatte. Das Flugzeug warf vier Wasserbomben und noch vier weitere, als das Boot inmitten der Explosionsgischt auftauchte. Die Besatzung von U 26 ging von Bord, während das Boot über das Heck sank. Sie wurde von der Sloop *Rochester* gerettet.

## U 102

| | *Stapellauf* | *Indienststellung* |
|---|---|---|
| | 21.3.1940 | 27.4.1940 |
| Typ | VII B | |
| Kommandant | Kapitänleutnant Harro von Klot-Heydenfeldt (gefallen) | |
| versenkt am | 1. Juli 1940 | |
| Position | Atlantik vor Kap Finisterre | |
| durch | ? | |
| Tote | 43 | |
| Überlebende | keine | |
| gehoben | nein | |

Wir wissen nicht, wodurch U 102 verlorenging. Vielleicht wurde das Boot am 1. Juli 1940 auf 48°32'N 10°26'W von der *Vansittart* durch Wasserbomben versenkt, doch kann es auch auf eine Mine gelaufen oder infolge technischer Mängel oder menschlichen Versagens gesunken sein.

## U 25

| | *Stapellauf* | *Indienststellung* |
|---|---|---|
| | 14.2.1936 | 6.4.1936 |
| Typ | I A | |
| Kommandant | Kapitänleutnant Heinz Beduhn (gefallen) | |
| versenkt am | 3. August 1940 | |
| Position | Nordsee n Terschelling, 54°00'N 05°00'O | |
| durch | Mine | |
| Tote | 49 | |
| Überlebende | keine | |
| gehoben | nein | |

U 25 wurde durch die Explosion eigener Minen versenkt.

## U 51

| | *Stapellauf* | *Indienststellung* |
|---|---|---|
| | 11.6.1938 | 6.8.1938 |
| Typ | VII B | |
| Kommandant | Kapitänleutnant Dietrich Knorr (gefallen) | |
| versenkt am | 20. August 1940 | |
| Position | Golf von Biscaya w Nantes, 47°06'N 04°51'W | |
| durch | britisches U-Boot | |
| Tote | 43 | |
| Überlebende | keine | |
| gehoben | nein | |

Das britische U-Boot *Cachalot* (Lt-Cdr J.D. Luce) hatte bis zum 19. August südlich vor Penmarch Minen gelegt und war mit Kurs Süd nach Bordeaux unterwegs, als es am 20. August U 51 sichtete und versenkte.

# U 57

| | *Stapellauf* | *Indienststellung* |
|---|---|---|
| | 3.9.1938 | 29.12.1938 |
| Typ | II C | |
| Kommandant | Oberleutnant zur See Erich Topp (gerettet) | |
| versenkt am | 3. September 1940 | |
| Position | vor Brunsbüttel | |
| durch | Kollision | |
| Tote | 6 | |
| Überlebende | 19 | |
| gehoben | ja; am 3. Januar 1941 wieder in Dienst gestellt, am 3. Mai 1945 Selbstversenkung in Kiel | |

Vor der Brunsbütteler Schleuse des Nord-Ostseekanals von der *Rona* versehentlich gerammt. Die *Rona* war gerade aus der Schleuse ausgelaufen und wurde durch den Tidenstrom erfaßt und auf den Turm des U-Boots geschleudert. U 57 konnte mit den Elektromotoren nicht genügend Rückwärtsfahrt aufmachen, um dem Frachter auszuweichen, so daß die Besatzung sofort von Bord befohlen wurde (was die verhältnismäßig wenigen Toten erklärt). Ein Mann konnte aus dem gesunkenen Boot aussteigen. Als Topp das gehobene Boot inspizierte, fand er zwei seiner Männer tot im Turmluk eingeklemmt.
Der später zum Fregattenkapitän beförderte Erich Topp stand mit 34 versenkten Schiffen (193 684 BRT) an dritter Stelle der erfolgreichsten U-Bootkommandanten und überlebte den Krieg. Kurz betätigte er sich in der Fischerei und als Architekt und ging dann zur Bundesmarine, aus der er im Jahr 1969 im Rang eines Konteradmirals ausschied.

# U 32

| | *Stapellauf* | *Indienststellung* |
|---|---|---|
| | 25.2.1937 | 15.4.1937 |
| Typ | VII A | |
| Kommandant | Oberleutnant zur See Hans Jenisch (gerettet) | |
| versenkt am | 30. Oktober 1940 | |
| Position | Atlantik nw Irland, 55°37'N 12°20'W | |
| durch | Wasserbomben | |
| Tote | 9 | |
| Überlebende | 4 Offiziere, 11 Unteroffiziere, 18 Mannschaften | |
| gehoben | nein | |

Von den Zerstörern *Harvester* und *Highlander* durch Wasserbomben versenkt.

# U 31

| | *Stapellauf* | *Indienststellung* |
|---|---|---|
| | 25.9.1936 | 28.12.1936 |
| Typ | VII A | |
| Kommandant | Kapitänleutnant Wilfried Prellberg (gerettet) | |
| versenkt am | 2. November 1940 | |
| Position | Atlantik nw Irland, 56°26'N 10°18'W | |
| durch | Wasserbomben | |
| Tote | 2 | |
| Überlebende | 5 Offiziere, 13 Unteroffiziere, 25 Mannschaften | |
| gehoben | nein | |

Am 11. März 1940 von einer Blenheim durch Bomben versenkt, wurde das U-Boot gehoben und am 30. Juli 1940 wieder in Dienst gestellt. Als es den Geleitzug OB-237 angriff, wurde es vom Zerstörer *Antelope* durch Wasserbomben versenkt.

# U 104

| | *Stapellauf* | *Indienststellung* |
|---|---|---|
| | 25.5.1940 | 19.8.1940 |
| Typ | IX B | |
| Kommandant | Kapitänleutnant Harald Jürst (gefallen) | |
| versenkt um den | 28. November 1940 | |
| Position | Atlantik s Rockallbank, genaue Position nicht bekannt | |
| durch | ? | |
| Tote | 49 | |
| Überlebende | keine | |
| gehoben | nein | |

U 104 ging beim Angriff auf den Geleitzug HX-87 aus nicht bekannter Ursache verloren. Das Boot meldete sich letztmals am 27. November, kann also nicht, wie vor diesem Datum gemeldet, vom Geleitzerstörer *Rhododendron* des Geleitzugs OB-224 auf 56°28'N 14°13'W versenkt worden sein.

# 1941

## U 47

| | *Stapellauf* | *Indienststellung* |
|---|---|---|
| | 29.10.1938 | 17.12.1938 |
| Typ | VII B | |
| Kommandant | Korvettenkapitän Günther Prien (gefallen) | |
| versenkt am | 7. März 1941 | |
| Position | Nordatlantik n Rockall | |
| durch | ? | |
| Tote | 45 | |
| Überlebende | keine | |
| gehoben | nein | |

Gewöhnlich heißt es, U 47 sei in der Nacht vom 7. auf den 8. März 1941 vom Geleitzerstörer *Wolverine* des Konvois OB-293 versenkt worden. Der Zerstörer griff jedoch U A (das frühere türkische U-Boot *Batiray)* an, das entkommen konnte, aber so schwere Schäden erlitt, daß es den Rückmarsch antreten mußte.
Über die Versenkung von U 47 wissen wir nur, daß das Boot am Morgen des 7. März Meldungen über die Position von OB-293 funkte, die letzte um 03.43 Uhr. Dann setzte es mit U 70 und U 99 zum Angriff auf den Geleitzug an. Typischerweise nahm sich Prien das größte Schiff im Geleit zum Ziel, das 20 000 BRT große Walfangfabrikschiff *Terje Viken*, das er beschädigte, aber nicht versenkte, das aber nach einem Angriff durch U 99 von der Besatzung selbst versenkt wurde. Seither blieb U 47 verschollen. Der BdU wollte am 7. März durch Funksprüche um 09.20 und um 21.59 Uhr wissen, ob U 47 noch beim Geleitzug stand, erhielt aber auf die am 9. März wiederholte Anfrage keine Antwort, so daß das U-Boot als seit dem 7. März verschollen erklärt wurde.
Wir können also nicht mit Sicherheit sagen, wodurch U 47 versenkt wurde. Kein britischer Angriff auf U-Boote in diesem Seegebiet erklärt sein Verschwinden. Es kann auf eine Treibmine gelaufen sein (solche Minen wurden vom Konvoi gesichtet), aber wahrscheinlicher fiel es einem Unfall zum Opfer, denn U 47 war ein altes Boot, das sicher in der zweiten Hälfte des Jahres 1941 zum Schulboot geworden wäre, hätte es bis dahin überlebt. Nach langer Überholung im Dock von Lorient waren dem Boot Tauchtiefenbeschränkungen auferlegt worden. Vielleicht tauchte Prien nach dem Angriff auf die *Terje Viken* im steilen Winkel ab, um einem Gegenangriff oder der Kollision mit einem anderen Schiff des Geleits auszuweichen. Dabei kam das Boot vermutlich unter die Sicherheitsgrenze und brach auseinander. Beweise dafür gibt es freilich nicht. Die Versenkung des U-Boots mit seinem berühmten Kommandanten bleibt ein Rätsel.

## U 70

| | *Stapellauf* | *Indienststellung* |
|---|---|---|
| | 12.10.1940 | 23.11.1940 |
| Typ | VII C | |
| Kommandant | Kapitänleutnant Joachim Matz (gerettet) | |
| versenkt am | 7. März 1941 | |
| Position | Atlantik n Rockall, 60°15'N 14°00'W | |
| durch | Wasserbomben | |
| Tote | 20 | |
| Überlebende | 25 | |
| gehoben | nein | |

U 70 war eines von vermutlich vier U-Booten, die den Geleitzug OB-293 angriffen. Drei Schiffe wurden getroffen und sanken am Morgen des 7. März. Die holländische *Mijdrecht* stoppte, um Überlebende zu retten, bekam aber dabei ebenfalls einen Torpedotreffer ab. Als das Schiff noch mit geringer Fahrt lief, sichtete der Ausguck ein Sehrohr. Der Kapitän J. Swart setzte zum Rammstoß an, konnte das U-Boot aber nur beschädigen. Er meldete das Boot den Korvetten *Arbutus* und *Camelia*, die U 70 durch Wasserbomben zum Auftauchen zwangen; es sank, nachdem die Überlebenden von Bord gegangen waren.

## U 100

| | *Stapellauf* | *Indienststellung* |
|---|---|---|
| | 10.4.1940 | 30.5.1940 |
| Typ | VII B | |
| Kommandant | Kapitänleutnant Joachim Schepke (gefallen) | |
| versenkt am | 17. März 1941 | |
| Position | Atlantik nw der Hebriden, 61°04'N 11°30'W | |
| durch | Rammung | |
| Tote | 38 | |
| Überlebende | 1 Offizier, 5 Unteroffiziere und Mannschaften | |
| gehoben | nein | |

U 100 war auf den Geleitzug HX-112 angesetzt und wurde um 01.37 Uhr vom britischen Zerstörer *Walker* sowie um 01.57 Uhr und ein weiteres Mal um 02.32 Uhr vom Zerstörer *Vanoc* angegriffen. Das U-Boot ließ sich dadurch nicht vertreiben und wurde an der Wasseroberfläche um 03.18 Uhr von der *Vanoc* gesichtet. Der Zerstörer rammte das Boot in rechtem Winkel in Höhe des Turmes, wodurch der auf der Brücke stehende Schepke zerquetscht wurde. Mit 39 versenkten Schiffen und einer Gesamttonnage von 159 130 BRT stand Schepke an elfter Stelle der erfolgreichsten U-Bootkommandanten.

## U 99

| | *Stapellauf* | *Indienststellung* |
|---|---|---|
| | 12.3.1940 | 18.4.1940 |
| Typ | VII B | |
| Kommandant | Kapitänleutnant Otto Kretschmer (gerettet) | |
| versenkt am | 17. März 1941 | |
| Position | Atlantik n der Hebriden, 61°00'N 12°30'W | |
| durch | Wasserbomben | |
| Tote | 3 | |
| Überlebende | 40 | |
| gehoben | nein | |

Auch U 99 war auf den Konvoi HX-112 angesetzt. Laut Kretschmers nach dem Krieg erschienenen Memoiren beobachtete das aufgetauchte Boot, wie die *Walker* die Überlebenden von U 100 barg. Statt die Geschwindigkeit und Wendigkeit des aufgetauchten Bootes zu nutzen, gab der unerfahrene wachhabende Offizier Tauchbefehl, doch wurde das Boot unter Wasser vom ASDIC-Sonar des Zerstörers erfaßt, der es um 03.20 Uhr durch Wasserbomben zum Auftauchen zwang, worauf die Besatzung von Bord ging. Einer der Toten von U 99 war Kapitänleutnant (Ing.) Schroeder, der Leitende Ingenieur, der freiwillig in das Boot zurückkehrte, um es durch Öffnen der Flutventile zu versenken. Es sank so schnell, daß er sich nicht mehr retten konnte.

Kapitänleutnant Kretschmer war das berühmteste deutsche U-Boot-As des Zweiten Weltkriegs, hatte er doch 44 Schiffe mit 266 629 BRT versenkt. Der Verlust von drei der erfolgreichsten U-Bootkommandanten (Prien, Schepke und Kretschmer) innerhalb von nur zwei Wochen war ein schwerer Schlag für die U-Bootwaffe der deutschen Kriegsmarine.

## U 551

| | *Stapellauf* | *Indienststellung* |
|---|---|---|
| | 14.9.1940 | 7.11.1940 |
| Typ | VII C | |
| Kommandant | Kapitänleutnant Karl Schrott (gefallen) | |
| versenkt am | 23. März 1941 | |
| Position | Atlantik zwischen Island und den Färöers, 62°37'N 16°47'W | |
| durch | Wasserbomben | |
| Tote | 45 | |
| Überlebende | keine | |
| gehoben | nein | |

Der zur Nordpatrouille gehörende Trawler *Visenda* fuhr drei Wasserbombenangriffe auf ein getauchtes U-Boot, das zerstört und anhand der aufschwimmenden Wrackteile als U 551 identifiziert wurde.

## U 76

| | *Stapellauf* | *Indienststellung* |
|---|---|---|
| | 3.10.1940 | 3.12.1940 |
| Typ | VII B | |
| Kommandant | Oberleutnant zur See Friedrich von Hippel (gerettet) | |
| versenkt am | 5. April 1941 | |
| Position | Nordatlantik s Island, 58°35'N 20°20'W | |
| durch | Wasserbomben | |
| Tote | 1 | |
| Überlebende | 40 | |
| gehoben | nein | |

U 76 lief am 19. März von Kiel zur ersten Feindfahrt aus. Am 5. April um 07.37 Uhr ortete der Zerstörer *Wolverine*, der zum Geleitschutz des Konvois SC-26 gehörte und nach dem U-Boot suchte, das am 4. April die *Athenic* torpediert hatte, per ASDIC U 76 und griff das Boot mit Wasserbomben an. Dann stießen die Korvette *Arbutus* und die Sloop *Scarborough* hinzu. Um 09.21 Uhr tauchte das U-Boot auf, und die Besatzung ging von Bord, ehe es in wenigen Minuten über das Heck sank.

Die nachfolgenden Verhöre erbrachten Klagen über die Jugend und Unerfahrenheit der U-Bootbesatzung und über von Hippel, der „keine Ausstrahlung und Autorität gehabt" habe und „etwas linkisch gewesen" sei.

## U 65

| | *Stapellauf* | *Indienststellung* |
|---|---|---|
| | 6.11.1939 | 15.2.1940 |
| Typ | IX B | |
| Kommandant | Kapitänleutnant Joachim (Jockel) Hoppe (gefallen) | |
| versenkt am | 28. April 1941 | |
| Position | Nordatlantik, 60°04'N 15°45'W | |
| durch | Wasserbomben | |
| Tote | 50 | |
| Überlebende | keine | |
| gehoben | nein | |

U 65 wurde bei einem Angriff auf den Konvoi HX-121 von der Korvette *Gladiolus* durch Wasserbomben versenkt.

## U 110

| | *Stapellauf* | *Indienststellung* |
|---|---|---|
| | 25.8.1940 | 21.11.1940 |
| Typ | IX B | |
| Kommandant | Kapitänleutnant Fritz-Julius Lemp (gefallen) | |
| beschädigt am | 9. Mai 1941 | |
| Position | Atlantik o Kap Farewell, 60°22'N 33°12'W | |
| durch | Wasserbomben | |
| Tote | 15 | |
| Überlebende | 4 Offiziere, 12 Unteroffiziere, 16 Mannschaften | |
| gehoben | von der *Bulldog* in Schlepp genommen, aber U 110 sank am 11. Mai infolge der schweren Schäden. | |

Lemp griff getaucht den Geleitzug OB-318 an, torpedierte drei Sicherungsfahrzeuge und versenkte die *Esmond* und die *Bengore Head*. Das Geräusch seiner Motoren wurde von der Korvette *Aubretia* wahrgenommen, die zum Angriff drehte und wenig später das Sehrohr von U 110 sichtete. Die Zerstörer *Broadway* und *Bulldog* stießen hinzu, und die drei Schiffe warfen Wasserbomben, durch die Tiefen- und Seitenruder des deutschen Boots blockiert wurden; der Steuerbordmotor fiel aus, und auch ansonsten wurde das Boot stark beschädigt. Trotzdem konnten die zum Teil leckgeschlagenen Trimm- und Regelzellen soweit angeblasen werden, daß U 110 etwa 800 Meter hinter der *Bulldog* an die Oberfläche kam.

Auf der Brücke erkannte Lemp die Aussichtslosigkeit seiner Lage und befahl der Besatzung, von Bord zu gehen. Der Kommandant des Zerstörers *Bulldog*, Cdr A. J. Baker-Cresswell, setzte zum Rammstoß an, doch dann fiel ihm ein, daß es sinnvoller sei, U 110 aufzubringen und zu durchsuchen. Er schickte ein bewaffnetes Prisenkommando unter Sub-Lt David E. Balme los, das im Boot viele Seekarten, geheime Dokumente und andere Papiere sicherstellen konnte. Die wertvollste Beute war jedoch ein vollständiges „Enigma"-Kodiergerät einschließlich Walzen und Geheimschlüsseln, das einer der Briten zunächst für eine Schreibmaschine hielt, aber weil „das Drücken der Tasten seltsame Resultate zeitigte, für verdächtig hielt und durch das Turmluk reichte".

Als Kommandant von U 30 hatte Lemp am 3. September 1939 die *Athenia* versenkt. Über seinen Tod ist viel gemunkelt worden. In einer Version wollte er auf U 110 zurückkehren, um die Zeitzünder für die Selbstversenkung zu aktivieren, und wurde dabei von den Briten erschossen. Nach einer anderen beging er durch Ertrinken Selbstmord, als er sah, daß sein Boot den Briten in die Hände fallen würde. Die Wahrheit ist prosaischer: Lemp wurde beim dritten Wasserbombenangriff verwundet und von der Turmleiter ins kalte Wasser geschleudert, wo er ertrank.

Einer der Überlebenden war Helmut Ecke, ein Kriegsberichterstatter der Propagandakompanie, der über den U-Bootkrieg im Atlantik berichten sollte.

## U 147

| | *Stapellauf* | *Indienststellung* |
|---|---|---|
| | 16.11.1940 | 11.12.1940 |
| Typ | II D | |
| Kommandant | Oberleutnant zur See Eberhard Wetjen (gefallen) | |
| versenkt am | 2. Juni 1941 | |
| Position | Atlantik w Skerryvore, 56°38'N 10°24'W | |
| durch | Wasserbomben | |
| Tote | 26 | |
| Überlebende | keine | |
| gehoben | nein | |

Von zwei Geleitsicherungsfahrzeugen des Konvois OB-329, dem Zerstörer *Wanderer* und der Korvette *Periwinkle*, durch Wasserbomben versenkt.

## U 138

| | *Stapellauf* | *Indienststellung* |
|---|---|---|
| | 18.5.1940 | 27.6.1940 |
| Typ | II D | |
| Kommandant | Kapitänleutnant Franz Gramitzky (gerettet) | |
| versenkt am | 18. Juni 1941 | |
| Position | Atlantik w Trafalgar, 36°04'N 07°29'W | |
| durch | Wasserbomben/Artillerie | |
| Tote | keine | |
| Überlebende | 4 Offiziere, 11 Unteroffiziere, 12 Mannschaften | |
| gehoben | nein | |

U 138 hatte das Pech, auf die komplette 6. Zerstörerflottille der Briten zu stoßen; die Zerstörer *Faulknor*, *Fearless*, *Forester*, *Foresight* und *Foxhound* kehrten von der Operation „Tracer“ zurück. Das Boot wurde durch Wasserbomben zum Auftauchen gezwungen und durch Geschützfeuer versenkt.

## U 556

| | *Stapellauf* | *Indienststellung* |
|---|---|---|
| | 7.12.1940 | 6.2.1941 |
| Typ | VII C | |
| Kommandant | Kapitänleutnant Herbert Wohlfarth (gerettet) | |
| versenkt am | 27. Juni 1941 | |
| Position | o Kap Farewell (Grönland), 60°24'N 29°00'W | |
| durch | Wasserbomben/Artillerie | |
| Tote | 1 Offizier, 4 Mannschaften | |
| Überlebende | 5 Offiziere, 14 Unteroffiziere, 21 Mannschaften | |
| gehoben | nein | |

U 556 war auf den Geleitzug HX-133 angesetzt und wollte ihn aufgetaucht angreifen, wurde aber von der Korvette *Nasturtium* gesichtet. Diese warf auf das inzwischen getauchte Boot sechs Wasserbomben, die einigen Schaden anrichteten. Wohlfarth beschloß aufzutauchen, um das britische Schiff zu torpedieren und dann über Wasser abzulaufen. Als er an die Oberfläche kam, sah er sich von den Korvetten *Nasturtium*, *Celandine* und *Gladiolus* umringt, die U 556 mit Geschützfeuer belegten. Die Mannschaft ging von Bord; nur der LI blieb im Boot, um die Selbstversenkung sicherzustellen.
Wohlfarth, in Vorkriegszeiten unter dem Spitznamen „Parsifal“ ein berühmter Regattesegler, war eines der charakteristischsten Originale unter den U-Bootfahrern.

## U 651

| | *Stapellauf* | *Indienststellung* |
|---|---|---|
| | 21.12.1940 | 12.2.1941 |
| Typ | VII C | |
| Kommandant | Kapitänleutnant Peter Lohmeyer (gerettet) | |
| versenkt am | 29. Juni 1941 | |
| Position | Atlantik s Island, 59°52'N 18°36'W | |
| durch | Wasserbomben | |
| Tote | keine | |
| Überlebende | 44 | |
| gehoben | nein | |

Das zweite deutsche U-Boot, das von der Geleitsicherung von HX-133 versenkt wurde. Die Zerstörer *Malcolm* und *Scimitar* zwangen U 651 durch Wasserbomben zum Auftauchen, und die Mannschaft ging vor der Selbstversenkung von Bord.

## U 401

| | *Stapellauf* | *Indienststellung* |
|---|---|---|
| | 16.12.1940 | 10.4.1941 |
| Typ | VII C | |
| Kommandant | Kapitänleutnant Gero Zimmermann (gefallen) | |
| versenkt am | 3. August 1941 | |
| Position | Atlantik sw Irland, 50°27'N 19°50'W | |
| durch | Wasserbomben | |
| Tote | 44 | |
| Überlebende | keine | |
| gehoben | nein | |

U 401 wurde von den Zerstörern *Wanderer* und *St Albans* und der Korvette *Hydrangea*, die den Geleitzug SL-81 sicherten, durch Wasserbomben versenkt.

## U 144

| | *Stapellauf* | *Indienststellung* |
|---|---|---|
| | 24.8.1940 | 2.10.1940 |
| Typ | II D | |
| Kommandant | Kapitänleutnant Gert von Mittelstaedt (gefallen) | |
| versenkt am | 9. August 1941 | |
| Position | Finnischer Meerbusen vor Dagö, etwa 59°N 23°O | |
| durch | sowjetisches U-Boot | |
| Tote | 28 | |
| Überlebende | keine | |
| gehoben | nein | |

U 144 war das erste von fünf U-Booten des Typs II D, die in der östlichen Ostsee sowjetische U-Boote am Auslaufen aus den baltischen Häfen hindern sollten. Nach der Versenkung des sowjetischen U-Boots M-78 wurde U 144 durch das Sowjetboot SC-307 (Korvettenkapitän A.V. Petrov) versenkt.

## U 452

| | *Stapellauf* | *Indienststellung* |
|---|---|---|
| | 29.3.1941 | 29.5.1941 |
| Typ | VII C | |
| Kommandant | Kapitänleutnant Jürgen March (gefallen) | |
| versenkt am | 25. August 1941 | |
| Position | Atlantik w Färöers, 61°30'N 15°30'W | |
| durch | Luftangriff | |
| Tote | 42 | |
| Überlebende | keine | |
| gehoben | nein | |

Am 19. August lief U 452 von Drontheim zur ersten Feindfahrt aus. Die Catalina „J" (Fg Off E. A. Jewiss) des 209. RAF-Geschwaders hob am 24. August um 16.30 Uhr von Island ab und sichtete zehn Stunden später, nachdem der Pilot mit dem Trawler *Vascama* Erkennungssignale ausgetauscht hatte, das aufgetauchte deutsche U-Boot, welches das Flugzeug erst spät bemerkte.
Als es tauchte, warf die Catalina vier Wasserbomben, wodurch U 452 an die Oberfläche geschleudert wurde und anschließend rasch über das Heck sank.

## U 570

| | *Stapellauf* | *Indienststellung* |
|---|---|---|
| | 20.3.1941 | 15.5.1941 |
| Typ | VII C | |
| Kommandant | Kapitänleutnant Hans-Joachim Rahmlow (gerettet) | |
| verloren am | 27. August 1941 | |
| Position | Nordatlantik s Island, 62°15'N 18°35'W | |
| durch | Luftangriff | |
| Tote | keine | |
| Überlebende | 44 | |
| gehoben | am 28. August 1941 nach England eingeschleppt | |

Auf der ersten Feindfahrt hatte U 570 das Pech, um 10.50 Uhr direkt unter der von Sqn Ldr J.H. Thompson geflogenen Hudson „S" des 269. RAF-Geschwaders aufzutauchen. Das Flugzeug warf Wasserbomben, was Rahmlow so überraschte, daß er am Sehrohr zum Zeichen der Kapitulation eine Seekarte mit weißer Rückseite befestigte. Die Hudson umkreiste das Boot, wurde später durch eine Catalina des 209. RAF-Geschwaders abgelöst, bis um 22.50 Uhr der Trawler *Northern Chief* herankam. Tags darauf versuchten die Zerstörer *Burwell* und *Windermere* vergeblich, das U-Boot abzuschleppen; dies gelang erst dem eigens dafür ausgerüsteten Trawler *Kingston Agate.* Bis um 18.00 Uhr am 28. August war die deutsche Bootsbesatzung vom Zerstörer *Niagara* übernommen, während das Boot ins isländische Thorlakshafn geschleppt wurde, wo es am 29. August eintraf. Dann wurde es nach Großbritannien gebracht und am 29. September 1941 unter dem Namen *Graph* wieder in Dienst gestellt.
Im Kriegsgefangenenlager Grizedale Hall wurden Rahmlow und seine Offiziere vor ein „Ehrengericht" unter Vorsitz von Korvettenkapitän Otto Kretschmer von U 99 gestellt. Das Gericht hieß so, weil es den deutschen Kriegsgefangenen untersagt war, kriegsgerichtliche Aburteilungen vorzunehmen. Der LI und der 2. Wachoffizier wurden freigesprochen, aber Rahmlow und der 1WO schuldig gesprochen. Rahmlow wurde während seiner ganzen Kriegsgefangenschaft praktisch völlig isoliert, während dem Ersten Wachoffizier, Leutnant zur See Bernhard Berndt, eine bizarre Gelegenheit geboten wurde, seinen Namen „reinzuwaschen". Durch Zeitungen, Gerüchte und geschwätzige Wachen wußten die Deutschen, daß U 570 nach Barrow eingeschleppt worden war. Sie statteten Berndt mit falschen Papieren aus; er sollte fliehen und in Barrow das U-Boot versenken, dann sei seine Ehre wieder hergestellt. Berndt gelang die Flucht aus dem Lager, doch wurde er von der Home Guard aufgegriffen. Offenbar fürchtete er sich davor, ohne Erfüllung des Auftrags ins Lager zurückgebracht zu werden, und versuchte erneut die Flucht, wurde aber dabei von den Home Guards gestellt und erschossen.
In britischen Diensten wurde die *Graph* hauptsächlich für Versuchszwecke verwendet, fuhr aber auch Patrouille. In hoher Brandung lief das Boot am 20. März 1944 auf Islay auf Grund und wurde 1961 abgewrackt.

# U 501

| | *Stapellauf* | *Indienststellung* |
|---|---|---|
| | 25.1.1941 | 30.4.1941 |
| Typ | IX C | |
| Kommandant | Korvettenkapitän Hugo Förster (gerettet) | |
| versenkt am | 10. September 1941 | |
| Position | Atlantik s Grönland, 62°50'N 37°50'W | |
| durch | Wasserbomben | |
| Tote | 12 (siehe unten) | |
| Überlebende | 37 | |
| gehoben | nein | |

U 501 war auf den aus 64 Schiffen bestehenden Geleitzug SC-42 angesetzt, der durch einen Zerstörer und drei Korvetten gesichert wurde. Am 9. September begannen die U-Bootangriffe, denen ein Viertel des Geleitzugs zum Opfer fiel, und wurden bis zum 18. fortgeführt, an dem weitere Geleitsicherer eintrafen. Kurz nach Mitternacht des 10. September ortete die Korvette *Chambly* in nur knapp 700 Meter Entfernung ein getauchtes U-Boot. Obwohl der Sicherheitsabstand für Wasserbombenangriffe etwa 1000 Meter betrug, wurde beschlossen, sofort anzugreifen, und um 00.38 Uhr, nur zwei Minuten nach der Entdeckung des Bootes, explodierten die ersten Wasserbomben. Als die *Chambly* zu einem zweiten Angriff anlief, tauchte U 501 unmittelbar neben der Korvette *Moose Jaw* auf, so daß Förster trockenen Fußes von der Brücke seines Bootes auf das Vordeck der Korvette gelangen konnte.

Da die *Moose Jaw* fürchtete, von weniger friedlichen Besatzungsmitgliedern des deutschen Bootes geentert zu werden, wendete sie, setzte zum Rammstoß an und beschoß das Boot mit Maschinenwaffen, damit das Deckgeschütz nicht bemannt werden konnte. Als die Besatzung in Rettungswesten an Deck kam, ging die *Chambly* längsseits und schickte ein Prisenkommando unter Lt Edward Simmons auf U 501. Nachdem die Deutschen auch durch vorgehaltene Waffen nicht zur Rückkehr ins Boot zu bewegen waren, stiegen Simmons und seine Männer in die Zentrale, wo sie feststellten, daß das Bootsinnere völlig zerstört war, sei es durch die Wasserbomben oder durch die Besatzung selbst. Einbrechendes Wasser veranlaßte Simmons und seine Männer, sofort wieder an Deck zu gehen. Nur der Heizer W.I. Brown war zu langsam und ging mit U 501 auf dessen letzte Reise.

# U 207

| | *Stapellauf* | *Indienststellung* |
|---|---|---|
| | 24.4.1941 | 7.6.1941 |
| Typ | VII C | |
| Kommandant | Oberleutnant zur See Fritz Meyer (gefallen) | |
| versenkt am | 11. September 1941 | |
| Position | Atlantik, Dänemarkstraße, 63°59'N 34°48'W | |
| durch | Wasserbomben | |
| Tote | 41 | |
| Überlebende | keine | |
| gehoben | nein | |

Als weiteres Opfer der Sicherungsschiffe des Geleitzugs SC-42 wurde U 207 von den britischen Zerstörern *Leamington* und *Veteran* durch Wasserbomben versenkt.

# U 111

| | *Stapellauf* | *Indienststellung* |
|---|---|---|
| | 15.9.1940 | 19.12.1940 |
| Typ | IX B | |
| Kommandant | Kapitänleutnant Wilhelm Kleinschmidt (gefallen) | |
| versenkt am | 4. Oktober 1941 | |
| Position | Atlantik wsw Teneriffa, 27°15'N 20°27'W | |
| durch | Wasserbomben | |
| Tote | 9 | |
| Überlebende | 44 | |
| gehoben | nein | |

Um 08.40 Uhr sichtete der Trawler *Lady Shirley* (Lt-Cdr A.H. Callaway) den mutmaßlichen Schornstein eines Dampfers, der sich aber bald als U-Bootturm entpuppte. Um 10.04 Uhr ortete der Trawler das U-Boot per ASDIC und warf Wasserbomben. Daraufhin tauchte das Boot auf, und der Trawler drehte mit hart Backbord auf das U-Boot ein, um seine Artillerie ins Spiel zu bringen. Es kam zu einem Schußwechsel, bei dem U 111 auch seine Maschinengewehre am Turm einsetzte. Zwar konnte das Deckgeschütz des Bootes wegen des Kugelhagels nicht bemannt werden, doch sein Maschinengewehrfeuer vom Wintergarten aus tötete den Richtkanonier der *Lady Shirley*, dessen Platz unverzüglich von Sub-Lt F.E. French eingenommen wurde. Durch die Granaten wurden auf dem U-Boot Kleinschmidt, drei Offiziere und fünf Mannschaftsgrade getötet.

Als der Trawler zu einem weiteren Wasserbombenangriff ansetzte, gab das U-Boot auf. Kapitänleutnant Heinecke, der als zukünftiger U-Bootkommandant auf U 111 Kampferfahrung sammeln sollte, befahl die Räumung und Selbstversenkung des Bootes, das um 10.23 Uhr über das Heck sank. Bei dem Rückmarsch nach Gibraltar mußten neun unverletzte Besatzungsmitglieder der *Lady Shirley* 44 unversehrte deutsche U-Bootfahrer bewachen, die darüber verbittert waren, daß ihr Boot von einem so kleinen Kriegsschiff versenkt worden war.
Der Oberkommandierende Admiral des Nordatlantiksektors, Vizeadmiral Sir G. Frederick Edward-Collins, bezeichnete die Versenkung von U 111 als einen „durch die unermüdliche Wachsamkeit und totale Einsatzbereitschaft erzielten großen Erfolg".
Aber auch die Tage der *Lady Shirley* waren gezählt: Sie wurde am 11. Dezember 1941 von U 374 in der Straße von Gibraltar durch Torpedo versenkt. Es gab keine Überlebenden bei dieser Versenkung.

## U 204

| | *Stapellauf* | *Indienststellung* |
|---|---|---|
| | 23.1.1941 | 8.3.1941 |
| Typ | VII C | |
| Kommandant | Kapitänleutnant Walter Kell (gefallen) | |
| versenkt am | 19. Oktober 1941 | |
| Position | Straße von Gibraltar, 35°46'N 06°02'W | |
| durch | Wasserbomben | |
| Tote | 46 | |
| Überlebende | keine | |
| gehoben | nein | |

Mitte Oktober gab es Anzeichen für eine Konzentration von deutschen U-Booten vor der Straße von Dover. Nach der Versenkung der Korvette *Fleur de Lys* am 14. Oktober wurde die 37. britische Geleitsicherungsgruppe angewiesen, in diesem Gebiet deutsche U-Boote zu jagen. Um 20.50 Uhr am 19. Oktober orteten die Sloop *Rochester* und die Korvette *Mallow* ein deutsches Boot vor Kap Spartel und griffen es mit Wasserbomben an. Ein Ölteppich schwamm auf, und tags darauf fischte die Korvette *Bluebell* wenige Kilometer entfernt Teile eines deutschen Torpedos aus dem Wasser. Von der Bootsbesatzung konnte niemand gerettet werden.

## U 580

| | *Stapellauf* | *Indienststellung* |
|---|---|---|
| | 28.5.1941 | 24.7.1941 |
| Typ | VII C | |
| Kommandant | Oberleutnant zur See Hans-Günther Kuhlmann (gerettet) | |
| gesunken am | 11. November 1941 | |
| Position | Ostsee vor Memel | |
| durch | Kollision | |
| Tote | 12 | |
| Überlebende | 32 | |
| gehoben | nein | |

Während einer nächtlichen Schießübung nach Kollision mit dem Zielschiff *Angelburg* gesunken.

## U 583

| | *Stapellauf* | *Indienststellung* |
|---|---|---|
| | 26.6.1941 | 14.8.1941 |
| Typ | VII C | |
| Kommandant | Kapitänleutnant Heinrich Ratsch (gefallen) | |
| versenkt am | 15. November 1941 | |
| Position | Ostsee, 55°20'N 17°30'O | |
| durch | Kollision | |
| Tote | 45 | |
| Überlebende | keine | |
| gehoben | nein | |

Nach Kollision mit U 153 in der Danziger Bucht gesunken.

## U 433

| | *Stapellauf* | *Indienststellung* |
|---|---|---|
| | 15.3.1941 | 24.5.1941 |
| Typ | VII C | |
| Kommandant | Oberleutnant zur See Hans Ey (gerettet) | |
| versenkt am | 16. November 1941 | |
| Position | Mittelmeer s Malaga, 36°13'N 04°42'W | |
| durch | Wasserbomben | |
| Tote | 6 | |
| Überlebende | 38 | |
| gehoben | nein | |

Als die Korvette *Marigold* allein fahrend zu einem vorauslaufenden Geleitzug aufschließen wollte, erfaßte sie mit dem Radar ein knapp 4000 Meter entferntes Objekt, das sich beim Näherkommen als deutsches U-Boot entpuppte. Ehe die *Marigold* zum Rammstoß ansetzen konnte, tauchte das Boot. Mit Ortungshilfe durch ASDIC wurden zehn auf 15 Meter Tiefe eingestellte Wasserbomben geworfen, worauf der Kontakt abbrach. Fünf

Minuten später konnte das Boot wieder erfaßt werden und wurde mit weiteren zehn Wasserbomben (Zündtiefe 45 bis 90 Meter) belegt. Es tauchte hinter der *Marigold* im durch die Unterwasserexplosionen kochenden Wasser auf, wurde mit Artillerie beschossen und sank schon nach wenigen Minuten.
Der Kommandant der *Marigold* erhielt später ein persönliches Glückwunschtelegramm vom Ersten Seelord, Admiral Sir Dudley Pound.

## U 560

| | *Stapellauf* | *Indienststellung* |
|---|---|---|
| | 10.1.1941 | 6.3.1941 |
| Typ | VII C | |
| Kommandant | Oberleutnant zur See Ernst Cordes (gerettet) | |
| versenkt im | November 1941 | |
| Position | Ostsee vor Memel | |
| durch | Kollision | |
| Tote | ? | |
| Überlebende | ? | |
| gehoben | im Dezember 1941 und instand gesetzt | |

1942 als Schulboot wieder in Dienst gestellt, am 3. Mai 1945 Selbstversenkung in Kiel.

## U 95

| | *Stapellauf* | *Indienststellung* |
|---|---|---|
| | 18.7.1940 | 31.8.1940 |
| Typ | VII C | |
| Kommandant | Kapitänleutnant Gerd Schreiber (gerettet) | |
| versenkt am | 28. November 1941 | |
| Position | Mittelmeer o Gibraltar, 36°24'N 03°20'W | |
| durch | holländisches U-Boot | |
| Tote | 33 | |
| Überlebende | 4 Offiziere, 3 Unteroffiziere, 5 Mannschaften | |
| gehoben | nein | |

U 95 wurde vom holländischen U-Boot O 21 (Korvettenkapitän J.F. van Dulm), das nach einer Routinepatrouille vor Neapel nach Gibraltar zurücklief, durch Torpedo versenkt. Um 00.30 Uhr am 28. November sichtete U 95 in einer klaren Mondnacht das holländische Boot, zögerte aber mit dem Angriff, da Schreiber wußte, daß weitere deutsche U-Boote in dem Seegebiet standen. Er rief das Boot mit dem derzeit gültigen Signalcode an. Van Dulm hatte keine solche Hemmungen und schoß sofort aus 2000 Meter einen Torpedo ab, der fehlging, dann folgte ein zweiter, den die Deutschen anlaufen sahen, doch noch während sie ein Ausweichmanöver einleiteten, wurde U 95 getroffen und sank bald danach.

## U 206

| | *Stapellauf* | *Indienststellung* |
|---|---|---|
| | 4.4.1941 | 17.5.1941 |
| Typ | VII C | |
| Kommandant | Kapitänleutnant Herbert Opitz (gefallen) | |
| versenkt am | 30. November 1941 | |
| Position | Golf von Biscaya, w St. Nazaire, 46°55'N 07°16'W | |
| durch | Luftangriff | |
| Tote | 46 | |
| Überlebende | keine | |
| gehoben | nein | |

Während eines Patrouillenflugs ortete die Whitley „B" des 502. RAF-Geschwaders (Pilot Fg Off R.W.G. Holdsworth) das sieben Kilometer entfernte deutsche U-Boot, das alarmtauchte und unter Wasser war, als Holdsworth zum Angriff ansetzte. Er warf drei Wasserbomben rings um die vermutete Position des Bootes und drei weitere etwa 100 Meter vor dem Wasserwirbel, in dem das Boot unter Wasser gegangen war. Nun verfärbte sich das Wasser in schmutzigem Braun. Ansonsten war nichts zu sehen, obwohl das Flugzeug noch über eine halbe Stunde lang die Stelle überflog. Da sich U 206 seither nicht mehr beim BdU meldete, dürfte es durch diesen Angriff versenkt worden sein.

## U 208

| | *Stapellauf* | *Indienststellung* |
|---|---|---|
| | 21.5.1941 | 5.7.1941 |
| Typ | VII D | |
| Kommandant | Oberleutnant zur See Alfred Schlieper (gefallen) | |
| versenkt am | 7. Dezember 1941 | |
| Position | w Gibraltar, 35°51'N 07°45'W | |
| durch | Wasserbomben | |
| Tote | 45 | |
| Überlebende | keine | |
| gehoben | nein | |

Von den Zerstörern *Harvester* und *Hesperus* durch Wasserbomben versenkt.

## U 127

| | *Stapellauf* | *Indienststellung* |
|---|---|---|
| | 1.2.1941 | 24.4.1941 |

Typ IX C
Kommandant Kapitänleutnant Bruno Hansmann (gefallen)
versenkt am 15. Dezember 1941
Position Atlantik sw Kap St. Vincent, 36°28'N 09°12'W
durch Wasserbomben
Tote 51
Überlebende keine
gehoben nein

U 127 hatte das Pech, den Zerstörern der Sicherungsgruppe H zu begegnen, die nach Meldungen, vor Gibraltar würden deutsche U-Boote zusammengezogen, in Marsch gesetzt worden war. Der australische Zerstörer *Nestor* erfaßte das Boot per ASDIC und versenkte es durch Wasserbomben.

## U 557

| | *Stapellauf* | *Indienststellung* |
|---|---|---|
| | 22.12.1940 | 13.2.1941 |

Typ VII C
Kommandant Kapitänleutnant Ottokar Paulshen (gefallen)
versenkt am 16. Dezember 1941
Position Mittelmeer sw Kreta, 35°33'N 23°14'O
durch Kollision
Tote 43
Überlebende keine
gehoben nein

U 557 sank auf der Heimfahrt nach einer Kollision mit dem italienischen Torpedoboot *Orione*, das mit Dieselöl nach Nordafrika unterwegs war. Eine Untersuchung der italienischen Supermarina bezeichnete die Versenkung als Unfall, doch wurde nie geklärt, ob ein Navigationsfehler die Ursache war oder die Italiener das U-Boot absichtlich rammten.

## U 131

| | *Stapellauf* | *Indienststellung* |
|---|---|---|
| | 1.4.1941 | 1.7.1941 |

Typ IX C
Kommandant Korvettenkapitän Arend Baumann (gerettet)
versenkt am 17. Dezember 1941
Position Atlantik vor Kap St. Vincent, 34°12'N 13°35'W
durch Geschützfeuer
Tote keine
Überlebende 55
gehoben nein

U 131 wurde als erstes von vier Booten der Gruppe *Seeräuber* beim Angriff auf den von Gibraltar nach Großbritannien laufenden Geleitzug HG-76 versenkt. Um 09.18 Uhr sichtete eine Martlet des Geleitträgers *Audacity* U 131 etwa 35 Kilometer hinter dem Konvoi. Die Sloop *Stork* (Cdr F.J. Walker), die Zerstörer *Blankney*, *Exmoor* und *Stanley* und die Korvette *Pentstemon* griffen das U-Boot sofort an, das auf geändertem Kurs auf den Geleitzug zulief, aber vom ASDIC der *Pentstemon* erfaßt wurde. Die Fühlung ging verloren, aber wenig später wurde das aufgetaucht ablaufende U-Boot gesichtet. Eine Martlet (Sub-Lt George Fletcher) des 802. NAS griff U 131 an, wurde aber abgeschossen. Nun eröffneten die britischen Schiffe das Feuer auf das Boot, das mehrere Treffer erhielt, die den Druckkörper zerfetzten. Baumann blieb keine andere Wahl, als mit der Besatzung von Bord zu gehen und sein Boot zu versenken.

## U 434

| | *Stapellauf* | *Indienststellung* |
|---|---|---|
| | 15.3.1941 | 21.6.1941 |

Typ VII C
Kommandant Kapitänleutnant Wolfgang Heyda (gerettet)
versenkt am 18. Dezember 1941
Position Atlantik vor Kap St. Vincent, 36°15'N 15°48'W
durch Wasserbomben
Tote 2
Überlebende 44
gehoben nein

Um 09.06 Uhr sichtete der Zerstörer *Stanley* im Backbordquadranten des Konvois HG-76 das deutsche U-Boot und griff es gemeinsam mit der *Blankney* mit Wasserbomben an. In kürzester Zeit wurden 43 Bomben geworfen getreu dem Wahlspruch von Walker: „Schlagt rasch und so oft wie möglich zu, ehe sie zur Besinnung kommen." Um 09.48 Uhr tauchte U 434 auf, wurde von beiden Zerstörern beschossen, und die *Blankney* setzte zum Rammstoß an. Zunächst wollte man das Boot aufbringen, doch es ging zu rasch unter und verschwand in der Tiefe.

## U 574

| | *Stapellauf* | *Indienststellung* |
|---|---|---|
| | 12.4.1941 | 12.6.1941 |

Typ VII C
Kommandant Oberleutnant zur See Dietrich Gengelbach (gefallen)
versenkt am 19. Dezember 1941
Position Atlantik vor Lissabon, 38°12'N 17°23'W
durch Rammung
Tote 27
Überlebende 4 Offiziere, 16 Unteroffiziere und Mannschaften
gehoben nein

Um 04.15 Uhr wurde die am Ende des Geleitzugs fahrende *Stanley* von U 574 torpediert, worauf die Sloop *Stork* mit zwei Wasserbombenangriffen konterte, die das U-Boot schwer beschädigten: Der Druckkörper wurde eingedrückt und ein Spant brach, in der Zentrale begann es nach einem Kurzschluß zu brennen, und Preßluftflaschen platzten, wodurch sich der Innendruck im Boot unerträglich steigerte. Der LI wollte auftauchen, Gengelbach dagegen in der Tiefe bleiben, was zu einem heftigen Streit führte. Schließlich befahl Gengelbach das Anlegen der Drägerapparate und tauchte auf. Er sah sich knapp 200 Meter vor der *Stork*, die rammen wollte, aber feststellen mußte, daß das U-Boot auf sie eindrehte. Auch die Geschütze ließen sich nicht so tief richten, so daß die Männer der *Stork* nur mit geballten Fäusten das fast längsseits liegende U 574 bedrohen konnten. Gengelbach befahl die Selbstversenkung des Bootes (wollte allerdings seinen Posten nicht verlassen), doch schließlich konnte die *Stork* die Steuerbordseite von U 574 mit Wucht rammen. Das U-Boot legte sich auf die Seite und blieb zunächst am Bug und dann an der ASDIC-Kuppel der *Stork* hängen, ehe es in die Tiefe sank und dabei durch Wasserbomben zerfetzt wurde. Bei einer Kollision der *Deptford* mit der *Stork* fanden fünf Überlebende von U 574 den Tod.

## U 541

| | *Stapellauf* | *Indienststellung* |
|---|---|---|
| | 5.3.1941 | 3.5.1941 |

Typ VII C
Kommandant Korvettenkapitän Eberhard Hoffmann (gefallen)
versenkt am 21. Dezember 1941
Position Straße von Gibraltar vor Tanger, 35°55'N 06°08'W
durch Luftangriff
Tote 44
Überlebende 1
gehoben nein

Die Swordfish „A" des 812. NAS überraschte U 451 vor Kap Spartel und warf drei Wasserbomben, von denen eine vermutlich unter dem U-Boot detonierte. Der einzige Überlebende, der Erste Wachoffizier, wurde später von der Korvette *Myosotis* gerettet.

## U 567

| | *Stapellauf* | *Indienststellung* |
|---|---|---|
| | 6.3.1941 | 24.4.1941 |

Typ VII C
Kommandant Kapitänleutnant Engelbert Endrass (gefallen)
versenkt am 21. Dezember 1941
Position Atlantik w Kap Finisterre, 44°02'N 20°10'W
durch Wasserbomben
Tote 47
Überlebende keine
gehoben nein

Um 22.41 Uhr erfaßte das Ortungsgerät der im Backbordquadranten eines Geleitzugs laufenden Sloop *Deptford* einen Kontakt. Leuchtraketen wurden gezündet und ein auf den Konvoi zulaufendes deutsches U-Boot gesichtet, das von der *Deptford* mit Wasserbomben angegriffen wurde. Nach dem dritten Angriff gab es unter Wasser eine starke Detonation. Nachdem das Boot offensichtlich zerstört war, schloß sich die *Deptford* um 01.05 Uhr am 22. Dezember wieder dem Geleitzug an. Wrackteile wurden nicht gesichtet, aber da die Deutschen U 567 als vermißt meldeten, wurde wohl dieses U-Boot durch die *Deptford* versenkt. Endrass war auf U 47 Priens 1WO gewesen und hatte die Torpedos abgeschossen, die in Scapa Flow die *Royal Oak* versenkten. Im Dezember 1941 war er vermutlich völlig überlastet und ausgelaugt und nicht mehr verwendungsfähig für den Dienst auf See.

## U 79

| | *Stapellauf* | *Indienststellung* |
|---|---|---|
| | 25.1.1941 | 13.3.1941 |

Typ VII C
Kommandant Kapitänleutnant Wolfgang Kaufmann (gerettet)

| | |
|---|---|
| versenkt am | 23. Dezember 1941 |
| Position | Mittelmeer vor Bardia, 32°15'N 25°19'O |
| durch | Wasserbomben/ Selbstversenkung |
| Tote | keine |
| Überlebende | 44 |
| gehoben | nein |

Die Geleitzerstörer *Hasty* und *Hotspur* des Konvois AT-5 machten ein deutsches U-Boot aus und jagten es dreieinhalb Stunden lang. Dann tauchte U 79 auf, und die Besatzung ging von Bord, nachdem die Selbstversenkung eingeleitet worden war.

## U 75

| | *Stapellauf* | *Indienststellung* |
|---|---|---|
| | 18.10.1940 | 19.12.1940 |

| | |
|---|---|
| Typ | VII B |
| Kommandant | Kapitänleutnant Helmuth Ringelmann (gefallen) |
| versenkt am | 28. Dezember 1941 |
| Position | Mittelmeer vor Marsa Matruk, 31°50'N 26°40'O |
| durch | Wasserbomben |
| Tote | 14 |
| Überlebende | 30 |
| gehoben | nein |

Nach mehrstündiger Verfolgungsjagd vom britischen Zerstörer *Kipling* versenkt.

# 1942

## U 374

| | *Stapellauf* | *Indienststellung* |
|---|---|---|
| | 10.5.1941 | 21.6.1941 |

Typ VII C
Kommandant Oberleutnant zur See Unno von Fischel (gefallen)
versenkt am 12. Januar 1942
Position Mittelmeer vor Kap Spartivento, 37°50'N 16°00'O
durch britisches U-Boot
Tote 43
Überlebende 1
gehoben nein

U 374 wurde vom britischen U-Boot *Unbeaten* (Lt-Cdr E.A. Woodward) in einer Blitzaktion durch Torpedo versenkt. Keine zwei Minuten, nachdem das deutsche Boot bei schlechtem Wetter gesichtet wurde, schoß die *Unbeaten* vier Mk-VIII-Torpedos im Fächer ab, von denen zwei U 374 trafen. Obwohl er nur etwa sechs Kilometer vor der italienischen Küste stand, tauchte Woodward auf, um den einzigen Überlebenden zu retten.

## U 577

| | *Stapellauf* | *Indienststellung* |
|---|---|---|
| | 15.5.1941 | 3.7.1941 |

Typ VII C
Kommandant Kapitänleutnant Herbert Schauenburg (gefallen)
versenkt am 15. Januar 1942
Position Mittelmeer, nw Marsa Matruk, 32°40'N 25°48'O
durch Luftangriff
Tote 43
Überlebende keine
gehoben nein

Von der Swordfish „G" des 815. NAS, Fleet Air Arm, versenkt.

## U 93

| | *Stapellauf* | *Indienststellung* |
|---|---|---|
| | 8.6.1940 | 30.7.1940 |

Typ VII C
Kommandant Oberleutnant zur See Horst Elfe (gerettet)
versenkt am 15. Januar 1942
Position Atlantik w Kap St. Vincent, 36°40'N 15°42'W
durch Rammung/Wasserbomben/Artillerie
Tote 6
Überlebende 5 Offiziere, 35 Unteroffiziere und Mannschaften
gehoben nein

Die Zerstörer *Hesperus* und *Laforey* liefen sieben bis zwölf Kilometer nach Backbord abgesetzt neben dem Geleitzug SL-97G her. Um 00.45 Uhr hatte die *Hesperus* ein Radarecho in 2100 Meter und ein ASDIC-Echo in 1900 Meter. Als das angepeilte Objekt knapp 900 Meter entfernt war, schoß der Zerstörer eine Leuchtrakete ab, die ein mit 17 Knoten ablaufendes deutsches U-Boot sichtbar machte. Die *Hesperus* holte U 93 ein und rammte das Heck des Bootes, warf gleich darauf Wasserbomben und nahm U 93 vom Turm „X" aus unter Geschützfeuer.

## U 581

| | *Stapellauf* | *Indienststellung* |
|---|---|---|
| | 12.6.1941 | 31.7.1941 |

Typ VII C
Kommandant Kapitänleutnant Werner Pfeifer (gerettet)
versenkt am 2. Februar 1942
Position Atlantik vor der Azoreninsel Pico, 38°24'N 28°30'W
durch Rammung/Wasserbomben
Tote 4
Überlebende 39
gehoben nein

U 581 wartete vor den Azoren auf den Truppentransporter *Llangibby Castle*, der von U 402 beschädigt und zur Reparatur nach Horta eingeschleppt worden war. Während der beschädigte Transporter Richtung Gibraltar ablief, sichtete einer der Geleitzerstörer, die *Westcott,* den Turm eines in Richtung der Insel Pico laufenden deutschen U-Boots. Ein Rammstoß mißlang, der Zerstörer warf Wasserbomben und wendete dann zu einem zweiten Stoß. Er erwischte das Boot hinter dem Turm; es bekam Schlagseite und sank.

Die Überlebenden von U 581 wurden von der *Westcott* gerettet (lediglich ein mutiger Offizier schwamm auf die Azoreninsel Pico und wurde später repatriiert). Kapitänleutnant Pfeifer beschwerte sich bei dem Zerstörerkommandanten, die Versenkung seines Bootes sei unrechtmäßig, da sie in portugiesischen Gewässern erfolgt sei, und wollte deshalb mit seinen Männern von den Portugiesen interniert werden. Der Kommandant der *Westcott* prüfte die Beschwerde anhand des Zeitpunkts, an dem U 581 versenkt wurde, und kam zu dem Schluß, daß dies in einem Abstand von 3,1 Seemeilen vor der Küste und damit in internationalen Gewässern geschehen sei. Laut Stabschronik „ignorierte er den Protest und seinen (Pfeifers) wichtigtuerischen Wunsch nach Internierung in einem neutralen Land".

## U 82

| | *Stapellauf* | *Indienststellung* |
|---|---|---|
| | 15.3.1941 | 14.5.1941 |
| Typ | VII C | |
| Kommandant | Kapitänleutnant Siegfried Rollmann (gefallen) | |
| versenkt am | 6. Februar 1942 | |
| Position | Nordatlantik no Azoren, 44°10'N 23°52'W | |
| durch | Wasserbomben | |
| Tote | 45 | |
| Überlebende | keine | |
| gehoben | nein | |

Auf dem Rückmarsch von einem Einsatz vor der Ostküste der USA stieß U 82 auf den Geleitzug OS-18 und wurde von den Geleitsicherern *Rochester* und *Tamarisk* durch Wasserbomben versenkt.

## U 565

| | *Stapellauf* | *Indienststellung* |
|---|---|---|
| | 8.7.1941 | 17.9.1941 |
| Typ | VII C | |
| Kommandant | Kapitänleutnant Ernst Kröning (gefallen) | |
| versenkt am | 1. März 1942 | |
| Position | Atlantik s Kap Race, 46°15'N 53°15'W | |
| durch | Luftangriff | |
| Tote | 45 | |
| Überlebende | keine | |
| gehoben | nein | |

Von einer Catalina des Patrouillengeschwaders VP-82 der US-Navy versenkt.

## U 133

| | *Stapellauf* | *Indienststellung* |
|---|---|---|
| | 28.4.1941 | 5.7.1941 |
| Typ | VII C | |
| Kommandant | Kapitänleutnant Eberhard Mohr (gefallen) | |
| versenkt am | 14. März 1942 | |
| Position | Mittelmeer vor Salamis, 37°59'N 29°35'O | |
| durch | Mine | |
| Tote | 45 | |
| Überlebende | keine | |
| gehoben | nein | |

U 133 geriet infolge eines Navigationsfehlers in ein deutsches Minenfeld und wurde versenkt.

## U 503

| | *Stapellauf* | *Indienststellung* |
|---|---|---|
| | 5.4.1941 | 10.7.1941 |
| Typ | IX C | |
| Kommandant | Kapitänleutnant Otto Gericke (gefallen) | |
| versenkt am | 15. März 1942 | |
| Position | Atlantik sw Neufundland, 45°50'N 48°50'W | |
| durch | Luftangriff | |
| Tote | 51 | |
| Überlebende | keine | |
| gehoben | nein | |

Versenkt von einer Hudson des Patrouillengeschwaders VP-82 der US-Navy, die den Geleitzug ON-72 sicherte.

## U 655

| | *Stapellauf* | *Indienststellung* |
|---|---|---|
| | 5.6.1941 | 11.8.1941 |
| Typ | VII C | |
| Kommandant | Kapitänleutnant Adolf Dumrese (gefallen) | |
| versenkt am | 24. März 1942 | |
| Position | Barentssee so Bäreninsel, 73°00'N 21°00'O | |
| durch | Rammung | |
| Tote | 45 | |
| Überlebende | keine | |
| gehoben | nein | |

U 655 wurde beim Anlaufen an den Geleitzug QP-9 vom britischen Minensucher *Sharpshooter* gesichtet und mit einer Geschwindigkeit von 13 Knoten gerammt und versenkt.

## U 587

| | *Stapellauf* | *Indienststellung* |
|---|---|---|
| | 23.7.1941 | 11.9.1941 |
| Typ | VII C | |
| Kommandant | Kapitänleutnant Ulrich Borcherdt (gefallen) | |
| versenkt am | 27. März 1942 | |
| Position | Atlantik w Ushant, 47°10'N 21°39'W | |
| durch | Wasserbomben | |
| Tote | 42 | |
| Überlebende | keine | |
| gehoben | nein | |

Beim Angriff auf den mit Kurs Mittlerer Osten laufenden Truppentransporterkonvoi WS-17 versenkt. Der schnelle Geleitzug wurde verschiedentlich von deutschen U-Booten angelaufen. Eines der Boote wurde am Vormittag des 26. März von den Zerstörern *Javelin* und *Inconstant* erfolglos gejagt. Am 27. März tauchte um 07.13 Uhr ein Boot hinter dem Konvoi auf und wurde von den Zerstörern *Leamington Spa*, *Grove*, *Aldenham* und *Volunteer* angegriffen. Um 10.40 Uhr meldete die *Leamington Spa*, die Jagd werde eingestellt, da man keine Wasserbomben mehr habe. Der Angriff wurde als „Erfolg der Kategorie C" eingestuft, da das U-Boot „wahrscheinlich beschädigt" worden sei. Nach dem Krieg stellte sich heraus, daß U 587 dabei versenkt wurde.

## U 585

| | *Stapellauf* | *Indienststellung* |
|---|---|---|
| | 9.7.1941 | 28.8.1941 |
| Typ | VII C | |
| Kommandant | Kapitänleutnant Ernst-Bernward Lohse (gefallen) | |
| versenkt am | 30. März 1942 | |
| Position | Eismeer n Murmansk, 70°10'N 34°00'O | |
| durch | Mine | |
| Tote | 44 | |
| Überlebende | keine | |
| gehoben | nein | |

U 585 geriet, vermutlich durch einen Navigationsfehler, in das deutsche Bantos-Minenfeld. Einige deutsche Quellen behaupteten, das Boot habe den richtigen Kurs gehabt, sei aber auf eine Treibmine gelaufen. Jedenfalls wurde es versenkt. Zunächst wurde angenommen, U 585 sei am 29. März von dem britischen Zerstörer *Fury* versenkt worden, doch dieser Angriff hatte U 378 gegolten, das ihn unbeschadet überstand.

## U 702

| | *Stapellauf* | *Indienststellung* |
|---|---|---|
| | 24.5.1941 | 3.9.1941 |
| Typ | VII C | |
| Kommandant | Kapitänleutnant Wolf-Rüdiger von Rabenau (gefallen) | |
| verschollen am | 3./4. April 1942 | |
| Position | Nordsee | |
| durch | ? | |
| Tote | 44 | |
| Überlebende | keine | |
| gehoben | nein | |

Das Boot kann auf eine Treibmine gelaufen oder infolge technischer Mängel oder menschlichen Versagens gesunken sein.

## U 85

| | *Stapellauf* | *Indienststellung* |
|---|---|---|
| | 10.4.1941 | 7.6.1941 |
| Typ | VII B | |
| Kommandant | Oberleutnant zur See Eberhard Greger (gefallen) | |
| versenkt am | 14. April 1942 | |
| Position | Atlantik vor Kap Hatteras, 35°55'N 75°13'W | |
| durch | Wasserbomben | |
| Tote | 45 | |
| Überlebende | keine | |
| gehoben | nein | |

Kurz nach Mitternacht des 14. April hatte der amerikanische Zerstörer *Roper* südlich von Kap Hatteras einen Radarkontakt in 2500 Meter Entfernung und sichtete ein mit äußerster Kraft ablaufendes deutsches U-Boot. Die *Roper* verfolgte das Boot, und als sie auf knapp 700 Meter herangekommen war, lief knapp an der Backbordseite des Zerstörers die Blasenspur eines Torpedos vorbei. Das aufgetauchte U-Boot drehte nach Steuerbord ab, wurde vom Suchscheinwerfer der *Roper* erfaßt, als es vor deren Bug vorbeilief, und mit dem Buggeschütz und Maschinengewehren beschossen. Man zählte mindestens einen Treffer im Turm, bevor U 85 tauchte. Nun wurde es mit Wasserbomben angegriffen, aber da Meldungen über weitere deutsche U-Boote im Seegebiet vorlagen, beschloß der Kommandant der *Roper*, sich bis Tagesanbruch abzusetzen. Als er um 07.15 Uhr zurückkehrte, fand er auf dem Wasser Trümmer und Leichen, deren Papiere die Identifizierung des Bootes ermöglichten.

## U 252

| | *Stapellauf* | *Indienststellung* |
|---|---|---|
| | 14.8.1941 | 4.10.1941 |
| Typ | VII C | |
| Kommandant | Kapitänleutnant Kai Lerchen (gefallen) | |
| versenkt am | 14. April 1942 | |
| Position | Atlantik nw Kap Finisterre, 47°00'N 18°14'W | |
| durch | Wasserbomben | |
| Tote | 44 | |
| Überlebende | keine | |
| gehoben | nein | |

U 252 beschattete den Geleitzug OG-82 und wurde dabei von der britischen Korvette *Vetch* entdeckt. Zuerst wurde es mit Radar geortet, doch Leuchtraketen zeigten dann das über Wasser liegende Boot, das zwei Torpedos abschoß. Diese strichen in etwa 10 Meter Entfernung an Backbord der Korvette vorbei. Nun wollte U 252 ablaufen, wurde aber von der *Vetch* und der hinzugestoßenen Sloop *Stork* verfolgt. Um 22.39 Uhr tauchte das U-Boot und wurde von beiden Schiffen bis um 23.11 Uhr mit Wasserbomben eingedeckt. Man hörte ein Geräusch, das zunächst wie das Anblasen von Tauchzellen klang, dann jedoch als „nicht U-Boot-artig" klassifiziert wurde. Die Jagd wurde in der Vermutung, das U-Boot sei ausgebrochen, in nordwestlicher Richtung ergebnislos fortgesetzt, aber als die Schiffe an die Stelle des Wasserbombenangriffs zurückkehrten, trieben auf der Oberfläche Bootstrümmer, Leichenteile und von einer Stuttgarter Firma hergestellte Hosen der Bootsbesatzung.

## U 573

| | *Stapellauf* | *Indienststellung* |
|---|---|---|
| | 17.4.1941 | 5.6.1941 |
| Typ | VII C | |
| Kommandant | Kapitänleutnant Heinrich Heinsohn (gerettet) | |
| verloren am | 2. Mai 1942 | |
| Position | Mittelmeer o Cartagena, 37°00'N 01°00'O | |
| durch | Luftangriff | |
| Tote | 1 | |
| Überlebende | 43 | |
| gehoben | von Spanien am 9. August 1943 gekauft und als G 7 wieder in Dienst gestellt, am 15. Juni 1960 in SO 1 umbenannt und am 2. Mai 1970 zum Abwracken verkauft | |

U 573 wurde von der Hudson „M" des 233. RAF-Geschwaders mit drei Wasserbomben belegt, von denen eine traf und eine zweite etwa zehn Meter neben dem Heck explodierte. Das Boot wurde hochgeschleudert und tauchte dann in einer großen Öllache ab. Die Flugzeugbesatzung beobachtete, wie der Bug senkrecht aus dem Wasser stieg und dann wieder zurückglitt. Gleich darauf tauchte das Boot in steilem Winkel auf. Qualm quoll aus dem Turm. Zehn Mann kamen auf die Brücke und schienen sich mit erhobenen Händen ergeben zu wollen. Da sie keine Anstalten machten, die Flak zu bemannen, stellte die Hudson den Angriff ein. Eine halbe Stunde später mußte das Flugzeug wegen Treibstoffmangels abdrehen, und das Boot konnte am 2. Mai in den spanischen Hafen Cartagena einlaufen, wo die Besatzung interniert wurde.
In der britischen Admiralität war man höchst verärgert, weil das Boot „davongekommen" war, nachdem die Deutschen nur zum Schein hatten kapitulieren wollen. Am 24. Juni 1942 wurde die britische Luftwaffe angewiesen, auf die Kapitulation eines deutschen U-Boots nur einzugehen, wenn eigene Seestreitkräfte vorhanden waren, die das Boot übernehmen konnten. Wenn nicht, müsse ein Angriff mit allen zur Verfügung stehenden Waffen fortgesetzt werden.

## U 74

| | *Stapellauf* | *Indienststellung* |
|---|---|---|
| | 31.8.1940 | 31.10.1940 |
| Typ | VII B | |
| Kommandant | Oberleutnant zur See Karl Friederich (gefallen) | |
| versenkt am | 2. Mai 1942 | |
| Position | Mittelmeer o Cartagena, 37°16'N 01°00'W | |
| durch | Luftangriff/Wasserbomben | |
| Tote | 46 | |
| Überlebende | keine | |
| gehoben | nein | |

U 74 wurde über Wasser von der Catalina „C" (Flt Lt R.Y. Powell) des 202. RAF-Geschwaders gesichtet und aus einer Höhe von 15 Meter mit sieben Mk-8-Wasserbomben angegriffen. Trümmer oder Öl waren nicht zu sehen, aber das Flugzeug blieb bis 17.45 Uhr, als die Zerstörer *Wishart* und *Wrestler* eintrafen, das U-Boot orteten und durch Wasserbomben versenkten.

## U 352

| | *Stapellauf* | *Indienststellung* |
|---|---|---|
| | 7.5.1941 | 28.8.1941 |
| Typ | VII C | |
| Kommandant | Kapitänleutnant Hellmut Rathke (gerettet) | |
| versenkt am | 9. Mai 1942 | |
| Position | Atlantik s Kap Hatteras, 34°12'N 76°35'W | |
| durch | Wasserbomben | |
| Tote | 13 | |
| Überlebende | 3 Offiziere, 14 Unteroffiziere, 16 Mannschaften | |
| gehoben | nein | |

Der vor North Carolina patrouillierende US-Küstenwachekutter *Icarus* ortete um 20.25 Uhr per Sonar ein etwa 1000 Meter entferntes Objekt. Vier Minuten später lief backbords ein Torpedo vorbei und explodierte kaum 200 Meter hinter dem Kutter, der sofort wendete und in rascher Folge zunächst fünf und dann noch einmal drei Wasserbomben warf. Um 21.09 Uhr tauchte das U-Boot unmittelbar nach dem Wurf einer weiteren Wasserbombe auf, und die überlebende Besatzung ging von Bord.

## U 568

| | *Stapellauf* | *Indienststellung* |
|---|---|---|
| | 6.3.1941 | 1.5.1941 |
| Typ | VII C | |
| Kommandant | Kapitänleutnant Joachim Preuss (gerettet) | |
| versenkt am | 29. Mai 1942 | |
| Position | Mittelmeer vor Tobruk, 32°42'N 24°53'O | |
| durch | Wasserbomben/Artillerie | |
| Tote | keine | |
| Überlebende | 47 | |
| gehoben | nein | |

Um 11.15 Uhr am 28. Mai entließ der Zerstörer *Eridge* die Zerstörer *Hero* und *Hurworth* aus dem Geleit des Konvois AT-47, um nach einem deutschen U-Boot zu suchen, das von einem Flugzeug auf 32°24'N 24°55'O gemeldet worden war. Zwei Stunden später hatten sie das Boot aufgespürt und belegten es den ganzen Tag über mit Wasserbomben. Um 17.50 Uhr stieß der Zerstörer *Eridge* dazu, doch um 20.00 Uhr gingen die Wasserbomben zur Neige. Der Kontakt zum U-Boot wurde beibehalten, da es irgendwann der Luft wegen auftauchen mußte. Dies geschah um 23.55 Uhr, doch nach Artilleriebeschuß ging U 568 sofort wieder auf Tiefe. Um 03.30 Uhr am 29. Mai tauchte das Boot abermals auf, denn Preuss hatte genug: Er hatte getan, was er konnte, aber jetzt waren seine Batterien leer. Er befahl der Mannschaft, von Bord zu gehen, nachdem die Selbstversenkung von U 568 eingeleitet worden war.

## U 652

| | *Stapellauf* | *Indienststellung* |
|---|---|---|
| | 7.2.1941 | 3.4.1941 |
| Typ | VII C | |
| Kommandant | Kapitänleutnant Georg-Werner Fraatz (gerettet) | |
| versenkt am | 2. Juni 1942 | |
| Position | Mittelmeer vor Sollum, 31°55'N 25°13'O | |
| durch | Selbstversenkung | |
| Tote | keine | |
| Überlebende | 45 | |
| gehoben | nein | |

Durch einen Angriff der Swordfish „L" des 815. NAS war U 625 beschädigt und manövrierunfähig geworden. Fraatz forderte Hilfe an, und sein Funkspruch wurde von dem zum Glück gerade aufgetaucht fahrenden U 81 (Kapitänleutnant Friedrich Guggenberger) empfangen, das mit äußerster Kraft Kurs auf U 652 nahm. Das beschädigte Boot war hecklastig und drohte zu sinken. Guggenberger übernahm die Besatzung, worauf Fraatz gestattet wurde, durch einen Torpedo aus dem Heckrohr von U 81 sein eigenes Boot zu versenken. Er traf es mittschiffs, und das Boot brach im selben Augenblick auseinander.
U 81 setzte die Besatzung von U 652 am 3. Juni auf Salamis an Land. Als Kommandant von U 529 fiel Fraatz im Februar 1943.

## U 157

| | *Stapellauf* | *Indienststellung* |
|---|---|---|
| | 5.6.1941 | 15.9.1941 |
| Typ | IX C | |
| Kommandant | Korvettenkapitän Wolf Henne (gefallen) | |
| versenkt am | 13. Juni 1942 | |
| Position | Karibik n Havanna, 24°13'N 82°03'W | |
| durch | Wasserbomben | |
| Tote | 52 | |
| Überlebende | keine | |
| gehoben | nein | |

U 157 wurde vom Kutter *Thetis* der US-Küstenwache durch Wasserbomben versenkt.

## U 158

| | *Stapellauf* | *Indienststellung* |
|---|---|---|
| | 21.6.1941 | 25.9.1941 |
| Typ | IX C | |
| Kommandant | Korvettenkapitän Erwin Rostin (gefallen) | |
| versenkt am | 30. Juni 1942 | |
| Position | Karibik w Bermudas, 32°50'N 67°28'W | |
| durch | Luftangriff | |
| Tote | 54 | |
| Überlebende | keine | |
| gehoben | nein | |

U 158 hatte im Golf von Mexiko über 62 000 BRT Schiffsraum versenkt, wurde aber auf dem Rückmarsch funkgeortet und durch eine Mariner des USN-Geschwaders VP-74 versenkt.

## U 215

| | *Stapellauf* | *Indienststellung* |
|---|---|---|
| | 9.10.1941 | 22.11.1941 |
| Typ | VII D | |
| Kommandant | Kapitänleutnant Fritz Hoeckner (gefallen) | |
| versenkt am | 3. Juli 1942 | |
| Position | Atlantik vor Neuschottland, 41°48'N 66°35'W | |
| durch | Wasserbomben | |
| Tote | 48 | |
| Überlebende | keine | |
| gehoben | nein | |

Hoeckner griff vor Neuschottland den Geleitzug BA-2 an und versenkte die *Alexander Macomb*, wurde aber von dem französischen Geleitsicherer *Le Tigre* ausgemacht und durch Wasserbomben versenkt.

## U 502

| | *Stapellauf* | *Indienststellung* |
|---|---|---|
| | 18.2.1941 | 31.5.1941 |
| Typ | IX C/40 | |
| Kommandant | Kapitänleutnant Jürgen von Rosenstiel (gefallen) | |
| versenkt am | 5. Juli 1942 | |
| Position | Golf von Biscaya w La Rochelle, 46°10'N 06°40'W | |
| durch | Luftangriff | |
| Tote | 52 | |
| Überlebende | keine | |
| gehoben | nein | |

Die Wellington „H" des 172. RAF-Geschwaders ortete um 04.45 Uhr in etwa elf Kilometer Entfernung ein Schiff und näherte sich bis auf anderthalb Kilometer. Im Scheinwerferlicht wurde ein aufgetauchtes deutsches U-Boot gesichtet, das sofort tauchte und aus einer Höhe von 10 Meter von Steuerbord nach Backbord mit vier Wasserbomben belegt wurde. Beim Überfliegen des Bootes eröffnete der Heckschütze des Flugzeugs das Feuer auf das infolge der Detonationen aufschäumende Wasser, das sich im Licht von Leuchtraketen deutlich verfärbte. Die Wellington blieb bis 05.13 Uhr, doch vom U-Boot war nichts mehr zu sehen.

Dies war der erste erfolgreiche Angriff einer Wellington und der erste, bei dem ein Flugzeug mit Leigh-Light-Suchscheinwerfern ausgerüstet war. Der Pilot, P Off W.B. Howell, ein amerikanischer Kriegsfreiwilliger, der später zur US-Navy ging und dort zum Captain aufstieg, wurde für die Versenkung von U 502 mit dem DFC ausgezeichnet.

## U 701

| | *Stapellauf* | *Indienststellung* |
|---|---|---|
| | 16.4.1941 | 16.7.1941 |
| Typ | VII C | |
| Kommandant | Kapitänleutnant Horst Degen (gerettet) | |
| versenkt am | 7. Juli 1942 | |
| Position | Atlantik w Kap Hatteras, 34°50'N 74°55'W | |
| durch | Luftangriff | |
| Tote | 39 | |
| Überlebende | 7 (siehe unten) | |
| gehoben | nein | |

U 701 lauerte vor Kap Hatteras dem Schiffsverkehr auf, tauchte tagsüber, um Treibstoff zu sparen, und kam nachts an die Oberfläche. Am Nachmittag des 7. Juli war allerdings die Luft im Boot so schlecht, daß sich Degen zum Auftauchen und Öffnen der Luken entschloß. Sein Alarmtauchrekord lag bei 28 Sekunden, doch die Ausgucks litten offenbar noch unter einer Kohlendioxidvergiftung und bemerkten nicht, daß eine Liberator des 396. USAAF-Bombergeschwaders aus der Sonne auf das Boot herabstieß. Degen ließ sofort tauchen, doch wurde U 701 am Heck von zwei Bomben getroffen, die den Druckkörper des Bootes aufrissen. Die Tauchzellen wurden angeblasen, und das Boot konnte so lange über Wasser gehalten werden, bis 17 Mann (darunter auch Degen) aus dem Turmluk klettern konnten. Sie hielten sich mit ihren Drägerapparaten bis zum 9. Juli über Wasser, bis ein Luftschiff der US-Navy sie entdeckte und ein Rettungsfloß abwarf. Um 16.05 Uhr am gleichen Tag konnte ein Wasserflugzeug der Küstenwache sieben Überlebende bergen; die übrigen zehn waren während des fast 100 Kilometer langen Treibens im Meer unter der sengenden Sonne des Golfstroms gestorben.

## U 136

| | *Stapellauf* | *Indienststellung* |
|---|---|---|
| | 5.7.1941 | 30.8.1941 |
| Typ | VII C | |
| Kommandant | Kapitänleutnant Heinrich Zimmermann (gefallen) | |
| versenkt am | 11. Juli 1942 | |
| Position | Atlantik nw Madeira, 33°30'N 22°52'W | |
| durch | Wasserbomben | |
| Tote | 45 | |
| Überlebende | keine | |
| gehoben | nein | |

Noch ehe U 136 den Geleitzug OS-33 angreifen konnte, wurde das Boot von der Sloop *Pelican*, der Fregatte *Spey* und dem französischen Zerstörer *Léopard* geortet und durch Wasserbomben versenkt.

## U 153

| | *Stapellauf* | *Indienststellung* |
|---|---|---|
| | 5.4.1941 | 19.7.1941 |
| Typ | IX C | |
| Kommandant | Korvettenkapitän Wilfried Reichmann (gefallen) | |
| versenkt am | 13. Juli 1942 | |
| Position | Karibik vor Colón 09°56'N 81°29'W | |
| durch | Wasserbomben | |
| Tote | 52 | |
| Überlebende | keine | |
| gehoben | nein | |

Reichmann griff vor der östlichen Einfahrt zum Panamakanal einen Netzleger an, wurde aber vom Patrouillenboot PC 458 zum Tauchen gezwungen. See- und Luftstreitkräfte suchten intensiv nach dem U-Boot, das schließlich vom amerikanischen Zerstörer *Lansdowne* durch Wasserbomben versenkt wurde.

## U 576

| | *Stapellauf* | *Indienststellung* |
|---|---|---|
| | 30.4.1941 | 26.6.1941 |
| Typ | VII C | |
| Kommandant | Kapitänleutnant Hans-Dieter Heinicke (gefallen) | |
| versenkt am | 15. Juli 1942 | |
| Position | Atlantik vor Kap Hatteras, 34°50'N 75°22'W | |
| durch | Artillerie/Rammung | |
| Tote | 45 | |
| Überlebende | keine | |
| gehoben | nein | |

U 576 griff vor der Ostküste der USA einen Geleitzug an, versenkte die *Bluefields* und beschädigte die *Chilore* (die später im Schlepp sank). Das U-Boot wurde jedoch von einer Maschine des in Cherry Point stationierten Fliegergeschwaders VS-9 gesichtet und angegriffen, vom Armed Guard Detachment auf dem zum Geleitzug gehörenden Frachter *Unicoi* beschossen und schließlich durch Rammstoß versenkt.

## U 751

| | *Stapellauf* | *Indienststellung* |
|---|---|---|
| | 16.11.1940 | 31.1.1941 |
| Typ | VII C | |
| Kommandant | Korvettenkapitän Gerhard Bigalk (gefallen) | |
| versenkt am | 17. Juli 1942 | |
| Position | Atlantik nw Kap Ortegal, 45°14'N 12°22'W | |
| durch | Luftangriff | |
| Tote | 44 | |
| Überlebende | keine | |
| gehoben | nein | |

U 751 wurde über Wasser von der Whitley „H" des 502. RAF-Geschwaders gesichtet und angegriffen. Das Boot machte keine Anstalt zu tauchen, verringerte die Fahrt und lief über Backbord im Kreis. Erst als die Whitley aus 250 Meter Höhe zwei Wasserbomben warf, tauchte U 751 über das Heck ab. Eine Stunde später sah die Lancaster „F" des 61. Bombergeschwaders (das sich das Coastal Command „ausgeliehen" hatte) das anderthalb Kilometer entfernt wieder aufgetauchte U-Boot. Der Pilot der Lancaster, Flt Lt P.R. Casement, wußte nichts vom Angriff der Whitley, griff seinerseits das Boot mit Bomben und Wasserbomben an und beschoß es mit Maschinengewehren, um die Besatzung an der Bemannung der Flakgeschütze zu hindern. U 751 sank über das Heck, während die Besatzung von Bord ging.

## U 90

| | *Stapellauf* | *Indienststellung* |
|---|---|---|
| | 25.10.1941 | 20.12.1941 |
| Typ | VII C | |
| Kommandant | Kapitänleutnant Hans-Jürgen Oldörp (gefallen) | |
| versenkt am | 24. Juli 1942 | |
| Position | Atlantik o Kap Race, 48°12'N 40°56'W | |
| durch | Wasserbomben | |
| Tote | 44 | |
| Überlebende | keine | |
| gehoben | nein | |

U 90 wurde während eines Angriffs auf den Geleitzug ON-113 versenkt. Der kanadische Zerstörer *St Croix* erfaßte das aufgetauchte Boot in rund fünf Kilometer Entfernung und zwang es abzutauchen. Zusammen mit der britischen *Burnham* fuhr der Kanadier zwei Wasserbombenangriffe, nach denen Bootstrümmer, Öl und zerfetzte Leichen aufschwammen.

## U 213

| | *Stapellauf* | *Indienststellung* |
|---|---|---|
| | 24.7.1941 | 30.8.1941 |
| Typ | VII D | |
| Kommandant | Oberleutnant zur See Amelung von Varendorff (gefallen) | |
| versenkt am | 31. Juli 1942 | |
| Position | Atlantik o Azoren, 36°45'N 22°50'W | |
| durch | Wasserbomben | |
| Tote | 50 | |
| Überlebende | keine | |
| gehoben | nein | |

Von den britischen Sicherungsschiffen *Erne*, *Sandwich* und *Rochester* des Geleitzugs OS-35 durch Wasserbomben versenkt, während das Boot den Konvoi von vorn angriff. Bootstrümmer und zerfetzte Leichen identifizierten das Boot als U 213.

## U 588

| | *Stapellauf* | *Indienststellung* |
|---|---|---|
| | 23.7.1941 | 18.9.1941 |
| Typ | VII C | |
| Kommandant | Kapitänleutnant Viktor Vogel (gefallen) | |
| versenkt am | 31. Juli 1942 | |
| Position | no St John's, Neufundland, 49°59'N 36°36'W | |
| durch | Wasserbomben | |
| Tote | 46 | |
| Überlebende | keine | |
| gehoben | nein | |

Ein Rudel von sechs oder mehr U-Booten, die seit dem 29. Juli miteinander Funkkontakt hatten, beschattete den Geleitzug ON-115. Die Geleitsicherer, die kanadische Gruppe C 3, hatten weder wirksames Ortungsgerät noch Radar, aber weiträumige Ausweichmanöver und die ständige Verfolgung des Funkverkehrs, durch den sich die Deutschen selbst verrieten, ließen die Fühlung mit den U-Booten nicht abreißen. In der Nacht des 30. Juli sichtete der kanadische Zerstörer *Skeena* ein deutsches Boot und rief die *Wetaskiwin* herbei. Erste Wasserbombenangriffe der *Skeena* blieben erfolglos, und sie verlor den Kontakt. Doch dann kam die *Wetaskiwin* dazu. Kurz vor 09.00 Uhr am 31. Juli spürten sie das U-Boot wieder auf, verloren nach zwei Angriffen der *Skeena* und einem Angriff der *Wetaskiwin* erneut den Kontakt, der jedoch um 10.00 Uhr wieder hergestellt werden konnte. Nun setzte die *Skeena* zum entscheidenden Schlag an, warf Wasserbomben, die in großen zeitlichen Abständen zwischen 100 und 165 Meter Tiefe explodierten, und beobachtete nach deren Explosion Unterwasserdetonationen, die eindeutig auf die Wasserbomben zurückzuführen waren. Bootstrümmer und zerfetzte Leichen schwammen auf und bestätigten die Versenkung von U 588.

## U 754

| | *Stapellauf* | *Indienststellung* |
|---|---|---|
| | 5.7.1941 | 28.8.1941 |
| Typ | VII C | |
| Kommandant | Kapitänleutnant Johannes Oestermann (gefallen) | |
| versenkt am | 31. Juli 1942 | |
| Position | Atlantik s Neuschottland, 43°02'N 64°52'W | |
| durch | Luftangriff | |
| Tote | 44 | |
| Überlebende | keine | |
| gehoben | nein | |

U 754 wurde von einer Hudson des 113. Geschwaders der RCAF versenkt, das den Geleitzug ON-113 sicherte.

## U 166

| | *Stapellauf* | *Indienststellung* |
|---|---|---|
| | 1.11.1941 | 23.3.1942 |
| Typ | IX C | |
| Kommandant | Oberleutnant zur See Hans-Günther Kuhlmann (gefallen) | |
| versenkt am | 1. August 1942 | |
| Position | Golf von Mexiko, Mississippi-Mündung, 28°37'N 90°45'W | |
| durch | Luftangriff | |
| Tote | 52 | |
| Überlebende | keine | |
| gehoben | nein | |

Von einem Flugzeug der US-Küstenwache versenkt.

## U 335

| | *Stapellauf* | *Indienststellung* |
|---|---|---|
| | 15.10.1941 | 17.12.1941 |
| Typ | VII C | |
| Kommandant | Kapitänleutnant Hans-Hermann Pelkner (gefallen) | |
| versenkt am | 3. August 1942 | |
| Position | Nordatlantik nw der Shetlands, 62°48'N 00°12'W | |
| durch | britisches U-Boot | |
| Tote | 41 | |
| Überlebende | 1 | |
| gehoben | nein | |

Das nördlich der Shetlands patrouillierende britische U-Boot *Saracen* (Lt M.G.R. Lumby) erhielt am 1. August 1942 die Order, wegen der nachrichtendienstlichen Erkenntnisse, daß eine Zahl deutscher U-Boote in den Atlantik ausgelaufen sei, sein Patrouillengebiet zu verlegen. Das Boot war auf Sehrohrtiefe, als es kurz vor Sonnenuntergang am 3. August um 21.59 Uhr ein in einer Entfernung von etwas über einem Kilometer auftauchendes deutschen U-Boot sichtete. Sofort feuerte Lumby alle sechs Bugtorpedos ab, und das deutsche Boot zerbrach in einer mächtigen Explosion.

Die *Saracen* tauchte inmitten von Bootstrümmern und Öl auf, in dem drei Männer trieben. Einer war bereits tot, der zweite wollte nicht gerettet werden und versank, der dritte wurde geborgen und erwies sich als Signalgast von U 335. Nach seiner Aussage war ein mittschiffs anlaufender Torpedo explodiert, während ein zweiter in Höhe des Maschinenraums getroffen und den Druckkörper durchschlagen hatte, aber nicht explodiert war. Der BdU wußte nichts von der Versenkung und „führte" U 335 bis zum 11. August; erst dann wurde das Boot als „verloren" erklärt.

## U 372

| | *Stapellauf* | *Indienststellung* |
|---|---|---|
| | 8.3.1941 | 19.4.1941 |
| Typ | VII C | |
| Kommandant | Kapitänleutnant Heinz-Joachim Neumann (gerettet) | |
| versenkt am | 4. August 1942 | |
| Position | Mittelmeer sw Haifa, 32°28'N 34°37'O | |
| durch | Wasserbomben | |
| Tote | keine | |
| Überlebende | 4 Offiziere, 16 Unteroffiziere, 26 Mannschaften, 1 libanesischer Zivilist | |
| gehoben | nein | |

Um 21.23 Uhr am 3. August ortete eine mit ASW-Geräten ausgerüstete Wellington des 221. RAF-Geschwaders südwestlich vor Haifa ein U-Boot und markierte die Stelle mit einer Leuchtgranate. Die mit dem Flugzeug operierenden Zerstörer *Sikh* und *Zulu* liefen herbei und jagten das Boot bis zum Vormittag des folgenden Tages. Kurz nach Mittag am 4. August stießen die Zerstörer *Croome* und *Tetcott* dazu, da die beiden anderen Zerstörer keine Wasserbomben mehr hatten. Schließlich sichtete die *Sikh* ein aufgetauchtes U-Boot, das Öl verlor. Neumann hatte seinen Verfolgern getaucht entkommen wollen, wurde aber durch die äußerst schlechte Luft im Boot zum Auftauchen gezwungen und wollte über Wasser ablaufen. Angesichts der vier Zerstörer gab er auf und befahl die Selbstversenkung von U 372.

Wer der libanesische Zivilist im U-Boot war, läßt sich aus den zugänglichen Quellen nicht klären; er soll der Sohn eines Emirs gewesen sein, war aber vermutlich ein Agent.

## U 612

| | *Stapellauf* | *Indienststellung* |
|---|---|---|
| | 9.1.1942 | 5.3.1942 |
| Typ | VII C | |
| Kommandant | Kapitänleutnant Paul Siegmann (gerettet) | |

| | |
|---|---|
| versenkt am | 6. August 1942 |
| Position | Ostsee |
| durch | Kollision |
| Tote | 1 |
| Überlebende | 44 |
| gehoben | ja |

U 612 sank nach einer Kollision mit U 444, wurde im August 1942 gehoben und instandgesetzt, am 31. Mai 1943 als Schulboot wieder in Dienst gestellt und am 2. Mai 1945 von den Deutschen im Zug der Operation Regenbogen in Warnemünde versenkt.

## U 210

| | *Stapellauf* | *Indienststellung* |
|---|---|---|
| | 23.12.1941 | 21.2.1942 |
| Typ | VII C | |
| Kommandant | Korvettenkapitän Rudolf Lemcke (gefallen) | |
| versenkt am | 6. August 1942 | |
| Position | Nordatlantik, 54°25'N 39°37'W | |
| durch | Rammung | |
| Tote | 6 | |
| Überlebende | 2 Offiziere, 10 Unteroffiziere, 25 Mannschaften | |
| gehoben | nein | |

Das erste von zwei U-Booten, die während der Angriffe auf den Geleitzug SC-94 versenkt wurden, bei denen die Deutschen elf der 36 Schiffe des Konvois versenkten. Um 11.25 Uhr sichtete der kanadische Zerstörer *Assiniboine* ein U-Boot und jagte es gemeinsam mit der britischen Korvette *Dianthus* in dichten Nebelbänken. Um 18.51 Uhr wurde ein U-Boot über Wasser gesichtet, und die *Assiniboine* beschleunigte und eröffnete gleichzeitig das Feuer. Das U-Boot schoß zurück und wurde vierkant von dem Zerstörer gerammt. Eine seiner Granaten zerstörte den Turm des Bootes und tötete den Kommandanten und alle auf der Brücke befindlichen Männer. Die *Assiniboine* setzte zu einem zweiten Rammstoß an, der U 210 um 19.14 Uhr versenkte.

Das U-Boot hatte ebenso heftig wie zielgenau zurückgeschossen und den vor dem Ruderhaus des Zerstörers liegenden Treibstofftank in Brand gesetzt. Der Steuermann, CPO Max Bernays, blieb während der Verfolgungsjagd trotz der lodernden Flammen auf seinem Posten, obwohl noch weitere Granaten von U 210 in der Brücke einschlugen.

## U 379

| | *Stapellauf* | *Indienststellung* |
|---|---|---|
| | 15.10.1941 | 29.11.1941 |
| Typ | VII C | |
| Kommandant | Kapitänleutnant Paul Hugo Kettner (gefallen) | |
| versenkt am | 9. August 1942 | |
| Position | Nordatlantik, 57°11'N 30°57'W | |
| durch | Rammung | |
| Tote | 36 | |
| Überlebende | 3 Unteroffiziere, 2 Mannschaften | |
| gehoben | nein | |

Das zweite U-Boot, das von den Sicherungsfahrzeugen des Geleitzugs SC-94 versenkt wurde. In der Dämmerung des 8. August hatte die britische Korvette *Dianthus* zwei aufgetauchte U-Boote gesichtet und durch Geschützfeuer zum Tauchen gezwungen, konnte sie aber per ASDIC nicht orten. Kurz nach 23.30 Uhr sichtete ein scharfsichtiger Signalgast mit Nachtgläsern ein aufgetauchtes U-Boot, das sofort tauchte, als die *Dianthus* Kurs auf das Boot nahm, aber durch Wasserbomben zum Auftauchen gezwungen wurde. Die Korvette eröffnete aus allen Rohren das Feuer und rammte U 379 viermal, bis das Boot am 9. August um 00.06 Uhr sank. Die schwer beschädigte und am Bug leckgeschlagene *Dianthus* konnte nur fünf Überlebende bergen.

Zwar hatte der Geleitschutz von SC-94 zwei U-Boote versenkt, büßte aber selbst zwei Schiffe ein. Die *Assiniboine* mußte beschädigt heimfahren und wurde von der *Dianthus* abgelöst, die ihrerseits durch die Rammung von U 379 schwer beschädigt wurde. Der Rammstoß war ein wirksames Mittel gegen U-Boote, konnte aber zum Pyrrhussieg werden.

## U 578

| | *Stapellauf* | *Indienststellung* |
|---|---|---|
| | 15.5.1941 | 10.7.1941 |
| Typ | VII C | |
| Kommandant | Korvettenkapitän Ernst-August Rehwinkel (gefallen) | |
| versenkt am | 10. August 1942 | |
| Position | w Land's End, 49°59'N 07°44'W | |
| durch | Luftangriff | |
| Tote | 49 | |
| Überlebende | keine | |
| gehoben | nein | |

Die Wellington „H“ des 311. Bombergeschwaders der RAF, das aus Exiltschechen bestand, wurde von Fg Off Josef Nyvlt geflogen und entdeckte ein aufgetaucht fahrendes deutsches U-Boot. Da er befürchtete, zuviel überschüssige Fahrt zu haben, entschied sich Nyvlt dafür, beim ersten Anflug sicherheitshalber nur drei Wasserbomben zu werfen. Als er dann gewendet hatte und zum zweiten Anflug ansetzte, wurde er vom U-Boot beschossen, das kurz darauf zu tauchen begann. Jetzt detonierten die drei Wasserbomben zu beiden Seiten des Turms und am Heck des Bootes. Nyvlt kreiste anschließend noch über dem Gebiet und konnte beobachten, wie sich ein immer größer werdender Ölteppich über der Position ausbreitete, an der das U-Boot getaucht war.

## U 464

| | *Stapellauf* | *Indienststellung* |
|---|---|---|
| | 20.12.1941 | 30.4.1942 |
| Typ | XIV | |
| Kommandant | Kapitänleutnant Otto Harms (gerettet) | |
| versenkt am | 20. August 1942 | |
| Position | Atlantik so Island, 61°58'N 17°05'W | |
| durch | Luftangriff | |
| Tote | 2 | |
| Überlebende | 52 | |
| gehoben | nein | |

Das erste von zehn versenkten Versorgungsbooten des Typs XIV, „Milchkühe“ genannt. Es waren große unbewaffnete U-Boote, die lediglich Flakgeschütze zur Selbstverteidigung hatten (1688/2300 BRT). Sie sollten Front-U-Boote im Atlantik mit Treibstoff, Torpedos und Proviant versorgen. Für den wirkungsvollen Einsatz waren sie auf ebenso präzise wie abhörsichere Funkanweisungen durch den BdU angewiesen, was ihnen im Lauf der Zeit zum Verderben werden sollte.
U 464 lief beim ersten Einsatz in das von den Sicherungskräften des Geleitzugs SN-73 kontrollierte Seegebiet und wurde bei schwerem Wetter völlig überraschend von der Catalina „R“ des USN-Geschwaders VP-73 angegriffen. Von fünf Wasserbomben des Flugzeugs explodierten drei dicht am Boot, das trotz Beschädigung noch acht Knoten Fahrt machte. Der LI riet Harms von einem Tauchmanöver ab, bis das Boot repariert war. Dem Kommandanten war klar, daß bald feindliche Seestreitkräfte eintreffen würden, gegen die das unbewaffnete Boot keine Chancen hatte. Er ließ U 464 vor der Selbstversenkung räumen, und die Besatzung nahm Kurs auf einen isländischen Fischkutter, um ihn zu kapern und auf ihm nach Deutschland zurückzukehren. Daran wurde sie durch die Zerstörer *Castleton* und *Newark* gehindert, die die Deutschen gefangennahmen.

## U 94

| | *Stapellauf* | *Indienststellung* |
|---|---|---|
| | 12.6.1940 | 10.8.1940 |
| Typ | VII C | |
| Kommandant | Kapitänleutnant Otto Ites (gerettet) | |
| versenkt am | 28. August 1942 | |
| Position | Karibik vor Haiti, 17°40'N 74°30'W | |
| durch | Rammung | |
| Tote | 19 | |
| Überlebende | 2 Offiziere, 9 Unteroffiziere, 15 Mannschaften | |
| gehoben | nein | |

U 94 wurde über Wasser von einer PBY des USN-Geschwaders VP-92 gesichtet und angegriffen. Das Boot tauchte, wurde aber durch vier Wasserbomben zum Auftauchen gezwungen. Die der East Sea Frontier Force der US-Navy unterstellte kanadische Korvette *Oakville* wurde von dem Flugzeug über die Position des U-Bootes informiert, das über Wasser von der Korvette durch Rammstoß versenkt wurde.
Es war eine Art ausgleichende Gerechtigkeit, daß U 94 gerade von einem kanadischen Schiff versenkt wurde, hatte das Boot doch im Mai 1942 mehrere Schiffe aus dem durch kanadische Kräfte gesicherten Geleitzug ONS-92 versenkt.

## U 756

| | *Stapellauf* | *Indienststellung* |
|---|---|---|
| | 18.10.1041 | 30.12.1941 |
| Typ | VII C | |
| Kommandant | Kapitänleutnant Klaus Harney (gefallen) | |
| versenkt am | 1. September 1942 | |
| Position | Nordatlantik, 57°41'N 31°30'W | |
| durch | Wasserbomben | |
| Tote | 43 | |
| Überlebende | keine | |
| gehoben | nein | |

Versenkt von der *Morden*, einem kanadischen Sicherungsschiff des Geleitzugs SC-97.

## U 222

| | *Stapellauf* | *Indienststellung* |
|---|---|---|
| | 28.3.1942 | 23.5.1942 |

Typ VII C
Kommandant Kapitänleutnant Ralf von Jessen (gerettet)
versenkt am 2. September 1942
Position Ostsee vor Danzig, 54°25'N 19°50'O
durch Kollision
Tote 42
Überlebende 4
gehoben nein

Nach einer Kollision mit U 626 gesunken, nähere Umstände nicht bekannt.

## U 162

| | *Stapellauf* | *Indienststellung* |
|---|---|---|
| | 1.3.1941 | 9.9.1941 |

Typ IX C
Kommandant Fregattenkapitän Jürgen Wattenberg (gerettet)
versenkt am 3. September 1942
Position Karibik bei Trinidad, 12°19'N 59°33'W
durch Rammung
Tote 2
Überlebende 3 Offiziere, 16 Unteroffiziere, 30 Mannschaften
gehoben nein

Nachdem die Zerstörer *Pathfinder*, *Quentin* und *Vimy* das britische Schlachtschiff *Queen Elizabeth* zu Reparaturen nach Norfolk in Virginia eskortiert hatten, nahmen sie Kurs auf Port of Spain auf der Insel Trinidad, orteten per ASDIC U 162 und griffen das Boot mit Wasserbomben an. Die *Quentin* konnte einem von U 162 abgefeuerten Torpedo knapp ausweichen, doch von einer Versenkung des Bootes war auch fünf Stunden nach dem Angriff nichts zu sehen. Dann bekam die *Vimy* Radarkontakt und sichtete bald darauf das aufgetauchte Boot, nahm es unter Feuer und setzte zum Rammstoß an. Das Boot wurde versenkt, aber die Backbordwelle des Zerstörers so schwer beschädigt, daß er zur Reparatur in die Werft mußte.

Fregattenkapitän Wattenberg war einer der Artillerieoffiziere auf dem Panzerkreuzer *Admiral Graf Spee* gewesen und aus argentinischer Internierung geflohen, um nach Deutschland zurückzukehren.

## U 705

| | *Stapellauf* | *Indienststellung* |
|---|---|---|
| | 13.10.1941 | 30.12.1941 |

Typ VII C
Kommandant Kapitänleutnant Karl-Horst Horn (gefallen)
versenkt am 3. September 1942
Position Biscaya w Brest, 46°42'N 11°07'W
durch Luftangriff
Tote 45
Überlebende keine
gehoben nein

Die Whitley „P" des 77. RAF-Geschwaders (Flt Sgt A.A. MacInnes) sichtete aus 700 Meter Höhe in acht Kilometer Entfernung das deutsche U-Boot und belegte es, völlig überraschend für die Bootsbesatzung, aus 15 Meter Höhe mit Wasserbomben, von denen eine vor dem Explodieren den Backbordsatteltank von U 705 zerfetzte, eine zweite detonierte knapp sechs Meter entfernt an Backbord. MacInnes setzte zu einem zweiten Angriff an, aber das Boot war bereits versenkt. Blendendes Sonnenlicht machte die Suche nach Bootstrümmern schwierig, aber später konnte bestätigt werden, daß das versenkte Boot U 705 war.

Die Versenkung von U 705 wird oft der von P Off T. Lea geflogenen Whitley „V" des 77. RAF-Geschwaders zugeschrieben, aber dieser Angriff galt U 660, das ihn unbeschadet überstand.

## U 88

| | *Stapellauf* | *Indienststellung* |
|---|---|---|
| | 16.8.1941 | 15.10.1941 |

Typ VII C
Kommandant Kapitänleutnant Heino Bohmann (gefallen)
versenkt am 12. September 1942
Position Eismeer nw Bäreninsel, 75°04'N 04°49'O
durch Wasserbomben
Tote 46
Überlebende keine
gehoben nein

U 88 wurde beim Angriff auf den Geleitzug PQ-18 vom britischen Zerstörer *Faulknor* als erstes von mehreren deutschen U-Booten während dieser in die Geschichte eingegangenen Geleitzugschlacht versenkt. Die *Faulknor* führte den Geleitzug, erfaßte das U-Boot per ASDIC und griff es sechs Minuten später mit Wasserbomben an. Als sie zum zweiten Angriff ansetzte, meldete der Horchposten unverkennbare Geräusche des zerbrechenden Bootes, und einige Minuten später schwamm ein großer Ölteppich auf.

# U 589

| | *Stapellauf* | *Indienststellung* |
|---|---|---|
| | 6.8.1941 | 25.9.1941 |

Typ VII C
Kommandant Kapitänleutnant Hans-Joachim Horrer (gefallen)
versenkt am 14. September 1942
Position Eismeer nw Nordkap, 70°40'N 20°32'O
durch Luftangriff/Wasserbomben
Tote 44
Überlebende keine
gehoben nein

Als U 589 den Geleitzug PQ-18 belauerte, wurde es von einer Swordfish des 825. NAS gesichtet, die vom Geleitflugzeugträger *Avenger* gestartet war. Das Flugzeug griff an, wurde aber durch ein deutsches Bv-138-Aufklärungsflugzeug abgedrängt (eines der wenigen Beispiele für eine Zusammenarbeit zwischen Kriegsmarine und Luftwaffe). Der herbeigerufene britische Zerstörer *Onslow* sichtete um 10.20 Uhr das aufgetauchte U-Boot, griff es um 10.55 an und setzte den Wasserbombenangriff drei Stunden lang fort. Danach schwammen Öl, Frischgemüse und Trümmer des Bootskörpers auf.

# U 261

| | *Stapellauf* | *Indienststellung* |
|---|---|---|
| | 16.2.1942 | 28.3.1942 |

Typ VII C
Kommandant Kapitänleutnant Hans Lange (gefallen)
versenkt am 15. September 1942
Position Atlantik nw Kap Wrath, 59°49'N 09°28'W
durch Luftangriff
Tote 43
Überlebende keine
gehoben nein

Um 15.00 Uhr sichtete die von Sgt B.F. Snell geflogene Whitley „B" des 58. RAF-Geschwaders in zehn Kilometer Entfernung ein aufgetauchtes U-Boot und griff es aus tiefhängenden Wolken mit drei Wasserbomben an, von denen eine im Turm und die anderen dicht neben dem Boot detonierten. Als sich das brodelnde Wasser wieder beruhigt hatte, war der hochgereckte Bug des Bootes zu sehen. Snell warf nun alle seine Wasserbomben ab, worauf U 261 über das Heck sank. Bootstrümmer und ein Ölfaß schwammen auf.

# U 457

| | *Stapellauf* | *Indienststellung* |
|---|---|---|
| | 4.10.1941 | 5.11.1941 |

Typ VII C
Kommandant Korvettenkapitän Karl Brandenburg (gefallen)
versenkt am 16. September 1942
Position Eismeer no Nordkap, 75°05'N 43°15'O
durch Wasserbomben
Tote 45
Überlebende keine
gehoben nein

Kurz nach 03.00 Uhr durchbrach U 457 den Sicherungsgürtel des Geleitzugs PQ-18, wurde aber vom Zerstörer *Impulsive* gesichtet, per ASDIC erfaßt und sofort mit Wasserbomben angegriffen. Trotz des komplizierten Manövrierens zwischen den Frachtschiffen hielt der Zerstörer den Kontakt und entdeckte dann hinter dem Geleitzug einen dicken Ölteppich mit Bootstrümmern.

# U 446

| | *Stapellauf* | *Indienststellung* |
|---|---|---|
| | 11.4.1942 | 20.6.1942 |

Typ VII C
Kommandant Oberleutnant zur See Hellmuth-Bert Richard (gefallen)
versenkt am 21. September 1942
Position Ostsee vor Danzig, genaue Position nicht bekannt
durch Mine
Tote 23
Überlebende ?
gehoben am 8. November 1942 und außer Dienst gestellt; im Mai 1945 von den Deutschen in Kiel versenkt, 1947 gehoben und abgewrackt

Vor Danzig auf eine von den Alliierten aus der Luft gelegte Mine gelaufen.

# U 253

| | *Stapellauf* | *Indienststellung* |
|---|---|---|
| | 30.8.1941 | 21.10.1941 |

| | |
|---|---|
| Typ | VII C |
| Kommandant | Kapitänleutnant Adolf Friedrichs (gefallen) |
| versenkt am | 25. September 1942 |
| Position | Nordatlantik w Island, 67°00'N 23°00'W |
| durch | Mine |
| Tote | 45 |
| Überlebende | keine |
| gehoben | nein |

U 253 lief auf eine von den Briten vor Island gelegte Mine. Oft wird die Versenkung der Catalina „U" des 210. RAF-Geschwaders zugeschrieben, die am 23. September ein deutsches U-Boot angriff, aber dabei handelte es sich um U 255, das den Angriff ohne Schäden überstand.

# U 165

| | *Stapellauf* | *Indienststellung* |
|---|---|---|
| | 15.8.1941 | 3.2.1942 |

| | |
|---|---|
| Typ | IX C |
| Kommandant | Korvettenkapitän Eberhard Hoffmann (gefallen) |
| versenkt um den | 27. September 1942 |
| Position | Golf von Biscaya vor Lorient, 47°50'N 03°22'W |
| durch | ? |
| Tote | 50 |
| Überlebende | keine |
| gehoben | nein |

Vielleicht lief U 165 auf eine Mine, doch kann es auch infolge technischer Mängel oder menschlichen Versagens zu einem Unfall gekommen sein.

# U 512

| | *Stapellauf* | *Indienststellung* |
|---|---|---|
| | 9.10.1941 | 20.12.1941 |

| | |
|---|---|
| Typ | IX C |
| Kommandant | Kapitänleutnant Wolfgang Schultze (gefallen) |
| versenkt am | 2. Oktober 1942 |
| Position | Karibik n Chayenne, 06°50'N 52°25'W |
| durch | Luftangriff |
| Tote | 51 |
| Überlebende | 1 |
| gehoben | nein |

Eine B-18A vom 99. Bombergeschwader der USAAF sichtete U 512 in einer Entfernung von 20 Kilometer, griff das Boot sofort im Sturzflug an und warf aus 15 Meter Höhe vier Wasserbomben ab, von denen zwei das U-Boot trafen, noch ehe es alarmtauchen konnte. Eine halbe Stunde lang stiegen Öl und Luftblasen auf.
Ein Mann der Besatzung kam mit seinem Tauchretter an die Oberfläche; für ihn warf das Flugzeug ein Rettungsfloß ab, auf dem der Überlebende zehn Tage aushalten mußte, bis er schließlich am 12. Oktober vom amerikanischen Zerstörer *Ellis* geborgen wurde. Er hielt sich am Leben, indem er Seevögel fing, die ihn angriffen, und sie aß.

# U 582

| | *Stapellauf* | *Indienststellung* |
|---|---|---|
| | 12.6.1941 | 7.8.1941 |

| | |
|---|---|
| Typ | VII C |
| Kommandant | Kapitänleutnant Werner Schulte (gefallen) |
| versenkt am | 5. Oktober 1942 |
| Position | Nordatlantik sw Island, 58°25'N 21°42'W |
| durch | Luftangriff |
| Tote | 46 |
| Überlebende | keine |
| gehoben | nein |

U 582 wurde von der Catalina „I" des USN-Geschwaders VP-73 versenkt.

# U 619

| | *Stapellauf* | *Indienststellung* |
|---|---|---|
| | 9.3.1942 | 23.4.1942 |

| | |
|---|---|
| Typ | VII C |
| Kommandant | Oberleutnant zur See Kurt Makowski (gefallen) |
| versenkt am | 5. Oktober 1942 |
| Position | Nordatlantik w Island, 58°41'N 22°58'W |
| durch | Luftangriff |
| Tote | 44 |
| Überlebende | keine |
| gehoben | nein |

U 619 wurde von der Hudson „N" (Fg Off J. Markham) des 269. RAF-Geschwaders versenkt. Das den Geleitzug ONS-136 voraus sichernde Flugzeug sichtete aus einer Höhe von 1200 Meter ein acht Kilometer entferntes U-Boot, das Markham im Sturzflug angriff und aus sieben Meter Höhe mit vier Mk-XI-Wasserbomben belegte.

Während des Angriffs tauchte das Boot, und danach schwammen Öl und Bootstrümmer auf, was eine halbe Stunde später durch die diese Stelle überfliegende Hudson „W“ des gleichen Geschwaders bestätigt wurde.
Früher schrieb man die Versenkung von U 619 dem britischen Zerstörer *Viscount* zu, doch dessen Opfer war U 661 (siehe 15. Oktober 1942).

## U 179

| | *Stapellauf* | *Indienststellung* |
|---|---|---|
| | 18.11.1941 | 7.3.1942 |
| Typ | IX D2 | |
| Kommandant | Fregattenkapitän Ernst Sobe (gefallen) | |
| versenkt am | 8. Oktober 1942 | |
| Position | Südatlantik w Kapstadt, 33°28'S 17°05'W | |
| durch | Wasserbomben und Artillerie | |
| Tote | 61 | |
| Überlebende | keine | |
| gehoben | nein | |

Vom britischen Zerstörer *Active* versenkt.

## U 171

| | *Stapellauf* | *Indienststellung* |
|---|---|---|
| | 22.7.1941 | 25.10.1941 |
| Typ | IX C | |
| Kommandant | Kapitänleutnant Günther Pfeffer (gerettet) | |
| versenkt am | 9. Oktober 1942 | |
| Position | Golf von Biscaya vor Lorient, 47°30'N 03°30'W | |
| durch | Mine | |
| Tote | 22 | |
| Überlebende | 30 | |
| gehoben | nein | |

U 171 lief vor Lorient auf eine Mine.

## U 597

| | *Stapellauf* | *Indienststellung* |
|---|---|---|
| | 1.10.1941 | 20.11.1941 |
| Typ | VII C | |
| Kommandant | Kapitänleutnant Eberhard Bopst (gefallen) | |
| versenkt am | 12. Oktober 1942 | |
| Position | Nordatlantik sw Island, 56°50'N 28°05'W | |
| durch | Luftangriff | |
| Tote | 49 | |
| Überlebende | keine | |
| gehoben | nein | |

Die Liberator „H“ (Sqn Ldr T.M. Bulloch) des 120. RAF-Geschwaders sicherte den Geleitzug ONS-136. Um 12.18 Uhr erfaßte das Radar des Flugzeugs ein U-Boot, das um 12.23 Uhr über Wasser gesichtet wurde. Das tauchende Boot wurde von Bulloch mit Wasserbomben angegriffen, und bald schwammen Öl und Bootstrümmer auf.

## U 661

| | *Stapellauf* | *Indienststellung* |
|---|---|---|
| | 11.12.1941 | 12.2.1942 |
| Typ | VII C | |
| Kommandant | Oberleutnant zur See Eric von Lilienfeld (gefallen) | |
| versenkt am | 15. Oktober 1942 | |
| Position | Nordatlantik, 53°42'N 35°56'W | |
| durch | Rammstoß/Artillerie/Wasserbomben | |
| Tote | 44 | |
| Überlebende | keine | |
| gehoben | nein | |

Am 11. Oktober sichtete ein deutsches U-Boot erstmals den Geleitzug SC-104 und rief Verstärkung herbei. Am 13. und 14. Oktober wurden von den Deutschen in Nachtangriffen acht Frachter versenkt, doch gingen auch zwei U-Boote verloren, als erstes U 661.
Die *Viscount* der Geleitsicherung erfaßte um 01.31 Uhr per Radar ein 6000 Meter entfernt an Backbord mit 9 Knoten auf Parallelkurs laufendes U-Boot, das sich bis um 01.42 Uhr auf knapp 2000 Meter genähert hatte. Das Sicherungsschiff erhöhte seine Fahrt auf 26 Knoten und setzte zum Rammstoß an. Zwei Minuten später sichtete man das über Wasser laufende Boot, das nach Steuerbord abdrehte, aber die *Viscount* konnte ihm den Weg abschneiden. Aus unbekannten Gründen drehte das U-Boot nach Backbord zurück und kam direkt vor den Bug des Sicherungsschiffes, wurde von diesem hinter dem Turm gerammt und hing 15 Sekunden lang am Bug der *Viscount* fest, bis es nach Backbord abrutschte. Dort wurde es mit leichten Waffen beschossen, und eine auf 35 Meter Tiefe eingestellte Mk-X-Wasserbombe versetzte U 661 den Todesstoß; es sank um 01.47 Uhr über das Heck in die Tiefe.

## U 116

| | *Stapellauf* | *Indienststellung* |
|---|---|---|
| | 3.5.1941 | 26.7.1941 |

Typ X B
Kommandant Oberleutnant zur See Wilhelm Grimme (gefallen)
versenkt um den 15. Oktober 1942
Position Nordatlantik
durch ?
Tote 55
Überlebende keine
gehoben nein

U 116 lief am 22. September 1942 zur Feindfahrt aus und wurde für vermißt erklärt, als es sich nicht mehr per Funk meldete. Keine alliierten Quellen melden seine Versenkung. Wahrscheinlich wurde es durch einen Unfall oder durch britische oder eigene Minen versenkt.

## U 353

| | *Stapellauf* | *Indienststellung* |
|---|---|---|
| | 11.11.1941 | 31.3.1942 |

Typ VII C
Kommandant Oberleutnant zur See Wolfgang Römer (gerettet)
versenkt am 16. Oktober 1942
Position Nordatlantik, 53°54'N 29°30'W
durch Wasserbomben
Tote 6
Überlebende 3 Offiziere, 14 Unteroffiziere, 16 Mannschaften
gehoben nein

Das zweite der beiden im Kampf um den Geleitzug SC-104 versenkten deutschen U-Boote. Es wurde vom Zerstörer *Fame* per Radar erfaßt, gerammt und mit Geschützfeuer und Wasserbomben belegt. Der Angriff überraschte Römer in seiner Koje, hatte er doch geglaubt, sich in sicherer Entfernung vom Geleitzug zu befinden. Die *Fame* schickte zur Sicherstellung von Dokumenten ein Prisenkommando auf das sinkende Boot, doch konnte nur wenig geborgen werden, weil U 353 zu rasch sank.

## U 216

| | *Stapellauf* | *Indienststellung* |
|---|---|---|
| | 23.10.1941 | 15.12.1941 |

Typ VII D
Kommandant Kapitänleutnant Karl-Otto Schultz (gefallen)
versenkt am 20. Oktober 1942
Position Atlantik w Ushant, 49°21'N 19°25'W
durch Luftangriff
Tote 45
Überlebende keine
gehoben nein

Die Liberator „H" (Fg Off D.M. Sleep) des 224. RAF-Geschwaders sichtete ein deutsches U-Boot und griff es aus einer Höhe von 10 Meter mit sechs Wasserbomben an. Diese trafen das Ziel, denn der Heckschütze des Flugzeugs sichtete in die Luft geschleuderte Bootstrümmer und das sinkende Boot. Wegen der niedrigen Angriffshöhe wurde auch das Flugzeug durch die Explosionen an den Höhenrudern beschädigt. Die Maschine hing mit dem Heck durch, und man mußte die gesamte bewegliche Ausrüstung über Bord werfen. Der Rückflug zur Basis auf den Scilly-Inseln gelang nur, weil sich die ganze Besatzung zur Entlastung des Hecks für den Rest des Fluges im Bugbereich zusammendrängte.

## U 412

| | *Stapellauf* | *Indienststellung* |
|---|---|---|
| | 15.12.1941 | 29.4.1942 |

Typ VII C
Kommandant Kapitänleutnant Walther Jahrmärker (gefallen)
versenkt am 22. Oktober 1942
Position Atlantik n Shetlands, 63°55'N 00°24'W
durch Luftangriff
Tote 47
Überlebende keine
gehoben nein

Bei einem Patrouillenflug zum Aufspüren feindlicher U-Boote nördlich der Shetland-Inseln erfaßte die Wellington „B" (Flt Sgt A.D. Martin) des 179. Geschwaders der RAF am 21. Oktober um 22.55 Uhr per Radar ein U-Boot, verlor aber sofort wieder den Radarkontakt. Am 22. Oktober um 01.06 Uhr wurde das Boot erneut in acht Kilometer Entfernung geortet und aus zwei Kilometer Entfernung mit dem „Leigh-Light"-Bordscheinwerfer angestrahlt. Nach dem Abwurf von vier Wasserbomben aus 45 Meter Höhe, die paarweise an beiden Bordwänden detonierten, sank das Boot, und Öl und Luftblasen schwammen auf. U 412 war erst fünf Tage vorher zu seiner ersten Feindfahrt von Kiel ausgelaufen.

## U 599

| | *Stapellauf* | *Indienststellung* |
|---|---|---|
| | 15.10.1941 | 4.12.1941 |

Typ VII C
Kommandant Kapitänleutnant Wolfgang Breithaupt (gefallen)
versenkt am 24. Oktober 1942
Position Atlantik nw Kap Finisterre, 46°07'N 17°40'W
durch Luftangriff
Tote 44
Überlebende keine
gehoben nein

Die Liberator „G" (P Off B.P. Liddington) des 224. RAF-Geschwaders sollte den Geleitzug KX-2 sichern, hatte ihn jedoch verpaßt. Um 16.50 Uhr sichtete Liddington ein aufgetauchtes U-Boot und griff es an. Zwar konnte das Boot tauchen, doch kurz darauf schwamm auf dem Wasser ein großer Ölteppich auf.

## U 627

| | *Stapellauf* | *Indienststellung* |
|---|---|---|
| | 29.4.1942 | 18.6.1942 |

Typ VII C
Kommandant Kapitänleutnant Robert Kindelbacher (gefallen)
versenkt am 27. Oktober 1942
Position Atlantik sw Island, 59°14'N 22°49'W
durch Luftangriff
Tote 44
Überlebende keine
gehoben nein

Die zur Luftsicherung des Geleitzugs SC-105 gehörende Fortress „F" (P Off R.L. Cowey) des 206. Geschwaders der RAF sichtete um 11.25 Uhr ein deutsches U-Boot und griff es mit sieben Wasserbomben an, die etwa 25 Meter vor dem Wasserwirbel fielen, den das Boot hinterlassen hatte, als es tauchte. Es schien, als wäre so der geschätzte Kurs von U 627 gegabelt worden. Nachdem die Explosionen abgeklungen waren, erschien ein heller Fleck von in allen Farben des Regenbogens schillerndem Öl an der Wasseroberfläche.

## U 520

| | *Stapellauf* | *Indienststellung* |
|---|---|---|
| | 2.3.1942 | 19.5.1942 |

Typ IX C
Kommandant Kapitänleutnant Volkmar Schwartzkopff (gefallen)
versenkt am 30. Oktober 1942
Position Atlantik o Neufundland, 47°47'N 49°50'W
durch Luftangriff
Tote 53
Überlebende keine
gehoben nein

Von einem den Geleitzug SC-107 sichernden Digby-Bomber des 10. RCAF-Geschwaders versenkt.

## U 559

| | *Stapellauf* | *Indienststellung* |
|---|---|---|
| | 8.1.1941 | 27.2.1941 |

Typ VII C
Kommandant Kapitänleutnant Hans Heidtmann (gerettet)
versenkt am 30. Oktober 1942
Position Mittelmeer no Port Said, 32°30'N 33°00'O
durch Wasserbomben
Tote 7
Überlebende ?
gehoben nein

Um 05.00 Uhr am 30. Oktober meldete eine Sunderland der 201. Naval Cooperation Group ein deutsches U-Boot auf 31°47'N 33°24'O. Der von Haifa südwärts laufende Zerstörer *Hero* nahm die Suche auf. Inzwischen nahte der Captain (D) auf der *Pakenham* mit *Petard*, *Dulverton* und *Hurworth* aus Port Said, um die *Hero* abzulösen, die auf Kurs blieb. Die *Pakenham* ortete das U-Boot und griff es als erstes der britischen Schiffe um 12.57 Uhr an. Die vier Zerstörer setzten die Angriffe den ganzen Tag über fort, unterstützt von der Wellesley „N" des 47. Geschwaders der RAF. Über 300 Wasserbomben wurden geworfen, von denen manche auf Explosionstiefen von mehr als 170 Meter eingestellt waren. Um 22.40 Uhr wurde die Hartnäckigkeit der Verfolger belohnt: Das U-Boot mußte auftauchen und wurde sofort unter Geschützfeuer aller Kaliber genommen.
Nachdem die Besatzung von Bord gegangen war, gingen Lt Anthony Fasson, AB Colin Grazier und der 15jährige Kochsgehilfe Tommy Brown, der zum Boot schwamm, ins Innere von U 559,

holten aus der Zentrale die Schiffspapiere und alles an Ausrüstung, was nicht niet- und nagelfest war, und brachten es auf das Beiboot der *Pakenham* unter Sub-Lt G.G. Connell, das inzwischen längsseits gekommen war. Das U-Boot sank schnell; Brown kam an Deck, doch Fasson und Grazier blieben in der Zentrale und reichten weiter Dokumente durch das Turmluk, während das Boot mit ihnen in die Tiefe ging.
Der freiwillige Tod von Fasson und Grazier sollte sich lohnen, waren doch unter den gefundenen Papieren das Chiffrier-/Dechiffrierhandbuch für Raffer-FTs und die Wetter-Raffersignalschlüssel, welche die in Bletchley Park untergebrachten Dechiffrierexperten dazu verwenden konnten, die Codes der neuen, bei den Briten als *Shark Code* bezeichneten Kombination aus vier Walzen bei der „Enigma"-Verschlüsselungsmaschine zu knacken. Bis dahin galt diese Maschine, über die der BdU seit ihrer Einführung die gesamte Kommunikation mit seinen im Atlantik operierenden U-Booten abwickelte, als nicht zu entschlüsseln. Am Abend des 13. Dezember war der deutsche Code geknackt, doch wurde das streng geheimgehalten, so daß die Briten fortan weitgehend über die Unternehmungen der deutschen U-Boote informiert waren. Das sollte sich besonders in den großen Geleitzugschlachten des Jahres 1943 für sie auszahlen.
Fasson und Grazier wurden nicht mit dem Victoriakreuz ausgezeichnet, weil sie nicht im Kampf gefallen waren, doch wurde ihnen postum das Georgskreuz verliehen.

## U 658

| | *Stapellauf* | *Indienststellung* |
|---|---|---|
| | 11.9.1941 | 5.11.1941 |
| Typ | VII C | |
| Kommandant | Kapitänleutnant Hans Senkel (gefallen) | |
| versenkt am | 30. Oktober 1942 | |
| Position | Nordatlantik vor Neufundland, 50°32'N 46°32'W | |
| durch | Luftangriff | |
| Tote | 48 | |
| Überlebende | keine | |
| gehoben | nein | |

U 658 war Teil eines U-Bootrudels, das einen nach Osten laufenden Geleitzug aufspüren sollte, und wurde von der Hudson „Y" des 45. RCAF-Geschwaders versenkt.

## U 132

| | *Stapellauf* | *Indienststellung* |
|---|---|---|
| | 10.4.1941 | 29.5.1941 |
| Typ | VII C | |
| Kommandant | Kapitänleutnant Ernst Vogelsang (gefallen) | |
| versenkt am | 5. November 1942 | |
| Position | Nordatlantik so Kap Farewell, 55°38'N 39°52'W | |
| durch | Explosion | |
| Tote | 47 | |
| Überlebende | keine | |
| gehoben | nein | |

Eine Zeitlang glaubte man, U 132 sei beim Angriff auf den Geleitzug SC-107 am 6. November von einer Liberator des 120. RAF-Geschwaders versenkt worden. Heute nimmt man an, daß das Boot durch die Explosion seines letzten Opfers, des Munitionstransporters *Hatimura*, am 5. November zerfetzt wurde, weil es zu dicht am Schiff stand.

## U 408

| | *Stapellauf* | *Indienststellung* |
|---|---|---|
| | 16.7.1941 | 19.11.1941 |
| Typ | VII C | |
| Kommandant | Kapitänleutnant Reinhard von Hymmen (gefallen) | |
| versenkt am | 5. November 1942 | |
| Position | Nordmeer n Island, 67°40'N 18°32'W | |
| durch | Luftangriff | |
| Tote | 45 | |
| Überlebende | keine | |
| gehoben | nein | |

Während einer Routinepatrouille vor Island griff die Catalina „H" (Lt R.C. Millard) des USN-Geschwaders VP-84 das deutsche U-Boot an und versenkte es durch Wasserbomben.

## U 272

| | *Stapellauf* | *Indienststellung* |
|---|---|---|
| | 15.8.1942 | 7.10.1942 |
| Typ | VII C | |
| Kommandant | Oberleutnant zur See Horst Hepp (gerettet) | |
| versenkt am | 12. November 1942 | |
| Position | Ostsee vor Hela, 54°45'N 18°50'O | |
| durch | Kollision | |
| Tote | 28 | |

| | |
|---|---|
| Überlebende | 19 |
| gehoben | nein |

Während eines Seemanövers mit einem nicht identifizierten Schiff kollidiert und gesunken. Weitere Einzelheiten sind nicht bekannt.

# U 660

| | *Stapellauf* | *Indienststellung* |
|---|---|---|
| | 17.11.1941 | 8.1.1942 |
| Typ | VII C | |
| Kommandant | Kapitänleutnant Götz Baur (gerettet) | |
| versenkt am | 12. November 1942 | |
| Position | Mittelmeer n Oran, 36°07'N 01°00'W | |
| durch | Wasserbomben | |
| Tote | 2 | |
| Überlebende | 45 | |
| gehoben | nein | |

Beim Angriff auf den Geleitzug TE-3 wurde U 660 von der britischen Korvette *Lotus* gesichtet und um 09.31 Uhr mit Wasserbomben belegt. Gleichzeitig erging eine Warnung an den Konvoi, damit dieser den Kurs entsprechend ändern konnte. Nach drei Angriffen kehrte die *Lotus* zum Geleitzug zurück, während die Korvette *Starwort* das U-Boot weiter verfolgte. Um 10.59 Uhr tauchte das Boot auf, die Besatzung ergab sich, und U 660 sank über das Heck.

# U 411

| | *Stapellauf* | *Indienststellung* |
|---|---|---|
| | 15.11.1941 | 18.3.1942 |
| Typ | VII C | |
| Kommandant | Kapitänleutnant Johann Spindlegger (gefallen) | |
| versenkt am | 13. November 1942 | |
| Position | Atlantik sw Gibraltar, 36°00'N 09°35'W | |
| durch | Luftangriff | |
| Tote | 46 | |
| Überlebende | keine | |
| gehoben | nein | |

Die Hudson „D“ (Sqn Ldr J.B. Ensor) des 500. RAF-Geschwaders griff ein aufgetauchtes U-Boot mit vier Wasserbomben an, die vor dem Bug des tauchenden Bootes detonierten. Eine Versenkung wurde nicht beobachtet. Ursprünglich glaubte man, U 411 sei um den 28. November aus unbekannter Ursache verlorengegangen, doch heute weiß man, daß das Boot diesem Luftangriff zum Opfer fiel.

# U 605

| | *Stapellauf* | *Indienststellung* |
|---|---|---|
| | 27.11.1941 | 15.1.1942 |
| TyP | VII C | |
| Kommandant | Kapitänleutnant Herbert-Viktor Schütze (gefallen) | |
| versenkt am | 14. November 1942 | |
| Position | Mittelmeer n Algier, 36°20'N 01°01'W | |
| durch | Luftangriff | |
| Tote | 46 | |
| Überlebende | keine | |
| gehoben | nein | |

Von der Hudson „B“ des 233. RAF-Geschwaders versenkt. Die Versenkung von U 605 wurde fälschlich einem Wasserbombenangriff der britischen Zerstörer *Lotus* und *Poppy* zugeschrieben, doch dieser Angriff vor Algier galt U 77, das ihn mit kleineren Schäden überstand.

# U 595

| | *Stapellauf* | *Indienststellung* |
|---|---|---|
| | 17.9.1941 | 6.11.1941 |
| Typ | VII C | |
| Kommandant | Kapitänleutnant Jürgen Quaet-Faslem (gerettet) | |
| versenkt am | 14. November 1942 | |
| Position | Mittelmeer w Oran | |
| durch | Luftangriff und Strandung | |
| Tote | keine | |
| Überlebende | ? | |
| gehoben | nein | |

U 595 wurde von den Hudsons „C“ und „D“ des 608. RAF-Geschwaders gesichtet und mit Wasserbomben belegt, die dicht am tauchenden Boot einschlugen. Nach kurzer Zeit tauchte U 595 wieder auf, war aber durch schwere Schäden nicht mehr tauchfähig, so daß der Kommandant beschloß, das Boot auf Strand zu setzen. Die britischen Flugzeuge griffen es weiterhin mit Maschinengewehren und Wasserbomben an, und schließlich war das Heck des Bootes so zerstört, daß es mit dem Bug aus dem Wasser stand. Eine Ju 88 wollte etwas halbherzig zu Hilfe kommen, wurde aber von der Hudson „C“ durch Maschinengewehrfeuer vertrieben. Nun stießen auch die Hudsons „F“, „J“, „K“, „X“ und „W“ des 500. Geschwaders dazu. Obwohl U 595 schwer beschädigt war und nicht mehr tauchen konnte, erwiderte es erbittert das Feuer und traf die Hudsons „F“, „K“

und „X". Schließlich setzte Quaet-Faslem sein Boot bei Ténès an der algerischen Küste auf Strand, wo die Besatzung von den Franzosen gefangengenommen wurde. Die Vernichtung des U-Boots wurde offiziell den Hudsons „C" und „D" des 608. RAF-Geschwaders zugeschrieben, da deren Angriffe die schwersten Schäden anrichteten.

# U 259

| | *Stapellauf* | *Indienststellung* |
|---|---|---|
| | 30.12.1941 | 18.2.1942 |

Typ VII C
Kommandant Kapitänleutnant Klaus Köpke (gefallen)
versenkt am 15. November 1942
Position Mittelmeer vor Algier, 37°20'N 03°05'O
durch Luftangriff
Tote 48
Überlebende keine
gehoben nein

Die Hudson „S" (Fg Off M.A. Ensor) des 500. RAF-Geschwaders griff nördlich von Algier ein über Wasser laufendes U-Boot an, das nach Aussage des Heckschützen „sofort explodierte". Durch die detonierenden Wasserbomben wurde aber auch das Flugzeug stark beschädigt, so daß die Besatzung mit dem Fallschirm abspringen mußte. Zwei der Männer wurden von den britischen Sloops *Erne* und *Leath* geborgen, die beiden anderen ertranken.

# U 173

| | *Stapellauf* | *Indienststellung* |
|---|---|---|
| | 11.8.1941 | 15.11.1941 |

Typ IX C
Kommandant Oberleutnant zur See Hans-Adolf Schweichel (gefallen)
versenkt am 16. November 1942
Position Atlantik vor Casablanca, 30°40'N 07°35'W
durch Wasserbomben
Tote 57
Überlebende keine
gehoben nein

Von den amerikanischen Zerstörern *Woolsey*, *Swanson* und *Quick* durch Wasserbomben versenkt.

# U 331

| | *Stapellauf* | *Indienststellung* |
|---|---|---|
| | 20.12.1940 | 31.3.1941 |

Typ VII C
Kommandant Kapitänleutnant Hans-Dietrich Freiherr von Tiesenhausen (gerettet)
versenkt am 17. November 1942
Position Mittelmeer vor Kap Caxine, 37°05'N 02°24'O
durch Luftangriff
Tote 32
Überlebende 4 Offiziere, 4 Unteroffiziere, 9 Mannschaften
gehoben nein

U 331 wurde von der Hudson „Z" des 500. RAF-Geschwaders über Wasser entdeckt und aus einer Höhe von 7 Meter mit vier Wasserbomben belegt, die schwere Schäden anrichteten. Dann stießen die Hudsons „L" und „C" hinzu, die vier bzw. drei Wasserbomben warfen. „Z" griff das Boot mit Maschinengewehren und Wasserbomben weiter an, bis U 331 schließlich Übergabebereitschaft signalisierte. Der durch Flugzeuge geführte Zerstörer *Wilton* war in Marsch gesetzt worden, doch ehe er eintraf, hatte eine Albacore des britischen Flugzeugträgers *Formidable* das U-Boot mit einem Torpedo versenkt. 17 Überlebende trieben auf dem Wasser, zwei wurden als Zeugen für die Versenkung von einem Walrus-Wasserflugzeug aus Algier aufgenommen, die übrigen, darunter Freiherr von Tiesenhausen, der am 25. November 1941 das Schlachtschiff *Barham* versenkt hatte, wurden später gerettet.
Nach Admiral Sir Andrew Cunningham sollte die Versenkung von U 331 den Hudsons zuerkannt werden, da die Albacore lediglich „einem bereits schwer angeschlagenen Krüppel den Gnadenstoß gegeben" habe.

# U 98

| | *Stapellauf* | *Indienststellung* |
|---|---|---|
| | 31.8.1940 | 12.10.1940 |

Typ VII C
Kommandant Kapitänleutnant Wilhelm Schulze (gefallen)
versenkt am 19. November 1942
Position Atlantik w Gibraltar, 36°09'N 07°42'W
durch Wasserbomben

Tote 46
Überlebende keine
gehoben nein
Vom britischen Zerstörer *Wrestler* durch Wasserbomben versenkt.

# U 184

| | *Stapellauf* | *Indienststellung* |
|---|---|---|
| | 21.2.1942 | 29.5.1942 |

Typ IX C/40
Kommandant Kapitänleutnant Günther Dangschat (gefallen)
versenkt am 20. November 1942
Position Atlantik o Neufundland, 49°25'N 45°25'W
durch Wasserbomben
Tote 50
Überlebende keine
gehoben nein
U 184 beschattete den Geleitzug ONS-144 und wurde am frühen Morgen des 20. November von der mit Norwegern bemannten britischen Korvette *Potentilla* versenkt. U 184 hatte Peilsignale ausgesandt, um andere deutsche U-Boote an den Geleitzug heranzuführen. Dadurch war die Korvette auf das Boot aufmerksam geworden.

# U 517

| | *Stapellauf* | *Indienststellung* |
|---|---|---|
| | 30.12.1941 | 21.3.1942 |

Typ IX C
Kommandant Kapitänleutnant Paul Hartwig (gerettet)
versenkt am 21. November 1942
Position Atlantik vor Kap Finisterre, 46°10'N 17°08'W
durch Luftangriff
Tote 1
Überlebende 51
gehoben nein
Unterwegs von Gibraltar nach Greenock, sichtete eine Albacore des britischen Flugzeugträgers *Victorious* gegen 11.00 Uhr ein tauchendes deutsches U-Boot und griff es sofort mit Wasserbomben an, die das Boot zum Auftauchen zwangen. Die Flugzeugbesatzung sah, daß die Brücke und große Teile des Turms weggerissen waren. Inzwischen war der Geleitzerstörer *Opportune* alarmiert worden, aber bis er eintraf, hatte die Besatzung bereits ihr Boot verlassen und versenkt. Beim Verhör der gefangengenommenen U-Bootbesatzung stellte sich heraus, daß „Hartwig ein äußerst fähiger U-Bootkommandant und enorm trinkfest war, den die Besatzung für beides bewunderte“.

# U 254

| | *Stapellauf* | *Indienststellung* |
|---|---|---|
| | 20.9.1941 | 8.11.1941 |

Typ VII C
Kommandant Kapitänleutnant Hans Gilardone (gefallen)
versenkt am 8. Dezember 1942
Position Nordatlantik so Grönland, 58°20'N 33°25'W
durch Kollision
Tote 41
Überlebende 4
gehoben nein
Während beide Boote über Wasser den Geleitzug HX-217 angriffen, wurde U 254 von U 221 gerammt. U 221 wurde nur leicht beschädigt, aber U 254 sank rasch. Zwar konnte ein Teil der Besatzung von Bord gehen, aber wegen schwerer See konnten nur vier Überlebende gerettet werden. Oft schreibt man die Versenkung von U 254 der Liberator „B“ des 120. RAF-Geschwaders zu, aber deren Angriff galt U 611.

# U 611

| | *Stapellauf* | *Indienststellung* |
|---|---|---|
| | 8.1.1942 | 26.2.1942 |

Typ VII C
Kommandant Kapitänleutnant Nikolaus von Jacobs (gefallen)
versenkt am 10. Dezember 1942
Position Atlantik so Kap Discord, Grönland, 57°25'N 35°19'W
durch Luftangriff
Tote 45
Überlebende keine
gehoben nein
U 611 wurde während eines Angriffs auf den Geleitzug HX-217 von der Liberator „B“ des 120. RAF-Geschwaders durch sechs Wasserbomben versenkt. Danach sichtete die Flugzeugbesatzung Bootstrümmer und Leichenteile auf dem Wasser. Gewöhnlich wird die Versenkung von U 611 einem Angriff der PBY-5A-Catalina „M“ des USN-Geschwaders VP-84 zugeschrieben, der am 10. Dezember erfolgte. Dieser Angriff galt jedoch U 609, das mit leichten Schäden davonkam.

## U 626

| | *Stapellauf* | *Indienststellung* |
|---|---|---|
| | 15.4.1942 | 11.6.1942 |

Typ VII C
Kommandant Leutnant zur See d.R. Hans-Botho Bade (gefallen)
versenkt am 15. Dezember 1942
Position Nordatlantik sw Island, 56°46'N 27°12'W
durch Wasserbomben
Tote 47
Überlebende keine
gehoben nein

Versenkt vom Kutter *Samuel D. Ingham* der US-Küstenwache.

## U 357

| | *Stapellauf* | *Indienststellung* |
|---|---|---|
| | 31.3.1942 | 18.6.1942 |

Typ VII C
Kommandant Kapitänleutnant Adolf Kellner (gefallen)
versenkt am 26. Dezember 1942
Position Atlantik s Rockall, 57°10'N 15°40'W
durch Wasserbomben/Rammung
Tote 37
gerettet 2 Unteroffiziere, 5 Mannschaften
gehoben nein

U 357 beschattete den Geleitzug HX-219, wurde gesichtet und von den britischen Zerstörern *Hesperus* und *Vanessa* angegriffen. Erst nach fünfeinhalbstündigen Wasserbombenangriffen kam das U-Boot an die Oberfläche und wurde von den beiden Schiffen gerammt, bis es sank.
Beim Verhör der Überlebenden stellte sich überraschend heraus, daß nur Kellner U-Booterfahrung hatte, während von der übrigen Besatzung nur drei Männer je auf Feindfahrt gewesen waren.

## U 356

| | *Stapellauf* | *Indienststellung* |
|---|---|---|
| | 11.9.1941 | 20.12.1941 |

Typ VII C
Kommandant Oberleutnant zur See Günther Ruppelt (gefallen)
versenkt am 27. Dezember 1942
Position Nordatlantik n Azoren, 45°30'N 25°40'W
durch Wasserbomben
Tote 46
Überlebende keine
gehoben nein

U 356 hatte den Geleitzug ONS-154 zweimal angegriffen und drei Schiffe, die *Empire Union*, *Melrose Abbey* und *King Edward*, versenkt und ein viertes, die *Soekaboemi*, beschädigt. Das U-Boot wurde über Wasser gesichtet und vom kanadischen Zerstörer *St Laurent* mit Geschützfeuer belegt und von mindestens einer Granate getroffen. Als es tauchte, warf der Zerstörer Wasserbomben und erfaßte das Boot per ASDIC. Der Horchposten am ASDIC meldete elf Detonationen, von denen die letzte „mit zeitlicher Verzögerung erfolgte und sehr stark war". Als der Zerstörer zum dritten Wasserbombenangriff ansetzte, bewegte sich das Ziel nicht mehr, und ein großer Ölteppich breitete sich ringsum aus. Als U 356 sank, wurde es auch noch von den kanadischen Fregattten *St John*, *Chilliwack*, *Battleford* und *Napanee* mit Wasserbomben belegt. Erst nach Kriegsende stellte sich heraus, daß U 356 versenkt worden war. Während der Geleitzug ONS-154 dreizehn Frachter verlor, konnte von den angreifenden deutschen U-Booten nur dieses eine zerstört werden.

# 1943

## U 164

| | *Stapellauf* | *Indienststellung* |
|---|---|---|
| | 1.5.1941 | 28.11.1941 |

Typ IX C
Kommandant Korvettenkapitän Otto Fechner (gefallen)
versenkt am 6. Januar 1943
Position Südatlantik nw Pernambuco, 01°58'S 39°22'W
durch Luftangriff
Tote 54
Überlebende 2
gehoben nein

Eine PBY-5A des Geschwaders VP-83 der USN flog nach Luftsicherung eines Geleitzugs zum Luftstützpunkt in Natal (Brasilien) zurück und überraschte dabei das an der Oberfläche liegende U 164. Aus 15 Meter Höhe warf das Flugzeug vier Wasserbomben, durch deren Detonation das U-Boot hochgeschleudert wurde und auseinanderbrach. Leichen und Bootstrümmer schwammen auf. Drei Überlebende trieben im Wasser, für sie warf das Flugzeug ein Rettungsfloß ab. Zwei von ihnen, ein Maat und ein Matrose, gelangten zur brasilianischen Nordküste, wo sie gefangengenommen wurden.

## U 224

| | *Stapellauf* | *Indienststellung* |
|---|---|---|
| | 7.5.1942 | 20.6.1942 |

Typ VII C
Kommandant Oberleutnant zur See Hans-Carl Kosbadt (gefallen)
versenkt am 13. Januar 1943
Position Mittelmeer w Algier, 36°28'N 00°49'O
durch Wasserbomben/Rammung
Tote 48
Überlebende 1
gehoben nein

Die den Geleitzug T-13 sichernde kanadische Korvette *Ville de Quebec* entdeckte U 224 und zwang das Boot durch präzisen Wasserbombenwurf zum Auftauchen. Der 1WO, Leutnant zur See Danckworth, kam auf die Brücke, um nach Beschädigungen zu sehen, doch als erstes sah er die zum Rammstoß ansetzende Korvette. Durch die Rammung wurde er ins Wasser geschleudert und nach der Versenkung von U 224 dreißig Minuten später als einziger Überlebender von der *Port Arthur* aufgenommen.

## U 507

| | *Stapellauf* | *Indienststellung* |
|---|---|---|
| | 15.7.1941 | 8.10.1941 |

Typ IX C
Kommandant Korvettenkapitän Harro Schacht (gefallen)
versenkt am 13. Januar 1943
Position Mittelatlantik nw Natal, 01°38'S 39°52'W
durch Luftangriff
Tote 55
Überlebende keine
gehoben nein

Von einer Catalina des Geschwaders VP-83 der USN versenkt.

## U 337

| | *Stapellauf* | *Indienststellung* |
|---|---|---|
| | 26.3.1942 | 6.5.1942 |

Typ VII C
Kommandant Oberleutnant zur See Kurt Ruwiedel (gefallen)
versenkt am 15. Januar 1943
Position Nordatlantik sw Island, 57°40'N 27°10'W
durch Luftangriff
Tote 47
Überlebende keine
gehoben nein

Die Fortress „G“ (P Off L.G. Clark) des 208. Bombergeschwaders der RAF sicherte den Konvoi ON-160 und sichtete um 14.40 Uhr ein an der Oberfläche laufendes U-Boot in acht bis zehn Kilometer Entfernung Backbord voraus. Clark warf aus 25 Meter Höhe sieben Mk-VIII-Wasserbomben, von denen vier beidseits des Bootes detonierten, während die anderen nicht zündeten. Beim Überfliegen von U 337 beschoß es der Heckschütze mit der Bordkanone. Das Boot sank über das Heck und stand fast senkrecht im Wasser. Von der Versenkung kündeten sechs Minuten lang aufsteigende Luftblasen und aufschwimmendes Öl.

## U 301

| | *Stapellauf* | *Indienststellung* |
|---|---|---|
| | 25.3.1942 | 9.5.1942 |
| Typ | VII C | |
| Kommandant | Kapitänleutnant Willy-Roderich Körner (gefallen) | |
| versenkt am | 21. Januar 1943 | |
| Position | Mittelmeer w Bonifacio, 41°27'N 07°04'O | |
| durch | britisches U-Boot | |
| Tote | 45 | |
| Überlebende | 1 | |
| gehoben | nein | |

Nach einer erfolgreichen Operation im Golf von Genua war das britische U-Boot *Sahib* (Lt J.H. Bromage) auf dem Rückmarsch nach Algier, überraschte das zur Positionsbestimmung aufgetauchte U 301 und versenkte das Boot.

Als einziger Überlebender wurde ein Fähnrich mit gebrochenem Unterkiefer geborgen. Er verbrachte den Rückmarsch in der Koje des Steuermanns und konnte nur flüssige Nahrung zu sich nehmen. Er war sehr mitteilsam und verriet, daß U 301 keinerlei Vorsichtsmaßnahmen ergriffen habe, da Körner felsenfest überzeugt war, daß es in diesem Seegebiet keine feindlichen U-Boote gäbe.

## U 553

| | *Stapellauf* | *Indienststellung* |
|---|---|---|
| | 7.11.1940 | 23.12.1940 |
| Typ | VII C | |
| Kommandant | Korvettenkapitän Karl Thurmann (gefallen) | |
| versenkt um den | 22. Januar 1943 | |
| Position | mittlerer Nordatlantik | |
| durch | ? | |
| Tote | 47 | |
| Überlebende | keine | |
| gehoben | nein | |

Zwischen dem 20. und dem 28. Januar auf Feindfahrt im Nordatlantik verlorengegangen. Eine Havarie infolge technischer Mängel oder menschlichen Versagens ist denkbar.

## U 265

| | *Stapellauf* | *Indienststellung* |
|---|---|---|
| | 23.4.1942 | 6.6.1942 |
| Typ | VII C | |
| Kommandant | Oberleutnant zur See Leonhard Auffhammer (gefallen) | |
| versenkt am | 3. Februar 1943 | |
| Position | Nordatlantik sw Island, 56°35'N 22°48'W | |
| durch | Luftangriff | |
| Tote | 48 | |
| Überlebende | keine | |
| gehoben | nein | |

Die den Geleitzug HX-224 sichernde Fortress „N" (P Off K. Ramsden) des 220. Geschwaders der RAF sichtete um 11.06 Uhr durch eine Wolkenlücke in sechs Kilometer Entfernung ein aufgetauchtes deutsches U-Boot, griff es aus der Sonne heraus an und warf aus 15 Meter Höhe sieben Mk-IX-Wasserbomben. Als das Flugzeug zu einem zweiten Angriff ansetzte, war das U-Boot bereits versenkt, und ein großer Ölteppich schwamm auf.

## U 187

| | *Stapellauf* | *Indienststellung* |
|---|---|---|
| | 16.3.1942 | 23.7.1942 |
| Typ | IX C/40 | |
| Kommandant | Kapitänleutnant Ralph Münnich (gefallen) | |
| versenkt am | 4. Februar 1943 | |
| Position | Nordatlantik, 50°12'N 36°35'W | |
| durch | Wasserbomben | |
| Tote | 9 | |
| Überlebende | 3 Offiziere, 13 Unteroffiziere, 29 Mannschaften | |
| gehoben | nein | |

Gegen Mittag gab U 187 eine Fühlungsmeldung mit dem Geleitzug SC-118 durch. Die FT-Verbindung dauerte nur 15 bis 20 Sekunden, genügte aber, um das Schicksal des Bootes zu besiegeln. Das Schiff des Geleitzugkommandeurs, die *Vanessa*, war wie das Bergungsschiff *Toward* und der US-Küstenwachekutter *Bibb* mit HF/DF-Funkgeräten ausgestattet, und sie konnten das U-Boot einpeilen. Mit äußerster Kraft liefen die Zerstörer *Vimy* und *Beverley* zur durch die Peilung errechneten Position. Die *Beverley* sichtete U 187 etwa 20 Kilometer vor dem Konvoi, kam auf 1400 Meter heran und wollte das Feuer eröffnen, aber in der schweren See verschwand das U-Boot immer wieder in den Wellentälern. Als es tauchte, waren die Zerstörer fast vier Kilometer entfernt und hatten noch keinen Schuß abgegeben. Die *Vimy* verfolgte das Boot ab 12.35 Uhr mit dem ASDIC und griff es viermal mit Wasserbomben

an, worauf es auftauchte. Nun eröffneten beide Zerstörer das Feuer, und die *Vimy* erzielte mehrere Treffer. U 187 bekam Schlagseite und ging über das Heck unter, während die Überlebenden aus dem Turm kamen und von beiden Zerstörern aufgenommen wurden. Um 13.43 Uhr, 103 Minuten nach der verhängnisvollen Fühlungsmeldung, war U 187 für immer in der Tiefe des Atlantiks verschwunden.
Der Angriff veranschaulicht den üblichen Einsatz der Funkpeilung. Mit HF/DF-Funkgeräten waren alle Bergungsschiffe ausgestattet, so daß diese im Seekrieg eine bedeutsame Rolle spielten. Die Funker dieser Schiffe waren bewährte Männer, die bei der Handelsmarine Erfahrungen gesammelt hatten.

## U 609

| | *Stapellauf* | *Indienststellung* |
|---|---|---|
| | 23.12.1941 | 12.2.1942 |
| Typ | VII C | |
| Kommandant | Kapitänleutnant Klaus Rudloff (gefallen) | |
| versenkt am | 7. Februar 1943 | |
| Position | Nordatlantik w Bloody Foreland, 55°17'N 26°38'W | |
| durch | Wasserbomben | |
| Tote | 47 | |
| Überlebende | keine | |
| gehoben | nein | |

Das zweite in der Schlacht um den Geleitzug SC-118 versenkte deutsche U-Boot. U 609 wurde von der französischen Korvette *Lobelia* angegriffen, doch konnte erst nach Kriegsende bestätigt werden, daß bei dem Angriff dieses Boot versenkt wurde.

## U 624

| | *Stapellauf* | *Indienststellung* |
|---|---|---|
| | 31.3.1941 | 28.5.1942 |
| Typ | VII C | |
| Kommandant | Kapitänleutnant Ulrich Graf von Soden-Fraunhofen (gefallen) | |
| versenkt am | 7. Februar 1943 | |
| Position | Nordatlantik w Rockall, 55°42'N 26°17'W | |
| durch | Luftangriff | |
| Tote | 45 | |
| Überlebende | keine | |
| gehoben | nein | |

Die den Konvoi SC-118 sichernde Fortress „J" (P Off G. Robertson) des 220. Bombergeschwaders der RAF sichtete in etwa zwölf Kilometer Entfernung das U-Boot, näherte sich ihm im Schutz der dichten Bewölkung und stieß etwa einen Kilometer vor dem Boot durch die Wolken, um aus 15 Meter Höhe sieben Wasserbomben zu werfen. Bomben- und Heckschütze konnten beobachten, wie die vierte und fünfte Wasserbombe neben dem Druckkörper detonierten. Nachdem sich die durch die Detonationen aufschäumende See wieder beruhigt hatte, schwammen Öl und Bootstrümmer auf.

## U 519

| | *Stapellauf* | *Indienststellung* |
|---|---|---|
| | 12.2.1942 | 7.5.1942 |
| Typ | IX C | |
| Kommandant | Kapitänleutnant Günter Eppen (gefallen) | |
| versenkt am | 10. Februar 1943 | |
| Position | Atlantik sw Irland, 47°05'N 18°34'W | |
| durch | Luftangriff | |
| Tote | 50 | |
| Überlebende | keine | |
| gehoben | nein | |

Die Liberator „T" *Tidewater Tillie* (1/Lt L. William Sandford) der dem RAF Coastal Command unterstellten 480. Gruppe der 2. US Army Air Force ortete mit dem Radargerät um 09.10 Uhr ein fünf bis sechs Kilometer entferntes Schiff, das sich beim Näherkommen als deutsches U-Boot entpuppte, doch war es bereits getaucht, als die Liberator zum Angriff ansetzte und mit den Bordkanonen der oberen und Heckkanzel in den Wasserwirbel schoß. Das Flugzeug setzte seinen Patrouillenflug fort, aber um 09.28 Uhr sichtete der Schütze in der Backbordseitenkanzel das sechs Kilometer entfernte Boot, das im Tauchen von Sandford mit sechs Wasserbomben belegt, aber nicht direkt getroffen wurde. U 519 mußte auftauchen und wurde erneut mit drei Wasserbomben angegriffen. Bei einem dritten Angriff beobachtete der Navigationsoffizier, daß das Boot Schlagseite bekam und nach wenigen Sekunden sank, während weitere drei Wasserbomben die See kochen ließen.
Zunächst nahm man an, das Boot sei „möglicherweise beschädigt" worden, doch später stellte sich heraus, daß es versenkt war.

## U 442

| | *Stapellauf* | *Indienststellung* |
|---|---|---|
| | 17.1.1942 | 21.3.1942 |

Typ VII C
Kommandant Korvettenkapitän Hans-Joachim Hesse (gefallen)
versenkt am 12. Februar 1943
Position Atlantik w Kap St. Vincent, 37°32'N 11°56'W
durch Luftangriff
Tote 48
Überlebende keine
gehoben nein

Die Hudson „F" (Fg Off G.R. Mayhew) des 48. Geschwaders der RAF sichtete um 14.02 Uhr ein aufgetaucht laufendes U-Boot und griff es aus zwölf Meter Höhe von achtern an. Eine Wasserbombe detonierte an Backbord neben dem Turm, zwei weitere explodierten vor dem Boot. In den Wasserfontänen sank U 442 sofort, und Mayhew flog erst weiter, nachdem er die aufschwimmenden Bootstrümmer und den Ölteppich fotografiert hatte.

## U 620

| | *Stapellauf* | *Indienststellung* |
|---|---|---|
| | 9.3.1942 | 30.4.1942 |

Typ VII C
Kommandant Kapitänleutnant Heinz Stein (gefallen)
versenkt am 13. Februar 1943
Position Atlantik nw Lissabon, 39°27'N 39°24'W
durch Luftangriff
Tote 46
Überlebende keine
gehoben nein

Die den Geleitzug KMS-6 sichernde Catalina „J" des 202. Geschwaders der RAF sichtete um 22.40 Uhr ein U-Boot an der Oberfläche, das tauchte, noch ehe das Flugzeug angreifen konnte. Etwa eine Stunde später wurde ein anderes U-Boot gesichtet und mit fünf Wasserbomben belegt, aber nicht direkt getroffen. Schließlich wurde um 01.05 Uhr ein drittes aufgetauchtes U-Boot gesichtet und beim Tauchen mit zwei Wasserbomben belegt. Wegen der Dunkelheit konnten keine Versenkungen beobachtet werden.
Erst später stellte sich heraus, daß beim ersten Angriff U 381 beschädigt, aber nicht versenkt worden war, während durch den zweiten Angriff U 620 versenkt wurde.

## U 225

| | *Stapellauf* | *Indienststellung* |
|---|---|---|
| | 28.5.1942 | 11.7.1942 |

Typ VII C
Kommandant Oberleutnant zur See Wolfgang Leimkühler (gefallen)
versenkt am 15. Februar 1943
Position mittlerer Nordatlantik, 55°45'N 31°09'W
durch Luftangriff
Tote 46
Überlebende keine
gehoben nein

Die den Geleitzug SC-119 sichernde Liberator „S" (Fg Off R.F.T. Turner) des 120. Geschwaders der RAF sichtete ein aufgetaucht laufendes U-Boot und belegte es aus 20 Meter Höhe mit sechs Wasserbomben, während vom tauchenden Boot noch der Turm über Wasser war. Später schwammen Öl und Bootstrümmer auf.
Fälschlicherweise wird die Versenkung von U 225 oft dem US-Küstenwachekutter *Spencer* zugeschrieben, doch dessen Angriff erfolgte am 21. Februar 1943 und galt U 604, das ihn unbeschadet überstand.

## U 529

| | *Stapellauf* | *Indienststellung* |
|---|---|---|
| | 15.7.1942 | 30.9.1942 |

Typ IX C/40
Kommandant Kapitänleutnant Georg-Werner Fraatz (gefallen)
versenkt am 15. Februar 1943
Position Nordatlantik o Neufundland
durch ?
Tote 48
Überlebende keine
gehoben nein

U 529 kann auf etwa 55°45'N 31°09'W durch ein Flugzeug versenkt worden sein, aber bewiesen ist das nicht. Da keinerlei Einzelheiten bekannt sind, kann der Verlust des Bootes auch einer Treibmine oder einer Havarie infolge technischer Mängel oder menschlichen Versagens zugeschrieben werden.

## U 69

| | *Stapellauf* | *Indienststellung* |
|---|---|---|
| | 19.9.1940 | 2.11.1940 |

Typ VII C
Kommandant Kapitänleutnant Ulrich Gräf (gefallen)

| | |
|---|---|
| versenkt am | 17. Februar 1943 |
| Position | mittlerer Nordatlantik, 50°50'N 40°50'W |
| durch | Rammung |
| Tote | 46 |
| Überlebende | keine |
| gehoben | nein |

Beim Angriff auf den Geleitzug ONS-165 vom britischen Zerstörer *Viscount* versenkt. U 69 und U 201 (siehe unten) kämpften sich bei Sturm und schwerer See an den Geleitzug heran. Als sie ihn erreicht hatten, funkten sie Fühlungsnahme, was ihnen zum Verderben wurde. Der Zerstörer ortete U 69 per HF/DF-Funkpeilung und versenkte das Boot durch Rammung.

## U 201

| | *Stapellauf* | *Indienststellung* |
|---|---|---|
| | 7.12.1940 | 25.1.1941 |

| | |
|---|---|
| Typ | VII C |
| Kommandant | Oberleutnant zur See Günther Rosenberg (gefallen) |
| versenkt am | 17. Februar 1943 |
| Position | Atlantik no Neufundland, 50°36'N 40°50'W |
| durch | Wasserbomben/Rammung |
| Tote | 49 |
| Überlebende | keine |

U 201 war das zweite deutsche U-Boot, das mit ONS-165 Fühlung aufgenommen hatte. Auch ihm gereichte das gefunkte Fühlungshaltersignal zum Verderben, ermöglichte es den Briten doch die Funkpeilung. Versenkt wurde U 201 vom britischen Zerstörer *Fame.*

Kommandant von U 201 war zuvor Kapitänleutnant Adalbert Schnee gewesen, einer der erfolgreichsten U-Bootkommandanten in der Zeit, als sich das Blatt noch nicht gegen die deutsche U-Bootwaffe gewendet hatte. Schnee wurde in den Stab des BdU berufen und später Kommandant von U 2511, eines ganz neuen Bootes des Typs XXI, mit dem er den Krieg überlebte.

## U 205

| | *Stapellauf* | *Indienststellung* |
|---|---|---|
| | 20.3.1941 | 3.5.1941 |

| | |
|---|---|
| Typ | VII C |
| Kommandant | Kapitänleutnant Friedrich Bürgel (gerettet) |
| versenkt am | 17. Februar 1943 |
| Position | Mittelmeer nw Derna, 32°56'N 22°01'O |
| durch | Wasserbomben /Artillerie |
| Tote | 8 |
| Überlebende | 3 Offiziere, 17 Unteroffiziere, 22 Mannschaften |
| gehoben | nein |

Versenkt vom britischen Zerstörer *Paladin*, unterstützt durch eine Bisley der südafrikanischen Luftwaffe. Der Zerstörer brachte ein Prisenkommando auf U 205, doch sank das U-Boot, als man es gerade in Schlepp nehmen wollte.

## U 268

| | *Stapellauf* | *Indienststellung* |
|---|---|---|
| | 9.6.1942 | 29.7.1942 |

| | |
|---|---|
| Typ | VII C |
| Kommandant | Oberleutnant zur See Ernst Heydemann (gefallen) |
| versenkt am | 19. Februar 1943 |
| Position | Golf von Biscaya w Nantes, 47°03'N 05°56'W |
| durch | Luftangriff |
| Tote | 45 |
| Überlebende | keine |
| gehoben | nein |

Versenkt von der Wellington „B" (P Off G.D. Lundon) des 172. Geschwaders der RAF. Das Flugzeug erfaßte das sechs Kilometer entfernte U-Boot mit dem Radar und sichtete es an der Oberfläche laufend aus der Entfernung von anderthalb Kilometer um 01.50 Uhr (die Sicht war in dieser Nacht gut, obwohl in 600 Meter Höhe eine geschlossene Wolkendecke hing). Als sich das Flugzeug dem Boot auf etwa 400 Meter genähert hatte, wurden die „Leigh-Light"-Suchscheinwerfer eingeschaltet, wodurch die Bootsbesatzung völlig überrascht wurde. Drei Mann auf der Brücke und weitere drei Mann am Deckgeschütz duckten sich im blendenden Scheinwerferlicht. Von vier Wasserbomben detonierte eine im Backbordquadranten, eine zweite am Turm und eine dritte an Backbord vor dem Bug. Das Boot schien zu stoppen und begann zu sinken; Öl und Luftblasen stiegen auf. Das Flugzeug blieb bis 02.35 Uhr an Ort und Stelle, konnte aber nichts weiteres mehr beobachten.

## U 562

| | *Stapellauf* | *Indienststellung* |
|---|---|---|
| | 24.1.1941 | 20.3.1941 |

| | |
|---|---|
| Typ | VII C |
| Kommandant | Kapitänleutnant Horst Hamm (gefallen) |

versenkt am 19. Februar 1943
Position Mittelmeer vor Bengasi, 32°57'N 20°54'O
durch Wasserbomben
Tote 49
Überlebende keine
gehoben nein

Die Wellington „S“ (Fg Off I.B. Butler) des 38. Geschwaders der RAF sicherte vor der libyschen Küste einen Geleitzug. Der Heckschütze, Sgt J.I. Brown, sichtete U 562 auf Sehrohrtiefe laufend direkt unter dem Flugzeug in idealer Angriffsposition auf den Konvoi. Butlers Angriff blieb erfolglos. Deshalb informierte er die Geleitzerstörer *Isis* und *Hursley*, die das U-Boot mit Wasserbomben angriffen und versenkten.

# U 623

| | *Stapellauf* | *Indienststellung* |
|---|---|---|
| | 31.3.1942 | 21.5.1942 |
| Typ | VII C | |
| Kommandant | Oberleutnant zur See Hermann Schröder (gefallen) | |
| versenkt am | 21. Februar 1943 | |
| Position | mittlerer Nordatlantik, 55°42'N 26°17'W | |
| durch | Luftangriff | |
| Tote | 46 | |
| Überlebende | keine | |
| gehoben | nein | |

Die Liberator „T“ (Sqn Ldr D.J. Isted) des 120. Geschwaders der RAF, das zur Luftsicherung des Konvois ON-166 gehörte, sichtete ein deutsches U-Boot in zwölf Kilometer Entfernung, das etwa 22 Kilometer vom Geleitzug entfernt war. Im Schutz der Wolkendecke flog die Liberator an und stieß fünf oder sechs Kilometer entfernt durch die Wolken, wobei ein zweites, aufgetaucht laufendes U-Boot gesichtet wurde. Isted griff das erste U-Boot aus 15 Meter Höhe mit sechs Wasserbomben an, die neben dem Turm detonierten, aber das Boot machte keine Anstalten zu tauchen (was das zweite U-Boot inzwischen getan hatte). Isted umkreiste das angegriffene Boot, von dem nur der Turm und das Heckgeschütz aus dem Wasser ragten. Als es dann sank, markierte Isted die Position für zwei Geleitsicherer, die zur Nachforschung vom Geleitzug detachiert worden waren. Die Schiffe konnten trotz intensiver ASDIC-Suche außer zwei großen Ölteppichen nichts mehr ausmachen.

# U 606

| | *Stapellauf* | *Indienststellung* |
|---|---|---|
| | 27.11.1941 | 22.1.1942 |
| Typ | VII C | |
| Kommandant | Oberleutnant zur See Hans-Heinrich Döhler (gefallen) | |
| versenkt am | 22. Februar 1943 | |
| Position | mittlerer Nordatlantik, 47°44'N 33°43'W | |
| durch | Wasserbomben | |
| Tote | 36 | |
| Überlebende | 12 | |
| gehoben | nein | |

U 606 gehörte zu einem Rudel, das den Geleitzug ON-166 angriff. In der Abenddämmerung durchstieß das Boot von achtern her die Geleitsicherung, versenkte die *Chatanooga City* und beschädigte die *Empire Redshank* und die *Expositor*, die beide später ebenfalls versenkt wurden. Nach dem Angriff wollte Döhler nach Backbord ablaufen, doch sein Boot wurde vom polnischen Geleitzerstörer *Burza* ausgemacht und angegriffen. Döhler tauchte, aber das Boot sackte auf 200 Meter Tiefe, ehe der LI es wieder abfangen konnte. Inzwischen warf die *Burza* Wasserbomben, von denen eine direkt über der Brücke explodierte. Als der LI den Druckkörper inspizierte, entdeckte er unmittelbar vor den achterlichen Tauchzellen einen Riß und empfahl dem Kommandanten, wieder aufzutauchen. Das tat Döhler, aber dabei drehte der 1WO, Leutnant zur See Werner Boulanger, durch und mußte mit Gewalt davon abgehalten werde, das Kombüsenluk zu öffnen, um auszusteigen.

Wieder an der Oberfläche meinte der LI, die Lage sei doch nicht so schlecht wie befürchtet, aber da sich das durch die Wasserbombe der *Burza* beschädigte Turmluk nicht öffnen ließ, lief das Boot gleichsam blind. In dieser Lage wurde U 606 vom US-Küstenwacheschiff *Campbell* gesichtet, mit zwei Wasserbomben belegt, die dicht am Boot detonierten, und unter Geschütz- und Maschinengewehrfeuer genommen. Döhler war inzwischen durch das Torpedoladeluk an Deck gekommen und hatte das Turmluk von außen geöffnet. Nun kam auch ein Teil der Besatzung in Tauchrettern an Deck, aber das Blinken der daran befestigten Seenotblitzlichter erleichterte der *Campbell* den zielgenauen Beschuß, durch den Döhler getötet wurde. Erst als ein Besatzungsmitglied mit der Taschenlampe ein Notsignal gab, wurde das Feuer eingestellt. Der Ober-

steuermann als Ranghöchster an Deck befahl die Räumung des U-Boots, worauf die Männer ins Wasser sprangen und ertranken. Den im Boot Gebliebenen erging es nicht viel besser. Auf Befehl des LI wurden die Bodenventile geöffnet, ehe er mit elf Besatzungsmitgliedern auf die Brücke kam, wo sie die Weinvorräte austranken, während sie auf Rettung warteten. Fünf der Männer wurden von der *Campbell* und sieben weitere von der *Burza* aufgenommen.
Beim Verhör der Gefangenen offenbarte sich die mangelhafte Kampfmoral der Besatzung von U 606. Als wenig kompetente „Schleifer" besonders unbeliebt waren der LI und der 1WO. Vor dem Verlassen des Bootes soll ein Unteroffizier Boulanger eine Ohrfeige verabreicht haben mit den Worten: „Auf diesen Augenblick habe ich lange gewartet."

## U 443

| | *Stapellauf* | *Indienststellung* |
|---|---|---|
| | 31.1.1942 | 18.4.1942 |
| Typ | VII C | |
| Kommandant | Oberleutnant zur See Konstantin von Puttkamer (gefallen) | |
| versenkt am | 23. Februar 1943 | |
| Position | Mittelmeer nw Algier, 36°55'N 02°25'O | |
| durch | Wasserbomben | |
| Tote | 48 | |
| Überlebende | keine | |
| gehoben | nein | |

U 443 wurde zuerst vom Küstenradar in Algier am 20. Februar um 21.25 Uhr geortet und von drei Zerstörern der Hunt-Klasse, *Bicester*, *Lamerton* und *Wheatland*, drei Tage lang gejagt, ehe das Boot mit Wasserbomben versenkt wurde, was die offiziellen Marinehistoriker als „Beweis für den Wert der Ausdauer" bezeichneten.

## U 522

| | *Stapellauf* | *Indienststellung* |
|---|---|---|
| | 1.4.1942 | 11.6.1942 |
| Typ | IX C | |
| Kommandant | Kapitänleutnant Herbert Schneider (gefallen) | |
| versenkt am | 23. Februar 1943 | |
| Position | Mittelatlantik sw Madeira, 31°27'N 26°22'W | |
| durch | Wasserbomben | |
| Tote | 51 | |
| Überlebende | keine | |
| gehoben | nein | |

Versenkt durch Wasserbomben des Kutters *Totland* der US-Küstenwache, der den Geleitzug UC-1 sicherte.

## U 649

| | *Stapellauf* | *Indienststellung* |
|---|---|---|
| | 30.9.1942 | 19.11.1942 |
| Typ | VII C | |
| Kommandant | Oberleutnant zur See Raimund Tiesler (gerettet) | |
| versenkt am | 24. Februar 1943 | |
| Position | Ostsee, genaue Position nicht bekannt | |
| durch | Kollision | |
| Tote | 35 | |
| Überlebende | ? | |
| gehoben | nein | |

Nach Kollision mit U 232 gesunken.

## U 87

| | *Stapellauf* | *Indienststellung* |
|---|---|---|
| | 21.6.1941 | 19.8.1941 |
| Typ | VII B | |
| Kommandant | Kapitänleutnant Joachim Berger (gefallen) | |
| versenkt am | 4. März 1943 | |
| Position | Atlantik w Leixoes, 41°36'N 13°31'W | |
| durch | Wasserbomben | |
| Tote | 49 | |
| Überlebende | keine | |
| gehoben | nein | |

Versenkt von der kanadischen Korvette *Shediac* und dem kanadischen Zerstörer *St Croix*, die den Geleitzug KMS-10 sicherten.

## U 633

| | *Stapellauf* | *Indienststellung* |
|---|---|---|
| | 10.6.1942 | 30.7.1942 |
| Typ | VII C | |
| Kommandant | Oberleutnant zur See Bernhard Müller (gefallen) | |
| versenkt am | 7. März 1943 | |
| Position | Atlantik sw Island, 58°51'N 19°55'W | |
| durch | Rammung | |
| Tote | 42 | |
| Überlebende | keine | |
| gehoben | nein | |

U 633 wurde von der den Konvoi SC-121 sichernden *Scorton* durch Rammung versenkt. Früher schrieb man die Versenkung der Fortress „J" des 220. RAF-Geschwaders zu, die am 7. März ein deutsches U-Boot angriff, aber dieser Angriff galt, wie sich später herausstellte, U 641, das ihn unbeschadet überstand.

# U 156

| | *Stapellauf* | *Indienststellung* |
|---|---|---|
| | 21.5.1941 | 4.9.1941 |
| Typ | IX C | |
| Kommandant | Korvettenkapitän Werner Hartenstein (gefallen) | |
| versenkt am | 8. März 1943 | |
| Position | Karibik o Barbados, 12°38'N 54°39'W | |
| durch | Luftangriff | |
| Tote | 53 | |
| Überlebende | keine | |
| gehoben | nein | |

Von einer Catalina (Lt E. Dryden) des Geschwaders VP-53 der USN versenkt.

# U 83

| | *Stapellauf* | *Indienststellung* |
|---|---|---|
| | 9.12.1940 | 8.2.1941 |
| Typ | VII B | |
| Kommandant | Oberleutnant zur See Gerhard Wörishoffer (gefallen) | |
| versenkt am | 9. März 1943 | |
| Position | Mittelmeer so Cartagena, 37°10'N 00°50'O | |
| durch | Luftangriff | |
| Tote | 50 | |
| Überlebende | keine | |
| gehoben | nein | |

Auf ASW-Patrouille sichtete die Hudson „V" (Sgt G. Jacimov) des 500. Geschwaders der RAF um 10.02 Uhr bei dunstigem Wetter das Kielwasser eines U-Boots, das nicht tauchte, sondern Ausweichmanöver einleitete. Jacimov griff zweimal an, zuerst mit drei 100-lb-A/S-Bomben, dann mit drei Wasserbomben. Nach dem zweiten Angriff quoll weißer Qualm aus dem Turm, das Boot stoppte, und einige Männer sammelten sich auf dem „Wintergarten" hinter der Brücke. U 83 sank, und die Überlebenden trieben in einem sich ausbreitenden Ölteppich. Jacimov ließ zwei Schlauchboote abwerfen, die aber beim Auftreffen auf das Wasser platzten und sanken.

# U 444

| | *Stapellauf* | *Indienststellung* |
|---|---|---|
| | 26.2.1942 | 9.5.1942 |
| Typ | VII C | |
| Kommandant | Oberleutnant zur See Albert Langfeld (gefallen) | |
| versenkt am | 11. März 1943 | |
| Position | mittlerer Nordatlantik, 51°14'N 29°18'W | |
| durch | Wasserbomben/Rammung | |
| Tote | 41 | |
| Überlebende | 5 | |
| gehoben | nein | |

Das auf den Geleitzug HX-228 angesetzte U-Boot wurde nachts vom Radar des britischen Zerstörers *Harvester* (Cdr A.A. Tait) erfaßt, der U 444 zum Tauchen zwang und mit Wasserbomben angriff, die das Boot emporschleuderten. Beim anschließenden Rammstoß schrammte es unter dem Kiel des Zerstörers entlang und blieb in dessen Schrauben hängen. Erst nach einiger Zeit konnte U 444 freikommen. Die *Harvester* war so schwer beschädigt, daß sie kaum noch Fahrt machte. Nun lief die französische Korvette *Aconit* (Lt-Cdr A. Lavasseur) herbei und versenkte das noch an der Oberfläche liegende U-Boot durch Rammung.

# U 432

| | *Stapellauf* | *Indienststellung* |
|---|---|---|
| | 3.2.1941 | 26.4.1941 |
| Typ | VII C | |
| Kommandant | Kapitänleutnant Hermann Eckhardt (gefallen) | |
| versenkt am | 11. März 1943 | |
| Position | mittlerer Nordatlantik, 51°35'N 28°20'W | |
| durch | Wasserbomben/Rammung | |
| Tote | 26 | |
| Überlebende | 20 | |
| gehoben | nein | |

Die Versenkung von U 444 war von U 432 beobachtet worden, das die langsam zum Geleitzug zurückkehrende *Harvester* gegen Mittag torpedierte und versenkte, was viele Menschenleben kostete. Die französische Korvette *Aconit* sichtete aus der Ferne die Qualmwolke, in der der britische Zerstörer sank, und wendete trotz des beschädigten Bugs sofort, um zu Hilfe zu kommen. Nach einer Stunde hatte die *Aconit* U 432 erfaßt, brachte das Boot durch Wasserbomben über Wasser und rammte es. Die Überlebenden sagten aus, man habe eben die Versenkung der

*Harvester* gefeiert, als die *Aconit* angriff. „Ich hoffe nur, daß ihnen meine zehn Bomben als Nachtisch geschmeckt haben", schrieb Lavasseur in seinem Gefechtsbericht.

## U 130

| | *Stapellauf* | *Indienststellung* |
|---|---|---|
| | 14.3.1941 | 11.6.1941 |

Typ IX C
Kommandant Oberleutnant zur See Siegfried Keller (gefallen)
versenkt am 12. März 1943
Position Atlantik w Azoren, 37°10'N 40°21'W
durch Wasserbomben
Tote 53
Überlebende keine
gehoben nein

Vom US-Zerstörer *Champlin* (Cdr J.J. Schaffer) versenkt.

## U 163

| | *Stapellauf* | *Indienststellung* |
|---|---|---|
| | 1.5.1941 | 21.10.1941 |

Typ IX C
Kommandant Korvettenkapitän Kurt-Eduard Engelmann (gefallen)
versenkt am 13. März 1943
Position Golf von Biscaya, 44°13'N 08°23'W
durch Wasserbomben
Tote 57
Überlebende keine
gehoben nein

Auf dem Rückmarsch von einer Feindfahrt lief U 163 in den Geleitschutz des Konvois MKS-9 und wurde vom US-Zerstörer *Prescott* durch Wasserbomben versenkt.

## U 5

| | *Stapellauf* | *Indienststellung* |
|---|---|---|
| | 14.8.1935 | 31.8.1935 |

Typ II A
Kommandant Leutnant zur See Hermann Rahn (gefallen)
versenkt am 19. März 1943
Position Ostsee w Pillau, 54°25'N 19°50'O
durch Unfall
Tote 21
Überlebende 16
gehoben nein

Bei Tauchübung durch Unfall verlorengegangen.

## U 384

| | *Stapellauf* | *Indienststellung* |
|---|---|---|
| | 28.5.1942 | 18.7.1942 |

Typ VII C
Kommandant Oberleutnant zur See Hans-Achim von Rosenberg-Gruszcynski (gefallen)
versenkt am 19. März 1943
Position Nordatlantik w Malin Head, 54°18'N 26°15'W
durch Luftangriff
Tote 47
Überlebende keine
gehoben nein

Die den Geleitzug HX-229 sichernde Fortress „B" (P Off L.G. Clark) des 206. Geschwaders der RAF sichtete um 09.24 Uhr ein aufgetaucht fahrendes U-Boot. Nach einem Wasserbombenangriff schwamm ein großer Ölteppich auf, der noch nach Stunden von anderen Geleitsicherern gesichtet wurde.
Früher schrieb man die Versenkung einem Flugzeug des 201. RAF-Geschwaders zu, doch dessen Angriff galt U 631, das ihn unbeschadet überstand.

## U 524

| | *Stapellauf* | *Indienststellung* |
|---|---|---|
| | 30.4.1942 | 8.7.1942 |

Typ IX C
Kommandant Kapitänleutnant Walter Freiherr von Freyberg (gefallen)
versenkt am 22. März 1943
Position Mittelatlantik s Madeira, 30°15'N 18°13'W
durch Luftangriff
Tote 52
Überlebende keine
gehoben nein

Die B-24-Liberator *Tidewater Tillie* (Lt William L. Sandford) der 480. Gruppe der 1. US Army Air Force sichtete acht Kilometer voraus an Steuerbord das Kielwasser eines U-Boots und griff dieses aus der Sonne heraus an. Aus 60 Meter Höhe warf das Flugzeug vier Mk-37-Wasserbomben, die genau trafen. Mitten in den Detonationen hob sich der Bug des Bootes, das über das Heck in die Tiefe ging und einen großen Ölteppich hinterließ, in dem Überlebende der Besatzung trieben.

## U 665

| | *Stapellauf* | *Indienststellung* |
|---|---|---|
| | 9.6.1942 | 22.7.1942 |

| | |
|---|---|
| Typ | VII C |
| Kommandant | Oberleutnant zur See d.R. Hans-Jürgen Haupt (gefallen) |
| versenkt am | 22. März 1943 |
| Position | Atlantik w St. Nazaire, 48°04'N 10°26'W |
| durch | Luftangriff |
| Tote | 46 |
| Überlebende | keine |
| gehoben | nein |

Bei schlechtem Wetter meldete der Heckschütze der Whitley „V“ (Sgt J.A. Marsden) der 10. OTU um 11.52 Uhr die „Feder“ eines Sehrohrs. Sonst war nichts auszumachen, das Sehrohr verschwand unter Wasser, und das Flugzeug setzte seine Patrouille fort. Am gleichen Tag um 15.03 Uhr wurde ein an der Oberfläche fahrendes U-Boot gesichtet. Die Whitley flog es in nur knapp 30 Meter Höhe von der Backbordseite an und belegte das Boot sofort mit sechs Wasserbomben. Während U 665 tauchte, sah der Heckschütze, wie die Wasserbomben am Boot explodierten, doch das Wetter war so schlecht, daß eine Versenkung nicht mit Sicherheit festgestellt werden konnte. Erst nach dem Krieg bestätigte sich, daß U 665 durch diesen Angriff versenkt wurde. Zunächst schrieb man die Versenkung dieses U-Boots der Wellington „G“ des 172. Geschwaders der RAF zu, doch deren Angriff galt U 488, das ihn unbeschadet überstand.

## U 469

| | *Stapellauf* | *Indienststellung* |
|---|---|---|
| | 8.8.1942 | 7.10.1942 |

| | |
|---|---|
| Typ | VII C |
| Kommandant | Oberleutnant zur See Emil Claussen (gefallen) |
| versenkt am | 25. März 1943 |
| Position | Nordatlantik w Färöers, 62°12'N 16°40'W |
| durch | Luftangriff |
| Tote | 46 |
| Überlebende | keine |
| gehoben | nein |

Die den Geleitzug RU-67 sichernde Fortress „L“ des 206. Geschwaders der RAF sichtete U 469, das sich über Wasser marschierend der Gruppe „Seewolf“ anschließen wollte, um den Konvoi SC-123 anzugreifen, dessen Position durch den xB-Dienst ausgemacht worden war. U 469 wurde von der Fortress angegriffen und versenkt.

## U 169

| | *Stapellauf* | *Indienststellung* |
|---|---|---|
| | 6.6.1942 | 16.11.1942 |

| | |
|---|---|
| Typ | IX C/40 |
| Kommandant | Oberleutnant zur See Hermann Bauer (gefallen) |
| versenkt am | 27. März 1943 |
| Position | Nordatlantik s Island, 60°54'N 15°25'W |
| durch | Luftangriff |
| Tote | 54 |
| Überlebende | keine |
| gehoben | nein |

U 169 sollte sich der Gruppe „Seewolf“ zum Angriff auf den Geleitzug SC-123 anschließen, dessen Position vom xB-Dienst ausgemacht worden war. Das U-Boot wurde in dem von der Luftsicherung des Konvois gedeckten Seegebiet von der Fortress „L“ (Fg Off A.C.I. Samuel) des 206. Geschwaders der RAF gesichtet und im Tiefflug angegriffen. Trotz starkem Flakfeuer warf Samuel seine Wasserbomben gut gezielt auf die Backbordseite des Bootes ab. U 169 legte sich auf die Seite und begann zu sinken. Die Explosionen brachten das Boot zum Kentern, bevor es sank, doch als der Bug noch einmal in steilem Winkel auftauchte, flog Samuel noch einen zweiten Wasserbombenangriff. Danach versank U 169 endgültig fast senkrecht über das Heck. In diesem Moment konnte er noch drei Mann auf der Brücke ausmachen, die aber nachher nicht mehr an der Oberfläche auftauchten.

## U 77

| | *Stapellauf* | *Indienststellung* |
|---|---|---|
| | 23.11.1940 | 18.1.1941 |

| | |
|---|---|
| Typ | VII C |
| Kommandant | Oberleutnant zur See Otto Hartmann (gefallen) |
| versenkt am | 28. März 1943 |
| Position | Mittelmeer o Cartagena, 37°42'N 00°10'O |
| durch | Luftangriff |
| Tote | 38 |
| Überlebende | 9 |
| gehoben | nein |

Am 27. März hatten die beiden Hudsons „L“ des 48. und des 233. RAF-Geschwaders je ein U-Boot angegriffen, aber wegen Treibstoffmangels vor ei-

ner Versenkung zurückfliegen müssen. Tags darauf patrouillierte die Hudson „V“ des 48. RAF-Geschwaders zwischen Kap San Antonio und Ibiza und sichtete ein nach Nordosten laufendes deutsches U-Boot. Das Flugzeug griff es direkt von achtern an. Es tauchte, doch blieb das Sehrohr über Wasser, auf das vier Wasserbomben geworfen wurden, wovon eine neben dem Periskop und die drei anderen davor detonierten. Nach dem Angriff waren weder Öl noch Bootstrümmer zu sehen, auch nicht, als die Hudson eine halbe Stunde später zurückkehrte, doch wurden am 30. März neun Überlebende von U 77 von einem spanischen Fischkutter in Altoa an Land gebracht.

## U 416

| | *Stapellauf* | *Indienststellung* |
|---|---|---|
| | 9.5.1942 | 4.11.1942 |
| Typ | VII C | |
| Kommandant | Oberleutnant zur See Christian Reich (gerettet) | |
| versenkt am | 30. März 1943 | |
| Position | Ostsee vor Bornholm | |
| durch | Mine | |
| Tote | ? | |
| Überlebende | ? | |
| gehoben | nach Stettin eingeschleppt und am 8. April 1943 außer Dienst gestellt | |

U 416 sank in einem vom sowjetischen U-Boot L-3 *(Frunzevez)* ausgelegten Minenfeld und wurde nach der Bergung ab 4. Oktober 1943 als Schulboot eingesetzt. Endgültig versenkt wurde das Boot unter dem (gefallenen) Kommandanten Oberleutnant zur See Eberhard Rieger am 12. Dezember 1944 nw Pillau auf 54°58'N19°33'O durch eine Kollision mit dem Minenräumboot M 203.

## U 124

| | *Stapellauf* | *Indienststellung* |
|---|---|---|
| | 9.3.1940 | 11.6.1940 |
| Typ | IX B | |
| Kommandant | Korvettenkapitän Johann Mohr (gefallen) | |
| versenkt am | 3. April 1943 | |
| Position | Mittelatlantik w Oporto, 41°02'N 15°39'W | |
| durch | Wasserbomben | |
| Tote | 53 | |
| Überlebende | keine | |
| gehoben | nein | |

Versenkt von der britischen Korvette *Stonecrop* und der britischen Sloop *Black Swan*, die den Geleitzug OS-45 sicherten.

## U 635

| | *Stapellauf* | *Indienststellung* |
|---|---|---|
| | 24.6.1942 | 13.8.1942 |
| Typ | VII C | |
| Kommandant | Oberleutnant zur See Heinz Eckelmann (gefallen) | |
| versenkt am | 5. April 1943 | |
| Position | Nordatlantik sw Island, 58°20'N 31°52'W | |
| durch | Luftangriff | |
| Tote | 47 | |
| Überlebende | keine | |
| gehoben | nein | |

Die Liberator „N“ (Fg Off G. Hatherly) des 120. Geschwaders der RAF war unterwegs, um die Luftsicherung des Geleitzugs HX-231 aufzunehmen, als die Besatzung 15 Kilometer nördlich des Konvois ein deutsches U-Boot auftauchen sah. Es wurde aus 15 Meter Höhe mit Wasserbomben belegt, die rings um das sofort wieder tauchende Boot detonierten. In dem Wasserwirbel ging das Boot für immer in die Tiefe.
Fälschlicherweise wurde die Versenkung von U 635 zunächst der britischen Fregatte *Tay* zugeschrieben, doch deren Wasserbombenangriff am 6. April galt U 306.

## U 167

| | *Stapellauf* | *Indienststellung* |
|---|---|---|
| | 5.3.1942 | 4.7.1942 |
| Typ | IX C/40 | |
| Kommandant | Korvettenkapitän Kurt Sturm (gerettet) | |
| versenkt am | 6. April 1943 | |
| Position | Atlantik vor den Kanaren, 27°47'N 15°00'W | |
| durch | Selbstversenkung | |
| Tote | keine | |
| Überlebende | ? | |
| gehoben | 1951 | |

U 167 wurde zweimal angegriffen, von der Hudson „W“ (Flt Sgt K.R. Dalton) und von der Hudson „L“ (Flt Lt W.E. Willets), beide vom 233. Geschwader der RAF, das den Geleitzug RS-3 sicherte. Dabei wurde das U-Boot stark beschädigt und Korvettenkapitän Sturm schwer verwundet. Die Besatzung versenkte ihr Boot im Osten

der Insel Gran Canaria und wurde dort von den Spaniern interniert.
Nach der Bergung wurde U 167 in Spanien als Filmkulisse kommerziell genutzt und dann abgewrackt.

# U 632

| | *Stapellauf* | *Indienststellung* |
|---|---|---|
| | 27.5.1942 | 23.7.1942 |
| Typ | VII C | |
| Kommandant | Kapitänleutnant Hans Karpf (gefallen) | |
| versenkt am | 6. April 1943 | |
| Position | Nordatlantik sw Island, 58°02'N 28°42'W | |
| durch | Luftangriff | |
| Tote | 48 | |
| Überlebende | keine | |
| gehoben | nein | |

Die 25 Kilometer vom Geleitzug HX-231 entfernt patrouillierende Liberator „R“ (Flt Lt C.W. Burcher) des 86. Geschwaders der RAF sichtete ein aufgetaucht fahrendes deutsches U-Boot und flog zwei Angriffe mit fünf Wasserbomben, während das Boot tauchte. An der Stelle, an der U 632 unter Wasser gegangen war, schwamm bald darauf ein großer Ölteppich auf.

# U 644

| | *Stapellauf* | *Indienststellung* |
|---|---|---|
| | 20.8.1942 | 15.10.1942 |
| Typ | VII C | |
| Kommandant | Oberleutnant zur See Kurt Jensen (gefallen) | |
| versenkt am | 7. April 1943 | |
| Position | Nordmeer so Jan Mayen, 69°30'N 05°40'W | |
| durch | britisches U-Boot | |
| Tote | 45 | |
| Überlebende | keine | |
| gehoben | nein | |

Ende März machten die Briten östlich der Insel Jan Mayen einen Sperriegel deutscher U-Boote aus, die den nächsten JW-Geleitzug nach Rußland abpassen sollten. Das britische U-Boot *Tuna* (Lt D.S.R. Martin) lief zur Erkundung am 3. April aus Lerwick aus und sichtete am 7. April um 21.05 Uhr ein knapp fünf Kilometer entferntes U-Boot. Martin lief auf etwa einen Kilometer heran und schoß fünf Torpedos ab. Ein Treffer wurde registriert, dann tauchte Martin auf, um die Lage zu erkunden und eventuelle Überlebende aufzunehmen. Ein Mann ohne Schwimmweste kämpfte im zähen Ölteppich um sein Leben, ertrank jedoch, noch ehe die Briten ihn erreichen konnten.
Am 14. April sichtete Martin U 302 (Kapitänleutnant Herbert Sickel) und griff es mit acht Torpedos an, denen das Boot ausweichen konnte. Sickel meldete den Angriff dem BdU, worauf der U-Bootsperriegel 75 Kilometer nach Nordosten verlegt wurde.

# U 376

| | *Stapellauf* | *Indienststellung* |
|---|---|---|
| | 10.7.1941 | 21.8.1941 |
| Typ | VII C | |
| Kommandant | Kapitänleutnant Friedrich-Karl Marks (gefallen) | |
| versenkt am | 10. April 1943 | |
| Position | Golf von Biscaya w Nantes, 46°48'N 09°00'W | |
| durch | Luftangriff | |
| Tote | 47 | |
| Überlebende | keine | |
| gehoben | nein | |

Das Radar der Wellington „C“ (P Off G.H. Whiteley) des 172. Geschwaders der RAF ortete um 22.40 Uhr an Backbord ein knapp zehn Kilometer entferntes Schiff. Whiteley flog bis auf 400 Meter heran und schaltete die „Leigh-Light“-Suchscheinwerfer ein, in deren Licht das aufgetaucht fahrende U 376 sichtbar wurde. Die abgeworfenen Wasserbomben fielen rings um das Boot ins Wasser, aber nur drei explodierten. Dennoch war danach von U 376 nichts mehr zu sehen, und auch das Radar sprach nicht mehr an.

# U 526

| | *Stapellauf* | *Indienststellung* |
|---|---|---|
| | 3.6.1942 | 12.8.1942 |
| Typ | IX C/40 | |
| Kommandant | Kapitänleutnant Hans Möglich (gefallen) | |
| versenkt am | 14. April 1943 | |
| Position | Golf von Biscaya vor Lorient, 47°30'N 03°45'W | |
| durch | Mine | |
| Tote | 42 | |
| Überlebende | ? | |
| gehoben | nein | |

U 526 lief vor Lorient auf eine Mine.

## U 175

| | *Stapellauf* | *Indienststellung* |
|---|---|---|
| | 2.9.1941 | 5.12.1941 |

Typ IX C
Kommandant Kapitänleutnant Heinrich Bruns (gefallen)
versenkt am 17. April 1943
Position Atlantik w Land's End, 48°50'N 21°20'W
durch Wasserbomben/Artillerie
Tote 13
Überlebende 5 Offiziere, 12 Unteroffiziere, 24 Mannschaften
gehoben nein

Durch zwei Angriffe mit 22 Wasserbomben wurde U 175 vom Kutter *John C. Spencer* der US-Küstenwache zum Auftauchen gezwungen; der Kutter sicherte vor dem Geleitzug HX-233. 48 Minuten nach Angriffsbeginn kam das U-Boot an die Oberfläche und lieferte sich aus nächster Nähe ein Feuergefecht mit den Kuttern *Spencer* und *Duane*. Bruns wurde durch einen Volltreffer auf der Brücke getötet. Als auch Schiffe des Konvois eingriffen, wurde die *Spencer* durch die 127-mm-Granate eines Frachters getroffen. Auf dem Kutter wurden acht Mann verwundet, von denen der Radioman 3rd Class J.T. Petralla seinen Verletzungen erlag. Männer der *Spencer* gingen auf das sinkende U-Boot, konnten aber keine Dokumente oder Ausrüstungsteile bergen, bevor es endgültig sank.

## U 191

| | *Stapellauf* | *Indienststellung* |
|---|---|---|
| | 3.7.1942 | 20.10.1942 |

Typ IX C/40
Kommandant Kapitänleutnant Helmut Fiehn (gefallen)
versenkt am 23. April 1943
Position Nordatlantik so Kap Farewell, 56°45'N 34°25'W
durch Hedgehog-Wasserbomben
Tote 55
Überlebende keine
gehoben nein

Vom britischen Zerstörer *Hesperus* und der britischen Korvette *Clematis* versenkt, die den Geleitzug ONS-4 sicherten.

## U 710

| | *Stapellauf* | *Indienststellung* |
|---|---|---|
| | 12.5.1942 | 2.9.1942 |

Typ VII C
Kommandant Oberleutnant zur See Dietrich von Carlowitz (gefallen)
versenkt am 24. April 1943
Position Nordatlantik so Island, 61°25'N 19°48'W
durch Luftangriff
Tote 49
Überlebende keine
gehoben nein

Die zum Schutz des Geleitzugs ONS-5 eingesetzte Fortress „D" (Fg Off Robert Cowey) des 206. Geschwaders der RAF sichtete ein auf der Wasseroberfläche gut getrimmt liegendes deutsches U-Boot. Cowey griff es mit Wasserbomben an, wurde dabei jedoch vom „Wintergarten" des Bootes aus mit 20-mm-Flak beharkt. Sechs Wasserbomben gabelten U 710 ein, und deren Detonationen schienen „das Boot förmlich aus dem Wasser zu heben". Das Flugzeug flog einen zweiten Angriff, nach dem 25 Überlebende gesichtet wurden, die in den aufschwimmenden Bootstrümmern und Öl um ihr Leben kämpften.

## U 203

| | *Stapellauf* | *Indienststellung* |
|---|---|---|
| | 4.1.1941 | 18.2.1941 |

Typ VII C
Kommandant Kapitänleutnant Hermann Kottmann (gerettet)
versenkt am 25. April 1943
Position Nordatlantik so Grönland, 55°05'N 42°25'W
durch Wasserbomben
Tote 11
Überlebende 6 Offiziere, 7 Unteroffiziere, 26 Mannschaften
gehoben nein

Dies war das erste Mal, daß eine Swordfish der 811. NAS von einem britischen Geleitträger, der *Biter*, bei der Vernichtung eines deutschen U-Boots mitwirkte. Der Flugzeugträger sicherte den Konvoi ONS-4. Die Swordfish sichtete ein deutsches U-Boot und meldete dies dem britischen Geleitzerstörer *Pathfinder*, der das U-Boot mit Wasserbomben angriff und versenkte.

## U 174

| | *Stapellauf* | *Indienststellung* |
|---|---|---|
| | 21.8.1941 | 26.11.1941 |

Typ: IX C
Kommandant: Oberleutnant zur See Wolfgang Grandefeld (gefallen)
versenkt am: 27. April 1943
Position: Nordatlantik s Neufundland, 43°35'N 56°18'W
durch: Luftangriff
Tote: 53
Überlebende: keine
gehoben: nein

Von einer Ventura (Lt Thomas Kinaszczuk, ein Leutnant der US-Navy-Reserve) des Geschwaders VP-125 der USN versenkt.

## U 602

| | *Stapellauf* | *Indienststellung* |
|---|---|---|
| | 30.10.1941 | 29.12.1941 |

Typ: VII C
Kommandant: Kapitänleutnant Philipp Schüler (gefallen)
versenkt im: April 1943
Position: Mittelmeer vor Algier
durch: ?
Tote: 48
Überlebende: keine
gehoben: nein

Nach Urteil des Untersuchungsausschusses ging U 602 durch nicht bekannte Ursache, eventuell einen Unfall, verloren. Das Urteil wurde revidiert, als die Meldung einging, die Hudson „N" des 500. Geschwaders der RAF habe am 23. April ein deutsches U-Boot angegriffen, und so wurde die Versenkung von U 602 diesem Flugzeug zuerkannt. Genauere Nachprüfungen ergaben jedoch, daß die Hudson U 453 angegriffen hatte und dabei durch Flakfeuer so schwer getroffen worden war, daß der Angriff abgebrochen werden mußte. Deshalb bleibt es beim ersten Urteil des Untersuchungsausschusses.

## U 332

| | *Stapellauf* | *Indienststellung* |
|---|---|---|
| | 22.3.1941 | 7.6.1941 |

Typ: VII C
Kommandant: Oberleutnant zur See Eberhard Hüttemann (gefallen)
versenkt am: 29. April 1943
Position: Atlantik nw Kap Ortegal, 45°08'N 09°33'W
durch: Luftangriff
Tote: 45
Überlebende: keine
gehoben: nein

Versenkt von der Liberator „D" (Flt Lt A.R. Laughland) des 224. Geschwaders der RAF im Zuge der Operation „Derange", einer intensiven U-Bootjagd des Coastal Command der RAF im Golf von Biscaya.

## U 227

| | *Stapellauf* | *Indienststellung* |
|---|---|---|
| | 9.7.1942 | 22.8.1942 |

Typ: VII C
Kommandant: Kapitänleutnant Jürgen Kuntze (gefallen)
versenkt am: 30. April 1943
Position: Atlantik n Färöers, 64°05'N 06°40'W
durch: Luftangriff
Tote: 49
Überlebende: keine
gehoben: nein

Eine Hampden (Flt Sgt J.S. Freeth) des 455. Geschwaders der RAAF sichtete um 08.55 Uhr U 227, das in schwerer See aufgetaucht marschierte. Das U-Boot begann mit der Flak zu schießen und tauchte. Aus 15 Meter Höhe warf Freeth sechs Wasserbomben, von denen drei an Steuerbord und drei achtern des Bootes explodierten. Als die Hampden einen zweiten Angriff flog und zwei weitere Wasserbomben warf, wurde das Heck von U 227 aus dem Wasser gehoben, während die Bomben beidseits des Bugs detonierten. Der Bug kam noch einmal fast senkrecht aus dem Wasser, bevor er wieder zurückglitt und etwa 30 Besatzungsmitglieder in Tauchrettern und mit einem Rettungsfloß an der Wasseroberfläche zurückließ.

## U 465

| | *Stapellauf* | *Indienststellung* |
|---|---|---|
| | 30.3.1942 | 20.5.1942 |

Typ: VII C
Kommandant: Kapitänleutnant Heinz Wolf (gefallen)
versenkt am: 2. Mai 1943

| | |
|---|---|
| Position | Atlantik nw Kap Ortegal, 44°48'N 08°58'W |
| durch | Luftangriff |
| Tote | 48 |
| Überlebende | keine |
| gehoben | nein |

Von der Sunderland „M“ (Flt Lt E.C. Smith) des 461. Geschwaders der RAAF versenkt. Smith warf acht Wasserbomben, worauf das U-Boot über das Heck sank, während die Besatzung ins Wasser sprang, doch konnte keiner der Überlebenden später geborgen werden.

## U 109

| | *Stapellauf* | *Indienststellung* |
|---|---|---|
| | 14.9.1940 | 5.12.1940 |
| Typ | IX B | |
| Kommandant | Oberleutnant zur See Joachim Schramm (gefallen) | |
| versenkt am | 4. Mai 1943 | |
| Position | Atlantik s Irland, 47°22'N 22°40'W | |
| durch | Luftangriff | |
| Tote | 52 | |
| Überlebende | keine | |
| gehoben | nein | |

Die den Geleitzug HX-236 sichernde Liberator „P“ (P Off J.C.Green) des 86. Geschwaders der RAF sichtete um 18.35 Uhr ein deutsches U-Boot und griff es mit vier gut gezielten Wasserbomben an. Als sich das durch die Explosionen hochgeschleuderte Wasser beruhigt hatte, war von U 109 nichts mehr zu sehen, dafür schwammen Öl und Bootstrümmer auf.

## U 439

| | *Stapellauf* | *Indienststellung* |
|---|---|---|
| | 11.10.1941 | 20.12.1941 |
| Typ | VII C | |
| Kommandant | Oberleutnant zur See Helmut von Tippelskirch (gefallen) | |
| versenkt am | 4. Mai 1943 | |
| Position | Atlantik nw Kap Finisterre, 43°32'N 13°20'W | |
| durch | Kollision | |
| Tote | 40 | |
| Überlebende | 9 | |
| gehoben | nein | |

Nach Kollision mit U 659 gesunken; Näheres siehe unten.

## U 659

| | *Stapellauf* | *Indienststellung* |
|---|---|---|
| | 14.10.1941 | 9.12.1941 |
| Typ | VII C | |
| Kommandant | Kapitänleutnant Hans Stock (gefallen) | |
| versenkt am | 4. Mai 1943 | |
| Position | Atlantik nw Kap Finisterre, 43°32'N 13°20'W | |
| durch | Kollision | |
| Tote | 44 | |
| Überlebende | 3 | |
| gehoben | nein | |

U 439 und U 659 verfolgten zwei südwärts ins Mittelmeer marschierende Geleitzüge, wovon der eine aus Landungsschiffen und der andere aus verschiedenen MTBs bestand. Am 4. Mai um 01.20 Uhr stand U 439 etwa sechs Kilometer vor dem MTB-Geleitzug. U 659 hatte vergeblich nach den Landungsschiffen gesucht und war dabei so weit über deren Route hinausgelaufen, daß es ebenfalls vor den MTB-Geleitzug geriet. Stock kannte die Positionen beider Geleitzüge nicht. Er glaubte aber, daß beide vor ihm passiert hätten, und drehte mit äußerster Kraft nach Süden ab. Die Ausgucks auf U 439 waren ziemlich nachlässig; der 1WO, „von Natur aus faul und bequem“, konzentrierte seine Aufmerksamkeit auf das „Feuerwerk“, das ein anderes U-Boot im MTB-Geleitzug durch die Versenkung von MGB 657 veranstaltete, und beobachtete nicht den ihm zugewiesenen Sektor an Backbord. Er sah nicht das von achtern kommende U 659, das gerade jetzt in seinem Sektor zum Überholen ansetzte. In diesem Augenblick kam von Tippelskirch auf die Brücke und befahl, den Kurs nach Backbord zu ändern.

Es war nicht eine bloße Kollision. Das mit sieben Knoten laufende U 439 rammte das mit 15 Knoten laufende U 659 steuerbords unmittelbar vor der Zentrale. Wasser brach ein, und Sekunden später schickte eine mächtige Welle U 659 in die Tiefe. In der Zwischenzeit war U 439 auf „voll zurück“ gegangen, hatte aber dabei von achtern eine Sturzsee abbekommen, so daß die Auspuffrohre der Dieselmotoren voll Wasser schlugen, und gleichzeitig begann das Boot infolge der durch die Kollision verursachten Schäden über den Bug zu sinken. Nach einer weiteren Sturzsee schnitt auch U 439 unter. Da das Turmluk geschlossen war, ist es möglich, daß das Boot einige Zeit dicht unter der Oberfläche trieb. Zwei Stunden später meldete der Trawler *Coverley* eine

Kollision mit einem unter Wasser liegenden Objekt, durch die er vielleicht U 439 den Gnadenstoß versetzte. Um 03.00 Uhr lief das die Steuerbord-Kolonne des Geleitzugs anführende MTB 670 in eine nach Dieselöl riechende Qualmwolke und sichtete zwölf Überlebende in Rettungswesten, die auf dem Wasser trieben. Es waren die Überlebenden von U 439 und U 659.

## U 638

| | *Stapellauf* | *Indienststellung* |
|---|---|---|
| | 8.7.1942 | 3.9.1942 |
| Typ | VII C | |
| Kommandant | Kapitänleutnant Oskar Staudinger (gefallen) | |
| versenkt am | 5. Mai 1943 | |
| Position | Nordatlantik n Kap Race, 53°06'N 45°02'W | |
| durch | Wasserbomben | |
| Tote | 44 | |
| Überlebende | keine | |
| gehoben | nein | |

U 638 wollte über Wasser die Geleitsicherung des Konvois ONS-5 durchbrechen, wurde aber von der britischen Korvette *Loosestrife* gesichtet und noch während des Tauchmanövers mit Wasserbomben versenkt.

## U 630

| | *Stapellauf* | *Indienststellung* |
|---|---|---|
| | 12.5.1942 | 9.7.1942 |
| Typ | VII C | |
| Kommandant | Oberleutnant zur See Werner Winkler (gefallen) | |
| versenkt am | 6. Mai 1943 | |
| Position | Nordatlantik no Kap Race, 52°31'N 44°50'W | |
| durch | Wasserbomben | |
| Tote | 47 | |
| Überlebende | keine | |
| gehoben | nein | |

Versenkt durch den britischen Zerstörer *Vidette*.

## U 192

| | *Stapellauf* | *Indienststellung* |
|---|---|---|
| | 30.7.1942 | 16.11.1942 |
| Typ | IX C/40 | |
| Kommandant | Oberleutnant zur See Werner Happe (gefallen) | |
| versenkt am | 6. Mai 1943 | |
| Position | Nordatlantik s Grönland, 54°56'N 43°44'W | |
| durch | Wasserbomben | |
| Tote | 55 | |
| Überlebende | keine | |
| gehoben | nein | |

Das erste von fünf U-Booten (U 192, U 638, U 125, U 531 und U 438), die in der Schlacht um den Geleitzug ONS-5 versenkt wurden. Anfang Mai hatte der BdU im Nordatlantik 15 U-Boote postiert. Gesichert wurde der Konvoi von der sehr erfahrenen Sicherungsgruppe B7 unter Cdr Peter Gretton, aber durch Stürme am 2., 3. und 4. Mai war das Geleit auseinandergerissen worden. Gretton mußte dem Zerstörer *Duncan* und drei weiteren Geleitsicherern den Rückmarsch nach Neufundland befehlen, da sie in der schweren See nicht betankt werden konnten. Die britische Korvette *Loosestrife* eskortierte fünf versprengte Frachter, entdeckte U 192 und versenkte das Boot durch Wasserbomben.

## U 531

| | *Stapellauf* | *Indienststellung* |
|---|---|---|
| | 12.8.1942 | 28.10.1942 |
| Typ | IX C/40 | |
| Kommandant | Kapitänleutnant Herbert Neckel (gefallen) | |
| versenkt am | 6. Mai 1943 | |
| Position | Nordatlantik no Neufundland, 52°31'N 44°50'W | |
| durch | Wasserbomben | |
| Tote | 54 | |
| Überlebende | keine | |
| gehoben | nein | |

Durch einen massiven Wasserbombenangriff der Korvette *Snowflake* wurde U 531 zum Auftauchen gezwungen, konnte aber im diesigen Wetter entkommen. Der nach der Erkundung eines Radarkontakts auf seine Position in der Geleitsicherung zurückkehrende britische Zerstörer *Vidette* ortete per ASDIC ein etwa 800 Meter entferntes Objekt, das als U-Boot ausgemacht und mit Hedgehog-Wasserbomben angegriffen wurde. Nachdem alle Bomben ins Wasser geklatscht waren, gab es zwei deutlich erkennbare Unterwasserdetonationen und Lichtblitze unter Wasser. Kurz darauf meldete eine Sonarwache der *Vidette* das Geräusch des Anblasens von Tauchzellen und Hämmern und warnte die Brücke, daß das U-Boot wohl an Steuerbord auftauchen würde. Tatsächlich aber war alles, was dann wirklich an die Oberfläche gelangte, eine große Luftblase und einiger Aufruhr im Wasser, den aller Wahrscheinlichkeit nach die aus dem versenkten U-Boot entweichende Luft verursachte. Eine weitere ASDIC-Peilung blieb ohne Echo.

## U 125

| | *Stapellauf* | *Indienststellung* |
|---|---|---|
| | 10.12.1940 | 3.3.1941 |
| Typ | IX C | |
| Kommandant | Kapitänleutnant Ulrich Folkers (gefallen) | |
| versenkt am | 6. Mai 1943 | |
| Position | Nordatlantik o Neufundland, 52°13'N 44°50'W | |
| durch | Artillerie/Rammung | |
| Tote | 54 | |
| Überlebende | keine | |
| gehoben | nein | |

Am Abend des 6. Mai stieß in dichtem Nebel der britische Zerstörer *Oribi* auf U 125 und rammte das U-Boot, das in einem Regenschauer zwar noch seetauglich ablief, aber wahrscheinlich nicht mehr tauchen konnte. Etwas später stieß die britische Korvette *Snowflake* auf das Boot. Da sie alle Wasserbomben bei der Jagd auf 531 verbraucht hatte, versenkte sie U 125 durch Geschützfeuer.

## U 438

| | *Stapellauf* | *Indienststellung* |
|---|---|---|
| | 6.9.1941 | 22.11.1941 |
| Typ | VII C | |
| Kommandant | Kapitänleutnant Heinrich Heinsohn (gefallen) | |
| versenkt am | 6. Mai 1943 | |
| Position | Nordatlantik no Neufundland, 52°00'N 45°10'W | |
| durch | Wasserbomben | |
| Tote | 48 | |
| Überlebende | keine | |
| gehoben | nein | |

Die zur in St. John's stationierten GSG 1 gehörende britische Sloop *Pelican* war zur Verstärkung der überlasteten Geleitsicherung von ONS-5 angefordert worden. Sie ortete am Morgen des 6. Mai per Radar U 438 und griff das Boot mit Wasserbomben an.
Als U 438 auf die letzte Tauchfahrt gegangen war, ließ der BdU den Angriff auf ONS-5 abbrechen, was für die Briten ein Sieg war: Die Geleitsicherung hatte fünf deutsche U-Boote versenkt, wozu auch noch U 630 gerechnet werden kann. Das bedeutete insgesamt sechs versenkte und viele schwer beschädigte U-Boote. In der offiziellen britischen Kriegsgeschichte sollte es später über die Schlacht um ONS-5 heißen: „Die sieben Tage lang gegen dreißig deutsche U-Boote geführte Geleitzugsschlacht wird nur durch Breiten- und Längengradangaben markiert und hat keinen Namen, mit dem sie in die Geschichte eingehen kann, war aber dennoch in ihrer Art ebenso entscheidend wie die Schlachten um die Quiberonbucht oder am Nil."

## U 447

| | *Stapellauf* | *Indienststellung* |
|---|---|---|
| | 30.4.1942 | 11.7.1942 |
| Typ | VII C | |
| Kommandant | Kapitänleutnant Friedrich-Wilhelm Bothe (gefallen) | |
| versenkt am | 7. Mai 1943 | |
| Position | Atlantik sw Kap St. Vincent, 35°30'N 11°55'W | |
| durch | Luftangriff | |
| Tote | 48 | |
| Überlebende | keine | |
| gehoben | nein | |

Die Hudson „X" (Sgt J.V. Holland) des 233. Geschwaders der RAF sichtete ein aufgetaucht laufendes U-Boot und griff es mit vier Wasserbomben an. Durch die Explosionen wurde das Boot fast aus dem Wasser gehoben und danach von der Hudson „I" (Sgt J.W. McQueen) des gleichen Geschwaders ein zweites Mal angegriffen. Schließlich beschossen beide Flugzeuge das Boot so lange mit Bordkanonen, bis es über das Heck gesunken war.

## U 209

| | *Stapellauf* | *Indienststellung* |
|---|---|---|
| | 28.8.1941 | 11.10.1941 |
| Typ | VII C | |
| Kommandant | Kapitänleutnant Heinrich Brodda (gefallen) | |
| versenkt im | Mai 1943 | |
| Position | Nordatlantik, ca. 52°N 38°W | |
| durch | ? | |
| Tote | 46 | |
| Überlebende | keine | |
| gehoben | nein | |

Man weiß nichts Genaues über die Versenkung von U 209, doch wahrscheinlich sank das Boot, nachdem es am 7. Mai 1943 von einer Catalina des 5. RCAF-Geschwaders angegriffen wurde.

## U 663

| | *Stapellauf* | *Indienststellung* |
|---|---|---|
| | 26.3.1942 | 14.5.1942 |

Typ — VII C
Kommandant — Kapitänleutnant Heinrich Schmid (gefallen)
versenkt am — 8. Mai 1943
Position — Golf von Biscaya w Brest, 47°06'N 10°58'W
durch — Luftangriff und dadurch bedingter Unfall
Tote — 49
Überlebende — keine
gehoben — nein

Von der Sunderland „W" des 10. Geschwaders der RAAF angegriffen und später durch einen Unfall im Boot versenkt.

## U 528

| | *Stapellauf* | *Indienststellung* |
|---|---|---|
| | 1.7.1942 | 16.9.1942 |

Typ — IX C/40
Kommandant — Oberleutnant zur See Georg von Rabenau (gerettet)
versenkt am — 11. Mai 1943
Position — Nordatlantik s Island, 46°55'N 14°44'W
durch — Luftangriff und Wasserbomben
Tote — 11
Überlebende — ?
gehoben — nein

Von einer Catalina der USN beschädigt, geriet U 528 auf dem Marsch zum Heimatstützpunkt in den Luftsicherungsbereich des Geleitzugs OS-47 und wurde von der Halifax „D" (P Off J.B. Stark) des 58. Geschwaders der RAF gesichtet und angegriffen. Stark griff von Backbord kommend an und konnte beobachten, wie durch die Detonation der von ihm geworfenen Wasserbomben das U-Boot förmlich aus dem Wasser gehoben wurde und sich auf die Seite legte. Dann gab es unterhalb des Bootes eine Folgedetonation, und es sank in einem dicken Ölteppich übers Heck. Stark flog zum Geleitzug zurück und meldete den Angriff, worauf die Sloop *Fleetwood* und die Korvette *Mignonette* zur angegebenen Position liefen und das unter Wasser liegende Boot durch weitere Wasserbomben zur Oberfläche brachten, so daß die Überlebenden der Besatzung von Bord gehen konnten.

## U 186

| | *Stapellauf* | *Indienststellung* |
|---|---|---|
| | 11.3.1942 | 10.7.1942 |

Typ — IX C/40
Kommandant — Kapitänleutnant Siegfried Hesemann (gefallen)
versenkt am — 12. Mai 1943
Position — Atlantik nw Azoren, 41°54'N 31°49'W
durch — Wasserbomben
Tote — 53
Überlebende — keine
gehoben — nein

Während des Angriffs auf den Geleitzug SC-129 wurde U 186 von dem britischen Zerstörer *Hesperus* durch Wasserbomben versenkt. Das U-Boot schaffte es, mitten im Angriff noch einmal kurz an die Oberfläche zu kommen und eine Meldung an den BdU abzusetzen, daß es angegriffen wurde. Nach Beendigung des Angriffs fischte man große Mengen von Bootstrümmern auf, die deutsche Kennzeichnungen trugen.

## U 89

| | *Stapellauf* | *Indienststellung* |
|---|---|---|
| | 20.9.1941 | 19.11.1941 |

Typ — VII C
Kommandant — Korvettenkapitän Dietrich Lohmann (gefallen)
versenkt am — 12. Mai 1943
Position — Atlantik n Azoren, 46°30'N 25°40'W
durch — Wasserbomben
Tote — 48
Überlebende — keine
gehoben — nein

Beim Angriff auf den Geleitzug HX-237 wurde U 89 von der Swordfish „B" des 811. NAS-Geschwaders vom Geleitträger *Biter* gesichtet. Auf die Meldung hin verließen der Zerstörer *Broadway* und die Fregatte *Lagan* ihre Positionen in der Geleitsicherung, griffen mit Wasserbomben an, und schließlich versenkte die *Lagan* das U-Boot endgültig mit Hedgehog-Wasserbomben.

## U 456

| | *Stapellauf* | *Indienststellung* |
|---|---|---|
| | 21.6.1941 | 18.9.1941 |

Typ — VII C
Kommandant — Kapitänleutnant Max-Martin Teichert (gefallen)
versenkt am — 13. Mai 1943

| | |
|---|---|
| Position | Atlantik nw Kap Ortegal, 46°40'N 26°20'W |
| durch | Luftangriff |
| Tote | 49 |
| Überlebende | keine |
| gehoben | nein |

Unweit des Geleitzugs HX-237 griff die Liberator „B" (Flt Lt J. Wright) des 86. Geschwaders der RAF bei schlechter Sicht ein aufgetaucht laufendes deutsches U-Boot an. Das Boot tauchte sofort, konnte jedoch dem von Wright perfekt abgeworfenen akustischen Torpedo (Fido) nicht ausweichen und tauchte beschädigt wieder auf. Auf Wrights Meldung hin wurde ein Geleitzerstörer an die Position beordert, fand dort aber nichts mehr. Das U-Boot war entweder durch den Torpedo oder von der Besatzung durch Selbstsprengung versenkt worden.
Zunächst galt Wrights Angriff als erfolglos, und die Versenkung von U 456 wurde einem konzertierten Angriff zugeschrieben, an dem die Sunderland „G" des 423. Geschwaders der RAF, die Fregatte *Lagan* und der Kreuzer *Drumheller* beteiligt waren, doch das wurde durch neuere Erkenntnisse widerlegt, denn es stellte sich heraus, daß U 753 Opfer dieses Angriffs wurde. U 456 war also das erste deutsche U-Boot, das durch einen akustischen Torpedo versenkt wurde.

## U 753

| | *Stapellauf* | *Indienststellung* |
|---|---|---|
| | 26.4.1941 | 18.6.1941 |
| Typ | VII C | |
| Kommandant | Korvettenkapitän Alfred Manhardt von Mannstein (gefallen) | |
| versenkt am | 13. Mai 1943 | |
| Position | Golf von Biscaya, 48°37'N 22°39'W | |
| durch | Luftangriff/Wasserbomben | |
| Tote | 47 | |
| Überlebende | keine | |
| gehoben | nein | |

Die den Geleitzug HX-237 sichernde Sunderland „G" (Flt Lt J. Musgrave) des 423. Geschwaders der RAF machte bei schlechter Sicht ein 15 Kilometer vom Konvoi aufgetaucht laufendes deutsches U-Boot aus, näherte sich ihm im Schutz der Wolken bis auf etwa einen Kilometer und setzte zum Angriff an. U 753 eröffnete sofort das Feuer und machte keine Anstalten zu tauchen. Wegen des Flakbeschusses brach Musgrave den Angriff ab, umkreiste das Boot und rief Unterstützung herbei. Daraufhin liefen die *Lagan* und die *Drumheller* zur angegebenen Position, doch noch ehe sie in Schußweite waren, tauchte das U-Boot. Das war die Chance der Sunderland: Musgrave warf aus 15 Meter Höhe zwei Wasserbomben und konnte deren Explosion beobachten. Dann setzten die Sicherungsschiffe den Angriff fort, bis Öl und Bootstrümmer aufschwammen.
Die Versenkung von drei U-Booten (denen nur drei versenkte Schiffe des Geleitzugs HX-237 gegenüberstanden) war ein schwerer Schlag für den BdU, weil man über diesen Geleitzug außergewöhnlich gut informiert war. Der BdU schrieb diesen Erfolg der Alliierten ausschließlich dem Radar zu und erwähnte nicht die Fühlungshalter-Signale, welche die U-Boote absetzen mußten und die ihnen oft zum Verhängnis wurden.

## U 640

| | *Stapellauf* | *Indienststellung* |
|---|---|---|
| | 23.7.1942 | 17.9.1942 |
| Typ | VII C | |
| Kommandant | Oberleutnant zur See Karl-Heinz Nagel (gefallen) | |
| versenkt am | 14. Mai 1943 | |
| Position | Nordatlantik so Kap Farewell, 58°54'N 42°W | |
| durch | Wasserbomben | |
| Tote | 49 | |
| Überlebende | keine | |
| gehoben | nein | |

U 640 war auf den Geleitzug ONS-7 angesetzt, durchstieß am 14. Mai um 00.37 Uhr die Geleitsicherung und versenkte die *Aymeric* (5196 BRT). Dann wurde das U-Boot mehrmals von der britischen Fregatte *Swale* angegriffen, letztmals um 01.38 Uhr, worauf U 640 mangels schlüssiger Beweise als „vermutlich versenkt" gemeldet wurde. Erst nach Kriegsende konnte die Versenkung bestätigt werden.

## U 176

| | *Stapellauf* | *Indienststellung* |
|---|---|---|
| | 12.9.1941 | 15.12.1941 |
| Typ | IX C | |
| Kommandant | Korvettenkapitän Reiner Dierksen (gefallen) | |
| versenkt am | 15. Mai 1943 | |
| Position | Karibik no Havanna, 23°21'N 80°18'W | |
| durch | Luftangriff/Wasserbomben | |

| | |
|---|---|
| Tote | 53 |
| Überlebende | keine |
| gehoben | nein |

Versenkt von einer Kingfisher des Geschwaders VS-62 der USN und dem kubanischen Patrouillenboot SC 13.

## U 266

| | *Stapellauf* | *Indienststellung* |
|---|---|---|
| | 11.5.1942 | 24.6.1942 |
| Typ | VII C | |
| Kommandant | Kapitänleutnant Ralf von Jessen (gefallen) | |
| versenkt am | 15. Mai 1943 | |
| Position | Atlantik n Azoren, 47°28'N 26°57'W | |
| durch | Luftangriff | |
| Tote | 47 | |
| Überlebende | keine | |
| gehoben | nein | |

U 266 wurde von der Halifax „M“ (Wg Cdr W.E. Oulton) des 58. Geschwaders der RAF gesichtet, aus der Sonne heraus beobachtet und schließlich vom Backbordquadranten des Bootes aus angegriffen; die Wasserbomben schienen unter dem U-Boot zu detonieren. Daraufhin stieg der Bug des Bootes hoch, das mehrere Minuten lang fast senkrecht im Wasser stand, ehe es in die Tiefe ging. Ein Ölteppich schwamm auf.
Zunächst glaubte man, U 266 sei von der Liberator „B“ des 86. RAF-Geschwaders versenkt worden, doch deren Angriff galt U 403, das ihn unbeschadet überstand.

## U 463

| | *Stapellauf* | *Indienststellung* |
|---|---|---|
| | 20.12.1941 | 2.4.1942 |
| Typ | XIV | |
| Kommandant | Korvettenkapitän z.V. Leo Wolfbauer (gefallen) | |
| versenkt am | 16. Mai 1943 | |
| Position | Nordatlantik sw Scilly-Inseln, 48°28'N 10°20'W | |
| durch | Luftangriff | |
| Tote | 56 | |
| Überlebende | keine | |
| gehoben | nein | |

U 463 wurde um 18.20 Uhr von der Halifax „R“ (Fg Off A.J.W. Birch) des 58. Geschwaders der RAF an der Oberfläche laufend gesichtet. Sobald man auf dem Boot das Flugzeug ausgemacht hatte, tauchte U 463 sofort. Dennoch griff Birch an, und seine Wasserbomben fielen unmittelbar vor, mitten in und direkt hinter den Wirbel, den das tauchende Boot hinterlassen hatte. Es sank, und Öl und allerlei Bootstrümmer schwammen auf.
Zunächst schrieb man die Versenkung von U 463 einem am 15. Mai von der Halifax „M“ des 58. RAF-Geschwaders geflogenen Angriff zu, doch dessen Opfer war U 266 (siehe oben). Als Opfer der Halifax „R“ wurde das italienische U-Boot *Tazzoli* angesehen.
Wolfbauer hatte zunächst in der österreichisch-ungarischen K.u.k-Kriegsmarine gedient und 1913 die Marineakademie in Fiume absolviert. Nach dem „Anschluß“ Österreichs war Wolfbauer wie viele österreichischen Marineoffiziere zur deutschen Kriegsmarine gegangen.

## U 182

| | *Stapellauf* | *Indienststellung* |
|---|---|---|
| | 3.3.1942 | 30.6.1942 |
| Typ | IX D2 | |
| Kommandant | Kapitänleutnant Asmus Nicolai Clausen (gefallen) | |
| versenkt am | 16. Mai 1943 | |
| Position | Mittelatlantik nw Madeira, 33°55'N 20°35'W | |
| durch | Wasserbomben | |
| Tote | 61 | |
| Überlebende | keine | |
| gehoben | nein | |

Auf dem Rückmarsch von einer erfolgreichen Operation vor dem Kap der Guten Hoffnung stieß U 182 auf den Geleitzug UGS-8 und wurde von den US-Zerstörern *Mackenzie* und *Lamb* mit Wasserbomben angegriffen und versenkt.

## U 657

| | *Stapellauf* | *Indienststellung* |
|---|---|---|
| | 12.8.1941 | 8.10.1941 |
| Typ | VII C | |
| Kommandant | Kapitänleutnant Heinrich Göllnitz (gefallen) | |
| versenkt am | 17. Mai 1943 | |
| Position | Nordatlantik no Kap Farewell, 60°10'N 31°52'W | |
| durch | Luftangriff | |
| Tote | 47 | |
| Überlebende | keine | |
| gehoben | nein | |

Versenkt durch eine Mk-24-Mine einer Catalina des Geschwaders VP-82 der USN.

## U 128

| | *Stapellauf* | *Indienststellung* |
|---|---|---|
| | 20.2.1941 | 12.5.1941 |

Typ IX C
Kommandant Kapitänleutnant Hermann Steinert (gerettet)
versenkt am 17. Mai 1943
Position Atlantik s Pernambuco, 10°00'N 35°33'W
durch Artillerie
Tote 7
Überlebende 4 Offiziere, 7 Unteroffiziere, 36 Mannschaften
gehoben nein

U 128 operierte im Südatlantik, aber die oft und ausführlich abgesetzten Funksprüche ermöglichten das Einpeilen des Bootes per HF/DF. Die Luftaufklärung begann am 9. April, aber erst am 16. Mai wurde U 128 gesichtet. Während amerikanische und brasilianische Flugzeuge das Seegebiet weiter beobachteten, wurden aus der Sicherung eines nahen Geleitzugs die Zerstörer *Moffett* und *Jouett* abgezogen. Zwei Mariner entdeckten das U-Boot und griffen es so nachhaltig an, daß Steinert beim Anblick der anlaufenden Zerstörer die Räumung des Bootes befahl, das dann durch Geschützfeuer versenkt wurde.

## U 273

| | *Stapellauf* | *Indienststellung* |
|---|---|---|
| | 2.9.1942 | 21.10.1942 |

Typ VII C
Kommandant Oberleutnant zur See Hermann Rossmann (gefallen)
versenkt am 19. Mai 1943
Position Nordatlantik sw Island, 59°25'N 24°33'W
durch Luftangriff
Tote 46
Überlebende keine
gehoben nein

Das erste von vier deutschen U-Booten, die von der Sicherung des Geleitzugs SC-130 versenkt wurden. Die Hudson „M" (Fg Off J.N.F. Bell) des 269. Geschwaders der RAF sichtete ein U-Boot, das tauchte, bevor er angreifen konnte. Bell flog zunächst weiter und vollführte dabei einige Täuschungsmanöver, kam zurück und sichtete das Boot um 16.25 Uhr wieder. Sofort belegte er es mit vier Wasserbomben, die U 273 in einem wachsenden Ölteppich zum Kentern brachten. Die Flak des Bootes schoß, bis Bell mit Bordwaffen zurückschoß. Während eines erneuten Anflugs der Hudson sank U 273, und Wrackteile und Öl schwammen auf.

## U 646

| | *Stapellauf* | *Indienststellung* |
|---|---|---|
| | 3.9.1942 | 29.10.1942 |

Typ VII C
Kommandant Oberleutnant zur See d.R. Heinrich Wulff (gefallen)
versenkt am 17. Mai 1943
Position Nordatlantik w Färöers, 62°10'N 14°30'W
durch Luftangriff
Tote 46
Überlebende keine
gehoben nein

Auf der ersten Feindfahrt wurde U 646 von der Hudson „J" (Sgt F.W. James) des 269. Geschwaders der RAF gesichtet und wegen fehlendem Wolkenschutz sofort im Tiefflug angegriffen. James warf aus 15 Meter Höhe vier Wasserbomben, die das Boot versenkten. Bootstrümmer und Öl schwammen auf; der Ölteppich war noch in fast zehn Kilometer Entfernung zu sehen.

## U 954

| | *Stapellauf* | *Indienststellung* |
|---|---|---|
| | 28.10.1942 | 23.12.1942 |

Typ VII C
Kommandant Kapitänleutnant Odo Loewe (gefallen)
versenkt am 19. Mai 1943
Position Nordatlantik so Kap Farewell
durch Wasserbomben
Tote 47
Überlebende keine
gehoben nein

Die Versenkung von U 954 wird oft der Liberator „T" des 120. Geschwaders der RAF zugeschrieben, doch dieses Flugzeug griff U 753 an, das unbeschadet entkommen konnte. U 954 wurde von den Fregatten *Jed* und *Sennen* versenkt.
Damit gingen in der Schlacht um den Geleitzug SC-130 fünf deutsche U-Boote verloren. Unter den Toten von U 954 war Leutnant zur See Peter Dönitz, der Sohn von Großadmiral Karl Dönitz.

## U 381

| | *Stapellauf* | *Indienststellung* |
|---|---|---|
| | 14.1.1942 | 25.2.1942 |
| Typ | VII C | |
| Kommandant | Kapitänleutnant Wilhelm-Heinrich Graf von Pückler und Limpurg (gefallen) | |
| versenkt am | 19. Mai 1943 | |
| Position | Nordatlantik so Kap Farewell, 54°41'N 34°45'W | |
| durch | Wasserbomben | |
| Tote | 47 | |
| Überlebende | keine | |
| gehoben | nein | |

Die Geleitkorvette *Snowflake* des Konvois SC-130 erfaßte per ASDIC ein von Steuerbord den Geleitzug angreifendes U-Boot und belegte es mit Wasserbomben. Dann wurde die Korvette vom britischen Zerstörer *Duncan* (Cdr R.W. Gretton) abgelöst, dessen Wasserbomben explodierten, während beidseits die Schiffe des Geleitzugs vorbeiliefen. U 381 tauchte tief, und Gretton beschloß, den Angriff mit Hedgehog-Wasserbomben fortzusetzen. Die erste Salve brachte kein Ergebnis, doch die zweite war erfolgreich; ein großer Ölteppich schwamm auf.
Nach deutschen Quellen galt dieser Angriff U 636, das trotz des Treffers mit Hedgehog-Wasserbomben entkommen konnte, während über das Schicksal von U 381 nichts bekannt sei.

## U 258

| | *Stapellauf* | *Indienststellung* |
|---|---|---|
| | 13.12.1941 | 4.2.1942 |
| Typ | VII C | |
| Kommandant | Kapitänleutnant Wilhelm von Mässenhausen (gefallen) | |
| versenkt am | 20. Mai 1943 | |
| Position | Nordatlantik, 55°18'N 27°49'W | |
| durch | Luftangriff | |
| Tote | 49 | |
| Überlebende | keine | |
| gehoben | nein | |

Die Liberator „P" (Sqn Ldr J.R.E. Proctor) des 120. Geschwaders der RAF hatte schon zwei auf den Geleitzug SC-130 angesetzte deutsche U-Boote angegriffen. Das dritte Boot sichtete Proctor um 19.24 Uhr und griff das an der Oberfläche laufende Boot mit Bordwaffen und einer 600-lb-Wasserbombe an. Danach lag U 258 hecklastig in schwerer See. Proctor forderte einen Geleitsicherer zur endgültigen Versenkung des Bootes an, erhielt aber eine Absage. Schließlich sank U 258 übers Heck in die Tiefe.

## U 303

| | *Stapellauf* | *Indienststellung* |
|---|---|---|
| | 16.5.1942 | 7.7.1942 |
| Typ | VII C | |
| Kommandant | Kapitänleutnant Karl-Franz Heine (gerettet) | |
| versenkt am | 21. Mai 1943 | |
| Position | Mittelmeer s Toulon, 42°50'N 06°00'O | |
| durch | britisches U-Boot | |
| Tote | 19 | |
| Überlebende | ? | |
| gehoben | nein | |

Das britische U-Boot *Sickle* (Lt J.R. Drummond) patrouillierte vor der französischen Mittelmeerküste. Am 19. Mai zog Drummond den Schluß, daß vor Toulon U-Bootmanöver stattfanden, sichtete er doch am 19. und 20. Mai zwei verschiedene deutsche Boote. Das zweite griff er erfolglos mit sechs Mk-VIII**-Torpedos an. Um 15.10 Uhr am 21. Mai sichtete Drummond ein drittes, nach Süden marschierendes Boot und schoß aus etwa 2000 Meter Entfernung und mit 100° querab zum eigenen Kurs zwei Mk-VIII**-Torpedos ab, von denen einer das U-Boot direkt hinter dem Turm traf. Durch das Sehrohr beobachtete Drummond, wie U 303 sank, und trat dann den Rückmarsch nach Algier an, wo er am 25. Mai einlief.

## U 569

| | *Stapellauf* | *Indienststellung* |
|---|---|---|
| | 20.3.1941 | 8.5.1941 |
| Typ | VII C | |
| Kommandant | Oberleutnant zur See d.R. Hans Johannsen (gerettet) | |
| versenkt am | 22. Mai 1943 | |
| Position | Mittelatlantik so Kap Farewell, 50°40'N 35°21'W | |
| durch | Luftangriff/Selbstversenkung | |
| Tote | 19 | |
| Überlebende | 24 | |
| gehoben | nein | |

U 569 gehörte zur Gruppe „Donau-Mosel", die auf den Geleitzug ON-184 angesetzt war. Zur Verstärkung der Geleitsicherung wurden der amerikanische Flugzeugträger *Bogue* (mit dem

Geschwader VC-9 der USN) und vier Zerstörer eingesetzt. Die Flugzeuge der *Bogue* sichteten am 22. Mai mehrere deutsche U-Boote und griffen sie erfolglos an. Um 16.23 wurde per Funkpeilung das etwa 35 Kilometer vom Konvoi entfernte U 569 ausgemacht und von einer TBM-Avenger (Lt (jg) William F. Chamberlain) völlig arglos an der Wasseroberfläche laufend gesichtet. Chamberlain griff das Boot mit vier Wasserbomben an, worauf es tauchte. Dann wurde er von Lt H.S. Roberts abgelöst, der das um 17.40 Uhr auftauchende Boot erneut mit vier Wasserbomben angriff. Das dadurch beschädigte Boot sackte im Alarmtauchen auf über 100 Meter Tiefe, bevor der LI es abfangen konnte. Dann kam es wieder nach oben, wo der Bug im Winkel von 30 Grad aus dem Wasser schoß.
Die Bootsbesatzung, die zum Teil weiße Tücher schwenkte, kam an Deck, obwohl U 569 von Roberts und Chamberlain mit Bordkanonen beschossen wurde. Inzwischen war der kanadische Zerstörer *St Laurent* zum kaum noch schwimmfähigen U-Boot befohlen worden. Der LI hatte sehr gründlich die Selbstversenkung eingeleitet, und U 569 sank, noch ehe es von einem Prisenkommando des Zerstörers erreicht wurde.
Dies war das erste deutsche U-Boot, das von *Hunter-Killer-Groups* der USN von Bord eines Flugzeugträgers aus versenkt wurde.

## U 752

| | *Stapellauf* | *Indienststellung* |
|---|---|---|
| | 29.3.1941 | 24.5.1941 |
| Typ | VII C | |
| Kommandant | Kapitänleutnant Karl-Ernst Schroeter (gefallen) | |
| versenkt am | 23. Mai 1943 | |
| Position | Atlantik w Shannonmündung, 51°48'N 29°32'W | |
| durch | Luftangriff | |
| Tote | 29 | |
| Überlebende | 13 | |
| gehoben | nein | |

U 752 war auf den Geleitzug HX-239 angesetzt, lief aber getaucht an, da der Kommandant glaubte, gesichtet worden zu sein. Ein Boldkanister wurde ausgesetzt, doch kam es zu keinem Angriff. U 752 hatte als erstes Boot Fühlung mit dem Konvoi, weshalb Schroeter darauf brannte, möglichst rasch aufzutauchen, um das Fühlungshaltersignal abzusetzen. Seine Eile machte ihn unvorsichtig, und obwohl alliierte Flugzeuge über dem Seegebiet vermutet wurden, war das Suchperiskop, das mit einer speziellen Optik zur Überwachung des Luftraums ausgerüstet war, nicht bemannt, als das U-Boot auftauchte.
Die auf dem Flugzeugträger *Archer* stationierte Swordfish „G" des 819. Geschwaders der NAS hatte bereits das Sehrohr gesichtet und zum Angriff angesetzt, als U 752 unmittelbar vor ihr die Wasseroberfläche durchbrach. Die auf die Brücke kommende Wache hatte kaum das angreifende Flugzeug entdeckt, als Schroeter auch schon den Befehl zum Alarmtauchen gab. Doch inzwischen hatte die Swordfish eine Bombe geworfen, die die Tauchzelle Nr. 4 durchschlug und den Druckkörper des Bootes aufriß. Wasser strömte ins Boot und überflutete die Batterien, worauf Schroeter wieder auftauchen mußte, um über Wasser den Kampf mit dem Flugzeug aufzunehmen. Nun stieß die Martlet „B" des 892. Geschwaders der NAS (ebenfalls von der *Archer*) hinzu und beschoß das Boot mit Bordkanonen. Schroeter und ein Fähnrich wurden auf der Brücke getötet, während der zwischen ihnen stehende 2WO unversehrt davon kam. Als ihm Schroeters Tod gemeldet wurde, befahl der LI die Räumung des Bootes, verließ es aber erst, nachdem die Selbstversenkung eingeleitet war. Der 1WO blieb auf der Brücke und ging mit dem Boot in die Tiefe, so daß der 2WO der ranghöchste Überlebende war.
U 752 war das erste durch Raketenprojektile versenkte deutsche U-Boot. Erst drei Wochen vor dieser Versenkung war das 819. Geschwader der NAS mit solchen Raketen ausgestattet worden.

## U 414

| | *Stapellauf* | *Indienststellung* |
|---|---|---|
| | 25.3.1942 | 1.7.1942 |
| Typ | VII C | |
| Kommandant | Oberleutnant zur See Walther Huth (gefallen) | |
| versenkt am | 25. Mai 1943 | |
| Position | Mittelmeer w Ténès, 36°01'N 00°34'O | |
| durch | Wasserbomben | |
| Tote | 47 | |
| Überlebende | keine | |
| gehoben | nein | |

Von der britischen Korvette *Vetch* (Lt K.M.B. Menzies) beim Angriff auf die zusammengeführten Geleitzüge UGS-8/KMS-14 durch Wasserbomben versenkt.

## U 467

| | *Stapellauf* | *Indienststellung* |
|---|---|---|
| | 16.5.1942 | 15.7.1942 |

Typ VII C
Kommandant Kapitänleutnant Heinz Kummer (gefallen)
versenkt am 25. Mai 1943
Position Nordatlantik w Färöers, 62°25'N 14°52'W
durch Luftangriff
Tote 46
Überlebende keine
gehoben nein

Das zur Feindfahrt in den Atlantik marschierende U 467 wurde von der Catalina „F" (Lt R.C. Millard) des Geschwaders VP-84 der USN angegriffen. Beim ersten Angriff warf Millard drei Wasserbomben, aber noch ehe er erneut angreifen konnte, war das U-Boot bereits getaucht. Statt weitere Wasserbomben zu werfen, warf Millard einen akustischen Torpedo ab, worauf es eine Unterwasserdetonation gab und Öl und Bootstrümmer aufschwammen.

## U 436

| | *Stapellauf* | *Indienststellung* |
|---|---|---|
| | 21.6.1941 | 27.9.1941 |

Typ VII C
Kommandant Kapitänleutnant Günther Seibicke (gefallen)
versenkt am 26. Mai 1943
Position Nordatlantik w Kap Ortegal, 43°49'N 15°56'W
durch Wasserbomben
Tote 47
Überlebende keine
gehoben nein

Auf dem Rückmarsch geriet U 436 in die Geleitsicherung des Konvois KX-10 und wurde von der indischen Korvette *Hyderabad* und der britischen Fregatte *Test* durch Wasserbomben versenkt.

## U 304

| | *Stapellauf* | *Indienststellung* |
|---|---|---|
| | 13.6.1942 | 5.8.1942 |

Typ VII C
Kommandant Oberleutnant zur See Heinz Koch (gefallen)
versenkt am 28. Mai 1943
Position Nordatlantik so Kap Farewell, 54°50'N 37°20'W
durch Luftangriff
Tote 46
Überlebende keine
gehoben nein

Von der Liberator „E" (Fg Off D.C. Fleming-Williams) des 120. Geschwaders der RAF versenkt.

## U 755

| | *Stapellauf* | *Indienststellung* |
|---|---|---|
| | 23.8.1941 | 3.11.1941 |

Typ VII C
Kommandant Kapitänleutnant Walter Göing (gefallen)
versenkt am 28. Mai 1943
Position Mittelmeer no Valencia, 39°58'N 01°41'O
durch Luftangriff
Tote 40
Überlebende ?
gehoben nein

Von der Hudson „M" des 608. Geschwaders der RAF angegriffen und versenkt als zweites (für die RAF erstes) durch Raketen versenktes deutsches U-Boot.

## U 440

| | *Stapellauf* | *Indienststellung* |
|---|---|---|
| | 8.11.1941 | 24.1.1942 |

Typ VII C
Kommandant Oberleutnant zur See Werner Schwaff (gefallen)
versenkt am 31. Mai 1943
Position Atlantik nw Kap Ortegal, 45°38'N 13°04'W
durch Luftangriff
Tote 46
Überlebende keine
gehoben nein

Beim Ausmarsch in den Atlantik wurde U 440 von der Sunderland „R" (Flt Lt D.M. Gall) des 201. Geschwaders der RAF angegriffen und versenkt. Gall griff sofort an, nachdem er das Boot gesichtet hatte, um ihm keine Chance zum Tauchen zu lassen. Beim Angriff schienen von der Brücke von U 440 Lichtsignale gegeben zu werden, so daß Gall einen Augenblick lang dachte, ein britisches U-Boot vor sich zu haben, doch der Heckschütze des Flugzeugs erkannte, daß die „Lichtsignale" das Mündungsfeuer der Flak waren. Die Sunderland erwiderte das Feuer sehr effektiv und tötete einige Männer auf der Brücke, wie beim Überfliegen des Bootes beobachtet wurde. Vier Wasserbomben fielen eigentlich zu weit neben dem Boot, doch dieses änderte plötzlich den Kurs und geriet mitten in die detonierenden Bomben. Der Bug richtete sich steil in die Höhe, und fast senkrecht ging U 440 in die Tiefe.

## U 563

| | *Stapellauf* | *Indienststellung* |
|---|---|---|
| | 5.2.1941 | 27.3.1941 |
| Typ | VII C | |
| Kommandant | Oberleutnant zur See Gustav Borchardt (gefallen) | |
| versenkt am | 31. Mai 1943 | |
| Position | Golf von Biscaya sw Brest, 46°35'N 10°40'W | |
| durch | Luftangriff | |
| Tote | 49 | |
| Überlebende | keine | |
| gehoben | nein | |

U 563 wurde um 15.45 Uhr von der Halifax „R" (Wg Cdr W.E. Oulton) des 58. Geschwaders der RAF gesichtet und angegriffen. Nach dem zweiten Angriff lag das Boot tiefer im Wasser und verlor Öl. Da Oulton alle seine Wasserbomben geworfen hatte, umkreiste er das Boot, bis ihn die Halifax „J" des gleichen Geschwaders ablöste, deren Bomben nicht trafen. Um 16.50 Uhr flog die Sunderland „E" (Flt Lt M. Mainprize) des 10. RAAF-Geschwaders an und warf acht Wasserbomben, und nun war klar, daß das U-Boot bereits im Sinken begriffen war. Seine Besatzung kam in Rettungswesten an Deck. Jetzt griff auch die Sunderland „X" (Fg Off W.M. French) des 228. Geschwaders der RAF ein und flog zwei Angriffe. Beim zweiten wurden durch die Detonationen getötete Männer der Besatzung hochgeschleudert, und danach sank das U-Boot, dessen Überlebende im ölbedeckten Wasser um ihr Leben kämpften.

## U 418

| | *Stapellauf* | *Indienststellung* |
|---|---|---|
| | 11.7.1942 | 21.10.1942 |
| Typ | VII C | |
| Kommandant | Oberleutnant zur See Gerhard Lange (gefallen) | |
| versenkt am | 1. Juni 1943 | |
| Position | Golf von Biscaya, 47°05'N 09°55'W | |
| durch | Luftangriff | |
| Tote | 48 | |
| Überlebende | keine | |
| gehoben | nein | |

Die Beaufighter „B" (Fg Off M.C. Bateman, mit dem AWS Officer Lt-Cdr F.J. Brookes als Beobachter) des 236. Geschwaders der RAF sichtete das Kielwasser eines aufgetaucht marschierenden U-Boots und griff es sofort mit vier 25-lb-Raketen an, worauf sich das Wasser grünlich verfärbte. Bateman war der Meinung, das Boot versenkt zu haben, aber mangels schlüssiger Beweise galt sein Opfer nur als „schwer beschädigt". Erst im September 1943 erfuhr Bateman, daß die Versenkung bestätigt wurde, und gleichzeitig wurde ihm das DFC verliehen.

## U 202

| | *Stapellauf* | *Indienststellung* |
|---|---|---|
| | 10.2.1941 | 22.3.1941 |
| Typ | VII C | |
| Kommandant | Kapitänleutnant Günter Poser (gerettet) | |
| versenkt am | 2. Juni 1943 | |
| Position | Nordatlantik so Kap Farewell, 56°12'N 39°52'W | |
| durch | Wasserbomben/Artillerie | |
| Tote | 18 | |
| Überlebende | 30 | |
| gehoben | nein | |

Am Morgen des 1. Juni tauchte U 202 auf, um die tägliche Meldung für den BdU abzusetzen. Der Funkspruch ermöglichte der britischen Sloop *Starling* (Capt F.J. Walker) eine HF/DF-Funkpeilung. Die *Starling* war das Führungsschiff der 2. Geleitsicherungsgruppe, die von Island zum Schutz des Konvois HX-241 ausgelaufen war. Die Schiffe folgten der Peilung und erfaßten U 202 kurz nach 10.00 Uhr per ASDIC. Die *Starling* warf Wasserbomben, denen das U-Boot geschickt auswich und durch Boldkanister die Sonarortung erschwerte. Die Verfolgung dauerte bis Mitternacht, dann mußte U 202 wegen leerer Batterien und schlechter Luft im Boot auftauchen. Die *Starling* setzte zum Rammstoß an, verlangsamte aber die Fahrt, als die Bootsbesatzung Anstalten machte, von Bord zu gehen, so daß das britische Schiff nur steuerbords am Turm vorbeischrammte, das Boot unter Feuer nahm und ihm mit auf geringe Tiefe eingestellten Wasserbomben aus den Backbordwerfern den Todesstoß versetzte. U 202 schien durch die Detonationen aus dem Wasser gehoben zu werden, ehe es in die Tiefe sank.
Dazu meinte Walker später: „Ich danke Kapitänleutnant Poser für das von ihm ermöglichte aus-

gezeichnete Gruppentraining“ und gab kurz darauf das Kommando zum „Spleißen der Besanschot“, was eine Extraportion Rum für die Mannschaft bedeutete.

## U 105

| | *Stapellauf* | *Indienststellung* |
|---|---|---|
| | 15.6.1940 | 10.9.1940 |
| Typ | IX B | |
| Kommandant | Kapitänleutnant Jürgen Nissen (gefallen) | |
| versenkt am | 2. Juni 1943 | |
| Position | Mittelatlantik vor Dakar, 14°15'N 17°35'W | |
| durch | Luftangriff | |
| Tote | 54 | |
| Überlebende | keine | |
| gehoben | nein | |

Versenkt von einem französischen Flugzeug des in Dakar stationierten 141. Geschwaders der RAF, das zur Sicherung des Geleitzugs SL-130 eingesetzt wurde.

## U 521

| | *Stapellauf* | *Indienststellung* |
|---|---|---|
| | 17.3.1942 | 3.6.1942 |
| Typ | IX C | |
| Kommandant | Kapitänleutnant Klaus Bargsten (gerettet) | |
| versenkt am | 2. Juni 1943 | |
| Position | Westatlantik so Baltimore, 37°43'N 73°16'W | |
| durch | Wasserbomben | |
| Tote | 51 | |
| Überlebende | 1 | |
| gehoben | nein | |

U 521 wurde von dem U-Jäger PC 565 versenkt, der einen von New York nach Guantanamo (Kuba) laufenden Geleitzug sicherte. PC 565 ortete das U-Boot als eindeutigen Kontakt und warf sofort fünf Wasserbomben. Der Angriff überraschte die Bootsbesatzung, die nach Aussage des Kommandanten weder den U-Jäger noch den nur knapp zwei Kilometer entfernten Konvoi ausgemacht hatte. Bargsten tauchte mit dem schwer beschädigten Boot auf, und angesichts PC 565, das aus allen Rohren schoß und zum Rammstoß ansetzte, befahl er die Räumung, doch noch ehe außer ihm jemand die Brücke erreichte, sank U 521 in einem zweiten Wasserbombenwurf des U-Jägers, so daß der Kommandant als einziger Überlebender gerettet wurde.

## U 308

| | *Stapellauf* | *Indienststellung* |
|---|---|---|
| | 31.10.1942 | 23.12.1942 |
| Typ | VII C | |
| Kommandant | Oberleutnant zur See d.R. Karl Mühlenpfordt (gefallen) | |
| versenkt am | 4. Juni 1943 | |
| Position | Nordmeer no Färöers, 64°28'N 03°09'W | |
| durch | britisches U-Boot | |
| Tote | 44 | |
| Überlebende | keine | |
| gehoben | nein | |

Das nördlich der Färöers patrouillierende britische U-Boot *Truculent* (Lt-Cdr R.A. Alexander) erhielt die Meldung, daß in den Atlantik marschierende deutsche U-Boote das Seegebiet passieren würden. Gesichtet wurde das am 29. Mai von Kiel ausgelaufene U 308, das mit sechs Mk-VIII**-Torpedos versenkt wurde. Der BdU bemerkte den Verlust erst fast zwei Wochen später; die Versenkung wurde von den Deutschen einem Luftangriff zugeschrieben.

## U 594

| | *Stapellauf* | *Indienststellung* |
|---|---|---|
| | 3.9.1941 | 30.10.1941 |
| Typ | VII C | |
| Kommandant | Kapitänleutnant Friedrich Mumm (gefallen) | |
| versenkt am | 4. Juni 1943 | |
| Position | Atlantik s Kap St. Vincent, 39°55'N 09°25'W | |
| durch | Luftangriff | |
| Tote | 50 | |
| Überlebende | keine | |
| gehoben | nein | |

U 594 wurde von der Hudson „F“ (Fg Off H.C. Bailey) des 48. Geschwaders der RAF angegriffen und versenkt. Aus der Sonne heraus angreifend, schoß Bailey zwei Serien zu je vier Raketen ab. Die ersten vier lagen zu weit, aber mindestens eine der zweiten traf das Boot, das zunächst tauchte, dann aber wieder an die Oberfläche kam, nur um anschließend endgültig auf ebenem Kiel zu sinken. Wrackteile schwammen nicht auf, doch breitete sich ein Ölteppich aus.

## U 217

| | *Stapellauf* | *Indienststellung* |
|---|---|---|
| | 15.11.1941 | 31.1.1942 |
| Typ | VII D | |
| Kommandant | Kapitänleutnant Kurt Reichenbach-Klinke (gefallen) | |
| versenkt am | 5. Juni 1943 | |
| Position | Mittelatlantik, 30°18'N 42°50'W | |
| durch | Luftangriff | |
| Tote | 50 | |
| Überlebende | keine | |
| gehoben | nein | |

U 217 gehörte zur Gruppe „Trutz", die auf den Geleitzug UGS-9 angesetzt war. Versenkt wurde das U-Boot durch zwei F4F-Avengers des auf dem amerikanischen Geleitträger *Bogue* stationierten Geschwader VC-9 der USN. Die erste F4F schaltete um 06.50 Uhr die Flakschützen des Bootes aus, so daß die zweite F4F (Lt (jg) A. McAuslan) praktisch ungehindert angreifen konnte. Sie warf aus 30 Meter Höhe vier Wasserbomben, die U 217 versenkten; das Boot ging in steilem Winkel in die Tiefe.

## U 417

| | *Stapellauf* | *Indienststellung* |
|---|---|---|
| | 6.6.1942 | 26.9.1942 |
| Typ | VII C | |
| Kommandant | Oberleutnant zur See Wolfgang Schreiner (gefallen) | |
| versenkt am | 11. Juni 1943 | |
| Position | Nordatlantik nw Färöers, 63°20'N 10°30'W | |
| durch | Luftangriff | |
| Tote | 46 | |
| Überlebende | keine | |
| gehoben | nein | |

Auf dem Ausmarsch in den Atlantik wurde U 417 von der Fortress „R" des 206. Geschwaders der RAF gesichtet und angegriffen. Durch schweres Flakfeuer wurde das Flugzeug wiederholt getroffen, doch konnte es gezielt vier Wasserbomben werfen, die beidseits des Bootes explodierten, worauf dieses sofort über das Heck fast senkrecht in die Tiefe ging. Das Flugzeug war so schwer beschädigt, daß es nur noch die Position durchgeben und einen Hilferuf absetzen konnte, ehe es auf dem Wasser aufschlug. Eine PBY5A der US Navy sichtete die Flugzeugbesatzung etwa acht Stunden später, wurde aber bei der Wasserung so schwer beschädigt, daß das Flugzeug innerhalb von 20 Minuten sank. In der Nacht vom 11. auf den 12. Juni wurden die beiden Flugzeugbesatzungen durch einen schweren Sturm getrennt, und erst am 14. Juni konnte eine geleichterte Catalina mit einer Freiwilligen-Besatzung die Männer der Fortress entdecken und nach Sullom Voe bringen. Sie hatten 3 Tage, 2 Stunden und 24 Minuten in einem kleinen Gummischlauchboot auf dem Atlantik getrieben. Erst am 16. Juni wurde auch die Besatzung der Catalina gesichtet und einen Tag später von der *Symbol* geborgen, doch waren bis auf einen alle Männer tot.

## U 118

| | *Stapellauf* | *Indienststellung* |
|---|---|---|
| | 23.9.1941 | 6.12.1941 |
| Typ | X B | |
| Kommandant | Korvettenkapitän Werner Czygan (gefallen) | |
| versenkt am | 12. Juni 1943 | |
| Position | Atlantik w Kanaren, 30°49'N 38°21'W | |
| durch | Luftangriff | |
| Tote | 44 | |
| Überlebende | 15 | |
| gehoben | nein | |

Durch einen Angriff von Flugzeugen des Trägers *Bogue* wurde U 758 beschädigt, konnte aber dank der neuen 20-mm-Vierlingsflak entkommen. Der BdU befahl U 118 und U 460, dem Boot zu Hilfe zu kommen. Dieser Funkspruch und der häufige Funkverkehr zwischen U 118 und U 460, die U 758 nicht finden konnten, wurden von den Funkern der 10. Flotte erfaßt und entschlüsselt und die Position der Boote per Funkpeilung bestimmt. Dem US-Träger *Bogue* wurden die deutschen U-Boote gemeldet, worauf seine Flugzeuge die Suche aufnahmen. Diese verpaßten das Zusammentreffen der Boote am 9. Juni um 11.45 Uhr, doch am 12. Juni um 11.45 Uhr sichteten sie das nur 30 Kilometer vor dem Flugzeugträger gemächlich an der Oberfläche laufende U 118.

Als zwei F4F-Avenger anflogen, tauchte das Boot, kam aber bald wieder hoch, um nach dem Beispiel von U 758 seine Flak einzusetzen. Die auf zwei Feindflugzeuge gefaßte Flakmannschaft mußte zu ihrer Verblüffung erkennen, daß acht weitere Flugzeuge kreisten, um zum Angriff herabzustoßen. Nach einem konzertierten Angriff dieser Flugzeuge, die das Boot mit Bordwaffen beschossen und 14 325-lb-Wasserbomben warfen, zerbarst U 118 nach einem durch Lt (jg) Cham-

berlain geflogenen letzten Angriff; Öl und Bootstrümmer wurden 150 Meter hoch geschleudert. 15 Überlebende, nur Unteroffiziere und Mannschaften, von denen einige von U 758 übernommene Verwundete waren, wurden später von dem amerikanischen Zerstörer *Osmond Ingram* gerettet.
Beobachtet wurde das Geschehen von U 172, das nur wenige Kilometer entfernt darauf wartete, von U 118 mit Nachschub und Treibstoff versorgt zu werden.

## U 334

| | *Stapellauf* | *Indienststellung* |
|---|---|---|
| | 15.8.1941 | 9.10.1941 |

Typ VII C
Kommandant Oberleutnant zur See Heinz Ehrich (gefallen)
versenkt am 14. Juni 1943
Position Atlantik w Butt of Lewis, 58°16'N 28°20'W
durch Wasserbomben
Tote 47
Überlebende keine
gehoben nein

Durch Wasserbomben versenkt von der britischen Sloop *Pelican* und der britischen Fregatte *Jed*, die zu der zur Deckung des Geleitzugs ONS-10 eingesetzten 1. Sicherungsgruppe gehörten.

## U 564

| | *Stapellauf* | *Indienststellung* |
|---|---|---|
| | 7.2.1941 | 3.4.1941 |

Typ VII C
Kommandant Oberleutnant zur See Hans Fiedler (gerettet)
versenkt am 14. Juni 1943
Position Golf von Biscaya nw Kap Ortegal, 44°17'N 10°25'W
durch Luftangriff
Tote 28
Überlebende ?
gehoben nein

U 564 gehörte zu einem Rudel von fünf deutschen U-Booten, die am 13. Juni von der Sunderland „U“ (Fg Off L.B. Lee) des 228. Geschwaders der RAF auf 44°30'N 15°00'W angegriffen wurden. Das Flugzeug wurde jedoch abgeschossen, die gesamte Besatzung fand den Tod. Aber auch U 564 war so schwer beschädigt worden, daß Fiedler den Rückmarsch nach Bordeaux antreten mußte. Der BdU beorderte U 185 zum Schutz des beschädigten Bootes. Beide Boote liefen auf Ostkurs, als sie am 14. Juni um 14.39 Uhr von der Whitley „G“ (Sgt A.J. Benson) der 10. OTU gesichtet wurden. Benson setzte Fühlungshalter-Signale ab, mußte aber den Booten zwei Stunden lang folgen, ehe er den Befehl zum Angriff bekam. Er warf Wasserbomben, von denen eine direkt unter U 564 detonierte und den Bug des Bootes über Wasser hob. Dann sank es über das Heck, und in einem großen Ölteppich trieben einige Überlebende.
Aber auch die Whitley war beim Angriff getroffen worden, und Benson hatte alle Mühe, die Maschine in der Luft zu halten. Die Hydraulik war beschädigt, und um 19.20 Uhr fiel der rechte Motor aus. Das Flugzeug mußte notwassern, und die im Schlauchboot sitzende Besatzung wurde erst nach drei Tagen von einem französischen Fischkutter aufgenommen. Benson wollte dessen Kapitän überreden, sie nach England zu bringen, aber er weigerte sich aus Furcht davor, was die Deutschen seiner Familie antun würden, wenn sie es herausbekämen. Schließlich setzte er sie in Morgat südlich von Brest an Land, und sie kamen in deutsche Kriegsgefangenschaft.
Die Überlebenden von U 564 wurden von U 185 gerettet und danach von den Zerstörern Z 24 und Z 25 übernommen, die den U-Booten entgegengelaufen waren.

## U 97

| | *Stapellauf* | *Indienststellung* |
|---|---|---|
| | 15.8.1940 | 28.9.1940 |

Typ VII C
Kommandant Kapitänleutnant Hans-Georg Trox (gefallen)
versenkt am 16. Juni 1943
Position Mittelmeer w Haifa, 33°00'N 34°00'O
durch Luftangriff
Tote 27
Überlebende 2 Offiziere, 8 Unteroffiziere, 11 Mannschaften
gehoben nein

Von der Hudson „T“ (Flt Sgt D.T. Barnard) des 459. Geschwaders der RAAF versenkt. Barnard sollte sich an einer U-Bootjagd von Luft- und Seestreitkräften beteiligen, verpaßte aber die Schiffe und operierte auf eigene Faust. Um 14.37 Uhr sichtete er in knapp sieben Kilometer Entfernung ein deutsches U-Boot und griff es aus der Sonne heraus mit vier 250-lb-Wasserbomben an. Als er

das Boot überflog, sah er, wie Besatzungsmitglieder, die offenbar an Deck ein Sonnenbad genommen hatten, über Bord sprangen. Eine der Wasserbomben detonierte vor dem Bug, zwei dicht neben dem Boot, doch die vierte war ein direkter Treffer. Das Boot lief über Backbord im Kreis, während die Besatzung aus dem Turmluk kam. Fünf Minuten später sank das fast senkrecht im Wasser stehende Boot über das Heck; die Überlebenden trieben im Wasser.
Durch die Detonationen der Wasserbomben wurde auch die Hudson beschädigt, wurde sie doch mehr als 100 Meter hochgeschleudert und von über 100 Splittern getroffen.

## U 388

| | *Stapellauf* | *Indienststellung* |
|---|---|---|
| | 12.11.1942 | 31.12.1942 |
| Typ | VII C | |
| Kommandant | Oberleutnant zur See Peter Sues (gefallen) | |
| versenkt am | 20. Juni 1943 | |
| Position | Nordatlantik so Kap Farewell, 57°36'N 31°20'W | |
| durch | Luftangriff | |
| Tote | 47 | |
| Überlebende | keine | |
| gehoben | nein | |

Versenkt von der Catalina „I" (Lt E.W. Wood) des in Island stationierten Geschwaders VP-84 der USN. Die vor dem Geleitzug ON-189 sichernde Catalina sichtete in 20 Kilometer Entfernung ein aufgetaucht laufendes U-Boot. Beim ersten Angriff warf Wood drei Wasserbomben, aber als er zum zweiten Angriff ansetzte, tauchte das Boot, und Wood entschied sich für einen akustischen Fido-Torpedo. Zwar konnte er keinen Treffer beobachten, aber Öl und Luftblasen stiegen auf, in denen das Heck von U 388 sichtbar wurde. Beim Überfliegen sah Wood, daß der Bootskörper aufgerissen war, so daß er in das Innere sehen konnte. Nachdem das Boot in der Tiefe verschwunden war, schwammen zahlreiche Wrackteile auf.

## U 119

| | *Stapellauf* | *Indienststellung* |
|---|---|---|
| | 6.1.1942 | 2.4.1942 |
| Typ | X B | |
| Kommandant | Kapitänleutnant Horst-Tessen von Kameke (gefallen) | |
| versenkt am | 24. Juni 1943 | |
| Position | Atlantik nw Kap Ortegal, 44°59'N 12°24'W | |
| durch | Rammung/Artillerie | |
| Tote | 57 | |
| Überlebende | keine | |
| gehoben | nein | |

Von Geleitsicherungsaufgaben freigestellt, operierten die britische Sloop *Starling* (Cdr F.J. Walker) und die 2. Sicherungsgruppe mit Unterstützung des RAF Coastal Command im Golf von Biscaya, um deutsche U-Boote auf dem Ausmarsch in den Atlantik oder auf dem Rückmarsch abzufangen. Am 24. Juni um 08.00 Uhr ortete das ASDIC der *Starling* ein Schiff, das bald als U-Boot erkannt und sofort angegriffen wurde. Der Erste Offizier wurde dabei unter der Dusche überrascht und erschien nur mit Handtuch und Dufflecoat bekleidet auf seiner Gefechtsstation auf dem Achterschiff. Um 08.22 Uhr wurden zehn Wasserbomben geworfen, die in 45 und 115 Meter Tiefe explodierten. Als die *Starling* zu einem zweiten Angriff ansetzte, tauchte hinter ihr das U-Boot auf, das von allen Schiffen der Gruppe unter Feuer genommen wurde.
Die *Starling* lief zum Rammstoß an und wurde von einer großen Welle so hochgehoben, daß der Kiel der Sloop hinter dem Turm des Bootes aufsetzte und dann weiterrutschte. Trotz mangelndem Sicherheitsabstand ließ die *Starling* bereits beim Überlaufen des U-Boots Wasserbomben von ihrem Achterdeck abrollen. Endgültig versenkt wurde U 119 durch die *Woodpecker*, die hinter dem Heck der *Starling* durchlief. Zahlreiche Bootstrümmer und zerfetzte Leichen schwammen auf.

## U 194

| | *Stapellauf* | *Indienststellung* |
|---|---|---|
| | 22.9.1942 | 8.1.1943 |
| Typ | IX C/40 | |
| Kommandant | Kapitänleutnant Hermann Hesse (gefallen) | |
| versenkt am | 24. Juni 1943 | |
| Position | Nordatlantik sw Island, 58°15'N 25°25'W | |
| durch | Luftangriff | |
| Tote | 54 | |
| Überlebende | keine | |
| gehoben | nein | |

Auf dem Ausmarsch in den Atlantik kam U 194 in die Luftsicherungszone des Geleitzugs ONS-11. Die Catalina „G" (Lt (jg) J.W. Beach) des Geschwaders VP-84 der USN sichtete das an der Oberfläche laufende Boot. Ein erster Angriff schlug fehl, da der Wasserbombenauslöser klemmte, so daß Beach beim zweiten Angriff zwei Bomben von Hand auslöste, von denen eine zu kurz fiel, während die andere unmittelbar hinter dem U-Boot explodierte. Bei beiden Angriffen machte U 194 keine Anstalten zu tauchen, sondern nahm die Catalina unter Flakfeuer. Nach dem zweiten Angriff tauchte das Boot jedoch ab und war offenbar so schwer beschädigt, daß es sank.

Zunächst schrieb man die Versenkung von U 194 der Liberator „H" des 120. Geschwaders der RAF zu, doch deren Angriff galt U 200, das ebenfalls versenkt wurde (siehe unten).

## U 200

| | *Stapellauf* | *Indienststellung* |
|---|---|---|
| | 10.8.1942 | 22.12.1942 |
| Typ | IX D2 | |
| Kommandant | Kapitänleutnant Heinrich Schonder (gefallen) | |
| versenkt am | 24. Juni 1943 | |
| Position | Nordatlantik sw Island, 58°15'N 25°25'W | |
| durch | Luftangriff | |
| Tote | 62 | |
| Überlebende | keine | |
| gehoben | nein | |

Auf dem Ausmarsch nach Fernost wurde U 200 von der Liberator „H" (Flt Lt A.W. Fraser) des 120. Geschwaders der RAF versenkt. Als Fraser zum Angriff herabstieß, wurde er von heftigem Flakfeuer empfangen, durch das die linke Tragfläche, der Rumpf, die Hydraulik und ein Flügeltank des Flugzeugs getroffen wurden. Nur zwei der vier Wasserbomben wurden ausgelöst, aber sie detonierten dicht nebeneinander vor dem U-Boot. Beim zweiten Angriff versagte wiederum der Auslösemechanismus der Wasserbomben, aber U 200 war bereits so schwer beschädigt worden, daß es sank. Ein Ölteppich, Bootstrümmer und etwa 15 Überlebende trieben auf dem Wasser.

## U 449

| | *Stapellauf* | *Indienststellung* |
|---|---|---|
| | 13.6.1942 | 22.8.1942 |
| Typ | VII C | |
| Kommandant | Oberleutnant zur See Hermann Otto (gefallen) | |
| versenkt am | 24. Juni 1943 | |
| Position | Atlantik nw Kap Ortegal, 45°00'N 11°59'W | |
| durch | Wasserbomben | |
| Tote | 49 | |
| Überlebende | keine | |
| gehoben | nein | |

Kurz nach der Versenkung von U 119 orteten die britischen Sloops *Wren* und *Wild Goose* ein anderes U-Boot. Walker war von der beschädigten *Starling* auf die *Wild Goose* gewechselt, um von dort aus den Angriff zu leiten. U 449 war aber eine gewiefter Gegner und wich durch Tieftauchen und das Aussetzen von Boldkanistern immer wieder aus. Walker befürchtete, daß das U-Boot seine Hydrophone verwenden würde, um festzustellen, ob die Geleitsicherer ihren Angriffskurs beibehielten, und dann entsprechend manövrieren würde. So hätte U 449 eine echte Chance gehabt, bereits überall sonst zu sein, bevor die ersten Wasserbomben detonierten. Deshalb ließ er die beiden Sloops *Kite* und *Woodpecker* in Schleichfahrt angreifen. Aufschwimmende Bootstrümmer bestätigten die Versenkung von U 449.

## U 126

| | *Stapellauf* | *Indienststellung* |
|---|---|---|
| | 31.12.1940 | 22.3.1941 |
| Typ | IX C | |
| Kommandant | Oberleutnant zur See Siegfried Kietz (gefallen) | |
| versenkt am | 3. Juli 1943 | |
| Position | Atlantik nw Kap Ortegal, 46°02'N 11°23'W | |
| durch | Luftangriff | |
| Tote | 55 | |
| Überlebende | keine | |
| gehoben | nein | |

Versenkt von der Wellington „R" (Flt Sgt A. Coumbis) des 172. Geschwaders der RAF. Das Radar des Flugzeugs erfaßte das etwa 1000 Meter entfernte U-Boot, worauf Coumbis seine „Leigh-Light"-Suchscheinwerfer einschaltete und acht Wasserbomben warf, die beidseits des Bootes explodierten. Als die Wellington nur eine Minute später die Stelle überflog, war nichts mehr zu sehen, und auch das Radar sprach nicht mehr an. Daß U 126 versenkt wurde, ergab sich aus einer Nachricht von U 154, das die Versenkung beobachtet hatte und dem BdU meldete.

## U 628

| | *Stapellauf* | *Indienststellung* |
|---|---|---|
| | 29.4.1942 | 25.6.1942 |

Typ VII C
Kommandant Kapitänleutnant Heinrich Hasenschar (gefallen)
versenkt am 3. Juli 1943
Position Atlantik nw Kap Ortegal, 44°11'N 08°45'W
durch Luftangriff
Tote 49
Überlebende keine
gehoben nein

Von der Liberator „J" (Sqn Ldr P.J. Cundy) des 224. Geschwaders der RAF versenkt. Um 14.02 Uhr wurde U 628 vom Radar erfaßt und kurz danach zunächst das Kielwasser und dann das Boot selbst gesichtet. Cundy flog zwei Angriffe, den ersten mit Wasserbomben und A/S-Bomben, den zweiten nur mit Wasserbomben. Nach dem zweiten Angriff sank das Boot und hinterließ einen Ölteppich, in dem Wrackteile und zerfetzte Leichen trieben.

## U 535

| | *Stapellauf* | *Indienststellung* |
|---|---|---|
| | 8.10.1942 | 23.12.1942 |

Typ IX C/40
Kommandant Kapitänleutnant Helmut Ellmenreich (gefallen)
versenkt am 5. Juli 1943
Position Atlantik no Kap Finisterre, 43°38'N 09°13'W
durch Luftangriff
Tote 55
Überlebende keine
gehoben nein

U 535, U 536 und U 170 waren auf dem Rückmarsch. Entsprechend der neuen Anweisung des BdU, die auf dem Erfolg von U 758 gegen Flugzeuge des USN-Geschwaders VC-9 gründete, liefen die drei Boote aufgetaucht, um Luftangriffe im Verbund sämtlicher Flakgeschütze abwehren zu können. Allerdings wurde durch den Funkverkehr zwischen den Booten die 2. Geleitsicherungsgruppe auf die deutschen U-Boote aufmerksam, doch diesmal hatte Walker keinen Erfolg. Gesichtet wurden die Boote von der Liberator „G" des 53. Geschwaders der RAF, die U 535 versenkte, aber dabei selbst schwer beschädigt wurde.

## U 951

| | *Stapellauf* | *Indienststellung* |
|---|---|---|
| | 14.10.1942 | 3.12.1942 |

Typ VII C
Kommandant Kapitänleutnant Kurt Pressel (gefallen)
versenkt am 7. Juli 1943
Position Nordatlantik sw Azoren, 37°40'N 15°30'W
durch Luftangriff
Tote 46
Überlebende keine
gehoben nein

Die Liberator „K" (Lt Walter S. McDonnell) des 1. Geschwaders der 480. USAAF-Gruppe sichtete ein aufgetaucht laufendes U-Boot, das zur gleichen Zeit von Horchposten des Geleitzugs SC-317 ausgemacht wurde. Das U-Boot tauchte nicht, sondern wandte dem angreifenden Flugzeug das Heck zu, um seine Flak zum Einsatz bringen zu können. McDonnell warf aus 15 Meter Höhe sieben 350-lb-Mk-37-Torpex-Wasserbomben, durch die U 951 hinter dem Turm in zwei Teile zerrissen wurde.

Da er schwere Flaktreffer abbekommen hatte, flog McDonnell keinen zweiten Angriff. Der Navigator, der Kopilot, der Bombenschütze und der zweite Funker waren verwundet, und die meisten Bordinstrumente waren zerstört. Den Navigator hatte es so schwer getroffen, daß er dem Piloten nicht dabei helfen konnte, den Kurs zurück zum Festland abzusetzen. Dreieinhalb Stunden lang flog McDonnell nach Magnetkompaß und konnte schließlich unweit des Luftstützpunktes Port Lyautey in Französisch Nordafrika landen.

## U 232

| | *Stapellauf* | *Indienststellung* |
|---|---|---|
| | 15.10.1942 | 28.11.1942 |

Typ VII C
Kommandant Kapitänleutnant Ernst Ziehm (gefallen)
versenkt am 8. Juli 1943
Position Atlantik sw Kap Finisterre, 40°37'N 13°41'W
durch Luftangriff
Tote 46
Überlebende keine
gehoben nein

Das Radar der Liberator „Q" des 2. Geschwaders der 480. USAAF-U-Jagdgruppe erfaßte an Steuerbord ein 23 Kilometer entferntes Objekt, das der Pilot, 1/Lt James H. Darden, im Schutz der

Wolkendecke anflog und als deutsches U-Boot identifizierte. Aus der Sonne heraus angreifend, sichtete er U 232 in elf Kilometer Entfernung und belegte es aus 15 Meter Höhe mit vier Mk-37-Wasserbomben. Hecklastig drehte sich das Boot im Kreis und schien manövrierunfähig zu sein. Darden flog einen zweiten Angriff, doch diesmal empfing ihn starkes Flakfeuer, wodurch das Flugzeug so schwer beschädigt wurde, daß der Bombenschacht klemmte. Die Flugzeugbesatzung öffnete bei einem dritten Anflug den Bombenschacht manuell, so daß zwei Wasserbomben auf U 232 fielen, das daraufhin über das Heck sank.

## U 514

| | *Stapellauf* | *Indienststellung* |
|---|---|---|
| | 18.11.1941 | 24.1.1942 |
| Typ | IX C | |
| Kommandant | Kapitänleutnant Hans-Jürgen Auffermann (gefallen) | |
| versenkt am | 8. Juli 1943 | |
| Position | Golf von Biscaya no Kap Finisterre, 43°37'N 08°59'W | |
| durch | Luftangriff | |
| Tote | 54 | |
| Überlebende | keine | |
| gehoben | nein | |

Auf dem Ausmarsch nach Fernost wurde U 514 von der Liberator „R" (Sqn Ldr T.M. Bulloch) des 224. Geschwaders der RAF angegriffen und versenkt. Bullochs Maschine war umgebaut worden, um Raketen tragen zu können, und anschließend dem 224. Geschwader zur Erprobung unterstellt worden. Bei außergewöhnlich guter Sicht entdeckte Bulloch ein deutsches U-Boot inmitten spanischer Fischkutter. Er griff das Boot trotz starkem Flakbeschuß mit acht Raketen an, von denen mindestens sechs trafen. U 514 sank, das Heck tauchte noch einmal auf, doch dann ging das Boot endgültig unter. Um ganz sicher zu gehen, warf Bulloch noch einen akustischen Torpedo. Kurz danach sichtete die Flugzeugbesatzung ein Objekt, das sich dicht unter der Wasseroberfläche bewegte. Es war nicht klar, ob es das U-Boot oder der Torpedo war, aber Bulloch warf zwei Wasserbomben, und als diese explodierten, gab es noch eine stärkere dritte Detonation und einen hellen Lichtblitz. Später konstatierte man, er habe seinen eigenen fehllaufenden Torpedo angegriffen, wofür er belobigt wurde. Der akustische Torpedo Fido war damals noch eine Geheimwaffe, die auf keinen Fall den Deutschen in die Hände fallen durfte. Falls er von spanischen Fischern hätte geborgen werden können, hätten die Deutschen Details über Fido erfahren.

## U 435

| | *Stapellauf* | *Indienststellung* |
|---|---|---|
| | 31.5.1941 | 30.8.1941 |
| Typ | VII C | |
| Kommandant | Korvettenkapitän Siegfried Strelow (gefallen) | |
| versenkt am | 9. Juli 1943 | |
| Position | Nordatlantik, 39°48'N 12°22'W | |
| durch | Luftangriff | |
| Tote | 48 | |
| Überlebende | keine | |
| gehoben | nein | |

Von der Wellington „R" (P Off E.J. Fisher) des 179. Geschwaders der RAF versenkt. Bis um 18.00 Uhr hatte Fisher am 9. Juli ergebnislos patrouilliert, mehrere Radarkontakte gehabt, aber kein Angriffsziel gefunden, doch dann sichtete er um 18.11 Uhr ein aufgetaucht laufendes deutsches U-Boot, das bei seinem Angriff weder tauchte noch den Beschuß aus der Bugkanzel des Flugzeugs erwiderte. Vielleicht hielt die Bootsbesatzung die Wellington für ein deutsches Flugzeug, doch dann wurden vier Wasserbomben geworfen, die dicht am Boot explodierten. U 435 stoppte, begann über den Bug zu sinken und wurde dann durch zwei Explosionen regelrecht zerrissen, die Trümmer hoch emporschleuderten. Das Boot sank inmitten von Luftblasen, und Bootstrümmer schwammen auf.

## U 590

| | *Stapellauf* | *Indienststellung* |
|---|---|---|
| | 6.8.1941 | 2.10.1941 |
| Typ | VII C | |
| Kommandant | Oberleutnant zur See d.R. Werner Krüer (gefallen) | |
| versenkt am | 9. Juli 1943 | |
| Position | Westatlantik vor der Amazonasmündung, 03°22'N 48°38'W | |
| durch | Luftangriff | |
| Tote | 45 | |
| Überlebende | keine | |
| gehoben | nein | |

Versenkt von einer Catalina (Lt (jg) S.E. Auslander) des Geschwaders VP-94 der USN.

## U 409

| | *Stapellauf* | *Indienststellung* |
|---|---|---|
| | 23.9.1941 | 21.1.1942 |
| Typ | VII C | |
| Kommandant | Kapitänleutnant Hanns-Ferdinand Massmann (gerettet) | |
| versenkt am | 12. Juli 1943 | |
| Position | Mittelmeer no Algier, 37°12'N 04°00'O | |
| durch | Wasserbomben | |
| Tote | 12 | |
| Überlebende | 37 | |
| gehoben | nein | |

Vom britischen Zerstörer *Inconstant* bei Dellys vor der algerischen Küste versenkt. Als Sicherungsfahrzeug des Geleitzugs MKF-19A erfaßte der Zerstörer per ASDIC ein Objekt, und da vorher erfaßte Objekte sich als Fischschwärme erwiesen hatten, wurde nur eine einzige Wasserbombe geworfen. Als daraufhin der vermeintliche Schwarm nicht auseinander stob, wurde das Objekt als U-Boot gewertet, und um 07.22 Uhr wurde der erste Wasserbombenangriff gefahren. Nach sechs Angriffen hob sich der Bug des U-Boots senkrecht aus dem Wasser und fiel dann zurück. Danach kam das ganze U-Boot auf ebenem Kiel an die Oberfläche und wurde beschossen, wobei der Turm durch eine Granate zerfetzt wurde. Die Besatzung ging vom sinkenden Boot. Die Versenkung von U 409 wurde im Monthly Anti Submarine Report vom Juli 1943 als „herausragender Erfolg eines allein agierenden U-Jägers" bezeichnet.

## U 506

| | *Stapellauf* | *Indienststellung* |
|---|---|---|
| | 20.6.1941 | 15.9.1941 |
| Typ | IX C | |
| Kommandant | Kapitänleutnant Erich Würdemann (gefallen) | |
| versenkt am | 12. Juli 1943 | |
| Position | Golf von Biscaya w Vigo, 42°30'N 16°30'W | |
| durch | Luftangriff | |
| Tote | 54 | |
| Überlebende | 6 | |
| gehoben | nein | |

Auf dem Ausmarsch nach Fernost wurde U 506 durch einen Überraschungsangriff der Liberator „C" (2/Lt Ernest Salm; erster Einsatz als Flugzeugführer) der 480. USAAF-Gruppe versenkt. Das U-Boot wurde mit dem SC317-10-cm-Radar erfaßt, das die Deutschen nicht erkennen konnten. Salm nutzte den Schutz der Wolken, um aus etwa 2000 Meter Höhe vom Steuerbord-voraus-Quadranten her auf U 506 herabzustoßen und aus 60 Meter Höhe sieben Mk-XI-Wasserbomben zu werfen, die dicht am Boot explodierten. Als er zu einem zweiten Angriff ansetzte, sah er, wie das Boot auseinanderbrach und sank. Etwa 15 Überlebende trieben im Wasser.
Für diese warf Salm eine Rauchboje zur Positionskennzeichnung und ein Rettungsfloß ab, aber nur sechs der wahrscheinlich anfangs noch 15 Männer konnten am 15. Juli von einem britischen Zerstörer lebend geborgen werden.

## U 561

| | *Stapellauf* | *Indienststellung* |
|---|---|---|
| | 23.1.1941 | 13.3.1941 |
| Typ | VII C | |
| Kommandant | Oberleutnant zur See Fritz Henning (gerettet) | |
| versenkt am | 12. Juli 1943 | |
| Position | Mittelmeer, Straße von Messina, 38°16'N 15°39'O | |
| durch | Torpedo | |
| Tote | 42 | |
| Überlebende | ? | |
| gehoben | nein | |

Von MTB 81 in der Straße von Messina torpediert und versenkt, das einzige Mal, daß ein deutsches U-Boot im Mittelmeer von einem britischen Küstenschutzschiff versenkt wurde.

## U 487

| | *Stapellauf* | *Indienststellung* |
|---|---|---|
| | 17.10.1942 | 21.12.1942 |
| Typ | XIV | |
| Kommandant | Oberleutnant zur See d.R. Helmut Metz (gefallen) | |
| versenkt am | 13. Juli 1943 | |
| Position | Mittelatlantik sw Azoren, 27°15'N 34°18'W | |
| durch | Luftangriff | |
| Tote | 31 | |
| Überlebende | 33 | |
| gehoben | nein | |

U 487 wurde an der Oberfläche marschierend überrascht, während ein Teil der Besatzung an Deck ein Sonnenbad nahm, weil Metz ganz offensichtlich glaubte, daß seine derzeitige Position außerhalb der Reichweite alliierter Flugzeuge läge. Gesichtet wurde das Boot von einer TBM Avenger und einer Rotte F4F des amerikanischen Flugzeugträgers *Core*, der den Geleitzug GUS-9 sicherte. Als erstes Flugzeug griff die F4F von Lt (jg) Earl F. Steiger das Boot mit Bordwaffen an, und dann warf die TBM Avenger (Lt Robert P. Williams) vier 250-lb-Wasserbomben.

Zwei Wasserbomben detonierten zu beiden Seiten des Bugs, die beiden anderen in einigem Abstand an Backbord. Nun erkannte Metz den Ernst der Lage und eröffnete ein massives Flakfeuer, durch das Steiger bei einem zweiten Anflug abgeschossen und getötet wurde. Dann ging Lt-Cdr Charles F. Brewer mit seiner F4F zum Angriff mit Bordwaffen über, und die nächste Rotte Avengers warf weitere Wasserbomben, die an beiden Seiten des Bootes detonierten. Als sich die See wieder beruhigt hatte, ragte das Heck von U 487 etwa sechs Meter steil aus dem Wasser, in dem Überlebende des Bootes trieben. Sie wurden von dem amerikanischen Zerstörer *Baker* geborgen.

## U 607

| | *Stapellauf* | *Indienststellung* |
|---|---|---|
| | 11.12.1941 | 29.1.1942 |
| Typ | VII C | |
| Kommandant | Oberleutnant zur See Wolf Jeschonnek (gerettet) | |
| versenkt am | 13. Juli 1942 | |
| Position | Atlantik nw Kap Ortegal, 45°02'N 09°14'W | |
| durch | Luftangriff | |
| Tote | 45 | |
| Überlebende | 7 | |
| gehoben | nein | |

Von der Sunderland „N" (Fg Off R.D. Hanbury) des 228. Geschwaders der RAF versenkt. U 607 wurde zusammen mit U 613 und U 445 von Hanbury gesichtet, der von allen drei Booten unter Flakfeuer genommen wurde, während er die Boote umkreiste und die Fühlungsmeldung durchgab. Aus unbekanntem Grund trennte sich U 607 von den anderen Booten und wurde sofort von Hanbury mit sieben Wasserbomben angegriffen, die Bug und Turm von U 607 zerfetzten. Im Wasser schwammen etwa 25 Überlebende, für die Hanbury ein Schlauchboot abwarf. Als tags darauf die britische *Wren* eintraf, waren nur noch sieben der Männer am Leben.

## U 160

| | *Stapellauf* | *Indienststellung* |
|---|---|---|
| | 12.7.1941 | 16.10.1941 |
| Typ | IX C | |
| Kommandant | Oberleutnant zur See Gerd von Pommer-Esche (gefallen) | |
| versenkt am | 14. Juli 1943 | |
| Position | Atlantik s Azoren, 33°54'N 27°13'W | |
| durch | Luftangriff | |
| Tote | 57 | |
| Überlebende | keine | |
| gehoben | nein | |

U 160 war auf seiner Jungfernfahrt in den Fernen Osten, um sich dort der Gruppe „Monsun" anzuschließen. Das Boot wurde durch Funkpeilung der 10. Flotte in der Nähe des amerikanischen Geleitträgers *Santee* ausgemacht, der Flugzeuge des Geschwaders VC-13 der USN an Bord hatte. Das Boot wurde dem Träger gemeldet, und am Morgen des 14. Juli sichteten zwei Flugzeuge, eine F4F und eine TBM, das an der Oberfläche laufende deutsche U-Boot, das alarmtauchte, während Lt H. „Brink" Bass es mit Bordwaffen seiner F4F bestrich. Ihm folgte Lt (jg) John H. Ballentine mit seiner TBM und löste einen akustischen Torpedo vom Typ Fido Mk-24 aus, der etwa 200 Meter vor und 100 Meter rechts der Stelle ins Wasser ging, an der U 160 getaucht war. Als Ballentine zurückflog, beobachtete er, wie eine starke Unterwasserdetonation das Wasser aufwühlte.

## U 135

| | *Stapellauf* | *Indienststellung* |
|---|---|---|
| | 12.6.1941 | 16.8.1941 |
| Typ | VII C | |
| Kommandant | Oberleutnant zur See Otto Luther (gerettet) | |
| versenkt am | 15. Juli 1943 | |
| Position | Nordatlantik, 28°20'N 13°17'W | |
| durch | Wasserbomben/Rammung | |
| Tote | 5 | |
| Überlebende | 4 Offiziere, 6 Unteroffiziere, 31 Mannschaften | |
| gehoben | nein | |

Trotz einer Anweisung des BdU, daß keine Geleitzüge angegriffen werden sollten, griff U 135 den Konvoi OS-51 an, beschädigte den 4762-t-Frachter *Twikenham*, wurde aber von der Geleitsicherung ausgemacht und von der Sloop *Roche-*

*ster* und den Korvetten *Balsam* und *Mignonette* mit Wasserbomben belegt. Das Boot mußte auftauchen und wurde von der *Rochester* gerammt. Das spätere Verhör der U-Bootbesatzung ergab, daß U 135 nach den Wasserbombenangriffen noch seetüchtig war und Luther der erste war, der von Bord ging. Er hatte schon über ein Jahr lang kein Schiff mehr versenkt und wollte vor Ende der Feindfahrt unbedingt einen Erfolg aufzuweisen haben. Deshalb hatte er das Angriffsverbot des BdU mißachtet.

## U 159

| | *Stapellauf* | *Indienststellung* |
|---|---|---|
| | 1.7.1941 | 4.10.1941 |
| Typ | IX C | |
| Kommandant | Oberleutnant zur See d.R. Heinz Beckmann (gefallen) | |
| versenkt am | 15. Juli 1943 | |
| Position | Karibik s Haiti, 15°58'N 73°44'W | |
| durch | Luftangriff | |
| Tote | 54 | |
| Überlebende | keine | |
| gehoben | nein | |

Eines der zehn vom BdU im Juli 1943 in die Karibik beorderten U-Boote. Die U-Bootführung glaubte, dort ein leichteres Spiel als im Mittelatlantik zu haben. U 159 wurde von einer Mariner (Lt R.C. Mayo) des Geschwaders VP-32 der USN angegriffen. Dabei flog Mayo so tief, daß er durch das Turmluk die Lichter in der Zentrale sehen konnte. Als Mayo zu einem zweiten Angriff ansetzte, sank das Boot und war auch bei einem weiteren Anflug nicht mehr auszumachen.

## U 509

| | *Stapellauf* | *Indienststellung* |
|---|---|---|
| | 19.8.1941 | 4.11.1941 |
| Typ | IX C | |
| Kommandant | Kapitänleutnant Werner Witte (gefallen) | |
| versenkt am | 15. Juli 1943 | |
| Position | Atlantik nw Madeira, 34°02'N 26°01'W | |
| durch | Luftangriff | |
| Tote | 54 | |
| Überlebende | keine | |
| gehoben | nein | |

Nach der Versenkung von U 160 (siehe oben) meldete ein spanischer Frachter dem BdU, daß „ein großer Flugzeugträger" in dem Seegebiet operierte, aus dem sich U 160 letztmals gemeldet hatte. Deshalb beorderte der BdU sämtliche U-Boote in das Gebiet westlich der Azoren. Dieser Befehl wurde von der 10. Flotte mitgehört und den patrouillierenden Geleitträgern mitgeteilt, die sofort auf U-Jagd gingen. Um 08.18 Uhr am 15. Juli sichtete eine TBM-Avenger (Lt (jg) Claude N. Barton) des auf dem Träger *Santee* stationierten Geschwaders VC-29 der USN ein aufgetaucht laufendes deutsches U-Boot. Sein Partner in einer F4F, Ensign Jack D. Anderson, griff das Boot mit Bordwaffen an, während Barton die Klappen ausfuhr, um die Geschwindigkeit zu drosseln, damit er gezielt einen akustischen Torpedo auslösen konnte. Nachdem Anderson seinen vierten Angriff geflogen hatte, tauchte das Boot, und Barton zielte mit dem Torpedo voraus und etwas rechts des dadurch erzeugten Wasserwirbels. Wenige Sekunden später kam es zu einer starken Unterwasserdetonation, und ein dicker Ölteppich schwamm auf.

## U 67

| | *Stapellauf* | *Indienststellung* |
|---|---|---|
| | 30.10.1940 | 22.1.1941 |
| Typ | IX C | |
| Kommandant | Kapitänleutnant Günther Müller-Stöckheim (gefallen) | |
| versenkt am | 16. Juli 1943 | |
| Position | Westatlantik, Sargassomeer, 30°05'N 44°17'W | |
| durch | Luftangriff | |
| Tote | 48 | |
| Überlebende | 3 | |
| gehoben | nein | |

Eine weitere „hilfreiche" Peilung der 10. Flotte brachte das Geschwader VC-13 der USN vom amerikanischen Flugzeugträger *Core* zu U 67. Lt R.P. Williams sichtete das an der Oberfläche fahrende Boot, flog im Schutz einer Wolkendecke näher und überraschte die Bootsbesatzung mit vier Mk-47-Wasserbomben, wovon eine direkt unter dem Boot und die drei anderen entlang der Backbord-Bordwand detonierten. Der Bug von U 67 hob sich aus dem Wasser, während sich ein rasch wachsender Ölteppich bildete. In weniger als fünf Minuten war das Boot verschwunden. Drei Überlebende wurden später vom amerikanischen Zerstörer *McCormick* geborgen. Sie waren beim Angriff auf der Brücke und wurden durch die Explosionen über Bord geschleudert.

## U 513

| | Stapellauf | Indienststellung |
|---|---|---|
| | 29.10.1941 | 10.1.1942 |
| Typ | IX C | |
| Kommandant | Kapitänleutnant Friedrich Guggenberger (gerettet) | |
| versenkt am | 19. Juli 1943 | |
| Position | Südatlantik so São Francisco do Sul, 27°17'S 47°32'W | |
| durch | Luftangriff | |
| Tote | 46 | |
| Überlebende | 7 | |
| gehoben | nein | |

Vor der brasilianischen Küste, wo es kaum Widerstand gab, hatte Guggenberger ein leichtes Spiel. Leider dauerte seine ausführliche Meldung an den BdU, in der er seine Erfolge aufzählte, zu lange, so daß er durch Funkpeilung geortet wurde, worauf ihn eine Mariner (Lt (jg) R.S. Whitcomb) des USN-Geschwaders VP-74 angriff und trotz schweren Flakfeuers zwei Treffer erzielte, durch die das U-Boot sank. Zwanzig Besatzungsmitglieder überlebten den Angriff, aber nur sieben konnten sich schwimmend lange genug über Wasser halten, um von der fünf Stunden später eintreffenden *Barnegat* lebend geborgen werden. Als Kommandant von U 81 hatte Guggenberger am 13. Dezember 1941 den britischen Flugzeugträger *Ark Royal* versenkt.

## U 588

| | Stapellauf | Indienststellung |
|---|---|---|
| | 23.12.1940 | 20.2.1941 |
| Typ | VII C | |
| Kommandant | Kapitänleutnant Günther Krech (gerettet) | |
| versenkt am | 20. Juli 1943 | |
| Position | Atlantik nw Kap Ortegal, 45°10'N 09°42'W | |
| durch | Luftangriff | |
| Tote | 41 | |
| Überlebende | 5 | |
| gehoben | nein | |

Auf dem Rückmarsch wurde U 558 erstmals am 15. Juli im Golf von Biscaya von einer Wellington des 179. Geschwaders der RAF gesichtet, die aber wegen des massiven Flakfeuers abdrehen mußte. Zwei Tage später wurde das Boot von einer Liberator des 224. Geschwaders der RAF angegriffen, überstand aber auch dieses. Seine Glückssträhne endete, als es am 20. Juli von der Liberator „F" (1/Lt Charles F. Gallmeier) des 19. Geschwaders der 479. USAAF-U-Jagdgruppe gesichtet wurde. Gallmeier hatte bis dahin wenig Erfolg gehabt. Zunächst hatte sein Radar zwei U-Boote erfaßt, die von einer RAF-Liberator und einer Sunderland angegriffen wurden. Als sich Gallmeier dem Angriff anschließen wollte, konnten die U-Boote im Schutz eines heftigen Regenschauers tauchen. Einen zweiten Radarkontakt gab es nicht, doch 45 Minuten später erfaßte das SCR-717A-Radar wieder ein Boot, das Gallmeier dann aus acht Kilometer sichtete und mit sieben Wasserbomben angriff. Als Gallmeier zu einem zweiten Angriff ansetzte, fiel der von einer Flakgranate getroffener Motor Nr. 2 aus. Als die Halifax „E" des 58. RAF-Geschwaders anflog, warf Gallmeier seine übrigen Wasserbomben und ging mit nurmehr drei intakten Motoren auf Heimatkurs.
Im U-Boot war die Lage kritisch, brach doch nach Gallmeiers Angriff Wasser ein und lief in die Batterien, aus denen Chlordämpfe aufstiegen. Nach weiteren acht Wasserbomben der Halifax „E" war an eine Reparatur nicht mehr zu denken, und so befahl Krech der Besatzung, von Bord zu gehen. Einem Teil der Männer gelang dies, aber nur fünf von ihnen (darunter Krech) überlebten auf einem Rettungsfloß die fünf Tage, bis sie von der *Athabaskan* gefunden und geborgen wurden. Die Versenkung von U 558 wurde dem 58. Geschwader der RAF und der 479. USAAF-Jagdgruppe zu gleichen Teilen zuerkannt.

## U 662

| | Stapellauf | Indienststellung |
|---|---|---|
| | 22.1.1942 | 9.4.1942 |
| Typ | VII C | |
| Kommandant | Kapitänleutnant Heinz-Eberhard Müller (gerettet) | |
| versenkt am | 21. Juli 1943 | |
| Position | Westatlantik sw Azoren, 03°56'N 48°46'W | |
| durch | Luftangriff | |
| Tote | 44 | |
| Überlebende | 3 | |
| gehoben | nein | |

U 662 operierte unmittelbar nördlich der Amazonasmündung und war bei einem Angriff auf den Geleitzug TF-2 einer in Surinam stationierten B-24 der USAAF entkommen. Am 20. Juli griff eine B-18 der USAAF etwa 300 Kilometer südwestlich Cayenne das U-Boot erfolglos an. Müller gab nicht auf und folgte weiter dem Geleitzug. Wiederum wurde U 662 von Catalinas des in Amapa (Brasilien) stationierten Geschwaders VP-94 der USN angegriffen. Eines der Flugzeuge, das von Lt „Stan“ Auslander geflogen wurde, lieferte sich mit U 662 ein stundenlanges Feuergefecht, aber versenkt wurde das U-Boot erst am 21. Juni von einer anderen Catalina (Lt (jg) R.H. Howland). Müller und zwei seiner Männer trieben eine Woche lang auf einem Rettungsfloß, ehe sie vom Patrouillenboot PC 494 geborgen wurden.

## U 613

| | *Stapellauf* | *Indienststellung* |
|---|---|---|
| | 29.1.1942 | 12.3.1942 |
| Typ | VII C | |
| Kommandant | Kapitänleutnant Helmut Köppe (gefallen) | |
| versenkt am | 23. Juli 1943 | |
| Position | Atlantik s Azoren, 35°32'N 28°36'W | |
| durch | Wasserbomben | |
| Tote | 49 | |
| Überlebende | keine | |
| gehoben | nein | |

Der den Geleitzug UGS-12 deckende US-Zerstörer *George E. Badger* gehörte zur Sicherungsgruppe des Geleitträgers *Bogue*. Obgleich schon mehrere Funkpeilungen gemacht worden waren, war noch kein deutsches U-Boot gesichtet worden. Am Morgen des 23. Juli erfaßte das Radar der *Badger* bei bester Sicht und ruhiger See ein etwa ein Kilometer entferntes Objekt, das ab 09.23 Uhr zweimal mit Wasserbomben angegriffen wurde. Der Kommandant des Zerstörers, Lt Thomas H. Byrd, nutzte geschickt Ruder und Maschinen seines Schiffes, um im engeren Wendekreis des U-Boots bleiben zu können, und griff es nur sieben Minuten später erneut mit Wasserbomben an. Das Sonar erfaßte die Geräusche des auseinanderbrechenden Bootes, und wenig später schwammen zahlreiche Bootstrümmer und zerfetzte Leichen auf.

## U 527

| | *Stapellauf* | *Indienststellung* |
|---|---|---|
| | 17.6.1942 | 2.9.1942 |
| Typ | IX C/40 | |
| Kommandant | Kapitänleutnant Herbert Uhlig (gerettet) | |
| versenkt am | 23. Juli 1943 | |
| Position | Atlantik sw Azoren, 35°25'N 27°56'W | |
| durch | Luftangriff | |
| Tote | 42 | |
| Überlebende | 13 | |
| gehoben | nein | |

Zwei Stunden nach der Versenkung von U 613 sichtete eine Avenger (Lt (jg) Stearns) des auf dem Träger *Bogue* stationierten Geschwaders VC-9 der USN das Versorgungsboot U 527, das gerade U 648 betankte. Die Deutschen wurden durch den Angriff des Flugzeugs völlig überrascht. U 648, ein Boot des Typs VII C, konnte alarmtauchen, doch das größere Versorgungsboot vom Typ IX war nicht so manövrierfähig. Uhlig lief zu einer Nebelbank und hoffte, daß seine Flak die Avenger fernhalten könnte. Aber Stearns war dem Boot so nahe, daß die Flak wirkungslos blieb, und warf vier Wasserbomben, die direkt hinter das Heck des Bootes fielen. Danach sah es so aus, als sei der Druckkörper von U 527 hinter dem Turm geborsten. Das Boot lief langsam nach Steuerbord, der Bug hob sich steil aus dem Wasser, und fast senkrecht ging U 527 in die Tiefe. Dreizehn Überlebende konnten von der *Clemson* geborgen werden.

## U 598

| | *Stapellauf* | *Indienststellung* |
|---|---|---|
| | 2.10.1941 | 27.11.1941 |
| Typ | VII C | |
| Kommandant | Kapitänleutnant Gottfried Holtorf (gefallen) | |
| versenkt am | 23. Juli 1943 | |
| Position | Südatlantik no Kap San Roque, 04°05'S 33°23'W | |
| durch | Luftangriff | |
| Tote | 43 | |
| Überlebende | 2 | |
| gehoben | nein | |

Eine vom stellvertretenden Kommandeur des Geschwaders VB-107 der USN, Lt-Cdr Renfro Turner, geflogene Liberator sichtete auf einem Übungsflug am 22. Juli U 598. Wiederholt wurde das U-Boot an diesem Tag und bis zum Morgen des 23. Juli angegriffen und dabei so schwer beschädigt, daß es nicht mehr tauchen konnte. Am Morgen des 23. flog eine Liberator (Lt (jg) George E. Waugh) beim Angriff so tief, daß sie durch die Explosion der eigenen Wasserbomben zerstört wurde und die 12köpfige Besatzung den Tod fand. Erst eine zweite Liberator (Lt William R. Ford) konnte danach U 598 versenken. Zwei Überlebende wurden vom Schlepper *Seneca* geborgen.

## U 459

| | *Stapellauf* | *Indienststellung* |
|---|---|---|
| | 13.9.1941 | 15.11.1941 |

Typ XIV
Kommandant Korvettenkapitän z.V. Georg von Wilamowitz-Moellendorf (gefallen)
versenkt am 24. Juli 1943
Position Atlantik nw Kap Ortegal, 45°33'N 10°38'W
durch Luftangriff
Tote 19
Überlebende 41
gehoben nein

Die Wellington „Q" (Fg Off W.H.T. Jennings) des 172. Geschwaders der RAF flog über dem Golf von Biscaya innerhalb des als „Musketry" bezeichneten Gebietes, das speziell für die U-Jagd freigehalten wurde, eine ASW-Patrouille, als ihr Radar ein zehn Kilometer entferntes aufgetauchtes U-Boot erfaßte. Das Flugzeug griff es, durch eine Wolkendecke stoßend, bereits aus acht Kilometer Entfernung an und konnte Wasserbomben werfen, die unter dem Boot detonierten. Doch die Flak schoß so präzise, daß sie die Wellington vom Himmel holte, die allerdings auf das Deck von U 459 stürzte. Bevor sie aufschlug, ging aber noch eine der von ihr geworfenen Wasserbomben direkt unter dem Boot hoch, und eine andere schlug ins Achterdeck, ohne zu explodieren. Sie wurde von einer eilig zusammengestellten Gruppe über Bord gerollt, wo sie prompt noch detonierte. Der einzige Überlebende der Flugzeugbesatzung, Sgt A.A. Turner, beobachtete, wie Qualm aus dem Boot aufstieg, das zu sinken begann. Dann warf eine Wellington des 547. RAF-Geschwaders weitere Wasserbomben. Die U-Bootbesatzung ging von Bord, und gleich darauf verschwand U 459 in der Tiefe. Die Überlebenden wurden später vom polnischen Zerstörer *Orkan* geborgen und mit ihnen auch Sgt Turner, der etwas entfernt auf dem Wasser trieb.

## U 622

| | *Stapellauf* | *Indienststellung* |
|---|---|---|
| | 29.3.1942 | 14.5.1942 |

Typ VII C
Kommandant Kapitänleutnant Horst-Thilo Queck (gerettet)
versenkt am 24. Juli 1943
Position Norwegen, Drontheim
durch Luftangriff
Tote ?
Überlebende ?
gehoben nein

Bei einem Bombenangriff der 8. US-Air Force bei Tage im Hafen von Drontheim versenkt.

## U 759

| | *Stapellauf* | *Indienststellung* |
|---|---|---|
| | 30.5.1942 | 15.8.1942 |

Typ VII C
Kommandant Kapitänleutnant Rudolf Friedrich (gefallen)
versenkt am 26. Juli 1943
Position Karibik so Jamaika, 18°06'N 75°00'W
durch Luftangriff
Tote 47
Überlebende keine
gehoben nein

Von einer Mariner (Lt R.W. Rawson) des Geschwaders VP-32 der USN versenkt. Rawson sicherte die Spitze eines Geleitzugs, als er kurz vor Einbruch der Dämmerung ein U-Boot sichtete, Leuchtbomben warf und es dann mit Wasserbomben versenkte.

## U 359

| | *Stapellauf* | *Indienststellung* |
|---|---|---|
| | 11.6.1942 | 5.10.1942 |

Typ VII C
Kommandant Oberleutnant zur See d.R. Heinz Förster (gefallen)
versenkt am 28. Juli 1943
Position Karibik s San Domingo, 15°57'N 68°30'W
durch Luftangriff
Tote 47
Überlebende keine
gehoben nein

Versenkt von einer Mariner (Lt D.C. Pinholster) des Patrouillengeschwaders VP-32 der USN.

## U 404

| | *Stapellauf* | *Indienststellung* |
|---|---|---|
| | 4.6.1941 | 6.8.1941 |

Typ VII C
Kommandant Oberleutnant zur See Adolf Schönberg (gefallen)
versenkt am 28. Juli 1943
Position Golf von Biscaya nw Kap Ortegal, 45°53'N 09°25'W
durch Luftangriff
Tote 50

Überlebende keine
gehoben nein

Auf dem Ausmarsch von St. Nazaire wurde U 404 von der Liberator „Y" (Maj Stephen D. McElroy) des 4. Geschwaders der 479. USAAF-U-Bootjagdgruppe gesichtet, nachdem das Boot zunächst vom Radar des Flugzeugs erfaßt worden war. Aber beim Angriff auf U 404 klinkten die Wasserbomben nicht aus, so daß das U-Boot unbeschadet ablaufen konnte. Fast drei Stunden nach diesem Angriff tauchte Schönberg auf, wurde wiederum von der gleichen Liberator angegriffen, die trotz erheblicher Flaktreffer diesmal acht Wasserbomben von Hand ausklinken konnte. Nach den Detonationen schwamm schwarzes Öl auf, aber weil der Öldruck an seinem Motor Nr. 3 weiter fiel, mußte McElroy abdrehen. Da er die Position des U-Boots gemeldet hatte, löste ihn die Liberator „N" (1/Lt Arthur J. Hammer) ab, die das eine halbe Stunde nach McElroys Abflug auftauchende Boot sofort angriff. Schönberg fuhr mit Hartruderlage enge S-Kurven, um dem Angriff zu entgehen, doch wurde sein Boot durch zwölf von Hammer trotz etlicher Flaktreffer gezielt geworfene Wasserbomben schwer beschädigt. Nun griff auch die Liberator „W" (Fg Off R.V. Sweeney) des 224. Geschwaders der RAF ein und warf weitere sieben Wasserbomben. U 404 tauchte, kam noch einmal kurz an die Oberfläche und sank dann endgültig. Zehn Überlebende trieben auf dem Wasser.

Um U 404 zu versenken, waren drei Liberators und 27 Wasserbomben nötig, wobei an allen drei Flugzeugen während der Angriffe je ein Motor getroffen wurde.

## U 614

| | *Stapellauf* | *Indienststellung* |
|---|---|---|
| | 29.1.1942 | 19.3.1942 |

Typ VII C
Kommandant Kapitänleutnant Wolfgang Sträter (gefallen)
versenkt am 29. Juli 1943
Position Atlantik nw Kap Finisterre, 45°38'N 10°15'W
durch Luftangriff
Tote 49
Überlebende keine
gehoben nein

Von der Wellington „G" (Wg Cdr R. Musson) des 172. Geschwaders der RAF versenkt. Bei starker Bewölkung erfaßte das Radar des Flugzeugs ein Objekt, das als U-Boot eingeschätzt wurde. Im Schutz der Bewölkung flog Musson bis auf etwa einen Kilometer heran und warf sechs Wasserbomben, von denen nach Beobachtung des Heckschützen vier rechts und zwei links des Bootes detonierten. Als sich das Wasser wieder beruhigt hatte, war vom U-Boot nichts mehr zu sehen; zurück blieb nur ein Ölteppich, in dem einige Überlebende vergeblich um ihr Leben kämpften.

## U 43

| | *Stapellauf* | *Indienststellung* |
|---|---|---|
| | 23.5.1939 | 26.8.1939 |

Typ IX A
Kommandant Oberleutnant zur See Hans-Joachim Schwantke (gefallen)
versenkt am 30. Juli 1943
Position Atlantik sw Azoren, 34°57'N 35°11'W
durch Luftangriff
Tote 55
Überlebende keine
gehoben nein

Das Versorgungsboot U 43 versorgte gerade U 403 mit Nachschub und Treibstoff und wurde dabei von einer F4F/Avenger-Patrouille des US-Trägers *Santee* gesichtet, der den Geleitzug GUS-10 sicherte. Als Lt (jg) E. van Vranken mit der F4F einen Angriff gegen die Flak des Bootes flog, tauchte dieses, worauf die Avenger (Lt (jg) R.F. Richmond) einen Fido-Torpedo abwarf. Sekunden später gab es eine starke Unterwasserdetonation, die das Wasser in einem Explosionspilz in die Höhe schießen ließ. U 43 hatte Minen an Bord, die vor Lagos gelegt werden sollten; deren Explosion hatte die ungewöhnlich starke Detonation verursacht.

## U 375

| | *Stapellauf* | *Indienststellung* |
|---|---|---|
| | 7.6.1941 | 19.7.1941 |

Typ VII C
Kommandant Kapitänleutnant Jürgen Könenkamp (gefallen)
versenkt am 30. Juli 1943
Position Mittelmeer nw Malta, 36°40'N 12°28'O
durch Wasserbomben
Tote 45
Überlebende keine
gehoben nein

Bei der Durchquerung der Straße von Sizilien zu einer Operation in der Ägäis vom amerikanischen U-Jäger PC 624 versenkt. In diesem Seegebiet wurden übrigens auch einige britische U-Boote von den Deutschen versenkt.

## U 461

| | *Stapellauf* | *Indienststellung* |
|---|---|---|
| | 8.11.1941 | 30.1.1942 |
| Typ | XIV | |
| Kommandant | Kapitänleutnant Wolf-Harro Stiebler (gerettet) | |
| versenkt am | 30. Juli 1943 | |
| Position | Atlantik nw Kap Ortegal, 45°33'N 10°48'W | |
| durch | Luftangriff | |
| Tote | 54 | |
| Überlebende | 15 | |
| gehoben | nein | |

Einzelheiten der Versenkung siehe U 504 (unten).

## U 462

| | *Stapellauf* | *Indienststellung* |
|---|---|---|
| | 29.11.1941 | 5.3.1942 |
| Typ | XIV | |
| Kommandant | Oberleutnant zur See d.R. Bruno Vowe (gerettet) | |
| versenkt am | 30. Juli 1943 | |
| Position | Atlantik nw Kap Ortegal, 45°33'N 10°38'W | |
| durch | Luftangriff | |
| Tote | 3 | |
| Überlebende | 64 | |
| gehoben | nein | |

Einzelheiten der Versenkung siehe U 504 (unten).

## U 504

| | *Stapellauf* | *Indienststellung* |
|---|---|---|
| | 24.4.1941 | 30.7.1941 |
| Typ | IX C/40 | |
| Kommandant | Kapitänleutnant Wilhelm Luis (gefallen) | |
| versenkt am | 30. Juli 1943 | |
| Position | Atlantik nw Kap Ortegal, 45°33'N 10°56'W | |
| durch | Wasserbomben | |
| Tote | 53 | |
| Überlebende | keine | |
| gehoben | nein | |

Am 30. Juli war die 2. Sicherungsgruppe unter dem Kommando von Cdr F.J. Walker, unterstützt von einer Sunderland und einer Catalina, im Golf von Biscaya auf U-Bootjagd. Um 07.14 Uhr ortete die Funkpeilung der *Wild Goose* ein deutsches U-Boot, das einen längeren Funkspruch absetzte. Mit äußerster Kraft voraus liefen die Sicherungsschiffe, zu denen noch eine US-Liberator und zwei Halifaxes gestoßen waren, auf die eingepeilte Position zu. Um 10.05 Uhr wurden drei U-Boottürme gesichtet, und Walker gab das Angriffssignal „freie Jagd". Alle drei U-Boote standen in einer Linie nebeneinander, U 461 in der Mitte mit U 462 und U 504 an der Backbord- und Steuerbordseite. Einen ersten Luftangriff konnte ihre Flak abwehren, doch die aus neun Ju 88 bestehende ständige Luftwaffenpatrouille hatte nicht genügend Treibstoff, um eingreifen zu können.
Die britisch-amerikanischen Flugzeuge flogen einen zweiten Angriff, bei dem eine Halifax des 502. Geschwaders U 462 so schwer beschädigte, daß es nicht mehr tauchen konnte. Dann flog die Liberator „O" des 53. US-Geschwaders einen Tiefangriff, mit dem sie das Feuer aller drei Boote auf sich zog, wurde aber durch das konzertierte Flakfeuer so schwer beschädigt, daß sie abdrehen mußte, um sich Richtung Portugal in Sicherheit zu bringen. Die Sunderland „U" des 461. RAF-Geschwaders nützte die Feuerverlegung während des Angriffs der Liberator, um die Boote von achtern anzugreifen und U 461 so schwer zu treffen, daß das Boot bereits nach wenigen Sekunden sank. Inzwischen waren die Schiffe der 2. Sicherungsgruppe auf Schußweite herangekommen und belegten U 462 mit 112 Granaten. Die *Kite* erzielte aus rund 12 Kilometer einen bemerkenswerten Volltreffer und erhielt von einer die Schlacht beobachtenden Halifax die Meldung, daß das U-Boot sank. Als Vowe die herannahenden Sloops sah, befahl er alle Mann von Bord und leitete die Selbstsprengung ein.
Als der Beschuß der 2. GSG begann, war U 504 getaucht. Die *Kite* wollte sofort angreifen, aber Walker befahl, damit zu warten, bis U 504 weiter von den Überlebenden von U 461 und U 462 entfernt war, die in Schlauchbooten auf dem Wasser trieben. Die ersten beiden Angriffe auf U 504 brachten keinen Erfolg, da das Boot sehr tief getaucht war. Nun griffen die Schiffe in Schleichfahrt an, und *Woodpecker* und *Wild Goose* konnten U 504 den Todesstoß versetzen. Der vom ASDIC der *Kite* geortete Schall wurde schwächer, und die üblichen Beweise für die Versenkung eines U-Boots schwammen auf.

# U 591

| | *Stapellauf* | *Indienststellung* |
|---|---|---|
| | 20.8.1941 | 9.10.1941 |

| | |
|---|---|
| Typ | VII C |
| Kommandant | Oberleutnant zur See Reimar Ziesmer (gerettet) |
| versenkt am | 30. Juli 1943 |
| Position | Südatlantik so Recife, 08°36'S 34°34'W |
| durch | Luftangriff |
| Tote | 19 |
| Überlebende | 28 |
| gehoben | nein |

Die 40 Kilometer vor einem Geleitzug Luftsicherung fliegende PV-1-Ventura (Lt (jg) Walter C. Young) des USN-Geschwaders VB-127 griff völlig überraschend U 591 mit sechs Wasserbomben an, die das Boot versenkten. Dessen Überlebende wurden später von der *Saucy* aufgenommen.

# U 199

| | *Stapellauf* | *Indienststellung* |
|---|---|---|
| | 11.7.1942 | 28.11.1942 |

| | |
|---|---|
| Typ | IX D2 |
| Kommandant | Kapitänleutnant Hans-Werner Kraus (gerettet) |
| versenkt am | 31. Juli 1943 |
| Position | Südatlantik so Rio de Janeiro, 23°54'S 42°54'W |
| durch | Luftangriff |
| Tote | 50 |
| Überlebende | 4 Offiziere, 1 Unteroffizier, 7 Mannschaften |
| gehoben | nein |

U 199 war auf erfolgreicher Feindfahrt vor der südamerikanischen Ostküste und hatte u.a. am 27. Juni eine angreifende Mariner abgeschossen. Jetzt lag das U-Boot auf Nordkurs, um sich mit einem Versorgungsboot („Milchkuh") zu treffen, doch am 31. Juli wurde es vor den São-Paulo-Felsen von einer Mariner (Lt (jg) William F. Smith) mit sechs Wasserbomben angegriffen und so schwer beschädigt, daß es nicht mehr tauchen konnte. Nachdem er alle seine Wasserbomben abgeworfen hatte, beschoß Smith U 199 mit der Bordkanone, bis eine Hudson und eine Catalina der brasilianischen Luftwaffe zur Stelle waren, um dem Boot den Todesstoß zu versetzen. Dessen Überlebende wurden später von der *Barnegat* aufgenommen.

# U 383

| | *Stapellauf* | *Indienststellung* |
|---|---|---|
| | 22.4.1942 | 6.6.1942 |

| | |
|---|---|
| Typ | VII C |
| Kommandant | Kapitänleutnant Horst Kremser (gefallen) |
| versenkt am | 1. August 1943 |
| Position | Atlantik nw Kap Ortegal, 47°24'N 12°10'W |
| durch | Luftangriff |
| Tote | 54 |
| Überlebende | keine |
| gehoben | nein |

Von der Sunderland „V" (Flt Lt S. White) des 228. Geschwaders der RAF versenkt. White sichtete bei schlechtem Wetter das U-Boot um 20.02 Uhr. Beim ersten Anflug erhielt seine Maschine so schwere Flaktreffer, daß er den Angriff abbrechen mußte. Beim zweiten Angriff warf er sieben Wasserbomben, und als sich das durch die Detonationen hochgeschleuderte Wasser wieder beruhigt hatte, sah er das mit Schlagseite im Wasser liegende Boot, aus dessen Turmluk Überlebende ins Meer sprangen. Wegen der Schäden an seiner Sunderland konnte White nicht länger den Gang der Dinge beobachten, sondern mußte den Rückflug antreten.
U 383 sank nicht sofort. Kremsers LI vollbrachte das wahre Wunder, es über Wasser zu halten, während ein Funkspruch an den BdU abgesetzt wurde. Dieser beorderte U 218, U 706 und U 54 zur Position von U 383, doch noch ehe sie eintrafen, verschlechterte sich in der Nacht vom 1. auf den 2. August das Wetter, und U 383 sank.

# U 454

| | *Stapellauf* | *Indienststellung* |
|---|---|---|
| | 30.4.1941 | 24.7.1941 |

| | |
|---|---|
| Typ | VII C |
| Kommandant | Kapitänleutnant Burkhard Hackländer (gerettet) |
| versenkt am | 1. August 1943 |
| Position | Atlantik nw Kap Ortegal, 45°36'N 10°23'W |
| durch | Luftangriff |
| Tote | 34 |
| Überlebende | 13 |
| gehoben | nein |

Versenkt von der Sunderland „B" (Flt Lt K.G. Fry) des 10. Geschwaders der RAAF, die bei ihrem Präzisionsangriff abgeschossen wurde, gerade als die Schiffe von Walkers 2. GSG am Schauplatz eintrafen, von denen die *Wren* sechs

Überlebende der Flugzeugbesatzung rettete (die beiden Piloten waren gefallen), während die *Kite* dreizehn Überlebende von U 454 barg. An Bord der *Kite* verweigerte Hackländer jegliche Aussage über Namen, Rang und Kennummer hinaus, verlor aber die Fassung, als die Kommandanten von U 461 und U 462 vorgeführt wurden.

## U 106

| | *Stapellauf* | *Indienststellung* |
|---|---|---|
| | 17.6.1940 | 24.9.1940 |
| Typ | IX B | |
| Kommandant | Oberleutnant zur See Wolfdietrich Damerow (gerettet) | |
| versenkt am | 2. August 1943 | |
| Position | Atlantik nw Kap Ortegal, 46°35'N 11°55'W | |
| durch | Luftangriff | |
| Tote | 25 | |
| Überlebende | 36 | |
| gehoben | nein | |

U 106 wurde von der Sunderland „N" (Fg Off R.D. Hanbury) des 228. Geschwaders der RAF und der Sunderland „M" (Flt Lt I.A.F. Clark) des 461. Geschwaders der RAAF versenkt. Das zuvor durch eine Wellington des 407. RCAF-Geschwaders beschädigte U-Boot hatte Hilfe angefordert, worauf der BdU die zur Suche nach U 383 beorderten Schiffe und Flugzeuge anwies, statt dessen nach U 106 zu suchen. Damerow war ein sehr umsichtiger Kommandant. Er erreichte den Punkt, wo er sich mit drei Torpedobooten (die eigentlich mehr leichte Zerstörer waren) treffen sollte, und blieb auf Sehrohrtiefe, während der Horchposten auf die Schraubengeräusche der deutschen Schiffe wartete. Sie wurden gehört, doch da die Torpedoboote offenbar nach Norden abliefen, tauchte Damerow auf, um sie über Wasser einholen zu können. Das wurde sein Verhängnis, denn er wurde von zwei Flugbooten gesichtet, die ihn trotz schweren Flakfeuers mehrmals angriffen, und schließlich meldete der LI, daß beide E-Motoren und auch der Backborddiesel ausgefallen waren und Chlorgas aus den Batterien aufstieg. Damerow befahl die Räumung des Bootes, und fünf Mann blieben am Flakgeschütz, während die Überlebenden der Bootsbesatzung von Bord gingen. Dann verließen auch sie ihren Posten, und Damerow folgte ihnen als letzter der Besatzung. Kurz danach gab es eine starke Explosion, und das Boot sank über das Heck. Die Überlebenden wurden später von den drei deutschen Torpedobooten geborgen.

## U 706

| | *Stapellauf* | *Indienststellung* |
|---|---|---|
| | 24.11.1941 | 16.3.1942 |
| Typ | VII C | |
| Kommandant | Kapitänleutnant Alexander von Zitzewitz (gefallen) | |
| versenkt am | 3. August 1943 | |
| Position | Atlantik nw Kap Ortegal, 46°15'N 10°25'W | |
| durch | Luftangriff | |
| Tote | 42 | |
| Überlebende | 15 (?) | |
| gehoben | nein | |

Nachdem U 706 gerade einen Angriff der Hampden „A" des 415. Geschwaders der RCAF überstanden hatte, wurde es erneut aus der Sonne von der Liberator „T" (Capt Joseph L. Hamilton) des 4. Geschwaders der 479. USAAF-U-Jagdgruppe in 15 Meter Höhe trotz schweren Flakfeuers mit zwölf Wasserbomben angegriffen. Die Bomben mußten von Hand ausgeklinkt werden, was nach dem verwirrenden Versagen des Auslösemechanismus bei McElroys Angriff auf U 404 angeordnet worden war. Das U-Boot sank über das Heck, 15 Überlebende trieben auf dem Wasser. Hamilton warf für sie ein Rettungsfloß ab, und später wurden sie von der *Waveney* aufgenommen.
U 706 war das letzte von den U-Jagdgeschwadern der USAAF versenkte deutsche U-Boot, da nun durch einen „Kuhhandel" auf höchster Ebene die Verantwortung für die U-Jagd von den ASW-Geschwadern der US Army Air Force auf die Geschwader der US Navy überging. Das bedauerten viele, waren doch die USAAF-Flieger echte Waffenkameraden des RAF Coastal Command gewesen, dessen Beziehungen zur US Navy sich als weniger reibungslos herausstellen sollten.

## U 572

| | *Stapellauf* | *Indienststellung* |
|---|---|---|
| | 5.4.1941 | 29.5.1941 |
| Typ | VII C | |
| Kommandant | Oberleutnant zur See Heinz Kummetat (gefallen) | |
| versenkt am | 3. August 1943 | |
| Position | Karibik no Georgetown, 11°33'N 54°05'W | |
| durch | Luftangriff | |

Tote 47
Überlebende keine
gehoben nein

Vermutlich von einer Mariner (Lt (jg) Clifford C. Cox) des USN-Geschwaders VP-205 versenkt. Am 3. August meldete Cox seiner Basis in Trinidad um 00.25 Uhr den Angriff auf ein U-Boot. Danach meldeten er und U 572 sich nicht mehr. Trotz sorgfältiger Suche konnten weder Überlebende noch Wrackteile gefunden werden, so daß wir nie mit Sicherheit wissen werden, was sich in jener Nacht ereignet hat.

## U 647

*Stapellauf* 16.9.1942 *Indienststellung* 5.11.1942

Typ VII C
Kommandant Kapitänleutnant Willi Hertin (gefallen)
versenkt Anfang August
Position Nordatlantik zwischen Island und Färöers
durch ?
Tote 48
Überlebende keine
gehoben nein

Zwischen dem 28. Juli und dem 10. August 1943 verschollen, vielleicht in der Sperre zwischen den Färöers und Island auf eine Mine gelaufen, doch kann U 647 auch durch einen Unfall infolge technischer Mängel oder menschlichen Versagens gesunken sein.

## U 489

*Stapellauf* 24.12.1942 *Indienststellung* 8.3.1943

Typ XIV
Kommandant Oberleutnant zur See d.R. Adalbert Schmandt (gerettet)
versenkt am 4. August 1943
Position Nordatlantik so Island, 61°11'N 14°38'W
durch Luftangriff
Tote 1
Überlebende 53
gehoben nein

Versenkt von einer Sunderland (Fg Off E.L.J. Braine) des 423. Geschwaders der RCAF, die das sechs Kilometer entfernte U-Boot sichtete und sofort angriff. Um die Flak auszuschalten, beschoß die Sunderland aus knapp einem Kilometer Entfernung das Boot mit Bordwaffen, doch der Flakbemannung gelang es, das Flugzeug in Brand zu schießen. Trotzdem konnte der Pilot Wasserbomben abwerfen, die U 489 versenkten, aber auch die Sunderland mußte notwassern und sank nach etwa vier Minuten in die Tiefe. Der Zerstörer *Castleton* barg sechs Mann der zwölfköpfigen Flugzeugbesatzung und 53 Überlebende des U-Boots.

## U 34

*Stapellauf* 17.7.1936 *Indienststellung* 12.9.1936

Typ VII
Kommandant Oberleutnant zur See Eduard Aust (gerettet)
versenkt am 5. August 1943
Position Ostsee vor Memel, 55°42'N 21°09'O
durch Kollision
Tote 4
Überlebende ?
gehoben am 24. August, am 8. September 1943 außer Dienst gestellt, weiteres Schicksal nicht bekannt

Nach Kollision mit dem U-Tender *Lech* gesunken.

## U 615

*Stapellauf* 8.2.1942 *Indienststellung* 26.3.1942

Typ VII C
Kommandant Kapitänleutnant Ralph Kapitzky (gefallen)
versenkt am 7. August 1943
Position Karibik w Grenada, 12°38'N 64°15'W
durch Luftangriff
Tote 4
Überlebende 43
gehoben nein

U 615 versenkte am 27. Juli vor Curaçao einen kleiner Tanker und meldete dies dem BdU in einem längeren Funkspruch, der aufgefangen wurde und eine intensive U-Jagdaktion der amerikanischen Luftsicherung auslöste.
Erstmals gesichtet wurde U 615 am 29. Juli von einer B-18 des 10. Geschwaders der USAAF, die einen erfolglosen Angriff flog. Am 1. August wurde U 615 von einer B-24 mit Bomben und vom Patrouillenboot PC 1196 mit Wasserbomben belegt. Ein weiterer erfolgloser Angriff fand in der

Nacht des 5. August statt, diesmal durch eine Mariner des Geschwaders VP-205 der USN. Eine am 6. August angreifende Mariner desselben Geschwaders wurde abgeschossen. Eine dritte Mariner, ebenfalls von VP-205, sichtete U 615 am Nachmittag des 6. August und konnte das Boot beschädigen. Um 16.35 Uhr griff eine Ventura U 615 mit Wasserbomben an, worauf das Boot tauchte, nur um kurz darauf wieder aufzutauchen.
Nun waren zwei Mariner und eine Ventura über dem Boot, das sie gleichzeitig angriffen, wobei einer der Ventura-Piloten den Tod fand. Die Angriffe wurden die ganze Nacht hindurch fortgesetzt, zwei weitere Mariner und eine B-18 der Army stürzten sich ebenfalls ins Kampfgetümmel. Am Morgen des 7. August war U 615 noch immer über Wasser und wurde von einer weiteren Mariner gesichtet, die Signalfackeln warf, aber nicht angriff, weil sich der Pilot nicht sicher war, ob es sich tatsächlich um ein deutsches U-Boot handelte (eine bei den alliierten Flugzeugbesatzungen unübliche Zögerlichkeit). Das Ende für U 615 kam, als der Zerstörer *Walker* in Sicht kam. Ihm fühlte sich Kapitzky nicht gewachsen und ließ deshalb die Besatzung in die Schlauchboote gehen, ehe er die Selbstversenkung einleitete. Kapitzky ging mit seinem Boot unter.

## U 117

| | *Stapellauf* | *Indienststellung* |
|---|---|---|
| | 26.7.1941 | 25.10.1941 |
| Typ | X B | |
| Kommandant | Korvettenkapitän Hans-Werner Neumann (gefallen) | |
| versenkt am | 7. August 1943 | |
| Position | mittlerer Nordatlantik, 39°42'N 38°21'W | |
| durch | Luftangriff | |
| Tote | 62 | |
| Überlebende | 2 | |
| gehoben | nein | |

Durch die Angriffe einer Avenger und einer Wildcat des US-Flugzeugträgers *Card* war am 3. August 1943 U 66 beschädigt und der Kommandant verwundet worden. Der BdU beorderte das U-Boot deshalb zu einem Treffen mit U 117, das Hilfe leisten und einen neuen Kommandanten übersetzen sollte. Dazu war ein reger Funkverkehr zwischen den beiden Booten und dem BdU nötig, der auf der *Card* mitgehört wurde, so daß man dort den ungefähren Treffpunkt der beiden Boote kannte.
Am Morgen des 7. August sichtete Lt (jg) Ashbury H. Sallenger ein „großes weißes Objekt“, das sich als die an der Wasseroberfläche liegenden U 117 und U 66 entpuppte. Der Himmel war wolkenlos, aber die Deutschen waren so sehr miteinander beschäftigt, daß sie die anfliegende TBF erst bemerkten, als sie etwa 400 Meter entfernt war. Sallenger belegte U 117 mit zwei Wasserbomben, worauf Qualm aus dem Boot kam, das unregelmäßige Kreise zu laufen begann. Als es tauchte, feuerte Sallenger einen Fido-Torpedo ab, der allerdings sein Ziel verfehlte.
Nun wurde U 117 von zwei anderen Rotten von Avengers und Wildcats angegriffen. Die Wasserbomben der Avengers detonierten auf beiden Seiten dicht am Boot, das gleichzeitig von den Wildcats mit Bordwaffen beschossen wurde. U 117 schien tauchen zu wollen, sank dann aber über das Heck. Jetzt griff die Rotte Avengers (Lt Charles R. Stapler und Lt (jg) Junior R.H. Forney) noch mit Fido-Torpedos an. Fünf Minuten später verfärbte sich das Wasser hellblau, und Luftblasen stiegen auf - der Beweis für die Versenkung.

## U 664

| | *Stapellauf* | *Indienststellung* |
|---|---|---|
| | 28.4.1942 | 17.6.1942 |
| Typ | VII C | |
| Kommandant | Oberleutnant zur See Adolf Graef (gerettet) | |
| versenkt am | 9. August 1943 | |
| Position | Atlantik w Azoren, 40°12'N 37°29'W | |
| durch | Luftangriff | |
| Tote | 7 | |
| Überlebende | ? | |
| gehoben | nein | |

U 664 hatte schon am 8. August einen Angriff durch die auf dem US-Träger *Card* stationierte VC-1 überstanden, bei dem eine Avenger und eine F4F abgeschossen wurden. Am gleichen Abend griff Graef den Flugzeugträger an, den er für einen Tanker hielt, konnte aber keinen Treffer erzielen. Am 9. August lief U 664 zum Aufladen der Batterien an der Wasseroberfläche und wurde um 12.16 Uhr von Lt (jg) C.C. Hogan gesichtet. Die Flugzeugbesatzungen auf der *Card* hatten eine neue Taktik für die U-Bootbekämpfung ausgeheckt: Man wollte die Boote über Wasser vernichten. Die Jagdgruppe bestand aus zwei

Avengers und zwei F4F, von denen die eine zwei 500-lb-Aufschlagzünderbomben, die andere zwei Wasserbomben und einen Fido-Torpedo an Bord hatte. Als erste griff die F4F (Lt Hodson) U 664 mit Bordwaffen an, dann folgte Lt (jg) Gerald C. Hogan mit den Bomben. Zehn Sekunden später flog Lt (jg) Forney an und belegte das im Tauchen begriffene Boot mit zwei Wasserbomben, durch die U 664 wieder hochgeschleudert wurde.
Im U-Boot war die Hölle los. Der LI bat den Kommandanten um die Genehmigung, U 664 aufgeben zu dürfen, was etwa 14 Mann der Besatzung als Befehl auffaßten und an Deck gingen, wo sie von den Bordwaffen des erneut angreifenden Hodson niedergemäht wurden. Graef wollte tauchen, doch bereits in 15 Meter Tiefe erwiesen sich die Schäden am Boot als so schwer, daß er sich zur Kapitulation entschloß und wieder auftauchte, um sich zu ergeben. Über Wasser empfingen ihn das Feuer aus Bordwaffen und weitere Wasserbomben. Graef befahl die Räumung des Bootes, dessen Bug sich immer weiter aus dem Wasser hob. Um 14.20 Uhr ging U 664 über das Heck in die Tiefe. Die Überlebenden wurden von dem Eskorter *Borie* aufgenommen, der aber die Rettungsaktion abbrechen mußte, als er von einem anderen deutschen U-Boot angegriffen wurde.

## U 468

| | *Stapellauf* | *Indienststellung* |
|---|---|---|
| | 16.5.1942 | 12.8.1942 |
| Typ | VII C | |
| Kommandant | Oberleutnant zur See Klemens Schamong (gerettet) | |
| versenkt am | 11. August 1943 | |
| Position | Atlantik sw Dakar, 12°20'N 20°07'W | |
| durch | Luftangriff | |
| Tote | 42 | |
| Überlebende | 7 | |
| gehoben | nein | |

U 468 wurde von der Liberator „D" (Fg Off Lloyd A. Trigg RNZAF) des 200. Geschwaders der RAF gesichtet. Durch starkes Flakfeuer geriet das Flugzeug in Brand, noch ehe es angreifen konnte, doch Trigg gelang es, das Boot mit sechs präzis geworfenen Wasserbomben zu versenken, ehe die Liberator ins Meer stürzte und die gesamte Besatzung den Tod fand. Auf der Suche nach dem Flugzeug sichtete die Korvette *Clarkia* sieben Überlebende des U-Boots in einem Schlauchboot, das aus der abstürzenden Liberator gefallen war. Das Verhör der Überlebenden, unter denen drei Offiziere waren, brachte Gewißheit über die Umstände der Versenkung und den Abschuß des Flugzeugs. Die Deutschen „äußerten ihre Hochachtung für die Kaltblütigkeit und Tapferkeit der Flugzeugbesatzung, die mit brennendem Flugzeug präzis angriff, ehe die Maschine mit 350 Stundenkilometer ins Wasser raste".
Aufgrund dieser Aussagen wurde Fg Off L.A. Trigg postum mit dem Victoriakreuz ausgezeichnet. Es war das erste VC, das einem zur U-Bootbekämpfung eingesetzten Flieger verliehen wurde. Zweifellos einmalig ist die Tatsache, daß die Auszeichnung den Äußerungen der Opfer des Luftangriffs der Liberator zu verdanken ist.

## U 525

| | *Stapellauf* | *Indienststellung* |
|---|---|---|
| | 20.5.1942 | 30.7.1942 |
| Typ | IX C/40 | |
| Kommandant | Kapitänleutnant Hans-Joachim Drewitz (gefallen) | |
| versenkt am | 11. August 1943 | |
| Position | Atlantik nw Azoren, 41°29'N 38°55'W | |
| durch | Luftangriff | |
| Tote | 54 | |
| Überlebende | keine | |
| gehoben | nein | |

Aufgetaucht laufend wurde U 525 von einer Avenger und einer Wildcat des US-Trägers *Card* gesichtet. Die Wildcat (Ensign Jack H. Stewart) beschoß das Boot mit Bordwaffen, dann warf die Avenger (Lt (jg) Charles G. Hewitt) zwei 500-lb-Wasserbomben, die an der Backbord-Bordwand zwischen Turm und Heck des Bootes detonierten, das darauf Öl verlor und zu tauchen begann. Das Wasser war so klar, daß Stewart das tauchende Boot deutlich beobachten konnte. Fasziniert sah er zu, wie Hewitt einen akustischen Torpedo abwarf, der vor dem Bug des U-Boots ins Wasser kam, wendete und direkt hinter dem Turm einschlug. Eine bräunliche Wassersäule stieg auf, dann kamen Öl und große Luftblasen nach oben. Bei der Besprechung dieses Angriffs meinte Capt Arnold J. Isbell von der *Card*, Hauptzweck der Wasserbomben sei es, das U-Boot zum Tauchen zu zwingen, so daß es erfolgreich mit Fido-Torpedos angegriffen werden konnte. Er schloß mit den Worten: „Man hält die Mk-24-Mine für weit wirksamer, als meist angenommen wird. Unbestritten ist, daß unsere Waffen gleich wirksam sind. Wenn jedoch die Mine bewirkt, was sie soll, ist die Diskussion vorbei, und es gibt kein weiteres Argument vom Feind oder von uns."

## U 604

| | *Stapellauf* | *Indienststellung* |
|---|---|---|
| | 16.11.1941 | 8.1.1942 |
| Typ | VII C | |
| Kommandant | Kapitänleutnant Horst Höltring (gerettet, aber vgl. U 185 weiter hinten) | |
| versenkt am | 11. August 1943 | |
| Position | Südatlantik, 05°00'S 20°00'W | |
| durch | Luftangriff/Selbstversenkung | |
| Tote | keine (aber siehe unten) | |
| Überlebende | 9 | |
| gehoben | nein | |

U 604 wurde am 30. Juli durch eine Ventura des Geschwaders VB-129 der USN schwer beschädigt. Weitere Schäden verursachte am 3. August eine Liberator des Geschwaders VB-107 der USN, und tags darauf wurde das U-Boot vom US-Zerstörer *Moffett* angegriffen. U 604 war nun weder in der Lage, weiter zu operieren noch den Rückmarsch anzutreten. Deshalb wurde ein Treffen mit U 185 und U 172 vereinbart, bei dem 23 Besatzungsmitglieder von U 604 von U 172 und die übrigen mitsamt Höltring und wichtigen Versorgungsgütern von U 185 übernommen wurden. Danach wurde U 604 durch Selbstsprengung versenkt. Später fanden bei der Versenkung von U 185 auch vierzehn Männer von U 604 den Tod.

## U 403

| | *Stapellauf* | *Indienststellung* |
|---|---|---|
| | 26.2.1941 | 25.6.1941 |
| Typ | VII C | |
| Kommandant | Kapitänleutnant Karl-Franz Heine (gefallen) | |
| versenkt am | 18. August 1943 | |
| Position | Atlantik sw Dakar, 14°11'N 17°40'W | |
| durch | Luftangriff | |
| Tote | 50 | |
| Überlebende | keine | |
| gehoben | nein | |

Die den Geleitzug GUS-10 sichernde Hudson „O" (Fg Off P.R. Hobart) des 200. Geschwaders der RAF sichtete um 09.29 Uhr ein deutsches U-Boot und griff es mit vier Wasserbomben an. Hobart drehte ab, um den Kommandeur des Geleitzugs zu warnen, aber als er zur Stelle des Angriffs zurückflog, hatte bereits die Wellington „HZ" des 697. (France Libre) Geschwaders der RAF U 403 durch Wasserbomben versenkt.

## U 197

| | *Stapellauf* | *Indienststellung* |
|---|---|---|
| | 21.5.1942 | 10.10.1942 |
| Typ | IX D2 | |
| Kommandant | Korvettenkapitän Robert Bartels (gefallen) | |
| versenkt am | 20. August 1943 | |
| Position | Indischer Ozean s Madagaskar, 28°40'S 42°36'O | |
| durch | Luftangriff | |
| Tote | 67 | |
| Überlebende | keine | |
| gehoben | nein | |

Versenkt wurde U 197 von der Catalina „C" (Ft Lt L.O. Barnett) des 259. Geschwaders der RAF und der Catalina „N" (Fg Off C.E. Robin) des 265. RAF-Geschwaders. Auf einem U-Jagd-Routineflug sichtete Barnett das U-Boot und belegte es mit sechs Wasserbomben. Danach verlangsamte das Boot die Fahrt und bekam Schlagseite nach Backbord, doch seine Flak feuerte weiter. Da Barnett keine Wasserbomben mehr hatte, umkreiste er U 197, bis er um 16.05 Uhr von Robin abgelöst wurde. Dieser warf drei weitere Wasserbomben, von denen zwei neben dem tauchenden Boot detonierten, während die dritte an Deck aufschlug und explodierte, als U 197 sieben Meter unter Wasser war.

## U 670

| | *Stapellauf* | *Indienststellung* |
|---|---|---|
| | 15.12.1942 | 27.1.1943 |
| Typ | VII C | |
| Kommandant | Oberleutnant zur See Guido Hyronimus (gerettet) | |
| versenkt am | 20. August 1943 | |
| Position | Ostsee, genaue Position nicht bekannt | |
| durch | Kollision | |
| Tote | 21 | |
| Überlebende | ? | |
| gehoben | nein | |

Nach Kollision mit dem Zielschiff *Bolkoburg* gesunken, genaue Umstände nicht bekannt.

## U 458

| | *Stapellauf* | *Indienststellung* |
|---|---|---|
| | 4.10.1941 | 12.12.1941 |
| Typ | VII C | |
| Kommandant | Kapitänleutnant Kurt Diggins (gerettet) | |
| versenkt am | 22. August 1943 | |
| Position | Mittelmeer so Pantelleria, 36°25'N 12°39'O | |
| durch | Wasserbomben/Rammung | |
| Tote | 8 | |
| Überlebende | 43 | |
| gehoben | nein | |

Der den Geleitzug MKF-22 sichernde britische Zerstörer *Easton* machte ein U-Boot aus, griff es zweimal mit Wasserbomben an und wurde durch den griechischen Zerstörer *Pindos* unterstützt, der einen Wasserbombenangriff fuhr. Daraufhin tauchte U 458 auf und wurde unter Beschuß genommen. Mit 20 Knoten Fahrt wurde das U-Boot von der *Easton* gerammt, die ihrerseits so schwer beschädigt wurde, daß sie von der *Pindos* nach Malta eingeschleppt werden mußte.

## U 185

| | *Stapellauf* | *Indienststellung* |
|---|---|---|
| | 2.3.1942 | 13.6.1942 |
| Typ | IX C/40 | |
| Kommandant | Kapitänleutnant August Maus (gerettet) | |
| versenkt am | 24. August 1943 | |
| Position | Atlantik, 27°00'N 37°06'W | |
| durch | Luftangriff | |
| Tote | 29 (plus 14 von U 604) | |
| Überlebende | 36 (davon 9 von U 604) | |
| gehoben | nein | |

U 185 wartete an der Oberfläche auf ein Treffen mit dem Versorgungsboot U 847 (Typ XIV) und wurde um 07.00 Uhr von zwei Flugzeugen des US-Trägers *Core* gesichtet, von einer Avenger (Lt Robert P. Williams) und einer Wildcat (Lt (jg) Martin G. O'Neill). Im Schutz der Wolken griffen beide Flugzeuge das U-Boot von achtern kommend an, O'Neill mit Bordwaffen (wodurch alle Männer auf der Brücke verwundet wurden) und Williams mit zwei Mk-47-Wasserbomben, von denen eine am Deckgeschütz des Bootes, die zweite hinter dem Turm explodierte. Danach war U 185 hecklastig und bekam Schlagseite nach Backbord. Durch den Angriff war der Druckkörper leckgeschlagen, Wasser strömte ins Boot und überschwemmte die Batterien, aus denen Chlorgas entwich. Nachdem der Kommandant von U 604, Kapitänleutnant Höltring, im Bugraum zwei Schwerverletzte seiner Besatzung auf deren Bitte hin erschossen hatte, erschoß er sich selbst. Ein neues Avenger-Wildcat-Duo griff das schwer beschädigte Boot an, das über das Heck sank. 36 Überlebende wurden später vom amerikanischen Zerstörer *Barker* aufgenommen.

## U 84

| | *Stapellauf* | *Indienststellung* |
|---|---|---|
| | 26.2.1941 | 29.4.1941 |
| Typ | VII B | |
| Kommandant | Kapitänleutnant Horst Uphoff (gefallen) | |
| versenkt am | 24. August 1943 | |
| Position | Mittelatlantik sw Azoren, 27°09'N 37°03'W | |
| durch | Luftangriff | |
| Tote | 46 | |
| Überlebende | keine | |
| gehoben | nein | |

Gegen Mittag sichtete Lt (jg) William A. Felter, Pilot einer auf dem US-Träger *Core* stationierten TBF des Geschwaders VC-13 der USN, unweit der Stelle, an der U 185 versenkt worden war, das aus einem Regenschauer laufende U-Boot und griff es mit einem Fido-Torpedo an, der ein Volltreffer war und U 84 versenkte.

## U 134

| | *Stapellauf* | *Indienststellung* |
|---|---|---|
| | 17.5.1941 | 26.7.1941 |
| Typ | VII C | |
| Kommandant | Kapitänleutnant Hans-Georg Brosin (gefallen) | |
| versenkt am | 24. August 1943 | |
| Position | Atlantik sw Kap Finisterre, 42°07'N 09°30'W | |
| durch | Luftangriff | |
| Tote | 48 | |
| Überlebende | keine | |
| gehoben | nein | |

Von der Wellington „J" (Fg Off D.F. McRae) des 179. Geschwaders der RAF versenkt. Am 18. Juli 1943 hatte U 134 sich durch den Abschuß des Kleinluftschiffs K 74 der US-Navy einen Namen gemacht.

## U 523

| | *Stapellauf* | *Indienststellung* |
|---|---|---|
| | 15.4.1942 | 25.6.1942 |

Typ IX C
Kommandant Kapitänleutnant Werner Pietzsch (gerettet)
versenkt am 25. August 1943
Position Nordatlantik w Vigo, 42°03'N 18°02'W
durch Wasserbomben
Tote 16
Überlebende 4 Offiziere, 3 Unteroffiziere, 30 Mannschaften
gehoben nein

U 523 geriet unversehens mitten in den Konvoi OG-92/KMS-24, der ihm weder durch den BdU noch durch den eigenen Horchposten gemeldet wurde. Der britische Zerstörer *Wanderer* erfaßte das Boot mit dem Radar und lief auf es zu. Als U 523 getaucht war, wurde es vom Zerstörer mit Wasserbomben belegt. Das U-Boot setzte mit dem „Pillenwerfer" einige Boldkanister ab und tauchte noch tiefer. Nun griff die *Wanderer* mit Hedgehog-Wasserbomben an, die nur geringfügige Schäden am Achterschiff verursachten, doch durch den nächsten Wasserbombenangriff wurde U 523 an E-Motoren und Dieseln schwer beschädigt und fiel auf 270 Meter Tiefe, ehe der LI es abfangen konnte. Das Boot tauchte wieder auf, aber die Kampfmoral der Besatzung war dahin. Offiziere und Unteroffiziere drängten sich auf der Brücke und in der Zentrale, und als eine Granate im Turm einschlug, gab es viele Tote.

## U 847

| | *Stapellauf* | *Indienststellung* |
|---|---|---|
| | 5.9.1942 | 23.1.1943 |

Typ IX D2
Kommandant Kapitänleutnant Herbert Kuppisch (gefallen)
versenkt am 27. August 1943
Position Mittelatlantik, Sargassomeer, 28°19'N 37°58'W
durch Luftangriff
Tote 62
Überlebende keine
gehoben nein

U 847 sollte ursprünglich nach Penang marschieren, doch nach der Versenkung von U 117 und U 489 änderte der BdU seine Pläne und setzte U 847 als Versorgungsboot im Mittelatlantik ein. Am 27. August hatten Flugzeuge des US-Trägers *Card* U 508 mit Fido-Torpedos angegriffen, aber nicht getroffen. Nach diesem U-Boot sollten eine Avenger (Lt Ralph Long) und zwei F4F suchen, doch sichteten sie ein anderes Boot, das mit 12 Knoten nach Südosten lief. Long befahl, das U-Boot durch Bordwaffenbeschuß zum Tauchen zu zwingen, damit er seinen Fido-Torpedo einsetzen konnte. Der Plan gelang: Das U-Boot tauchte, und Long warf seinen Torpedo ab, der unter Wasser auf das Ziel einschwenkte, ehe er in der Tiefe verschwand. Nach 15 Sekunden gab es eine Unterwasserdetonation, die das Wasser hügelförmig meterhoch emporschleuderte. Nachdem viel Öl aufgeschwommen war, kam es zu einer zweiten Explosion unter Wasser; beide Detonationen wurden in dem mehrere Kilometer entfernten U 508 gehört.

## U 639

| | *Stapellauf* | *Indienststellung* |
|---|---|---|
| | 22.7.1942 | 10.9.1942 |

Typ VII C
Kommandant Oberleutnant zur See Walter Wichmann (gefallen)
versenkt am 30. August 1943
Position Eismeer, Karasee, 76°40'N 60°40'O
durch sowjetisches U-Boot
Tote 47
Überlebende keine
gehoben nein

Das sowjetische U-Boot S-101 (Kommandant Lt Y. Trofimow) patrouillierte in der Karasee, als die (von den Briten ausgebildeten) ASDIC-Horchposten die Dieselmotoren eines an der Oberfläche laufenden U-Boots ausmachten. Die klimatischen Gegebenheiten im Polarmeer veranlaßten die Sowjets, per ASDIC Fühlung aufzunehmen und erst unmittelbar vor einem Angriff das Sehrohr auszufahren. Das tat auch Trofimow, und aus 1000 Meter Entfernung schoß er drei Torpedos ab. Er hörte eine Detonation und tauchte sofort auf, um Bootstrümmer aufzufischen, anhand deren das Boot als U 639 identifiziert wurde.

## U 634

| | *Stapellauf* | *Indienststellung* |
|---|---|---|
| | 10.6.1942 | 6.8.1942 |

Typ VII C
Kommandant Oberleutnant zur See Eberhard Dahlhaus (gefallen)
versenkt am 30. August 1943

| | |
|---|---|
| Position | Atlantik w Kap Finisterre, 40°13'N 19°24'W |
| durch | Wasserbomben |
| Tote | 47 |
| Überlebende | keine |
| gehoben | nein |

Von der Sloop *Stork* und dem Kreuzer *Stonecrop* durch Wasserbomben versenkt.

# U 669

| | *Stapellauf* | *Indienststellung* |
|---|---|---|
| | 5.10.1942 | 16.12.1942 |

| | |
|---|---|
| Typ | VII C |
| Kommandant | Oberleutnant zur See d.R. Kurt Köhl (gefallen) |
| versenkt am | 7. September 1943 |
| Position | Golf von Biscaya nw Kap Ortegal, 45°36'N 10°13'W |
| durch | Luftangriff |
| Tote | 52 |
| Überlebende | keine |
| gehoben | nein |

Versenkt von der Wellington „W" (P Off E.M. O'Donnell) des 407. Geschwaders der RCAF. Bei der Überprüfung eines Radarkontakts schaltete die Flugzeugbesatzung etwa einen Kilometer von dem erfaßten Objekt entfernt den Suchscheinwerfer ein und entdeckte ein deutsches U-Boot. Die gegenwärtige Position erschien O'-Donnell für einen Angriff ungünstig. Also drehte er ab, um das U-Boot trotz massivem Flakbeschuß von achtern anzufliegen, schaltete in anderthalb Kilometer wieder das Leigh Light ein und konnte gezielt fünf Wasserbomben um den Bootsturm abwerfen. Es schwammen weder Bootstrümmer noch Öl auf, aber spätere Überprüfungen ergaben, daß U 669 diesem Angriff zum Opfer fiel.

# U 760

| | *Stapellauf* | *Indienststellung* |
|---|---|---|
| | 21.6.1942 | 15.10.1942 |

| | |
|---|---|
| Typ | VII C |
| Kommandant | Oberleutnant zur See Otto-Ulrich Blum (gerettet) |
| übergeben am | 8. September 1943 |
| Position | Vigo |
| Ursache | Internierung |
| Tote | keine |
| Überlebende | ? |
| gehoben | nein |

Das Boot wurde durch Luftangriffe von Maschinen des USN-Geschwaders VB-103 beschädigt und mußte Vigo anlaufen, wo die Besatzung interniert wurde. Da sich das Kriegsglück gewendet hatte, wollte Spanien nicht mehr eng mit den Deutschen zusammenarbeiten. Am 23. Juli 1945 lief das an die Briten ausgelieferte U-Boot in Loch Ryan ein und wurde am 13. Dezember im Zug der Operation „Deadlight" versenkt.

# U 983

| | *Stapellauf* | *Indienststellung* |
|---|---|---|
| | 12.5.1943 | 16.6.1943 |

| | |
|---|---|
| Typ | VII C |
| Kommandant | Leutnant zur See d.R. Hans-Heinrich Reimers (gerettet) |
| versenkt am | 8. September 1943 |
| Position | Ostsee n Leba, 54°56'N 17°14'O |
| durch | Kollision |
| Tote | 5 |
| Überlebende | ? |
| gehoben | nein |

Nach Kollision mit U 988 gesunken, nähere Umstände nicht bekannt.

# U 617

| | *Stapellauf* | *Indienststellung* |
|---|---|---|
| | 14.2.1942 | 9.4.1942 |

| | |
|---|---|
| Typ | VII C |
| Kommandant | Kapitänleutnant Albrecht Brandi (gerettet) |
| versenkt am | 12. September 1943 |
| Position | nordafrikanische Küste bei Melilla, 35°13'N 03°29'W |
| durch | Strandung/Selbstversenkung |
| Tote | keine |
| Überlebende | 49 |
| gehoben | nein |

Durch Radar erfaßt und mit Suchscheinwerfern angestrahlt, wurde U 617 von den Wellingtons „P" und „J" des 179. Geschwaders der RCAF angegriffen. Zunächst hatte die Wellington „P" (Sqn Ldr D. Hodgkinson) das Boot um 00.50 entdeckt und mit sechs Wasserbomben angegriffen, worauf U 617 Öl verlor und dauernd aus dem Ruder lief. Um 03.15 Uhr flog die Wellington „J" (P Off W.H. Brunini) an und warf trotz erbittertem Flakfeuer (das den Heckschützen des Flugzeugs

tötete) weitere sechs Wasserbomben. Danach war das Boot hecklastig, und Qualm und Flammen schlugen aus dem Turmluk.
Bei Tagesanbruch lag das Boot mit der Backbordseite auf Strand, Wasser überspülte den Turm. Die Besatzung war von Bord gegangen; die Schlauchboote waren an Land gezogen worden, und Männer trockneten ihre Kleidung. Hudsons des 48. und 233. Geschwaders griffen das Wrack mit Raketen an, unterstützt von Swordfishs der 833. und 886. NAS-Geschwader. Endgültig zerstört wurde U 617 durch die Artillerie der britischen *Hyacinth* und *Harlem* und der australischen *Woollongong*. Die spanische Regierung sprach von einer Verletzung spanischer Hoheitsgewässer, aber die Briten rechtfertigten sich mit dem Hinweis, daß es sich hier um die fortgesetzte Verfolgung eines feindlichen U-Boots gehandelt habe.
Brandi war einer der erfahrensten und höchstdekorierten U-Bootkommandanten, die den Alliierten in die Hände fielen. Vor U 617 hatte er U 380 und U 967 befehligt und wurde später mit dem Ritterkreuz mit Eichenlaub, Schwertern und Brillanten ausgezeichnet.

## U 341

| | *Stapellauf* | *Indienststellung* |
|---|---|---|
| | 10.10.1942 | 28.11.1942 |
| Typ | VII C | |
| Kommandant | Oberleutnant zur See Dietrich Epp (gefallen) | |
| versenkt am | 19. September 1943 | |
| Position | Atlantik sw Island, 58°40'N 25°30'W | |
| durch | Luftangriff | |
| Tote | 50 | |
| Überlebende | keine | |
| gehoben | nein | |

Die den Geleitzug ONS-18 sichernde Liberator „A" (Flt Lt R.F. Fisher) des 10. Geschwaders der RCAF sichtete ein aufgetaucht laufendes U-Boot. Ein erster Angriff mißlang, weil Fisher zu hoch anflog, aber beim zweiten Anflug warf er sechs Wasserbomben, die dicht am Boot detonierten. Danach gab es im Bug von U 341 eine Sekundärexplosion, die Trümmer hoch in die Luft schleuderte. Das U-Boot verlor an Fahrt, stoppte und sank, während die Liberator noch einmal vier Wasserbomben warf.

## U 338

| | *Stapellauf* | *Indienststellung* |
|---|---|---|
| | 20.4.1942 | 25.6.1942 |
| Typ | VII C | |
| Kommandant | Kapitänleutnant Manfred Kinzel (gefallen) | |
| versenkt am | 20. September 1943 | |
| Position | Nordatlantik sw Island, 57°40'N 29°48'W | |
| durch | Luftangriff | |
| Tote | 52 | |
| Überlebende | keine | |
| gehoben | nein | |

Die Liberator „F" des 120. Geschwaders der RAF griff U 338 (erfolglos) an, weshalb ihr häufig die Versenkung dieses U-Boots zugeschrieben wird, aber U 338 setzte nach dem Angriff noch drei Funksprüche ab, den letzten am 20. September um 17.07 Uhr. Zu dieser Zeit hatte das Boot es mit der kanadischen Korvette *Drumheller* zu tun, die nach der Positionsmeldung der Liberator auf U 338 angesetzt wurde. Nach Geschützfeuer der Korvette tauchte das Boot und wurde von ihr per ASDIC erfaßt. Dann wurde das kanadische Schiff durch Unterwasserdetonationen unbekannter Ursache geschüttelt. Vielleicht war das durch das Geschützfeuer beschädigte Boot zu tief getaucht und wurde durch den Wasserdruck zermalmt, oder U 338 hatte noch während der Versenkung einen akustischen Torpedo („Zaunkönig") abgefeuert, der bei oder unter der *Drumheller* explodierte. Ab dem 21. September meldete sich U 338 nicht mehr.

## U 346

| | *Stapellauf* | *Indienststellung* |
|---|---|---|
| | 13.4.1943 | 7.6.1943 |
| Typ | VII C | |
| Kommandant | Oberleutnant zur See Arno Leisten (gefallen) | |
| versenkt am | 20. September 1943 | |
| Position | Ostsee vor Hela, 54°25'N 19°50'O | |
| durch | Unfall | |
| Tote | 36 | |
| Überlebende | ? | |
| gehoben | nein | |

Durch einen Tauchunfall gesunken, nähere Umstände nicht bekannt.

## U 229

| | *Stapellauf* | *Indienststellung* |
|---|---|---|
| | 20.8.1942 | 3.10.1942 |

Typ — VII C
Kommandant — Oberleutnant zur See Robert Schetelig (gefallen)
versenkt am — 22. September 1943
Position — Nordatlantik so Kap Farewell, 54°36'N 36°25'W
durch — Wasserbomben/Rammung
Tote — 50
Überlebende — keine
gehoben — nein

Versenkt beim Angriff auf den Geleitzug ON-202, einer der Geleitzugschlachten, die die Rückkehr der deutschen U-Boote in den Nordatlantik signalisierten. Der britische Zerstörer *Keppel* verfolgte das durch Funkpeilung geortete U 229, das ein Fühlungshaltersignal abgesetzt hatte, rammte das Boot und versenkte es durch zehn Wasserbomben.

## U 161

| | *Stapellauf* | *Indienststellung* |
|---|---|---|
| | 1.3.1941 | 8.7.1941 |

Typ — IX C
Kommandant — Kapitänleutnant Albrecht Achilles (gefallen)
versenkt am — 27. September 1943
Position — Südatlantik no Bahia, 12°30'S 35°35'W
durch — Luftangriff
Tote — 52
Überlebende — keine
gehoben — nein

Von einer Mariner (Lt (jg) Harry G. Patterson) des Geschwaders VP-74 der USN versenkt.

## U 221

| | *Stapellauf* | *Indienststellung* |
|---|---|---|
| | 14.3.1942 | 9.5.1942 |

Typ — VII C
Kommandant — Kapitänleutnant Hans-Hartwig Trojer (gefallen)
versenkt am — 27. September 1943
Position — Atlantik nw Kap Finisterre, 47°00'N 18°00'W
durch — Luftangriff
Tote — 50
Überlebende — keine
gehoben — nein

Versenkt von der Halifax „B“ (Fg Off E.L. Hartley) des 58. Geschwaders der RAF mit acht Wasserbomben, die das Boot perfekt diagonal von Backbord vorn bis Steuerbord achtern eindeckten. Der Heckschütze konnte beobachten, wie sich der Bug des Bootes inmitten der Explosionen noch einmal senkrecht in die Höhe reckte, bevor er wieder zurückfiel und das Boot endgültig in der Tiefe versank.

## U 336

| | *Stapellauf* | *Indienststellung* |
|---|---|---|
| | 4.12.1941 | 14.2.1942 |

Typ — VII C
Kommandant — Kapitänleutnant Hans Hunger (gefallen)
versenkt am — 4. Oktober 1943
Position — Nordatlantik sw Island, 62°43'N 27°17'W
durch — Luftangriff
Tote — 50
Überlebende — keine
gehoben — nein

Die den Geleitzug ONS-19 sichernde Hudson „F“ (Flt Sgt G.C. Allsop) des 269. Geschwaders der RAF sichtete das aufgetaucht laufende U-Boot und griff es mit acht paarweise abgefeuerten Raketen an. Das schwere Flakfeuer verstummte, als die erste Salve auf dem Boot dicht vor dem Turm einschlug. Die zweite Salve traf hinter dem Turm die Wasserlinie und vor dem Turm das Deck. Mit fünf Raketeneinschüssen im Druckkörper war U 336 verloren. Es stoppte, und Rauch quoll aus dem Inneren. Das Heck hob sich aus dem Wasser, und in steilem Winkel ging das Boot in die Tiefe, während immer noch einige Flakkanoniere das Flugzeug beschossen. Im Wasser trieben etwa 15 Männer, aber als Allsop später die Stelle noch einmal überflog, waren Überlebende und Bootstrümmer in einem großen Ölteppich verschwunden.
Zunächst schrieb man die Versenkung von U 336 der Ventura „B“ (Cdr C.L. Westhofen) des Geschwaders VP-128 der USN zu, doch deren Opfer war U 279 (siehe unten).

## U 279

| | *Stapellauf* | *Indienststellung* |
|---|---|---|
| | 16.12.1942 | 3.2.1943 |

Typ — VII C
Kommandant — Kapitänleutnant Otto Finke (gefallen)
versenkt am — 4. Oktober 1943

| | |
|---|---|
| Position | Nordatlantik sw Island, 60°51'N 28°26'W |
| durch | Luftangriff |
| Tote | 49 |
| Überlebende | keine |
| gehoben | nein |

Die Ventura „B“ (Cdr C.L. Westhofen) des Geschwaders VP-128 der USN sichtete U 305 und griff das Boot an, das tauchte und den Angriff unbeschadet überstand. Das Flugzeug drehte ab und verlegte sich aufs Warten, sichtete aber wenig später rund 20 Kilometer von der Stelle des ersten Angriffs ein anderes U-Boot an der Oberfläche, das sofort wendete, als die Ventura herabstieß. Der Kommandant wollte ihr das Heck zuzuwenden, um die Flak auf dem Wintergarten ins Spiel zu bringen. Unter heftigem Abwehrfeuer warf Westhofen drei Mk-44-Wasserbomben, die achtern an Steuerbord des Bootes in Höhe des Turms und am Bug detonierten. Als er zum zweiten Angriff ansetzte, lag das Boot tief im Wasser, und Rauch quoll aus dem Turm. Während die Besatzung von Bord ging, breitete sich ein Ölteppich aus. Dann sank das Boot, und einige Männer trieben in vier oder fünf Schlauchbooten, während andere im Öl schwimmend um ihr Leben kämpften. Westhofen konnte für die Überlebenden keine Hilfe herbeirufen, da sein Funkgerät durch den Flakbeschuß zerstört war.

Zunächst schrieb man die Versenkung von U 279 der Liberator „X“ des 120. Geschwaders der RAF zu, doch deren Opfer war das am 5. Oktober versenkte U 389 (siehe nächste Seite).

## U 460

| | *Stapellauf* | *Indienststellung* |
|---|---|---|
| | 13.9.1941 | 24.12.1941 |
| Typ | XIV | |
| Kommandant | Kapitänleutnant d.R. Ebe Schnoor (gefallen) | |
| versenkt am | 4. Oktober 1943 | |
| Position | Atlantik n Azoren, 43°13'N 28°58'W | |
| durch | Luftangriff | |
| Tote | 62 | |
| Überlebende | keine | |
| gehoben | nein | |

Am Morgen des 4. Oktober sichtete Lt (jg) R.L. Stearns vom auf den US-Träger *Card* verlegten Geschwader VC-9 der USN am Ende seines Aufklärungsflugs vier deutsche U-Boote. Das Versorgungsboot U 460 hatte bereits U 264 betankt und traf Anstalten, U 422 zu betanken, während U 455 darauf wartete, an die Reihe zu kommen. Stearns meldete die Position dem Flugzeugträger, der weitere Flugzeuge starten ließ, während Stearns sofort angriff und zwischen U 264 und U 460 eine 500-lb-Bombe warf. Inzwischen stritten sich die Kommandanten der beiden Boote, wer zuerst tauchen sollte, obwohl laut Anweisung des BdU immer das Versorgungsschiff als erstes tauchen und von den anderen Booten gedeckt werden sollte. Als weitere Maschinen anflogen, tauchte U 455 und lief unbemerkt ab, während die übrigen drei Boote massives Flakfeuer eröffneten, aber durch Bordwaffenbeschuß der Flugzeuge beschädigt wurden. Nun tauchte auch U 422, so daß für jede der beiden Avenger ein Boot über Wasser blieb. Als auch U 264 tauchte, wollte Stearns im Glauben, dies sei das Versorgungsboot, es mit seinem Fido-Torpedo angreifen, doch verlor er das Boot aus den Augen und nahm sich deshalb U 460 zum Ziel. 25 Sekunden nach dem Abwurf des akustischen Torpedos gab es eine starke Unterwasserdetonation, worauf viel Öl und zahlreiche Bootstrümmer aufschwammen.

## U 422

| | *Stapellauf* | *Indienststellung* |
|---|---|---|
| | 10.10.1942 | 10.2.1943 |
| Typ | VII C | |
| Kommandant | Oberleutnant zur See Wolfgang Poeschel (gefallen) | |
| versenkt am | 4. Oktober 1943 | |
| Position | Atlantik n Azoren, 43°18'N 28°58'W | |
| durch | Luftangriff | |
| Tote | 49 | |
| Überlebende | keine | |
| gehoben | nein | |

Drei Stunden nach der Versenkung von U 460 tauchte U 422 fünf Kilometer entfernt wieder auf. Tausend Meter über dem Boot flogen eine F4F und eine Avenger des Geschwaders VC-9 der USN. Ensign Joseph D. Horn stieß auf 15 Meter Höhe herab und beschoß das tauchende Boot mit Bordwaffen. Direkt hinter ihm flog die Avenger (Lt (jg) Stewart B. Holt), die einen Fido-Torpedo abwarf, der hinter dem Turm des Bootes einschlug. Eine Wasserfontäne stieg auf, und zahlreiche Bootstrümmer und ein Rettungsfloß trieben auf dem Wasser.

# U 389

| | *Stapellauf* | *Indienststellung* |
|---|---|---|
| | 19.12.1942 | 6.2.1943 |
| Typ | VII C | |
| Kommandant | Kapitänleutnant Siegfried Heilmann (gefallen) | |
| versenkt am | 5. Oktober 1943 | |
| Position | Nordatlantik sw Island, 60°51'N 29°26'W | |
| durch | Luftangriff | |
| Tote | 50 | |
| Überlebende | keine | |
| gehoben | nein | |

Die den Geleitzug ONS-19 sichernde Liberator „X" (Flt Lt J.F. McEwan) des 120. Geschwaders der RAF erhielt von einer anderen Liberator desselben Geschwaders die Position eines deutschen U-Boots gemeldet, doch konnte McEwan dort eingetroffen nichts entdecken und flog seine ursprüngliche Patrouille weiter. Danach meldete eine nach Großbritannien fliegende Hudson die Position eines gesichteten U-Boots, das McEwan dann in perfekter Position zwischen sich und der untergehenden Sonne sichtete und mit Wasserbomben angriff. Nach dem Angriff war das Boot verschwunden, und einige Überlebende trieben auf dem Wasser, für die McEwan Notrationen, Verbandszeug und drei Einmann-Schlauchboote abwarf.

# U 419

| | *Stapellauf* | *Indienststellung* |
|---|---|---|
| | 22.8.1942 | 18.11.1942 |
| Typ | VII C | |
| Kommandant | Oberleutnant zur See Dietrich Giersberg (gerettet) | |
| versenkt am | 8. Oktober 1943 | |
| Position | Nordatlantik, 56°31'N 27°05'W | |
| durch | Luftangriff | |
| Tote | 48 | |
| Überlebende | 1 | |
| gehoben | nein | |

Beim Beschatten des Geleitzugs SC-143 wurde U 419 von der Liberator „R" (Flt Lt J. Wright) des 86. RAF-Geschwaders gesichtet, die eine Cobra-12-Patrouille zur Geleitsicherung flog. Durch Wrights Angriff wurde das schwer beschädigte U-Boot zum Auftauchen gezwungen und um 09.54 Uhr von Wright ein zweites Mal mit zwei Wasserbomben angegriffen, die direkt am Druckkörper des Bootes fielen und eine starke Detonation auslösten. Als sich der Rauch verzogen hatte, stand U 419 fast senkrecht im Wasser, und etwa 15 Männer trieben zwischen Bootstrümmern in einem dicken Ölteppich. Bis einige Stunden später eines der Geleitsicherungsfahrzeuge die Stelle erreichte, war nur noch Giersberg am Leben.

# U 643

| | *Stapellauf* | *Indienststellung* |
|---|---|---|
| | 20.8.1942 | 8.10.1942 |
| Typ | VII C | |
| Kommandant | Kapitänleutnant Hans-Harald Speidel (gerettet) | |
| versenkt am | 8. Oktober 1943 | |
| Position | Atlantik s Island, 56°14'N 26°55'W | |
| durch | Luftangriff | |
| Tote | 30 | |
| Überlebende | 21 | |
| gehoben | nein | |

Auch U 643 belauerte den Geleitzug SC-143, wurde über Wasser gesichtet und von der Liberator „R" des 86. Geschwaders der RAF mit Bordwaffen beschossen. Als die Maschine wegen Treibstoffmangel abdrehen mußte, meldete sie die Position des Bootes der Liberator „Z" (Flt Lt C.W. Burcher). Burcher sichtete U 643 um 11.37 Uhr und griff es während des Abtauchens mit vier Wasserbomben an, die nur Gischt und Öl auf das Wasser brachten. Als Burcher eine Stunde später zu der Stelle zurückkehrte, griff eben die Liberator „T" (Fg Off D.C. Webster) des 120. Geschwaders der RAF ein aufgetauchtes U-Boot an. Beide Flugzeuge warfen Wasserbomben und beschossen das Boot mit Bordwaffen. Die Situation in der Luft wurde etwas beengt, als auch noch die Liberator „G" des 120. und die Liberator „L" des 86. Geschwaders der RAF dazustießen.
Nach den Angriffen kam die U-Bootbesatzung in Rettungswesten an Deck und holte die Rettungsflöße hervor, während U 643 über den Bug sank. Die Flugzeuge markierten die Stelle mit Rauchbojen und riefen die *Orwell* zur Bergung der Überlebenden herbei. Um 14.45 Uhr verriet eine heftige Detonation, daß Speidel die Sprengladung zur Selbstversenkung des Bootes gezündet hatte, und U 643 ging für immer in die Tiefe. Die Überlebenden wurden von der *Orwell* aufgenommen.

# U 610

| | *Stapellauf* | *Indienststellung* |
|---|---|---|
| | 24.12.1941 | 19.2.1942 |

Typ VII C
Kommandant Kapitänleutnant Walter Freiherr von Freyberg-Eisenberg-Allmendingen (gefallen)
versenkt am 8. Oktober 1943
Position Atlantik sw Rockall, 55°45'N 24°33'W
durch Luftangriff
Tote 51
Überlebende keine
gehoben nein

Die Sunderland „J" des 423. Geschwaders der RCAF traf um 17.43 Uhr beim Geleitzug SC-143 ein und patrouillierte hinter dem Konvoi. Nachdem sie durch einige niedrig hängende Wolkenbänke gestoßen war, sichtete sie um 17.34 Uhr das Kielwasser eines aufgetaucht laufenden U-Boots. Im ersten Anflug beschoß die Sunderland das Boot mit Bordwaffen und kehrte dann zum zweiten Anflug um, bei dem sie vier Wasserbomben abwarf. Eine blieb im Schacht hängen, während von der restlichen drei zwei neben dem Turm explodierten und das Boot aus dem Wasser hoben. Danach waren nur noch Bootstrümmer und etwa 15 Besatzungsmitglieder zu sehen.

# U 402

| | *Stapellauf* | *Indienststellung* |
|---|---|---|
| | 28.12.1940 | 21.5.1941 |

Typ VII C
Kommandant Korvettenkapitän Siegfried Freiherr von Forstner (gefallen)
versenkt am 13. Oktober 1943
Position mittlerer Nordatlantik, 48°56'N 29°41'W
durch Luftangriff
Tote 50
Überlebende keine
gehoben nein

Der US-Träger *Card* sollte ein Versorgungstreffen deutscher U-Boote der Gruppe „Roßbach" 300 Kilometer nördlich von Flores verhindern. Mehrere Angriffe seiner Flugzeuge blieben erfolglos, so am 12. Oktober gegen U 488 und U 731 und am 13. gegen U 378. Während er das Gebiet auf der Suche nach U 378 durchkämmte, sichtete Lt-Cdr Howard M. Avery ein anderes Boot, U 402, von dem er zunächst annahm, es würde tauchen, und wollte seinen Fido-Torpedo abwerfen, tat dies aber nicht, weil das aufgetauchte Boot in schwerer See ein zu unsicheres Ziel bot und inzwischen seine Flughöhe zu niedrig war. Also blieb er bei dem Boot, um eine seiner 500-lb-Wasserbomben abwerfen zu können, beharkte es mit seinen Bordwaffen und forderte Verstärkung an. Die Flakkanoniere des Bootes war so sehr mit Avery beschäftigt, daß sie nicht Ensign Barton C. Sheela bemerkten, der sich im Sturzflug von achtern näherte und eine 500-lb-Bombe warf, die allerdings fern vom Ziel explodierte. Nun tauchte U 402, was Avery die Möglichkeit bot, seinen Torpedo abzuwerfen, der im Wasser genau auf das Boot zulief. Sekunden später gab es eine starke Unterwasserdetonation, und Öl und Wrackteile schwammen auf.

# U 470

| | *Stapellauf* | *Indienststellung* |
|---|---|---|
| | 8.8.1942 | 7.1.1943 |

Typ VII C
Kommandant Oberleutnant zur See d.R. Günther-Paul Grave (gefallen)
versenkt am 16. Oktober 1943
Position Nordatlantik sw Island, 58°20'N 29°20'W
durch Luftangriff
Tote 46
Überlebende 2
gehoben nein

Das den Geleitzug ON-206 beschattende U 470 wurde von der Sunderland „S" des 422. Geschwaders der RCAF angegriffen, konnte jedoch das Flugzeug abschießen. Es folgten Angriffe durch die Liberator „E" (Flt Lt H.F. Kerrigan) und die Liberator „Z" (Flt Lt B.E. Peck) des 120. Geschwaders der RAF, die vor dem Konvoi sicherten und zur Position des U-Boots beordert wurden. Nach einem Angriff wurden die beiden Flugzeuge durch die Liberator „C" (P Off W.G. Loney) des 59. RAF-Geschwaders verstärkt. Nach Peck griff Loney an, worauf Peck einen weiteren Angriff flog. Dabei wurde U 470 aus dem Wasser gehoben und ging dann fast senkrecht in die Tiefe. 15 bis 20 Besatzungsmitglieder trieben im Wasser.

Der Zerstörer *Duncan* sollte die Überlebenden bergen, aber der Kommandant, Cdr Peter Gretton, der bereits für die Geleitsicherung der Konvois ONS-5 und SC-130 verantwortlich gewesen war, beschloß weiterzulaufen, da weitere U-Boote

in diesem Planquadrat gemeldet waren und er sein Schiff nicht aufs Spiel setzen wollte. Er fuhr an den Männern mit Enternetzen vorbei, aber nur zwei, Marinegefreiter Gerhard Tacken und Marinegefreiter Heinz Knappe, bekamen das Netz zu fassen und konnten geborgen werden.
Das Verhör der beiden ergab, daß das Boot mit einer „Alberich“ genannten Gummimischung beschichtet war, die eine Sonarortung erschweren sollte. Interessant an diesem Angriff war auch, daß die RAF dabei erstmals Sonarbojen einsetzte. Solange U 470 über Wasser war, waren sie unnötig, aber nachdem das Boot versenkt war, übermittelten sie der Besatzung der Liberator „Z“ deutlich das Geräusch des auseinanderbrechenden Boots.
Oberleutnant zu See Grave war der Funkoffizier auf dem deutschen Versorger *Altmark* bei dessen legendärem Rückmarsch aus dem Südatlantik 1939-1940 gewesen.

## U 533

| | *Stapellauf* | *Indienststellung* |
|---|---|---|
| | 11.9.1942 | 25.11.1942 |
| Typ | IX C/40 | |
| Kommandant | Kapitänleutnant Helmut Hennig (gefallen) | |
| versenkt am | 16. Oktober 1943 | |
| Position | Indischer Ozean, Golf von Oman, 25°28'N 56°50'O | |
| durch | Luftangriff | |
| Tote | 52 | |
| Überlebende | 1 | |
| gehoben | nein | |

U 533 war mit Kurs auf den Golf von Oman unterwegs, um dort Tanker zu versenken. Das Boot wurde durch den Angriff einer Bisley des 244. Geschwaders der RAF überrascht. Obwohl Hennig sofort tauchte, wurde der Druckkörper durch vier 250-lb-Wasserbomben beschädigt.
Zwei Männer, ein Offizier und ein Mannschaftsdienstgrad, konnten ohne Tauchretter das versenkte Boot verlassen. Sie warteten, bis die Luft im sinkenden Boot durch einströmendes Wasser so komprimiert war, daß sie ein Luk öffnen und in der entweichenden Luftblase die Oberfläche erreichen konnten. Dort wurde der ohnmächtig gewordene Offizier etwa eine Stunde lang von dem Kameraden über Wasser gehalten, bis den Offizier die Kräfte verließen. Der letzte Überlebende trieb noch weitere 28 Stunden im Wasser, bis er von der britischen *Hiravati* gerettet wurde.

## U 844

| | *Stapellauf* | *Indienststellung* |
|---|---|---|
| | 30.12.1942 | 7.4.1943 |
| Typ | IX C/40 | |
| Kommandant | Oberleutnant zur See Günther Möller (gefallen) | |
| versenkt am | 16. Oktober 1943 | |
| Position | Atlantik sw Island, 58°30'N 27°16'W | |
| durch | Luftangriff | |
| Tote | 53 | |
| Überlebende | keine | |
| gehoben | nein | |

U 844 wurde in der Nacht vom 15. zum 16. Oktober von zwei den Konvoi ONS-206 sichernden britischen Zerstörern, der *Duncan* (Lt-Cdr P. Gretton) und der *Vanquisher* angegriffen, die das Boot bis zum frühen Morgen unter Wasser hielten. Dann mußte Gretton wieder auf seine Position in der Geleitsicherung zurückkehren, und Flugzeuge übernahmen die U-Jagd.
Die Liberator „L“ (Flt Lt E.A. Bland) des 86. Geschwaders der RAF sichtete das aufgetaucht laufende Boot und griff es an, doch wurde die Maschine dabei durch Flakbeschuß so schwer beschädigt, daß die Wasserbomben nicht ausgeklinkt werden konnten. Bland umkreiste das Boot und forderte Verstärkung an. Diese kam mit der Liberator „S“ (P Off W.J. Thomas) des 59. RAF-Geschwaders, die trotz heftigem Flakbeschuß vier Wasserbomben warf, die dicht am Boot detonierten. Danach gab es eine Folgedetonation mit einem roten Lichtblitz. Während U 844 sank, wurde es von Thomas mit vier weiteren Wasserbomben belegt.
Die Liberator „L“ war ihrerseits so schwer beschädigt, daß sich Bland zur Notwasserung unweit des Konvois entschloß, um dort auf Rettung zu warten, doch beim Aufsetzen brach das Flugzeug auseinander. Zwei Besatzungsmitglieder starben, Bland und sein Navigationsoffizier waren verwundet. Die fünf Überlebenden der Liberator wurden später von der *Pink* gerettet.

## U 964

| | *Stapellauf* | *Indienststellung* |
|---|---|---|
| | 30.12.1942 | 18.2.1943 |
| Typ | VII C | |
| Kommandant | Oberleutnant zur See Emmo Hummerjohann (gefallen) | |
| versenkt am | 16. Oktober 1943 | |

| | |
|---|---|
| Position | Nordatlantik sw Island, 58°34'N 05°46'W |
| durch | Luftangriff |
| Tote | 47 |
| Überlebende | 3 |
| gehoben | nein |

Die den Geleitzug ON-206 sichernde Liberator „Y“ (Fg Off G.D. Gamble) des 86. Geschwaders der RAF sichtete um 17.35 Uhr ein deutsches U-Boot und griff es an. Der erste Angriff war erfolglos, und wegen des starken Flakfeuers blieb Gamble auf Abstand und forderte ein Schiff der Sicherungsgruppe an. Das wurde abgelehnt. Um 19.10 Uhr griff Gamble erneut an, und eine der drei Wasserbomben explodierte dicht am Boot. In Minutenschnelle ging U 964 über den Bug in die Tiefe; 35 Überlebende trieben im Wasser. Zwar meldete Gamble deren Position, doch konnten sie wegen der einbrechenden Nacht nicht geborgen werden. Erst später wurden die übriggebliebenen drei Überlebenden von U 231 gerettet.

## U 540

| | *Stapellauf* | *Indienststellung* |
|---|---|---|
| | 18.12.1942 | 10.3.1943 |
| Typ | IX C/40 | |
| Kommandant | Kapitänleutnant Lorenz Kasch (gefallen) | |
| versenkt am | 17. Oktober 1943 | |
| Position | Nordatlantik so Kap Farewell, 58°38'N 31°56'W | |
| durch | Luftangriff | |
| Tote | 55 | |
| Überlebende | keine | |
| gehoben | nein | |

Schon tags zuvor war U 540 von der Liberator „S“ des 59. Geschwaders der RAF angegriffen worden, die kurz zuvor U 844 versenkt hatte. Aufgetaucht wurde U 540 am 17. Oktober von der Liberator „D“ (Flt Lt Eric Knowles) des 58. RAF-Geschwaders und der Liberator „H“ (WO B.W. Turnbull) des 120. neuseeländischen Geschwaders gesichtet. Knowles griff als erster an, doch seine Wasserbomben lagen zu weit. Gleichzeitig flog Turnbull 45 Meter höher an, um das Flakfeuer auf sich zu ziehen. Bei seinem zweiten Angriff deckte Knowles das Boot ein, aber erst Turnbulls Anflug beendete den Angriff. Als seine Maschine das U-Boot überflog, meldete der Heckschütze, er könne erkennen, wie Bug und Heck des Bootes senkrecht in die Höhe standen: Die Detonation von acht Wasserbomben hatten es mittschiffs in zwei Teile brechen lassen. U 540 hatte noch einen letzten Funkspruch über den Angriff absetzen können, meldete sich aber später nicht mehr, wodurch keine Zweifel an seinem Schicksal aufkommen konnten.

## U 631

| | *Stapellauf* | *Indienststellung* |
|---|---|---|
| | 27.5.1942 | 16.7.1942 |
| Typ | VII C | |
| Kommandant | Oberleutnant zur See Jürgen Krüger (gefallen) | |
| versenkt am | 17. Oktober 1943 | |
| Position | Nordatlantik so Kap Farewell, 58°13'N 32°29'W | |
| durch | Wasserbomben | |
| Tote | 53 | |
| Überlebende | keine | |
| gehoben | nein | |

Der den Geleitzug ON-206 sichernde britische Kreuzer *Sunflower* erfaßte U 631 per ASDIC und griff das Boot bei schlechtem Wetter und so schwerer See an, daß sein Achterdeck zeitweilig völlig überflutet war. Der Sturm machte ein genaues Zielen fast unmöglich, aber schließlich schwamm ein großer Ölteppich auf. Erst nach Kriegsende konnte die Versenkung von U 631 endgültig bestätigt werden.

## U 841

| | *Stapellauf* | *Indienststellung* |
|---|---|---|
| | 21.10.1942 | 6.2.1943 |
| Typ | IX C/40 | |
| Kommandant | Kapitänleutnant Werner Bender (gefallen) | |
| versenkt am | 17. Oktober 1943 | |
| Position | Nordatlantik o Kap Farewell, 59°57'N 31°06'W | |
| durch | Wasserbomben | |
| Tote | 26 | |
| Überlebende | 1 Offizier, 5 Unteroffiziere, 21 Mannschaften | |
| gehoben | nein | |

Beim Anmarsch auf den Geleitzug ON-206 wurde U 841 überraschend von einem Flugzeug angegriffen, konnte zwar tauchen, doch wurden die Batterien beschädigt, und durch ein beschädigtes Torpedorohr und eine Treibstoffleitung drang Wasser ins Boot. Dann wurde U 841 vom britischen Eskorter *Byard* gesichtet, der dem Konvoi in zwölf Kilometer Entfernung folgte. Durch den Angriff des Eskorters erlitt das Boot weitere Schäden, die Bender zum Auftauchen und zur Selbstversenkung zwangen. Als er auf der Brücke stand, während die Mannschaft an Deck strömte, schoß er mit einer Handfeuerwaffe auf die *Byard*, doch ein vernünftigeres Besatzungsmitglied schwenkte ein weißes Tuch, und 27 Mann wurden gerettet. Dies war die erste Versenkung eines deutschen U-Boots durch einen in den USA gebauten, in englischen Diensten stehenden Eskorter. Der Kommandant der *Byard* schickte hinterher eine Nachricht an die Werft, die Bethlehem-Hingham Shipyard: „Habe Ihrer Firma ein fettes U-Boot gutgeschrieben."

## U 378

| | *Stapellauf* | *Indienststellung* |
|---|---|---|
| | 13.9.1941 | 30.10.1941 |
| Typ | VII C | |
| Kommandant | Kapitänleutnant Erich Mäder (gefallen) | |
| versenkt am | 20. Oktober 1943 | |
| Position | Nordatlantik n Azoren, 47°40'N 28°27'W | |
| durch | Luftangriff | |
| Tote | 52 | |
| Überlebende | keine | |
| gehoben | nein | |

Versenkt von einer F4F-4 Wildcat (Lt-Cdr Charles W. Brewster) und einer TBF Avenger (Lt R.W. Hayman) des vom US-Träger *Core* aus operierenden Geschwaders VC-13 der USN.

## U 274

| | *Stapellauf* | *Indienststellung* |
|---|---|---|
| | 19.9.1942 | 7.11.1942 |
| Typ | VII C | |
| Kommandant | Oberleutnant zur See Günther Jordan (gefallen) | |
| versenkt am | 23. Oktober 1943 | |
| Position | Nordatlantik sw Island, 57°14'N 27°15'W | |
| durch | Hedgehog-Wasserbomben | |
| Tote | 48 | |
| Überlebende | keine | |
| gehoben | nein | |

Bei der Verfolgung des Geleitzugs ON-207 wurde U 274 von der Liberator „Z" (Sqn Ldr E.J. Wicht) des 224. Geschwaders der RAF gesichtet. Die Liberator sollte für die *Sunflower* der B7-Geleitsicherungsgruppe ein dringend benötigtes Radar-Ersatzteil abwerfen und sich dann dem Konvoi anschließen. Wicht erfaßte per Radar ein Schiff, und als er die Wolkendecke durchstieß, sah er ein drei Kilometer entferntes U-Boot. Er feuerte sechs Raketen ab, konnte aber keinen Treffer beobachten; er umkreiste U 274, während die Geleitzerstörer *Duncan* und *Vidette* anliefen. Während des ganzen Angriffs ließ Wicht seinen Sprechfunk eingeschaltet, so daß seine Äußerungen auf sämtlichen Schiffen der Geleitsicherung zu hören waren.

Kurz nach 11.10 Uhr tauchte U 274, und Wicht griff es wiederum an, diesmal mit zwei Wasserbomben. Er warf eine Fackelboje und umkreiste das Boot bis zum Eintreffen der *Duncan* und weiterer Verstärkungen. Dann flog er zum Konvoi zurück und überließ die Versenkung des Bootes der Navy. Gretton spürte schließlich U 274 auf, doch brachte ein erster Angriff der *Duncan* mit Hedgehog-Wasserbomben keinen Erfolg. Nach dem zweiten Angriff gab es drei Explosionen, nach denen mit Grettons Worten „gräßliche Beweise" für die Versenkung des Bootes aufschwammen.

Sqn Ldr Edgar Wicht war ein in der RAF dienender Schweizer.

## U 566

| | *Stapellauf* | *Indienststellung* |
|---|---|---|
| | 20.2.1941 | 17.4.1941 |
| Typ | VII C | |
| Kommandant | Kapitänleutnant Hans Hornkohl (gerettet) | |
| versenkt am | 24. Oktober 1943 | |
| Position | Atlantik nw Kap Ortegal, 31°12'N 09°31'W | |
| durch | Luftangriff | |
| Tote | keine | |
| Überlebende | 49 | |
| gehoben | nein | |

Im Oktober erfuhren die Alliierten, daß mindestens fünf deutsche U-Boote von der französischen Westküste Richtung Mittelmeer marschierten. Um das zu verhindern, wurden Luft- und Seepatrouillen eingerichtet, die drei der vermuteten fünf Boote versenkten. Als erstes wurde U 566 von der Wellington „A" des 179. Geschwaders der RAF versenkt; es folgten U 732 (siehe 31. Oktober) und U 340 (siehe 2. November). Ein spanischer Fischkutter brachte die Überlebenden von U 556 nach Vigo, wo sie interniert wurden.

## U 420

| | *Stapellauf* | *Indienststellung* |
|---|---|---|
| | 18.8.1942 | 16.12.1942 |
| Typ | VII C | |
| Kommandant | Oberleutnant zur See Hans-Jürgen Reese (gefallen) | |
| versenkt am | 26. Oktober 1943 | |
| Position | Nordatlantik no Neufundland, 50°49'N 41°01'W | |
| durch | Luftangriff | |
| Tote | 49 | |
| Überlebende | keine | |
| gehoben | nein | |

Versenkt von der Liberator „A" (Flt Lt R.R. Stevenson) des 10. Geschwaders der RCAF.

## U 220

| | *Stapellauf* | *Indienststellung* |
|---|---|---|
| | 16.1.1943 | 27.3.1943 |
| Typ | X B | |
| Kommandant | Oberleutnant zur See d.R. Bruno Barber (gefallen) | |
| versenkt am | 28. Oktober 1943 | |
| Position | mittlerer Nordatlantik, 48°53'N 33°30'W | |
| durch | Luftangriff | |
| Tote | 56 | |
| Überlebende | keine | |
| gehoben | nein | |

Der US-Geleitträger *Block Island* lief mit der Luftsicherungsgruppe VC-1 am 15. Oktober mit Ziel Nordatlantik aus Norfolk (Virginia) aus, um einen hinter den Booten der Gruppe „Siegfried" vermuteten Versorgungstreffpunkt deutscher U-Boote abzuriegeln. Durch Funkpeilung hatte man mehrere U-Boote geortet. Am 28. Oktober starteten Lt Franklin M. Murray und Ensign Harold L. Handshuh als Rotte „N" vom Flugzeugträger und sichteten in 30 Kilometer Entfernung zwei U-Boote an der Oberfläche, die offenbar nichts Böses ahnten. Sie griffen das nächstliegende Boot an, U 220, das von einer Minenoperation vor Neufundland zurückkehrte, und warfen zwei Wasserbomben, die beidseits des Turms detonierten. Das Boot kenterte durch und sank über den Bug.

Das zweite Boot, U 256, beobachtete den Angriff und eröffnete ein wütendes Flakfeuer, während Murray und Handshuh Scheinangriffe flogen, um es an der Oberfläche zu halten, bis Verstärkung eintraf. Es kam jedoch keine, und U 256 tauchte; ein von Murray abgeworfener Fido-Torpedo verfehlte sein Ziel.

## U 282

| | *Stapellauf* | *Indienststellung* |
|---|---|---|
| | 3.2.1943 | 13.3.1943 |
| Typ | VII C | |
| Kommandant | Oberleutnant zur See Rudolf Müller (gefallen) | |
| versenkt am | 29. Oktober 1943 | |
| Position | Nordatlantik so Grönland, 55°28'N 31°57'W | |
| durch | Hedgehog-Wasserbomben | |
| Tote | 48 | |
| Überlebende | keine | |
| gehoben | nein | |

Die Geleitsicherungsgruppe 7 war vom Konvoi ON-208 zum Konvoi HX-263 beordert worden. In der Hoffnung, hinter dem Geleitzug sich herumtreibende U-Boote aufspüren zu können, folgte der Kommandeur der Gruppe, Cdr P. Gretton, auf der Korvette *Duncan* im Kielwasser des Konvois. Sechs Stunden nachdem sie den Konvoi ON-208 verlassen hatte, erfaßte die *Vidette* ein deutsches Boot, das nach langer Jagd von der britischen Korvette *Sunflower* durch Hedgehog-Wasserbomben versenkt wurde. Es schwammen ausreichend viele Bootstrümmer und andere Überreste auf, um das Boot einwandfrei als U 282 zu identifizieren.

## U 306

| | *Stapellauf* | *Indienststellung* |
|---|---|---|
| | 29.8.1942 | 21.10.1942 |
| Typ | VII C | |
| Kommandant | Kapitänleutnant Claus von Trotha (gefallen) | |
| versenkt am | 31. Oktober 1943 | |
| Position | Atlantik nw Kap Finisterre, 46°19'N 20°44'W | |
| durch | Wasserbomben | |
| Tote | 51 | |
| Überlebende | keine | |
| gehoben | nein | |

U 306 belauerte die Geleitzüge SL-138 und KMS-28, die zusammengeführt worden waren, von der Steuerbordseite des Konvois aus. Das U-Boot wurde vom Zerstörer *Whitehall* und der Korvette *Geranium* gesichtet und anschließend durch Wasserbomben versenkt.

## U 584

| | *Stapellauf* | *Indienststellung* |
|---|---|---|
| | 26.6.1941 | 21.8.1941 |
| Typ | VII C | |
| Kommandant | Kapitänleutnant Joachim Deecke (gefallen) | |
| versenkt am | 31. Oktober 1943 | |
| Position | Atlantik nw Azoren, 49°14'N 31°55'W | |
| durch | Luftangriff | |
| Tote | 53 | |
| Überlebende | keine | |
| gehoben | nein | |

Nach der Versenkung von U 220 (siehe 28. Oktober 1943) erreichte der US-Träger *Card* mit VC-9 diese Gewässer. Lt (jg) Fowler erfaßte mit dem Radar ein Objekt und entdeckte die an der Oberfläche laufenden Boote U 91 und U 584. Während er auf Verstärkung wartete (die Amerikaner hielten wegen der deutschen Flak auf den U-Booten den Angriff eines einzelnen Flugzeugs für zu riskant), tauchte U 91, so daß sich U 584 allein drei amerikanischen Avengers gegenübersah. Deecke tauchte, aber unterdessen warfen Fowler und Lt (jg) Balliett zu beiden Seiten des Boots je einen Fido-Torpedo ab. Wenig später stiegen Wasserfontänen hoch, die anzeigten, daß beide Torpedos getroffen hatten, und Öl und Bootstrümmer schwammen auf.

## U 732

| | *Stapellauf* | *Indienststellung* |
|---|---|---|
| | 18.8.1942 | 24.10.1942 |
| Typ | VII C | |
| Kommandant | Oberleutnant zur See Claus-Peter Carlsen (gerettet) | |
| versenkt am | 31. Oktober 1943 | |
| Position | Atlantik w Straße von Gibraltar, 35°54'N 05°52'W | |
| durch | Wasserbomben | |
| Tote | 31 | |
| Überlebende | 2 Offiziere, 2 Unteroffiziere, 15 Mannschaften | |
| gehoben | nein | |

Am 31. Oktober um 13.30 Uhr sichtete die Korvette *Imperialist* ein deutsches U-Boot und griff es mit zehn Wasserbomben an. Inmitten der brodelnden See tauchte das Boot auf und wurde sofort von der Korvette aus allen Kalibern beschossen. Mehrere Treffer wurden erzielt. Das Boot schien zu sinken, und die *Imperialist* schickte ihm weitere 28 Wasserbomben hinterher. Die Briten hielten das Boot für versenkt, aber Carlsen hatte U 732 in etwa 180 Meter Tiefe auf Grund gelegt, wo es von der Strömung abgetrieben wurde. Erst als die Luft im Boot unerträglich geworden war, tauchte Carlsen auf in der Hoffnung, der Korvette entronnen zu sein. Er wurde jedoch von dem Zerstörer *Douglas* erwartet, der U 732 dann endgültig versenkte.

## U 405

| | *Stapellauf* | *Indienststellung* |
|---|---|---|
| | 4.6.1941 | 17.9.1941 |
| Typ | VII C | |
| Kommandant | Korvettenkapitän Rolf-Heinrich Hopmann (gefallen) | |
| versenkt am | 1. November 1943 | |
| Position | Atlantik n Azoren, 49°00'N 31°14'W | |
| durch | Wasserbomben/Rammung | |
| Tote | 49 | |
| Überlebende | keine | |
| gehoben | nein | |

Nach der Versenkung von U 584 brannten die Flieger des Flugzeugträgers *Card* darauf, das zweite Boot zu versenken, von dem sie annahmen, daß es ein Versorgungsboot war. Der alte Vier-Schornstein-US-Zerstörer *Borie* (Lt. Charles H. Hutchins) sollte nach dem Boot suchen und griff am Abend des 31. Oktober U 256 an. Der Kommandant des Zerstörers glaubte, U 256 versenkt zu haben, aber das Boot konnte entkommen.

Kurz nach 02.00 Uhr am 1. November erfaßte das Sonar des Zerstörers ein weiteres Objekt. Hutchins befahl den üblichen Wasserbombenangriff, aber obwohl es bei den Wasserbombenrampen einen Fehler gab, durch den sämtliche Wasserbomben auf einmal über das Heck rollten, wurde U 405 zum Auftauchen gezwungen und kam Backbord achtern des Zerstörers an die Oberfläche. Während die Deutschen (sie sahen verwegen aus, hatten sie doch ihre langen Haare mit farbigen Bändern zusammengebunden) die Geschütze zu bemannen versuchten, fegte die *Borie* durch gut gezieltes Artilleriefeuer das Deckgeschütz über Bord und verhinderte die Bemannung der Flak. Der Zerstörer setzte zum Rammstoß an, doch Hopman drehte überraschend nach Backbord, als die *Borie* eben durch eine mächtige Welle hochgehoben wurde, so daß der Zerstörer relativ sanft auf dem Vordeck des Bootes aufsetzte. Fast zehn Minuten lang hingen die beiden

Schiffe in schwerer See im Winkel von 10 Grad aneinander. Die Kanoniere der *Borie* (nur die beiden 4-Zöller und drei 20-mm-Waffen konnten zum Tragen gebracht werden) richteten auf Brücke und Deck des U-Bootes Verwüstungen an. Fireman 1st Class David Southwick tötete einen Deutschen durch ein geworfenes Seitengewehr, und ein zweiter starb durch einen gut gezielten Munitionskasten.

Schließlich konnte sich der Zerstörer frei machen; er war durch den Zusammenprall stärker beschädigt als U 405, und der vordere Maschinenraum lief rasch voll Wasser. U 405 wollte ablaufen, wurde vom Zerstörer verfolgt, konnte aber dank seiner größeren Wendigkeit einem zweiten Rammstoß ausweichen. Hutchins ließ die Suchscheinwerfer ausschalten, und wie er erwartet hatte, ergriff U 405 die Flucht, wurde aber weiter vom Radar der *Borie* erfaßt. In einem günstigen Augenblick schaltete Hutchins die Scheinwerfer wieder ein und sah, wie U 405 anlief, um seinerseits den Zerstörer von Steuerbord achtern zu rammen. Dieser warf drei auf 10 Meter Zündtiefe eingestellte Wasserbomben, die das U-Boot rings um den Turm eindeckten und es regelrecht aus dem Wasser hoben, wo es gestoppt liegen blieb. Die *Borie* lief mit äußerster Kraft ab, um den Abstand zu vergrößern, und schoß dabei aus allen Rohren. Der Bug von U 405 hob sich aus dem Wasser, das Boot versank in der Tiefe. Als der Zerstörer die Überlebenden bergen wollte, wurde er von einem anderen U-Boot angegriffen und überlief bei den Torpedo-Ausweichmanövern die im Wasser treibenden Männer.

Die *Borie* war irreparabel beschädigt, so daß die Besatzung von Bord gehen mußte, damit das Schiff anschließend am 1. November um 09.45 Uhr durch vier von einer Avenger geworfene Wasserbomben versenkt werden konnte. Tote hatte es auf dem Zerstörer während des Duells mit U 405 nicht gegeben, aber drei Offiziere und 24 Mannschaften ertranken im eiskalten Wasser, als sie zu den Geleitschiffen *Barry* und *Goff* schwimmen wollten.

## U 340

| | *Stapellauf* | *Indienststellung* |
|---|---|---|
| | 20.8.1942 | 16.10.1942 |
| Typ | VII C | |
| Kommandant | Oberleutnant zur See Hans-Joachim Klaus (gerettet) | |
| versenkt am | 2. November 1943 | |
| Position | Straße von Gibraltar o Ceuta, 35°49'N 05°14'W | |
| durch | Wasserbomben | |
| Tote | 1 | |
| Überlebende | 4 Offiziere, 4 Unteroffiziere, 40 Mannschaften | |
| gehoben | nein | |

Dicht hinter der Einfahrt ins Mittelmeer versenkt von den britischen Zerstörern *Active* und *Witherington* und der Sloop *Fleetwood* mit Unterstützung der Wellingtons „R und „W“ des 179. Geschwaders der RAF. Tags darauf holte die Sloop 48 Überlebende von spanischen Fischkuttern. Die spanische Regierung protestierte heftig gegen die Verletzung der spanischen Hoheitsgewässer und die Gefangennahme der Deutschen auf Schiffen unter spanischer Flagge. Die Briten entgegneten, die (vom Schiffsarzt empfohlene) Aktion der *Fleetwood* sei aus humanitären Beweggründen erfolgt, da die meisten Besatzungsmitglieder von U 340 in einem kläglichen Zustand gewesen seien und dringend trockene Bekleidung, heiße Getränke und Krankenhausbehandlung gebraucht hätten, was sie auf den Fischkuttern nicht erhalten konnten. In Wirklichkeit ging es freilich darum, die U-Bootmänner aus dem Verkehr zu ziehen.

## U 848

| | *Stapellauf* | *Indienststellung* |
|---|---|---|
| | 6.10.1942 | 20.2.1943 |
| Typ | IX D2 | |
| Kommandant | Korvettenkapitän Wilhelm Rollmann (gefallen) | |
| versenkt am | 5. November 1943 | |
| Position | Südatlantik sw Ascension, 10°09'N 18°00'W | |
| durch | Luftangriff | |
| Tote | 63 | |
| Überlebende | 1 | |
| gehoben | nein | |

Durch Funkpeilung wurde die Position von U 848 ermittelt. Flugzeuge wurden auf das Boot angesetzt, das sich entschieden wehrte und im Verlauf des Tages mehrere Angriffe überstand. Angegriffen wurde es von vier PB4Y der USN und zwei B-25 der USAAF (die aus einer Höhe von 1200 Meter Bomben warfen und, was nicht überrascht, nicht trafen). Aber kurz nach 16.00 Uhr detonierte U 848. 20 Überlebende trieben im Wasser, für die drei Rettungsflöße angeworfen wurden. Gleichzeitig wurde ein Frachter herbeigerufen, um die Männer zu bergen. Die Bergung fand nicht statt, und so ertranken alle Überlebenden bis auf einen, der einen Monat später von der *Marblehead* aufgenommen wurde.

## U 226

| | *Stapellauf* | *Indienststellung* |
|---|---|---|
| | 18.6.1942 | 1.8.1942 |
| Typ | VII C | |
| Kommandant | Oberleutnant zur See Albrecht Gänge (gefallen) | |
| versenkt am | 6. November 1943 | |
| Position | Nordatlantik o Kap Race, 44°49'N 41°13'W | |
| durch | Wasserbomben | |
| Tote | 51 | |
| Überlebende | keine | |
| gehoben | nein | |

Am 6. November führte die 2. Sicherungsgruppe von Capt F.J. Walker eine U-Jagd ostsüdöstlich von Neufundland durch. Dabei sichtete die britische Sloop *Kite* um 02.12 Uhr ein deutsches U-Boot, das sich anschickte, den Geleitträger *Tracker* anzugreifen. Die *Kite* hielt das Boot durch einen Blitzangriff in Schach, dann hielt die Sloop *Starling* bis zur Morgendämmerung Fühlung, da Walker in dunkler Nacht Kollisionen seiner nahe beieinander laufenden Schiffe befürchtete. Um 07.18 Uhr griff die britische Sloop *Woodcock* in Schleichfahrt an, und um 07.33 Uhr gab es eine Unterwasserdetonation, wonach Bootstrümmer und ein deutscher Torpedo aufschwammen.

## U 842

| | *Stapellauf* | *Indienststellung* |
|---|---|---|
| | 14.11.1942 | 1.3.1943 |
| Typ | IX C/40 | |
| Kommandant | Kapitänleutnant Wolfgang Heller (gefallen) | |
| versenkt am | 6. November 1943 | |
| Position | Nordatlantik, 43°42'N 42°08'W | |
| durch | Wasserbomben | |
| Tote | 56 | |
| Überlebende | keine | |
| gehoben | nein | |

Einige Stunden nach der Versenkung von U 226 hatte die 2. GSG Radarkontakt mit einem anderen U-Boot und lief mit äußerster Kraft zu der ermittelten Position, während Flugzeuge von Neufundland aus und vom Träger *Tracker* das Boot in Schach hielten. Die Sloop *Wild Goose* erfaßte das Boot um 13.47 Uhr als Sonarkontakt, und die Sloop *Starling* setzte um 14.04 Uhr zum Angriff an. Als dieser erfolglos blieb, wies Walker die *Wild Goose* an, in Schleichfahrt anzugreifen, wobei die Sloop jedoch nur 10 der insgesamt 25 Wasserbomben an Bord einsetzte. Als Walker dies erfuhr, trampelte er, außer sich vor Wut, auf seiner Mütze herum und wollte eben einen vernichtenden Kommentar an die *Wild Goose* absetzen, als es eine starke Unterwasserdetonation gab und zerfetzte Leichen, Bootstrümmer, Öl und Teile eines deutschen Torpedos aufschwammen. In seinem Gefechtsbericht schrieb Walker: „Ich hätte meinen letzten Penny darauf gesetzt, daß der Angriff in die Hose gegangen war (und ich hätte mein Geld verloren)."

## U 707

| | *Stapellauf* | *Indienststellung* |
|---|---|---|
| | 18.12.1941 | 1.7.1942 |
| Typ | VII C | |
| Kommandant | Oberleutnant zur See Günter Gretschel (gefallen) | |
| versenkt am | 9. November 1943 | |
| Position | Atlantik no Azoren, 40°31'N 20°17'W | |
| durch | Luftangriff | |
| Tote | 51 | |
| Überlebende | keine | |
| gehoben | nein | |

Das den Geleitzug MKS-29A belauernde U 707 wurde von der auf den Azoren stationierten Fortress „J" des 220. Geschwaders der RAF angegriffen und versenkt. U 707 war das erste deutsche U-Boot, das durch Flugzeuge versenkt wurde, die von den dem ältesten Verbündeten Großbritanniens, Portugal, gehörenden Azoren aus operierten.

## U 966

| | *Stapellauf* | *Indienststellung* |
|---|---|---|
| | 14.1.1943 | 4.3.1943 |
| Typ | VII C | |
| Kommandant | Oberleutnant zur See Eckehard Wolf (gerettet) | |
| versenkt am | 10. November 1943 | |
| Position | Atlantik nw Kap Ortegal, 44°00'N 08°30'W | |
| durch | Luftangriff/Strandung | |
| Tote | 8 | |
| Überlebende | 42 | |
| gehoben | nein | |

U 966 wurde um 04.09 Uhr von der Wellington

„B" (WO I.D. Gunn) des 612. Geschwaders der RAF gesichtet und mit sechs Mk-XI-Wasserbomben angegriffen. Es kam zu einem Feuergefecht, in dessen Ablauf Sehrohr, Motoren, Getriebe und Antriebswellen des U-Boots beschädigt wurden, doch konnten die Schäden so weit repariert werden, daß das Boot zu tauchen vermochte. Nun wurde die Wellington „T" des 407. RAF-Geschwaders zur Verstärkung herbeigerufen, aber von der Flak des Bootes abgeschossen. Die Leichen der sechsköpfigen Besatzung wurden geborgen, aber da sie nicht an Land gebracht wurden, weiß man nichts über ihren Verbleib. Um 08.59 Uhr wurde U 966 von der Liberator „R" des USN-Geschwaders VP-105 gesichtet und zweimal erfolglos angegriffen, weil die im durch Flakfeuer beschädigten Bombenschacht hängenden Wasserbomben nicht abgeworfen werden konnten. Als Verstärkung kamen die Liberator „E" von VP-103 und die Liberator „E" von VP-110, die um 11.50 Uhr bzw. 13.15 Uhr mit Wasserbomben angriffen. Schließlich griff um 13.45 Uhr die Liberator „D" (Flt Sgt Zanta) des 311. (exiltschechischen) Geschwaders der RAF das Boot mit Raketen an.

U 966 war inzwischen durch die Angriffe schwer beschädigt, das Wasser stand im Maschinenraum bis an die Wellenkupplungen, und das Boot konnte nicht mehr tauchen. Wolf entschloß sich zur Selbstversenkung des Bootes und wollte versuchen, das neutrale Spanien zu erreichen. Also wurde U 966 um 16.00 Uhr in 53 Meter Tiefe gesprengt, drei Kilometer vor der spanischen Küste südöstlich von Punta de la Estaca de Bares. Dabei ging auch eine der Wasserbomben der Flugzeuge, die als Blindgänger in eine der Tauchzellen geschlagen war, mit hoch. Ein Teil der Besatzung schwamm an Land, andere wurden von spanischen Fischerbooten geborgen, was die Catalina „P" des 202. RAF-Geschwaders fotografierte. Fünf Gefallene von U 966 wurden am 12. November in El Barquero beigesetzt.

Die Überlebenden wurden in Hotels in El Ferrol untergebracht, während die spanische Regierung eine Entscheidung über den Status der Deutschen zu treffen versuchte. Waren sie Kombattanten, die interniert werden mußten, oder Schiffbrüchige, die freizulassen waren? Die zweite Meinung wurde entschieden von der deutschen Regierung vertreten, aber am 30. November wurde ihr mitgeteilt, daß die Männer von U 966 interniert würden. Diese durch drei Rechtsgutachten gestützte Entscheidung ging davon aus, daß das U-Boot ohne Schäden in spanisches Hoheitsgewässer eingedrungen war und sich von dort aus gegen seine Angreifer fortdauernd zur Wehr gesetzt hatte, so daß die Deutschen nicht als Schiffbrüchige einzustufen waren. Die Deutschen legten Protest ein, doch am 21. Dezember wurde die Bootsbesatzung in ein Internierungslager gebracht. Allerdings konnten mit stillschweigender Billigung der spanischen Admiralität acht der Männer über die Grenze ins von den Deutschen besetzte Frankreich entkommen.

# U 508

| | *Stapellauf* | *Indienststellung* |
|---|---|---|
| | 30.7.1941 | 20.10.1941 |
| Typ | IX C | |
| Kommandant | Kapitänleutnant z.S. Georg Staats (gefallen) | |
| versenkt am | 12. November 1943 | |
| Position | Atlantik n Kap Ortegal, 46°00'N 07°40'W | |
| durch | Luftangriff | |
| Tote | 60 | |
| Überlebende | keine | |
| gehoben | nein | |

Versenkt von der Liberator „C" (Lt (jg) R.B. Brownell) des Geschwaders VB-103 der USN etwa 150 Kilometer nördlich von Kap Penas. Nach Sichtung des U-Boots gab Brownell eine Angriffsmeldung durch, meldete sich jedoch später nicht mehr. Tags darauf wurden von der Luftaufklärung zwei sieben Kilometer voneinander entfernte Ölteppiche gesichtet, woraus man schloß, daß die Liberator das U-Boot versenkt hatte, aber ihrerseits von der Flak von U 508 abgeschossen wurde.

# U 280

| | *Stapellauf* | *Indienststellung* |
|---|---|---|
| | 4.1.1943 | 13.2.1943 |
| Typ | VII C | |
| Kommandant | Oberleutnant zur See Walter Hungershausen (gefallen) | |
| versenkt am | 16. November 1943 | |
| Position | Atlantik n Azoren, 49°11'N 27°30'W | |
| durch | Luftangriff | |
| Tote | 49 | |
| Überlebende | keine | |
| gehoben | nein | |

Von der den Geleitzug HX-265 sichernden Liberator „M“ (Fg Off J.H. Bookless) des 86. Geschwaders der RAF gesichtet, angegriffen und versenkt. Beim ersten Angriff wurde durch schweres Flakfeuer der Außenmotor an Backbord des Flugzeugs zerstört, und die Wasserbomben fielen alle zu weit. Deshalb flog Bookless einen zweiten Angriff, bei dem sein Bugschütze die Flak in Schach halten konnte, und die Wasserbomben explodierten dicht an U 280. Danach sank das Boot ohne Fahrt über das Heck.

## U 718

| | *Stapellauf* | *Indienststellung* |
|---|---|---|
| | 26.3.1943 | 25.6.1943 |
| Typ | VII C | |
| Kommandant | Oberleutnant zur See Helmut Wieduwilt (gerettet) | |
| versenkt am | 18. November 1943 | |
| Position | Ostsee n Bornholm, 55°21'N 15°24'O | |
| durch | Kollision | |
| Tote | 43 | |
| Überlebende | ? | |
| gehoben | nein | |

Während Ausbildungsübungen nach Kollision mit U 476 gesunken, nähere Umstände nicht bekannt.

## U 211

| | *Stapellauf* | *Indienststellung* |
|---|---|---|
| | 15.1.1942 | 7.3.1942 |
| Typ | VII C | |
| Kommandant | Kapitänleutnant Karl Hause (gefallen) | |
| versenkt am | 19. November 1943 | |
| Position | Atlantik no Azoren, 40°15'N 19°18'W | |
| durch | Luftangriff | |
| Tote | 54 | |
| Überlebende | keine | |
| gehoben | nein | |

Versenkt von der Wellington „F“ (Fg Off D.F. McRae) des 179. Geschwaders der RAF. Nachdem das Radar der Geleitsicherung der zusammengeführten Konvois SL-139 und MKS-30 ein U-Boot erfaßt hatte, wurde die weit vor dem Geleit sichernde Maschine dorthin zur Aufklärung beordert. Da Mondlicht herrschte, verzichtete McRae auf die Suchscheinwerfer, um das Boot überraschend mit vier Wasserbomben anzugreifen, die beidseits U 211 detonierten, worauf der Heckschütze zwei blaue Lichtblitze beobachtete. Wrackteile oder Öl waren nicht zu sehen.

## U 536

| | *Stapellauf* | *Indienststellung* |
|---|---|---|
| | 21.10.1942 | 13.1.1943 |
| Typ | IX C/40 | |
| Kommandant | Kapitänleutnant Rolf Schauenburg (gerettet) | |
| versenkt am | 20. November 1943 | |
| Position | Atlantik no Azoren, 43°50'N 19°39'W | |
| durch | Wasserbomben | |
| Tote | 38 | |
| Überlebende | 3 Offiziere, 14 Mannschaften | |
| gehoben | nein | |

Das erste von einer kanadischen Sicherungsgruppe versenkte deutsche U-Boot. Die Geleitsicherung EG 5 deckte die zusammengeführten Konvois SL-139 und MKS-30, die von Afrika nach Großbritannien marschierten. Die Gruppe stieß am 19. November zu den Konvois und hatte eben erst ihre Positionen eingenommen, als deutsche U-Boote gemeldet wurden. Kurz nach 21.30 Uhr erfaßte das Radar der Fregatte *Nene* ein Boot und zwang es durch Artilleriefeuer zum Tauchen, worauf der Radarkontakt abbrach. Nach der Wiedererfassung gab es erfolglose Angriffe mit Hedgehogs und Wasserbomben, bis der Kontakt erneut abbrach. Diese Angriffe galten U 648, aber dann stießen die Korvetten *Snowberry* und *Calgary* auf U 536, das den Angriff auf das andere Boot gehört hatte und durch die plötzliche Entdeckung und den unmittelbar folgenden Wasserbombenangriff der *Snowberry* überrascht wurde. Beide Schiffe griffen das U-Boot mit Wasserbomben an, konnten aber wenig ausrichten, da U 536 mehr als 150 Meter tief getaucht war.

Die *Snowberry* markierte die Position des Bootes durch eine Fackelboje und überließ es der *Nene*, den Angriff fortzusetzen. Kaum hatte sich die durch Wasserbombenexplosionen aufgewühlte See wieder beruhigt, als U 536 Steuerbord voraus der *Snowberry* auftauchte und sofort von den drei Schiffen unter Beschuß genommen wurde. Als das Boot fast völlig zerstört war, wurde das Feuer eingestellt, und um 02.47 Uhr sank U 536.

Die Admiralität schrieb die Versenkung dem letzten Angriff der *Nene* zu, doch die Aussagen der Überlebenden ergaben, daß schon durch den ersten Angriff der *Snowberry* das Trimmsystem des Bootes so schwer beschädigt war, daß sie sich nicht reparieren ließ. Als die *Nene* angriff, war man schon zum Auftauchen entschlossen und hatte die Tauchzellen angeblasen.

# U 768

| | *Stapellauf* | *Indienststellung* |
|---|---|---|
| | 22.8.1943 | 14.10.1943 |
| Typ | VII C | |
| Kommandant | Oberleutnant zur See Johann Buttjer (gerettet) | |
| versenkt am | 20. November 1943 | |
| Position | Ostsee, genaue Position nicht bekannt | |
| durch | Kollision | |
| Tote | 49 | |
| Überlebende | ? | |
| gehoben | nein | |

Nach einer Kollision mit U 745 gesunken.

# U 538

| | *Stapellauf* | *Indienststellung* |
|---|---|---|
| | 20.11.1942 | 10.2.1943 |
| Typ | IX C/40 | |
| Kommandant | Kapitänleutnant Johann-Egbert Gossler (gefallen) | |
| versenkt am | 21. November 1943 | |
| Position | Atlantik sw Irland, 45°40'N 19°35'W | |
| durch | Wasserbomben | |
| Tote | 55 | |
| Überlebende | keine | |
| gehoben | nein | |

Die zweite Versenkung durch britische DE (Geleitsicherer). U 538 wurde vom britischen Eskorter *Foley* und der Sloop *Crane* der GSG 7 versenkt, die die zusammengeführten Geleitzüge SL-139 und MKS-30 sicherten.

# U 648

| | *Stapellauf* | *Indienststellung* |
|---|---|---|
| | 16.9.1942 | 12.11.1942 |
| Typ | VII C | |
| Kommandant | Oberleutnant zur See d.R. Peter-Arthur Stahl (gefallen) | |
| versenkt am | 23. November 1943 | |
| Position | Atlantik no Azoren, 42°40'N 20°37'W | |
| durch | Wasserbomben | |
| Tote | 50 | |
| Überlebende | keine | |
| gehoben | nein | |

Durch Wasserbomben der britischen Fregatte *Blackwood* versenkt, die zu der die Konvois KMS-30 und OG-5 deckenden Sicherungsgruppe 4 gehörte.

# U 600

| | *Stapellauf* | *Indienststellung* |
|---|---|---|
| | 16.10.1941 | 11.12.1941 |
| Typ | VII C | |
| Kommandant | Kapitänleutnant Bernhard Zurmühlen (gefallen) | |
| versenkt am | 25. November 1943 | |
| Position | Atlantik no Azoren, 41°45'N 22°30'W | |
| durch | Wasserbomben | |
| Tote | 54 | |
| Überlebende | keine | |
| gehoben | nein | |

Versenkt durch Wasserbomben der britischen Fregatten *Blackwood* und *Bazely*, die zu der die Konvois KMS-30 und OG-5 deckenden Sicherungsgruppe 4 gehörten.

# U 849

| | *Stapellauf* | *Indienststellung* |
|---|---|---|
| | 31.10.1942 | 11.3.1943 |
| Typ | IX D2 | |
| Kommandant | Kapitänleutnant Heinz-Otto Schultze (gefallen) | |
| versenkt am | 25. November 1943 | |
| Position | Südatlantik w Kongomündung, 06°30'S 05°40'W | |
| durch | Luftangriff | |
| Tote | 63 | |
| Überlebende | keine | |
| gehoben | nein | |

Die Liberators des auf der Insel Ascension stationierten USN-Geschwaders VB-107 suchten nach einem U-Boot, das am 17. November von der *Memphis* vor den St.-Paulsfelsen gemeldet worden war. Es handelte sich um das nach Penang marschierende U 849, das am 25. November durch zwei aus den Wolken stoßende Liberators überrascht wurde. Aus nur acht Meter Höhe warf Lt (jg) Marion Dawkins sechs Wasserbomben, die dicht am Boot detonierten, wobei eine von U 849 abprallte und das Höhenleitwerk der Liberator beschädigte. Als er zurückflog, sah er, wie die Besatzung von Bord ging, ehe das Boot hecklastig im Wasser liegend durch eine Explosion zerrissen wurde. Er warf ein Rettungsfloß für die Überlebenden ab, doch diese wurden nie gefunden.

zu tauchen, wartete Volm, bis drei weitere Flugzeuge zur Verstärkung eingetroffen waren, und gemeinsam versenkten sie das Boot.

# U 542

| | *Stapellauf* | *Indienststellung* |
|---|---|---|
| | 19.1.1943 | 7.4.1943 |
| Typ | IX C/40 | |
| Kommandant | Oberleutnant zur See ' Christian-Brandt Coester (gefallen) | |
| versenkt am | 28. November 1943 | |
| Position | Atlantik n Madeira, 39°03'N 16°25'W | |
| durch | Luftangriff | |
| Tote | 56 | |
| Überlebende | keine | |
| gehoben | nein | |

Von der Wellington „H" (Flt Sgt D. Cornish) des 179. Geschwaders der RAF versenkt. Bei sehr schlechten Wetterbedingungen wurde das Boot um 05.11 Uhr vom Radar erfaßt. Im Abstand von 400 Meter schaltete Cornish den Suchscheinwerfer an und entdeckte das Boot, das sofort schweres Flaksperrfeuer eröffnete. Dennoch konnte er sechs Wasserbomben werfen, wovon vier an Steuerbord und zwei an Backbord dicht beim Boot detonierten. Dieses stoppte und sank wenig später.

# U 86

| | *Stapellauf* | *Indienststellung* |
|---|---|---|
| | 10.5.1941 | 8.7.1941 |
| Typ | VII B | |
| Kommandant | Kapitänleutnant Walter Schug (gefallen) | |
| versenkt am | 29. November 1943 | |
| Position | Mittelatlantik o Azoren, 39°33'N 19°01'W | |
| durch | Luftangriff | |
| Tote | 50 | |
| Überlebende | keine | |
| gehoben | nein | |

Die Sicherungsgruppe des US-Geleitträgers *Bogue* deckte den Geleitzug UGS-24 und sollte östlich Bermudas vielversprechenden Radarkontakten nachgehen. Am Nachmittag des 29. November liefen die Zerstörer *Dupont* und *Badger* vom Sonar erfaßten Kontakten nach, als Lt (jg) Bernard H. Volm in seiner Avenger 75 Kilometer westlich des Trägers das aufgetaucht laufende U 86 sichtete. Da das Boot keine Anstalten machte

# U 172

| | *Stapellauf* | *Indienststellung* |
|---|---|---|
| | 31.7.1941 | 5.11.1941 |
| Typ | IX C | |
| Kommandant | Oberleutnant zu See Hermann Hoffmann (gerettet) | |
| versenkt am | 13. Dezember 1943 | |
| Position | Atlantik w Kanaren, 26°29'N 29°58'W | |
| durch | Luftangriff | |
| Tote | 14 | |
| Überlebende | 46 | |
| gehoben | nein | |

Die Sicherungsgruppe des US-Geleitträgers *Bogue* hatte den Konvoi GUS-23 gedeckt und erhielt dann Order, ein Versorgungstreffen deutscher U-Boote westlich der Kanaren zu verhindern. Am 12. Dezember sichtete Lt (jg) E.C. Gaylord in seiner Avenger in sieben Kilometer Entfernung ein Boot an den Wasseroberfläche. Dies war das in den Indischen Ozean marschierende U 172, das vom Versorger U 219 betankt werden sollte. Gaylord schoß einen Fido-Torpedo ab, aber obwohl er eine vielversprechende Detonation beobachtete, war das U-Boot nicht versenkt. Drei weitere Flugzeuge und die Zerstörer *Badger* und *Dupont* kamen dazu und umkreisten den von U 172 hinterlassenen Ölteppich. Die ausgesetzten Sonarbojen meldeten merkwürdigerweise keine verdächtigen Geräusche. Kurz darauf tauchte das Boot auf, aber die Flugzeuge waren nicht mehr in Angriffsposition, und gleich darauf verschwand U 172 wieder in der Tiefe.
Die beiden Zerstörer griffen das Boot wiederholt mit Wasserbomben und Hedgehogs an, aber ohne Erfolg. Um 21.20 Uhr tauchte U 172 auf, wollte in Schleichfahrt ablaufen, wurde aber vom Radar der *Badger* erfaßt. Beide Zerstörer folgten dem Boot und schossen in fünf Kilometer Entfernung Leuchtgranaten ab, so daß sie das in hellem Licht liegende Boot mit Artilleriefeuer belegen konnten, doch U 172 antwortete mit einem akustischen Torpedo und tauchte. Durch zwei weitere Wasserbombenangriffe der Zerstörer wurde das Boot erheblich beschädigt. Die Zerstörer wurden am 13. Dezember um 06.00 Uhr zurückbeordert, doch am Vormittag sichtete ein Flugzeug der *Bogue* einen treibenden Ölteppich,

und die Zerstörer *Clemson* und *Osmond Ingram* (denen sich die *Badger* anschloß, die „ihr" Boot nicht aufgeben wollte) wurden dorthin befohlen. Sie fuhren vier Angriffe mit Wasserbomben, wodurch das U-Boot zum Auftauchen gezwungen und unter massiven Beschuß genommen wurde. Der Kommandant der *Ingram* wollte es rammen, aber eingedenk des Schicksals der *Borie* wurde er zurückgepfiffen. Inzwischen sprang ein Großteil der Bootsbesatzung über Bord, doch einige Unverbesserliche bemannten das Deckgeschütz und konnten auf der *Ingram* einen Treffer erzielen, durch den ein Matrose getötet wurde. Es war aber ein ungleiches Duell. Nach schwerem Geschützfeuer der drei Zerstörer wurde U 172 durch eine Detonation erschüttert und sank, worauf noch eine weitere Detonation unter Wasser erfolgte, was den Schluß zuläßt, daß Hoffmann vor Verlassen des Bootes noch die Sprengladung für die Selbstversenkung scharfgemacht hatte.

## U 345

| | *Stapellauf* | *Indienststellung* |
|---|---|---|
| | 11.3.1943 | 4.5.1943 |
| Typ | VII C | |
| Kommandant | Oberleutnant zur See Ulrich Knackfuss (gerettet) | |
| beschädigt am | 13. Dezember 1943 | |
| Position | Kiel | |
| durch | Luftangriff | |
| Tote | ? | |
| Überlebende | ? | |
| gehoben | nein, siehe unten | |

Bei einem Tagangriff der US Army Air Force auf Kiel so schwer beschädigt, daß eine Reparatur unmöglich war. Das Boot wurde am 23. Dezember 1943 außer Dienst gestellt und sollte nach der deutschen Kapitulation nach Großbritannien überführt werden, doch lief es am 27. Dezember 1945 auf 54°15'N 12°00'O vor Warnemünde auf eine Mine.

## U 391

| | *Stapellauf* | *Indienststellung* |
|---|---|---|
| | 5.3.1943 | 24.4.1943 |
| Typ | VII C | |
| Kommandant | Oberleutnant zur See Gert Dültgen (gefallen) | |
| versenkt am | 13. Dezember 1943 | |
| Position | Golf von Biscaya nw Kap Ortegal, 45°45'N 09°38'W | |
| durch | Luftangriff | |
| Tote | 51 | |
| Überlebende | keine | |
| gehoben | nein | |

Von der Liberator „B" (Sqn Ldr G. Crawford) des 53. Geschwaders der RAF versenkt. Crawford hielt nach einem von der Liberator „R" desselben Geschwaders gemeldeten U-Boot Ausschau, das er trotz seines keineswegs zufriedenstellend funktionierende ASW-Radars ausmachen und mit dem Suchscheinwerfer anstrahlen konnte. Durch gut gezielten Flakbeschuß wurde die Liberator beschädigt, was Crawford zur Einsicht brachte, daß das Scheinwerferlicht nicht nur ihm, sondern auch der Flak das Zielen erleichterte. Also schaltete er das Leigh Light aus und warf in Richtung Mond fliegend sechs Wasserbomben, die am Boot detonierten. Als er die Stelle noch einmal überflog, war außer zwei Leichen kaum etwas auszumachen. Dann sprach das Radar kurz an, ein Hinweis darauf, daß sich Bug oder Heck noch einmal aus dem Wasser gehoben haben muß, ehe U 391 sank.

## U 593

| | *Stapellauf* | *Indienststellung* |
|---|---|---|
| | 3.9.1941 | 23.10.1941 |
| Typ | VII C | |
| Kommandant | Kapitänleutnant Gerd Kelbling (gerettet) | |
| versenkt am | 13. Dezember 1943 | |
| Position | Mittelmeer vor Djidjelh, 37°58'N 05°58'O | |
| durch | Wasserbomben/Selbstversenkung | |
| Tote | keine | |
| Überlebende | 45 | |
| gehoben | nein | |

Am 12. Dezember torpedierte U 593 um 07.10 Uhr den britischen Zerstörer *Tynedale*. Unterstützt durch drei Wellingtons der Geschwader 36 und 458 machten sich die britische *Holcombe* und die amerikanische *Niblack* auf U-Bootjagd. Nach mehreren ergebnislosen Stunden wurde das Suchgebiet vergrößert und die Zahl der eingesetzten Flugzeuge verdoppelt, aber Kelbling war ein zäher Gegner, der um 14.45 Uhr die *Holcombe* durch einen T5-Torpedo versenkte. Die Jagd wurde bis zum Morgen des 13. Dezember fortgesetzt, an dem eine angreifende Wellington durch Flakfeuer vertrieben wurde. Erst um 14.08 Uhr erfaßte das Sonar des US-Zerstörers *Wainwright* das Boot, und der Zerstörer griff es, unterstützt

vom britischen Eskorter *Calpe*, mit Wasserbomben an. U 593 wurde an die Oberfläche geschleudert, und die Besatzung ging von Bord, nachdem die Selbstversenkung eingeleitet war.

## U 73

| | *Stapellauf* | *Indienststellung* |
|---|---|---|
| | 27.7.1940 | 30.9.1940 |
| Typ | VII B | |
| Kommandant | Oberleutnant zur See Horst Deckert (gerettet) | |
| versenkt am | 16. Dezember 1943 | |
| Position | Mittelmeer nw Oran, 36°09'N 00°50'W | |
| durch | Wasserbomben/Artillerie | |
| Tote | 17 | |
| Überlebende | 4 Offiziere, 3 Unteroffiziere, 27 Mannschaften | |
| gehoben | nein | |

Am Nachmittag des 13. Dezember torpedierte U 73 den US-Frachter *John S. Copley* aus dem Geleitzug GUS-24. Die Zerstörer *Niblack* und *Ludlow* wurden aus der Geleitsicherung abgezogen, um den Übeltäter aufzuspüren. Dazu stießen noch zwei SOC-Flugboote des in Oran liegenden Kreuzers *Brooklyn*. Ab 17.15 Uhr übernahmen die Zerstörer *Woolsey*, *Trippe* und *Edison* die Jagd, und nach einer Stunde erfaßte das Sonar der *Woolsey* das Boot, verlor es wieder, ortete es erneut, und der Zerstörer griff es mit Wasserbomben an. Um 19.37 Uhr meldeten *Woolsey* und *Trippe* einen Radarkontakt rechts voraus in anderthalb Kilometer Entfernung: Es war U 73, das im Schutz der Dunkelheit über Wasser ablaufen wollte. Doch die Zerstörer folgten ihm und versenkten es durch Geschützfeuer. Die überlebende Besatzung wurde aufgenommen und nach Oran gebracht, wohin man auch die von U 73 torpedierte *John S. Copley* eingeschleppt hatte, um sie zu reparieren.

## U 850

| | *Stapellauf* | *Indienststellung* |
|---|---|---|
| | 7.12.1942 | 17.4.1943 |
| Typ | IX D2 | |
| Kommandant | Fregattenkapitän Klaus Ewerth (gefallen) | |
| versenkt am | 20. Dezember 1943 | |
| Position | Atlantik w Madeira, 32°54'N 37°01'W | |
| durch | Luftangriff | |
| Tote | 66 | |
| Überlebende | keine | |
| gehoben | nein | |

Auf dem Marsch in den Indischen Ozean wurde U 850 von einer Avenger (Lt (jg) Wallace A. LaFleur) des auf dem Träger *Bogue* stationierten USN-Geschwaders VC-19 gesichtet. Durch LaFleurs Angriff wurde die Bootsbesatzung überrascht, denn die Flak war nicht bemannt, doch LaFleurs Wasserbomben ließen sich nicht ausklinken, und beim zweiten Angriff fielen sie zu kurz. Inzwischen waren auf LaFleurs Fühlungsnahmemeldung hin vier weitere Flugzeuge vom Träger gestartet. Da sich die Flakkanoniere des U-Boots auf LaFleurs Flugzeug konzentrierten, bemerkten sie die anfliegende Verstärkung erst, als sie von zwei Wildcats mit Bordwaffen beschossen wurden. Nach einem Wasserbombenangriff von Ensign G.C. Goodwin verlor das U-Boot an Fahrt, und Öl breitete sich auf dem Wasser aus. Besiegelt wurde das Schicksal von U 850, als es tauchte und dabei von zwei Fido-Torpedos von LaFleur und Lt (jg) H.G. Bradshaw getroffen wurde. Ein Fido traf an Steuerbord achtern, der andere auf der gleichen Seite zwischen Heck und Turm. Beide Explosionen verschmolzen zu einer starken Detonation, und das Boot sank über das Heck. Die Zerstörer *George E. Badger* und *DuPont* trafen später ein und bargen zerfetzte Leichen, Kleidungsstücke, hölzerne Bootstrümmer und Rettungswesten.

## U 284

| | *Stapellauf* | *Indienststellung* |
|---|---|---|
| | 6.3.1943 | 14.4.1943 |
| Typ | VII C | |
| Kommandant | Oberleutnant zur See Günther Scholz (gerettet) | |
| versenkt am | 21. Dezember 1943 | |
| Position | Nordatlantik, 55°04'N 30°23'W | |
| durch | Selbstversenkung | |
| Tote | keine | |
| Überlebende | 49 | |
| gehoben | nein | |

In schwerer See am 16. Dezember erlittene Schäden (vermutlich Wasser in den Batterien) machten U 284 den Rückmarsch nach Frankreich oder eine Fortsetzung der Feindfahrt unmöglich. Deshalb wurde die Besatzung durch U 629 von Bord geholt und das Boot durch Selbstsprengung versenkt.

## U 73

| | *Stapellauf* | *Indienststellung* |
|---|---|---|
| | 3.9.1942 | 22.10.1942 |
| Typ | VII C | |
| Kommandant | Oberleutnant zur See d.R. Otto Ferro (gefallen) | |
| versenkt am | 24. Dezember 1943 | |
| Position | Atlantik no Azoren, 45°20'N 21°40'W | |
| durch | Wasserbomben | |
| Tote | 55 | |
| Überlebende | keine | |
| gehoben | nein | |

Die Sicherungsgruppe des Geleitträgers *Card* war zum Auftanken auf dem Marsch nach Horta auf den Azoren und wurde von deutschen Aufklärungsflugzeugen ausgemacht. Der BdU setzte die Gruppe „Borkum" zur Position des Flugzeugträgers in Marsch. Der Marschbefehl wurde von der 10. Flotte mitgehört, die Capt Isbell meldete, daß zehn deutsche U-Boote etwa 150 Kilometer entfernt waren. In der Nacht vom 23. auf den 24. Dezember erfaßten die Geleitsicherer der *Card* mehrere U-Boote, während der Träger selbst nur knapp der Versenkung durch U 415 entging. Der Zerstörer *Schenck* (Lt-Cdr Earl W. Logsdon) verfolgte ein Boot, das vor dem Tauchen einen Torpedo auf ihn abschoß. Logsdon konnte mit neun Wasserbomben das Boot zum Auftauchen zwingen, doch als die *Schenck* näher kam, tauchte das Boot erneut und wurde von Logsdon mit flach eingestellten Wasserbomben belegt. Zwei Minuten später kam es zu einer starken Unterwasserdetonation, und ein großer Ölteppich schwamm auf.

# 1944

## U 426

| | *Stapellauf* | *Indienststellung* |
|---|---|---|
| | 6.2.1943 | 12.5.1943 |
| Typ | VII C | |
| Kommandant | Kapitänleutnant Christian Reich (gefallen) | |
| versenkt am | 8. Januar 1944 | |
| Position | Golf von Biscaya w Nantes, 46°47'N 10°42'W | |
| durch | Luftangriff | |
| Tote | 50 | |
| Überlebende | keine | |
| gehoben | nein | |

Die eine Percussion-T2-Patrouille fliegende Sunderland „U" (Fg Off J.P. Roberts) des 10. RAAF-Geschwaders sichtete um 11.54 Uhr an Steuerbord voraus ein tief im Wasser liegendes U-Boot in etwa 15 Kilometer Entfernung. Als das Flugzeug zum Angriff ansetzte, kam das U-Boot voll über Wasser und eröffnete mit der Flak das Feuer, das jedoch eingestellt wurde, als die Sunderland ihrerseits aus der Bugkanzel zu feuern begann. Beim ersten Angriff klemmte der Transportmechanismus für die Wasserbomben, doch beim zweiten Anflug wurden sechs Wasserbomben geworfen, die dicht am Heck des U-Boots detonierten. U 426 bekam Schlagseite nach Steuerbord und begann über das Heck zu sinken. Während die Besatzung von Bord ging, hob sich der Bug aus dem Wasser und verschwand dann in einer starken Detonation. Etwa vierzig Mann trieben im Wasser.

## U 757

| | *Stapellauf* | *Indienststellung* |
|---|---|---|
| | 14.12.1941 | 28.2.1942 |
| Typ | VII C | |
| Kommandant | Kapitänleutnant Friedrich Deetz (gefallen) | |
| versenkt am | 8. Januar 1944 | |
| Position | Atlantik sw Kap Clear, 50°33'N 18°03'W | |
| durch | Wasserbomben | |
| Tote | 49 | |
| Überlebende | keine | |
| gehoben | nein | |

Dicht bei der Geleitsicherung des Konvois OS-64 wurde U 757 ausgemacht. Nach acht Angriffen der britischen Eskorter *Bayntun*, *Snowberry* und *Edmunston* und der kanadischen Korvette *Camrose* hörte man das Anblasen von Tauchzellen, doch das Geräusch wurde immer schwächer und verstummmte schließlich. Danach schwammen viele Bootstrümmer auf.

## U 81

| | *Stapellauf* | *Indienststellung* |
|---|---|---|
| | 22.2.1941 | 26.4.1941 |
| Typ | VII C | |
| Kommandant | Oberleutnant zur See Johann-Otto Krieg (gerettet) | |
| versenkt am | 9. Januar 1944 | |
| Position | nördliche Adria, Pula | |
| durch | Luftangriff | |
| Tote | 2 | |
| Überlebende | 44 | |
| gehoben | am 22. April 1944, außer Dienst gestellt und abgewrackt | |

Im Hafen von Pula bei einem Tagangriff der USAAF versenkt.

## UIT 19

| | *Stapellauf* | *Indienststellung* |
|---|---|---|
| | 20.3.1943 | 26.7.1943 |
| Typ | italienische *Fluto*-Klasse | |
| Kommandant | ? | |
| versenkt am | 9. Januar 1944 | |
| Position | nördliche Adria, Pula | |
| durch | Luftangriff | |
| Tote | ? | |
| Überlebende | ? | |
| gehoben | 1944 | |

Ein italienisches U-Boot, das nach dem italienischen Waffenstillstand mit den Alliierten am 9. September 1943 von den Deutschen übernommen worden war. Wir wissen nicht, ob das Boot voll einsatzbereit war, als es im Hafen von Pula bei einem Tagangriff der USAAF versenkt wurde. Das Wrack wurde 1945 von den Jugoslawen als Kriegsbeute übernommen und 1949 unter dem Namen *Sava* in Dienst gestellt. 1971 wurde das Boot außer Dienst gestellt.

## U 231

| | *Stapellauf* | *Indienststellung* |
|---|---|---|
| | 1.10.1942 | 14.11.1942 |
| Typ | VII C | |
| Kommandant | Kapitänleutnant Wolfgang Wenzel (gerettet) | |
| versenkt am | 13. Januar 1944 | |
| Position | Atlantik no Azoren, 44°15'N 20°38'W | |
| durch | Luftangriff/Selbstversenkung | |
| Tote | 7 | |
| Überlebende | 5 Offiziere, 13 Unteroffiziere, 25 Mannschaften | |
| gehoben | nein | |

Die zur Geleitsicherungsgruppe 6 gehörende Wellington „L" (P Off W.N. Armstrong) des 172. RCAF-Geschwaders, die mit EG 6 operierte, sichtete ein aufgetaucht laufendes U-Boot und griff es mit drei Wasserbomben an. Flaktreffer beschädigten das Flugzeug und verletzten den Heckschützen so schwer, daß Armstrong zu den Azoren fliegen mußte, um den Verletzten behandeln zu lassen.
Aber auch U 231 war so schwer beschädigt worden, daß Wenzel die Selbstversenkung befahl, nachdem die Besatzung in die Schlauchboote gegangen war. Sie wurde tags darauf von der amerikanischen *Block Island* aufgenommen. Wenzel wollte sich nach der Versenkung seines Bootes das Leben nehmen, überlebte aber mit einer Kugel im Nacken.

## U 377

| | *Stapellauf* | *Indienststellung* |
|---|---|---|
| | 15.8.1941 | 2.10.1941 |
| Typ | VII C | |
| Kommandant | Oberleutnant zur See Gerhard Kluth (gefallen) | |
| versenkt um den | 15. Januar 1944 | |
| Position | Atlantik n Azoren | |
| durch | ? | |
| Tote | 52 | |
| Überlebende | keine | |
| gehoben | nein | |

U 377 wurde höchstwahrscheinlich durch einen eigenen akustischen T5-Torpedo („Zaunkönig") versenkt, der als Kreisläufer zum Boot zurückkehrte. U 377 operierte 22 Kilometer nördlich der Azoren gegen die 21. Task Group der US-Navy. Am 14. Januar griffen die US-Zerstörer *Bulmer* und *Parrott* mit Unterstützung einer Fortress des 206. Geschwaders ein deutsches U-Boot an, und nicht selten wird die Ansicht vertreten, U 377 sei diesem Angriff zum Opfer gefallen. In Wirklichkeit galt der Angriff U 382, das schwer beschädigt nach Wilhelmshaven zurückkehren konnte.
24 Stunden nach diesem Angriff meldete U 377 einen erfolglosen Angriff auf die TG 21. Kurz danach erhielt der BdU auf der von Frontbooten benützten „Diana"-Frequenz einen verstümmelten Funkspruch des Inhalts, der Absender sei von einem Torpedo getroffen worden und sinke.
Man nahm an, daß U 377 der Absender war, denn danach meldete sich das U-Boot nicht mehr. Das war unüblich, stand U 377 doch in Fühlung mit der Task Group 21 und hätte also weitere Meldungen absetzen müssen. Gestützt wird diese Annahme durch die Tatsache, daß die Task Group keine Versenkung dieses U-Boots meldete. Am wahrscheinlichsten ist, daß U 377 auf ein Schiff der Einsatzgruppe einen akustischen Torpedo abfeuerte, durch den das U-Boot selbst versenkt wurde. Dennoch kann nicht ausgeschlossen werden, daß U 377 infolge technischer Mängel oder menschlichen Versagens verlorenging.

## U 972

| | *Stapellauf* | *Indienststellung* |
|---|---|---|
| | 22.2.1943 | 8.4.1943 |
| Typ | VII C | |
| Kommandant | Oberleutnant zur See Klaus-Dietrich König (gefallen) | |
| versenkt um den | 15. Januar 1944 | |
| Position | Atlantik | |
| durch | ? | |
| Tote | 49 | |
| Überlebende | keine | |
| gehoben | nein | |

Möglicherweise sank das U-Boot infolge technischer Mängel oder menschlichen Versagens.

## U 544

| | *Stapellauf* | *Indienststellung* |
|---|---|---|
| | 17.2.1943 | 5.5.1943 |
| Typ | IX C/40 | |
| Kommandant | Kapitänleutnant Willy Mattke (gefallen) | |
| versenkt am | 16. Januar 1944 | |
| Position | Atlantik nw Azoren, 40°30'N 37°20'W | |
| durch | Luftangriff | |
| Tote | 7 | |
| Überlebende | keine | |
| gehoben | nein | |

Am späten Nachmittag des 16. Januar sichteten die Ensigns Bert J. Hudson und William M. McLane vom amerikanischen Geleitträger *Guadalcanal* an einer zuvor dem Träger gemeldeten Position U 544, U 516 und U 129 bei der Treibstoffübernahme von einem Versorgungsboot. U 129 tauchte sofort, aber die beiden anderen Boote waren durch den Ölschlauch miteinander verbunden. Hudson griff von Steuerbord voraus an und feuerte rasch hintereinander zwei Raketensalven ab, und als er direkt über dem Boot war, warf er noch zwei Wasserbomben und zwei weitere Raketen ab, die den Druckkörper durchschlugen und schwere Schäden anrichteten. Ihm direkt auf der Fersen, griff McLane ebenfalls gleichzeitig mit Wasserbomben und Raketen an. (Dieser kombinierte Waffeneinsatz war beim CinCLant, dem amerikanischen Oberbefehlshaber der US-Navy im Atlantik, wegen der unterschiedlichen Flugbahnen der Waffen verpönt.) U 516 konnte durch Tauchen entkommen, aber U 544 sank über das Heck und hinterließ zwanzig oder mehr Überlebende, die im sich ausbreitenden Ölteppich um ihr Leben kämpften. Obgleich der Flugzeugträger zwei Eskorter zur Position der Versenkung beorderte, um dort nach Überlebenden zu suchen, konnte niemand von der U-Bootsbesatzung gerettet werden.

## U 305

| | *Stapellauf* | *Indienststellung* |
|---|---|---|
| | 25.7.1942 | 17.9.1942 |
| Typ | VII C | |
| Kommandant | Kapitänleutnant Rudolf Bahr (gefallen) | |
| versenkt am | 17. Januar 1944 | |
| Position | Nordatlantik sw Kap Clear, 49°39'N 20°10'W | |
| durch | Wasserbomben | |
| Tote | 51 | |
| Überlebende | keine | |
| gehoben | nein | |

Versenkt durch Wasserbomben des britischen Zerstörers *Wanderer* und der britischen Fregatte *Glenarm*.

## U 641

| | *Stapellauf* | *Indienststellung* |
|---|---|---|
| | 6.8.1942 | 24.9.1942 |
| Typ | VII C | |
| Kommandant | Kapitänleutnant Horst Rendtel (gefallen) | |
| versenkt am | 19. Januar 1944 | |
| Position | Atlantik sw Kap Clear, 50°25'N 18°49'W | |
| durch | Wasserbomben | |
| Tote | 50 | |
| Überlebende | keine | |
| gehoben | nein | |

Durch Hedgehog-Wasserbomben der den Geleitzug OS-65 sichernden britischen Korvette *Violet* versenkt. Ein erster Angriff der Korvette war erfolglos, doch nach dem zweiten gab es eine Reihe von Explosionen.

## U 263

| | *Stapellauf* | *Indienststellung* |
|---|---|---|
| | 18.3.1942 | 6.5.1942 |
| Typ | VII C | |
| Kommandant | Korvettenkapitän Kurt Nölke (gefallen) | |
| versenkt am | 20. Januar 1944 | |
| Position | Golf von Biscaya vor La Pallice, 46°10'N 01°14'W | |
| durch | Mine | |
| Tote | 51 | |
| Überlebende | keine | |
| gehoben | nein | |

Während den „Gardening"-Einsätzen der RAF durch eine aus der Luft gelegte Mine versenkt.

## U 271

| | *Stapellauf* | *Indienststellung* |
|---|---|---|
| | 29.7.1942 | 23.9.1942 |
| Typ | VII C | |
| Kommandant | Kapitänleutnant d.R. Curt Barleben (gefallen) | |
| versenkt am | 28. Januar 1944 | |
| Position | Nordatlantik w Limerick, 53°15'N 15°52'W | |
| durch | Luftangriff | |
| Tote | 51 | |
| Überlebende | keine | |
| gehoben | nein | |

Versenkt von der Liberator „E" (Lt C.A. Enloe) des USN-Geschwaders VB-103, das die Geleitzüge SC-151 und ON-221 sicherte. Enloe griff das gesichtete U-Boot aus der Sonne heraus an und warf sechs Wasserbomben. Nach deren Explosion lag U 271 hecklastig gestoppt, ringsum stiegen Luftblasen hoch. Dann sank das Boot über das Heck, und neben weiteren Luftblasen schwamm Öl auf.

## U 571

| | *Stapellauf* | *Indienststellung* |
|---|---|---|
| | 4.4.1941 | 22.5.1941 |
| Typ | VII C | |
| Kommandant | Oberleutnant zur See Gustav Lüssow (gefallen) | |
| versenkt am | 28. Januar 1944 | |
| Position | w Irland sw Blacksod Bay, 52°41'N 14°27'W | |
| durch | Luftangriff | |
| Tote | 52 | |
| Überlebende | keine | |
| gehoben | nein | |

Versenkt von der Sunderland „D" (Flt Lt R.D. Lucas) des 461. RAAF-Geschwaders. Das Boot wurde vom Radar erfaßt, wenig später über Wasser gesichtet und trotz heftigem Flakfeuer von der Sunderland angegriffen. Nach dem zweiten Angriff explodierte das Boot und hinterließ außer vielen Wrackteilen einige Überlebende im ölbedeckten Wasser.

## U 314

| | *Stapellauf* | *Indienststellung* |
|---|---|---|
| | 17.4.1943 | 10.6.1943 |
| Typ | VII C | |
| Kommandant | Kapitänleutnant Georg-Wilhelm Basse (gefallen) | |
| versenkt am | 30. Januar 1944 | |
| Position | Eismeer n Nordkap, 73°45'N 26°15'O | |
| durch | Wasserbomben | |
| Tote | 49 | |
| Überlebende | keine | |
| gehoben | nein | |

Beim Marsch des Geleitzugs JW-56B ins Weiße Meer von den britischen Zerstörern *Whitehall* und *Meteor* versenkt.

## U 364

| | *Stapellauf* | *Indienststellung* |
|---|---|---|
| | 21.1.1943 | 3.5.1943 |
| Typ | VII C | |
| Kommandant | Oberleutnant zur See Paul-Heinrich Sass (gefallen) | |
| versenkt am | 30. Januar 1944 | |
| Position | Golf von Biscaya w Bordeaux, 45°25'N 05°15'W | |
| durch | Luftangriff | |
| Tote | 49 | |
| Überlebende | keine | |
| gehoben | nein | |

Von der Wellington „K" (Flt Sgt L.D. Richards) des 172. Geschwaders der RAF versenkt. Dabei erhielt das Flugzeug so schwere Flaktreffer, daß es ins Meer stürzte. Die Besatzung starb entweder beim Aufprall oder in den Schlauchbooten, in denen sie auf Rettung wartete.

## U 592

| | *Stapellauf* | *Indienststellung* |
|---|---|---|
| | 20.8.1941 | 16.10.1941 |
| Typ | VII C | |
| Kommandant | Oberleutnant zur See Heinz Jaschke (gefallen) | |
| versenkt am | 31. Januar 1944 | |
| Position | Atlantik w Kap Clear, 50°20'N 17°29'W | |
| durch | Wasserbomben | |
| Tote | 49 | |
| Überlebende | keine | |
| gehoben | nein | |

Die 2. Support Group der RN (Kommandeur Captain F.J. Walker) operierte mit den Geleitträgern *Nairana* und *Activity* südwestlich von Irland als Reaktion auf die nachrichtendienstliche Meldung, drei Rudel deutscher U-Boote seien in das Seegebiet unterwegs, das die Geleitzüge SL-47 und MKS-38 passieren sollten. Kurz nach 10.15 Uhr am 31. Januar starteten die Flugzeuge der Träger. Fast im gleichen Augenblick hatte die Sloop *Wild Goose* einen ASDIC-Kontakt, drosselte die Fahrt, um keinen akustischen Torpedo auf sich zu ziehen, und griff mit Wasserbomben an, um das U-Boot an einem Angriff auf die Träger zu hindern. Danach fuhr die *Magpie* einen erfolglosen Angriff mit Hedgehog-Wasserbomben. Erfolglos blieb auch ein Angriff der herbeigerufenen *Starling*. Walker richtete sich auf eine lange U-Jagd ein.

Auf Weisung der *Wild Goose* begann die *Starling* einen weiteren Wasserbombenangriff, und nachdem die 14. Bombe von der Abrollbahn ins Wasser gefallen war, gab es zwei starke Explosionen. Die erste stammte von der auf 200 Meter Tiefe eingestellten Wasserbombe, die zweite war deutlich stärker und schleuderte knapp zehn Meter Steuerbord achtern der *Starling* eine mächtige Wassersäule empor. Das Wasser klatschte tonnenweise auf das Schiff, dessen Besatzung trotz dieser Behinderung auch noch den Rest der Wasserbomben warf. Eben wollte die *Wild Goose* weitere Wasserbomben werfen, als durch Sonarortung Rumpfdröhnen und zwei weitere Detonationen erfaßt wurden. Öl, Holztrümmer, Kleidungsstücke und Papiere (anhand derer das Boot als U 592 identifiziert wurde) schwammen zusammen mit zerfetzten Leichen auf und wurde von der *Wild Goose* aufgefischt. Die Geräusche des ASDIC wurden schwächer, als das U-Boot seine letzte Fahrt zum hier 2500 Faden tiefen Meeresgrund antrat.

## U 854

| | *Stapellauf* | *Indienststellung* |
|---|---|---|
| | 5.4.1943 | 19.7.1943 |
| Typ | IX C/40 | |
| Kommandant | Kapitänleutnant Horst Weiher (gefallen) | |
| versenkt am | 4. Februar 1944 | |
| Position | Ostsee n Swinemünde, 54°44'N 14°16'O | |
| durch | Mine | |
| Tote | 51 | |
| Überlebende | keine | |
| gehoben | am 18. November 1968 und abgewrackt | |

Versenkt durch eine von alliierten Flugzeugen gelegte Mine.

## U 177

| | *Stapellauf* | *Indienststellung* |
|---|---|---|
| | 1.10.1941 | 14.3.1942 |
| Typ | IX D2 | |
| Kommandant | Korvettenkapitän Heinz Buchholz (gefallen) | |
| versenkt am | 6. Februar 1944 | |
| Position | Südatlantik w Ascension, 10°35'S 23°15'W | |
| durch | Luftangriff | |
| Tote | 50 | |
| Überlebende | 2 Offiziere, 10 Unteroffiziere, 2 Mannschaften | |
| gehoben | nein | |

Versenkt von einer Liberator (Lt (jg) C.I. Pinnell) des USN-Geschwaders VB-107. Die Überlebenden wurden von der amerikanischen *Omaha* geborgen.

Unter dem Kommando des Korvettenkapitäns Robert Gysae war U 177 sehr erfolgreich gewesen. Buchholz war ein ganz anderer Mensch, ein unerbittlicher Schleifer, der Fehler streng bestrafte. So hatte er aus einer tüchtigen Besatzung einen gleichgültigen, ineffizienten Haufen gemacht. Bei guter Sicht konnte die Liberator bis auf etwa einen Kilometer heranfliegen, ehe sie von den Ausgucks von U 177 gesichtet wurde. Das Boot wurde durch den Angriff völlig überrascht. Überlebt haben nur die Männer auf der Brücke, während Buchholz im Bootsinneren den Tod fand.

## U 762

| | *Stapellauf* | *Indienststellung* |
|---|---|---|
| | 21.11.1942 | 30.1.1943 |
| Typ | VII C | |
| Kommandant | Oberleutnant zur See Walter Pietschmann (gefallen) | |
| versenkt am | 8. Februar 1944 | |
| Position | Atlantik w Kap Clear, 49°02'N 16°58'W | |
| durch | Wasserbomben | |
| Tote | 51 | |
| Überlebende | keine | |
| gehoben | nein | |

Versenkt von Schiffen der 2. Support Group. Einzelheiten siehe U 734 (unten).

## U 238

| | *Stapellauf* | *Indienststellung* |
|---|---|---|
| | 7.1.1943 | 20.2.1943 |
| Typ | VII C | |
| Kommandant | Kapitänleutnant Horst Hepp (gefallen) | |
| versenkt am | 9. Februar 1944 | |
| Position | Atlantik sw Kap Clear, 49°44'N 16°07'W | |
| durch | Wasserbomben | |
| Tote | 50 | |
| Überlebende | keine | |
| gehoben | nein | |

Versenkt von Schiffen der 2. Support Group. Einzelheiten siehe U 734 (unten).

## U 734

| | *Stapellauf* | *Indienststellung* |
|---|---|---|
| | 19.9.1942 | 5.12.1942 |
| Typ | VII C | |
| Kommandant | Oberleutnant zur See Hans-Jörg Blauert (gefallen) | |
| versenkt am | 9. Februar 1944 | |
| Position | Atlantik sw Irland, 49°43'N 16°23'W | |
| durch | Hedgehog-Wasserbomben | |
| Tote | 46 | |
| Überlebende | keine | |
| gehoben | nein | |

Am 8. und 9. Februar 1944 vernichtete Walkers 2. Support Group drei deutsche U-Boote (U 762, U 238 und U 734) innerhalb von 15 Stunden. Es gab von allen drei Booten keine Überlebenden und keine schlüssigen Beweise unter den Bootstrümmern, so daß nicht feststeht, in welcher Reihenfolge die Boote versenkt wurden. Deshalb werden hier die drei Versenkungen in einem Bericht zusammengefaßt.

Nach der Versenkung von U 592 (siehe 31. Januar 1944) nahmen die Geleitträger *Nairana* und *Activity* wieder ihre Positionen innerhalb des Konvois SL-47 ein, um den Deutschen nicht aufzufallen. Aus abgehörten Funksprüchen wußte man, daß der BdU seine U-Boote vor der Geleitsicherungsgruppe gewarnt hatte. Deshalb mußte Walkers 2. SG auf eigene Faust operieren.

In der Nacht vom 8. auf den 9. Februar machte die *Wild Goose* bei schlechter Sicht in etwa 1,5 Kilometer Entfernung ein aufgetaucht laufendes U-Boot aus, verlangsamte die Fahrt und näherte sich auf direktem Kurs dem Boot, das tauchte, aber auf die *Wild Goose* zulief und einen Boldkanister aussetzte. Es hatte die Sloop offenbar nicht bemerkt und fuhr so dicht an ihr vorbei, daß der Kanonier einer 20-mm-Oerlikon ein ganzes Magazin auf das Sehrohr leeren konnte.

Nun stieß die *Woodpecker* dazu, und beide Schiffe griffen an, wobei allein die *Woodpecker* 22 Wasserbomben warf. Die Sonarwache der herbeigeeilten *Starling* hörte, wie das U-Boot zerbrach, und im Licht der Suchscheinwerfer sichtete man auf dem Wasser Bootstrümmer, darunter Konservendosen und Papiere (die vom Beiboot der *Woodpecker* geborgen wurden, um das Boot zu identifizieren) sowie Kleidungsstücke und zerfetzte Leichen. „Kommt her und schaut euch das Chaos an, das ihr verursacht habt“, signalisierte Walker der *Woodpecker*.

Dann erfaßte das Radar der *Wild Goose* ein zweites U-Boot, das die Geleitsicherung von der Backbordseite her durchstoßen wollte, während der erste Angriff noch nicht abgeschlossen war. Das Boot tauchte, setzte einen Boldkanister aus und schoß einen akustischen Torpedo ab, der ins Leere lief und explodierte. Dann nahm es wieder einen regelmäßigen Kurs auf. Nun stieß die *Starling* dazu und leitete den Angriff der *Wild Goose* in Schleichfahrt, die eine Leuchtgranate abschoß und auf gut Glück Wasserbomben in das erhellte Gebiet warf. Nach etwa 25 Minuten hörte man Bruchgeräusche vom verfolgten Boot. Ein zweiter Wasserbombenangriff wurde gefahren, während dessen das U-Boot einen akustischen Torpedo abschoß, der hinter der *Starling* detonierte. Dann änderte es den Kurs, wurde aber ein drittes Mal angegriffen und endgültig versenkt. Es gab eine starke Unterwasserdetonation, und dann schwammen die üblichen Bootsreste, aber keine Überlebenden auf.

Am frühen Morgen des 9. Februar hielt die vor dem Konvoi laufende *Kite* Ausschau nach einem U-Boot, dessen Position durch Funkpeilung ermittelt worden war. Knapp einen Kilometer davon entfernt, kollidierte die *Kite* fast mit dem U-Boot, das aus einer Nebelbank kam. Walker schickte die *Magpie* als Verstärkung, konnte sich aber nicht selbst anschließen, da die *Starling* am Ende des Konvois ein von der *Wild Goose* geortetes U-Boot verfolgte. Als die *Kite* das Feuer eröffnete und eine auf flach eingestellte Wasserbombe warf, tauchte das angegriffene U-Boot. Sekunden später gab es eine mächtige Explosion, und die *Kite* verschwand in einer mastspitzenhoch emporgeschleuderten Wassersäule; zunächst befürchtete man, die *Kite* sei durch einen akustischen Torpedo des U-Boots getroffen worden. Aber das britische Schiff wurde wieder sichtbar und hatte außer Prellungen bei Besatzungsmitgliedern auf dem Oberdeck keine Schäden aufzuweisen. Zwar hatte das U-Boot tatsächlich einen „Zaunkönig“ abgefeuert, aber dieser war durch die rasch geworfenen Wasserbomben abgelenkt worden. Nun ging die Sloop in die Offensive und fuhr in 30-Minuten-Intervallen drei Wasserbombenangriffe. Danach fuhr die *Magpie* in Schleichfahrt drei Angriffe, einen mit Hedgehog-Wasserbomben und zwei Angriffe mit je zehn Wasserbomben.

Die Bedingungen für die Sonarortung waren sehr schlecht; die Fühlung mit dem U-Boot ging immer wieder verloren. Dessen Kommandant war sehr kampferfahren, ließ sich mit gestoppten Motoren treiben, was dem den Angriff leitenden britischen Schiff die Ortung erschwerte. Fast verzweifelt wies Walker die *Starling* an, nun die *Magpie* bei einem Hedgehog-Angriff zu führen – ein höchst unübliches Verfahren. Nach dem Werfen der Wasserbomben gab es zwei starke Explosionen, nach denen erst die *Magpie* und vier Minuten später die *Starling* weitere Angriffe in Schleichfahrt unternahmen. Zur allgemeinen Überraschung förderten diese improvisierten Angriffe die ganzen grausigen Überreste eines versenkten U-Boots an den Tag. Um dieses Boot zu versenken, waren 252 Wasserbomben und 48 Hedgehogs nötig gewesen. Walker meinte dazu: „Ich habe mich über diese ganze 'Hedgehoggerei' ziemlich amüsiert. Normalerweise gelten komplizierte Instrumente als unverzichtbar, um auch nur gelegentlich einen Treffer mit dieser Waffe zu erzielen. Auf eine Entfernung von rund einem Kilometer zwei 'Ochsenaugen' (Anzeichen für Treffer) mit in die Gegend geworfenen Hedgehogs zu erzielen, ist schon ein gespenstischer Glücksfall."

Für Walker und seine Männer war die Versenkung dieser drei U-Boote eine herausragende Leistung. Die Besatzungen waren während solcher Angriffe starken Belastungen ausgesetzt, da die Schiffe durch die ständigen Detonationen unter Wasser arg durchgeschüttelt wurden und immer befürchten mußten, durch einen akustischen Torpedo versenkt zu werden.

# U 666

| | *Stapellauf* | *Indienststellung* |
|---|---|---|
| | 18.7.1942 | 26.8.1942 |
| Typ | VII C | |
| Kommandant | Oberleutnant zur See d.R. Ernst-August Wilberg (gefallen) | |
| versenkt am | 10. Februar 1944 | |
| Position | Nordatlantik w Irland, 53°56'N 17°16'W | |
| durch | Luftangriff | |
| Tote | 51 | |
| Überlebende | keine | |
| gehoben | nein | |

Versenkt von der Swordfish „A" der 842. NAS vom britischen Träger *Fencer.*

# U 545

| | *Stapellauf* | *Indienststellung* |
|---|---|---|
| | 3.3.1943 | 19.5.1943 |
| Typ | IX C/40 | |
| Kommandant | Kapitänleutnant d.R. Gert Mannesmann (gerettet) | |
| versenkt am | 11. Februar 1944 | |
| Position | Atlantik w Hebriden, 58°17'N 13°22'W | |
| durch | Luftangriff | |
| Tote | 1 | |
| Überlebende | 48 | |
| gehoben | nein | |

Das Radar der im nordirischen Limavady stationierten Wellington „O" (P Off M. Painter) des 612. RAF-Geschwaders erfaßte um 20.37 Uhr ein zwölf Kilometer entferntes Schiff. Schlechtes Wetter hatte das Flugzeug Richtung Norden vom vorgesehenen Kurs abgebracht, was für U 545 das Ende bedeutete. Im Mondlicht war das aufgetaucht laufende Boot aus anderthalb Kilometer Entfernung gut zu sehen, und Painter warf vier Wasserbomben, die dicht am Boot explodierten. Nach dem Angriff sprach das Radar nicht mehr an, doch beim Überfliegen der Stelle sah man im Wasser die Seenotblinklichter auf den Rettungswesten von Überlebenden. Sie wurden später von U 714 geborgen und nach St. Nazaire gebracht. Leutnant zur See Harald Körfer fand bei der Selbstversenkung des Bootes den Tod.

Mannesmann war danach noch Kommandant von U 2502 und wurde am 8. April 1945 bei einem alliierten Luftangriff auf Hamburg getötet.

# U 283

| | *Stapellauf* | *Indienststellung* |
|---|---|---|
| | 17.2.1943 | 31.3.1943 |
| Typ | VII C | |
| Kommandant | Oberleutnant zur See Günter Ney (gefallen) | |
| versenkt am | 11. Februar 1944 | |
| Position | Atlantik sw Färöers, 60°43'N 12°50'W | |
| durch | Luftangriff | |
| Tote | 50 | |
| Überlebende | keine | |
| gehoben | nein | |

Das Radar der Wellington „D" (Fg Off P.W. Heron) des 407. RCAF-Geschwaders erfaßte rechts voraus ein zehn Kilometer entferntes Objekt. Aus drei Kilometer Entfernung wurde das U-Boot gesichtet und um 04.10 Uhr mit dem Suchscheinwerfer angestrahlt. Aus 18 Meter Höhe wurden sechs Wasserbomben und eine Fackelboje abgeworfen, und nach den Explosionen sah der Heckschütze des Flugzeugs ein dumpf-rotes Glühen an der Stelle, wo das U-Boot lag. Heron setzte zu einem zweiten Angriff an und orientierte sich dabei an seiner Fackelboje. Das Radar sprach noch auf das gestoppt im Wasser liegende U-Boot an, doch der Kontakt hörte auf, als das Boot in die Tiefe sank.

U 283 war schon tags zuvor von der Wellington „N" des 612. RAF-Geschwaders angegriffen worden, hatte aber das Flugzeug abschießen können.

## U 424

| | *Stapellauf* | *Indienststellung* |
|---|---|---|
| | 28.11.1942 | 7.4.1943 |

| | |
|---|---|
| Typ | VII C |
| Kommandant | Oberleutnant zur See Günter Lüders (gefallen) |
| versenkt am | 11. Februar 1944 |
| Position | Nordatlantik sw Irland, 50°00'N 18°14'W |
| durch | Wasserbomben |
| Tote | 50 |
| Überlebende | keine |
| gehoben | nein |

Nach den dramatischen Ereignissen am 8. und 9. Februar befahl Walker den Sloops *Woodpecker*, *Magpie* und *Wild Goose*, den Schauplatz der Versenkungen noch einmal abzusuchen. Zwischen Mitternacht und 04.00 Uhr in der Nacht zum 11. Februar erfaßte das ASDIC der *Wild Goose* trotz zahlreicher Störungen durch echowerfende Fischschwärme ein Boot, als die Schiffe eben im Begriff waren, Kurs Süd auf Ost zu gehen. Die Sloop griff sofort an. Das U-Boot setzte zur Desorientierung Boldkanister aus, so daß weder die *Woodpecker* noch die *Wild Goose* ständig Fühlung halten konnten. Zahlreiche Angriffe blieben erfolglos, und schließlich ging der Kontakt völlig verloren. Als dann die Sonarwache der *Wild Goose* das Boot achteraus wieder ortete, bedurfte es vieler Argumente, um den Kommandanten der Sloop, Wemyss, zu einem weiteren Angriff zu überreden. Der Kontakt wurde deutlicher, als die Schiffe zum Angriff ansetzten, und nach dem Abwurf von Wasserbomben gab es eine Reihe von Unterwasserdetonationen, und Bootstrümmer und andere Überreste schwammen auf. Die am Nachmittag diese Stelle passierenden Schiffe fuhren durch einen zehn Kilometer breiten Ölteppich.

| | |
|---|---|
| gehoben | am 3. Mai 1944, danach abgewrackt |

Nach Kollision mit dem Frachter *Erna* gesunken.

## UIT 23

| | *Stapellauf* | *Indienststellung* |
|---|---|---|
| | 13.3.1939 | 3.2.1940 |

| | |
|---|---|
| Typ | italienische Liuzzi-Klasse |
| Kommandant | Oberleutnant zur See Werner Striegler (gerettet) |
| versenkt am | 15. Februar 1944 |
| Position | Straße von Malakka, 04°27'N 100°11'O |
| durch | britisches U-Boot |
| Tote | 26 |
| Überlebende | 15 |
| gehoben | nein |

Das beim Waffenstillstand Italiens mit den Alliierten von den Deutschen in Penang konfiszierte italienische U-Boot *Reginaldo Giuliani* wurde am 6. Dezember 1943 als Transport-U-Boot für den Verkehr zwischen Deutschland und dem Fernen Osten als UIT 23 wieder in Dienst gestellt. Das Boot war mit für die Deutschen ungemein wertvollem Zinn aus Malaja auf dem Rückmarsch nach Deutschland und wurde über Wasser mit 14 Knoten Fahrt laufend von dem britische U-Boot *Tally-Ho* (Lt-Cdr L.W.A. Bennington) rechts voraus gesichtet. Bennington änderte den Kurs, um in 90°-Schußposition zu kommen, doch indessen verschwand das deutsche Boot in einer Nebelbank, die es Minuten später wieder verließ. Bennington schoß drei Mk-VIII**-Torpedos und tauchte dann ab. Nach dem dritten Abschuß dauerte es 2 Minuten und 20 Sekunden, ehe es eine starke Explosion gab. Die 15 Überlebenden wurden von Wasserflugzeugen des Stützpunkts Penang geborgen.

## U 738

| | *Stapellauf* | *Indienststellung* |
|---|---|---|
| | 12.12.1942 | 20.2.1943 |

| | |
|---|---|
| Typ | VII C |
| Kommandant | Oberleutnant zur See Erich-Michael Hoffmann (gefallen) |
| versenkt am | 14. Februar 1944 |
| Position | Ostsee vor Gotenhafen, 54°31'N 18°33'O |
| durch | Kollision |
| Tote | 22 |
| Überlebende | ? |

## U 7

| | *Stapellauf* | *Indienststellung* |
|---|---|---|
| | 29.6.1935 | 18.7.1935 |

| | |
|---|---|
| Typ | II B |
| Kommandant | Oberleutnant zur See Günther Loeschke (gefallen) |
| versenkt am | 18. Februar 1944 |
| Position | Ostsee w Pillau, 54°25'N 19°50'O |
| durch | Unfall |
| Tote | 26 |
| Überlebende | keine |
| gehoben | nein |

Bei einer Tauchpanne gesunken, nähere Umstände nicht bekannt.

## U 406

| | *Stapellauf* | *Indienststellung* |
|---|---|---|
| | 16.6.1941 | 22.10.1941 |
| Typ | VII C | |
| Kommandant | Kapitänleutnant Horst Dieterichs (gefallen) | |
| versenkt am | 18. Februar 1944 | |
| Position | Nordatlantik sw Kap Clear, 48°32'N 23°36'W | |
| durch | Wasserbomben | |
| Tote | 12 | |
| Überlebende | 4 Offiziere, 11 Unteroffiziere, 26 Mannschaften | |
| gehoben | nein | |

Das erste von zwei von der britischen Fregatte *Spey* innerhalb von 24 Stunden versenkten deutschen U-Booten. Die Fregatte war das Schiff des Kommandeurs der 10. Geleitsicherungsgruppe. Die auf der Steuerbordseite des Konvois ONS-29 laufende Fregatte hatte um 15.23 Uhr einen ASDIC-Kontakt mit einem etwa 1600 Meter entfernten getauchten Boot. Als dieses erreicht war, warf die *Spey* zehn auf 15 und 45 Meter Tiefe eingestellte Wasserbomben und eröffnete dann das Geschützfeuer, als das U-Boot mitten zwischen den detonierenden Wasserbomben an die Oberfläche kam. Da man zehn Wasserbomben nicht für ausreichend hielt, lief die *Spey* noch einmal dem Boot direkt über den Bug und warf währenddessen weitere flach eingestellte Wasserbomben, doch stellte man nach der Hälfte der vorgesehenen Bomben den Angriff ein, da die überlebende Besatzung des U-Boots über Bord sprang.

## U 386

| | *Stapellauf* | *Indienststellung* |
|---|---|---|
| | 19.8.1942 | 10.10.1942 |
| Typ | VII C | |
| Kommandant | Oberleutnant zur See Fritz Albrecht (gerettet) | |
| versenkt am | 19. Februar 1944 | |
| Position | Nordatlantik n Azoren, 48°51'N 22°41'W | |
| durch | Wasserbomben | |
| Tote | 33 | |
| Überlebende | 2 Offiziere, 16 Mannschaften | |
| gehoben | nein | |

24 Stunden später wollte die *Spey* zu dem Geleitzug ON-224 aufschließen, erfaßte aber um 14.26 Uhr ein weiteres U-Boot per Sonarortung. Die Fregatte war mit dem neuesten 147B-ASDIC ausgerüstet, das auch Tauchtiefen anzeigte. Danach lief das U-Boot mehr als 100 Meter tief unter der Oberfläche, und entsprechend wurde die Explosionstiefe der Wasserbomben eingestellt. Nach dem ersten Angriff schoß das Boot in steilem Winkel aus dem Wasser und war weit kampffreudiger als U 406, denn es erwiderte das Geschützfeuer der *Spey* und wollte über Wasser ablaufen. Die Fregatte setzte zu einem zweiten Angriff an und warf flach eingestellte Wasserbomben, die das U-Boot über das Heck versenkten.

## U 264

| | *Stapellauf* | *Indienststellung* |
|---|---|---|
| | 2.4.1942 | 22.5.1942 |
| Typ | VII C | |
| Kommandant | Kapitänleutnant Hartwig Looks (gerettet) | |
| versenkt am | 19. Februar 1944 | |
| Position | Nordatlantik, 48°31'N 22°05'W | |
| durch | Wasserbomben | |
| Tote | keine | |
| Überlebende | 6 Offiziere, 9 Unteroffiziere, 36 Mannschaften | |
| gehoben | nein | |

Dies war das sechste U-Boot, das Walkers 2. Geleitsicherungsgruppe im Februar 1944 westlich der Britischen Inseln versenkte. Die *Woodpecker* erfaßte per ASDIC um 10.16 Uhr ein U-Boot und markierte dessen Position sofort mit einer Fackelboje. Alle Schiffe des Konvois gingen für 15 Minuten mit der Fahrt herunter, damit eventuell abgeschossene „Zaunkönige" ihr Ziel verfehlten. Die lange und verbissene Jagd dauerte bis 16.59 Uhr, dann tauchte das U-Boot Backbord achteraus der *Starling* auf. Die ganze Zeit über hatte das Boot mehrere Boldkanister ausgestoßen, um eine Ortung zu erschweren, die ohnehin nicht leicht war. Walkers Schiffe warfen alle ihre Wasserbomben, und einmal sah man Walker von der Brücke ins Wasser schauen, als ob er mit den Augen das U-Boot orten wollte.
Als das U-Boot auftauchte, mißachtete Walker seinen eigenen strikten Befehl, Fahrt wegzunehmen und dem U-Boot die kleinste Angriffsfläche zuzuwenden, um keinen „Zaunkönig" auf sich zu

ziehen. Er setzte vielmehr mit äußerster Kraft voraus zum Rammstoß an und ließ aus allen Rohren feuern. Mitten im Geschoßhagel verließ die Besatzung von U 264 das Boot, nachdem Looks die Sprengladungen zur Selbstversenkung scharfgemacht hatte. Dann sank U 264 über das Heck. Looks und seine ganze Besatzung wurden von *Starling*, *Wild Goose* und *Woodpecker* aufgenommen.
U 264 war das erste mit einem Schnorchel ausgerüstete Frontboot. Die elf von der *Woodpecker* aufgenommenen Besatzungsmitglieder von U 264 überlebten die Versenkung des britischen Schiffes, das noch am selben Tag von U 256 torpediert wurde.
Am 25. Februar lief die 2. Geleitsicherungsgruppe in Liverpool ein. Der Oberkommandierende der Western Approaches, Admiral Sir Max Horton, bezeichnete diesen Einsatz als „eine der großartigsten Operationen, die in diesem Krieg von einer Geleitsicherungsgruppe durchgeführt wurden". Walker stellte rasch klar, wem die Ehre gebührte: „Das Hauptverdienst an diesem Schlag in das Gesicht von Dönitz hat die *Wild Goose* unter Lt-Cdr D.E.G. Wemyss. Von sechs Versenkungen wurden vier von diesem Schiff geleitet, und durch ihren Blitzangriff auf U 592 wurde die *Nairana* gerettet."

## U 257

| | *Stapellauf* | *Indienststellung* |
|---|---|---|
| | 19.11.1941 | 14.1.1942 |
| Typ | VII C | |
| Kommandant | Kapitänleutnant Heinz Rahe (gefallen) | |
| versenkt am | 24. Februar 1944 | |
| Position | Atlantik n Azoren, 47°19'N 26°00'W | |
| durch | Wasserbomben | |
| Tote | 31 | |
| Überlebende | 1 Offizier, 6 Unteroffiziere, 12 Mannschaften | |
| gehoben | nein | |

Versenkt von der den Geleitzug SC-153 sichernden kanadischen Fregatte *Waskesiu*. Die Versenkung ist insofern bemerkenswert, als der Kommandant der Fregatte sich von seiner ASDIC-Mannschaft davon überzeugen ließ, daß das geortete Objekt tatsächlich ein U-Boot war, und auf der U-Bootjagd bestand, obwohl der Kommandeur der 6. Geleitsicherungsgruppe strikt dagegen war.

## U 713

| | *Stapellauf* | *Indienststellung* |
|---|---|---|
| | 24.9.1942 | 29.12.1942 |
| Typ | VII C | |
| Kommandant | Oberleutnant zur See d.R. Henri Gosejakob (gefallen) | |
| versenkt am | 24. Februar 1944 | |
| Position | Nordmeer nw Lofoten, 69°27'N 04°53'O | |
| durch | Wasserbomben | |
| Tote | 36 | |
| Überlebende | ? | |
| gehoben | nein | |

Auf dem Marsch des Geleitzugs JW-57 ins Weiße Meer versenkt. Gesichtet wurde das aufgetaucht laufende U-Boot von einer Swordfish des britischen Geleitträgers *Chaser*, der den Zerstörer *Keppel* zur Position des Bootes beorderte. Der Zerstörer versenkte das Boot durch Wasserbomben.

## U 761

| | *Stapellauf* | *Indienststellung* |
|---|---|---|
| | 26.9.1942 | 3.12.1942 |
| Typ | VII C | |
| Kommandant | Oberleutnant zur See Horst Geider (gerettet) | |
| versenkt am | 24. Februar 1944 | |
| Position | Straße von Gibraltar, 35°55'N 05°45'W | |
| durch | Wasserbomben | |
| Tote | 9 | |
| Überlebende | ? | |
| gehoben | nein | |

Die mit Magnetdetektoren ausgerüsteten Catalinas „14" und „15" des USN-Geschwaders VP-63 machten westlich von Gibraltar ein U-Boot aus. Die knapp zwei Kilometer entfernt patrouillierenden britischen Zerstörer *Anthony* und *Wishart* sahen die von den Flugzeugen geworfene Rauchboje und schlossen sich der U-Jagd an. Ihr ASDIC nahm Fühlung auf, und nach etwa 40 Minuten hatten auch die Flugzeuge das Boot wieder erfaßt. Nach Angriffen der beiden Schiffe, der Catalina „G" des 202. RAF-Geschwaders und einer Ventura des USN-Geschwaders VB-127 kam U 761 an die Oberfläche, explodierte und sank.

## U 601

| | *Stapellauf* | *Indienststellung* |
|---|---|---|
| | 29.10.1941 | 18.12.1941 |
| Typ | VII C | |
| Kommandant | Oberleutnant zur See Otto Hansen (gefallen) | |

| | |
|---|---|
| versenkt am | 25. Februar 1944 |
| Position | Nordmeer<br>nw Lofoten,<br>70°26'N 12°40'O |
| durch | Luftangriff |
| Tote | 51 |
| Überlebende | keine |
| gehoben | nein |

Die Catalina „M" des den Konvoi JW-57 sichernden 210. RAF-Geschwaders war über 1000 Kilometer von ihrer Basis in Sullom Voe auf den Shetlands entfernt, als sie 450 Kilometer nordwestlich der Lofoten U 601 sichtete und zwei Wasserbomben warf, die dicht an Heck und Turm explodierten. Das Boot sank in weniger als 30 Sekunden. Acht oder zehn Überlebende trieben im eisigen Wasser und verschwanden in einem dichten Schneesturm.

## U 91

| | *Stapellauf* | *Indienststellung* |
|---|---|---|
| | 30.11.1941 | 28.1.1942 |
| Typ | VII C | |
| Kommandant | Kapitänleutnant<br>Heinz Hungershausen<br>(gerettet) | |
| versenkt am | 26. Februar 1944 | |
| Position | Nordatlantik<br>w Kap Clear,<br>49°45'N 26°20'W | |
| durch | Wasserbomben | |
| Tote | 37 | |
| Überlebende | 3 Offiziere,<br>2 Unteroffiziere,<br>11 Mannschaften | |
| gehoben | nein | |

Am 25. Februar wurde U 91 um 22.40 Uhr vom ASDIC des britischen Eskorters *Gore* erfaßt und durch einen Angriff um 23.02 Uhr zum Tieftauchen gezwungen. In Schleichfahrt griffen die Fregatten *Gore* und *Affleck* am 26. Februar um 00.41 und 00.48 Uhr an. Der Kommandant der *Affleck* sollte bis Tagesanbruch das U-Boot nur verfolgen, doch das sich verschlechternde Wetter zwang ihn, die Angriffe fortzusetzen. Die beiden Eskorter fuhren noch zwei Angriffe, und dann hörte man, wie die Tauchzellen des U-Bootes angeblasen wurden. Kurz danach erfaßte das Radar der *Affleck* das in der Nähe aufgetauchte Boot, dessen überlebende Besatzung sich nach kurzem Beschuß ergab, ehe ihr Boot mit den Toten in die Tiefe sank.

## U 851

| | *Stapellauf* | *Indienststellung* |
|---|---|---|
| | 15.1.1943 | 21.5.1943 |
| Typ | IX D2 | |
| Kommandant | Korvettenkapitän<br>Hannes Weingaertner<br>(gefallen) | |
| versenkt im | März 1944 (?) | |
| Position | Nordatlantik o Neufundland | |
| durch | ? | |
| Tote | 70 | |
| Überlebende | keine | |
| gehoben | nein | |

Vielleicht ist das Boot infolge technischer Mängel oder menschlichen Fehlverhaltens gesunken.

## U 358

| | *Stapellauf* | *Indienststellung* |
|---|---|---|
| | 30.4.1942 | 15.8.1942 |
| Typ | VII C | |
| Kommandant | Kapitänleutnant Rolf Manke<br>(gefallen) | |
| versenkt am | 1. März 1944 | |
| Position | Nordatlantik n Azoren,<br>45°46'N 23°16'W | |
| durch | Artillerie/Wasserbomben | |
| Tote | 49 | |
| Überlebende | 1 | |
| gehoben | nein | |

Die britische Fregatte *Garlies* hatte bereits am 29. Februar um 05.07 Uhr Fühlung mit U 358 aufgenommen, aber der U-Bootkommandant war ebenso entschlossen wie erfahren und änderte am 29. Februar und 1. März ständig Kurs und Tauchtiefe, wobei die ganze Zeit über eine oder mehrere Fregatten Fühlung hielten und das Boot jagten. Am 1. März um 19.20 Uhr hatte die *Gould* eben einen Angriff gefahren und die Fühlung zum zuletzt Steuerbord achteraus erfaßten Kontakt verloren, während die hinter ihr laufende *Affleck* immer stärkere Echos empfing. Das Boot lief nun flach unter der Oberfläche und torpedierte prompt die *Gould,* die rasch sank. Dabei kam der Bootsturm über Wasser, was der *Affleck* Gelegenheit bot, U 358 durch Artillerie und Wasserbomben zu versenken. Zusammen mit den Überlebenden der *Gould* wurde von der *Affleck* der einzige Überlebende von U 358 geborgen, während die beiden anderen Fregatten um 15.05 Uhr zum Auftanken nach Gibraltar abliefen. Dies war die längste U-Jagd, von der wir wissen; sie dauerte über 38 Stunden, wobei die Kommandanten wieder von den ASDIC-Mannschaften zum

Angriff überredet werden mußten und hinterher für ihre Ausdauer ausgezeichnet wurden.

## U 709

| | *Stapellauf* | *Indienststellung* |
|---|---|---|
| | 14.4.1942 | 12.8.1942 |
| Typ | VII C | |
| Kommandant | Oberleutnant zur See d.R. Rudolf Ites (gefallen) | |
| versenkt am | 1. März 1944 | |
| Position | Atlantik n Azoren, 49°10'N 26°00'W | |
| durch | Wasserbomben | |
| Tote | 52 | |
| Überlebende | keine | |
| gehoben | nein | |

Am Abend des 29. Februar sichteten eine TBF und eine FM-2 des amerikanischen Trägers *Block Island* die „Feder" eines Sehrohrs nur 30 Kilometer vom Träger entfernt. Fühlung wurde mit Hilfe von Sonarbojen gehalten, während fünf Eskorter mit dem ASDIC nach dem Boot suchten. Kurz nach 21.00 Uhr tauchte der Eskorter *Bronstein* ein an der Oberfläche laufendes U-Boot in helles Scheinwerferlicht. Es war das völlig überraschte U 709, dessen Kommandant sich auf die *Thomas* und die *Bostwick* konzentriert und dabei völlig die anlaufende *Bronstein* übersehen hatte. Das Alarmtauchen von U 709 wurde durch heftiges Geschützfeuer, zwei Hedgehog-Salven der *Bronstein* und Wasserbomben der *Thomas* und der *Bostwick* beschleunigt. Die Eskorter begannen eine „Jagd bis zur Erschöpfung", die am Morgen des 1. März in einem Angriff mit Wasserbomben gipfelte. Nach Unterwasserdetonationen hörte man das Auseinanderbrechen des Bootes, und Wrackteile schwammen auf.

## U 603

| | *Stapellauf* | *Indienststellung* |
|---|---|---|
| | 16.11.1941 | 2.1.1942 |
| Typ | VII C | |
| Kommandant | Kapitänleutnant Hans-Joachim Bertelsmann (gefallen) | |
| versenkt am | 1. März 1944 | |
| Position | Atlantik n Azoren, 48°55'N 26°10'W | |
| durch | Wasserbomben | |
| Tote | 51 | |
| Überlebende | keine | |
| gehoben | nein | |

U 603 lief auf die *Block Island* zu, während U 709 gejagt wurde. Obgleich die *Bronstein* ein eben erst überholtes Schiff auf seiner ersten Erprobungsfahrt war, konnte sein Sonar trotz der durch die Versenkung von U 709 erzeugten Geräusche ein weiteres U-Boot orten, worauf der Eskorter sofort Wasserbomben warf und am 1. März um 01.22 Uhr von einer starken Unterwasserdetonation durchgeschüttelt wurde.
Für die Rolle der *Bronstein* bei zwei Versenkungen wurde deren Kommandant, Lt Sheldon H. Kinney, später mit der Legion of Merit ausgezeichnet.

## U 472

| | *Stapellauf* | *Indienststellung* |
|---|---|---|
| | 6.3.1943 | 26.5.1943 |
| Typ | VII C | |
| Kommandant | Oberleutnant zur See Wolfgang-Friedrich Freiherr von Forstner (gerettet) | |
| versenkt am | 4. März 1944 | |
| Position | Nordmeer n Nordkap, 73°05'N 26°40'O | |
| durch | Wasserbomben | |
| Tote | 22 | |
| Überlebende | 27 | |
| gehoben | nein | |

An der Oberfläche laufend, wurde U 472 von der Swordfish „B" des auf dem Geleitträger *Chaser* stationierten 816. NAS gesichtet, das den von Murmansk ausgelaufenen Geleitzug RA-57 sicherte. Der Pilot, Sub-Lt P.J. Beresford, griff sofort an und erzielte zwei Bombentreffer auf dem Bootskörper. U 472 verlor Öl und lief dauernd aus dem Ruder. Mit der Signallampe rief Beresfords Beobachter, Sub-Lt Laing, den britischen Zerstörer *Onslaught* (Cdr A. Pleydell-Bouverie) herbei, der mit äußerster Kraft anlief. Als er auf Schußweite heran war, eröffnete der Zerstörer das Feuer, aber U 472 begann schon zu sinken. Während die Überlebenden auf Schlauchbooten dahintrieben, riggte man auf der *Onslaught* für sie Enternetze und Rettungsleinen. Als letzter ging völlig gleichmütig von Forstner von Bord; er hatte sein eigenes Schlauchboot. Trotz der Netze und Leinen konnten nur 27 Überlebende aus dem eiskalten Wasser geborgen werden.
Ohne Hilfe kletterte von Forstner auf die *Onslaught* und vermied einen feindseligen Empfang, indem er vor der britischen Flagge und dem

First Lieutenant des Zerstörers salutierte. Zwei Überlebende von U 472 starben später und wurden auf See beigesetzt. Da der Zerstörer keine deutsche Flagge hatte, willigte von Forstner ein, die Leichen in die britischen Kriegsflagge einhüllen zu lassen.

## U 366

| | *Stapellauf* | *Indienststellung* |
|---|---|---|
| | 16.4.1943 | 16.7.1943 |

Typ VII C
Kommandant Oberleutnant zur See d.R. Bruno Langenberg (gefallen)
versenkt am 5. März 1944
Position Eismeer nw Nordkap, 72°10'N 14°45'O
durch Luftangriff
Tote 51
Überlebende keine
gehoben nein

Versenkt von der Luftsicherung des Konvois RA-57 durch Raketen der Swordfish „F" (Sub-Lt J.F. Mason) des auf dem Träger *Chaser* stationierten 816. NAS. Das Flugzeug sichtete das 16 Kilometer von der Geleitsicherung entfernte U-Boot aus zehn Kilometer Entfernung, stieg höher und griff es im rechten Winkel von Backbord an, wobei die Swordfish eine Meile vor dem Ziel auf 360 Meter herunterging. Drei Einschläge hinter dem Turm wurden beobachtet. Zwei Minuten später hob sich der Bug aus dem Wasser, und U 366 sank über das Heck. Dreißig Überlebende trieben im eiskalten Meer.

## U 973

| | *Stapellauf* | *Indienststellung* |
|---|---|---|
| | 10.3.1943 | 15.4.1943 |

Typ VII C
Kommandant Oberleutnant zur See Klaus Paepenmöller (gefallen)
versenkt am 6. März 1944
Position Nordmeer nw Narvik, 70°04'N 05°48'O
durch Luftangriff
Tote 49
Überlebende 2
gehoben nein

Versenkt von der Luftsicherung des Konvois RA-57, und zwar von der Swordfish „X" des auf dem Geleitträger *Chaser* stationierten 816. NAS. Durch Funkpeilung wußte man, daß sich das U-Boot dem Geleitzug näherte. Die Swordfish sichtete es 22 Kilometer vor dem Konvoi und erzielte bei fünf abgeschossenen Raketen einen Treffer, worauf weißer Rauch aus dem Boot quoll. Es lief aus dem Ruder und sank über den Bug. Fünfzehn Überlebende trieben im Wasser, von denen später nur zwei von der *Boadicea* geborgen werden konnten.

Gemeinsam war den Versenkungen von U 472 und U 973 (abgesehen davon, daß beide durch Raketen versenkt wurden), daß beide Boote auf dem Ausmarsch waren und deshalb viel Proviant und Torpedos an Bord hatten. Die Boote waren bis in den letzten Winkel vollgestopft, so daß es für die Besatzungen kaum möglich war, Lecks zu finden und abzudichten. Deshalb gingen beide Boote sehr rasch in die Tiefe.

## U 744

| | *Stapellauf* | *Indienststellung* |
|---|---|---|
| | 11.3.1943 | 5.6.1943 |

Typ VII C
Kommandant Oberleutnant zur See Heinz Blischke (gefallen)
versenkt am 6. März 1944
Position Nordatlantik, 52°01'N 22°37'W
durch Wasserbomben/Torpedo
Tote 12
Überlebende 3 Offiziere, 4 Unteroffiziere, 33 Mannschaften
gehoben nein

Eine der klassischen U-Bootjagden des Zweiten Weltkriegs gipfelte in der Versenkung von U 744. Die Geleitsicherungsgruppe C 2 - die britischen Eskorter *Icarus*, *Fennel* und *Chilliwack* sowie die kanadischen Eskorter *Gatineau*, *Chaudière* und *St Catherines* (das Schiff des Geleitsicherungskommandeurs Cdr P.W. Burnett) – lief am 4. März knapp zehn Kilometer vor dem Geleitzug HX-380. Man wußte, daß deutsche U-Boote in dem Seegebiet operierten (die *Icarus* hatte sie durch Funkpeilung geortet), so daß es wenig überraschte, als die *Gatineau* um 10.00 Uhr ASDIC-Kontakt meldete. Von da bis am 5. März um 15.20 Uhr griffen die Eskorter von C 2, verstärkt durch die mit Squidwerfern ausgerüstete britische *Kenilworth Castle* der den Konvoi deckenden Sicherungsgruppe B 7, unerbittlich 24mal mit Wasserbomben, Hedgehog-Wasserbomben und Squid-Wasserbomben an. Der Kommandant von U 744 war kampferfahren, lief innerhalb des Konvois im Kreis und verbarg sich nach jedem Angriff

im aufgewühlten Wasser. Bis am Nachmittag des 5. März hatte Burnetts Gruppe sämtliche 291 Wasserbomben geworfen, und es schien nichts anderes übrig zu bleiben, als das U-Boot „auszuhungern". In U 744 war die Lage kritisch: Der Druckkörper war beschädigt, die Bodenplatten des Motors und die Zylinderköpfe waren gebrochen. Überdies war die Besatzung völlig erschöpft, war doch das Boot über 24 Stunden unter Wasser, so daß die Luft wegen des hohen Dioxidgehalts kaum noch erträglich war.
Endlich beschloß Blischke aufzutauchen und kam um 15.20 Uhr direkt vor der *Chilliwack* hoch, die sofort aus allen Rohren das Feuer eröffnete, es aber einstellte, als die Besatzung von U 744 keinen Widerstand leistete. Dann kam es zu einem regelrechten Wettlauf zwischen den Eskortern, von denen jeder als erster ein Beiboot bei U 744 haben wollte - ein Wettlauf, der von der *Chilliwack* gewonnen wurde, doch ging es nicht ohne Zwischenfall ab: Die Boote von *Chilliwack* und *St Catherines* kenterten in schwerer See, so daß Boote der *Chaudière* und der *Fennel* Freund und Feind bergen mußten. Die Rettung von Menschenleben stand obenan, und da U 744 eindeutig im Sinken begriffen war, wurde die Versenkung um 18.30 Uhr am 6. März durch einen Torpedo der *Icarus* beschleunigt.

## U 343

| | *Stapellauf* | *Indienststellung* |
|---|---|---|
| | 21.12.1942 | 18.2.1943 |
| Typ | VII C | |
| Kommandant | Oberleutnant zur See Wolfgang Rahn (gefallen) | |
| versenkt am | 10. März 1944 | |
| Position | Mittelmeer s Sardinien, 38°07'N 09°41'O | |
| durch | Wasserbomben | |
| Tote | 51 | |
| Überlebende | keine | |
| gehoben | nein | |

Versenkt vom britischen Trawler *Mull* (Lt R.R. Simpson) durch Wasserbomben.

## U 450

| | *Stapellauf* | *Indienststellung* |
|---|---|---|
| | 4.7.1942 | 12.9.1942 |
| Typ | VII C | |
| Kommandant | Oberleutnant zur See Kurt Böhme (gerettet) | |
| versenkt am | 10. März 1944 | |
| Position | Mittelmeer so Anzio, 41°11'N 12°27'O | |
| durch | Wasserbomben | |
| Tote | 1 | |
| Überlebende | ? | |
| gehoben | nein | |

Versenkt durch Wasserbomben des britischen Zerstörers *Exmoor*, der britischen Eskorter *Blankney*, *Blencathra* und *Brecon* und der amerikanischen *Madison*.

## U 625

| | *Stapellauf* | *Indienststellung* |
|---|---|---|
| | 15.4.1942 | 4.6.1942 |
| Typ | VII C | |
| Kommandant | Oberleutnant zur See Siegfried Straub (gefallen) | |
| versenkt am | 10. März 1944 | |
| Position | Atlantik w Kap Clear, 52°35'N 20°19'W | |
| durch | Luftangriff | |
| Tote | 53 | |
| Überlebende | keine | |
| gehoben | nein | |

Versenkt von der Sunderland „U" des 422. RCAF-Geschwaders (WO W.F Morton), die als Luftsicherung des Konvois SC-154 um 15.00 Uhr ein deutsches U-Boot sichtete. Pilot der Maschine war Flt Lt S.W. Butler von der RAF, da dies der erste Einsatz der kanadischen Besatzung war. Trotz heftigem Flakbeschuß warf Butler sechs Wasserbomben, die das Boot eindeckten. U 625 tauchte, kam aber nach drei Minuten wieder hoch und schien kaum noch manövrierfähig zu sein. Obgleich die Mehrzahl der U-Bootmänner in die Schlauchboote ging (und der Sunderland „gute Versenkung" signalisierte), wurde keiner der Überlebenden geborgen.

## U 845

| | *Stapellauf* | *Indienststellung* |
|---|---|---|
| | 18.1.1943 | 1.5.1943 |
| Typ | IX C/40 | |
| Kommandant | Korvettenkapitän Werner Weber (gefallen) | |
| versenkt am | 10. März 1944 | |
| Position | Atlantik n Azoren, 48°20'N 20°33'W | |
| durch | Wasserbomben/Artillerie | |
| Tote | 10 | |
| Überlebende | 45 | |
| gehoben | nein | |

Bei der Verfolgung des Geleitzugs SC-154 wurde U 845 aufgetaucht laufend vom kanadischen Zerstörer *St Laurent* (Cdr R.G. Stephen) und der Korvette *Owen Sound* gesichtet, die im Begriff waren, sich dem Konvoi wieder anzuschließen, nachdem sie einem versprengten Frachter geholfen hatten. Funksprüche waren zwischen dem versprengten Schiff und dem Konvoi gewechselt worden, und die beiden Schiffe folgten einer Peilung, als sie U 845 sichteten. Es tauchte sofort und ging so tief, daß keine Boldkanister ausgesetzt werden konnten. Allerdings hatte Weber längere Zeit getaucht verbracht und daher keine Zeit gefunden, über Wasser die Batterien nachzuladen. Die Kanadier fuhren drei Angriffe mit Wasserbomben und einen vierten mit Hedgehog-Wasserbomben, und dann griffen die *St Laurent* und der britische Zerstörer *Forester* in Schleichfahrt an. Ergebnisse erzielten sie nicht, so daß Stephen beschloß, bis zum Mondaufgang und dem Eintreffen der Fregatte *Swansea* zu warten.
Während die drei Eskorter zu einem neuen Angriff ansetzten, tauchte plötzlich U 845 in knapp 400 Meter Entfernung auf und versuchte, mit geschätzten 21 Knoten (3 Knoten mehr, als bauplanmäßig ausgewiesen) abzulaufen, wobei es gleichzeitig mit seiner Flak das Feuer eröffnete. Die *St Laurent* nahm als erste die Verfolgung auf und erwiderte das Feuer mit ihrer radargelenkten 4-Zoll-Vorschiffs-Artillerie, während die beiden anderen Schiffe länger brauchten, um äußerste Fahrt zu erreichen. Schließlich holte der kanadische Zerstörer das U-Boot ein und belegte es, weiterhin aus allen Rohren feuernd, mit flach eingestellten Wasserbomben. Bis die *St Laurent* gewendet hatte, war bereits alles vorbei, und *Swansea* und *Forester* bargen Überlebende. Brücke und Deck von U 845 waren zerstört; Weber hatte auf der Brücke den Tod gefunden. Nach Aufnahme der Überlebenden sank U 845 um 23.48 Uhr.
Es war ein erbitterter Kampf, bei dem die *St Laurent* 119 4-Zoll-Granaten, 1440 20-mm-Granaten und etwa 1500 andere SA-Granaten verschoß, bis U 845 versenkt war.

# U 410

| | *Stapellauf* | *Indienststellung* |
|---|---|---|
| | 14.10.1941 | 23.2.1942 |
| Typ | VII C | |
| Kommandant | Oberleutnant zur See Horst-Arno Fenski (gerettet) | |
| versenkt am | 11. März 1944 | |
| Position | Mittelmeer, Toulon, 45°07'N 05°55'O | |
| durch | Luftangriff | |
| Tote | ? | |
| Überlebende | ? | |
| gehoben | nein | |

Im Hafen von Toulon während eines Luftangriffs der USAAF durch Bomben versenkt, am 22. März 1944 außer Dienst gestellt.

# U 380

| | *Stapellauf* | *Indienststellung* |
|---|---|---|
| | 5.11.1941 | 22.12.1941 |
| Typ | VII C | |
| Kommandant | Kapitänleutnant Albrecht Brandi (gerettet) | |
| versenkt am | 11. März 1944 | |
| Position | Mittelmeer, Toulon, 43°07'N 05°55'O | |
| durch | Luftangriff | |
| Tote | 2 | |
| Überlebende | ? | |
| gehoben | nein | |

Im Hafen von Toulon während eines Luftangriffs der USAAF durch Bomben versenkt.

# UIT 22

| | *Stapellauf* | *Indienststellung* |
|---|---|---|
| | 28.10.1939 | 22.12.1939 |
| Typ | italienische *Liuzzi*-Klasse | |
| Kommandant | Oberleutnant zur See Karl Wunderlich (gefallen) | |
| versenkt am | 11. März 1944 | |
| Position | Südatlantik s Kap der Guten Hoffnung, 41°28'S 17°40'O | |
| durch | Luftangriff | |
| Tote | 43 | |
| Überlebende | keine | |
| gehoben | nein | |

Dieses U-Boot, die frühere italienische *Alpino Bagnolini*, war von den Deutschen in Bordeaux am 9. September 1943 konfisziert und als Frachtboot für den Transport zwischen Europa und dem Fernen Osten in Dienst gestellt worden. Beim Ausmarsch nach Fernost wurde das Boot von südafrikanischen Flugzeugen der 226. und 279. RAF-Geschwader durch Bomben versenkt.

## U 575

| | *Stapellauf* | *Indienststellung* |
|---|---|---|
| | 30.4.1941 | 19.6.1941 |
| Typ | VII C | |
| Kommandant | Oberleutnant zur See Wolfgang Boehme (gerettet) | |
| versenkt am | 13. März 1944 | |
| Position | Atlantik w Kap Finisterre, 46°18'N 27°34'W | |
| durch | Wasserbomben | |
| Tote | 18 | |
| Überlebende | 5 Offiziere, 10 Unteroffiziere, 22 Mannschaften | |
| gehoben | nein | |

U 575 war das zweite mit Schnorchel ausgestattete Frontboot und hatte einen langen Funkspruch über die damit gewonnenen Erfahrungen abgesetzt. Dies war vielleicht sein Verderben und die Ortung durch den Flugzeugträger *Bogue* kein Zufall.

An der Oberfläche laufend, wurde U 575 in der Nacht vom 12. auf den 13. März von den mit Radar ausgerüsteten Flugzeugen des Trägers geortet (unterstützt durch Funkpeilung), die mit Sonarbojen Fühlung hielten, bis der Zerstörer *Haverfield* am Morgen des 13. eintraf. Im weiteren Verlauf der U-Jagd wurde der kanadische Hilfskreuzer *Prince Rupert* von der den Konvoi ON-227 deckenden Geleitsicherungsgruppe C 3 detachiert. Inzwischen kreisten Flugzeuge der *Bogue* zusammen mit der Wellington „B" des 172. Geschwaders, der Fortress „R" des 206. Geschwaders und der Fortress „J" des 200. Geschwaders am Himmel. Nach einem Angriff der *Haverfield* griff die *Prince Rupert* mit Wasserbomben und Hedgehogs an und wollte dann die *Haverfield* bei einem Schleichangriff führen, doch Verständigungsprobleme zwischen zwei Schiffen von Marinen unterschiedlicher Nationen vereitelten das Vorhaben. Als der Eskorter *Hobson* dazustieß, versuchte man eine andere Art von Schleichangriff. *Haverfield* und *Prince Rupert* hielten beiderseits aus etwa einem Kilometer Entfernung Fühlung mit dem U-Boot, während zwischen ihnen die *Hobson* mit Wasserbomben angriff und so U 575 schließlich zum Auftauchen zwang.

Dem Boot wurde ein schlimmer Empfang zuteil: Es wurde von allen drei Schiffen aus sämtlichen tragenden Rohren beschossen, während eine Avenger der *Bogue* vom USN-Geschwader VC-95 mit Raketen und Bordwaffen angriff. Boehme setzte noch einen letzten Funkspruch an den BdU ab, in dem er seine Lage schilderte, und befahl die Räumung des Bootes. Die Überlebenden wurden von den drei Schiffen aufgenommen.

## U 653

| | *Stapellauf* | *Indienststellung* |
|---|---|---|
| | 22.3.1941 | 25.5.1941 |
| Typ | VII C | |
| Kommandant | Oberleutnant zur See Hans-Albrecht Kandler (gefallen) | |
| versenkt am | 15. März 1944 | |
| Position | mittlerer Nordatlantik, 53°46'N 24°35'W | |
| durch | Wasserbomben | |
| Tote | 51 | |
| Überlebende | keine | |
| gehoben | nein | |

Walkers 2. Geleitsicherungsgruppe hatte soeben viertägige intensive Übungen mit dem Flugzeugträger *Vindex* beendet, als dieser am 15. März um 01.15 Uhr Fühlungsnahme seiner Flugzeuge mit einem U-Boot meldete. Die *Wren* lief zu den von den Flugzeugen abgeworfenen Feuer- und Rauchsignalen und erfaßte ihrerseits das Boot. Zur Verstärkung trafen wenig später *Starling*, *Magpie* und *Wild Goose* ein. Die Schiffe konnten U 653 verhältnismäßig rasch versenken (was bei Walkers früheren Marathon-Einsätzen eher selten der Fall war). Nach den ersten zehn Wasserbomben der *Starling* gab es Unterwasserdetonationen, und Wrackteile samt einem zünderlosen deutschen Torpedo schwammen auf.

## U 392

| | *Stapellauf* | *Indienststellung* |
|---|---|---|
| | 10.4.1943 | 29.5.1943 |
| Typ | VII C | |
| Kommandant | Oberleutnant zur See Henning Schümann (gefallen) | |
| versenkt am | 16. März 1944 | |
| Position | Straße von Gibraltar, 35°54'N 05°45'W | |
| durch | Wasserbomben | |
| Tote | 52 | |
| Überlebende | keine | |
| gehoben | nein | |

Zwei mit MAD-Suchgeräten ausgerüstete PBY5 des USN-Geschwaders VP-63 patrouillierten über der Straße von Gibraltar und orteten um 08.53 Uhr ein Boot. Sie warfen 47 Retrobomben und forderten dann den interessiert zuschauenden britischen Zerstörer *Vanoc* zum Eingreifen auf. Dessen Angriff war ergebnislos, weil Fischschwärme und Strömungen einen ASDIC-Kontakt unmöglich machten. Danach verloren der Zerstörer und die Flugzeuge die Fühlung. Nun schaltete sich die 1. Sicherungsgruppe ein, und die britische Fregatte *Affleck* fuhr einen Hedgehog-Angriff. Es folgten drei deutlich unterscheidbare Explosionen, nach denen man das Auseinanderbrechen des Bootes hörte. Wrackteile und Öl schwammen auf. Dann wurden die Schiffe von einer gewaltigen Unterwasserdetonation durchgerüttelt, nach der die ASDIC-Kontakte aufhörten.

## U 1013

| | *Stapellauf* | *Indienststellung* |
|---|---|---|
| | 19.1.1944 | 2.3.1944 |
| Typ | VII C/41 | |
| Kommandant | Oberleutnant zur See Gerhard Linck (gefallen) | |
| versenkt am | 16. März 1944 | |
| Position | Ostsee o Rügen, 55°36'N 13°58'O | |
| durch | Kollision | |
| Tote | 25 | |
| Überlebende | 2 Offiziere, 24 Mannschaften | |
| gehoben | nein | |

Während Probefahrtübungen nach Kollision mit U 286 gesunken.

## U 28

| | *Stapellauf* | *Indienststellung* |
|---|---|---|
| | 14.7.1936 | 12.9.1936 |
| Typ | VII A | |
| Kommandant | Oberleutnant zur See Dietrich Sachse (gerettet) | |
| versenkt am | 17. März 1944 | |
| Position | Ostsee vor Neustadt, 54°07'N 10°50'O | |
| durch | Unfall | |
| Tote | 1 | |
| Überlebende | ? | |
| gehoben | im März 1944 und am 4. August 1944 außer Dienst gestellt, weiteres Schicksal nicht bekannt | |

Durch eine Tauchpanne gesunken, genaue Umstände sind nicht bekannt.

## U 801

| | *Stapellauf* | *Indienststellung* |
|---|---|---|
| | 31.10.1942 | 24.3.1943 |
| Typ | IX C/40 | |
| Kommandant | Kapitänleutnant Hans-Joachim Brans (gefallen) | |
| versenkt am | 17. März 1944 | |
| Position | Atlantik bei den Kapverden, 16°42'N 30°28'W | |
| durch | Luftangriff | |
| Tote | 10 | |
| Überlebende | ? | |
| gehoben | nein | |

Am Morgen des 15. März wurde U 801 in zwölf Kilometer Entfernung vom Radar des Geleitträgers *Block Island* erfaßt, aber das Boot konnte wegen der von der Sahara hergewehten Sandwolken trotz sicheren Radarkontakts weder durch Flugzeuge noch durch Schiffe gesichtet werden. Am 16. März machte Brans Schießübungen (was vom BdU den auf Feindfahrt befindlichen U-Booten ausdrücklich untersagt war) und wurde dabei von zwei Flugzeugen des Trägers mit Bordwaffen beschossen. Die Flak von U 801 erwiderte das Feuer, und das Boot tauchte. Lt (jg) C.A. Wooddell warf einen akustischen Torpedo, der das Ziel verfehlte. Weitere Avengers starteten, um Wooddell abzulösen, und warfen auf die Leitsignale einer Sonarboje einen zweiten Fido ab.

In der Nacht vom 16. auf den 17. März tauchte Brans auf, um den üblichen Funkspruch an den BdU abzusetzen. Er hatte Verwundete an Bord und brauchte Treibstoff, weshalb für den 20. März ein Treffen mit dem Versorgungsboot U 488 vereinbart wurde.

Am 17. März um 01.41 Uhr sichtete eine Avenger das mit 18 Knoten westwärts laufende U-Boot, das tauchte, aber eine Stunde später wieder hochkam. Brans' Entscheidung, über Wasser abzulaufen, sollte ihn teuer zu stehen kommen. Um 03.02 Uhr sichtete Lt (jg) Norman G. Dowty das Sehrohr von U 801 und warf einen akustischen Torpedo ab. Einen Treffer konnte er nicht beobachten, doch der Torpedo riß den Treibstoffaußentank auf, so daß U 801 einen langen Ölteppich hinterließ. Dieser wurde bei Tagesanbruch gesichtet, und von Dowty und Lt (jg) Elfter abgeworfene Sonarbojen verrieten, daß das Boot noch in der Nähe war. Deshalb riefen die Avengers die Zerstörer *Corry* und *Bronstein* herbei. Um 08.42 Uhr hatte das Sonar beider Zerstörer das Boot erfaßt, und über zwei Stunden lang griffen

die Schiffe achtmal an, was in U 801 schlimme Verwüstungen anrichtete. Brans sah ein, daß seine Lage aussichtslos war, tauchte auf und wollte sein Boot durch Selbstsprengung versenken.
Kaum war das Boot an der Oberfläche, als es auch schon von den Zerstörern unter Feuer genommen wurde. Brans und sein Obersteuermann wurden getötet, als sie gerade die Brücke verlassen wollten. Der Befehl zur Räumung des Bootes war nicht eindeutig, weshalb die Männer im Bug die Situation erst begriffen, als sie sahen, wie die Funker ihre Geräte und die Verschlüsselungsmaschine zerschlugen. Der 1WO und der 2WO sprangen einfach ins Wasser, so daß der LI die Besatzung aus dem Boot bringen mußte. Dann kehrte der LI ins Boot zurück, um auf das Ende zu warten, das kam, als U 801 um 11.24 Uhr über das Heck sank.

# U 1059

| | *Stapellauf* | *Indienststellung* |
|---|---|---|
| | 12.3.1943 | 1.5.1943 |
| Typ | VII F | |
| Kommandant | Oberleutnant zur See Günter Leupold (gerettet) | |
| versenkt am | 19. März 1944 | |
| Position | Atlantik sw Kapverden, 13°10'N 33°44'W | |
| durch | Luftangriff | |
| Tote | 47 | |
| Überlebende | 8 | |
| gehoben | nein | |

U 1059 hatte Torpedos geladen und war auf dem Marsch nach Penang. Der Kommandant war vor den Geleitsicherungsgruppen der US-Navy gewarnt worden, glaubte sich aber so sicher, daß er der Besatzung am Morgen des 19. März ein Bad im Meer erlaubte, eine Fehleinschätzung, die ihn nicht nur sein Kommando, sondern auch vielen Männern seiner Besatzung das Leben kosten sollte. Etwa 18 Mann, unter ihnen auch Leupold, waren im Wasser, als eine TBM Avenger (Lt (jg) Norman G. Dowty) des auf dem Träger *Block Island* stationierten USN-Geschwaders VC-6 und eine FM-2 Wildcat (Lt (jg) William H. Cole) herabstießen und das Boot mit Bordwaffen beschossen. Die Flugzeuge hatten nach dem Versorgungsboot U 488 vom Typ XIV Ausschau gehalten, das laut Funkaufklärung im Seegebiet sein sollte, sichteten aber stattdessen das große U 1059, das gestoppt auf dem Wasser lag.
Nachdem Cole das Boot beschossen hatte, warf Dowty zwei Wasserbomben, die beidseits des Turms explodierten. Dadurch wurde das Boot aus dem Wasser gehoben, brach entzwei und begann über das Heck zu sinken, während Flammen aus dem Turmluk loderten. Dowty wendete, um einen zweiten Angriff mit einem Fido-Torpedo zu fliegen, doch seine Maschine stürzte plötzlich ins Meer. Von der dreiköpfigen Besatzung überlebte nur der Bordschütze, Ensign Mark E. Fitzgerald. Ihm gelang es, sein Rettungsfloß aufzublasen. Zu ihm gesellten sich drei Überlebende von U 1059 (darunter Leupold), während weitere fünf sich an Wrackstücke klammerten. Mindestens sieben weitere Besatzungsmitglieder sprangen über Bord, hatten aber keine Schwimmwesten an, so daß sie entweder ertranken oder von den sie umkreisenden Haien zerrissen wurden. Fitzgerald und die acht Überlebenden von U 1059 wurden später von der *Corry* geborgen.
Lt (jg) Norman T. Dowty wurde postum mit dem Navy Cross ausgezeichnet.

# U 976

| | *Stapellauf* | *Indienststellung* |
|---|---|---|
| | 25.3.1943 | 5.5.1943 |
| Typ | VII C | |
| Kommandant | Oberleutnant zur See Raimund Tiesler (gerettet) | |
| versenkt am | 25. März 1944 | |
| Position | Golf von Biscaya sw St. Nazaire, 46°48'N 02°43'W | |
| durch | Luftangriff | |
| Tote | 4 | |
| Überlebende | ? | |
| gehoben | nein | |

Versenkt von den Mosquitos „I" (Fg Off A.H. Hilliard) und „L" (Fg Off D.J. Turner) des 618. RAF-Geschwaders. Die Flugzeuge sichteten vor La Pallice ein U-Boot, einen Zerstörer und zwei Minensucher. Turner griff viermal, Hilliard einmal mit Tsetse-Kanonen an, deren 57-mm-Geschosse die dünne Bootswand in Höhe der Kombüse durchschlugen und auch die Batterie trafen, so daß das Boot rasch Wasser machte. Chlordämpfe entwickelten sich, weshalb die Besatzung sofort von Bord ging. Die Überlebenden wurden vom Zerstörer und den beiden Minensuchern aufgenommen.
Die beiden Mosquitos waren probeweise mit den 57-mm-Tsetse-Kanonen ausgerüstet und wurden von vier Mosquitos des von Flt Lt L.S. Dobson befehligten 248. RAF-Geschwaders eskortiert.

Die Geheimhaltung verlangte, daß der ORB des 248. Geschwaders die beiden Flugzeuge des 618. Geschwaders nicht erwähnte, weshalb in den meisten Quellen die Versenkung von U 976 dem 248. Geschwader zugeschrieben wird.

## U 961

| | *Stapellauf* | *Indienststellung* |
|---|---|---|
| | 17.12.1942 | 4.2.1943 |
| Typ | VII C | |
| Kommandant | Oberleutnant zur See Klaus Fischer (gefallen) | |
| versenkt am | 29. März 1944 | |
| Position | Atlantik n Färöers, 64°31'N 03°19'W | |
| durch | Wasserbomben | |
| Tote | 49 | |
| Überlebende | keine | |
| gehoben | nein | |

Das ASDIC der den Konvoi JW-58 sichernden britischen Sloop *Starling* erfaßte um 22.08 Uhr ein knapp 2 Kilometer entferntes Boot, das die Sloop zuerst in zwei Anläufen mit je zehn Wasserbomben angriff, um es unter Wasser zu halten, während die *Magpie* in Schleichfahrt angreifen wollte. Aber noch ehe es dazu kam, hörte man das Auseinanderbrechen des Bootes, und um 23.01 Uhr wurde die *Starling* durch eine starke Unterwasserdetonation durchgeschüttelt, worauf Wrackteile und Öl aufschwammen.
U 961 war auf dem Marsch in den Atlantik und hatte wahrscheinlich überhaupt keine Ahnung von der Anwesenheit der EG 2, als es angegriffen wurde.

## U 223

| | *Stapellauf* | *Indienststellung* |
|---|---|---|
| | 16.4.1942 | 6.6.1942 |
| Typ | VII C | |
| Kommandant | Oberleutnant zur See Peter Gerlach (gefallen) | |
| versenkt am | 30. März 1944 | |
| Position | Mittelmeer no Palermo, 38°54'N 14°10'O | |
| durch | Wasserbomben | |
| Tote | 24 | |
| Überlebende | 27 | |
| gehoben | nein | |

Die britischen Zerstörer *Laforey*, *Ulster* und *Tumult* waren routinemäßig auf U-Jagd. Um 04.50 Uhr am 29. März erfaßte das ASDIC der *Ulster* ein Boot. Die Zerstörer griffen bis um 12.22 Uhr mit Wasserbomben an, worauf die *Ulster* nach dem Abwurf sämtlicher Wasserbomben nach Palermo entlassen wurde. An ihre Stelle trat die *Wilton*, der sich um 15.30 Uhr die Zerstörer *Hambledon* und *Blencathra* anschlossen, worauf die Angriffe fortgesetzt wurden. Als die Nacht anbrach, stellten die Schiffe die Angriffe ein und begnügten sich damit, mit dem U-Boot Fühlung zu halten, um es bei Tagesanbruch erneut anzugreifen. Die Fühlungshaltung war nicht leicht, denn das Boot machte mit hoher Fahrt Ausweichmanöver, um entweder seine Verfolger abzuschütteln oder die Geleitsicherung zu durchbrechen. Am 30. März um 00.50 Uhr hörten die Horchposten das Anblasen der Tauchzellen, das Boot kam über Wasser und wurde von allen Schiffen beschossen. Fast zur gleichen Zeit wurde die *Laforey* von einem Torpedo getroffen und sank rasch. Im dadurch erzeugten Durcheinander wollte U 223 mit 15 Knoten aufgetaucht ablaufen - ein vergebliches Bemühen gegen fünf Zerstörer. Um 01.10 Uhr sank das U-Boot über das Heck, nachdem es 27mal mit Wasserbomben und Hedgehogs angegriffen worden war.

## U 355

| | *Stapellauf* | *Indienststellung* |
|---|---|---|
| | 5.7.1941 | 29.10.1941 |
| Typ | VII C | |
| Kommandant | Kapitänleutnant Günter La Baume (gefallen) | |
| versenkt am | 1. April 1944 | |
| Position | Nordmeer w Nordkap, 73°07'N 10°21'O | |
| durch | Luftangriff | |
| Tote | 52 | |
| Überlebende | keine | |
| gehoben | nein | |

Beim Marsch des Konvois JW-58 ins Weiße Meer versenkt. U 355 wurde an der Oberfläche von der Avenger „H" des auf dem Geleitträger *Tracker* stationierten 846. NAS gesichtet und mit Raketen angegriffen, die das Boot stark beschädigten. Den Todesstoß versetzte ihm der britische Zerstörer *Beagle* (Lt-Cdr N.R. Murch) durch Wasserbomben.

## U 360

| | *Stapellauf* | *Indienststellung* |
|---|---|---|
| | 28.7.1942 | 12.11.1942 |
| Typ | VII C | |
| Kommandant | Kapitänleutnant Klaus Becker (gefallen) | |

| | |
|---|---|
| versenkt am | 2. April 1944 |
| Position | Nordmeer sw Bäreninsel, 73°28'N 13°04'O |
| durch | Hedgehog-Wasserbomben |
| Tote | 51 |
| Überlebende | keine |
| gehoben | nein |

In der Nacht vom 2. auf den 3. April erfaßte das ASDIC des 40 Kilometer vom Geleitzug JW-58 entfernt laufenden britischen Zerstörers *Keppel* (Cdr I.J. Tyson) ein U-Boot. Ein Hedgehog-Angriff erzeugte mindestens vier Detonationen, und fünf Minuten später gab es unter Wasser eine starke Explosion. Wrackteile und Öl schwammen auf. Unter den Bootstrümmern war eine Dose mit Kaffeebohnen.

## U 288

| | *Stapellauf* | *Indienststellung* |
|---|---|---|
| | 15.5.1943 | 26.6.1943 |
| Typ | VII C | |
| Kommandant | Oberleutnant zur See d.R. Willy Meyer (gefallen) | |
| versenkt am | 3. April 1944 | |
| Position | Nordmeer n Nordkap, 73°44'N 27°12'O | |
| durch | Luftangriff | |
| Tote | 49 | |
| Überlebende | keine | |
| gehoben | nein | |

Am Morgen des 3. April wurde das letzte der während dem Marsch des Konvois JW-58 ins Weiße Meer versenkten U-Boote von einer Swordfish gesichtet, die von den wachsamen Kanonieren von U 288 abgeschossen wurde. Das Flugzeug hatte vorher noch Verstärkung herbeirufen können und wurde durch die Swordfish „C" des 819. NAS vom Geleitträger *Activity* und die Avengers „G" und „Y" des 826. NAS von der *Tracker* abgelöst. Meyer wollte den Kampf über Wasser austragen und wandte den angreifenden Flugzeugen die ganze Zeit über das Heck zu, um den Raketen ein möglichst kleines Ziel zu bieten und seine Flak möglichst wirkungsvoll einsetzen zu können. Nachdem alle drei Flugzeuge Angriffe geflogen hatten, sank U 288 zunächst auf ebenem Kiel, kam aber wieder hoch und sank dann endgültig, wobei Bootstrümmer aufschwammen. Die 2. Geleitsicherungsgruppe war rasch zur Stelle und fischte unter anderem Meyers weiße Kommandantenmütze aus dem öligen Wasser.

## U 302

| | *Stapellauf* | *Indienststellung* |
|---|---|---|
| | 25.4.1942 | 16.6.1942 |
| Typ | VII C | |
| Kommandant | Kapitänleutnant Herbert Sickel (gefallen) | |
| versenkt am | 6. April 1944 | |
| Position | Atlantik nw Azoren, 45°05'N 35°11'W | |
| durch | Wasserbomben | |
| Tote | 51 | |
| Überlebende | keine | |
| gehoben | nein | |

Sickel hatte mit Erfolg den Geleitzug SC-156 angegriffen, die Sicherung durchstoßen und zwei Frachter versenkt, die *Ruth I* und die *South America.* Beim Ablaufen aus dem Konvoi wurde U 302 vom Radar der britischen Fregatte *Swale* (Cdr R.C. Boyle) erfaßt und zum Tauchen gezwungen. Trotz seiner zuvor erwiesenen Angriffslust verhielt sich Sickel eigenartig passiv, machte keinen Versuch, die Fregatte mit einem akustischen Torpedo anzugreifen, Boldkanister abzusetzen oder Ausweichmanöver einzuleiten. Er tauchte 150 Meter tief und lief in dieser Tiefe auf geradem Kurs. Die Fregatte griff zweimal mit Hedgehog-Wasserbomben an, und nach dem zweiten Angriff waren drei Unterwasserdetonationen zu hören. Einige Minuten später gab es unter Wasser eine starke, dumpfe Explosion, die das Ende von U 302 verkündete.

## U 455

| | *Stapellauf* | *Indienststellung* |
|---|---|---|
| | 21.6.1941 | 21.8.1941 |
| Typ | VII C | |
| Kommandant | Kapitänleutnant Hans-Martin Scheibe (gefallen) | |
| versenkt am | 6. April 1944 | |
| Position | Mittelmeer vor La Spezia, 44°04'N 09°51'O | |
| durch | ? | |
| Tote | 51 | |
| Überlebende | keine | |
| gehoben | nein | |

Vielleicht in einem deutschen Minenfeld vor dem Hafen von La Spezia gesunken, doch kann U 455 auch infolge technischer Mängel am Boot oder menschlichen Versagens verlorengegangen sein.

## U 856

| | *Stapellauf* | *Indienststellung* |
|---|---|---|
| | 11.5.1943 | 19.8.1943 |

Typ IX C/40
Kommandant Oberleutnant zur See Friedrich Wittenberg (gerettet)
versenkt am 7. April 1944
Position Nordatlantik s Sable Island, 40°18'N 62°22'W
durch Wasserbomben
Tote 27
Überlebende 3 Offiziere, 6 Unteroffiziere, 19 Mannschaften
gehoben nein

Von den amerikanischen Zerstörern *Champlin* und *Huse* durch Wasserbomben versenkt.

## U 2

| | *Stapellauf* | *Indienststellung* |
|---|---|---|
| | 1.7.1935 | 25.7.1935 |

Typ II A
Kommandant Oberleutnant zur See Wolfgang Schwarzkopf (gerettet)
versenkt am 8. April 1944
Position Ostsee w Pillau, genaue Position nicht bekannt
durch Kollision
Tote 17
Überlebende 18
gehoben und außer Dienst gestellt, weiteres Schicksal unbekannt

Nach Kollision mit dem Fischdampfer *Heinrich Fröse* gesunken, nähere Umstände nicht bekannt.

## U 962

| | *Stapellauf* | *Indienststellung* |
|---|---|---|
| | 17.12.1942 | 11.2.1943 |

Typ VII C
Kommandant Oberleutnant zur See Ernst Liesberg (gefallen)
versenkt am 8. April 1944
Position Atlantik no Azoren, 45°43'N 19°57'W
durch Wasserbomben
Tote 50
Überlebende keine
gehoben nein

Von den britischen Sloops *Crane* und *Cygnet* durch Wasserbomben versenkt.

## U 515

| | *Stapellauf* | *Indienststellung* |
|---|---|---|
| | 2.12.1941 | 21.2.1942 |

Typ IX C
Kommandant Kapitänleutnant Werner Henke (gerettet)
versenkt am 9. April 1944
Position Atlantik n Madeira, 34°35'N 19°18'W
durch Luftangriff/Wasserbomben/Artillerie
Tote 16
Überlebende 43
gehoben nein

Am Abend des 8. April sichtete ein Flugzeug des US-Trägers *Guadalcanal* das deutsche U-Boot, doch die Kontaktmeldung ging beim nicht Träger ein. Trotz einbrechender Nacht beschloß Capt Gallery, weitere Flugzeuge starten zu lassen, falls das U-Boot noch in der Nähe war. Seine Vermutung erwies sich als richtig, denn um 23.30 Uhr sichtete eine TBF Avenger U 515 und griff es überraschend mit vier Wasserbomben an, noch ehe es tauchen konnte. Henke war in einer mißlichen Lage, da er die Batterien nicht hatte voll aufladen können, so daß eine längere Tauchfahrt ausgeschlossen war. Deshalb tauchte er bald wieder auf in der Hoffnung, daß die Gefahr vorüber sei. Aber am 9. April wurde er kurz nach 06.40 Uhr von einer anderen TBF entdeckt und erneut mit Wasserbomben belegt, ehe er tauchen konnte. Nun schlossen sich die Eskorter *Pillsbury*, *Chatelain*, *Flaherty* und *Pope* der U-Jagd an, und um 10.30 Uhr erfaßte das Sonar der *Pope* das Boot, das in den folgenden vier Stunden immer wieder von den vier Eskortern angegriffen wurde. Henke blieb keine andere Wahl, als tief zu tauchen, da seine nur teilweise geladenen Batterien Ausweichmanöver unter Wasser mit äußerster Kraft unmöglich machten.

Die Angriffe hatten im Boot schwere Schäden angerichtet. Wasser war ins Heck eingedrungen, so daß man die Schotts hatte schließen müssen, und die Bugtrimmzellen hatten geflutet werden müssen, um die Hecklastigkeit auszugleichen. Jetzt wurde das Boot buglastig, und Henke mußte aufgeben. Bei diesem Stand der Dinge ging der Sonarkontakt verloren. Gerade als die vier Eskorter sich in Suchlinie formieren wollten, tauchte U 515 knapp 60 Meter hinter der *Chatelain* auf. Die Bootsbesatzung wollte die Deckgeschütze bemannen, wurden aber durch einen Kugelhagel der *Chatelain* und der *Flaherty* daran gehindert.

Nun gaben die Angreifer das Feuer für alle frei. Unter den Augen der auf dem Flugdeck stehenden Männer der *Guadalcanal* beschossen eine Avenger und zwei Wildcats das Boot mit Bordwaffen, während die beiden Eskorter ihr Geschützfeuer fortsetzten. Zusätzlich schoß die *Flaherty* einen Torpedo ab, der jedoch auf die *Pillsbury* zulief und von einer Wildcat zerstört werden mußte. Um 19.08 Uhr schließlich erschütterte eine Explosion das Boot, das über das Heck sank.
Henke hatte im Dezember 1942 den britischen Liner *Ceramic* versenkt, von dessen Passagieren (unter denen sich Frauen und Kinder befanden) und Besatzung nur ein einziger Überlebender geborgen werden konnte. Capt Gallery teilte Henke mit, daß die Briten ihn gern in die Hände bekommen würden und er von ihnen nichts Gutes zu erwarten hätte. Darauf unterschrieb der U-Bootkommandant eine Verpflichtung, mit dem US-Nachrichtendienst zusammenzuarbeiten, falls man ihn nicht den Briten in Gibraltar überstellen würde. Obgleich dies später von Henke geleugnet wurde, zeigte man den Überlebenden von U 515 die Verpflichtung, worauf auch diese sehr auskunftsfreudig waren. Bei einem Fluchtversuch aus amerikanischer Gefangenschaft wurde Henke am 15. Juni 1944 erschossen.

## U 68

| | *Stapellauf* | *Indienststellung* |
|---|---|---|
| | 22.10.1940 | 11.2.1941 |
| Typ | IX C | |
| Kommandant | Oberleutnant zur See Albert Lauzemis (gefallen) | |
| versenkt am | 10. April 1944 | |
| Position | Atlantik nw Madeira, 33°24'N 18°59'W | |
| durch | Luftangriff | |
| Tote | 56 | |
| Überlebende | 1 | |
| gehoben | nein | |

Bei der Versenkung von U 515 war die „Can-Do“ auf ein Versorgungstreffen von deutschen U-Booten gestoßen. U 488 wartete auf U 129, U 66, U 637, U 68 und das vom Pech verfolgte U 515, um sie zu betanken. Nachdem U 214 dem BdU gemeldet hatte, daß sich der US-Geleitträger *Guadalcanal* in der Nähe befand, wurde der Treffpunkt verlegt. Für U 68 kam die Order zu spät. Das Boot wurde in der Morgendämmerung des 10. April von zwei Avengers und einer Wildcat gesichtet und überraschend mit mehreren Raketen und zwei Mk-47-Wasserbomben angegriffen, die dicht hinter dem Turm explodierten. Die Flakbemannung wurde durch Bordwaffenfeuer der Wildcat hinweggefegt, so daß die zweite Avenger ungehindert mit Raketen und Wasserbomben angreifen konnte. Um 05.35 Uhr sank U 68; ein einziger Überlebender trieb im ölbedeckten Wasser.

## U 108

| | *Stapellauf* | *Indienststellung* |
|---|---|---|
| | 15.7.1940 | 22.10.1940 |
| Typ | IX B | |
| Kommandant | ? | |
| versenkt am | 11. April 1944 | |
| Position | Ostsee, Stettin | |
| durch | Luftangriff | |
| Tote | ? | |
| Überlebende | ? | |
| gehoben | am 17. Juli 1944 und außer Dienst gestellt, am 24. April 1945 in Stettin von den Deutschen versenkt | |

Im Hafen von Stettin bei einem alliierten Luftangriff versenkt.

## U 448

| | *Stapellauf* | *Indienststellung* |
|---|---|---|
| | 23.5.1942 | 1.8.1942 |
| Typ | VII C | |
| Kommandant | Oberleutnant zur See Helmut Dauter (gerettet) | |
| versenkt am | 14. April 1944 | |
| Position | Atlantik n Azoren, 46°22'N 19°35'W | |
| durch | Wasserbomben | |
| Tote | 10 | |
| Überlebende | 5 Offiziere, 4 Unteroffiziere, 33 Mannschaften | |
| gehoben | nein | |

Die Geleitsicherungsgruppe 9, der die kanadischen Fregatten *Matane*, *Swansea* und *Stormont* und die Korvette *Owen Sound* angehörten, lief am 9. April zu einer Patrouille nördlich der Azoren aus. Durch aufgefangenen Funkverkehr wußte man, daß in dem Seegebiet ein deutsches U-Boot operierte, und so wurden zur Verstärkung der britische Geleitträger *Biter* und die Sloops der Sicherungsgruppe 7 dorthin beordert. Um 12.18

Uhr erfaßte das ASDIC der *Swansea* drei Kilometer vor der *Biter* ein U-Boot und griff es sofort an, um es an einem Angriff auf den Flugzeugträger zu hindern (der nach Aussagen der Überlebenden von U 448 auch geplant war).
Das U-Boot ging auf 250 Meter Tauchtiefe, so daß die *Swansea* mit ihren Wasserbomben und Hedgehogs nichts ausrichten konnte. Dann wurden unter der Führung der britischen Sloop *Pelican* zwei Schleichangriffe gefahren, von denen der erste um 14.14 Uhr erfolglos blieb. Auch der zweite um 16.15 Uhr, bei dem die *Pelican* zehn Wasserbomben warf, schien zunächst nichts bewirkt zu haben, richtete aber im U-Boot schwere Schäden an. Die siebte Wasserbombe war nämlich ein Direkttreffer, riß ein Loch ins Heck des Druckkörpers und zerstörte die Dieselmotoren, so daß Dauter zum Auftauchen gezwungen war. Als das Boot um 16.25 Uhr über Wasser kam, wurde es sofort von den beiden Schiffen unter Geschützfeuer genommen, und ein Teil der Besatzung, die an Deck kam, wurde getötet, ehe das Feuer eingestellt wurde. Um U 448 zu versenken, hatte man mehr als vier Stunden und insgesamt 56 Wasserbomben gebraucht.

## U 550

| | *Stapellauf* | *Indienststellung* |
|---|---|---|
| | 12.5.1943 | 28.7.1943 |
| Typ | IX C/40 | |
| Kommandant | Kapitänleutnant Klaus Hänert (gerettet) | |
| versenkt am | 16. April 1944 | |
| Position | Nordatlantik o New York, 40°09'N 69°44'W | |
| durch | Wasserbomben/Artillerie/Rammung | |
| Tote | 44 | |
| Überlebende | 3 Offiziere, 1 Unteroffizier, 8 Mannschaften | |
| gehoben | nein | |

U 550 hatte gerade den Tanker *Pan Pennsylvania* aus dem Geleitzug CU-21 versenkt und wurde trotz schlechter Bedingungen vom Sonar des US-Eskorters *Joyce* erfaßt. Nach einem ersten Wasserbombenangriff um 09.48 Uhr mußte U 550 auftauchen und wurde dann durch Artilleriefeuer der Eskorter *Joyce*, *Peterson* und *Gandy* zerstört und von der *Gandy* durch Rammstoß endgültig versenkt.

## U 342

| | *Stapellauf* | *Indienststellung* |
|---|---|---|
| | 10.11.1942 | 12.1.1943 |
| Typ | VII C | |
| Kommandant | Oberleutnant zur See d.R. Albert Hossenfelder (gefallen) | |
| versenkt am | 17. April 1944 | |
| Position | Nordatlantik sw Island, 60°23'N 29°20'W | |
| durch | Luftangriff | |
| Tote | 51 | |
| Überlebende | keine | |
| gehoben | nein | |

Versenkt von der Canso „S" (Fg Off T.C. Cooke) des 162. Geschwaders der RCAF.

## U 986

| | *Stapellauf* | *Indienststellung* |
|---|---|---|
| | 20.5.1943 | 1.7.1943 |
| Typ | VII C | |
| Kommandant | Oberleutnant zur See Karl-Ernst Kaiser (gefallen) | |
| versenkt am | 17. April 1944 | |
| Position | Nordatlantik, 50°09'N 12°51'W | |
| durch | Wasserbomben | |
| Tote | 50 | |
| Überlebende | keine | |
| gehoben | nein | |

Versenkt vom US-Minensucher *Swift* und vom Patrouillenboot PC 619.

## U 974

| | *Stapellauf* | *Indienststellung* |
|---|---|---|
| | 11.3.1943 | 22.4.1943 |
| Typ | VII C | |
| Kommandant | Oberleutnant zur See Heinz Wolff (gerettet) | |
| versenkt am | 19. April 1944 | |
| Position | Norwegensee vor Stavanger, 59°08'N 05°23'O | |
| durch | norwegisches U-Boot | |
| Tote | 42 | |
| Überlebende | 1 Offizier, 6 Unteroffiziere und Mannschaften | |
| gehoben | nein | |

Das norwegische U-Boot *Ula* (Korvettenkapitän R.M. Sars) sichtete auf Patrouille vor Hangesund den Turm eines nur knapp 400 Meter entfernten deutschen U-Boots und griff es sofort an. Obwohl sein Ziel gerade in dem Augenblick den Kurs änderte, als er feuern wollte, setzte Sars seinen Angriff fort und feuerte vier Torpedos ab, von denen der zweite traf. Die *Ula* wurde von den Eskortern des deutschen Bootes ziemlich halbherzig mit Wasserbomben angegriffen, bevor sie unbeschädigt ablaufen konnte.

## UIT 4

| | *Stapellauf* | *Indienststellung* |
|---|---|---|
| | 21.10.1943 | - |
| Typ | italienische *Romolo*-Klasse | |
| Kommandant | unbesetzt | |
| versenkt am | 20. April 1944 | |
| Position | nördliche Adria, Monfalcone | |
| durch | Luftangriff | |
| Tote | - | |
| Überlebende | - | |
| gehoben | am 31. Mai 1946 und 1948 abgewrackt | |

Das italienische Transport-U-Boot R 7 wurde von den Deutschen noch während des Baus auf der Werft von Monfalcone übernommen und bereits vor der Fertigstellung, am Ausrüstungspier festgemacht, bei einem alliierten Luftangriff versenkt.

## UIT 5

| | *Stapellauf* | *Indienststellung* |
|---|---|---|
| | 28.12.1943 | - |
| Typ | italienische *Romolo*-Klasse | |
| Kommandant | unbesetzt | |
| versenkt am | 20. April 1944 | |
| Position | nördliche Adria, Monfalcone | |
| Tote | - | |
| Überlebende | - | |
| gehoben | am 3. Juni 1946 und 1948 abgewrackt | |

Das italienische Transport-U-Boot R 8 wurde von den Deutschen noch während des Baus auf der Werft von Monfalcone übernommen und bereits vor der Fertigstellung, am Ausrüstungspier festgemacht, bei einem alliierten Luftangriff versenkt.

## U 311

| | *Stapellauf* | *Indienststellung* |
|---|---|---|
| | 20.1.1943 | 23.3.1943 |
| Typ | VII C | |
| Kommandant | Kapitänleutnant Joachim Zander (gefallen) | |
| versenkt am | 22. April 1944 | |
| Position | Nordatlantik w Irland, 52°09'N 18°07'W | |
| durch | Wasserbomben | |
| Tote | 51 | |
| Überlebende | keine | |
| gehoben | nein | |

Früher glaubte man, U 311 sei durch die Sunderland „A" des 423. RAF-Geschwaders versenkt worden, aber dieses Flugzeug griff U 672 an, das den Angriff unbeschadet überstand und ihn an den BdU meldete. U 311 galt demzufolge als „verschollen". Heute wissen wir, daß in der Nacht des 22. April die kanadische Geleitsicherungsgruppe 9 freigestellt operierte und die Fregatte *Matane* per ASDIC ein U-Boot ortete. Wenig später sichtete man den Wasserwirbel des Bootes und das Sehrohr. Um nicht mit einem akustischen Torpedo angegriffen zu werden, zwang die *Matane* durch einen unverzüglichen Wasserbombenangriff das Boot, unter Wasser zu bleiben. Da der Eskorter kaum noch Treibstoff und außerdem Mühe hatte, in der schweren See mit dem U-Boot Kontakt zu halten, eilte die Fregatte *Swansea* herbei, verlor aber nach einem Wasserbombenangriff ebenfalls die Fühlung. Man nahm an, daß U 311 entkommen sei, doch nach etwa vierzig Jahren stellte man fest, daß sich das U-Boot nach diesen Angriffen nie mehr gemeldet hat.

## U 488

| | *Stapellauf* | *Indienststellung* |
|---|---|---|
| | 17.10.1942 | 1.2.1943 |
| Typ | XIV | |
| Kommandant | Oberleutnant zur See d.R. Bruno Studt (gefallen) | |
| versenkt am | 26. April 1944 | |
| Position | Mittelatlantik nw Kapverden, 17°54'N 38°05'W | |
| durch | Wasserbomben | |
| Tote | 65 | |
| Überlebende | keine | |
| gehoben | nein | |

In der Nacht vom 19. auf den 20. April hörte man auf dem US-Geleitträger *Croatan* (Cdr J.P.W. Vest) einen Funkspruch von U 66 mit, das vor dem Rückmarsch um Beölung bat. Der BdU beorderte den Versorger U 488 zu U 66, ohne zu wissen, daß die *Croatan* mit ihren Sicherungsschiffen ins gleiche Seegebiet lief. In der Nacht des 25. April sichtete eine Avenger das im Mondschein an der Oberfläche laufende U 66, verlor aber die Fühlung. Vest ordnete eine weiträumige Suchaktion an, und am 26. April um 04.42 Uhr erfaßte das Sonar des Zerstörers *Frost* ein U-Boot. Der Eskorter *Inch* griff es mit zwei Serien

Hedgehog-Wasserbomben an, aber die See war so ruhig, daß sich die Turbulenzen lang im Wasser hielten und eine Sonarortung unmöglich machten. Die Suche wurde bis zum frühen Morgen fortgesetzt, als man aufschwimmendes Öl sichtete und die Zerstörer *Snowdon*, *Frost* und *Barber* das ohne Fahrt in etwa 170 Meter Tiefe liegende Boot mehrmals mit Wasserbomben angriffen. Zwar schwammen keine Wrackteile auf, aber man nimmt an, daß U 488 durch diese Angriffe versenkt wurde, da sich das Boot danach nie mehr meldete.

## U 803

| | *Stapellauf* | *Indienststellung* |
|---|---|---|
| | 1.4.1943 | 7.9.1943 |
| Typ | IX C/40 | |
| Kommandant | Kapitänleutnant Karl Schimpf (gerettet) | |
| versenkt am | 27. April 1944 | |
| Position | Ostsee bei Swinemünde, 53°55'N 14°17'O | |
| durch | Mine | |
| Tote | 9 | |
| Überlebende | ? | |
| gehoben | am 9. August 1944 und außer Dienst gestellt, weiteres Schicksal nicht bekannt | |

## U 193

| | *Stapellauf* | *Indienststellung* |
|---|---|---|
| | 24.8.1942 | 10.12.1942 |
| Typ | IX C/40 | |
| Kommandant | Oberleutnant zur See d.R. Dr. Ulrich Abel (gefallen) | |
| versenkt am | 28. April 1944 | |
| Position | Golf von Biscaya w Nantes, 45°38'N 09°43'W | |
| durch | Luftangriff | |
| Tote | 60 | |
| Überlebende | keine | |
| gehoben | nein | |

Schon in der Nacht vom 27. zum 28. April hatte die Wellington „W" (Fg Off G.C. Punter) des 612. RAAF-Geschwaders ein U-Boot erfaßt, aber die Fühlung wieder verloren. Am 26. April um 04.05 Uhr wurde das Boot erneut aufgespürt. Punter flog es an, aber da der Leigh-Light-Suchscheinwerfer nicht funktionierte, strahlte er es mit dem Landungsscheinwerfer an, nachdem er zunächst das Kielwasser und dann das Boot selbst gesichtet hatte. Er griff aus 15 Meter Höhe an, und nach dem Überfliegen des Ziels sah der Heckschütze, wie sich der Bug aus dem Wasser hob und das Boot dann kenterte. Die Radarfühlung ging verloren, aber als das Flugzeug die Stelle nochmals überflog, sah man die Seenotblinklichter von etwa zehn im Wasser treibenden Überlebenden. Als die Meldung von Abels Tod eintraf, vergoß man bei der U-Bootführung keine Tränen. Als 1WO auf U 154 hatte er versucht, mangelnde Kompetenz durch fanatische Naziparolen zu vertuschen. Nach der Rückkehr von einer Feindfahrt in der Karibik im Dezember 1943 hatte er den Kommandanten, Oberleutnant zur See Oskar-Heinz Kusch (einen ruhigen, mutigen Mann und überzeugten Katholiken), beim FdU West als Feigling und Wehrkraftzersetzer angeschwärzt. Trotz fehlender Beweise und der Widerrufung der Beschuldigungen von Abel, die einige Offiziere von U 154 durchgesetzt hatten, wurde Kusch degradiert, zum Tod verurteilt und trotz Begnadigungseingaben an Dönitz und Raeder am 12. Mai 1944 in Kiel erschossen. Belohnt für seine Denunziation wurde Abel durch das Kommando über U 193, was er freilich nicht lang überlebte.

## U 421

| | *Stapellauf* | *Indienststellung* |
|---|---|---|
| | 24.9.1942 | 13.1.1943 |
| Typ | VII C | |
| Kommandant | Oberleutnant zur See Hans Kolbus (gerettet) | |
| versenkt am | 29. April 1944 | |
| Position | Toulon | |
| durch | Luftangriff | |
| Tote | – | |
| Überlebende | – | |
| gehoben | am 27. Juli 1944 außer Dienst gestellt; weiteres Schicksal des Wracks nicht bekannt | |

Im Hafen von Toulon bei einem Luftangriff der USAAF versenkt.

## U 277

| | *Stapellauf* | *Indienststellung* |
|---|---|---|
| | 7.11.1942 | 21.12.1942 |
| Typ | VII C | |
| Kommandant | Kapitänleutnant Robert Lübsen (gefallen) | |
| versenkt am | 1. Mai 1944 | |

| | |
|---|---|
| Position | Eismeer sw Bäreninsel, 73°24'N 15°42'O |
| durch | Luftangriff |
| Tote | 50 |
| Überlebende | keine |
| gehoben | nein |

Versenkt von der Swordfish „C“ des 842. NAS vom britischen Geleitträger *Fencer*, der den Geleitzug RA-59 auf dem Marsch ins Weiße Meer sicherte.

## U 674

| | *Stapellauf* | *Indienststellung* |
|---|---|---|
| | 8.5.1943 | 15.6.1943 |
| Typ | VII C | |
| Kommandant | Oberleutnant zur See Harald Muhs (gefallen) | |
| versenkt am | 2. Mai 1944 | |
| Position | Eismeer no Jan Mayen, 70°32'N 04°37'O | |
| durch | Luftangriff | |
| Tote | 49 | |
| Überlebende | keine | |
| gehoben | nein | |

Das zweite von einer Swordfish des auf dem den Geleitzug RA-58 sichernden britischen Flugzeugträger *Fencer* stationierten 842. NAS versenkte deutsche U-Boot, diesmal von der Swordfish „B“. Das Flugzeug warf drei Wasserbomben, und nachdem sich die Wasserfontänen gelegt hatten, sank U 674 über das Heck. Der Bug hob sich aus dem Wasser, und große Luftblasen stiegen auf, als das Boot ganz versunken war.

## U 959

| | *Stapellauf* | *Indienststellung* |
|---|---|---|
| | 3.12.1942 | 21.1.1943 |
| Typ | VII C | |
| Kommandant | Oberleutnant zur See Friedrich Weitz (gefallen) | |
| versenkt am | 2. Mai 1944 | |
| Position | Nordmeer no Island, 69°20'N 00°20'W | |
| durch | Luftangriff | |
| Tote | 53 | |
| Überlebende | keine | |
| gehoben | nein | |

Versenkt von der Swordfish „K“ des auf dem den Geleitzug RA-59 auf dem Marsch ins Weiße Meer sichernden britischen Flugzeugträger *Fencer* stationierten 842. NAS.

## U 852

| | *Stapellauf* | *Indienststellung* |
|---|---|---|
| | 28.1.1943 | 15.6.1943 |
| Typ | IX D2 | |
| Kommandant | Kapitänleutnant Heinz-Wilhelm Eck (gerettet) | |
| versenkt am | 3. Mai 1944 | |
| Position | Indischer Ozean vor der somalischen Küste, 110 Kilometer s Kap Guardafui, 09°32'N 50°59'O | |
| durch | Luftangriff/Strandung | |
| Tote | 7 | |
| Überlebende | 59 | |
| gehoben | nein | |

Auf dem langen Marsch um das Kap der Guten Hoffnung konnte U 852 durch die alliierte Funkpeilung „verfolgt“ werden. Als das Boot den Aktionsbereich des East Africa Command erreicht hatte, flogen Maschinen des 621. RAF-Geschwaders regelmäßig Patrouille, um U 852 aufzuspüren. Gesichtet und sofort angegriffen wurde das Boot dann am 1. Mai von der Wellington „E“ (Fg Off H.R. Mitchell). Durch Zerstörung des Lufteinlaßventils konnte U 852 nicht mehr tauchen und wurde zwei Tage lang von den Wellingtons des 621. RAF- und des 8. RCAF-Geschwaders angegriffen. Den „Todesstoß“ versetzte ihm am 3. Mai die Wellington „G“ (Fg Off J.R. Forrester) des 8. RCAF-Geschwaders. Dadurch wurde das Boot so schwer beschädigt, daß Eck beschloß, es aufzugeben, auf Strand zu setzen und durch Selbstsprengung zu vernichten. Nach schriftlichen Quellen wurde dabei nur das Heck abgesprengt, aber Fotos beweisen, daß Heck und Bug abgesprengt wurden. Die *Falmouth* schickte ein Kommando zum Strand, um einige Männer der Besatzung zu fangen, die sich dorthin hatten retten können.

Nach Kriegsende wurden Eck, drei seiner Offiziere und ein Stabsunteroffizier vor ein alliiertes Militärgericht gestellt, um sich wegen der Ermordung von Überlebenden des am 13. März 1944 von U 852 im Südatlantik versenkten Frachters *Peleus* zu verantworten. Eck verteidigte sich damit, daß er durch Erschießung der Überlebenden und völlige Vernichtung des Frachters alle Spuren des U-Boots habe verwischen wollen, was jedoch vom Gericht ebenso verworfen wurde wie die Verteidigung der vier Mitangeklagten, sie hätten nur die Befehle des Kommandanten ausgeführt. Eck, der 2WO, Leutnant zur See August Hoffmann und der Stabsarzt Walter Weißpfennig wurden zum Tod verurteilt und am 30. November 1945 in der Lüneburger Heide standesrechtlich erschossen. Eck war der einzige deutsche U-Boot-kommandant, der wegen Kriegsverbrechen zum Tod verurteilt und hingerichtet wurde.

## U 371

| | *Stapellauf* | *Indienststellung* |
|---|---|---|
| | 27.1.1941 | 15.3.1941 |
| Typ | VII C | |
| Kommandant | Oberleutnant zur See Horst-Arno Fenski (gerettet) | |
| versenkt am | 4. Mai 1944 | |
| Position | Mittelmeer, Golf von Bougie, 37°49'N 05°39'O | |
| durch | Wasserbomben | |
| Tote | 4 | |
| Überlebende | 5 Offiziere, 8 Unteroffiziere, 36 Mannschaften | |
| gehoben | nein | |

In der Nacht vom 2. auf den 3. Mai wurde ein deutsches U-Boot gesichtet, das sich aufgetaucht dem Geleitzug GUS-9 näherte. Fenski wollte die Batterien aufladen, wußte aber nicht, daß er der Geleitsicherung viel näher war, als er annahm. Als er es merkte, tauchte er, bis der Konvoi über ihn hinweggelaufen war, kam dahinter wieder über Wasser und setzte zu seiner Verfolgung an. Dabei wurde er vom Zerstörer *Menges* gesichtet, der Kurs auf ihn nahm. Fenski feuerte einen T5 ab, der den Zerstörer zwar am Heck traf, aber nicht versenkte, und tauchte erneut. Nun wurde U 371 von den Zerstörern *Pride* und *Campbell* durch Angriffe an die Küste getrieben, wo sich das Boot auf Grund legte. Verstärkt wurden die beiden amerikanischen Zerstörer durch den britischen Eskorter *Blankney*, den amerikanischen Minenräumer *Sustain* und die französischen Zerstörer *L'Alcyon* und *Sénégalais*. 21 Stunden lang, bis am 4. Mai um 03.15 Uhr, blieb Fenski auf Grund, mußte dann aber auftauchen und sah sich von Feindschiffen umzingelt. Die *Sénégalais* eröffnete das Feuer und wurde von einem Torpedo getroffen, den Fenski kurz vor dem Verlassen des Bootes abfeuerte.

## U 846

| | *Stapellauf* | *Indienststellung* |
|---|---|---|
| | 17.2.1943 | 29.5.1943 |
| Typ | IX C/40 | |
| Kommandant | Oberleutnant zur See d.R. Berthold Hashagen (gefallen) | |
| versenkt am | 4. Mai 1944 | |
| Position | Atlantik n Kap Ortegal, 46°04'N 09°20'W | |
| durch | Luftangriff | |
| Tote | 57 | |
| Überlebende | keine | |
| gehoben | nein | |

Versenkt von der Wellington „M" (Flt Lt I.J. Bateman) des 407. RCAF-Geschwaders. Im Anschluß an einen Radarkontakt wurde ein aufgetaucht laufendes U-Boot gesichtet. Der Mond schien so hell, daß der Suchscheinwerfer unnötig war. Zwar hatten beide Bordkanonen in der Bugkanzel der Wellington nach kurzem Beschuß Ladehemmung, aber Bateman gab nicht auf und warf sechs Wasserbomben. Als das Flugzeug zu einem zweiten Angriff wendete, war das Boot verschwunden, und ein Ölteppich schwamm auf.

## U 473

| | *Stapellauf* | *Indienststellung* |
|---|---|---|
| | 17.4.1943 | 16.6.1943 |
| Typ | VII C | |
| Kommandant | Kapitänleutnant Heinz Sternberg (gefallen) | |
| versenkt am | 6. Mai 1944 | |
| Position | Atlantik sw Kap Clear, 49°29'N 21°22'W | |
| durch | Wasserbomben | |
| Tote | 24 | |
| Überlebende | 30 | |
| gehoben | nein | |

Die 2. Geleitsicherungsgruppe hielt nach einem durch seine Wettermeldungen georteten deutschen U-Boot Ausschau, als U 473 am 3. Mai nur 300 Kilometer von der Position der Gruppe entfernt die amerikanische *Donnell* torpedierte. Nach einer am 3. Mai um 23.19 Uhr vorgenommenen Funkpeilung war das Boot auf Westkurs nur noch 45 Kilometer entfernt, und Walker, der Kommandeur der EG 2, nahm seine Verfolgung auf. Drei Tage später zeigte die britische Sloop *Wild Goose* den schwarzen Stander (zum Zeichen der Fühlungsnahme und des Angriffs) und warf zehn Wasserbomben. In den folgenden 15 Stunden warf die Gruppe insgesamt 345 Wasserbomben, davon die *Wren* 114 in fünf Angriffen, die *Wild Goose* 107 in fünf Angriffen und die *Starling* 124 in acht Angriffen. Für diese konzertierte Aktion wurden die drei Sloops im Monthly Anti

Submarine Report vom Mai 1944 lobend erwähnt, wobei man sich einer Formulierung aus der Sportwelt bediente und ihre Zusammenarbeit mit dem „Spiel eines erstklassigen Stürmerteams" verglich.
Am 6. Mai um 00.14 Uhr tauchte U 473 auf, um im Zickzackkurs mit äußerster Kraft an der Oberfläche abzulaufen, wurde aber unter schweres Feuer genommen. Walker schrieb darüber: „Mindestens ein Torpedo lief an der Backbordseite der *Wren* vorbei, aber bald ging das Herrenvolk von Bord, während das Boot mit äußerster Kraft über Backbordbug im Kreis lief." Das aufgegebene Boot lief direkt auf die *Starling* zu, die alle Mühe hatte, eine Kollision zu vermeiden. Beschleunigt wurde das Ende von U 473 durch zwei Detonationen, die vermutlich durch die Selbstsprengung verursacht wurden. „Feuer einstellen! Zum Teufel, was für eine tolle Schlacht", signalisierte Walker an die drei Sloops. U 473 war das 19. deutsche U-Boot, das seine Sicherungsgruppe versenkte.

# U 66

| | *Stapellauf* | *Indienststellung* |
|---|---|---|
| | 10.10.1940 | 2.1.1941 |
| Typ | IX C | |
| Kommandant | Oberleutnant zur See Gerhard Seehausen (gefallen) | |
| versenkt am | 6. Mai 1944 | |
| Position | Mittelatlantik w Kapverden, 17°17'N 32°29'W | |
| durch | Rammung/Artillerie | |
| Tote | 24 | |
| Überlebende | 36 | |
| gehoben | nein | |

U 66 hatte vor der südamerikanischen Nordostküste operiert und kaum noch Treibstoff. Deshalb informierte der Kommandant den BdU, daß er durch eine „Milchkuh" oder ein anderes Boot mit genügend Treibstoff betankt werden müsse. Dazu kam es jedoch nicht, und die Besatzung von U 66 litt stark unter der langen Feindfahrt in einem ungünstigen Klima und mit unzureichender Verpflegung. Inzwischen war der Flugzeugträger *Croatan* durch den Träger *Block Island* abgelöst worden, der nach Funkpeilung mit seinen Flugzeugen die Jagd auf U 66 aufnahm.
Am späten Abend des 1. Mai sichtete eine für Nachtoperationen ausgerüstete TBM Avenger das Kielwasser von U 66 und den Wasserwirbel, den das abtauchende Boot hinterlassen hatte. Das Flugzeug warf Sonarbojen und einen Fido-Torpedo ab, konnte aber nichts ausrichten. An den folgenden Tagen jagten Flugzeuge und Schiffe U 66 intensiv und griffen es immer wieder an (so auch mit zwei gleichzeitig abgeworfenen Fido-Torpedos, die sich gegenseitig verfolgten und in die Luft sprengten), um die Besatzung zu zermürben. Im U-Boot waren die Zustände inzwischen unhaltbar geworden. In der Nacht vom 5. auf den 6. Mai tauchte U 66 um 21.22 Uhr knapp 5000 Meter vor der *Block Island* auf. Der Träger lief ab und beorderte den Zerstörer *Buckley* (Lt-Cdr Brent M. Abel) zur U-Jagd. Als Seehausen erkannte, wo er da an die Oberfläche gekommen war, tauchte er sofort wieder ab, so daß der Zerstörer die Fühlung verlor. Einige Zeit später sichtete Lt (jg) Jimmie Sellars in seiner für Nachteinsätze ausgerüsteten TBM Avenger (seine einzige Bewaffnung war eine 45er Pistole) nur 25 Kilometer vom Träger entfernt das aufgetaucht laufende U-Boot.
Seehausen wollte mit hohem Treibstoffeinsatz aufgetaucht ablaufen, um seinen Verfolgern zu entgehen und dabei gleichzeitig die Batterien aufzuladen, damit er den nächsten Tag unter Wasser verbringen konnte. Seine Ausgucks auf der Brücke hatten die Avenger zwar gesichtet, aber Seehausen blieb über Wasser, weil er glaubte, beim Tauchen von dem Flugzeug mit einem akustischen Torpedo angegriffen zu werden. Daß er sich aber ganz auf die Avenger konzentrierte, wurde ihm zum Verhängnis, denn während Sellars Fühlung hielt, gab er dem aus Süden mit großer Fahrt anlaufenden Zerstörer *Buckley* die Position des Bootes durch. Um diese Zeit meldete Seehausen dem BdU, daß er verfolgt wurde, und fügte hinzu, daß es in diesem Seegebiet schlimmer zugehe als im von den U-Booten gefürchteten Golf von Biscaya.
Am 6. Mai sichtete der Zerstörer um 03.17 Uhr U 66, drehte direkt darauf zu, um seinen „A"-Turm zum Tragen zu bringen, und schaltete den Foxer zur Ablenkung von akustischen Torpedos ein. Gleichzeitig sah auch die Bootsbesatzung den Zerstörer und eröffnete das Feuer. Die *Buckley* schloß auf und erwiderte das Feuer mit leichten Waffen und aller Artillerie, die sie zum Tragen bringen konnte, um dann um 03.29 Uhr zum Rammstoß anzusetzen. Die Besatzung von U 66 ging von Bord und erklomm – teilweise mit Handwaffen – das Vorschiff des Zerstörers. Dort setzte man alles (auch bloße Fäuste) ein, um die Deutschen vom Schiff zu jagen, weil sich in der

allgemeinen Verwirrung die Auffassung durchgesetzt hatte, man würde geentert. Dann setzte sich die *Buckley* ab, wobei fünf bewaffnete U-Bootmänner auf dem Vordeck zurückblieben, die entwaffnet und unter Deck gebracht wurden.
U 66 nahm Fahrt auf, und als der Zerstörer aus allen Rohren feuernd näher kam, drehte das Boot plötzlich nach Backbord und rammte seinerseits den Zerstörer hinter dem Maschinenraum, wobei der Bug von U 66 unter den Kiel des Zerstörers geriet. Wieder gab es ein Feuergefecht mit Handwaffen, und Handgranaten explodierten auf dem Bootsrumpf. Dann sackte U 66 über das Heck ab, und Flammen schlugen aus dem Turm, bevor das Boot unter weiterem Geschützfeuer der *Buckley* sank. Wenige Sekunden später gab es eine starke Unterwasserdetonation.
Um U 66 zu versenken, waren 105 3-Zoll-Granaten, 3118 40- und 20-mm-Granaten, 390 Salven aus Handwaffen und eine unbekannte Zahl von geworfenen Tassen und Munitionskästen nötig gewesen. Die *Buckley* war stark beschädigt worden, konnte aber so weit repariert werden, daß sie aus eigener Kraft Boston erreichte. Lt-Cdr Abel wurde für diese Versenkung mit dem Navy Cross ausgezeichnet. Unter den Toten von U 66 befanden sich zwei Matrosen eines britischen Frachters, die von den Deutschen gefangengenommen worden waren.

# U 765

| | *Stapellauf* | *Indienststellung* |
|---|---|---|
| | 22.4.1943 | 19.6.1943 |
| Typ | VII C | |
| Kommandant | Oberleutnant zur See d.R. Werner Wendt (gerettet) | |
| versenkt am | 6. Mai 1944 | |
| Position | Nordatlantik, 52°30'N 28°28'W | |
| durch | Wasserbomben | |
| Tote | 37 | |
| Überlebende | 8 | |
| gehoben | nein | |

Versenkt wurde U 765 am 6. Mai, aber die Jagd hatte schon fünf Tage früher begonnen, nachdem man das Boot aufgrund seiner Wettermeldungen durch Funkpeilung geortet hatte. Beauftragt mit der U-Jagd wurden der britische Geleitträger *Vindex* und die 5. Geleitsicherungsgruppe. Nach Sichtung des Bootes durch die Swordfish „X" des auf den Träger stationierten 825. NAS wurde die Fregatte *Keats* zur gemeldeten Position beordert und erfaßte das Boot am 6. Mai um 04.00 Uhr. U 765 tauchte und setzte mehrere Boldkanister ab, was eine stundenlange ergebnislose Suche der Fregatte zur Folge hatte. Um 05.15 Uhr schlossen sich die Eskorter *Bligh*, *Aylmer* und *Bickerton* der Jagd an, und der letztgenannte Eskorter machte das Boot per ASDIC etwa sechs Kilometer von der Stelle aus, an der die *Keats* suchte. U 765 wurde zunächst mit Hedgehog-Wasserbomben angegriffen, doch wenig später entschloß man sich zu Schleichangriffen. Diese zwangen das U-Boot zum Auftauchen, und über Wasser wurde es sofort mit Artillerie beschossen. Schließlich warf die Swordfish „V" von der *Vindex* noch zwei Wasserbomben, die U 765 in zwei Teile zerrissen.

# U 1234

| | *Stapellauf* | *Indienststellung* |
|---|---|---|
| | 7.1.1944 | 19.4.1944 |
| Typ | IX C/40 | |
| Kommandant | Kapitänleutnant Helmut Thurmann (gerettet) | |
| versenkt am | 14. Mai 1944 | |
| Position | Ostsee, Hafeneinfahrt von Gotenhafen | |
| durch | Kollision | |
| Tote | 13 | |
| Überlebende | 35 | |
| gehoben | am 17. Oktober 1944 und wieder in Dienst gestellt | |

Nach Kollision mit dem Schlepper *Anton* gesunken, nähere Umstände nicht bekannt. Das Boot wurde am 5. Mai 1945 in Höruphaff durch Selbstsprengung versenkt und später an Ort und Stelle abgewrackt.

# U 731

| | *Stapellauf* | *Indienststellung* |
|---|---|---|
| | 25.7.1942 | 3.10.1942 |
| Typ | VII C | |
| Kommandant | Oberleutnant zur See Alexander Graf von Keller (gefallen) | |
| versenkt am | 15. Mai 1944 | |
| Position | Mittelatlantik vor Tanger, 35°54'N 05°45'W | |
| durch | Wasserbomben | |
| Tote | 54 | |
| Überlebende | keine | |
| gehoben | nein | |

Zwei mit Magnetdetektoren ausgerüstete Catalinas des USN-Geschwaders VP-63 erfaßten ein

U-Boot und meldeten dies den britischen U-Jägern *Blackfly*, *Aubretia* und *Kilmarnock*. Das Boot wurde nahe dem Kap Spartel aufgespürt und von der *Kilmarnock* mit Hedgehogs angegriffen, worauf ein mächtiger Ölteppich aufschwamm.

## U 240

| | *Stapellauf* | *Indienststellung* |
|---|---|---|
| | 18.2.1943 | 3.4.1943 |
| Typ | VII C | |
| Kommandant | Oberleutnant zur See Günther Link (gefallen) | |
| versenkt am | 16. Mai 1944 | |
| Position | Norwegensee w Drontheim, 63°05'N 03°10'O | |
| durch | Luftangriff | |
| Tote | 50 | |
| Überlebende | keine | |
| gehoben | nein | |

Die Sunderland „V" (Sub-Lt C.T. Johnsen) des 300. (norwegischen) Geschwaders der RAF sichtete um 17.20 Uhr ein fünf Kilometer entferntes deutsches U-Boot. Beim ersten Angriff verklemmten sich die Wasserbomben im Bombenschacht, und trotz des Bordwaffenfeuers von Bug- und Heckschützen wurde das Flugzeug durch die Flak des Bootes beschädigt. Beim zweiten Angriff wurde der Bugschütze, Quartermaster A.J. Johansen, getötet, zwei weitere Besatzungsmitglieder wurden verwundet. Trotz des aus der Bugkanzel dringenden Qualms flog Johnsen einen dritten Angriff und warf vier Wasserbomben, von denen drei entlang der Backbordseite des U-Bootes explodierten. Der Bug von U 240 hob sich steil aus dem Wasser, und das Boot sank über das Heck. Trotz schwerer Schäden erreichte das Flugboot um 19.18 Uhr den Flugplatz Sullom Voe auf den Shetland-Inseln.

## U 616

| | *Stapellauf* | *Indienststellung* |
|---|---|---|
| | 8.2.1942 | 2.4.1942 |
| Typ | VII C | |
| Kommandant | Oberleutnant zur See Siegfried Koitschka (gerettet) | |
| versenkt am | 17. Mai 1944 | |
| Position | Mittelmeer o Cartagena, 36°46'N 00°42'O | |
| durch | Wasserbomben | |
| Tote | keine | |
| Überlebende | 53 | |
| gehoben | nein | |

Nachdem in der Nacht vom 13. auf den 14. Mai zwei Frachter des Geleitzugs GUS-39 versenkt worden waren, wurden vier Zerstörer *(Ellyson, Rodman, Hambleton* und *Emmons)* des 10. US-Zerstörergeschwaders (Capt Adelbert F. Converse), die Verbindungsoffiziere des 500. RAF-Geschwaders an Bord hatten, mit der Aufspürung des für die Versenkungen verantwortlichen deutschen U-Boots beauftragt. Die Zerstörer liefen am 14. Mai aus Oran aus und schlossen sich den Zerstörern *Hilary P. Jones* und *Macomb* sowie den Eskortern *Gleaves* und *Nields* von der Geleitsicherung des Konvois GUS-39 an, die gerade ein von ihnen erfaßtes U-Boot jagten. Die Angriffe wurden bis zum Morgen des 15. Mai fortgesetzt, an dem ein großer Ölteppich aufschwamm. Danach ging die Suche noch zwei Tage weiter, und am 16. Mai sichtete um 22.26 Uhr eine Wellington des 36. RAF-Geschwaders das aufgetaucht laufende U 616. Um 23.59 Uhr trafen die Zerstörer ein, und die *Macomb* schoß eine Leuchtgranate ab, in deren Licht das U-Boot sichtbar wurde. Am 17. Mai wurde um 00.14 Uhr Sonarfühlung aufgenommen und das Boot bis um 08.07 Uhr pausenlos angegriffen. Dann tauchte U 616 auf, und die Besatzung ging von Bord.
Die unter dem Codenamen „Monstrous" laufende Operation dauerte vom ersten Wasserbombeneinsatz bis zur Aufgabe des Bootes 72 Stunden. Besonders erwähnenswert ist die ausgezeichnete Kommunikation zwischen den Schiffen und den Flugzeugen des 36. RAF-Geschwaders.

## U 241

| | *Stapellauf* | *Indienststellung* |
|---|---|---|
| | 25.6.1943 | 24.7.1943 |
| Typ | VII C | |
| Kommandant | Oberleutnant zur See Arno Werr (gefallen) | |
| versenkt am | 18. Mai 1944 | |
| Position | Norwegensee w Stadlandet, 63°36'N 01°42'O | |
| durch | Luftangriff | |
| Tote | 51 | |
| Überlebende | keine | |
| gehoben | nein | |

Die Catalina „S" (Fg Off B. Bastable) des 210. RAF-Geschwaders sichtete das in acht bis neun Kilometer Entfernung an der Oberfläche laufende U-Boot und griff es sofort mit sechs gut gezielten Wasserbomben an. Ein Ölteppich breitete sich aus, während U 241 über das Heck sank. Auf dem Wasser wurden zahlreiche Überlebende gesichtet.

## U 960

| | *Stapellauf* | *Indienststellung* |
|---|---|---|
| | 3.12.1942 | 28.1.1943 |
| Typ | VII C | |
| Kommandant | Oberleutnant zur See Günther Heinrich (gerettet) | |
| versenkt am | 19. Mai 1944 | |
| Position | Mittelmeer nw Algier, 37°35'N 01°39'O | |
| durch | Wasserbomben | |
| Tote | 31 | |
| Überlebende | 4 Offiziere, 5 Unteroffiziere, 11 Mannschaften | |
| gehoben | nein | |

Kaum war das aus La Pallice kommende U 960 ins Mittelmeer eingelaufen, als es auch schon am 17. Mai von einem britischen Flugzeug gesichtet wurde. Vier Zerstörer der 25. US-DesDiv *(Woolsey, Ludlow, Niblack* und *Benson)* unter Cdr Robert B. Ellis wurden zur gemeldeten Position beordert. Ihnen schlossen sich Wellingtons des 36. und Venturas des 500. RAF-Geschwaders an, die um 21.00 Uhr das U-Boot erfaßten. Die Suche ging die ganze Nacht hindurch, am 18. Mai und in der Nacht vom 18. auf den 19. Mai weiter. Am 19. Mai erfaßte um 01.40 Uhr das Radar von *Niblack* und *Ludlow* das vor ihnen laufende Boot, und nach zwei Stunden hatten die beiden Kreuzer Sonarkontakt. Elf Wasserbombenangriffe wurden gefahren, aber U 960 konnte unter Wasser ablaufen, wurde jedoch um 06.09 Uhr wieder aufgetaucht gesichtet. *Woolsey* und *Benson*, zu denen noch die *Madison* stieß, eröffneten aus allen Rohren das Feuer, während trotz des Granathagels (der ihr hätte zum Verhängnis werden können) die Wellington „M" des 36. Geschwaders gleichzeitig im Tiefflug Wasserbomben warf. Das U-Boot tauchte, wurde aber durch einen Wasserbombenangriff der *Niblack* zum Auftauchen gezwungen und von der Besatzung verlassen.

Insgesamt dauerte die Jagd auf U 960 42 Stunden und 18 Minuten. Die Versenkung dieses U-Boots und von U 616 widerlegte die zuvor geäußerte Kritik, den amerikanischen Seestreitkräften fehle es bei der U-Jagd an britischer Luftunterstützung.

## U 1015

| | *Stapellauf* | *Indienststellung* |
|---|---|---|
| | 7.2.1944 | 23.3.1944 |
| Typ | VII C/41 | |
| Kommandant | Oberleutnant zur See d.R. Hans-Heinz Boos (gerettet) | |
| versenkt am | 19. Mai 1944 | |
| Position | Ostsee w Pillau, 54°25'N 19°50'O | |
| durch | Kollision | |
| Tote | 36 | |
| Überlebende | ? | |
| gehoben | nein | |

Nach Kollision mit U 1014 gesunken, nähere Umstände nicht bekannt.

## U 453

| | *Stapellauf* | *Indienststellung* |
|---|---|---|
| | 30.4.1941 | 26.6.1941 |
| Typ | VII C | |
| Kommandant | Oberleutnant zur See Dierk Lührs (gerettet) | |
| versenkt am | 21. Mai 1944 | |
| Position | Mittelmeer no Kap Spartivento, 38°13'N 16°36'O | |
| durch | Wasserbomben | |
| Tote | 3 | |
| Überlebende | 5 Offiziere, 16 Unteroffiziere, 29 Mannschaften | |
| gehoben | nein | |

Am 19. Mai wurde um 17.55 Uhr der Konvoi HA-43 von einem deutschen U-Boot angegriffen. Jagd auf das Boot machten zunächst nur drei Schiffe der inzwischen mit den Alliierten verbündeten Italiener *(Urania, Danaide* und *Monzambano)*, denen sich später auch die britischen Zerstörer *Termagant* und *Tenacious* sowie der britische Eskorter *Liddesdale* anschlossen. Die britischen Schiffe trafen am 20. Mai um 10.30 Uhr in dem Seegebiet ein und nahmen sofort die Jagd auf. Eine Stunde später hatten sie das U-Boot geortet – 16 Kilometer von der Stelle entfernt, an der die Italiener immer noch auf der Suche waren. Von 12.50 bis 20.40 Uhr fuhren die Zerstörer elf Angriffe. Dann beschloß der Kommandeur, mit dem Boot Fühlung zu halten und die Angriffe am nächsten Morgen fortzusetzen, war doch der Kontakt mit dem Ziel durch die problemlose ASDIC-Fühlung gegeben, und das Boot mußte mangels Luft auf jeden Fall wieder auftauchen.

Dies geschah am 21. Mai um 00.24 Uhr. Die Besatzung ging von Bord, und U 453 wurde durch Geschützfeuer versenkt.

## U 675

| | *Stapellauf* | *Indienststellung* |
|---|---|---|
| | 8.5.1943 | 14.7.1943 |
| Typ | VII C | |
| Kommandant | Oberleutnant zur See Karl-Heinz Sammler (gefallen) | |
| versenkt am | 24. Mai 1944 | |
| Position | Norwegensee nw Stadlandet, 62°27'N 03°04'O | |
| durch | Luftangriff | |
| Tote | 51 | |
| Überlebende | keine | |
| gehoben | nein | |

Die Sunderland „R“ (Fg Off T.P. Frizell) der 4. (C) OTU sichtete um 13.49 Uhr ein deutsches U-Boot und griff es trotz heftigem Flakfeuer aus sechs Meter Höhe mit sechs Wasserbomben an. Nach deren Explosion hob sich der Bug des Bootes fast senkrecht aus dem Wasser, und U 675 begann zu sinken. Dabei gab es eine weitere starke Explosion, und der Bug verschwand im Wasser. Luftblasen stiegen auf, und Leichenteile, hölzerne Bootstrümmer und Öl schwammen auf.

## U 476

| | *Stapellauf* | *Indienststellung* |
|---|---|---|
| | 16.4.1943 | 4.7.1943 |
| Typ | VII C | |
| Kommandant | Oberleutnant zur See Otto Niethmann (gerettet) | |
| versenkt am | 25. Mai 1944 | |
| Position | Nordmeer sw Lofoten, 65°08'N 04°53'O | |
| durch | Luftangriff | |
| Tote | 35 | |
| Überlebende | 21 | |
| gehoben | nein | |

Um 07.16 Uhr sichtete die Catalina „V“ (Capt F.W.L. Maxwell SAAF) des 210. Geschwaders in acht Kilometer Entfernung das aufgetaucht laufende U-Boot und griff es trotz starkem Flakfeuer mit sechs Wasserbomben an, von denen mindestens eine dicht am Boot explodierte. Dadurch schien das Boot aus dem Wasser gehoben zu werden und drehte sich einmal im Kreis, ehe es über das Heck wegsackte. Es tauchte kurz noch einmal für etwa zehn Minuten auf, ehe es erneut versank. Dichter Schneefall behinderte die Sicht der Flugzeugbesatzung.

U 476 war durch den Angriff so schwer beschädigt worden, daß es nicht mehr tauchen konnte. Nachdem die Überlebenden von U 990 aufgenommen waren, wurde U 476 durch einen Torpedoschuß von U 990 versenkt.

## U 990

| | *Stapellauf* | *Indienststellung* |
|---|---|---|
| | 16.6.1943 | 28.7.1943 |
| Typ | VII C | |
| Kommandant | Kapitänleutnant Hubert Nordheimer (gerettet) | |
| versenkt am | 25. Mai 1944 | |
| Position | Norwegensee nw Drontheim, 65°05'N 07°28'O | |
| durch | Luftangriff | |
| Tote | 20 | |
| Überlebende | 31 | |
| gehoben | nein | |

Die Liberator „S“ (Sqn Ldr B. Sisson) des 59. RAF-Geschwaders sichtete um 06.23 Uhr ein deutsches U-Boot und griff es im Schutz eines Regenschauers mit sechs Wasserbomben an. Nach deren Explosion sank das Boot in einem großen Ölteppich. Die Überlebenden wurden von VP 5901 aufgenommen.

## U 292

| | *Stapellauf* | *Indienststellung* |
|---|---|---|
| | 17.7.1943 | 25.8.1943 |
| Typ | VII C/41 | |
| Kommandant | Oberleutnant zur See Werner Schmidt (gefallen) | |
| versenkt am | 27. Mai 1944 | |
| Position | Norwegensee w Drontheim, 62°37'N 00°57'O | |
| durch | Luftangriff | |
| Tote | 51 | |
| Überlebende | keine | |
| gehoben | nein | |

Die Liberator „S“ (Flt Lt V.E. Camacho RCAF) des 59. RAF-Geschwaders griff ein aufgetaucht laufendes deutsches U-Boot mit sechs Wasserbomben an, die dicht am Boot explodierten, wie der Heckschütze und der Schütze in der Steuerbordrumpfkanzel beobachten konnten, worauf es in U 292 eine grellgelbe Explosion gab. Der Bug hob sich aus dem Wasser, dann sank das Boot auf ebenem Kiel.

## U 549

| | *Stapellauf* | *Indienststellung* |
|---|---|---|
| | 28.4.1943 | 14.7.1943 |

Typ IX C/40
Kommandant Kapitänleutnant Detlev Krankenhagen (gefallen)
versenkt am 29. Mai 1944
Position Atlantik sw Madeira, 31°13'N 21°03'W
durch Wasserbomben und Hedgehogs
Tote 57
Überlebende keine
gehoben nein

U 549 hatte am 28. Mai den Luftangriff einer Avenger vom US-Geleitträger *Block Island* und tags darauf einen weiteren Luftangriff unbeschadet überstanden. Der Flugzeugträger und vier Eskorter machten am Abend des 29. Mai Jagd auf das Boot, doch U 549, das die Geleitsicherung hatte durchstoßen können, feuerte rasch hintereinander drei Torpedos ab, die den Träger trafen. Während dessen Besatzung vollauf damit beschäftigt war, die Lecks abzudichten, sichtete der Zerstörer *Eugene E. Elmore* das Sehrohr des Bootes, aber sein Wasserbombenangriff blieb erfolglos. Der U-Bootkommandant war hartnäckig und schoß einen akustischen Torpedo ab, der das Heck des Zerstörers *Barr* traf und weitestgehend zerstörte.

Wegen der großen Mengen von Munition und Treibstoff an Bord der *Block Island* beschloß man jetzt, den Träger aufzugeben. Während die Besatzung von Bord ging, strich ein weiterer Torpedo dicht an der *Elmore* vorbei. Das faktische Kommando übernahm nun Cdr Henry Mullins auf der *Ahrens*. Er lief zum Träger, um dessen Besatzung aufzunehmen, und schickte die beiden verbliebenen Eskorter auf U-Jagd. Inzwischen hatte die *Ahrens* einen Sonarkontakt, und Mullins gab der *Elmore* den Befehl, das geortete Boot anzugreifen. Sie fuhr drei Angriffe mit Hedgehog-Wasserbomben, und nach dem dritten wurden zwei schwache Explosionen beobachtet, auf die ein starker Knall und eine weitere „starke, grollende Detonation" folgten.

Die *Block Island* war der einzige im Atlantik versenkte amerikanische Flugzeugträger. Die auf dem Träger stationierten Flugzeuge hatten bei der Versenkung von sieben deutschen U-Booten mitgewirkt.

## U 289

| | *Stapellauf* | *Indienststellung* |
|---|---|---|
| | 25.5.1943 | 10.7.1943 |

Typ VII C
Kommandant Kapitänleutnant Alexander Hellwig (gefallen)
versenkt am 31. Mai 1944
Position Barentssee nw Jan Mayen, 73°32'N 00°28'O
durch Wasserbomben
Tote 51
Überlebende keine
gehoben nein

Vom britischen Zerstörer *Milne* (Capt M. Richmond) versenkt.

## U 477

| | *Stapellauf* | *Indienststellung* |
|---|---|---|
| | 3.7.1943 | 18.8.1943 |

Typ VII C
Kommandant Oberleutnant zur See Karl-Joachim Jenssen (gefallen)
versenkt am 3. Juni 1944
Position Norwegensee w Drontheim, 63°59'N 01°37'O
durch Luftangriff
Tote 51
Überlebende keine
gehoben nein

Die auf Wick stationierte Canso „T" (Flt Lt R.E. MacBride) des 162. RCAF-Geschwaders griff ein an der Oberfläche gesichtetes deutsches U-Boot mit vier Wasserbomben an. Durch deren Explosion schien das Boot aus dem Wasser gehoben zu werden, drehte nach Backbord, stoppte und sank. Fünf Überlebende trieben im Wasser, auf dem sich ein 1600x400 Meter großer Ölteppich ausbreitete.

## U 505

| | *Stapellauf* | *Indienststellung* |
|---|---|---|
| | 24.5.1941 | 26.8.1941 |

Typ IX C
Kommandant Oberleutnant zur See d.R. Harald Lange (gerettet)
aufgebracht am 4. Juni 1944
Position Atlantik nw Dakar, 21°30'N 19°20'W
durch Luftangriff
Tote 1
Überlebende 59
gehoben –

U 505 hatte erfolglos vor der afrikanischen Westküste operiert und machte sich Ende Mai auf den Rückmarsch. Seine Position wurde durch Funkpeilung der Geleitsicherungsgruppe des US-Trägers *Guadalcanal* geortet. Auf Nordkurs erfuhr Lange durch seinen Naxos-Empfänger, daß er in das von den Flugzeugen der *Guadalcanal* kontrollierte Seegebiet einlief. Gleichzeitig erfaßten die von den Flugzeugen abgeworfenen Sonarbojen schwache Motorengeräusche. Fast unversehens gerieten die beiden Gegner aneinander. Am 4. Juni erfaßte das Sonar des US-Zerstörers *Chatelain* kurz nach 11.00 Uhr das Boot, und fast gleichzeitig meldete Langes Hydrophonwache Motorengeräusche. Lange ging auf Sehrohrtiefe, um Ausschau zu halten, und sah drei auf ihn zulaufende Eskorter und den Flugzeugträger im Hintergrund.

Die *Chatelain* griff mit Hedgehog-Wasserbomben und vierzehn Wasserbomben an und beschädigte U 505 so schwer, daß Lange auftauchen und sein Boot aufgeben mußte. Zunächst war den Amerikanern nicht klar, daß die Besatzung von Bord ging, aber dann wurden Prisenkommandos losgeschickt und U 505 in Schlepp genommen.

Die Aufbringung eines deutschen U-Boots hob auf dem kleinen Flugzeugträger die Kampfmoral. Als die erfolgreiche alliierte Invasion in der Normandie gemeldet wurde, meinte ein Seemann auf dem Träger: „Da seht ihr, was Eisenhower vollbringen mußte, um uns zu übertreffen!"

Nachdem U 505 in die Port-Royal-Bucht auf Bermuda eingeschleppt war, wurde das Boot unter dem Namen *Nemo* von den Amerikanern in Dienst gestellt und für Vergleichstests benutzt. 1954 ging U 505 an das Museum of Science and Industry in Chicago, wo es noch heute ausgestellt ist.

## U 987

| | *Stapellauf* | *Indienststellung* |
|---|---|---|
| | 2.6.1943 | 8.7.1943 |
| Typ | VII C | |
| Kommandant | Oberleutnant zur See Hilmar-Karl Schreyer (gefallen) | |
| versenkt am | 5. Juni 1944 | |
| Position | Nordmeer w Narvik, 68°09'N 05°08'O | |
| durch | britisches U-Boot | |
| Tote | 52 | |
| Überlebende | keine | |
| gehoben | nein | |

Kurz nach 09.00 Uhr sichtete das britische U-Boot *Satyr* (Lt T.S. Weston) ein aufgetaucht auf Kurs 355 laufendes deutsches U-Boot in etwa 4000 Meter Entfernung. Die *Satyr* befand sich an Backbord fast auf gleicher Höhe mit U 987 und mußte deshalb zunächst etwa drei Minuten lang mit äußerster Kraft nach Backbord ablaufen, um in eine günstige Position für den Abschuß eines Torpedofächers zu kommen. Als Weston wieder auf Sehrohrtiefe ging, stellte er fest, daß das Feindboot ebenfalls den Kurs nach Backbord geändert hatte. Auch er änderte den Kurs, diesmal jedoch sicherheitshalber nach Steuerbord, und da er befürchtete, daß das deutsche U-Boot bei einer weiteren Kursänderung nach Backbord endgültig außer Reichweite kommen könnte, feuerte er um 09.15 Uhr sechs Torpedos ab. Zwei von ihnen kollidierten und warnten die Deutschen zwar noch vor der drohenden Gefahr, aber die Warnung kam zu spät. Zwei Torpedos trafen U 987 im Bug und unterhalb des Turms, und Weston sah, wie das Vorderteil des in der Mitte auseinanderbrechenden Bootes hochgeschleudert wurde. Dann sanken die beiden Hälften von U 987, deren Zermalmung in der *Satyr* zu hören war.

## U 955

| | *Stapellauf* | *Indienststellung* |
|---|---|---|
| | 14.11.1942 | 31.12.1942 |
| Typ | VII C | |
| Kommandant | Oberleutnant zur See d.R. Hans-Heinrich Baden (gefallen) | |
| versenkt am | 7. Juni 1944 | |
| Position | Golf von Biscaya n Kap Ortegal, 45°13'N 08°30'W | |
| durch | Luftangriff | |
| Tote | 50 | |
| Überlebende | keine | |
| gehoben | nein | |

Schon am 5. Juni war U 955 erfolglos angegriffen worden und wurde nun von den Alliierten gejagt. Es wurde vom Radar der Sunderland „S" (Flt Lt L. Baveystock) des 201. RAF-Geschwaders erfaßt und durch Leuchtbomben sichtbar gemacht. Das Boot tauchte sofort, und Baveystock flog Täuschungsmanöver in der Hoffnung, daß es wieder an die Oberfläche kommen würde. Um 03.00 Uhr sprach das Radar erneut an, und im Schein von Leuchtbomben sah er das Boot und griff es mit sechs Wasserbomben an, von denen eine scheinbar direkt unter dem Boot explodierte. Dann wurden die das Boot anzeigenden „Blips“ schwächer und verschwanden schließlich. Später ergab sich, daß Baveystock U 955 versenkt hatte.

# U 970

| | *Stapellauf* | *Indienststellung* |
|---|---|---|
| | 11.2.1943 | 25.3.1943 |

| | |
|---|---|
| Typ | VII C |
| Kommandant | Kapitänleutnant Hans-Heinrich Ketels (gerettet) |
| versenkt am | 7. Juni 1944 |
| Position | Golf von Biscaya n El Ferrol, 45°15'N 04°10'W |
| durch | Luftangriff |
| Tote | 38 |
| Überlebende | 2 Offiziere, 11 Mannschaften |
| gehoben | nein |

Die Sunderland „R“ (Flt Lt C.G. Lancaster) des 228. RAF-Geschwaders griff ein per Radar erfaßtes und durch Leuchtbomben sichtbar gemachtes deutsches U-Boot über Wasser an. Das Boot verschwand, und Lancaster wußte nicht, ob er das Boot versenkt hatte, aber die Deutschen wußten es genau, nachdem ihr Luftrettungsdienst am späten Vormittag 13 Überlebende von U 970 geborgen hatte.

# U 629

| | *Stapellauf* | *Indienststellung* |
|---|---|---|
| | 12.5.1942 | 2.7.1942 |

| | |
|---|---|
| Typ | VII C |
| Kommandant | Oberleutnant zur See Hans-Helmuth Bugs (gefallen) |
| versenkt am | 8. Juni 1944 |
| Position | Ärmelkanal w Brest, 48°27'N 05°47'W |
| durch | Luftangriff |
| Tote | 51 |
| Überlebende | keine |
| gehoben | nein |

Siehe U 373 (unten).

# U 373

| | *Stapellauf* | *Indienststellung* |
|---|---|---|
| | 5.4.1941 | 22.5.1941 |

| | |
|---|---|
| Typ | VII C |
| Kommandant | Oberleutnant zur See Detlef von Lehsten (gerettet) |
| versenkt am | 8. Juni 1944 |
| Position | Ärmelkanal w Brest, 48°10'N 05°31'W |
| durch | Luftangriff |
| Tote | 4 |
| Überlebende | 47 |
| gehoben | nein |

Um 02.11 Uhr sichtete die Liberator „G“ (Flt Lt K.O. Moore) des 224. RAF-Geschwaders ein zuvor vom Radar erfaßtes U-Boot. Bei hellem Mondschein konnte ohne Suchscheinwerfer ein Angriff mit sechs Wasserbomben geflogen werden, die auf beiden Seiten des Bootes in Höhe des Turms detonierten. Sie schienen U 629 aus dem Wasser zu heben, und als Moore kurz danach die Stelle überflog, markierte ein Ölteppich das Ende von U 629.
Knapp eine halbe Stunde später erfaßte Moores Radar ein weiteres Boot, das in vier Kilometer Entfernung gesichtet wurde. Moore griff auch dieses mit sechs Wasserbomben an, von denen vier an Steuerbord und zwei an Backbord explodierten. Das Boot bekam Schlagseite nach Steuerbord und sank über das Heck. Danach waren auf dem ölbedeckten Wasser drei Schlauchboote und einige Überlebende zu sehen. Das war das Ende von U 373. Die Überlebenden wurden von einem Patrouillenboot aufgenommen.
Die Versenkung von zwei U-Booten in weniger als einer halben Stunde war ein bemerkenswerter Einsatzerfolg für ein einzelnes Flugzeug, weshalb Moore mit dem britischen DSO und dem amerikanischen Silver Star ausgezeichnet wurde.

# U 740

| | *Stapellauf* | *Indienststellung* |
|---|---|---|
| | 23.12.1942 | 27.3.1943 |

| | |
|---|---|
| Typ | VII C |
| Kommandant | Kapitänleutnant Günther Stark (gefallen) |
| versenkt am | 9. Juni 1944 |
| Position | Atlantik sw Scilly-Inseln, 49°09'N 08°37'W |
| durch | Luftangriff |
| Tote | 51 |
| Überlebende | keine |
| gehoben | nein |

Die Liberator „F“ (Flt Lt A.K. Sherwood) des 120. RAF-Geschwaders sichtete das Kielwasser eines acht bis neun Kilometer entfernten und gerade tauchenden U-Boots. Sherwood warf in den Wasserwirbel sechs Wasserbomben, nach deren Explosion Öl aufschwamm. Eine abgeworfene Sonarboje übermittelte das Geräusch des Auseinanderbrechens des Wracks, das nach etwa 15 Minuten verstummte.

## U 821

| | *Stapellauf* | *Indienststellung* |
|---|---|---|
| | 26.6.1943 | 11.10.1943 |

Typ VII C
Kommandant Oberleutnant zur See Ulrich Knackfuss (gefallen)
versenkt am 10. Juni 1944
Position Ärmelkanal n Ushant, 48°31'N 05°11'W
durch Luftangriff
Tote 50
Überlebende 1
gehoben nein

Die Mosquitos „T", „S", „V" und „W" des 248. RAF-Geschwaders unter der Führung von Flt Lt S.G.Nunn patrouillierten vor Brest, um auslaufende deutsche U-Boote zu jagen. Im Tiefflug sahen die Besatzungen, wie etwa vier Kilometer vor ihnen ein Boot auftauchte, das die nur etwa neun Meter hoch fliegenden Flugzeuge offenbar nicht bemerkt hatte. Die Mosquitos griffen nacheinander mit Bordwaffen an, worauf die Besatzung von Bord des Bootes ging, das über das Heck zu sinken begann. Die Liberator „K" (Flt Lt A.D.S. Saunders) des 206. Geschwaders kam als Verstärkung und griff das sinkende Boot zweimal mit Wasserbomben an. Als sich die Detonationsfontänen gelegt hatten, war das Boot verschwunden.
Der Überlebende wurde von einem deutschen Vorpostenboot aufgenommen, das sechs Mosquitos des 248. Geschwaders auf dem Rückmarsch nach Brest am späten Nachmittag sichteten. Eine Maschine überflog das Boot, wurde von Flakgranaten getroffen und stürzte später ab. Die übrigen fünf Flugzeuge, von denen zwei mit Tsetse-Kanonen ausgerüstet waren, versenkten das Vorpostenboot.

## U 980

| | *Stapellauf* | *Indienststellung* |
|---|---|---|
| | 15.4.1943 | 27.5.1943 |

Typ VII C
Kommandant Kapitänleutnant Hermann Dahms (gefallen)
versenkt am 11. Juni 1944
Position Nordsee nw Bergen, 63°07'N 00°26'O
durch Luftangriff
Tote 52
Überlebende keine
gehoben nein

Die Canso „B" (Fg Off L. Sherman) des 162. RCAF-Geschwaders griff ein um 15.15 Uhr gesichtetes deutsches U-Boot sofort mit vier Wasserbomben an. Nach deren Explosion verlor das Boot Öl, beschoß aber das Flugzeug mit seiner Flak, bis es um 15.32 Uhr sank und Wrackteile und etwa 35 Mann der Bootsbesatzung auf dem Wasser hinterließ.
Tags darauf wurde die Canso mit derselben Besatzung beim Angriff auf ein deutsches U-Boot auf 64°10'N 00°11'O abgeschossen.

## U 490

| | *Stapellauf* | *Indienststellung* |
|---|---|---|
| | 24.12.1942 | 27.3.1943 |

Typ XIV
Kommandant Oberleutnant zur See d.R. Wilhelm Gerlach (gerettet)
versenkt am 11. Juni 1944
Position Atlantik nw Azoren, 42°48'N 40°08'W
durch Wasserbomben/Artillerie
Tote 1
Überlebende 59
gehoben nein

U 490 war auf dem Ausmarsch nach Penang und setzte kurz nach Mitternacht in der Nacht vom 10. auf den 11. Juni einen Wetterkurzbericht an den BdU ab, was ihm – wie vielen anderen U-Booten – zum Verhängnis wurde. Durch Funkpeilung wurde von drei Zerstörern der aus dem US-Träger *Croatan* und fünf Eskortern bestehenden Einsatzgruppe 22.5 seine Position geortet.
Am Morgen des 11. Juni machten die Eskorter auf halbem Weg nach Flores U 490 aus und griffen es sofort an. Gerlach tauchte tief (nach seiner Aussage auf 300 Meter) und wollte die Angriffe „aussitzen". Über Wasser ärgerte sich Cdr Frank G. Gianbattista darüber, daß seine Angriffe keine Wirkung zeigten, obgleich sein Sonar Fühlung mit dem U-Boot hielt. Um 21.00 Uhr schließlich drehten die Eskorter gewollt geräuschvoll mit äußerster Kraft ab, um dann in Schleichfahrt wieder Position zu beziehen und das unabdingbare Auftauchen von U 490 abzuwarten. In der Tat kam um 21.47 Uhr das Boot zwischen der *Frost*

und der *Snowdon* hoch und wurde sofort unter Beschuß genommen. Bald war das Spiel aus: Gerlach signalisierte seine Kapitulation, leitete aber durch Öffnen der Flutventile die Versenkung seines Bootes ein, das von den Eskortern beschossen wurde, bis die Versenkung sichergestellt war.
U 490 war die letzte „Milchkuh" des Typs XIV, die versenkt wurde. Diese Versorgungsboote waren auf den Funkverkehr angewiesen, doch die Alliierten hatten den Code der deutschen Kriegsmarine längst geknackt und ihre Funkpeilung so vervollkommnet, daß die Funksprüche zur Achillesferse der deutschen U-Boote wurden.

## U 715

| | *Stapellauf* | *Indienststellung* |
|---|---|---|
| | 14.12.1942 | 17.3.1943 |
| Typ | VII C | |
| Kommandant | Kapitänleutnant Helmut Röttger (gefallen) | |
| versenkt am | 13. Juni 1944 | |
| Position | Atlantik no Färöers, 62°45'N 02°59'W | |
| durch | Luftangriff | |
| Tote | 36 | |
| Überlebende | 16 | |
| gehoben | nein | |

U 715 wurde von der Canso „T" (Wg Cdr C.St G.W. Chapman) des 162. RCAF-Geschwaders angegriffen, nachdem scharfäugig die „Feder" des Sehrohrs gesichtet wurde. Daraufhin tauchte das Boot auf, lief einen ungeregelten Kurs und ging mit dem Bug voraus unter. Als sich das Heck aus dem Wasser hob, flog Chapman noch einmal über das sinkende Boot hinweg und wurde durch eine Granate der bis zum letzten Augenblick weiter feuernden Flak getroffen.
Die Canso mußte notwassern, und obwohl eine Liberator und eine Warwick ein Rettungsfloß und zwei Lindholme-Schlauchboote abwarfen, war beim Eintreffen des Luft-See-Rettungsdienstes ein Besatzungsmitglied der Canso an Erschöpfung gestorben, und zwei weitere starben, bevor sie ins Lazarett gebracht werden konnten.

## U 860

| | *Stapellauf* | *Indienststellung* |
|---|---|---|
| | 23.3.1943 | 12.8.1943 |
| Typ | IX D2 | |
| Kommandant | Fregattenkapitän Paul Büchel (gerettet) | |
| versenkt am | 15. Juni 1944 | |
| Position | Südatlantik s St. Helena, 25°27'S 05°30'W | |
| durch | Luftangriff | |
| Tote | 42 | |
| Überlebende | 2 Offiziere, 5 Unteroffiziere, 13 Mannschaften | |
| gehoben | nein | |

Die Position des auf Nordkurs laufenden U-Boots wurde durch Funkpeilung laufend mitgeplottet. Auf diesem Kurs lag der Geleitzug TG-41.6, gesichert vom Geleitträger *Solomons* mit dem kampferprobten USN-Geschwader VC-9 an Bord und vier Eskortern. Am 15. Juni wurde U 860 um 10.21 Uhr von einer Avenger (Ensign George E. Edwards) geortet und angegriffen, doch das Flugzeug wurde abgeschossen. Erst um 17.22 Uhr sichtete Lt-Cdr Howard Avery, der Geschwaderkommodore von VC-9, das U-Boot und rief drei Wildcats und zwei Avengers zur Verstärkung herbei. Die Flugzeuge griffen U 860 mit Bordwaffen und Raketen an und beschädigten es schwer. Es verlor Öl, und im Boot brannte es. Um es endgültig zu versenken, griff es Lt (jg) William F. Chamberlain im Tiefflug mit Wasserbomben an, flog aber so tief, daß seine Avenger durch die Explosionen der Bomben hochgeschleudert wurde und etwa 500 Meter vor dem Boot ins Meer stürzte. Chamberlain und seine Besatzung wurden gerettet.
Inzwischen war das durch die Raketen zerstörte U-Boot gesunken. Zwanzig Überlebende trieben im Wasser und wurden von der *Straub* aufgenommen.

## U 998

| | *Stapellauf* | *Indienststellung* |
|---|---|---|
| | 18.8.1943 | 7.10.1943 |
| Typ | VII C/41 | |
| Kommandant | Kapitänleutnant Hans Fiedler (gerettet) | |
| beschädigt am | 16. Juni 1944 | |
| Position | Norwegensee nw Bergen, 61°01'N 03°00'O | |
| durch | Luftangriff/CTL | |
| Tote | keine | |
| Überlebende | 52 | |
| gehoben | 1944/45 teils abgebrochen, nach Kriegsende durch die Norweger endgültig abgewrackt | |

Drei Mosquitos des 333. (norwegischen) Geschwaders der RAF waren auf U-Jagd und sichteten um 19.04 Uhr ein deutsches U-Boot. Die Mosquito „H“ (Lt E.U. Johansen) durchstieß die Wolkendecke und griff es mit Bordwaffen und Wasserbomben an, wonach das Boot Öl verlor und steuerlos zu sein schien, ehe es tauchte und hölzerne Bootsreste (wahrscheinlich Teile des Laufdecks) im Wasser hinterließ. Dann tauchte es mit dem Bug wieder auf, und Johansen griff erneut an, bis das Boot Bug voraus sank; es schien dabei auf der Seite zu liegen.

Johansens Anspruch auf die Versenkung von U 998 wurde anerkannt, aber in Wirklichkeit gelang es Fiedler, mit seinem schwer beschädigten Boot am 17. Juni Bergen zu erreichen, wo es von Sachverständigen begutachtet wurde. Man kam zu dem Schluß, daß sich eine Reparatur nicht mehr lohne, und stellte es am 27. Juni 1944 offiziell außer Dienst. Damit war Johansens Behauptung, U 998 außer Gefecht gesetzt zu haben, doch noch berechtigt.

## U 423

| | *Stapellauf* | *Indienststellung* |
|---|---|---|
| | 7.11.1942 | 3.3.1943 |

| | |
|---|---|
| Typ | VII C |
| Kommandant | Oberleutnant zur See Klaus Hackländer (gefallen) |
| versenkt am | 17. Juni 1944 |
| Position | Nordsee no Färöers, 63°06'N 02°05'O |
| durch | Luftangriff |
| Tote | 53 |
| Überlebende | keine |
| gehoben | nein |

Die Catalina „D“ (Lt C.F. Krafft) des 333. (norwegischen) Geschwaders der RAF sichtete um 16.03 Uhr ein aufgetaucht laufendes U-Boot und griff es mit sechs gut gezielten Wasserbomben an. U 423 sank innerhalb sechs Minuten, und Bootstrümmer und etwa 40 Überlebende trieben auf dem Wasser.

## U 123

| | *Stapellauf* | *Indienststellung* |
|---|---|---|
| | 2.3.1940 | 30.5.1940 |

| | |
|---|---|
| Typ | IX B |
| Kommandant | Kapitänleutnant Horst von Schroeter (gerettet) |
| Außerdienstst. | 17. Juni 1944 |
| Position | Lorient |
| spätere | Selbstversenkung |
| Tote | keine |
| Überlebende | – |
| gehoben | ja (siehe unten) |

Obwohl ein relativ noch junges Boot, wurde U 123 am 17. Juni 1944 außer Dienst gestellt, weil notwendige Ersatzteile für die Batterie vor Ort nicht zu beschaffen waren. Da für die küstennahen Einsätze im Ärmelkanal die großen Versorgungsboote des Typs IX nicht brauchbar waren, beschloß man, das Boot außer Dienst zu stellen und die Besatzung auf andere Boote zu verteilen. Bei der Räumung von Lorient im August 1944 wurde U 123 von den Deutschen selbst versenkt. Die Besatzung und andere Besatzungen der am Golf von Biscaya außer Dienst gestellten U-Boote wurden nach Deutschland zurückgeführt.

U 123 wurde nach der Besetzung von Lorient von den Franzosen inspiziert und von der Marine Nationale unter dem Namen *Blaison* wieder in Dienst gestellt. Erst 1959 wurde das Boot außer Dienst gestellt und an Abwracker verkauft.

## U 441

| | *Stapellauf* | *Indienststellung* |
|---|---|---|
| | 13.12.1941 | 21.2.1942 |

| | |
|---|---|
| Typ | VII C (am 16. April 1943 zu U Flak 1 umgerüstet) |
| Kommandant | Kapitänleutnant Klaus Hartmann (gefallen) |
| versenkt am | 18. Juni 1944 |
| Position | Golf von Biscaya nw Brest |
| durch | ? |
| Tote | 58 |
| Überlebende | keine |
| gehoben | nein |

Man nahm an, U 441 sei von der Wellington „A“ (Fl Lt L. Antoniewicz) des 304. (polnischen) Geschwaders der RAF versenkt worden, doch vermutlich wurde durch deren Angriff U 1191 versenkt. Wie und wo genau U 441 verlorengegangen ist, wissen wir nicht.

## U 767

| | *Stapellauf* | *Indienststellung* |
|---|---|---|
| | 10.7.1943 | 11.9.1943 |

| | |
|---|---|
| Typ | VII C |
| Kommandant | Oberleutnant zur See d.R. Walter Dankleff (gefallen) |

| | |
|---|---|
| versenkt am | 18. Juni 1944 |
| Position | Ärmelkanal sw Guernsey, 49°03'N 03°13'W |
| durch | Hedgehog/Wasserbomben |
| Tote | 48 |
| Überlebende | 1 |
| gehoben | nein |

Die 14. Geleitsicherungsgruppe mit dem Flaggschiff *Fame* und den Eskortern *Hotspur*, *Inconstant*, *Icarus* und *Havelock* ortete um 10.05 Uhr per Funkpeilung ein deutsches U-Boot. Zwar war das Signal schwach, aber die geortete Position zwischen Lannio und St. Malo stimmte mit dem Kurs eines der Küste folgenden U-Boots überein, und so lief die Gruppe mit äußerster Kraft in dieses Seegebiet. Um 16.20 Uhr erfaßte das ASDIC der *Fame* das Boot, das mit Hedgehog-Wasserbomben angegriffen wurde. Nach 4,5 Sekunden waren drei Unterwasserexplosionen zu hören, worauf Öl aufschwamm. Dann belegte die *Fame* die Stelle mit Wasserbomben, und die *Havelock* folgte ihrem Beispiel. Die *Inconstant* wollte eben zu einem Hedgehog-Angriff ansetzen, als ein Mann im Drägerapparat in einer Luftblase an die Oberfläche geschleudert und von der *Fame* sofort aufgenommen wurde. Nun begannen deutsche Küstenbatterien, genau zielend, die Schiffe zu beschießen. Die *Hotspur* nebelte die Schiffe ein, die abliefen, nachdem sie zur Sicherung der Versenkung weitere Wasserbomben geworfen hatten.
Der einzige Überlebende, der das Boot als U 767 identifizierte, sagte aus, der Bug des Bootes sei durch die Hedgehog-Angriffe zerstört worden; seine Gefechtsstation sei im Heck gewesen und er sei ganz einfach durch eine Luftblase über Wasser geschleudert worden. Cdr Currie, der Kommandant der *Fame*, meinte dazu: „Für ihn war es sicher ein Glücksfall, gerade zwischen zwei Angriffen aus einer Tiefe von fast 80 Meter aus dem Boot entkommen zu sein."

# U 988

| | *Stapellauf* | *Indienststellung* |
|---|---|---|
| | 3.6.1943 | 15.7.1943 |
| Typ | VII C | |
| Kommandant | Oberleutnant zur See Erich Dobberstein (gefallen) | |
| versenkt im | Juni 1944 | |
| Position | w Guernsey | |
| durch | ? | |
| Tote | 50 | |
| Überlebende | keine | |
| gehoben | nein | |

Früher nahm man an, U 988 sei durch die Liberator „L" des 224. RAF-Geschwaders und die britischen Schiffe *Essington*, *Domett*, *Duckworth* und *Cooke* versenkt worden, doch nach neueren Forschungen könnte das Boot auch am 18. Juni von der Wellington „A" des 304. (polnischen) Geschwaders der RAF versenkt worden sein. Die genaueren Umstände sind allerdings nicht bekannt.

# U 971

| | *Stapellauf* | *Indienststellung* |
|---|---|---|
| | 22.2.1943 | 1.4.1943 |
| Typ | VII C | |
| Kommandant | Oberleutnant zur See Walter Zeplien (gerettet) | |
| versenkt am | 24. Juni 1944 | |
| Position | Ärmelkanal nw Ushant, 49°01'N 05°35'W | |
| durch | Wasserbomben | |
| Tote | 1 | |
| Überlebende | 52 | |
| gehoben | nein | |

U 971 war am 8. Juni von Norwegen zur ersten Feindfahrt ausgelaufen. Bis das Boot sein Operationsgebiet, den Ärmelkanal, erreicht hatte, war es wiederholt von Flugzeugen angegriffen worden mit der Folge, daß das Flakgeschütz beschädigt wurde und nur zwei der sechs Torpedorohre einsatzbereit waren. Zeplien hatte vor, nach Brest zu laufen, um sein Boot dort reparieren zu lassen. Am Nachmittag des 24. Juni wurde U 971 von der Liberator „O" des 311. (tschechischen) Geschwaders der RAF angegriffen, die den kanadischen Zerstörer *Haida* und den britischen Zerstörer *Eskimo* anforderte. Beide Schiffe griffen mit Wasserbomben an, und um 18.25 Uhr beschloß Zeplien, aufzutauchen und das Boot durch Selbstsprengung zu versenken. Die Batterie war leer, die Torpedorohre waren beschädigt, und die Luft im Boot war unerträglich geworden. Knietief in der Zentrale im eindringenden Wasser stehend und die letzten Biervorräte trinkend, erklärte er der Besatzung seinen Plan. Dann wurden mit der verbliebenen Preßluft die Tauchzellen angeblasen, und U 971 schoß direkt vor den beiden Zerstörern zur Oberfläche. In einem Kugelhagel ging die Besatzung vom sinkenden Boot.

## U 1225

| | *Stapellauf* | *Indienststellung* |
|---|---|---|
| | 21.7.1943 | 10.11.1943 |

| | |
|---|---|
| Typ | IX C/40 |
| Kommandant | Oberleutnant zur See Ernst Sauerberg (gefallen) |
| versenkt am | 24. Juni 1944 |
| Position | Norwegensee nw Bergen, 63°00'N 00°50'W |
| durch | Luftangriff |
| Tote | 56 |
| Überlebende | keine |
| gehoben | nein |

Die Canso „P“ des 162. RCAF-Geschwaders war nach zehnstündiger Patrouille auf dem Rückflug nach Wick, als der Pilot, Flt Lt D. Hornell, ein an der Wasseroberfläche liegendes U-Boot sichtete. Er griff trotz starkem Flakfeuer an, wobei sein linker Motor getroffen wurde, so daß er Mühe hatte, das Flugzeug in der Luft zu halten. Trotzdem konnte er das plötzlich den Kurs ändernde Boot mit vier wohlgezielten Wasserbomben eindecken.

Inzwischen war der linke Motor gänzlich herausgebrochen, und die Tragfläche brannte, so daß Hornell notwassern und das Flugzeug aufgeben mußte. Die achtköpfige Besatzung mußte 21 Stunden im Schlauchboot verbringen, wobei abwechselnd jeweils vier Mann im Boot saßen, während die anderen vier im Wasser schwammen und sich am Boot festhielten. Später krochen alle ins Boot und saßen eng beieinander, um sich gegenseitig warm zu halten. Am 25. Juni sichtete eine Catalina des 333. (norwegischen) Geschwaders der RAF die acht Flieger und einige Kilometer entfernt auch etwa 35 bis 40 Überlebende des U-Boots, die aber im weiteren Verlauf des Tages alle im eiskalten Wasser ertranken. Ebenfalls noch am 25. Juni warf um 11.00 Uhr eine Wellington ein Rettungsfloß ab, aber die acht Männer im Schlauchboot waren zu erschöpft und unterkühlt, um hinzuschwimmen. Geborgen wurden sie um 15.00 Uhr von einem Wasserflugzeug der Luft-See-Rettungsgruppe. Zwei der acht Männer waren im Schlauchboot gestorben, und Hornell starb kurz nach der Bergung.

Für seinen mutigen Angriff trotz beschädigter Maschine und für sein vorbildliches Verhalten im Schlauchboot wurde Hornell postum das Victoriakreuz verliehen. Die Überlebenden der Flugzeugbesatzung wurden mit einem DSO, zwei DFC und zwei DFM ausgezeichnet.

## U 269

| | *Stapellauf* | *Indienststellung* |
|---|---|---|
| | 24.6.1942 | 19.8.1942 |

| | |
|---|---|
| Typ | VII C |
| Kommandant | Oberleutnant zur See Georg Uhl (gefallen) |
| versenkt am | 25. Juni 1944 |
| Position | Ärmelkanal so Start Point, 50°01'N 02°59'W |
| durch | Wasserbomben |
| Tote | 16 |
| Überlebende | 4 Offiziere, 9 Unteroffiziere, 26 Mannschaften |
| gehoben | nein |

Am frühen Morgen des 25. Juni nahm die britische Fregatte *Bickerton* (Lt-Cdr E.M. Thorpe) der 5. Geleitsicherungsgruppe Fühlung mit U 269 auf und zwang das Boot durch Wasserbombenangriffe zum Auftauchen, worauf die überlebende Besatzung von Bord ging.

## U 1191

| | *Stapellauf* | *Indienststellung* |
|---|---|---|
| | 6.7.1943 | 9.9.1943 |

| | |
|---|---|
| Typ | VII C |
| Kommandant | Oberleutnant zur See Peter Grau (gefallen) |
| versenkt am | 25. Juni 1944 |
| Position | Ärmelkanal so Torquay, 50°13'N 03°38'W |
| durch | Wasserbomben |
| Tote | 50 |
| Überlebende | keine |
| gehoben | nein |

Nach der Versenkung von U 269 setzte die 5. Geleitsicherungsgruppe die U-Jagd fort, doch um 15.14 Uhr wurde die *Goodson* von einem „Zaunkönig“ von U 984 getroffen. Während die Gruppe das beschädigte Schiff zurückbegleitete, übernahm die 1. Sicherungsgruppe die U-Jagd, und um 21.29 Uhr erfaßte das ASDIC der *Balfour* ein Boot, aber nicht das gesuchte U 984, sondern U 1191. Die *Affleck* fuhr einen Hedgehog-Angriff auf das in 50 Meter Tiefe laufende Boot, wobei die Bomben neun Sekunden nach dem Abwurf explodierten. Als die *Affleck* zu einem zweiten Angriff anlief, fand sie sich in einem immer größer werdenden Ölteppich wieder. Man zweifelte, ob die 1. EG nicht doch vielleicht nur das Wrack von U 269 angegriffen hatte, aber dieses wurde fünf Kilometer entfernt geortet. Die *Balfour* und die *Affleck* warfen noch weitere Wasserbomben, um „ihr“ Boot völlig zu vernichten.

## U 317

| | *Stapellauf* | *Indienststellung* |
|---|---|---|
| | 1.9.1943 | 23.10.1943 |
| Typ | VII C | |
| Kommandant | Oberleutnant zur See d.R. Peter Rahlf (gefallen) | |
| versenkt am | 26. Juni 1944 | |
| Position | Norwegensee no Shetlands, 62°03'N 01°45'O | |
| durch | Luftangriff | |
| Tote | 50 | |
| Überlebende | keine | |
| gehoben | nein | |

Die Consolidated Liberator „N" (Flt Lt G.W.T. Parker) des 86. RAF-Geschwaders flog am 26. Juni zwei Angriffe auf ein an der Oberfläche laufendes U-Boot. Beim zweiten Angriff warf Parker drei Wasserbomben, die alle entlang der Steuerbordseite des Bootes explodierten. Dieses bekam Schlagseite nach Backbord und begann zu sinken, während im sich ausbreitenden Ölteppich zahlreiche Leichen aufschwammen.

## U 719

| | *Stapellauf* | *Indienststellung* |
|---|---|---|
| | 28.4.1943 | 27.7.1943 |
| Typ | VII C | |
| Kommandant | Kapitänleutnant Klaus-Dietrich Steffens (gefallen) | |
| versenkt am | 26. Juni 1944 | |
| Position | Atlantik nw Bloody Foreland, 55°33'N 11°02'W | |
| durch | Wasserbomben | |
| Tote | 52 | |
| Überlebende | keine | |
| gehoben | nein | |

Am Morgen des 26. Juni wurde ein deutsches U-Boot 80 Kilometer nordwestlich der Blacksod Bay gemeldet. Nachdem die kanadische *St Thomas* es durch Funkpeilung geortet hatte, wurden die britischen Schiffe *Bulldog* und *Awe* zur U-Jagd beordert. Nach zweieinhalb Stunden erfaßte das ASDIC der *Bulldog* das Boot. Es folgten drei Hedgehog-Angriffe, aber das U-Boot wich ihnen durch häufigen Kurs- und Tauchtiefenwechsel geschickt aus. Doch auf den dritten Angriff folgten drei Unterwasserdetonationen, nach denen der ASDIC-Kontakt abbrach. Daraus schloß man, daß das U-Boot in über 600 Meter Tiefe gesunken war. Die Schiffe kreuzten über der Stelle, und um 14.15 Uhr schwamm Öl auf, zunächst nur ein kleiner Fleck, doch bis um 18.00 Uhr hatte sich der Ölteppich über fünf Quadratkilometer ausgebreitet und vergrößerte er sich immer noch.

## U 478

| | *Stapellauf* | *Indienststellung* |
|---|---|---|
| | 17.7.1943 | 8.9.1943 |
| Typ | VII C | |
| Kommandant | Oberleutnant zur See Rudolf Rademacher (gefallen) | |
| versenkt am | 30. Juni 1944 | |
| Position | Atlantik no Färöers, 63°27'N 00°50'W | |
| durch | Luftangriff | |
| Tote | 52 | |
| Überlebende | keine | |
| gehoben | nein | |

Zuerst gesichtet und gemeldet wurde U 478 von der Canso „A" des 162. Geschwaders. Der Pilot, Flt Lt R.E. MacBride, wollte angreifen, aber sein Bombenschacht öffnete sich nicht, und so rief er die Liberator „E" (Fg Off N.E.M. Smith) des 86. Geschwaders herbei, die um 21.15 Uhr eintraf und das Boot mit sechs Wasserbomben belegte, die den Bug aus dem Wasser hoben, ehe es über das Heck sank. Einige Überlebende wurden in zwei Schlauchbooten gesichtet.

## U 543

| | *Stapellauf* | *Indienststellung* |
|---|---|---|
| | 3.2.1943 | 21.4.1943 |
| Typ | IX C/40 | |
| Kommandant | Kapitänleutnant Hans-Jürgen Hellriegel (gefallen) | |
| versenkt am | 2. Juli 1944 | |
| Position | Atlantik sw Teneriffa, 25°34'N 21°36'W | |
| durch | Fido-Torpedo | |
| Tote | 58 | |
| Überlebende | keine | |
| gehoben | nein | |

Durch Funkpeilung wurde U 543 auf 26°N 20°W geortet. Am Abend des 2. Juli entdeckte eine Avenger (Ensign Frederick L. Moore) des auf dem Träger *Bogue* stationierten USN-Geschwaders VC-58 das Boot, griff es mit zwei Wasserbomben an und warf, als es tauchte, einen Fido-Torpedo ab. Danach warf er einige Sonarbojen ab, aber bis diese ansprachen, hatte der Torpedo bereits das Boot getroffen und versenkt. Nichts blieb von ihm als ein großer Ölteppich auf dem Wasser.

## U 154

| | *Stapellauf* | *Indienststellung* |
|---|---|---|
| | 21.4.1941 | 2.8.1941 |

Typ IX C
Kommandant Oberleutnant zur See Gerth Gemeiner (gefallen)
versenkt am 3. Juli 1944
Position Atlantik w Madeira, 34°00'N 19°30'W
durch Wasserbomben
Tote 58
Überlebende keine
gehoben nein

Auf dem Marsch nach Kap Hatteras wurde der Funkverkehr von U 154 von den Amerikanern angepeilt und als Position des Bootes das Seegebiet nordwestlich von Madeira errechnet. Die vom Träger *Croatan* geführte Task Group 22.5 ging auf U-Jagd. Am Morgen des 2. Juli erfaßte das Sonar des US-Zerstörers *Inch* das Boot und entkam nur knapp zwei akustischen Torpedos, die U 154 abfeuerte. Zusammen mit dem US-Zerstörer *Frost* durchkämmte die *Inch* am 3. Juli systematisch das Seegebiet und fuhr mehrere Wasserbombenangriffe. Nach dem vierten Angriff war eine starke Unterwasserdetonation in einiger Entfernung von den Wasserbombendetonationen zu hören, worauf Öl und Bootstrümmer aufschwammen, aber auch zerfetzte Leichen und Reste von Marineuniformen.

## U 233

| | *Stapellauf* | *Indienststellung* |
|---|---|---|
| | 8.5.1943 | 22.9.1943 |

Typ X B
Kommandant Kapitänleutnant Hans Steen (gefallen)
versenkt am 5. Juli 1944
Position Nordatlantik o Halifax, 42°16'N 59°49'W
durch Rammung/Wasserbomben/Artillerie
Tote 31
Überlebende 3 Offiziere, 4 Unteroffiziere, 22 Mannschaften
gehoben nein

Auf dem Marsch zu einer Minenoperation vor Halifax wurde U 233 von einem Flugzeug des auf dem US-Träger *Card* stationierten USN-Geschwaders VC-12 ausgemacht und dann von dem Zerstörer *Baker* mit Wasserbomben angegriffen. Durch den Angriff wurde die mit ihren täglichen Torpedo-Wartungsarbeiten beschäftigte U-Bootbesatzung völlig überrascht. Nach einem Leck im Heck begann das Boot zu sinken. Der LI konnte es nicht mehr austrimmen, weshalb Steen den Befehl zum Auftauchen gab. U 233 kam direkt vor dem Zerstörer *Thomas* aus dem Wasser. Dieser und die *Baker* eröffneten sofort das Feuer, und die *Baker* schoß zwei Torpedos ab, die trafen, aber wegen der kurzen Distanz nicht die zum Scharfwerden nötige Strecke gelaufen waren und deshalb nicht explodierten. Daraufhin deckte die *Baker* das Boot mit flach eingestellten Wasserbomben ein, und die *Thomas* rammte U 233 direkt hinter dem Turm, wodurch das Boot in zwei Teile zerrissen wurde. Der Bug hob sich in die Luft, und U 233 sank.
Steen wurde während des Kampfes verwundet, starb am folgenden Tag und wurde mit allen militärischen Ehren bestattet.

## U 390

| | *Stapellauf* | *Indienststellung* |
|---|---|---|
| | 23.1.1943 | 13.3.1943 |

Typ VII C
Kommandant Oberleutnant zur See d.R. Heinz Geißler (gefallen)
versenkt am 5. Juli 1944
Position Ärmelkanal, Seinebucht, 49°52'N 00°48'W
durch Hedgehog-Wasserbomben
Tote 48
Überlebende 1
gehoben nein

Der britische Zerstörer *Wanderer* und die britische Fregatte *Tavy* sicherten einen nach Norden laufenden Geleitzug. Vor der Pointe de Barfleur machten sie ein deutsches U-Boot aus, das von der Fregatte mit Hedgehog-Wasserbomben angegriffen wurde. Bereits durch diesen ersten Angriff wurde das Boot wahrscheinlich versenkt, denn ein Unteroffizier im Tauchretter kam zwischen diesem und dem zweiten Angriff an die Oberfläche. Dennoch wurden fünf weitere Hedgehog-Angriffe gefahren, um die vollständige Vernichtung sicherzustellen. Insgesamt wurden dreißig Wasserbomben auf das U-Boot geworfen.

## U 586

| | *Stapellauf* | *Indienststellung* |
|---|---|---|
| | 10.7.1941 | 4.9.1941 |

Typ VII C
Kommandant Oberleutnant zur See d.R. Hans Götze (gerettet)

| | |
|---|---|
| versenkt am | 5. Juli 1944 |
| Position | Mittelmeer,<br>Toulon |
| durch | Luftangriff |
| Tote | ? |
| Überlebende | ? |
| gehoben | ja, und an Ort und Stelle abgewrackt |

Im Hafen von Toulon während eines Tagangriffs der USAAF versenkt.

## U 642

| | *Stapellauf* | *Indienststellung* |
|---|---|---|
| | 6.8.1942 | 1.10.1942 |

| | |
|---|---|
| Typ | VII C |
| Kommandant | Kapitänleutnant<br>Herbert Brünning<br>(gerettet) |
| versenkt am | 5. Juli 1944 |
| Position | Mittelmeer, Toulon |
| durch | Luftangriff/CTL |
| Tote | ? |
| Überlebende | ? |
| gehoben | ja, und an Ort und Stelle abgewrackt |

Im Hafen von Toulon während eines Tagangriffs der USAAF versenkt, nach Begutachtung zum Totalverlust erklärt und am 12. Juli 1944 außer Dienst gestellt.

## U 678

| | *Stapellauf* | *Indienststellung* |
|---|---|---|
| | 18.9.1943 | 25.10.1943 |

| | |
|---|---|
| Typ | VII C |
| Kommandant | Kapitänleutnant<br>Guido Hyronimus<br>(gefallen) |
| versenkt am | 6. Juli 1944 |
| Position | Ärmelkanal<br>vor Beachy Head,<br>50°32'N 00°23'W |
| durch | Wasserbomben |
| Tote | 52 |
| Überlebende | keine |
| gehoben | nein |

Die Versenkung von U 678 macht deutlich, wie schwierig es für die alliierten ASW-Einheiten war, in den flachen, mit Wracks übersäten Gewässern des Ärmelkanals deutsche U-Boote auszumachen. Am Abend des 5. Juli ging die 11. Geleitsicherungsgruppe zahlreichen Kontakten nach, die sich jedoch allesamt als Wracks erwiesen. Dann meldete die britische Korvette *Statice* Kontakt mit einem unter Wasser laufenden U-Boot. Die *Ottawa* und die *Kootenay* wurden an die Stelle beordert und erfaßten am 6. Juli um 09.40 Uhr ein Boot, das in rund 70 Meter Tiefe auf Grund lag, aber dann mit einer Fahrt von 2 Knoten ostwärts lief, gleich schnell wie der Gezeitenstrom. Auf den um 10.17 Uhr gefahrenen Hedgehog-Angriff der *Ottawa* folgte eine Unterwasserdetonation. Dann änderte das Ziel den Kurs und lief quer zum Gezeitenstrom. Nach einem Wasserbombenangriff der *Kootenay* griff um 11.23 Uhr die *Statice* mit Hedgehog-Wasserbomben an und erzielte einen Treffer, worauf Öl und Bootstrümmer aufschwammen. Das Boot war offensichtlich auf Grund gegangen, doch war das wegen der Gezeitengeräusche nicht mit Sicherheit festzustellen. Nach Ausschaltung dieser Störgeräusche war jedoch klar, daß das Boot vernichtet war. Um 11.59 brachte ein Wasserbombenangriff der *Kootenay* weitere Wrackteile an die Oberfläche, darunter deutsche Bücher (auch Romane) und einen Leichenfetzen, der wie eine menschliche Lunge aussah.

Dennoch genügte das nicht, um eine Versenkung schlüssig zu beweisen, und so gingen die Schiffe an die grausige Aufgabe, das Boot stärker aufzubrechen, um mehr Beweismittel an die Oberfläche zu bringen. Dementsprechend warfen sie am Rest des Tages und in der Nacht vom 6. auf den 7. Juli weitere Wasserbomben und setzten Sprengschleppgerät ein, das der Kommandant der *Ottawa*, Capt J.D. Prentice, entwickelt hatte und das aus einer an einer langen Leine geschleppten Wasserbombe mit einem Greifhaken bestand. Wenn der Haken griff, wurde die Bombe gezündet. Um 06.49 Uhr am 7. Juli warfen die beiden Schiffe weitere Wasserbomben, worauf noch mehr Öl und eine deutsche Spindtür aufschwammen. Obgleich diese Beweise nicht schlüssiger waren als die des Vortags, gab Prentice auf und kehrte nach Portsmouth zurück. Im folgenden Bericht lobte der Commodore (D) der Western Approaches Prentice wegen seiner Beharrlichkeit, schränkte jedoch ein, daß die Bombardierungen nach 12.00 Uhr am 6. Juli unnötig gewesen wären: „Es ist undenkbar, daß ein U-Boot zwei Hedgehog-Treffer und die Explosion einer am Bootskörper explodierenden 300-lb-Minol-Wasserbombe überstehen kann... Warum man ein totales Wrack pulverisieren sollte, ist nicht einzusehen.“

## U 243

| | *Stapellauf* | *Indienststellung* |
|---|---|---|
| | 2.9.1943 | 2.10.1943 |

Typ VII C
Kommandant Kapitänleutnant Hans Märtens (gefallen)
versenkt am 8. Juli 1944
Position Golf von Biscaya w Nantes, 47°06'N 06°40'W
durch Luftangriff
Tote 12
Überlebende 2 Offiziere, 2 Unteroffiziere, 34 Mannschaften
gehoben nein

Die Sunderland „H" (Fg Off W.B. Tilley) des 10. RAAF-Geschwaders sichtete um 14.35 Uhr ein in zehn Kilometer Entfernung an der Wasseroberfläche laufendes U-Boot. Als das Flugzeug auf drei Kilometer herangekommen war, eröffnete die Flak das Feuer, aber der Bugschütze der Sunderland, Flt Sgt L.E. Cooke, konnte durch gezielten Beschuß die Flakbemannung ausschalten. Tilley warf sechs Wasserbomben, die dicht am Heck des Bootes explodierten. Daraufhin stoppte das Boot und hatte Schlagseite nach Backbord. Kurz nach 15.00 Uhr ließ die Bootsbesatzung Schlauchboote ins Wasser und ging von Bord; beschleunigt wurde die Aufgabe des Bootes durch Angriffe einer anderen Sunderland des 10. Geschwaders und einer B-24 des USN-Geschwaders VP-105. U 243 sank über das Heck, wobei sich der Bug fast senkrecht aus dem Wasser hob. Tilley warf für die Überlebenden ein Schlauchboot und Notrationen ab und ging dann auf Heimatkurs.

Die Überlebenden von U 243, unter ihnen auch Märtens, der später seinen Kopfverletzungen erlag, wurden vom kanadischen Zerstörer *Restigouche* aufgenommen.

## U 1222

| | *Stapellauf* | *Indienststellung* |
|---|---|---|
| | 9.6.1943 | 1.9.1943 |

Typ IX C/40
Kommandant Kapitänleutnant Heinz Bielfeld (gefallen)
versenkt am 11. Juli 1944
Position Golf von Biscaya w La Rochelle
durch Luftangriff
Tote 56
Überlebende keine
gehoben nein

Pilot der Sunderland „P" des 201. RAF-Geschwaders war Flt Lt B.F. Waters, ein sehr erfahrener Offizier, doch seine Besatzung war diesmal jung und unerfahren. Auf Patrouille zwischen 45°N und 47°N, an auch der weitere Flugzeuge der 19. Gruppe beteiligt waren, sichtete Sgt J.B. Beck den verräterischen Kopf eines Schnorchels, und Sekunden später sprach das Radar an.

Beim Anflug der Sunderland tauchte das U-Boot, gewarnt entweder durch Sichten des Flugzeugs oder den Radar-Warnempfänger auf der Schnorchelspitze. Es ging in so steilem Winkel in die Tiefe, daß sich das Heck aus dem Wasser hob. In diesem Augenblick warf die Sunderland fünf Wasserbomben (die sechste verklemmte sich im Bombenschacht), die dicht am Bootsheck explodierten. Nachdem sich die Wasserfontänen gelegt hatten, schwammen zahlreiche Bootstrümmer auf.

## U 415

| | *Stapellauf* | *Indienststellung* |
|---|---|---|
| | 9.5.1942 | 5.8.1942 |

Typ VII C
Kommandant Oberleutnant zur See Herbert A. Werner (gerettet)
versenkt am 14. Juli 1944
Position Golf von Biscaya vor Brest, 48°22'N 04°29'W
durch Mine
Tote 2
Überlebende 47
gehoben nein

U 415 war eines der letzten Frontboote, die von einem Biscayahafen aus operierten. Am Morgen des 14. Juli lief das Boot zu Motorentests aus Brest aus. Kommandant war der Ingenieuroffizier der Flottille, da der eigentliche Kommandant das Auslaufen verschlafen hatte. Nachdem U 415 den U-Bootbunker verlassen hatte, lief es über eine von den Briten gelegte akustische Mine, die durch das Motorengeräusch der Diesel gezündet wurde. Obgleich der Rettungsdienst sofort zur Stelle war, erlitten zahlreiche U-Bootmänner durch den Explosionsdruck vielfache Knochenbrüche.

Werner wurde später Kommandant von U 953 und überlebte den Krieg. Danach schrieb er den Bestseller *„Eiserne Särge"*.

## U 319

| | *Stapellauf* | *Indienststellung* |
|---|---|---|
| | 16.10.1943 | 4.12.1943 |

Typ VII C/41
Kommandant Oberleutnant zur See d.R. Johannes Clemens (gefallen)
versenkt am 15. Juli 1944
Position Norwegensee wsw Lindesnes, 57°40'N 05°00'O
durch Luftangriff
Tote 51
Überlebende keine
gehoben nein

Wahrscheinlich von der Liberator „E“ (Fg Off D.W. Thynne) des 206. RAF-Geschwaders versenkt. Das Flugzeug kehrte nicht von diesem Einsatz zurück und wurde vermutlich von der U-Bootflak abgeschossen. Als die Liberator „B“, ebenfalls vom 206. Geschwader, die gemeldete Position noch am selben Tag überflog, wurde ein großer Ölfleck gesichtet. Am 16. Juli wurde vom britischen Luft-See-Rettungsdienst die Leiche eines Besatzungsmitglieds der Liberator „E“ geborgen.

## U 361

| | *Stapellauf* | *Indienststellung* |
|---|---|---|
| | 9.9.1942 | 18.12.1942 |

Typ VII C
Kommandant Kapitänleutnant Hans Seidel (gefallen)
versenkt am 17. Juli 1944
Position Norwegensee w Narvik, 68°36'N 08°33'O
durch Luftangriff
Tote 52
Überlebende keine
gehoben nein

Um 21.48 Uhr überraschte die Liberator „U“ (P Off M.G. Moseley) des 86. RAF-Geschwaders das aufgetaucht laufende Boot mit sechs Wasserbomben, die dicht am Bootskörper explodierten. Nachdem U 361 gesunken war, trieben sechs Überlebende zwischen Wrackteilen im ölbedeckten Wasser.

## U 347

| | *Stapellauf* | *Indienststellung* |
|---|---|---|
| | 21.5.1943 | 7.7.1943 |

Typ VII C
Kommandant Oberleutnant zur See d.R. Johann de Buhr (gefallen)
versenkt am 17. Juli 1944
Position Nordmeer w Narvik, 68°35'N 06°00'O
durch Luftangriff
Tote 49
Überlebende keine
gehoben nein

Acht Minuten nach der Versenkung von U 361 und nur wenige Kilometer weiter nördlich sichtete die Catalina „Y“ (Fg Off J.A. Cruickshank) des 210. RAF-Geschwaders U 347. Da sich beim ersten Angriff die Wasserbomben im Schacht verklemmten, flog Cruickshank trotz heftigem Flakfeuer (dem der Navigator und vier weitere Besatzungsmitglieder zum Opfer fielen) einen zweiten Angriff, bei dem er selbst schwer verwundet wurde, und versenkte das Boot. Der Kopilot, Flt Sgt J. Garnett, übernahm den Steuerknüppel und brachte das Flugzeug nach Sullom Voe auf den Shetlands zurück.

Cruickshank lehnte indessen ab, die Schmerzen, die er durch seine Verwundungen aushalten mußte, durch Morphium zu lindern, und bestand darauf, ins Cockpit zurückgebracht zu werden, wo er und Garnett das schwer beschädigte Flugzeug sicher landeten, indem sie auf dem Sandstrand aufsetzten. Cruickshank hatte so viel Blut verloren, daß er noch im Flugzeug eine Not-Transfusion erhielt, bevor man ihn ins Lazarett brachte.

Für seinen mutigen Angriff und seine tapfere Verweigerung von Betäubungsmitteln, die ihn an einer Landung des Flugzeugs gehindert hätten, wurde Cruickshank mit dem Victoriakreuz ausgezeichnet, dem vierten VC, das einem Piloten des Coastal Command verliehen wurde.

## U 672

| | *Stapellauf* | *Indienststellung* |
|---|---|---|
| | 27.2.1943 | 6.4.1943 |

Typ VII C
Kommandant Oberleutnant zur See Ulf Lawaetz (gerettet)
versenkt am 18. Juli 1944
Position Ärmelkanal n Guernsey, 50°03'N 02°30'W
durch Wasserbomben
Tote keine
Überlebende 4 Offiziere, 4 Unteroffiziere, 38 Mannschaften
gehoben nein

U 672 war am 6. Juli von St. Nazaire ausgelaufen und brauchte fast zwölf Tage, um durch die aggressive U-Bootabwehr bis vor Start Point zu kommen, wo das Boot erst am 18. Juli eintraf. Dort wurde es durch Wasserbomben der britischen Fregatte *Balfour* zwar schwer beschädigt, aber nicht versenkt. Die Schäden erwiesen sich aber letztendlich als so schwer, daß Lawaetz beschloß, in der Nacht vom 18. auf den 19. Juni das Boot zu räumen und in die Schlauchboote zu gehen, in denen die Bootsbesatzung tags darauf entdeckt wurde. Lawaetz wurde als „Versenkungsbeweis" von einem Walrus-Wasserflugzeug der Fleet Air Arm aufgenommen, der Rest der Besatzung wurde von der Luft-See-Rettung geborgen.

## U 742

| | *Stapellauf* | *Indienststellung* |
|---|---|---|
| | 4.2.1943 | 1.5.1943 |
| Typ | VII C | |
| Kommandant | Kapitänleutnant Heinz Schwassmann (gefallen) | |
| versenkt am | 18. Juli 1944 | |
| Position | Norwegensee w Narvik, 68°24'N 09°51'O | |
| durch | Luftangriff | |
| Tote | 52 | |
| Überlebende | keine | |
| gehoben | nein | |

Die Catalina „Z" (Fg Off R.W. Vaughan) des 210. RAF-Geschwaders sichtete das aufgetaucht laufende U-Boot und geriet sofort unter Flakbeschuß, der den rechten Motor schwer beschädigte. Dennoch griff Vaughan mit Wasserbomben an, worauf das Boot sank. Etwa vierzig Überlebende schwammen im ölbedeckten Wasser. Vaughan mußte zum Stützpunkt zurückfliegen, da der rechte Motor Öl verlor und abgeschaltet werden mußte, während aus der linken Tragfläche Treibstoff auslief. Mit nur einem Motor flog er mindestens 800 Kilometer weit bis zu seiner Basis auf Kap Heinkel.

## U 212

| | *Stapellauf* | *Indienststellung* |
|---|---|---|
| | 11.3.1942 | 25.4.1942 |
| Typ | VII C | |
| Kommandant | Kapitänleutnant Helmut Vogler (gefallen) | |
| versenkt am | 21. Juli 1944 | |
| Position | Ärmelkanal s Brighton, 50°27'N 00°44'O | |
| durch | Wasserbomben | |
| Tote | 50 | |
| Überlebende | keine | |
| gehoben | nein | |

Versenkt durch Wasserbomben der britischen Zerstörer *Curzon* und *Ekins*. Die Versenkung wurde als „nicht sicher" registriert, aber nach Kriegsende stellte sich heraus, daß U 212 tatsächlich durch diesen Angriff versenkt wurde.

## U 239

| | *Stapellauf* | *Indienststellung* |
|---|---|---|
| | 28.1.1943 | 13.3.1943 |
| Typ | VII C | |
| Kommandant | Oberleutnant zur See Ulrich Vöge (gerettet) | |
| zerstört am | 24. Juli 1944 | |
| Position | Ostsee, Kiel | |
| durch | Luftangriff | |
| Tote | 1 | |
| Überlebende | ? | |
| gehoben | nein | |

U 239 wurde nie als Frontboot, sondern vom Tag der Indienststellung an nur als Schulboot eingesetzt. Bei einem Luftangriff der RAF auf den Kieler Hafen wurde das Boot am 24. Juli 1944 völlig zerstört und im August 1944 abgewrackt.

## U 1164

| | *Stapellauf* | *Indienststellung* |
|---|---|---|
| | 3.7.1943 | 27.10.1943 |
| Typ | VII C/41 | |
| Kommandant | Kapitänleutnant Hans Wengel (gerettet) | |
| versenkt am | 24. Juli 1944 | |
| Position | Ostsee, Kiel | |
| durch | Luftangriff | |
| Tote | ? | |
| Überlebende | ? | |
| gehoben | nein | |

Bei einem Luftangriff der RAF auf den Kieler Hafen versenkt.

## U 214

| | *Stapellauf* | *Indienststellung* |
|---|---|---|
| | 18.9.1941 | 1.11.1941 |
| Typ | VII D | |
| Kommandant | Oberleutnant zur See Gerhard Conrad (gefallen) | |
| versenkt am | 26. Juli 1944 | |
| Position | Ärmelkanal vor Start Point, 49°55'N 03°31'W | |
| durch | Wasserbomben | |
| Tote | 48 | |

| | |
|---|---|
| Überlebende | keine |
| gehoben | nein |

U 214 wurde während eines Minenlegeeinsatzes vor Start Point von der britischen Fregatte *Cooke* (Lt-Cdr L.C. Hill) ausgemacht und durch Wasserbomben versenkt.

## U 2323

| | *Stapellauf* | *Indienststellung* |
|---|---|---|
| | 31.5.1944 | 18.7.1944 |
| Typ | XXIII | |
| Kommandant | Oberleutnant zur See Walter Angermann (gerettet) | |
| versenkt am | 26. Juli 1944 | |
| Position | Ostsee, Kieler Förde vor Möltenort, 54°23'N 10°11'O | |
| durch | Mine | |
| Tote | 2 | |
| Überlebende | 12 | |
| gehoben | nein | |

Das erste Küsten-U-Boot des Typs XXIII, das verlorenging, als es auf eine von alliierten Flugzeugen gelegte Mine lief.

## U 1166

| | *Stapellauf* | *Indienststellung* |
|---|---|---|
| | 28.8.1943 | 8.12.1943 |
| Typ | VII C/41 | |
| Kommandant | Oberleutnant zur See Sarto Ballert (gerettet) | |
| versenkt am | 28. Juli 1944 | |
| Position | Ostsee, Eckernförde | |
| durch | Torpedoexplosion | |
| Tote | ? | |
| Überlebende | ? | |
| gehoben | am 28. August 1944 außer Dienst und später nicht wieder in Dienst gestellt | |

U 1166 beteiligte sich an Versuchen im Torpedoversuchszentrum der Kriegsmarine in Eckernförde und wurde durch eine Torpedoexplosion fast vollständig zerstört. Am 4. Mai 1945 wurde das Wrack in Kiel durch Selbstsprengung versenkt.

## U 872

| | *Stapellauf* | *Indienststellung* |
|---|---|---|
| | 20.10.1943 | 10.2.1944 |
| Typ | IX D2 | |
| Kommandant | Kapitänleutnant Peter-Ottmar Grau (gerettet) | |
| versenkt am | 29. Juli 1944 | |
| Position | Bremen | |
| durch | Luftangriff | |
| Tote | 1 | |
| Überlebende | ? | |
| gehoben | nein | |

Bei einem Luftangriff der USAAF auf Bremen versenkt und am 10. August 1944 außer Dienst gestellt.

## U 890

| | *Stapellauf* | *Indienststellung* |
|---|---|---|
| | 24.4.1944 | - |
| Typ | IX C/40 | |
| Kommandant | unbesetzt | |
| versenkt am | 29. Juli 1944 | |
| Position | Bremen | |
| durch | Luftangriff | |
| Tote | ? | |
| Überlebende | ? | |
| gehoben | ja | |

Bei einem Luftangriff der USAAF auf das Stadtzentrum von Bremen an der Ausrüstungspier versenkt, Weiterbau eingestellt und später abgewrackt.

## U 891

| | *Stapellauf* | *Indienststellung* |
|---|---|---|
| | 4.5.1944 | - |
| Typ | IX C/40 | |
| Kommandant | unbesetzt | |
| zerstört am | 29. Juli 1944 | |
| Position | Bremen | |
| durch | Luftangriff | |
| Tote | ? | |
| Überlebende | ? | |
| gehoben | nein | |

Bei einem Luftangriff der USAAF auf das Stadtzentrum von Bremen getroffen, Weiterbau eingestellt, am 30. März 1945 durch Fliegerbomben im Ausrüstungsbecken versenkt und später abgewrackt.

## U 892

| | *Stapellauf* | *Indienststellung* |
|---|---|---|
| | - | - |
| Typ | IX C/40 | |
| Kommandant | unbesetzt | |
| zerstört am | 29. Juli 1944 | |
| Position | Bremen | |
| durch | Luftangriff | |
| Tote | ? | |
| Überlebende | ? | |
| gehoben | nein | |

Bei einem Luftangriff der USAAF auf das Stadtzentrum von Bremen getroffen, Weiterbau eingestellt und später abgewrackt.

## U 250

| | *Stapellauf* | *Indienststellung* |
|---|---|---|
| | 11.11.1943 | 12.12.1943 |
| Typ | VII C | |
| Kommandant | Kapitänleutnant Werner-Karl Schmidt (gerettet) | |
| versenkt am | 30. Juli 1944 | |
| Position | Ostsee, Finnischer Meerbusen, 60°29'N 28°28'O | |
| durch | Wasserbomben | |
| Tote | 46 | |
| Überlebende | 1 Offizier, 4 Unteroffiziere, 1 Mannschaftsgrad | |
| gehoben | ja | |

U 250 hatte am 30. Juli um 12.40 Uhr das sowjetische Patrouillenboot MO-105 versenkt, was eine U-Jagd auslöste, an der sich neben Schiffen auch sowjetische Flugzeuge beteiligten. Wie die MO-103 (Kapitän 2. Grades A.P. Kolenko) das U-Boot aufspürte, geht aus den sowjetischen Quellen nicht hervor. Sicher ist nur, daß beim zweiten Wasserbombenangriff des Patrouillenboots der Druckkörper von U 250 in Höhe des Maschinenraums aufgerissen wurde und Wasser ins Boot drang, das in den Batterien Chlorgas freisetzte, so daß Schmidt nichts anderes übrigblieb, als aufzutauchen und mit fünf weiteren Überlebenden von Bord zu gehen, während U 250 sank. Die Sowjets kannten die Position des Wracks und schickten Taucher hinab, die alles von Interesse bergen sollten. Da sie nicht ins Wrack gelangen konnten, beschloß man, es zu heben. Man verlegte Bergungsschiffe der Schwarzmeerflotte (unter Kapitän 3. Grades A.V. Razuvayev) in die Ostsee, die das mit 14° Steuerbordschlagseite in 27 Meter Tiefe liegende Boot zu heben versuchten. Die Bergungsaktion wurde dadurch erschwert, daß die Deutschen die Küsten des Finnischen Meerbusens besetzt hielten und mit ihren Küstenbatterien das Feuer eröffneten. Zahlreiche herbeibeorderte Minensucher der Sowjets vernebelten ununterbrochen das Seegebiet, um den Deutschen die Sicht zu nehmen. Die Taucher unter I.P. Fedorchenko legten unter das Wrack zwei starke Stahltrossen, die an zwei 200-Tonnen-Pontons befestigt wurden. Wegen des schlechten Wetters mußte die Zahl der Pontons auf vier erhöht werden; sie konnten U 250 schließlich heben und am 25. September nach Kronstadt einschleppen, wo das Boot gründlich untersucht wurde.

Man gewann viele neue Erkenntnisse. Die Sowjets bargen nicht nur zwei akustische Torpedos vom Typ T5 „Zaunkönig", sondern auch zwei G7E (elektrische Standardtorpedos), die mit FAT- und LUT-Steuermechanismen ausgestattet waren, und obendrein die „Enigma"-Chiffriermaschine und einen vollständigen Satz geheimer und technischer Schriften, die zwar unter dem Wasser gelitten hatten, aber restauriert werden konnten. Was mit dem Wrack weiter geschah, ist nicht bekannt.

## U 333

| | *Stapellauf* | *Indienststellung* |
|---|---|---|
| | 14.6.1941 | 25.8.1941 |
| Typ | VII C | |
| Kommandant | Kapitänleutnant Hans Fiedler (gefallen) | |
| versenkt am | 31. Juli 1944 | |
| Position | Ärmelkanal sw Scilly-Inseln, 49°39'N 07°28'W | |
| durch | Wasserbomben | |
| Tote | 46 | |
| Überlebende | keine | |
| gehoben | nein | |

Durch Wasserbomben der britischen Sloop *Starling* und der Fregatte *Loch Killin* versenkt.

## U 671

| | *Stapellauf* | *Indienststellung* |
|---|---|---|
| | 15.12.1942 | 3.3.1943 |
| Typ | VII C | |
| Kommandant | Oberleutnant zur See Wolfgang Hegewald (gefallen) | |
| versenkt am | 5. August 1944 | |
| Position | Ärmelkanal s Brighton, 50°23'N 00°06'O | |
| durch | Wasserbomben | |
| Tote | 47 | |
| Überlebende | 2 Offiziere, 4 Mannschaften | |
| gehoben | nein | |

U 671 war während eines Einsatzes im Ärmelkanal schwer beschädigt worden und mußte nach

Boulogne zurückkehren. Da die Schäden dort nicht repariert werden konnten, mußte das dafür nötige Personal in einer langsamen und gefährlichen Fahrt über Land aus St. Nazaire geholt werden. Es gelang, das Boot soweit einsatzfähig zu machen, daß es zu einer weiteren Feindfahrt in den Kanal auslaufen konnte.

Dabei wurde U 671 von der britischen Fregatte *Stayner* ausgemacht, die auf deutsche Schnellboote angesetzt war und deshalb die Hedgehog-Werfer nicht geladen hatte. Während dies eiligst nachgeholt wurde, fuhr die Fregatte drei Angriffe mit Wasserbomben. Hegewald konnte durch fortwährenden Kurs- und Tauchtiefenwechsel diesen Angriffen ausweichen, doch dann meldete seine Sonarwache, daß die *Stayner* zum Angriff anlief und rasch näher kam.

Trotz dieser Warnung kam der Hedgehog-Angriff der Fregatte für Hegewald überraschend. Durch diesen und den vorhergegangenen dritten Wasserbombenangriff wurde U 671 schwer beschädigt. Hegewald war im Auftauchen begriffen, als die *Wensleydale*, die sich zusammen mit der *Offa* und der *Rowley* der U-Jagd angeschlossen hatte, drei weitere Wasserbomben- und einen Hedgehog-Angriff fuhr. Die *Wensleydale* barg sechs Überlebende, die im Wasser trieben und das versenkte Boot als U 671 identifizierten. Sie waren aus dem Boot ausgestiegen, nachdem alle Versuche, es zurück an die Oberfläche zu bringen, gescheitert waren.

## U 471

| | *Stapellauf* | *Indienststellung* |
|---|---|---|
| | 6.3.1943 | 5.5.1943 |
| Typ | VII C | |
| Kommandant | Kapitänleutnant Friedrich Kloevekorn (gerettet) | |
| versenkt am | 6. August 1944 | |
| Position | Mittelmeer, vor dem Hafen von Toulon | |
| durch | Luftangriff | |
| Tote | ? | |
| Überlebende | ? | |
| gehoben | ja | |

Während eines Tagangriffs der USAAF auf Toulon wurde U 471 im flachen Küstengewässer versenkt. Das Boot wurde 1945 von den Franzosen gehoben, bei der Marine Nationale unter dem Namen *Mille* in Dienst gestellt und 1963 zum Abwracken verkauft.

## U 736

| | *Stapellauf* | *Indienststellung* |
|---|---|---|
| | 31.10.1942 | 16.1.1943 |
| Typ | VII C | |
| Kommandant | Oberleutnant zur See d.R. Reinhard Reff (gerettet) | |
| versenkt am | 6. August 1944 | |
| Position | Atlantik w St. Nazaire, 47°19'N 04°16'W | |
| durch | Squid | |
| Tote | 28 | |
| Überlebende | 3 Offiziere, 3 Unteroffiziere, 13 Mannschaften | |
| gehoben | nein | |

U 736 war das erste deutsche U-Boot, das durch die neue Squid-Waffe versenkt wurde, einen dreirohrigen Bombenwerfer, der die Bomben recht voraus über den Bug schleuderte.

Die zur 2. Geleitsicherungsgruppe gehörende britische Fregatte *Loch Killin* sichtete im Golf von Biscaya Steuerbord voraus ein Sehrohr und „hörte" anschließend ein auf der gleichen Seite vorbeilaufendes U-Boot. Die Fregatte verlangsamte die Fahrt, wendete mit Hartruderlage nach Steuerbord und erfaßte das Boot in nur 600 Meter Entfernung mit dem ASDIC. Sie griff so schnell an, daß die Tauchtiefe des Ziels nur ungefähr bestimmt werden konnte und 147B-Wasserbomben geworfen wurden, ehe sechs Squid-Bomben abgefeuert wurden. Kurz vor deren Explosion lief dicht an den Backbord-Fendern ein akustischer Torpedo des U-Boots vorbei.

Unmittelbar nach der Explosion der Squid-Bomben tauchte U 736 auf und nahm Kurs auf die Backbordseite der Fregatte, die mit äußerster Kraft zurück ging und dann plötzlich stoppte, so daß das Boot in Höhe des Backbord-A-Spants hängen blieb. Turm und Flak waren völlig zerstört, und die Besatzung schien darauf zu brennen, auf das Achterschiff der Fregatte zu klettern, um sich dort gefangennehmen zu lassen. Dann stellte sich U 736 steiler ins Wasser und sank über das Heck. Für den Fall, daß es explodierte, lief die Fregatte rasch ab, aber es explodierte nicht, und endgültig versenkt wurde U 736 durch 20 Wasserbomben der *Starling*.

Die Überlebenden des Bootes glaubten, von der *Loch Killin* gerammt worden zu sein, denn die Squid-Bomben explodierten so wuchtig, daß vor der Explosion der Wasserbomben das Boot noch Kurs 090 steuerte, sein Bug aber anschließend, als es an die Oberfläche geschleudert wurde, in Richtung 340° wies.

## U 952

| | *Stapellauf* | *Indienststellung* |
|---|---|---|
| | 14.10.1942 | 10.12.1942 |

Typ VII C
Kommandant Kapitänleutnant Oskar Curio (gerettet)
versenkt am 6. August 1944
Position Mittelmeer, Toulon
durch Luftangriff
Tote ?
Überlebende ?
gehoben nein

Während eines Tagangriffs der USAAF auf Toulon von Bomben getroffen und versenkt.

## U 969

| | *Stapellauf* | *Indienststellung* |
|---|---|---|
| | 11.2.1943 | 24.3.1943 |

Typ VII C
Kommandant Oberleutnant zur See d.R. Max Dobbert (gerettet)
versenkt am 6. August 1944
Position Mittelmeer, Toulon
durch Luftangriff
Tote ?
Überlebende ?
gehoben nein

Während eines Tagangriffs der USAAF auf Toulon von Bomben getroffen und versenkt.

## U 608

| | *Stapellauf* | *Indienststellung* |
|---|---|---|
| | 11.12.1941 | 5.2.1942 |

Typ VII C
Kommandant Oberleutnant zur See Wolfgang Reisener (gerettet)
versenkt am 10. August 1944
Position Golf von Biscaya sw St. Nazaire, 46°30'N 03°08'W
durch Luftangriff/Wasserbomben
Tote keine
Überlebende 51
gehoben nein

Die Liberator „C" (Wg Cdr R. „Crasher" Gates) vom 53. RAF-Geschwader sichtete vor einem kilometerlangen Ölteppich ein getauchtes U-Boot, griff es mit sechs Wasserbomben an und beobachtete, wie Luftblasen und weiteres Öl aufschwammen, ehe er um 15.03 Uhr abdrehte, um die in der Nähe operierende 2. Geleitsicherungsgruppe zu verständigen. Als diese an der angegebenen Position eintraf, ließ der Gruppenkommandeur im Glauben, das U-Boot habe sich auf Grund gelegt, nur die Fregatten *Loch Killin* und *Wren* zurück, um mit *Starling*, *Dominica* und *Loch Fada* einem mehr versprechenden Kontakt nachzugehen.
Um 22.00 Uhr erfaßte das Sonar der *Loch Killin* ein Ziel, das mit Wasserbomben belegt wurde. Etwa sechs Stunden später meldete die *Wren* einen Radarkontakt über Wasser, der wieder verschwand. Beim Durchlaufen des Seegebiets entdeckte die *Wren* Reisener und seine ganze Besatzung im Wasser; durch die Liberator beschädigt, war U 608 durch die *Loch Killin* weiter zerstört worden, so daß Reisener nichts übrig blieb, als das Boot aufzugeben und durch Selbstsprengung zu versenken.

## U 385

| | *Stapellauf* | *Indienststellung* |
|---|---|---|
| | 8.7.1942 | 29.8.1942 |

Typ VII C
Kommandant Kapitänleutnant Hans-Guido Valentiner (gerettet)
versenkt am 11. August 1944
Position Golf von Biscaya w La Rochelle, 46°16'N 02°45'W
durch Luftangriff/Wasserbomben
Tote 1
Überlebende 4 Offiziere, 10 Unteroffiziere, 27 Mannschaften
gehoben nein

Am 10. August tauchte um 20.57 Uhr U 385 unversehens etwa 9000 Meter vor den Schiffen der 2. Geleitsicherungsgruppe auf, wurde angegriffen und tauchte nach Absetzen eines Erkennungssignals. Die Schiffe suchten die Stelle ab, fanden aber keine Spur des U-Boots. Sechs Stunden später, am 11. August um 03.00 Uhr, sichtete die Sunderland „P" (P Off Ivan F. Southall) des 461. RAF-Geschwaders ein aufgetaucht laufendes Boot und griff es mit sechs Wasserbomben an. Zwar schoß nach dem Angriff die Flak noch weiter, aber das Boot lag ohne Fahrt im Wasser.
Southall meldete der EG 2 seine Position. Da heller Mondschein herrschte, trennten sich die Schiffe in zwei Kolonnen und liefen zu beiden Seiten an den von der Sunderland gelegten Markierungen vorbei, wendeten nach 15 Kilometer und liefen gemeinsam mit 7 Knoten Fahrt zu der Stelle zurück. Um 06.30 Uhr tauchte U 385

knapp 3000 Meter vor den Schiffen auf, wurde unter starkem Beschuß von der Besatzung verlassen und war nach etwa fünf Minuten versenkt.
Laut Valentiners Aussage hatte die Sunderland das Boot am stärksten beschädigt, das Backbordtiefenruder war abgerissen, die Steuerbord-Antriebswelle verbogen und das Boot manövrierunfähig geworden. Das durch das Hecktorpedorohr eindringende Wasser konnte nicht mehr gelenzt werden. Die Versenkung von U 385 war der Abschluß einer sehr erfolgreichen Operation der 2. Geleitsicherungsgruppe: Sie hatte in knapp zehn Tagen vier U-Boote (U 333, U 736, U 608 und U 385) versenkt und mehr als 100 Gefangene gemacht. Die Gruppe machte ihrem früher so erfolgreichen Kommandeur, Cpt Walker, alle Ehre.

# U 198

| | *Stapellauf* | *Indienststellung* |
|---|---|---|
| | 15.6.1942 | 3.11.1942 |
| Typ | IX D2 | |
| Kommandant | Oberleutnant zur See Burkhard Heusinger von Waldegg (gefallen) | |
| versenkt am | 12. August 1944 | |
| Position | Indischer Ozean nw Seychellen, 03°45'S 52°58'O | |
| durch | Wasserbomben | |
| Tote | 66 | |
| Überlebende | keine | |
| gehoben | nein | |

Das einzige von alliierten U-Jägern im Indischen Ozean versenkte deutsche U-Boot. U 198 hatte am 5. August die *Empire City* und am 7. August die *Empire Day* versenkt. Die Versenktmeldungen an den BdU und die ausführlichen Funksprüche Heusinger von Waldeggs über seine Operationen ermöglichten es der alliierten Funkpeilung, seine Position mit einer Schätzbreite von 300 Kilometer auf 08°00'S und 44°00'O zu bestimmen. Die Force 66, bestehend aus den Geleitträgern *Shah* und *Begum* sowie sieben Fregatten und zwei Sloops, ging auf U-Jagd, wobei die „weitest mögliche Position" zugrunde gelegt wurde. Am 10. August wurde U 198 von einem Flugzeug der *Shah* gesichtet und angegriffen. Das Boot tauchte, doch das Flugzeug gab seine Position an die Sloops durch. Am Morgen des 12. August wurde U 198 von einer anderen Maschine der *Shah* gesichtet und angegriffen, die die Position wiederum den Schiffen meldete. Um 13.23 Uhr erfaßte das ASDIC der indischen Sloop *Godavari* das Boot und hielt Fühlung, bis die übrigen Schiffe eintrafen. Ein Hedgehog-Angriff der Fregatte *Findhorn* schien den Kommandanten von U 198 zu überrumpeln, denn er machte keine Ausweichmanöver. Auf zwei Treffer folgten eine schwache und eine stärkere Unterwasserdetonation. Der Chef der Einsatzgruppe argwöhnte, das Boot sei nur beschädigt und könnte versuchen, im Schutz der Dunkelheit über Wasser abzulaufen. Deshalb postierte er seine Schiffe im Kreis um die Stelle des Angriffs, doch ihr Radar erfaßte nichts, und übrig blieb am nächsten Morgen nur ein großer Ölteppich.

# U 981

| | *Stapellauf* | *Indienststellung* |
|---|---|---|
| | 29.4.1943 | 3.6.1943 |
| Typ | VII C | |
| Kommandant | Oberleutnant zur See Günther Keller (gerettet) | |
| versenkt am | 12. August 1944 | |
| Position | Golf von Biscaya vor La Rochelle, 45°41'N 01°25'W | |
| durch | Luftangriff | |
| Tote | 12 | |
| Überlebende | 40 | |
| gehoben | nein | |

U 981 lief kurz vor dem Zusammentreffen mit seiner Eskorte vor La Pallice auf eine Mine und wartete über Wasser auf Hilfe. Dabei wurde es von der Halifax „F" des 502. RAF-Geschwaders mit einer 600-lb-A/S-Bombe angegriffen. Trotz starkem Flakfeuer von U 981 und dem herbeigeeilten U 309 flog das Flugzeug zwei Angriffe. U 981 war bereits durch die Mine schwer beschädigt worden, so daß ihm die Bomben der Halifax den Rest gaben. Während das Boot fast ohne Vorwarnung zu sinken begann, kam die Besatzung an Deck und ging in die Schlauchboote. Die Überlebenden wurden von U 309 aufgenommen.

# U 547

| | *Stapellauf* | *Indienststellung* |
|---|---|---|
| | 3.4.1943 | 16.6.1943 |
| Typ | IX C/40 | |
| Kommandant | Oberleutnant zur See Heinrich Niemeyer (gerettet) | |
| beschädigt am | 13. August 1944 | |
| Position | Golf von Biscaya, Gironde-Mündung | |

durch Mine
Tote ?
Überlebende ?
gehoben siehe unten

U 547 lief vor Pauillac auf eine Mine, konnte aber trotz Beschädigung nach Deutschland zurückkehren und wurde am 31. Dezember 1944 in Stettin außer Dienst gestellt. Über sein weiteres Schicksal ist nichts bekannt.

## U 270

| | *Stapellauf* | *Indienststellung* |
|---|---|---|
| | 11.7.1942 | 5.9.1942 |

Typ VII C
Kommandant Oberleutnant zur See Heinrich Schreiber (gerettet)
versenkt am 13. August 1944
Position Golf von Biscaya w La Rochelle, 46°19'N 02°56'W
durch Luftangriff
Tote 10
Überlebende 5 Offiziere, 10 Unteroffiziere, 56 Mannschaften und Passagiere
gehoben nein

U 270 marschierte von Lorient nach La Pallice und war völlig überladen, da neben der Besatzung auch zu evakuierendes Hafenpersonal an Bord war. Das Boot wurde von der Sunderland „A" (Fg Off D.A. Little) des 461. RAAF-Geschwaders gesichtet und mit sechs Wasserbomben belegt, die den Druckkörper aufsprengten, so daß Wasser ins Innere strömte. Ein Tauchen war unmöglich, deshalb hielt Schreiber das Boot über Wasser, bis die Überlebenden von Bord gegangen waren.

## U 618

| | *Stapellauf* | *Indienststellung* |
|---|---|---|
| | 20.2.1942 | 16.4.1942 |

Typ VII C
Kommandant Oberleutnant zur See Erich Faust (gefallen)
versenkt am 14./15. August 1944
Position Golf von Biscaya w St. Nazaire, 47°22'N 04°39'W
durch Wasserbomben
Tote 51
Überlebende keine
gehoben nein

U 618 wurde um 23.56 Uhr vom Radar der Liberator „G" des 53. RAF-Geschwaders an der Wasseroberfläche erfaßt. Der Pilot, Flt Lt G. Potier, schaltete den Leigh-Light-Scheinwerfer ein und warf sechs Wasserbomben, die hinter dem Turm des Bootes explodierten. Nach dem Angriff verschwand der Radarkontakt, aber weder Potier noch eine von ihm herbeigerufene Wellington konnten Bootstrümmer oder Öl ausmachen. Fünf Stunden später traf die von den Flugzeugen verständigte 3. Geleitsicherungsgruppe ein. Das ASDIC der *Essington* erfaßte ein auf Grund liegendes Objekt, aber nach mehreren Angriffen schwamm nur Öl auf. Die Schiffe der EG 3 fuhren weitere massive Wasserbombenangriffe, die keine Bootstrümmer zur Oberfläche brachten, aber dafür schwamm mehrere Stunden lang zähflüssiges Öl in großen Mengen auf.

## U741

| | *Stapellauf* | *Indienststellung* |
|---|---|---|
| | 4.2.1943 | 10.4.1943 |

Typ VII C
Kommandant Oberleutnant zur See d.R. Gerhard Palmgren (gefallen)
versenkt am 15. August 1944
Position Ärmelkanal nw Le Havre, 50°02'N 00°36'W
durch Wasserbomben
Tote 48
Überlebende 1 Mannschaftsdienstgrad
gehoben nein

Nach einem Angriff auf den Geleitzug FTC-68 hatte sich U 741 wegen des starken Beschusses auf Grund gelegt. Die britische Korvette *Orchis* nahm Fühlung auf und fuhr zwei Wasserbombenangriffe; dann setzte der Kommandant Hedgehogs ein, und nach dem zweiten Hedgehog-Angriff gab es eine starke Unterwasserdetonation, worauf viel Öl aufschwamm. Als die Korvette zu einem dritten Angriff ansetzte, wurden zwei Überlebende des Bootes gesichtet, von denen einer starb, ehe er geborgen werden konnte.

## U 107

| | *Stapellauf* | *Indienststellung* |
|---|---|---|
| | 2.7.1940 | 8.10.1940 |

Typ IX B
Kommandant Leutnant zur See d.R. Karl-Heinz Fritz (gefallen)
versenkt am 18. August 1944

Position Golf von Biscaya w La Rochelle, 46°46'N 03°39'W
durch Luftangriff
Tote 59
Überlebende keine
gehoben nein

Die Sunderland „W" (Flt Lt E.H. Baveystock) des 201. RAF-Geschwaders hatte die Aufgabe, die Evakuierung von deutschem Marinepersonal von Brest nach Bordeaux durch U-Boote zu unterbinden. Auf ein gesichtetes Sehrohr wurden sechs Wasserbomben geworfen, die es deckend eingabelten. Als die Sunderland zu einem zweiten Angriff anflog, schwammen Bootstrümmer und Öl auf. Benachrichtigte britische Kriegsschiffe bargen Beweismaterial aus dem Wasser, darunter auch Seekarten.

# U 621

| | *Stapellauf* | *Indienststellung* |
|---|---|---|
| | 19.3.1942 | 7.5.1942 |

Typ VII C
Kommandant Oberleutnant zur See Hermann Stuckmann (gefallen)
versenkt am 18. August 1944
Position Golf von Biscaya vor La Rochelle, 45°52'N 02°36'W
durch Wasserbomben
Tote 54
Überlebende keine
gehoben nein

Die kanadischen Zerstörer *Ottawa* (Cdr J.D. Prentice, Kommandeur), *Restigouche*, *Kootenay* und *Chaudière* von der 11. Geleitsicherungsgruppe sperrten die Ansteuerungskorridore nach Rochefort. Um 09.53 Uhr meldete die *Kootenay* einen stabilen ASDIC-Kontakt. Während *Chaudière* und *Restigouche* das fragliche Gebiet absuchten, lief die *Ottawa* zu einem Hedgehog-Angriff an. Das U-Boot versuchte auszuweichen, aber es reichte nicht und war zu spät. Nach der Explosion einer Hedgehog schwamm ein Ölteppich auf. Prentice hielt das Boot für außer Gefecht gesetzt, da es laut ASDIC regungslos auf Grund lag.

Das allein genügte noch nicht für den sicheren Beweis einer Versenkung, und so mußte das Wrack durch Wasserbomben aufgesprengt werden, um Beweismittel zur Oberfläche zu bringen. Die Angriffe wurden bis 15.29 Uhr fortgesetzt; dann stiegen Luftblasen auf. Damit war für Prentice das Boot versenkt. Er lief ab, ließ aber die *Chaudière* zurück für den Fall, daß das Boot nur beschädigt war und wieder auftauchte. Der Zerstörer lief am Morgen des 19. August ab, um sich der Gruppe wieder anzuschließen, wurde aber vom CinC Plymouth zurückbeordert, um bis zum Abend zu warten. Als der Wind auffrischte, trieb er das Öl zum charakteristischen zähflüssigen Teppich zusammen. Die *Chaudière* konnte das Wrack ausreichend sicher orten und fuhr um 16.07 Uhr und um 16.09 Uhr zwei Hedgehog-Angriffe, worauf einige Bootstrümmer, Dokumente und weiteres Öl aufschwammen. Ein letzter Angriff erzeugte eine starke Unterwasserdetonation, brachte aber keine weiteren Beweismittel an die Oberfläche.

# U 129

| | *Stapellauf* | *Indienststellung* |
|---|---|---|
| | 28.2.1941 | 21.5.1941 |

Typ IX C
Kommandant Oberleutnant zur See Richard von Harpe (gerettet)
versenkt am 18. August 1944
Position Golf von Biscaya, Lorient
durch Selbstversenkung
Tote ?
Überlebende ?
gehoben ja und 1946 abgewrackt

Am 18. August 1944 befahl Hitler die Räumung der südfranzösischen Häfen La Pallice und Bordeaux. Die in diesen Häfen liegenden U-Boote, die nicht nach Norwegen verlegt werden konnten, sollten zerstört und versenkt werden. U 129 wurde inspiziert und dabei festgestellt, daß umfangreiche Reparaturen an den Batterien notwendig waren, die man in Lorient nicht durchführen konnte. Deshalb wurde das Boot durch Selbstsprengung versenkt.

# U 967

| | *Stapellauf* | *Indienststellung* |
|---|---|---|
| | 4.2.1943 | 11.3.1943 |

Typ VII C
Kommandant Oberleutnant zur See Heinz-Eugen Eberbach (gerettet)
versenkt am 19. August 1944
Position Mittelmeer, Toulon
durch Selbstversenkung

Tote ?
Überlebende ?
gehoben nein
Um U 967 nicht in alliierte Hände fallen zu lassen, wurde das Boot von der Besatzung weitestgehend ausgeschlachtet und anschließend gesprengt.

# U 466

| | *Stapellauf* | *Indienststellung* |
|---|---|---|
| | 30.3.1942 | 17.6.1942 |
| Typ | VII C | |
| Kommandant | Kapitänleutnant Gerhard Thäter (gerettet) | |
| versenkt am | 19. August 1944 | |
| Position | Mittelmeer, Toulon | |
| durch | Selbstversenkung | |
| Tote | ? | |
| Überlebende | ? | |
| gehoben | nein | |

Um U 466 nicht in alliierte Hände fallen zu lassen, wurde das Boot von der Besatzung weitestgehend ausgeschlachtet und anschließend gesprengt

# U 9

| | *Stapellauf* | *Indienststellung* |
|---|---|---|
| | 30.7.1935 | 21.8.1935 |
| Typ | II B | |
| Kommandant | Kapitänleutnant Heinrich Klapdor (gerettet) | |
| versenkt am | 20. August 1944 | |
| Position | Schwarzes Meer, Konstanza | |
| durch | Luftangriff | |
| Tote | ? | |
| Überlebende | ? | |
| gehoben | nein | |

Im Hafen von Konstanza durch sowjetische Flugzeuge bombardiert und versenkt.

# U 178

| | *Stapellauf* | *Indienststellung* |
|---|---|---|
| | 25.10.1941 | 14.2.1942 |
| Typ | IX D2 | |
| Kommandant | Kapitänleutnant Wilhelm Spahr (gerettet) | |
| versenkt am | 20. August 1944 | |
| Position | Bordeaux | |
| durch | Selbstversenkung | |
| Tote | ? | |
| Überlebende | ? | |
| gehoben | nein | |

U 178 war ein weiteres U-Boot, das nach Hitlers Befehl bei der Räumung von La Pallice und Bordeaux zurückgelassen werden mußte, da auch bei diesem Boot dringend Reparaturen an den Batterien notwendig waren, die man an Ort und Stelle nicht ausführen konnte. Entsprechend wurde U 178 durch Selbstsprengung versenkt, um das Boot nicht in alliierte Hände fallen zu lassen.

# U 188

| | *Stapellauf* | *Indienststellung* |
|---|---|---|
| | 31.3.1942 | 5.8.1942 |
| Typ | IX C/40 | |
| Kommandant | Kapitänleutnant Siegfried Lüdden (gerettet) | |
| versenkt am | 20. August 1944 | |
| Position | Bordeaux | |
| durch | Selbstversenkung | |
| Tote | ? | |
| Überlebende | ? | |
| gehoben | nein | |

U 188 wurde aus den gleichen Gründen versenkt wie U 178 (siehe oben).

# U 413

| | *Stapellauf* | *Indienststellung* |
|---|---|---|
| | 15.1.1942 | 3.6.1942 |
| Typ | VII C | |
| Kommandant | Oberleutnant zur See Dietrich Sachse (gefallen) | |
| versenkt am | 20. August 1944 | |
| Position | Ärmelkanal s Brighton, 50°21'N 00°01'W | |
| durch | Wasserbomben | |
| Tote | 46 | |
| Überlebende | 1 Offizier | |
| gehoben | nein | |

Die britischen Zerstörer *Vidette* und *Forester*, die mit dem Eskorter *Wensleydale* auf U-Jagd waren, orteten ein unter Wasser laufendes U-Boot. Die drei Schiffe belegten es etwa 45 Minuten lang mit Wasserbomben und Hedgehogs. Dann kam ein Mitglied der Bootsbesatzung, der LI, an die Wasseroberfläche und wurde aufgenommen. Zwar verlor das U-Boot viel Öl, machte aber noch Fahrt, weshalb die Angriffe noch eine Stunde lang fortgesetzt wurden, bis Bootstrümmer, Uniformteile und persönliche Habe der Bootsbesatzung zusammen mit noch mehr Öl aufschwammen.

# U 984

| | *Stapellauf* | *Indienststellung* |
|---|---|---|
| | 12.5.1943 | 17.6.1943 |
| Typ | VII C | |
| Kommandant | Oberleutnant zur See Heinz Sieder (gefallen) | |
| versenkt am | 20. August 1944 | |
| Position | Atlantik w Brest, 48°16'N 05°33'W | |
| durch | Wasserbomben | |
| Tote | 45 | |
| Überlebende | keine | |
| gehoben | nein | |

Nach der Versenkung von U 621 (siehe 18. August 1944) kehrten die kanadischen Zerstörer *Ottawa*, *Chaudière* und *Kootenay* von der 11. Geleitsicherungsgruppe nach Londonderry zurück; die *Restigouche* mußte wegen verschiedener Defekte nach Plymouth entlassen werden. Um 19.35 Uhr erfaßten die Sonarwachen der mit neuestem 147B- und Q-ASDIC ausgerüsteten *Chaudière* ein U-Boot und belegte es, allerdings erfolglos, mit den letzten Hedgehog-Wasserbomben, die an Bord waren. Dann warf sie Wasserbomben, die nach Meinung des Kommandanten, Cdr C.P. Nixon, „einige weiteren Niete sprengten". Da die *Ottawa* und die *Chaudière* kaum noch Treibstoff hatten, die Haupttreibstoffpumpe der *Kootenay* leckte und es um 23.00 Uhr stockfinster war, wurde die U-Jagd eingestellt. Die Admiralität meinte, „das Vorhandensein eines U-Boots" sei „nicht ausreichend bewiesen gewesen", ein Urteil, gegen das die EG 11 heftig protestierte. Nach dem Krieg ergaben Nachforschungen, daß die *Chaudière* tatsächlich U 984 versenkt hatte.

# U 1229

| | *Stapellauf* | *Indienststellung* |
|---|---|---|
| | 22.10.1943 | 13.1.1944 |
| Typ | IX C/40 | |
| Kommandant | Korvettenkapitän Arnim Zinke (gefallen) | |
| versenkt am | 20. August 1944 | |
| Position | Nordatlantik so Neufundland | |
| durch | Luftangriff | |
| Tote | 17 | |
| Überlebende | 1 Offizier, 7 Unteroffiziere, 32 Mannschaften, 1 Passagier | |
| gehoben | nein | |

U 1229 sollte an der Küste von Maine den Agenten Oskar Mantel absetzen und wurde vom Radar einer TBM Avenger des auf dem US-Träger *Bogue* stationierten USN-Geschwaders VC-42 erfaßt, das nach U 802 Ausschau hielt. Obgleich U 1229 mit Schnorchel ausgerüstet war, beschloß Zinke (der später als nicht gerade tüchtiger U-Bootkommandant beschrieben wurde), über Wasser zu bleiben. Um 12.27 Uhr wurde das Boot von der Avenger (Lt (jg) A.X. Brokas) mit Raketen und Wasserbomben angegriffen und so schwer beschädigt, daß sich Zinke nun doch zum Tauchen entschloß, wobei er einen dicken Ölteppich hinterließ. Brokas warf Sonarbojen ab und wartete an Ort und Stelle auf Verstärkung durch zwei weitere Avengers und zwei FM-2, die nach einer Stunde eintrafen und einen großen U-förmigen Ölteppich vorfanden. Ein Teil der Flugzeuge flog über das Norwestende des Ölteppichs, die übrigen hielten am entgegengesetzten Ende Ausschau und entdeckten um 14.19 Uhr das U-Boot, das gerade auftauchte.

In U 1229 waren durch Brokas' Angriff die Batterien schwer beschädigt worden, und außerdem mußte Zinke feststellen, daß sich der Schnorchel nicht mehr ausfahren ließ. Jetzt wollte er über Wasser den Schnorchelmast reparieren. Der erste Angriff der Avengers mußte abgebrochen werden, weil die beiden Flugzeuge direkt aufeinander zurasten und nur mit Mühe eine Kollision vermeiden konnten, so daß alle ihre Wasserbomben zu kurz fielen. Eines der Flugzeuge flog einen zweiten Angriff und schoß Raketen ab, von denen sieben das Boot trafen. Männer in Rettungswesten kamen an Deck und machten die Schlauchboote klar. Nach einem weiteren Angriff einer Avenger (bei dem sich eine Wasserbombe im Schacht verklemmte und eine weitere nicht explodierte) begann U 1229 um 14.40 Uhr über den Bug zu sinken. Kaum hatte das Boot völlig unterschnitten, gab es eine starke Unterwasserdetonation, und Bootstrümmer schwammen auf. Oskar Mantel, ein selbsternannter Agent und „Propagandaexperte", der vor dem Krieg in Yorkville, New York, gelebt hatte, wurde dem FBI übergeben zusammen mit 1940 Dollar in Zwanzig-Dollar-Noten, die man bei ihm gefunden hatte. Nach dem Krieg versuchten einige seiner amerikanischen Verwandten vergeblich, das Geld vom Kommandanten der *Bogue*, Captain Vosseller, mit der Behauptung einzuklagen, die Summe habe Mantels in ärmlichsten Verhältnissen in Deutschland lebenden Mutter gehört.

## U 230

| | *Stapellauf* | *Indienststellung* |
|---|---|---|
| | 10.9.1942 | 24.10.1942 |
| Typ | VII C | |
| Kommandant | Oberleutnant zur See Heinz-Eugen Eberbach (gerettet) | |
| versenkt am | 21. August 1944 | |
| Position | Mittelmeer vor Hyères | |
| durch | Selbstversenkung | |
| Tote | - | |
| Überlebende | - | |
| gehoben | nein | |

Um das Boot nicht in feindliche Hände fallen zu lassen, wurde U 230 vor Hyères durch Selbstsprengung versenkt.

## U 344

| | *Stapellauf* | *Indienststellung* |
|---|---|---|
| | 29.1.1943 | 26.3.1943 |
| Typ | VII C | |
| Kommandant | Kapitänleutnant Ulrich Pietsch (gefallen) | |
| versenkt am | 22. August 1944 | |
| Position | Barentssee nw Bäreninsel, 74°54'N 15°26'O | |
| durch | Luftangriff | |
| Tote | 50 | |
| Überlebende | keine | |
| gehoben | nein | |

Die Swordfish „C" (Lt(A) Gordon Bennett) des auf dem britischen Geleitträger *Vindex* stationierten 825. NAS sichtete in knapp fünf Kilometer Entfernung ein aufgetaucht nach Nordosten laufendes U-Boot. Bennett griff es mit Höchstgeschwindigkeit von achtern her an und warf aus einer Höhe von 15 Meter drei mit Torpex gefüllte Mk-XII-Wasserbomben, während das Boot abtauchte. Die erste fiel Steuerbord achtern, die zweite ebenfalls an Steuerbord, jedoch in Höhe des Turms neben dem Boot, während die dritte beobachtet wurde, wie sie auf dem Vorschiff aufschlug, in Richtung Bug weiterrollte, ohne zu detonieren, und sich unter dem Antennenkabel verfing. Sie detonierte erst, als der Bug des Bootes in acht Meter Tiefe war. Während die ersten beiden Bomben nur Gischt aufwarfen, stieg nach der Explosion der dritten schwarzer Rauch auf, der vielleicht durch die Detonation der an Bord des Bootes befindlichen Torpedos erzeugt wurde. Das Heck von U 344 hob sich steil aus dem Wasser, ehe das Boot in die Tiefe glitt. Ein im Wasser treibender Überlebender winkte verzweifelt. Die Flugzeugbesatzung wollte für ihn ein sich selbst aufblasendes Schlauchboot aus dem Cockpit abwerfen, doch dieses füllte sich zu rasch, verfing sich im Leitwerk und mußte abgeschossen werden.

## U 354

| | *Stapellauf* | *Indienststellung* |
|---|---|---|
| | 6.1.1942 | 22.4.1942 |
| Typ | VII C | |
| Kommandant | Kapitänleutnant Hans-Jürgen Sthamer (gefallen) | |
| versenkt am | 24. August 1944 | |
| Position | Barentssee n Murmansk, 74°54'N 30°41'O | |
| durch | Luftangriff | |
| Tote | 51 | |
| Überlebende | keine | |
| gehoben | nein | |

Der 22. August hatte für Sthamer und die Besatzung von U 354 gut begonnen: Auf der Suche nach dem Konvoi JW-59 war das Boot auf eine britische Trägergruppe gestoßen, die im Zuge des Unternehmens „Goodwood" Luftangriffe auf das deutsche Schlachtschiff *Tirpitz* flog, und hatte die Fregatte *Bickerton* versenkt und den Flugzeugträger *Nabob* beschädigt. Nur dessen Flugzeuge hinderten ihn daran, den Träger ebenfalls zu versenken. Nun lief Sthamer über Wasser ab, um weiter nach dem Geleitzug zu suchen.
Er fand ihn, wurde aber seinerseits am 24. August um 03.51 Uhr von der Fregatte *Mermaid* entdeckt, die sofort ihre Abwehrmaßnahmen gegen akustische Torpedos aktivierte, gerade rechtzeitig, denn Sthamer hatte zwei „Zaunkönige" abgefeuert, die hinter der Fregatte explodierten. Die ASDIC-Bedingungen waren schlecht, und so hatte die Sonarwache der Fregatte Mühe, Fühlung zu halten. Erschwert wurde dies noch zusätzlich durch Sthamers Ausweichmanöver und die von ihm ausgesetzten Boldkanister. Zur *Mermaid* stieß die mit Squidwerfern ausgerüstete Fregatte *Loch Dunvegan*, doch die Werfer konnten nicht eingesetzt werden, weil das ASDIC der Fregatte defekt war. Nach dem dritten Wasserbombenangriff der *Mermaid* begann Öl aufzuschwimmen, das sich in den nächsten zwölf Stunden zu einem zehn Quadratkilometer großen Ölteppich ausbreitete.
Der Kommandeur der Geleitsicherung des inzwischen weitergelaufenen Konvois wollte die beiden Fregatten nicht unnötigen Gefahren durch

deutsche Angriffe aus Luft und Wasser aussetzen und befahl dem Kommandanten der *Mermaid*, Lt-Cdr J.P. Mosse, sich wieder in die Sicherung einzuordnen. Mosse war ein erfahrener ASW-Spezialist und wollte schlüssigere Beweise für die Versenkung des U-Boots haben. Er erreichte einen dreimaligen Aufschub des Befehls, mußte aber schließlich um 14.18 Uhr doch ablaufen. Er hinterließ ein auf Grund gegangenes U-Boot und einen großen Ölteppich. Seine Hartnäckigkeit fand Anerkennung: „Ein großartiges Beispiel für Beharrlichkeit... Mosse hat noch kein Moos angesetzt“, schrieb Konteradmiral Edelsten.

## U 445

| | *Stapellauf* | *Indienststellung* |
|---|---|---|
| | 19.3.1942 | 30.5.1942 |
| Typ | VII C | |
| Kommandant | Oberleutnant zur See Rupprecht Fischler, Graf von Treuberg (gefallen) | |
| versenkt am | 24. August 1944 | |
| Position | Golf von Biscaya w St. Nazaire, 47°21'N 05°50'W | |
| durch | Hedgehog/Wasserbomben | |
| Tote | 53 | |
| Überlebende | keine | |
| gehoben | nein | |

Der zur 15. Geleitsicherungsgruppe gehörende Zerstörer *Louis* (Cdr L.B.A. Majendi) erfaßte zu Beginn seines Einsatzes in seinem neuen Patrouillengebiet im Golf von Biscaya per ASDIC ein U-Boot und fuhr drei Hedgehog-Angriffe. Nach dem dritten galt das Boot zwar schon als versenkt, aber Öl als Beweis dafür schwamm erst nach einem Angriff mit Wasserbomben und einem weiteren Hedgehog-Angriff auf. Es kam in großen Mengen, und das auch noch 24 Stunden später, als die *Louis* zur Stelle zurückkehrte.
U 445 wird auch dadurch unvergeßlich bleiben, daß es am 7. Dezember 1942 im Mittelatlantik drei Stunden lang von U 460 betankt wurde, wobei beide Boote in 50 Meter Tiefe liefen und sich durch Unterwassertelefon verständigten.

## U 18

| | *Stapellauf* | *Indienststellung* |
|---|---|---|
| | 6.12.1935 | 4.1.1936 |
| Typ | II B | |
| Kommandant | Oberleutnant zur See Karl Fleige | |
| versenkt am | 25. August 1944 | |
| Position | Schwarzes Meer vor Konstanza, 44°12'N 28°41'O | |
| durch | Selbstversenkung | |
| Tote | ? | |
| Überlebende | ? | |
| gehoben | um 1952 von den Sowjets | |

Bei einem sowjetischen Luftangriff auf Konstanza wurde U 18 so schwer beschädigt, daß es vor der anrückenden Roten Armee nicht in die neutrale Türkei ablaufen konnte, um dort interniert zu werden. Deshalb wurde das Boot durch Selbstsprengung versenkt. 1960 wurde es abgewrackt.

## U 667

| | *Stapellauf* | *Indienststellung* |
|---|---|---|
| | 29.8.1942 | 21.10.1942 |
| Typ | VII C | |
| Kommandant | Oberleutnant zur See Karl-Heinz Lange (gefallen) | |
| versenkt am | 25. August 1944 | |
| Position | Golf von Biscaya vor La Pallice, 46°10'N 01°14'W | |
| durch | ? | |
| Tote | 45 | |
| Überlebende | keine | |
| gehoben | nein | |

Vermutlich lief U 667 auf eine von der RAF vor La Pallice gelegte Mine.

## UIT 21

| | *Stapellauf* | *Indienststellung* |
|---|---|---|
| | 29.6.1935 | 8.1.1936 |
| Typ | italienische *Pietro Calvi*-Klasse | |
| Kommandant | Oberleutnant zur See d.R. Friedrich Steinfeldt (gerettet) | |
| versenkt am | 25. August 1944 | |
| Position | Bordeaux | |
| durch | Selbstversenkung | |
| Tote | - | |
| Überlebende | - | |
| gehoben | nein | |

Von den Italienern unter dem Namen *Giuseppe Finzi* in Dienst gestellt und von den Deutschen am 9. September 1943 nach der Kapitulation Italiens übernommen, sollte UIT 21 als Frachtboot eingesetzt werden, was Probleme mit der Bemannung verhinderten. Damit es nicht in feindliche Hände fiel, wurde das Boot durch Selbstsprengung versenkt.

## U 180

| | *Stapellauf* | *Indienststellung* |
|---|---|---|
| | 10.12.1941 | 16.5.1942 |
| Typ | IX D1 | |
| Kommandant | Oberleutnant zur See Rolf Riesen (gefallen) | |
| versenkt am | 26. August 1944 | |
| Position | Golf von Biscaya vor der Girondemündung, 44°00'N 02°00'W | |
| durch | Mine | |
| Tote | 56 | |
| Überlebende | keine | |
| gehoben | nein | |

U 180 lief westlich von Bordeaux auf eine Mine.

## U 1000

| | *Stapellauf* | *Indienststellung* |
|---|---|---|
| | 17.9.1943 | 4.11.1943 |
| Typ | VII C/41 | |
| Kommandant | Oberleutnant zur See d.R. Willi Müller (gerettet) | |
| beschädigt am | 31. August 1944 | |
| Position | Ostsee vor Pillau, 54°41'N 19°49'O | |
| durch | Mine | |
| Tote | ? | |
| Überlebende | ? | |
| gehoben | ? | |

U 1000 lief auf eine Mine, konnte aber nach Pillau zurückkehren, wo eine Begutachtung ergab, daß das Boot irreparabel beschädigt war. Am 29. September 1944 wurde es außer Dienst gestellt. Über den weiteren Verbleib des Wracks ist nichts bekannt.

## U 247

| | *Stapellauf* | *Indienststellung* |
|---|---|---|
| | 23.9.1943 | 23.10.1943 |
| Typ | VII C | |
| Kommandant | Oberleutnant zur See Gerhard Matschulat (gefallen) | |
| versenkt am | 1. September 1944 | |
| Position | Ärmelkanal sw Wolf Rock, 49°54'N 05°49'W | |
| durch | Wasserbomben | |
| Tote | 52 | |
| Überlebende | keine | |
| gehoben | nein | |

Die vor Land's End patrouillierende 9. Geleitsicherungsgruppe wurde am 31. August ins Seegebiet vor Trevose Head an der Nordküste von Cornwall verlegt, weil ein Flugzeugradar dort ein U-Boot erfaßt hatte. Als die Schiffe um 18.45 Uhr Land's End passierten, ortete die kanadische Fregatte *St John* das Boot 30 Kilometer östlich des Leuchtturms Wolf Rock. Für die vom CinC Plymouth angeordnete U-Jagd wurden *Monnow*, *Stormont* und *Meon* nach Norden beordert, während *St John*, *Swansea* und *Port Colborne* zurückblieben, um das geortete Boot anzugreifen. Wegen des Gezeitenstroms war es schwer, Fühlung zum U-Boot zu halten, und nach einigen Hedgehog- und Wasserbombenangriffen ging der Kontakt kurz nach 23.00 Uhr ganz verloren.
Danach kreuzten die Schiffe über dem mutmaßlichen Kurs des U-Boots, und um 01.55 Uhr ortete die *St John* das fünf Kilometer vor Wolf Rock in 80 Meter Tiefe auf Grund liegende Boot. Die Fregatte fuhr zwei Wasserbombenangriffe, nach denen Öl aufschwamm und Unterwasserdetonationen zu hören waren. Eine Suche tags darauf blieb ergebnislos, doch dann versammelte sich die ganze EG 9 beim Ölteppich. Eine Echolotsuche der *St John* ergab, daß das U-Boot schwer beschädigt war. Um 14.07 Uhr warf die *St John* nach den Echolotdaten fünf Wasserbomben, durch die das Boot völlig zerstört wurde. Anhand der aufschwimmenden Trümmer, Uniformteile und eines Dokuments, in dem U 247 für die 10millionste Umdrehung des Motors ausgezeichnet wurde, konnte das Boot einwandfrei identifiziert werden.

## U 394

| | *Stapellauf* | *Indienststellung* |
|---|---|---|
| | 19.6.1943 | 7.8.1943 |
| Typ | VII C | |
| Kommandant | Kapitänleutnant Wolfgang Borger (gefallen) | |
| versenkt am | 2. September 1944 | |
| Position | Norwegensee w Harstad, 69°47'N 04°41'O | |
| durch | Wasserbomben | |
| Tote | 50 | |
| Überlebende | keine | |
| gehoben | nein | |

Während der Geleitzug RA-59 die Halbinsel Kola passierte, sichtete die Swordfish „A" des 825. NAS ein deutsches U-Boot und warf eine Rauchbombe. Die Fregatte *Mermaid* und die Sloop *Peacock* sowie die Zerstörer *Whitehall* und *Keppel* wurden an die Stelle beordert, wo sie kurz nach 09.00 Uhr eintrafen und mehrere Wasserbombenangriffe fuhren, denen das Boot durch das Aufsuchen

unterschiedlicher Thermoklinalen (Wärmeschichten) und häufigen Kurs- und Fahrtwechsel auswich.
Um 16.14 Uhr wollte man eine Entscheidung herbeiführen, weshalb man einen Schleichangriff einleitete. Nach Lt-Cdr John Mosse von der *Mermaid* „verringerten alle vier Schiffe die Fahrt auf leise 7 Knoten. Am weitesten achtern lief die *Peacock*, die wie ein Bauer mit einem mit drei Pferden bespannten Pflug die übrigen Schiffe lenkte. *Keppel* und *Whitehall* warfen nach rechts bzw. links je 22 Wasserbomben, während in der Mitte die *Mermaid* 18 Bomben warf, so daß es zwischen 120 und 250 Meter eine 'Sandwich'-Explosion gab." Danach griffen *Mermaid* und *Peacock* mit je zehn weiteren Wasserbomben an. Der ASDIC-Kontakt verstummte allmählich, während große Luftblasen aufstiegen und Öl, zerfetzte Leichen und viele Bootstrümmer aufschwammen.

## U 362

| | *Stapellauf* | *Indienststellung* |
|---|---|---|
| | 21.10.1942 | 4.2.1943 |
| Typ | VII C | |
| Kommandant | Oberleutnant zur See Ludwig Franz (gefallen) | |
| versenkt am | 6. September 1944 | |
| Position | Nordmeer, Karasee | |
| durch | Wasserbomben | |
| Tote | 51 | |
| Überlebende | keine | |
| gehoben | nein | |

Vom sowjetischen Minensucher T-116 durch Wasserbomben versenkt. Nähere Einzelheiten über die Begleitumstände dieses Angriffs sind nicht bekannt.

## U 484

| | *Stapellauf* | *Indienststellung* |
|---|---|---|
| | 20.11.1943 | 19.1.1944 |
| Typ | VII C | |
| Kommandant | Korvettenkapitän Wolf-Axel Schaefer (gefallen) | |
| versenkt am | 9. September 1944 | |
| Position | Atlantik s Hebriden, 55°46'N 11°41'W | |
| durch | Wasserbomben | |
| Tote | 52 | |
| Überlebende | keine | |
| gehoben | nein | |

Versenkt von den britischen Eskortern *Porchester Castle* und *Helmsdale*, die zur inneren Geleitsicherung des Konvois ONF-252 gehörten. Gewöhnlich wird die Versenkung von U 484 zwei Wasserbombenangriffen der kanadischen MOEF-Schiffe *Dunver* und *Hespeler* zugeschrieben, doch Beweise für eine Versenkung durch sie gab es kaum, und so wurde die Versenkung im Monthly Anti Submarine Report für September 1944 nur als „möglich" bezeichnet. In Anbetracht der Umstände der Versenkung von U 743 (siehe weiter hinten) ist eher anzunehmen, daß U 484 von den beiden oben genannten britischen Eskortern versenkt wurde.

## U 19

| | *Stapellauf* | *Indienststellung* |
|---|---|---|
| | 21.12.1935 | 16.1.1936 |
| Typ | II B | |
| Kommandant | Oberleutnant zur See Willy Ohlenburg (gerettet) | |
| versenkt am | 10. September 1944 | |
| Position | Schwarzes Meer vor dem türkischen Eregli, 210 km o Bosporus | |
| durch | Selbstversenkung | |
| Tote | ? | |
| Überlebende | ? | |
| gehoben | nein | |

Nach der Beschädigung von U 18 wußten die Besatzungen der in Konstanza verbliebenen deutschen U-Boote U 19, U 20 und U 23, was die Stunde geschlagen hatte. Sie konnten entweder ihre Boote versenken, dann zur Marineinfanterie gehen und möglicherweise in einem sowjetischen Kriegsgefangenenlager enden oder sich in der Türkei internieren lassen. Sie entschieden sich für die zweite Lösung und wurden nach der Versenkung ihrer Boote in Beyschir interniert, wo sie bis zum Kriegsende in bescheidenen, aber durchaus erträglichen Verhältnissen lebten.

## U 20

| | *Stapellauf* | *Indienststellung* |
|---|---|---|
| | 14.1.1936 | 1.2.1936 |
| Typ | II B | |
| Kommandant | Oberleutnant zur See Karl Grafen (gerettet) | |
| versenkt am | 10. September 1944 | |
| Position | Schwarzes Meer vor dem türkischen Eregli, 210 km o Bosporus | |

| | |
|---|---|
| durch | Selbstversenkung |
| Tote | ? |
| Überlebende | ? |
| gehoben | nein |

Siehe Text zu U 19 (oben).

## U 23

| | *Stapellauf* | *Indienststellung* |
|---|---|---|
| | 28.8.1936 | 24.9.1936 |
| Typ | II B | |
| Kommandant | Oberleutnant zur See Rudolf Arendt (gerettet) | |
| versenkt am | 10. September 1944 | |
| Position | Schwarzes Meer vor dem türkischen Eregli, 210 km o Bosporus | |
| durch | Selbstversenkung | |
| Tote | ? | |
| Überlebende | ? | |
| gehoben | nein | |

Siehe Text zu U 19 (oben).

## U 925

| | *Stapellauf* | *Indienststellung* |
|---|---|---|
| | 6.11.1943 | 30.12.1943 |
| Typ | VII C | |
| Kommandant | Oberleutnant zur See d.R. Helmuth Knoke (gefallen) | |
| versenkt im | September 1944 | |
| Position | Nordatlantik vor Island | |
| durch | ? | |
| Tote | 51 | |
| Überlebende | keine | |
| gehoben | nein | |

U 925 lief am 24. August zur Feindfahrt aus und blieb danach verschollen. Vielleicht lief das Boot auf eine Treibmine oder ging infolge technischer Mängel oder menschlichen Versagens verloren.

## U 743

| | *Stapellauf* | *Indienststellung* |
|---|---|---|
| | 11.3.1943 | 15.5.1943 |
| Typ | VII C | |
| Kommandant | Oberleutnant zur See Helmut Kandzior (gefallen) | |
| versenkt | Mitte September 1944 | |
| Position | Nordatlantik nw Irland, genaue Position nicht bekannt | |
| durch | ? | |
| Tote | 50 | |
| Überlebende | keine | |
| gehoben | nein | |

Gewöhnlich nimmt man an, daß U 743 am 9. September durch Wasserbombenangriffe der britischen U-Jäger *Helmsdale* und *Porchester Castle* versenkt wurde. Das ist allerdings fraglich, wurde doch das Boot erst um den 11. September in das fragliche Seegebiet beordert, also zwei Tage nach dem oben genannten Datum. Die Ursache der Versenkung bleibt also unbekannt, und U 743 kann auf eine Mine gelaufen oder durch einen Unfall verlorengegangen sein.

## U 855

| | *Stapellauf* | *Indienststellung* |
|---|---|---|
| | 17.4.1943 | 2.8.1943 |
| Typ | IX C/40 | |
| Kommandant | Oberleutnant zur See Prosper Ohlsen (gefallen) | |
| versenkt um den | 17. September 1944 | |
| Position | Atlantik, 63°10'N 12°30'W | |
| durch | Mine | |
| Tote | 56 | |
| Überlebende | keine | |
| gehoben | nein | |

Auf dem Rückmarsch von einer Wetterpatrouille lief U 855 auf eine Mine. Zunächst schrieb man die Versenkung der Liberator „A" des 224. RAF-Geschwaders zu, aber deren Angriff galt U 763, das dadurch beschädigt wurde.

## U 407

| | *Stapellauf* | *Indienststellung* |
|---|---|---|
| | 16.8.1941 | 18.12.1941 |
| Typ | VII C | |
| Kommandant | Oberleutnant zur See Hans Kolbus (gerettet) | |
| versenkt am | 19. September 1944 | |
| Position | Mittelmeer s Milos, 36°27'N 24°33'O | |
| durch | Wasserbomben | |
| Tote | 6 | |
| Überlebende | 3 Offiziere, 6 Unteroffiziere, 38 Mannschaften | |
| gehoben | nein | |

Am 18. September sichtete der polnische Zerstörer *Garland* um 17.00 Uhr in etwa zehn Kilometer Entfernung den Schaumstreifen eines U-Boot-schnorchels, an den er bis auf 200 Meter heranlaufen konnte, ehe das Boot tauchte. Vielleicht machten Dieselabgase die Sehrohrbeobachtung unmöglich und der Motorenlärm das Passivsonar des Bootes wirkungslos. Nach einem Hedgehog-Angriff des Zerstörers ging die Fühlung verloren.

Dann schlossen sich die Zerstörer *Troubridge*, *Terpsichore*, *Brecon* und *Zetland* der Jagd an. Wasserbombenangriffe fuhren die *Troubridge* um 18.42 Uhr und um 22.35 Uhr und die *Terpsichore* um 23.22 Uhr. Bis um 04.38 Uhr des nächsten Morgens hielten die Zerstörer Fühlung; dann tauchte Kolbus wegen Luftmangel auf und versenkte das Boot durch Selbstsprengung. Unter den sechs Toten waren der 1WO und ein an Bord genommener Kriegsberichterstatter.
Unter dem Kommando des Oberleutnants zur See Ernst-Ulrich Brüller hatte U 407 am 11. November 1942 den P&O-Liner *Viceroy of India* versenkt.

## U 865

| | *Stapellauf* | *Indienststellung* |
|---|---|---|
| | 12.7.1943 | 25.10.1943 |
| Typ | IX C/40 | |
| Kommandant | Oberleutnant zur See d.R. Dietrich Stellmacher (gefallen) | |
| versenkt um den | 19. September 1944 | |
| Position | Atlantik so Island (?) | |
| durch | ? | |
| Tote | 59 | |
| Überlebende | keine | |
| gehoben | nein | |

U 865 lief am 8. September zur Feindfahrt aus. Keine alliierten Quellen melden seine Versenkung; vielleicht lief das Boot südöstlich von Island auf eine Mine.

## U 867

| | *Stapellauf* | *Indienststellung* |
|---|---|---|
| | 24.8.1943 | 12.12.1943 |
| Typ | IX C/40 | |
| Kommandant | Kapitän zur See Arved von Mühlendahl (gefallen) | |
| versenkt am | 19. September 1944 | |
| Position | Norwegensee no Shetlands, 62°15'N 01°50'O | |
| durch | Luftangriff | |
| Tote | 61 | |
| Überlebende | keine | |
| gehoben | nein | |

U 867 wurde vom Radar der Liberator „Q" des 224. RAF-Geschwaders erfaßt. Sieben Minuten später sichtete der Pilot, Flt Lt H.J. Rayner, das aufgetaucht laufende U-Boot Steuerbord voraus und griff es trotz heftigem Flakfeuer mit sechs Wasserbomben an, die allerdings ihr Ziel verfehlten. Dennoch zeigten während des Angriffs gemachte Fotos, daß die Besatzung des Boots Schlauchboote zu Wasser ließ, während die Bomben explodierten. Nachdem sich die Wasserfontänen gelegt hatten, sah man, wie das gestoppte Boot auf ebenem Kiel sank. Im ölbedeckten Wasser trieben etwa fünfzig Überlebende in mehreren Schlauchbooten.
U 867 hatte am 12. September Kristiansund verlassen und war von einer Liberator des 248. RAF-Geschwaders angegriffen worden. Die dadurch angerichteten Schäden waren durch den Angriff der Liberator „Q" so arg verschlimmert worden, daß von Mühlendahl beschloß, sein Boot selbst zu versenken.

## U 859

| | *Stapellauf* | *Indienststellung* |
|---|---|---|
| | 2.3.1943 | 8.7.1943 |
| Typ | IX D2 | |
| Kommandant | Kapitänleutnant Johann Jebsen (gefallen) | |
| versenkt am | 23. September 1944 | |
| Position | Malakkastraße vor Penang, 05°46'N 100°04'O | |
| durch | britisches U-Boot | |
| Tote | 47 | |
| Überlebende | 18 | |
| gehoben | nein | |

Beim Einlaufen in den Hafen von Penang nach seiner ersten Feindfahrt in fernöstlichen Gewässern wurde U 859 vom britischen U-Boot *Trenchant* (Lt-Cdr A.R. Hezlet) gesichtet, das vor dem Hafen auf das deutsche Boot gewartet hatte. Hezlet schoß aus den Heckrohren drei Torpedos ab, von denen einer traf. Dann tauchte Hezlet auf, um zehn der 18 im Wasser treibenden Überlebenden aufzunehmen; die übrigen acht wurden später von einem japanischen U-Boot geborgen.

## U 565

| | *Stapellauf* | *Indienststellung* |
|---|---|---|
| | 20.2.1941 | 10.4.1941 |
| Typ | VII C | |
| Kommandant | Kapitänleutnant Fritz Henning (gerettet) | |
| beschädigt am | 24. September 1944 | |
| Position | Ägäis bei Skaramanga, 37°57'N 23°40'O | |
| durch | Luftangriff | |
| Tote | 5 | |

| | |
|---|---|
| Überlebende | ? |
| gehoben | nein |

Das Boot wurde bei einem USAAF-Luftangriff durch B-24-Liberators am 24. September so schwer beschädigt, daß die Deutschen es am 30. September 1944 durch Wasserbomben selbst versenkten.

## U 596

| | *Stapellauf* | *Indienststellung* |
|---|---|---|
| | 17.9.1941 | 13.11.1941 |
| Typ | VII C | |
| Kommandant | Oberleutnant zur See Hans Kolbus (gerettet) | |
| versenkt am | 24. September 1944 | |
| Position | Mittelmeer, Salamis | |
| durch | Luftangriff | |
| Tote | 1 | |
| Überlebende | ? | |
| gehoben | nein | |

Bei einem Luftangriff von B-24-Liberators der USAAF auf den Hafen von Salamis versenkt.

## U 871

| | *Stapellauf* | *Indienststellung* |
|---|---|---|
| | 7.9.1943 | 15.1.1944 |
| Typ | IX D2 | |
| Kommandant | Kapitänleutnant Erwin Ganzer (gefallen) | |
| versenkt am | 26. September 1944 | |
| Position | Atlantik nw Azoren | |
| durch | Luftangriff | |
| Tote | 69 | |
| Überlebende | keine | |
| gehoben | nein | |

Die Fortress „P" (Flt Lt A.F. Wallace) des 220. RAF-Geschwaders suchte nach einem von der Fortress „H" desselben Geschwaders gesichteten U-Boot, kreiste über der gemeldeten Position und entdeckte um 15.44 Uhr die „Feder" eines Sehrohrs. Wallace warf drei Wasserbomben, die dicht am Turm des gerade auftauchenden Bootes explodierten. Das Boot sank, und Öl, Bootstrümmer und zerfetzte Leichen schwammen auf.

## U 863

| | *Stapellauf* | *Indienststellung* |
|---|---|---|
| | 29.6.1943 | 3.11.1943 |
| Typ | IX D2 | |
| Kommandant | Kapitänleutnant Dietrich von der Esch (gefallen) | |
| versenkt am | 29. September 1944 | |
| Position | Südatlantik vor Ascension, 10°45'S 25°30'W | |
| durch | Luftangriff | |
| Tote | 69 | |
| Überlebende | keine | |
| gehoben | nein | |

Versenkt von einer Liberator des USN-Geschwaders VB-107.

## U 703

| | *Stapellauf* | *Indienststellung* |
|---|---|---|
| | 18.7.1941 | 16.10.1941 |
| Typ | VII C | |
| Kommandant | Oberleutnant zur See Joachim Brünner (gefallen) | |
| versenkt im | September 1944 | |
| Position | Atlantik so Island | |
| durch | Mine | |
| Tote | 54 | |
| Überlebende | keine | |
| gehoben | nein | |

## U 921

| | *Stapellauf* | *Indienststellung* |
|---|---|---|
| | 3.4.1943 | 30.5.1943 |
| Typ | VII C | |
| Kommandant | Oberleutnant zur See d.R. Alfred Werner (gefallen) | |
| versenkt am | 30. September 1944 | |
| Position | Nordmeer w Bäreninsel, 72°32'N 12°55'O | |
| durch | Luftangriff | |
| Tote | 50 | |
| Überlebende | keine | |
| gehoben | nein | |

Auf dem Rückmarsch des Geleitzugs RA-60 von Murmansk nach Großbritannien sichtete die Swordfish „F" des auf dem Geleitträger *Campania* stationierten 813. NAS das U-Boot und versenkte es.

## U 1062

| | *Stapellauf* | *Indienststellung* |
|---|---|---|
| | 8.5.1943 | 19.6.1943 |
| Typ | VII F | |
| Kommandant | Oberleutnant zur See Karl Albrecht (gefallen) | |
| versenkt am | 30. September 1944 | |
| Position | Atlantik sw Kapverden, 11°36'N 34°44'W | |

| | |
|---|---|
| durch | Luftangriff/Wasserbomben |
| Tote | 55 |
| Überlebende | keine |
| gehoben | nein |

U 1062 war mit einer Ladung von Produkten auf Erdölbasis auf dem langen Rückmarsch von Penang nach Europa und erhielt vom BdU die Order, sich westlich der Kapverden mit U 219 zu treffen, um das nach Japan marschierende Boot zu betanken. Der Funkverkehr wurde von den Funkern der 10. Flotte mitgehört, die somit Bescheid wußte. Der Geleitträger *Mission Bay* mit dem USN-Geschwader VC-36 an Bord und vier Zerstörer wurden als Task Group 22.1 zur Jagd auf die U-Boote beordert, die sich laut nachrichtendienstlichen Erkenntnissen am 28. September treffen sollten. Später stieß zur TG 22.1 noch die aus dem Träger *Tripoli* und vier Zerstörern bestehende TG 41.7.

Ab dem 28. September wurden mehrere erfaßte Ziele angegriffen, die entweder keine waren oder das auf dem Ausmarsch befindliche U 219, das eine Avenger des Trägers *Tripoli* abschoß. Am 30. September griffen Flugzeuge der *Mission Bay* ergebnislos mehrere Kontakte mit akustischen Torpedos an. Drei Eskorter erhielten die Order, die Position des letzten Luftangriffs auf 11°37'N 34°43'W abzusuchen. Diese lag in einem Radius von etwas über 20 Kilometer um die Stelle, an der sich nach Schätzung der 10. Flotte die beiden U-Boote treffen sollten. Um 16.17 Uhr erfaßte das Sonar der *Fessenden* ein Objekt, der Zerstörer lief auf etwa 500 Meter heran und erkannte das Objekt als U-Boot. Die *Fessenden* ging auf 1500 Meter Distanz und schoß Hedgehog-Wasserbomben ab. 14 Sekunden nach dem Abschuß wurden in etwa 100 Meter Tiefe vier Unterwasserdetonationen gehört. Zwei Minuten später, um 16.32 Uhr, warf der Zerstörer auf diese Position 17 Wasserbomben. Das war freilich unnötig, war doch U 1062 bereits durch die Hedgehog-Wasserbomben zerstört und versenkt worden.

U 1062 war das letzte deutsche U-Boot, das bis zum April 1945 von Träger-Geleitsicherungsgruppen im Atlantik versenkt wurde.

## U 92

| | *Stapellauf* | *Indienststellung* |
|---|---|---|
| | 10.1.1942 | 3.3.1942 |
| Typ | VII C | |
| Kommandant | Oberleutnant zur See Wilhelm Brauel (gerettet) | |
| beschädigt am | 4. Oktober 1944 | |
| Position | Norwegensee, Bergen | |
| durch | Luftangriff | |
| Tote | ? | |
| Überlebende | ? | |
| gehoben | ja | |

Am 4. Oktober 1944 griffen die 6. und 8. Gruppe des RAF-Bomberkommandos massiv die U-Bootbunker in Bergen an. Dabei wurde U 92 so schwer beschädigt, daß es am 12. Oktober 1944 außer Dienst gestellt werden mußte. Das weitgehend zerstörte Boot wurde 1945 abgewrackt.

## U 228

| | *Stapellauf* | *Indienststellung* |
|---|---|---|
| | 30.7.1942 | 12.9.1942 |
| Typ | VII C | |
| Kommandant | Kapitänleutnant Herbert Engel (gerettet) | |
| versenkt am | 4. Oktober 1944 | |
| Position | Norwegensee, Bergen | |
| durch | Luftangriff | |
| Tote | ? | |
| Überlebende | ? | |
| gehoben | am 5. Oktober 1944 außer Dienst gestellt, 1946 abgewrackt | |

Versenkt beim Luftangriff der 6. und 8. Gruppe des RAF-Bomberkommandos auf den Hafen von Bergen.

## U 437

| | *Stapellauf* | *Indienststellung* |
|---|---|---|
| | 26.7.1941 | 25.10.1941 |
| Typ | VII C | |
| Kommandant | Kapitänleutnant Hermann Lamby (gerettet) | |
| beschädigt am | 4. Oktober 1944 | |
| Position | Norwegensee, Bergen | |
| durch | Luftangriff | |
| Tote | ? | |
| Überlebende | ? | |
| gehoben | am 5. Oktober 1944 außer Dienst gestellt, 1946 abgewrackt | |

U 437 wurde während des Luftangriffs der 6. und 8. Gruppe des RAF-Bomberkommandos so schwer beschädigt, daß es tags darauf außer Dienst gestellt werden mußte.

## U 993

| | *Stapellauf* | *Indienststellung* |
|---|---|---|
| | 8.7.1943 | 19.8.1943 |

| | |
|---|---|
| Typ | VII C |
| Kommandant | Oberleutnant zur See Karl-Heinz Steinmetz (gerettet) |
| versenkt am | 4. Oktober 1944 |
| Position | Norwegensee, Bergen |
| durch | Luftangriff |
| Tote | 4 |
| Überlebende | ? |
| gehoben | nein |

U 993 war das zweite deutsche U-Boot, daß beim britischen Luftangriff auf den Hafen von Bergen am 4. Oktober versenkt wurde. Bei diesem Angriff konnten die Bomber bei nur einer abgeschossenen britischen Maschine zwei U-Boote versenken und zwei weitere so schwer beschädigen, daß sie außer Dienst gestellt werden mußten.

## U 168

| | *Stapellauf* | *Indienststellung* |
|---|---|---|
| | 5.3.1942 | 10.9.1942 |

| | |
|---|---|
| Typ | IX C/40 |
| Kommandant | Kapitänleutnant Helmuth Pich (gerettet) |
| versenkt am | 6. Oktober 1944 |
| Position | Javasee vor Surabaja, 06°20'S 111°28'O |
| durch | niederländisches U-Boot |
| Tote | 23 |
| Überlebende | 27 |
| gehoben | nein |

U 168 lief von Batavia nach Surabaja, wo es sich zu Operationen vor der australischen Küste U 537 und U 862 anschließen sollte. Dabei wurde das Boot vom niederländischen U-Boot *Zwaardfisch* (Korvettenkapitän H.A.W. Goossens) gesichtet, das sich in bester Schußposition befand und elf Minuten nach der Sichtung aus einer Entfernung von 850 Meter sechs Torpedos im Winkel von 95 Grad zur Kurslinie des Ziels abfeuerte. Es gab eine heftige Explosion, und Goossens konnte durch das Sehrohr erkennen, wie U 168 über den Bug sank. Drei Offiziere, der 1WO, der Stabsarzt und der LI, konnten ohne Tauchretter in 35 Meter Tiefe aus dem sinkenden Boot aussteigen. Von den 27 Überlebenden übernahm Goosens den Kommandanten, den 1WO, den Stabsarzt, den LI und einen verwundeten Matrosen in sein Boot. Die übrigen wurden einem in der Nähe kreuzenden Fischkutter gemeldet und ihrem Schicksal überlassen; sie wurden später auf Java angelandet. Die Überlebenden berichteten Goossens, daß drei seiner Torpedos getroffen hatten, aber nur einer explodiert war. Außerdem lieferten sie ihm die erfreuliche Nachricht, daß das zuständige japanische Luftwaffenkommando erst nach 11.00 Uhr zur U-Jagd aufstieg.

Das deutsche U-Bootkommando Fernost schrieb den Verlust von U 168 der Geschwätzigkeit eines Teiles der Besatzung zu. Obwohl die Mission des Bootes streng geheim war, hatten einige U-Bootmänner indonesische Mädchen zu einer Abschiedsparty ins Boot geholt und dabei offensichtlich geplaudert. In Wirklichkeit aber ist die Versenkung der Tatsache zuzuschreiben, daß U 168 das Pech hatte, auf ein alliiertes U-Boot mit hervorragender Besatzung zu stoßen.

## U 2331

| | *Stapellauf* | *Indienststellung* |
|---|---|---|
| | 22.8.1944 | 12.9.1944 |

| | |
|---|---|
| Typ | XXIII |
| Kommandant | Oberleutnant zur See Hans-Walter Pahl (gerettet) |
| versenkt am | 10. Oktober 1944 |
| Position | Ostsee vor Hela, 54°00'N 18°00'O |
| durch | Unfall |
| Tote | ? |
| Überlebende | ? |
| gehoben | ja |

Versenkt durch einen Unfall während einer Übung, über den nichts Näheres bekannt ist. Das Boot wurde gehoben und nach Gotenhafen eingeschleppt, doch weiteres über sein Schicksal ist nicht dokumentiert.

## U 777

| | *Stapellauf* | *Indienststellung* |
|---|---|---|
| | 25.3.1944 | 9.5.1944 |

| | |
|---|---|
| Typ | VII C |
| Kommandant | Oberleutnant zur See Günter Ruperti (gerettet) |
| versenkt am | 15. Oktober 1944 |
| Position | Wilhelmshaven |
| durch | Luftangriff |
| Tote | ? |
| Überlebende | ? |
| gehoben | nein |

Versenkt beim einem Luftangriff der RAF auf Wilhelmshaven.

## U 1006

| | *Stapellauf* | *Indienststellung* |
|---|---|---|
| | 17.11.1943 | 11.1.1944 |
| Typ | VII C/41 | |
| Kommandant | Oberleutnant zur See Horst Voigt (gerettet) | |
| versenkt am | 16. Oktober 1944 | |
| Position | Atlantik sw Färöers, 60°59'N 04°49'W | |
| durch | Wasserbomben | |
| Tote | 7 | |
| Überlebende | 3 Offiziere, 5 Unteroffiziere, 36 Mannschaften | |
| gehoben | nein | |

Die Operation „SJ" hatte zum Ziel, den Ausmarsch deutscher U-Boote aus ihren norwegischen Stützpunkten in den Atlantik zu verhindern. Beteiligt an der Operation waren die 6. und die 18. Geleitsicherungsgruppe und die 18. RAF-Gruppe. Die beiden Eskortergruppen wurden durch Zerstörer der Home Fleet und zwei Geleitträger verstärkt, da sich die Operation bis weit in die norwegischen Küstengewässer hinein bis zur Hafenausfahrt von Bergen erstrecken sollte. Im Verlauf des Unternehmens griff die kanadische Fregatte *Annan* von der EG 6 ein erfaßtes Objekt an, das später als Wal abgetan wurde, in Wirklichkeit aber U 1006 war, das durch den Angriff schwer beschädigt wurde. Nachdem sich die Fregatte wieder ihrer Gruppe angeschlossen hatte, tauchte Voigt auf, um die Schäden zu inspizieren. Die kleine Silhouette des U-Boots wäre kaum bemerkt worden, hätte nicht die britische *Loch Achanalt* das ungemein leistungsfähige 272er Radar an Bord gehabt. Die *Annan* wurde zurückbeordert, um nachzusehen, und tat dies zum Glück mit eingeschalteter Abwehr gehen akustische Torpedos, denn Voigt schoß auf die anlaufende Fregatte einen „Zaunkönig" ab, der hinter dem Schiff explodierte. Die *Annan* schoß Leuchtraketen und eröffnete das Feuer. U 1006 schoß zurück und verwundete acht Mann der Fregatte. Dennoch war das U-Boot der Fregatte an Feuerkraft hoffnungslos unterlegen und wurde von ihr durch zwei Wasserbomben versenkt, die unter dem Boot explodierten.

## U 957

| | *Stapellauf* | *Indienststellung* |
|---|---|---|
| | 21.11.1942 | 7.1.1943 |
| Typ | VII C | |
| Kommandant | Oberleutnant zur See Gerd Schaar (gerettet) | |
| beschädigt am | 19. Oktober 1944 | |
| Position | norwegische Küstengewässer, Vestfjord, 70°00'N 15°00'O | |
| durch | Kollision | |
| Tote | ? | |
| Überlebende | ? | |
| gehoben | ? | |

Im Vestfjord wurde U 957 beim Auslaufen durch Kollision mit einem Frachter schwer beschädigt und nach Inspektion am 21. Oktober 1944 außer Dienst gestellt. Die Überlebenden wurden von U 1060 aufgenommen. Weitere Details über den Vorfall und den Verbleib des Wracks sind nicht bekannt.

## U 985

| | *Stapellauf* | *Indienststellung* |
|---|---|---|
| | 20.5.1943 | 24.6.1943 |
| Typ | VII C | |
| Kommandant | Kapitänleutnant Heinz Wolff (gerettet) | |
| beschädigt am | 22. Oktober 1944 | |
| Position | Nordsee, 58°01'N 06°32'O | |
| durch | Mine | |
| Tote | ? | |
| Überlebende | ? | |
| gehoben | ? | |

Das durch eine Mine schwer beschädigte U 985 konnte nach Kristiansand zurückkehren, wurde nach Begutachtung für irreparabel erklärt und am 15. November außer Dienst gestellt. Näheres über den Verbleib des Wracks ist nicht bekannt.

## U 673

| | *Stapellauf* | *Indienststellung* |
|---|---|---|
| | 27.2.1943 | 8.5.1943 |
| Typ | VII C | |
| Kommandant | Oberleutnant zur See Ernst-August Gehrke (gerettet) | |
| versenkt am | 24. Oktober 1944 | |
| Position | Norwegensee vor Stavanger, 59°20'N 05°53'O | |
| durch | Kollision | |
| Tote | keine | |
| Überlebende | ? | |
| gehoben | ja | |

Nach Kollision mit U 382 gesunken, nähere Umstände nicht bekannt. Nach dem Krieg in Norwegen abgewrackt.

## U 1060

| | *Stapellauf* | *Indienststellung* |
|---|---|---|
| | 8.3.1943 | 15.5.1943 |

Typ VII F
Kommandant Oberleutnant zur See Herbert Brammer (gefallen)
versenkt am 27. Oktober 1944
Position norwegische Küstengewässer zwischen Narvik und Bergen, 65°24'N 12°00'O
durch Luftangriff
Tote 61
Überlebende 13
gehoben nein

U 1060 wurde an der Wasseroberfläche von einer Firefly I des auf dem Träger *Implacable* stationierten 1771. NAS angegriffen und beschädigt. Auf der nahen Insel Fleina lief das Boot auf Grund, wurde gesichtet und von den Liberators „Y" und „H" des 311. (tschechischen) Geschwaders der RAF und den Halifaxes „D" und „T" des 502. RAF-Geschwaders angegriffen. Danach lag das Boot auf der Seite.
An Bord von U 1060 waren neben der Besatzung auch die 28 geborgenen Überlebenden von U 957.

## U 1226

| | *Stapellauf* | *Indienststellung* |
|---|---|---|
| | 21.8.1943 | 24.11.1943 |

Typ IX C/40
Kommandant Oberleutnant zur See August-Wilhelm Claussen (gefallen)
versenkt im 28. Oktober 1944
Position Nordatlantik
durch ?
Tote 56
Überlebende keine
gehoben nein

U 1226 lief am 30. September zur Feindfahrt aus. Nachdem sich das Boot nicht mehr meldete, wurde es am 29. Oktober für vermißt erklärt. Vielleicht lief U 1226 auf eine Mine, kann aber auch durch einen Unfall verlorengegangen sein, möglicherweise durch Explosion der bei Schnorchelfahrt unzureichend belüfteten Batterien.

## U 537

| | *Stapellauf* | *Indienststellung* |
|---|---|---|
| | 7.11.1942 | 27.1.1943 |

Typ IX C/40
Kommandant Kapitänleutnant Peter Schrewe (gefallen)
versenkt am 9.(GMT) oder 10.(OZ) November 1944
Position Javasee o Surabaja, 07°13'S 115°17'O
durch amerikanisches U-Boot
Tote 58
Überlebende keine
gehoben nein

Das amerikanische U-Boot *Flounder* (Cdr J.E. Stevens) hatte eben auf Sehrohrtiefe die Lombokstraße in Richtung Norden passiert, als der OOW etwas ausmachte, das wie ein Segelschiff in der hier üblichen Bauweise aussah, sich beim Näherkommen jedoch als deutsches U-Boot entpuppte. Stevens feuerte um 08.00 Uhr vier Torpedos ab, die U 537 zerfetzten.

## U 771

| | *Stapellauf* | *Indienststellung* |
|---|---|---|
| | 26.9.1943 | 18.11.1943 |

Typ VII C
Kommandant Oberleutnant zur See d.R. Helmut Block (gefallen)
versenkt am 11. November 1944
Position Nordmeer w Tromsö, 69°17'N 16°28'W
durch britisches U-Boot
Tote 51
Überlebende keine
gehoben nein

U 771 war auf dem Rückmarsch, als sein Turm von dem britischen U-Boot *Venturer* (Lt J.S. Launders) gesichtet wurde. Nach sechs Minuten war Launders in Angriffsposition und feuerte vier Torpedos ab.
U 771 war das erste von zwei deutschen U-Booten, die von der *Venturer* versenkt wurden. Das zweite war U 864 (siehe 9. Februar 1945).

## U 1200

| | *Stapellauf* | *Indienststellung* |
|---|---|---|
| | 4.11.1943 | 5.1.1944 |

Typ VII C
Kommandant Oberleutnant zur See Hinrich Mangels (gefallen)
versenkt am 11. November 1944
Position Atlantik s Kap Clear, 50°24'N 08°10'W
durch Wasserbomben
Tote 53
Überlebende keine
gehoben nein

Am Morgen des 11. November erfaßte zunächst das Radar und dann auch das Sonar der 30. Geleitsicherungsgruppe ein mit 2 Knoten nach Südwesten laufendes U-Boot. Die EG 30 bestand aus dem Flaggschiff *Pevensey Castle* und den Eskortern *Kenilworth Castle*, *Porchester Castle* und *Launceston Castle*. Nach mehreren Wasserbombenangriffen schwammen Bootstrümmer und etwas Öl auf. Am 12. November stieß die EG 4 hinzu, und beide Gruppen blieben bis zum 14. November beim Wrack, von dem immer noch Öl hochkam.

## U 322

| | *Stapellauf* | *Indienststellung* |
|---|---|---|
| | 18.12.1943 | 5.2.1944 |
| Typ | VII C/41 | |
| Kommandant | Oberleutnant zur See Gerhard Wysk (gefallen) | |
| versenkt am | 25. November 1944 | |
| Position | Atlantik n Kap Wrath, 60°18'N 04°52'W | |
| durch | Hedgehog-Wasserbomben | |
| Tote | 52 | |
| Überlebende | keine | |
| gehoben | nein | |

Beim Marsch in den Atlantik wurde U 322 am 24. November von der Sunderland „G" des 330. (norwegischen) Geschwaders der RAF angegriffen und beschädigt. Das Flugzeug meldete die Position des Bootes der Fregatte *Ascension* (Lt-Cdr A. Wilkinson) von der EG 5, die nach kurzer Suche ASDIC-Kontakt zu U 322 hatte und es durch Hedgehog-Angriff versenkte.

## U 80

| | *Stapellauf* | *Indienststellung* |
|---|---|---|
| | 11.2.1941 | 8.4.1941 |
| Typ | VII C | |
| Kommandant | Kapitänleutnant Hans Keerl (gefallen) | |
| versenkt am | 28. November 1944 | |
| Position | Ostsee, Danziger Bucht w Pillau, 54°25'N 19°50'O | |
| durch | Unfall | |
| Tote | 48 | |
| Überlebende | keine | |
| gehoben | nein | |

Untergegangen durch eine Tauchpanne, über die nichts Näheres bekannt ist.

## U 196

| | *Stapellauf* | *Indienststellung* |
|---|---|---|
| | 24.4.1942 | 11.9.1942 |
| Typ | IX D2 | |
| Kommandant | Oberleutnant zur See Hans-Werner Striegler (gefallen) | |
| versenkt um den | 30. November 1944 | |
| Position | Sundastraße | |
| durch | ? | |
| Tote | 65 | |
| Überlebende | keine | |
| gehoben | nein | |

Gründe für den Verlust unbekannt. Vielleicht war die Ursache eine Tauchpanne beim Testen eines vor Ort gebauten Schnorchels.

## U 297

| | *Stapellauf* | *Indienststellung* |
|---|---|---|
| | 9.10.1943 | 17.11.1943 |
| Typ | VII C/41 | |
| Kommandant | Oberleutnant zur See Wolfgang Aldegarmann (gefallen) | |
| versenkt am | 6. Dezember 1944 | |
| Position | Nordatlantik no Kap Wrath, 58°44'N 04°29'W | |
| durch | Wasserbomben | |
| Tote | 50 | |
| Überlebende | keine | |
| gehoben | nein | |

Am 6. Dezember versenkte U 775 die britische Fregatte *Bullen*. Bei der Jagd auf dieses U-Boot stieß man statt dessen auf U 297. Nach Angriffen der Fregatte *Loch Insh* und des Zerstörers *Goodall* schwammen Bootstrümmer und Öl auf. Flugzeuge suchten das Seegebiet ab. Am späten Nachmittag sichtete die Sunderland „Y" des 201. RAF-Geschwaders weißen Rauch und die „Feder" eines Sehrohrs. Beim ersten Angriff blieben die Wasserbomben im Schacht hängen, doch beim zweiten Anflug detonierten sie dicht am Boot, worauf ein großer Ölteppich aufschwamm.
U 775 überstand den Krieg und wurde im Zug der „Operation Deadlight" versenkt.

## U 387

| | *Stapellauf* | *Indienststellung* |
|---|---|---|
| | 1.10.1942 | 24.11.1942 |
| Typ | VII C | |
| Kommandant | Kapitänleutnant Rudolf Büchler (gefallen) | |
| versenkt am | 9. Dezember 1944 | |

| | |
|---|---|
| Position | Barentssee vor Murmansk, 69°41'N 33°12'O |
| durch | Wasserbomben |
| Tote | 51 |
| Überlebende | keine |
| gehoben | nein |

Die vielen deutschen U-Boote, die vor der Ausfahrt des Weißen Meeres auf den nach Großbritannien zurückmarschierenden Geleitzug RA-62 warteten, veranlaßten den Chef der Geleitsicherungsgruppe, Konteradmiral Roderick McGrigor, den Geleitschutz einen Tag früher auslaufen zu lassen, um das Gebiet von U-Booten zu säubern. Unterstützt wurde die Eskortergruppe von vier sowjetischen Zerstörern. Die Fregatte *Bamborough Castle* hatte Sonarkontakt zu einem U-Boot und versenkte es durch Wasserbomben; spätere Nachforschungen ergaben, daß das versenkte Boot U 387 war. Sowjetische Quellen behaupten freilich, das Boot sei vom sowjetischen Zerstörer *Zhivuchi* durch Rammstoß versenkt worden, doch die Briten sahen am Bug des Zerstörers keine Spuren eines Rammstoßes - ein Beweis für die Stabilität sowjetischer Zerstörer?

## U 416

| | *Stapellauf* | *Indienststellung* |
|---|---|---|
| | 9.5.1942 | 4.11.1942 |
| Typ | VII C | |
| Kommandant | Oberleutnant zur See Eberhard Rieger (gefallen) | |
| versenkt am | 12. Dezember 1944 | |
| Position | Ostsee nw Pillau, 54°58'N 19°33'O | |
| durch | Kollision | |
| Tote | 35 | |
| Überlebende | ? | |
| gehoben | nein | |

Nachdem U 416 am 30. April 1943 Minenschaden erlitten hatte, wurde es im Oktober 1943 als Schulboot wieder in Dienst gestellt. Am 12. Dezember 1944 kollidierte es mit M 203 und sank.

## U 479

| | *Stapellauf* | *Indienststellung* |
|---|---|---|
| | 14.8.1943 | 27.10.1943 |
| Typ | VII C | |
| Kommandant | Oberleutnant zur See d.R. Friedrich-Wilhelm Sons (gefallen) | |
| versenkt am | 12. Dezember 1944 | |

| | |
|---|---|
| Position | Ostsee, Finnischer Meerbusen |
| durch | Mine |
| Tote | 51 |
| Überlebende | keine |
| gehoben | nein |

## U 365

| | *Stapellauf* | *Indienststellung* |
|---|---|---|
| | 9.3.1943 | 8.6.1943 |
| Typ | VII C | |
| Kommandant | Oberleutnant zur See Diether Todenhagen (gefallen) | |
| versenkt am | 13. Dezember 1944 | |
| Position | Eismeer o Jan Mayen, 70°43'N 08°07'O | |
| durch | Luftangriff | |
| Tote | 50 | |
| Überlebende | keine | |
| gehoben | nein | |

Versenkt bei Operationen zur Sicherung des aus dem Weißen Meer nach Großbritannien zurücklaufenden Geleitzugs RA-62. Versenkt wurde das an der Oberfläche laufende U 365 von den Swordfish „L" und „Q" des auf dem britischen Geleitträger *Campania* stationierten 813. NAS.

## U 400

| | *Stapellauf* | *Indienststellung* |
|---|---|---|
| | 8.1.1944 | 18.3.1944 |
| Typ | VII C | |
| Kommandant | Kapitänleutnant Horst Creutz (gefallen) | |
| versenkt am | 17. Dezember 1944 | |
| Position | Atlantik s Queenstown, 51°16'N 08°05'W | |
| durch | Wasserbomben | |
| Tote | 50 | |
| Überlebende | keine | |
| gehoben | nein | |

Von der britischen Fregatte *Nyasaland* der EG 18 durch Wasserbomben versenkt.

## U 1209

| | *Stapellauf* | *Indienststellung* |
|---|---|---|
| | 9.2.1944 | 13.4.1944 |
| Typ | VII C | |
| Kommandant | Oberleutnant zur See Ewald Hülsenbeck (gefallen) | |
| versenkt am | 18. Dezember 1944 | |
| Position | Ärmelkanal vor Wolf Rock, 49°55'N 05°48'W | |
| durch | Strandung | |

Tote 9
Überlebende 1 Offizier, 6 Unteroffiziere, 35 Mannschaften
gehoben nein

Die 26. Geleitsicherungsgruppe machte vor Land's End Jagd auf U 1209. Mehrere zunächst vielversprechende Kontakte wurden von den kanadischen U-Jägern *Ribble* und *Montreal* angegriffen, stellten sich aber später als Wracks heraus. Kurz danach barg die Gruppe die Überlebenden von U 1209, die aussagten, das Boot sei auf Grund gelaufen und dabei so schwer beschädigt worden, daß es aufgegeben werden mußte. Die EG 26 behauptete sofort, die Schäden seien durch ihre Schiffe verursacht worden, aber das erkannte die Admiralität nicht an.
Hinterher diskutierte die Bemannung des Trinity-House-Leuchtturms, ob nicht eigentlich ihr die für die Versenkung eines U-Boots üblichen Auszeichnungen zuständen.

## U 737

| | *Stapellauf* | *Indienststellung* |
|---|---|---|
| | 21.11.1942 | 30.1.1943 |

Typ VII C
Kommandant Oberleutnant zur See Friedrich-August Gréus (gerettet)
versenkt am 19. Dezember 1944
Position norwegische Küstengewässer, Vestfjord, 68°09'N 15°39'O
durch Kollision
Tote keine
Überlebende ?
gehoben nein

Nach Kollision mit dem Minenräumboot MRS 25 gesunken.

## U 2342

| | *Stapellauf* | *Indienststellung* |
|---|---|---|
| | 13.10.1944 | 1.11.1944 |

Typ XXIII
Kommandant Oberleutnant zur See d.R. Berchtold Schad von Mittelbiberach (gefallen)
versenkt am 26. Dezember 1944
Position Ostsee n Swinemünde, 53°55'N 14°17'O
durch Mine
Tote 7
Überlebende 7
gehoben nein

## U 877

| | *Stapellauf* | *Indienststellung* |
|---|---|---|
| | 10.12.1943 | 24.3.1944 |

Typ IX C/40
Kommandant Kapitänleutnant Eberhard Findeisen (gerettet)
versenkt am 27. Dezember 1944
Position Atlantik nw Azoren
durch Squid
Tote keine
Überlebende 5 Offiziere, 4 Unteroffiziere, 46 Mannschaften
gehoben nein

Im Zusammenhang mit der deutschen Ardennenoffensive war U 877 südlich von Irland auf Wetterdaten-Erfassungseinsatz. Wegen zeitweiligem Ausfall des Funkgeräts konnte das Boot keine Wettermeldungen absetzen, wohl aber FTs empfangen, und erhielt deshalb vom BdU die Erlaubnis zur freien Jagd. Rein zufällig entdeckte die kanadische Fregatte *St Thomas* von der Gruppe C3 das U-Boot, schoß eine Squid ab, um es unter Wasser zu halten, während die Sonarwache der Fregatte per ASDIC das Ziel zu klassifizieren versuchte. Zunächst hielt der ASCO den Kontakt für einen Fischschwarm, aber der SDI (Leading Seaman G.A. Elsey) bestand (nicht zum ersten Mal) darauf, daß es ein U-Boot sei, da es unzweideutigen Doppler zeigte. Der Kommandant der Fregatte, Lt-Cdr L.P. Denny, schloß sich Elseys Meinung an und schoß eine weitere Squidsalve ab. Diese detonierte direkt über dem Heck von U 877 und verursachte eine Reihe von Lecks, die nicht abzudichten waren. Als das Boot auf 360 Meter Tiefe gefallen war, gab Findeisen den Befehl zum Auftauchen. Kaum über Wasser, wurde U 877 durch *St Thomas* und *Sea Cliff* beschossen, doch als man erkannte, daß die Besatzung von Bord ging, wurde das Feuer eingestellt.

## U 735

| | *Stapellauf* | *Indienststellung* |
|---|---|---|
| | 10.10.1942 | 28.12.1942 |

Typ VII C
Kommandant Oberleutnant zur See Hans-Joachim Börner (gefallen)
versenkt am 28. Dezember 1944
Position Norwegen, Horten
durch Luftangriff
Tote ?
Überlebende ?
gehoben nein

U 735 wurde im Hafen von Horten bei einem Luftangriff der RAF versenkt.

## U 772

| | *Stapellauf* | *Indienststellung* |
|---|---|---|
| | 21.9.1943 | 15.12.1943 |
| Typ | VII C | |
| Kommandant | Kapitänleutnant Ewald Rademacher (gefallen) | |
| versenkt am | 30. Dezember 1944 | |
| Position | Ärmelkanal vor Portland Bill, 50°05'N 02°31'W | |
| durch | Luftangriff | |
| Tote | 48 | |
| Überlebende | keine | |
| gehoben | nein | |

U 772 operierte im Ärmelkanal und hatte drei Frachter versenkt, ohne entdeckt worden zu sein. Am 29. Dezember griff es den Küstenkonvoi TBC-1 an, versenkte einen Frachter und beschädigte einen zweiten. Beim Ablaufen wurden Sehrohr und Schnorchel des Bootes von der Wellington „L" des 407. RCAF-Geschwaders gesichtet. Das Flugzeug schaltete das Leigh Light ein und warf sechs Wasserbomben, sichtete zwar danach weder Bootstrümmer noch Öl, aber das Boot war vom ASV-Radar verschwunden.

## U 906

| | *Stapellauf* | *Indienststellung* |
|---|---|---|
| | 1.4.1944 | - |
| Typ | VII C | |
| Kommandant | unbesetzt | |
| versenkt am | 31. Dezember 1944 | |
| Position | Hamburg | |
| durch | Luftangriff | |
| Tote | ? | |
| Überlebende | ? | |
| gehoben | nein | |

Durch einen schweren Luftangriff der USAAF auf Hamburg versenkt. Zerstört wurden auch in unterschiedlichen Stadien der Fertigstellung die im Bau befindlichen U 908, U 1011, U 1012, U 2530, U 2532 und U 2537.

# 1945

## U 382

| | *Stapellauf* | *Indienststellung* |
|---|---|---|
| | 15.5.1944 | 19.9.1944 |
| Typ | VII C/41 | |
| Kommandant | Oberleutnant zur See d.R. Hans-Ulrich Scholle (gerettet) | |
| versenkt im | Januar 1945 | |
| Position | Nordsee, Wilhelmshaven | |
| durch | Luftangriff | |
| Tote | ? | |
| Überlebende | ? | |
| gehoben | ja | |

Versenkt bei einem Luftangriff der RAF auf Wilhelmshaven. Am 20. März 1945 gehoben und außer Dienst gestellt. Nicht wieder in Dienst gestellt, am 30. November 1945 im Zug der „Operation Deadlight" versenkt.

## U 650

| | *Stapellauf* | *Indienststellung* |
|---|---|---|
| | 1.10.1942 | 26.11.1942 |
| Typ | VII C | |
| Kommandant | Oberleutnant zur See Rudolf Zorn (gefallen) | |
| versenkt im | Januar 1945 | |
| Position | Atlantik | |
| durch | ? | |
| Tote | 47 | |
| Überlebende | keine | |
| gehoben | nein | |

Auf dem Marsch in den Süden der Irischen See blieb U 650 verschollen. Keine alliierten Quellen melden seine Versenkung. Das Boot kann auf eine Treibmine gelaufen oder infolge technischer Mängel oder menschlichen Versagens untergegangen sein.

## U 1020

| | *Stapellauf* | *Indienststellung* |
|---|---|---|
| | 22.3.1944 | 17.5.1944 |
| Typ | VII C/41 | |
| Kommandant | Oberleutnant zur See d.R. Otto-Emil Eberlein (gefallen) | |
| versenkt im | Januar 1945 | |
| Position | Nordsee, Moray Firth | |
| durch | ? | |
| Tote | 49 | |
| Überlebende | keine | |
| gehoben | nein | |

Wie U 650 verschwand auch U 1020 spurlos. Das Boot sollte vor Ronaldsay auf den Orkney-Inseln die britische Trägergruppen angreifen, die zu Operationen vor der norwegischen Küste ausliefen oder von dort nach Scapa Flow zurückkehrten. Bis Ende Dezember 1944 operierte U 1020 im Pentland Firth, ohne Ziele zu finden, und lief dann südwärts in der Hoffnung, im Moray Firth mehr Glück zu haben. Keine alliierten Quellen melden die Versenkung des Bootes; es kann auf eine Mine gelaufen oder infolge technischer Mängel oder menschlichen Versagens verlorengegangen sein.

## U 679

| | *Stapellauf* | *Indienststellung* |
|---|---|---|
| | 18.9.1943 | 29.11.1943 |
| Typ | VII C | |
| Kommandant | Oberleutnant zur See Eduard Aust (gefallen) | |
| versenkt am | 9. Januar 1945 | |
| Position | Ostsee, Finnischer Meerbusen | |
| durch | Wasserbomben | |
| Tote | 51 | |
| Überlebende | keine | |
| gehoben | nein | |

U 679 wurde vom sowjetischen U-Bootjäger MO-124 versenkt, doch sind die genauen Umstände nicht bekannt.

## U 248

| | *Stapellauf* | *Indienststellung* |
|---|---|---|
| | 7.10.1943 | 6.11.1943 |
| Typ | VII C | |
| Kommandant | Oberleutnant zur See Johann-Friedrich Loos (gefallen) | |
| versenkt am | 16. Januar 1945 | |
| Position | Atlantik n Azoren, 47°43'N 26°37'W | |
| durch | Wasserbomben | |
| Tote | 48 | |
| Überlebende | keine | |
| gehoben | nein | |

U 248 war vor den Azoren auf Wetterdaten-Erfassungseinsatz; die täglichen Wettermeldungen waren für die deutsche Ardennenoffensive sehr wichtig. Die Meldungen von U 248 (und von weiteren Wetterbooten, U 1053, U 1232 und U 1230, das Wettermeldungen absetzte, nachdem es einen Agenten in Maine an Land gesetzt hatte) wurden vom Oberkommando der 10. Flotte überwacht. Zur U-Jagd wurde eine Gruppe von vier Zerstörern unter Cdr J.E. Bowling auf dem Zerstörer *Otter* beordert (Flugzeugträger waren nicht verfügbar, da alle mit dem Transport von Flugzeugen nach Europa ausgelastet waren), die bis zum 10. Januar das Seegebiet absuchten und dann zum Auftanken die Azoren anliefen.

Am 12. Januar liefen sie wieder aus, und am 16. Januar hörten um 05.50 Uhr drei der Schiffe den Funkverkehr eines nur 15 Kilometer entfernten U-Boots mit, das achtzig Minuten später vom Sonar erfaßt wurde. Die *Varian* übernahm die „Führung", während *Hayter* und *Otter* Angriffe mit Wasserbomben und Hedgehogs fuhren. Das U-Boot wich in 150 Meter Tiefe geschickt aus, doch um 10.12 Uhr kündete ein Schwall Luftblasen sein Auftauchen an. Als es über Wasser kam, fuhr die *Otter* einen letzten Angriff, nach dem das Boot so schnell sank, daß die Besatzung nicht mehr von Bord gehen konnte. Danach schwammen Öl, Bootstrümmer und zerfetzte Leichen auf mit Beweisen, anhand derer das Boot als U 248 identifiziert werden konnte.

# U 482

| | *Stapellauf* | *Indienststellung* |
|---|---|---|
| | 25.9.1943 | 1.12.1943 |
| Typ | VII C | |
| Kommandant | Kapitänleutnant Hartmut Graf von Matuschka (gefallen) | |
| versenkt am | 16. Januar 1945 | |
| Position | Nordkanal nw Machrihanish, 55°30'N 05°53'W | |
| durch | Wasserbomben | |
| Tote | 48 | |
| Überlebende | keine | |
| gehoben | nein | |

Scheinbar unverwundbar, hatte U 482 seit dem 1. Dezember 1944 im Nordkanal operiert, den Flugzeugträger *Thane* durch Torpedo gefechtsunfähig geschossen und vor der Zufahrt zum Clyde einen norwegischen Tanker beschädigt. Auf dem Rückmarsch lief U 482 direkt in die 22. Geleitsicherungsgruppe (bestehend aus der britischen Korvette *Amethyst*, der Fregatte *Loch Craggie* und den Sloops *Hart*, *Peacock* und *Starling*) und wurde durch Wasserbomben versenkt.

# U 2523

| | *Stapellauf* | *Indienststellung* |
|---|---|---|
| | 25.10.1944 | 26.12.1944 |
| Typ | XXI | |
| Kommandant | Kapitänleutnant Hans-Heinrich Ketels (gerettet) | |
| versenkt am | 17. Januar 1945 | |
| Position | Hamburg | |
| durch | Luftangriff | |
| Tote | ? | |
| Überlebende | ? | |
| gehoben | ja, außer Dienst gestellt und abgewrackt | |

Versenkt bei einem alliierten Bombenangriff auf Hamburg.

# U 1199

| | *Stapellauf* | *Indienststellung* |
|---|---|---|
| | 12.10.1943 | 23.12.1943 |
| Typ | VII C | |
| Kommandant | Kapitänleutnant Rolf Nollmann (gefallen) | |
| versenkt am | 21. Januar 1945 | |
| Position | Ärmelkanal w Land's End, 49°57'N 05°42'W | |
| durch | Wasserbomben | |
| Tote | 46 | |
| Überlebende | 1 | |
| gehoben | nein | |

Nachdem U 1199 den Frachter *George Hawley* im Konvoi TBC-43 torpediert hatte, wurde es von der Korvette *Mignonette* und dem Zerstörer *Icarus* angegriffen, die von der EG 14 abgestellt worden waren. U 1199 legte sich auf Grund, wurde dort aber durch mehrere Wasserbombenangriffe zerstört. In aufschwimmenden Wrackteilen und Öl kam als einziger Überlebender der Obersteuermann Klausen an die Oberfläche, der mit dem Tauchretter in 72 Meter Tiefe aus dem Turmluk entkommen konnte. Angesichts des in dieser Tiefe herrschenden Wasserdrucks von mehr als 100 Psi war es fast ein Wunder, daß ihm beim Auftauchen nicht die Lunge zerrissen wurde. Kein anderer Überlebender eines versenkten U-Boots konnte in beiden Weltkriegen aus so großer Tiefe unversehrt aufsteigen.

Dieser Rekord wurde inzwischen zwar übertroffen, doch nur unter der Aufsicht ausgebildeter Taucher und unter streng kontrollierten Umständen.

## U 763

| | *Stapellauf* | *Indienststellung* |
|---|---|---|
| | 16.1.1943 | 13.3.1943 |
| Typ | VII C | |
| Kommandant | Oberleutnant zur See Karl-Heinz Schröter (gerettet) | |
| versenkt am | 24. Januar 1945 | |
| Position | Ostsee, Königsberg | |
| durch | Luftangriff | |
| Tote | ? | |
| Überlebende | ? | |
| gehoben | ? | |

Versenkt bei einem sowjetischen Luftangriff auf Königsberg, nähere Umstände und Verbleib des Wracks sind nicht bekannt.

## U 1051

| | *Stapellauf* | *Indienststellung* |
|---|---|---|
| | 3.2.1944 | 4.3.1944 |
| Typ | VII C | |
| Kommandant | Oberleutnant zur See Heinrich von Holleben (gefallen) | |
| versenkt am | 26. Januar 1945 | |
| Position | Irische See, 53°39'N 05°23'W | |
| durch | Rammung/Wasserbomben | |
| Tote | 52 | |
| Überlebende | keine | |
| gehoben | nein | |

Am 26. Januar torpedierte und beschädigte U 1172 die britische Fregatte *Manners*. Nach deren Positionsmeldung nahmen die 4. und die 5. Geleitsicherungsgruppe die U-Jagd auf, stießen jedoch auf U 1051, das vom ASDIC der *Bentinck* erfaßt und von ihr mit Wasserbomben angegriffen wurde. Den Angriffen schlossen sich *Calder* und *Aylmer* an, und ein Hedgehog-Treffer konnte verbucht werden. Um 16.04 Uhr tauchte U 1051 mit völlig zerstörtem Turm auf, wurde von allen drei Schiffen beschossen und von der *Aylmer* durch Rammstoß versenkt. Viele Bootstrümmer schwammen auf, doch Überlebende kamen nicht an die Wasseroberfläche.

## U 1172

| | *Stapellauf* | *Indienststellung* |
|---|---|---|
| | 3.12.1943 | 20.4.1944 |
| Typ | VII C/41 | |
| Kommandant | Oberleutnant zur See Jürgen Kuhlmann (gefallen) | |
| versenkt am | 27. Januar 1945 | |
| Position | St.-Georgskanal, 52°24'N 05°42'W | |
| durch | Wasserbomben | |
| Tote | 52 | |
| Überlebende | keine | |
| gehoben | nein | |

U 1172 konnte sich der erfolgreichen Torpedierung der *Manners* nicht lange erfreuen. Am Mittag des 27. Januar wurde der Geleitzug HX-332 von U 825 angegriffen. Die EG 5 ging auf U-Jagd, und um 19.55 Uhr erfaßte das ASDIC der britischen Fregatte *Keats* 30 Kilometer südwestlich der Position, an der der Konvoi angegriffen worden war, ein U-Boot, das sie zusammen mit der Fregatte *Bligh* angriff, worauf zahlreiche Bootstrümmer und viel Öl aufschwammen.

## U 3520

| | *Stapellauf* | *Indienststellung* |
|---|---|---|
| | 23.11.1944 | 12.1.1945 |
| Typ | XXI | |
| Kommandant | Kapitänleutnant Sarto Ballert (gefallen) | |
| versenkt am | 31. Januar 1945 | |
| Position | Ostsee, Kieler Bucht vor Eckernförde, 54°28'N 10°12'O | |
| durch | Mine | |
| Tote | 80 | |
| Überlebende | keine | |
| gehoben | nein | |

## U 1279

| | *Stapellauf* | *Indienststellung* |
|---|---|---|
| | 3.5.1944 | 5.7.1944 |
| Typ | VII C/41 | |
| Kommandant | Oberleutnant zur See d.R. Hans Falke (gefallen) | |
| versenkt am | 3. Februar 1945 | |
| Position | Nordmeer nw Bergen, 61°21'N 02°00'W | |
| durch | Squid | |
| Tote | 48 | |
| Überlebende | keine | |
| gehoben | nein | |

Anfang Februar gab es Hinweise darauf, daß deutsche U-Boote zwischen den Färöers und den Shetlands in den Atlantik marschierten. Deshalb lief die EG 10 aus Londonderry zur U-Jagd aus. Am Morgen des 3. Februar erfaßte das ASDIC der britischen Fregatte *Bayntun* ein U-Boot, das erfolglos von den Fregatten *Braithwaite* und *Bayntun* mit Hedgehogs angegriffen wurde, doch nachdem die Fregatte *Loch Eck* eine einzige Squidsalve abgeschossen hatte, schwammen zahlreiche Bootstrümmer (einschließlich der Druckluftflasche eines deutschen Torpedos) und viel Öl auf.

## U 745

| | *Stapellauf* | *Indienststellung* |
|---|---|---|
| | 16.4.1943 | 19.6.1943 |

Typ VII C
Kommandant Kapitänleutnant Wilhelm von Trotha (gefallen)
versenkt im Februar 1945
Position Ostsee, Finnischer Meerbusen
durch ?
Tote 48
Überlebende keine
gehoben nein

U 745 kehrte von einer Feindfahrt im Finnischen Meerbusen nicht zurück. Das Boot kann auf eine Mine gelaufen sein oder ging durch einen Unfall infolge technischer Mängel oder menschlichen Versagens verloren.

## U 1014

| | *Stapellauf* | *Indienststellung* |
|---|---|---|
| | 30.1.1944 | 14.3.1944 |

Typ VII C/41
Kommandant Oberleutnant zur See Wolfgang Glaser (gefallen)
versenkt am 4. Februar 1945
Position nw Irland vor Loch Shin, 55°17'N 06°44'W
durch Wasserbomben
Tote 48
Überlebende keine
gehoben nein

Die britische Fregatte *Loch Scavaig* von der 23. Geleitsicherungsgruppe ortete bei einer Übungsfahrt vor Loch Shin per ASDIC ein auf Grund liegendes Objekt. Später stießen die Fregatten *Nyasaland* und *Papua* dazu, und gemeinsam fuhren sie mehrere Wasserbombenangriffe, bis viele Bootsreste, deutsche Uniformteile und Papiere aufschwammen.

## U 923

| | *Stapellauf* | *Indienststellung* |
|---|---|---|
| | 7.8.1943 | 4.10.1943 |

Typ VII C
Kommandant Oberleutnant zur See Heinz Frömmer (gefallen)
versenkt am 9. Februar 1945
Position Ostsee o Feuerschiff Kiel
durch Mine
Tote 48
Überlebende keine
gehoben im Januar 1953 und abgewrackt

## U 864

| | *Stapellauf* | *Indienststellung* |
|---|---|---|
| | 12.8.1943 | 9.12.1943 |

Typ IX D2
Kommandant Korvettenkapitän Ralf-Reimar Wolfram (gefallen)
versenkt am 9. Februar 1945
Position Norwegensee w Bergen, 60°46'N 04°35'O
durch britisches U-Boot
Tote 73
Überlebende keine
gehoben nein

Dies war das zweite deutsche U-Boot, das vom britischen U-Boot *Venturer* unter dem Kommandanten Lt Jimmy Launders versenkt wurde, aber denkwürdig ist diese Versenkung dadurch, daß beide Boote dabei unter Wasser waren.

Die *Venturer* patrouillierte vor Fejeosen (heute Fedje), dem meistbenützten Einlaufweg nach Bergen. Kurz nach 09.32 Uhr wurden mit einem Hydrophon des Typs 129 schwache Schraubengeräusche erfaßt. Sie wurden kontinuierlich stärker und um 10.50 Uhr als die eines deutschen U-Boots identifiziert. Dann sichtete der OOW in der Richtung der Hydrophonpeilung ein Sehrohr. Das deutsche U-Boot hatte keinen Schnorchel, da dessen typisches „Gemuffel" nicht zu hören war; es hatte wohl einen lärmerzeugenden Apparat wie einen Kompressor eingeschaltet. Um 11.22 Uhr sichtete der First Lieutenant der *Venturer* beide Sehrohre von U 864 (oder das Sehrohr und den Antennenmast, da Wolfram schnellstmöglich seinem Stützpunkt seine Position melden wollte, um nicht von eigenen Booten angegriffen zu werden). Beide Rohre blieben längere Zeit über Wasser, was der Flottillenchef der *Venturer* später als „erschreckend unvorsichtig" bezeichnete. Aus den Meldungen seiner Sonarwache und der Beobachtung durch das Sehrohr schloß Launders, daß er sich rechts vor dem deutschen Boot befand. In der nächsten Stunde plottete er mit seinem sehr einfachen ASDIC den Kurs des Feindbootes, und als er dessen Kursverlauf mit größtmöglicher Wahrscheinlichkeit bestimmt hatte, schoß er um 12.12 Uhr vier Mk-VIII**-Torpedos in rascher Folge ab. Er hatte die Entfernung auf knapp 2000 Meter geschätzt, aber nach der Zeit, die zwischen dem Abschuß und der Explosion der ersten Torpedos verstrich, waren es eher 3000 Meter. Nach 2 Minuten und 12 Sekunden Laufzeit gab es in genau in der richtigen Peilung eine Explosion. Nach fünf Minuten gab es zwei weitere Detonationen, die vermutlich durch die auf Grund gelaufenen und dort explodierenden übrigen Torpedos erzeugt wurden. Zwei Minuten nach der ersten Explosion hörte die Sonarwache das Geräusch des auseinanderbrechenden Bootes und des dort einströmenden Wassers. Die Schotten von U 864 waren so verstärkt, daß es Kollisionen über Wasser aushielt, aber dem Druck in großer Wassertiefe konnte der Bootskörper nicht standhalten.

Launders lief mit seinem Boot an den Ort der Versenkung, um ihn durch das Sehrohr zu inspizieren. Er sah viel zähflüssiges Dieselöl, Bootstrümmer und einen großen Metallkanister, der vielleicht die an Deck gestauten Rettungswesten enthalten hatte, doch könnte sein Inhalt auch ein Focke-Achgelis-Fessel-Autogiro gewesen sein, wie es für Aufklärungszwecke verwendet wurde.

# U 989

| | *Stapellauf* | *Indienststellung* |
|---|---|---|
| | 16.6.1943 | 22.7.1943 |
| Typ | VII C | |
| Kommandant | Kapitänleutnant Hardo Rodler von Roithberg (gefallen) | |
| versenkt am | 14. Februar 1945 | |
| Position | Nordatlantik n Shetland-Inseln, 61°36'N 01°35'W | |
| durch | Squid | |
| Tote | 46 | |
| Überlebende | 2 | |
| gehoben | nein | |

Nach der Versenkung von U 1279 bunkerte die 10. Geleitsicherungsgruppe in Scapa Treibstoff und kehrte dann in das Seegebiet zwischen den Färöers und den Shetland-Inseln zurück. Am Nachmittag des 14. Februar erfaßte das ASDIC der Fregatte *Bayntun* ein Feindboot, und alle Schiffe griffen es mit Squid und Hedgehogs an. Erst nach drei Squidangriffen der *Loch Dunvegan* schwammen Bootstrümmer auf und zwischen ihnen zwei Überlebende, von denen einer der Kommandant war. Beide starben später, weil sie ohne entsprechendes Gerät und ohne Training aus so großer Tiefe hochgekommen waren, aber zuvor teilten sie mit, daß das versenkte Boot U 989 war.

# U 1053

| | *Stapellauf* | *Indienststellung* |
|---|---|---|
| | 13.1.1944 | 12.2.1944 |
| Typ | VII C | |
| Kommandant | Oberleutnant zur See Helmut Lange (gefallen) | |
| versenkt am | 15. Februar 1945 | |
| Position | norwegische Küstengewässer vor Bergen, 60°22'N 05°10'O | |
| durch | Unfall | |
| Tote | 44 | |
| Überlebende | ? | |
| gehoben | nein | |

Bei Raketenversuchen vor Bergen durch Unfall verlorengegangen, nähere Umstände nicht bekannt.

# U 309

| | *Stapellauf* | *Indienststellung* |
|---|---|---|
| | 5.12.1942 | 27.1.1943 |
| Typ | VII C | |
| Kommandant | Oberleutnant zur See Herbert Loeder (gefallen) | |
| versenkt am | 16. Februar 1945 | |
| Position | Nordsee o Moray Firth, 58°09'N 02°23'W | |
| durch | Wasserbomben | |
| Tote | 47 | |
| Überlebende | keine | |
| gehoben | nein | |

Während die 9. Geleitsicherungsgruppe den Konvoi WN-74 in den Moray Firth eskortierte, erfaßte das ASDIC der Fregatte *St John* (Lt-Cdr W.R. Stacey) ein Objekt, das sich nicht bewegte, weil kein Dopplereffekt festzustellen war, und dessen Position nicht mit den Positionen versenkter Boote übereinstimmte. Deshalb ging man davon aus, daß es sich bei dem Kontakt um ein U-Boot handelte, das versuchte, auf Grund liegend sich der Ortung zu entziehen. Nach dem Abwurf von fünf Wasserbomben schwamm etwas Öl auf. Erfolglos blieben auch zwei weitere Hedgehog-Angriffe. Nach einem vierten Angriff mit Wasserbomben schwammen zahlreiche Bootstrümmer, aber auch Seekarten, Signalbücher und viel Korkisolation auf. Am 17. Februar wurde das Wrack noch einmal vergeblich mit Wasserbomben belegt, um Leichen an die Oberfläche zu bringen. Der *St John* wurde eine „wahrscheinliche Versenkung" zuerkannt, und erst nach dem Krieg konnte bestätigt werden, daß U 309 durch diesen Angriff tatsächlich versenkt wurde.

## U 425

| | *Stapellauf* | *Indienststellung* |
|---|---|---|
| | 19.12.1942 | 21.4.1943 |
| Typ | VII C | |
| Kommandant | Kapitänleutnant Heinz Bentzien (gefallen) | |
| versenkt am | 17. Februar 1945 | |
| Position | Barentssee vor dem Weißen Meer, 69°39'N 33°50'O | |
| durch | Wasserbomben | |
| Tote | 53 | |
| Überlebende | 1 | |
| gehoben | nein | |

Am Tag vor dem Auslaufen des Geleitzugs RA-64 aus dem Weißen Meer wurden alle verfügbaren Geleitsicherer vorausgeschickt, um das Seegebiet nach Feindbooten abzusuchen. Dabei entdeckten die britische Korvette *Alnwick Castle* und die britische Sloop *Lark* U 425 und versenkten es mit Wasserbomben. Zuvor wurde das Boot durch die Detonationen über Wasser gehoben und setzte zum Erstaunen der Briten das derzeit gültige sowjetische Erkennungssignal ab. Nur ein einziger Überlebender konnte das sinkende Boot verlassen.

## U 1273

| | *Stapellauf* | *Indienststellung* |
|---|---|---|
| | 10.1.1944 | 16.2.1944 |
| Typ | VII C/41 | |
| Kommandant | Kapitänleutnant Helmut Knollmann (gefallen) | |
| versenkt am | 17. Februar 1945 | |
| Position | Oslofjord vor Horten | |
| durch | Mine | |
| Tote | 43 | |
| Überlebende | keine | |
| gehoben | nein | |

## U 1278

| | *Stapellauf* | *Indienststellung* |
|---|---|---|
| | 15.4.1944 | 31.5.1944 |
| Typ | VII C/41 | |
| Kommandant | Kapitänleutnant Erich Müller-Bethke (gefallen) | |
| versenkt am | 7. Februar 1945 | |
| Position | n Shetland-Inseln, 61°32'N 01°36'W | |
| durch | Hedgehogs | |
| Tote | 48 | |
| Überlebende | keine | |
| gehoben | nein | |

Nach der Versenkung von U 989 blieb die EG 10 trotz schwerer See im Gebiet zwischen den Färöers und den Shetland-Inseln. Am Abend des 17. Februar meldete die britische Fregatte *Bayntun* ein erfaßtes Feindboot, das dritte bei diesem Einsatz der Gruppe. Diesmal konnte die Fregatte selbst U 1278 durch Hedgehog-Angriff versenken. Viel Öl schwamm auf, aber auch ein Schlauchboot und aufgeblasener Gummiball.

## U 2344

| | *Stapellauf* | *Indienststellung* |
|---|---|---|
| | 24.10.1944 | 10.11.1944 |
| Typ | XXIII | |
| Kommandant | Oberleutnant zur See d.R. Hermann Ellerlage (gerettet) | |
| versenkt am | 18. Februar 1945 | |
| Position | Ostsee vor Heiligendamm, 54°06'N 11°48'O | |
| durch | Kollision | |
| Tote | 7 | |
| Überlebende | 7 | |
| gehoben | ja | |

Gesunken nach Kollision mit U 2336, nähere Umstände sind nicht bekannt. Das Wrack wurde im Juni 1956 gehoben und 1958 in Rostock abgewrackt.

## U 676

| | *Stapellauf* | *Indienststellung* |
|---|---|---|
| | 6.7.1943 | 4.8.1943 |
| Typ | VII C (Testversion eines Flakbootes und von August bis Oktober 1944 zur Luftsicherung von Geleitzügen in der Ostsee eingesetzt) | |
| Kommandant | Kapitänleutnant Werner Sass (gefallen) | |
| versenkt am | 19. Februar 1945 | |
| Position | Finnischer Meerbusen, genaue Position nicht bekannt | |
| durch | Mine | |
| Tote | 57 | |
| Überlebende | keine | |
| gehoben | nein | |

U 676 lief in einer von den Sowjets ausgelegten Sperre auf eine Mine.

## U 1276

| | *Stapellauf* | *Indienststellung* |
|---|---|---|
| | 25.2.1944 | 6.4.1944 |

| | |
|---|---|
| Typ | VII C/41 |
| Kommandant | Oberleutnant zur See Karl-Heinz Wendt (gefallen) |
| versenkt am | 20. Februar 1945 |
| Position | Irische See s Waterford, 51°48'N 07°07'W |
| durch | Wasserbomben |
| Tote | 49 |
| Überlebende | keine |
| gehoben | nein |

Versenkt durch die britische Fregatte *Amethyst* und die Liberator „U" des 224. RAF-Geschwaders.

## U 300

| | *Stapellauf* | *Indienststellung* |
|---|---|---|
| | 23.11.1943 | 29.12.1943 |

| | |
|---|---|
| Typ | VII C/41 |
| Kommandant | Oberleutnant zur See Fritz Hein (gefallen) |
| versenkt am | 22. Februar 1945 |
| Position | Atlantik vor Kap St. Vincent, 36°29'N 08°20'W |
| durch | Wasserbomben |
| Tote | 11 |
| Überlebende | 3 Offiziere, 4 Unteroffiziere, 34 Mannschaften |
| gehoben | nein |

Nach einer Operation vor Island bat Hein um Verlegung ins Seegebiet vor Gibraltar. Nach Landfall vor Kap St. Vincent wurde ihm ein Geleitzug gemeldet. Am 17. Februar griff er den Konvoi UGS-72 an und torpedierte zwei Schiffe, die *Regent Lion* und die *Michael J. Stone.* Zwei Tage später wurde U 300 von der britischen Minenräum-Yacht *Evadne* mit Wasserbomben angegriffen, die den Dieselbunker aufrissen und im Bug zahlreiche Lecks verursachten. Dennoch konnte Hein ablaufen und nahm Kurs auf die Bucht von Tanger, wo Reparaturen durchgeführt wurden; dabei wurden auch die mit Schweinefett und Holzpflöcken provisorisch abgedichteten Lecks zugeschweißt. Dann legte Hein zwischen Cadiz und Kap St. Vincent sein Boot auf Grund, um den weiteren Gang der Dinge abzuwarten. Am 22. Februar ging er auf Schnorcheltiefe, um Funksprüche empfangen zu können, und sichtete einen LST-Konvoi. Er schoß auf einen Eskorter einen akustischen Torpedo ab, der am Ziel vorbeilief, tauchte aber auf, als ein anderer Eskorter auf ihn zulief, und befahl die Räumung des Bootes. Die Überlebenden wurden von den britischen Minensuchbooten *Recruit* und *Pincher* aufgenommen.

## U 480

| | *Stapellauf* | *Indienststellung* |
|---|---|---|
| | 14.8.1943 | 6.10.1943 |

| | |
|---|---|
| Typ | VII C |
| Kommandant | Oberleutnant zur See Hans-Joachim Förster (gefallen) |
| versenkt am | 24. Februar 1945 |
| Position | Ärmelkanal sw Land's End, 49°55'N 06°08'W |
| durch | Wasserbomben |
| Tote | 48 |
| Überlebende | keine |
| gehoben | nein |

Auf dem Rückmarsch aus dem Ärmelkanal griff U 480 den Konvoi BTC-78 an und versenkte die *Oriskany.* Rasch schlug die 3. Geleitsicherungsgruppe zurück; die britischen Fregatten *Duckworth* (Cdr R.G. Mills) und *Rowley* (Lt-Cdr F.J.G. Jones) versenkten das Boot mit Wasserbomben. Es schwammen genügend Bootstrümmer zur Bestätigung der Versenkung auf.

## U 927

| | *Stapellauf* | *Indienststellung* |
|---|---|---|
| | 3.5.1944 | 27.6.1944 |

| | |
|---|---|
| Typ | VII C |
| Kommandant | Kapitänleutnant Jürgen Ebert (gefallen) |
| versenkt am | 24. Februar 1945 |
| Position | Ärmelkanal so Falmouth, 49°54'N 04°45'W |
| durch | Luftangriff |
| Tote | 47 |
| Überlebende | keine |
| gehoben | nein |

Das Radar der Warwick „K" (Flt Lt A.G. Brownsill) des 179. RAF-Geschwaders erfaßte ein Ziel, das mit dem Leigh-Light-Suchscheinwerfer angestrahlt wurde. Gesichtet wurde ein etwa 1,5 Meter aus dem Wasser ragender Schnorchel. Das Flugzeug warf sechs Wasserbomben, die beidseits des Bootes explodierten. Später kehrte die Warwick zurück und sah im Licht des Suchscheinwerfers aufgeschwommenes Öl und Bootstrümmer. Nach den Explosionen weiterer Wasserbomben war ein großer Ölteppich zu sehen.

## U 3007

| | *Stapellauf* | *Indienststellung* |
|---|---|---|
| | 4.9.1944 | 22.10.1944 |
| Typ | XXI | |
| Kommandant | Kapitänleutnant Helmut Manseck (gerettet) | |
| versenkt am | 24. Februar 1945 | |
| Position | Bremen | |
| durch | Luftangriff | |
| Tote | ? | |
| Überlebende | ? | |
| gehoben | nein | |

Bei einem Luftangriff der USAAF auf Bremen versenkt.

## U 1018

| | *Stapellauf* | *Indienststellung* |
|---|---|---|
| | 1.3.1944 | 25.4.1944 |
| Typ | VII C/41 | |
| Kommandant | Kapitänleutnant Walter Burmeister (gefallen) | |
| versenkt am | 27. Februar 1945 | |
| Position | Ärmelkanal sw The Lizard, 49°56'N 05°20'W | |
| durch | Wasserbomben | |
| Tote | 51 | |
| Überlebende | 1 Offizier, 1 Mannschaftsdienstgrad | |
| gehoben | nein | |

Die britische Fregatte *Loch Fada* ortete das Boot per ASDIC und versenkte es durch Wasserbomben. Zwei Überlebende identifizierten das versenkte Boot als U 1018.

## U 327

| | *Stapellauf* | *Indienststellung* |
|---|---|---|
| | 27.5.1944 | 18.7.1944 |
| Typ | VII C/41 | |
| Kommandant | Kapitänleutnant Hans Lemcke (gefallen) | |
| versenkt am | 27. Februar 1945 | |
| Position | Ärmelkanal, 49°46'N 05°47'W | |
| durch | Wasserbomben | |
| Tote | 46 | |
| Überlebende | keine | |
| gehoben | nein | |

Eine Liberator des USN-Geschwaders VP-112 sichtete U 327 etwa 15 Kilometer südlich von Wolf Rock auf Schnorchelfahrt und Öl verlierend. Das Flugzeug meldete die Position des Bootes sofort der 2. Geleitsicherungsgruppe. Nach einem Nachtangriff der britischen Fregatte *Labuan* wurde starker Dieselgeruch festgestellt; ein Faß, vermutlich ein Ölfaß, schwamm auf. Die EG 2 hielt das Boot für versenkt und kehrte nach Plymouth zurück. Die vorgesetzte Dienststelle war jedoch anderer Meinung, und am nächsten Tag wurde die Gruppe zur Position der Versenkung zurückgechickt, um das Boot so lange mit Wasserbomben zu belegen, bis genügend Beweise (z.B. zerfetzte Leichen) für eine Versenkung aufschwammen. Dieser Befehl wurde von den Schiffsbesatzungen mit Murren aufgenommen. Immerhin wurde ein „Ölfaß" geborgen, das sich als druckfester Behälter eines Schlauchboots erwies. Nach weiteren Angriffen schwammen hölzerne Bootstrümmer und Briefe auf.

## U 869

| | *Stapellauf* | *Indienststellung* |
|---|---|---|
| | 5.10.1943 | 26.1.1944 |
| Typ | IX C/40 | |
| Kommandant | Kapitänleutnant Hellmut Neuerburg (gefallen) | |
| versenkt am | 28. Februar 1945 | |
| Position | Atlantik vor Casablanca, 34°30'N 08°13'W | |
| durch | Wasserbomben | |
| Tote | 56 | |
| Überlebende | keine | |
| gehoben | nein | |

Nach einem versuchten Angriff auf den Konvoi GUS-74 wurde U 869 vom amerikanischen Zerstörer *Fowler* und dem französischen U-Jäger *L'Indiscret* durch Wasserbomben versenkt.

## U 1208

| | *Stapellauf* | *Indienststellung* |
|---|---|---|
| | 13.1.1944 | 6.4.1944 |
| Typ | VII C | |
| Kommandant | Korvettenkapitän Georg Hagene (gefallen) | |
| versenkt im | März 1945 | |
| Position | Ärmelkanal | |
| durch | ? | |
| Tote | 49 | |
| Überlebende | keine | |
| gehoben | nein | |

Im Ärmelkanal aus unbekannter Ursache gesunken. Eine Mine, ein Schnorchelunfall oder eine Batterieexplosion sind die wahrscheinlichsten Ursachen. Früher wurde die Versenkung der britischen Korvette *Amethyst* zugeschrieben, die am 20. Februar 1945 ein deutsches U-Boot angriff, aber U 1208 setzte seine letzte Funkmeldung am 2. März ab.

## U 3519

| | *Stapellauf* | *Indienststellung* |
|---|---|---|
| | 7.11.1944 | 23.12.1944 |
| Typ | XXI | |
| Kommandant | Kapitänleutnant Richard von Harpe (gefallen) | |
| versenkt am | 2. März 1945 | |
| Position | Ostsee vor Warnemünde, 54°11'N 12°05'O | |
| durch | Mine | |
| Tote | 65 | |
| Überlebende | keine | |
| gehoben | nein | |

## U 3509

| | *Stapellauf* | *Indienststellung* |
|---|---|---|
| | 22.9.1944 | 2.11.1944 |
| Typ | XXI | |
| Kommandant | Kapitänleutnant Detlef von Lehsten (gerettet) | |
| versenkt am | 4. März 1945 | |
| Position | Wilhelmshaven | |
| durch | Luftangriff | |
| Tote | ? | |
| Überlebende | ? | |
| gehoben | nein | |

Versenkt von B-24-Bombern der 8. US Air Force bei einem Luftangriff auf Wilhelmshaven.

## U 1302

| | *Stapellauf* | *Indienststellung* |
|---|---|---|
| | 4.4.1944 | 25.5.1944 |
| Typ | VII C/41 | |
| Kommandant | Kapitänleutnant Wolfgang Herwartz (gefallen) | |
| versenkt am | 7. März 1945 | |
| Position | Irische See, Cardigan-Bucht, 52°19'N 05°23'W | |
| durch | Wasserbomben | |
| Tote | 49 | |
| Überlebende | keine | |
| gehoben | nein | |

U 1302 operierte recht erfolgreich im St.Georgskanal: Am 28. Februar versenkte das Boot die *Soreldoc* und die *Norfolk Coast* und am 2. März die *King Edgar* und die *Novasli.* Daraufhin gingen mehrere Geleitsicherungsgruppen auf U-Jagd, aber Herwartz ließ sich dadurch nicht beeindrucken und blieb weitere fünf Tage im Gebiet. In der Nacht des 7. März stieß U 1302 auf die kanadische EG 25. Das Radar der Fregatte *La Hulloise* erfaßte ein verdächtiges Objekt, und danach gab es einen ASDIC-Kontakt, der als U-Boot identifiziert wurde. Erst nach einigen Minuten erkannte man, daß Radar und ASDIC das gleiche Ziel meldeten. Die Fregatte hatte bereits alle Wasserbomben verbraucht, die sie an Bord hatte, worauf der Kommandant, Lt-Cdr John Brock, beschloß, ASDIC-Fühlung zu halten und Verstärkung anzufordern. Als solche liefen die *Strathadam* und die *Thetford Mines* an, und bei bester Sicht und ruhiger See fuhr die *Strathadam* einen Hedgehog-Angriff mit mindestens einem Treffer, nach dem unter Wasser ein Lichtblitz aufleuchtete und eine große Luftblase aufstieg. Sekunden später kam das U-Boot kurz an die Oberfläche und sank sofort wieder, wonach viele Bootstrümmer, aber keine Überlebende auf dem Wasser trieben. Nach weiteren Bombenwürfen schwammen Öl, Bücher, Uniformteile und persönliche Habe der Besatzung auf. Während des Angriffs wollte der Kommandeur der EG 18, dem der Kommandeur der EG 25 unterstand und der erfahren hatte, daß ein U-Boot gejagt wurde, das Heft in die Hand nehmen, was höflich, aber bestimmt abgelehnt wurde.

## U 275

| | *Stapellauf* | *Indienststellung* |
|---|---|---|
| | 8.10.1942 | 25.11.1942 |
| Typ | VII C | |
| Kommandant | Oberleutnant zur See Helmut Wehrkamp (gefallen) | |
| versenkt am | 10. März 1945 | |
| Position | Ärmelkanal sw Beachy Head, 50°36'N 00°04'O | |
| durch | Mine | |
| Tote | 49 | |
| Überlebende | keine | |
| gehoben | nein | |

U 275 war von St. Nazaire aus in den Ärmelkanal marschiert und hatte am 8. März die *Lornaston* aus dem Konvoi ONA-289 versenkt, was dem xB-Dienst des BdU gemeldet wurde. Zwei Tage später war Wehrkamp noch im gleichen Seegebiet und lief in ein vor Beachy Head ausgelegtes Minenfeld.

## U 681

| | *Stapellauf* | *Indienststellung* |
|---|---|---|
| | 20.11.1943 | 3.2.1944 |

| | |
|---|---|
| Typ | VII C |
| Kommandant | Oberleutnant zur See Werner Gebauer (gerettet) |
| versenkt am | 10. März 1945 |
| Position | Irische See vor Bishop Rock, 49°53'N 06°31'W |
| durch | Strandung/Luftangriff |
| Tote | 11 |
| Überlebende | 3 Offiziere, 5 Unteroffiziere, 30 Mannschaften |
| gehoben | nein |

Beim Einlaufen in die St. Mary Roads zwischen den Scilly-Inseln lief U 681 auf Grund, wodurch Druckkörper und Schrauben beschädigt wurden. Durch den entstandenen Überdruck ergoß sich der Inhalt des innenliegenden Dieselbunkers in die Zentrale, so daß dort die Männer bald knietief in Dieselöl standen. Dennoch konnte Gebauer das Boot freibekommen und auftauchen. Tauchen konnte er nicht mehr. Also lief Gebauer mit äußerster Kraft aufgetaucht westwärts, um im Freistaat Irland mit der Besatzung interniert zu werden. Fast wäre ihm das gelungen, aber er wurde von der Liberator „N" (Lt R.N. Field) des USN-Geschwaders VP-103 gesichtet, die zwei Angriffe flog und beim zweiten acht Wasserbomben warf. Durch deren Explosion wurden noch mehr Lecks gerissen, so daß sich Gebauer zur Aufgabe des Bootes entschloß. Die überlebende Besatzung kam an Deck und ging in die Schlauchboote, während die Sprengladung zur Selbstversenkung scharf gemacht wurde und die Bodenventile geöffnet wurden. Nachdem das Boot untergegangen war, verkündete eine starke Explosion das Ende von U 681.

## U 682

| | *Stapellauf* | *Indienststellung* |
|---|---|---|
| | 7.3.1944 | 17.4.1944 |

| | |
|---|---|
| Typ | VII C |
| Kommandant | Oberleutnant zur See d.R. Sven Thienemann (gerettet) |
| versenkt am | 11. März 1945 |
| Position | Hamburg |
| durch | Luftangriff |
| Tote | ? |
| Überlebende | ? |
| gehoben | nein |

Versenkt bei einem Luftangriff der 1. und 6. RCAF- und der 8. RAF-Gruppe des RAF Bomber Commands auf die Hamburger Werft Blohm & Voss.

## U 2515

| | *Stapellauf* | *Indienststellung* |
|---|---|---|
| | 22.9.1944 | 19.10.1944 |

| | |
|---|---|
| Typ | XXI |
| Kommandant | unbesetzt |
| versenkt am | 11. März 1945 |
| Position | Hamburg |
| durch | Luftangriff |
| Tote | ? |
| Überlebende | ? |
| gehoben | nein |

Während eines Tagangriffs der 8. US Air Force auf Hamburg in Dock 3 versenkt, wo das Boot nach einem im Februar 1945 erlittenen Minenschaden ausgebessert wurde.

## U 260

| | *Stapellauf* | *Indienststellung* |
|---|---|---|
| | 9.2.1942 | 14.3.1942 |

| | |
|---|---|
| Typ | VII C |
| Kommandant | Oberleutnant zur See Klaus Becker (gerettet) |
| zerstört am | 12. März 1945 |
| Position | St.-Georgskanal vor Galley Head, 51°15'N 09°05'W |
| durch | Mine |
| Tote | keine |
| Überlebende | 49 |
| gehoben | nein |

U 260 war am 21. Februar von seinem norwegischen Stützpunkt ausgelaufen und operierte im St.-Georgskanal. Auf Tauchfahrt wurde das Boot durch eine explodierende Grundmine im vor Fastnet von der *Apollo* kurz zuvor gelegten Grundminenfeld CF2(A) beschädigt. Das Feld bestand aus 156 Mk-XVII-Minen, die in 66 und 67 Meter Tiefe lagen. Becker und seine Männer konnten das Boot noch weitere zwei Tage halten, mußten es aber am 14. März in irischen Hoheitsgewässern aufgeben und selbst versenken. Dann paddelte die Besatzung in ihren

Schlauchbooten bei Galley Head an Land und bat einen überraschten *Gardai* um Internierung.
Der Verlust von U 260 war mit einigen interessanten Umständen verbunden. Becker informierte den BdU über den deutschen Botschafter in Dublin, Eduard Hempel, wo und warum er sein Boot hatte aufgeben müssen. Diese Meldung bestätigte Informationen eines deutschen Spions in Großbritannien (des Doppelagenten Tate) über Minenoperationen der Briten in Küstengewässern, worauf die Deutschen ihre Boote aus diesen Gewässern abzogen.

## U 683

| | *Stapellauf* | *Indienststellung* |
|---|---|---|
| | 7.3.1944 | 30.5.1944 |
| Typ | VII C | |
| Kommandant | Kapitänleutnant Günther Keller (gefallen) | |
| versenkt am | 12. März 1945 | |
| Position | Ärmelkanal vor Land's End, 49°52'N 06°31'W | |
| durch | Wasserbomben | |
| Tote | 49 | |
| Überlebende | keine | |
| gehoben | nein | |

Beim Marsch durch den Ärmelkanal von den britischen Fregatten *Wild Goose* und *Loch Ruthven* versenkt.

## U 714

| | *Stapellauf* | *Indienststellung* |
|---|---|---|
| | 12.11.1942 | 10.2.1943 |
| Typ | VII C | |
| Kommandant | Kapitänleutnant Hans-Joachim Schwebcke (gefallen) | |
| versenkt am | 14. März 1945 | |
| Position | Nordsee vor Schottland, 55°57'N 01°57'W | |
| durch | Wasserbomben | |
| Tote | 50 | |
| Überlebende | keine | |
| gehoben | nein | |

Am 10. März versenkte U 714 aus dem Konvoi FS-56 die *Nordhav II*. Die kurz zuvor in Dienst gestellte und stark bestückte südafrikanische Fregatte *Natal* wurde auf U-Jagd geschickt und meldete nach 20 Minuten, daß ihr ASDIC ein U-Boot erfaßt hatte. Nach einem Squidangriff schwammen viel Öl und ein Faß auf, nach einem zweiten Angriff noch mehr Öl. Dann ging die Fühlung verloren. Drei Tage später suchte die 17. Geleitsicherungsgruppe das Seegebiet erneut ab, machte das auf Grund gegangene U-Boot aus und zerstörte es völlig mit Wasserbomben, worauf zahlreiche Bootstrümmer aufschwammen.
Die ASDIC-Mannschaft der *Natal* hatte nur eine viertägige Ausbildung an Land absolviert. Ihren Beitrag zur Versenkung von U 714 wurde vom offiziellen Kriegshistoriker so beschrieben: „Sie versenkten das Feindboot mit einer Geschwindigkeit, die einem erfahreneren Team zur Ehre gereicht hätte."

## U 367

| | *Stapellauf* | *Indienststellung* |
|---|---|---|
| | 11.6.1943 | 27.8.1943 |
| Typ | VII C | |
| Kommandant | Oberleutnant zur See Hasso Stegemann (gefallen) | |
| versenkt am | 15. März 1945 | |
| Position | Ostsee vor Danzig, 54°25'N 19°50'O | |
| durch | Mine | |
| Tote | 43 | |
| Überlebende | keine | |
| gehoben | nein | |

## U 296

| | *Stapellauf* | *Indienststellung* |
|---|---|---|
| | 25.9.1943 | 3.11.1943 |
| Typ | VII C | |
| Kommandant | Kapitänleutnant Karl-Heinz Rasch (gefallen) | |
| versenkt im | März 1945 | |
| Position | Irische See, Nordkanal vor Inishtrahull | |
| durch | ? | |
| Tote | 46 | |
| Überlebende | keine | |
| gehoben | nein | |

U 296 blieb ab der zweiten Märzhälfte verschollen. Seine Versenkung war zunächst fälschlicherweise der Liberator „M" des 120. RAF-Geschwaders zugeschrieben worden. Vielleicht lief das Boot auf eine Mine oder ging durch einen Unfall infolge technischer Mängel oder menschlichen Versagens verloren.

# U 866

| | *Stapellauf* | *Indienststellung* |
|---|---|---|
| | 29.7.1943 | 17.11.1943 |
| Typ | IX C/40 | |
| Kommandant | Oberleutnant zur See Peter Rogowsky (gefallen) | |
| versenkt am | 18. März 1945 | |
| Position | Westatlantik so Sable Island | |
| durch | Hedgehogs | |
| Tote | 55 | |
| Überlebende | keine | |
| gehoben | nein | |

U 866 war eines von drei U-Booten, die zu Operationen in kanadischen Gewässern mit Kurs West in den Atlantik marschierten. Durch die vielen von Rogowsky abgesetzten Funksprüche wurden die Kanadier auf U 866 aufmerksam und schickten die 16. und die 27. Geleitsicherungsgruppe auf U-Jagd zusammen mit der TG-22.14, einer mit Männern der US-Küstenwache bemannten Einheit, zu der die Eskorter *Pride*, *Menges*, *Moseley* und *Lowe* gehörten. U 866 war während des Baus in Bremen bei einem Luftangriff beschädigt worden, war kaum seetüchtig und hatte Probleme mit dem Schnorchel. Die unter kanadischer Führung stehenden und von der RCAF unterstützten Schiffe begannen mit der Suche auf der Grundlage des geschätzten Kurses, den U 866 am 6. März lief.

Am 16. März wurden zwei Gruppen für andere Aufgaben abgezogen, aber rein zufällig erfaßte an diesem Tag um 10.19 Uhr die *Lowe* das Feindboot wenige Kilometer südwestlich von Sable Island. Um dem ersten Hedgehog-Angriff auszuweichen, legte Rogowsky sein Boot auf Grund, was ihm aber wenig nützte, da der glatte und weiche Sandgrund ideale Sonar-Bedingungen bot.

Nach dem zweiten Angriff der *Lowe* gab es zwei starke Unterwasserdetonationen, und Bootstrümmer und Öl schwammen auf. Der Kommandant der TG-22.14 gab sich damit nicht zufrieden, beorderte die *Menges* zur *Lowe*, und die beiden Schiffe sollten die Angriffe fortsetzen, um das Wrack aufzubrechen und genügend Beweismaterial für eine sichere Versenkung an die Oberfläche zu bringen. Nach dem Abwurf von weiteren 65 Wasserbomben wurde um 16.23 Uhr eine starke Unterwasserdetonation registriert. Die Angriffe wurden am 17. März fortgesetzt und weitere Bootstrümmer eingesammelt. Erst jetzt gab sich der Kommandant der TG-22.14 zufrieden.

# U 905

| | *Stapellauf* | *Indienststellung* |
|---|---|---|
| | 20.11.1943 | 8.3.1944 |
| Typ | VII C | |
| Kommandant | Oberleutnant zur See d.R. Bernhard Schwarting (gefallen) | |
| versenkt am | 20. März 1945 | |
| Position | Atlantik n Kap Wrath, 59°42'N 04°55'W | |
| durch | Luftangriff | |
| Tote | 45 | |
| Überlebende | keine | |
| gehoben | nein | |

Versenkt von der Liberator „B" des 86. Geschwaders der RAF.

# U1003

| | *Stapellauf* | *Indienststellung* |
|---|---|---|
| | 27.10.1943 | 9.12.1943 |
| Typ | VII C | |
| Kommandant | Oberleutnant zur See d.R. Werner Strübing (gefallen) | |
| versenkt am | 23. März 1945 | |
| Position | Atlantik n Lough Foyle, 55°25'N 06°53'W | |
| durch | Kollision/Selbstversenkung | |
| Tote | 17 | |
| Überlebende | 31 | |
| gehoben | nein | |

Dies war das letzte von der kanadischen Marine im Zweiten Weltkrieg versenkte deutsche U-Boot. Die 20. Geleitsicherungsgruppe marschierte von Londonderry nach Loch Alsh, um dort überholt zu werden. Um 23.50 Uhr meldete die Backbordwache der kanadischen Fregatte *New Glasgow* das Motorengeräusch eines tieffliegenden Flugzeugs, doch sichtete er kein Flugzeug und beobachtete aufgrund der wechselnden Geräuschrichtung nun die Wasseroberfläche. Dort entdeckte er Sehrohr und Schnorchel eines U-Boots, das mit äußerster Kraft in etwa 70 Meter Entfernung anlief. Es war kaum Zeit genug, „alle Mann auf Gefechtsstation" zu befehlen, als auch schon das U-Boot dicht hinter der Brücke mit der Fregatte kollidierte.

Das Boot war U 1003, dessen Radarwache das Schiff erfaßt, dies aber nicht gemeldet hatte, so daß die Besatzung durch die Kollision völlig überrascht wurde. Strübing und der LI erteilten widersprüchliche Befehle, was dazu führte, daß U 1003 in 60 Meter Tiefe sehr heftige Grundberührung hatte. Die von der EG 25 und C4 unterstützte 26. Geleitsicherungsgruppe fuhr eine Reihe von Angriffen, hatte aber keinen Kontakt zu U 1003. Eine Stunde nach der Kollision versuchte Strübing, in Schleichfahrt westwärts aus dem Nordkanal abzulaufen. In der Morgendämmerung des 22. März tauchte er auf, um die Schäden zu inspizieren. Bootsverkleidung und Geländer waren verbogen, beide Sehrohre und der Schnorchelmast zerstört. Radar- und Horchgeräte waren weggerissen, und eines der 20-mm-Geschütze war aus seiner Bettung gehoben worden. Ein Warngerät wurde aufgestellt und das Boot gelüftet, aber nach einer halben Stunde gab das Warngerät Alarm, und Strübing mußte tauchen. Dabei erwies es sich, daß das obere Turmluk nicht mehr wasserdicht schloß. Weil der Turm dadurch geflutet wurde, strömte durch ein Sprachrohr Wasser in die Zentrale. Den ganzen 22. März über blieb U 1003 auf Grund, aber da die Luft im Boot immer schlechter wurde, beschloß Strübing, aufzutauchen und den Freistaat Irland anzulaufen, um sich dort internieren zu lassen. Beim Auftauchen wurden starke Radarimpulse gemeldet, worauf der Kommandant die Räumung des Bootes und dessen Selbstversenkung befahl. Am 23. März um 08.25 Uhr wurden die Überlebenden von der kanadischen Fregatte *Thetford Mines* aufgenommen. Strübing ging mit U 1003 unter. Zwei seiner Männer starben nach der Bergung und wurden auf hoher See bestattet.

## U 399

| | *Stapellauf* | *Indienststellung* |
|---|---|---|
| | 4.12.1943 | 22.1.1944 |
| Typ | VII C | |
| Kommandant | Oberleutnant zur See d.R. Heinz Buhse (gefallen) | |
| versenkt am | 26. März 1945 | |
| Position | Ärmelkanal sw The Lizard, 49°56'N 05°22'W | |
| durch | Hedgehogs | |
| Tote | 46 | |
| Überlebende | 1 | |
| gehoben | nein | |

Buhse hatte erfolgreich den Küstenkonvoi BTC-108 angegriffen und die *Coastal Pacific* (362 BRT) versenkt. Hätte er gewußt, daß hinter dem Konvoi die 3. Geleitsicherungsgruppe marschierte, wäre er wohl vorsichtiger gewesen. Die Fregatten waren bald bei ihm, und die altehrwürdige *Duckworth* (Cdr R.G. Mills) erfaßte das Boot und fuhr einen Hedgehog-Angriff. Nach den Detonationen der Sprengköpfe kamen in einer großen Luftblase zwei Mann der Bootsbesatzung über Wasser, von denen einer noch lebte, was die Versenkung des Bootes bestätigte. Die Gruppe fuhr danach weitere Angriffe zum Aufbrechen des Bootes, nach denen genügend Beweise für eine sichere Vernichtung aufschwammen.

## U 722

| | *Stapellauf* | *Indienststellung* |
|---|---|---|
| | 21.9.1943 | 15.12.1943 |
| Typ | VII C | |
| Kommandant | Oberleutnant zur See d.R. Hans-Heinrich Reimers (gefallen) | |
| versenkt am | 27. März 1945 | |
| Position | The Minches ono Butt of Lewis, 57°09'N 06°55'W | |
| durch | Wasserbomben | |
| Tote | 43 | |
| Überlebende | keine | |
| gehoben | nein | |

Durch Wasserbomben der britischen Fregatten *Fitzroy*, *Redmill* und *Byron* (21. Geleitsicherungsgruppe) versenkt. Ein erster Kontakt wurde als fragwürdig eingestuft, aber durch das 147B-Gerät als ein 70 Meter tief 36 Meter über Grund liegendes Ziel erkannt. Nach mehreren Angriffen sank das U-Boot in die Tiefe und gab ausreichende Beweise für eine Versenkung frei.

## U 965

| | *Stapellauf* | *Indienststellung* |
|---|---|---|
| | 14.1.1943 | 25.2.1943 |
| Typ | VII C | |
| Kommandant | Oberleutnant zur See Günter Unverzagt (gefallen) | |
| versenkt am | 27. März 1945 | |
| Position | Atlantik w Kap Wrath, 58°34'N 05°46'W | |
| durch | Wasserbomben | |
| Tote | 51 | |
| Überlebende | keine | |
| gehoben | nein | |

Durch Wasserbomben der britischen Fregatte *Conn* (21. Geleitsicherungsgruppe) versenkt. Nach Fühlungsnahme per ASDIC fuhr die Fregatte mehrere Wasserbombenangriffe, die aber nicht genügend Beweise für eine Versenkung über Wasser brachten, da das Wrack des Bootes im tiefen Schlickgrund eingesunken war. Einige

Tage später fuhr die *Escapade* Angriffe zur Aufsprengung des Bootes, nach denen Bootstrümmer aufschwammen und die Versenkung bestätigten.

## U 246

| | *Stapellauf* | *Indienststellung* |
|---|---|---|
| | 7.12.1943 | 11.1.1944 |
| Typ | VII C | |
| Kommandant | Kapitänleutnant Ernst Raabe (gefallen) | |
| versenkt am | 29. März 1945 | |
| Position | St.-Georgskanal, 53°42'N 04°53'W | |
| durch | ? | |
| Tote | 48 | |
| Überlebende | keine | |
| gehoben | nein | |

Angriffe, die von den britischen Zerstörern *Hesperus* und der *Havelock* mit Unterstützung der Sunderland „H" des 201. RAF-Geschwaders am 30. April 1945 auf ein erfaßtes Ziel gefahren wurden, brachten Trümmer von U 246 über Wasser. Da U 246 Anfang April aus seinem Operationsgebiet ablaufen sollte, muß das Boot auf Grund gelegen haben, als es erfaßt und angegriffen wurde. Da keinem anderen Angriff die Versenkung von U 246 zugeschrieben werden kann, dürfte das Boot schon zuvor infolge eines Unfalls verlorengegangen sein, wahrscheinlich durch Versagen des Schnorchels oder eine Batterieexplosion wegen ungenügender Belüftung beim Aufladen. Noch zu klären wäre, ob U 246 durch einen Angriff der britischen *Duckworth* am 29. März auf 49°58'N 05°25'W versenkt wurde.

## U 1106

| | *Stapellauf* | *Indienststellung* |
|---|---|---|
| | 26.5.1944 | 5.7.1944 |
| Typ | VII C/41 | |
| Kommandant | Oberleutnant zur See d.R. Erwin Bartke (gefallen) | |
| versenkt am | 29. März 1945 | |
| Position | Nordatlantik n Shetland-Inseln, 61°46'N 02°16'W | |
| durch | Luftangriff | |
| Tote | 49 | |
| Überlebende | keine | |
| gehoben | nein | |

Auf A/S-Routinepatrouille sichtete die Liberator „O" (Flt Lt M.A. Graham) des 224. RAF-Geschwaders in fünf Kilometer Entfernung ein Kielwasser. Beim Näherkommen wurde ein typischer deutscher U-Bootschnorchel sichtbar. Nach dem Abwurf von Wasserbomben hob sich das Heck des Bootes kurz empor und sank dann ab. Die vom Flugzeug abgesetzten Sonarbojen machten Hämmern und Motorengeräusche hörbar. Auch die Schrauben drehten sich unregelmäßig, aber das wurde durch den übrigen Lärm weitgehend übertönt.
U 1106 war am 21. März von Horten zu seiner ersten Feindfahrt ausgelaufen, so daß vermutlich dieses Boot von der Liberator „O" versenkt wurde.

## U 3036

| | *Stapellauf* | *Indienststellung* |
|---|---|---|
| | 27.1.1945 | - |
| Typ | XXI | |
| Kommandant | unbesetzt | |
| versenkt am | 30. März 1945 | |
| Position | Bremen | |
| durch | Luftangriff | |
| Tote | ? | |
| Überlebende | ? | |
| gehoben | nein | |

Vor der Indienststellung versenkt von B-17-Bombern der 8. US Air Force bei einem Luftangriff auf Bremen.

## U 72

| | *Stapellauf* | *Indienststellung* |
|---|---|---|
| | 22.11.1940 | 4.1.1941 |
| Typ | VII C | |
| Kommandant | Oberleutnant zur See Karl-Theodor Mayer (gerettet) | |
| beschädigt am | 30. März 1945 | |
| Position | Bremen | |
| durch | Luftangriff | |
| Tote | ? | |
| Überlebende | ? | |
| gehoben | nein | |

U 72 wurde bei einem Luftangriff auf Bremen durch B-17-Bomber der 8. US Air Force praktisch vollkommen zerstört und am 2. Mai 1945 durch Selbstsprengung versenkt.

## U 96

| | *Stapellauf* | *Indienststellung* |
|---|---|---|
| | 1.8.1940 | 14.9.1940 |
| Typ | VII C | |
| Kommandant | Oberleutnant zur See d.R. Robert Rix (gerettet) | |

versenkt am 30. März 1945
Position Wilhelmshaven
durch Luftangriff
Tote ?
Überlebende ?
gehoben und nach Kriegsende abgewrackt

Versenkt bei einem massiven Luftangriff von B-24-Bombern der 8. US Air Force auf Wilhelmshaven.

## U 329

| | *Stapellauf* | *Indienststellung* |
|---|---|---|
| | - | - |
| Typ | VII C/41 | |
| Kommandant | unbesetzt | |
| versenkt am | 30. März 1945 | |
| Position | Bremen | |
| durch | Luftangriff | |
| Tote | - | |
| Überlebende | - | |
| gehoben | nein | |

U 329 wurde bei einem alliierten Luftangriff auf Bremen im September 1943 schwer beschädigt, so daß der Weiterbau eingestellt wurde. Endgültig zerstört wurde das unfertige Boot durch einen Luftangriff von B-17-Bombern der 8. US Air Force am 30. März 1945.
Bei einer Inspektion der Docks in Bremen durch eine Kommission des englischen Ministry of Supply nach Kriegsende war keine Spur von U 329 mehr zu finden; vermutlich wurde das beschädigte U-Boot von den Deutschen abgewrackt.

## U 348

| | *Stapellauf* | *Indienststellung* |
|---|---|---|
| | 25.6.1943 | 10.8.1943 |
| Typ | VII C | |
| Kommandant | Oberleutnant zur See Sigurd Seeger (gerettet) | |
| versenkt am | 30. März 1945 | |
| Position | Hamburg | |
| durch | Luftangriff | |
| Tote | 3 | |
| Überlebende | ? | |
| gehoben | ja, und nach Kriegsende abgewrackt | |

Zerstört bei einem Luftangriff auf die Hamburger Werft Blohm & Voss durch die Gruppen 1 und 6 der RCAF und die Gruppe 8 des RAF Bomber Command.

## U 350

| | *Stapellauf* | *Indienststellung* |
|---|---|---|
| | 17.8.1943 | 7.10.1943 |
| Typ | VII C | |
| Kommandant | Oberleutnant zur See Erich Niester (gerettet) | |
| versenkt am | 30. März 1945 | |
| Position | Hamburg | |
| durch | Luftangriff | |
| Tote | ? | |
| Überlebende | ? | |
| gehoben | nein | |

Versenkt bei einem Luftangriff auf die Hamburger Werft Blohm & Voss durch die Gruppen 1 und 6 der RCAF und die Gruppe 8 des RAF Bomber Command.

## U 429

| | *Stapellauf* | *Indienststellung* |
|---|---|---|
| | 30.3.1943 | 14.7.1943 |
| Typ | VII C | |
| Kommandant | Oberleutnant zur See Martin Kuttkat (gerettet) | |
| versenkt am | 30. März 1945 | |
| Position | Wilhelmshaven | |
| durch | Luftangriff | |
| Tote | ? | |
| Überlebende | ? | |
| gehoben | nein | |

Bei einem Luftangriff von B-24-Bombern der 8. US Air Force auf Wilhelmshaven versenkt.

## U 430

| | *Stapellauf* | *Indienststellung* |
|---|---|---|
| | 22.4.1943 | 4.8.1943 |
| Typ | VII C | |
| Kommandat | Oberleutnant zur See Ulrich Hammer (gerettet) | |
| versenkt am | 30. März 1945 | |
| Position | Bremen | |
| durch | Luftangriff | |
| Tote | 1 | |
| Überlebende | ? | |
| gehoben | nein | |

Bei einem Luftangriff von B-17-Bombern der 8. US Air Force auf Bremen versenkt.

## U 870

| | *Stapellauf* | *Indienststellung* |
|---|---|---|
| | 29.10.1943 | 3.2.1944 |
| Typ | IX C/40 | |
| Kommandant | Korvettenkapitän Ernst Hechler (gerettet) | |

| | |
|---|---|
| versenkt am | 30. März 1945 |
| Position | Bremen |
| durch | Luftangriff |
| Tote | ? |
| Überlebende | ? |
| gehoben | nein |

Bei einem Luftangriff von B-17-Bombern der 8. US Air Force auf Bremen versenkt.

## U 884

| | *Stapellauf* | *Indienststellung* |
|---|---|---|
| | 17.5.1944 | - |
| Typ | IX D2 | |
| Kommandant | unbesetzt | |
| versenkt am | 30. März 1945 | |
| Position | Bremen | |
| durch | Luftangriff | |
| Tote | ? | |
| Überlebende | ? | |
| gehoben | nein | |

Bei einem Luftangriff von B-17-Bombern der 8. US Air Force auf Bremen versenkt. Das Boot war zum Zeitpunkt der Versenkung noch im Bau.

## U 886

| | *Stapellauf* | *Indienststellung* |
|---|---|---|
| | - | - |
| Typ | IX D2 | |
| Kommandant | unbesetzt | |
| versenkt am | 30. März 1945 | |
| Position | Bremen | |
| durch | Luftangriff | |
| Tote | - | |
| Überlebende | - | |
| gehoben | nein | |

Das Boot war noch im Bau; der Weiterbau war am 30. September 1944 eingestellt worden.

## U 1021

| | *Stapellauf* | *Indienststellung* |
|---|---|---|
| | 13.4.1944 | 25.5.1944 |
| Typ | VII C/41 | |
| Kommandant | Oberleutnant zur See William Holpert (gefallen) | |
| versenkt am | 30. März 1945 | |
| Position | Nordatlantik, 58°19'N 05°31'W | |
| durch | Wasserbomben | |
| Tote | 43 | |
| Überlebende | keine | |
| gehoben | nein | |

Die britische Fregatte *Rupert* der 21. Geleitsicherungsgruppe entdeckte das zum Angriff auf den Konvoi EN-83 anlaufende U-Boot und griff es mit Wasserbomben an, die eine starke Unterwasserdetonation auslösten, worauf Öl, Wrackteile und persönliche Habe der Bootsbesatzung aufschwammen.

## U 1167

| | *Stapellauf* | *Indienststellung* |
|---|---|---|
| | 28.8.1943 | 29.12.1943 |
| Typ | VII C/41 | |
| Kommandant | Oberleutnant zur See Karl-Hermann Bortfeldt (gerettet) | |
| versenkt am | 30. März 1945 | |
| Position | Hamburg | |
| durch | Luftangriff | |
| Tote | 1 | |
| Überlebende | ? | |
| gehoben | nein | |

Versenkt bei einem Luftangriff von B-17-Bombern der 8. US Air Force auf Hamburg.

## U 2340

| | *Stapellauf* | *Indienststellung* |
|---|---|---|
| | 28.9.1944 | 16.10.1944 |
| Typ | XXIII | |
| Kommandant | Oberleutnant zur See Emil Klusmeier (gerettet) | |
| versenkt am | 30. März 1945 | |
| Position | Hamburg | |
| durch | Luftangriff | |
| Tote | ? | |
| Überlebende | ? | |
| gehoben | nach Kriegsende abgewrackt | |

Versenkt bei einem Luftangriff von B-17-Bombern der 8. US Air Force auf Hamburg.

## U 3042

| | *Stapellauf* | *Indienststellung* |
|---|---|---|
| | - | - |
| Typ | XXI | |
| Kommandant | unbesetzt | |
| versenkt am | 30. März 1945 | |
| Position | Bremen | |
| durch | Luftangriff | |
| Tote | - | |
| Überlebende | - | |
| gehoben | nach Kriegsende abgewrackt | |

Versenkt auf Helling bei einem Luftangriff von B-17-Bombern der 8. US Air Force auf Bremen.

## U 3043

| | *Stapellauf* | *Indienststellung* |
|---|---|---|
| | - | - |
| Typ | XXI | |
| Kommandant | unbesetzt | |
| versenkt am | 30. März 1945 | |
| Position | Bremen | |
| durch | Luftangriff | |
| Tote | - | |
| Überlebende | - | |
| gehoben | nach Kriegsende abgewrackt | |

Auf der Helling liegend von B-17-Bombern der 8. US Air Force in Bremen zerstört.

## U 747

| | *Stapellauf* | *Indienststellung* |
|---|---|---|
| | 13.5.1943 | 17.7.1943 |
| Typ | VII C | |
| Kommandant | Oberleutnant zur See Günther Zahnow (gerettet) | |
| versenkt am | 1. April 1945 | |
| Position | Hamburg | |
| durch | Luftangriff | |
| Tote | ? | |
| Überlebende | ? | |
| gehoben | nein | |

Versenkt bei einem Luftangriff der 8. US Air Force auf Hamburg.

## U 321

| | *Stapellauf* | *Indienststellung* |
|---|---|---|
| | 27.11.1943 | 20.1.1944 |
| Typ | VII C/41 | |
| Kommandant | Oberleutnant zur See d.R. Fritz Berends (gefallen) | |
| versenkt am | 2. April 1945 | |
| Position | Nordatlantik sw Kap Clear, 50°00'N 12°57'W | |
| durch | Luftangriff | |
| Tote | 58 | |
| Überlebende | keine | |
| gehoben | nein | |

Von der Wellington „Y" (WO R. Marczak) des 304. (polnischen) Geschwaders der RAF versenkt. Nach Radarerfassung des Bootes sichtete der Navigator anderthalb Kilometer voraus Sehrohr und Schnorchel. U 321 hielt offenbar nach Flugzeugen Ausschau, denn kurz nach der Sichtung ging das Boot tiefer. Es wurde von Marczak nach Augenmaß mit sechs Wasserbomben belegt. Obwohl weder Öl noch Bootstrümmer aufschwammen, wurde später bestätigt, daß U 321 durch diesen Angriff versenkt wurde.

## U 1221

| | *Stapellauf* | *Indienststellung* |
|---|---|---|
| | 26.5.1943 | 11.8.1943 |
| Typ | IX C/40 | |
| Kommandant | Oberleutnant zur See Paul Ackermann (gerettet) | |
| versenkt am | 3. April 1945 | |
| Position | Kieler Bucht | |
| durch | Luftangriff | |
| Tote | 7 | |
| Überlebende | ? | |
| gehoben | nein | |

In Höhe der Tonne A7 in der Kieler Bucht durch Luftangriff versenkt.

## U 2542

| | *Stapellauf* | *Indienststellung* |
|---|---|---|
| | 22.1.1945 | 5.3.1945 |
| Typ | XXI | |
| Kommandant | Oberleutnant zur See Otto Hübschen (gerettet) | |
| zerstört am | 3. April 1945 | |
| Position | Kiel | |
| durch | Luftangriff | |
| Tote | ? | |
| Überlebende | ? | |
| gehoben | nein | |

Noch nicht völlig fertiggestellt bei einem Luftangriff der 8. US Air Force auf Kiel zerstört.

## U 3505

| | *Stapellauf* | *Indienststellung* |
|---|---|---|
| | 25.8.1944 | 7.10.1944 |
| Typ | XXI | |
| Kommandant | Oberleutnant zur See Horst Willner (gerettet) | |
| zerstört am | 3. April 1945 | |
| Position | Kiel | |
| durch | Luftangriff | |
| Tote | ? | |
| Überlebende | ? | |
| gehoben | nein | |

Noch nicht völlig fertiggestellt bei einem Luftangriff der 8. US Air Force auf Kiel zerstört.

## U 237

| | *Stapellauf* | *Indienststellung* |
|---|---|---|
| | 17.12.1942 | 30.1.1943 |
| Typ | VII C | |
| Kommandant | Kapitänleutnant Karl-Heinz Menard (gerettet) | |
| zerstört am | 4. April 1945 | |
| Position | Kiel | |

| | |
|---|---|
| durch | Luftangriff |
| Tote | ? |
| Überlebende | ? |
| gehoben | nein |

Noch nicht fertiggestellt bei einem Luftangriff der 8. US Air Force auf Kiel zerstört. U 237 war bereits am 14. Mai 1943 bei einem Luftangriff der USAAF in Kiel versenkt, aber gehoben und am 8. Oktober 1943 wieder in Dienst gestellt worden.

## U 749

| | *Stapellauf* | *Indienststellung* |
|---|---|---|
| | 10.6.1943 | 14.8.1943 |
| Typ | VII C | |
| Kommandant | Kapitänleutnant d.R. Friedrich Huisgen (gerettet) | |
| versenkt am | 4. April 1945 | |
| Position | Kiel | |
| durch | Luftangriff | |
| Tote | ? | |
| Überlebende | ? | |
| gehoben | nein | |

Im Kieler Hafen bei einem Luftangriff der 8. US Air Force versenkt.

## U 3003

| | *Stapellauf* | *Indienststellung* |
|---|---|---|
| | 18.7.1944 | 22.8.1944 |
| Typ | XXI | |
| Kommandant | Oberleutnant zur See Ludo Kregelin (gerettet) | |
| versenkt am | 4. April 1945 | |
| Position | Kiel | |
| durch | Luftangriff | |
| Tote | - | |
| Überlebende | - | |
| gehoben | nein | |

Noch nicht völlig fertiggestellt im Kieler Hafen bei einem Luftangriff der 8. US Air Force versenkt.

## U 677

| | *Stapellauf* | *Indienststellung* |
|---|---|---|
| | 6.7.1943 | 20.9.1943 |
| Typ | VII C | |
| Kommandant | Oberleutnant zur See Gerhard Ady (gerettet) | |
| zerstört am | 5. April 1945 | |
| Position | Hamburg | |
| durch | Luftangriff | |
| Tote | ? | |
| Überlebende | ? | |
| gehoben | nein | |

Im Hamburger Finkenwerder Bunker bei einem Luftangriff der RAF zerstört.

## U 1169

| | *Stapellauf* | *Indienststellung* |
|---|---|---|
| | 2.10.1943 | 9.2.1944 |
| Typ | VII C/41 | |
| Kommandant | Oberleutnant zur See d.R. Heinz Goldbeck (gefallen) | |
| versenkt am | 5. April 1945 | |
| Position | St.-Georgskanal, 52°03'N 05°53'W | |
| durch | Mine | |
| Tote | 48 | |
| Überlebende | keine | |
| gehoben | nein | |

U 1169 lief am 5. April 1945 im St.-Georgskanal auf eine Mine. Um 07.15 Uhr beobachtete der britische Minensucher *Willow* eine Unterwasserexplosion, nach der Öl und Wrackteile aufschwammen. Früher galt das Boot, das sich am 30. März letztmals gemeldet hatte, als aus unbekannter Ursache verschollen.

## U 1195

| | *Stapellauf* | *Indienststellung* |
|---|---|---|
| | 2.9.1943 | 4.11.1943 |
| Typ | VII C/41 | |
| Kommandant | Kapitänleutnant Ernst Cordes (gefallen) | |
| versenkt am | 6. April 1945 | |
| Position | Ärmelkanal s Portsmouth, 50°33'N 00°55'W | |
| durch | Hedgehogs | |
| Tote | 31 | |
| Überlebende | 2 Offiziere, 5 Unteroffiziere, 11 Mannschaften | |
| gehoben | nein | |

Am 6. April versenkte U 1195 aus dem Konvoi VWP-17 den 12000-BRT-Tanker *Cuba*. Gesichert wurde der Konvoi durch den Rest der 9. Geleitsicherungsgruppe, die aus den kanadischen Schiffen *Nene* und *Monnow* und der britischen *Loch Alvie* bestand und durch den britischen Zerstörer *Watchman* (Flaggschiff) und die französische *L'Escarmouche* verstärkt wurde. Nachdem sie den Konvoi nach Portsmouth gebracht hatten, liefen *Watchman* und *Monnow* zurück, um nach dem U-Boot zu suchen. Zuerst erfaßte die *Monnow* es per

ASDIC, erhielt aber von der *Watchman* den Befehl, abzuwarten, bis sie selbst einen Hedgehog-Angriff gefahren hatte. Bei der Besatzung der *Monnow* stieß dieses Bestehen auf der Kommandogewalt der RN auf nur wenig Gegenliebe. Nach dem Angriff des Zerstörers schwammen Öl und Wrackteile auf, doch glaubte man, diese stammten von einem bereits früher versenkten Boot. Deshalb markierte die *Watchman* die Stelle mit einer Boje und lief ab. Es überraschte einigermaßen, als die *L'Escarmouche* eine Stunde später meldete, sie habe Männer von U 1195 aufgenommen, die bei der Markierungsboje gewesen wären, an der sich einer der Überlebenden festgehalten habe.

Durch die Hedgehog-Wasserbomben war der Bug von U 1195 aufgerissen worden, worauf viel Wasser in das Boot strömte, das nun mit über 40 Grad Schlagseite in 30 Meter Tiefe lag. Es gab zwei Gruppen von Überlebenden, acht Mann in der Zentrale und elf Mann im Heck. Das Aussteigen aus der Zentrale durch das Turmluk war verhältnismäßig einfach, aber die elf im Heck hatten es schwerer. Die Schlagseite des Bootes machte ein Aussteigen durch das Deckluk unmöglich, also versammelten sie sich im Heck, wohin der 1WO in steilem Winkel zu ihnen hinaufkletterte. Es gab nicht genug Tauchretter, die Luft war durch Chlordämpfe verseucht, und die Abteilung mußte fast völlig geflutet sein, um den Außendruck auszugleichen. Der erste Mann, der aussteigen sollte, geriet in Panik und ertrank im Schacht. Drei Männer mußten ihn herausziehen, um den Weg frei zu machen. Nun gerieten auch die übrigen in Panik, und der 1WO mußte buchstäblich jeden einzelnen durch den Schacht schieben. Er selbst verließ das Boot als letzter.

## U 857

| | *Stapellauf* | *Indienststellung* |
|---|---|---|
| | 25.5.1943 | 16.9.1943 |
| Typ | IX D2 | |
| Kommandant | Kapitänleutnant Rudolf Premauer (gefallen) | |
| versenkt am | 7. April 1945 | |
| Position | Ostküste der USA vor Kap Cod | |
| durch | Wasserbomben | |
| Tote | 59 | |
| Überlebende | keine | |
| gehoben | nein | |

U 857 operierte Ende März im Golf von Maine und beschädigte am 5. April einen Tanker. Wenige Stunden, nachdem es sich dadurch verraten hatte, wurde eine U-Jagdgruppe unter dem Kommando von Cdr Ralph R. Curry aufgestellt, die aus zwei Fregatten und zwei Eskortern bestand. U 857 legte sich vor Kap Cod auf Grund, um Angriffen auszuweichen, wurde aber aufgespürt und am Morgen des 7. April durch Hedgehog-Angriffe des US-Zerstörers *Gustafson* versenkt.

## U 2509

| | *Stapellauf* | *Indienststellung* |
|---|---|---|
| | 27.8.1944 | 21.9.1944 |
| Typ | XXI | |
| Kommandant | Korvettenkapitän Rudolf Schendel (gerettet) | |
| versenkt am | 8. April 1945 | |
| Position | Hamburg | |
| durch | Luftangriff | |
| Tote | - | |
| Überlebende | - | |
| gehoben | nein | |

Versenkt bei einem Luftangriff der RAF auf Hamburg.

## U 2514

| | *Stapellauf* | *Indienststellung* |
|---|---|---|
| | 17.9.1944 | 17.10.1944 |
| Typ | XXI | |
| Kommandant | Kapitänleutnant Rolf-Birger Wahlen (gerettet) | |
| versenkt am | 8. April 1945 | |
| Position | Hamburg | |
| durch | Luftangriff | |
| Tote | ? | |
| Überlebende | ? | |
| gehoben | nein | |

Versenkt bei einem Luftangriff der RAF auf Hamburg.

## U 2550

| | *Stapellauf* | *Indienststellung* |
|---|---|---|
| | ? | - |
| Typ | XXI | |
| Kommandant | unbesetzt | |
| zerstört am | 8. April 1945 | |
| Position | Hamburg | |
| durch | Luftangriff | |
| Tote | keine | |
| Überlebende | - | |
| gehoben | nach Kriegsende abgewrackt | |

Noch vor der Fertigstellung im Hamburger Hafenbei einem alliierten Luftangriff völlig zerstört.

## U 774

| | *Stapellauf* | *Indienststellung* |
|---|---|---|
| | 23.12.1943 | 17.2.1944 |
| Typ | VII C | |
| Kommandant | Kapitänleutnant Werner Sausmikat (gefallen) | |
| versenkt am | 8. April 1945 | |
| Position | Atlantik sw Kap Clear, 49°58'N 11°51'W | |
| durch | Wasserbomben | |
| Tote | 44 | |
| Überlebende | keine | |
| gehoben | nein | |

Von den britischen Fregatten *Calder* und *Bentinck* durch Wasserbomben versenkt.

## U 1001

| | *Stapellauf* | *Indienststellung* |
|---|---|---|
| | 6.10.1943 | 18.11.1943 |
| Typ | VII C/41 | |
| Kommandant | Kapitänleutnant d.R. Ernst-Ulrich Blaudow (gefallen) | |
| versenkt am | 8. April 1945 | |
| Position | Nordatlantik sw Irland, 49°19'N 10°23'W | |
| durch | Wasserbomben | |
| Tote | 45 | |
| Überlebende | keine | |
| gehoben | nein | |

Von den britischen Fregatten *Fitzroy* und *Byron* durch Wasserbomben versenkt.

## U 3512

| | *Stapellauf* | *Indienststellung* |
|---|---|---|
| | 11.10.1944 | 27.11.1944 |
| Typ | XXI | |
| Kommandant | unbesetzt | |
| versenkt am | 8. April 1945 | |
| Position | Kiel | |
| durch | Luftangriff | |
| Tote | ? | |
| Überlebende | ? | |
| gehoben | nein | |

Bei einem alliierten Luftangriff durch Bomben versenkt. Das Wrack wurde an Ort und Stelle abgewrackt.

## U 2516

| | *Stapellauf* | *Indienststellung* |
|---|---|---|
| | 27.9.1944 | 24.10.1944 |
| Typ | XXI | |
| Kommandant | Oberleutnant zur See d.R. Fritz Kallipke (gerettet) | |
| zerstört am | 9. April 1945 | |
| Position | Hamburg | |
| durch | Luftangriff | |
| Tote | ? | |
| Überlebende | ? | |
| gehoben | nein | |

Im Hamburger Hafen bei einem alliierten Luftangriff völlig zerstört und versenkt.

## U 982

| | *Stapellauf* | *Indienststellung* |
|---|---|---|
| | 29.4.1943 | 10.6.1943 |
| Typ | VII C | |
| Kommandant | Oberleutnant zur See Curt Hartmann (gerettet) | |
| versenkt am | 9. April 1945 | |
| Position | Hamburg | |
| durch | Luftangriff | |
| Tote | ? | |
| Überlebende | ? | |
| gehoben | nein | |

Bei einem Luftangriff der 8. US Air Force auf Hamburg versenkt.

## U 4708

| | *Stapellauf* | *Indienststellung* |
|---|---|---|
| | 24.3.1945 | - |
| Typ | XXIII | |
| Kommandant | unbesetzt | |
| versenkt am | 9. April 1945 | |
| Position | Kiel | |
| durch | Luftangriff | |
| Tote | - | |
| Überlebende | - | |
| gehoben | nein | |

Am Ausrüstungskai der Kieler Germaniawerft vor Fertigstellung bei einem alliierten Luftangriff versenkt.

## U 804

| | *Stapellauf* | *Indienststellung* |
|---|---|---|
| | 1.4.1943 | 4.12.1943 |
| Typ | IX C/40 | |
| Kommandant | Oberleutnant zur See d.R. Herbert Meyer (gefallen) | |
| versenkt am | 9. April 1945 | |
| Position | Kattegat, 57°58'N 11°15'O | |

| | |
|---|---|
| durch | Luftangriff |
| Tote | 55 |
| Überlebende | keine |
| gehoben | nein |

Siehe U 1065 (unten).

## U 1065

| | *Stapellauf* | *Indienststellung* |
|---|---|---|
| | 3.8.1944 | 23.9.1944 |
| Typ | VII C/41 | |
| Kommandant | Oberleutnant zur See d.R. Johannes Panitz (gefallen) | |
| versenkt am | 9. April 1945 | |
| Position | Kattegat, 57°48'N 11°15'O | |
| durch | Luftangriff | |
| Tote | 45 | |
| Überlebende | keine | |
| gehoben | nein | |

Der aus 34 Mosquitos der Geschwader 143, 235 und 248 bestehende Banff Strike Wing unter Sqn Ldr H.H. Gunnis sichtete bei U-Jagd im Skagerrak zwei aufgetaucht laufende deutsche U-Boote. Die Mosquitos des 143. und 235. Geschwaders griffen mit Bordwaffen und Raketen an, während die Maschine des 248. Geschwaders den Schauplatz umkreiste. Ein Boot wurde versenkt, und Bootstrümmer und Öl schwammen auf. Das zweite sank über das Heck und explodierte dann so stark, daß vier Mosquitos beschädigt wurden (drei mußten nach Schweden fliegen, wo die Besatzungen interniert wurden). Eine mit einer Kamera ausgerüstete Mosquito der RAF Film Unit wurde so schwer getroffen, daß sie ins Meer stürzte.

## U 843

| | *Stapellauf* | *Indienststellung* |
|---|---|---|
| | 15.12.1943 | 24.3.1943 |
| Typ | IX C | |
| Kommandant | Kapitänleutnant Oskar Herwartz (gerettet) | |
| versenkt am | 9. April 1945 | |
| Position | Kattegat, 57°58'N 11°15'O | |
| durch | Luftangriff | |
| Tote | 44 | |
| Überlebende | 14 | |
| gehoben | ja | |

Unweit der Stelle, an der U 804 und U 1065 vom Banff Strike Wing angegriffen wurden, sichtete die Mosquito „A“ (Fg Off A.J. Randell) des 235. RAF-Geschwaders das aufgetaucht laufende U 843. Randell griff es mit Raketen und Bordwaffen an und flog dann zu einem zweiten Bordwaffenangriff an. Danach war das gestoppte Boot in dichte Qualmwolken gehüllt.
Das Wrack von U 843 wurde am 22. August 1958 gehoben und im schwedischen Göteborg abgewrackt.

## U 1131

| | *Stapellauf* | *Indienststellung* |
|---|---|---|
| | 3.4.1944 | 20.5.1944 |
| Typ | VII C | |
| Kommandant | Oberleutnant zur See Günther Fiebig (gerettet) | |
| versenkt am | 9. April 1945 | |
| Position | Hamburg | |
| durch | Luftangriff | |
| Tote | ? | |
| Überlebende | ? | |
| gehoben | nein | |

In Hamburg-Finkenwerder bei einem britischen Luftangriff auf Hamburg durch Bomben versenkt.

## U 878

| | *Stapellauf* | *Indienststellung* |
|---|---|---|
| | 6.1.1944 | 14.4.1944 |
| Typ | IX C/40 | |
| Kommandant | Kapitänleutnant Johannes Rodig (gefallen) | |
| versenkt am | 10. April 1945 | |
| Position | Atlantik w St. Nazaire, 47°35'N 10°33'W | |
| durch | Wasserbomben | |
| Tote | 51 | |
| Überlebende | keine | |
| gehoben | nein | |

Versenkt von den britischen U-Jägern *Vanquisher* und *Tintagel Castle*, die zur Sicherungsgruppe des Geleitzugs ONA-265 gehörten.

## U 2547

| | *Stapellauf* | *Indienststellung* |
|---|---|---|
| | 9.3.1945 | - |
| Typ | XXI | |
| Kommandant | unbesetzt | |
| versenkt am | 11. April 1945 | |
| Position | Hamburg | |
| durch | Luftangriff | |
| Tote | - | |
| Überlebende | - | |
| gehoben | nein | |

In unfertigem Zustand bei einem alliierten Luftangriff auf Hamburg von Bomben getroffen und versenkt.

## U 486

| | *Stapellauf* | *Indienststellung* |
|---|---|---|
| | 12.2.1944 | 22.3.1944 |
| Typ | VII C | |
| Kommandant | Oberleutnant zur See d.R. Gerhard Meyer (gefallen) | |
| versenkt am | 12. April 1945 | |
| Position | norwegische Küstengewässer nw Bergen, 60°44'N 04°39'O | |
| durch | britisches U-Boot | |
| Tote | 48 | |
| Überlebende | keine | |
| gehoben | nein | |

Am 12. April 1945 tauchte U 486 um 07.49 Uhr nahe der Insel Hellisøy auf. Das Boot war mit Schnorchel unter Wasser gelaufen. Seine lauten Dieselmotoren waren von der Sonarwache des britischen U-Boots *Tapir* (Lt J.C. Roxburgh) gehört worden, und so war es für Roxburgh verhältnismäßig leicht, das auftauchende Boot sofort anzugreifen. Er feuerte aus 3000 Meter Entfernung um 07.53 Uhr acht Torpedos ab, von denen allerdings nur sechs schließlich einigermaßen auf Kurs blieben. Zwei Minuten später wurde ein Treffer registriert. Deutsche Beobachter auf der Insel Hellisøy wußten, was los war, denn ein Mk-VIII**-Torpedo mit 750-lb-Torpex-Gefechtskopf explodierte 200 Meter vom Leuchtturm entfernt an der Felsenküste.

## U 1024

| | *Stapellauf* | *Indienststellung* |
|---|---|---|
| | 3.5.1944 | 28.6.1944 |
| Typ | VII C/41 | |
| Kommandant | Kapitänleutnant d.R. Hans-Joachim Gutteck (gefallen) | |
| gesunken am | 13. April 1945 | |
| Position | Irische See, 53°39'N 05°03'W | |
| durch | nach Aufbringung im Schlepp gesunken | |
| Tote | 9 | |
| Überlebende | 1 Offizier, 5 Unteroffiziere, 31 Mannschaften | |
| gehoben | nein | |

U 1024 hatte in der Irischen See am 7. bzw. 12. Dezember 1944 je ein Schiff aus den Geleitzügen HX-346 und SC-171 versenkt, blieb zunächst unentdeckt, wurde aber dann am Abend des 12. April 1945 von der britischen Fregatte *Loch Glendhu* der 8. Geleitsicherungsgruppe erfaßt und um 20.42 Uhr trotz defektem 147B-Gerät mit Squid angegriffen, worauf das Boot drei Minuten später über Wasser kam. Alle Schiffe der Gruppe eröffneten das Feuer, und die britische Fregatte *Loch Achray* fuhr einen Wasserbombenangriff. Darauf tauchte U 1024 auf, und Gutteck, der als erster auf die Brücke kam, wurde durch eine Artilleriegranate getötet. Als klar wurde, daß die Bootsbesatzung von Bord gehen wollte, wurde das Feuer eingestellt. Ein Prisenkommando setzte über, und U 1024 wurde von der *Loch More* in Schlepp genommen. Allerdings verschlechterte sich das Wetter in der Nacht, und dichter Nebel nahm jede Sicht. Die Schlepptrosse brach, und das U-Boot sank am Morgen des 13. April in die Tiefe.

## U 235

| | *Stapellauf* | *Indienststellung* |
|---|---|---|
| | 4.11.1942 | 19.12.1942 |
| Typ | VII C | |
| Kommandant | Kapitänleutnant d.R. Friedrich Huisgen (gefallen) | |
| versenkt am | 14. April 1945 | |
| Position | Kattegat, 57°44'N 10°39'O | |
| durch | deutsche Wasserbomben | |
| Tote | 47 | |
| Überlebende | keine | |
| gehoben | nein | |

U 235 war zusammen mit U 1272 auf dem Marsch nach Norwegen. Da die RAF die totale Luftherrschaft hatte, liefen beide Boote tagsüber auf Schnorcheltiefe. In dem Seegebiet unterwegs war auch ein deutscher Konvoi aus der von dem Torpedoboot T 17 und einigen kleineren Schiffen eskortierte Fähre *Preußen*. Als sie den Kurs des Geleitzugs kreuzten, lief U 1272 vor U 235. Der Kommandant von U 1272, Oberleutnant zur See Hans Schatteburg, ahnte eine Katastrophe, fuhr den Schnorchel ein und tauchte tief ab. Der vom Schnorchel hinterlassene Wasserwirbel wurde von den Ausgucks der *Preußen* gesichtet, aber für eine Torpedospur gehalten und an T 17 gemeldet. Das Torpedoboot folgte mit äußerster Kraft der Spur und wollte Wasserbomben werfen. In diesem Augenblick tauchte vor ihm U 235 auf, ging aber sofort wieder unter Wasser und wurde von

T 17 mit Wasserbomben belegt. Nach einigen Minuten schwammen Öl und Bootstrümmer auf, aber der Jubel auf T 17 endete jäh, als man sah, daß die aufgetauchten Leichen das vertraute graue Leder deutscher U-Bootmänner trugen.
Eine Untersuchung ergab, daß die U-Boote nichts von dem Konvoi wußten, der seinerseits ebenfalls nicht informiert war, sondern die Warnung erhalten hatte, daß ein britisches U-Boot in dem Seegebiet operierte. Vielleicht wollte Huisgen, als er T 17 auf sich zulaufen sah, auftauchen, um als deutsches Boot erkannt zu werden, doch dann änderte er plötzlich seine Absicht, weil eine Kollision drohte. Genau werden wir es nie wissen.

## U 1206

| | *Stapellauf* | *Indienststellung* |
|---|---|---|
| | 30.12.1943 | 16.3.1944 |
| Typ | VII C | |
| Kommandant | Kapitänleutnant Karl-Adolf Schlitt (gerettet) | |
| versenkt am | 14. April 1945 | |
| Position | Nordsee vor Peterhead, 57°21'N 01°39'W | |
| durch | Unfall | |
| Tote | 4 | |
| Überlebende | 4 Offiziere, 6 Unteroffiziere, 36 Mannschaften | |
| gehoben | nein | |

U 1206 lief vor Buchan Ness auf Grund und wurde dabei so schwer beschädigt, daß Schlitt seine Feindfahrt beenden mußte. Er versenkte sein Boot durch Selbstsprengung. Die Überlebenden wurden von dem britischen Eskorter *Nodzu* aufgenommen.

## U 103

| | *Stapellauf* | *Indienststellung* |
|---|---|---|
| | 12.4.1940 | 5.7.1940 |
| Typ | IX B | |
| Kommandant | Oberleutnant zur See Hans-Norbert Schunk (gerettet) | |
| versenkt am | 15. April 1945 | |
| Position | Kiel | |
| durch | Luftangriff | |
| Tote | 1 | |
| Überlebende | ? | |
| gehoben | nein | |

Bei einem alliierten Luftangriff im Hafen von Kiel versenkt.

## U 285

| | *Stapellauf* | *Indienststellung* |
|---|---|---|
| | 3.4.1943 | 15.5.1943 |
| Typ | VII C | |
| Kommandant | Kapitänleutnant Konrad Bornhaupt (gefallen) | |
| versenkt am | 15. April 1945 | |
| Position | Atlantik sw Irland, 50°13'N 12°48'W | |
| durch | Wasserbomben | |
| Tote | 46 | |
| Überlebende | keine | |
| gehoben | nein | |

Von den britischen Fregatten *Grindall* (Cdr H. Dole) und *Keats* (Lt-Cdr N. F. Israel) durch Wasserbomben versenkt.

## U 1235

| | *Stapellauf* | *Indienststellung* |
|---|---|---|
| | 25.1.1944 | 17.5.1944 |
| Typ | IX C/40 | |
| Kommandant | Kapitänleutnant Fritz Barsch (gefallen) | |
| versenkt am | 15. April 1945 | |
| Position | mittlerer Nordatlantik | |
| durch | Wasserbomben | |
| Tote | 57 | |
| Überlebende | keine | |
| gehoben | nein | |

U 1235 war das erste einer Reihe von deutschen U-Booten, die im Zuge der von U-Jägern der amerikanischen Geleitträger Mitte April 1945 im Nordatlantik durchgeführten „Operation Teardrop" versenkt wurden. Der von U 1229 an Land gesetzte Agent und die von U 1203 in Maine angelandeten Spione waren vom FBI verhaftet worden und verrieten, daß die Deutschen von U-Booten aus die nordamerikanische Ostküste mit V-1-Raketen angreifen wollten. Man nahm diese Aussagen ernst, und am 10. Dezember 1944 warnte Bürgermeister Firoello LaGuardia die New Yorker vor einem möglichen deutschen Raketenangriff. Um diesem zu begegnen, wurde die „Operation Teardrop" eingeleitet, wobei durch den massierten Einsatz amerikanischer Seestreitkräfte ein Angriff von See her unmöglich gemachten werden sollte. Nicht angekündigt wurde hingegen der Kerneinsatz von zwei Geleitsicherungsgruppen, von denen jede aus einem großen Flugzeugträger und über 20 Eskortern bestand.
Die Befürchtungen wuchsen, als man erfuhr, daß sieben deutsche U-Boote zu Operationen vor der

nordamerikanischen Ostküste von ihren norwegischen Stützpunkten ausgelaufen waren. Dazu kam die Meldung des Geheimdienstes, daß mehrere U-Boote in Norwegen mit Startrampen für Raketen ausgerüstet wurden und daß der Kommandant eines der westwärts marschierenden U-Boote der Kapitänleutnant Friedrich Steinhoff war, der als Kommandant von U 511 an Versuchen vor Peenemünde teilgenommen hatte, bei denen getauchte U-Boote Raketen abgefeuert hatten. All das gab den Aussagen eines verhafteten Spions viel Gewicht. In Wirklichkeit aber hatten die Deutschen keine solche Absichten; die U-Boote sollten nur deshalb im Westatlantik operieren, weil man dort weniger Widerstand erwartete und weil dadurch alliierte Geleitsicherungsgruppen aus den Gewässern um Großbritannien abgezogen werden sollten, wo sie den deutschen U-Booten das Leben schwer machten.

Zum Glück kannte die 10. Flotte durch Funkpeilung und entschlüsselte deutsche Funksprüche den Kurs der Gruppe „Seewolf", so daß die um die Geleitträger *Mission Bay* und *Croatan* gruppierte Northern Barrier Force unter Capt John R. Rushenberger entsprechend Aufstellung nehmen konnte. In der späten Nacht des 15. April erfaßte das Radar der *Stanton* in dichtem Nebel ein Boot, lief auf es zu und strahlte es aus 1000 Meter Entfernung mit dem Suchscheinwerfer an, worauf die Brückenwache die verschwommenen Umrisse eines deutschen U-Boots erkennen konnte. Es war U 1235, das aufgetaucht war, weil die schwere See das Schnorcheln unmöglich machte. Während die *Croatan* vorsichtshalber ablief, fuhren die *Stanton* und die herbeigeeilte *Frost* einen Hedgehog-Angriff. Sechs Minuten später wurden beide Schiffe durch eine Detonation erschüttert, die so stark war, daß man auf der *Stanton* glaubte, von einem Torpedo getroffen worden zu sein. Der Nebel war so dicht, daß die beiden amerikanischen Schiffe einander nicht sehen konnten, so daß sie von der *Croatan* aus geführt werden mußten. Ein dritter Angriff der *Stanton* um 00.33 Uhr erzeugte eine so heftige Explosion, daß sogar die 16 Kilometer entfernte *Croatan* durchgeschüttelt wurde. Danach schwamm viel zähflüssiges Dieselöl auf.

Angesichts der Tatsache, daß es auf U 1235 und dem eine knappe Stunde später versenkten U 880 keine Überlebenden gab, sind möglicherweise Details über die Versenkung der beiden Boote austauschbar.

## U 1063

| | *Stapellauf* | *Indienststellung* |
|---|---|---|
| | 8.6.1944 | 8.7.1944 |
| Typ | VII C/41 | |
| Kommandant | Kapitänleutnant d.R. Karl-Heinz Stephan (gefallen) | |
| versenkt am | 16. April 1945 | |
| Position | Ärmelkanal vor Start Point, 50°08'N 03°52'W | |
| durch | Squid | |
| Tote | 29 | |
| Überlebende | 1 Offizier, 3 Unteroffiziere, 15 Mannschaften | |
| gehoben | nein | |

Bei einer Geleitsicherung erfaßte das ASDIC der britischen Fregatte *Loch Killin* der aus ihr, der *Cranstoun* und der *Burges* bestehenden EG 17 bei schwierigen Verhältnissen ein U-Boot. Schwierig war es für die Sonarortung deshalb, weil viele Ziele erfaßt wurden, die sich aber nicht als Feindboote herausstellten. Nach drei Squid-Angriffen tauchte U 1063 an Backbord der *Loch Killin* auf und wurde dann durch Artillerie und Wasserbomben versenkt.

## U 880

| | *Stapellauf* | *Indienststellung* |
|---|---|---|
| | 10.2.1944 | 11.5.1944 |
| Typ | IX C/40 | |
| Kommandant | Kapitänleutnant Gerhard Schötzau (gefallen) | |
| versenkt am | 16. April 1945 | |
| Position | Nordatlantik, 800 km o Kap Flemish, 47°53'N 30°26'W | |
| durch | Wasserbomben | |
| Tote | 53 | |
| Überlebende | keine | |
| gehoben | nein | |

Knapp 40 Minuten nach der Versenkung von U 1235 erfaßte das Radar der *Frost* ein weiteres U-Boot, das aufgetaucht ablaufen wollte, nachdem es die Explosion gehört (und gespürt) hatte, die das Ende von U 1235 meldete. Der Nebel war jetzt so dicht, daß eine Leuchtgranate der *Frost* das etwa 1400 Meter entfernte Boot nicht sichtbar machte; das erreichte erst der in knapp 650 Meter Entfernung eingeschaltete Suchscheinwerfer. Die rauhe See verhinderte einen Kurswechsel der *Frost* und den Einsatz sämtlicher Geschütze, aber als das Boot tauchte, fuhren die *Frost* und die *Stanton* Hedgehog-Angriffe. Die beiden Eskorter hielten Fühlung, und am 16. April gab es um

04.04 Uhr eine starke Unterwasserdetonation, worauf Dieselöl aufschwamm.
Angesichts der Tatsache, daß es auf U 880 und U 1235 keine Überlebenden gab, daß beide Boote dicht beieinander versenkt wurden und keine identifizierbaren Bootstrümmer aufschwammen, ist es durchaus möglich, daß Details der beiden Versenkungen austauschbar sind.

## U 78

| | *Stapellauf* | *Indienststellung* |
|---|---|---|
| | 7.12.1940 | 15.2.1941 |
| Typ | VII C | |
| Kommandant | Oberleutnant zur See Horst Hübsch (gerettet) | |
| versenkt am | 16. April 1945 | |
| Position | Ostsee, Pillau | |
| durch | Küstenartillerie | |
| Tote | ? | |
| Überlebende | ? | |
| gehoben | nein | |

U 78 war nie als Frontboot voll einsatzfähig, sondern diente als Entwicklungs-und Schulboot. Als die Deutschen Pillau räumten, wurde das Boot durch sowjetische Artillerie versenkt. U 78 war eines von nur zwei im Zweiten Weltkrieg durch Artilleriebeschuß von der Küste aus versenkten U-Booten. Das zweite war das amerikanische U-Boot *Herring*, das am 1. Juni 1944 von japanischer Küstenartillerie versenkt wurde.

## U 1274

| | *Stapellauf* | *Indienststellung* |
|---|---|---|
| | 25.1.1944 | 1.3.1944 |
| Typ | VII C/41 | |
| Kommandant | Oberleutnant zur See Hans-Hermann Fitting (gefallen) | |
| versenkt am | 16. April 1945 | |
| Position | Nordsee 10 km o Sunderland, 55°36'N 01°24'W | |
| durch | Wasserbomben | |
| Tote | 44 | |
| Überlebende | keine | |
| gehoben | nein | |

U 1274 hatte aus dem Geleitzug FS-1784 den Tanker *Athelduke* versenkt und wurde daraufhin von dem alten (Stapellauf 1918) britischen Zerstörer *Viceroy* ohne sichtbares Ergebnis angegriffen, obgleich laut ASDIC das Boot gestoppt auf Grund lag. Acht Tage später kehrte der Zerstörer an die Stelle zurück, fand das auf Grund liegende Ziel noch vor und belegte es mit Wasserbomben, worauf zahlreiche Bootstrümmer aufschwammen. In einem deutschen Rettungsfloßcontainer fanden die Männer des Zerstörers sechs Flaschen Branntwein, was sie als Beweis für die Versenkung des Bootes werteten.

## U 548

| | *Stapellauf* | *Indienststellung* |
|---|---|---|
| | 14.4.1943 | 30.6.1943 |
| Typ | IX C/40 | |
| Kommandant | Oberleutnant zur See Erich Krempl (gefallen) | |
| versenkt am | 19. April 1945 | |
| Position | Westatlantik o Kap Hatteras, 36°34'N 74°00'W | |
| durch | Wasserbomben | |
| Tote | 58 | |
| Überlebende | keine | |
| gehoben | nein | |

Der amerikanische Eskorter *Buckley* griff ein vom Radar erfaßtes Boot mit Hedgehogs an. Nach mehreren Detonationen schwammen Öl, Bootstrümmer und zerfetzte Leichen auf.

## U 251

| | *Stapellauf* | *Indienststellung* |
|---|---|---|
| | 26.7.1941 | 20.9.1941 |
| Typ | VII C | |
| Kommandant | Oberleutnant zur See Joachim Sauerbier (gefallen) | |
| versenkt am | 19. April 1945 | |
| Position | Kattegat, 56°37'N 11°51'O | |
| durch | Luftangriff | |
| Tote | 39 | |
| Überlebende | ? | |
| gehoben | nein | |

22 Mosquitos der Geschwader 143, 235, 248 und 333 unter Wg Cdr A.H. Simmonds waren auf U-Jagd, als um 16.31 Uhr drei deutsche U-Boote hinter einem Minensucher der „M"-Klasse gesichtet wurden. U 2502 und U 2335 konnten tauchen und mit einigen Schäden ablaufen, aber U 251 wurde durch Raketen und Bordwaffenbeschuß versenkt.

## U 636

| | *Stapellauf* | *Indienststellung* |
|---|---|---|
| | 25.6.1942 | 20.8.1942 |
| Typ | VII C | |
| Kommandant | Oberleutnant zur See Eberhard Schendel (gefallen) | |

versenkt am 21. April 1945
Position Atlantik w Bloody Foreland, 55°50'N 10°31'W
durch Wasserbomben
Tote 42
Überlebende keine
gehoben nein

Von den britischen Fregatten *Drury* und *Bazely* der 4. Geleitsicherungsgruppe (Flaggschiff die *Bentinck)* versenkt, worauf Öl, Bootstrümmer und zerfetzte Leichen aufschwammen.

## U 518

| | *Stapellauf* | *Indienststellung* |
|---|---|---|
| | 11.2.1942 | 25.4.1942 |

Typ IX C
Kommandant Oberleutnant zur See Hans-Werner Offermann (gefallen)
versenkt am 22. April 1945
Position Atlantik nw Azoren
durch Hedgehogs
Tote 56
Überlebende keine
gehoben nein

Das dritte während der „Operation Teardrop" versenkte deutsche U-Boot. U 518 wurde vom Sonar des amerikanischen Eskorters *Carter* erfaßt, der die *Neal A. Scott* bei einem Schleichangriff führte und dann um 23.09 Uhr einen Hedgehog-Angriff fuhr. Eine Explosion und mehrere starke Unterwasserdetonationen verkündeten das Ende von U 518.

## U 183

| | *Stapellauf* | *Indienststellung* |
|---|---|---|
| | 9.1.1942 | 1.4.1942 |

Typ IX C/40
Kommandant Kapitänleutnant Fritz Schneewind (gefallen)
versenkt am 23. April 1945
Position Javasee, 04°57'S 112°52'O
durch amerikanisches U-Boot
Tote 55
Überlebende 1
gehoben nein

Vom amerikanischen U-Boot *Besugo* (Cdr H.E. Miller) torpediert und versenkt.

## U 396

| | *Stapellauf* | *Indienststellung* |
|---|---|---|
| | 27.8.1943 | 16.10.1943 |

Typ VII C
Kommandant Kapitänleutnant Hilmar Siemon (gefallen)
versenkt am 23. April 1945
Position Atlantik sw Shetlands, ca. 59°29'N 05°22'W
durch ?
Tote 45
Überlebende keine
gehoben nein

U 396 wurde von der Liberator „V" (Flt Lt J.T. Lawrence) des 86. RAF-Geschwaders erfolglos angegriffen, meldete sich aber nachher nicht mehr. Das Boot kann durch diesen Luftangriff oder durch einen Unfall verlorengegangen sein. Vielleicht überschritt es im Bemühen, den Bomben zu entgehen, die höchstzulässige Tauchtiefe.

## UIT 1

| | *Stapellauf* | *Indienststellung* |
|---|---|---|
| | 12.7.1943 | - |

Typ italienisches Transport-U-Boot der *Romolo*-Klasse
Kommandant unbesetzt
versenkt am 24. April 1945
Position Mittelmeer, La Spezia
durch Selbstversenkung
Tote -
Überlebende -
gehoben nein

Das frühere italienische R 10 wurde nach der Kapitulation Italiens von den Deutschen übernommen, bei der Ostmole von La Spezia versenkt und 1946 von den Italienern abgewrackt.

## U 546

| | *Stapellauf* | *Indienststellung* |
|---|---|---|
| | 17.3.1943 | 2.6.1943 |

Typ IX C/40
Kommandant Kapitänleutnant Paul Just (gerettet)
versenkt am 24. April 1945
Position Nordatlantik nw Azoren
Tote 25
Überlebende 47
gehoben nein

Das vierte im Zug der „Operation Teardrop" versenkte Boot der Gruppe „Seewolf". Die starken Explosionen bei der Versenkung der drei vorhergehenden Boote könnten darauf hinweisen, daß

sie nicht nur Torpedos an Bord hatten, aber nur ein Überlebender dieser Boote hätte sagen können, ob Raketenangriffe auf die USA tatsächlich geplant waren. Eine Möglichkeit, Überlebende zu bergen und damit zu klären, ob wirklich eine Raketenbedrohung bestand, kam für die Amerikaner mit dem Angriff auf U 546 am 24. April. Am Morgen dieses Tages sichtete U 546 einen Geleitträger (die *Bogue* von der Southern Barrier Force), der von der 4. Eskorterdivision gedeckt wurde. Kapitänleutnant Just brannte so sehr darauf, den Träger anzugreifen, daß er den Sicherungsgürtel auf Sehrohrtiefe durchstoßen wollte, wurde aber von der *Frederick C.Davis* entdeckt. Just sah den Eskorter auf sich zulaufen und feuerte sofort einen „Zaunkönig" ab, der die *Davis* mittschiffs traf und versenkte. 126 Mann der 192köpfigen Besatzung überlebten die Versenkung ihres Schiffes nicht.
Nun griffen die übrigen Eskorter mit allen zur Verfügung stehenden Mitteln an, aber Just war ein erfahrener U-Bootkommandant, ging auf große Tiefe, wechselte die Thermoklinalen, änderte ständig Kurs und Fahrt und setzte Boldkanister ab. Nach zehnstündiger Jagd wurde der Bug von U 546 durch einen Hedgehog-Angriff der *Flaherty* schwer beschädigt, so daß Just auftauchen mußte. Über Wasser wurde das Boot von sämtlichen Eskortern beschossen, bis es sank. Obwohl U 546 einen der ihren versenkt hatte, waren alle Eskorter darauf bedacht, Überlebende des U-Boots zu bergen. Dessen Ende hatte U 805 mitbekommen, das in Schleichfahrt ablief.
Just war von der Luftwaffe, wo er Einsätze in Polen und in der „Luftschlacht um England" geflogen hatte, zur Kriegsmarine gewechselt. Er und seine Offiziere wurden auf der *Bogue* verhört, sagten aber nur aus, was sie nach den Regeln der Genfer Konvention unbedingt mußten. Nachdem sie am 27. April in Argentia auf Neufundland an Land gesetzt wurden, wurden Just und sieben seiner Männer in Einzelhaft genommen und weniger als Kriegsgefangene denn als Militärhäftlinge behandelt. Sie mußten täglich strafexerzieren und wurden geprügelt, um Einzelheiten über einen deutschen V-1-Angriff (von dem die U-Bootmänner keine Ahnung hatten) herauszubekommen. Dies wurde fortgesetzt, obwohl man durch ein von der *Varian* geborgenes Tagebuch eines Überlebenden von U 546 wußte, daß das Boot nur die üblichen Torpedos an Bord hatte. Der Kommandant der *Varian*, Lt-Cdr Leonard A. Myrhe, sollte einer der täglichen „Behandlungen" von Just beiwohnen und war entsetzt über das, was er mit ansehen mußte. Vielleicht auf seinen Protest hin wurden die Überlebenden des Boots nach Fort Hunt bei Mount Vernon geflogen, wo das Strafexerzieren und die Prügeleien fortgesetzt wurden. Eingestellt wurde dies erst nach der deutschen Kapitulation, als Just einwilligte, die Einsätze von U 546 niederzuschreiben.

# UIT 2

| | *Stapellauf* | *Indienststellung* |
|---|---|---|
| | 6.8.1943 | - |

| | |
|---|---|
| Typ | italienische *Romolo*-Klasse |
| Kommandant | unbesetzt |
| versenkt am | 24. April 1945 |
| Position | Mittelmeer, Genua |
| durch | Selbstversenkung |
| Tote | - |
| Überlebende | - |
| gehoben | ja |

Das italienische Boot wurde am 9. September 1943 von den Deutschen übernommen und ab dem 13. September 1943 umgerüstet, um als Transportboot zwischen Europa und Fernost eingesetzt zu werden. Dazu kam es nicht, und ehe die Deutschen aus Genua abzogen, versenkten sie das Boot. Das Wrack wurde 1946 gehoben, 1947 abgedichtet und als schwimmender Öltank GR 522 benutzt. Über das weitere Schicksal ist nichts bekannt.

# UIT 3

| | *Stapellauf* | *Indienststellung* |
|---|---|---|
| | 29.9.1942 | - |

| | |
|---|---|
| Typ | italienische *Romolo*-Klasse |
| Kommandant | unbesetzt |
| versenkt am | 24. April 1945 |
| Position | Mittelmeer, La Spezia |
| durch | Selbstversenkung |
| Tote | - |
| Überlebende | - |
| gehoben | ja |

Das italienische Boot wurde am 9. September 1943 von den Deutschen übernommen und ab dem 13. September 1943 umgerüstet, um als Transportboot zwischen Europa und Fernost eingesetzt zu werden. Ehe die Deutschen La Spezia räumten, versenkten sie das Boot. Das Wrack wurde 1946 gehoben, 1947 abgedichtet und als schwimmender Öltank GR 523 benutzt. Über sein weiteres Schicksal ist nichts bekannt.

## U 1107

| | *Stapellauf* | *Indienststellung* |
|---|---|---|
| | 30.6.1944 | 8.8.1944 |
| Typ | VII C/41 | |
| Kommandant | Kapitänleutnant Fritz Parduhn (gefallen) | |
| versenkt am | 25. April 1945 | |
| Position | Atlantik w Ushant, 48°00'N 06°30'W | |
| durch | Fido-Torpedo | |
| Tote | 36 | |
| Überlebende | ? | |
| gehoben | nein | |

Von der Catalina „R“ (Lt F.G. Lake) des USN-Geschwaders VP-63 versenkt. Das mit einem MAD ausgerüstete Flugzeug flog eine sogenannte „Rover“-Patrouille und sichtete um 18.08 Uhr das auffällige Kielwasser eines Schnorchels in drei Kilometer Entfernung, und aus knapp 1000 Meter war der Schnorchelmast deutlich zu sehen. Beim Überfliegen des Schnorchels sprach der Magnetdetektor stark an, und Lake warf 24 Retrobomben. Nach Luftblasen schwammen Öl und Bootstrümmer auf.

Die Catalina blieb bis 18.30 Uhr und setzte dann Sonarbojen aus, die keinerlei Motorengeräusche meldeten. Das Flugzeug gab die Position an eine nahe Geleitsicherungsgruppe durch, deren ASDICs ein auf Grund liegendes Objekt orteten und die Proben des auf dem Wasser treibenden Dieselöls einholte.

## U 326

| | *Stapellauf* | *Indienststellung* |
|---|---|---|
| | 22.4.1944 | 6.6.1944 |
| Typ | VII C/41 | |
| Kommandant | Kapitänleutnant Peter Matthes (gefallen) | |
| versenkt am | 25. April 1945 | |
| Position | Atlantik sw Ushant, 48°12'N 05°42'W | |
| durch | Luftangriff | |
| Tote | 44 | |
| Überlebende | keine | |
| gehoben | nein | |

Von der Liberator „K“ (Lt Dwight D. Nott) des USN-Geschwaders VP-103 versenkt. Nott sichtete südwestlich der Bretonischen Halbinsel einen Schnorchel und griff mit Wasserbomben an. Nach deren Explosion schien der Schnorchelmast aus dem Wasser zu springen. Das deutete darauf hin, daß er direkt am Bootskörper abgerissen worden war, was ein großes Leck verursachte. Später wurde an der Stelle die im Wasser treibende Leiche eines U-Bootmanns gesichtet.

## U 56

| | *Stapellauf* | *Indienststellung* |
|---|---|---|
| | 3.9.1938 | 26.11.1938 |
| Typ | II C | |
| Kommandant | unbesetzt | |
| versenkt am | 28. April 1945 | |
| Position | Kiel | |
| durch | Luftangriff | |
| Tote | - | |
| Überlebende | - | |
| gehoben | nein | |

Durch einen britischen Luftangriff versenkt.

## U 1223

| | *Stapellauf* | *Indienststellung* |
|---|---|---|
| | 23.6.1943 | 6.10.1943 |
| Typ | IX C/40 | |
| Kommandant | Oberleutnant zur See Albert Kneip (gerettet) | |
| versenkt am | 28. April 1945 | |
| Position | vor Wesermünde | |
| durch | Luftangriff | |
| Tote | 7 | |
| Überlebende | ? | |
| gehoben | nein | |

Bei einem britischen Luftangriff versenkt.

## U 307

| | *Stapellauf* | *Indienststellung* |
|---|---|---|
| | 30.9.1942 | 18.11.1942 |
| Typ | VII C | |
| Kommandant | Oberleutnant zur See d.R. Erich Krüger (gerettet) | |
| versenkt am | 29. April 1945 | |
| Position | Nordmeer vor dem Weißen Meer, 69°26'N 33°39'O | |
| durch | Wasserbomben | |
| Tote | 37 | |
| Überlebende | 2 Offiziere, 12 Unteroffiziere und Mannschaften | |
| gehoben | nein | |

U 307 gehörte zu einem U-Bootrudel, das vor dem Weißen Meer auf den auslaufenden Konvoi RA-66 wartete. Fregatten der 19. Geleitsicherungsgruppe und Korvetten der EG 7 liefen vor dem Geleitzug, um die U-Boote zu verjagen. U 307 wurde von der britischen Fregatte *Loch Insh* (Lt-Cdr E.W.C. Dempster) von der EG 19 durch Wasserbomben versenkt.

## U 286

| | *Stapellauf* | *Indienststellung* |
|---|---|---|
| | 21.4.1943 | 5.6.1943 |
| Typ | VII C | |
| Kommandant | Oberleutnant zur See Willi Dietrich (gefallen) | |
| versenkt am | 29. April 1945 | |
| Position | Nordmeer vor dem Weißen Meer, 69°29'N 33°37'O | |
| durch | Wasserbomben | |
| Tote | 51 | |
| Überlebende | keine | |
| gehoben | nein | |

Vor dem auslaufenden Konvoi RA-66 gingen Fregatten und Korvetten der Geleitsicherungsgruppen 19 und 7 auf U-Jagd. U 286 wurde von den Fregatten *Anguilla*, *Cotton* und *Loch Shin* aufgespürt und durch Wasserbomben versenkt.

## U 1017

| | *Stapellauf* | *Indienststellung* |
|---|---|---|
| | 1.3.1944 | 13.4.1944 |
| Typ | VII C/41 | |
| Kommandant | Oberleutnant zur See d.R. Werner Riecken (gefallen) | |
| versenkt am | 29. April 1945 | |
| Position | Nordatlantik, 56°04'N 11°06'W | |
| durch | Luftangriff | |
| Tote | 35 | |
| Überlebende | keine | |
| gehoben | nein | |

Die Liberator „N" (Fg Off H.J. Oliver) vom 120. RAF-Geschwader sichtete vor Mail Head in fünf Kilometer Entfernung das Kielwasser eines Schnorchels. In drei Kilometer Entfernung wurde Qualm sichtbar, und Oliver warf vier Wasserbomben und eine Sonarboje ab, die das Geräusch des auseinanderbrechenden Bootes übertrug.

## U 398

| | *Stapellauf* | *Indienststellung* |
|---|---|---|
| | 6.11.1943 | 18.12.1943 |
| Typ | VII C | |
| Kommandant | Oberleutnant zur See d.R. Wilhelm Cranz (gefallen) | |
| versenkt | Ende April 1945 | |
| Position | Nordsee | |
| durch | ? | |
| Tote | 45 | |
| Überlebende | keine | |
| gehoben | nein | |

U 398 blieb auf Feindfahrt in der Nordsee verschollen. Keine alliierten Quellen melden seine Versenkung. Das Boot kann (was am wahrscheinlichsten ist) auf eine Mine gelaufen oder durch einen Unfall infolge technischer Mängel oder menschlichen Versagens verlorengegangen sein.

## U 879

| | *Stapellauf* | *Indienststellung* |
|---|---|---|
| | 11.1.1944 | 19.4.1944 |
| Typ | IX C/40 | |
| Kommandant | Kapitänleutnant Erwin Manchen (gefallen) | |
| versenkt am | 30. April 1945 | |
| Position | Atlantik 240 km sso Halifax, 42°19'N 61°45'W | |
| durch | Hedgehogs | |
| Tote | 52 | |
| Überlebende | keine | |
| gehoben | nein | |

Nach der Versenkung des Frachters *Belgian Airman* startete die US-Navy eine massive U-Jagd. Das deutsche U-Boot lief auf Nordkurs, versenkte am 18. April vor den Delaware Capes ein zweites Schiff und am 23. April ein drittes südlich Kap Henry. Am 27. April wurde das Boot von den scharfäugigen Ausgucks eines Frachters gesichtet, der die genaue Position an die U-Jäger durchgab, die mit äußerster Kraft anliefen. In der Nacht vom 29. auf den 30. April wurde U 879 von dem zur Geleitsicherung des Konvois KN-382 gehörenden Eskorter *Natchez* ausgemacht, der eine Gruppe von sechs Eskortern unter dem Kommando von Capt G.A. Parkinson herbeirief, die Schleichangriffe fuhren. Das U-Boot wich durch Tieftauchen, plötzlichen Kurs- und Fahrtwechsel und das Absetzen von Boldkanistern geschickt aus. Endlich gab es nach weiteren um 04.45 Uhr gefahrenen Schleichangriffen der Eskorter *Coffman* und *Thomas* mehrere Unterwasserdetonationen, und Bootstrümmer und Öl schwammen auf.

## U 1055

| | *Stapellauf* | *Indienststellung* |
|---|---|---|
| | 9.3.1944 | 8.4.1944 |
| Typ | VII C | |
| Kommandant | Oberleutnant zur See Rudolf Meyer (gefallen) | |
| versenkt am | 30. April 1945 | |
| Position | Golf von Biscaya w Brest | |
| durch | ? | |

| | |
|---|---|
| Tote | 49 |
| Überlebende | keine |
| gehoben | nein |

U 1055 lief am 5. April 1945 zur Feindfahrt aus. Zunächst glaubte man, das Boot sei durch ein Flugzeug des USN-Geschwaders VP-63 versenkt worden, doch dessen Angriff galt, wie wir heute wissen, U 1107. Keine alliierten Quellen melden die Versenkung von U 1055. Das Boot lief vielleicht auf eine Mine oder ging durch einen Unfall infolge technischer Mängel oder menschlichen Versagens oder ungenügender Ventilation beim Aufladen der Batterien (Batterieexplosion) während der Schnorchelfahrt verloren.

## U 242

| | *Stapellauf* | *Indienststellung* |
|---|---|---|
| | 20.7.1943 | 14.8.1943 |
| Typ | VII C | |
| Kommandant | Oberleutnant zur See Heinz Riedel (gefallen) | |
| versenkt am | 30. April 1945 | |
| Position | St.-Georgskanal w Blackpool, 52°03'N 05°53'W | |
| durch | Mine | |
| Tote | 44 | |
| Überlebende | keine | |
| gehoben | nein | |

Die britische *Willow* beobachtete eine Explosion in einem britischen (?) Minenfeld und sichtete später Wrackteile aus dem Inneren eines U-Boots auf dem Wasser. Nach dem Krieg wurde trotz schwacher Beweise festgestellt, U 1169 sei hier auf eine Mine gelaufen, aber wahrscheinlicher war es U 242. Möglich ist allerdings auch, daß U 242 durch Angriffe der britischen Zerstörer *Hesperus* und *Havelock* und der Sunderland „H" des 10. RAAF-Geschwaders am 30. April 1945 versenkt wurde.

## U 325

| | *Stapellauf* | *Indienststellung* |
|---|---|---|
| | 25.3.1944 | 6.5.1944 |
| Typ | VII C/41 | |
| Kommandant | Oberleutnant zur See Erwin Dohrn (gefallen) | |
| versenkt im | 30. April 1945 | |
| Position | Ärmelkanal vor Land's End | |
| durch | ? | |
| Tote | 44 | |
| Überlebende | keine | |
| gehoben | nein | |

U 325 wurde in den Ärmelkanal beordert und blieb danach verschollen. Keine alliierten Quellen melden seine Versenkung. Es kann auf eine Mine gelaufen sein oder ging durch einen Unfall infolge technischer Mängel oder menschlichen Versagens verloren (Batterieexplosion wegen mangelhafter Belüftung bei Schorchelfahrt?)

## U 1007

| | *Stapellauf* | *Indienststellung* |
|---|---|---|
| | 8.12.1943 | 18.1.1944 |
| Typ | VII C/41 | |
| Kommandant | Kapitänleutnant Ernst von Witzendorff (gerettet) | |
| versenkt am | 2. Mai 1945 | |
| Position | Ostsee vor Lübeck, 53°54'N 11°28'O | |
| durch | Luftangriff | |
| Tote | 1 | |
| Überlebende | 48 | |
| gehoben | ja | |

Von Typhoons des 245. RAF-Geschwaders durch Raketen und Bordwaffenbeschuß versenkt. Zehn Raketen trafen das Heck und rissen in den Druckkörper ein großes Leck. Witzendorff konnte das Boot auf Strand setzen, wo er und seine Männer von Bord gingen. Im Juni 1946 wurde das Wrack gehoben und abgewrackt.

## U 2359

| | *Stapellauf* | *Indienststellung* |
|---|---|---|
| | 23.12.1944 | 16.1.1945 |
| Typ | XXIII | |
| Kommandant | Oberleutnant zur See Gustav Bischoff (gefallen) | |
| versenkt am | 2. Mai 1945 | |
| Position | Kattegat | |
| durch | Luftangriff | |
| Tote | 12 | |
| Überlebende | 2 | |
| gehoben | nein | |

Auf U-Jagd über dem Kattegat waren am 2. Mai 35 Mosquitos des Banff Wing (143., 248., 235., 333. und 404. RAF-Geschwader mit Deckung durch Mustangs) unter Sqn Ldr A.G. Deck im Einsatz. Sie sichteten zwei aufgetaucht laufende und von einem Minensucher geführte U-Boote des Typs XXIII, griffen das erste Boot an und beschädigten es durch Raketen schwer. Das zweite Boot, U 2359, wurde von zwei Mosquitos des

143. Geschwaders angegriffen und von mindestens zwei Raketen getroffen, aber nicht versenkt. Hinzu kamen Maschinen des 235. Geschwaders, deren Raketen mindestens achtmal, wahrscheinlich sogar sechzehnmal trafen. Das Boot sank danach rasch, und Öl, Wrackteile, zerfetzte Leichen und zwei Überlebende schwammen auf.

## U 1210

| | *Stapellauf* | *Indienststellung* |
|---|---|---|
| | 9.2.1944 | 22.4.1944 |

| | |
|---|---|
| Typ | VII C |
| Kommandant | Kapitänleutnant Paul Gabert (gerettet) |
| versenkt am | 3. Mai 1945 |
| Position | Kieler Bucht, 54°28'N 09°34'O |
| durch | Luftangriff |
| Tote | ? |
| Überlebende | ? |
| gehoben | nein |

Siehe U 3032 (weiter hinten).

## U 2540

| | *Stapellauf* | *Indienststellung* |
|---|---|---|
| | 13.1.1945 | 24.2.1945 |

| | |
|---|---|
| Typ | XXI |
| Kommandant | Oberleutnant zur See Rudolf Schultze (gerettet) |
| versenkt am | 3. Mai 1945 |
| Position | vor Flensburg |
| durch | Luftangriff |
| Tote | keine |
| Überlebende | 57 |
| gehoben | ja |

Siehe U 3032 (weiter hinten). Das Boot wurde 1957 gehoben und von der Bundesmarine unter dem Namen *Wilhelm Bauer* am 1. September 1960 in Dienst gestellt. Es diente zunächst mit Bundesmarinebesatzung als Versuchsboot und dann nach tiefgreifenden Umbaumaßnahmen mit ziviler Besatzung dem Versuchskommando 71. Es wurde am 15. März 1982 außer Dienst gestellt und ist heute in einem Bremer Museum ausgestellt.

## U 3030

| | *Stapellauf* | *Indienststellung* |
|---|---|---|
| | 31.12.1944 | 14.2.1945 |

| | |
|---|---|
| Typ | XXI |
| Kommandant | Oberleutnant zur See Reinhard Luttmann (gerettet) |
| versenkt am | 3. Mai 1945 |
| Position | Ostsee o Fredericia, 55°30'N 10°00'O |
| durch | Luftangriff |
| Tote | ? |
| Überlebende | ? |
| gehoben | nein |

Siehe U 3032 (unten).

## U 3032

| | *Stapellauf* | *Indienststellung* |
|---|---|---|
| | 10.1.1945 | 12.2.1945 |

| | |
|---|---|
| Typ | XXI |
| Kommandant | Oberleutnant zur See Horst Slevogt (gerettet) |
| versenkt am | 3. Mai 1945 |
| Position | Ostsee o Fredericia, 55°30'N 10°00'O |
| durch | Luftangriff |
| Tote | ? |
| Überlebende | ? |
| gehoben | nein |

Während die Strike Wings der 16. Gruppe über dem Kattegat operierten, patrouillierten Typhoons des 175., 184. und 245. RAF-Geschwaders über der Kieler Bucht zwischen Eckernförde und Lübeck. Sie meldeten drei versenkte und zwei beschädigte deutsche U-Boote. Opfer dieser Angriffe waren U 1210, U 2540, U 3030 und U 3032.

## U 2524

| | *Stapellauf* | *Indienststellung* |
|---|---|---|
| | 30.10.1944 | 16.1.1945 |

| | |
|---|---|
| Typ | XXI |
| Kommandant | Kapitänleutnant Ernst von Witzendorff (gerettet) |
| versenkt am | 3. Mai 1945 |
| Position | Ostsee o Fehmarn |
| durch | Luftangriff |
| Tote | 2 |
| Überlebende | ? |
| gehoben | nein |

13 Beaufighters des 236. RAF-Geschwaders und 17 des 254. RAF-Geschwaders unter der Führung von Wg Cdr E.P. Hutton waren, eskortiert von Mustangs des 65. und 118. Geschwaders, über der Ostsee auf Schiffsjagd. Um 17.20 Uhr wurde U 2524 an der Oberfläche gesichtet und von fünf Beaufighters des 236. Geschwaders mit Raketen und von sechs Beaufighters des 254. Geschwaders

mit Bordwaffen angegriffen. Das Boot brannte lichterloh, ehe es explodierte. Einige Überlebende und zahlreiche Bootstrümmer trieben auf dem Wasser.

## U 3028

| | *Stapellauf* | *Indienststellung* |
|---|---|---|
| | 22.12.1944 | 27.1.1945 |

| | |
|---|---|
| Typ | XXI |
| Kommandant | Kapitänleutnant Erwin Christophersen (gerettet) |
| versenkt am | 3. Mai 1945 |
| Position | Großer Belt, genaue Position nicht bekannt |
| durch | Luftangriff |
| Tote | ? |
| Überlebende | ? |
| gehoben | nein |

Bei einem britischen Luftangriff versenkt; die genauen Umstände dieser Versenkung sind nicht bekannt.

## U 2503

| | *Stapellauf* | *Indienststellung* |
|---|---|---|
| | 29.6.1944 | 1.8.1944 |

| | |
|---|---|
| Typ | XXI |
| Kommandant | Kapitänleutnant Karl-Jürg Wächter (gefallen) |
| versenkt am | 4. Mai 1945 |
| Position | Ostsee, Kleiner Belt, 55°37'N 10°00'O |
| durch | Luftangriff |
| Tote | 13 |
| Überlebende | ? |
| gehoben | nein |

Versenkt von einem von Wg Cdr E.P. Hutton geführten Beaufighter Strike Wing, bestehend aus 13 Maschinen des 236. und 17 Maschinen des 254. RAF-Geschwaders. Um 17.20 Uhr wurde U 2503 von fünf Maschinen des 236. Geschwaders mit Raketen und von sechs Maschinen des 254. Geschwaders mit Bordwaffen angegriffen. Im Boot brach Feuer aus, und es brannte lichterloh, ehe es explodierte. Überlebende trieben im Wasser. Eine Rakete hatte das Turmluk durchschlagen und war in der Zentrale explodiert. Das schwer beschädigte und nicht mehr steuerbare Boot lief auf Grund und wurde von der überlebenden Besatzung verlassen.

## U 711

| | *Stapellauf* | *Indienststellung* |
|---|---|---|
| | 25.6.1942 | 26.9.1942 |

| | |
|---|---|
| Typ | VII C |
| Kommandant | Kapitänleutnant Hans-Günther Lange (gerettet) |
| versenkt am | 4. Mai 1945 |
| Position | Nordmeer vor Harstad, 68°43'N 16°35'O |
| durch | Luftangriff |
| Tote | ? |
| Überlebende | ? |
| gehoben | nein |

Neben dem Wohnschiff *Black Watch* wurde U 711 von auf den Geleitträgern *Queen*, *Searcher* und *Trumpeter* stationierten Avengers und Wildcats der NA-Geschwader 846, 853 und 882 versenkt. Die Träger liefen vor der norwegischen Küste, um die Stützpunkte und die Wohn- und Versorgungsschiffe der U-Bootflottille Norwegen/Nordmeer zu zerstören. Die *Black Watch* war das eigentliche Ziel, U 711 eine Dreingabe. Es war das letzte von der Fleet Air Arm versenkte deutsche U-Boot.

## U 236

| | *Stapellauf* | *Indienststellung* |
|---|---|---|
| | 24.11.1942 | 9.1.1943 |

| | |
|---|---|
| Typ | VII C (kein Frontboot, sondern Ausbesserungsboot) |
| Kommandant | Oberleutnant zur See Herbert Mumm (gerettet) |
| versenkt am | 4. Mai 1945 |
| Position | Ostsee n Fünen, 55°37'N 10°03'O |
| durch | Luftangriff und Selbstversenkung |
| Tote | ? |
| Überlebende | ? |
| gehoben | nein |

Siehe U 2338 (weiter hinten).

## U 393

| | *Stapellauf* | *Indienststellung* |
|---|---|---|
| | 15.5.1943 | 3.7.1943 |

| | |
|---|---|
| Typ | VII C |
| Kommandant | Oberleutnant zur See d.R. Friedrich-Georg Herrle (gefallen) |
| versenkt am | 4. Mai 1945 |

| | |
|---|---|
| Position | Ostsee n Fünen, 55°37'N 10°00'O |
| durch | Luftangriff |
| Tote | 2 |
| Überlebende | ? |
| gehoben | nein |

Siehe U 2338 (unten).

## U 2521

| | *Stapellauf* | *Indienststellung* |
|---|---|---|
| | 18.10.1944 | 21.11.1944 |
| Typ | XXI | |
| Kommandant | Oberleutnant zur See Joachim Methner (gefallen) | |
| versenkt am | 4. Mai 1945 | |
| Position | Ostsee so Aarhus | |
| durch | Luftangriff | |
| Tote | 11 | |
| Überlebende | 46 | |
| gehoben | nein | |

Versenkt von „K" des 547. RAF-Geschwaders.

## U 2338

| | *Stapellauf* | *Indienststellung* |
|---|---|---|
| | 18.9.1944 | 9.10.1944 |
| Typ | XXIII | |
| Kommandant | Oberleutnant zur See d.R. Hans-Dietrich Kaiser (gefallen) | |
| versenkt am | 4. Mai 1945 | |
| Position | Ostsee n Fünen, 55°34'N 09°49'O | |
| durch | Luftangriff | |
| Tote | 12 | |
| Überlebende | 2 | |
| gehoben | ja | |

U 236, U 393 und U 2338 wurden an der Oberfläche von Flugzeugen des Beaufighter Strike Wing überrascht, das aus zwölf Maschinen des 236. Geschwaders und zehn des 254. Geschwaders bestand. Alle drei Boote wurden durch Raketen und Bordwaffenbeschuß versenkt. Dies geschah in Küstennähe, so daß sich ein Teil der Bootsbesatzungen retten konnte. Das Wrack von U 2338 wurde 1952 gehoben und abgewrackt.

## U 534

| | *Stapellauf* | *Indienststellung* |
|---|---|---|
| | 23.9.1942 | 23.12.1942 |
| Typ | IX C/40 | |
| Kommandant | Kapitänleutnant Herbert Nollau (gerettet) | |
| versenkt am | 5. Mai 1945 | |
| Position | Kattegat n Helsingör, 56°39'N 11°48'O | |
| durch | Luftangriff | |
| Tote | 2 | |
| Überlebende | 50 | |
| gehoben | ja | |

U 534 hatte vorwiegend Wetteroperationen gefahren. Seine letzte Aufgabe war es, dringend benötigte Ersatzteile zu den in norwegischen Bunkern stationierten deutschen U-Booten zu bringen. Begleitet von zwei weiteren Booten wurde U 534 von der Liberator „E" des 547. RAF-Geschwader angegriffen, doch das Flugzeug wurde abgeschossen. Daraufhin flog die Liberator „G" (WO J.D. Nicol) des 86. Geschwaders trotz starker Flakabwehr zwei Angriffe und warf dabei zehn Wasserbomben. Danach sank das U-Boot über das Heck. Überlebende, Öl und Bootstrümmer trieben auf dem Wasser.
Das Wrack wurde im August 1993 von einem dänischen Konsortium gehoben, nachdem die Massenmedien behauptet hatten, an Bord befänden sich Gold, Kunstschätze und wertvolle Dokumente, die zur Vorbereitung einer letzten „Nationalfestung" nach Norwegen gebracht werden sollten. Als das Boot geöffnet wurde, enthielt es nur Ersatzteile, Dosenverpflegung und viele Kondome. Zur Zeit der Niederschrift dieses Buches (Februar-Mai 1997) wird erwogen, das Boot in Birkenhead aufzustellen.

## U 579

| | *Stapellauf* | *Indienststellung* |
|---|---|---|
| | 28.5.1941 | 17.7.1941 |
| Typ | VII C | |
| Kommandant | Oberleutnant zur See Hans-Dietrich Schwarzenberg (gefallen) | |
| versenkt am | 5. Mai 1945 | |
| Position | Ostsee, Kleiner Belt, 56°11'N 11°08'O | |
| durch | Luftangriff | |
| Tote | 24 | |
| Überlebende | 25 | |
| gehoben | nein | |

U 579 war bei einem Werftbrand am 9. Oktober 1941 schwer beschädigt und außer Dienst gestellt worden. Im Mai 1942 wurde das Boot wieder in Dienst gestellt, zunächst als Schulboot und dann als Frontboot. Versenkt wurde U 579 von der Liberator „K" (Fg Off A. Bruneau) des 547. RAF-

Geschwaders. Nach der Explosion der Wasserbomben meldete der Heckschütze, das Boot sei in zwei Teile zerbrochen und gesunken, worauf viele Bootstrümmer aufschwammen.
Zunächst glaubte man, U 579 sei von der Liberator „T“ des 224. Geschwader versenkt worden, doch deren Angriff galt U 1008, das dabei beschädigt wurde.

## U 2367

| | *Stapellauf* | *Indienststellung* |
|---|---|---|
| | 23.2.1945 | 17.3.1945 |

| | |
|---|---|
| Typ | XXIII |
| Kommandant | Oberleutnant zur See d.R. Heinrich Schröder (gerettet) |
| versenkt am | 5. Mai 1945 |
| Position | Ostsee, Großer Belt, 55°00'N 11°00'O |
| durch | Kollision |
| Tote | ? |
| Überlebende | ? |
| gehoben | ja |

U 2367 sank nach der Kollision mit einem nicht identifizierten U-Boot. Es wurde 1956 gehoben und von der Bundesmarine unter dem Namen *Hecht* in Dienst gestellt. Es war kein Frontboot, sondern eine System- und Waffenversuchsboot für die neuen U-Boote des Typs 206. 1969 wurde das Boot zum Abwracken verkauft.

## U 2365

| | *Stapellauf* | *Indienststellung* |
|---|---|---|
| | 26.1.1945 | 2.3.1945 |

| | |
|---|---|
| Typ | XXIII |
| Kommandant | Oberleutnant zur See Fritz-Otto Korfmann (gerettet) |
| versenkt am | 5. Mai 1945 |
| Position | Kattegat, 50°51'N 11°49'O |
| durch | Luftangriff |
| Tote | keine |
| Überlebende | 14 |
| gehoben | ja |

U 2365 wurde durch einen Angriff der Liberator „S“ (Flt Lt J.C. Downey) des 224. RAF-Geschwaders so schwer beschädigt, daß Korfmann sein Boot versenken mußte. Es wurde 1956 gehoben und unter dem Namen *Hai* von der Bundesmarine in Dienst gestellt. Es diente zu System- und Waffenversuchen für den neuen U-Boottyp 206. Am 14. September 1966 ging das Boot in schwerer See unter; 19 Besatzungsmitglieder fanden den Tod.

## U 3523

| | *Stapellauf* | *Indienststellung* |
|---|---|---|
| | 14.12.1944 | 23.1.1945 |

| | |
|---|---|
| Typ | XXI |
| Kommandant | Oberleutnant zur See d.R. Willi Müller (gefallen) |
| versenkt am | 5. Mai 1945 |
| Position | Kattegat, 56°06'N 11°08'O |
| durch | Luftangriff |
| Tote | 57 |
| Überlebende | 8 |
| gehoben | nein |

Versenkt von der Liberator „G“ (Flt Lt T.H. Goldie) des 86. RAF-Geschwaders, die Sehrohr und Schnorchel des Bootes sichtete. Durch Wasserbomben wurde U 3523 über Wasser geschleudert, so daß die Flugzeugbesatzung den Turm sehen konnte. Trümmer flogen in die Luft, und Öl und zahlreiche Wrackteile schwammen auf.

## U 853

| | *Stapellauf* | *Indienststellung* |
|---|---|---|
| | 11.3.1943 | 25.6.1943 |

| | |
|---|---|
| Typ | IX C/40 |
| Kommandant | Oberleutnant zur See Helmut Frömsdorf (gefallen) |
| versenkt am | 6. Mai 1945 |
| Position | Westatlantik vor Long Island |
| durch | Hedgehogs |
| Tote | 55 |
| Überlebende | keine |
| gehoben | nein |

Am 5. Mai wurde um 17.40 Uhr das Kohlenschiff *Black Prince* vor Nantucket durch Torpedos versenkt. Nachdem das deutsche U-Boot vom Dampfer *Kamen* gesichtet wurde, stellte der Kommandeur der Eastern Sea Frontier unverzüglich eine U-Jägergruppe zusammen. Eine Stunde und 40 Minuten nach der Versenkung der *Black Prince* war Lt-Cdr L.B. Tollaksen auf der *Moberly* zur Stelle und übernahm das taktische Kommando über die Eskorter *Atherton* und *Amick*. Nach 15 Minuten hatte das Sonar der

*Atherton* das Boot erfaßt, das mit Wasserbomben und Hedgehogs angegriffen wurde. Wegen des flachen Wassers war es schwierig festzustellen, ob die Detonationen am Boot oder auf dem Grund erfolgten. Das U-Boot lag gestoppt auf Grund, und um 23.37 Uhr schwamm nach einem erneuten Angriff Öl auf. Die ganze Nacht hindurch und bis zum Morgen des 6. Mai wurde das auf Grund liegende Boot angegriffen. Bis zum Mittag waren genügend Beweise für eine Versenkung aufgeschwommen, darunter Frömsdorfs weiße Mütze und der Kartentisch. Spätere Untersuchungen durch Taucher bestätigten die Versenkung und identifizierten das Boot als U 853.

## U 881

| | *Stapellauf* | *Indienststellung* |
|---|---|---|
| | 4.3.1944 | 27.5.1944 |
| Typ | IX C/40 | |
| Kommandant | Kapitänleutnant d.R. Dr. Karl-Heinz Frischke (gefallen) | |
| versenkt am | 6. Mai 1945 | |
| Position | Atlantik so Kap Race, 43°18'N 47°44'W | |
| durch | Wasserbomben | |
| Tote | 53 | |
| Überlebende | keine | |
| gehoben | nein | |

Versenkt vom amerikanischen Eskorter *Farquhar* kurz nach der Versenkung von U 853. U 881 war das letzte von der US-Navy im Zweiten Weltkrieg versenkte deutsche U-Boot.

## U 1008

| | *Stapellauf* | *Indienststellung* |
|---|---|---|
| | 8.12.1943 | 1.2.1944 |
| Typ | VII C/41 | |
| Kommandant | Oberleutnant zur See Hans Gessner (gerettet) | |
| versenkt am | 6. Mai 1945 | |
| Position | vor Skagens Horn, 56°22'N 11°10'O | |
| durch | Luftangriff/Selbstversenkung | |
| Tote | keine | |
| Überlebende | 49 | |
| gehoben | nein | |

Durch die Liberator „K" des 86. RAF-Geschwaders wurde U 1008 so schwer beschädigt, daß Gessner beschloß, sein Boot nach Räumung selbst zu versenken.

## U 2534

| | *Stapellauf* | *Indienststellung* |
|---|---|---|
| | 11.12.1944 | 17.1.1945 |
| Typ | XXI | |
| Kommandant | Kapitänleutnant Ulrich Drews (gerettet) | |
| versenkt am | 6. Mai 1945 | |
| Position | Kattegat, 57°08'N 11°52'O | |
| durch | Luftangriff | |
| Tote | 1 | |
| Überlebende | 56 | |
| gehoben | nein | |

Versenkt von der Liberator „K" des 86. RAF-Geschwaders.

## U 320

| | *Stapellauf* | *Indienststellung* |
|---|---|---|
| | 6.11.1943 | 30.12.1943 |
| Typ | VII C/41 | |
| Kommandant | Oberleutnant zur See d.R. Heinz Emmrich (gerettet) | |
| versenkt am | 8. Mai 1945 | |
| Position | Norwegensee w Bergen, 61°32'N 01°53'O | |
| durch | Luftangriff | |
| Tote | keine | |
| Überlebende | 50 | |
| gehoben | nein | |

Das letzte durch direkte alliierte Einwirkung im Zweiten Weltkrieg versenkte deutsche U-Boot. Unter Wasser wurde U 320 um 04.45 Uhr von der Catalina „X" (Flt Lt K.M. Murray) des 210. RAF-Geschwaders angegriffen. Murray hatte Sehrohr und Schnorchel gesichtet und warf vier Wasserbomben, worauf Öl aufschwamm. Abgesetzte Sonarbojen übermittelten das Geräusch von Hämmern, als ob die Besatzung Schäden beheben wollte. Bis um 14.10 Uhr war das Hämmern hörbar; dann mußte die Catalina wegen Treibstoffmangel abdrehen. Zwei Tage später brachte Emmrich sein beschädigtes Boot über Wasser, so daß die Besatzung von Bord gehen konnte. Dann versenkte Emmrich sein Boot durch Selbstsprengung.

## U 3503

| | *Stapellauf* | *Indienststellung* |
|---|---|---|
| | 27.7.1944 | 9.9.1944 |
| Typ | XXI | |
| Kommandant | Oberleutnant zur See Hugo Deiring (gerettet) | |
| versenkt am | 8. Mai 1945 | |

| | |
|---|---|
| Position | Ostsee vor Göteborg |
| durch | Luftangriff/Selbstversenkung |
| Tote | ? |
| Überlebende | ? |
| gehoben | ja |

Am 6. Mai wurde U 3503 von der Liberator „K" des 86. RAF-Geschwaders angegriffen und beschädigt. Deshalb konnte das Boot seine Operation nicht fortsetzen, und in Anbetracht der Lage in Deutschland (war die Rote Armee schon in Kiel oder nicht?) beschloß Deiring, sein Boot durch Selbstsprengung zu versenken und sich mit der Besatzung von den Schweden internieren zu lassen. U 3503 wurde 1946 gehoben und in Schweden abgewrackt.

# U 2538

| | *Stapellauf* | *Indienststellung* |
|---|---|---|
| | 6.1.1945 | 16.2.1945 |
| Typ | XXI | |
| Kommandant | Oberleutnant zur See Heinrich Klapdor (gerettet) | |
| versenkt am | 9. Mai 1945 | |
| Position | sw Aerö vor Marstal, 54°34'N 10°16'O | |
| durch | Mine | |
| Tote | ? | |
| Überlebende | ? | |
| gehoben | nein | |

Trotz der Schäden konnte Klapdor sein Boot auf Strand setzen, wo die Besatzung von Bord ging. U 2538 wurde 1975 an Ort und Stelle abgewrackt.

Am 8. Mai 1945 trat um 23.01 Uhr die Kapitulation aller deutschen See-, Land-und Luftstreitkräfte in Kraft. Die Kapitulationsurkunde wurde im Hauptquartier von General Dwight D. Eisenhower unterzeichnet. Die auf See befindlichen deutschen U-Boote sollten als Erkennungszeichen eine große schwarze Flagge hissen und sich den nächstliegenden alliierten Streitkräften ergeben. Es gab deutsche Pläne, die in Häfen liegenden U-Boote im Fall einer Kapitulation selbst zu versenken; das Codewort dafür war „Regenbogen". Allerdings untersagten die Kapitulationsbedingungen ausdrücklich die Versenkung von in Häfen liegenden oder im Bau befindlichen U-Booten.
Viele U-Bootkommandanten waren freilich nicht bereit, ihre Boote ohne zumindest eine symbolische letzte Geste zu übergeben. Nach ihrer Meinung war Admiral Dönitz unter Zwang zur Unterzeichnung der Kapitulationsbedingungen genötigt worden (was in gewisser Hinsicht auch stimmte), weshalb sie sich nicht daran gebunden fühlten. Als Korvettenkapitän Peter-Erich „Ali" Cremer, der erfolgreiche frühere Kommandant von U 333 und jetzige Kommandant von U 2519 des neuen Typs XXI, von seinem 1WO um Instruktionen gebeten wurde, sagte er: „Ali Cremer zeigt nie die weiße Flagge und übergibt nicht sein Boot - also Selbstversenkung!" Dönitz mußte dies zwar nach außen hin mißbilligen, war aber persönlich mit der Entscheidung seines Kommandanten einverstanden. Bei der Übergabe wurden 218 U-Boote von den Besatzungen zerstört oder versenkt.
Manche Kommandanten waren einfallsreicher. Kapitänleutnant Ehrenreich-Peter Stever versenkte U 1277 nördlich Leixoes vor der portugiesischen Küste und ließ sich lieber internieren, als sein Boot auszuliefern. Oberleutnant zur See Otto Wermuth marschierte mit U 530 nach Argentinien, wo er am 10. Juli anlangte; seinem Beispiel folgte Oberleutnant zur See Heinz Schäffer mit U 977, das am 25. August Argentinien erreichte. Die übrigen 154 U-Boote in deutschen und norwegischen Häfen wurden den Siegermächten übergeben. Einige wenige Boote wurden für Versuchszwecke oder als Ausstellungsstücke übernommen, aber die meisten wurden in der „Operation Deadlight" von Dezember 1945 bis Januar 1946 von den Alliierten in den tiefen nordirischen Gewässern versenkt.

# Abkürzungen

**1/Lt** First Lieutenant = Oberleutnant
**1WO** Erster Wachoffizier
**2/Lt** Second Lieutenant = Leutnant zur See
**2WO** Zweiter Wachoffizier
**AB** able-bodied seaman = Vollmatrose
**A/S** anti submarine = U-Bootabwehr
**ASCO** anti submarine control officer = leitender Offizier der U-Bootabwehr
**ASDIC** anti submarine dedection investigating committe (siehe Glossar)
**ASW** anti submarine warfare = U-Bootbekämpfung
**BdU** Befehlshaber der U-Boote
**Capt** Captain = Kapitän zur See
**Cdr** Commander = Fregattenkapitän
**CPO** Chief Petty Officer = Hauptbootsmann
**Cpt** Captain = Hauptmann
**d.R.** der Reserve
**DE** Destroyer Escort = Zerstörer-Geleitsicherung
**DFC** Distinguished Flying Cross (Orden)
**DFM** Distinguished Flying Medal (Orden)
**DSC** Distinguished Service Cross (Orden)
**DSM** Distinguished Service Medal (Orden)
**DSO** Distinguishes Service Order (Orden)
**EG** escort group = Geleitsicherungsgruppe (GSG)
**Fg Off** Flying Officer = Oberleutnant der RA
**FK** Fregattenkapitän
**Flt Sub-Lt** Flight Sub-Lieutenant = Leutnant der RAF
**Flt Lt** Flight Lieutenant
**Flt Sgt** Flight Sergeant = Unteroffizier der RAF
**FT** Funk Telegramm
**HF/DF** high frequency direction finding = Funkpeilung
**HMAS** His Majesty's Australian Ship
**HMCS** His Majesty's Canadian Ship
**HMIS** His Majesty's Indian Ship
**HMS** His Majesty's Ship
**KK** Korvettenkapitän
**KL** Kapitänleutnant
**lb** Pound = 0,4535 kg
**LI** Leitender Ingenieur
**Lslt** Linienschiffsleutnant
**Lt** Leutnant, Lieutenant
**Lt-Cdr** Lieutenant Commander = Korvettenkapitän
**Lt(jg)** Lieutenant junior grade = Oberleutnant zur See
**LtzS** Leutnant zur See
**MTB** Motor-Torpedoboot
**n** nördlich
**N** Nord
**NAS** Naval Air Squadron = Marinefliegergeschwader
**nm** nautische Meile = 1,852 km
**o** östlich
**O** Ost
**ObltzS** Oberleutnant zur See
**ono** ostnordöstlich
**OOW** officer of the watch = Wachoffizier
**PO** Petty Officer (siehe Glossar)
**P Off** Pilot Officer
**RAAF** Royal Australian Air Force (australische Luftstreitkräfte)
**RAF** Royal Air Force (britische Luftstreitkräfte)
**RCAF** Royal Canadian Air Force (kanadische Luftstreitkräfte)
**RN** Royal Navy (britische Kriegsmarine)
**RNZAF** Royal New Zealand Air Force (neuseeländische Luftstreitkräfte)
**s** südlich
**S** Süd
**SAAF** South African Air Force (südafrikanische Luftstreitkräfte)
**Sgt** Sergeant = Unteroffiziersdienstgrad
**Sqn** Squadron = Geschwader
**Sqn-Ldr** Squadron Leader = Staffelkapitän
**Sub-Lt** Sub-Lieutenant
**USAAF** United States Army Air Force = amerikanische Heeresflieger
**USN** United States Navy = amerikanische Kriegsmarine
**USS** United States Ship = US-Schiff
**VC** Victoria Cross (brit. Orden)
**w** westlich
**W** West
**Wg Cdr** Wing Commander = Geschwaderkommodore
**WO** Wachoffizier

# Glossar

**A/S Bombe** gegen U-Boote von Schiffen oder Flugzeugen eingesetzte Wasserbombe.

**Alberich** Beschichtung von U-Booten zur Erschwerung der Sonarortung.

**Armed Guard Detachment** bewaffnete Schutzeinheit (Eskorte).

**ASDIC** Schallortungsgerät, bei der US-Navy Sonar (**So**und **N**avigation **a**nd **R**anging) genannt.

**ASW-Waffen** **A**nti **S**ubmarine **W**arfare, alle Waffen zur Vernichtung von U-Booten.

**Avenger** US-Trägerflugzeug (Kampfbomber).

**B-18** viermotoriger US-Bomber

**B-24** schwerer US-Bomber mit 10 MGs und bis zu 4 Tonnen Bombenlast, Eindringtiefe 1700 km.

**B-25** mittelschwerer zweimotoriger US-Bomber mit 12 MGs und bis zu 1,35 Tonnen Bombenlast.

**B-Dienst**, auch **xB-Dienst** Beobachtungsdienst der deutschen Kriegsmarine.

**Beaufighter** britisches zweimotoriges Kampfflugzeug mit über 2000 km Reichweite, das hauptsächlich gegen Seeziele eingesetzt wurde.

**Blenheim** britischer zweimotoriger Bomber.

**Boldkanister** aus der Boldschleuse („Pillenwerfer") von deutschen U-Booten zur Störung der ASDIC- (Sonar-)Ortung ausgesetzte Kanister mit bläschenbildenden Chemikalien.

**Catalina** britisches Flugboot.

**Coastal Command** britisches Küstenkommando zur Abwehr von Angriffen zu Lande, zu Wasser und aus der Luft im Bereich der Küsten und Hoheitsgewässer.

**Detektorschleife** von den Briten in Küstennähe auf dem Meeresgrund ausgebrachte stromdurchflossene Leitungen, die beim Überfahren durch ein U-Boot Alarm gaben, so daß Minenketten gezündet oder ASW-Einheiten auf U-Jagd geschickt werden konnten.

**Drägerapparat** siehe Tauchretter.

**East Sea Frontier Force** US-Einheiten zur Verteidigung der US-Ostküste und Küstengewässer.

**Enigma** elektrische Ver- und Entschlüsselungsmaschine für Nachrichten, die (samt Codebüchern) den Alliierten schon 1940 in die Hände fiel, so daß sie den Funkverkehr zwischen dem BdU und den deutschen U-Booten entschlüsseln konnten.

**Fido** amerikanischer Torpedo mit akustischem Suchkopf, der auf Schrauben-und Motorengeräusche reagierte und in Richtung der Geräuschquelle einschwenkte; entsprach im Prinzip dem deutschen T5 („Zaunkönig").

**Fortress**, auch Flying Fortress „fliegende Festung", viermotoriger US-Bomber mit schwerer Abwehrbewaffnung und bis zu acht Tonnen Bombenlast.

**Gespann** im Ersten Weltkrieg britische Kombination von Trawler (Q-Schiff) und getauchtem U-Boot, siehe U-Bootfalle.

**Halifax** britischer viermotoriger Bomber mit bis zu vier Tonnen Bombenlast und einer Eindringtiefe von bis zu 1830 km.

**Hampden** britischer zweimotoriger Bomber, mittelschwer, aber relativ schnell und wendig.

**Hedgehog** der „Igel" ist keine eigentliche Wasserbombe, sondern der Urvater der heutigen Subrocks. Mit ca. 25 kg waren sie wesentlich kleiner als konventionelle Wasserbomben und die einzigen, die wirklich gezielt eingesetzt werden konnten. Der Werfer ist praktisch eine Schleuder mit igelförmigen Stacheln (daher der Name) und 24 Rohren, von der die mit Aufschlagzünder versehenen Hedgehogs etwa 600 m weit, später auch noch weiter seitlich oder in Vorausrichtung geworfen wurden.

**High Seas Fleet** britische Hochseeflotte, im Gegensatz zur Home Fleet für Einsätze und lange Verweildauer auf hoher See konzipiert.

**Home Fleet** britische Heimatflotte mit Einsatzbereich in den Küstengewässern Großbritanniens und des europäischen Festlands zur Bindung und Bekämpfung feindlicher Flottenverbände.

**Hudson** US-Bomber von Lockheed.

**Hydrophon** Unterwassermikrofon zur passiven Schallortung, das in Verbindung mit anderen Geräten Richtung, Entfernung und Geschwindigkeit einer Schallquelle festzustellen ermöglicht. Im Gegensatz zum ASDIC und Sonar (aktive Ortungseinrichtungen) wird kein eigenes Signal abgestrahlt, so daß geortet werden kann, ohne selbst geortet zu werden.

**Köderschiff** siehe U-Bootfalle.

**Lancaster** britischer viermotoriger Langstreckenbomber für sechs Tonnen Bombenlast und einer Eindringtiefe bis zu 2030 km.

**Leigh Light** sehr starker (80 Millionen Lux) beweglicher Suchscheinwerfer britischer Bomber des Küstenkommandos zur Zielausleuchtung in Nachteinsätzen; von den Amerikanern als „L7" übernommen.

**Leitender Ingenieur** Chef der Technik an Bord deutscher Schiffe und U-Boote.

**Liberator** schwerer Bomber mit charakteristischem Doppelseitenleitwerk mit 10 MGs, bis zu vier Tonnen Bombenlast, einer Spitzengeschwindigkeit von 467 km/h und einer Eindringtiefe von bis zu 1700 km.

**LUT** deutscher lageunabhängiger Torpedo mit eingegebenem Steuerprogramm und zum Einsatz aus großen Entfernungen.

**MAD** Magnetic Anomaly Detector, Spürgerät, das auf durch Schiffe und U-Boote erzeugte magnetische Anomalien reagiert und diese auch unter Wasser anzeigt. Ein Nachteil ist seine sehr geringe Reichweite.

**Magnetdetektor** siehe MAD.

**Magnetminen** fast immer Grundminen, die auf das von einem Schiff erzeugte magnetische Feld (also nicht auf direkten Kontakt mit dem Schiffsrumpf) reagieren. Um diesen Minen zu entgehen, wurden kleinere Kampfschiffe auch mit Holzrümpfen gebaut.

**Milchkuh** Spitzname für deutsche Versorgungs-U-Boote, die Frontboote mit Proviant, Munition und Treibstoff versorgten.

**Mitchell** zweimotoriger mittelschwerer US-Bomber mit 12 MGs und bis zu 1350 kg Bombenlast.

**Mk-24, -37, -44, -47** Wasserbombentypen der alliierten Streitkräfte.

**Mk-VIII, MK-VIII**** Torpedotypen der alliierten Streitkräfte.

**Mk-X, Mk-XI** Wasserbombentypen der alliierten Streitkräfte.

**Mosquito** britischer zweimotoriger Pfadfinder, fast ausschließlich aus Holz gebaut, Spitzengeschwindigkeit 610 km/h.

**Mustang** auch P-51, US-Jäger, meist Eskorter für Bomberverbände, in 9000 m Höhe bis zu 700 km/h schnell.

**Northern Barrage** nördlicher Sperrgürtel der alliierten Seestreitkräfte, besonders im Ersten Weltkrieg stark vermint.

**Operation Deadlight** alliierte Versenkung aller nach der bedingungslosen Kapitulation 1945 erbeuteten deutschen U-Boote, soweit diese nicht zu Testzwecken ins eigene Land gebracht wurden.

**Petty Officer** Rangbezeichnung für eine Dienstgradgruppe bei den britischen und amerikanischen Streitkräften, reicht vom Hauptgefreiten über den Maat bis zum Bootsmann und Oberbootsmann.

**Pillenwerfer** siehe Boldkanister.

**Q-Schiff** siehe U-Bootfalle.

**Radar** Radio Detection And Ranging, Gerät zur Ortung und Entfernungsmessung durch Ausstrahlung und Echoempfang gebündelter Radiowellen im Zentimeterbereich, in einfacher Form 1943 von den Deutschen unter dem Namen „Freya" entwickelt, bei den Alliierten ab 1943 eine gefährliche Waffe speziell im Luftkrieg, besonders das in Flugzeuge eingebaute H2S-Bordradar, das auch bei Nacht oder geschlossener Wolkendecke die Ortung von Zielen am Boden oder auf dem Wasser ermöglichte.

**Retrobombe** U-Bootabwehrwaffe, die im Zusammenspiel mit MAD (siehe dort) eingesetzt wurde und bei der die Eigengeschwindigkeit des Flugzeugs durch einen kleinen Raketenbremssatz ausgeglichen wurde, um größtmögliche Treffsicherheit zu gewährleisten.

**Sonarboje** auch Schallboje, bevorzugt von Flugzeugen abgeworfener Schwimmkörper zur Schallerfassung und Weiterleitung des Schalls durch einen batteriebetriebenen Sender, der bei der Versenkung von U-Booten die typischen Sink- und Bruchgeräusche überträgt, auch von Schiffen der „Hunter-Killer-Groups" bei Schleichangriffen auf U-Boote eingesetzt.

**Sloop** eigentlich kleiner Einmaster mit Schratsegel, später bei der Royal Navy wendige, schnelle motorgetriebene Schiffe ähnlich den Kuttern.

**Sonar** Sound Navigation and Ranging, Unterwasserpendant zum Radar zur aktiven Ortung; siehe auch ASDIC.

**Sprengschleppe** eine von britischen U-Jagdfahrzeugen geschleppte Kette oder Trosse, an der Kontaktminen befestigt waren. Sie wurde auf eine bestimmte Wassertiefe abgesenkt und in Suchschleifen um die letzte bekannte Position eines getauchten oder auf Grund liegenden U-Boots geführt, wobei beim Kontakt mit dem Ziel die Minen in Kettenreaktion detonierten und es so gut wie sicher vernichteten.

**Squid** Wasserbombenwerfer mit drei Rohren mit bombenförmigen (im Gegensatz zu den raketenförmigen Hedgehogs und den tonnenförmigen eigentlichen Wasserbomben) Projektilen.

**Strike Wing** taktisches (Luftangriffs-)Geschwader.

**Sunderland** viermotoriges Flugboot des britischen Coastal Command zum Abwurf von Bomben und Wasserbomben mit einer Höchstgeschwindigkeit von 330 km/h.

**Support Group** Gefechtsunterstützungseinheit, auch bewaffnete Versorgungseinheit.

**Swordfish** britisches Trägerflugzeug, als Kampfbomber und Torpedoflugzeug eingesetzt.

**T5** deutscher akustischer Torpedo, auch „Zaunkönig" genannt, entspricht im Prinzip dem alliierten Fido (siehe dort).

**Tauchretter** Drägerapparat, kleines Sauerstoffgerät für U-Bootfahrer, mit dessen Hilfe sie das Boot auch aus größerer Tiefe verlassen konnten, ohne an der sogen. Taucherkrankeit zu sterben. Die Sauerstoff erzeugenden Kalipatronen wurden auch bei langem Tauchen eingesetzt, wenn die Atemluft knapp wurde.

**Torpedo** selbstangetriebene Mine hydrodynamischer Formgebung, in beiden Weltkriegen auch bei schwerem Seegang und über Entfernungen von mehreren Seemeilen erfolgreich für Unterwasserschläge eingesetzt. Antrieb durch preßluftgetriebene Kolbenmaschine hinter dem Gefechtskopf, die über ein Getriebe zwei gegenläufige Schrauben antreibt. Steuerung über zwei Sätze Schwanzruder. Zündmechanismus meist Aufschlagzünder, bei dem ein Stift an der Spitze des Torpedos beim Auftreffen eine Knallquecksilber-Übertragungsladung und diese dann die Hauptladung zündet. Zur Einhaltung einer Sicherheitsentfernung macht sich der Torpedo erst nach einer bestimmten Laufstrecke (bei deutschen Torpedos meist 30 Meter) scharf. Zielen zunächst nach Peilung, später meist mit Hilfe akustischer Sucher (Fido bei den Alliierten, T5-Zaunkönig bei den Deutschen) oder teilweise auch mit Magnetsensoren.

**Torpex** Sprengstoff, eine Weiterentwicklung des Sprengstoffs TNT.

**Typhoon** einmotoriger Jagdbomber (bis 640 km/h schnell), ausgerüstet mit 2-cm-Bordkanonen und Raketen.

**U-Bootfalle** auch Q-Schiff, Köderschiff oder Gespann von Fischdampfer und U-Boot. Im Ersten Weltkrieg von den Briten zur U-Bootbekämpfung eingeführt und auch von den Deutschen übernommen. Schwer bewaffnete, aber scheinbar harmlose Handelsschiffe oder Fischdampfer befuhren Operationsgebiete feindlicher U-Boote, um sich von diesen angreifen zu lassen. Dann ging zunächst die „Panikgruppe" in die Rettungsboote, worauf meist das U-Boot näherkam, um das „leichte Opfer" durch Artilleriebeschuß zu versenken. Wenn es auf Schußweite herangekommen war, riß die an Bord verbliebene Besatzung der U-Bootfalle die Tarnverkleidung von den Geschützen und eröffnete das Feuer. Als der uneingeschränkte U-Bootkrieg begann, führten die Briten das Gespann von Köderschiff und geschlepptem U-Boot ein, die durch ein Telefonkabel miteinander verbunden waren, damit der Kapitän des Dampfers dem U-Bootkommandanten feindliche U-Boote melden konnte (ein Funkverkehr zwischen beiden Schiffen hätte vom Feind mitgehört werden können und hätte ihn rechtzeitig gewarnt). Wenn das Feindboot nahe genug war, wurde die Schleppverbindung gelöst, und das U-Boot griff aufgetaucht oder auf Seerohrtiefe an.

**U-Kreuzer** von den Deutschen im Ersten Weltkriegen entwickelte große U-Boote, mit denen der Krieg über den Atlantik bis in die US-Küstengewässer getragen werden konnte. Nur neun dieser Riesen-U-Boote kamen zum Einsatz. Getaucht verdrängten sie 2500 Tonnen, bewaffnet waren sie mit sechs Torpedorohren und mindestens zwei 15-cm-Geschützen. Der U-Kreuzer U 151 unternahm mit mehr als 10 600 Seemeilen die längste Feindfahrt des Ersten Weltkriegs.

**Walrus** britisches Flugboot.

**Wasserbomben** die vom britischen Admiral Sir John Jellicoe angeregten „Minen, die man über Bord werfen kann". Zunächst waren Wasserbomben mülleimerförmige Stahltrommeln, gefüllt mit 136 kg TNT, deren Zündmechanismus auf eine bestimmte Wassertiefe eingestellt werden konnte. Sie wurden über Abrollschienen über das Heck ins Wasser geworfen, ab 1918 auch von Werfern bis etwa 70 Meter weit geschleudert. Im Zweiten Weltkrieg wurden verbesserte Werfer (siehe Hedgehog und Squid) entwickelt, die raketen- bzw. bombenförmige Geschosse über größere Entfernungen schleuderten und zielsicherer waren.

**Wellington** britischer zweimotoriger Bomber mit Schützenkanzeln an Bug und Heck und einer Eindringtiefe von etwa 1300 km. Die Bomber wurden mit riesigen Elektromagneten auch zum Räumen von deutschen Minen mit Magnetzündern eingesetzt.

**Wildcat** amerikanisches Trägerflugzeug, entsprach in Aufgabenstellung und Bewaffnung der Avenger (siehe dort).

**xB-Dienst** siehe B-Dienst.

**Zaunkönig** deutscher Torpedotyp mit akustischem Suchkopf (siehe auch unter Fido und Torpedo).

# Verzeichnis der U-Boote

## Erster Weltkrieg



## Zweiter Weltkrieg

# Verzeichnis der U-Bootkommandanten

Angegeben ist jeweils der Dienststgrad zur Zeit der Vernichtung des Bootes

**Erster Weltkrieg**

**Zweiter Weltkrieg**

# Register

# Literaturverzeichnis


Adams, T.A. und Lees, D.J.: *Register of Type VII U-Boats, 1991*

Admiralty: *Chronological List of German U-Boats Sunk in the First World War 1914-1918*

Admiralty: *German, Italian und Japanese U-Boat Casualities during the War, London 1946*

Admiralty: *German Warships of World War One,* London 1992

Admiralty: *Monthly Intelligence Reports 1939–1945*

Admiralty: *Preliminary Narrative of the War at Sea, 6 Bde,* London ab 1944

Admiralty: *Weekly Intelligence Reports 1939–1945*

Admiralty: *Anti-Submarine Warfare Division: Monthly Anti-Submarine Reports,* September 1939 – Dezember 1945

Admiralty: Naval Staff History of the Second World War:
*Submarines,* Bd 1: *Operations in Home, Northern and Atlantic Waters,* London 1953
*Submarines,* Bd 2: *Operations in the Mediterranean,* London 1955
*Submarines,* Bd 3: *Operations in Far Eastern Waters,* London 1956
*Battle Summary* No 22: *Arctic Convoys 1941 – 1945,* London 1954

Admiralty: *Naval Staff, Operations Division: Daily Summary of Naval Events*

Aichelburg, W.: *Die Unterseeboote Österreich-Ungarns, 2 Bde,* Graz 1981

Bacon, Admiral Sir Reginald: *The Dover Patrol, 2 Bde,* London 1919

Barnett, C.: *Engage the Enemy More Closely: The Navy in the Second World War,* London 1991

Beesely, P.: *Special Intelligence,* London 1977

Bekker, C.: *Verdammte See: Ein Kriegstagebuch der deutschen Marine 1939–1945*, Oldenburg, Hamburg 1972

Belknap, R.R.: *The Yankee Mining Squadron,* Annapolis 1920

Bendert, H.: *U-Boote im Duell,* Hamburg 1996

Burn, A.: *The Fighting Captain,* London 1993

Brennecke, J.: *Jäger – Gejagte: Deutsche U-Boote 1939–1945*, Herford 1970

Buchheim, L.-G.: *Das Boot*, München 1978

Hasgen, E.: *U-Boote westwärts: Meine Fahrten um England, 1914/1918,* Berlin 1931

Buchheim, L.-G.: *Zu Tode gesiegt: Der Untergang der U-Boote,* München 1998

Busch, R. und Röll, H.-J.: *Der U-Boot-Krieg 1939–1945, 5 Bde,* Hamburg, Berlin, Bonn 1996 ff.

Bywater, H.: *Their Secret Purposes,* London 1932

Campbell, G.: *My Mystery Ships,* London 1928

Chalmers, W.S.: *Max Horton and Western Approaches,* London 1954

Chatterton, E.K.: *Beating the U-Boats,* London 1943

Colbert, Sir Julian und Newbolt, Sir Henry: *History of the Great War: Naval Operations, 5 Bände,* London 1920–1931

Compton-Hall, R.: Submarine vs Submarine: *The Tactics and Technology of Underwater Confrontation,* London 1988

Compton-Hall, R.: *The Underwater War 1939–1945,* Poole 1982

Compton-Hall, R. und Moore, J.E.: *Submarine Warfare Today and Tomorrow,* London 1983

Cremer, P.: U-Boat Commander: *A Periscope View of the Battle of the Atlantic,* Oxford 1984

Dönitz, K.: *10 Jahre und 20 Tage,* Frankfurt 1958

Dorling, T.: *Swept Channels,* London 1935

Edwards, K.: *We Dive at Dawn,* London 1939

Farago, Ladislas: *The Tenth Fleet,* New York 1962

Fayle, C.E.: *History of the Great War: Seaborne Trade, 3 Bde,* London 1920–1924

Franks, N.: *Conflict over the Bay,* London 1986

Franks, N.: *Search, Find and Kill: The RAF's U-Boat Successes in WW2,* 1995

Gallery, D.V.: *Clear the Decks!* New York 1951

Gallery, D.V.: *Twenty Million Tons Under the Sea,* Chicago 1956

Gayer, A.: *Die deutschen U-Boote in ihrer Kriegführung 1914–1918,* Berlin 1930

Geise, O. und Wise, J.E.: *Shooting the War: Memoirs of an WW2 U-Boat Officer,* Annapolis 1994

Gibson, R.H. und Prendergast, M.: *The German Submarine War 1914–1918,* London 1931

Goulter, Christina: *„The Forgotten Offensive: Royal Air Force Coastal Command's Anti-Shipping Offensive, 1940–1945" unveröffentlichte Dissertation,* London 1993

Grant, R.M.: *„Known Sunk: German Warship Losses" in USNI Proceedings, Bd 64,* 1938

Grant, R.M.: *U-Boats Destroyed,* London 1964

Grant, R.M.: *U-Boat Intelligence,* London 1969

Gretton, Vizeadmiral Sir Peter: *Convoy Escort Commander,* London 1964

Gretton, Vizeadmiral Sir Peter: *Crisis Convoy,* London 1974

Grey, E.: Few Survived: *A History of Submarine Disasters,* London 1986

Gröner, E.: *Die deutschen Kriegsschiffe 1815–1945, 2 Bde,* München 1966, 1968

Hackmann, W.: *Seek and Strike: Sonar, Anti-'Submarine Warfare and the Royal Navy, 1914–1954,* London 1984

Hague, A. und Ruegg, R.: *Convoys to Russia, 1941–1945,* 1992

Hansen, H.J.: *Die Schiffe der deutschen Flotten,* Oldenburg, Hamburg 1973

Hashagen, Ernst: *The Log of a U-Boat Commander,* London 1931

Herzog, B.: *60 Jahre deutsche U-Boote 1906–1966,* München 1968

Herzog, B. und Shoemakers: *Ritter der Tiefe - Graue Wölfe - Die erfolgreichsten U-Boot-Kommandanten der Welt, München / Wels 1965*

Hess, H.G.: *Die Männer von U 995,* Oldenburg, München, Hamburg 1979

Hessler, G.: *The U-Boat War in the Atlantic,* London 1989

Hinsley, F.H., Thomas, E.E. u.a.: *British Intelligence in the Second World War: Its Influence on Strategy and Operation,* London 1979–1988

Hinsley, F.H. und Stripp, A.: *Codebreakers: The Inside Story of Bletchley Park,* Oxford 1993

Howse, D.: *Radar at Sea, 3 Bde,* London 1993

Hoy, H.C.: *40 OB, or How the War was Won,* London 1932

James, Admiral Sir William: *The Codebreakers of Room 40,* New York 1956

Johnson, B.: *The Secret War,* London 1978

Jones, G.: *Submarine vs U-Boat,* London 1986

Kahn, D.: *Seizing the Enigma,* Boston 1991

Kemp, P.: *Friend or Foe: Friendly Fire at Sea 1939–1945,* London 1994

Kemp, P.: *The T Class Submarine,* London 1990

Keyes, Admiral Sir Roger: *Naval Memoirs,* Bd 2: *From Scapa Flow to the Dover Straits,* New York 1935

Kynn, K.: *U-Boat Operations of the Second World War,* Bd 1: *Career Histories, U 1-510,* London 1997

Law Reports of Trials of War Criminals, Bd 1: *The Peleus Case,* London 1947

Lewin, R.: *Ultra Goes to War,* London 1978

Macintyre, D.: *U-Boat Killer,* London 1958

Mallmann Showell, J.P.: *U-Boat Command and the Battle of the Atlantic,* London 1989

Middlebrook, M.: Convoy: *The Battle for SC 122 and HX 229,* London 1976

Milner, M.: *North Atlantic Run: The Royal Canadian Navy and the Battle for the Convoys,* Annapolis 1985

Milner, M.: *The U-Boat Hunters,* Annapolis 1995

Morison, S.E.: *History of US Naval Operations in World War II; The Atlantic Battle Won,* May 1943 – May 1945, Boston 1990

Morsier, P. de: *Les Corvettes de France Libre,* Paris 1972

*Naval Historical Branch, Ministry of Defense,* London:
*U-Boat Loss Assessements (Deutsche U-Boot-Verluste)*
*BdU War Diary (Kriegstagebuch des BdU)*

*Naval Historical Center, Washington, D.C.:*
*US Navy: Anti Submarine Bulletin, 'Yellow Peril', Juni 1943 – Mai 1945*
*German U-Boats from which Prisoners were taken during Hostilities by British and American Forces, o. J.*

*Naval Staff Studies:*
*Anti-Submarine Division Monthly Reports, Mai 1917-November 1918*
*RNAS Anti-Submarine Reports, Juni 1917– März 1918, fortgesetzt in Air Division Naval Air Operations Monthly Reports, April – Oktober 1918*

Niestlé, A.: *German U-Boat Losses during World War II,* Annapolis 1998

Padfield, P.: *Dönitz, The Last Führer,* London 1984

Padfield, P.: *War Beneath the Sea,* London 1995

Poolman, K.: *HMS Vindex,* London 1983

Price, A.: *Aircraft vs Submarine,* London 1973

Robertson, T.: *The Golden Horseshoe,* London 1955

Robertson, T.: *Walker RN,* London 1956

Rohwer, J.: *U-Boote,* Oldenburg/München 1963

Rohwer, J.: *Axis Submarine Success 1939–1945,* Annapolis 1983

Rohwer, J.: *The Critical Convoy Battles of March 1943,* London 1977

Rohwer, J.: *Der Krieg zur See 1939–1945,* Gräfelfing 1992

Rohwer, J. und Hümmelchen, G.: Chronik des Seekriegs 1939–1945, Oldenburg/München 1968
Rohwer, J. und Hümmelchen, G.: *Chronology of the War at Sea*, London 1992
Roscoe, T.: *United States Submarine Operations in World War II*, Annapolis 1988
Roskill, S.W.: *The War at Sea 1939–1945*, 4 Bde, London 1954–1961
Roskill, S.W.: *The Secret Capture: The Story of U 110*, London 1959
Rossler, E.: *The U-Boat: The Evolution and Technical History of German Submarines*, London 1981
Runyan, T. und Copes J.M. (Hsg): *To Die Gallantly: The Battle of the Atlantic,* San Francisco 1994
Sainsbury, A. und Shrubb, R.: *The Royal Navy Day by Day*, 1979
Schaeffer, H.: *U-Boat 977*, London 1952
Schonfeld, M.: *Stalking the U-Boat: USAAF Offensive Anti-Submarine Operations in WW 2*, Washington 1995
Schull, J.: *The Far Distant Ships*, Ottawa 1961
Shelford, W.O.: *Subsunk: The Story of Submarine Escape*, London 1960
Simpson, G.W.G.: *Periscope View*, London 1972
Sokol, H.H.: *÷sterreich-Ungarns Seekrieg 1914–1918, 2 Bde*, Graz 1967
Spindler, Admiral Arno: *Der Krieg zur See 1914–1918: Der Handelskrieg mit U-Booten, 5 Bde*, Berlin 1932-1966
Stern, R.: *Type VII U-Boats*, London 1991
Sternhall, C.M. und Thorndike, A.M.: *Antisubmarine Warfare* Washington 1946
Syrett, D.: *The Defeat of German U-Boats*, Columbia 1994
Tarrant, V.E.: *The U-Boat Offensive 1914–1945*, London 1989
Tarrant, V.E.: *The Last Year of the Kriegsmarine*, London 1994
Terraine, J.: *Business in Great Waters: The U-Boat Wars 1914–1945*, London 1989
Technical History Section Admiralty:
*Fünfzig Monographien, hier interessant:*
*TH 1: Submarine v. Submarine*
*TH 4: Aircraft v. Submarine. Submarine Campaign 1918*
*TH 7: The Anti-Submarine Division of the Naval Staff*
*TH 40: Anti-Submarine Development and Experiments Prior to December 1916*
Thetford, O.: *British Naval Aircraft since 1912*, London 1977
Thompson, J.: *The Imperial War Museum Book of the War at Sea*, London 1996
Watts, A.: *The U-Boat Hunters*, London 1976
Wemyss, R.: *Relentless Pursuit*, London 1955
Whinney, R.: *The U-Boat Peril*, London 1987
Wingate, J.: *The Fighting Tenth*, London 1991
Winton, J.: *The Forgotten Fleet*, London 1969
Winton, J.: *Ultra at Sea*, London 1988
Woodman, R.: *Arctic Convoys*, London 1993
Wynn, K.: *U-Boat Operations of the Second World War,* London 1997
Y'Blood, W.T.: *Hunter Killer: US Escort Carriers in the Battle of the Atlantic*, Annapolis 1983
Young, E.: *One of Our Submarines*, London 1953

# ANDRÉ BRETON

## DU MÊME AUTEUR

### ESSAIS

*Roger Vitrac, un réprouvé du surréalisme,*
Nizet, 1966

*Étude sur le Théâtre dada et surréaliste,*
Gallimard, coll. « Les Essais », 1967 (épuisé)

*Le théâtre dada et surréaliste,*
nouvelle édition revue et augmentée, Gallimard, coll. « Idées », 1979

*Jarry dramaturge,*
Nizet, 1980

*Vitrac, théâtre ouvert sur le rêve,*
« Labor », Nathan, 1980

*Le Surréalisme, textes et débats*
(avec Michel Carassou), Le Livre de Poche, 1984

*Les Cultures de Jarry,*
P.U.F. 1988

*Littéruptures,*
L'Âge d'homme, 1988

### ÉDITIONS CRITIQUES

*Roger Vitrac : Dés-Lyre,*
poésies complètes, Gallimard, 1964

*Roger Vitrac : Théâtre,*
tomes III et IV, Gallimard, 1964

*Tristan Tzara : Œuvres complètes,*
tomes I à V, Flammarion, 1975-1982

*Alfred Jarry : Ubu roi,*
Larousse, 1985

HENRI BÉHAR

# ANDRÉ BRETON

## *Le grand indésirable*

CALMANN-LÉVY

Un livre présenté par
CLAUDE GLAYMAN

*Ouvrage publié avec le concours*
*du Centre national des lettres*

ISBN 2-7021-1584-5

« Héraclite mourant, Pierre de Lune, Sade, le cyclone à tête de grain de millet, le tamanoir : son plus grand désir eût été d'appartenir à la famille des grands indésirables. »

André Breton
*Jugement de l'auteur sur lui-même*

# PROLOGUE

PASSÉ l'éclair du magnésium, les traits d'André Breton se figent à jamais. Visage décidé, menton en avant, cheveux assez longs, il conduit la horde changeante des surréalistes. Dans la tourmente du siècle, marqué par deux guerres mondiales et la plus vaste révolution que la terre ait connue, il désigne le chemin. Son autorité s'exerce sur beaucoup, des plus grands aux plus obscurs. Aragon, Eluard, Soupault, Péret, Char, Tzara même, lui obéissent. Malheur à qui tente de se rebeller : il sera rejeté dans les ténèbres extérieures à l'histoire.

De Breton, on sait tout (ou du moins le croit-on). Ne prétendait-il pas vivre dans une maison de verre? On connaît son caractère entier, ses décisions irrévocables, ses colères épouvantables, ses exclusives, sa morale sans concessions.

On s'en va répétant quelques formules de lui, gravées dans le marbre, sur la beauté convulsive, l'humour noir, la liberté absolue. Et l'on se réfère à ses magnifiques définitions du surréalisme comme à des dogmes. Le titre de pape du surréalisme ne manque jamais de survenir, en dépit de l'incongruité des mots!

Dès lors, une équation de fait s'établit entre le mouvement ou le groupe surréaliste et celui qui l'a incarné durant près d'un demi-siècle. Bien qu'il se soit élevé contre toutes les grandeurs d'établissement, qu'il ait tout fait pour échapper au processus d'institutionalisation, le surréalisme est désormais tenu pour une institution de la littérature avec sa doctrine, ses textes fondateurs, ses directives, ses instances de légitimation, ses valeurs symboliques.

A son corps défendant, voilà Breton dressé sur un piédestal, quelque part entre les statues de Rousseau, Chateaubriand, Apollinaire. Voilé dans le bleu du ciel, le mécanicien du temps sourit, satisfait du bon tour qu'il a joué.

Car, bien entendu, aucun de ces clichés que je viens de rappeler n'est vrai. Ni faux non plus. C'est une suite d'instantanés auxquels manque la dynamique temporelle, le grain sensible, la nuance d'ombre qui donne épaisseur au personnage.

Écartons un moment ces images toutes faites, oublions la statue. Approchons-nous, sans idée préconçue, de l'individu pour connaître ce qu'il y avait en lui d'unique et pour tenir, de sa voix même, le message dont il était porteur. On verra alors un homme complexe et contradictoire. Infiniment humain, trop humain, avec ce que cela implique de rires et de larmes, de passions et de désespoirs, de grandeurs inconscientes et de faiblesses manifestes.

Le pacte biographique qui lierait l'auteur avec le personnage dont il retrace la vie et les lecteurs n'est pas encore codifié, heureusement. Le seul principe auquel je me suis tenu est de suivre un fil rigoureusement chronologique, ne me permettant d'anticipation ou de flash-back que le strict minimum nécessaire au récit. Dès lors, Breton y apparaît moins résolu, moins décidé dans ses choix, plus soumis aux pressions amicales et aux circonstances qu'on pourrait l'imaginer.

Cet homme que l'on dit intransigeant hésite à se séparer d'un compagnon comme Robert Desnos. Il lui écrit à plusieurs reprises avant de l'abandonner et souffre, en son intime, de la perte d'un tel ami. Mais il se doit à lui-même de ne montrer aucune faiblesse, quitte à en garder un perpétuel remords que la disparition du poète de *Deuil pour deuil* et sa fin prématurée viendront raviver d'autant plus cruellement que les mots cinglants sont irrévocables.

Ce chef, ce fondateur, ce guide, se prête à bien des causes. Il ne s'y donne jamais pleinement. Partisan enthousiaste de Dada, il est sur la réserve un mois après son explosion parisienne. Et il ne lui faut pas plus de temps pour demander la qualité de surréaliste honoraire à ses camarades peu acharnés à la constitution du mouvement. Peut-être y a-t-il trop de Nord en lui pour qu'il soit l'homme de la pleine adhésion, constate-t-il simplement.

Ce rêveur qu'impressionnent les vaticinations des voyantes, ce devin aimant dresser le thème astral de ses proches, ce décrypteur de signes, ce lecteur assidu d'ouvrages ésotériques, cet auditeur des alchimistes contemporains, lui-même sur la voie de l'initiation, nous le voyons constamment ramener à la raison ce qui s'égare trop aisément dans les broussailles de l'esprit.

Cet interprète du rêve, attentif aux phrases de demi-sommeil comme à la rêverie, est constamment tendu vers l'action collective. Malgré le caractère fastidieux que revêt la direction d'une revue, le choix des articles, la préparation de la maquette et de la mise en pages, en dépit de la médiocrité de certains textes à ses yeux, il se fait une obligation de mener cette tâche jusqu'au bout, le plus souvent à ses frais, sans que jamais personne lui en témoigne de la reconnaissance. C'est le même homme désabusé, déprimé, qui va se hâter de rassembler le plus largement possible les intellectuels, au-delà du groupe qu'il anime, pour faire pièce au fascisme, pour témoigner contre toutes les iniquités.

André Breton connaît suffisamment le poids des contradictions humaines pour ne pas en être surpris. Il sait combien son devenir passe par la littérature, par la majesté de son style. Assez de critiques, très tôt, l'auront mis en garde contre le panthéon. Mais il n'aura de cesse de briser avec les formes convenues du roman comme de la poésie, ouvrant les vannes d'une écriture nouvelle, l'automatisme, qu'au demeurant il s'empresse d'abandonner au bout de quinze jours, quitte à en reprendre le processus à d'autres moments de son existence. « André Breton, un beau classique! » s'écrie Étiemble, à juste titre. A condition de considérer chacune de ses œuvres comme une tentative expérimentale et de bien voir qu'il ne cherche qu'à remettre la littérature dans le circuit de la vie, dont des doctrines aberrantes n'auraient jamais dû l'écarter.

Iconoclaste, briseur d'idoles, proclamant son refus des ancêtres, Breton est certainement celui qui a le plus œuvré pour renouveler la lecture des prédécesseurs, reconstituant la chaîne du passé, pesant, revalorisant Sade, Lautréamont et Jarry aussi bien que les Petits Romantiques. Critique acerbe du naturalisme, il se délecte des romans les plus plats de Huysmans, ceux qui relatent les journées sans fin d'existences médiocres et, dans le même temps, salue les images les plus éclatantes du symboliste Saint-Pol Roux.

Correspondant timide, en sa jeunesse, des plus grands, Valéry et Apollinaire, il se détache d'eux assez tôt, non seulement afin de découvrir sa propre voie, mais pour ériger en principe le refus absolu du culte de la personnalité.

A tel point que ses rencontres au sommet, dont on aimerait avoir le film intégral, se réduisent à des entrevues grisâtres. Breton et Freud : la poésie de la vie; la psychologie de l'inconscient! Quel tableau pour David et Meissonier! Hélas, un jeune poète bredouillant rencontre un médecin de quartier vaniteux et vindicatif. Le chef du surréalisme discute à New York avec le penseur de l'existentialisme. Aucune étincelle de part et d'autre. Les témoins de la scène, quand on les interroge, n'en ont plus qu'un vague souvenir, sans éclat. Quant à Camus, il oublie même de noter dans son journal de voyage aux Amériques le déjeuner pris avec son aîné si attentif à retenir la moindre de ses informations.

Il y a bien les entretiens de Breton avec Trotsky au Mexique. Ce n'est tout de même pas Napoléon avec Goethe – ou alors, un Napoléon à Sainte-Hélène! Et si Breton en a gardé un souvenir ému, plus que de raison, cela n'en a pas fait un trotskyste au sens politique du terme, et cela ne l'a pas aveuglé au point d'oublier les défaillances de l'homme qu'il admirait le plus au monde. Ne parlons pas de son entrevue avec Léon Blum, où le Front populaire aurait pu trouver les arguments d'une politique culturelle longuement concertée. L'avant-garde littéraire n'a pu s'allier aux masses laborieuses faute d'un dialogue véritable, au seul moment opportun.

Breton est un passionné qui n'aime rien tant que la passion pour elle-même. D'où une certaine déception à l'égard des êtres qui ne confirment pas, dans la durée, la très haute opinion qu'il s'en faisait. Non sans grandeur naïve il s'en étonne, se fâche et les rejette loin de lui, tout chagrin de son erreur. Une femme qui l'a beaucoup aimé, par qui il a souffert énormément, écrit à son sujet : « Breton encensait ses amours; il façonnait la femme qu'il aimait pour que, conforme à ses aspirations, elle devienne à ses yeux une valeur affirmée. » De ses enthousiasmes et de leur retombée naîtra un mythe personnel, confortant une certaine vision platonicienne de l'amour, selon lequel les visages successifs des femmes aimées se superposent pour n'en former qu'un seul, de tous temps prédestiné. Quoi qu'il advienne, il ne reniera jamais celles qu'il aima.

A l'opposé de l'image vulgaire que nous en donne l'abondante masse de témoignages et de portraits qu'il a suscités, Breton est, au fond de lui-même, un solitaire parmi la foule. Il lui faut des paysages sauvages, de petites îles battues par la vague et le vent, l'antique forêt de Brocéliande pour se ressourcer. Mais il ne supporte pas de rester seul plus d'une journée. Il déploie alors des trésors de charme sur son entourage pour ne pas se retrouver face à l'homme qu'il déteste le plus : lui-même. Dans un manuscrit inédit des années trente, conservé à la Bibliothèque littéraire Jacques Doucet, il a noté le jugement sur lui-même porté en exergue à cette biographie. Philosophe du mouvement et de la contradiction, antipape, moraliste de la subversion : le rapport est évident avec les modèles humains qu'il se donne, comme avec le phénomène atmosphérique ou le grand fourmilier américain saccageur de termitières. Breton peut se flatter d'avoir réalisé son vœu. La fourmilière humaine n'aime pas trop ceux qui, comme lui, ont eu le privilège unique de ne s'être (à peu près) jamais trompés lors des grands choix.

Aussi lui a-t-elle fait payer son indépendance d'esprit. Feignant de lui accorder la plus grande audience, chapeau bas devant ses idées et ses écrits, elle s'est bien gardée de les approcher. L'auteur et son éditeur, Gaston Gallimard, s'étonnaient de concert devant cette disproportion entre la reconnaissance publique et la faible diffusion de ses œuvres. Il n'est pas certain que le phénomène ait disparu aujourd'hui, alors qu'avec le recul du temps l'Histoire lui donne chaque jour davantage raison. Passons sur les détails. C'est tout de même Breton qui, le premier parmi les écrivains, a engagé la lutte anticolonialiste, en 1925. C'est lui encore qui a, le plus clairement et le plus tôt, pris position contre le stalinisme. Lui aussi qui s'est dressé contre tout recours à un homme providentiel. Lui encore qui s'est prononcé pour une rigoureuse morale de l'écrivain en tant qu'homme public – que ce soit à propos de Barrès ou d'Aragon.

Il n'était pas facile, pour un homme de son origine, de conserver son indépendance sans s'aliéner dans le travail; sans se compromettre avec les grands de ce monde. On pourra objecter le recours au mécénat : jamais sa plume n'est devenue mercenaire pour autant. Il en va de même pour les tableaux, les objets, les manuscrits qu'il lui fallait vendre pour survivre, sans en avoir été esclave, comme il le dit fort bien contre ses détracteurs.

On aurait tort de se représenter le surréalisme comme un mouvement monolithe, avec une doctrine préétablie, un chef veillant à son orthodoxie, ne souffrant aucune opposition. Bien au contraire, le mouvement n'a pu évoluer et progresser qu'en tirant parti des controverses internes et de la diversité des personnalités le composant, dont Breton a su, mieux que quiconque, retenir les éléments positifs. Rien ne serait plus opposé à son véritable projet d'existence, à son ambition pour le mouvement qu'il animait, qu'une admiration exclusive, le détachant du contexte humain et intellectuel dans lequel il a vécu.

C'est pourquoi il ne m'a été nul besoin, pour approcher André Breton, de renier mon enthousiasme pour le théâtre de Roger Vitrac ou la nature poétique de Tristan Tzara. C'est aussi pourquoi, au risque de paraître m'écarter de mon objectif, il m'a semblé nécessaire de consacrer plusieurs pages à l'activité du groupe auquel Breton a su donner son unité et sa plus grande extension, au plan international, afin de ne pas l'éloigner de la famille qu'il s'était choisie. Celle des grands indésirables.

N.B. Soucieux de lisibilité, il m'a fallu renoncer aux notes indiquant la provenance des citations, emprunts et allusions. Je me suis efforcé de vérifier à la source chacune des informations ici rapportées, mais je tiens à signaler, au seuil de ce livre, tous les ouvrages (on en trouvera la liste dans la section bibliographique) qui m'ont servi à construire le récit d'une vie exemplaire.

PREMIÈRE PARTIE

# L'ÉVEIL
# A LA BEAUTÉ MODERNE

## CHAPITRE PREMIER

# *Saisons*
(1896-1915)

### *Familles*

Pas d'hésitation possible : André Breton est bien né le 19 février 1896, à 10 heures du soir, à Tinchebray, chef-lieu de canton dans le département de l'Orne. L'attestent aussi bien l'acte de naissance établi dès le lendemain matin par le maire, sur la déclaration du père, alors gendarme, que l'acte de baptême dressé dix jours après par le vicaire en présence des grands-parents faisant office de parrain et de marraine, que son livret militaire ou divers actes officiels. Plus tard, pour des raisons d'ordre poétique et sentimental, il choisira de naître la veille vers 20 h 30, précisant alors son thème astrologique : « Ascendant dans la Balance, Soleil en exil, Lune en opposition à l'ascendant, Saturne et Uranus (conjoints) significateurs, Jupiter au milieu du ciel, Mars et Vénus conjoints, etc. », comme il fera pour raconter la vie de Picasso en bandes dessinées. D'un mercredi des Cendres, placé sous le signe des Poissons, il remonde au Mardi gras, dans le Verseau.

Résultat des migrations intérieures, aux siècles passés, il est lorrain par son père, breton par sa mère. S'en rapportant à la tradition familiale, il a dressé, dans les années trente, son arbre généalogique, avec des dates approximatives. N'en déplaise à Sartre, Breton était loin d'être un fils de famille aisée. Ses ancêtres sont, pour la plupart, des journaliers, des artisans, couvreurs en paille, menuisiers. L'accession à la petite bourgeoisie sera essentiellement le fait de ses parents, durant la III^e^ République.

Pendant la Révolution, dans le département des Vosges nouvellement créé, et plus précisément dans la vallée de la Moselle, au petit village d'Ubexy, en 1796, naquit Claude Breton, l'arrière-grand-père d'André. Menuisier, puis épicier dans ce même village, il épousa Anne Apparu, plus jeune que lui de deux ans. A trente-huit ans, elle donna naissance le 6 janvier 1834 à Jean Breton que, la mode aidant, on prit l'habitude d'appeler Jules. Successivement vigneron, soldat en Crimée et boulanger, il aurait eu un frère trappiste et quatre sœurs, dont l'une institutrice, l'autre religieuse défroquée. Selon la coutume, il se rendit le 7 octobre 1863 au village voisin, à Vincey, pour épouser une brodeuse, Marie, Marguerite Adam (née le 11 mars 1837), fille de François Adam et de Marguerite Renaud. Elle avait un frère maçon, une sœur elle aussi religieuse défroquée et, note Breton, déséquilibrée, une autre institutrice en Russie, devenue manucure. De leur union naquirent quatre enfants : Jules, mort à sept ans; Joseph, mort à huit mois; Marie-Lucie, née le 24 mai 1870 et l'aîné, Louis-Justin, né le 26 mars 1867 à Vincey. Le père décédé à quarante-cinq ans, la mère dut élever seule les deux enfants qui lui restaient. A sa mort, le 28 janvier 1914, elle laissera quelques arpents de vigne, un verger, l'emplacement d'une maison incendiée et un corps de logis entre jardin et grange, le tout situé à Ubexy. Le frère héritera des terrains et abandonnera la demeure à sa sœur, dentellière, contre deux cents francs de mieux-value.

Louis Breton, père d'André, donne l'exemple d'une belle ascension sociale. A quatorze ans, muni de son certificat d'études primaires, orphelin de père depuis un an, il s'emploie dans les petits commerces d'Ubexy. Soutien de famille, il est dispensé du service militaire. Cependant, quelques jours avant sa majorité légale, il se rend à Épinal pour contracter un engagement volontaire de cinq ans. Le 15 mars 1888, il est incorporé au 62$^{e}$ régiment d'infanterie. De ses ancêtres, il a l'œil gris, les cheveux blonds, le visage ovale. Il mesure 1,67 mètre. Son instruction primaire lui permet d'atteindre le grade de caporal-fourrier six mois après, sergent-fourrier au bout d'un an et sergent-major ensuite. A la date prévue lors de son engagement, il est libéré du service actif et versé dans la réserve, doté d'un certificat de bonne conduite. L'emploi commercial qu'il trouve à Ubexy n'étant plus à la hauteur de ses capacités acquises à l'armée, où il était chargé de la comptabilité de la nourriture, du couchage et de l'habillement d'une compagnie, il décide d'entrer dans la gendarmerie. Il a épousé à Lorient, le 2 septembre 1893, Marguerite, Marie, Eugénie Le Gouguès, dont il a fait connaissance par l'entremise d'un compagnon d'armes. Le 17 février 1894, Louis Breton est donc nommé gendarme à pied à la compagnie de gendarmerie de l'Orne. Il ne s'occupera que d'administration et démissionnera au terme de quatre ans pour se rendre à Paris, au 168, boulevard Montparnasse; il travaille alors dans une librairie. En 1900, il s'installe, en qualité de comptable à Pantin avec sa famille. A la fin de la Première Guerre mondiale, il se retire à Lorient, à moins de cinquante ans, faisant fructifier les actions et obligations acquises par des placements de père de famille. Il y fait construire deux immeubles de rapport. En 1935, il acquiert par adjudication un terrain au centre de la ville, rue Léo Le Bourgo, sur lequel il édifie une solide demeure de deux étages avec – grand luxe pour l'époque – deux garages (ce sont, aujourd'hui, deux magasins). Il y accueillera son fils et surtout sa petite-fille, pour qui son cœur déborde de tendresse.

A sa mort, à l'âge de quatre-vingt-huit ans, en 1955, son fils unique héritera un bien évalué par le notaire à cinq cent mille de nos francs. Ce n'est pas la fortune laissée par les spéculations immobilières du père d'Eluard, lui aussi parti de rien, mais ce n'est pas négligeable si l'on considère les propriétés bâties – d'autant plus que sa femme, sans profession, était d'une origine aussi modeste.

Née le 1er juillet 1871 à Lorient, Marguerite Le Gouguès était la fille de Pierre, Louis, François Le Gouguès, natif de Rostrenen, dans les Côtes-du-Nord. Menuisier, à vingt-sept ans il épouse Marie-Anne Le Milliorch, et trouve l'année suivante de l'embauche à l'Arsenal de Lorient comme charpentier. Après un stage à l'École supérieure de maistrance technique à Brest, en 1893-1894, il atteint le grade de « maître-entretenu », autrement dit chef d'équipe titulaire de première classe, qu'il conserve jusqu'à sa retraite. Il a trois enfants. Son premier né, Pierre-Louis, vit moins d'un an (1867-1868). Le second, Louis, né à Lorient le 26 juillet 1867, est l'officier d'administration qui a présenté sa sœur à Louis Breton. Le charpentier avait quatre frères et sœurs nés à Rostrenen : Marie-Rose (26 avril 1839), marchande de fourrages, André (11 février 1842), tanneur mystérieusement disparu le jour de son mariage, en souvenir de qui le poète reçut son premier prénom; Ambroise (27 juillet 1844), conscrit maritime mort à Saigon le 24 octobre 1871; Alexandre (22 octobre 1852), venu au monde sept semaines après la mort accidentelle du père, à trente-huit ans, Pierre Le Gouguès, voiturier à Rostrenen. La mère, Jeanne-Marie Le Bourhis, dut multiplier les ménages pour élever sa progéniture. Elle mourut à quarante-deux ans, moins de trois ans après son mari. Que l'on parcoure les registres d'état civil de Rostrenen et de Ploerdut, d'où est originaire Marie-Anne Le Milliorch, ou, à la génération antérieure, de Maël-Carhaix et de Seglien, on ne trouve que domestiques, ouvriers agricoles, laboureurs au mieux, ne sachant ni lire ni écrire. Ainsi, la grand-mère maternelle d'André Breton travaillait comme cuisinière à Paris lors de son mariage. Elle signe d'une croix l'acte officiel la liant à Pierre Le Gouguès. Cela expliquerait le souci de respectabilité de sa mère, désireuse de marquer ses distances avec la classe laborieuse d'où elle était issue.

Ces recherches généalogiques, effectuées par Breton à l'âge mûr, témoignent d'un double objectif. Elles situent ses véritables racines familiales, faisant de lui, définitivement, un « homme de la campagne », comme lui dira le peintre André Derain par jeu, et non un être hanté par le bleu des mers. Elles ancrent ses souvenirs les plus lointains dans les paysages effectivement parcourus au cours de sa petite enfance, dont l'écriture automatique lui a remémoré des bribes.

Ses parents ont quitté Tinchebray alors qu'il venait d'atteindre deux ans : trop tôt pour qu'il lui en restât quelque chose. En revanche, il évoquera, ici et là, les fontaines bretonnes dans la région de Lorient, où il vécut ensuite chez ses grands-parents jusqu'à l'âge de quatre ans, et de Saint-Brieuc où, semble-t-il, il séjourna avec son grand-père, peut-être chez son oncle. Outre quelques objets privilégiés – un dessus-de-lit de dentelle que sa mère avait confectionné lorsqu'elle était enceinte, une gravure représentant la mort de Marceau, qui le terrorisait –, demeurent surtout les légendes bretonnes, hantées de lavandières de nuit, du chariot de la mort, de malins korrigans, que lui racontait son aïeul, homme taciturne et généreux, dira-t-il. Celui-ci mourut à Lorient en décembre 1917, âgé de quatre-vingts ans, et sa femme en février 1922, à quatre-vingt-trois ans. André les aura bien connus et il ne fait pas de doute que son imaginaire nocturne leur doit beaucoup, comme il doit à la culture celtique qu'ils lui ont transmise.

De même, du côté paternel, il ira à plusieurs reprises, avant la guerre, dans les Vosges où sa grand-mère tenait une épicerie, jusqu'à son décès en janvier 1914. A l'heure du souvenir involontaire, surgiront les images des labours, les costumes des paysans, le salut de cornette des religieuses du couvent de trappistines voisin, les bouquets de fiançailles et surtout les grandes routes bordées de peupliers, qu'il parcourait avec son père et qu'il imaginera, à quinze ans, suivre interminablement au crépuscule avec une femme aimée.

## *Enfances*

La famille Breton s'installe rue de Paris à Pantin, dans une de ces petites communes ouvrières, aux limites de la capitale, en plein lotissement. Adolescent, le jeune André poussera ses parents à recevoir les familles amies dans ces petits jardins qui fleurent bon le lilas. Les loyers y sont moins élevés qu'à Paris et, de surcroît, on économise sur les transports puisque les emplois sont sur place : la fabrique de tabac, les glacières, les grands moulins, les ateliers de métallurgie et les laboratoires de parfum qui, plus tard, feront phantasmer Valéry. C'est d'ailleurs dans une cristallerie, fournissant des flacons de parfum, que travaille Louis Breton. Il finit par en être le sous-directeur.

En 1900, l'État n'a pas encore organisé les écoles maternelles qui deviendront le fleuron du système éducatif. Dès l'âge de quatre ans, le jeune André est inscrit à l'école Sainte-Élisabeth, tenue par des religieuses. Moins pour lui enseigner les vertus chrétiennes, ce dont se moque bien son père, athée convaincu, que pour lui inculquer les rudiments qui en feront un homme instruit, un ingénieur ! Très appliqué, l'enfant y apprend à lire, ou plutôt à épeler, et dessiner les lettres. Car les instituteurs de l'école primaire, jaloux de leurs prérogatives, n'aiment pas qu'on anticipe sur leur programme. Dès l'âge de six ans, il entre à l'école communale de Pantin, où il sera un élève assidu et sérieux. Il se distingue par son travail et occupe le premier rang dans la plupart des disciplines. Passé récemment en salle des ventes, un bulletin daté du 6 août 1905 lui décerne le prix d'honneur. Outre ces billets de satisfaction soigneusement calligraphiés, il reçoit des livres de prix spécialement imprimés pour les écoles, reliés en pleine toile rouge, dorés sur tranche et frappés aux armes de la ville. Parmi eux, *Costal l'Indien* provoquera un attrait permanent pour le Mexique.

De l'école primaire, Breton a conservé toute sa vie une écriture soigneusement moulée, le goût pour les encres de couleur violette dont on remplissait l'encrier, sur le pupitre, chaque lundi (plus tard, il choisira la verte) et aussi pour les cahiers d'élève à carreaux avec leur couverture illustrée reproduisant des scènes pittoresques, des vues des grandes capitales, des épisodes historiques : la mort de Bayard, Jeanne d'Arc au sacre de Charles VII. A trente-cinq ans, il se souviendra, assez pour le nommer très exactement, d'un instituteur auvergnat, M. Tourtoulou qui récompensait ses élèves en leur racontant des histoires encore plus terrifiantes que dans le roman noir anglais.

Contrairement à ce que l'on a longtemps cru sur la foi de ses propres indications, Breton n'a pas quitté l'école de Pantin en octobre 1906, comme ceux de ses petits camarades qui entraient au lycée, mais l'année suivante, le temps de préparer le concours d'entrée au collège Chaptal. En « première supérieure », il s'initia à l'allemand sous la direction de M. Simonnot et suivit le programme d'une sixième de lycée sous la direction d'un seul maître.

A onze ans, il fait sa communion solennelle. Les fillettes portent des couronnes de pâquerettes. Pour l'occasion, il se fait tirer le portrait, agenouillé sur un prie-Dieu, dans son beau costume sombre à culottes courtes, col blanc et lavallière, croix en brassard, un missel dans les mains, les oreilles bien dégagées, la raie bien tracée, un sourire indéfinissable aux lèvres, comme s'il se regardait posant pour la famille – à qui l'on enverra la photo – heureux d'en finir avec ces simagrées exigées par sa mère, croyante jusqu'à la bigoterie. Sur le tard, il avouera, en manière de provocation pour ses amis surréalistes, qu'il aimait bien communier, pour le goût des hosties.

Ses rapports avec sa mère ne sont pas simples. Il déteste son souci de respectabilité bourgeoise, sa dureté à son égard, le culte qu'elle voue au travail. Ne lui interdit-elle pas de jouer dans la rue avec les voisins, comme font tous les enfants de son âge? N'exige-t-elle pas qu'il apprenne ses leçons à haute voix, pour le contrôler? Et elle agira ainsi même quand il sera étudiant en médecine! Plus tard, sa voix tremblera encore lorsqu'il confiera à un ami qu'il reçut d'elle sa dernière gifle à dix-sept ans. Mais si l'on voit bien ce qui, par opposition, le déterminera à rechercher la solidarité d'un groupe, à exécrer avec lui la patrie, la religion, le travail, la famille, il ne faut pas se dissimuler ce qu'elle lui aura inculqué sur le plan moral, ce qu'il conservera d'elle, à son corps défendant, dans ses rapports avec les femmes. Et toute l'affection vouée à un père débonnaire et tendre ne pourra modifier l'ambivalence de ses sentiments à l'égard d'une mère magnifiée à force de détestation.

Le 2 octobre 1907, André Breton prend le train, en troisième classe, à Pantin pour la gare des Batignolles dont la forme rayonnante l'effraie un peu. Le poinçonnage des billets avec la pince à date l'étonne. Le wagon emporte les senteurs de la campagne. Pendant six ans, chaque jour de l'année scolaire, il refera le même trajet pour le collège Chaptal, au 45, boulevard des Batignolles, où il sera demi-pensionnaire, de 8 heures à 16 h 30. Chaptal est un collège de la ville de Paris résolument moderne, ce qui aura des conséquences durables sur la formation, les orientations, le vocabulaire et même les images de Breton. Il accueille environ mille cinq cents élèves (dont à peine cent internes) dans ses deux sections : l'enseignement primaire supérieur conduit au brevet supérieur; l'enseignement moderne prépare au baccalauréat (sans latin ni grec) ou bien au brevet commercial. Au-delà, l'établissement prépare aux écoles de Saint-Cyr, Centrale, Ponts-et-Chaussées, Mines et même à Polytechnique et à l'École normale supérieure de Saint-Cloud. On conçoit ce qui a conduit ses parents à l'inscrire là plutôt qu'au très bourgeois lycée Condorcet, proche de la gare Saint-Lazare. Outre que les fournitures scolaires sont prises en charge par la ville qui accorde, à l'occasion, des bourses couvrant les frais de demi-pension (ce sera le cas pour Breton en 1911), cet établissement s'est assuré une bonne réputation par le succès de ses élèves aux concours des grandes écoles scientifiques. Ils rêvent pour lui de Polytechnique, des Mines...

En première année, il suit les cours correspondant à l'époque à la classe de cinquième B d'un lycée. Les archives du collège ont conservé ses bulletins de notes trimestriels jusqu'à la fin de sa scolarité. En bref, ils font état de ses bonnes aptitudes en toutes les matières jusqu'à la troisième, sauf en dessin géométrique. Moyen en allemand, il est meilleur en français et en histoire. Il sait parfaitement ses leçons, qu'il revoit dans le train, prépare bien ses devoirs et ses interrogations qu'il désigne comme « les pièges bleus de la journée ». Durant ces trois ans, il ne reçoit aucune punition. Le directeur l'apprécie : « Le zèle de cet élève s'est maintenu jusqu'à la fin de l'année scolaire. Plusieurs bons classements l'ont récompensé de ses efforts. »

Tandis qu'il passait toutes les vacances précédentes à Lorient, ses parents l'envoient pour un mois en Allemagne, en Forêt-Noire, a l'été de 1910. Dès son arrivée, son hôte l'emmène faire une longue promenade dans les bois, à la nuit tombée, dont il conservera un souvenir ému. Il écrit chez lui. Chaque jour, un professeur allemand, M. Kleinfelder, lui donne deux heures de cours, mais c'est un Français, M. Couturier, qui s'occupe du séjour et le raccompagne au train. Voyage d'un très grand profit. A la rentrée en seconde, son classement en allemand s'améliore. Il en garde un attachement pour la littérature et la pensée allemandes dont témoigneront ses lectures futures. Il choisit l'anglais comme seconde langue et s'y débrouille bien. Mais la structure molle de cet idiome ne semble guère lui convenir : les appréciations de ses maîtres iront se dégradant. Conséquence d'un apprentissage purement passif, il n'osera guère articuler une phrase, ce qui rendra par la suite son exil aux États-Unis fort incommode.

C'est à la manière dont il récite *la Jeune Captive* d'André Chénier qu'il choisit son premier ami, qui le restera jusqu'en 1930. Issu d'une famille juive d'Odessa, Théodore Fraenkel, son cadet de deux mois, est entré au collège le même jour que lui, mais en première section. Ils se retrouvent dans la même seconde D, et iront ensemble jusqu'au bac. Doué dans toutes les matières, très intelligent, apprenant avec facilité, Fraenkel a la séduction des fumistes. En décembre 1910, il récolte un avertissement « pour facétie grossière ». Il est rare qu'il n'ait pas au moins huit heures de consigne par trimestre. Dans la salle d'études, on l'imagine prenant la tête d'une flotte de pupitres convergeant sur le maître et le zéro de conduite ! Le comportement de Breton semble s'en affecter dans les mêmes proportions à partir du troisième trimestre.

Le professeur de français en seconde témoigne d'un goût très classique. « La girouette en deuil », « les pieds du vent », ces audaces toutes relatives de Vigny dans *la Mort du loup* le mettent en fureur. Et c'est peut-être par un sentiment précoce de la contradiction que Breton se laisse subjuguer par certains vers de *la Maison du berger* ou le sens distant et tragique de la vie qu'enseigne *Stello.* Mais c'est, en classe de première, un professeur suppléant qui lui ouvre les portes de la modernité. Albert Keim, né le 9 avril 1876 à Niederbronn, en Alsace, licencié en philosophie, docteur ès lettres avec une thèse sur Helvétius, a surtout une sensibilité poétique. A vingt-deux ans, il a publié *Un poème d'âme* où l'influence de Baudelaire et des symbolistes est combattue par une révolte juvénile :

*Il faut un Art vivant, non ces vaines musiques*
*De poètes neurasthéniques ou phtisiques...*

Curieusement, l'épilogue a les accents du Vigny des *Destinées.* Ayant remarqué une composition française de Breton, Keim lui donne à lire, en les commentant, des poèmes de Baudelaire et de Mallarmé auxquels s'enchante l'adolescent, qui n'y entend goutte, mais les apprend par cœur. Toute sa vie ils lui serviront de talisman, dans les pires moments. Tandis que Fraenkel occupe le premier ou second rang toute l'année, Breton s'adonne à la versification. Dans son premier poème connu, le rêve naît de la voix d'un chérubin, l'enfant que nous avons été peut-être ? Le second, *Éden,* est dédié à son professeur.

Signés d'une anagramme parfaite, René Dobrant, tous deux paraissent en mai 1912 dans une revue d'élèves : *Vers l'idéal.* Polygraphiée sur une machine Gestetner (grande nouveauté à l'époque) elle était animée par René Hilsum. Venant d'une section spécialisée en secrétariat, le jeune homme (né en 1895) avait rejoint Breton et Fraenkel en seconde D. Déjà intéressé par la question sociale, il faisait partie, hors de l'établissement, d'un groupement socialiste, « la Guilde vers l'Idéal », dont la revue devait être la vitrine littéraire et culturelle susceptible d'attirer de futurs militants. A la fin de la seconde, le directeur observait à son propos : « Il fera bien de renoncer aux études ou aux préoccupations étrangères qui l'en détournent. » Il quitta l'école, sans renoncer aux unes ni aux autres. Il prit un emploi de commis aux écritures, passa le baccalauréat en candidat libre, tout en militant au parti socialiste, et rejoignit ses condisciples à la Faculté de médecine. Il maintint le contact avec eux, communiquant à Breton la revue *Vers et Prose* à laquelle sa mère l'avait abonné, les accompagnant aux matinées poétiques du Vieux-Colombier et chez Paul Valéry. En 1919, il fondera les éditions Au Sans Pareil où ses compagnons auront bientôt l'occasion de le retrouver.

La réforme scolaire de 1902 avait créé une section D définie par les sciences, les langues vivantes, la culture moderne. Le baccalauréat sciences-langues vivantes comportait, à l'écrit de la première partie, des épreuves en français, mathématiques, physique, et deux langues vivantes. Un arrêté du 4 mai 1912 venait d'alléger les programmes de mathématiques, physique et sciences naturelles lorsque Breton s'y présenta à la fin juin.

L'épreuve de physique posait un problème de radio-électricité que l'on comparera avec la fin troublante de *Nadja* :

« Une installation télégraphique comprend une batterie dont la force électromotrice est 50 volts et la résistance intérieure 15 ohms, un fil de ligne de 80 ohms, un récepteur de 5 ohms; les communications avec la terre sont excellentes; c'est-à-dire équivalent à l'introduction dans le circuit d'une résistance négligeable.

« Brusquement par suite d'un accident établissant quelque part sur la ligne une communication avec la terre dont la résistance est de X ohms, on observe que l'intensité au poste transmetteur devient 0,84 ampère et au poste récepteur 0,084 ampère.

« Trouver la position de l'accident et la résistance X. » En 1927, la réponse de Breton est : « La beauté sera convulsive ou ne sera pas. »

Tous les sujets, assurément tournés vers l'actualité scientifique la plus récente, sont la synthèse d'une éducation moderne. Celle-ci différenciera Breton et ses condisciples passés par la même filière, voire le même établissement (comme Vitrac) des écrivains de sa génération, de formation toute classique, tels Drieu La Rochelle, Aragon, Montherlant ou Saint-Exupéry.

Ayant subi avec succès les épreuves du bac, Breton passe les vacances à Lorient. Il y compose des ballades, à la manière allemande, dont le texte nous reste inconnu. A la rentrée d'octobre, il retrouve Théodore Fraenkel en section de philosophie. Leur professeur, André Cresson, est avant tout un kantien. Auteur de divers ouvrages sur *la Morale de Kant* (1897), *le Malaise de la pensée philosophique* (1905), *les Bases de la philosophie naturaliste* (1905), sa thèse principale porte sur *la Morale de la raison théorique* (1903), sa thèse secondaire, rédigée en latin, sur la liberté selon Leibnitz. On ne s'étonne pas, dès lors, de voir Breton se préoccuper de la question morale qui, pour lui, tient la raison en échec.

Cependant, la formation intellectuelle procède autant par imitation que par dissimilation. C'est ainsi que Breton affirme avoir « pressenti » l'œuvre de Hegel à travers les sarcasmes dont le poursuivait son professeur. En effet, l'ouvrage que celui-ci a publié à quatre-vingts ans pour introduire à la pensée du philosophe allemand est plutôt fait pour en éloigner le lecteur : il y condamne « ce romantisme métaphysique qui prétendait se donner, en dehors de toute science positive, comme la science universelle ». Les appréciations du livret scolaire, pour cette année-là, se ressentent de la distance que Breton prend à l'égard de ce maître. Qualifié « d'esprit solide » au premier trimestre, on le juge capable d'améliorer ses résultats au second, mais au dernier on considère qu'il « a besoin d'acquérir un peu plus de maturité d'esprit ». Ses résultats le situent dans la deuxième moitié de la classe, tandis que Fraenkel est apprécié comme « élève intelligent qui a très bien travaillé en philosophie et y a manifesté des aptitudes excellentes ».

### *Le dialogue avec M. Teste*

C'est que de nouvelles curiosités sollicitent Breton hors de la classe, d'où il ne cesse de s'échapper en esprit. Dans ses *Entretiens* de 1952, il a fixé à ses dix-sept ans le moment où il se reconnaît des goûts et des résistances bien à lui.

Premières résistances : il refuse de se laisser entraîner par l'esprit belliciste qu'incarne l'élection de Poincaré à la présidence de la République, et se détermine contre la loi que le gouvernement veut faire voter pour porter à trois ans la durée du service militaire. Sans aller jusqu'à imiter René Hilsum qui s'en vient coller, dans le hall du collège, un tract du parti socialiste (S.F.I.O.) juste à côté d'un appel favorable au vote, apposé par le directeur, il prend part, le 16 mars, à la grande manifestation organisée par la gauche unie au Pré-Saint-Gervais. Il frémit de voir dans la foule se déployer par milliers les drapeaux rouges et plus encore, en découvrant à quelques endroits bien circonscrits des drapeaux noirs. Lui revient en mémoire son émotion à déchiffrer la formule de Blanqui « Ni Dieu, ni maître », gravée sur une dalle du cimetière où on l'avait conduit, petit enfant. Le souvenir de la Commune de Paris est encore vivace. Lui-même s'intéresse à la presse anarchiste, et il lit *L'Action d'art* qui vient de paraître, unissant artistes et idéologues. Et puis le procès de la bande à Bonnot fait la une de tous les journaux. Dans l'immense rassemblement populaire, il a le sentiment d'avoir choisi son camp, au côté de la classe ouvrière. Dès lors, rien ne l'en fera varier.

La peinture contemporaine l'attire. Pas très habile en dessin d'art, il ressent pourtant une attraction particulière pour un tableau exposé à la galerie Bernheim, forçant ses parents, au cours d'une triste promenade dominicale à marquer le pas, le temps de son émerveillement. Non loin de Chaptal, le musée Gustave-Moreau a, dit-il, « conditionné pour toujours (sa) façon d'aimer ». C'est là qu'il a la révélation de la beauté, de l'amour, à travers les poses, les visages de femmes du grand peintre symboliste, alors délaissé, que lui ont fait connaître les écrits de Jean Lorrain et de Huysmans. Comme Swann, le personnage de Proust, ne regardait les êtres vivants qu'à travers les modèles idéalisés de la peinture italienne, longtemps Breton verra se superposer les traits de la *Salomé* de Gustave Moreau à ceux des femmes désirées.

Sa sensibilité artistique ne manque pas de hardiesse : à l'âge de douze ans, il consacre tout l'argent d'une récompense pour ses bons résultats scolaires à l'achat d'un masque africain. Ainsi s'affirme, très tôt, une passion de collectionneur qui en fera, avec Tristan Tzara et Paul Eluard, l'un des amateurs les plus avertis des arts primitifs.

Durant les congés de Pâques, il visite le salon des Indépendants, des galeries, le musée du Luxembourg. S'il admire Bonnard, Vuillard, K. X. Roussel, Signac, il avoue douter de la valeur et de la sincérité des toiles cubistes et futuristes. Mais, visitant le Salon d'automne suivant, il n'oubliera jamais, sans l'avoir revu, le *Portrait* de sa femme par Matisse, avec la couronne de plumes noires, la fourrure fauve et la blouse émeraude.

Dans le même temps, il se distrait en composant des vers, qu'il n'osera publier, à la manière des symbolistes, Albert Samain, Henri de Régnier, Maeterlinck et, bien sûr, Mallarmé, dont il admire la « tenue », la qualité d'expression. Pour lui, la *Dame à la faulx* de Saint-Pol Roux, drame de l'humanité en conflit avec la vie et la mort, est le chef-d'œuvre du théâtre symboliste ; jugement que la postérité confirmera.

Toutefois ces préoccupations nouvelles ne l'empêchent pas de passer avec succès la deuxième partie du baccalauréat. Durant l'été 1913, il est de nouveau à Lorient, mais ni la mer ni les régates de voiliers ne l'intéressent. Il fait part de ses lectures à Théodore Fraenkel, lui soumet ses poèmes, des paysages de l'âme aux teintes mauves. Maupassant lui déplaît absolument. Barbey d'Aurevilly le déçoit, Romain Rolland mérite bien les sarcasmes du chroniqueur de *La Phalange.* Quel plaisir de découvrir les audaces d'un conteur comme Villiers de l'Isle Adam, la sensualité troublante de Jean Lorrain, les enchantements d'un Péladan, à tort décrié, la vérité sans apprêts d'Huysmans, le très grand auteur d'*A rebours* et *Là-bas*, avant de sombrer dans l'inanité religieuse. Faisant fi des orientations nouvelles de Maurice Barrès, chantre de l'Énergie nationale, il ne veut retenir que l'égotiste. *Du sang de la volupté et de la mort* est « d'une très grande profondeur et d'une philosophie souvent admirable, en même temps que d'un symbolisme intégral ». Curieusement pour un esprit très tôt sollicité par le monde moderne, il se tourne de préférence vers la dernière génération symboliste, à laquelle il n'a jamais marchandé son admiration, celle des Saint-Pol Roux, Francis Viélé-Griffin, René Ghil, Jean Royère, et ne se jette pas sur les toutes récentes publications d'Apollinaire, Cendrars ou Max Jacob. Il n'a aucune curiosité pour les proclamations tonitruantes du futuriste Marinetti, pour les tentatives unanimistes de Jules Romains, les velléités sociales de Jean-Richard Bloch dans *l'Effort libre,* ni les prouesses verbales des fantaisistes, disciples de Paul-Jean Toulet.

Sa personnalité s'affirme, mais pas au point de revendiquer une totale indépendance. Puisque ses parents tiennent à le voir poursuivre des études, il accepte de s'inscrire à la faculté des Sciences, en octobre, pour y préparer le PCN (certificat d'études physiques, chimiques, naturelles) donnant accès aux études médicales. N'ayant aucune vocation professionnelle, il estime que le métier de médecin est celui qui laissera le plus de champ à ses dispositions poétiques. Il fréquente la Sorbonne, suit assidûment les cours en amphithéâtre, fait des travaux pratiques au laboratoire, mais l'esprit y est de moins en moins. Il pense aux matinées poétiques qu'il fréquente à l'insu de sa mère, aux revues anciennes où se lisent des poésies de Valéry qu'il apprend par cœur.

Le silence du poète depuis quinze ans le fascine, et davantage son personnage de M. Teste, qu'il n'a pas encore comparé au D^r^ Faustroll de Jarry, et qu'il tient pour « un des plus incontestables chefs-d'œuvre du symbolisme ». Voilà un écrivain, disciple de Mallarmé, jouissant de l'estime des lettrés, qui renonce à la poésie pour se consacrer à la philosophie et aux mathématiques. Se recommandant de Francis Viélé-Griffin à qui il a déjà rendu visite, surpris de voir sur sa table de travail un buste de Victor Hugo, et de Jean Royère qui va publier trois de ses poèmes dans *La Phalange* de ce mois, Breton s'enhardit à lui écrire, le 7 mars 1914, pour l'entendre parler de Mallarmé, et pour lui soumettre un poème, *Rieuse.* Lorsque, le 15 mars, il se rend, la gorge sèche, rue de Villejust (l'actuelle rue Paul-Valéry, à l'Étoile), Breton ignore encore qu'il a effectué un choix déterminant pour son avenir. Valéry le fixe, sous la paupière coupante d'un œil « d'un très bleu transparent de mer retirée ». Sa conversation est charmante, pleine d'inattendu. A son hôte s'enquérant des désirs qui le portent vers la poésie, Breton répond qu'il n'aspire qu'à procurer des états équivalents à ceux qui ont suscité en lui « un trouble physique caractérisé par la sensation d'une aigrette de vent aux tempes », tant, pour lui, l'émotion artistique est inséparable de la sensualité. Durant plusieurs années, Valéry sera son véritable maître à penser, son mentor et son parrain. Il le reverra souvent pendant dix ans. Il lui doit d'avoir appris la rigueur envers lui-même. Suivront de nombreux échanges épistolaires. Cependant, quand Valéry reprendra l'ancien jeu des vers, Breton s'en déprendra, vendant ses lettres à un libraire (non sans en avoir pris copie) le jour où l'auteur de *Monsieur Teste* sera reçu à l'Académie française.

Accaparé par l'exigence poétique, Breton n'est pas prêt pour l'examen du PCN. Fin juin, il est à Lorient pour réviser ses cours, mais, écrit-il à Fraenkel « Le beau courage des premiers jours est mort... et je m'attarde à quelque poème... Vois encore où j'en suis loin de l'étude vaguement interrompue des fougères. » Il repassera en septembre les épreuves que son camarade réussit le 10 juillet.

Le 3 août, il n'est pas trop surpris par la déclaration de guerre de l'Allemagne à la France. L'élan patriotique ne le concerne pas. En revanche, la nouvelle de l'assassinat de Jaurès au dernier jour de juillet l'a douloureusement affecté, sans qu'il ait été un de ses partisans. Ironisant sur le patriotisme de son meilleur ami et sa croyance selon laquelle cette guerre verrait l'affrontement de la civilisation contre la barbarie, il cherche, pour l'heure, à annuler « les contingences du monde phénoménal ». Un poème, *Hymne*, significativement daté d'août 1914, témoigne de ce retrait volontaire, de ce refus des opinions ambiantes. Les communiqués de guerre ne l'intéressent pas. A ce moment-là, sa grande découverte est celle de Rimbaud, dont il ne connaissait que de rares poèmes publiés dans les anthologies. Le voilà sous l'emprise totale d'*Une saison en Enfer*, « chef-d'œuvre de la perversité », dit-il, dans le sens très personnel d'hors du commun. Il reproche à Fraenkel sa tiédeur devant une « œuvre aussi considérable ». L'auteur des *Illu-*

*minations* le conduira à se défaire des volutes du symbolisme tardif, d'une prosodie figée, et à proclamer définitivement l'infériorité totale de l'œuvre réaliste.

Toutefois cette lecture germinative, celle aussi du *Coup de dés* de Mallarmé, que Fraenkel lui a procuré à l'insu de ses parents, ne le détournent pas encore de la tâche qu'ils lui ont assignée : pour lui, la voie n'est nullement tracée. S'il compose des vers qu'il soumet à la critique avisée et parfois ironique de Valéry, il écrit, dira-t-il dans ses *Entretiens*, pour se révéler à soi-même et, par ce biais, rencontrer certaines personnalités n'ayant jamais démérité à ses yeux, qui l'aideront à se trouver. En quelque sorte, sa poésie a une double fonction de révélation et d'isolement. Il s'agit de saper les contraintes du réel, de l'empêcher de prendre le pas sur la vie intérieure. Voilà pourquoi on ne saurait faire l'ellipse du symbolisme à l'origine de sa formation intellectuelle.

En septembre, l'invasion allemande est stoppée sur la Marne grâce aux taxis de Paris. Dans la capitale, la vie reprend comme si de rien n'était. Les examens se déroulent normalement. Breton obtient son PCN le 24 octobre et s'inscrit à la Faculté de médecine le 29, quelques jours après Hilsum et Fraenkel.

Les cours reprennent, le bizutage, les leçons d'anatomie si éprouvantes pour une sensibilité d'artiste. Il apprend par cœur le nom des os crâniens. Il suit les cours avec indifférence, rentre chez ses parents, 70, route d'Aubervilliers à Pantin, avec la même régularité mais son esprit est ailleurs. Valéry revit par procuration les inquiétudes de sa jeunesse. Il lui conseille de lire ses propres contemporains, Jarry et Marcel Schwob, l'auteur du si émouvant, du si décapant *Livre de Monelle*; de *Spicilège*, des imaginaires vies d'hommes illustres. Mais l'année universitaire est brusquement interrompue. La classe 16, à laquelle il appartient, est appelée sous les drapeaux pour venir à l'appui d'une armée qui s'enlise dans les tranchées.

A dix-neuf ans, malgré son apparente maturité physique et morale, Breton est loin d'avoir pris son parti dans la vie. Il se définit plutôt négativement, connaissant ses dégoûts. Son jardin secret reste la poésie, qu'il cultive très modestement. Pour le reste, il se laisse guider par les circonstances.

## CHAPITRE II

# *Vertiges*
(1915-1916)

### « *L'école des bons travaux abrutissants* »

La fiche de matricule du soldat André Breton donne quelques précisions sur ses états de service. Blond, le visage ovale, les yeux gris comme son père, le nez aquilin, ce bel homme de 1,74 mètre est incorporé au 17ᵉ régiment d'artillerie à Pontivy, où il fait ses classes, du 12 avril au 29 juin 1915, en qualité de canonnier de deuxième classe, tandis que l'ami Fraenkel est au Crotoy.

Apparemment de bonne grâce, il se prête à tous les exercices du soldat : marches, corvées, équitation, pansage des chevaux – mais il ne se donne à rien. Sa pensée se liquéfie sur le champ de manœuvre. Il se compare au Rimbaud des lettres à Izambard : « Je meurs, je me décompose dans la platitude, dans la mauvaiseté, dans la grisaille. » N'est-ce pas cela « l'école des bons travaux abrutissant » dont parle l'auteur des *Illuminations*? demande-t-il à Fraenkel. Il ne comprend pas ce qu'on lui veut. Cette guerre n'est pas la sienne. Les appels nationalistes, revanchards de Barrès et même de Bergson le laissent de bois. A quel état se réduit l'intelligence! Toute cette poésie dont il vivait n'est plus qu'un dérivatif. Il n'ose plus entrouvrir Mallarmé et il referme Rimbaud dont certaines pièces prennent pour lui une signification dangereuse. Dans cette totale déréliction, il n'a plus de goût pour la peinture moderne, la poésie lui échappe. L'hallucination le guette, comme Sengle, le héros d'Alfred Jarry dans *les Jours et les Nuits* qu'il lit et relit, tandis que tel de ses compagnons se jette, à chaque halte, sur l'*Épître aux Corinthiens* ou tel autre porte à sa narine un flacon de parfum. Un obscur sentiment de conservation intellectuelle lui fait demander à Valéry d'intervenir en sa faveur pour abréger l'incroyable lenteur de l'instruction militaire et lui épargner l'infirmerie régimentaire. « J'entrevois le monde très lointain des poètes que j'aimais; je retrouve en souvenir, avec incrédulité, ma vie sentimentale d'hier. Un instant, je déjoue le complot des choses d'ici. »

## *A l'aventure*

L'épreuve cesse début juillet lorsqu'il est envoyé à Nantes, à la deuxième section d'infirmiers militaires, affecté comme interne à l'hôpital bénévole, ambulance municipale n° 103 *bis*. Installé depuis septembre 1914 dans les locaux du lycée de jeunes filles alors en construction au 2, rue du Bocage (la particule s'impose : c'est le nom d'un couple de poètes normands), cet hôpital bénéficiait des installations les plus modernes pour recevoir deux cent soixante malades.

« Nantes : peut-être avec Paris la seule ville de France où j'ai l'impression que peut m'arriver quelque chose qui en vaut la peine [...] où pour moi la cadence de la vie n'est pas la même qu'ailleurs... », écrira-t-il dans *Nadja*.

La ville de la duchesse Anne avec ses belles demeures du XVIII$^{e}$ siècle est certes plus attrayante que l'ex-Napoléonville aux rues tracées au cordeau, et le travail auprès des malades, même s'il est éprouvant, moins abrutissant que les marches sac au dos. Fin août, il est promu soldat de première classe. Il commence à reprendre goût à la vie, attendant tout « d'un futur inapparent et espérable », même s'il y connaît encore des instants vides, qu'il tente de combler par des lectures de Jarry, Apollinaire, René Boylesves, Francis Jammes, Jules Laforgue, René Ghil, Paul Fort, Pierre Louys et bien sûr les maîtres : Baudelaire, Mallarmé et Valéry.

Il y retrouve un condisciple de Chaptal, Henri Gunsberg, un révolté permanent, et noue amitié avec un étudiant en pharmacie, André Paris. Les lettres qu'il lui adresse jusqu'en 1920 témoignent d'une affection confiante. Fraenkel sera lui aussi détaché dans les hôpitaux de Nantes en décembre. A la fin de l'été sa cousine Madeleine Le Gouguès, dite Manon, rejoint Breton. Il a avec elle une « aventure sentimentale terrible ». En septembre 1913, il avait composé pour elle un éventail poétique inspiré de Mallarmé. Piquante brune de dix-sept ans aux yeux langoureux, envers laquelle il éprouve, depuis l'adolescence, un sentiment complexe où l'attrait sensuel se double d'admiration pour son indépendance et ses initiatives, Manon était fort délurée pour son âge et pour l'époque! Son père ayant dirigé les hôpitaux militaires d'Algérie puis de Tunisie avant d'être détaché auprès de l'armée belge puis de prendre le commandement de l'hôpital Ambroise-Paré à Rennes, elle avait connu bien des pays et bénéficié d'une grande liberté.

Ne pouvant le recevoir chez elle, elle imagine de lui faire prendre une chambre voisine de la sienne à l'hôtel. Ils passent la soirée à se contempler romantiquement d'un balcon à l'autre, éprouvant les émotions les plus rares. Au matin, le jeune homme se garde d'enfreindre la défense fragile d'une voilette, de sorte qu'elle en est d'autant plus amoureuse. Il feint de nier la puissance de son charme et met en évidence sa faiblesse. Le dimanche suivant, il couche avec elle. Nuit d'amour décevante : il ne l'aime plus. Son désir épuisé, il s'interroge sur la véritable nature de ses sentiments, préférant la contemplation chaste de la beauté, un absolu platonisme. Une profonde mélancolie le gagne ensuite, mais il soutient à André Paris ne ressentir aucun chagrin de cette liaison soudainement brisée. Le souvenir s'en est-il estompé aussi vite qu'il le dit? Le 17 juillet 1918, ayant pourtant toute latitude de poursuivre ses études à Paris, il viendra prendre ses inscriptions à l'École de médecine de Nantes. Sur le registre, de sa main il portera cette date de naissance : 18 février 1896!

A deux ans près, celle de Manon! Hommage tout personnel rendu, sur les lieux mêmes, à un premier amour? Par la suite, Breton restera fidèle à cette date – hormis dans les actes officiels.

## *La compagnie des poètes*

« Les poètes contemporains nous prêtent mystiquement compagnie », écrivait Breton à André Paris en lui faisant confidence de cette aventure sentimentale. Ils l'aident à dominer, d'une tête au moins, le mouvement moutonnier de ses camarades, et à respirer un air plus pur. Affranchi des sujétions militaires – on le considère comme interne en médecine et il essaie de se spécialiser en neurologie – il bénéficie, à l'hôpital, d'une chambre pour lui seul, qu'il décore de reproductions de Gauguin, Toulouse-Lautrec, Matisse et Van Dongen. Il reprend goût à l'écriture et compose un poème, *Décembre*, où, pour la première fois investi par Rimbaud, paraît le thème héroïque :

*Ce soir, j'envie aux preux de Bouvines la guerre*
*Indulgente à raison de pape.*
*Fantassin*
*Là-bas, conscrit du sol et de la hampe, y être!*

Il le soumet simultanément à Valéry et Apollinaire. Valéry y décèle les symptômes d'une transformation à venir, qui fera échapper son disciple à son influence. Un sonnet, resté inédit, *A vous seule* suscite ce diagnostic : « Quand le Rimbaud, le Mallarmé, inconciliables, se tâtent dans un poète », vous êtes à l'état critique. En effet, une lettre à Fraenkel, en permission à Paris, tout imprégnée de la « lettre au voyant », commente le processus de transformation par lequel une intrigue sentimentale banale se trouve magnifiée. Peut-être fait-il ainsi écho à la rencontre d'Annie Padiou, une jeune Nantaise qui l'aborda un soir de pluie pour lui réciter *le Dormeur du val*. A minuit, il l'embrassait dans le jardin public, sous l'égide d'une statue de Vénus. Mais il ne l'aimait pas et, le lendemain, regrettait son attitude. Qu'aurait fait Rimbaud en pareille circonstance? Breton présenta Annie à l'ami Fraenkel. Il s'ensuivit un amusant marivaudage relaté plus tard par Georges Gabory, qui fut un temps le secrétaire de Gaston Gallimard : « L'ami poursuivait Annie, Annie le poète, le poète son ombre. Aucun d'eux n'atteignit son but. »

Breton ne cherche que le reflet de Paris, du bal Bullier, de la Closerie des Lilas, du Moulin-Rouge. Ses permissions dans la capitale, en tenue bleu horizon avec ses bandes molletières et un calot trop petit pour lui sont, en vérité, consacrées à la peinture et à la littérature. Rue de l'Odéon, il découvre la librairie « Aux amis des livres » qu'Adrienne Monnier avait ouverte l'automne précédent. Elle lui trouve le visage archangélique de ceux qui ne sourient jamais : « Nous eûmes tout de suite de grandes conversations. Je crois bien que nous ne fûmes jamais d'accord. Même sur les sujets où nous aurions pu nous entendre : Novalis, Rimbaud, l'occultisme... il avait de vues exclusives qui me dépaysaient tout à fait. Il était beaucoup plus " avancé " que moi. Je lui paraissais certainement réactionnaire... »

Il vit encore dans le culte de Mallarmé, entretenu par sa fille Geneviève et son gendre, le Dr Bonniot, aide-major dans le même hôpital de Nantes, chez qui il passe de délicieuses soirées. Grâce à eux, il a pu lire le manuscrit d'*Igitur*, encore inconnu du public.

Cependant, un autre domine. « J'ai subi avec une exaltation folle l'influence de Rimbaud », écrit-il à André Paris, une fois la crise passée. S'il était encore vivant, il aurait tout fait pour le rencontrer. Et dans sa promenade qui le mène chaque jour à l'admirable parc de Procé, dans un véritable état second, les sites des *Illuminations* viennent se substituer au pont de bois, à la maison de garde, au cours d'eau bordant le jardin. Son premier poème en prose, *Age* (significativement daté du jour anniversaire de ses vingt ans) témoigne de ce total investissement : « Aube, adieu ! Je sors du bois hanté ; j'affronte les routes... » Il le dédie à Léon-Paul Fargue dont il avait apprécié *Tancrède* :

« L'heure que j'ai choisie pour lire *Tancrède* n'a su gâter mes joies.

« Ailleurs encore j'ai trop aimé ces vers qui donnent leur fièvre ainsi, comme un bienfait. A vous écrire tant m'encourageaient de voix amies que je cédai : voici l'intention du poème : accueillez-la.

« Outre une correspondance et au hasard de permissions l'entretien avec Paul Valéry, Apollinaire ou Jean Royère et jusqu'aux après-dîner chez Mme Bonniot, tout m'entretient délicieusement de vous... » lui écrit-il le 19 avril.

Le diagnostic de Valéry est toujours ausi ferme : l'illumination le gagne, la maladie ne peut être arrêtée, mais elle ne laissera pas de lésions profondes chez un sujet jeune.

Breton ne cesse d'interroger ses aînés : que choisir, du raffinement mallarméen ou de la banalité prônée par Rimbaud? Valéry prescrit de se purger de tels mots. Apollinaire assure : « Il faut être naturel et ne pas avoir peur des fantômes, ni des choses simples. » En correspondance avec lui depuis décembre 1915, Breton va le visiter à la villa Molière, au lendemain de sa trépanation, le 10 mai 1916. Il le trouve triste et faible, émouvant quand il tente de parler de poésie, de dégager les voies de l'avenir, en dépit de l'hémiplégie qui l'empêche de tenir une plume. Quant à Valéry, qu'il voit au cours de la même permission, il éreinte gentiment, douloureusement, le poète d'*Aube*, pour le guérir de son obsession.

Partagé entre le scepticisme narquois de Valéry et l'ardeur poétique d'Apollinaire, Breton devra trouver seul, sa propre voie. Un personnage va contribuer à l'affranchir. Étrangement, Breton ne remarque la présence de Jacques Vaché dans un lit de l'hôpital de la rue du Bocage qu'au début mars. Mais c'est alors, selon les témoins, comme s'ils s'étaient connus depuis toujours, tant ils apparaissent complices. Né à Lorient le 7 septembre 1895, mobilisé en décembre 1914, Vaché est atteint d'un éclat d'obus au mollet le 25 décembre 1915, en Champagne, et ramené sur Nantes où se trouve sa famille. Immobilisé par sa blessure, Vaché passe son temps à peindre des cartes postales et à croquer des dessins de mode masculine. Avec l'interne en neurologie qu'est Breton, il sourit du major Ronchonot qui se promet de guérir ses patients en huit jours par la suralimentation. Ils s'entretiennent de poésie et de peinture : il a été l'élève à Paris en 1914 de Luc Olivier Merson, le célèbre graveur de timbres à La Semeuse. S'il admire Jarry, il déteste Rimbaud, ignore presque Apollinaire, et se méfie du cubisme. Breton guette sur son visage l'effet d'*Éloges* de Saint-John Perse, qu'il lui lit à haute voix. Il le juge « avare de confidences sur sa vie passée ». Pourtant, leur correspondance ultérieure fait état des « Sârs et des Mîmes », c'est-à-dire du groupe constitué par quelques élèves du grand lycée à Nantes avant la guerre. Ils avaient publié un journal polycopié à vingt-cinq exemplaires, *En route, mauvaise troupe*, dont la diffusion fut aussitôt interrompue par les autorités académiques, sous prétexte qu'il faisait l'éloge de l'anarchisme et sapait la défense nationale en attaquant la loi de trois ans. Plus spécifiquement littéraire, *Le Canard sauvage*, dont le titre rappelait un célèbre journal satirique du début du siècle, eut une longévité extraordinaire de quatre numéros. Sous divers pseudonymes (Jacques d'O, Le Petit Monsieur Cocose, Tristan Hilar), Vaché y avait donné des poèmes et des comptes rendus fort sincères, dont un éloge très conformiste de *l'Annonce faite à Marie*. Une hiérarchie, inspirée des Rose-Croix ésotériques et de Péladan est établie. Au sommet, les Mîmes, « la mystique grandeur du silence qui s'exprime », dit Vaché, puis les Sârs, tel Claudel, les sous-hommes, comme Tor-Hugo, plus bas, les « surhommes », les « sous-offs » et, tout en bas, les « générals ». Les femmes sont elles aussi classées, mais le plus souvent indifférenciées dans la catégorie « mes sœurs les respectées putains ». Vaché n'a pu que transmettre la sympathique euphorie des Sârs au « pohète » et à Fraenkel, qu'il appelle « le peuple polonais ».

Breton, recevant des lettres signées J.T.H. ou Jacques Tristan Hilar, ne pouvait ignorer ce code antérieur et la geste des potaches nantais défrayant la chronique locale par leurs attaques contre le bourgeois et ses institutions : État, Armée, Religion. Peut-être même avait-il eu le privilège de lire des fragments du roman-feuilleton *Fleur de pianola*, insidieusement déconstruit, de son nouvel ami.

Vaché se montre à la hauteur de son modèle, Alfred Jarry, et il incarne une pataphysique active. Sanglé dans des uniformes aussi variés que fantaisistes, il promène sa coiffure flamboyante, son monocle et ses taches de son dans le passage Pommeraye. Militaire en convalescence, il décharge du charbon sur la Loire, dépensant ensuite ses gains, et au-delà, dans les bouges du quai de La Fosse, entraînant Breton qu'il présente comme le poète André Salmon, toujours pour mystifier le bourgeois. Ensemble ils vont au cinéma, voir qui ? *les Vampires* ou encore les bandes comiques de Mack Sennett, les premiers Charlot, certains Picratt. Le dimanche après-midi, ils entrent dans les salles obscures, sans même s'enquérir de ce qu'on y joue, ressortant à la première approche de l'ennui. Parfois, ils apportent de quoi déjeuner, se passant tour à tour le fromage et le vin, discutant à haute voix, comme à table, au grand effroi des autres spectateurs. Le soir, ils s'offrent de fins dîners à La Cigale. « Nous fûmes ces gais terroristes, sentimentaux à peine plus qu'il était de raison, des garnements qui promettent », relate Breton en magnifiant cette époque. A ce moment-là de la guerre, plus question d'écrire ni de penser. Il fallait d'abord se saouler de vie, pour noyer l'angoisse. Vaché l'affranchi lui aura appris cela.

Il lui aura aussi enseigné l'indifférence, comme il sied à un dandy, se donnant le plaisir d'étonner sans jamais avoir l'air surpris. Ainsi prétend-il vivre avec une jeune femme, Louise, dont il tolère la présence muette à l'heure du thé, qui partage son lit mais certainement pas son cœur. « Si nous nous mettons à genoux devant la femme – dit-il – c'est pour lacer son soulier. » Ses paralogismes, ses jeux de mots transforment le réel quotidien. Il crée un autre possible, dont il est le maître absolu : « Le feu du rasoir se communique à deux ou trois chambrettes en forme d'œuf dans un nid », écrit-il.

On imagine l'effet de ces facéties, de ces masques, sur cet ami dont il plaisante les velléités artistiques, cassant ses admirations modernistes : « Il a déjoué en moi ce complot de forces obscures qui mène à se croire quelque chose d'aussi absurde qu'une vocation », confessera Breton.

Aussi excitants fussent-ils, en cette période sinistre, leurs rapports n'excédèrent pas deux mois. En mai, Vaché retournait au front comme interprète auprès des troupes britanniques. Ils se revirent à deux ou trois reprises à Paris, lors de brèves permissions, et s'écrivirent à de longs intervalles (il faut deux missives pressantes de Vaché pour que Breton renoue le contact à l'automne). Cette amitié joyeuse est sans commune mesure avec le retentissement affectif qu'elle eut, par la suite, dans le devenir de Breton. Sur le moment, la froide ironie de Vaché, son flegme apparent, son indifférence à toutes choses n'allèrent pas jusqu'à éliminer totalement la tentation poétique chez lui. Témoin *Façon*, ce poème tout en ruptures savantes jouant avec l'alexandrin, auquel il accordera suffisamment d'importance pour le placer au seuil de son premier recueil poétique. Il y paraît l'influence exaltante et brisante à la fois d'une silhouette féminine, dont nous ne connaissons que le prénom. Avec elle, Breton pense réaliser son rêve d'enfance : partir le long d'une allée de peupliers sans fin. Il écrit à André Paris : « J'aime quasi une jeune fille délicieuse nommée Alice, inquiétante et fine, qui conduit en laisse un très beau chien, est brune, mystérieuse et tendre. Elle ne sait rien de moi ni moi rien d'elle, hors des formes que nous avons prises pour nous plaire et du goût des baisers, du vertige d'être ensemble... » Les jours de fête, ils vont dans les auberges de Trentemoult, aux « salles irrespirables de bouquets de throène, avec de méchantes pendules et aux murs d'absurdes papiers », se promènent le long des plages fouettées par le vent froid. Pour elle, il confectionne des bouquets de fleurs champêtres et se passionne de journaux de mode. « La belle, belle vie ! qu'on vive, ô quelle délicate merveille ! », écrit-il alors à Fraenkel.

Mais par un mouvement ambivalent qui lui est désormais coutumier, désir et crainte de s'abîmer dans une passion qu'il ne contrôlerait plus, besoin de connaître de nouvelles expériences, ambition d'échapper à l'emprise obsédante de Rimbaud, il demande à être affecté ailleurs, laissant à d'autres le soin de décider de sa vie. Il ne quittera pas Alice sans déchirement. D'autres poèmes (*l'An suave, Coqs de bruyère*) laisseront entrevoir sa trace amère. Elle lui enverra des signes qui ne cesseront de l'émouvoir. Deux ans après cette brutale séparation, dans la région de Moret-sur-Loing où se trouve son régiment, Breton s'attarde un soir à cueillir des fleurs des champs, capucines et coquelicots, et revoit « la dame qui fut Façon », selon l'expression de Fraenkel.

## *Le ciel étoilé*

L'offensive allemande sur Verdun a été stoppée le 11 juillet 1916, laissant sur le terrain huit cent mille morts de part et d'autre, sans compter les blessés, commotionnés, estropiés de toutes sortes ! Toujours en proie à la même indécision. Breton se fait une règle de voir le monde comme Apollinaire, dont il admire un optimisme qu'il a, quant à lui, bien du mal à partager. « Je suis conquis par l'espoir du front, vu aux lueurs des tirs de G. Apollinaire ou à la faveur du feu d'artifice de sa *Nuit d'avril*, écrit-il à Paul Valéry le 24 juillet, en lui adressant ce distique :

*Chaumont : ses bâches, – d'une Aulis*
*Ayant peu, – sèvrent nos lis.*

Assurément, la préfecture de la Haute-Marne, où il fait étape pour attraper une automobile chirurgicale, n'a rien du port de Béotie où se réunit la flotte des Grecs avant leur départ pour Troie! Il juge la ville atroce, lit du Musset par dépit et déplore la tristesse des jardins, des vitrines, des toilettes, qui, avec les corvées obligatoires, achèvent de réprimer sa révolte nantaise.

Deux semaines passent. Breton est au centre de neurologie, installé dans le collège de Saint-Dizier, où il assure les fonctions d'interne provisoire, ce qui répond bien à son désir.

Le centre, où il restera quatre mois, est dirigé par le Dr Raoul Leroy, dans le civil médecin-chef de l'asile d'aliénés du département de la Seine, à Ville-Évrard. Breton admire cet ancien assistant de Charcot, avec ses allures vieille France, ses jurons et sa clairvoyance. Celui-ci le lui rend bien. Il s'entretient chaque soir avec son interne des patients reçus en première main, auxquels celui-ci demande de dire à quoi ils rêvent la nuit, avec qui la France est en guerre, etc. Le rôle du jeune homme est des plus importants puisque, outre le traitement des troubles mentaux, il doit établir un rapport médico-légal qui, selon les cas, donnera lieu à une réforme définitive ou temporaire, avec ou sans pension, et pourra même servir aux soldats passibles du Conseil de guerre. Les instructions sont alors formelles : pour le moral des combattants, il faut évacuer au plus vite cette nouvelle catégorie d'indisponibles que sont les commotionnés, sans permettre aux simulateurs de triompher. Le Dr Leroy l'entraîne à poser un diagnostic, lui prête des livres de psychiatrie. Outre les classiques de l'époque, Breton « s'éprend de certaines intelligences : Charcot, Freud, Kraepelin », confie-t-il à Valéry.

Leroy lui relate ses expériences avec Charcot, le Napoléon de la psychiatrie. Selon lui, les hystériques de la Salpêtrière, sur lesquelles ce dernier avait bâti sa réputation mondaine, « se foutaient de lui ». Breton n'en croit rien ! Il prend connaissance des théories de Freud (alors inédit en français) dans le *Précis de psychiatrie* de Régis et Hesnard (1914) dont il recopie des passages entiers à l'intention de Fraenkel, comme l'indique Marguerite Bonnet. Il est particulièrement sensible à tout ce qui traite du transfert, de la sublimation, des associations mentales qui font du sujet un simple appareil enregistreur, tandis que l'observateur a pour rôle de dégager les éléments qui mettront sur la voie « du complexe pathogène initial ». Au médecin de la marine Angelo Hesnard, seul auteur du chapitre traitant de la « psychoanalyse », qu'à maints égards on peut tenir pour l'introducteur des théories freudiennes en France, il dédicacera par la suite *le Manifeste du surréalisme* puis *Nadja* avec ces mots : « Au Dr Hesnard qui, presque seul en France, promène une lampe non éteinte dans les châteaux en ruine de l'esprit, respectueux hommages. »

Dans le même ordre de préoccupations, il s'informe des vues de Kraepelin dans l'ouvrage de Constanza Pascal sur *la Démence précoce* (1911), dont il recopie tout un passage sur la différence entre les troubles d'association d'idées chez les psychopathes et les poètes, faisant entrevoir à Apollinaire tout le bénéfice qu'il y aurait à soumettre la production artistique à une telle méthode.

Cherchant à élucider sa propre personnalité, il s'applique à lui-même la description clinique du « désharmonique » et de la cyclothymie, selon les manuels classiques de psychiatrie, qui rendent assez bien compte de ses tendances, de ses contradictions, de ses alternances d'enthousiasme et de désespoir.

Il s'émerveille des ravissantes aquarelles des fous. Il est particulièrement ému par un soldat d'une bravoure démente, qu'il a fallu ramener de force de la ligne de feu où il prétendait commander aux obus. Ce « sujet » (c'est le titre du monologue délirant qu'il a noté, et qu'il publiera par la suite), nominaliste absolu, prend le « théâtre des opérations » pour une véritable mise en scène où les blessés et les morts ne sont que des figurants.

Breton songe alors à Jacques Vaché, qui lui a écrit pour lui raconter diverses mystifications auxquelles il se livre dans son régiment, se faisant successivement passer pour « un littérateur couronné, un dessinateur pornographe connu et un peintre cubiste scandaleux », imaginant qu'il est dans l'armée allemande. Intéressé par ses études de cas, il l'a interrogé : « Vos illuminés ont-ils le droit d'écrire ? – je correspondrais bien avec un persécuté ou un " catatonique " quelconque. »

A de tels processus niant la réalité, Breton voudrait pouvoir confronter les thèses de Fichte et de Hegel ! Il en conclut à l'inanité de la poésie, à laquelle il renonce, se sentant de réelles compétences en médecine, et peut-être même de l'ambition. C'est du moins le sentiment dont il fait part à ses correspondants. Mais il demeure partagé, incapable de donner le moindre éclaircissement sur lui-même. Aliéniste ou poète ? « Je laisse fermenter en mon esprit des penchants contradictoires et je me désintéresse passablement du match », écrit-il à André Paris, prévoyant un arbitrage par les faits.

Saint-Dizier l'invite aux promenades le long de la Marne. Devant le kiosque à musique, il songe au Charleville de Rimbaud. D'une part, quand il mesure la déchéance et la détresse des malades, il ne trouve plus sacré le désordre de l'esprit, comme le clamait le poète des *Illuminations* ; mais d'autre part, son activité n'est pas satisfaite à cause de la routine du service où il n'apprend plus rien, à cause d'un profond sentiment d'impuissance et, certains soirs, de solitude affreuse. Plutôt que de choisir entre ces deux voies, la véritable solution serait de les rapprocher, de les amener à n'en faire qu'une. Que les poètes s'intéressent à certaines techniques psychiatriques, aux récits de rêve, aux associations mentales. C'est ce qu'il suggère tour à tour à Valéry et Apollinaire, sans grand succès. Il en parle au premier, au cours d'une permission parisienne du 12 au 19 novembre – tandis que le second lui reproche amicalement de n'être pas venu le voir.

A son retour, en dépit des protestations du Dr Leroy, il est directement envoyé au front, dans un groupe de brancardiers divisionnaires qui participe à l'offensive de la Meuse pour regagner le terrain perdu en été. Les effectifs de médecins ont tellement fondu que le service de santé doit maintenant faire appel aux plus jeunes étudiants en médecine, souvent sans aucune expérience. En raison des risques encourus, les brancardiers ne peuvent intervenir que de nuit, partant à la recherche des blessés, sans lumière pour se guider au milieu d'un terrain bouleversé par les projectiles.

Breton est donc en première ligne, dans le froid et la boue, surpris, comme l'ont été tous les écrivains qui ont relaté leur expérience de la guerre, par la blancheur crayeuse de la terre. Durant dix jours, il campe dans une cave parmi les ruines, faisant le tri des blessés à la lumière d'une lampe à acétylène. Les fusées éclairantes détachent, un instant, la silhouette des troncs d'arbre fracassés, et c'est à nouveau la nuit.

Au repos à cinq cents mètres du feu, il écrit deux poèmes qu'il veut apollinariens et qui ne sont que de dérision : « Je m'éclaire aux lampes d'Aladin... » Pour Valéry il commente, fin décembre : « Je ne sais pas combien les impressions ressenties là peuvent être estimées. Il me semble à présent avoir éprouvé quelques heures de vertige assez agréable. Ainsi par exemple advient-il de ce beau minuit où j'ai traîné jusqu'à la péniche d'évacuation, sous le bombardement, à plusieurs kilomètres, “ la chignole ” porte-brancard – dans l'argot de mes compagnons. Je compare cela à la volupté de nager, de galoper. La muse d'Apollinaire un certain temps me soutenait. »

C'est dans de telles conditions qu'il passe la fin de l'année, à récapituler les égarements des sens et de l'esprit qui l'ont secoué depuis Nantes, bien décidé désormais à se frayer une voie par lui-même dans une existence chaque jour menacée. S'il n'est pas un motif suffisant pour se transformer en chantre épique, le vertige du front lui a fait connaître des émotions nouvelles, une expérience vitale, un dépassement de son être dont la poésie à venir devra tenir le plus grand compte. De même qu'elle gagnera à se rapprocher de la science et singulièrement de la psychologie des profondeurs.

## CHAPITRE III

# « *L'idée moderne de la vie* »
(janvier 1917-septembre 1918)

### *L'année terrible*

Pour l'Europe en guerre, 1917 est l'année la plus sombre. Les armées sont enterrées dans les tranchées. L'hiver est des plus froids. Le typhus se répand. En février, la révolution met la Russie hors d'état de poursuivre le combat. L'entrée en guerre officielle des États-Unis ne compense pas cette défection à l'Est : leurs troupes ne seront opérationnelles qu'au bout d'un an. Jacques Vaché observera alors avec flegme un officier américain qui apprend la guerre, mâche de la « gum », et l'amuse parfois. En dépit d'une utilisation massive des chars – « cet animal bien ubique, mais sans joie » selon Vaché – l'offensive alliée en Artois et en Champagne se traduit par des pertes considérables. Le moral des troupes est au plus bas. Quelques tentatives de rébellion sont durement réprimées : mais l'opinion publique n'en saura rien, grâce à l'efficacité de la censure.

Au terme d'une permission, le 8 janvier 1917, Breton a la chance de se faire affecter à la 22$^{e}$ section d'infirmiers militaires du groupement médical de Paris, pour suivre des cours au Val-de-Grâce. Une formation accélérée et adaptée aux conditions spécifiques de l'intervention médicale sur les champs de bataille doit le conduire au brevet de médecin auxiliaire. Tous les après-midi, il se morfond dans les cours les plus intérieures de cet ancien bâtiment conventuel fondé par Anne d'Autriche, devenu hôpital militaire depuis la Révolution.

A la fin du mois, il est attaché comme externe au Centre neurologique de la Pitié, dans le service du Dr Babinski, qu'il assiste de longues heures et dont il gardera un bon souvenir. Pour lui, l'illustre neurologue a révolutionné la médecine nerveuse au même titre que Freud la psychiatrie. Fasciné, il observe ce bon géant, inventeur du réflexe cutané plantaire pour détecter l'hémiplégie qui porte son nom, manipuler ses patients dans tous les sens, sans raison apparente, jusqu'à découvrir une cause inattendue. Une telle « fièvre sacrée » dans l'investigation lui sera un exemple pour la suite. De son côté Joseph Babinski voit en Breton un tel disciple qu'il lui dédicace son ouvrage sur *les Troubles nerveux d'ordre réflexe en neurologie de guerre* lorsqu'il paraît cette année-là, en lui prédisant un grand avenir médical.

L'activité neurologique de Breton à la Pitié est entravée par la maladie qui le tient alité dans le même établissement, service du Dr Arron, du 20 février au 10 août. Grippe maligne, affection virale? On diagnostique d'abord une crise d'appendicite, impliquant quarante jours de repos. A peine convalescent, il court l'après-midi du 4 avril chez Apollinaire « par un temps impossible et, pour une première sortie, rester plus d'une heure à genoux en train d'exhumer de merveilleuses gravures, me redonne la fièvre », confie-t-il à André Paris. Il traîne une fièvre suspecte qui motive une intervention, le 26 avril. Alors qu'il rêvait de parcourir les expositions de peinture, trois semaines après cette laborieuse intervention il est toujours alité et fiévreux. « Rien de menaçant, que la mélancolie de blanche station, et du malade égoïste : je suis bien incapable d'écrire, vous en jugez... », déclare-t-il à A. Paris. Complications médicales, erreur de traitement; il ne sera véritablement rétabli qu'au bout de trois mois. Le repos forcé, l'isolement l'incitent à reprendre contact avec ses amis et les écrivains qu'il ne cesse d'admirer.

Entre deux alitements complets, il soumet, presque simultanément, à Apollinaire et à Valéry, son dernier poème, *André Derain* – le seul qu'il écrira en 1917 – transposition d'art, équivalent poétique d'une reproduction dont il ne se sépare pas. Cette pièce d'inspiration rimbaldienne achevée le 23 mars, suscite ce commentaire de Valéry : « Le parti pris de toujours briser, esquiver la musique ou la déjouer m'étonne toujours aussi comme une contradiction... » Il y voit une spécialisation du travail poétique, de la même façon que la médecine se diversifie. Du coup, Breton en suspend la publication prévue en mai dans *Nord-Sud*, la revue que Pierre Reverdy vient de fonder pour rassembler les jeunes poètes autour d'Apollinaire ! Cloué au lit, à deux jours de son opération, il ne peut assister à la lecture que Léon-Paul Fargue donne de *la Jeune Parque* dont, l'été précédent, Valéry l'informait à demi-mot en se comparant aux rhéteurs d'autrefois « qui mastiquaient des hexamètres dans un coin » tandis que se déchaînaient les hordes d'Attila. Au cours de sa permission, à l'automne, il avait pris connaissance du manuscrit intégral. Sa réaction est mitigée. A Fraenkel, il confie tout bas qu'il y manque une certaine clarté de vie (celle qui, justement, s'exalte alors chez Apollinaire) et tranche : « Il y a donc abdication. Monsieur Teste fut un fantoche [...] musique autour d'un tombeau, camaïeu gris. » C'est aussi le jugement dont Adrienne Monnier se souvient : « C'est transparent et c'est gris » – impression qu'elle est évidemment loin de partager lorsque le poème paraît en avril. Ayant eu tout loisir pour lire l'exemplaire que Valéry lui a dédicacé, Breton lui écrit pourtant d'enthousiasme : « Que j'ai aimé votre *Jeune Parque* ! Je ne me lasse point de la relire et c'est un enchantement sans fin, auquel je suis voué pour bien des ans. Cette poésie a les traits miraculeux de l'éternel... » Du même mouvement, il incite vivement André Paris à s'en procurer un exemplaire : « L'admirable poème de Paul Valéry, *la Jeune Parque*, vient seulement de paraître. Vous l'aimerez, je crois, infiniment. » On ne saurait être plus laudatif !

Ce jugement ambivalent provient d'une divergence des deux poètes sur la signification qu'il convient de donner au « sens moderne ». Un an après, il s'étonnera du commentaire qu'en donne Jean Paulhan : « Vous serrez le sens total du poème quand je fais encore, moi, le jeu de ses mots. » Hanté par l'idée de modernité, il ne sait pas encore quelle forme elle doit prendre. Mais il doute, et c'est là le début de son émancipation. Apollinaire, par ses curiosités littéraires et esthétiques, par son comportement, par ses audaces, lui paraît plus près de la vérité.

Cela explique certainement le moindre élan qu'il met à rencontrer Valéry. Il n'en est pas encore à qualifier d'injustifiable cet exercice de versification, ni à parler de trahison comme il fera dans ses *Entretiens*. En juillet, il va écouter Valéry louer les mérites d'un politicien-poète, André Lebey, dans le salon de M^me^ Aurel, l'une de ces égéries proustiennes qui font – et défont – les réputations. Ainsi le maître galvaude-t-il son talent en représentations mondaines! Breton se méfie du trop grand pouvoir qu'il exerce sur lui lorsqu'ils se rencontrent, de sa dialectique infaillible qui le détourne de sa propre quête.

## *Le cortège d'Apollinaire*

Insensiblement, son admiration et sa confiance se reportent sur Apollinaire. Leur correspondance se poursuit. Il s'est procuré un exemplaire d'*Alcools*, dont il connaissait déjà presque tous les poèmes, jugeant *Le Musicien de Saint-Merry* supérieur à *Salomé*, puis les contes de *l'Hérésiarque et Cie*, les méditations esthétiques des *Peintres cubistes* et l'admirable *Poète assassiné*, avec « ses grands bariolages, son merveilleux sens moderne ». Entraîné par ce recueil lyrique, il a remis sur le chantier une étude consacrée à Marie Laurencin, entreprise neuf mois auparavant, qu'il soumet au poète. Celle qu'il identifie d'emblée à Tristouse Ballerinette, la muse cruelle, est cause de ses émerveillements. Il aime ses silhouettes féminines aux longs bras, le décor moderne de ses tableaux, son art fugitif et fragile, « déjeuner de soleil en banlieue ». Il lui a d'ailleurs dédié un poème et en a consacré un autre à son chien, *Coquito*. De Barcelone où elle s'est réfugiée avec son mari, un peintre allemand expulsé, elle l'a inondé de lettres incohérentes et très féminines, le remerciant par un dessin, et jusqu'à la fin de la guerre il lui conservera une affectueuse admiration.

Apollinaire est assez flatté que son talent de découvreur – puisqu'il a été le premier à parler du peintre Marie Laurencin – soit ainsi célébré. Il aime bien être consulté par les jeunes, et Breton ne pouvait pas lui faire plus plaisir qu'en lui demandant son sentiment sur le poème *André Derain* et en sollicitant son aval pour le publier dans *Nord-Sud*. Par retour du courrier, il l'approuve chaleureusement, lui donne l'adresse parisienne de Derain et lui demande un assez long article général sur lui-même, qui pourrait paraître au *Mercure de France* à l'occasion de la publication de *Calligrammes*, dont il se propose de lui faire tenir des épreuves, en même temps qu'il lui communiquera ses recueils plus rares, *l'Enchanteur pourrissant* et *le Bestiaire* : « Je ne connais personne qui puisse aussi bien parler de ce que j'ai fait que vous », lui écrit-il. Ce n'est point flatterie mais preuve d'une mutuelle confiance. Breton apprécie en effet ses plus récents poèmes publiés dans *SIC*, il connaît sa démarche poétique, il a compris sa volonté de transmutation du réel, et il a voulu s'en inspirer dans ses heures de désespoir. En outre, il est le mieux informé de ses goûts simples et naturels, de ses lectures hétéroclites, de son appréciation de Rimbaud qui a pressenti les choses modernes. Son jeune disciple ne l'a-t-il pas inlassablement interrogé sur l'art à venir quand tous seront revenus « plus nobles après la guerre », comme il le prétend? Adrienne Monnier a observé Apollinaire dans sa boutique, devisant familièrement tandis que Breton, adossé au mur, « le regard fixe et panique » voyait, au-delà de sa personne, « l'Invisible, le dieu noir dont il fallait recevoir l'ordre ».

Touché d'une telle marque d'estime, Breton accepte d'emblée et se met à la tâche. Son article sur Apollinaire est prêt à la mi-mai, et reporté, sans doute en raison des tervigersations du *Mercure*. Finalement, il l'enverra dix mois après à L'*Éventail*, une revue suisse où le bon Guillaume tenait à figurer en bonne place, avec des poèmes de guerre, en ces temps de belligérance. Il paraîtra trois semaines avant sa mort. C'est ici le personnage légendaire « tel qu'il apparût à [ses] vingt ans » qu'évoque Breton, montrant comment il réinventa la poésie par la surprise et l'érotisme. Mais, en mars 1917, Breton est loin de pouvoir formuler clairement ses critiques. Apollinaire, encore en traitement à l'Hôpital italien, le reçoit dans son pigeonnier, au 202, boulevard Saint-Germain, parmi ses fétiches d'Océanie et de Guinée, au milieu de ses tableaux de Picasso, Larionov, De Chirico. Tout en parlant, il compose ses poèmes, piquant goulûment çà et là des mots sur la feuille. Ou bien il le laisse seul, après lui avoir mis entre les mains une de ces revues nouvelles qu'on lui envoie de toutes parts, ou encore la *Justine* de Sade, *Monsieur Nicolas* de Réstif.

A partir d'avril, l'enchanteur rassemble ses amis le mardi vers six heures au café de Flore. Sa volumineuse silhouette, la tête bandée, ne manque pas d'attirer les regards. Très entouré, « la gloire lui vient », dit Breton à Paris. Pour sa part, il préfère, dès que sa santé le lui permet, se promener avec lui le long des quais de la Seine, fureter dans les boîtes de bouquinistes à la recherche d'un *Fantômas* ou d'un *Naz-en-l'air.*

Le 24 juin, il assiste à la représentation tumultueuse des *Mamelles de Tirésias* rue de l'Orient à Montmartre. Le spectacle avait commencé avec une heure de retard. Au début du deuxième acte, un officier anglais excité, revolver au poing, menaçait de tirer sur le public. Il détestait les costumes dits « cubistes », voulait apporter sa contribution à la partition de Germaine Albert-Birot et soupçonnait Apollinaire de « faire de l'art trop sciemment, de rafistoler du romantisme avec du fil téléphonique, et de ne pas savoir les dynamos ». C'était Jacques Vaché, dans son dernier numéro théâtral.

Assez d'accord avec lui, Breton estime que la pièce ne valait pas tout ce tapage. Il a ri de bon cœur, mais n'y a pas vu l'amorce d'une révolution théâtrale, comme le prétendaient certains admirateurs d'Apollinaire, et en tout cas pas une réflexion morale sur la natalité. A bien y penser, il la comparera au fameux *Baladin du monde occidental* de J.-M. Synge, qui relève du même humour. Il considère – et ceci est très important pour comprendre son attitude par la suite – avoir contribué plus qu'un autre à l'élaboration du concept « surréaliste » qu'Apollinaire vient d'inventer pour qualifier sa pièce, en riposte à la réaliste *Parade* de Jean Cocteau. « Je puis dire que j'ai collaboré à la préface des *Mamelles* – écrit-il à un ami (Fraenkel?). L'homme, en voulant reproduire le mouvement, crée la roue pleine, sans rapport avec l'appareil des pattes qu'il a vu courir. L'appareil moteur de la locomotive retrouve ce jeu d'articulation dont la pensée de l'inventeur est partie. Le surréalisme comporte cette invention et ce perfectionnement. » Et lorsqu'Apollinaire prononce, le 26 novembre au Vieux-Colombier, sa conférence sur « L'esprit nouveau et les poètes », c'est lui qui se charge d'établir le choix des œuvres destinées à illustrer un propos qu'en vérité il n'approuve qu'à demi. Son illustre aîné a bien pressenti quelque chose en faisant de la surprise le grand ressort nouveau, mais il n'a pas déterminé les formes et le contenu de cette nouveauté, et son insistance à revenir à la tradition classique est parfaitement inopportune. Tout cela est bien irritant, mais, comme pour Valéry, Breton le tait. N'est-ce pas sur son entremise qu'il a, au cours de l'été 1917, publié trois poèmes d'avant la guerre? En effet, Louis de Gonzague-Frick, un charmant condisciple monégasque d'Apollinaire, un peu trop boulevardier, lui a ouvert les pages de la revue *Les Solstices* en même temps que Reverdy le comptait (non sans réticence) parmi les collaborateurs réguliers de *Nord-Sud*.

## *Les trois mousquetaires*

C'est encore par l'intermédiaire d'Apollinaire qu'il a lié amitié avec un poète de sa génération, Philippe Soupault. « Il faut que vous deveniez amis », leur a dit Guillaume en les présentant un soir au Flore. Mince, les cheveux frisés, le regard ardent, ce jeune bourgeois en rupture de famille est la révolte même. Nerveux, d'une sensibilité à fleur de peau, il rêve de départs – tel est d'ailleurs le titre de son premier poème. Il connaît personnellement Cendrars, s'identifie au Barnabooth de Valery Larbaud et surtout communie avec Breton dans son admiration de Rimbaud. Il lui apparaît « comme sa poésie, extrêmement fin, un rien distant, aimable et aéré ». Le frappent son « sens aigu du moderne » et une facilité évidente à saisir l'air du temps, la poésie du moment, qu'il jette sur la feuille blanche sans jamais se reprendre. A son actif, un recueil de poèmes, *Aquarium*, à paraître en septembre 1917, et des inédits, bâtis sur le modèle des *nursery rhymes.* Mobilisé comme lui, il traîne depuis février à l'hôpital auxiliaire du 172 boulevard Raspail une bronchite récurrente.

Enfin rétabli, Breton rejoint le Val-de-Grâce, le 1er septembre, comme interne. Il y reprend la préparation, abandonnée pour cause de maladie, de l'examen ouvrant accès aux fonctions de médecin auxiliaire. Il y loge aussi. C'est là qu'à la fin du mois, au cours d'un chahut opposant la chambrée des anciens (dont il est) à celle des bleus, il reconnaît un habitué de la librairie Les Amis des

Livres, qu'il avait vu lire *Les Soirées de Paris*, la revue qu'Apollinaire publiait avant la guerre. A travers les vitres, leurs regards de connivence se croisent. Tous deux repoussent également ces bagarres de polochons, ces brutalités rituelles, cette grossièreté des hommes dès qu'ils sont rassemblés. La promiscuité des casernes n'est pas leur fort. Comme l'écrit Adrienne Monnier : « Louis Aragon était alors en pleine possession de son prénom et d'une ombre de moustache. C'était bien le plus gentil, le plus sensible garçon qu'on eût su voir. Et le plus intelligent aussi. Avec lui on pouvait s'entendre. Il adorait la poésie sans trop lui demander d'insolite. »

Le lendemain après-midi, à la fin des cours, les deux amis se donnent rendez-vous dans la cour de la chapelle, au pied de la statue de Dominique Larrey. Puis les voici arpentant du haut en bas le boulevard Raspail, sous les arbres du terre-plein central, dans la couleur magique de l'automne commençant. « Nous avions tous les deux très rapidement compris que notre rencontre avait pour l'un et l'autre une importance décisive, comme cela peut être à vingt ans. Je ne puis en reconstituer la conversation désordonnée, où le hasard des phrases et des noms jetés, ouvrant pour nous des perspectives de passion commune, nous découvrait ce fait singulier et merveilleux que désormais nous n'étions plus seuls, l'un et l'autre », écrit Aragon.

Une grande amitié vient de naître, qui les rendra chacun plus fort, plus déterminé et les conduira sur des voies qu'aucun de leurs aînés n'aura explorées.

Aragon juge son nouveau compagnon plus mûr que lui, bien qu'il n'ait que dix-huit mois de plus. Sa forte personnalité, ses relations avec les peintres et les poètes qui lui paraissent inaccessibles le subjuguent. C'est décidé : pendant des années, il sera son fidèle second, son instrument, selon le mot qu'il emploie dans *Anicet*, ce récit à clés où Breton figure sous les traits de Baptiste Ajamais.

Issu d'un milieu bourgeois, ignorant le mystère de sa naissance, Aragon a été élevé par des femmes, ce qui lui donne la passion de séduire. Il est encore loin de se révolter contre une éducation classique, acquise dans les meilleures institutions de Neuilly, maîtrisée avec aisance. Écrivain précoce – à huit ans il a composé une sorte de roman, *Quelle âme divine!* – il a déjà tout lu : Villon, Marot, Balzac, Virgile et Dante, aussi bien que des ouvrages scientifiques et des romans populaires. Verlaine et Laforgue enflent les poches de sa vareuse. Breton et lui se découvrent des goûts communs pour Mallarmé, Jarry, Rimbaud. Pendant plusieurs jours, le matin sur les quais de la Seine, après le café-crème pris ensemble, le soir le long du Boul'Mich', ils se récitent, comme par défi, les poèmes des *Illuminations* qu'ils connaissent par cœur.

Charmé par l'éloquence de son ami, la couleur enfantine de sa voix, ses propos sur l'esthétique commerciale, Breton le décrit à Fraenkel : « Mais vraiment un poète, avec des yeux levés très haut, sans rien dans le geste de contenu, et si mal adapté! Tout à fait jeune, avec une joie peut-être un peu moins terrible que la nôtre. »

Conspirant pour se retrouver dans la même chambrée, aux murs de laquelle ils punaisent des reproductions de Picasso, Braque, Matisse, Chagall et Cézanne – ce qui déclenche plutôt la risée de leurs camarades – ils partagent les tours de garde et mettent tout en commun : leurs préférences, leurs relations, leurs amitiés. « Ils se sentaient voisins par les cent détails qui distinguent une génération de la précédente », écrira Aragon dans *Anicet*, l'année suivante. Avec Soupault, ils formeront le groupe des trois mousquetaires, comme les nommera Valéry, d'Artagnan étant, tour à tour, Vaché ou Fraenkel. Comme l'a fait observer Pierre Daix, dans cette association, c'est Breton qui apporte le plus avec le parrainage d'Apollinaire et de Valéry. Il parle de son légendaire ami Jacques Vaché, glorifiant ses gestes, l'histoire de la douce enfant qu'il a emmenée à Fontenay, la chambre du croque-mort allumeur de becs de gaz, son comportement aux *Mamelles de Tirésias* (qu'Aragon racontera comme s'il l'avait vu), l'apéritif pris au Rat-Mort, où il lui a montré ses esquisses pour Lafcadio, son départ tranquille et charmant sur une poignée de main – en somme tout ce qu'il écrit à Fraenkel depuis qu'ils sont séparés.

Justement, Vaché doit venir en permission le 19 octobre. Breton l'attend avec impatience pour mettre au point un projet de conférence-préface sur l'humour, auquel l'interprète aux armées a consenti deux mois plus tôt. Pressé de définir ce qu'il appelle l'umour (sans h), Vaché a d'abord repris un truisme de Jarry, puis il s'est risqué à un exemple, le réveille-matin, avec cette glose : « Je crois que c'est une sensation – j'allais presque dire un *sens* – aussi – de l'inutilité théâtrale (et sans joie) de tout. *Quand on sait.* » Ensuite, il s'est proposé de produire une série d'aphorismes, en prélude à une pièce dont Breton lui a communiqué la trame, qu'il juge acceptable, en suggérant d'y introduire un type intermédiaire, le tapir d'avant-guerre, un écolier incarnant en quelque sorte tous les traits d'Ubu : superstition, bêtise, égoïsme, cupidité, méchanceté...

Mais ce jour-là, attablé par grand froid à la terrasse d'un café, Vaché n'est pas d'humeur plaisante. Il parle d'avenir, de la volonté nécessaire, de réussite dans l'épicerie, ou bien, éternel voyageur – l'un de ses grands rôles, commente Breton – de disparaître au loin. Brusquement, il s'en va, seul, se promener le long du canal de l'Ourcq. Breton ne peut lui faire connaître son nouvel ami, ni avancer avec lui la composition de la pièce. Cependant, il ne renonce pas à la conférence qu'il pense réaliser avec Pierre Bertin, le futur grand comédien, l'un de ses camarades du Val-de-Grâce, dans le cadre d'une série de causeries que celui-ci organise au théâtre du Vieux-Colombier. Il désire l'illustrer de poèmes d'Aragon, malgré les réserves d'Apollinaire qui leur trouve « un côté fumiste », un « esprit de salle de garde » déplorables. Vaché, quant à lui, se frotte les mains à divers passages des *Soifs de l'Ouest*, ce poème d'Aragon qu'il souhaiterait cependant plus court, et apprécie son article sur le décor au cinéma.

L'âge du cinéma : nulle expression ne caractérise mieux cette génération conjurant par tous les moyens l'image horrible de la guerre, se jetant sur tout ce dont la privaient la discipline militaire et la morale imposée. Pour rendre compte de l'état d'esprit qui les animait, ses camarades et lui, à ce moment-là, Aragon assure le collectionneur Jacques Doucet, en 1922 : « L'idée que toute une génération se fit du monde se forme au cinéma, et c'est un film qui la résume, un feuilleton. Une jeunesse tomba amoureuse de Musidora dans *les Vampires.* »

Autant qu'à ses sentiments personnels, Aragon se réfère au goût de Vaché et de Breton pour ce film d'épouvante et de fantasmagorie en dix épisodes. Breton est allé le 21 juillet voir la vamp dans le spectacle où elle se produisait à Bobino, lui lançant à la fin un bouquet de roses. Le lendemain il lui a écrit : « Quel poète ne s'honorerait aujourd'hui de vous avoir pour interprète? » Symbole moderne de la perversité, moulée dans son collant noir, elle était l'esprit même de la démoralisation, une des composantes du véritable esprit nouveau vers quoi tendaient les poètes. Aragon d'ajouter : « Il y a une idée de la volupté qui nous est propre, et qui nous est venue par ce chemin de lumière, entre les images du meurtre et de l'escroquerie, tandis qu'on crevait ferme d'autre part... »

Musidora est pour ces jeunes gens le désir se détachant noir sur blanc dans les salles obscures. *Maldoror* occasionnera un terrible ébranlement de toutes leurs facultés. Dans l'article « Lautréamont et nous », Aragon a joliment raconté comment, lors de leur première conversation, il s'était étonné que Breton ne prononçât pas le nom de Lautréamont à côté de celui de Rimbaud.

Il est étrange, en effet, que ce nom lui ait échappé, alors qu'il eût pu lire le premier des *Chants de Maldoror* republié au premier trimestre de 1914 par la revue de Paul Fort, *Vers et Prose*, qu'il connaissait et estimait, ou encore jeter un œil sur l'article de Valery Larbaud analysant et citant les *Poésies* d'Isidore Ducasse dans la livraison de *La Phalange* précédant immédiatement celle où paraissaient ses premiers poèmes; ou enfin emprunter l'exemplaire des *Chants* dans l'édition Genonceau qu'Adrienne Monnier avait mis au catalogue des Amis des Livres! Le fait est que, tout imbu de Rimbaud, de Mallarmé et de son cénacle, Breton ne soupçonne pas la grande secousse littéraire qui s'est produite vers la fin du second Empire. Le hasard veut que, peu de temps après cette conversation initiale, Adrienne Monnier solde un stock de ce numéro de *Vers et Prose* où figure le *Premier Chant.* Aragon et Breton l'achètent en totalité pour en distribuer des exemplaires à leurs amis. Puis Aragon relate la manière dont les deux internes occupaient leurs tours de garde à se lire mutuellement les passages les plus ébouriffants de ce livre dans l'exemplaire que Philippe Soupault avait découvert lors d'une sortie.

Au quatrième étage du Val-de-Grâce, où étaient dirigés tous les déments, le « 4e Fiévreux », l'atmosphère était dantesque. Des gendarmes surveillaient le corridor faiblement éclairé par l'imposte d'une double porte lourdement cadenassée. Près de leur table, les internes disposaient les brancards où ils se reposaient durant la nuit. Quatre séries de voix se mêlaient habituellement : les invites obscènes de la salle commune, les gauloiseries des gendarmes tapant la manille, la conversation terre à terre des infirmiers, les cris douloureux des agités, enfermés dans leur cabanon. C'est au cœur d'un tel vacarme, lorsque sifflaient les obus tirés par la Grosse Bertha – ce qui nous reporte en mars-avril 1918 – qu'Aragon nous donne à entendre la voix de Breton lisant le *Cinquième Chant.*

En dépit de la mémoire de diamant du grand Louis et justement en raison des lettres de Breton qu'il cite par la suite, la scène ne s'est peut-être pas produite à ce moment-là telle qu'il l'a décrite. D'abord parce que le seul témoin qu'il allègue, Georges Auric, se récuse. Ensuite parce que c'est seulement en juillet-août 1918, en cantonnement à Moret, que Breton recopie dans ses lettres à Fraenkel et Aragon les passages qu'il préfère de Lautréamont, « beau comme le monde », dans l'exemplaire de Soupault, qu'Aragon est allé emprunter à son intention le 9 juin.

Ce qu'il faut retenir du témoignage d'Aragon, c'est l'enthousiasme de la découverte, le mouvement de joie qui anime les jeunes gens devant un texte aussi perturbant. Mais il faudra une lente maturation pour que Breton en vienne à placer Lautréamont au-dessus de tout.

L'hiver 1918, il est davantage sollicité par Jarry, sur lequel il prépare une conférence, toujours pour le Vieux-Colombier, en février-mars, suivie de la représentation d'*Haldernablou* et de scènes d'*Ubu roi*. Le créateur du rôle, Gémier, a promis son concours. Parler de Jarry n'est pas, pour Breton, un choix de circonstance : depuis le début de la guerre, avec *les Jours et les Nuits*, il pratique son esprit et s'inspire de la pataphysique des *Gestes et Opinions du Dr Faustroll* comme d'un moyen de moquer sa misère, de dénier la trop grande emprise du réel en ces temps d'obscurité absolue. En outre Jarry a contribué au dépassement du symbolisme, davantage que Valéry et Apollinaire qui l'ont fort bien connu et sur lequel, inlassablement, il les interroge, en quête d'anecdotes et surtout d'explications. Hélas, celui qui l'a le plus fréquenté à ses débuts, Léon-Paul Fargue, n'a pas répondu : Valéry s'en doutait, il ne voulait plus rien dire de son compagnon de jeunesse depuis leur rupture au sujet d'*Haldernablou* dont l'intrigue, trop transparente à ses yeux, révélait leur particulière amitié. Breton s'en va donc consulter Rachilde, la femme du directeur du *Mercure de France*, la seule amie fidèle de l'inventeur d'*Ubu roi*. Elle n'a pas encore publié son *Alfred Jarry ou le surmâle de lettres*, et Breton, qui a déjà tout lu de lui, à l'exception de *l'Amour absolu* et de *l'Amour en visites*, recueille à la source les éléments générateurs de sa légende. Les bombardements d'avril à Paris entraînent la fermeture du Vieux- Colombier. La conférence se transformera en article. C'est à la fois un hommage et un acte de réparation : les jeunes gens qui atteignirent vingt ans, « l'âge où l'on systématise sa vie » selon Barrès, lui doivent d'avoir appris à « attacher peu d'importance à toutes choses ». Peu de poètes et de philosophes contemporains ont pu résister de la même façon à l'épreuve des faits, juge-t-il.

Comme Jarry décidant de se débarrasser de l'ignoble bonhomme, Breton estime qu'il doit désormais se tourner vers d'autres maîtres, moins désabusés. En achevant son étude, il écrit à Paulhan : « Autour de moi, je pense avoir trop longtemps toléré Jarry. » Entendons : le mythe Ubu et l'indifférence active prônée tour à tour par Fraenkel et Vaché. Il veut se tourner vers des êtres plus positifs.

A partir du mois de mars, avec Aragon et Soupault, il va le dimanche à Montmartre, où Pierre Reverdy les reçoit dans une pièce presque nue éclairée par une lucarne ovale. Ce Méditerranéen à peine plus âgé qu'eux n'avait pas un caractère commode. Passionné dans la discussion, il admettait mal d'être contredit, et s'il acceptait de publier dans *Nord-Sud* des expériences poétiques diverses, il n'entendait pas perdre de vue l'esthétique qu'il s'était tracée, affirmant la grande réalité de l'œuvre d'art : « Réalité artistique et non réalisme. » Acceptant le hasard dans la conception du poème, il le soumettait ensuite au contrôle de la raison. Breton, qui aime vivement « cette poésie pratiquée à larges coupes dans ce qui nimbe la vie de tous les jours, ce halo d'appréhensions et d'indices qui flotte autour de nos impressions et de nos actes », trouve merveilleux le rythme qu'il s'est créé comme un outil personnel. Un jour, muni d'un article de Georges Duhamel sur la connaissance poétique et le rapport des idées dans la poésie nouvelle, paru dans *Le Mercure de France* d'août 1913, il cherche à faire préciser à son interlocuteur ce qu'il en pense. De leur débat est issu l'article célèbre de Reverdy sur l'image qu'il publie en avril dans sa revue : « L'image est une création pure de l'esprit. Elle ne peut naître d'une comparaison mais du rapprochement de deux réalités plus ou moins éloignées. Plus les rapports des deux réalités rapprochées seront lointains et justes, plus l'image sera forte – plus elle aura de puissance émotive et de réalité poétique... » Toutefois Breton ne se satisfait pas de cette esthétique de l'effet. Il aimerait connaître la source des images et leur rôle dans la libération de l'esprit. La discussion se poursuivra par correspondance au cours de l'été. Auparavant, Reverdy tient à le rassurer sur la qualité de leurs rapports : « Vous êtes tous trois, avec Aragon et Soupault, des amis que je suis fier et heureux d'avoir gagnés. Votre jeunesse, votre sincère pureté me donnent une satisfaction que l'on a bien rarement en art... », lui écrit-il.

Breton ne peut plus venir voir régulièrement Reverdy. A la fin avril (du 23 au 1er mai) il a été hospitalisé à Saint-Denis à l'hôpital auxiliaire numéro 3. Son trop bref séjour au front, son échec aux épreuves subies au début du mois n'ont pas permis sa nomination comme médecin-auxiliaire (alors qu'Aragon est promu). Le 16 mai, il se rend au Centre d'instruction de Noailles pour être affecté comme infirmier dans un régiment d'artillerie, son arme initiale.

Le 18, le secrétaire de la Faculté de médecine de Paris raye son nom des registres avec le moif : « Continue à Nantes. » Ses parents, inquiets des bombardements veulent quitter la région parisienne pour s'installer définitivement à Lorient – ce qu'ils feront à la fin août, le père retrouvant un emploi de comptable. Mais surtout son oncle maternel, Louis Le Gouguès, commande la 11e section d'infirmiers militaires à Nantes. Sa fille demeure avec lui. Il est possible que Breton ait songé à se rapprocher d'elle. Le 6 juin, il informe Aragon : « Il semble qu'on va me rappeler à Nantes en juillet. » Et le fait est que le 17 juillet il prend sa quatrième inscription à l'École de médecine de Nantes, naguère réorganisée par Laennec dans l'île Gloriette, mais il rejoint immédiatement son régiment.

## *L'été à Moret*

Cantonné à Moret-sur-Loing du 21 mai au 21 septembre, Breton y passe un été « normal », écrit-il à Valéry. Il se force à ignorer la canonnade, les offensives de l'été au Chemin des Dames inaugurant la guerre de mouvement. Tant qu'ils sont à Paris, le dimanche il reçoit les visites, plus ou moins autorisées, de Fraenkel (revenu de sa mission sanitaire en Russie, où il était allé en juillet 1917) et d'Aragon, et se désespère quand ils le laissent seul. Il pousse quelques escapades jusqu'à Fontainebleau et, comme les soirées sont longues, discute avec les peintres de Moret. Il tente de leur faire comprendre Derain et Picasso en chassant les moustiques avec le tabac de sa pipe.

Il écrit de nombreuses lettres à ses deux meilleurs amis, correspond toujours avec Jean Royère et Marie Laurencin, entre en relation avec Jean Paulhan, interprète auprès des troupes malgaches à Pau. Il est intéressé par la traduction que celui-ci a donnée des Haïn-teny Merinas, poèmes-devinettes de tradition populaire, et par ses théories linguistiques privilégiant le sens global de la phrase. Ses réflexions sur la sémantique du proverbe vont longtemps l'intriguer.

Il lit beaucoup, avec enthousiasme : Lautréamont, les *Calligrammes* d'Apollinaire, dont, comme à l'accoutumée il recopie les passages préférés pour ses amis; *Clarisse* de Paul Morand, *les Nouvelles asiatiques* de Gobineau, *les Diaboliques* de Barbey, les *Poèmes* d'Edgar Poe; relit le *Jardin de Bérénice* de Barrès. Mais *l'Éducation sentimentale* de Flaubert lui tombe des mains. Il n'aime pas davantage Maurras, Charles-Louis Philippe, Remy de Gourmont, qui n'appartiennent pourtant pas à la même école. Ses rapports avec Max Jacob sont complexes : il l'aime – mieux, dit Aragon, il le préfère à d'autres – mais il ne sait pas bien lui écrire.

Les discussions esthétiques reprennent avec Reverdy. Après une crise de neurasthénie qui lui fait, du fond de l'abîme, réclamer des nouvelles, celui-ci se lamente des futilités de Cocteau, du déclin d'Apollinaire, et regrette un mot d'Aragon : pour lui, la littérature n'est ni notation, ni représentation, mais *présentation*, ce qui est le summum de la création artistique. Il lui commande un article sur le lyrisme. Breton souhaite un délai et, pour mettre ses idées à l'épreuve, en communique la trame à Aragon : « Tous les moyens d'expression lui sont bons. Confusions : de plan, de temps, de ton [...]. Mille autres péchés adorables contre la langue (tu passes à une autre) la syntaxe (d'abord l'ellipse première celle du verbe) [...] le mot faible ou usé en désespoir de cause, Beau comme Lautréamont, fautes d'orthographe comme dans les lettres d'amour, rimes soudain pauvres si tu te sers couramment des rimes, les indéfinis, près du ruisseau où tout se tient. Toutes les autres façons de donner sa langue au chat, finalement les blancs comme la vie de Rimbaud après 1875. »

Il est clair que Breton cherche la passe en faisant la synthèse de Lautréamont, Rimbaud, Jarry, Derain, Braque. Cet art s'applique à ses propres compositions du moment et sonne mal avec l'analyse musicale que voudrait Reverdy. C'est pourtant simple, explique Reverdy courroucé : aujourd'hui le lyrisme procède du choc de deux éléments produisant un troisième son. L'article est fait, il n'y a plus qu'à l'écrire! Ce n'est pas si facile, rétorque Breton, et ce qui fait la poésie de Reverdy est ailleurs, dans la nature même des éléments, dans ce qui est tu autant que dans ce qui est dit, et dans la sensation produite. La discussion se poursuivra ainsi, avec de longs silences et des fâcheries, jusqu'en janvier 1919, mais Breton n'écrira pas l'article envisagé. Sa théorie du lyrisme n'est pas assez nette; il lui faudra attendre le *Manifeste du surréalisme* pour l'exposer en des termes précis.

A Paul Valéry, il soumet les trois poèmes composés au cours de cette année. *Forêt-Noire* qui donne librement la parole à Rimbaud après l'ultime rencontre avec Verlaine, tirant parti de la valeur de chaque mot, de l'espace qu'ils admettent entre eux, supposant la complicité du lecteur. Il prend Aragon à témoin pour assurer qu'il n'a pas cessé d'y songer pendant les six mois qu'il a mis à l'écrire. Les ruptures, les ellipses, le côté burlesque procèdent du poème *Rêve* (« Je suis le gruère... ») que Rimbaud avait inséré dans une lettre à Delahaye, et qui marque l'extrême Thulé de la poésie. *Pour Lafcadio* – la référence à Gide est explicite – voudrait laisser passer un peu de la lumière impressionniste des peintres de Moret. Paradoxalement, ce poème – collage de fragments empruntés à divers correspondants – est celui qui doit le moins à ses modèles. Non sans humour, il s'y désigne comme « receveur de Contributions indirectes », se divertissant que Paulhan, le prenant au mot, le croie employé du fisc.

Breton s'émancipe. Valéry ne s'y trompe pas qui exige, dans les quinze jours, un sonnet parfait. « C'est à prendre ou à laisser. – Je laisse », dit l'intéressé. Plus tard, il lui envoie *Monsieur V*, poème qui lui est donc dédié, de forme tout aussi rompue, qui commence par une image à la *Maldoror* :

*A la place de l'étoile*
*L'Arc de Triomphe*
*qui ne ressemble à un aimant que pour la forme...*

Le dédicataire remercie, mi-figue, mi-raisin, en avouant ne pas tout comprendre : « Mais il faut aussi que je réponde à votre confiante méfiance, ceci : que je ne suis pas du tout l'homme anxieux de faire partager ses idées. Le prosélytisme est à mes antipodes. »

Confiance : le bonheur qu'il éprouvait à révéler l'œuvre de Valéry à Jean Paulhan. Défiance : le substantif « perte » accolé à son nom dans les irrespectueuses *Treize Études* publiées avec Aragon. Valéry perdu pour la pensée depuis *la Jeune Parque*; Valéry qui renonce à comprendre l'art nouveau; Valéry qui s'éloigne, et qu'il faudra remplacer.

En revanche, Apollinaire a fort bien compris ce jeu touchant : « Quoi ! Le poète n'aurait ni le droit de se récréer, ni celui de se délasser, quand au contraire je crois que les travaux et les jours du poète ne doivent être que récréations et délassements. La souffrance, la passion n'y ont pas moins de part », lui écrit-il au mois d'août.

A cette date, Breton est arrivé au terme d'une évolution poétique, au-delà de laquelle se profile le risque de la page désespérément blanche. En manière de conjuration, il songe à rassembler dix poèmes en une plaquette, *Mont de piété*, dont il dépose le titre à la garde de Valéry et d'Apollinaire, qui en informe ses lecteurs.

Parmi les projets dont il ne manque pas au moment où les armées alliées reprennent l'offensive, il a l'idée d'un livre sur les peintres modernes, que réaliseraient en collaboration les trois amis, Aragon, Soupault et lui-même, chacun dans la manière dont il a déjà fait preuve. Il pense aussi écrire un roman, en alternant les chapitres avec Aragon.

Le départ de ce dernier pour le front l'inquiète. Il laisse percer son sentiment : « Attention tout de même au canon », lui écrit-il en juillet. Et le 14 août : « Dis-moi, que t'est-il arrivé ? » (Il n'apprendra qu'au retour de l'intéressé sa conduite héroïque à Courvelles, quand les obus l'ont enterré trois fois dans la même journée). Dans la même lettre, il fait part de l'élargissement du projet. Il voudrait un livre d'intérêt général sur « l'esprit nouveau » : « Des articles sur Jarry, Lautréamont, Rimbaud ! Et la couture, etc. et le mobilier. » Deux jours après, il ne retient plus que Rimbaud, Lautréamont, Jarry, Cézanne, Henri Rousseau, Matisse, Derain, Picasso, écartant, provisoirement, Apollinaire, Marie Laurencin, Reverdy, Braque, De Chirico.

Le 20 août, il part en permission pour la Bretagne : Carnac, Lorient puis Nantes. « Une assez jolie résurrection du passé », écrit-il à Fraenkel en pensant à leur commun séjour dans la capitale bretonne. A son retour, il dresse pour Aragon, un bilan en forme de tableau :

| | | | |
|---|---|---|---|
| Rimbaud | Reverdy | Picasso | Jarry |
| Derain | Braque | Vaché | Marie Laurencin |
| Lautréamont | Aragon | Matisse | |

Ceux que j'aime encore

Précisant, en note : « C'est sans ordre. » Apollinaire et Valéry, qui figuraient dans les *Treize Études* publiées en mai par *SIC*, ont disparu à la trappe. La conviction que la guerre est finie, qu'il convient désormais d'avancer des idées impeccablement neuves, la chaleur de l'amitié, un raffermissement de la pensée, une perception plus immédiate de la vie, l'ont conduit à s'émanciper de ses glorieux aînés. Davantage, il s'apprête à mener l'offensive contre le vieil art, aidé de ses fidèles second Aragon et Soupault (bien que ce dernier ne soit pas nommé dans le bilan précédent), sur lesquels s'exerce son naturel ascendant.

## CHAPITRE IV

# *Procès au vieil art*
(septembre 1918-octobre 1919)

### *Le travail du deuil*

Le Val-de-Grâce. Dans l'ancienne salle conventuelle aménagée en amphithéâtre se succèdent les leçons : hygiène des camps, désinfection des champs de bataille, traitement contre les gaz toxiques, lutte contre le typhus et le choléra... L'esprit de Breton vagabonde hors les murs. Pendant que les médecins galonnés dissertent, il écrit à Aragon, retourné au front, pour lui livrer les derniers échos parisiens. Il a acquis un dessin de Modigliani qui lui plaît de plus en plus. Cendrars vient de publier un très important poème : *le Panama*. Reverdy, qui achève de traverser une sérieuse crise de neurasthénie, est tout heureux de le revoir régulièrement : il cherche maladroitement à distinguer le cliché du lieu commun. Philippe Soupault se marie. Picasso, qu'il est allé voir dans son atelier cambriolé, est admirable. Satie devient comme Apollinaire : ses fidèles le gâtent. Cocteau se prodigue. Stravinsky est adorable. Les toiles de De Chirico ont été sifflées au Vieux-Colombier. Drieu La Rochelle a publié un mauvais poème. Parlé aux Bonniot, à L.-P. Fargue. Puis des projets de publication commune, dans *Aujourd'hui*, une revue que le jeune Claude Autant-Lara, présenté par Reverdy, annonce pour janvier. Des conseils pour ses poèmes : « Sois très scandaleux »; des informations sur les revues auxquelles lui-même collabore. Coïncidence : Fraenkel est parti pour le même secteur. Quant à lui-même, il a bénéficié d'une décision du service de santé, concernant les étudiants en médecine de sa classe; chaque matin, il suit les cours au Val-de-Grâce pour y devenir médecin auxiliaire.

Depuis le 20, il loge à l'hôtel des Grands Hommes, 9, place du Panthéon. Le nom est pompeux et prometteur. Le lieu l'est moins, à l'époque. Au-dessus d'une entreprise de pompes funèbres, les chambres minuscules sont occupées par une clientèle d'étudiants désargentés. L'escalier est crasseux, les toilettes au fond du couloir. Sous les combles, Breton dialogue avec le dôme du Panthéon et, à ses pieds, la perruque de Jean-Jacques Rousseau.

Vlaminck a promis de brosser les décors de *Couleur du temps* pour la compagnie Art et Action des Autant-Lara. A la demande d'Apollinaire, Breton se rend dans son atelier pour juger du travail. D'emblée, il s'exalte à son contact, émerveillé des récits fantastiques que le peintre, le premier à se faire peur, emprunte au quotidien. Bien que rien ne soit prêt, Breton insistera pour que la pièce soit jouée à la date prévue par le poète, sans les décors. Le 8 novembre, une phrase anodine annonce à Louis qu'il va voir Apollinaire, malade. Le lendemain, au verso d'une de ces lettres-collages qu'il a pris l'habitude, depuis quelques mois, d'adresser à ses meilleurs amis, utilisant des coupures de journaux, des extraits de lettres, un morceau de paquet de tabac, il écrit au crayon : « Apollinaire est au plus mal. » Aragon poursuit : « Mais quand je reçus cette lettre, déjà sur le chemin de l'Alsace, un petit carré de papier ajouté sans doute le 10 au matin, au moment de porter la lettre à la poste, m'avait rendu aveugle à tout ce qui n'était pas lui. On y lisait au centre :

mais Guillaume
Apollinaire
vient de mourir.

Breton a-t-il alors songé à la prophétie, qu'Apollinaire avait sollicitée, sur laquelle se terminait l'article paru trois semaines auparavant : « Si l'enchanteur m'avait dévoilé tous ses secrets, je l'eusse enfermé déjà dans un cercle magique et fait entrer au tombeau » ?

Le 11 novembre, Paris est en liesse. Breton ne se sent pas de cœur à partager la joie collective. Comme en 1914 il avait accueilli avec indifférence l'ouverture des hostilités, il reste sans réaction à leur fin. Seul à apporter des fleurs blanches, il fait partie du cortège conduisant la dépouille d'Apollinaire au Père-Lachaise le 13 novembre. Incapable d'articuler un mot, il observe les frères ennemis réconciliés pour la circonstance. Picasso boude pour cacher ses sentiments, Max Jacob pleure, Jacqueline Apollinaire à son bras. On envisage déjà des numéros spéciaux de revues. Jacqueline lui lègue l'encrier du défunt. Il passe la soirée avec Reverdy, le plus ému de tous, sur qui il reporte l'affection vouée au *Poète assassiné*.

Deux mois après, la disparition de Jacques Vaché accroît son désarroi. Au lendemain de l'armistice, celui-ci écrivait : « ... je sortirai de la guerre doucement gâteux, peut-être bien, à la manière de ces splendides idiots de village... », et après avoir rêvé de multiples rôles de cinéma, il confessait : « Comment vais-je faire, pauvre ami, pour supporter ces derniers mois d'uniforme? – (on m'a affirmé que la guerre était terminée) – je suis on ne peut plus à bout... » Pourtant, en décembre, il semblait avoir repris espoir, formant de nouveaux projets pour déchaîner le véritable esprit nouveau. Apollinaire marquait une époque. « Les belles choses que nous allons pouvoir faire – *Maintenant* ! » lui écrivait-il en annonçant sa visite un mois plus tard, et en joignant deux textes qu'il demandait à son ami de faire publier. Le 13 janvier, Breton lui a adressé une de ses lettres-collages, s'achevant sur cet appel en capitales : « JE VOUS ATTENDS. »

Brusquement, il apprend l'accident survenu à Nantes, il ne sait au juste à quelle date. D'abord, il pense que Vaché a été assassiné par la société, comme Jaurès et Liebknecht ont été abattus. Puis il se convainc que son ami s'est suicidé, pour éviter une fin dans l'épicerie ou le gâtisme. Un poème, *Clé de sol*, traduit sur-le-champ sa vision :

*... Au secours*
*L'arme de précision*
*Des fleurs*
*Dans la tête sont pour éclore*
*Coup de théâtre...*

Par la suite, il recevra des informations, des coupures de la presse locale : le 6 janvier à l'hôtel de France deux jeunes gens sont morts d'avoir absorbé une trop forte dose d'opium. En dépit des conclusions de la police, il maintient la thèse du suicide. Vaché, qui n'était pas un fumeur inexpérimenté, ayant entraîné un ami dans la mort, par une dernière « fourberie drôle » comme il le lui aurait laissé entendre. Breton ignore qu'ils étaient cinq dans la même chambre, ce qui rend peu plausible la disparition volontaire.

Dès lors, il va s'employer à faire connaître cette figure exemplaire de qui refuse l'art et la littérature, projetant sur l'ami qu'il n'avait, somme toute, revu que deux ou trois fois depuis son séjour à Nantes, toutes les pulsions qui l'agitaient contradictoirement.

Il prend alors contact avec Tristan Tzara, à Zurich, dont le *Manifeste dada 1918* lui paraît prodigieux. Il avait déjà pu lire, chez Apollinaire, *Cabaret Voltaire* et les premières livraisons de la revue *Dada.* Les poèmes de Tzara publiés dans *Sic* et *Nord-Sud* ne lui avaient plu que modérément. Mais son enthousiasme est sans mesure quand il lit : « *Ordre = désordre; moi = non-moi; affirmation = négation*: rayonnements suprêmes d'un art absolu », ou encore : « Chaque page doit exploser, soit par le sérieux profond et lourd, le tourbillon, le vertige, le nouveau, l'éternel, par la blague écrasante, par l'enthousiasme des principes ou par la façon d'être imprimée », et surtout : « Que chaque homme crie : il y a un grand travail destructif, négatif, à accomplir. Balayer, nettoyer [...] Liberté : *dada dada dada*, hurlement des douleurs crispées, entrelacement des contraires et de toutes les contradictions, des grotesques, des inconséquences : *la Vie.* »

Le 22 janvier 1919, il s'adresse donc à Tzara : « Je me préparais à vous écrire quand un chagrin m'en dissuada. Ce que j'aimais le plus au monde vient de disparaître : mon ami Jacques Vaché est mort. Ce m'était une joie dernièrement de penser combien vous vous seriez plu : il aurait reconnu votre esprit pour frère du sien et d'un commun accord nous aurions pu faire de grandes choses... »

Incontestablement il y a là un phénomène de substitution ou de recouvrement. Par l'image que donne de lui son Manifeste, débordant de vitalité saccageuse, Tzara est apte à prendre la place du frère trop tôt disparu et trop mal connu. Une équation s'établit entre Vaché et Tzara, dada et X, la modernité, cette inconnue que l'ami laissait pressentir par ses gestes et ses rares lettres.

C'est pour démontrer cette égalité que Breton s'emploie à transformer en témoignage public d'un état de résistance absolue les missives privées de Vaché. Il les fait paraître dans trois livraisons de *Littérature*, en juillet, août et septembre, puis en volume, intitulé *Lettres de guerre*, en septembre, avec une introduction qu'il rédige. Il y reviendra à plusieurs reprises comme à une pierre de touche, aux moments les plus difficiles de son existence. En janvier 1921, il explique ainsi à Jacques Doucet le sens de cette publication : « J'y vois une merveilleuse introduction à tout ce que recouvre aujourd'hui l'étiquette dada et c'est pourquoi j'estime que dada est avant tout français. Il y a là tous les manifestes qu'on voudra, pas une négation ne manque et la vertu de ces quelques pages n'est pas près de s'épuiser. [...] Sa mort éclaire d'ailleurs suffisamment les passages qui restent dans l'ombre et c'est peut-être le seul moyen qu'il ait trouvé d'exprimer sans équivoque cet " umour " auquel il pensait sans cesse et qui n'a rien à voir avec l' " esprit ". »

Il a fallu plus de six mois pour qu'il intègre l'événement et parvienne à le surmonter en lui donnant une signification de portée générale. C'est ce que les psychanalystes appellent le travail du deuil. Le même processus vaut, dans les mêmes conditions, à l'égard d'Apollinaire. Le 20 avril, il adresse à Tzara un poème en forme de faux fait divers : *Une maison peu solide*. Selon Aragon, c'est une dépêche sur laquelle il s'est contenté de substituer les noms du jeune Lespoir et de Guillaume Apollinaire à ceux des protagonistes. Manière de marquer ainsi sa reconnaissance pour ce que lui doit la jeune poésie, sauvée par lui de l'ensevelissement, et mise à distance. Il peut désormais s'exprimer sur l'un et l'autre.

Les réponses qu'il rédige, avec Max Jacob, à un questionnaire imaginé par celui-ci, donnent idée de son humeur au début février. La part faite au jeu, on note que son occupation favorite est la méditation, son principal trait de caractère, le doute; son idée du bonheur : la présence de l'ami; sa plus grande peine : la perte d'un être cher; son état d'esprit actuel : le deuil; son ambition : devenir l'anarchiste parfait. Ses écrivains préférés sont Gide, Barrès, Laclos, Gobineau; ses héros de roman, Lafcadio et Monsieur Teste; son poète, Rimbaud; son musicien, Stravinsky; son peintre, Derain.

Breton n'est pas l'homme des relations faciles. A plusieurs reprises dans sa vie, il lui arrivera d'être absolument paralysé devant des êtres à qui il voudrait témoigner sa déférence. Depuis le 25 janvier, il a formé le projet de donner une conférence sur Reverdy à la galerie Rosenberg, avec lecture de poèmes par Pierre Bertin accompagné au piano par sa femme, Marcelle Meyer. Un mois après, il hésite, pris de crainte à l'idée de parler en public et devant l'intéressé. Celui-ci tempête : « Si vous ne craignez pas trop qu'on vous accuse d'être mon disciple, vous lirez des poèmes parce que j'aime la gravité de votre voix et comme vous la dirigez. Mais sachez bien que je ne compte plus sur vous pour rien. » Finalement, il se contentera de lire deux poèmes, le 15 mars 1919.

Pour Valéry, qu'il fréquente régulièrement, le problème est identique. Au moment où son concours est nécessaire, il souffre d'une toux incessante et pense entrer à l'hôpital. Finalement, Adrienne Monnier lui demande seulement de prêter sa voix martelée pour lire deux poèmes (*Été, le Rameur*) à la séance organisée rue de l'Odéon le 12 avril.

### *Littérature?*

Depuis qu'ils se fréquentent, en tout cas depuis que Valéry les appelle ses mousquetaires, Aragon, Breton et Soupault caressent le secret espoir d'avoir une revue bien à eux. Aragon évoque l'hiver 1917-1918, au moment où Breton venait de montrer à Soupault les lettres de Vaché. Il cerne les raisons de leur insatisfaction à l'égard des autres revues : *SIC* était bien accueillante, mais son directeur, Pierre Albert-Birot, manquait par trop de discernement. N'avait-il pas publié, sans y voir goutte, un poème mystificateur de Fraenkel, dont l'acrostiche formait la déclaration « Pauvres Birots » ? Même Reverdy, dans *Nord-Sud*, se montrait trop cavalier avec Rimbaud, disait que Jarry n'avait fait qu'Ubu, et tenait Lautréamont pour une curiosité de bibliothèque.

Aragon évoque aussi des projets dont Breton l'entretenait dans ses lettres de juin-juillet 1918. Peut-être en parlaient-ils au cours de leurs rencontres, en se désespérant de ne pas disposer de moyens financiers ?

La *NRF* ne paraissait plus depuis la guerre. *Nord-Sud* disparaît en octobre 1918. Par quoi les remplacer? Par autre chose qui fût à la fois l'héritage et le frisson nouveau que venaient de leur faire connaître Lautréamont, Vaché, Tzara.

En janvier, Breton se voit offrir par son directeur, Henry Cliquennois, de partager la direction des *Jeunes Lettres*. Ce qu'il traduit aussitôt pour Aragon : « Nous pensons envahir la revue *Les Jeunes Lettres* et la débaptiser. Cela sera peut-être fait dimanche. Collaboreront Gide, Valéry, Valery Larbaud, Fargue, Royère, Spire, Salmon, Billy, Max Jacob, Reverdy, Tzara, Savinio, Mireille Havet, Paulhan, Giraudoux, Morand, Drieu La Rochelle, Philippe, toi et moi. [...] Veux-tu proposer un titre de revue : titre étiquette naturellement comme *Nord-Sud, Dada, 391, Luciline*, hâte-toi. » Moins d'une semaine après, il l'informe que le titre *Ciment armé* avancé par Max Jacob est écarté. On s'en tiendra à *Le Nouveau Monde* qu'il a lui-même suggéré, malgré le délicieux conseil de Valéry : *Littérature*, en songeant au dernier vers de *l'Art poétique* verlainien. Il poursuit : « La revue se présente avec une couverture *vert prairie* portant une étiquette avec le titre *noir.* » Seize pages mensuelles; le sommaire est déjà tracé : une prose de Gide ou Paulhan, des poèmes de Valéry, Reverdy, Aragon, Cendrars, Romains ou Salmon, une chronique, quelques réponses à l'enquête sur l'humour (lancée par *Les Jeunes Lettres*), la revue des revues par Jean Royère, des livres par Aragon (qui doit cesser toute contribution à *SIC*), la peinture par André Breton. Soupault lui a fait part de ses difficultés financières persistantes. Deux jours après, triomphe : *Le Nouveau Monde* est annoncé pour le 1er mars, avec Cliquennois, Breton, Soupault, « nous n'attendons que ton retour pour mettre ton nom avant les nôtres ».

Soupault reçoit un héritage qu'il met à la disposition de l'entreprise commune. Gide, sollicité par Breton qui lui fait part des personnalités consultées – dont la plupart étaient au fronton de la *NRF* –, accepte de le recevoir avec Soupault. Il donne des pages si belles que Breton, loin de le tenir pour un littérateur professionnel, comme il fera plus tard, le considère en secret comme son directeur de conscience. Avec sa caution, l'affaire est réglée. Il suffit de fixer le titre (*Le Nouveau Monde* est déjà pris, depuis 1885) entre

Valéry et Reverdy qui donne *Carte blanche*. Valéry l'emporte. On envoie des bulletins de souscription à Tzara, où le nom et l'adresse de Cliquennois sont remplacés par ceux de Breton pour l'administration. En lui demandant un poème pour le numéro d'avril, il prévient Tzara : « Ne nous condamnez pas hâtivement sur le titre et quelques noms. Vous ne pouvez savoir, par exemple, comme André Gide est avec nous. Je l'ai vu prodigieusement intéressé par les tentatives modernes en littérature et en peinture et si vous l'entendiez parler des nègres! A une ou deux exceptions près, je pense que tous nos collaborateurs incarnent à un degré quelconque cet esprit nouveau pour lequel nous luttons... »

En février 1919, *Littérature* veut rallier toutes les nouveautés. Cocteau lui-même, sollicité, promet son aide aux mousquetaires, pourvu qu'ils se montrent un peu moins raides à son égard. En effet, Breton assistant à la lecture, par l'auteur, du *Cap de Bonne-Espérance* dans le salon de Valentine Hugo a fait la moue, partant sans dire un mot.

Le jeu est serré entre les parrains, qu'il ne faut pas effrayer, et les jeunes novateurs. Avec le talent qu'on lui retrouvera à mainte reprises, Breton est parvenu à concilier toutes les tendances, sans faire de concession sur ses objectifs. D'où l'ambiguïté voulue et maintenue du titre, que les uns prendront au sens propre, les autres par antiphrase. C'est selon! Seul Reverdy est mécontent : « Vous voulez tenir à tout », lui écrit-il; le titre lui déplaît, il ne peut approuver l'esprit de la revue, mais il n'ira pas jusqu'à lui retirer sa collaboration.

Au départ, *Littérature* se présente « comme une revue de très bonne compagnie », selon le mot de Breton. Gide ouvre la marche avec des fragments des *Nouvelles Nourritures* qui prennent, par leur place, allure de manifeste :

« Table rase. J'ai tout balayé. C'en est fait! Je me dresse nu sur la terre vierge, devant le ciel à repeupler. [...] Je rêve à de nouvelles harmonies. Un art des mots, plus subtil et plus franc; sans rhétorique; et qui ne cherche à rien prouver. [...] Ah! Qui délivrera notre esprit des lourdes chaînes de la logique? Ma plus sincère émotion, dès que je l'exprime, est faussée... »

C'est du dada revu et corrigé dans la tradition française. Ne dit-on pas que Gide s'est promené plusieurs jours avec la revue de Tzara sous le bras? Le malheur, selon Paulhan, est que son appel à « un art des mots plus franc » ne semblait pas très sincère!

« Le cantique des colonnes », de Valéry, la « Chanson » de la grenouille et la « Danse » des salades de L.-P. Fargue, « La rue Ravignan » de Max Jacob représentaient la génération des territoriaux : ils avaient bien servi! Salmon, Cendrars, Reverdy donnaient quelque idée des recherches ouvertes par Apollinaire. Paulhan, Aragon et Breton (« Clé de sol ») donnaient le ton pour la nouvelle génération. Rien de fracassant. Faute de place, Soupault s'était sacrifié. Sous forme de critique synthétique, la chronique des livres, par Aragon, permettait un jugement, fort ambigu, des *Vingt-cinq Poèmes* de Tzara, plus enthousiaste de Reverdy. La revue des revues, par l'amie d'Adrienne Monnier (laquelle tenait *Littérature* en dépôt) était bien honnête. Trop même, au goût de Breton qui lui retira sa rubrique pour une phrase timide à l'égard du *Manifeste dada.* Enfin on annonçait la reparution prochaine de la *NRF* sous la direction d'André Gide : « La revue d'avant-guerre qui comptait le plus de titres à l'estime des lettrés. »

Avant même d'en lire un exemplaire, Tzara a très bien perçu les tendances des animateurs de *Littérature* : « Il me semble que vous voulez accentuer dans votre revue le passage entre l'ancienne et la nouvelle littérature, ce qui est (très) nécessaire, mais je crois que c'est plutôt l'œuvre de critique et d'histoire. » Quoi qu'il en soit, la revue est tirée à mille cinq cents exemplaires. Grâce à l'appui des anciens, les abonnements affluent. Il faut les honorer. Breton s'efforce de rassembler à l'avance le contenu de plusieurs livraisons. Fin février, en lui annonçant un inédit d'Apollinaire, il a demandé à Paulhan de lui assurer une contribution régulière et de le mettre en rapport avec son ami Paul Eluard, dont ce dernier l'entretient depuis juillet. Il goûte fort les *Poèmes pour la paix* et *le Devoir et l'Inquiétude.*

Appliqué, en uniforme d'officier riz-pain-sel, Eluard vient le voir le 8 mars, dans sa chambre de l'hôtel des Grands Hommes, un cahier de poésies sous le bras. Les deux poètes se rendent alors compte qu'ils se sont déjà serré la main, sans se connaître, à la première de *Couleur du temps* d'Apollinaire, en novembre. Trompé par la ressemblance, Eluard avait cru reconnaître un de ses camarades d'école tombé sur le champ de bataille. Enchantés l'un et l'autre, ils se promettent de se revoir. Ils n'ont que trois mois de différence et sacrifient au même culte poétique, quoique selon des rites différents. C'est ainsi qu'Eluard entre à *Littérature* et devient, pour longtemps, le quatrième mousquetaire du groupe, le plus hardi bretteur sous des dehors si doux. Une dizaine de jours plus tard, Aragon vient en permission. Il leur lit les cinq premiers chapitres d'*Anicet*. Flatté, Eluard se voit déjà intégré à la bande, la société secrète des amants de Mirabelle, la beauté moderne. Malgré l'ironie d'Aragon imaginant, dans ce récit, Rimbaud sexagénaire, pour eux il ne saurait être question de l'abandonner aux interprétations tendancieuses de Claudel. Comme il se trouve que le vieux Paterne Berrichon, son beau-frère, est prêt à vendre un poème inédit, *les Mains de Jeanne-Marie*, à la gloire des femmes de la Commune, Aragon, Soupault et Hilsum sont mandatés pour se le procurer. La transaction se fait à la Closerie des Lilas pour cinq cent francs avancés par Soupault. Il était temps : André Germain pour *Les Écrits nouveaux* et Maurice Magre avaient déjà pris une option! On le publiera dans *Littérature* et il inaugurera une collection du même nom aux éditions Au Sans Pareil qu'Hilsum va fonder pour la circonstance avec le petit héritage que lui procure sa fiancée. Un tirage de luxe permettra de rentrer dans les frais.

Triomphalement, Breton annonce à Tzara : « *Littérature* publiera prochainement des inédits de Mallarmé, Schwob, un merveilleux poème de Rimbaud qui vient d'être retrouvé [...] ainsi qu'un certain nombre d'œuvres destinées à demeurer incomprises comme *le Manuscrit trouvé dans une cervelle,* de Paul Valéry. » Son correspondant peut se réjouir du numéro deux qui contient son magnifique poème *Maison Flake*, d'une tonalité franchement nouvelle :

> *déclenchez clairons l'annonce vaste et hyaline*
> *animaux du service maritime*
> *forestier aérostatique tout ce qui existe chevauche en*
> *galop de clarté la vie...*

Parmi les œuvres à jamais incomprises, la première partie des *Poé-*

*sies* d'Isidore Ducasse, que Breton présente comme un élément toujours actuel du procès à charge « de l'homme jeune au vieil art ». Il s'agit de montrer que Lautréamont n'était pas fou, et que même si ces pages réfutent *les Chants de Maldoror*, le poète a le droit de se contredire, posant ainsi toute la question du langage – et de l'usage qu'on en fait.

A côté de ces deux pièces, les poèmes d'Apollinaire, de Jules Romains et même celui de Soupault, tout de légèreté, font figure d'anciennetés. Mais les chroniques d'Aragon, de Darius Milhaud (qui signe Jacaremirim) et d'Auric sont là pour serrer l'actualité.

Breton achève le 15 avril de copier la fin des *Poésies* à la Bibliothèque nationale pour la troisième livraison de *Littérature* qui ne contient aucune contribution des trois directeurs. Avec Ducasse et Mallarmé d'une part, Reverdy, Morand, Eluard d'autre part, l'équilibre s'établit du passé au présent. Le succès de la revue est assuré. Une note avertit même les lecteurs que les exemplaires restants du premier numéro sont réservés aux abonnés ou vendus au double du prix initial. Comme en se jouant des gardes du Cardinal, la petite équipe des mousquetaires est parvenue à mettre sur pied l'une des revues appelées à compter dans notre histoire littéraire, rassemblant à son fronton les noms prestigieux de Valéry, Gide, Apollinaire, révélant de nouveaux talents, faisant découvrir les oubliés, dégageant les prémices d'un esprit nouveau. Ce n'est pas négligeable pour un Breton d'origine modeste, que les fées, à sa naissance, n'ont doté d'aucun capital, qui refuse le métier des lettres et, de plus, vit encore sous la discipline militaire. Mais ce n'est pas le succès qu'il recherche. Une rencontre vaut bien plus que des abonnements, telle celle de Modigliani sur un banc de l'avenue de l'Observatoire, enthousiaste à la lecture des *Poésies* de Ducasse !

## *Un coup d'État*

La vie contraignante de chaque jour continue : il faut se rendre au Val-de-Grâce, monter la garde au 4ᵉ Fiévreux. Breton s'est pris d'intérêt pour un vieux soldat, enfermé dans un cabanon, vêtu seulement de son pantalon, sa chemise d'hôpital et l'horrible capote bleue avec une manche rouge, réservée aux fous. En dépit de la vigilance des gardiens qui prenaient soin de lui retirer son couteau, sa ceinture et ses lacets, il parvenait à déployer, à leur insu, des drapeaux de tous les pays et même, un soir, à faire s'envoler des colombes.

La paix est revenue et rien n'a changé. De peur de mouvements incontrôlables, le gouvernement maintient les anciens combattants sous les drapeaux, dans la discipline militaire. Pire : on fait tout pour revenir à l'état des choses qui précédait la guerre. Dans la tête de Breton se heurtent les propos symboliques de Vaché, d'Isidore Ducasse et de Tzara. Il comprend fort bien leur objectif commun : tuer l'art, ou du moins l'usage lénifiant qu'on en fait. Mais il doute qu'on puisse opérer en plein jour. Ne le prendra-t-on pas pour un fou ? Alors il tente de fomenter un grand coup d'État, avec la complicité d'Aragon et de Soupault, en suivant les méthodes dada.

La conjuration que raconte Aragon dans l'article « Lautréamont et nous » – est un peu trop rocambolesque, un jeu dans le goût d'Anicet. Cependant elle traduit une tentative véritable et des confidences dont Breton lui a fait part dans ses lettres : il décide de mettre fin à la poésie et à l'art au moyen de la réclame, au sens le plus large, comme le christianisme est une réclame pour le ciel. Répudiant définitivement Mallarmé, il prétend que « le monde finira, non par un beau livre, mais par une belle réclame ». Puisqu'on parvient à vendre des succédanés au moyen de la publicité, pourquoi la poésie ne serait-elle pas la forme nouvelle de la publicité ? On va le voir menacer la politique pendant la période électorale et, par la dialectique (c'est le moment où il lit Hegel), détruire le passé restauré.

L'impact du *Manifeste dada 1918* est flagrant. Breton met en garde son correspondant : « Il faut qu'on nous croie toujours des poètes. On admettra que le modernisme mène à tout, et mille exhibitions. Inutile d'ajouter que je n'ai jamais rien écrit d'aussi grave : je prends la chose *au tragique*. Un abus de confiance comme une tentative avortée, je châtierais. *Et je ne crains rien* [...] P.S. Note que pour l'instant je ne veux rien. Pas même l'ambition de m'enrichir ou d'être un grand homme. C'est ce qui me rend dangereux. »

Aux alentours de Pâques, il informe tous ses amis qu'il a cessé d'écrire dans *Littérature*, y compris dans les pages d'annonces où l'on pourrait reconnaître sa main, pour se consacrer à la préparation d'un coup d'État qui doit bouleverser le monde et réclame plusieurs années! Surtout qu'on ne croie ni à un enfantillage, ni à un délire. « Mais je n'écris plus en vers », assure-t-il. En effet, le poème *le Corset mystère* qu'il envoie le 1er mai à Aragon est composé d'expressions toutes faites, d'éléments de réclame, de caractères typographiques variés. Rien de sa plume. Éloge de la publicité, enchantement voluptueux de la toilette féminine, collage, effacement de soi derrière le prêt à l'emploi, telle est la solution adoptée pour échapper à la terrible attraction de Jacques Vaché, sans retomber dans le jeu des rimes et des mimes. Il ne fallait pas moins que cette violente crise pour se résoudre à une telle impersonnalité, à la transformation radicale de la poésie.

## *La fin et le commencement de tout*

Démobilisé en juin, Aragon arrive à Paris, par un temps d'orage. Un matin, au café La Source, sur le boulevard Saint-Michel, Breton lui lit, avec d'extrêmes précautions, un manuscrit qu'il a composé avec Soupault : « Prisonniers des gouttes d'eau, nous ne sommes que des animaux perpétuels... » Derrière la vitre, une pluie fine se met à tomber. Le lecteur est anxieux de savoir ce qu'en pense son ami. Comment réagit-il? Est-il capable de démêler ce qui est de Soupault, ce qui est de lui-même? Aragon relatera la séance dans un important article de 1968, « L'homme coupé en deux ». En novembre 1918, Breton lui avait en effet annoncé qu'il allait écrire un conte intitulé *l'Homme coupé en deux*. C'est donc à cette date qu'il aurait commencé à prêter attention à certaines phrases perçues au moment de s'endormir, accompagnées d'une faible représentation visuelle : un homme penché à une fenêtre-guillotine. Par la suite, une autre expression, parvenue dans les mêmes conditions, l'a longuement intrigué : « Fleur de laque jésuite dans la tempête blonde. » Des termes qu'il n'aurait jamais songé à accoupler en pleine lucidité, suscitant des images totalement gratuites et de belle tenue. D'où émanaient-elles? De quelle profondeur du subconscient? Familiarisé avec la méthode freudienne d'association des idées plus qu'avec l'analyse des rêves, Breton pense reproduire, dans un état d'attention flottante, ces phrases qu'on peut dire hypnagogiques. N'y a-t-il pas là un matériel de qualité poétique, susceptible de s'intégrer à ses recherches et de répondre au débat sur l'origine de l'image qui l'a opposé à Reverdy?

Consulté, Soupault, qui est lui aussi affecté à Paris, au Commissariat aux essences, se réfère, dit-il par la suite, à la méthode d'écriture automatique décrite par le psychiatre Pierre Janet dans *l'Automatisme psychologique*, utilisée d'ailleurs à des fins tout à fait différentes. Il suffirait de se débarrasser de toutes les conventions d'usage pour aboutir à une libération d'esprit sans précédent. Quelques essais, menés de part et d'autre en avril, les en ont convaincus. Au mois de mai, ils décident de se jeter à l'aventure, sans souci de ce qui en résultera. Pendant une dizaine de jours, ils se livrent à l'expérience plusieurs heures d'affilée, faisant seulement varier la vitesse d'écriture, sans sujet préconçu. Par jeu, Soupault a disposé un mot, en forme d'appel ou de titre, au sommet de certaines pages, mais c'est plutôt une gêne qu'un tremplin. Quand ils se relisent, ils sont surpris de tels passages :

« La fenêtre creusée dans notre chair s'ouvre sur notre cœur. On y voit un immense lac où viennent se poser à midi des libellules mordorées et odorantes comme des pivoines... »

« Tu m'as blessé avec ta fine cravache équatoriale, beauté à la robe de feu. »

Breton, qui est plutôt d'humeur morose, s'esclaffe de rire en découvrant :

« Hélas! Un ami de la famille m'avait donné une méduse et, pour que cet animal respectable ne connût pas la faim, une liqueur verte qui contenait de l'eau de cuivre... » (*Barrières*).

Quelles que soient ses vertus, l'écriture automatique aura au moins eu ce mérite de provoquer leur rire sauvage, de les étonner eux-mêmes!

Assis face à face, chacun lisait à haute voix la phrase qu'il venait d'écrire, l'autre enchaînant à son tour. Le dialogue se trouve libéré des obligations de la politesse. Hormis quelques termes de liaison, c'est un échange d'échos où les mots servent d'appel à l'interlocuteur qui poursuit son propre discours.

Cependant la plupart des séquences (à l'exception d'un chapitre) ont été écrites indépendamment par chacun des auteurs sur des cahiers d'écolier ou des feuilles volantes. C'est ensuite Breton qui a préparé le volume pour l'édition, distribuant les chapitres, leur donnant un titre, corrigeant un mot ici et là, ajoutant telle phrase hallucinatoire : « Pneus patte de velours » qui, un jour qu'il se promenait place de l'Étoile, avait provoqué sa frayeur. Le chapitre VI, « Ne bougeons plus », composé des premiers essais et de fragments publiés en revue sous la signature de chacun des auteurs a été rajouté sur épreuves. L'ultime chapitre, « La fin de tout », en forme de carte publicitaire

| ANDRÉ BRETON & PHILIPPE SOUPAULT<br>*Bois et charbons* |
|---|

traduit leur état au terme de l'expérience. Déambulant dans la ville, ils étaient capables de prévoir, sans qu'aucun signe ait pu les alerter, la devanture de ces échoppes délivrant les combustibles de l'époque. C'est dire combien l'expérience était dangereuse, conduisant à la dissolution de la personnalité. Dans une note de 1930, Breton écrit : « On n'en pouvait, malgré tout, plus. Et les hallucinations guettaient [...] je ne crois pas exagérer en disant que rien ne pouvait plus durer. »

Contrairement à l'idée qui s'est répandue par la suite, l'écriture automatique n'a pas été vécue, sur le moment, comme une conquête triomphale, ni un révélateur de l'inconscient. Tout au plus un mode poétique nouveau amenant, par la vitesse accélérée que s'imposaient les deux auteurs, une forte densité d'images dont ils ne percevaient pas la logique. Cependant, chaque séquence développait un propos déterminé : souvenirs d'enfance dans *Saisons*, thème du voyage dans *En 80 jours*. Une certaine continuité narrative reste perceptible. L'attitude du scripteur lève les blocages de sorte que l'anamnèse, l'expression des désirs les plus refoulés s'y trouve facilitée. Breton, en les lisant à Adrienne Monnier, pouvait à juste titre annoncer *les Nourritures terrestres* de leur génération, ajoutant : « Si c'est ça le génie, c'est facile. »

Mais à d'autres moments, la tension aidant, les auteurs éprouvaient le sentiment du danger, dominé par l'instinct de mort. La dédicace finale à Jacques Vaché opère comme un salut, au double sens du mot : geste de reconnaissance à l'ami défunt qui les a écartés de la littérature traditionnelle; signe de sauvegarde, moyen de parvenir à un état de vitalité heureuse.

Le témoignage d'Aragon est ici parlant : sans la complicité de Soupault, son équilibre extraordinaire, sa spontanéité, il est sûr que Breton ne serait pas allé, seul, jusqu'au terme de l'aventure. Il s'en est fallu de peu que ces *Champs magnétiques* ne fussent un chant du cygne. Seule l'amitié des deux collaborateurs a pu en faire le moment de l'écriture par quoi tout commence.

En décidant la publication, Breton choisit le parti de la vie. Mais il est loin de soupçonner, à ce moment précis, le destin du livre dans l'histoire littéraire du XXe siècle. Il n'a pas conscience d'avoir procédé à l'acte fondateur du surréalisme. Témoin les lectures interrogatives qu'il en donne à Fraenkel et Aragon et même à Georges Auric (hospitalisé au Val-de-Grâce) dans des conditions rappelant étrangement celle des *Chants de Maldoror* selon Aragon : le lecteur en blouse blanche élevant la voix au fur et à mesure que les cris des déments gagnaient en puissance, heureux de l'effet produit.

Comme il arrive souvent chez cet homme inquiet et tourmenté, l'expérience de mai ne lui apporte, sur le coup, aucune certitude. Il continue d'interroger sa conscience M. Teste (c'est-à-dire Valéry) et ses compagnons d'aventure. Vaché lui a cruellement désigné toutes les impasses et a choisi (croit-il) la plus rapide des voies. Il estime, pour sa part, se contenter de pis-aller. La poésie-publicité prônée en avril, l'écriture automatique découverte en mai, ne sont pas des solutions véritables : « Il ne faut pas se faire d'illusion, on est disqualifié au bout d'un an ou deux tout au plus... », écrit-il en juin à Aragon. Le même jour, il interpelle Tzara : « Mais vous, mon cher ami, comment sortirez-vous? Répondez-moi, de grâce, voyez-vous une autre fenêtre? (C'est aussi pour moi que j'interroge.) »

Le fait qu'il puisse poser la question montre qu'il est en train de surmonter la crise. Les spectres du gâtisme, de la réussite commerciale, de la terreur sans but et de la mort s'éloignent. Plutôt la vie!

Pour sa part, il n'écrit plus depuis l'épuisante aventure conduite de concert avec Soupault. Ses études priment. Le 5 juin, il se fait réintégrer à la Faculté de médecine de Paris. Il prépare sérieusement le brevet de médecin auxiliaire, qu'il obtient le 1er juillet 1919.

Lorsque, le 20 juin, paraît *Mont de Piété*, avec deux dessins inédits d'André Derain, il s'en désintéresse complètement, ne signant pas le moindre envoi à la presse. Il fait comme si la poésie était chose privée : quinze poèmes en gage de son cheminement intellectuel, explorant toutes les voix, du silence au cri public. Seul compte l'avis de quelques élus. Valéry est de ceux-là : « M. V... est étonnamment content de votre volume, qui l'eût dit? Devient-il fou comme ces jeunes gens de *Littérature*? Mais figurez-vous qu'il se trouve très à l'aise et très ressemblant entre le pôle Mallarmé et le pôle Rimbaud de votre univers. Le fait des comparaisons. Il se voit l'homme qui ferme la chaîne des électricités, et tend le doigt tout chargé vers l'autre corps, avec attente des étincelles », lui écrit-il.

Les corps ne sont pas très conducteurs; Breton ne partage pas l'enthousiasme de Valéry pour *Littérature*: dans le numéro de juin, hormis *le Corset mystère* et *les Mains de Jeanne-Marie*, les étincelles sont rares, à ses yeux. Il a dû laisser passer une chronique des spectacles de Soupault, insuffisante pour traiter d'*Une vie de chien* de Charlot, une notule mal écrite de Giuseppe Ungaretti, qu'il ne pouvait refuser, des contributions contestables de Max Jacob et de Drieu, un insupportable fragment inédit de Pindare. Seuls peut-être les « palets » – c'est lui qui a offert ce mot – de Reverdy et sa critique synthétique de Matisse marquent-ils le ton voulu?

Bien qu'il se sente de moins en moins étudiant en médecine, il est toujours rattaché au Val-de-Grâce, en attendant une affectation en qualité de médecin auxiliaire au Centre d'aviation d'Orly, qui interviendra le 1er septembre. Au début du mois d'août, il obtient une permission, pour se rendre dans sa famille. A Lorient il poursuit la pratique de l'écriture automatique avec un texte, *Usine* (qu'il intégrera aux *Champs magnétiques*) où se profile la masse des ateliers de fabrication de l'Arsenal.

A son retour à Paris débute une liaison orageuse avec une jeune femme qu'il avait observée de loin, au printemps, s'entretenant d'elle avec Aragon. Elle habitait rue Soufflot, tout près de l'hôtel des Grands Hommes et il lui avait été donné de suivre sa démarche élégante avant de se décider à l'aborder. Georgina Dubreuil fut la cause de plusieurs de ses visites à Paris, incognito, avant sa démobilisation officielle, le 20 septembre. Le vaste terrain d'aviation d'Orly, silencieux et presque désert, l'émeut d'autant plus qu'il n'est pas mécontent de s'isoler de ses amis, trop préoccupants à son gré. Pour célébrer son retour à la vie civile, le couple se retrouve en Bretagne, au cours d'un voyage qu'ironiquement il baptise « Lune de miel » dans une pièce automatique, insérée ensuite dans *les Champs magnétiques*.

Breton a fait état de cette relation trente-cinq ans après, en publiant dans l'article « Magie quotidienne » la lettre, significativement datée : 18 février 1955, que cette femme lui adressait nostalgiquement. Elle lui rappelait son geste hardi, un soir qu'ils visitaient la chapelle de Roscudon à Pont-Croix, dans le Finistère où elle avait une résidence : « Vous avez soufflé sur l'un des cierges en disant cyniquement : " De quoi vais-je bien pouvoir payer ce geste ! " La soirée était douce, je ne me rappelle rien de ce que nous avons pu échanger comme propos, que cette remarque insolente. Mais il me semble que c'est moi qui ai payé, la première, l'imprudence du geste que j'avais facilité, sans le vouloir. » En le détournant du Bois-Sacré, tout chargé de magie, dans la tradition populaire bretonne, elle l'avait involontairement poussé au sacrilège.

Leurs rapports n'étaient pas dépourvus d'éclats. Commentant la citation, Breton précise : « Elle émane d'une femme qui fut jadis non pas mon amie – il s'en faut de beaucoup – mais ma maîtresse comme on ne craignait pas de dire alors, et c'était autrement exaltant. Elle avait dans l'amour un côté fusée. Nous nous sommes séparés il y a si longtemps dans les pires termes – sur une crise de jalousie, d'ailleurs totalement injustifiée de sa part. » Le mot qualifiant ses manières amoureuses fait songer au roman de Balzac, *Splendeurs et Misères des courtisanes*, dont le premier état s'intitulait *la Torpille*. Référence indirecte aux relations d'Esther avec Lucien de Rubempré, au côté très parisien et quelque peu libertin du personnage? Georgina avait aussi certains dons prémonitoires, lui prédisant qu'il ferait un mariage bourgeois – ce qui le faisait rire – et lui annonçant, dans un dessin automatique, qu'il ferait la rencontre de la folie...

Les lettres de son mari à sa propre maîtresse, réelle ou supposée, qu'elle avait trouvées par un hasard peut-être provoqué, inspirèrent à Breton une solution au problème que se posait Valéry : « Amoureux, comment Monsieur Teste raisonne-t-il? » Il s'empresse d'en faire part à son vénéré maître en lui recopiant de longs fragments de cette correspondance, d'un ton très valéryen, tentant de formuler mathématiquement la passion : « Si donc j'ai vu juste, je puis mettre en langage analytique la théorie de Quinson, comme Lagrange a mis en équations les vues de Copernic et de Newton. *Tout le monde inepte du déterminé s'écroule.* Problème insoluble depuis Riemann [...] Ah que je t'aime. Je ne distingue plus, à la hauteur où nous sommes tous les deux, le monde des préventions du monde de la réalité : la réalité des aveugles. Quand je te dis que par toi-même je vais à une vie nouvelle, je te dis vrai... »

Jalouse, ardente et possessive, Georgina mit fin à leurs rencontres au bout de six mois en venant saccager sa chambre d'hôtel. Inspirée par la foire dada, elle ne laissa qu'un tas de cendres après son passage. Des livres d'Apollinaire dédicacés, des dessins de Jacques Vaché auxquels Breton tenait beaucoup, deux Derain, trois Marie Laurencin, un Modigliani, des souvenirs, des photos, des lettres, tout cela anéanti.

Conclusion de la victime dans un texte automatique :

« Tout remonte à la plus haute Antiquité : les graffitis qui enchantent les petits garçons ne sont jamais que des cœurs et des triangles entourés de feu. »

DEUXIÈME PARTIE

# DE DADA AU SURRÉALISME

CHAPITRE PREMIER

# *Dada*
(1919-1922)

## *La dictature de l'esprit*

Une institution, avec programme (les manifestes), directoire, chef incontesté au pouvoir charismatique (Tristan Tzara), adhésions formelles, réseau de publications et d'interventions médiatiques : rien n'est plus éloigné de cette image convenue que dada, dont l'ambition se portait bien au-delà de la littérature, puisqu'il avait pour objectif la « dictature de l'esprit ». Il s'était baptisé d'un nom dérisoire par refus des écoles précédentes, rejetait toute définition figée, privilégiait la spontanéité, le doute, la contradiction. Il y a autant de conceptions du dadaïsme que de personnes qui se sont déclarées dada. Et la force de cette organisation est d'avoir une structure légère, non centralisée. Chaque dada est président, dira Tzara. Cette plasticité, cette labilité du mouvement sont voulues, parties intégrantes de sa constitution. Le revers de la médaille étant que le public, de l'époque comme d'aujourd'hui, a bien du mal à s'y retrouver.

Depuis trois ans, Breton est partagé entre plusieurs tendances contradictoires. S'il prend ses distances, il n'a pas totalement renoncé au modèle mallarméen que représente pour lui Valéry, tout en évoluant vers un type d'écriture radicalement différent. Entre l'ordre et l'aventure qu'Apollinaire opposait dans *la Jolie Rousse*, il n'a toujours pas choisi. La tentation du silence l'obsède, mais aussi la volonté de détruire une littérature révolue, qui s'est mise au service d'une cause fallacieuse, la guerre, le nationalisme, l'immense boucherie. Enfin il a entrevu de nouvelles créations poétiques par le biais de la réclame, du collage et de l'automatisme. Toutes ces postulations divergentes et simultanées, il les voit à l'œuvre dans les revues *Dada* et *391* (animée par Picabia) qu'Apollinaire lui a fait connaître avant de mourir. Il se sent des affinités avec ce mouvement. Elles lui sautent littéralement aux yeux lorsqu'il découvre le *Manifeste dada 1918* de Tristan Tzara. Au cours de l'année 1919, il sera de plus en plus conquis, transférant sur le poète roumain toute la charge affective placée sur Vaché. Davantage, il s'éloigne un temps d'Aragon, dont l'optimisme lui devient insupportable, renonce à l'amitié de Reverdy qui lui était chère : son étroitesse d'idées, son exclusivisme, sa jalousie même à l'égard de dada ont fini par entamer l'affection qu'il lui portait. Durant le second semestre de cette même année, il n'aura de cesse de faire venir Tzara à Paris.

Il faut donc tenir pour acquise l'appartenance sincère de Breton à dada. Avec toutes les hésitations, les réserves, les contradictions qu'implique une telle adhésion. L'évolution se fera progressivement et par à-coups, comme en témoigne le sommaire de *Littérature*, selon un rythme cardiaque – diastole-systole – qui n'avait rien pour déplaire à dada.

En juillet 1919, *Littérature* n° 5 contient, sur ses pages bleues, une publicité pour la revue *Dada*, dont la typographie tranche avec l'usage. A la rubrique « Jeux d'esprits », un message où les consonnes sont remplacées par des X se décrypte ainsi : « J'écris parce que c'est naturel comme je pisse, comme je suis malade. Cela n'a d'importance que pour moi et relativement. Tristan Tzara. » Voici donc la littérature ramenée à un besoin naturel, une sécrétion, une excrétion, n'impliquant aucun sacre! Le poème *Cirque*, sa deuxième contribution à la revue, est très représentatif de ce mélange des tons, de ces ruptures, de ces amorces d'images, de ces cris et de ces rires qui font dada à Zurich.

Sur le même plan pour le lecteur, même si le rapport de l'un à l'autre ne peut s'établir que dans l'esprit de Breton, la revue commence à publier les lettres de Jacques Vaché. Elles font apparaître un mystificateur, mettant l'Umour en pratique, se défiant des écrivains professionnels : Apollinaire « doit avoir besoin de

Phynances tout de même », et Gide, s'il avait vécu aux temps du romantisme eût été un Musset triste, mais il est déjà presque froid! Plus choquants encore eussent été les dessins s'ils avaient pu être reproduits. En voici la description : « ... *le moral des troupes* est figuré par un animal qui marche à bonne allure, la queue en bataille, une pipe allumée à l'anus. Derrière lui l'amoncellement des *pipes cassées* », ou encore : « ... à droite un squelette courbé sous un monticule planté d'une croix et d'une fleur est gardé par deux sentinelles baïonnette au canon. Titre : *Type de mort pour la patrie (Acquis par l'État)*... Plus loin un colonel décharge à bout portant son revolver sur un soldat au garde-à-vous. »

Certes, les autres collaborations sont assez disparates et Breton, quant à lui, n'y écrit pas, mais l'ensemble est bien, selon le mot de Tzara, « une tentative de démoralisation ascendante ». A tel point qu'un « palet », assez désobligeant, d'Eluard sur Claudel entraîne une dispute avec Adrienne Monnier et le transfert du dépôt de *Littérature* au Sans Pareil, à partir d'octobre.

A la même époque semble-t-il (les récits de Breton et de Desnos divergent sur ce point), Breton reçoit, à l'hôtel des Grands Hommes une curieuse visite. Venue de Nantes, une femme lui demande un exemplaire de *Littérature* et lui recommande son fils qui, dit-elle, veut « faire de la littérature ». Se présente alors un gros garçon joufflu, d'apparence timide, l'air bêta pour tout dire : Benjamin Péret. La conversation s'instaure si difficilement entre eux que Péret repart sans avoir laissé pressentir l'humour, la poésie, la révolte qui l'animent. Finalement, c'est par l'intermédiaire de Picabia qu'il participera à l'activité dada et qu'il nouera une indéfectible amitié avec André Breton.

Dans le même temps qu'il arrête le sommaire du numéro 6 – auquel il s'abstient à nouveau de paraître – juxtaposant Charles Cros en sa qualité de précurseur de Rimbaud, diverses tendances modernistes avec Max Jacob, Blaise Cendrars, Paul Morand, la désinvolture d'Aragon, l'enthousiasme de Soupault pour Charlot, les propos de Monsieur Aa l'antiphilosophe, personnage décapant de Tzara, l'anti-Teste, et la suite des lettres de Jacques Vaché traitant Max Jacob et Reverdy de « pantins », Breton achève une introduction éblouissante au volume des dites lettres que le Sans

Pareil mettra en vente en septembre. Vaché y est présenté comme un chevalier des temps nouveaux : « C'était le ciel pur. » Tel il se figure Tzara désormais.

Le volume paraît sans la préface promise par Barrès. Celui-ci a répondu qu'il aurait aimé faire quelque chose pour un soldat, mais qu'il « ne possédait plus la clé de cette conversation ».

Faire appel à Barrès, le chef de la Ligue des patriotes, le député du Bloc national, pour préfacer ces lettres, peut paraître de la provocation. Il n'en était rien dans l'esprit de Breton et Soupault, qui pensaient réveiller *Un homme libre*, et *l'Ennemi des lois*. Ils ne doutaient de rien et se trompaient lourdement.

La *NRF*, ressuscitée, regrette anonymement, dans sa livraison de septembre, la publicité que *Littérature* fait à dada : « Il est vraiment fâcheux que Paris semble faire accueil à des sornettes de cette espèce, qui nous reviennent directement de Berlin. » Breton incite aussitôt Tzara à répondre à ce genre d'attaque par une lettre à Jacques Rivière, directeur de la revue. En attendant, les trois responsables de *Littérature* dénoncent « la manœuvre inqualifiable, et les ragots colportés contre leurs amis du mouvement dada ». Il leur fallait en effet réagir contre un état d'esprit général, une xénophobie inadmissible se réinstallant en France au lendemain de la guerre.

La riposte de Tzara vient, magnifique, à la hauteur de leur attente. Par la même occasion, il rectifie quelques sottises de Gide, auquel il oppose l'émergence d'un type d'homme nouveau. Brossant son autoportrait, il écrit, dans le ton de Vaché : « Je serais devenu un aventurier à grande allure et aux gestes fins si j'avais eu la force physique et la résistance nerveuse pour réaliser ce seul exploit : ne pas m'ennuyer »... Cette confidence touche Breton au cœur.

Bien entendu, la *NRF* n'inséra pas cette réponse. Breton et Soupault commencent par en faire un montage. Un pseudo-compte rendu des débats de la Chambre qui discutait longuement, à l'époque, des garanties qu'offrait l'Allemagne, avant de ratifier le traité de paix de Versailles. Ils s'en prennent simultanément au prétendu « parti de l'intelligence », lancé par l'Action française, et aux intellectuels pacifistes conduits par Henri Barbusse et Romain

Rolland. Ce montage lui paraissant insuffisant, Breton préfère publier les propos de Tzara sous la forme d'une « Lettre ouverte à Jacques Rivière » dans *Littérature* de décembre.

Il s'en inspire pour lancer une grande enquête dans la même revue. « Pourquoi écrivez-vous? », demande-t-il aux « représentants les plus qualifiés des diverses tendances de la littérature contemporaine ». Les réponses paraissent sur trois numéros (décembre-janvier-février 1920), dans un ordre d'intérêt croissant. La palme revient, respectivement, à Valéry qui écrit « par faiblesse », à André Colomer, directeur de l'anarchisante *Action d'art*, se bornant à constater qu'on écrit comme on respire, enfin à un personnage de Knut Hamsun qui écrit « pour abréger le temps ».

*Littérature* avait publié, d'octobre à décembre, des fragments des *Champs magnétiques* de Breton et Soupault, ce qui montre bien la coexistence de diverses tendances, confirmée par la prise de position en faveur de Marinetti, le vaniteux fondateur du futurisme, inculpé d'attentat à la sûreté de l'État italien.

Tout en mettant un point d'honneur à faire paraître la revue régulièrement et en sollicitant de grandes plumes telles que celle de Gide et de Valéry, Breton s'en lasse, comme de toute la chose littéraire. « Vaincre l'ennui. Je ne pense qu'à cela nuit et jour », confie-t-il à Tzara. Il est même prêt, en novembre, à fusionner *Littérature* avec *Dada*, sous la seule direction de ce dernier.

Depuis qu'il est rentré de Bretagne, le 20 octobre, en principe pour reprendre ses études de médecine, il n'a aucune idée de son avenir. Il ne fréquente pas la faculté et n'écrit à peu près rien. « Je tourne pendant des heures autour de la table de ma chambre d'hôtel, je marche sans but dans Paris, je passe des soirées seul sur un banc de la place du Châtelet. Il ne semble pas que je poursuive une idée ou une solution : non, je suis en proie à une sorte de fatalisme au jour le jour, se traduisant par un " à vau-l'eau " de nature plutôt agréable. Cela se fonde sur une indifférence à peu près totale qui n'excepte que mes rares amis... », dit-il au cours de ses entretiens radiophoniques de 1952. Se recommandant de Tzara, il entre en relation avec Francis Picabia, dont il se méfiait auparavant, le mettant au même rang que Cocteau. Breton a lu avec émotion ses poèmes, intitulés *Pensées sans langage.* Il l'invite à collaborer à *Littérature* et lui rend une première visite le jour de Noël, mais la compagne de Picabia, Germaine Everling, ne se souvient, dans ses Mémoires, *l'Anneau de Saturne*, que de celle du 4 janvier 1920. Et pour cause : elle allait accoucher le jour même !

Dans la chambre à coucher, Picabia dissertait de Nietzsche, qu'il pratiquait de longue date, avec Breton. Celui-ci le connaissait bien peu, lui préférant Hegel. Dans le salon, la future mère ressentait les premières douleurs. La discussion était si passionnée qu'ils ne se rendaient compte de rien. Tout en Picabia était pour séduire Breton à ce moment-là. D'abord parce que le peintre, son aîné de dix-sept ans, n'aimait rien tant que séduire : il eût été fâché de rater son effet. Mais aussi, plus fondamentalement, parce qu'il débordait d'idées sans jamais s'attacher à aucune, parce qu'il était la vitalité même, parce qu'il avait rejeté une carrière toute tracée pour se lancer dans les expériences les plus aventureuses. Petit, brun comme Picasso à qui on le comparaît pour son vif mécontentement, un peu plus massif, Picabia était du vif-argent à l'odeur de scandale. Rien ni personne ne pouvait l'attacher. Il apparaissait à Breton comme son antithèse vivante. Mais la fortune, les relations mondaines, le goût immodéré des voitures de course recouvraient une étroite parenté qu'il ne pouvait deviner : le peintre traversait de longues périodes de neurasthénie, dont il sortait par une productivité accrue, et sa poésie sans syntaxe contribuait à son équilibre psychique.

Breton a l'esprit de l'escalier. Dès le lendemain, il écrit à Picabia pour revenir sur l'entrevue, préciser ce qui lui tient le plus à cœur : il a rompu avec Reverdy et, désormais, les animateurs de *Littérature* et de *Dada* se retrouvent sur un terrain commun : « C'est la *démoralisation* ou, comme dit Tzara, la " décomposition de l'homme contemporain ". » Car il s'agit bien, après l'hécatombe, de créer les conditions permettant l'avènement d'un homme nouveau. Il concède à son interlocuteur que Gide (figurant au sommaire de janvier) et Valéry ne sont conviés dans *Littérature* que pour les compromettre et accroître la confusion.

Le mot est lâché. Au terme de son évolution, il s'avoue dada. Cela ne veut pas dire qu'il renie ses écrits antérieurs : pendant un certain temps ils passeront au second plan, jusqu'à ce qu'une humanité purifiée, comme l'espère Tzara, prenne les rênes. C'est alors que la « véritable mythologie moderne », en formation dans les planches de De Chirico dont il traite dans le même numéro de sa revue, avec pour emblèmes les mannequins, les revenants, un nouvel espace-temps, pourra faire l'objet d'une théorisation.

L'arrivée de Tzara a été plusieurs fois annoncée puis reportée. « Je n'attends plus que vous », lui écrit Breton. Après être allé cinq fois le chercher en vain à la gare de Lyon, il lui télégraphie. La visite de Marcel Janco, compatriote roumain et complice des débuts de dada à Zurich ne peut y suppléer : convaincant lorsqu'il parle des premières manifestations, des expositions et des expéditions du groupe formé avec Hugo Ball, Hans Arp, etc., il devient suspect à ses yeux quand il aborde l'architecture, qu'il est venu étudier à Paris, et fait état de certaines admirations qui n'ont plus rien à voir avec dada. Plus Breton fréquente Picabia, plus il désire connaître le véritable Tzara. Il n'est pas le seul : « Nous fûmes quelques-uns qui l'attendîmes à Paris comme s'il eût été cet adolescent sauvage qui s'abattit au temps de la Commune sur la capitale dévastée et duquel aujourd'hui encore ceux qui le connurent gardent un blême effroi : le Diable, dit Forain qui le voit toujours dans ses rêves, et Rimbaud le tire par les pieds », écrit Aragon en 1922.

Tristan Tzara débarque enfin le 17 janvier 1920 dans l'appartement de Germaine Everling, à l'adresse que Picabia lui avait indiquée lorsqu'il l'avait rencontré à Zurich l'année précédente. Il déballe ses affaires dans le salon, prend le petit Lorenzo Picabia dans ses bras et se met à lui apprendre dada. Quelques heures plus tard le groupe de *Littérature* renforcé d'Eluard se porte à la rencontre du nouveau Rimbaud.

Breton n'en a jamais rien écrit; sa déception fut proportionnelle à l'espérance. Petit, brun, perdu dans un manteau trop long, Tzara n'avait rien du dandy à la Jacques Vaché, malgré son monocle, sa mèche noire lui tombant sur les yeux et ses gestes délicats. Il parlait très vite un français encore approximatif, avec des intonations rocailleuses. Rien de la fureur divine qu'impliquait son manifeste. Mais quand il se mit à raconter son voyage, son rire fusa et tous les cœurs furent comblés. « Tzara dont le rire est un grand paon », dira Soupault, le qualifiant définitivement. Il n'y avait pas de temps à perdre, dada devait conquérir Paris.

## *Saison dada*

Depuis décembre, ses animateurs préparent la « Première matinée de *Littérature* » au palais des Fêtes, rue Saint-Martin, pour le vendredi 23 janvier. Le quartier est populaire, le public différent de celui qui fréquente les matinées d'Adrienne Monnier ou du Vieux-Colombier, mais le programme alternant musique, lecture de poèmes, présentation de tableaux et sculptures, reflète les différentes tendances modernes accueillies dans *Littérature*, avec une conférence préliminaire d'André Salmon sur « La crise du change », au titre volontairement équivoque.

La séance présentée par les directeurs de *Littérature* et des comédiens amis tels Marcel Herrand, Pierre Bertin et la pianiste Marcelle Meyer, aurait dû se dérouler sans troubles s'il n'y avait eu ce ralliement à dada. Les tableaux de Picabia, dont une œuvre exécutée sous les yeux des spectateurs et immédiatement effacée excitèrent le public. Juan Gris, qui lui-même présentait de ses tableaux cubistes, criait à la trahison. Réellement fiévreux, Breton se mit à déclamer nerveusement des poèmes qui prirent, dans sa bouche, l'allure de provocations. Arriva Tristan Tzara, dont la presse s'était chargée de faire la publicité, négativement, depuis des mois. Il se mit à lire l'article de Léon Daudet dans *L'Action française* du jour, accompagné en coulisse par les crécelles et clochettes d'Aragon et Breton. Quels que fussent les propos tenus, la gesticulation suffisait à marquer l'insolence de dada aux yeux du public.

Est-ce la conséquence de son premier contact avec le public ? Le lendemain, Breton doit garder la chambre. Il écrit à Tzara et à Picabia pour tirer la leçon de cette séance : les procédés de démoralisation ont produit leur effet. Dans la soirée, il s'oblige à voir Paul Dermée, qui se voulait le correspondant officiel de dada à Paris, pour envisager avec lui une nouvelle intervention du groupe. Elle aura lieu lors du Salon des Indépendants, au Grand Palais, le

5 février, cette fois-ci sous l'égide du mouvement dada. Le programme annonce une série de manifestes lus par un nombre décroissant de choristes. Breton y déclame *Bocaux dada*, un texte énigmatique qui semble être un rapport médical, l'interrogatoire d'un confus tel qu'il en pratiquait pendant la guerre : « Comment t'appelles-tu? Quel est ton métier? Et tes parents?... »

Simultanément, on distribue dans la salle le sixième numéro de la revue dada nouvellement implantée à Paris, *Bulletin dada*. Il comprend la liste internationale de ses membres et une suite d'aphorismes et de nouvelles plus ou moins fausses, ainsi que quelques phrases des *Champs magnétiques*.

A peine les animateurs ont-ils repris souffle qu'ils se retrouvent le surlendemain au Club du Faubourg, animé par le journaliste Léo Poldès, rue de Puteaux, dans le XVII^e^. La formule de ce club consistait à débattre de trois questions d'actualité devant un auditoire de fidèles à tendances populistes. Une fois de plus Breton paie de sa personne en lisant avec enthousiasme le *Manifeste dada 1918* de Tzara, tandis que Raymond Duncan (le frère de la célèbre danseuse Isadora), en péplum, prend gauchement le parti des jeunes révoltés.

Quelques jours plus tard, le 19 février, dada affronte la classe laborieuse. A l'université populaire du faubourg Saint-Antoine, héritière de la grande tradition du romantisme social, dada fait un effort d'explication. Ses membres se bornent à lire, avec toute la modération souhaitée par un public attentif et avide de connaissances, une suite de manifestes exposant ses intentions dans les diverses sphères de l'activité humaine. Breton, qui commence à se roder à ce genre oratoire, intervient à deux reprises. Dans *Géographie dada*, il marque son territoire : « dada est un état d'esprit [...] dada, c'est la libre-pensée artistique. » Il le différencie de tout autre mouvement en traçant la voie étroite entre la politique et l'art pour l'art. Comme ses compagnons, il rejette tous les dogmes, mais il exprime un nihilisme très personnel en affirmant : « Il est inadmissible qu'un homme laisse une trace de son passage sur la terre. » Quant à *Patinage dada*, il affirme, sous un titre cocasse et métaphorique, l'amour de la chose vécue dans l'instant, érigeant le doute comme principe supérieur de l'esprit.

Ces déclarations le montrent en parfaite harmonie avec Picabia et Tzara. Une semaine après, il participe avec eux, à un débat houleux à la Closerie des Lilas, au terme duquel dada est exclu de la Section d'Or, salon jadis fondé par les cubistes dissidents. Aboutissement logique de la géopolitique dada qui se radicalise, accentue le fossé avec les autres tendances tout en étendant son emprise internationale. Dans ce but, Breton confie plusieurs fragments des *Champs magnétiques* (cosignés avec Soupault ou non) aux multiples revues du mouvement : *Die Schammade* à Cologne, *Proverbe* que dirige Eluard, *391*. *Littérature* n° 12 paraît en février, sur le modèle antérieur. Breton et Aragon y donnent un texte de caractère subversif, « Démon du foyer », qui appelle la femme à s'échapper du « caveau conjugal ». Sensible au décalage entre l'activité qu'il mène avec ses amis et la variété moderniste de la revue, Breton annonce, à nouveau, à Tzara et Picabia qu'il veut en faire un organe dada. « On supprimera la collaboration des idiots », traduit Tzara ! Mais la grève des typographes entraîne la suspension de la publication pendant deux mois.

Toute cette agitation parisienne de dada est parvenue, par la presse, à la connaissance de la province. Le dimanche 21 mars, les parents Breton, inquiets du devenir de leur fils, se présentent, à l'improviste, à l'hôtel des Grands Hommes. Ils exigent qu'André reprenne une inscription en médecine, qu'il poursuive sérieusement ses études et renonce à ses activités scandaleuses, ou alors qu'il retourne à Lorient pour travailler. Faute de quoi ils lui couperont les vivres. Montrant l'un de ces journaux où son nom s'étale en lettres capitales, sa mère s'emporte jusqu'à dire qu'elle eût préféré le voir mourir à la guerre plutôt que diffamé par les gazettes. Mais le jeune homme résiste. Ni ses facultés ni son tempérament ne lui permettent de continuer des études médicales ; il a fixé son choix en faveur de la poésie et, de plus, il ne peut abandonner ses amis. Enfin, il demande huit jours pour se trouver « une situation ». Philippe Soupault, arrivé sur ces entrefaites, leur confirme la détermination de leur fils, qu'il trouve extrêmement courageuse. Trista Tzara surprend son ami en train de préparer ses valises, et il n'a aucun mal à le convaincre de rester. Lui non plus n'a pas de revenus réguliers. On se débrouillera bien !

Rentré à Lorient dans la nuit, le père, le cœur meurtri, écrit à Valéry pour lui demander d'intervenir et de ramener le jeune dévoyé à la raison. Il connaît l'admiration que son fils lui porte depuis l'adolescence et s'en prévaut pour obtenir son appui.

Valéry sermonne le jeune homme, juge sévèrement ses orientations récentes et lui fait valoir que la poésie ne nourrit pas son homme – il est bien placé pour le dire, lui dont l'échine s'est assouplie devant les dames du monde. Constatant son obstination, convaincu qu'il n'acceptera jamais de retourner auprès de sa famille, il lui propose de s'entremettre pour lui trouver un emploi. Dès le lundi suivant, Gaston Gallimard le reçoit dans son bureau de la rue Madame. Il lui offre de s'occuper de l'expédition de la *NRF* aux abonnés, pour un salaire de quatre cents francs par mois. Viendront s'y ajouter les cinquante francs que Proust lui versera pour chaque séance de lecture à haute voix des épreuves du *Côté de Guermantes* dont il ne se sort pas. Breton, qui estimait à six cents francs par mois ses dépenses (c'est le chiffre qu'il indiquait à Tzara), accepte avec reconnaissance. Au début, du moins, le travail administratif lui convient. Les séances de lecture chez Proust lui laisseront un bon souvenir. D'une affabilité excessive, le récent prix Goncourt l'accueille dans sa chambre tapissée de liège, entre ses tisanes et ses fumigations. Au lit, emmitouflé dans ses châles, le regard d'un noir profond, il ressemble à un oiseau de nuit. Son manuscrit est recouvert d'ajouts et de paperolles difficiles à déchiffrer. Breton le lit de sa belle voix bien timbrée. Ennemi du genre romanesque, il n'en apprécie pas moins les trésors poétiques qu'il décèle dans cette œuvre conçue comme une vaste métaphore. Il lui fera même demander par Soupault, le fils d'une de ses jeunes filles en fleurs, sa collaboration à *Littérature*. En revanche, Proust sera moins enchanté lorsqu'il découvrira, à la parution, plus de deux cents fautes qui le contraindront à dresser un erratum, mais il n'en tiendra pas rigueur à son collaborateur occasionnel et l'assurera n'avoir aucune « ombre de mauvaise humeur ». Cependant, leurs rapports n'auront pas été jusqu'à la cordialité. Malade, Proust n'a qu'une obsession : mettre un point final à son immense entreprise. Et Breton est bien trop discret pour songer à l'en détourner par des conversations sur ce qui le requiert lui-même.

L'offre de Gallimard venait à point pour mettre un terme à une période de trouble tragique. Selon Aragon, Soupault et Breton qui avaient achevé en décembre une comédie en quatre actes, *S'il vous plaît* (dont ils avaient donné lecture au Sans Pareil le 12 janvier), auraient décidé de venir sur scène, au dernier acte, jouer leur destin à la roulette russe, avec des balles réelles. A la manifestation dada du théâtre de l'Œuvre, le samedi 27 mars, ils n'interprétèrent que l'acte second, le plus rocambolesque, où chaque scène bouscule l'attente du spectateur en procédant à un retournement systématique de situation. Ils n'eurent donc pas l'occasion de mettre en pratique leur projet. Breton s'était attribué le rôle de Létoile, un personnage de détective dont il aimait la totale disponibilité. Une de ses répliques : « Les grands magasins de la Ménagère pourraient prendre feu », devait revêtir un caractère prophétique puisque lesdits magasins du boulevard Bonne-Nouvelle brûlèrent l'année suivante.

Au cours de cette soirée, les dadas avaient choisi un surnom : Soupault se dit : Cresson de Pissotière, Breton : Royer-Collard jeune, selon la dénomination que lui attribuait parfois Apollinaire en référence non à l'homme politique mais à son frère cadet, directeur de l'asile de Charenton (1768-1825).

Le programme comportait, outre les manifestes indispensables, un certain nombre de sketches interprétés par les dadas eux-mêmes, avec la participation exceptionnelle de Musidora. Lunettes et col glacé, transformé en homme-sandwich par Picabia qui lui avait dessiné une pancarte munie d'une cible avec cette inscription : « Pour que vous aimiez quelque chose il faut que vous l'ayez vu et entendu depuis longtemps, Tas d'Idiots », Breton lut le *Manifeste cannibale* du dynamique peintre qui ne pouvait se résoudre à affronter le public. Puis il prêta son concours aux pièces de Ribemont-Dessaignes (*le Serin muet*) et de Tzara (*la Première Aventure céleste de M. Antipyrine*). Hommage au talent des comédiens improvisés, sens de la provocation, en souvenir de son titre de gloire ? le directeur de l'Œuvre, Lugné-Poe, qui avait créé *Ubu roi* en 1896, leur demanda une vraie pièce. Breton et Soupault lui confièrent *S'il vous plaît*, qu'il rendit avec ce seul commentaire : « Trop de personnages ! »

A la suite de cette soirée chahutée comme toutes les manifestations dada, Rachilde qui avait autrefois soutenu Jarry à la création d'*Ubu roi*, se prévalut de son avant-gardisme passé pour demander aux journalistes d'observer le silence à l'égard d'un mouvement d'origine germanique. Breton réfuta ses allégations (dans *Comœdia* du 1er avril) en regrettant que les générations de novateurs se succèdent en s'excluant les unes les autres. Il signait sa lettre en qualité de directeur d'une revue dadaïste : *Littérature.*

En effet, le numéro 13 de cette revue était intégralement consacré à la reproduction de vingt-trois manifestes dada. La technique publicitaire du mouvement gagnait. Les revues se multipliaient à profusion. Breton y publiait de nouveaux extraits des *Champs magnétiques*, des collages légèrement remaniés (*Parfums d'Orsay, les Reptiles cambrioleurs*), ou simplement une page arrachée à l'annuaire des téléphones portant la liste de ses homonymes parisiens (*PSST*). Le geste continue d'intriguer par son ambiguïté. Qu'eût pensé sa mère si elle avait vu son portrait, avec celui de tous les animateurs de dada à Paris, dans *Dadaphone*? Ne portait-il pas des lunettes de verre blanc, simplement pour ne pas démentir l'adage selon lequel le nez est fait pour porter des lunettes!

Il fallait bien un mois pour préparer le Festival dada dans le temple de la musique, salle Gaveau. Là encore, Breton prêta sa voix à Picabia, interpréta un rôle dans les sketches de Tzara, de Ribemont-Dessaignes, et dans celui qu'il avait écrit avec Soupault, *Vous m'oublierez*. Ils exploraient la poésie de théâtre avec Lautréamont pour guide, procédant, littéralement, à la rencontre du Parapluie, d'une Robe de chambre et d'une Machine à coudre sur la scène. Breton était Parapluie. Revêtu d'un pantalon rouge il arpentait le plateau en grognant : « Il y a une vache crevée sous un meuble. » La salle entra dans le jeu et se mit à bombarder les comédiens de biftecks. Un instantané représente le public debout, en pleine activité, tandis que les acteurs le contemplent se déchaîner. On avait réussi à inverser les rôles!

Breton se lassait de programmes par trop similaires, sans autres perspectives que le pugilat verbal. Contemporain de *Vous m'oublierez*, l'article sur *les Chants de Maldoror*, qu'il fait paraître en juin 1920 dans la *NRF*, atteste de son choix en faveur de la poésie, dont on sait maintenant qu'elle « doit mener quelque part ». Où? Il l'ignore encore, mais il cherche. Déçu par le devenir de Rimbaud, il s'appuie sur Lautréamont dont seul le texte demeure, intégrant les contradictions humaines. Il reporte à plus tard l'examen du problème moral, c'est-à-dire le renversement opéré des *Chants* aux *Poésies*, préférant s'en tenir à celui des moyens d'expression.

Ce n'est pas une critique contre dada. Ayant un pied dans la prestigieuse *NRF*, discutant fréquemment avec son directeur, Jacques Rivière, et plus encore avec Jean Paulhan, son secrétaire, il est conduit à leur faire valoir les motifs fondamentaux de ce mouvement, qu'il ne se prive pas d'infléchir dans le sens qui est le sien, en vertu des principes individualistes admis par tous ses compagnons. André Gide ayant écrit l'article de tête du numéro d'avril de la *NRF* sur dada, où il tentait de distinguer le bon grain dans ce groupe appelé à disparaître dès lors qu'il avait trouvé ce nom, insignifiant absolu, Breton se plut à expliquer le sens et la portée du mouvement pour le public éclairé de la revue. « Ce sont surtout des différences qui nous lient », affirmait-il, réfutant plusieurs idées fausses. Dada n'est pas une école, il n'est pas fou, il n'a pas d'objectif désigné, il n'est qu'une forme de l'expression humaine. A travers elle, c'est la pensée profonde d'une époque qu'il faut comprendre.

Cet article, « Pour dada », parut dans la *NRF* du 1er août, suivi d'un texte de Jacques Rivière, « Reconnaissance à dada ». Il apportait la caution du directeur de la revue dialoguant avec son jeune collaborateur, éclairait par la tradition littéraire et le contexte historique le comportement absurde de dada qui, ce faisant, mimait le monde contemporain, en allant plus loin : « Saisir l'être avant qu'il n'ait cédé à la compatibilité; l'atteindre dans son incohérence, ou mieux dans sa cohérence primitive, avant que l'idée de contradiction ne soit apparue et ne l'ait forcé à se réduire, à se construire; substituer à son unité logique, forcément acquise, son unité absurde, seule originelle : tel est le but que poursuivent tous les dadas en écrivant... » Cet effort de compréhension, cette reconnaissance par l'institution littéraire, en quelque sorte, déplut à certains membres influents de la *NRF* en même temps qu'elle semait la zizanie dans le groupe dada, gêné de se voir si bien intégré, ou « récupéré » comme on dit aujourd'hui.

Atteint de malaise à plusieurs reprises, Breton n'a pas occupé son poste avec la ponctualité requise chez Gallimard. Il ne supportait plus ce travail répétitif, tant et si bien qu'il se retrouve à la fin juillet chez ses parents, à Lorient. Il prend alors connaissance, dans le détail, de l'article de Rivière, dont il n'avait pu lire que des fragments, sur épreuves, avant son départ précipité. Il s'en félicite, le remerciant de la manière dont il a parlé de Rimbaud. Dans sa réponse, Rivière maintient l'offre de collaboration qu'il lui avait faite en lui demandant une note sur les *Odes* de Valéry, « car je suis persuadé que vous avez un rôle très intéressant à remplir parmi nous pourvu que vous ne craigniez pas la contradiction. Et je sais que vous ne la craignez pas », lui écrit-il, ajoutant : « Vous êtes un poète, cela ne fait pas de doute, ou plutôt vous le deviendrez, dès que vous vous en serez reconnu le droit... » En dépit de l'embarras que lui cause, sur le plan technique, l'absence de Breton, il lui renouvelle sa confiance et lui demande même un article général sur Apollinaire. Le jeune homme ne parviendra à fournir ni le texte sur Valéry, qu'il aurait voulu étendre à une étude d'ensemble, ni le texte sur l'auteur d'*Alcools*. En revanche, une note de lui sur *Gaspard de la nuit* paraît dans la *NRF* de septembre. Il y signale que les sources du lyrisme moderne (les machines, les journaux) seront bientôt dépassées et, à propos du poème en prose, forme dont Aloysius Bertrand est incontestablement l'inventeur, il renvoie dos à dos Max Jacob et Reverdy, leur opposant le « démembrement » des *Illuminations* rimbaldiennes. La réflexion sur l'esthétique de la poésie prend alors le dessus. « Je procède d'ailleurs à une révision complète de mes idées qui pourra me conduire plus près de vous que je n'ai été encore », écrit-il à Jacques Rivière, au terme d'une évolution qui a failli lui faire abandonner ses jeunes compagnons au profit d'une *Nouvelle Revue française* considérée, à l'époque, comme la voie royale vers une carrière littéraire.

## *Simone*

Une rencontre capitale est venue changer le cours de son orientation. Au début juillet, Théodore Fraenkel lui présenta l'amie de Bianca Maklès sa fiancée. Passionnée de littérature, abonnée au cabinet de lecture d'Adrienne Monnier et à la revue *Littérature*, elle avait assisté au festival dada de la salle Gaveau qu'elle avait jugé « d'une grossièreté et d'une pauvreté qui se rendent l'une l'autre inexcusables ».

Simone, qui avait une belle culture littéraire et philosophique et une personnalité affirmée, était une jolie brunette aux lèvres désirables. Elle venait d'atteindre vingt-trois ans. Elle était née à Iquitos, au Pérou, où son père exploitait le caoutchouc naturel, mais elle n'y avait pas vécu plus d'un an. Au retour de sa famille à Paris, elle avait fréquenté l'école Villiers, près de l'avenue Niel où habitaient ses parents, et s'était liée d'amitié avec Colette Clément (la future romancière Constance Coline). Toutes deux avaient ensuite hanté l'Institut d'anglais de la Sorbonne et Simone s'était laissé gagner par le charme élégant d'un étudiant en lettres, Maxime François-Poncet, que sa bonne amie, passée en médecine, tentait d'accaparer insensiblement. Le marivaudage fut interrompu plus vite que de raison par la mobilisation puis le décès de Maxime à la guerre, le 4 juin 1918.

Simone Kahn a évoqué sa rencontre avec Breton : « Il faisait grand soleil au jardin du Luxembourg quand j'accostai les trois amis. Breton était un jeune homme un peu hâve et maigre, qui préservait malgré sa pauvreté une certaine élégance. Il avait déjà cet aspect léonin qui contribua à sa légende, et le fait qu'il mangeait plus souvent chez la Mère Coupe-Toujours (où un franc de galette coupait l'appétit de toute une journée) que dans un restaurant ne semblait pas nuire à son ardeur native.

« Vous savez, je ne suis pas dadaïste, lui dis-je d'emblée, après les présentations. – Moi non plus me répondit-il, avec ce sourire qu'il sut garder toute sa vie quand il faisait des réserves sur une de ses dispositions doctrinales. Après cela, la conversation s'emballa sur les sujets qui nous étaient chers... »

La boutade fait songer à Marx refusant d'être désigné comme marxiste. Elle marque la même indépendance d'esprit, le rejet des étiquettes classificatrices.

Dès cette première entrevue, André fut avec elle au pays de Tendre-sur-Estime. Ils se revirent trois ou quatre fois avant le départ soudain de Breton pour Lorient. De son côté, elle le décrivit ainsi à Denise, sa cousine et confidente : « Personnalité de poète très spéciale, éprise de rare et d'impossible, juste ce qu'il faut de déséquilibre, contenue par une intelligence précise même dans l'inconscient, pénétrante, avec une originalité absolue [...]. Une simplicité et une sincérité très grandes, même dans le contradictoire. »

Dès lors commence un échange régulier de correspondance. Breton cherche à s'y définir et, ce faisant, à se connaître par le biais de la confidence, plus qu'à séduire. Mais la sincérité d'un cœur mis à nu n'est-elle pas le meilleur moyen de conquérir un être intelligent et sensible?

Trait essentiel de son caractère, qui n'est pas le moins surprenant pour ceux qui l'observent de l'extérieur : Breton est un solitaire qui a constamment besoin d'être entouré, soutenu, réconforté. A l'image, un peu facile, du Jupiter tonnant, souvent répandue dans l'opinion publique, il oppose son autoportrait : « Je n'aime pas m'étendre sur le mépris. C'est ainsi qu'en littérature je n'ai pas formulé d'opinion nettement défavorable sur quoi que ce soit. Si je ne fais pas plus souvent œuvre critique, c'est à cause de cela aussi. Je me compte parmi les disciples de l'homme qui a dit : " La critique sera amour ou ne sera pas. " » La formule restera une constante chez lui. L'ensemble de ces propos illustre la décision qu'il vient de prendre au sujet de la préface à *Jésus-Christ Rastaquouère*, promise à Picabia depuis le début de l'été. Il ne pourra l'écrire, ne se sentant plus en phase avec l'état d'esprit de l'auteur. « Je ne suis même plus sûr que le dadaïsme ait gain de cause, écrit-il à Simone, à chaque instant je m'aperçois que je le réforme en moi. »

Il ne rejette certes pas les amitiés si enthousiastes des dadas. Mais, loin d'eux (Tzara est reparti en Europe centrale sans laisser d'adresse, Picabia à Paris, Ribemont-Dessaignes, Aragon, Eluard,

Soupault ne donnent pas de nouvelles), circonscrit par l'ambiance familiale, il songe à abandonner un type d'agitation pour lequel il ne se sent pas d'affinités et dont il ne voit pas sur quoi il peut déboucher. D'autant plus qu'il s'exalte à la correspondance de Simone et se découvre amoureux. Il passe trois jours, du 11 au 14 septembre, à Sarreguemines auprès d'elle, chez sa cousine Denise, une personnalité attachante, fort cultivée, maîtrisant aussi bien la culture allemande que la française.

Une force nouvelle le possède depuis que Simone a accepté d'unir sa vie à la sienne. Les choses ne lui apparaissent plus sous le même angle : la volonté de destruction, la table rase dada est une phase révolue. C'est ce qui explique les termes de sa lettre à Jacques Rivière et le fait qu'après la première saison dada il se retrouve si près de Valéry. Cependant, pour se marier il lui faut trouver une situation stable. C'est à la fois ce que lui suggèrent ses propres parents et ce qu'exigent ceux de Simone qui dirigent une maison d'import-export. Il est prêt à reprendre ses études médicales, si la jeune femme le désire, quoique lui-même n'y mette pas grand enthousiasme. La bourse Blumenthal, fondée par un mécène américain pour un jeune écrivain méritant, aurait pesé sur son orientation vers la *NRF* s'il l'avait obtenue. En dépit du soutien de Valéry, Gide, Edmond Jaloux et Proust, la première bourse, de vingt mille francs, est attribuée à Jacques Rivière ; la seconde, de cinq mille francs, à André Salmon, bien moins jeune, qui avait fait, comme on dit, une « belle guerre » et, surtout, n'avait pas le handicap de dada.

Breton rentre à Paris au début du mois d'octobre. Il loge chez Philippe Soupault qui dirige, pratiquement à lui seul, le Commissariat aux essences, remis à l'État par l'armée. C'est chez lui, 41, quai de Bourbon, qu'est domiciliée la rédaction de *Littérature* depuis le numéro 15 (juillet-août). Après l'éruption dada, un nouvel équilibre tend à s'instaurer avec le retour de Reverdy, la collaboration exceptionnelle de Giraudoux, et les réflexions de Jean Paulhan sur le langage.

Les trois directeurs de la revue et leurs collaborateurs réguliers, soucieux de la démarquer de la *NRF*, conscients du danger de la voir considérée comme une banale entreprise d'avant-garde artistico-littéraire, se réunissent le 19 octobre dans un restaurant de la rue Favart pour discuter de son orientation. Ils décident qu'elle devra paraître régulièrement le premier du mois, que chaque livraison s'ouvrira à une personnalité et une seule, qu'on n'y parlera plus des artistes vivants ou morts, ni de la poésie, ni de la philosophie, mais que tout le monde pourra y donner son opinion sur toutes choses, la politique, la sexualité, écrivant comme on parle, le langage n'étant pas un but (sauf pour Eluard). Enfin tous les textes seront soumis à un jury, instauré à titre expérimental. Le premier résultat concret fut que la revue prit un retard de trois mois.

Sollicité par ce nouvel enjeu qui l'écarte absolument de la littérature, telle qu'elle est traditionnellement conçue, Breton a renoncé à son projet estival de se rapprocher de la *NRF*. Apprenant le retour de Tzara à Paris, il tente, à plusieurs reprises, de lui fixer rendez-vous au Certà, ce café du passage de l'Opéra décrit par Aragon dans *le Paysan de Paris*, dont les dadas avaient fait leur quartier général, loin des milieux littéraires traditionnels. Mais, visiblement, chacun est sollicité par ses amours, ou par les nécessités de la vie, de sorte qu'ils ne se revoient pas avant la nouvelle saison dada, en 1921. Logé à l'Hôtel des Écoles, 15, rue Delambre, Breton donne des leçons de littérature à M^me^ Tachard, une dame fortunée, directrice de la maison de couture Talbot, qui collectionne des tableaux modernes. En décembre, elle le recommande à son ami Jacques Doucet. Bien connu du Tout-Paris mondain, ce couturier de la Belle Époque s'est taillé une solide fortune qu'il consacre à la constitution de collections de tableaux et de meubles dont il se sépare dès qu'il estime en avoir fait le tour. Depuis 1916, Doucet avait su rassembler une belle bibliothèque contemporaine, où figuraient de jeunes écrivains, recommandés par le libraire Camille Bloch. Il s'était tenu au courant des débats esthétiques par le moyen de ces lettres rétribuées que lui avaient régulièrement fait tenir Reverdy, Max Jacob, André Salmon, Radiguet... Il avait financé, autant qu'il lui avait plu, la publication de *Nord-Sud* et soutenu Cendrars en lui versant des mensualités pour la composition d'un récit que celui-ci avait ensuite publié à sa guise.

Après Suarès le Condottiere, il prend comme conseiller Breton, le Mousquetaire. Il lui demande de le tenir régulièrement au courant de l'activité intellectuelle au moyen d'une lettre hebdomadaire rétribuée. Ceci permettra au jeune homme de subsister à Paris.

Auparavant, André Germain, héritier du fondateur du Crédit Lyonnais, directeur des *Écrits nouveaux*, qui pensait faire carrière littéraire, lui a repassé un projet d'anthologie de la jeune poésie française, à paraître aux éditions Cérès, dont il s'occupait en vain depuis deux ans. Breton prépare un questionnaire qu'il adresse aux poètes les plus représentatifs de sa génération et rédige deux notices. La première, sur Eluard, met l'accent sur l'intérêt du poète pour le langage, montrant que la poésie est son élément naturel. La seconde, sur Soupault, souligne son instinct poétique, qui en fait un surprenant chasseur d'images, hanté par l'idée d'un acte gratuit. Selon Robert Desnos (qui mêle peut-être deux épisodes dont il n'a pas été le témoin direct) ce travail aurait été interrompu sur la pression d'Anna de Noailles craignant de n'y avoir aucune place. Le dossier passa aux mains de Tristan Tzara, qui ne le mena pas davantage à terme. Le projet d'une pièce monstre composée par vingt-cinq auteurs, dans l'intention de rassembler plusieurs groupes littéraires, dont Breton fait part à Max Jacob à la même époque, ne voit pas plus le jour.

A la mi-décembre, Breton commence à tenir un carnet, sur lequel il note, par intermittences jusqu'en juillet, ses conversations avec Soupault, Drieu, Eluard, le peintre Jacques-Émile Blanche et son secrétaire, Jacques Rigaut (qui a lui-même rejoint dada). Avec Derain aussi, en complément d'un article, « Idées d'un peintre » relatant une conversation d'atelier du 7 novembre (publié dans *Littérature* en mars).

Breton est si enthousiaste de Derain qu'il lui achète un petit tableau, offert en cadeau de fiançailles à Simone. Toujours pour lui-même, il consigne un rêve, certains spectacles insolites dans Paris : une folle sous la pancarte du métro Notre-Dame-des-Champs, deux missionnaires injuriés par un ouvrier. Dans ces écrits, à l'état brut, s'amorce une nouvelle littérature, en prise directe sur le vécu quotidien, de la veille comme du songe. A quoi s'ajoutent des textes plus élaborés, préparant ses lettres à Jacques Doucet.

Sur le moment, le soutien de Doucet sauvait Breton des études de médecine ou de droit que ses parents lui imposaient. Il l'obligeait à mettre au clair ses idées en matière artistique et littéraire, à élucider sa propre personnalité. Une véritable confiance s'établit peu à peu entre le jeune homme que révoltaient les contraintes sociales et son aîné, habitué aux transactions humaines, qui n'était pas avare de conseils, le plus souvent judicieux.

Ainsi Breton commence-t-il sa collaboration par un autoportrait où il se présente tel qu'il est, avec ses tendances contradictoires, ses alternances d'enthousiasme et d'indifférence, l'impression qu'il a de se débattre dans une série de cercles vicieux. Longtemps il a refusé de penser à son avenir, mais le sentiment qu'il éprouve pour Simone l'y contraint désormais. Refusant de prendre son parti du sort fait à l'homme, il ne veut pas considérer le suicide comme un remède à la souffrance morale. Reverdy et Picabia, à qui il était vivement attaché, le lassent. Il ne garde son affection que pour Valéry, Derain, Soupault, Tzara. Son besoin humain de connaissances l'a conduit vers Freud naguère, Einstein maintenant. La question morale le préoccupe : d'accord avec Barrès « il s'agit aujourd'hui de passer des certitudes à la négation sans y perdre toute valeur morale », écrit-il. Puis il retrace la démarche qui l'a conduit à dada, en déplorant que des esprits libres, Apollinaire, Valéry aient fini par « se ranger ». Mais il prend garde de les condamner : combien de temps tiendra-t-il lui-même? S'il écrit, c'est comme le héros de Knut Hamsun, pour abréger le temps – et aussi pour l'allonger. Indifférent à la postérité pour lui-même, il évoque Jacques Vaché, à qui il attribue un rôle prépondérant dans sa formation sensible. Sur le plan intellectuel interviennent les idées de Freud, dont aucune œuvre n'est encore traduite en français; il recommande *la Psychoanalyse des névroses et des psychoses* de Régis et Hesnard, et les articles de C.G. Jung et de Maeder sur l'art, qui ont présidé, dit-il, à l'expérience des *Champs magnétiques.*

Au moment où il rédige ces lettres, il tente avec Aragon une démarche auprès du parti socialiste.

Bien avant l'ouverture de l'historique congrès de Tours, le 25 décembre, les journaux en ont marqué les enjeux. Une minorité, qui a participé au gouvernement d'union nationale pendant la guerre, conduite par Albert Thomas, Marcel Sembat et Léon Blum, est vivement contestée par une tendance majoritaire, résolument pacifiste, d'autant plus favorable à l'adhésion à la IIIe Internationale dont le siège est à Moscou (Komintern), que les élections de 1919 ont donné la victoire au Bloc national, rejetant les socialistes dans l'opposition. En outre les grèves de 1920 ont été durement réprimées, et la révolution russe apparaît triomphante. Mais tous les majoritaires ne souscrivent pas aux vingt et une conditions posées par l'Internationale. Au centre, une tendance, animée par Longuet et Faure, veut maintenir l'indépendance des syndicats et une certaine autonomie des partis nationaux. Quant à la gauche, conduite par Frossard et Cachin, qui viennent d'effectuer leur pèlerinage à Moscou, elle est pour l'adhésion sans réserve. Les jeux sont faits, reste une inconnue : que diront les centristes ? Or, le 27, un télégramme du Komintern salue les congressistes en demandant l'exclusion de Faure et Longuet désignés comme des agents de la bourgeoisie.

Tout exalté par ces informations, le 28 décembre Breton entraîne son ami au *Journal du peuple* où ils sont reçus par Georges Pioch, un journaliste quadragénaire et grassouillet qui, faussement bonhomme, leur explique qu'il faut savoir aller au coude à coude avec la foule, suer ensemble. Pleins de bonne volonté, inexpérimentés mais prêts à mettre leurs compétences au service du prolétariat, les deux amis n'ont aucune envie de suer avec ce type. Ils se rendent ensuite à *L'Humanité* où on leur détaille les modalités d'une adhésion. Quoi, alors que le Parti a quintuplé ses effectifs depuis 1918, qu'il est le seul mouvement opposé à la guerre, ce qui est pour eux déterminant, il retarde leur démarche avec des arguments bureaucratiques ! Dans son carnet, Breton daube sur Aragon qui rêve de voir ses livres parmi les « bons ouvrages » recommandés au prolétariat, en compagnie de Barbusse et de Duhamel. Quant à lui, il ne peut croire que la discipline socialiste (entendons celle qu'exige le Komintern) soit une nécessité pour tous : « J'aimerais savoir jusqu'où vont ses exigences », note-t-il, avec scepticisme, comme il fera toute sa vie durant à l'égard des partis politiques.

La réponse est connue : le congrès de Tours voit le départ des minoritaires qui se réunissent dans une salle voisine pour maintenir la S.F.I.O. et, selon le mot de Blum, « garder la vieille maison ». Les majoritaires (70 % des mandats) se soumettent à la discipline internationale jusqu'au pacte Laval-Staline en 1935, puis Staline-Ribbentrop en 1939...

## *La grande saison dada*

Cette initiative politique inaboutie montre qu'après avoir structuré le comité de rédaction de *Littérature*, Breton a singulièrement besoin de la solidarité du groupe. Il insiste pour que dada s'organise, prépare un programme, prenne des décisions par vote. Il lui faut des réunions générales au Certà, où tous les dadas de l'heure puissent s'exprimer, avec procès-verbal à la clé. Des récents propos de Tzara, il retient deux thèmes qui lui semblent devoir caractériser le mouvement, au moins pour l'année :

1. dada est la dictature de l'esprit.
2. dada n'est pas moderne.

Ces deux mots d'ordre, il va s'employer à les mettre en pratique avec le soutien de ses plus proches amis, Aragon, Soupault, Eluard. Il explique sa démarche à Valéry, le 1er de l'an : « Tout de même, si je me tourne parfois vers dada c'est avec un semblant de raison puique j'ai tant de peine à mener à bien ce que je souhaite. Je m'étonne qu'on m'en fasse si terriblement grief comme si le doute n'était pas un hommage rendu à l'espoir [...]. »

Il s'agit bien de ne rien laisser s'amortir des vertus de la jeunesse. Voilà pourquoi lui plaisent Tzara, le partisan du scandale, et Picabia, pour qui un homme célèbre est un homme mort, au même titre que les lettres de Vaché, confie-t-il trois jours après à Jacques Doucet.

En revanche, l'attitude de Marinetti, incarnant la foi dans l'avenir mécanique, l'enthousiasme pour le monde moderne, lui déplaît profondément. C'est pourquoi il participe de bon cœur au sabotage de sa conférence au théâtre de l'Œuvre, le 15 janvier 1921.

Dada entendait appliquer son programme et se différencier du futurisme avec lequel le public le confondait. « dada soulève tout », proclame un tract contresigné par les dadas de toutes nationalités. Idiotie pure, il n'est ni artistique ni moderne. C'est le contraire des revendications futuristes. Mais dada ne combat pas sur le même terrain, avec des arguments logiques. Il préfère la perturbation, l'étonnement, le doute. Les interventions des dadas étaient si bien préparées que chacun, dans la salle, en avait une copie dactylographiée (elle est reproduite dans *Littérature*, n° 18). Les interruptions fusent : « Tu t'appelles Marinetti ou d'Annunzio? Pourquoi t'es-tu coupé la moustache?... dada aura ta peau... » Rien de tel pour désarçonner l'orateur, qui pourtant a l'habitude d'haranguer les masses!

Fantaisie et sérieux, jeu et système de déclassement, tels sont les caractères marquant, simultanément, les interventions dada. Il en va de même pour les célèbres tableaux de notes que *Littérature* publie en mars, sous le titre « Liquidation ». Chacun y apprécie, de – 25 à + 25, les personnalités les plus célèbres : « Je sais ce qu'un tel procédé peut avoir de choquant – explique Breton à Doucet – mais le tableau ainsi constitué en dira, je crois, plus long sur l'esprit de *Littérature* qu'une série d'articles critiques de ses différents collaborateurs. Il aura l'avantage de nous situer très exactement et même de montrer de quoi nous procédons, à quoi nous nous rattachons, à la fois ce qui nous lie et ce qui nous sépare. »

Le lecteur actuel de magazines remplis d'analyses factorielles comprendra mieux ce qui, alors, paraissait une nouveauté incroyable dans une revue littéraire. Opposer la fantaisie de Tzara au sérieux de Breton, c'est montrer deux comportements différents et complémentaires : le courant électrique ne passe que s'il y a deux pôles, négatif et positif.

Du côté positif, Breton juge, début mars, qu'il est opportun de lancer une série d'activités nouvelles. Autant le silence s'imposait depuis huit mois pour éviter la redondance et la transformation de dada en poncif, récupérable par un public de snobs, autant il faut, désormais, échapper au cadre habituel des institutions artistico-littéraires pour rejoindre la vie. Abolir le privilège aristocratique de l'art, sortir de la tour d'ivoire, montrer que dada est capable de réalisations. Telle est l'ambition du programme, adopté à l'unanimité sur son initiative.

Un tract annonce l'ouverture de cette « Grande Saison dada ». Il énumère les activités proposées : visites, salon dada, congrès, commémorations, opéras, plébiscites, réquisitions, mises en accusation et jugements. Ce programme ne sera pas tenu en totalité. De même, un numéro anthologique de la revue *Dada, Dadaglobe*, restera sous forme de maquette dans les archives de Tzara.

Sensible à la « crise de l'esprit » analysée par Valéry deux ans auparavant, persuadé que cet esprit n'est pas suffisamment désaliéné, Breton comprend la nécessité de la crétinisation voulue par Tzara, dans la ligne de Lautréamont, mais il entend aussi introduire des idées neuves. Au domaine scientifique il emprunte le « surréalisme » (c'est-à-dire alors la seule écriture automatique), la psychanalyse, le principe de relativité, pour les introduire dans l'ensemble idéologique dada. Ce sont les thèmes qu'il voudrait voir présider aux trois manifestations parisiennes d'avril-mai. Un spectacle qu'il a vu et revu a contribué à l'influencer dans ce sens. La pièce de P. L. Palau, *les Détraquées*, représentée au théâtre des Deux-Masques, rue Fontaine est, à l'origine, du grand-guignol mettant en scène une perversion sexuelle, le crime de deux lesbiennes perpétré sur une enfant. Il s'agit là d'un coup de projecteur donné sur « les bas-fonds de l'esprit, là où il n'est plus question que la nuit tombe et se relève ». Certains épisodes, les attitudes de l'actrice principale, Blanche Derval, lui laissent des impressions si émouvantes qu'il en fera l'une des amorces de *Nadja*.

Ouvrant sa deuxième saison le 14 avril, dada donne rendez-vous à son public sur la rive gauche de la Seine, en plein quartier Latin, au jardin de Saint-Julien-le-Pauvre qui avait, à l'époque, des allures de terrain vague. Sous la pluie fine de printemps Breton interpelle : « Tout ce qui s'est passé jusqu'ici sous l'enseigne de dada n'avait que le caractère d'une parade. D'après elle vous ne pouvez vous faire aucune idée du spectacle intérieur. Le rideau ne va pas tarder à se lever sur une comédie autrement fantastique... » La centaine de spectateurs, qui n'ont pas tous un parapluie pour s'abriter, écoute à peine les aphorismes percutants de Tzara et préfère s'égayer dans les cafés alentour. C'est à la Taverne du Palais que Vitrac, en tenue militaire, et ses compagnons de régiment : René Crevel, François Baron et son jeune frère Jacques, prennent contact avec Aragon et, d'enthousiasme, décident de créer une revue ouverte à dada : *Aventure*.

Le lendemain, Jacques Baron, âgé de moins de seize ans, avait rendez-vous avec Breton, à son hôtel de la rue Delambre. Celui-ci l'accueille chaleureusement et lui propose une promenade. Baron le revoit dans ses souvenirs, *l'An I du surréalisme* : « Sur un corps plutôt massif André Breton portait sa tête d'une manière inimitable peut-être à cause de son abondante chevelure qui me fait encore penser à des algues couronnant un rocher. Dans l'ensemble d'ailleurs, son allure évoquait un de ces rocs un peu au large des côtes, qui s'allège à perpétuité de l'écume que la marée apporte et remporte. Dans son visage pâle, le regard était violent comme celui d'un rêveur d'assaut. Un sourire astucieux et sauvage, ardent et doux, relevait, de temps en temps, une lippe légèrement inclinée du côté droit. » Le jeune lycéen observe encore que son grand homme, mal habillé, ne ressemble pas à un poète d'avant-garde. Il l'aurait voulu dandy anglais et le trouve guindé à la française. La conversation vient sur la manifestation que Breton jugeait pitoyable.

A la fin du mois, un incident au café Certà creuse les divergences entre les dadas. L'un d'eux ayant trouvé le portefeuille d'un garçon de café, ils discutent longuement pour savoir ce qu'il faut en faire, vu leurs opinions et leurs besoins respectifs. En attendant de trancher, ils en confient la garde à Eluard. Le lendemain, le portefeuille est rendu à son légitime propriétaire. Breton flétrit ce geste de conformisme bourgeois.

Fort opportunément, l'exposition Max Ernst, organisée au Sans Pareil du 3 mai au 3 juin, renoue avec le scandale et resserre les rangs. En l'absence de Max Ernst, qui n'obtient pas son visa pour la France, le vernissage est organisé comme un véritable spectacle, avec des attractions divertissantes. Breton croque des allumettes pendant que Georges Ribemont-Dessaignes répète *Il pleut sur un crâne*; Tzara et Soupault jouent à cache-cache; de la cave montent des cris mystérieux, on insulte les invités : dada n'était décidément pas récupérable!

En relation avec Tzara et Arp de longue date, Max Ernst, dada de Cologne, désirait faire connaître ses travaux hors de son pays. Tzara s'y était employé avec le concours d'Aragon, de Rigaut et surtout de Breton et Simone qui avaient offert, de leurs deniers, l'encadrement de quarante-deux peintures, huit dessins et quatre œuvres en collaboration dites « fatagagas », qu'ils trouvaient magnifiques. Dans sa préface au catalogue, Breton exprime son enchantement devant des œuvres qui ne doivent rien aux écoles antérieures et procèdent au dépaysement de la sensation par le collage, procédé analogue aux images des *Chants de Maldoror.*

La collaboration de Max Ernst venait providentiellement remplacer le vide créé par le départ de Picabia, annoncé en première page de *Comœdia*, le 11 mai. Deux jours après, le 13 mai 1921, dans la Salle des sociétés savantes aux murs couverts d'antiques papiers peints, s'ouvrait la « Mise en accusation et jugement de Maurice Barrès par dada ». Cette séance de tribunal avait été expressément organisée par Aragon et Breton qui avaient pris soin de s'informer, au palais de justice, des modalités d'un procès. Le bulletin d'annonce priait les spectateurs désireux de faire partie du jury de se faire connaître au Sans Pareil. Le tribunal était des plus solennels. Barrette rouge pour le président (Breton) ses assesseurs (Fraenkel et Deval) et l'avocat général (Georges Ribemont-Dessaignes); noire pour les défenseurs, Aragon et Soupault. Mais, dada oblige, ils avaient tous revêtu une blouse de carabin en guise de toge.

L'accusé avait refusé de comparaître : il donnait à la même heure une conférence à Aix-en-Provence sur « L'âme française pendant la guerre ». Un mannequin en tenait lieu. Une commission d'enquête avait travaillé pendant quinze jours et déposé les réquisitions suivantes, rédigées par Breton : « ... considérant qu'un homme donné étant, à une époque donnée, en mesure de résoudre certains problèmes, est coupable si, soit par désir de tranquillité, soit par besoin d'action extérieure, soit par self-cleptomanie, soit par raison morale, il renonce à ce qu'il peut y avoir d'unique en lui; s'il donne raison à ceux qui prétendent que sans l'expérience de la vie et la conscience des responsabilités il ne peut y avoir de proposition humaine, qu'il n'y a pas sans elles de véritable possession de soi-même ; et s'il trouble dans ce qu'elle peut avoir de puissance révolutionnaire l'activité de ceux qui seraient tentés de puiser à son premier enseignement, accuse Maurice Barrès de crime contre la sûreté de l'esprit. »

Comment expliquer le brutal revirement de ce président de cour qui, exactement un mois auparavant, assurait Jacques Doucet que la postérité serait tendre envers l'auteur de *l'Ennemi des lois*, que ceux de sa génération n'avaient « jamais désespéré de lui, même pendant la guerre de 1914 », qu'ils avaient puisé dans *le Culte du moi* une partie de leur enseignement et qu'ils voyaient en Barrès le meilleur poète en prose ; à qui, récemment encore, il demandait de préfacer les lettres de Jacques Vaché ?

La vérité est que Breton entend instruire un débat qu'il se pose à lui-même. Il s'agit moins de reprocher à Barrès, président de la Ligue des patriotes, ce qu'il est devenu dans la seconde partie de sa vie – tout homme a le droit de se contredire, et dada serait le dernier à le contester – que d'examiner la responsabilité de l'écrivain devant ses lecteurs. Libre à Rimbaud de disparaître au Harrar ; Barrès vivant devait des comptes aux générations qui l'avaient adulé. Son crime : s'être escamoté lui-même. Tout au long des débats, le président mettra en scène ses propres interrogations, ses hantises aussi : comment ne pas devenir comme Barrès (ce qu'Aragon ne saura éviter, dans d'autres conditions s'entend) ? Cela ressort aussi des questions qu'il pose aux témoins, interrogeant Rigaut sur le suicide, Tzara sur la logique, Drieu sur les rapports de la pensée et de l'action.

La séance fut tour à tour cocasse, avec les répliques et la chanson dada de Tzara, scandaleuse avec l'apparition du soldat inconnu (Benjamin Péret) parlant allemand en uniforme bleu horizon, ennuyeuse avec les trop longues plaidoiries. Reste que la forme choisie pour explorer un tel débat moral était inappropriée, et que le cas Barrès était largement dépassé puisqu'il avait été réglé, vingt ans auparavant, par ses propres contemporains de *La Revue blanche*.

Fatigué par ces activités, déçu de n'avoir pas obtenu les réponses qu'il attendait, Breton rédige une longe note pour Doucet sur cette première phase de la grande saison dada, qu'il intitule par antiphrase *les Enfers artificiels.* Puis il prend quelques jours de détente à Lorient. Il y prépare un adieu à dada, la futilité de certains actes lui paraissant dénaturer cette tentative d'affranchissement. A la réflexion, son départ, après celui de Picabia et pour des raisons inverses, risquant d'être mal interprété, il préfère n'en rien dire. Absent de Paris lors de l'inauguration du Salon dada à la galerie Montaigne, il s'abstient de prendre part aux manifestations organisées par dada au théâtre des Champs-Élysées, si ce n'est en spectateur passif.

C'est la seule attitude possible, s'il ne veut pas retomber dans l'ornière de la littérature. Il laisse Soupault, seul directeur de *Littérature* désormais, s'occuper de la publication (partielle) des textes relatifs à l'affaire Barrès. La revue cesse de paraître en août avec le numéro 20.

Plus que les gesticulations dada l'intéressent les ventes, organisées à l'hôtel Drouot, des tableaux appartenant aux Allemands Kahnweiler et Uhde, dont les biens ont été séquestrés et vendus au titre des dommages de guerre. Il y assiste les 13 et 14 juin en compagnie de Jacques Doucet, Paulhan, Eluard et Tzara qui achètent des dessins de Picasso, Braque et Juan Gris. Pour sa part, il proteste publiquement contre la spéculation à la baisse frappant tous les cubistes.

Au cours de ces derniers mois, ses liens avec Doucet sont allés se resserrant. Il l'a vu fréquemment; il s'est de plus en plus confié dans ses lettres, lui a dit son sentiment sur les salons et expositions, lui a expliqué sa position et celle de ses compagnons dada. Peu à peu, il lui a conseillé des ouvrages pour sa bibliothèque. Les revenus qu'il tire de ce travail sont de cinq cents francs mensuels. Ce qui ne suffirait pas à garantir les ressources d'un jeune ménage.

Mal à l'aise, comme toujours, il a fait la connaissance des parents de sa fiancée, au théâtre de la Chauve-Souris, troupe de ballet moscovite dont le spectacle lui a paru interminable, ennuyeux. Ensuite il a été reçu à dîner avenue Niel. Accueil obligeant et froid. On parle de détails pratiques plus que de sentiments et d'enthousiasme.

Vers la mi-juillet, Doucet débloque la situation en lui offrant un emploi permanent de secrétaire-conseiller artistique pour sa bibliothèque de la rue Noisiel, assorti d'un salaire mensuel de mille francs.

Selon Aragon, l'accord aurait pu se conclure plus tôt si la comtesse de Noailles ne s'était mise en travers, faisant une scène à Doucet pour qu'il cesse de protéger ces insolents jeunes gens, saccageurs de poésie. Un matin qu'il est passé le prendre à l'hôtel, Aragon découvre Breton effondré. Il téléphone aussitôt à la comtesse qui le reçoit le jour même et se met à injurier tous les dadaïstes, à l'exception de son compatriote Tzara, dont elle trouve le vers de M. Aa l'antiphilosophe, « Capitaine, prends garde aux yeux bleus », digne de la plus haute poésie. Aragon a beau lui représenter le malheur dont elle est cause, son ami parle de suicide, etc., rien ne la fléchit. Alors il éclate en sanglots. Crise incontrôlable et sans effet. Au retour, Breton et Soupault lui reprochent son initiative, d'autant moins utile que Doucet, parlant avec Valéry, avait décidé d'ignorer l'avis de la poétesse.

Breton prend ses nouvelles fonctions à cœur. Pendant que son patron est à Quimper, il trie le courrier de la bibliothèque, lui fait part des propositions de Kahnweiler, de ses conversations avec Derain et Braque, suggère tel achat. Il lui communique aussi les nouvelles des dadas : Picabia publie un numéro spécial de *391 ; Proverbe*, la feuille d'Eluard, reparaît ; Soupault et Tzara s'apprêtent à quitter Paris définitivement. Il a accompagné ce dernier gare de l'Est, le 21 juillet, en direction de Prague où il doit retrouver son amie, et l'a perdu en allant chercher des cigarettes. Son rire va lui manquer. Il éprouve aussi le besoin d'une revue à soi, ne serait-ce que pour répondre aux impertinences de Picabia.

André guéri de l'affection pulmonaire qui l'a indisposé tout le mois d'août ; Simone revenue de Sarreguemines où elle a assisté à la noce de sa cousine Denise avec le Dr Georges Lévy ; les parents de la fiancée rentrés de vacances, le mariage est fixé le jeudi 15 septembre à 11 h 30 à la mairie du XVIIe arrondissement, rue des Batignolles. Paul Valéry est le témoin du marié ; Gaston Kahn (son frère) celui de la mariée. La mère d'André n'a pas jugé utile de se déplacer, mais elle a donné son consentement par un acte authentique ; son père, désormais rentier, est venu de Lorient. Félix Kahn et son épouse sont présents et consentants. Un contrat de mariage, enregistré la veille chez le notaire, précise que les parents de Simone lui verseront une rente mensuelle en avance d'hoirie.

Au début, les jeunes époux vivront « en l'air », comme dit Simone, tantôt à l'hôtel rue Delambre, tantôt avenue Niel. Pour l'instant, ils partent en voyage de noces, au Tyrol, où les attendent les couples Ernst, Arp et Tzara; Eluard et Gala devant les rejoindre plus tard.

Arrivés à Tarrenz, près d'Imst, le 18 septembre, André et Simone logent à l'Hôtel de la Poste. Le village est une petite station climatique dans la montagne, entouré de sapins. Il fait très beau, l'air est doux, les chalets fleuris ressemblent à des jouets. Le soir, les montagnards chantent et les jeunes couples dansent. Les touristes s'associent à leurs fêtes. Tout cela est frais et charmant comme dans *la Nouvelle Héloïse*. Breton se sent aborder une vie nouvelle. Il fait la connaissance de Max Ernst, qui lui apparaît tel qu'il l'avait imaginé, avec son regard d'aigle bleu et ses dons poétiques. C'est bien l'un des esprits les plus curieux de ce temps. Avec Arp, Tzara et leurs compagnes respectives les jeunes gens forment une joyeuse bande internationale, presque un congrès à eux seuls.

Ils composent et font tirer une feuille de quatre pages, intitulée *dada augrandair*. Breton en envoie un exemplaire à Doucet (ce qui prouve qu'elle a été imprimée en Autriche et non à Paris) pour lui donner idée de cette atmosphère complice et gaie. Plutôt que de polémiquer directement avec Picabia, Tzara a choisi l'humour; Arp, déclare plaisamment avoir assisté à la naissance de dada le 8 février 1916 à Zurich, en présence de ses douze enfants. Les messages de Tzara à ses amis, les poèmes en allemand d'Arp, Ernst, Baargeld; en français de Soupault, Fraenkel, Ribemont-Dessaignes; les gravures d'Ernst et Arp en font un numéro dada des plus réussis.

La discussion de Breton avec Tzara, la veille de son départ, accuse leurs divergences d'une façon qui est loin de leur déplaire. L'esprit ne doit-il pas se nourrir de telles contradictions? Tzara tend à s'éloigner du public; il s'en tient à ses trois ou quatre axiomes initiaux et demeure pessimiste alors que Breton, peut-être sous l'emprise des circonstances et de son bonheur nouveau, accepte les concessions au public, cherche à s'élever au-dessus des contingences : « Nous nous sommes heurtés autant que possible, écrit-il à Doucet, et, au cours de la joute, le sentiment de ma volonté d'autre chose s'est considérablement fortifié. »

Fort de ses dispositions nouvelles, Breton revient à l'écriture. Deux poèmes : *Rendez-vous* et *Privé*, font écho, très allusivement, à ce rassemblement d'artistes en quête de nouveaux pensers, aux rêves de sa compagne, à ses émotions. Avec Simone, il marche dans la campagne et pousse jusqu'à Innsbruck en quête d'antiquités. Eluard et Gala les rejoignent, début octobre. Avec eux, ils partent pour Vienne. Breton, qui a obtenu un rendez-vous pour le 10 octobre à 3 heures de l'après-midi, à l'heure de sa consultation, tient à rencontrer l'illustre Sigmund Freud. Le compte rendu qu'il publie par la suite sous le titre « Interview du Pr Freud » (*Littérature*) est plutôt narquois. La salle d'attente du 19, Berggasse, est désolante à souhait : aux murs des gravures allégoriques des quatre éléments, une photo du maître entouré de ses collaborateurs, une clientèle de médecin de quartier. Le portrait de Freud lui-même est assez désobligeant : il ne se préoccupe que de sa célébrité, heureux de voir ses *Cinq Leçons sur la psychanalyse* enfin traduites en français. Refusant la discussion sur Charcot ou Babinski, il s'en tient à des généralités sans importance.

La rencontre historique entre le savant et l'artiste, la greffe de la science sur l'art ne produit aucun effet. Pire, le courant n'est même pas passé ! Freud a reçu l'exemplaire des *Champs magnétiques* que Breton lui dédicace élogieusement sans comprendre qu'il s'agissait là d'autre chose que de poésie : la pensée sans filtre. Désappointé par son échec, Breton « n'a cessé de garder une sourde rancune contre Freud à cause de cette entrevue avortée. Il n'en disait du bien que par honnêteté intellectuelle », témoignera ensuite Simone.

Il ne faut pas trop s'en étonner. Le savant, tout imbu des chefs-d'œuvre de la littérature mondiale qui venaient étayer ses analyses, n'avait pas les moyens de prêter attention aux écrits d'un jeune « littérateur » faisant tout pour éviter cette étiquette. Quant à expliquer ses théories, la longue liste de ses œuvres devait suffire. D'où sa politesse condescendante envers quelqu'un qui avait eu l'imprudence de se présenter comme un admirateur enthousiaste, se recommandant de la neurologie, la branche rivale!

Tandis que Gala et Paul Eluard opèrent un détour par Cologne pour y retrouver Max Ernst qu'ils avaient manqué au Tyrol, Simone et André Breton rentrent en France, la première faisant halte chez sa cousine à Strasbourg, le second reprenant ponctuellement ses fonctions auprès de Jacques Doucet.

A la deuxième vente Kahnweiler, le 17 novembre, Breton achète avec Simone une dizaine d'œuvres de Braque, Derain, Gris, Léger, Picasso, Vlaminck et Van Dongen, pour son compte personnel (à la troisième vacation, en juillet, il se procurera un Léger et trois Braque) plutôt que pour celui de Doucet, encore réservé. Au début décembre, Breton le dissuade d'acheter un petit tableau de Picasso, inadapté au cadre de la maison qu'il se fait bâtir, et lui conseille en revanche d'acquérir une œuvre maîtresse comme *les Demoiselles d'Avignon*, qui marque l'origine du cubisme et qu'il serait fâcheux de voir partir à l'étranger. Il flatte en même temps ses ambitions en lui indiquant qu'au-delà de son goût personnel il se doit d'accueillir « l'œuvre marquante des deux ou trois plus grands artistes d'aujourd'hui ». C'est pourquoi il lui recommande l'acquisition d'un Derain, *le Samedi* ou *le Chevalier X.*

A ces préoccupations se rattache le projet pour la « Bibliothèque littéraire » du collectionneur, qu'il rédige en février 1922 en son nom et en celui d'Aragon, qui abandonnant son doctorat en médecine se trouve placé, par la même occasion, au nombre des protégés de Doucet. Le document a un triple objectif : compléter les collections antérieures, constituées à l'initiative d'André Suarès; mentionner ce qui a contribué à « la formation de la mentalité poétique de [leur] génération »; et représenter, au dire d'Aragon, ce qu'Isidore Ducasse avait pu lire. A cela s'ajoute un souci de cohérence : ainsi Kant s'impose par la présence des œuvres de Poincaré, Freud, Einstein; inversement Apollinaire réclame celle de ses inspirateurs, Restif de la Bretonne et Sade. Même si elle est représentative des goûts de Breton et de son ami, cette liste ne constitue pas le catalogue de leurs lectures réelles. Plutôt l'horizon des livres désirés, ceux que l'on doit constamment relire parce qu'ils sont à la source des réflexions contemporaines. Tels Hegel, dont la filiation va de Mallarmé à Villiers de L'Isle-Adam, Jarry et dada, ou bien Condillac pour les linguistes Michel Bréal et Frédéric Paulhan. Une section est consacrée aux mystiques : Raymond Lulle, Swedenborg, parce que le mysticisme est, « après tout, la solution poétique des problèmes fondamentaux ». Pour les moralistes, que Breton aime par-dessus tout, voici Pascal, Vauvenargues, La Rochefoucauld, et sur le plan pratique, Restif, Proudhon qui a « trouvé en Barrès un commentateur précieux ». En marge, les *Mémoires* de Lacenaire (le célèbre criminel), la collection de *L'Ami du peuple* de Marat pour l'efficacité concrète de ses pamphlets, les *Lettres à Joséphine* de Napoléon, qui ramènent les faits d'armes à leur juste proportion au regard de la passion.

L'esprit de révolte est le critère fondamental de cette énumération. Il ne caractérise plus le romantisme, en tant que mouvement révolu (et déjà largement représenté chez Doucet), si ce n'est lorsqu'il atteint son paroxysme chez Rabbe, Eugène Sue, Ponson du Terrail, et, à l'étranger Ann Radcliffe, Jean-Paul, Mickiewicz. Une mention particulière : *l'Histoire du roi de Bohême*, de Nodier, pour sa « fantaisie typographique alliée à un esprit philosophique voisin de celui-même de dada ». Enfin, pour leur valeur poétique, viennent la Bible, *les Mille et Une Nuits* dans la traduction de Galland, *la Reine de Saba* dans celle de Mardrus.

Ses matinées rue Noisiel permettront à Breton de relire et de méditer ces ouvrages auxquels il se référera toute sa vie et qui forment, en quelque sorte, le substrat du surréalisme. Loin de la table rase dada, il se plaît à situer, sans hiérarchie, ses sources culturelles. Suivra une « Bibliothèque poétique », élaborée dans les mêmes conditions, fondée sur « un point de vue culturel », de Dante et Villon aux plus récents, Reverdy, Tzara, Picabia, Eluard, Soupault ; chacun pour leur œuvre la plus représentative. Elle est accompagnée d'une proposition d'achat de manuscrits de Paulhan, Tzara, Eluard, Desnos, Jacques Baron, Limbour et Péret, témoignant d'une absence totale d'ostracisme, en dépit des querelles internes à dada, et d'un souci de solidarité matérielle pour ces jeunes toujours dans le besoin. Contant les *Mystères et Splendeurs de Jacques Doucet*, François Chapon a montré qu'à de rares exceptions près, toutes ces recommandations furent suivies d'effet, en particulier pour les manuscrits.

*Adieu à dada*

Au début de 1921, Simone et André Breton emménagent 42, rue Fontaine, près de la place Blanche, dans un quartier populaire et noctambule. A mi-pente de Montmartre, les cafés y sont fréquentés par une faune interlope : filles, souteneurs, trafiquants, danseuses, musiciens, enfants de la balle, très différente des artistes et littérateurs de Montparnasse ou de Saint-Germain-des-Prés. Le soleil électrique ne s'éclipse jamais derrière le Moulin-Rouge et les cabarets voisins, comme le Zelli's cher à Eluard, Baron et Vitrac. Au quatrième étage, l'atelier domine par sa verrière le boulevard de Clichy. Cette « pièce de bruit et de lumière », dit Simone, surplombe une boîte de nuit, « le Ciel et l'Enfer ». Tout un programme! La chambre « de silence et d'ombre » donne sur la cour. Peu à peu s'accumuleront les tableaux de Chirico, Ernst, Picasso, les masques nègres, les fétiches d'Océanie. Les amis prendront l'habitude de se réunir à l'heure de l'apéritif dans les cafés de la place, au Cyrano normalement, au café de la place Blanche, à Radio, rue Caulaincourt, les jours de brouillage. Les intimes seront ensuite conviés à un repas improvisé, dans l'atelier. Chacun apporte ce qui lui plaît, et le menu est souvent déséquilibré en faveur des vins.

Depuis un an, tout en participant aux activités dada et en contribuant à leur renouvellement, Breton est préoccupé, comme déjà en 1917, de qualifier le contenu de l'esprit nouveau. « La question est d'abord de savoir si l'appellation correspond à une réalité, ce qui ne fait pour moi aucun doute », écrit-il à Jacques Doucet le 21 janvier 1921. Il ne se satisfait pas des entreprises diverses et opposées d'Apollinaire, de l'impressionnisme d'un Max Jacob, ni même de l'Umour de Vaché, qui est loin de circonscrire la totalité du concept. Il souhaite y intégrer les données du savoir contemporain, chercher le facteur dominant, analyser la notion, estimer sa valeur productive. La question est d'autant plus d'actualité que s'amorce un « retour à l'ordre » qui ne laisse pas de l'inquiéter. De Chirico lui écrit qu'il s'est mis à étudier les peintres et les traités anciens, pour retrouver le secret de la lumière. Gide fait l'éloge du classicisme dans ses *Morceaux choisis*. Le même Gide l'entretient d'une stratégie littéraire tablant sur la postérité, qui l'épouvante. Dans *Littérature* de mars, il rend compte de leur conversation, bras dessus, bras dessous dans une boulangerie de la rue de Grenelle, en termes peu amènes. Derain a pris, lui aussi, le même chemin. Quant à Valéry, en dépit de l'affection profonde qu'il lui garde, il n'a plus le courage de le voir ni de lui écrire; leurs chemins sont par trop divergents.

Vexé du portrait qu'il donne de lui, Gide en déduit, dans son *Journal*, que Breton cherche à influencer les jeunes, pour les attirer à lui. Bien que la question ne se pose pas en termes d'audience, il n'a peut-être pas tort : Breton veut absolument donner un sens à l'esprit nouveau qui est, depuis la guerre, l'objet de toutes ses réflexions. Et la *NRF* occupe, à ce moment-là, un espace trop grand, qui ne laisse pas assez de place aux idées nouvelles. Breton prend contact avec différents représentants des nouvelles tendances artistiques, aussi éloignées soient-elles de ses préoccupations, en vue d'organiser une rencontre, congrès ou autre, qui se donnerait pour tâche de définir cet état d'esprit et de le défendre contre toute régression. Avec l'accord de trois directeurs de revue, Ozenfant pour *L'Esprit nouveau*, Paulhan pour la *NRF* et Vitrac pour *Aventure*; de deux peintres, Robert Delaunay et Fernand Léger; d'un compositeur, Georges Auric, il rédige un appel publié dans la presse le 3 janvier. Il s'agit, dit-il, de « se placer au départ en dehors du connu et de l'attendu » et, sans chercher à unifier les individus ou mouvements en présence, de clarifier la situation; de confronter les valeurs nouvelles, et d'en dégager la résultante. Ouvert à toute proposition sur la forme des débats, il annonce pour mars la tenue du Congrès international pour la détermination des directives et la défense de l'esprit moderne, autrement dit Congrès de Paris.

Conscient de reprendre la longue querelle de la tradition et de l'invention, comme aurait dit Apollinaire, et pour fixer les idées, il communique à la presse deux questions soumises au Congrès : « L'esprit dit moderne a-t-il toujours existé? » « Entre les objets dits modernes, un chapeau haut-de-forme est-il plus ou moins moderne qu'une locomotive? » Humour ou provocation? la formule aura grand succès. A partir de ce moment, Breton est passé à un régime supérieur, bien au-delà des soins requis par l'organisation du procès Barrès. Il lui faut obtenir le consensus des organismes impliqués dans ce congrès, tenir des réunions au Petit-Grillon, passage de l'Opéra, rédiger des procès-verbaux, lancer des invitations, préparer des questions, prévoir des commissions, canaliser les débats pour aboutir à un minimum d'efficacité. Si Jacques Rivière est personnellement favorable à un tel projet, faisant pression sur Jean Paulhan pour qu'il le représente, on se doute que cela ne va pas sans palabres au sein du comité de *la Nouvelle Revue française*. De même avec *Aventure* dont Roger Vitrac s'est proclamé le directeur par un coup de force qui a fait s'éloigner Marcel Arland et René Crevel. Breton lui-même représente *Littérature*, dont la reparution a été décidée avec Soupault aux éditions du Sans Pareil. Mais il ne saurait engager la totalité du mouvement dada. La participation de Tzara est absolument nécessaire, d'autant que sa position est la contrepartie de la sienne. Or, celui-ci, expressément sollicité par le comité d'organisation, exprime des réserves sur les objectifs de l'entreprise. Il propose un sabotage en règle qui assurerait la suprématie de dada. Voyant au-delà, Breton s'y refuse. Réflexion faite, Tzara décline poliment l'invitation et laisse le champ libre aux partisans de l'ordre. « Je considère, écrit-il à Breton le 3 février, que le marasme actuel, résulté du mélange des tendances, de la confusion des genres et de la substitution des groupes aux individualités, est plus dangereux que la réaction. »

Breton rétorque alors par un communiqué du comité, mettant « l'opinion en garde contre les agissements d'un personnage connu pour le promoteur d'un " mouvement " venu de Zurich » et dénonçant les « calculs d'un imposteur avide de réclame ». Par la suite, il regrettera cette périphrase qui le fait accuser de xénophobie. Tzara réplique tout aussi publiquement dans *Comœdia*. Avec la pointe d'humour qui aurait dû s'imposer en la circonstance, il ôte son chapeau haut-de-forme, le met sur une locomotive « qui s'en ira en pleine vitesse vers les pays inconnus de la critique ».

Toujours au nom du comité, Amédée Ozenfant cherche, en vain, la conciliation. Quoi qu'il en ait, Tzara a été piqué au vif par l'insinuation de Breton qui s'est arrogé le droit de déclarer la déchéance de dada. « Un congrès " international " qui reproche à quelqu'un d'être étranger n'a plus de raison d'exister », déclare-t-il à la presse, avec une logique sans faille. Il rameute ceux que les expressions de Breton ont choqués. Eluard, Ribemont-Dessaignes, Satie convoquent une réunion, le 17 février, à la Closerie des Lilas. Invité ou non, Breton s'y rend avec Aragon, mais il ne parvient pas à convaincre la cinquantaine d'artistes présents. Sous la houlette matoise du vieux Satie, ceux-ci votent une résolution par laquelle ils retirent leur confiance au dit comité organisateur. Jacques Rivière annonce le retrait de la *NRF*, au motif que les questions annoncées s'éloignent du programme primitif et que leur discussion n'a « aucune chance de conduire à une définition positive de l'esprit moderne ».

Dans le même temps, Breton se met en rapport avec Picabia, retiré à Saint-Raphaël. Il lui propose de se joindre à lui pour « classer » dada comme celui-ci a classé le cubisme, et de fonder une revue avec quelques jeunes enthousiasmés par ses déclarations sur la vie. Le peintre profite de cette réconciliation pour allumer une *Pomme de pin* qui ne fera qu'accroître la confusion : « Le Congrès de Paris est foutu, Francis Picabia en fait partie », proclame-t-il. Et c'est bien vrai.

Les enchères flambent. Le congrès est loin. Sur la foi de témoignages de seconde main allégués par Picabia, Breton dénie toute paternité à Tzara dans l'invention de dada, qu'il déclare noyé en Seine, au son de la fanfare des Beaux-Arts, en mai de l'année précédente. « Après dada » – c'est le titre de l'article qu'il fait paraître dans *Comœdia* le 2 mars 1922 – Aragon, Pierre de Massot, Jacques Rigaut, Vitrac et lui-même se réfèrent désormais au magnifique exemple de Picabia pour, à l'instar de Rimbaud, chercher « le lieu et la formule ».

A la mise au point historique publiée aussitôt par Tzara, Breton est d'abord tenté de répliquer par une argumentation serrée, puis il prend de la distance avec cet appel opposant la vie réelle, celle qu'il a toujours recherchée, aux spéculations dadaïstes :

« Lâchez tout.

« Lâchez votre femme, lâchez votre maîtresse.

« Lâchez vos espérances et vos craintes.

« Semez vos enfants au coin d'un bois.

« Lâchez la proie pour l'ombre.

« Lâchez au besoin une vie aisée, ce qu'on vous donne pour une situation d'avenir.

« Partez sur les routes. » (*Littérature*, n.s., nº 2, avril 1922.)

Une jolie feuille dada de quatre pages sur papier rose, *Le Cœur à barbe*, où se retrouvent Eluard, Fraenkel, Péret, Ribemont-Dessaignes, Satie, Soupault et Tzara, le Chilien Huidobro, l'Américain Josephson, lui fait écho : « Disparaître c'est réussir », conclut Eluard.

Cette fois-ci, pour Breton, c'en est fini de dada et du congrès. Dommage, pense Vitrac, qui aurait aimé y voir une grande révolution, suivie d'une convention, d'un comité de salut public instituant un nouveau culte à l'Esprit moderne ! La déchirure est profonde. Certaines amitiés en seront profondément marquées. Vingt ans après, exilé en Amérique, Breton confiera à un jeune ami, Charles Duits, qu'au fond il avait trop vite présumé de l'avenir. La révolte pure ne menait nulle part, mais rien de solide n'avait établi les orientations appelées de ses vœux.

## CHAPITRE II

# *Le mouvement flou*
(1922-1924)

### *Un chapeau haut-de-forme*

Un soir qu'ils étaient quatre ou cinq réunis dans l'atelier d'André Breton, la conversation portait sur cet état d'esprit qui devait, en les rassemblant, succéder à dada. Aragon note, dans *le Libertinage,* qu'ils se plurent à le nommer « le mouvement flou », « expression illusoire et pour moi merveilleuse », dit-il, sans doute par référence à la mode féminine des robes longues sans formes nettes, plutôt qu'à la peinture. Le mot caractérise assez bien l'indécision où se trouve à nouveau plongé Breton durant ces deux années allant de sa rupture avec Tzara jusqu'à la création d'un groupement organisé, le surréalisme.

Pour l'heure, il est ouvert à tous les possibles. Les amitiés papillonnent. Des reclassements s'opèrent, qu'enregistre la nouvelle série de *Littérature*, dirigée conjointement par Soupault et lui-même, avec, en couverture, un chapeau haut-de-forme dessiné par Man Ray. Cet Américain timide et secret qui avait connu à New York Picabia et Marcel Duchamp, avec qui il jouait d'interminables parties d'échecs, avait soudain débarqué à Paris le 14 juillet précédent. Logé à Passy dans l'hôtel que Tzara allait quitter pour son voyage en Europe centrale, il avait aussitôt fait la connaissance, au Certà, des dadas parisiens. Jacques Rigaut, dandy jusqu'au bout des ongles, traduisait les questions et les réponses. Man trouvait que les dadas se prenaient très au sérieux tout en se conduisant comme des enfants. Son arrivée tombait à pic. Depuis le départ de Picabia, Max Ernst n'ayant pu rejoindre Paris, il n'y avait aucun peintre dans le groupe. Peintre est, bien sûr un terme impropre pour qualifier l'activité de ce génial bricoleur qui avait déjà inventé la peinture au pistolet et composait des assemblages avec des bobines et du fil de fer. A l'automne, Aragon et Breton étaient venus voir ses œuvres. Approbateurs, ils avaient suggéré d'organiser une exposition, en décembre, dans la librairie Six que Soupault venait d'ouvrir avec sa femme, avenue de Lowendal. Man Ray n'avait rien vendu, mais *le Cadeau*, conçu pour la circonstance – un fer à repasser sur la semelle lisse duquel il avait collé une rangée de clous de tapissier – avait disparu, preuve de son succès!

Préparé en janvier-février, donc avant l'échec du Congrès de Paris, paru début mars, le premier numéro de *Littérature* (nouvelle série) est encore un mixte de dada et de l'esprit nouveau dont Breton voulait définir les caractères. Côté dada, l'enquête « Que faites-vous lorsque vous êtes seul? », lancée auprès des lecteurs (aucun ne répondit); les insolences d'Aragon et Breton sur Gide et Freud, les contributions de Tzara et Ribemont-Dessaignes. Côté nouvel esprit, une reproduction du *Cerveau de l'enfant*, toile de Chirico acquise par Breton, qui restera au-dessus de son bureau jusqu'en 1956, avec une présentation du peintre par Vitrac; un rappel à l'ordre de la critique à l'égard de Lautréamont et de Jarry, des poèmes de Péret, Baron, et surtout un article anonyme, rédigé sur le mode impersonnel, intitulé « L'Esprit nouveau ». Breton, qui en est l'auteur, relate la rencontre d'une inconnue, le 16 janvier, successivement par Aragon, lui-même et Derain. Tous trois sont frappés par sa beauté, son comportement déconcertant, un côté « extraordinairement *perdu* » dans son maintien. Persuadés qu'elle est encore dans le quartier de Saint-Germain-des-Prés, ils courent en vain à sa recherche. Rien de plus n'est dit. Il s'agit d'aller en quête d'un certain merveilleux de la vie éveillée, de répondre à cet « appel mystique très singulier » qui laisse sur une déconvenue, désorienté comme dans certains rêves. L'*Aurélia* de Nerval est sur le point d'apparaître, et toutes les interrogations que Breton développera dans *Nadja*.

Trois de ses rêves, qu'il fait prendre en sténo pour éviter toute stylisation, illustrent un autre aspect de cet esprit nouveau, complémentaire du merveilleux quotidien dont la nouvelle série de *Littérature* pose les jalons. Selon Sarane Alexandrian, le premier apparaît comme un « rêve-programme ». Guidé par Valéry, le rêveur traverse deux pièces, occupées respectivement par Georges Gabory, représentant l'école fantaisiste, et Pierre Reverdy, le cubisme littéraire. Dans la pièce suivante, un siège est à prendre. Sur plusieurs feuilles blanches, il écrit : « La lumière... », reprenant en quelque sorte le dernier mot de Gœthe : à lui donc de tracer la voie nouvelle. Du deuxième rêve, Breton retient une phrase : « Vie végétative. » A la suite d'une inconnue, il sort d'une bouche de métro et se retrouve dans un terrain vague où il assiste à un jeu de ballon collectif; il ne parvient pas à s'y intégrer. Difficulté de s'associer à un groupe? Le troisième, le plus émouvant, demanderait bien d'autres matériaux pour être interprété. Au bord de la mer, des chasseurs abattent deux mouettes – oiseaux protégés. Par un phénomène constant de métamorphose dans le rêve, il s'avère que ce sont des chevaux. L'œil de l'un d'eux devient un monocle, associé à un récit où Paul Poiret puis Paul Eluard brisent le leur.

Ces rêves ne sont pas imprimés là pour offrir matière à une analyse freudienne mais pour signifier une étrangeté dont la littérature à venir, ou plus exactement l'esprit postulé, peut faire son miel.

Une autre ligne de force se dégage dans la livraison suivante, à travers une enquête expérimentale menée auprès des collaborateurs de *Littérature*. Des poèmes, chacun peut en écrire, des attitudes, tout le monde en prend en abondance; mais on s'interroge beaucoup moins sur ses préférences dans la vie quotidienne. A tort, puisqu'elles témoignent davantage de notre nature particulière et devraient, seules, intéresser le biographe. Breton livre les siennes. « Peintre? Ingres; occupation? rêver en dormant; science? aucune; parfum? fougère; âge? trente ans; métier? aucun; couleur? blanc [...] partie du corps? yeux; fleur? capucine; divinité? Pan; [...] pierre précieuse? aucune; danse? shimmy; excitant? jupes plissées; manière de faire l'amour? soixante-neuf. » Il y aurait beaucoup à gloser sur les réponses de chaque participant, selon qu'elles vont de la boutade au plus grand sérieux; selon qu'elles sont spontanées ou réfléchies. Chez Breton, la sincérité prime, et l'on pourrait montrer que ses réponses reflètent des constantes de sa vie entière. Ainsi pour les yeux, qu'il préfère violets – alors qu'il déteste cette couleur – en raison d'une fascination d'enfant pour ceux d'une prostituée aperçue au cours d'une promenade avec son père. Mêlée à l'image obsédante des figures de Gustave Moreau, à l'écho d'un vers des *Voyelles* de Rimbaud, elle se résoudra dans cette attaque d'un poème :

*Yeux zinzolins de la petite Babylonienne trop blanche.*

Durant le mois d'avril, *Littérature* (c'est-à-dire Breton et Soupault) enquête auprès de ses collaborateurs et amis (dont Valéry) : quelle place pensent-ils occuper? en sont-ils satisfaits? Les réponses, trop décevantes, ne seront pas publiées. En mai, *Littérature* fait ce qu'il lui plaît. Un concours demande d'identifier le *Sonnet du trou du cul* de Rimbaud et Verlaine (voilà qui est fait!). Benjamin Péret y donne un récit primitif, « L'auberge du cul volant », en deux parties dictées avant et après l'amour. Des synthèses dramatiques futuristes, passionnantes en elles-mêmes, donnent malgré tout l'impression que l'esprit qui se cherche rétrograde. Ce problème ne perturbe pas Breton qui avec « L'année des chapeaux rouges » tente un retour, infructueux selon lui, à l'automatisme dirigé. Ce texte, tout en dérapages, reste inachevé (il sera inséré, deux ans plus tard, dans *Poisson soluble*).

*Le Figaro* ayant lancé une enquête sur les principaux mouvements poétiques du moment et leurs options futures, publie, le 21 mai, la réponse de Breton. « La poésie écrite perd de jour en jour sa raison d'être », déclare-t-il. S'il reconnaît que Ducasse, Rimbaud et Germain Nouveau conservent un certain prestige pour ses amis et lui-même, c'est parce que ceux-ci n'ont jamais fait profession d'écrire. Leur attitude humaine prévaut, et la poésie n'a d'intérêt que dans la mesure où elle suggère une solution particulière au problème de la vie. Aussi écarte-t-il tous les groupements, leur opposant la poésie involontaire d'un ciné-roman ou des interrogatoires de la cour d'assises. A nouveau reparaît le fil rouge de « la vraie vie », que Breton n'a jamais perdue de vue.

Parmi les trois ou quatre individus dont il ne désespère pas reste Picabia. En mai il reprend contact pour lui demander d'éviter cette surenchère perpétuelle à laquelle leurs amis les contraignent. En même temps, il songe à organiser sur les boulevards un défilé d'hommes-sandwiches, avec ses compagnons, sur les boulevards pour énoncer leur programme. Enfin Soupault, très hostile à Picabia depuis quelques mois, abandonne la codirection de *Littérature*. Désormais, Breton est seul maître d'une revue où il pourra dire ce qui lui tient à cœur, à condition de trouver les moyens financiers pour la maintenir en vie.

Satisfait de ses services puisqu'il lui fait acquérir à bon prix des œuvres de Picabia, Man Ray, Picasso et surtout *la Charmeuse de serpents* du Douanier Rousseau, désireux de permettre l'expression de ces nouvelles tendances dont son conseiller l'entretient presque quotidiennement, Doucet s'engage à lui verser une subvention mensuelle pour *Littérature* dont Gallimard prend en charge la fabrication et la gestion. André boucle le numéro 4, avant de s'octroyer une dizaine de jours de repos à Lorient, avec Simone. De là, il informe les journaux que si dada est mort, *Littérature*, passant à « un autre ordre de révélations », reparaît sous sa seule autorité. Soupault, considérant que dada demeure la seule attitude possible, fait savoir son désaccord.

De quelles révélations cette nouvelle version de *Littérature* est-elle messagère? La première livraison dirigée par Breton ne l'indique pas. Parue le 1<sup>er</sup> septembre, sous couverture de Picabia, elle contient un article liminaire de son directeur qui fait « clairement » l'historique de la revue, et dénonce le compromis réalisé par les trois numéros précédents. Il concède que sa conversion à dada coïncide avec l'arrivée de Tzara (mais la traduction, par ses soins, d'un article du dadaïste allemand Richard Huelsenbeck minimise le rôle de celui-ci à Zurich), à laquelle il oppose l'influence, plus déterminante pour lui, de Vaché. Énumérant ceux qui ont renoncé à la quête d'une vie tolérable, il rallie ses compagnons derrière Apollinaire et Reverdy. En somme, dada les aura entretenus dans un état de parfaite disponibilité.

Au cours du mois d'août, Breton tourne et retourne le problème que l'avortement du Congrès de Paris n'a pas résolu. « Un nouvel esprit se prépare », écrit-il à Doucet; de quoi sera-t-il fait? Certaines influences, celle de Rimbaud par exemple, cessent. Picabia l'irrite de plus en plus : ne prétend-il pas que dada annonçait une renaissance? Ce que Breton récuse : « dada, si ses forces ne l'eussent trahi, ne demandait qu'à détruire de fond en comble », précise-t-il pour la presse. Par contrecoup, émerge l'image de Marcel Duchamp, « l'homme de qui je serais le plus disposé à attendre quelque chose, s'il n'était pas si lointain et au fond sans doute désespéré », poursuit-il pour Doucet. Breton a rencontré l'énigmatique Duchamp au cours de l'hiver précédent, aux réunions du Certà. La légende du peintre était bien établie parmi les dadaïstes. Il va contribuer à la répandre dans le public français, à travers un article de *Littérature*.

Voilà un homme peu loquace, ressemblant au boxeur Georges Carpentier, dont chaque geste a un retentissement formidable, depuis l'éclat de son *Nu descendant l'escalier* à l'Armory Show de New York, la première exposition d'avant-garde en 1913. Toujours en avance d'une école, il refuse toute étiquette et finalement renonce à la peinture rétinienne. Son *Grand Verre*, auquel il travaille depuis 1915, nul ne l'a vu, n'a pu en comprendre les intentions exactes. Mais on connaît son insolence : l'urinoir exposé sous le titre *Fountain* aux Indépendants de New York; les moustaches à la Joconde avec ce titre : *L.H.O.O.Q.;* sa réponse aux organisateurs du Salon dada : *Pode bal*; ses *ready-made*, objets usuels promus à la dignité artistique par la personnalité du choix : un porte-bouteilles, une pelle à neige. Inclassable Duchamp, qui se complaît dans une éternelle partie d'échecs, émettant, rarement, des jeux de mots pas drôles sous le nom de Rrose Sélavy! Plus tard il expliquera avoir choisi ce pseudonyme parce que c'est la vie en rose, avec une double consonne à cause du verbe arroser. Breton pressent quelque mystère qu'il mettra toute sa vie à élucider, d'autant que selon Marcel : « Il n'y a pas de solution parce qu'il n'y a pas de problème. » Duchamp joue sa vie à pile ou face. Pile je pars, face je reste. Et le voilà retourné à New york, laissant Rrose Sélavy parler à sa place : « Rrose Sélavy trouve qu'un incesticide doit coucher avec sa mère avant de la tuer : les punaises sont de rigueur. »

## *Les sommeils*

A l'égard de dada, la position du directeur de *Littérature* est foncièrement ambivalente. S'il souscrit à son programme destructeur, il souhaite, dans le même temps, reconstituer la chaîne avec le passé, pour mieux aller de l'avant. Une série d'expériences va le mettre en mesure de renouer des liens tendant à se dissoudre et de rétablir une continuité avec l'hypnose qui le préoccupait au temps de ses études médicales.

René Crevel est encore à la caserne de Latour-Maubourg, militaire le matin, étudiant en Sorbonne l'après-midi, comme ses amis Morise et Vitrac, lorsque Breton le rencontre un jour de septembre. Partisan de Tzara dans le conflit précédent, Crevel s'est gardé de fréquenter la rue Fontaine, mais Breton n'a cessé d'exercer son attraction sur ce blond jeune homme au visage adolescent, à la sexualité indécise. En juin, ils adressaient ensemble une lettre au directeur de *Comœdia* pour protester contre un article de Paul Souday rempli de grossières allusions à la syphilis de Baudelaire. Au cours d'une permission pendant l'été, une jeune fille hystérique, draguée sur la côte normande, a introduit Crevel dans un groupe d'adeptes des sommeils provoqués. Une certaine M^me^ Dante lui a appris à former la chaîne du bout des doigts avec des convives en cercle autour de la table. « Ce soir il va y avoir des incarnations », lui a dit la jeune fille. Il n'y a pas trop cru, mais l'expérience lui paraît assez intéressante pour être renouvelée. Justement Breton vient, en compagnie de Desnos, de mettre en échec deux magnétiseurs dans une séance publique. Refusant le point de vue spirite sur la réincarnation des âmes, foncièrement sceptique quant à la vague métapsychique qui déferle cette année-là des laboratoires de la Sorbonne jusqu'aux quotidiens les plus répandus, il est tenté d'y aller voir de plus près. Breton organise une première séance le 25 septembre avec Morise, Desnos, Man Ray et la belle Kiki.

Crevel indique le protocole que tous respectent scrupuleusement. On fait l'obscurité dans la pièce. Le premier à s'endormir, geignant, poussant des soupirs, Crevel se met à parler d'un ton déclamatoire, racontant l'histoire d'une femme accusée d'avoir noyé un homme sur sa demande. Effrayée, Kiki sort. Emphatiquement, Crevel proclame : « Quelqu'un s'en va parce qu'il a quelque chose à se reprocher. » On lui fait quitter la table et l'on continue. Au bout d'un quart d'heure c'est Desnos qui s'endort, la tête sur la table. Il lâche la chaîne des mains, gratte le bois de ses ongles, soupire, reprend la chaîne et s'éveille, persuadé de n'avoir pas succombé, prétendant guetter Morise du coin de l'œil.

Crevel ayant expliqué que les gestes de Desnos témoignent du désir d'écrire, il est convenu de lui fournir crayon et papier à la séance suivante. Le surlendemain, posant sa main sur la main gauche de Desnos, Breton interroge l'endormi :

« Q. – Desnos, c'est Breton qui est là. Dis ce que tu vois pour lui.
R. – L'équateur *(il dessine un cercle et un diamètre horizontal).*
Q. – Est-ce un voyage que Breton doit faire?
R. – Oui.
Q. – Sera-ce un voyage d'affaires?
R. – (*Il fait non de la main. Écrit*) : Nazimova.
Q. – Sa femme l'accompagnera-t-elle dans ce voyage?
R. – ???
Q. – Ira-t-il retrouver Nazimova?
R. – Non (*souligné*).
Q. – Sera-t-il avec Nazimova?
R. – ?
Q. – Que sais-tu encore de Breton? Parle.
R. – Le bateau et la neige – il y a aussi la jolie tour télégraphe – sur la jolie tour il y a un jeune (*illisible*). »

Le lecteur qui connaît le triste destin de Nadja est tenté d'assimiler ces deux noms russes, encore que Nazimova soit celui d'une actrice de cinéma célèbre à l'époque, et d'y voir une sorte de prophétie, confirmée par l'échange, toujours sous hypnose, avec Simone, à qui Desnos annonce qu'elle vivra plus longtemps que lui.

Imaginons un instant la stupeur de tous ces jeunes agnostiques devant un phénomène qu'ils ne se savaient pas capables de susciter. Parler comme on rêve! Parler comme en rêve! Libérer le flot qui, en chacun, ne demande qu'à s'exprimer. Là est la solution recherchée, la négation de la littérature par la vie. L'expérience les met en prise directe avec l'activité de l'esprit. Les séances deviennent quotidiennes. Benjamin Péret, Max Ernst, Gala et Paul Éluard y sont conviés. Crevel accumule les récits cruels : une femme adultère, un vieillard brandit une hache... Une phrase revient constamment « on vend à l'encan les robes de la princesse de Lamballe... » L'émotion est à son comble. Soudain le temps s'est condensé, passé, futur, mêlés en oracles. Renée Gauthier, l'amie de Péret, est haletante, inondée, dit-elle, par la sueur de son père. Breton lui met la main sur le front et la calme. On interrompt la chaîne, on se promet de ne plus se prêter à ce jeu exaltant et brisant, mais chaque soir, poussé par le démon de l'absolu, on recommence. Qui succombera? Qui résistera?

Simone prend des notes qu'elle commentera pour sa cousine Denise, tandis que Breton reste toujours parfaitement lucide. Début octobre, il prie Man Ray (si Kiki n'a pas peur de l'accompagner) de venir prendre des photos au magnésium : « On choisirait le moment où Desnos endormi lève sur l'assistance des yeux étonnamment troubles. » Il les publiera, plus tard, dans *Nadja* : cheveux gominés, l'œil globuleux, Desnos s'endort sur le canapé. Il a quitté le cercle médiumnique et parle tout seul. Breton regrette de ne pouvoir enregistrer ses paroles au phonographe. N'a-t-il pas écrit « les abeilles » au sujet de Max Ernst, ignorant la dilection particulière du peintre pour les gâteaux au miel? Ne prétend-il pas entrer en liaison télépathique avec Duchamp, qui est à New York? « Rrose Sélavy connaît bien le marchand du sel », dit-il dans une de ces contrepèteries qu'il énonce à jet continu. Breton leur fera un sort particulier en les publiant dans le numéro de décembre de *Littérature*, précédées de considérations générales sur l'affranchissement du langage, « Les mots sans rides ». Autant les jeux de mots de Duchamp se caractérisaient par leur rigueur mathématiquement formalisable et leur absence de comique, autant ceux-ci posent la question de leur origine – qu'il est incapable d'élucider. Le témoignage demeure d'importance : « Et qu'on comprenne bien que nous disons : jeux de mots quand ce sont nos plus sûres raisons d'être qui sont en jeu. Les mots, du reste, ont fini de jouer. Les mots font l'amour. »

De fait, Breton est tellement heureux de la révélation qui vient de s'opérer collectivement qu'il n'attend pas dix jours pour annoncer l'« Entrée des médiums » aux lecteurs de *Littérature*. Écartant d'emblée l'hypothèse d'un au-delà, il place cette découverte sur le plan poétique, comme un nouveau moyen de régler son compte à la « littérature ». Il élargit le contenu du concept « surréalisme » à l'ensemble des manifestations psychiques correspondant à l'état de rêve, se manifestant tour à tour par l'écriture automatique, le récit de rêve, enfin les sommeils. Il est clair que tous les individus n'ont pas la même faculté de s'endormir. En dépit de sa volonté, Breton n'y est jamais parvenu. Et parmi les dormeurs, chacun révèle sa nature spécifique : haine de la mère, obsession du suicide chez Crevel dont le père s'est pendu; violence révolutionnaire chez Desnos s'identifiant à Robespierre par association phonique avec son double prénom Robert-Pierre; ravissement de Benjamin Péret qui se jette à l'eau, minant les mouvements de la nage sur la table, ou bien volant dans un univers paradisiaque qui le fait rire aux anges et met en joie toute l'assistance.

Les liens du groupe constitué autour de la revue vont se renforcer. Breton appelle à se joindre à ces expériences Aragon, qui est encore à Berlin et se rallie d'emblée à cette nouvelle incursion dans les domaines interdits de la poésie; Soupault et Tzara qui se montreront très sceptiques.

Cependant « l'intérêt de ces séances... ne va pas croissant, au contraire », déclare Breton à Jacques Rivière au bout d'un mois, en l'invitant malgré tout à y prendre part. Une certaine rivalité ne tarde pas à se faire jour entre Crevel et Desnos. Le premier, en transe, profère des menaces, jette la malédiction sur les présents. Tout le monde prend peur. Suzanne, la compagne de Vitrac, se traîne à ses pieds : « Emmène-moi », lui dit-elle, transportée à l'idée de la mort. Desnos gratte des poèmes en alexandrins, des jeux phoniques en série, des dessins aussi. Un soir, chez Marie de La Hire, une admiratrice de Picabia, Crevel a convaincu tous les dormeurs de se pendre aux portemanteaux. Une autre fois, chez Eluard à Saint-Brice, c'est Desnos qui, un couteau à la main, poursuit son hôte dans le jardin. Il arrive que les passes de Breton ne suffisent pas à réveiller le sujet, et qu'il doive appeler un médecin qui se fait copieusement engueuler par un Desnos en verve, de plus en plus accroché à son rôle médiumnique et médiatique. Par simple hygiène mentale, pour éviter une désintégration de la personnalité, Breton doit interrompre ces plongées, corps et biens, dans la merveille, au grand dam de l'intéressé.

Enthousiaste la première fois, Picabia pense qu'on pourrait aller plus loin « certainement pas du côté de la mort, mais dans l'autre sens, début de la matière »; il faudrait cependant rejeter le procotole spiritiste, employer d'autres méthodes, écrit-il à Breton. Un an après, il fera dans un roman, *Caravansérail*, une description parodique des séances auxquelles il avait pris part, déclarant qu'il n'était pas dupe de la mystification.

Le problème de la simulation, comme dans toute expérimentation psychique trop longuement répétée, n'a pas manqué de se poser, aux yeux de Breton lui-même. Narquois, André Masson raconte que, voulant damer le pion à Desnos, Georges Limbour (l'un des compagnons de chambrée de Crevel et Vitrac), se mit à quatre pattes dans l'atelier, renifla un peu partout et finalement avala la pâtée du chien. Il avait pris soin, auparavant, de repérer l'assiette de riz au lait! « Évidemment, on pouvait penser à une mystification, mais la dignité humaine... », aurait déclaré Breton. Plus subtilement, Aragon écarte le débat en considérant que, simulé ou non, le discours, écrit ou oral, émane d'une pensée. La question des origines ne se pose pas : seul compte le résultat.

Cela ne va pas sans poser quelques problèmes matériels. Les voisins se plaignent du tapage causé par les cris et les mélopées des dormeurs. Simone graisse la patte de la pipelette et promet qu'on ne convoquera aucun revenant.

L'hypnose, c'est la vie! Puisque personne d'autre n'en a jamais perçu l'intérêt poétique, la revue *Littérature* a plus que jamais sa raison d'être. Encore faut-il s'assurer des moyens de la publier. Breton tranquillise Doucet : ce numéro ne contiendra rien de choquant. Mais il lui faudrait une rallonge, car la facture de l'imprimeur dépasse de trois cents francs la subvention. Il laisse Gallimard régler un différend avec Hilsum qui se considère propriétaire du titre. La voie est claire jusqu'à la fin de l'année.

*L'évolution moderne*

Le 30 octobre, avec Simone et Germaine Everling, Breton monte dans la Mercer de Picabia en direction de Barcelone, où ce dernier se rend pour le vernissage d'une importante exposition de ses œuvres à la galerie Dalmau.

Breton a rédigé depuis quinze jours la préface du catalogue. Il y fait valoir toutes les raisons qui le rattachent au peintre : sa spontanéité, son art de rebondir d'une idée à l'autre, prenant tous les risques au prix de l'humour et du scandale. N'est-il pas l'un des premiers à avoir libéré la peinture du souci de la représentation, celui dont les tableaux sont toujours source de mystère?

En deux étapes les voyageurs sont d'abord à Marseille les hôtes d'un couple de milliardaires américains, dans leur somptueux hôtel de la Corniche aux boiseries bizarrement percées de trous pour les regards experts. Ils visitent l'Exposition coloniale, « le plus triste jardin zoologique de ma connaissance », dit Breton. Il a très fière allure dans une somptueuse pelisse doublée de petit-gris prêtée pour la circonstance par Jacques Doucet, un casque en cuir de pilote sur la tête. Il achète un tatou empaillé pour vingt francs. Au retour, Picabia racontera l'expédition dans *Littérature*, laissant croire que, dans la chaude pelisse du poète, l'animal a soudain retrouvé vie.

Le spectacle de l'exposition est désolant avec ses reconstitutions de palais africains en pisé, de souks marocains, les lanternes indochinoises, les marchands de rahat-loukoums. Dans une taverne, un jazz-band animé par des Noirs est tout aussi déplacé qu'avenue de l'Opéra. Pour se réconforter, Picabia emmène son compagnon voir deux films érotiques de qualité. Ils émoustillent sa plume. « Là nos cuisses s'ouvrent et se ferment belles de nuit », écrit Breton dans un poème, *Le volubilis et je sais l'hypoténuse*, dont le titre est une phrase prononcée par Desnos durant une des précédentes séances d'hypnose.

Arrivés à Barcelone et logés près des Ramblas, dans une pension luxueuse et fort chère qui ressemble à une maison de santé, Simone et André ne se plaisent pas dans la capitale catalane. Dalmau, le marchand de tableaux, propose de les accueillir chez lui, dans une maison bâtie sur les arcs-boutants de la cathédrale, mais rien n'y est engageant. Pour comble de malchance, Simone atteinte d'une paratyphoïde, ils sont contraints de rester. En revanche, Picabia est heureux dans cette ville où il a passé une partie de la guerre et publié *391*. Il se sent chez lui en Espagne et y retrouve de nombreux amis. Breton ne lui fera pas faux bond : il met la dernière main à une conférence qu'il prononce le 17 novembre 1922 à l'Ateneo, sur les « Caractères de l'évolution moderne et ce qui en participe ». Dans la salle du plus beau modern'style, devant le public le plus bourgeois de la ville, il salue la Sagrada Familia de Gaudi, « une église en construction qui ne me déplaît pas si j'oublie que c'est une église », prétendant n'avoir pas le sens de la provocation. Ceux qui s'attendaient à un scandale dadaïste en seront pour leurs frais. Partant de sa récente tentative pour dégager les tendances de l'esprit moderne, il reprend, pour l'essentiel, les thèses qu'il y aurait défendues : le cubisme, le futurisme et dada « participent d'un mouvement plus général dont nous ne connaissons encore précisément ni le sens ni l'amplitude ». Ce qui ne milite pas en faveur d'un rapprochement avec Tzara, qu'il comparera plus loin au général Boulanger plaquant ses partisans pour finir par se suicider sur la tombe de sa maîtresse.

Il énumère toutes les personnalités qui ont, tour à tour, amorcé l'idée qu'il se fait de la modernité : Picasso, Duchamp, Picabia, De Chirico, Max Ernst, Man Ray. Abandonnant les « littérateurs professionnels », il ne mentionne que Lautréamont, Rimbaud, Reverdy. Sans aucun regret, si ce n'est pour Soupault, seul fidèle au mouvement, il tourne la page dada, tout en affirmant que les motifs de son adhésion demeurent à l'ordre du jour : « Il n'y a qu'une chose qui puisse nous permettre de sortir, momentanément au moins, de cette affreuse cage dans laquelle nous nous débattons et ce quelque chose c'est la révolution, une révolution quelconque, aussi sanglante qu'on voudra, que j'appelle encore aujourd'hui de toutes mes forces. »

Il nomme alors ses proches, les animateurs du lyrisme nouveau dont on aura compris qu'il doit se chercher dans la vie plus que dans l'expression poétique : Aragon, Eluard, Péret faisant dans ses contes jaillir « le burlesque de la vie moderne », Jacques Baron et Desnos « à l'heure présente le cavalier le plus avancé ».

Cette conférence marque une étape importante de son évolution. Il y tire définitivement leçon de sa participation à dada, qui fut bien davantage qu'une parenthèse ou un fugitif passage. Force lui est de constater que le coup d'État auquel il s'apprêtait lorsqu'il est entré en relation avec Tzara n'est pas intervenu. Le mouvement n'a pas répondu à ses grandes ambitions morales. D'où cette exaltation révolutionnaire, sans visée précise. Mais s'il se retourne, comme en 1917, vers l'esprit nouveau, c'est à travers l'expérience vécue dans dada, qui lui fait voir l'avenir d'un autre œil.

Aussitôt revenu à Paris, sur la lancée de la conférence barcelonaise, Breton tente, dès le 1er décembre, d'organiser un regroupement d'artistes sous les auspices d'un Nouveau Salon (ou « Salon surveillé » ?) dont le jury comprendrait, entre autres, Brancusi, Cendrars, Picasso, afin de dégager les œuvres de caractère vraiment neuf, ailleurs noyées dans la masse. Jacques-Émile Blanche refuse d'en prendre la présidence. Sollicités, Marinetti, Picasso déclinent l'invitation. N'y a-t-il pas, en effet, contradiction entre le refus de l'art ouvertement proclamé, et le souci de dégager des œuvres marquantes dans une exposition ? L'institution ne risque-t-elle pas de dévoyer l'intention ? Découragé par le peu d'enthousiasme que soulève sa proposition, en dehors des amis de *Littérature*, il y renonce après un mois de « démarches imbéciles », selon ses termes.

Dans un contexte aussi trouble, la défense de *Locus Solus*, pièce de Raymond Roussel sifflée au théâtre Antoine, est l'occasion de se compter. Roger Vitrac assiste à la générale, applaudissant les merveilleux ballets aquatiques de ludions, se tordant aux bons mots de Pierre Frondaie. L'auteur à succès de *l'Homme à l'Hispano* avait tendu la main pour adapter, moyennant la forte somme, le roman de Roussel à la scène. Debout derrière son dos, il riait lui aussi, s'étonnant qu'on pût applaudir de telles élucubrations. Au milieu du troisième acte, le public se déchaîne. L'acteur Signoret s'interrompt, il rappelle aux spectateurs qu'ils sont des invités et leur demande un peu de respect. En vain. C'est le scandale. A la sortie, Vitrac, ému, demande à voir l'auteur qui se promet un succès futur, moyennant quelques coupures, et l'invite à revenir avec ses amis pour lesquels il lui remet des entrées.

Le 11 décembre, après une brève interruption due à des problèmes de machinerie, que Pierre Frondaie a mise à profit pour remanier le texte, Vitrac revient avec Breton, Aragon, Picabia, Desnos, Georges Auric et Matthew Josephson. Il se répartissent dans la salle et soutiennent les acteurs de leurs approbations sonores. Surprise! Au moment attendu du troisième acte, les acteurs se mettent à invectiver le public. L'apothéose finale a été remplacée par une pièce en un acte : *la Guerre en pantoufles*, aussi idiote que son titre. Ils hurlent « C'est faux! A bas la France! Vive l'Allemagne! » A un acteur surpris qui demande : « Alors? » Aragon lance : « Alors, merde! » Les policiers de service conduisent les perturbateurs au poste. André Breton et Simone protestant de leur admiration pour Roussel, le commissaire ébahi les fait relâcher. Le lendemain, Breton adresse au dramaturge un exemplaire des *Champs magnétiques* avec cette dédicace : « A Raymond Roussel pour *Locus Solus*, le *seul* spectacle auquel il m'ait été donné d'assister. » Un quart de siècle plus tard, il avouera que son approbation se fondait moins sur une compréhension suffisante du texte que sur les réactions hostiles du public, qu'il lui plaisait de contredire avec ses amis.

La célèbre toile de Max Ernst, *Au rendez-vous des amis*, peinte au même moment sur fond de neiges éternelles, en fait le décompte. Breton revêtu d'une capeline donne sa bénédiction aux membres de l'école : Crevel au clavecin théâtral, Philippe Soupault posant pour la Belle Jardinière, Ernst assis sur le genou de Dostoïevski lui peigne la barbe, avec Paulhan en symétrique, Péret au lorgnon, Fraenkel pointe sa petite moustache; Eluard suivi de Max Morise fait face à Breton, Aragon et Gala. Desnos arrive bon dernier, après les amis absents (Arp et Baargeld), à peine plus éveillé que le buste de Chirico. Quant au profil de Raphaël, incongru en cette circonstance, il signe le pastiche de son tableau.

A la mi-décembre, les propos tenus durant leur sommeil provoqué par Benjamin Péret et Robert Desnos sont l'objet d'une mise en forme théâtrale conçue par André Breton. Elle sera publiée dans *Littérature* sous le titre « Comme il fait beau ! » On y retrouve les séries de jeux verbaux de Desnos, l'imagination cocasse de Péret, les aphorismes esthétiques et moraux et le souci de cohérence de Breton qui met sur pied une scène tropicale où se dresse un arbre généalogique portant le nom des personnalités admirées pour leur non-conformisme. La subversion des formes (une parodie de la Genèse dont les vocables clés sont systématiquement remplacés par des mots dérisoires), les collages, la diversité de ton contribuent cependant à créer un univers ineffable, peuplé d'animaux comme aux premiers jours du monde. Leurs paroles sont totalement indépendantes de leurs actions, procédant à un dépaysement total de l'esprit, jouant sur les sensations, le rythme respiratoire du spectateur plus que sur sa coopération interprétative. Le sketch n'a jamais été représenté. Tel que Breton l'a publié, ne retenant qu'un tiers du texte élaboré, il témoigne de la productivité des écrits hypnotiques quand ils sont orientés vers un certain but. Mais n'était-ce pas, de cette manière, aller à l'encontre du souci d'authenticité marquant de telles expériences ? La littérature guette, avec ses pièges et ses miroirs, prête à transformer toutes les initiatives en matière livresque.

## *Renoncement et rebond*

Les médiums n'apportèrent rien de plus que l'esprit nouveau vainement guetté à la terrasse des cafés de Saint-Germain-des-Prés ou l'évolution moderne dont Breton avait brillamment tracé la courbe pour les Catalans. A la phase d'exaltation succède bien vite chez lui une longue période de dépression qui va le conduire à un quasi-renoncement ou, à tout le moins, à l'isolement.

*Littérature*, qu'il anime seul et dont il couvre les dépenses sur ses propres ressources, est en déficit. Une fois de plus, il sollicite l'intervention de Jacques Doucet en lui demandant une avance sur la vente d'un masque nègre ou une transaction sur un tableau de Klee. Soucieux d'aider son protégé à s'exprimer comme il le voulait et dans la forme qu'il souhaitait, le couturier s'exécute. En le remerciant, Breton lui explique : « Je crois très sincèrement qu'elle [*Littérature*] doit être ainsi pour signifier ce que nous avons à signifier, pour ne pas se ranger dans la pléiade des autres revues et pour atteindre un jour, quand on la considérera avec recul, à ce but, mystérieux pour nous-mêmes, que nous poursuivons presque en dehors de la littérature. » Le numéro 9, mis en vente vers le 15 février, vaut pour deux mois, bien que sa pagination n'ait pas augmenté. Il s'ouvre sur deux stupra de Rimbaud que possède Breton, et réunit la petite cohorte des compagnons de l'heure. Pour le compte de Jacques Hébertot, Aragon réorganise *Paris-Journal*, dont il veut faire le rival des *Nouvelles littéraires*, il sollicite d'abord ses amis, puis des notables de la plume, qui y collaborent gratuitement, sur sa bonne mine. La publication des *Aventures de Télémaque* lui a valu un article paternaliste de Jacques Rivière dont une allusion aux littérateurs de café et au clan des ratés touche Breton au point sensible. Celui-ci somme le directeur de la *NRF* de publier un rectificatif, faute de quoi il le tiendra désormais pour une fripouille. Attristé d'une polémique qu'il ne souhaitait nullement provoquer, Rivière reste sur sa position. Sans l'approuver, il avait essayé de comprendre le parti pris « nihiliste » de Breton, d'en deviner les raisons. Désormais ce sera le silence. Ainsi, quand Breton voudra, par l'intermédiaire de Jean Paulhan, publier dans la *NRF* sa conférence de Barcelone, il essuiera un refus. Apprenant le décès soudain de Rivière en février 1925, Breton lui rendra hommage, confiant à Simone son regret de l'avoir heurté : « Voilà quelqu'un qui a fait preuve, aussi étroitement qu'on voudra, de conscience, qui croyait au pouvoir d'une étrange raison dont il se faisait une vérité. » A la mi-avril, ce sera le tour d'Aragon de tout plaquer : journal, amis, pour aller à Giverny écrire sa *Défense de l'infini* avec une pension de Doucet, et y filer de secrètes amours.

Sollicité par l'activité éditoriale, Soupault est devenu l'un des codirecteurs de *La Revue européenne* (qui prend la suite des *Écrits nouveaux*) dont il fera un organe d'envergure internationale, et il dirige une collection aux éditions Kra – Le Sagittaire. Pour en finir avec lui, Breton est tenté de lui dire son fait par un article bien senti. Mais il s'effraie lui-même de la teneur de ses propos, extrêmement violents, et se contente de lui accorder quatre pages blanches, qu'il signe de son nom, à la fin de la livraison suivante de *Littérature*. Le silence couvrira les relations des deux auteurs des *Champs magnétiques*. Quand paraîtra *le Bon Apôtre*, Breton condamnera en privé ce roman prématuré, écrit à vingt-cinq ans, « qui ne repose sur aucune observation sérieuse et ne laisse même pas le champ libre à des investigations plus profondes ». Chose remarquable, Philippe Soupault, qui a eu maintes fois l'occasion de s'exprimer sur cette époque, n'a jamais dit un mot contre Breton.

Avec Desnos, la coupure est plus douloureuse encore. Il a fallu mettre fin autoritairement à son engouement pour le sommeil provoqué et calmer une excitation frénétique. Un soir de mars, au café Le Napolitain, accompagné de Breton, Eluard et Max Ernst, il a giflé Wieland Mayr, le secrétaire général des *Feuilles libres*, coupable d'avoir injurié Robespierre dans *Le Gaulois*. Rendez-vous est pris, sur le pré. Mais Eluard et Breton, qui ont accepté de servir de témoins, conviennent avec ceux de Mayr qu'il n'y a pas lieu de maintenir à ce propos un rite féodal.

Le mois suivant, au sortir d'une soirée passée à discuter dans l'atelier de Breton, Desnos lui écrit une lettre qu'il ne lui fera jamais parvenir, où s'exprime une affection déçue, une inquiétude partagée, la tentation du suicide, un désir d'absolu ne tolérant aucune faiblesse. « Je vous sais gré d'avoir cessé d'écrire en même temps que moi », affirme-t-il, en lui fixant rendez-vous devant des barricades à leur hauteur. Il fait allusion à l'interview publiée par Roger Vitrac dans *Le Journal du peuple* du 7 avril : « André Breton n'écrira plus. » Breton signifiait, à l'instar du Valéry de jadis, sa volonté de silence. Il est fort probable que sa détermination lui a été inspirée par l'exemple de Marcel Duchamp qui, dans le même temps, abandonne son *Grand Verre*. La partie est perdue ; il faut laisser le champ libre aux littérateurs professionnels. D'ici deux mois et demi, il cessera d'écrire. Pourquoi ce délai ? « Parce que je tiens à établir au grand jour les mobiles qui me poussent à prendre cette détermination et veux éviter qu'un jour cette attitude ne soit interprétée d'une façon romanesque. » De fait, il vient de signer un contrat, le 28 mars, avec Gaston Gallimard pour la publication des *Pas perdus*, un recueil d'articles qui doit retracer son cheminement intellectuel jusqu'à ce point de non-retour. Il faut bien ce temps pour que le livre soit à la disposition du public. En outre, il souhaite s'en expliquer dans un manifeste, en compagnie d'Eluard et Desnos, s'ils parviennent à un accord. De même, *Littérature* ne paraîtra plus. Reste la poésie, qui n'est pas, comme on le croit sottement, dans les mots, le style, mais dans la vie, dans un sytème d'émotions inaliénables.

Paradoxalement, cette conception de la poésie rejoint celle que Tzara n'a cessé d'illustrer, qu'il défend à nouveau sur un mode humoristique, dans l'entretien que Vitrac s'offre le luxe de publier à la même place la semaine suivante sous le titre « Tristan Tzara va cultiver ses vices ». Chacun de son côté, et par une démarche indépendante, les deux hommes aboutissent au même point. Moins solennel, Tzara ne prend pas d'engagements : ce serait déjà orienter son existence.

Les articles de Vitrac inspirent à Doucet l'idée de faire consigner par Breton l'histoire poétique récente à laquelle il a été mêlé, avant de décider de s'éloigner. Pour éviter la redondance avec les contributions d'Aragon, celui-ci propose de constituer un dossier, accompagné de ses propres observations, recueillant les témoignages de ses compagnons, chacun traitant de ce qu'il connaît le mieux : Eluard la technique poétique, Tzara les individus, Soupault la conception de la vie, Vitrac le théâtre, Desnos les recherches verbales. Le projet n'aura pas de suite, pas plus que l'idée du manifeste dont Breton discute avec Eluard lorsque ce dernier emménage, aux premiers jours de mai, dans une villa d'Eaubonne. En dépit de la décision annoncée, *Littérature* reparaît en mai, sous une couverture fort attrayante de Picabia (des corps de femmes nues, n'est-ce pas le plus bel horizon ?) et un hors-texte de Picasso. Gallimard ne tarde pas à dresser un bilan alarmant : les libraires refusent de prendre la revue en dépôt ; ils la jugent trop scandaleuse, « aucun ne veut exposer dans son magasin des couvertures si inconvenantes » ; elle n'a que vingt abonnés alors qu'il en faudrait au moins le double pour couvrir les frais d'impression ; Breton lui doit plus de trois mille francs, même s'il déduit les droits d'auteur des *Pas perdus*.

En conséquence, le directeur de la revue décide de ne plus publier que des numéros spéciaux. Ainsi le numéro 11-12 (qui paraîtra le 15 octobre) sera une anthologie de la jeune poésie. Dans ces conditions, Gallimard approuve la transformation de la publication dont il reste le gérant, en assurant Breton et Aragon de sa personnelle sympathie. Ce qui est une manière de montrer qu'à côté de la *NRF*, à laquelle sa maison d'édition s'identifie, il tient à conserver des liens avec ces jeunes turbulents, en gage d'avenir.

Bien qu'il prenne volontairement peu de part à l'agitation dont ses amis font le plus clair de leur jeu, dit-il, Breton se trouve mêlé aux incidents marquant la soirée du Cœur à Barbe, organisée au théâtre Michel le 6 juillet par l'équipe Tcherez, groupement d'émigrés russes animé par Iliazd, l'un des inventeurs du *Zaoum*, une poésie phonétique d'outre-sens. Admirateur de Tzara, Iliazd, a composé un programme éclectique, dont la pièce de résistance était *le Cœur à gaz* montée avec des costumes de Sonia Delaunay. En première partie, à la suite de pièces musicales, Pierre de Massot, pourtant un protégé de Picabia, vient déclamer une litanie des morts au champ d'honneur, parmi lesquels Gide, Duchamp, Picasso. C'en est trop pour Breton. Il gravit la scène pour en chasser l'intrus, qui d'ailleurs n'était pas annoncé au programme. Massot riposte, le bras levé, et reçoit un coup de canne qui le lui brise net. Outré de cette brutalité, le public proteste. Les agents de police expulsent Breton, Desnos et Péret. Le spectacle reprend. A son tour, Eluard, mécontent de voir son nom accolé, sans son accord, à celui de Cocteau, s'élève contre l'expulsion de ses amis et s'en prend aux interprètes. Le doux Eluard déclenche une mêlée générale, dont Tzara et le directeur du théâtre pensèrent lui faire supporter les frais en l'attaquant en justice. Mais le procès n'eut jamais lieu. Dans la soirée, Jacques Baron, qui jouait dans la pièce de Tzara, reçut une magistrale raclée de Breton : le père corrigeait son fils indiscipliné!

Obtenant un congé d'un mois, André part avec Simone pour Lorient le 14 août. Ils séjournent sur une plage, loin de toute civilisation. Leur santé défaillante s'en fortifie, et Breton compose une vingtaine de poèmes, dont il est même content, ce qui est rare chez lui. Il pense les joindre à un recueil dont le titre, *Clair de Terre*, ne se lit pas seulement comme le retournement d'une locution figée. La clarté émane désormais de la planète où il vit, ici et maintenant, comme l'indiquent les titres de ses dernières compositions : *Il n'y a pas à sortir de là, Tout paradis n'est pas perdu, Plutôt la vie...* Pour ce recueil de poèmes, qu'il publie à compte d'auteur, en même temps que *les Pas perdus*, il lui en coûtera plus de deux mille francs pour un tirage de deux cents exemplaires ordinaires et quarante de luxe, avec une eau-forte de Picasso, un merveilleux portrait de lui, « l'œil un peu terrible », qui remplace avantageusement un médiocre dessin de Max Ernst le présentant comme l'homme au bras bandé, et des illustrations promises par Chirico qui ne sont point parvenues. Gallimard accepte d'en être le dépositaire et, peut-être, d'acquérir une partie du stock. Finalement, pour des raisons techniques, les épreuves étant corrigées en octobre, *les Pas perdus* paraîtront l'année suivante, trois mois après *Clair de Terre.*

Heureuse surprise, fin août Paul Eluard et Marcel Noll, un ami strasbourgeois de Denise Lévy, sont venus, sur un coup de tête, rendre visite aux époux Breton. Leurs propos égaient le morne dialogue de Breton avec le paysage de la campagne lorientaise qu'il ne prise guère, sauf à le transformer à la lumière de ses rêves. Ensemble, ils examinent le numéro anthologique de *Littérature.* Celui-ci est en bonne voie! Il opposera la volonté de recherche des poètes rassemblés par Breton au néo-classicisme ambiant. Par goût personnel, Breton ajoute à ce choix la salace chanson du Dékiouskioutage, d'un anonyme (en réalité Max Jacob) et la chanson du Troubadour composée par Germain Nouveau sous le porche de l'église d'Aix. Qui plus est, à la rentrée, Eluard, Desnos, Péret feront paraître chacun un recueil de poèmes. Les vendanges seront belles!

Qui a dit que Breton répudiait le passé poétique? Bercé dans son adolescence au rythme des symbolistes, il ne cesse de leur témoigner sa déférence. La semaine suivante il se rend avec Simone à Camaret, dans le Finistère, pour visiter en son manoir l'un des plus authentiques et des plus purs poètes du siècle précédent : Saint-Pol Roux dit le Magnifique. Désireux, depuis longtemps, de connaître l'auteur de *la Dame à la faulx*, il veut l'assurer que son silence est digne et s'impose à la nouvelle génération. En présence du vieux barde chenu et de sa fille Divine, les mots lui manquent pour exprimer sa sympathie. Mais dès son retour à Paris, il lui adresse une lettre chaleureuse, où il se déclare à sa disposition pour réparer le tort que lui ont fait ses contemporains. Il décide de lui dédier *Clair de Terre* : « Au grand poète Saint-Pol Roux. A ceux qui comme lui s'offrent *le Magnifique* plaisir de se faire oublier. »

La formule est significative dans son ambiguïté même, comme le sont les vingt-six poèmes dédicacés, sur les trente-trois qui composent le recueil. Signe d'adieu ou de rassemblement ? Les deux, sans doute. Breton est las des amis qu'il voit tous les jours, « de cette perpétuelle conspiration sans objet » dont il parle à Picabia, et il désire retrouver sa liberté individuelle. Ces essais, ces poèmes qu'il regroupe lui semblent pouvoir servir de motif de ralliement pour un nouveau départ. Il est exactement dans le même état d'indécision que quatre ans auparavant, prêt à se rendre là où la sollicitation sera la plus forte.

Les motifs d'intervenir publiquement s'accumulent. A propos de Mallarmé d'abord. Depuis longtemps Breton a cessé d'en subir l'influence. Est-ce une raison pour le laisser piétiner par les mesquineries d'un Suarès dans *Comœdia* ? Ses réserves dans un quotidien sont inopportunes, et ses gloses antipathiques. Au nom de quoi peut-on dresser la comptabilité des vers qui resteront ? La qualité ne prime-t-elle plus la quantité ? D'ailleurs, que subsistera-t-il de Suarès ? Bien qu'hostile par principe à ce genre de manifestation, Breton se rendra à Valvins le 14 octobre dans la maison de Mallarmé, conservée intacte, pour les cérémonies commémorant le vingt-cinquième anniversaire de la mort du poète. Il se flatte d'y retrouver Jean Royère, perdu de vue depuis longtemps. A son avis, celui-ci est le seul qualifié pour prendre la parole en la circonstance. « Il y a même lieu de se demander si la présence de Régnier, de Thibaudet ou de Valéry à cette réunion ne constitue pas, à elle seule, une offense à la mémoire de Mallarmé », lui écrit-il, en lui demandant, au nom de ses camarades, « de ne pas permettre de tricherie sur la moralité de l'attitude mallarméenne ». Il ne saurait être plus éloigné de l'auteur de *Charmes*.

Nouveau motif de scandale, dans l'ordre de la morale poétique : *les Feuilles libres* du même mois ont publié un prétendu inédit de

Rimbaud, « Poison perdu », dont Forain détient le manuscrit. En raison de l'insigne faiblesse du poème, Breton y voit un faux. Il demande à Fernand Vandérem de l'éclairer sur ce point qui l'oppose à *L'Intransigeant*. Trois ans après, la critique unanime reconnaîtra un faux grossier dans le manuscrit.

Soucieux de justice envers ses prédécesseurs, Breton se propose de collaborer aux *Nouvelles littéraires* en y tenant une chronique régulière sur « ceux dont on ne parle pas » : Cornelius Agrippa, Alphonse Rabbe, Germain Nouveau, Lewis, Reverdy, Francis Poictevin... Son premier article, achevé début septembre, traite de Petrus Borel, « le bouc émissaire du romantisme ». Il y explique les raisons par lesquelles Borel a lui-même préparé sa ruine posthume en organisant la déception du lecteur. Écartant les anecdoctes, il en vient à l'examen tout personnel de *Madame Putiphar*, illustrant le genre frénétique, de *Champavert*, dont il n'aime pas le caractère imprécatoire, et des *Rhapsodies* qui sont, pour lui, le chant de la délivrance.

L'article tardant à paraître, il somme Maurice Martin du Gard de publier chacune de ses études toutes les trois semaines et en première page, n'acceptant pas de passer après Cocteau et Fels, « cette ordure et ce crétin ». Comme on s'en doute, après une telle mise en demeure, sa collaboration à l'hebdomadaire n'a pas de suite. Ce projet de chronique participait d'une constante chez lui, dont témoigne la double page de *Littérature*, intitulée « Erutarretil », où se trouve la constellation, en caractère et corps différents, des auteurs et anonymes méritant lecture. La liste rejoint et amplifie celle qu'il dressait pour Doucet en juin.

Même pendant ses congés, il ne cesse de conseiller le mécène, le félicitant par exemple, d'avoir acquis un verre de Duchamp, « le seul peintre qui dût à tout prix entrer encore dans sa collection ». Puis il commente l'ensemble des tableaux réunis dans cette collection, signalant les lacunes. Rien à redire sur l'impressionnisme, si ce n'est qu'il y manque un Seurat, l'un des deux grands prospecteurs (avec Picasso) de l'époque moderne. De Matisse, il souhaite lui voir acquérir le *Bocal de poisson*; il y va du génie du peintre : « Déformation, pénétration intense de la vie de l'auteur dans chaque objet, magie des couleurs, tout y est. » Pour Derain, une des grandes figures de 1913-1914 serait désirable. Quant à Picasso, « une seule certitude : *les Demoiselles d'Avignon* parce qu'on y entre de plain-pied dans le laboratoire de Picasso et parce que c'est le nœud du drame, le centre de tous les conflits qu'a fait naître Picasso et qui s'éterniseront... » Avec cela ne manque plus qu'un Chirico de l'époque des *Portiques*, si le marchand Paul Guillaume veut s'en séparer. Pour sa part, Breton a acquis, chèrement, *l'Étonnante Matinée* et *le Mauvais Génie d'un roi*. Doucet a déjà un Man Ray, et il a commandé *l'Intérieur de la vue* à Max Ernst mais pour faire des économies, trois vases aux fleurs renversées, au lieu de cinq, lui suffiront pour trois cents francs.

Doucet peut se montrer satisfait de son jeune conseiller, qu'il traite – avec quelque condescendance parfois – en ami, et qui l'oriente parfaitement dans la jungle de la nouvelle esthétique. Breton lui a suggéré de voir Soutine – un peintre qui ne peut laisser indifférent –; l'a accompagné à l'Exposition coloniale, en novembre, pour lui vanter les qualités sans pareilles de pièces nègres appartenant à la collection de Haviland; lui a fait acquérir des manuscrits de Benjamin Péret, de Desnos, de Vitrac; il s'entremet auprès de Félix Fénéon pour lui montrer le seul Seurat disponible, s'occupe à lui trouver des livres rares de Lewis, de Sacher Masoch, de Sade dont il voudrait lui faire acquérir le manuscrit, écrit à la Bastille, des *120 Journées de Sodome*.

En revanche, Breton est déçu de la décoration que Max Ernst a conçue pour la villa de Paul Eluard à Eaubonne. La faute en incombe-t-elle au poète lui-même , qui ne sait pas mettre en valeur les tableaux qu'il possède? Les relations triangulaires de Gala avec Eluard et Ernst troublent-t-elles son jugement? Il dédicace *Clair de Terre* à la jeune femme avec cette formule prophétie : « A Gala, sur les seins de qui fond la grêle d'un certain rêve de damnation. »

Ses amis Aragon, Eluard et même Soupault accueillent ce volume avec enthousiasme, y décelant, à partir du titre, une clarté nouvelle, une poésie astronomique, une richesse d'images faite pour changer le cours de la Voie lactée, en dépit du pessimisme foncier qui le conduit à dire à Simone que rien ne se produira jamais.

En mars, lorsque paraissent *les Pas perdus*, la librairie Gallimard, boulevard Raspail, lui consacre toute une vitrine : livres, manuscrits, photos. Le recueil de ses textes critiques et théoriques est fort bien reçu par la presse, à l'exception notable de Crevel, qui lui reproche de faire de la littérature avec la vie, de vendre son cuivre pour de l'or. Mais, pour les autres, il a réussi à se dégager du groupe dada, dans lequel on le classait indistinctement, et il prend figure de porte-parole de la nouvelle génération.

## *Une mystique de la vie*

Voici désormais Breton reconnu par ses pairs, et consacré par la NRF sous l'autorité de Gallimard. Une telle consécration s'il l'avait voulue, serait venue dès 1920. Il est vrai qu'en reprenant son autonomie il était tenté d'avancer dans une voie plus publique. La mésaventure de sa chronique aux *Nouvelles littéraires*, amputée des lignes auxquelles il tenait le plus, l'en avait dissuadé. Quant à faire dans l'éternel, comme Duchamp et Roussel, il ne s'en sentait pas capable! C'est alors qu'il est repris, une fois de plus, par l'automatisme.

Simone est chez sa cousine à Strasbourg. Désœuvré, Desnos vient passer chaque soirée dans son atelier. Sur des cahiers d'écolier, ils grattent aussi vite que possible sous la dictée de « la voix qui se cache après avoir parlé et qui se tait et qui abuse », écrit-il à Simone. Voix si capricieuse qu'il faut parfois la solliciter par des procédés rhétoriques, en partant de thèmes déterminés, de perceptions extérieures, ou en laissant affleurer les souvenirs de lectures, toute la culture acquise depuis l'enfance.

A son retour, Simone trouve les récits plus beaux que ceux des *Champs magnétiques*. Elle encourage André à les publier : il y a là une matière nouvelle, qui n'a rien à voir avec la littérature convenue. L'espoir renaît. D'autant plus nécessaire qu'au rendez-vous habituel de l'apéritif, le lundi 24 mars, Eluard, l'ami de plus en plus cher, n'est pas là. Il a disparu sans aucune explication. On murmure qu'il est parti en voyage, en emportant dix-sept mille francs et en menaçant son père de casser les pattes à qui tenterait de le rattraper. Simone trouve André « triste, préoccupé, nostalgique, plus lointain que de raison ». Il pense qu'on ne reverra jamais Eluard. Cela devait arriver : Gala lui préférait Max Ernst, il passait toutes ses nuits dans les boîtes avec Noll et Aragon pour retarder le moment d'aller se coucher.

Dans un cahier de surréalisme, Breton commence une séquence se référant à l'événement : « Quel est-il ? Où va-t-il ? Qu'est-il devenu ? [...] N'a-t-il pas suivi le chemin qui se perd dans les cerveaux de l'idée, ne faisait-il pas partie du glouglou de la bouteille de la mort ?... » Il est si bouleversé qu'il ne parvient pas à s'en remettre. Son travail s'en ressent et il ne peut faire autrement que se confier, sous le sceau du secret, à Doucet. Celui-ci prend la chose à la légère, en parle ici et là, à tel point que la presse s'en fait l'écho. Le jeune homme se voit contraint à une vigoureuse explication : cet événement « donne un relief si particulier à certaines de mes préoccupations les plus moroses, il fortifie si étrangement en ce moment cette mystique de la vie à laquelle je suis violemment attaché qu'il me précipite à l'extrême de moi-même »... Sa réaction est en effet terrible, il passe brutalement de la colère à d'énormes rigolades. Le rire en pleurs.

Grâce aux investigations de Jean-Charles Gateau, on connaît maintenant par le détail le parcours d'Eluard durant ce qu'il appelait son « voyage idiot », dont il s'est toujours refusé à parler à quiconque, même à Breton qui l'avait défendu jusqu'au fanatisme en l'occurrence. Pendant trois semaines, il erre à Nice, puis s'embarque à Marseille pour Tahiti où il aborde fin mai. Trois mois après, Gala, toujours lestée de Max Ernst, le rejoint en Indochine. Enfin le trio s'en revient en France, muni, par mandat télégraphique, du viatique paternel. La fuite au Harrar s'achevait en retour de l'enfant prodigue, réconcilié avec son marchand de biens de père.

Ignorant ces péripéties, Breton y voit un renoncement à l'écriture, la conséquence tragique de ce qu'il annonçait l'année précédente, la traduction concrète d'une formule liminaire d'Eluard dans son recueil de poésies paru en mars, *Mourir de ne pas mourir* : « Pour tout simplifier, je dédie mon dernier livre à André Breton. » Par un phénomène de compensation dont il énoncera bientôt la loi, il se jette sur ses cahiers d'écolier. De l'automatisme comme exorcisme, moyen de se rassembler, se retrouver. Le 18 avril il pense publier ces proses à jet continu, précédées d'une préface sur ce qu'il appelle alors le surréalisme, c'est-à-dire cette pratique particulière de l'écriture comme pensée à l'état brut.

La veille, les amis réunis dans l'atelier de la rue Fontaine ont inventé, par jeu, une nouvelle manière de provoquer l'inspiration : on découpe les titres des articles de journaux et l'on compose, en caractères variés, des poèmes inattendus. Ce n'est pas la recette que Tzara donnait pour faire un poème dadaïste, avec des mots tirés au hasard dans un chapeau (et qu'il n'a jamais employée qu'une fois, en manière de dérision, dans un manifeste) puisqu'on maintient la syntaxe, mais cela aboutit au même résultat : le poème vous ressemblera.

*Aventuriers de Paris*
*Ils vont partir... Ils partent.*

Voilà deux vers prémonitoires trouvés dans un ensemble de ces compositions inédites de Breton. Suivant à la lettre l'exemple de Rimbaud et de son ami Germain Nouveau, quatre amis, Aragon, Breton, Morise et Vitrac, vont courir la grande aventure, combinant les chemins spirituels aux routes matérielles. A partir de Blois, ville tirée au sort sur la carte, ils conviennent d'aller au hasard, à pied, tout en devisant, ne s'accordant de crochets volontaires que ce qu'il faut pour manger et dormir. Tour initiatique sur les routes de Sologne, Vitrac se proposait d'en faire le récit sous le titre du *Voyage magique*. Troubles de l'imagination égarée par les brouillards, dans la clarté lunaire surgit un monde froid, métallique, inhumain, suscitant d'extravagantes rêveries que le soleil ne dissipe pas. Des brumes marécageuses ne manquent pas de surgir les spectres des amoureuses ensevelies. La nature se plaît à dresser ses pièges d'argile recouverte d'eau dormante. Alors naissent les légendes. L'homme reprend contact avec les grands mythes cosmiques.

Cette exploration commune, aux confins de la veille et du rêve, se traduit immédiatement par des textes automatiques étrangement voisins chez Vitrac et Breton. En revanche, l'accord n'est pas aussi parfait entre Aragon et Vitrac, à propos de l'alchimie et des coïncidences que ce dernier perçoit entre toutes choses. Quant à

Morise, pour être plus discret, puisqu'il n'écrit pas, il n'en est pas moins agissant et profane le crucifix de la gare d'Argent. Pour éviter la fatigue extrême, plus abrutissante qu'autre chose, les marcheurs empruntent le train à deux reprises, après de brèves étapes à Cour-Cheverny, Romorantin, Salbris, Argent, Gien puis Romorantin à nouveau et Moret dont Breton a voulu revoir les soleils mouillés sur le Loing, au long du chemin de halage.

Écourtée et semée d'embûches, l'expédition aura duré une dizaine de jours. Elle est, somme toute, positive. Jusqu'alors, les quatres amis se voyaient au café, bonjour, bonsoir, échangeaient quelques propos, convenaient d'une visite ici ou là. Maintenant s'est forgé un sentiment très fort de complicité à travers une expérience dangereuse – au large croisent les requins de la folie – dira Aragon – et Breton sait exactement ce que cela signifie, lui qui est chaque fois conduit à poser des limites, à interrompre la dérive, comme il l'a fait pour Desnos.

De retour à Paris le 15 mai, trop tard pour contribuer à l'élection du Cartel des gauches et assister à la représentation de L'*Étoile au front* de Raymond Roussel où, en compagnie de Simone, et de sa sœur Janine, Desnos réplique à un spectateur qui l'accuse de faire la claque : « Nous sommes la claque et vous êtes la joue », les pèlerins de l'absolu sont bien décidés à reprendre le combat, à étendre leur influence au nom du surréalisme comme mode de vie.

Déjà, le 3 mai, au moment de partir, Breton avait brisé avec Picabia, en lui faisant connaître ses réserves sur son activité récente, et en engageant tous ses amis à décliner l'invitation à collaborer à *391* que le peintre ressuscitait à l'enseigne du « superréalisme ». Ensuite, Aragon, Breton et Soupault, reconstituant le trio initial de *Littérature*, défendent Pierre Reverdy, lauréat contesté du prix du Nouveau Monde, qu'ils déclarent le plus grand poète vivant et dont ils se reconnaissent tributaires. Dans le même temps, ils revendiquent l'usage du mot surréalisme, en excluant Max Jacob et Reverdy parce qu'ils sacrifient trop à l'esprit critique. Puis, contre Satie, ils saluent l'audace et le génie de Picasso pour ses divers décors et costumes de *Mercure*, créé aux Soirées de Paris du comte de Beaumont le 15 juin. Expliquant leur geste à

Jacques Doucet, Breton précise que l'hostilité du public à leur égard les a contraints à prendre position. Le groupe s'est ressoudé. Il attaque sur tous les fronts. Ce dont témoigne, après un silence de huit mois, l'ultime livraison de *Littérature*, qualifiée de « numéro démoralisant ». Elle s'ouvre sur une photographie de Kiki par Man Ray (*le Violon d'Ingres*), des fragments d'« Un cœur sous une soutane » de Rimbaud – pour faire chavirer la légende du bon élève catholique – deux poèmes inédits d'Apollinaire, et s'orne de contributions de Vitrac (cette unique mention : « Ma collaboration à *Littérature* »), Desnos, Baron, Aragon. Breton, rejetant toute littérature, publie des pages de son carnet : réflexions, adresses, notes cursives prises au Cyrano devant un mandarin-curaçao, poème, jeu de mots : « La lectrice excitée éteint l'électricité. »

Le plus intéressant est, à la fin, l'article anonyme « Nouveauté », dont la responsabilité lui revient assurément, où la critique, définitivement dévaluée, est remplacée par des extraits de livres ou de conversations : Gauguin, Sade, Alphonse Rabbe, Delteil, dont il a admiré *Choléra* dès la parution, Soupault, rentré en grâce avec *A la dérive*, et un extrait de lettre de Saint-Pol Roux : « La Belle à délivrer, c'est l'Imagination : grande reine du Monde. Elle est la géniale Aventure, dont la raison demeure le corps-mort ! » Beau programme pour une revue défunte ! Atteinte ou non la démoralisation souhaitée, les trois fondateurs de la revue se retrouvent en effet pour tourner la page.

« Soupault, Aragon et moi – écrit Breton à Simone le 17 juin – nous allons peut-être écrire en collaboration une sorte de manifeste de nos idées communes, en ce moment. Texte d'une quinzaine de pages sur lequel nous demanderons à nos amis de s'exprimer. Cela sur ma proposition s'appellera *Lettre à l'Aurore*. » L'accord ne se fait pas ; le texte ne prend pas forme. Néanmoins, sur cet appel à un jour nouveau prend fin la période floue. Les récits de rêves, une nouvelle séquence d'écriture automatique, les sommeils provoqués, une rencontre intrigante, l'exploration à plusieurs aux confins de la vie éveillée, les merveilleux détachements de Duchamp ont triomphé de la tentation du silence et ont insensiblement conduit Breton à dégager quelques principes de vie, autour desquels ses amis se rassemblent, à l'enseigne du surréalisme.

TROISIÈME PARTIE

# LA RÉVOLUTION SURRÉALISTE

## CHAPITRE PREMIER

# *Un vice nouveau*
(1924-1925)

### *Une préface-manifeste*

Au petit matin du 8 juin 1924, un jeune homme de vingt-huit ans, le pas alerte, vêtu d'un incroyable costume vert, la canne à la main, gravit la rue Lepic vers le sommet de la butte Montmartre. Arrivé à son but, tournant le dos à l'ignoble pâtisserie érigée par les Parisiens reconnaissants à Dieu du massacre des communards, il ôte son chapeau devant la statue du chevalier de La Barre martyr, à dix-neuf ans, de l'intolérance religieuse. Puis, tournant son regard vers l'est il murmure : « Madame l'Aurore... Je vous apporte la plus belle et peut-être la seule épave de mon naufrage. » Le grillon parisien, qui l'a reconnu à sa puissante tête de lion, s'approche pour entendre la prière laïque du poète André Breton.

Le biographe serait ici tenté d'imiter Renan sur l'Acropole. D'une part le monde ancien qu'il faut jeter à bas, de l'autre tout un univers surgissant de l'ombre, que le poète, armé d'une certitude nouvelle, va mettre en place avec ses disciples, car il a la foi des fondateurs de religion.

Dans un registre plus romanesque, il le voit comme un autre Rastignac prêt à s'emparer du monde littéraire, à manœuvrer les journaux, à conquérir l'opinion publique.

Serrant l'actualité de plus près, il l'imagine, nouveau Lénine à la tête des soviets, renversant le régime social-démocrate du père Painlevé, déchaînant les hordes surréalistes. Le conseil révolutionnaire aura son siège rue de Grenelle, entre l'ambassade de l'Union soviétique et *La Nouvelle Revue française.* Son organe, *La Révolution surréaliste* contribuera à l'avènement de l'homme nouveau.

Pour animer le tableau historique, il oppose les chefs. C'est à qui, d'Aragon ou de Breton, publiera le plus vite sa charte du surréalisme, qui servira de référence à tous les partisans. A son habitude, Aragon est le plus rapide, le plus brillant, le plus ambigu aussi. Sa définition de la surréalité comme un rapport englobant le hasard, le fantastique, le rêve demeure floue et tout empreinte d'idéalisme. Pour lui, le surréalisme est une matière mentale à laquelle on accède par le langage. Pas de pensée hors des mots. Et il raconte l'histoire avec un tel talent! L'automatisme contre le bluff du génie et de l'inspiration, les sommeils, les récits de rêve, tous ces trésors que ces explorateurs éperdus rapportent chaque jour dans leurs filets. Puis il nomme les présidents de la République du rêve et leurs hommes liges. Un retard éditorial fait qu' « Une vague de rêves » ne paraît qu'à la fin de l'année, si bien que Breton, plus réfléchi, plus didactique, est lu en premier et recueille l'unanimité sur son *Manifeste.*

Cependant la réalité est moins exaltante, plus complexe aussi. Breton n'est ni un arriviste ni un génial stratège. Il n'a pas de vues à long terme de l'action qu'il doit mener, de la place qui lui revient. Ce matin, la voix mystérieuse lui a soufflé : « Béthune, Béthune » au milieu de son sommeil. Doit-il s'y rendre? Il achève de sélectionner un tiers des « historiettes » automatiques accumulées depuis trois mois, qu'il réunit sous le titre *Poisson soluble.* L'avant-veille, Léon Pierre-Quint, directeur littéraire des éditions du Sagittaire, a discuté avec lui du tirage et pour éviter la fâcheuse dissociation qui s'est produite avec ses deux précédents recueils il songe à les faire précéder d'une préface expliquant leur originalité, ce qu'il nomme surréalisme, dans un sens qui lui est propre et qui ne doit rien à Apollinaire, l'inventeur du mot. Puis, comme chaque jour de la semaine, il se trouve à 11 heures à la bibliothèque de la rue de Noisiel où il justifie amplement son salaire en réglant des notes, pointant les revues arrivées, réclamant les numéros manquants, suggérant à son patron l'achat de quelque rareté bibliophilique, projetant un travail bibliographique qui valoriserait la collection et permettrait d'en connaître le contenu exact.

Entre-temps, il rédige le préambule, sur la nature duquel il hésite : simple préface, explication du surréalisme, défense et illustration des idées du groupe? Du fait que l'ouvrage publié en octobre porte le titre *Manifeste du surréalisme*, on a pris l'habitude de le lire comme un texte théorique institutionnalisant le mouvement. Or il forme un tout avec la seconde partie, *Poisson soluble*, qu'il éclaire et justifie.

Breton parle en son nom propre. Il s'agit, pour lui, de trouver la passe vers la vie réelle, la vraie vie s'entend, à laquelle contribue l'automatisme. Les contraintes sociales ne peuvent rien sur l'esprit, ni l'imagination même quand elle s'affirme sous la forme extrême de la folie, de l'hallucination, de l'illusion. En règle générale, à vingt ans l'individu a déjà cédé, renonçant à tous les possibles dont il était doté au départ. Mais il n'y a pas lieu de baisser les bras, comme en témoignent les *Contes bleus* d'un adulte, pour des adultes, qui font suite. Ils illustrent les multiples vies que l'on pourrait mener, guidé par le seul désir, si l'on ne se heurtait au principe de réalité. A quoi rime donc ce réalisme « hostile à tout essor intellectuel et moral », dont les romanciers font usage? Sous prétexte de vraisemblance, par facilité ils donnent à voir un monde factice et singulièrement amputé. La complexité du vivant est réduite à sa plus simple expression. Quant à la logique, elle ne s'attache qu'à la résolution de problèmes secondaires. Freud a montré l'existence d'un immense continent qu'on se garde bien d'explorer. Or, au même titre que le savant, le poète est en mesure de capter ces forces nouvelles pour les soumettre ensuite, s'il y a lieu, à la raison. Le domaine enchanté du poète, le rêve, le merveilleux, l'enfance, est accessible à tous. Qu'on se donne simplement la peine de « pratiquer la poésie », comme dans les pages qui suivent, et l'on comprendra.

C'est alors qu'il livre son propre témoignage, retrace le chemin personnellement suivi jusqu'à cette découverte du « surréalisme poétique » dont il qualifie les formes et les fonctions. Lieu de toutes les métamorphoses, il est aussi celui où le scripteur engage son expérience. Il n'y a donc pas de raison de craindre l'instauration d'un poncif surréaliste, puisque chaque être est unique. Reste, en suspens, le problème de l'application de ce surréalisme-là à l'action. Breton refuse le dilemme : « C'est vivre et cesser de vivre qui sont des solutions imaginaires. L'existence est ailleurs. »

Fin juillet, il est à Lorient avec Simone. Rien d'enthousiasmant : le devoir familial l'y conduit chaque année. Pour faire diversion, Max Morise étant à Douarnenez et Pierre Naville à Quimperlé, tous trois se rencontrent pour explorer la région et faire des projets. Raide et sec comme un pasteur suisse, le jeune Naville vient du groupe de *L'Œuf dur*, une revue éphémère qu'il animait avec Francis Gérard (Gérard Rosenthal), dont le dernier numéro a paru en même temps que *Littérature*. Tous les ex-collaborateurs songent à unir leurs talents. Naville, qui ne manque pas d'esprit d'initiative, va diriger, avec Desnos, un ouvrage collectif « qui doit épuiser momentanément la question du surréalisme », écrit Breton à Doucet. Quant à lui, il revoit de près le manuscrit de son livre qui doit paraître en octobre. C'est alors, semble-t-il, à la suite de ces discussions, que la préface se transforme en Manifeste, avec ce que le genre implique de péremptoire : la célèbre définition en forme de notice encyclopédique, les dénombrements à la manière de Jarry dans ses *Almanachs du père Ubu* y compris les recettes humoristiques, comme celles d'Alexis le Piémontais, « Secrets de l'art magique surréaliste... » De personnel, le discours devient collectif; il s'étoffe d'exemples, fournis pour la circonstance par leurs auteurs. La théorie du rêve, de l'image, se développe. A la biographie intellectuelle se superpose celle du groupe (les derniers noms étant rajoutés sur épreuves en octobre). Le procès du monde réel se fait sans appel. Dès ce moment, l'offensive du surréalisme est prête. Elle sera conduite sur tous les plans : manifeste, revue et même mouvement. Les opérations commenceront en octobre.

Insensiblement, Breton apparaît comme le recours, celui vers qui l'on se tourne dans l'embarras. De Mayence, où il est rédacteur à *L'Écho du Rhin,* Limbour lui demande de le sauver, à la suite d'une altercation, heureusement sans conséquence, avec un officier. Breton intervient sur-le-champ. C'est à lui que fait appel Clara Malraux lorsque son aventurier de mari est condamné à trois ans de prison ferme en Indochine pour avoir pillé les bas-reliefs du temple de Banteai-srey. Sans la connaître, Breton lui offre son aide. Ses informations lui font comprendre que Malraux a succombé au désir en poète et non en spéculateur. Évoquant Apollinaire, c'est la cause qu'il plaide dans un article des *Nouvelles littéraires,* ralliant à lui les intellectuels soucieux de la sauvegarde de l'esprit. Simone et André Breton aident Clara dans son désarroi; elle peut envoyer un peu d'argent à son mari pour qu'il soit transféré à Saigon où son procès en appel a lieu, réduisant sa peine à un an de prison avec sursis. A son retour à Paris, Malraux va remercier Breton rue Fontaine mais, si les deux hommes partagent les mêmes curiosités littéraires, une nature profondément dissemblable les empêche de devenir amis.

## *La Centrale*

Il y a des jours à marquer d'un signe blanc, surtout quand le bel automne parisien se met de la partie. Le vendredi 11 octobre 1924 est de ceux-là. Il fait un temps magnifique. Ayant achevé son travail quotidien pour Doucet, Breton va rejoindre ses amis au Bureau de recherches surréalistes, ouvert au public pour la première fois. C'est, au 15, rue de Grenelle, à l'hôtel de Bérulle, dans le local mis à leur disposition par le père de Naville, qu'ils attendent la visite de ceux que préoccupe l'inconscient ou qui, plus simplement, veulent connaître le mouvement surréaliste. Chaque après-midi, deux membres du groupe tiendront la permanence. Un registre est ouvert, où seront consignées les observations susceptibles de faire progresser les recherches et surtout d'alimenter la nouvelle revue en préparation, *La Révolution surréaliste,* dont la direction est confiée à Péret et Naville. Attelage inégal, Naville prendra toutes les initiatives. Breton avait d'abord songé à Desnos qu'en juillet, dans un article du *Journal littéraire,* il qualifiait de prophète du surréalisme, mais, « mille fois plus révolutionnaire que la révolution »; celui-ci s'est défilé. N'importe, Breton est satisfait : de nouvelles recrues sont venues récemment étoffer le noyau initial. La semaine précédant l'inauguration du Bureau il est allé visiter André Masson dans son atelier de la rue Blomet. Il possédait un tableau de lui, *les Quatre Éléments,* acquis lors de sa première exposition, galerie Simon, mais ne connaissait pas le peintre personnellement. Leur première rencontre a grand effet.

Ils ont le même âge, mais pour Masson, Breton, c'est l'avenir. Ils se trouvent tous deux de plain-pied. Ils sont d'accord sur tout – particulièrement l'automatisme – sauf sur un point : le peintre défend Nietzsche et Dostoïevski, que son visiteur ne peut pas souffrir. D'autres divergences apparaîtront par la suite, à propos de ce que Breton nomme la qualification morale des individus, alors que Masson ne veut prendre en compte que leur production. Ce sera l'objet d'interminables discussions : peut-on séparer la création artistique de son créateur? Breton tiendra toujours que les deux sont indissociables. Il jugera de l'œuvre d'après son auteur, et réciproquement.

Auparavant, début septembre, un autre familier de la rue Blomet est venu s'asseoir à la table du Cyrano. Très individualiste, Antonin Artaud refuse d'embarquer sur le bateau surréaliste. Le surréalisme, il connaît, c'est son propre système du monde depuis longtemps. Les lettres qu'il échange avec Jacques Rivière, dans la *NRF*, témoignent de son refus de la littérature, d'une quête angoissée de la vie. Son combat pour s'exprimer malgré tout le rend pathétique, « beau comme une vague, émouvant comme une catastrophe », dit de lui Simone.

Surtout, Paul Eluard est revenu. Comme si de rien n'était, il a repris sa place au café. « Des vacances, quoi », écrit Breton, estomaqué par un tel silence, mécontent d'avoir été tenu dans l'ignorance. A quoi bon l'amitié s'il faut taire l'essentiel? Breton en veut surtout à Gala, pour qui il s'est mis en huit avec Simone. Finalement, les habitudes ont repris le dessus!

Enfin, le groupe surréaliste, puisque ainsi il se dénomme désormais, forme un bloc cohérent avec ce qu'il faut de diversité pour avancer. Breton en est naturellement le chef, non qu'il ait revendiqué la première place mais parce que c'est ainsi. Il a l'autorité nécessaire, celle qui s'impose par la discrétion, les gestes calculés, une élocution lente, où chaque mot compte. L'âge ne fait rien à l'affaire, ni la position sociale. Il n'est pas le plus âgé, et ses moyens d'existence sont à peine moins précaires que ceux des autres, Eluard excepté. Aujourd'hui, on appelle cela le charisme. A l'époque, on disait volontiers noblesse naturelle, culture, lumière de l'esprit. En fait, Breton n'est pas un décideur. Implicitement, il est à la tête d'un triumvirat, avec Eluard et Aragon, qu'il consulte avant de se prononcer. Et puis il y a, discrète mais efficace, Simone. Son avis compte beaucoup. Breton se distingue des autres parce que avec Simone il donne l'image d'un couple stable, uni, installé peut-être, à ces jeunes viveurs qui se cherchent et s'oublient dans les bars américains ou les bordels. A Jacques Baron qui passe ses nuits au Zelli's avec Tual, Morise, Vitrac, Leiris ou Aragon, Breton demande quel plaisir on peut y trouver. Le jazz, la musique en liberté, l'alcool, le trouble féminin lui répond l'autre. Tout cela le laisse sceptique.

Breton décide moins qu'il ne pousse ses compagnons à s'assumer, à se dépasser, à se réaliser enfin. Il a suffisamment le sens du concret pour définir ce qui rassemble le maximum de gens au bon moment, interrompant l'expérience quand elle risque de dépasser les limites du vivable, comme ce fut le cas pour l'écriture automatique et les sommeils provoqués.

Un article de Maurice Martin du Gard à la une des *Nouvelles littéraires* tombe à point nommé pour lancer le mouvement. Ayant eu communication des épreuves du *Manifeste du surréalisme*, le critique est à même d'en faire une relation fidèle. Le portrait qu'il brosse de Breton contient bien quelque perfidie : « Aujourd'hui, il a vraiment le port d'un inquisiteur; que de tragique et de lenteur dans les regards et dans les gestes! Et c'est un mage! Peut-être bien un peu un mage d'Épinal, avec, sur ses fidèles, l'autorité magnétique d'un Oscar Wilde. Des dons évidents d'écrivain; il met l'image et l'orthographe et la ponctuation où il faut; une culture abondante et du tourment métaphysique. » Malgré l'exhortation finale à écrire positivement, l'analyse est, somme toute, sympathique. Elle dégage la supériorité intellectuelle du texte de Breton sur les tentatives rivales d'Ivan Goll et de Paul Dermée pour lancer un surréalisme à leur goût. Plus de doute, la référence, c'est Breton. Le travail de l'été a payé. Delteil et Reverdy l'assurent que Goll, en publiant l'unique numéro de sa revue, *Surréalisme*, a obtenu leur signature par surprise. Plus de danger de ce côté-là.

La Centrale – ainsi les surréalistes nomment-ils leur local – est un point de ralliement idéal. Aux murs sont accrochés des tableaux de Chirico *(le Rêve de Tobie)*, Morise, Desnos, des vitrages de Man Ray. Breton a apporté une Bible en trois volumes, outre les exemplaires de ses œuvres et les dossiers des séances magnétiques. Une bibliothèque surréaliste se constitue. Naville prête une machine à écrire. Bientôt pendra du plafond un buste de femme en plâtre tandis que des exemplaires de *Fantômas* et du *Manifeste* seront poignardés par des fourchettes. Francis Gérard assure le secrétariat général. Il doit veiller à la régularité des permanences. Les amis peuvent s'installer au premier étage s'ils veulent discuter.

Aragon et Breton prennent leur premier tour de garde le lundi suivant. Ils suggèrent de supprimer tout communiqué de presse pendant quinze jours, pour éviter de faire une publicité gratuite à ceux qui détournent le terme surréalisme à leur profit. Ils ne veulent s'intéresser qu'au courrier présentant un caractère expérimental et proposent d'organiser un banquet surréaliste aux Buttes-Chaumont.

A la fin de la semaine, nouvelle coïncidence marquante. Les exemplaires du *Manifeste* sont livrés, par avion, à Paris, en même temps que sort un pamphlet collectif, le jour des funérailles nationales d'Anatole France. Voulue et financée par Drieu La Rochelle, le bon camarade d'Aragon qui flirte alors avec le surréalisme, la double feuille, intitulée *Un cadavre*, provoque un tollé général chez les gens de lettres. Breton y délivre un « Refus d'inhumer ». Heureux de voir disparaître la même année Loti, Barrès, France : « L'idiot, le traître et le policier », il méprise l'attitude qui a concilié à celui-là les honneurs de la droite en se parant des couleurs de la révolution. La sanction ne se fait pas attendre. Plus « Ubu protecteur des arts » que jamais, Doucet convoque Aragon et Breton pour leur donner congé sur-le-champ, les privant de ressources. Cette version, rapportée par les intéressés doit être nuancée, au moins en ce qui concerne le dernier. Certes, il y eut bien un froid à deux reprises entre Breton et Doucet, si intense qu'André attrapa la forte grippe, mais il poursuivit ses fonctions jusqu'à la fin de l'année, comme le prouvent ses démarches auprès de Fénéon pour l'acquisition d'un tableau de Seurat, la visite du couturier à la Centrale, l'entrevue qu'il organise pour lui avec Chirico et Picasso, les lettres qu'il renouvelle pour féliciter le mécène d'avoir enfin acquis *les Demoiselles d'Avignon* : « Pour moi c'est un symbole pur, comme le tableau chaldéen, une projection intense de cet idéal moderne que nous n'arrivons à saisir que par bribes... »

Kahnweiler propose à Breton de publier quelque chose, à sa guise, dans la collection des poètes qu'il édite à l'enseigne de la galerie Simon. Le *Manifeste* connaît un grand succès, « ce qui n'est pas pour m'encourager », assure Breton. Tous les commentaires, à l'exception d'une notule élogieuse d'Eluard, ne traitent que du discours théorique et pas des exemples de *Poisson soluble.* Incompréhension de la critique? Impossibilité de rendre compte d'écrits d'une telle nature? Le rejet exprimé par Breton à leur sujet, devant plusieurs témoins, jusqu'à la fin de sa vie est encore plus curieux. Incontestablement, la psychanalyse a quelque chose à dire sur ce phénomène, davantage que sur des rêves ou des associations verbales. Peut-être souffrait-il au souvenir pénible des égarements de l'esprit traversés dans l'instant où il se livrait à l'automatisme?

Disciplinés, Aragon et Breton tiennent régulièrement leur permanence à la Centrale le lundi. Mais le public qui vient spontanément n'est pas à la hauteur de leurs espérances. Rien d'une vie extra-littéraire, pas de quoi fournir matière au numéro de revue en préparation. Tout cela manque d'esprit surréaliste. L'activité des compagnons laisse à désirer. Ils perdent leur temps à des futilités, négligent de rédiger avec exactitude les récits de rêve, ou de tenir à jour le recueil de coupures de presse. Vitrac préfère aller prendre des bocks au bistrot voisin plutôt que d'expédier l'enquête « Le suicide est-il une solution? »

Quinze jours après l'ouverture, l'exaltation de Breton est retombée. Il prévient que si au terme d'un mois « une extension considérable n'a pas été donnée à la question surréaliste » il priera ses camarades de le « considérer comme surréaliste honoraire » et n'assurera plus son tour de garde.

L'avertissement produit son effet; les autres se secouent un peu. Le matin du 3 décembre, Breton en chandail vert jade, chemise noire, cravate rouge et casquette, monte avec Aragon – même couleur de chemise, grand cache-col jaune citron, casquette de peau –, et Morise – chemise bleue et monocle – dans une voiture décapotable conduite par Naville. Ils vont à Alençon, où est imprimée *La Révolution surréaliste*. Il ne faudrait pas que les aléas typographiques viennent gâcher leurs efforts de nouveauté. Les uns (Aragon, Naville) passent la journée sur le marbre de l'imprimerie, les autres au café pour se réchauffer. Le soir, on rédige quelques notes pour compléter la mise en page. Le résultat est satisfaisant. Pour renforcer le caractère expérimental du surréalisme, on a choisi d'imiter la maquette d'une revue scientifique, *La Nature*, avec une couverture orange et des photos de Man Ray prises à la Centrale. En légende la devise d'Aragon : « Il faut aboutir à une nouvelle déclaration des droits de l'homme. » Avertissement au lecteur : ce premier numéro « n'offre aucune révélation définitive... il faut tout attendre de l'avenir ». Breton y donne trois récits de rêve où se projettent des images de l'adolescence, du médecin qu'il a été et l'ombre d'Apollinaire » (Sarane Alexandrian y voit, pour sa part, la présence de Duchamp et le débat sur l'art). Suivent divers « textes surréalistes », dont un de Simone qui ne manque pas d'humour érotique, divers comptes rendus et des chroniques sur l'invention, la conscience, les beaux-arts, l'amour. La page centrale est constituée d'une série de photos des surréalistes encadrant le portrait de Germaine Berton, l'anarchiste qui avait, l'année précédente, assassiné Marius Plateau, le chef des Camelots du roi. Simple accident du travail, selon Aragon. A l'issue de son procès, Breton et ses amis lui avaient porté une corbeille de roses rouges avec ces mots : « A Germaine Berton, qui a fait ce que nous n'avons pas su faire. » Eluard a suggéré, comme légende, la fusée de Baudelaire : « La femme est l'être qui projette la plus grande ombre ou la plus grande lumière dans nos rêves. » Enfin des échos de suicides relevés dans la presse contribuent à la démoralisation du lecteur.

### *La dame au gant*

Les visiteurs se succèdent à la Centrale. Crevel y renoue avec ses anciens compagnons. Des inconnus prennent contact, qui, peu à peu, s'intègrent au groupe pour y occuper une place plus ou moins importante : Georges Bessières qui n'a pas laissé de traces; Raymond Queneau, un étudiant en lettres doué d'un humour très secret.

Viennent aussi des littérateurs, en amis ou en curieux, comme Paul Valéry, Léon-Paul Fargue, Louis de Gonzague-Frick heureux de se réconcilier avec Breton après un entrefilet que celui-ci avait considéré comme un acte d'hostilité à son endroit. Et beaucoup d'étrangers proposant un échange de revues, prêts à rédiger un article pour les journaux de leur pays. Des dames du monde aussi, qui se piquent de littérature et de nouveauté : Nancy Cunard, Mme de Bassiano, commanditaire de la revue *Commerce*, la marquise de Farinola, poétesse toxicomane et lesbienne, Mme de Lanux (la Bérénice d'Aragon dans *Aurélien*) et Lise Meyer, divorcée du propriétaire d'Old England. Menue, ravissante, grave et gracieuse, elle vient un jour d'hiver où Aragon et Breton sont de permanence. Par jeu, Aragon la prie de laisser ses longs gants bleus en guise de carte de visite. Comme pris de panique, Breton l'en dissuade. Un éclair l'a frappé par surprise :

*Je vais ramasser le gant*
*Le gant que me jette le ciel et m'enferme à tout jamais*
*Dans la prison de mes lèvres prison de soleil...*

écrit-il dans un poème confidentiel. Avec ce talent qu'ont les femmes coquettes de tourmenter les hommes trop sensibles, Lise Meyer se joue de lui, de telle sorte qu'il perd pied. Seul ou en compagnie d'Aragon, de Baron ou de Rigaut revenu d'Amérique, il la voit fréquemment dans son salon de l'avenue du Bois où figure au premier plan le divan de Mme Sabatier, la présidente de Baudelaire, malheureux d'une beauté inutile à ses yeux, et de leur mutuelle incompréhension. La séduction même, pour lui elle sera toujours la reine de Saba.

A la fin de l'année, Breton cesse sa collaboration régulière à la bibliothèque de Jacques Doucet. Il ne perçoit plus de salaire fixe, ce qui le contraindra à revendre ses propres tableaux, malgré son inaptitude aux questions matérielles. Au vieil homme qui s'est benoîtement enquis de ses intentions il explique : « Vivre, triompher des quelques obstacles que cela suppose, ce qui est si facile à la plupart des hommes, me jette encore dans une immense perplexité. C'est dans la pensée que je crois bien avoir mis toute l'audace, toute la force et tout l'espoir dont je suis capable... »

Il achève la rédaction de l'*Introduction au discours sur le peu de réalité*, entreprise en septembre, dans le prolongement du *Manifeste*. Chose rare pour lui, les épreuves qu'il corrigera début février le verront satisfait. Il y expose « la terrible loi psychologique des compensations [...] en vertu de laquelle il semble que nous ne pouvons manquer bientôt de payer cher un moment de lucidité, de plaisir ou de bonheur et, il faut bien le dire aussi, que notre pire effondrement, notre plus grand désespoir nous vaudront une revanche immédiate ». Loi d'équivalence, excluant l'indifférence, à laquelle il se référera toujours dans ses moments de dépression comme d'exaltation. Mais le « discours sur le peu de réalité », auquel ce texte devait introduire, ne fut jamais écrit.

Cette variante de la lettre à l'aurore que Breton méditait l'été précédent s'achève tout naturellement sur un appel à l'Orient symbolique, comme le devenir s'opposant à la décadence de l'Occident. C'est là le thème d'une campagne qu'il voudrait voir développer par la Centrale en janvier 1925, en faisant appel, éventuellement, à des personnalités extérieures. Son point de vue, partagé par Desnos, Naville, Tual, Masson et Queneau, est discuté par Max Ernst, Eluard et Francis Gérard et finalement adopté, y compris dans ses conséquences sur la question juive et le bolchevisme. La partie est délicate, puisqu'il entend soutenir officiellement l'action sioniste. Croyant traduire sa pensée, Desnos rédige pour *La Révolution surréaliste* un paradoxal « Pamphlet contre Jérusalem », adjurant les Juifs de renoncer au nationalisme naissant pour demeurer le ferment de liberté qu'ils ont constitué dans les sociétés occidentales. Parallèlement, Naville est chargé, sans résultat, de contacter René Guénon, théoricien de la mystique orientale. Quant au bolchevisme, à l'exception peut-être de Francis Gérard qui suggère de discuter de l'héritage de Lénine (mort en 1924), les esprits ne sont pas encore prêts. Au vrai, Breton, isolé, traverse une période de doute. Que peuvent représenter ces questions quand il se sent à peine capable de vivre, confie-t-il à Simone, partie à Megève avec sa sœur et Morise. Fort des souffrances que lui inflige sa passion pour Lise, il a plutôt envie d'écrire un petit livre, d'une cinquantaine de pages, qu'il intitulerait : De l'amour, « essai mi-didactique mi-lyrique, parsemé d'apparitions », dans la collection d'ouvrages de luxe tirés à cinquante exemplaires que Doucet veut créer, à l'instigation d'Aragon qui l'a baptisée « Pour vos beaux yeux » – mais le projet n'aboutit pas. Bien qu'Artaud conduise avec efficacité les travaux de la Centrale, fermée au public depuis le 24 janvier, il ne sait plus lui-même où va cette révolution surréaliste. Certes, la déclaration du 27 janvier, rédigée par Artaud, est admirable : « Le surréalisme n'est pas une forme poétique. Il est un cri de l'esprit qui retourne vers lui-même et est bien décidé à broyer définitivement ses entraves, et au besoin par des marteaux matériels. » Mais n'y a-t-il pas, dans le groupe, trop de compromis avec le monde des lettres? L'action collective n'est-elle pas une illusion? Par rapport à l'opération de grande envergure que Breton postule depuis cinq ans, cette activité paraît trop dérisoire, et il s'avoue incapable de dégager une ligne de conduite, même à titre personnel.

La deuxième livraison de *La Révolution surréaliste* est arrivée à la Centrale le 11 février. Il la juge déplorable. La couverture qu'il avait suggérée est ratée, l'épouvantail, « Art français début du xx^e^ siècle », affreux. Sauf les contributions d'Artaud et Leiris, on n'y trouve à peu près rien qui vaille; certains articles sont un défi à l'entreprise commune, dit-il à sa femme. Ce jugement excessif pour l'ensemble des collaborateurs comme pour lui-même témoigne du recul qu'il prend à l'égard d'une activité dont les mobiles lui échappent. Son article invitant les intellectuels à envisager de faire grève, à l'égal des autres travailleurs, sa réponse à l'enquête sur le suicide (une citation de Théodore Jouffroy : « Le suicide est un mot mal fait : ce qui tue n'est pas identique à ce qui est tué »), voire sa chronique sur la vie, pleine d'allusions à son nouvel amour pour Lise, ne trouvent plus grâce à ses yeux.

Au demeurant, le « comité idéologique », composé d'Aragon, Artaud, Leiris, Naville et lui-même lors de l'assemblée qui avait donné les pleins pouvoirs à Artaud pour recentrer la Centrale, est réorganisé le 30 mars avec l'entrée de Masson et de Morise, la sortie de Leiris et de Breton, invités toutefois aux réunions suivantes.

Tirant la leçon de l'inefficacité du Bureau de recherches surréalistes, Breton le ferme définitivement le 20 avril, quand arrive le numéro 3 de *La Révolution surréaliste.* Son opinion sur cette livraison à laquelle il n'a pas collaboré est encore plus catégorique. Tout y est détestable, Artaud tombe dans le mysticisme et Naville n'aurait écrit sa note sur les beaux-arts (« Plus personne n'ignore qu'il n'y a pas de peinture surréaliste ») que pour l'emmerder, dit-il à ses amis. Le rejet global de Breton tient moins au contenu manifeste du recueil, avec les lettres polémiques rédigées par Artaud ou à son initiative, qu'au paroxysme dangereux qu'il y décèle.

## *Réinventer la vie*

Dès le 1er mai, tout le monde à Cyrano en est d'accord, Artaud reste responsable des recherches, pour la forme puisque le Bureau est dissous, et Breton prend la direction de la revue. Comme ce dernier estime devoir des explications aux lecteurs, il jette sur le papier les idées essentielles qui formeront l'armature de son éditorial. Certes, le surréalisme veut en finir avec l'ancien régime de l'esprit, mais ce n'est pas en faisant confiance à la spontanéité des masses anonymes, comme dans le numéro un de la revue, ni en attendant les événements, comme dans le deux, encore moins par des sommations brutales, comme dans le trois, qu'on y parviendra. Dès lors qu'on est d'accord sur les buts, il faut y adapter la tactique, tant à l'extérieur en ne terrorisant pas à priori le public, qu'à l'intérieur du groupe en faisant taire les divergences. Au besoin on éliminera ceux qui cherchent dans le surréalisme un alibi littéraire d'une part, ceux qui sabotent d'autre part. Un point est sûr : « Nous demeurons acquis au principe de toute action révolutionnaire, quand bien même elle prendrait pour point de départ une lutte de classes, et pourvu seulement qu'elle mène assez loin. »

Breton a sincèrement pensé que le mouvement devait s'organiser de lui-même, avec une répartition équitable des tâches, et qu'il s'autorégulerait. Mais la tournure des événements, la pression d'Aragon, celle d'Eluard, le conduisent à prendre la barre de l'organisation. Avec le recul, les raisons lui apparaîtront plus clairement. Il les énumère dans ses *Entretiens* : l'atmosphère créée par la revue l'inquiétait, le ton adopté ne pouvait mener qu'au rejet de la vie – le contraire de sa propre quête. Déjà il lui avait fallu écarter les initiatives malheureuses d'Artaud, comme de distinguer entre les bons et les mauvais rêves (au nom de quoi!) ou d'écrire, chacun, ce que l'on pensait de sa mère (on voit d'ici la sincérité de certains) alors que le dictionnaire du merveilleux, qu'il voulait constituer, n'avait pas même été entrepris. Anarchisant et mystique, Artaud courait, hélas vers son propre abîme. Il n'avait pas le droit d'y entraîner les autres. Comme avec Desnos au temps des sommeils provoqués, Breton intervient dans le sens de la vie, en ouvrant la voie vers la politique.

Si l'on s'attache généralement à l'analyse des idées surréalistes, il ne faut pas oublier que leurs adeptes voulaient réinventer la vie. Ils ont constitué une communauté affective, sans liens formels, des plus nécessaire et réconfortante pour André Breton. C'est un groupe d'amis qui se réunissent aussi bien pour discuter des événements de l'heure au bistro, dîner ensemble à la fortune du pot dans son atelier, se livrer en commun à de longues séances d'écriture automatique ou jouer aux cartes, en intéressant la partie avec des haricots ou, plus fort, des tableaux et des masques nègres, qui passent ainsi de main en main. Jacques Viot, courtier d'art, se voit ainsi dépouillé de quelques Chirico, Masson, Miró... Malheureux au jeu, il ira refaire sa vie comme juge de paix à Tahiti d'où il reviendra cinq ans après, notablement transformé.

Certains soirs où l'on est peu nombreux, on part à Luna-Park, à la porte Maillot. Breton, si grave sur toutes les photos, s'amuse follement aux montagnes russes, dans le labyrinthe des mystères et manifeste une joie de collégien, selon Maxime Alexandre, quand une soufflerie inattendue soulève les jupes des femmes. Au printemps, on va à la Foire du Trône, en compagnie de ces dames. On sacrifie à la rituelle photographie : Simone montée en amazone sur un cheval de carton-pâte, Gala se collant à Max Ernst, Desnos, Eluard et Delteil à leurs pieds, Breton la cigarette à la main, debout, légèrement détaché comme s'il voulait hypnotiser l'objectif.

A cette époque, Breton entre en rapport avec la bande de la rue du Château : les frères Prévert, le peintre Yves Tanguy et Marcel Duhamel, le futur inventeur de la « Série noire », qui pour l'heure gère un grand hôtel, le Grosvenor. Après Desnos, Péret est venu, en avant-garde, pour faire une grosse tête à ces fêtards de fils à papa, mais il a vite compris à qui il avait affaire, alors il est revenu avec les copains. Curieux de connaître ces joyeux loustics, qui n'ont encore rien produit de montrable, Breton les invite dans son atelier. Jacques Prévert et Duhamel, émus de l'honneur, se sont piqué le nez à la cocaïne avant l'entrevue qui a lieu en présence de Simone et de Morise. Breton est si intrigué de leur comportement qu'il leur téléphone le lendemain pour prendre de leurs nouvelles : ils étaient si volubiles qu'il n'avait pas pu placer un mot, ce qui, de sa part tenait du prodige, commente Duhamel avec gouaille. Un jour, Breton rate une marche en descendant de son quatrième étage. Il tombe en avant, son stylo se brise et lui fait une grosse tache verte à la place du cœur. « Poignardé par sa plume, quelle belle mort pour un écrivain », déclare Prévert, qui n'en rate pas une!

Au cours d'une soirée où la rue du Château s'est transportée rue Fontaine, l'ennui guette quand un inspiré suggère de jouer aux petits papiers. Tous les enfants connaissent; fastidieux quand on a plus de vingt ans! « Il n'y a qu'à mettre n'importe quoi », dit Prévert qui écrit « le cadre exquis », plie le papier, passe à son voisin qui complète par le verbe « boira », replie et transmet au suivant qui pose la fin : « Le vin nouveau. » Sujet, verbe, complément; le modèle canonique de la phrase française est respecté, mais le résultat est inattendu. Un nouveau jeu est inventé, appelé à une grande fortune. « André poussa des cris de joie et vit tout de suite là une de ces sources ou cascades naturelles d'inspiration qu'il aimait tant découvrir. Ce fut un déchaînement. Plus sûrement encore qu'avec l'écriture automatique, on était sûr du mélange détonant. La surprise violente provoquait l'admiration, les rires soulevaient une envie inextinguible de nouvelles images – des images inimaginables par un seul cerveau – issues de l'amalgame involontaire, inconscient, imprévisible de trois ou quatre esprits hétérogènes », se souvient Simone, qui analyse très finement l'apport de ce jeu pour le groupe et pour l'esthétique surréalistes.

On fit aussi des cadavres exquis dessinés, l'astuce consistant à laisser dépasser quelques traits au-delà de la pliure, à partir desquels le partenaire poursuivait les formes à son gré.

Songeant à sa promesse antérieure, Breton organise à l'intention du poète Saint-Pol Roux un hommage collectif, dans *Les Nouvelles littéraires* du 9 mai, à l'occasion de son passage à Paris. Il sera accueilli à la gare par les surréalistes. Aragon, Vitrac, Desnos, Leiris, Péret, Morise, Eluard, Baron exposent chacun les raisons de leur admiration pour leur Magnifique aîné. L'article de Breton, tout en brossant le portrait d'un homme qui n'a fait aucune concession à la société et qui annonçait trente ans à l'avance la crise morale actuelle, insiste sur la vertu de l'image comme moyen d'aborder les vraies révolutions.

## CHAPITRE II

# *Mettre fin au désespoir*
(1925-1927)

### *Vers la Guerre civile*

Le banquet donné en l'honneur de Saint-Pol Roux, à la Closerie des Lilas, le 2 juillet 1925, dégénère en scandale. Toutes générations confondues, il s'agissait de célébrer le solitaire de Camaret. Le jour même est sorti des presses, noire sur fond rouge, une « Lettre ouverte à Paul Claudel », signée du groupe surréaliste, injuriant l'ambassadeur de France au Japon qui s'était permis de qualifier, dans *Comœdia*, leur activité de pédérastique. Breton avait confié à Doucet : « Il est honteux, après tout, qu'un homme profite de sa situation sociale et d'un titre d'ambassadeur de France pour mentir et calomnier et cela encore au nom de la religion catholique ! » La réplique est cinglante, au-delà de la personne qui l'avait suscitée. Les surréalistes souhaitent l'anéantissement de la civilisation occidentale, se désolidarisent « publiquement de tout ce qui est français, en paroles et en actions... ».

Le tract est glissé sous le plat de chacun des convives qui apprennent par la même occasion que les surréalistes ont signé l'appel de Barbusse aux travailleurs intellectuels, publié dans *L'Humanité* du même jour, contre la guerre du Rif. La démarche n'était pas spontanée. Gérard Rosenthal raconte, dans ses *Mémoires*, qu'il dut ouvrir les yeux de Breton sur le rôle de Paul Painlevé, alors président du Conseil, poursuivant la politique de Poincaré dans son aide à l'Espagne contre le Marocain Abd el Krim. *L'Humanité* le surnommait Painlevé le Rif depuis l'offensive française du 1er mai. Discussion sur les guerres coloniales, l'émancipation des peuples, etc. Breton considère la question étrangère au surréalisme.

Témoin de la dispute, Aragon est prêt à rompre avec quiconque ne témoignerait pas les mêmes sentiments républicains que lui. Painlevé, c'est le cartel des gauches, non ! En bon militant communiste, Gérard place le débat sur le plan social et conseille la lecture de Marx et d'Engels. En fin de compte, les surréalistes se rallient à l'unique texte condamnant la poursuite du colonialisme.

A la Closerie, les esprits s'échauffent d'autant plus qu'il y a là Lugné-Poe, à qui les surréalistes reprochent son rôle au 2e bureau pendant la guerre, et Rachilde qui a répondu à une enquête de *Paris-Soir* qu'une Française ne saurait épouser un Allemand. « Vous injuriez mon ami Max Ernst », lui dit Breton tandis qu'Aragon lui suggère de quitter la place. Les autres crient : « Vive l'Allemagne, à bas la France. » Dehors, la foule cherche un mauvais parti à Michel Leiris. La police intervient pour conduire au poste la plus exaltée, Rachilde. Dépassé par les événements, Saint-Pol Roux a largué les amarres. Il dialogue avec le vent.

Le lendemain, cette vipère de Léautaud note avec délice dans son journal les propos que tiennent ses patrons, les faux jetons du Mercure de France : « Pourquoi soulever de telles questions dans une réunion purement littéraire ? » Il ajoute un détail : « Rachilde était allée à la Closerie avec un revolver. On imagine le grabuge qui aurait pu se produire ! »

Quinze jours après, *Les Nouvelles littéraires* publient la mise au point des surréalistes. Ils demandaient seulement le départ de Rachilde et Lugné-Poe et s'étaient portés spontanément au secours de Breton que le journaliste d'Esparbès voulait précipiter par la fenêtre pendant qu'il l'ouvrait. Ils traitent de haut tous les journaleux qui préconisent une campagne de silence à leur endroit.

Ainsi, au moment même où Breton cherche à remettre le langage en effervescence, le surréalisme se trouve débordé par la politique – pour des raisons morales essentiellement. « ... La guerre du Maroc dépasse en invraisemblance, en stupidité et en horreur tout ce qu'on peut attendre de ces gens. Nous n'avons rien fait contre cet état de choses et nous ne ferons peut-être rien (qui vaille). Qui parle donc après cela d'écrire encore des poèmes et le reste. Il n'est pas de protestation écrite qui tienne en pareille matière. Que faire donc ? » demande Breton à Simone et Denise.

Sa réponse sera double : pour l'approfondissement du surréalisme et pour l'action politique.

Depuis le printemps, contact a été pris par les surréalistes avec les animateurs de *Clarté*, revue culturelle émanant du parti communiste. A la suite du pamphlet contre Anatole France, quelques escarmouches les avaient paradoxalement rapprochés. En mai, un article de Victor Crastre rendait compte avec sympathie du surréalisme, soulignant sa radicale volonté révolutionnaire. Breton l'avait félicité pour cette étude, la plus large et la plus compréhensive qu'il eût lue jusqu'alors. Après plusieurs rencontres, tour à tour dans la boutique de *Clarté*, rue Jacques-Callot, puis à Cyrano et chez Breton, notamment sur l'attitude à tenir à l'égard des partis communistes russe et français, une déclaration commune avait été décidée, dont la rédaction était confiée à Crastre et Aragon. Ce qui explique le manque d'homogénéité du tract « La Révolution d'abord et toujours », auquel s'associèrent un groupe d'étudiants en Sorbonne animant *Philosophies*, et les Belges de *Correspondance* qu'Eluard, Breton et Morise étaient allés voir à Bruxelles à la fin juillet. Au thème de l'Orient barbare s'alliait la critique de l'économie capitaliste, la condamnation de la guerre coloniale au Maroc. « Nous sommes la révolte de l'esprit : nous considérons la Révolution sanglante comme la vengeance inéluctable de l'esprit humilié par vos œuvres. Nous ne sommes pas des utopistes : cette Révolution nous ne la concevons que sous sa forme sociale », déclaraient-ils aux patriotes. Achevé en août, ce texte fut tiré à quatre mille exemplaires et envoyé aux abonnés des revues signataires et aux parlementaires avant d'être publié dans *L'Humanité*. Le procureur de la République à Paris, saisi par le garde des Sceaux, lui fit savoir le 12 octobre que, pour blâmable que fût ce manifeste, il ne pouvait donner lieu à poursuites parce qu'on n'avait pu identifier le responsable ni l'imprimeur (en fait Keller, 88 ,rue Rochechouart), ce document paraissant l'œuvre d'anarchistes ayant utilisé les noms d'écrivains peu connus... La III$^{e}$ République était bonne fille !

En Haute-Provence, à Thorenc, dont le climat lui est favorable, Breton prolonge ses vacances jusqu'à la mi-septembre, grâce aux rentrées que lui ont procuré la vente à Doucet d'un Chirico et d'un Braque, et à la commission, versée par Paul Guillaume pour l'achat, par le même Doucet, de *la Raie* de Soutine. Ém.u à la lecture du *Lénine* de Trotsky, qui lui révèle les qualités humaines du révolutionnaire défunt, il en donne un chaleureux compte rendu pour le numéro suivant de *La Révolution surréaliste*, où il se démarque des outrances verbales d'Aragon qui crie « Vive Lénine » par défi, et non pour exposer un point de vue moral. Ainsi la revue, parue le 15 octobre, marque-t-elle une tension vers « la réalité révolutionnaire... par tous les moyens et à tout prix ». La couverture, choisie par Breton, est éloquente : une photographie de *Littérature* nouvelle série 1 et 4, *Dada* 3, *Proverbe*, le papier à lettres Dada, *La Révolution surréaliste*, la *Lettre* à Paul Claudel, *Un Cadavre*, etc., sous le titre : *Le Passé*.

Dès son retour à Paris, Breton se procure *Le Rêve et son interprétation* de Freud, *Depuis la mort de Lénine* de Max Eastman, et les livres de Trotsky. Avec ses amis surréalistes il participe aux négociations qui devraient aboutir à une fusion avec les groupes de *Clarté* et *Philosophies*. Une assemblée générale constitutive a lieu dans le local de *Clarté* le 5 octobre. Chacun s'engage au secret absolu et l'on adopte les techniques des organisations clandestines. On discute de l'avantage qu'aurait cette force jeune à s'allier au parti communiste français tout en restant en marge. Un comité est constitué (Aragon, Breton, Eluard pour les surréalistes; Bernier et Fourrier pour *Clarté*; Lefebvre et Morhange pour *Philosophies*) dont la première décision est de se solidariser avec le Comité d'action contre la guerre du Rif, animé par les communistes. Les tâches de chacun sont strictement définies le 19 octobre. Benjamin Péret interprète cela comme la formation d'un ministère : on distribue les portefeuilles, Aragon à la Guerre, Eluard aux Beaux-Arts, Breton à l'Information, Masson aux Finances... Plus prosaïquement, Breton est chargé de mettre les documents en lieu sûr, sans en référer au comité. *La Révolution surréaliste* devra réserver une huitaine de pages à l'examen de l'actualité sous l'angle révolutionnaire. A la séance du 23 octobre, consacrée au débat idéologique, la motion présentée par Aragon, Breton et Fourrier est adoptée à l'unanimité moins une voix. Il y est affirmé : « La Révolution ne peut être conçue par nous que sous sa forme économique et sociale où elle se définit : la Révolution est l'ensemble des événements qui déterminent le passage du pouvoir des mains de la bourgeoisie à celles du prolétariat et le maintien de ce pouvoir par la dictature du prolétariat. » On mesure le chemin parcouru depuis qu'Aragon qualifiait, un an seulement auparavant, la révolution soviétique de simple crise ministérielle ! De peur d'être assimilés au parti communiste, les représentants de *Philosophies* traînent des pieds. Ils seront exclus à la fin du mois. Le comité est renouvelé par l'assemblée générale, qui place Breton en tête avec dix-sept voix. Dix jours après, celui-ci demande à être exempté des travaux du comité : lassitude, doutes sur l'action en cours, décisions emportées d'assaut, il souhaite prendre du recul. Une fois de plus, comme aux débuts de dada à Paris et de la Centrale surréaliste, il s'exalte à l'organisation d'un nouveau groupement et, moins d'un mois après, il s'en éloigne.

Il assiste le 13 novembre au vernissage de la première exposition de « Peinture surréaliste » à la galerie Pierre, dont il a préfacé avec Desnos le catalogue de manière humoristique, en brodant sur le titre des œuvres de Masson, Ernst, Miró, Man Ray, Arp, Chirico, Picasso, Pierre Roy, que le « comité » déclare artistes révolutionnaires et dont, à ce titre, il assure la protection alors qu'il a décidé que personne n'irait au vernissage de Klee. Puis Breton part seul à Verneuil, dans l'Eure, à deux heures de Paris par le train. Poursuivant une rêverie du *Manifeste*, il songe à y acquérir une vaste demeure de trois étages accotée à une tour du XI^e^ siècle, avec de grandes cheminées, des statues, de vieux meubles, où pourraient se rassembler les surréalistes. C'est là, à l'Hôtel du Saumon, qu'il écrit « La force d'attendre », sa contribution au prochain numéro de *Clarté*. Après s'être voué à la lutte des idées, il convient, pour les deux groupes, de passer à l'action, sans pourtant renier le chemin parcouru grâce aux poètes comme Rimbaud et Lautréamont. A l'exemple de la Russie, il faut mettre fin au désespoir. L'amélioration réelle des conditions d'existence, le rapprochement des intellectuels et de la classe ouvrière se produira par la Révolution.

Certes, chacun doit s'effacer devant la cause collective, mais cela ne peut s'effectuer au détriment du surréalisme, outil encore nécessaire à la Révolution.

En d'autres termes, *Clarté* et *La Révolution surréaliste* peuvent bien échanger des contributions, l'heure n'est pas à la fusion au sein du parti communiste. Breton se retire du comité, lequel poursuit les discussions en vue d'une publication unique, baptisée *la Guerre civile*, dont le secrétariat, à la suggestion de Breton, serait assuré par Victor Crastre. Bizarre « échange d'illusions », commente Victor Crastre : les animateurs de *Clarté* voyant l'action révolutionnaire s'éloigner saluaient une révolution morale tandis qu'à l'inverse ceux de *La Révolution surréaliste* voulaient quitter le plan idéologique pour passer à l'action, en toute ignorance des thèses marxistes-léninistes et surtout des orientations de Moscou. En somme, *la Guerre civile* est mort-née, victime indirecte du Komintern.

Les « clartéistes » sont encore associés au groupe surréaliste lorsque celui-ci décide de perturber la générale, le 18 mai, de *Roméo et Juliette* donnée par les Ballets russes. Max Ernst et Joan Miró ont commis l'imprudence d'y prêter leur talent. « Il n'est pas admissible que la pensée soit aux ordres de l'argent », proclame Breton dans un tract projeté sur l'orchestre. Quand la police intervient pour éjecter les trublions, ils crient : « Vive les Soviets, vive la Révolution russe ! » Les surréalistes en ont moins contre leurs amis peintres que contre le Russe blanc Diaghilev. Protecteur fidèle d'Ernst, Eluard fait connaître son désaccord. Les deux peintres ne tarderont d'ailleurs pas à être réhabilités dans un prochain numéro de *La Révolution surréaliste*. La musique de Prokofiev indiffère Breton. S'il chante Dranem, comme tout le monde, le matin en se rasant, il n'aime pas les concerts. Un phonographe a fait son entrée rue Fontaine : il joue à satiété des opérettes d'Offenbach. Étonnant pour un poète, dit-on, en confondant la musique verbale avec la gamme ! Pour Breton, la seule qui compte est celle du poème. « Les choses sont au poète ce que les notes de musique sont au musicien », écrivait Saint-Pol Roux.

En août, Breton observe la foule des pèlerins de Lourdes « telle que les glaciers apparaissent à longue distance souillés de leurs pas », commente-t-il pour Doucet avec qui le contact est renoué après plusieurs mois de silence. A l'entrée du cirque de Gavarnie, il faut laisser toute espérance, dit-il avec Aragon, en villégiature dans la région. Il se rend à Biarritz où la côte est encore moins qu'ailleurs à sa convenance. Il y écrit un prière d'insérer au recueil de poèmes d'Eluard, *Capitale de la douleur*, dont il loue « les vastes, les singuliers, les brusques, les profonds, les splendides, les déchirants mouvements du cœur ». Et il sait de quoi il parle, lui qui est partagé entre son affection pour Simone et sa passion pour Lise, dont il doit accepter les rebuffades.

Cet arrière-plan géographique et sentimental n'est pas étranger au ton pamphlétaire qu'il adopte dans un libelle composé durant l'été 1926. *Légitime défense* est destiné à faire le point sur les rapports des surréalistes avec le parti communiste depuis un an. Alors que les premiers ont manifesté leur adhésion au programme communiste, considéré par eux comme un minimum, leurs divers interlocuteurs leur ont plutôt témoigné de l'hostilité. Pourtant, les surréalistes pourraient rendre service, dans la lutte des classes, si on les utilisait à bon escient, au lieu de confier la propagande culturelle à des écrivains attardés du style Barbusse. A l'auteur anonyme de *la Révolution et les Intellectuels* (Pierre Naville ne signe pas parce qu'il est encore sous les drapeaux), qui les accuse d'hésiter entre anarchisme et marxisme, il rétorque que cette opposition repose sur une distinction artificielle entre la réalité intérieure et le monde des faits : « Il n'est personne de nous qui ne souhaite le passage du pouvoir des mains de la bourgeoisie à celles du prolétariat. En attendant, il n'en est pas moins nécessaire, selon nous, que les expériences de la vie intérieure se poursuivent et cela, bien entendu, sans contrôle extérieur, même marxiste. » Il explique alors les démarches qui ont abouti à l'échec de *la Guerre civile*, non par incapacité de la pensée surréaliste, mais par la pusillanimité des communistes attendant les consignes du PCF ou de l'Internationale communiste. Il estime qu'on ne peut rien attendre d'une discussion à l'intérieur du Parti, ce pourquoi il n'y a pas adhéré ! Mise en circulation dès le 1er octobre, cette brochure déchaîne la polémique parmi les surréalistes alors que la négociation se prolonge, en particulier avec les nouveaux dirigeants de

*Clarté*, Fourrier et Naville – désormais marxiste patenté. Son aboutissement, paradoxal, sera l'inscription de cinq surréalistes au parti communiste.

## *Au grand jour*

Au moment où Breton connaît une troublante relation avec Nadja (voir chapitre suivant), les discussions se poursuivent autour de *Légitime Défense*. Le bureau politique du PCF s'en saisit et, par une résolution du 4 novembre, enjoint aux collaborateurs de *L'Humanité* qui ont diffusé la brochure à l'intérieur de la rédaction (activité fractionnelle) de faire amende honorable, et sanctionne le camarade Fégy. Pour Breton, « les histoires communistes en restent toujours au même point », écrit-il à Simone, désespéré que Fourrier et Naville ne puissent progresser. Un fait est cependant acquis : la prépondérance de Barbusse est remise en cause, et le secrétaire général du PC, Pierre Semard, semble prêt à discuter lui-même avec les surréalistes. En vérité, il les renvoie à la base. L'ancien « comité » (*Clarté* plus *Révolution surréaliste*) est réuni à nouveau le 23 puis le 27 novembre 1926 au café Le Prophète. Il n'aboutit clairement qu'à l'exclusion du surréalisme d'Artaud et de Soupault (celle de Vitrac ayant été acquise l'année précédente, pour des raisons purement personnelles, Breton lui en voulant de sa maladresse à propos d'une admiratrice trop collante). Pour le reste, Fourrier et Naville voient une contradiction à maintenir le concept surréaliste à l'intérieur du PC, alors qu'Aragon, Eluard et Morise ne peuvent concevoir la difficulté. C'est toujours le même dilemme : entrer au PC au risque d'y perdre la spécificité du surréalisme ou bien maintenir le surréalisme comme mouvement autonome, mais sans contact avec les masses laborieuses. Lounatcharsky, ministre de la Culture soviétique, assure à Masson lors de sa visite à *Clarté* que les surréalistes doivent « rester au sein de la bourgeoisie, pour mieux l'empoisonner ».

Ce qu'ils font, en se réservant jalousement l'usage du mot « surréaliste ». Quand, en novembre, la danseuse Valeska Gert annonce à la Comédie des Champs-Élysées un récital de « danses surréalistes », tous les amis de Breton se retrouvent à l'orchestre pour protester. Chahut, police, on arrache Breton, Aragon, Eluard, etc., de leur siège. A la sortie, les adversaires se retrouvent au café, Chez Francis. Maxime Alexandre, jeune recrue alsacienne du groupe, est si enchanté de la vedette qu'il l'enlève. Janine Bouissounouse, assistante du cinéaste Cavalcanti, sympathise avec Eluard. Elle a des invitations pour *le Cuirassé Potemkine*, qu'elle fait parvenir à Breton. Les surréalistes assistent à la projection, exaltés par la révolte. Leur émotion se traduit aussitôt dans *La Révolution surréaliste* (n° 8) parue en décembre. La couverture proclame : « Ce qui manque à ces messieurs, c'est la dialectique » (Engels). Au bas de la dernière page, ce bandeau :

LE CUIRASSÉ *Potemkine*
VIVENT LES SOVIETS

On ne saurait prendre plus nettement position pour l'URSS, même si le reste des textes est plus surréaliste, et si Breton y republie *Légitime Défense*, afin que nul n'ignore ses critiques contre *L'Humanité.*

En dépit des remarques narquoises de Prévert : « Entrer au PC, je veux bien, mais on me mettra dans une cellule ! », Breton entame la procédure d'adhésion au parti.

Il proteste longuement de sa bonne foi, à trois reprises, devant des « commissions de contrôle » dans un préau d'école, rue Duhesme ou dans une salle de la Maison des syndicats, avenue Mathurin-Moreau. Il a l'impression de subir un interrogatoire de police, devant un trio d'étrangers, chaque fois renouvelé, posant toujours les mêmes questions, s'esclaffant devant les illustrations de Masson ou de Picasso reproduites dans *La Révolution surréaliste*. En un mot, le débat se réduit à ceci : la révolution est un tout ! si vous êtes révolutionnaires, vous n'avez pas besoin d'être surréalistes. Finalement en décembre, on affecte Breton à la cellule du gaz, rue La Fayette. Décision logique : c'est la plus proche de son quartier. De même, il n'y a rien de pervers à ce que ses nouveaux camarades lui demandent d'établir un rapport sur la situation italienne s'appuyant sur des statistiques : un intellectuel doit connaître l'économie. Certes ! Mais pas un poète, qui ne demande qu'à apprendre. « Je n'ai pas pu », dit-il. Il cesse d'assister aux réunions dès le mois de mars, non sans avoir, en gage de sincérité, mis au pilon la brochure *Légitime Défense.*

Traitant de cette adhésion, Desnos pense que Breton est fort capable d'y mener une action orthodoxe et de longue durée, mais, dit-il dans une note confidentielle à Doucet, ce qui le sauvera « c'est sa passion même et sa tendance au merveilleux et à la poésie ».

Forts d'une démarche nouvelle pour des artistes, les surréalistes étalent dans une brochure, *Au grand jour*, les motifs qui ont conduit cinq d'entre eux (Aragon, Breton, Eluard, Péret, Unik) à entrer au parti communiste. Partageant « le sens de la réalité révolutionnaire », ils se défendent de constituer une tendance et demandent qu'on ne les contraigne pas à s'exprimer « prématurément sur des questions qui jusqu'ici n'ont pas été de [leur] ressort », déplorant que le Parti n'utilise pas leurs véritables compétences.

Ils persistent donc à penser que leur seule place est au sein d'une organisation militante. L'ostracisme qui les frappe résulte d'un malentendu qu'une discussion avec les vrais responsables du Parti, et non leurs intermédiaires comme Fourrier et Naville, pourrait lever. « Appelés à juger sans lacune et sans faiblesse de tout ce qui touche, de près ou de loin, la vérité morale que [leur] Parti est seul à défendre au monde et qu'il imposera », ils le mettent en garde contre une campagne de dénigrement à leur encontre.

La *NRF* d'octobre, par une note de Jean Guérin (Paulhan) rendra compte de cette brochure et de la réplique d'Artaud : *A la grande nuit ou le bluff surréaliste*, en soulignant la contradiction des surréalistes qui méprisent la littérature et traitent du communisme sur le terrain littéraire. Breton envoie une lettre injurieuse, Paulhan rétorque en désignant ses témoins. Le premier refuse le combat. L'offensé publie la lettre adressée à ses témoins en commentant : « L'on sait à présent quelle lâcheté recouvrent la violence et l'ordure de ce personnage. » Triste épilogue pour un débat qui méritait mieux. Paulhan avait pris le parti d'Artaud, lequel pointait l'enjeu de la controverse, c'est-à-dire l'abandon de ce qu'il appelait le plan supérieur de l'esprit pour celui, relatif, de la réalité matérielle.

Au-delà de cet épisode anecdotique, tentons de comprendre les raisons profondes de la dénégation dont il témoigne. Breton annonce publiquement son adhésion à un parti qu'il met en cause à diverses reprises alors même qu'il se refuse à en approuver la discipline intérieure. En espérant qu'il sera sollicité pour une action conforme à ses aspirations, il en appelle à une direction dont il connaît déjà les décisions. Ne serait-ce pas une fuite en avant, consécutive à un double échec humain et sentimental, obscurément ressenti ?

## CHAPITRE III

# *Nadja*
## (1926-1927)

### *Entrée des voyantes*

Tandis que son évolution politique se précise en s'affrontant à un parti monolithe, Breton entend bien poursuivre, simultanément, l'approfondissement du surréalisme. Prenant la direction de *La Révolution surréaliste*, dont le numéro 4 paraît en juillet 1925, il revient à une formule plus orthodoxe avec les poèmes d'Eluard, les rêves de Morise, les « textes surréalistes » de Soupault, Malkine, Péret, Desnos, les notes d'Aragon et Morise, les peintures de Joan Miró, voisin de Masson rue Blomet, dont le groupe s'enthousiasme. Breton y publie un important article sur « Le Surréalisme et la peinture » pour répondre à l'affirmation péremptoire de Naville. Alors que l'expression musicale est toujours confusionnelle, dit-il, « l'œil existe à l'état sauvage ». Ce qu'il perçoit ne peut nous égarer, encore faut-il que le tableau ne se borne pas à l'imitation, sinon celle d'un « modèle purement intérieur ». Le meilleur exemple en est celui de Picasso, dont il reproduit, pour la première fois, *les Demoiselles d'Avignon*.

Au début juillet, une visite à M^me^ Sacco, voyante rue de l'Usine, près de la tour Eiffel, l'impressionne si vivement qu'il la relate sur le champ à Simone. Munie seulement de l'heure et du lieu de naissance du consultant, la devineresse a fixé une boule de cristal et s'est mise à parler. Elle lui a prédit un grand bouleversement dans sa vie en 1931-1932, un voyage en Asie, où il resterait vingt ans, en butte à de continuels dangers, puis ce serait la tranquillité à la tête d'un important parti politique. L'observation des lignes de sa main a révélé en lui une forte dualité psychologique...

Après quelques jours de repos à Nice avec Simone, où il rend visite à Picasso, charmant mais secret, et à Masson qui a peint des tableaux fort inspirés et dessiné les portraits des amis surréalistes, le couple, fuyant la chaleur, le bruit de la mer et l'agitation touristique, s'est réfugié dans l'arrière-pays au Grand Hôtel du Château à Thorenc, isolé dans les champs. On s'amuse à pêcher des écrevisses dans un ruisseau capricieux, on se promène avec Morise et Janine, la sœur de Simone, ou Desnos, Viot, Malkine et Artaud venus en voisins. Un matin, de très bonne heure, Breton est allé jusqu'à Grasse voir les cueilleuses dans les champs de jasmin. Il pense à Lise et lui écrit que son amour « s'exaspère de son insécurité seule ».

Exalté par sa récente consultation, il se lance dans un éloge lyrique des voyantes qui, à l'instar des médiums et des alchimistes, détiennent le grand secret de l'humanité. Avouant même savoir ce que lui réserve l'année 1939 (ce qui, le moment venu, ne laissera pas de l'étonner), il proclame : « ce qui est dit *sera*, par la seule vertu du langage. » Eluard, à qui il soumet le manuscrit de sa *Lettre aux voyantes*, le félicite de garder sa spécificité au surréalisme.

*La Révolution surréaliste* aborde en mars sa deuxième année. Comme pour les précédents numéros, Breton en assume les frais, puisque Gallimard n'en est que le dépositaire. Hors surréalisme, on accueille un articulet de Crastre; le reste de la livraison étant composé de textes surréalistes, de poèmes ou de chroniques des membres du groupe à l'exception de « Fatrasies médiévales », procurées par Georges Bataille, et des buvards du Conseil des ministres, relevés par Jean Painlevé (le fils du président du Conseil), et présentés par Aragon, laissant croire que le surréalisme a pénétré les organes de l'État. Breton y livre des poèmes récents et la suite de son étude consacrée au « surréalisme et la peinture ». Il assure que la Révolution, sur laquelle le mouvement ne peut que s'entendre, surviendra et fera taire les scrupules. A son aune seront jugés les artistes. D'où les réserves adressées à Braque, que pourtant il voudrait placer au-dessus de toute atteinte. Mais n'y a-t-il pas, chez ce peintre, l'idée de Dieu? Une note, virulente affirme : « Dieu, qu'on ne décrit pas, est un porc. » Dans la suite de l'étude (parue en juin) Breton témoigne de son admiration pour le premier Chirico, dont il déplore la dégénerescence présente. Dans ses *Mémoires*, le peintre attribue, avec virulence, la position de Breton à la spéculation à laquelle il se livrait sur ses peintures métaphysiques. L'argument ne tient pas, puisque la même spéculation aurait pu se poursuivre, si ses œuvres avaient répondu aux critères surréalistes.

*Clarté* repris en main par le PC, ses bureaux hébergeront la *Galerie surréaliste.* Inaugurée le 26 mars 1926, l'exposition « Tableaux de *Man Ray* et objets des îles » provoque un attroupement, les riverains se scandalisant de la présentation en vitrine d'une statuette généreusement membrue de Nouvelle-Guinée, que, semble-t-il, Breton est allé quérir à Amsterdam en janvier.

## *Les yeux de fougère*

L'épisode le plus surréaliste et le plus bouleversant pour Breton est sa rencontre avec Nadja. Il l'a lui-même rapportée avec une telle précision qu'il suffirait de renvoyer à son récit, si des générations de lecteurs ne prenaient l'espèce de carnet contenu dans *Nadja* pour le journal d'une apparition fantasmatique.

En fin d'après-midi, le lundi 4 octobre 1926, morne et désœuvré, il descend la rue La Fayette sur le trottoir de gauche, en direction de l'Opéra. Au 120, il s'arrête à la librairie de *L'Humanité*, feuillette quelques ouvrages à l'étalage sous l'auvent de toile et achète le dernier livre de Trotsky : *Europe et Amérique.* Il poursuit son chemin, observant inconsciemment les employés et ouvriers quittant leur travail. Petit monologue intérieur, en rapport avec ses préoccupations politiques : ce n'est pas avec eux qu'on fera la Révolution. Il traverse le carrefour, devant l'église Saint-Vincent-de-Paul, quand il distingue, parmi tous ces gens allant tête basse, une jeune femme pauvrement vêtue qui marche légèrement, telle une danseuse, blonde, la tête droite, les yeux fardés comme au théâtre. Elle-même l'a vu et lui sourit légèrement. Comédienne ou putain? Elle ne refuse pas la conversation quand il l'aborde. Elle déclare aller chez un coiffeur du boulevard de Magenta, évoque ses difficultés financières, plutôt pour excuser sa mise. Revenant sur leurs pas, tous deux s'installent à la terrasse d'un café près de la gare du Nord où elle entreprend le récit de sa vie.

Marguerite Bonnet a établi, tout ce qu'il est permis de savoir à son sujet. Née près de Lille, Léona D. a vingt-quatre ans. Elle a choisi de s'appeler Nadja, « parce que en russe c'est le commencement du mot espérance, et parce que ce n'en est que le commencement », dit-elle à son interlocuteur. Son père, qu'elle affectionne particulièrement, né dans une famille aisée, a d'abord été typographe, puis vendeur de bois. L'argent a vite fondu. Sa mère, d'origine belge, a été ouvrière mécanicienne jusqu'à la naissance de sa deuxième fille. Le couple était mal assorti. A dix-huit ans, mineure, Nadja accouche d'une fille qu'elle laisse après trois ans à la garde de ses parents pour se rendre à Paris. Le père de l'enfant était-il cet étudiant dont elle parle à Breton, quitté brutalement « de peur de le gêner » et retrouvé par hasard dans la capitale? Elle ne l'a plus revu, vivant de menus métiers, laissant croire à sa mère qu'elle est hébergée par des religieuses.

Sa santé est mauvaise. Un médecin lui prescrit une cure au Mont-Dore. Sans argent, elle ne peut s'y rendre. Aussi a-t-elle cherché un emploi stable de vendeuse dans un commerce alimentaire. Salaire dérisoire, offres graveleuses, tel est le tableau qu'elle brosse ce jour-là pour Breton, extrêmement ému par cette vie misérable, impressionné aussi par les propos que Nadja lui tient au moment où elle le quitte, dans la rue du Faubourg-Poissonnière : comme si elle voyait l'avenir du poète, comme si elle avait toujours su qu'elle devait le rencontrer.

Le lendemain, ils se retrouvent à la brasserie La Nouvelle-France, en face de la caserne de gardes républicains. Changement de costume : élégante, Nadja porte chapeau, bas de soie et fins souliers. Ils restent attablés. Choisissant au hasard dans *les Pas perdus*, qu'il a apporté avec le *Manifeste*, un poème de Jarry, elle se montre le lecteur idéal, sensible, que rêve tout poète. En dépit de son manque de culture, elle voit la signification de chaque mot.

Elle évoque ses protecteurs successifs. Un vieux colonial qu'elle appelait « grand ami », qui lui a toujours caché son nom, et pratiquait sur elle hypnose et suggestion. Un Américain qui prononçait mal son véritable prénom, lui substituant celui de sa fille défunte, Léna. Dans la rue, elle exerce ses dons de voyance sur Breton. Ils prennent un taxi dont la vitre intérieur les isole du chauffeur. Là, elle commence son jeu favori, l'*idée limite* du surréalisme pour Breton : les yeux fermés, on part d'un mot et l'on vit toute une histoire. La voiture les dépose rue Fontaine. Elle le quitte pour revenir à pied au point de départ.

Le mercredi, Breton sort de chez lui un peu plus tôt qu'à l'heure du rendez-vous convenu avec Nadja au même café, pour aller chercher dans le quartier de l'Opéra un stylo donné à réparer. Contrairement à son habitude, il emprunte le trottoir de droite rue de la Chaussée-d'Antin. Une des premières personnes qu'il croise est Nadja, dans sa tenue du premier jour, incapable d'expliquer sa présence. Revenant sur leurs pas, ils entrent dans le premier café, rue La Fayette. Il s'aperçoit qu'elle n'a lu, des *Pas perdus*, que l'épisode relaté dans « L'esprit nouveau », extrait qui semble se rapporter à elle-même. Breton la reconduit au Théâtre des Arts, proche de son domicile, face au collège Chaptal. Premier baiser dans un taxi. Nadja semble s'éveiller d'un mauvais rêve, elle le supplie de ne pas abuser du pouvoir qu'il a sur elle. Elle lui cite une scène dialoguée de *Poisson soluble* où elle croit avoir tenu un rôle. Pour lui montrer les lieux, elle indique au chauffeur la direction, vers la place Dauphine, à l'extrémité de l'île de la Cité et non, comme elle le croit, l'île Saint-Louis. Ils dînent dehors, à la terrasse d'un marchand de vins. En elle le temps présent, le futur et le passé se télescopent. Elle voit les templiers brûlés vifs sur cette place, devine un souterrain contournant l'hôtel Henri IV (figurant dans *Fantômas*, effectivement mis au jour en 1963 nous dit Jean-Paul Clébert), prévoit le moment exact où une fenêtre aux rideaux rouges s'éclaire. Elle veut revenir vers la Conciergerie où elle s'accroche aux grilles, se figurant être dans l'entourage de Marie-Antoinette. Le couple franchit la Seine par le Pont-au-Change. Alors qu'André lui récite un poème de Baudelaire pour la calmer, elle est saisie d'une nouvelle frayeur : elle voit sur le fleuve une main de feu. Traversant les Tuileries, ils s'assoient devant un jet d'eau. Elle y perçoit l'image de leurs pensées, dans les termes même d'un *Dialogue* de Berkeley que Breton vient de lire. Rue Saint-Honoré, un bar est allumé à cette heure tardive, à l'enseigne du Dauphin. Nadja observe qu'ils viennent de la place Dauphine. La boucle se referme – mais elle ignore que ses amis comparent André au dauphin, l'animal mythologique gardien de l'oracle delphique.

En principe, Breton et Nadja ne doivent pas se retrouver le jeudi 7 octobre. Mais il ne tient pas en place. Les événements de la veille l'ont physiquement perturbé. Il éprouve le besoin de savoir de quel message Nadja est porteuse à son intention. En taxi avec sa femme et sa cousine Denise, tous trois évoquent Nadja, quand soudain André l'aperçoit à l'entrée de la rue Saint-Georges. Il quitte ses compagnes pour la rattraper alors qu'elle s'entretient avec un inconnu. Nadja se montre réticente, parle de nouveau de ses difficultés financières, des menaces de l'hôtelier, des solutions auxquelles elle pourrait avoir recours, comme dans le passé : chercher un client au Claridge. L'argent la fuit. Naguère un ami lui a laissé vingt-cinq mille francs, somme qu'elle aurait pu tripler en ramenant de la cocaïne de Hollande. A son retour, arrêtée à la gare du Nord, elle a été immédiatement relâchée sur l'intervention de son protecteur, le juge Gony, président de chambre à Nîmes. Encore maintenant, elle reçoit des sollicitations, auxquelles elle ne se décide pas à répondre. Breton lui promet cinq cents francs pour le lendemain. Alors, tout enjouée, Nadja offre ses dents à baiser, en guise d'hostie.

Autre coïncidence, le lendemain Breton reçoit une carte postale d'Aragon, figurant un fragment de la *Profanation de l'hostie*, tableau d'Uccello qu'il ne connaissait pas et ne pouvait interpréter. Sur quoi il se rend à La Nouvelle-France, y attend en vain Nadja. Pour cause, puisqu'ils s'étaient donné rendez-vous au café de La Régence au Palais-Royal où, dans le même temps, la jeune femme esquisse des dessins représentant la fée Mélusine, la femme-serpente. Redoutant sa disparition, il part à sa recherche dans le quartier du Théâtre des Arts et découvre son adresse à l'Hôtel du Théâtre, rue de Cheroy, face à l'entrée des artistes. Il laisse un message auquel elle donne suite, par téléphone. A Denise, qui décroche et lui demande comment la joindre, elle répond « on ne m'atteint pas ». Un pneumatique convie Breton au café habituel. Il lui remet le triple de la somme convenue. Encore une coïncidence : un vieux quémandeur leur propose des images de l'histoire de France, d'une période à laquelle Breton s'intéresse justement au sujet des cours d'amour.

Le dimanche, ils dînent quai Malaquais. Le serveur fasciné par Nadja casse une dizaine d'assiettes. Ils se dirigent ensuite vers l'Institut, bifurquent par la rue de Seine. Une main rouge indicatrice, dite aussi main typographique, ordonne, telle une main de feu : « André!... Tu écriras un roman sur moi. Je t'assure. Ne dis pas non. Prends garde : tout s'affaiblit, tout disparaît. De nous il faut que quelque chose reste... » Nadja raconte alors une étrange rencontre la veille sous les galeries du Palais-Royal : une vieille dame se prétendant femme de lettres lui a emprunté un crayon, et a laissé sa carte de visite en échange. Seule une sorcière pouvait agir ainsi. Paul Eluard est chargé de s'en assurer le lendemain, sans y parvenir.

Une semaine après leur première rencontre, les rapports de Nadja et de Breton se tendent. Ils déambulent séparément. Mardi 12, dans un café du boulevard des Batignolles, Breton se fige : les lettres du magistrat protecteur qu'elle lui communique sont bêtes à pleurer, ses dessins demeurent énigmatiques. Pour changer, il suggère de faire un tour en banlieue. A la gare Saint-Lazare, un ivrogne rôde autour d'eux; les voyageurs les regardent. Dans le train vers Saint-Germain, elle propose de descendre au Vésinet afin de se promener en forêt. Ils cherchent un hôtel, se retrouvent à Saint-Germain où ils passent la nuit ensemble à l'Hôtel du Prince de Galles. Mention que Breton élimine lors de sa révision du texte en 1962, rendant inexplicable cette phrase : « J'ai vu ses yeux de fougère s'ouvrir le matin sur un monde où les battements d'ailes de l'espoir immense se distinguent à peine des autres bruits qui sont ceux de la terreur et, sur ce monde, je n'avais vu encore que des yeux se fermer. » A Pierre Naville, mis dans la confidence de cette liaison, la révélation surréaliste, il dira : « Avec Nadja, c'est faire l'amour comme avec Jeanne d'Arc. »

L'après-midi du mercredi 13 octobre, la relation d'une mésaventure avec un homme à qui elle se refusait manque l'éloigner d'elle à tout jamais. Il la revoit plusieurs fois cependant, la conduit à la Galerie surréaliste où elle ne sait trop comment se comporter avec Simone qui lui est pourtant très favorable, en raison de l'intérêt que lui porte André. Puis les liens se distendent. Breton s'irrite à son sujet, terriblement affecté des proportions que prennent les réalités vulgaires dans la vie de la jeune femme. Il lui fait rencontrer Eluard dont le jugement lui semble devoir être objectif. Celui-ci conclut à un malentendu social, résultant d'impossibilités matérielles. Elle adore Breton comme elle n'a jamais aimé aucun homme. En voir un autre lui est un supplice. Breton demande alors conseil à Simone, partie à Strasbourg début novembre : que faire? « Cette femme, je ne l'aime pas et [...] vraisemblablement je ne l'aimerai jamais. Elle est seulement capable, et tu sais comment, de mettre en cause tout ce que j'aime et la manière que j'ai d'aimer. Pas moins dangereuse pour cela. » Souffrant d'une situation insoluble et qui ne peut durer, Breton se propose de vendre un tableau, avec l'accord de sa femme, pour aider Nadja à trouver une situation en province où elle n'aurait pas honte de le revoir. Tentative illusoire : consciente de ce qui la sépare de lui, elle ne parvient pas à s'éloigner de celui qu'elle compare au soleil. Ses lettres, scrupuleusement citées par Breton, confirment l'enchantement dans lequel elle vit. Elle se plaint, sans le blâmer, de la distance qu'il marque entre eux, tenant par-dessus tout à son estime. Elle est perdue s'il l'abandonne. Mise à la porte de son hôtel, elle en trouve un plus modeste encore, rue Becquerel. Ses ultimes messages sont poignants de détresse et de lucidité : « Il pleut encore / Ma chambre est sombre / Le cœur dans un abîme / Ma raison se meurt », lui écrit-elle fin janvier. Quinze jours après, elle décide d'elle-même de s'effacer, glissant sous la porte de son ami unique un mot où elle l'encourage à mener à bien la mission dont elle s'est toujours persuadée qu'il était investi.

La suite, Breton l'a dite en termes suffisamment explicites. En proie à une crise d'hallucinations dans son hôtel, elle est conduite au dépôt le 21 mars 1927, puis à Sainte-Anne, ensuite internée à l'asile de Perray-Vaucluse, dans le département de la Seine. Ses parents parviennent à la faire transférer dans le Nord l'année suivante. Nadja restera dans une institution psychiatrique jusqu'à son décès en 1941.

Le narrateur et principal protagoniste de cette douloureuse aventure a lui-même posé la question de sa responsabilité. Le problème n'est pas de savoir s'il pouvait intervenir sur une destinée inéluctable, mais s'il devait accepter d'en faire la matière d'un livre. Or, sur ce point, la volonté de l'intéressée, attestée par son courrier, était formelle. L'issue tragique lui faisait moralement obligation de s'y conformer. Un poème (paru dans *La Révolution surréaliste* n° 8) où se reconnaît la blondeur de Nadja dit son trouble à cet égard :

*J'aimerais n'avoir jamais commencé*
*Et m'enquérir de la vie*
*Comme un roi jadis rendait la justice sous ce chêne*
*Le monde serait un crible*
*L'avoine folle du temps se courberait au loin*
*Comme des cheveux dont je n'aurais pas à connaître le bruit*
*Bien qu'ils soient pleins de petits morceaux de verre...*

Gardons-nous de juger, forts de nos certitudes actuelles, un épisode qui s'est déroulé dans le Paris des années vingt. Comment Breton, versé comme il l'était en psychiatrie, n'a-t-il pas décelé les symptômes de la maladie mentale? Son texte montre, à maintes reprises, qu'il a résisté, autant que faire se pouvait, aux accès délirants de Nadja. En dire plus serait s'illusionner sur la connaissance du psychisme en général. Il ne faut pas négliger, en outre, le magnifique enchantement d'un poète se trouvant face au génie libre. A la question « qui êtes-vous? », Nadja ne lui avait-elle pas répondu sans hésiter « je suis l'âme errante »? Convaincu que la grande force est le désir, il s'est cru à même d'enregistrer, à l'instar de Théodore Flournoy avec le médium Hélène Smith qui se prétendait en contact avec la planète Mars, des propos et des gestes dictés d'ailleurs, négligeant le fait qu'il était lui-même impliqué dans l'aventure.

A l'époque où il fréquentait Nadja, Breton assistait, le dimanche matin, dans l'amphithéâtre de Sainte-Anne, aux présentations de malades par le P^r^ Claude. Une de ses amies, Janine Bouissounouse, avait pu prendre part à de véritables consultations. Elle commenta pour Breton un cas, semblable à celui d'Hélène Smith, et le mit en rapport avec le D^r^ Robin qui connaissait la famille de Flournoy, à Genève. Breton pense aller y consulter des documents inédits, mais y renonce. Il y fait allusion dans sa préface à l'exposition « Yves Tanguy et objets d'Amérique », ouverte à la Galerie surréaliste du 27 mai au 15 juin 1927.

Avançant à tâtons dans sa quête de la vraie vie, le surréalisme se cherche toujours. C'est pourquoi il lui arrive de s'arrêter à des cas, à la réflexion jugés aberrants, comme celui de l'abbé défroqué Jean Genbach. Cet abbé lui avait écrit en juillet 1925 pour lui faire savoir que l'Église avait fait de lui un désespéré, un révolté, un nihiliste. Après une aventure sentimentale avec une actrice de l'Odéon, il avait tenté de se suicider, puis s'était tourné vers le surréalisme. Une brève entrevue dans la gare de Troyes, avait assuré Breton qu'une forte passion de vivre hors de la norme religieuse l'habitait. L'année suivante, un échange de correspondance (publié dans *La Révolution surréaliste*) montrait la fidélité de Genbach au comportement surréaliste : s'il portait la soutane, c'était pour favoriser ses conquêtes amoureuses. Devant cet étrange personnage, Breton ne peut que songer aux messes noires décrites par Huysmans dans *Là-Bas*, dont il détourne quelques pages à son propos, en guise de prologue à une conférence devant une société de théosophie, le 3 avril 1927.

Quelques jours plus tard, par une pluie battante, Breton traîne aux Puces, en quête d'un de ces objets inutiles laissés au rebut qui tout au long de sa vie ont éveillé son attention. Il tombe en arrêt devant un exemplaire des œuvres complètes de Rimbaud contenant deux feuillets : un poème dactylographié et des réflexions sur Nietzsche. Le livre n'est pas à vendre, mais la vendeuse, une jeune Bessarabienne de vingt ans très enjouée lui parle de ses goûts, des surréalistes, du *Paysan de Paris*, d'Aragon qu'elle n'a pas pu lire jusqu'au bout, arrêtée par les variations sur le pessimisme. Elle s'appelle Fanny Beznos et lui confie des poèmes d'accent révolutionnaire qu'il publiera dans le prochain numéro de *La Révolution surréaliste*. Elle-même militera, l'année suivante, dans la jeune garde communiste, et sera expulsée en Belgique à la suite d'une manifestation. Inquiet de son sort, comme il l'écrira à Simone, Breton ne pourra lui venir en aide. Ces rencontres surprenantes, ces personnalités grisantes, ces contacts politiques empreints de défiance, cet amour sans espoir pour la Reine de Saba laissent Breton désorienté.

Le brusque départ de Simone, à la fin juillet, lui en fait prendre conscience. Simone, à qui il ne cache aucun de ses mouvements de l'esprit et du cœur, Simone qui a toujours si bien compris, soudain se refuse à poursuivre le débat. « Je suis toujours hanté, lui écrit-il au sujet de Lise. L'Amour-folie, dis-tu, ce n'est pas sûr. Le mystère simple à portée de la main. Rien qui différencie cela du trouble que causaient, par exemple, les sommeils... » Pour savoir ce qui s'est transformé en lui et dans quelles conditions il parviendra à un nouvel état, les deux époux conviennent de passer les vacances séparément, elle dans la Manche, avec les Tanguy, Morise et Noll, lui, seul, à Varengeville, à quelques kilomètres de Dieppe.

### *« De nous il faut que quelque chose reste »*

Aménagé en hôtellerie, le manoir d'Ango, une résidence construite au XVI$^{e}$ siècle pour un riche armateur qui voulait concurrencer le commerce des Espagnols et des Portugais avec l'Amérique, est magnifiquement meublé. Un immense escalier de pierre blanche conduit aux chambres et à la loggia où est conservée une collection d'assiettes anciennes. C'est là, en pleine campagne, que Breton va écrire *Nadja.* Les colombes roucoulent dans la cour et, pour qu'il soit tranquille, loin de tout bruit, le patron a proposé de lui installer une table dans une petite hutte au coin d'un bois.

Pour se mettre en train, il commence par relire son cher Huysmans comme s'il n'avait écrit que pour lui : *En ménage* et *En rade.* Notons l'à-propos des titres ! Il prend aussi connaissance de documents inédits sur Victor Hugo qui viennent de paraître. Ce sera le point de départ des pages qu'il écrit, en vue d'une publication à l'automne dans *Commerce.* Le dimanche 7 août, la bande de la rue du Château vient le surprendre dans la gentilhommière. Seul et malheureux, il reçoit avec effusion les Prévert et Duhamel. Le soir, ils déambulent par les petits chemins creux quand, insensiblement, Breton et Duhamel se trouvent séparés du groupe. La nuit est tombée. Alors qu'il évoque un fantasme familier qu'il songe à mettre sur le papier, celui d'une femme nue apparaissant brusquement, Breton est pris d'angoisse. Un éclair. Elle est là devant lui! Rien de tel comme un fort orage pour vous remettre les idées en place. Dans la grande salle de l'auberge, il est tout à fait rasséréné, d'autant plus que Simone l'assure dans son courrier que les grandes ombres entre eux se sont évanouies!

Aragon, qui séjourne avec Nancy Cunard à Pourville, non loin de là, vient le voir presque chaque jour. Il écrit le *Traité du style* et, selon sa bonne habitude, ne peut s'empêcher de lire la dizaine de pages éjaculées le matin. Breton en rit de bon cœur, mais il commente pour Simone : « Ce qu'écrit Aragon continue à être très bien mais si peu humain, comme toujours [...]. Ce n'est pas seulement l'humain qu'il faut atteindre et que si peu atteignent, c'est le vital. » Certes, Aragon est brillant, doué d'une telle facilité que Breton le jalouse un peu. Cela le paralyse. Inversement, son compagnon trouve chez lui une profondeur qui lui fait déplorer sa propre légèreté.

Ils déjeunent ensemble à Pourville, le 11 août, pour mettre sur pied un numéro de *La Révolution surréaliste*. En dépit de maintes réunions, de maints appels, la revue n'a pas paru depuis le début de l'année. Les « textes surréalistes » sont tout juste passables, selon Breton. Il envoie néanmoins la copie au nouvel imprimeur parisien, qui effectuera la composition du numéro double (9-10) pour cinq mille francs, sans les clichés.

Le jeudi suivant, Naville vient avec Denise (qui, divorçant de Georges Lévy, sera bientôt sa femme), et ils complètent la livraison. Naville se charge de recopier un passage de Fénelon sur Héraclite et de choisir les poèmes de Fanny Beznos. Le manifeste défendant Charlot (de la main d'Aragon), l'extrait de Freud, traduit par Marie Bonaparte, suivront peu après, ainsi qu'un fragment du *Journal d'une apparition*, de Desnos, que Breton a rassuré sur l'attachement du groupe à son endroit. Mais, pour lui, ce sera l'avant-dernière livraison de la revue qu'il dirige : il en a assez de se dépenser pour des collaborations qui n'en valent pas la peine.

Avec ces visites, l'arrivée de nouveaux pensionnaires pendant les fêtes, *Nadja* n'est toujours pas commencé. « Le sujet demande à être pris de haut », écrit-il à Simone. Et le 22 : « L'histoire que j'ai entreprise me donne beaucoup de fil à retordre et je n'en suis encore qu'au préambule [...]. Néanmoins je pense que ces généralités autour de Nadja seront un peu intéressantes. J'y parle d'une manière assez suivie de choses qui me sont, je crois, assez particulières. » C'est la suite de « pétrifiantes coïncidences » que, plus tard, il rassemblera sous le concept de « hasard objectif ». Huit jours après, il a abordé la relation quotidienne de ses rencontres avec Nadja : « Ma petite histoire avance toujours très lentement. Je suis un journaliste de pacotille », commente-t-il pour Simone.

Tout occupé de ce récit, il laisse Aragon se rendre seul sur le port de Dieppe le jour où le parti communiste appelle à manifester en faveur de Sacco et Vanzetti, deux anarchistes italiens condamnés à la chaise électrique aux États-Unis pour un meurtre qu'ils n'avaient pas commis (ils ont été depuis réhabilités). A Paris, la manifestation tourne à l'émeute et au pillage. Il en fera état dans son livre, à son retour dans la capitale.

Quand il rentre le 31 août rue Fontaine où l'attendent Claire, la bonne, et le chat blanc qui l'agace toute la nuit, il a achevé les deux tiers de l'ouvrage. Non pas tel que nous le lisons aujourd'hui, avec son épilogue, mais la partie proprement consacrée à Nadja – avant l'analyse de ses textes et dessins. Il en donne aussitôt lecture à Eluard, Prévert, Masson et leurs compagnes respectives, pour se rassurer sur l'intérêt de sa prose. Les compliments sont unanimes.

Ainsi encouragé, il reprend le fil de la narration. Il vient d'inventer un nouveau type de récit, illustré comme un ouvrage scientifique, où tout ce qu'il allègue est vérifiable visuellement par le lecteur. Dans un étrange et perturbant exercice d'anamnèse, en quête de photographies, il remet les pas dans les pas anciens. Le 14 septembre, il se présente à Blanche Derval, l'inoubliable interprète, pour lui, des *Détraquées*. Elle doit partir immédiatement en tournée, ce qui l'empêche de la mieux connaître. Néanmoins, il lui fait déposer un exemplaire du *Manifeste* qu'il dédicace « A madame Blanche Derval, de qui il est beaucoup rêvé dans ce livre, avec mon admiration », et se procure sa photo au studio Henri-Manuel. La comédienne l'intrigue évidemment. Il n'aurait pas été mécontent de faire quelque infidélité, en pensée, à Lise dont il est de plus en plus épris. Il l'a revue à Pourville, au manoir de Mordal appartenant à Paul Deharme puis, au début du mois, ils se sont retrouvés chaque jour, soit à Saint-Brice où elle possède une maison de campagne, soit rue Fontaine, où elle a consenti à venir, tandis que Simone se trouvait encore en Normandie. Repartie dans les Pyrénées, suivre une cure pour sa gorge, Lise lui envoie des lettres charmantes, avec des photos. André, éperdu, redoute à la fois sa beauté et sa bonté. C'est-à-dire qu'il a peur que tout cela ne se retourne contre lui. Il voudrait être riche pour changer, peut-être, le cours des choses et préserver l'amour si pur qu'il lui porte. Il lui envoie une curieuse plaquette de Xavier Forneret : *Et la lune donnait et la rosée tombait* où il reconnaît la voix même de l'amour. Une libraire de la rue Bonaparte la lui a procurée. Eluard l'avait gagnée à pile ou face, mais comme il ne l'avait même pas lue, Breton l'a reprise, pour en publier le texte dans *La Révolution surréaliste.*

Dans son cheminement à rebours pour illustrer *Nadja*, il est retourné voir M^me^ Sacco : sa photo sera dans le livre. La voyante l'assure qu'il n'a jamais aimé et n'aimera jamais que Lise, placée au centre de sa vie. Il s'empresse de relater cette prédiction à la dame de ses pensées pour qui il consent, très exceptionnellement et bien inutilement, pense-t-il, à jouer un double jeu. Il sollicite, très officiellement, des photographies du tableau anamorphique observé, prétend-il, par Aragon à Mordal, et d'un gant de bronze, en même temps qu'il lui adresse une lettre très intime, lui faisant part de son rêve de vie commune. S'exaltant, il déclare : « Non, tout serait borné à ces promenades que nous avons faites, allons donc ! Cela ne se peut pas, Lise. Nous nous reverrons dans l'autre monde, qui est inclus dans celui-ci ! »

C'est la représentation qu'il se forge alors de la surréalité, dont il écrit, en prélude à une exposition d'Hans Arp à la Galerie surréaliste, qu'elle est contenue dans la réalité même. C'est dire en somme, l'espoir qu'il place dans le réel, un réel que n'épuise pas la connaissance. Le numéro double de *La Révolution surréaliste* paraît en octobre, selon ses vœux. Il contient, entre autres, une photo de poupée katchina du Nouveau-Mexique, acquise par l'entremise d'Eluard, dont il sera toute sa vie un collectionneur aussi fervent qu'averti, et la suite de son essai sur *le Surréalisme et la Peinture.* Il y aborde, avec les sentiments de Jean-Jacques Rousseau dans le *Discours sur l'origine de l'inégalité*, le problème de la valeur marchande des tableaux, sur lequel il passe vite pour dire ce qui l'attache personnellement à Picabia et à Derain. Il précise en quoi Max Ernst par les collages, Man Ray par le traitement qu'il inflige à la photographie, André Masson par ses réflexions, contribuent au mouvement surréaliste. Avec les notices sur Tanguy et Arp et un passage inédit sur Miró, l'ensemble de ces études sera réuni en un volume sous le même titre, chez Gallimard au début de l'année suivante, illustré de soixante-dix-sept photographies.

Après sa lettre follement exaltée, Breton comprend que Lise se joue de lui. Elle n'est séparée de son premier mari que pour épouser son amant, Paul Deharme, l'un des pionniers de la TSF. Breton cesse de frapper à « la porte de la maison de Lise » comme dans le poème qu'il lui dédiait l'année précédente, convaincu désormais que rien d'absolument électif ne l'attire vers elle et qu'il doit cesser cette culture particulière de la déception à laquelle il n'est que trop enclin.

# CHAPITRE IV

## *La vie sordide et l'amour admirable*
(1927-1930)

### *Suzanne, la loi du tout ou rien*

Breton voulait écrire un livre battant comme une porte, ouvert au vent de l'éventuel. Par le hasard de l'existence, le récit qu'il achève sur des considérations d'une infinie tristesse va lui-même susciter l'apparition de la Merveille. Non point une chimère, un être d'illusion issu de sa propre imagination, mais bien une adorable blonde, de quatre ans plus jeune que lui. Un jour de novembre, elle est assise, à l'heure de l'apéritif au Cyrano, en compagnie d'Emmanuel Berl, qui traite d'une collection de beaux livres, baptisée « Le Salon particulier », dans laquelle il voudrait publier *Madame Putiphar* de Petrus Borel, avec une préface de Breton. Celui-ci parle de *Nadja*, de ses pages sur l'univers asilaire où l'on fait les fous, de l'espoir inscrit en lui qu'au fin fond du malheur il y a toujours une petite lumière susceptible de provoquer l'illumination. La jeune femme, Suzanne Musard, partage son point de vue. Née à Aubervilliers, dans une famille modeste, elle a connu la pauvreté, la misère, et aussi ces grands rayons lumineux qui vous font dire que la vie vaut la peine d'être vécue, tout de même.

Immédiatement séduit par ses yeux bleus, Breton lui donne son numéro de téléphone. Qu'elle l'appelle dans l'après-midi, lorsqu'elle sera seule. Ce qu'elle fait. Ils se revoient et c'est tout de suite la grande passion. Breton venait de se convaincre que les affinités électives relevaient d'un romantisme révolu. Il en reçoit un démenti brûlant.

Suzanne lui raconte son enfance. Peut-être se sont-ils naguère rencontrés aux Quatre-Chemins d'Aubervilliers? Ne l'a-t-il pas vue, petite fille en tablier noir, parmi les écolières sautant à la corde? N'a-t-il pas, comme les autres garçons, gravé de son canif un cœur percé d'une flèche sur le mur des fabriques? N'est-elle pas une réminiscence inconsciente de son passé? Il en est tout ému, comme il est bouleversé de la suite. Le travail en usine, le besoin d'argent, la décision, prise avec son amie Hélène, d'aller vendre son corps puisqu'elle ne possédait plus rien. « C'était ça ou crever », dit-elle. A la Ruchette, bordel de la rue de l'Arcade, en 1925, ses deux premiers et seuls clients furent les inséparables Emmanuel Berl et Pierre Drieu La Rochelle. En bon Samaritain, Berl la recueillit chez lui, rue de Chalgrin, l'habilla, la sortit, voulut faire son éducation.

Certain désormais que l'attirance est mutuelle, Breton ne tolère pas qu'elle continue d'habiter avec ce personnage aux mœurs libertines, indigne d'elle. Il s'en ouvre à Marcel Duhamel. Fort de ses manières distinguées acquises outre-Manche, celui-ci s'offre à jouer les *go-between.* Il saute dans un taxi, va trouver Berl qui l'accueille en somptueuse robe de chambre, lui explique la passion de son ami. Cette situation ne peut pas durer, dit-il, rendez sa liberté à Suzanne. On consulte l'intéressée qui décide effectivement de rejoindre Breton quelques jours plus tard.

Pour sa part, André s'est fait une règle absolue de vivre dans la transparence. Il se mépriserait s'il ne disait pas à Simone chaque mouvement de son cœur. Conformément à la " morale " surréaliste, il est indispensable qu'une passion partagée ne soit pas réprimée. Compréhensive, généreuse, Simone consent à son départ. Il n'assiste même pas au vernissage d'Arp, qui peaufine allègrement son crime de lèse-réalité. Le 18 novembre, il enlève littéralement Suzanne pour le Midi. Fuyant la pluie battante et le froid de Lyon en Avignon où le guide du château des Papes se démoralise de l'absence de soleil, d'Aix à Marseille, ils s'installent à Toulon, à l'Hôtel des Négociants et du Port, recommandé par Aragon qui, à la même heure, est à Madrid avec Nancy dans un hôtel de la Puerta del Sol où il brûle les pages de sa *Défense de l'infini.*

Du café où Breton écrit à Simone, la vue est lumineuse sur la rade de Toulon. A ses pieds, les camelots déballent leur pacotille. Suzanne est magnifique, comme il l'imaginait, lui racontant des histoires merveilleuses. Il s'excuse auprès de ses compagnons de ce brutal départ. Ceux-ci réagissent avec une parfaite discrétion. Eluard l'approuve. Sa fuite ne passe cependant pas inaperçue de la presse. Dans *Aux écoutes*, un entrefilet anonyme se gausse d'un abandon de troupes « pour de beaux yeux ».

Les deux amants restent à Toulon une quinzaine de jours, sous le signe du génie, dans l'exaltation que respire la fin de *Nadja*. Ils excursionnent par la corniche du mont Faron, se perdent dans les ruelles de la vieille ville, vont jusqu'à l'île d'Hyères à la végétation tropicale. André ne parvient cependant pas à se débarrasser de la grippe qui s'accroche à lui depuis Paris. Il dort mal, ne se défatigue pas. Toujours en contact avec Simone, il l'approuve d'avoir vendu un tableau de Miró, auquel tous deux tenaient énormément (mais l'escapade entraîne des frais!) et corrige les épreuves du *Surréalisme et la Peinture*, ouvrage pour lequel il recevra, en tout et pour tout, un forfait de deux mille francs.

En rentrant par Avignon, Suzanne et André déjeunent dans l'île Barthelasse au restaurant « Sous les Aubes », d'où l'on a vue sur le palais des Papes et le fameux pont de la chanson. Pour la première fois, leur conversation se brouille. En guise de diversion, Breton raconte cette histoire, sur laquelle on a beaucoup glosé depuis, du type qui, n'ayant pas de mémoire, demande à l'hôtelier de lui rappeler, chaque fois qu'il entrera, le numéro de sa chambre. Cinq minutes après, il reparaît ensanglanté, méconnaissable et redemande sa chambre. Simple blague marseillaise? Anecdote symbolique de la personnalité humaine? Défenestration représentative des béances, des ruptures contenues dans *Nadja*?

De retour à Paris, Breton apporte à son récit une conclusion selon son cœur, certain que Suzanne, retournée chez Berl, lui reviendra bientôt. Néanmoins, il aurait préféré qu'elle ne parte pas avec celui-ci dans les sables de Tunisie. Avec quelques amis, il est allé à la gare de Lyon pour tenter de stopper le couple ou du moins convaincre Suzanne de rester à Paris. Mais Berl l'entraîne, inexorablement. « Qu'est-ce que l'absence? » demandait Breton au jeu des petits papiers. « Une eau calme, limpide, un miroir mouvant », lui avait-elle répondu. Il lui faut patienter.

## *La vie immédiate*

A trente et un ans, Breton brûle d'une passion partagée. Le problème est de l'inscrire dans la durée, en dépit des conditions sociales qui lui sont faites. Ballottée entre deux hommes, Suzanne vit l'année 1928 comme dans un rêve. Un rêve auquel Breton s'efforce de donner réalité, en conciliant toutes ses aspirations. Il éprouve tour à tour la joie et la douleur les plus profondes. La vie du groupe s'en ressent : un seul numéro de *La Révolution surréaliste* paraît le 15 mars.

On y trouve les premières recherches sur la sexualité, conduites par les hommes seuls durant deux séances, les 27 et 31 janvier (elles sont poursuivies et notées dans d'autres procès-verbaux, à paraître dans la collection Archives du surréalisme). Breton se demande dans quelle mesure, lorsqu'un couple fait l'amour, l'homme se rend compte de la jouissance de la femme, et réciproquement.

Pour lui, c'est, dans le premier cas, affaire de confiance, donc d'amour. Le reste relève de l'observation objective. Étant d'avis qu'il faut varier les positions amoureuses, il laisse la femme prendre des initiatives si elle le souhaite. Il trouve « colossal », absolument incongru de lui demander son avis – mais il n'a, pour sa part, aucune exigence spécifique en ce domaine. Les attitudes passionnelles qu'il préfère sont : « La femme assise perpendiculairement à l'homme couché, le 69, la sodomie. » Il apprécie les paroles durant l'acte, mais il exclut de faire l'amour avec une femme ne parlant pas le français, ayant lui-même horreur des langues étrangères. Fétichiste en amour, il s'attache particulièrement aux yeux et aux seins. Extrêmement favorable à l'onanisme féminin, tolérant le masculin dans la mesure où il est accompagné de représentations féminines, il réprouve l'homosexualité masculine : « J'accuse les pédérastes de proposer à la tolérance humaine un déficit mental et moral qui tend à s'ériger en système et à paralyser toutes les entreprises que je respecte. » Toutefois, il fait une exception pour Sade et Jean Lorrain, qu'il justifie par l'audace de leurs convictions. Mais, au cours de la deuxième séance, il menacera d'abandonner la discussion « si elle doit tourner à la réclame pédérastique ».

Pour autant, il se défend de réprouver les perversions. Hostile aux amours tarifées, il est partisan de fermer les bordels « parce que ce sont des lieux où tout se paye, et aussi quelque chose comme les asiles et les prisons ». Attitude cohérente avec ce qu'il écrit dans *Nadja*, qui fait de Suzanne une charmante substituée. Ce qu'il vit avec elle le conduit à dire que l'amour est nécessairement réciproque : « J'ai longtemps pensé le contraire, mais j'ai récemment changé d'avis. » D'où la question : « Une femme qu'à priori vous pouvez aimer se donne à vous aussitôt que vous en avez le désir. L'aimerez-vous plus ou moins qu'une femme qui se fera longtemps désirer ? » A quoi il répond pour lui-même : « Infiniment plus [...] pourvu que je sois sûr qu'elle m'aime au moment où elle se donne à moi. »

Ces enquêtes, soigneusement notées par Max Morise, mais dont Naville suspecte la sincérité, ont pour objectif la mise à l'épreuve du groupe, la recherche d'une cohésion interne, par une élucidation collective. C'est pour lui-même que Breton interroge, autant que pour les autres. En fonction de sa propre morale, il réprouve le libertinage, le « goût du plaisir pour le plaisir », et déclare impossible de s'intéresser à deux femmes à la fois.

Dans le même numéro, Aragon et Breton célèbrent « Le cinquantenaire de l'hystérie » dont ils déclarent qu'elle « n'est pas un phénomène pathologique » et qu'ils la tiennent pour « un moyen suprême d'expression ». A quelques pages d'un fragment de *Nadja*, ne serait-ce pas une manière d'assurer que le surréalisme considère avec le même intérêt toutes les conduites humaines?

L'unique livraison de l'année 1928 donne aussi la parole à deux exclus : Artaud et Vitrac, momentanément rentrés en grâce, pour l'initiative contre toute censure du théâtre Alfred-Jarry qu'ils animent avec Robert Aron (secrétaire de Gaston Gallimard), lors de leur premier spectacle, le 14 janvier, à la Comédie des Champs-Élysées. Les invitations annonçaient un acte joué contre la volonté de son auteur, et la projection d'un film interdit, *la Mère*, de Poudovkine. Dans une atmosphère survoltée, Breton se dresse dès les premières répliques : « Taisez-vous, tas de cons, c'est du Claudel. » Il a immédiatement reconnu *le Partage de Midi*, dont il avait lu naguère le manuscrit chez Adrienne Monnier. A la fin du spectacle, Artaud s'avance : « La pièce que nous avons bien voulu jouer devant vous est de M. Paul Claudel, ambassadeur de France aux États-Unis. Un infâme traître. »

A la suite de leur réconciliation Breton donne lecture à haute voix du scénario d'Artaud, *la Coquille et le Clergyman*, en signalant les différences avec la réalisation de Germaine Dulac, telles qu'elles apparaissent lors de sa projection au Studio des Ursulines, le 9 février.

Cependant la situation s'inverse au troisième spectacle, quand les mêmes animateurs montent *le Songe* de Strindberg. Apprenant qu'il est financé par l'ambassade de Suède, Breton ne peut tolérer que la pensée se retrouve aux ordres de l'argent. Artaud a beau protester que Strindberg est un révolté, comme Jarry, comme Breton, comme lui-même, la séance du 9 juin est frappée d'interdit. La suite, André la détaille à Simone dans une de ses lettres. Les surréalistes arrivent en nombre, avec leurs billets de location. A l'entrée du théâtre des Champs-Élysées, ils se font cueillir par les flics auxquels Artaud et Aron les désignent. Gifles, coups de griffes en retour, Aragon et Breton s'échappent, le visage tuméfié. Les autres, conduits au commissariat, sont bientôt libérés sur intervention du député Gaston Bergery.

Breton tient son groupe bien en mains. Voire ! Au début avril, la belle Youki ayant quitté Foujita pour Marcel Noll se trouve au café Radio où les surréalistes ont, occasionnellement, déplacé leurs assises. Elle dit avoir rencontré la veille, un certain Robert Desnos, smoking et cheveux plats. Tout en fabriquant de ses doigts une araignée de papier qui se tortille, il lui a tenu quelques propos badins. Inadmissible, juge Breton. Il expédie sur-le-champ une lettre au coupable et lui annonce que son comportement l'oblige à rompre toute relation. S'agissant d'entretenir « les rapports humains les plus véritables » il ne saurait tolérer aucun écart entre ses amis... Bien ennuyé tout de même lorsque, trois mois plus tard, il comprend que Youki et Desnos se sont mis en ménage et que Noll est abandonné.

Un joli compagnon celui-là ! Non seulement la Galerie surréaliste, dont il a la charge, n'a pas grand-chose à vendre, elle n'exposerait guère si Breton ne prêtait ses tableaux (par exemple pour l'exposition Chirico en février), mais encore lève-t-il le pied au mois d'août en laissant une ardoise de treize mille francs !

Ces variations d'humeur, ces mouvements vibrionnaires du groupe s'inscrivent en contrepoint d'une vie sentimentale sinusoïdale. Grippé, fiévreux, ne supportant pas de ne plus voir Suzanne, prenant prétexte d'un vague contentieux financier avec Berl, poussé, dit-il, par une force magique, Breton saute dans le train pour Antibes le jour du Carnaval, puis, d'un coup d'hydravion, rejoint le couple à Ajaccio. Visite très utile à ses yeux, qui le rejette sur le continent très triste et las de tout. Les amis paraissent s'éloigner : Aragon est à Vernon, Éluard la plupart du temps en Suisse où il soigne ses poumons, Péret s'apprête à épouser la chanteuse Elsie Houston et à partir en Amérique latine. Reste l'équipe de la rue du Château avec laquelle il passe les soirées désoccupées. Des jeux, le phonographe, la danse, voilà à quoi les surréalistes passent le temps. Breton n'a jamais appris à danser. En juin la bande se lance dans le tournage d'un film documentaire sur Paris, *Paris-Express*. On la voit de moins en moins. Simone est alors à Beg-Meil, avec Morise, Denise et Pierre Naville. Mornes journées pour Breton qui signe le service de presse de *Nadja* – trois cents exemplaires, Gallimard s'est montré généreux – pêche des têtards dans les étangs de Meudon avec Aragon, se refâche avec Lise qui lui a tenu des propos méchants sur Suzanne, achète un nouveau Miró pour compenser la vente précipitée du précédent, et un skye-terrier très drôle, très affectueux. Compte tenu des origines anglo-saxonnes de l'animal, Simone le baptise Melmoth, en référence au roman noir de C. R. Maturin ! Le soir, Breton s'étourdit à Luna-Park. Le cœur lui chavire. Trois lectures le marquent particulièrement. *Mes voyages* de Charlie Chaplin, qu'il place au même niveau que le *Lénine* de Trotsky : « Quelle vérité humaine dans ces pages et aussi quelle justification éclatante de l'attitude que nous observons à l'égard de tout, bonheur, espoir, patrie, évolution, temps, prison, amour. » En août, il découvre dans la *NRF* un extrait de l'admirable *Ulysse* de Joyce, dont il se demande pourquoi on le lui a caché jusqu'alors, et *l'Histoire de l'œil*, de Bataille, le plus beau livre érotique qu'il connaisse.

L'été est à l'orage. Simone se rend de Cerbère à La Ciotat, toujours avec son chevalier servant, et sa sœur Jeanine, courtisée par Raymond Queneau. Cette femme de tête, apparemment si solide, si sûre, si confiante avec André, traverse une crise de désespoir. Elle a le sentiment d'avoir gâché sa vie. Bien qu'il ne voie pas très clair en lui-même, Breton trouve les mots justes pour l'apaiser. Suzanne est très surveillée par Emmanuel Berl, proustien rejouant *la Prisonnière*. Elle aussi est désespérée, elle pleure toute la journée, se confiant à André de longues heures au téléphone, s'échappant furtivement pour le voir.

A la fin du mois, la tension si vive conduit nécessairement à un éclat. Mise en demeure par Berl de choisir entre les deux hommes, Suzanne part avec André à Moret-sur-Loing. Lieu hautement symbolique pour Breton depuis la rencontre qu'il y fit de « la femme qui fut Façon ». L'exaltation déborde lyriquement dans un de ces cahiers d'écolier qu'il couvre de sa belle écriture ronde, régulière. Il transcrit le combat que l'amour vécu livre à l'idée abstraite qu'il s'en faisait. « On était le 3 septembre 1928 et les arbres déteignaient dans l'eau sous le battoir des chansons », écrit-il. « L'amour défaisait le lit que l'idée de l'amour voulait toujours refaire... » Toute la joie que respire la peinture impressionniste composée sur les bords du Loing le pénètre à nouveau. Il mêle en un seul tableau les roulottes des Bohémiens, les nymphéas, le pont de métal, les images de son rêve pour aboutir à l'élévation : « Suzanne toi la forme même du feu. »

Coïncidence : ce même mois d'août ponctué d'ouragans, Aragon en voyage à Venise avec Nancy a tenté de se suicider. Il n'a pas supporté qu'elle le délaisse pour un pianiste de jazz, et tant d'autres raisons, allez savoir pourquoi ! Lorsqu'ils se retrouvent en octobre à la terrasse du Cyrano, joliment rescapés, Aragon et Breton songent au mythe féminin de leur jeunesse : Musidora, l'énigme absolue. A l'occasion d'un gala privé pour la fin de l'année, ils lui rendent hommage dans une pièce conçue comme un film à épisodes, *le Trésor des jésuites*. Ils inventent une suite aux *Vampires* : Mad Souri tue, dans un hôtel, un voyageur qui portait sur lui le plan de l'île où était enfoui le trésor des jésuites. Ensuite elle assassine le caissier des missions catholiques. On la croit morte, étranglée par Simon, son filleul de guerre qu'elle avait fait envoyer au bagne à sa place, quand elle reparaît chef suprême du Grand Orient de France, accueillant Simon qui, entre-temps, a découvert le trésor des jésuites et qui avoue s'être plié aux exigences d'une « femme dont les ordres incompréhensibles ont toujours dirigé [sa] vie ». L'amusant, dans ce scénario parodique, tient à ce qu'il est presque entièrement constitué de collages, d'emprunts aux journaux du moment. Difficile de distinguer, dans le texte, ce qui revient à chacun des collaborateurs. Du moins ce travail en commun les rapproche-t-il et les amène-t-il à partager la même vision de l'existence.

Dans la revue des événements de l'année que la pièce évoquait succinctement, il était fait mention des « catastrophes intimes ». Les auteurs avaient beaucoup à dire sur le sujet ! Au moment où il écrivait ce sketch, Breton était en proie à la plus grande confusion des sentiments. Sûre de son amour, Suzanne exigeait un gage de sécurité pour l'avenir, qu'elle prétendait ne pouvoir obtenir que chez Berl. Fiévreuse, très exaltée, son esprit battait la campagne au point que les médecins craignaient une encéphalite. Convaincu de l'incompatibilité entre l'amour et la liberté, et parce qu'il croit à « la résolution parfaite de ces états diversement passionnels », Breton ne peut lui refuser l'assurance qu'elle demande. Bien qu'il sache qu'un tel amour écartant tout compromis (la tragique loi du tout ou rien), ne s'instaure pas dans la durée conjugale, il sollicite néanmoins le divorce, dans l'intention d'épouser Suzanne. Sur ces entrefaites, il apprend, selon ses propres termes, qu'il a été victime d'un abus de confiance. Simone le trompe avec Max Morise. Lui qui n'a rien caché se sent pris au piège de son ingénuité. Il refuse de passer pour un personnage de Courteline. D'un commun accord, les époux engagent la procédure de séparation, par l'intermédiaire de Marcel Fourrier, l'ancien directeur de *Clarté*, devenu avocat. Simone ne retourne plus rue Fontaine. Imprévisible, Suzanne épouse Berl le 1er décembre. Mais, tout aussi irrationnellement, elle le quitte d'emblée pour s'installer à demeure rue Fontaine, dès janvier.

### *La violence, innocence active*

Au début de 1929, accompagné de Paul Eluard, Breton fait réaliser un moulage en plâtre de son visage. Leurs masques seront longtemps accrochés face à face à la fenêtre de la rue Fontaine. Pratiquée d'habitude sur les défunts, l'opération est particulièrement délicate pour les vivants, dont elle fige les traits pour l'éternité. Ce n'est évidemment pas ainsi, les yeux clos et la bouche pincée, les lèvres épaisses en oblique (l'habitude de la pipe) que le voient alors ses relations, comme, par exemple, Jacques Baron, Marcel Duhamel ou André Thirion.

Ce qui les frappe en Breton, c'est sa prestance, la dignité qu'il met en toutes choses, sa courtoisie légèrement appuyée avec les femmes. Il pratique encore le baisemain (et le pratiquera jusqu'à sa mort), comme s'il entendait ignorer l'évolution des mœurs. La mode ne le soucie guère. Toujours simplement vêtu, il affectionne les chemises de couleur sombre, qu'une cravate à pois rouges fait ressortir. Mais il n'est pas homme à collectionner des ornements masculins comme Aragon!

Le port de tête est remarquable. Les cheveux clairs, assez longs, le regard fixe, extrêmement attentif, il garde son quant-à-soi, même avec ceux qu'il tutoie. Et il n'a pas le tutoiement facile! La voix sait être chaleureuse, charmeuse même. Elle est surtout mémorable quand il récite des vers, marquant fortement la cadence. Et aussi quand il se met en colère. Lentement, progressivement, la vague s'enfle et détruit tout sur son passage. Aussi prestement, il n'y paraît plus. Les yeux bleu-vert retrouvent le calme des eaux profondes. Son rire contenu, plutôt moqueur, sardonique, ignore les éclats, mais il coupe comme le diamant le verre. Sentimental et nerveux, Breton domine ses émotions, par pudeur, par égard pour l'interlocuteur. Alors l'œil s'embue légèrement. Il y a tant de sujets de révolte, tant de raisons de s'insurger contre le sort. Il a l'ingénuité d'un Rousseau. Son grand souci est la morale. Pas celle de la bourgeoisie, bien sûr. La morale révolutionnaire. La morale surréaliste.

La réunion organisée au Bar du Château le 11 mars 1929 en

fournit l'illustration. Un mois auparavant, une circulaire est adressée à près de quatre-vingts personnalités, anciens participants de dada, de la Centrale surréaliste et de l'intergroupe qui avait suivi, ou bien du Grand Jeu (un groupe de jeunes venus de Reims avec lesquels Breton avait sympathisé, l'année précédente). Constatant que les différentes revues où ils s'exprimaient avaient cessé de paraître, cette circulaire leur demandait s'ils ne pensaient pas qu'une action commune était souhaitable, et à quelles conditions. A travers la quarantaine de réponses favorables, et sur les instances de deux collaborateurs du Grand Jeu, Jean Audard et André Delons, il était apparu que l'examen du sort réservé à Trotsky devait être le thème d'une première discussion. L'organisateur de l'Armée rouge, éliminé par Staline, avait été d'abord exclu du parti communiste, déporté à Alma Ata puis expulsé d'URSS en janvier. Il venait de se fixer à l'île de Prinkipo, près de Constantinople. Pierre Naville, directeur d'un organe favorable à Trotsky, *La Lutte des classes*, fut personnellement convié par Breton, « ne fût-ce qu'en qualité de témoin ». Fâché contre lui pour de multiples raisons (ils s'étaient querellés sur le rôle de Trotsky dans la négociation du traité de Brest-Litovsk et surtout à propos de Simone), Breton passait outre, pour l'occasion. Chargé de centraliser les réponses, Raymond Queneau ouvre la séance par un exposé des différentes positions déclarées. Celle de Breton fait appel à « l'innocence active » par quoi les surréalistes et leurs amis s'étaient jusqu'alors reconnus, c'est-à-dire une violence qu'il regrette de voir au service d'intérêts particuliers, de querelles stériles. Prenant à son tour la parole, il commence par poser une question préalable, portant sur « le degré de qualification morale » de chacun. S'ensuit un long débat mettant particulièrement en cause des membres du Grand Jeu soupçonnés de déisme, de tiédeur révolutionnaire, et surtout l'un d'entre eux, Roger Vailland, auteur d'articles louant le préfet de police Chiappe. Georges Ribemont-Dessaignes, qui défend le journalisme comme gagne-pain, est chassé sous les huées. Désireux de couper tout contact avec le Grand Jeu, Thirion attaque vigoureusement ses collaborateurs, tandis que Breton cherche une issue honorable sous forme d'une lettre de désaveu que ferait Vailland. Sa position est adoptée à la majorité des voix et la séance est levée. Mais, le lendemain, Vailland se récuse.

En fin de compte, cette réunion visant à relancer l'activité surréaliste sur des bases élargies, avec de nouvelles recrues comme René Daumal et Roger Gilbert-Lecomte, que Breton estimait beaucoup, aboutit à un échec. Breton, habituellement maître du jeu, n'a-t-il pas été désarçonné par la présence inattendue de Simone venue s'afficher aux yeux de tous avec Max Morise – lequel présidait la séance? Breton se serait alors laissé déborder par ses partisans? Il était pour le moins paradoxal de s'adresser à des hommes que, faisant fi du passé, on tenait pour acceptables et de leur demander ensuite de se justifier moralement!

L'individu s'appartient-il assez pour agir toujours lucidement et logiquement? C'est la question que Breton se pose à propos d'une exposition dont il préface le catalogue à la galerie Van Leer, rue de Seine, en pensant à ses rapports toujours déconcertants avec Suzanne. Comme souvent lorsqu'il est mis à l'épreuve, il conclut sur un appel au dépassement des contradictions par le désir. « Il n'est pas de solution hors de l'amour », proclame-t-il dans le moment même où il mise sur la révolution prolétarienne.

Cette exposition se transportant à Bruxelles, il y passe deux jours, à la mi-avril, avec Eluard et Aragon. Ils y apportent le matériau d'un numéro spécial surréaliste de la revue belge *Variétés* destiné à témoigner de la vitalité du mouvement en 1929, puisque aussi bien ils n'ont pas les moyens de faire reparaître *La Révolution surréaliste*. Au *Trésor des jésuites* ils joignent le dossier intégral de la récente réunion rue du Château qu'ils intitulent « A suivre – petite contribution au dossier de certains intellectuels à tendance révolutionnaire », ce qui reporte d'un mois la publication, primitivement prévue en mai.

A cette occasion, les compagnons de la première heure discutent de la préface que Breton entend donner à la réimpression de son *Manifeste*. Inutile d'y étaler les controverses récentes, la revue y suffira. Breton insistera, d'une façon toute personnelle, sur son amour de la vie telle qu'elle est malgré tout donnée, sur une sorte de grâce innocente, comme il la goûte, dans la joie ou la douleur.

En effet, Suzanne le quitte fin mai pour rejoindre Emmanuel Berl au Pays Basque. Cette fois, Breton la convainc de revenir à lui. Ils vont au Pouldu, près de l'auberge de Marie Henry où les peintres nabis désargentés avaient trouvé l'inspiration. Mais il est fini le temps de la bonne auberge qui vous accueillait pour trois sous. Avec les Tanguy, Pierre Unik et Georges Sadoul qu'ils sont allés attendre à la gare de Quimper, ils s'embarquent pour l'île de Sein où ils séjournent jusqu'à la mi-septembre. Là, au moins, à l'hôtel Marzin, ils ne seront pas gênés par les touristes. Les ruelles étroites, les maisons tassées pour se protéger du vent d'ouest, le mobilier récupéré des épaves, l'absence d'arbres, d'animaux, toute cette rudesse les ravit. Cependant Suzanne lui rend la vie impossible. Il menace de la quitter, la tenant pour plus déséquilibrée que Nadja ne lui était apparue.

A la fin des vacances, le 28 septembre, en arrivant au café de la place Blanche, Maxime Alexandre trouve Eluard et Breton seuls, tout excités à la lecture des *Nouvelles Littéraires*. Valéry, dont Breton ne voulait plus entendre parler du jour de sa réception à l'Académie française, y publiait ses « Notes sur la poésie ». Un art poétique après tous ces reniements, il ne manquait plus que ça! Garçon, de quoi écrire! Tandis que l'un lit à haute voix la sentence, l'autre la retourne comme une peau de lapin. « Les pensées, les émotions toutes nues sont aussi faibles que les hommes tout nus », devient « les pensées, les émotions toutes nues sont aussi fortes que les femmes nues. » Et si « un poème doit être une fête de l'intellect », pourquoi pas une débâcle? « Le lyrisme est le développement d'une exclamation » dit l'académicien, « d'une protestation » rétorquent-ils! Le jeu n'est pas absolument gratuit : on se moque de l'autorité, mais on développe, indirectement, une autre poétique.

Humour en moins, c'est ce que réalisera Breton pour la morale surréaliste, dans son *Second Manifeste*. Il l'a préparé durant l'été dans la solitude de l'île de Sein, relisant Hegel dans la traduction française de Vera, approfondissant sa compréhension de Marx et d'Engels. Rappel aux principes, appel aux jeunes « dans les lycées dans les ateliers même, dans la rue, dans les séminaires et dans les casernes », à tous les purs qui refusent le pli. Relance du mouvement par un effort de dépassement, tel est initialement son propos. Songeant à l'anarchiste Émile Henry conduit à la guillotine pour avoir placé une bombe à l'hôtel Terminus, Breton écrit cette phrase qui, détachée du contexte, lui sera beaucoup reprochée : « L'acte surréaliste le plus simple consiste, revolver au poing, à descendre dans la rue et à tirer au hasard, tant qu'on peut, sur la foule. » Persuadé que le désespoir peut être transformé en valeur positive, il ne songe pas un instant qu'on puisse se limiter au seul terrorisme. Mais la révolte est l'énergie fondatrice. Pour atteindre une meilleure connaissance du réel, récupérer toutes les forces psychiques égarées, il réaffirme simultanément son adhésion au matérialisme dialectique et à la théorie freudienne.

Il est entendu que le surréalisme ne saurait s'en tenir aux seules structures sociales analysées par les marxistes : son effort d'élucidation porte sur les superstructures, l'expression humaine sous toutes ses formes. Sa quête est alors voisine, toutes proportions gardées, de celle de l'alchimiste : les deux impliquant un même état de fureur, nécessitant une certaine occultation, un éloignement du public, pour maintenir leur intégrité et découvrir ce point de l'esprit « d'où la vie et la mort, le réel et l'imaginaire, le passé et le futur, le communicable et l'incommunicable, le haut et le bas cessent d'être perçus contradictoirement ». Lieu de l'observateur idéal, pour parler comme les physiciens, on ne peut pourtant le détacher du système physique dans lequel on se meut, « la vie de ce temps ».

A son retour dans la multitude parisienne, Breton est littéralement saisi par la fureur. Son divorce avec Simone se déroule mal. Les tabellions ont mis les scellés à son appartement, ce qui le contraint à rejoindre Eluard, au Terrass'Hôtel, rue Caulaincourt. Trempant sa plume dans l'encrier de la rage révolutionnaire, il dénonce tous ceux qui, dans le groupe et à l'extérieur, se sont mis en travers de sa vision unitaire du mouvement. Tous ceux qui s'écartent de la morale surréaliste, pour une raison ou pour une autre. C'est Francis Gérard « rejeté pour imbécillité congénitale ». C'est Soupault « et avec lui l'infamie totale », c'est Vitrac « véritable souillon des idées ». L'injure est vive : « Un policier, quelques viveurs, deux ou trois maquereaux de plumes, plusieurs déséquilibrés, un crétin. » Voilà pour ceux que l'on peut considérer comme les tenants de la voie artistique et littéraire.

Les autres, ceux qui ont choisi une orientation délibérément politique, ne sont pas moins bien assaisonnés, les Morhange, Politzer, Lefèbvre; Naville « de qui nous attendons patiemment que son inassouvissable soif de notoriété le dévore »...

Les arguments ne sont pas à la hauteur du propos, Breton le sait bien. Mû par la sainte colère des défenseurs d'idéal, il étale sur la place publique de bien sordides histoires. Sa vérité, celle du moins qu'il a vécue, qu'on lui a rapportée directement. Ce n'est pas joli joli. Mais il faut revenir à la pureté, à l'innocence active et se débarrasser de toute entrave pour ouvrir les portes des grandes espérances.

Une photo d'éclair zébrant le ciel nocturne en couverture, *La Révolution surréaliste* numéro 12 paraît le 15 décembre. Elle publie simultanément le manifeste, surtitré « Pourquoi la *Révolution surréaliste* avait cessé de paraître » avec des empreintes de lèvres féminines couleur rouge baiser et une enquête. « Quelle sorte d'espoir mettez-vous dans l'amour? » – interroge Breton au nom de l'équipe. C'est dire combien pour lui ce second manifeste est inséparable du contexte éprouvé à la fin de 1929, avec ses alternances d'espoir et d'abattement. A la question posée, Suzanne répond : « L'espoir de ne me reconnaître jamais aucune raison d'être en dehors de lui », ajoutant : « Je crois à la victoire de l'amour admirable. » Comblé par cette confiance absolue, Breton se borne à contresigner ses déclarations.

Le même numéro de revue, désormais diffusé par José Corti, enregistre quelques événements ayant affecté le groupe depuis la rédaction du *Manifeste*. D'abord la rencontre avec les auteurs du *Chien andalou*, film projeté en séance privée le 1er octobre aux Ursulines, à l'intention des surréalistes. A la première image superposant la lune tranchée par un nuage et l'œil incisé au rasoir, ceux-ci étaient conquis. Bien leur en avait pris car Buñuel s'était muni de cailloux pour les projeter sur la tête de Breton s'il avait chahuté. L'Aragonais buté aux yeux globuleux, athée d'autant plus militant qu'il avait été élevé, grâce à Dieu, dans les meilleures institutions chrétiennes, devint vite un ami pour Breton, toujours sourcilleux sur la religion. Un soir qu'il l'avait invité chez lui avec Jeanne, sa fiancée, se trouvaient au même dîner Magritte et sa femme. Inexplicablement Breton reste muet puis soudain désigne du doigt la croix d'or pendue au cou de la jeune femme. C'est une provocation intolérable chez lui. Des bijoux, passe encore, mais cet insigne. L'ouragan se déchaîne. Magritte se fait tout petit. Sa très belle contribution ne sautera pas de la revue : un montage des photos mécaniques de seize surréalistes belges et français, les yeux clos autour d'un nu féminin : « Je ne vois pas la... cachée dans la forêt. »

Le complice de Buñuel, Salvador Dali, est venu à Paris montrer ses tableaux. Camille Goemans, autre surréaliste belge tenant galerie rue de Seine était allé le voir à Cadaquès durant l'été, avec Eluard. D'enthousiasme celui-ci lui avait acheté quelques toiles et l'avait invité chez lui. On connaît la suite : le coup de foudre du puceau catalan pour la femme avertie et sûre de sa voie. Breton préface l'exposition de l'Espagnol, hésitant à crier au talent ou au génie, le mettant en garde (déjà!) contre la tentation du succès, fondant cependant grand espoir sur lui dans le procès intenté à la réalité. Également ameuté par Eluard, René Char avait vite sabordé la revue qu'il publiait à l'Isle-sur-Sorgue. Légèrement hautain mais prêt à la mêlée, il faisait son entrée dans le groupe avec sa « Profession de foi du sujet ». Le précédait Tzara avec un magnifique fragment de *l'Homme approximatif*. Depuis l'été, les relations avaient repris avec Breton; ils s'étaient expliqués longuement et pour eux tout repartait comme en 1920.

Ce ne pouvait plus être le cas de Jacques Rigaut que Breton avait vu à son retour des États-Unis, rejeté par sa femme, drogué, irrécupérable. Le 5 novembre, il s'était donné la mort, méthodiquement, selon le rituel qu'il avait décrit dès 1920.

Une tournée dans l'Est avec Paul Eluard (dont la mère prête voiture et chauffeur) en quête de cartes postales 1900 met un peu de bonne humeur à la fin de l'année. Au retour, c'est le choc au plexus. Celui qui vous laisse inerte et sans souffle. Ils ont osé retourner contre lui, vivant, l'imprécation qu'il adressait à un mort, Anatole France : « Il ne faut plus que mort cet homme fasse de la poussière! » En manchette d'une feuille de quatre pages s'étale le titre, *un cadavre*, surmontant la propre photo de Breton, les yeux fermés, la tête ceinte d'une couronne d'épines.

Qui ils? Les douze apôtres trahissant le Christ à l'âge de trente-trois ans? Le geste est ambigu, sur le plan symbolique. Les textes ne le sont pas : « Illustre Palotin du monde occidental, Déroulède du rêve, faux frère et faux communiste, faux révolutionnaire mais vrai cabotin, jésuite de première force, lion châtré... » telles sont les moindres injures de ce pamphlet paru le 15 janvier 1930. Sur une idée de Robert Desnos, l'opération a été montée par Georges Bataille, responsable, de fait, de la revue *Documents* paraissant depuis avril 1929, ses collaborateurs venus du surréalisme (Baron, Leiris, Limbour, Ribemont-Dessaignes, Vitrac, que Breton soupçonnait de n'avoir que leur mécontentement à mettre en commun), quelques commensaux des Deux Magots, amis de Simone, épargnés par le Manifeste (Prévert, Queneau, Boiffard, Morise) et le Cubain Alejo Carpentier, convié à titre de témoin.

Mais Artaud (qui préfère la publication d'une plaquette sur le théâtre Alfred Jarry et l'hostilité publique) et Masson (qui s'en est tenu à une franche confrontation, d'homme à homme, en mars précédent) n'y sont pas associés. Pas plus que les « politiques ». Breton peut se vanter d'avoir suscité – ou ressuscité à son encontre – le genre pamphlétaire délaissé depuis Barrès et Léon Bloy. Il en est cependant très affecté, d'autant plus que la plaisanterie se prolonge par des appels anonymes en pleine nuit, des envois de couronnes mortuaires. Suzanne en est malade, littéralement.

D'une certaine manière, ces injures raffermissent sa détermination. Davantage, elles le persuadent qu'en sa qualité de responsable du mouvement surréaliste, il aurait dû se montrer davantage exigeant plus tôt. Fortement soutenu par Eluard, en quelques jours il met au point l'état définitif du *Second Manifeste* qu'il remet à Léon Pierre-Quint, en espérant une publication pour la fin mars.

En préface, un fac-similé des *Annales médico-psychologiques* de décembre où les plus célèbres psychiatres français, Pierre Janet et Clérambault, réclament des poursuites contre l'auteur de *Nadja*. Un extrait d'Edgar Poe prouvant ses méthodes policières; une citation de Marx pour exécuter Bataille représentant « les philosophes-orteils et les philosophes-excréments », une longue note citant des lettres de jeunes inconnus indignés par *Un cadavre* devraient suffire pour répondre à ses détracteurs. Simultanément, un prospectus, en guise de prière d'insérer, doit leur clouer le bec définitivement. Il met en parallèle, sur deux colonnes, les déclarations, avant et après, de cinq d'entre eux. Le jeu est facile et pourrait être retourné de la même façon contre lui, mais il porte. Tout cela est terriblement affectif, comme le montre le « Troisième Manifeste du surréalisme » que publie Desnos en écho. Reprenant les principaux chefs d'accusation portés contre le leader du surréalisme, il témoigne que le fond de l'affaire est bien une crise de confiance personnelle. Breton et les amis qui lui restent retrouvent les pratiques violentes et scandaleuses des premiers temps. Ils attribuent à Desnos l'idée, offensante à leurs yeux, de baptiser *Maldoror* une boîte de Montparnasse ouverte depuis le début de l'année. Apprenant la chose le 14 février au Cyrano, Breton décide aussitôt une expédition punitive. Ce soir-là, une princesse roumaine y donne un dîner lorsque Breton entre, frappe de la canne sur le comptoir en déclarant d'une voix forte : « Nous sommes les invités du comte de Lautréamont. » Pendant ce temps, Char et Thirion tirent les nappes et brisent la vaisselle. Bagarre avec les serveurs, quelques courageux convives les prennent au collet, corps à corps, les bouteilles volent... Au moment où la police intervient, Char reçoit un coup de couteau qui lui frôle l'artère fémorale. Il en voudra longtemps à certains d'être restés sur le trottoir du boulevard Edgar-Quinet pendant qu'il faisait le coup de poing!

D'après de telles fêtes, ou les réceptions des Noailles, on ne croirait pas que la crise financière frappe durement le pays.

Breton a demandé une avance sur ses droits d'auteur à Gaston Gallimard. Rusé, l'éditeur lui fait répondre, début mars, par son frère Raymond, le financier de la maison, que *Nadja* n'ayant pas atteint deux mille cinq cents exemplaires vendus, il n'est pas possible de satisfaire sa requête. La crise touche aussi l'édition, explique-t-il. Le fameux « jeudi noir » de Wall Street est ressenti en France avec quelques mois de délai. Les conséquences économiques, on ne les connaît que trop : chute des ventes, inflation, chômage, misère. Elles atteignent aussi le secteur culturel.

Les choses vont très mal pour Breton. D'autant que, de nouveau, Suzanne l'a quitté. Elle vit dans le même hôtel qu'Yvonne Goemans, partie avec le commanditaire de la Galerie surréaliste. Celle-ci est fermée. Sur la porte, un écriteau imprévu : « Réouverture prochaine avec une exposition de collages. » Coïncidence humoristique, dit Vitrac!

Extrêmement malheureux, Breton s'étourdit dans la fête avec Eluard dont le cœur se partage entre Gala, qu'il aimera toujours, et la belle Pomme, Alice Apfel, une Allemande intelligente et vive, experte à l'amour. Ils vont essayer les auto-tamponneuses à Luna-Park. Ça détend un peu. De dépit, Breton s'éprend d'une jeune danseuse du Moulin Rouge. La prestation qu'elle donne un soir, dans l'atelier de la rue Fontaine, n'a pas laissé de vives impressions esthétiques chez les témoins.

N'importe, il quitte Paris le 20 mars pour Avignon. A l'hôtel Régina, Eluard et Char puis les femmes le rejoindront. Promenades à Gordes, à Châteauneuf-du-Pape, brefs séjours aux Névons, la propriété familiale de Char. Les trois amis composent, au café, en voiture, des cadavres exquis outrepassant les limites de la phrase. Poèmes à trois voix, expérience d'écriture collective à caractère ludique, apportant le même réconfort, le même sentiment de solidarité que le jeu, sa manière de donner le change. « Ralentir travaux. » Le titre du recueil est trouvé. Un château domine la rivière. La fille des châtelains descend la nuit rejoindre les ouvriers polonais; c'est l'amorce du premier poème.

En voiture entre l'Isle-sur-Sorgue et Avignon, Char ouvre la voix :

*On entrait par une porte dérobée*
*Il y avait un cœur sur un tableau noir*

Breton songe à l'école de son enfance :

*Et une baguette de coudrier sur la table*
*On aurait entendu un pas de loup*

Eluard pense à la petite fille assise devant lui :

*L'amour le premier enseignait*
*Aux amants à bien se tenir...*

Voilà « L'école buissonnière ». Ou bien c'est la confidence intime : Char évoque ses violences, Breton constate l'échec de ses amours successives :

*Je serre dans mes bras les femmes qui ne veulent être qu'à un autre*
*Celles qui dans l'amour entendent le vent passer sur les peupliers*
*Celles qui dans la haine sont plus élancées que les mantes religieuses*
*C'est pour moi qu'on a inventé la boîte de destruction*
*Mille fois plus belle que le jeu de cartes*

En écho, Eluard enchaîne sur sa profonde solitude.

Les trente poèmes ainsi composés sont réunis avec une préface où Breton met en cause la polysémie des mots et veut faire table rase du lecteur. Le recueil, daté du 25 au 30 mars, est aussitôt confié à Larguier, l'imprimeur de Char à Nîmes. L'ouvrage, tiré à trois cents exemplaires, est imprimé en vingt jours. A son retour à Paris, Breton accompagne le manuscrit de *Nadja*, vendu à un collectionneur belge, René Gaffé, d'une note témoignant de son acceptation totale de la passion, dans tous les sens du terme : « Cet homme, en avril 1930, recommencerait terriblement si c'était à refaire. Il n'a que l'expérience de ses rêves. Il ne peut concevoir de déception dans l'amour mais il conçoit et il n'a jamais cessé de concevoir la vie – dans sa continuité – comme le lieu de toutes les déceptions. C'est déjà bien assez curieux, bien assez intéressant qu'il en soit ainsi... »

Lorsqu'il écrit ces lignes, Breton vient d'apprendre le suicide du poète russe Maïakovski. « Par désespoir d'amour, dit-on, ce qui est une bien mauvaise formule », écrit-il à Gala. La nouvelle compagne d'Aragon, Elsa Triolet, belle-sœur du poète russe, est bouleversée. Crevel, à nouveau malade, est bien bas. Pour ajouter à ces chocs émotifs, Claire, la fille du Moulin Rouge, quitte Breton. A vingt ans, elle refuse d'être prise pour une femme enfant.

Du coup, Breton s'en va courir le guilledou, avec Sadoul, au Bois de Boulogne ou dans un théâtre à femmes nues : Musidora y joue et l'atmosphère lui rappelle celle du Théâtre Moderne évoqué au début de *Nadja.*

Le voyant si malheureux, démoralisé, attaqué dans les journaux par ceux qu'il a mis en cause dans le *Second manifeste*, Eluard et Thirion rédigent un second prière d'insérer, signé par tous les fidèles (Aragon, Buñuel, Char, Crevel, Dali, Ernst, Malkine, Péret, etc.). Le surréalisme continue, groupé autour de lui, dans la direction qu'il désigne. Pastichant le titre de l'ouvrage de Benedetto Croce sur la pensée de Hegel, ils affirment :

« Le *Second Manifeste* donne toute sécurité pour apprécier ce qui est mort et ce qui est plus que jamais vivant dans le surréalisme. Subordonnant aux fins merveilleuses de la subversion toutes les commodités individuelles, rejetant sans appel, au moyen de l'asepsie morale la plus stricte, les spécialistes du faux témoignage, André Breton fait, dans ce livre, la somme des droits et des devoirs de l'esprit. »

En dépit de ses doutes et de ses troubles sentimentaux, Breton sait désormais qu'il peut s'appuyer sur un groupe de fidèles. Les surréalistes font bloc autour de ses thèses essentielles. Une nouvelle étape s'annonce avec une revue transformée dans la forme et dans le fond pour s'exprimer.

QUATRIÈME PARTIE

# VIGILANCE RÉVOLUTIONNAIRE (1930-1940)

CHAPITRE PREMIER

# *De l'errance à la rencontre*

(1930-1934)

## *Au service de la Révolution*

Depuis la tentative avortée de *La Guerre civile*, les surréalistes n'ont pas renoncé au désir d'intervenir dans le champ idéologique, à la toute première place, avec les moyens qui leur sont propres, pour faire aller du même pas l'avant-garde culturelle et l'avant-garde politique, sans épargner le parti communiste sourd à leurs observations.

A la suggestion d'Aragon, plus que jamais décidé à confirmer son adhésion à ce même parti, la revue s'appellera *Le Surréalisme au service de la révolution*, en abrégé *SASDLR*. La direction en est confiée à Breton, exclusivement. Il se chargera de la gestion – ce qui n'est pas la moindre des difficultés – aussi bien que du choix des collaborateurs, de la mise en pages et de la fabrication. Paul Eluard, en sa qualité de gérant, lui sera d'un très grand secours. José Corti, le libraire de la rue de Clichy spécialisé dans les éditions surréalistes – c'est-à-dire à compte d'auteur – en accepte le dépôt, au début du moins. De nombreuses réunions dans le beau pavillon que Tzara s'est fait construire par l'architecte viennois Adolf Loos, avenue Junot, à Montmartre, rassemblent la vingtaine de fidèles prêts à lui apporter leur concours. Aux anciens de *La Révolution surréaliste* (Aragon, Crevel, Éluard, Ernst, Péret, Maxime Alexandre), se joignent les nouveaux venus : Char, Dali, Buñuel, Sadoul, Thirion; les amis belges qui animaient autrefois *Correspondance* : Camille Goemans, Paul

Nougé, Albert Valentin; à titre individuel quelques rescapés des précédents départs : Marcel Fourrier, Tristan Tzara; ou bien de toutes nouvelles recrues : Francis Ponge, qui n'a pas encore pris son parti des choses, Marco Ristitch, l'émissaire d'un groupe de poètes de Belgrade situés sur la même longueur d'ondes, et Joë Bousquet, cet être de souffrance et de rêves qu'une balle dans la colonne vertébrale a reclus dans sa chambre à Carcassonne, depuis 1917; il est, occasionnellement, en correspondance avec Eluard et Breton depuis six ou sept ans.

Une déclaration qu'ils contresignent appuie les conclusions de Breton, en décidant la création de ce périodique pour répondre « à la canaille qui fait métier de penser » et préparer « le détournement définitif des forces intellectuelles aujourd'hui vivantes au profit de la fatalité révolutionnaire ».

La première livraison du *SASDLR*, parue au début juillet, marque la double affirmation du surréalisme, pour lui-même, et au service de la révolution soviétique. Sur ce point, aucune équivoque n'est possible. En ouverture, un télégramme à Moscou, rédigé par Aragon et Breton, marque leur engagement absolu : « Camarades si impérialisme déclare guerre aux soviets notre position sera conformément aux directives Troisième Internationale position des membres parti communiste français », répondent les surréalistes, comme aucun autre groupement d'intellectuels ne l'a jamais fait en France. Imagine-t-on la réaction du public? Il est clair qu'une étape de plus est franchie, au-delà de la littérature! Toutefois, la suite du texte en appelle, une fois de plus, à Moscou contre la situation que leur fait le PCF. Les « Notes » d'Eluard et de Crevel sur la répression coloniale, de Maxime Alexandre et d'André Thirion – s'exprimant nettement en leur qualité de militants communistes – sur l'athéisme et la question des frontières modernes l'attestent. Qu'est-ce qui conduit Breton à une telle illusion lyrique en faveur d'une révolution qui se traduit, alors, en URSS par des déportations massives de paysans, par l'abandon de l'idée même de révolution internationale au profit de la doctrine du socialisme dans un seul pays? Lui que nous verrons si lucide en maintes occasions s'est-il rallié à la logique de ce que l'on a nommé « la troisième période » consistant, de fait, à consolider le seul régime de Moscou et à sacraliser la personne de Staline?

Ce serait bien étonnant! Nous savons, par ses textes précédents, depuis *Légitime Défense*, combien sa lecture de *L'Humanité* restait sévère. La réunion rue du Château a, par ailleurs, témoigné de l'attention qu'il portait au sort de Trotsky. Serait-il soudain séduit par la personnalité montante de Maurice Thorez au PCF ou, plus précisément, par celle du responsable des questions culturelles, Paul Vaillant-Couturier, avec lequel il assure, dans *les Vases communicants*, avoir eu plusieurs conversations? Sans doute, mais pas au point de perdre tout esprit critique. Pour s'en assurer, il faudrait savoir qui, à Moscou, a eu l'idée de lui adresser le télégramme auquel il répond dans *le SASDLR*. Davantage, il faudrait mettre au jour la totalité de la correspondance qu'il a pu échanger avec les responsables communistes, à Paris ou ailleurs. Sur ce point, les archives du PCF (revenues en France récemment) sont relativement muettes. On n'y trouve qu'une lettre de Breton à Vaillant-Couturier. Datée de janvier 1928, elle proteste contre un article de *L'Humanité* intitulé « Jaurès vu par Jules Renard ». Breton n'y mâche pas ses mots : « Jaurès, c'était peut-être un con. Jules Renard, c'était sûrement un con, doublé d'un contre-révolutionnaire, comme presque toujours »... Suivaient des propos, tout aussi amènes, contre la confusion mentale ou le pragmatisme imbécile des collaborateurs de l'organe politique. Rien qui puisse expliquer cet engagement total de sa part, sinon un nouvel appel à l'Orient vainqueur contre la condition sociale faite au poète en France et pour l'extension de la révolution prolétarienne à tous les pays. En ce cas, la contradiction avec les positions du PC d'Union soviétique est flagrante et grosse de difficultés futures.

Toutefois ce message inaugural de pleine adhésion ne peut être détaché de l'ensemble de la revue, prouvant que le surréalisme continue et qu'il se développe de manière absolument autonome. Ainsi l'emblème de couverture, à double signification, alchimique et astrologique (il symbolise la conjonction d'Uranus et de Saturne, survenue entre 1896 et 1898, caractérisant le ciel de naissance de Breton et d'Aragon; elle annoncerait des hommes éminents, peut-être une nouvelle science); les contributions théoriques ou politiques de Tzara, Eluard, Crevel, Dali, les photos du film *l'Âge d'or*; les articles polémiques d'Aragon, Char, Péret contre les auteurs du *Cadavre* et contre l'hebdomadaire *Monde* dirigé par Barbusse. L'un de ses collaborateurs y est particulièrement visé : Emmanuel Berl. Pour des raisons théoriques évidentes, mais aussi, en filigrane, parce qu'il est la cause des peines sentimentales de Breton.

Écrites au début juin, les deux contributions de ce dernier reflètent ses sentiments du moment. Évoquant à nouveau Huysmans, qui ne lui a jamais fait défaut dans ses périodes de désespoir, il développe une rêverie sous le titre : « Il était une fois. » A son avis, l'imagination n'est pas un don mais un objet de conquête : « L'imaginaire est ce qui tend à devenir réel », affirme-t-il. Songeant certainement à l'hôtel fréquenté – cinq ans auparavant – à Verneuil, il se voit l'aménageant pour ses amis. Ce serait le lieu surréaliste idéal pour y mettre les rêveries en commun. Abbaye de Thélème moderne, revue d'après les plans de Sade et du roman gothique, il aura cinq chambres murées et un puits mystérieux pour susciter l'interrogation des visiteurs. Comme dans toute utopie littéraire (en cela Breton ne déroge pas à la tradition, bien qu'il assure vouloir se situer ailleurs) toutes les libertés qui peuvent s'y déployer sont bornées par des interdits sévères comme, par exemple, faire l'amour dans l'enceinte de la propriété. L'ensemble des mesures envisagées ne vise qu'à placer l'esprit dans les conditions poétiques les plus favorables. Ce qui, pour Breton, n'a jamais signifié la licence.

S'attachant au suicide de Maïakovski, il traite des rapports de l'individu avec la cause révolutionnaire. Parlant d'un autre, Breton laisse constamment filtrer sa propre expérience de la vie. L'attrait qu'une femme exerce sur un homme, quelles que soient ses options idéologiques, ne souffre aucune concurrence. « Maïakovski n'y a rien pu, je n'y pourrai rien : il y a des seins trop jolis. » Le véritable drame est dans l'absence de réciprocité en amour – ne lui arrive-t-il pas, de plus en plus fréquemment, de douter des sentiments de Suzanne à son endroit ? Dans la société capitaliste, il faudrait pouvoir changer radicalement le statut de la femme pour qu'elle puisse se mettre à l'unisson du révolutionnaire. « Aimer ou ne pas aimer, voilà la question », affirme-t-il, ajoutant que ledit révolutionnaire est le moins défendu contre un regard de femme qui « s'il se détourne, fait dans la pensée la nuit et, s'il ne se détourne pas [...] ne fait pas tout à fait le jour».

Quittant le plan individuel pour le collectif, il réaffirme la volonté surréaliste de « déduire le devoir révolutionnaire du devoir humain le plus général », et non l'inverse. Autrement dit, il ne saurait y avoir une morale révolutionnaire spécifique, primant toute autre considération. « La barque de l'amour s'est brisée contre la vie courante », écrivait Maïakovski, et ce n'est pas son geste de désespoir qui le rendra moins révolutionnaire pour autant. D'où la mise au point à l'égard de « la racaille » de *Monde* et même de *L'Humanité*, cherchant à exploiter ce suicide au profit de la prétendue littérature prolétarienne, celle que devraient produire les seuls ouvriers, dont il estime qu'elle ne peut advenir dans un régime bourgeois comme la France.

La cause du créateur, il en prend conscience avec l'exemple de Maïakovski et celui de Souvarine (l'un des artisans de la scission de Tours, qu'il voit renoncer à la révolution), est menacée, sur le plan individuel, quelles qu'en soient les raisons immédiates, par des forces externes qu'il s'efforce de conjurer. En juillet, le départ de Suzanne, accueillie par Lise dans sa propriété de Saint-Brice, le met dans une situation semblable à celle du poète russe. Il est désespéré de cette nouvelle rupture, que Lise a favorisée, croit-il, alors qu'elle n'a fait qu'héberger, par une sorte de solidarité féminine, celle qui ne savait plus où aller. Témoin de ces épreuves quotidiennes, Aragon écrit à Eluard le 30 juillet : « Je lutte comme je peux contre le pessimisme d'André... Tout très sombre. Un article dans une revue péruvienne faisant état du *Cadavre* a encore aggravé les choses. Les femmes ne sont pas encourageantes, je ne te parle pas de ce qui lui arrive de ce côté. Tu peux l'imaginer et tu ne peux pas l'imaginer. Enfin, tout cela se complique de ce qu'il se sent très seul parce que tu n'es pas là. Qu'il a l'impression que personne ne pense à lui. Il recommence à parler de suicide... » C'est peut-être le moment où pour distraire Breton, Aragon envisage de composer avec lui un troisième *Faust* : un scénario, à la manière du *Trésor des jésuites*, adapté au cinéma par René Clair, sur une musique de Georges Antheil – mais il n'en reste aucune trace chez Breton.

D'une certaine manière, l'activité nécessaire à l'élaboration de la revue le soutient moralement. Désirant la faire paraître tous les deux mois, il devrait avoir rassemblé la copie de la seconde livraison au début août. Mais les contributions n'arrivent pas. Seul Maurice Heine, le spécialiste reconnu de l'œuvre de Sade, lui a fait parvenir, le 16, une lettre inédite de l'auteur des *Infortunes de la vertu* (important inédit publié en juillet par ses propres soins chez Fourcade), suivie d'une chronique sadienne qui se voudrait régulière, sous le titre « Actualité de Sade ». Breton connaissait Maurice Heine depuis le temps où il conseillait Jacques Doucet, et il appréciait ce vieux militant révolutionnaire, revenu de tout, sauf de la révolution et de Sade.

Il fallut donc reporter à septembre la composition du deuxième numéro.

Après une dizaine de jours à Lorient, toujours seul et malheureux, Breton retrouve, au 42, rue Fontaine, Paul Eluard qui a loué un studio dans le même immeuble où l'on bâtit la Comédie de Paris. Pour se distraire, puisque ainsi le veut l'enseigne sous laquelle ils passent à chaque entrée et sortie, ils se lancent dans la composition d'un poème à deux mains qu'ils inséreront dans *Le SASDLR*, avec des vignettes de Dali. « J'écris avec Breton un long texte sur l'homme en cinq parties : la conception, la vie intra-utérine, la naissance, la vie et la mort. Pas mal, mais quel travail », annonce Eluard à Gala le 27 août. Comme pour *les Champs magnétiques* et plus que *Ralentir travaux*, il s'agit d'une écriture rapide, fusionnelle, où les deux scripteurs arrivent à ne faire qu'un, dirigés par le titre disposé préalablement en haut de la page à couvrir. Les réminiscences involontaires affluent, comme ce chromo de Mazeppa, le célèbre cosaque vaincu dans la steppe, ornant la chambre maternelle de Breton, ou encore les chansons et les légendes des lavandières au douet, en Bretagne.

Les auteurs réunissent ces textes en un volume, intitulé *L'Immaculée Conception*, avec trois autres sections : *les Possessions, les Médiations, le Jugement originel.* Ils datent le manuscrit du 1er au 15 septembre 1930, ce qui paraît extrêmement rapide pour un ensemble aussi dense. A quelques jours près, c'est pourtant le délai qui leur a suffi pour se livrer à de nouvelles expérimentations. Les brouillons et le manuscrit, acquis respectivement par Valentine Hugo et le vicomte de Noailles pour 25 000 F couvriront les frais d'impression du recueil, édité par Corti.

*Les Possessions* est une tentative de simulation poétique de certains désordres mentaux. Au dire des psychiatres, l'essai est convaincant. Cependant, il s'agirait plutôt, pour les auteurs, de détecter l'origine de la parole, d'abolir la frontière entre le réel et le fantasme, de mettre en cause les catégories établies par les aliénistes. La série des *Médiations* relève du procédé de rectification et d'appropriation qu'est le collage, lui-même à l'œuvre, semble-t-il, dans la dernière section, *le Jugement originel,* où l'on perçoit un certain écho de Gide.

Écriture automatique, essai de simulation, plagiat, imitation, sont à placer sur le même plan. Ce sont différentes modalités de la création poétique. On comprend, dans ces conditions, qu'une quinzaine de jours ait suffi à l'élaboration d'un ouvrage qui n'a pas fini de livrer ses trésors et ses mystères.

Le *SASDLR* numéro 2 est mis en vente dans la première quinzaine d'octobre. Hormis les illustrations en hors-texte de Man Ray, Tanguy et Dali, les poèmes de Benjamin Péret (et encore!) la collaboration d'Eluard-Breton, et un extrait d'un livre d'échecs de Marcel Duchamp, l'ensemble du numéro est tourné vers la polémique ou l'analyse théorique. Le psychanalyste américain J. Frois-Wittmann, dont Breton a fait la connaissance en août 1928 (et dont il a déjà publié un article dans la dernière livraison de *La Révolution surréaliste* sur les mobiles inconscients du suicide) présente le dernier ouvrage de Freud traduit en français, sur les mots d'esprit et l'inconscient. Aragon livre une « Contribution à l'avortement des études maldororiennes » qui devrait mettre fin à toute glose sur Lautréamont. Thirion exécute, en trois points, l'auteur de la *Mort de la morale bourgeoise*, Emmanuel Berl, pour la raison qu'il est un bourgeois lui-même et qu'il s'en prend à l'Amour (entendons qu'il se met en travers de la passion de Breton et de Suzanne). Quant à Breton, répondant à une enquête de *L'Esprit français* (15 août 1930), il traite des « Rapports du travail intellectuel et du capital » en distinguant deux aspects de la production intellectuelle : celui qui satisfait une exigence naturelle et l'autre, répondant au superflu, à la manière de Marx parlant d'une valeur d'usage des objets et de leur valeur d'échange. A ses yeux, il ne saurait être question de légiférer dans le domaine de la production intellectuelle, de fixer un prix à l'heure de travail intellectuel, comme pour la production marchande, puisque celui-ci est l'objet d'une évaluation qualitative et non quantitative, et que la postérité se prononce toujours contre le jugement de la société contemporaine. En tout état de cause, il récuse tout corporatisme des intellectuels, du moins tant que le capitalisme s'octroie la moitié du travail productif, comme l'a signalé Marx.

Avec une telle réflexion, on est bien dans l'approfondissement des analyses marxistes sur les superstructures. Le second article de Breton, « La médecine mentale devant le surréalisme », prolongeant la polémique ouverte avec les psychiatres depuis *Nadja* et le prologue du *Second Manifeste*, dénonce leur fonction répressive – d'autant plus grave qu'ils sont des médecins –, leur abus de pouvoir devant certains tribunaux où ils sont consultés à titre d'experts. Entre les lignes, on y perçoit le trouble répété du poète obligé d'établir, durant la guerre, des rapports médicaux méprisés par les tribunaux militaires, et dont le sort de Nadja lui est un douloureux rappel. Comment, dans ces conditions, laisser les aliénistes gloser sur le surréalisme?

## *L'Âge d'or*

Ce double intérêt, marqué conjointement dans le même numéro de la revue, pour la pensée dialectique et les phénomènes les plus troublants de l'esprit, se retrouve dans le prière d'insérer élaboré le mois suivant avec Eluard pour *la Femme visible* de Dali. Les deux auteurs considèrent que, dans le procès instruit contre la réalité, le peintre apporte les plus grand moyens en conjuguant dialectique et psychanalyse dans sa désormais fameuse paranoïa-critique. On connaît le processus par lequel Dali interprète une photo, un dessin, en démonte les diverses couches superposées en s'abandonnant à une sorte de délire, qu'il théorise ensuite en « méthode spontanée de connaissance irrationnelle basée sur l'objectivation critique et systématique des associations et interprétations délirantes ». Avec

Dali, le surréalisme a trouvé un créateur capable de faire converger les deux systèmes idéologiques auxquels il se réfère dans cette période. Davantage, de les fusionner et de les dépasser en un troisième terme, globalement dénommé « surréalisme ». Le film *l'Âge d'or* réalisé par Buñuel sur un scénario écrit avec Dali en est une confirmation éclatante. Dès le mois d'août, tout le groupe s'associe pour en donner une analyse complète, sous les différents angles de vue chers au surréalisme. Tandis que les uns (Aragon, Thirion) traitent de l'aspect socio-historique, les autres des mythes (Crevel, Eluard), Breton aborde la question de « l'instinct sexuel et l'instinct de mort ». Il se réfère explicitement à la dernière théorie freudienne, développée dans *Au-delà du principe de plaisir*, opposant, d'une façon générale, la libido à la pulsion de mort, toutes deux tendant à réduire les tensions individuelles, à les ramener à un état d'équilibre, de « conservation ». A l'aide de cette topique (vivement controversée dans la psychanalyse), étayée par quelques arguments dialectiques, Breton souhaite élucider le phénomène de sublimation qui conduit chaque artiste à créer.

Breton n'ignore pas que le film a été réalisé grâce au financement du vicomte de Noailles. Cet apport est tolérable dans la mesure où il permet de montrer un homme poursuivant l'amour « à travers les ignobles idéaux humanitaires, patriotiques et autres misérables mécanismes de la réalité », selon les mots de Dali. La réception offerte par le commanditaire du film, en son hôtel particulier de la place des États-Unis, avec laquais à la française, petits fours et champagne, voit se déchaîner André Thirion, furieux d'un tel luxe.

Un scandale autrement plus grave de conséquences est organisé par la Ligue des patriotes et la Ligue antijuive lors des projections publiques du film au Studio 28, à Montmartre. Le 3 décembre, les prétendus défenseurs de la patrie jettent des bombes fumigènes dans la salle, maculent l'écran, lacèrent les toiles de Dali, Max Ernst, Man Ray, Miró et Tanguy exposées dans le hall. La presse de droite s'empare de l'événement pour demander l'interdiction du film attentatoire aux bonnes mœurs. La commission de censure, qui avait pourtant accordé son visa en novembre, rapporte sa décision le 11 décembre. Ainsi, en France comme ailleurs, la violence, la provocation l'emportaient sur le droit, marquant un processus de fascisation que les surréalistes s'empressèrent de dénoncer dans un factum. Le texte s'achevait sur un questionnaire demandant s'il ne s'agissait pas là de détruire toutes les forces susceptibles de s'opposer à la guerre en puissance, « Et très spécialement la guerre contre l'URSS ». Conclusion qui semblerait prouver que le surréalisme souscrit à l'analyse stalinienne selon laquelle les États capitalistes vont s'unir pour détruire le régime soviétique...

La solidarité du groupe, l'effervescence résultant de la projection du film ressenti comme le plus scandaleux de l'entre-deux-guerres, et le plus surréaliste, aidaient Breton à supporter cette fin d'année froide et morose. Eluard et Char en Suisse, Thirion devient son commensal quotidien. C'est de celui-ci que nous tenons l'origine mystérieuse et confuse d'une Association des artistes et écrivains révolutionnaires, dont les surréalistes auraient pris la tête. Approché, par un certain Bauer, membre de l'appareil clandestin du parti communiste, Breton aurait appris que des camarades étrangers souscrivaient à un rapprochement du marxisme et de la psychanalyse, et qu'il fallait rassembler tous les artistes révolutionnaires en une vaste association. Il lui soumit un projet de déclaration, que Breton remit en forme en y injectant les idées et les termes mêmes utilisés dans ses derniers articles. Il y ajouta un développement, inspiré de sa note sur les rapports du travail intellectuel et du capital, exposant que l'artiste s'épuiserait vainement à lutter contre les marchands tant qu'il ne rejoindrait pas les rangs des travailleurs, sous l'égide du PC... Le texte publié par Thirion dénote indiscutablement la plume de Breton.

Des statuts furent élaborés, considérant comme révolutionnaire tout ce qui était compatible avec la morale marxiste et tout ce qui recevait l'aval de l'Internationale communiste. Approuvés par une assemblée générale des surréalistes, ils furent transmis, par les soins de Thirion, aux responsables du PCF qui les enfouirent dans un bureau jusqu'au moment où ils purent resservir, dans une tout autre perspective, pour l'AEAR (Association des artistes et écrivains révolutionnaires).

### *Suzanne disparue*

Pour Breton, *l'Âge d'or* est « la seule entreprise d'exaltation de l'amour tel [qu'il] l'envisage », mais il n'y a pas vu ce qui est effectivement montré : l'amour bafoué par la femme elle-même, dévoreuse de mâles, autant que par l'oppression sociale.

Toutes proportions gardées, n'est-ce pas ce qui se passe avec Suzanne se pavanant aux Deux Magots en la compagnie de Berl, son légitime mari? Au nom de l'idée de l'amour, au nom de la fugace passion partagée, Breton persiste à penser que leur désunion provient de causes sociales. Les amants, en butte à l'hostilité environnante, ne sont pas en mesure de disposer librement d'eux-mêmes. Pas un instant il ne songe à accuser Suzanne d'être l'instrument de sa souffrance par son indécision, sa versatilité ou même son goût du confort matériel.

Ainsi, la scotomisation de Breton face à *l'Âge d'or*, l'aperception de ce qui s'y dévoile en clair, s'expliquent par une superposition inconsciente de sa propre vie – il n'y voit que ce qu'il veut y voir et occulte tout ce qui s'oppose à sa représentation amoureuse. Inversement, il exalte ce film qui témoigne du triomphe de l'instinct de vie sur l'instinct de mort. Dans une période où il est constamment tenté de disparaître à jamais, ce n'est pas négligeable. En quelque sorte, le film confirme à ses yeux la loi de compensation qu'il s'est dictée à lui-même, selon laquelle le plus grand désespoir sera, inéluctablement, suivi d'un nouvel âge d'or.

« L'année 1931 s'est ouverte pour moi sur des perspectives extrêmement sombres. Le cœur était au mauvais fixe... », écrit Breton dans *les Vases communicants*. Il n'a plus d'argent. Pressé par lettre recommandée de rendre des comptes, Gallimard lui lâche 225 francs pour la vente des *Pas perdus*, en raison des avances déjà perçues pour *Nadja* et *le Surréalisme et la peinture*! Outre le jugement de divorce de Simone, prononcé le 30 mars « avec toutes ses conséquences de droit à la requête et au profit de la femme », il lui faut se résoudre à l'idée que Suzanne ne lui reviendra plus. Ainsi s'effondre son idéal romantiquement juvénile d'un amour partagé qui triompherait de tous les obstacles, matériels et sociaux. A l'angoisse de la séparation s'ajoute désormais celle de la double ignorance : pourquoi a-t-elle cessé de l'aimer? où est-elle maintenant?

Il se demande comment lui-même parvient à survivre à la déchirure. Quand enfin le calme revient dans son esprit, il observe : « D'un être immédiat, comme appris par cœur, je n'avais pas su faire pleinement pour moi un être réel. Sans doute n'aurai-je pas réussi à être bien réel pour cet être non plus. »

C'est l'éternelle chanson du Mal-Aimé, convenant qu'il aimait mal. Dans son témoignage, Suzanne n'est pas loin de souscrire à cette analyse : « Je n'ai été que le sujet d'une déception parce que inadaptable à ce qu'il voulait que je sois. Trop rétive, je subissais plutôt des impulsions contrôlables, fugitives, incapables de se plier à des sentiments suggérés. »

En vérité, le sentiment de Breton à son égard n'est pas dénué d'ambivalence, comme le montre le récit du rêve qu'il fit le 26 août 1931 à l'Hôtel du Levant à Castellane (Basses-Alpes), plusieurs mois après leur séparation, et l'analyse qu'il en donne. Désignée par la lettre X comme à la fin de *Nadja*, elle y est identifiable par sa phobie des voitures, par le terrible cadeau d'anniversaire qu'elle reçut pour ses vingt ans, par son amie d'enfance Hélène qui avait emprunté son prénom (elle devint la compagne de Vitrac, puis d'Harold Loeb et de Georges Sadoul), par les fréquentations dont Emmanuel Berl ne fait pas mystère lors de son *Interrogatoire* avec Patrick Modiano : un financier véreux, un tenancier de cabaret, etc. Parlant d'elle, Breton écrit à son père : « Cette femme m'a fait un mal immense, incommensurable. » Quant à son rival, Emmanuel Berl, il le désigne par l'initiale de son patronyme, le qualifiant de « personnage littéraire inconsistant », expliquant sa présence dans le rêve par association verbale avec la fortune dont on le crédite.

De même que ce rêve dénote à la fois rancune et faiblesse envers l'objet du désir, les poèmes contemporains de Breton, recueillis dans *le Revolver à cheveux blancs* (1932) témoignent exaltation et inquiétude à l'égard de celle qui les a inspirés : « ... je connais le désespoir dans ses grandes lignes. Une forme très petite, délimitée par des bijoux de cheveux. C'est le désespoir. Un collier de perles pour lequel on ne saurait trouver de fermoir et dont l'existence ne tient pas même à un fil, voilà le désespoir. »

On ne saurait réduire un poème à un seul événement, aussi dramatique soit-il pour son auteur. Comme souvent en pareilles circonstances, Breton cherche à se libérer de la surcharge passionnelle au moyen de ce qu'il nomme le détour par l'essence : en appeler à la Femme, dans son absolu, de la passion vécue. Tel est le sens de *l'Union libre*, poème publié anonymement le 10 juin 1931, sous forme d'une plaquette oblongue tirée à soixante-quinze exemplaires (le manuscrit est daté 21-22 mai).

*Ma femme à la chevelure de feu de bois*
*Ma femme au sexe de placer et d'ornithorynque*
*Aux yeux de niveau d'eau de niveau d'air de terre et de feu.*

Ce blason du corps féminin, élevé en protestation contre les conditions sociales et particulièrement le mariage, est de portée suffisamment générale pour que toute femme puisse s'y reconnaître. Suzanne ne doute pas qu'il a été composé à son intention. Mais il anticipe aussi sur l'avenir, comme en témoigne la dédicace de Breton sur l'exemplaire conservé à la Bibliothèque nationale : « A Marcelle, ma femme ici prédite, la liberté continuant à n'être que la connaissance de la nécessité. » Sarane Alexandrian précise que : « Marcelle partagea brièvement la vie du poète. Elle fut, par la suite, la compagne de l'écrivain surréaliste Jean Ferry. » André Thirion la qualifie de « femme intelligente, vêtue et fardée comme un carnaval ».

Quant à Suzanne, elle se séparera de Berl. En 1932, pour la guérir, il lui procurera un passage pour Tahiti. Elle y rencontrera Frédéric Megret, le futur critique d'art, puis Jacques Cordonnier qu'elle épousera. A son retour en France, cinq ans après, sa silhouette se profile dans le deuxième post-scriptum de *l'Amour fou*, chapitre III. André et elle se sont revus, toute passion apaisée. Emmanuel Berl ne semble pas avoir retrouvé la même sérénité. Dans un roman largement autobiographique, *Sylvia*, il dépeint sa seconde femme sous les traits de Françoise. Après avoir évoqué leur rencontre dans une maison de passe, relevé méchamment ses fautes de langue (hynoptiser pour hypnotiser, sujétion pour suggestion), exalté les charmes de son corps fluet, rappelé ses origines populaires, ressassé son instabilité, ses mensonges, le narrateur conclut : « Elle ne voyait en moi qu'une solution aux mots croisés difficiles que lui proposaient sa vanité, sa paresse, son égoïsme, l'absence surtout de talent qu'elle était faite pour avoir et qu'elle n'avait pas. Et moi aussi je voyais en elle une solution aux problèmes compliqués de ma sensualité, de mes scrupules, de mon bourgeoisisme, de mon antibourgeoisisme. A côté l'un de l'autre? Plusieurs années. Ensemble? Pas une minute... »

### *Errances d'avril*

Ces lignes d'un romancier désabusé donnent une idée des tourments qu'a pu vivre un poète passionné. La certitude que Suzanne était perdue pour lui l'entraîne dans une quête de substitution, sans but réel. Avec ses amis, il parie qu'il adressera la parole à dix femmes, à l'exclusion des prostituées, entre le faubourg Poissonnière et l'Opéra. Sur huit, cinq acceptent de prendre rendez-vous. Un autre jour, à l'instar de Philippe Soupault dix ans plus tôt, il se promène, une très belle rose rouge à la main, qu'il offre aux passantes. N'attendant rien en retour, il eut toutes les peines à en rencontrer une qui voulût accepter, dit-il. Un autre jour, au café de la place Blanche, alors qu'il achève d'interpréter un de ses rêves avec l'aide d'Eluard, il remarque une jeune femme qui soutient rieusement son regard, sans souci de son compagnon, plus âgé qu'elle, à son côté. A leur mise, Breton pense d'abord qu'il s'agit d'un couple d'artistes de cirque puis, songeant à la date – le 5 avril, jour de Pâques – il en déduit que ce sont des touristes allemands. Il se reproche de n'avoir pas aussitôt suivi la belle inconnue, qui reparaît plusieurs fois dans les environs. Il prépare un message qu'il fait traduire en allemand : « Je ne pense plus qu'à vous. Je souhaite follement vous connaître. Ce monsieur est peut-être votre frère? Si vous n'êtes pas mariée, je demande votre main », suivaient la signature et : « Je vous en supplie. » Ce billet ne fut jamais remis à la destinataire. Plus qu'un récit décevant, Breton, en le contant, témoigne de son extrême désespoir dont rendent compte les jours et les nuits.

A l'Allemande insaisissable succède une jeune fille, « l'amie

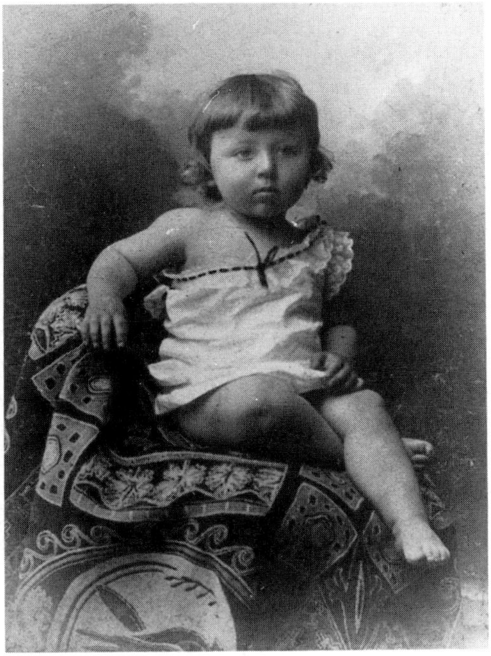

*André Breton bébé.*
(Coll. Sylvie Sator).

*A onze ans, première communion.*
(Coll. Yves Ardouin).

*En famille, dans les jardins de Gagny, septembre 1912.*
*A la droite d'André, son père et sa mère.*
(Coll. Yves Ardouin).

*André Breton et Théodore Fraenkel*
*(en haut, à gauche)*
*à la caserne de la 22^e section*
*d'infirmiers, Nantes 1915.*
(Coll. Dr Michel Fraenkel).

*Madeleine Le Gouguès,*
*la « cousine Manon »,*
*en septembre 1921.*
(Coll. Yves Ardouin).

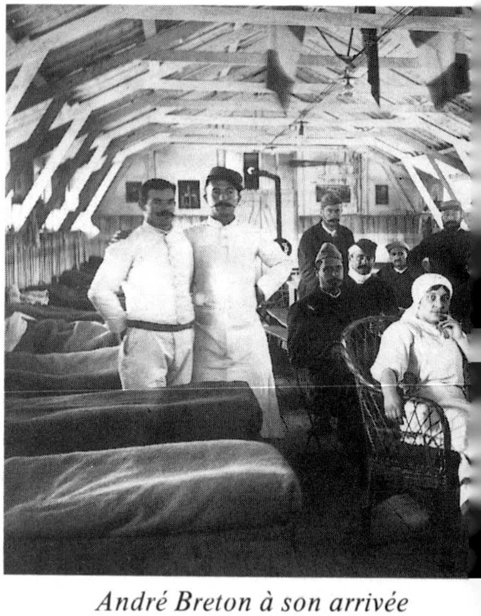

*André Breton à son arrivée*
*comme interne en neurologie*
*à l'hôpital de Saint-Dizier, en 1917.*
(Coll. part.).

*André Breton, cible au Festival Dada,*
*26 mai 1920.*
(Coll. Elisa Breton).

*André Breton avec Simone Kahn et sa cousine Denise à Sarreguemines, septembre 1920.*
(Coll. Sylvie Sator).

*Simone.*
(Coll. Sylvie Sator).

*De gauche à droite : Jacques Rigaut, Tristan Tzara, André Breton.*
(Coll. Sylvie Sator).

*André Breton devant*
l'Énigme d'une journée *de Chirico.*
(Coll. part.).

*Suzanne Muzard.*
(Coll. part.).

*Manifestation Dada*
*à Saint-Julien-le-Pauvre,*
*le 14 avril 1921.*
(Coll. Elisa Breton).

*André Breton et Valentine Hugo*
*dans le Midi,*
*avec l'ombre d'Eluard qui prend la photo.*
(D.R.).

*Gisèle Prassinos présente ses poèmes au groupe surréaliste (1934) ; de gauche à droite : René Prassinos, Henri Parisot, Benjamin Péret, René Char ; au premier plan André Breton, Paul Eluard.*
(Coll. part.).

*Portrait d'André en Saint-Just par Jacqueline Lamba.*
(Coll. Aube Elleouet).

*Prague 1935 : de gauche à droite : Paul Eluard, Karel Teige, André Breton, Viteslav Nezval.*
(Coll. part.).

*Canaries 1935 ; inauguration de l'exposition surréaliste à Santa Cruz de Tenerife. Au centre, André avec Jacqueline.*
(Coll. part.).

*Nush Eluard, Lise Deharme, André Breton à Montfort-en-Chalosse, été 1935.*
(Coll. Tristan Deharme).

*Mexique 1938 : André Breton en compagnie de Léon Trotski.*
(Coll. Elisa Breton).

*André Breton médecin-militaire*
*à l'École élémentaire de pilotage de Poitiers.*
(Coll. part.).

*Marseille 1940 :*
*André avec sa fille Aube.*
(Coll. part.).

*Marseille, hiver 1941:*
*André avec Jacqueline.*
(Coll. part.).

*New York 1943. De gauche à droite, à partir du haut :*
*Esteban Frances, Denis de Rougemont, André Breton,*
*Suzanne Césaire, Jacky Matisse, Elisa Breton, Sonia Sekula,*
*Yves Tanguy, Marcel Duchamp, Patricia Matta, Matta,*
*Teeny Matisse, Aimé Césaire, Lolia et Nicolas Calas.*
(Coll. Elisa Breton).

*André Breton sur la plage de Percé, Canada, août 1944.*
(Photo Elisa Breton).

*États-Unis d'Amérique, 1945 :*
*André Breton dans la réserve des Indiens Zuni.*
(Photo Elisa Breton).

*Haïti 1946 :*
*André Breton et Wifredo Lam.*
(Photo Adela Gallo, coll. part.).

*Miroir d'eau, Haïti 1946.*
(Photo Elisa Breton).

*André avec Elisa en 1950.*
(Coll. Elisa Breton).

*André avec Aube*
*à Saint-Cirq-la-Popie.*
(Coll. Elisa Breton).

*Le groupe surréaliste au Café de la place Blanche, mars 1953.*
*De gauche à droite : Man Ray, Maryse, Max Ernst, Giacometti, André Breton,*
*Benjamin Péret, Toyen, Zimbacca, Clovis Trouille,*
*Bédouin, Dupré, Jacqueline Dupré, Nora Mitrani, Hantaï,*
*Suzanne Cordonnier, Julien Gracq, Elisa, Goldfayn,*
*Ado Kyrou, Legrand, Paalen, Lam, R. Bernard.*
(Photo Jacques Cordonnier, coll. Elisa Breton).

*André Breton à Laval, 1953.*
(Photo Elisa Breton).

*André Breton, rue Fontaine, en 1962.*
(Photo Almasy, coll. Elisa Breton).

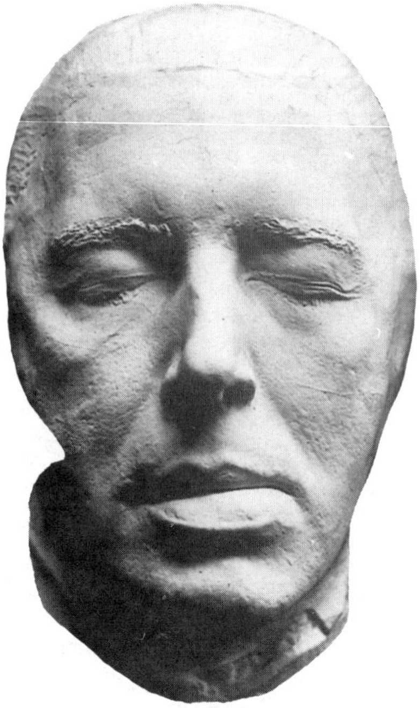

*Masque d'André Breton, pris en 1929.*
(Coll. Aube Elleouet).

éclatante et brune ». Il la rencontre le dimanche 12 avril vers 18 heures devant le théâtre de la Gaîté-Rochechouart, où elle contemple l'affiche du film *Péché de Juive*. Elle a les yeux de la *Dalila* peinte par Gustave Moreau et l'allure de « certaines hautes fleurs qui commencent à éclore ». Il engage la conversation lorsqu'elle revient sur ses pas, longeant l'hôpital Lariboisière que, sur le moment, il prend pour la Maternité, manifestant inconsciemment son désir de la voir mère. Non sans humour, prouvant que l'attachement à la vie passe par de telles situations, il raconte comment il l'attend devant une charcuterie où elle achète les cornichons qui agrémenteront son repas avec sa mère, puis il la raccompagne chez elle, rue Pajol, de l'autre côté de la place de la Chapelle. La petite danseuse lui accorde un rendez-vous pour le lendemain, auquel elle ne daigne pas se rendre. Il fait livrer chez elle une azalée puis une immense poupée accompagnée d'une lettre. Elle accepte la rencontre qu'il lui a fixée le dimanche suivant, 19 avril au matin.

Il se rend compte alors qu'elle n'a que seize ans, et qu'ils ne peuvent rien avoir de commun. Malgré tout, rendez-vous est pris pour le mardi suivant à midi au café Batifol, 11 faubourg Saint-Martin. Elle ne s'y rend pas. C'est pourtant elle qui a choisi ce lieu de rencontre d'artistes en mal de cachet, que les surréalistes avaient élu depuis quelques mois pour l'apéritif vespéral. Justement, le vendredi 17 avril, ils y avaient adressé collectivement une lettre scatologique au *Journal des poètes* que P.-L. Flouquet venait de lancer à Bruxelles. Breton y écrivait : « Les collaborateurs belges du *Journal des poètes* belges se la font sucée [*sic*] tous les jours par la princesse belge Maréchaussée. » On mesure dans quel état moral il devait être pour en arriver là!

Le dimanche soir, il se rend avec Pierre Unik, au théâtre de la Gaîté-Rochechouart pour s'y divertir, comme naguère avec Jacques Vaché, d'une pièce bien française : *Narcisse, champion d'amour*. Coïncidence : le premier acte est intitulé « Le contentieux Batifol », et l'œuvre est interprétée par des comédiens recrutés dans ce même café Batifol.

La conclusion de cette période d'extrême dépression se matérialise en une suite de poèmes inédits, produits de l'automatisme le plus pur. Le 7 mai à 10 heures du soir Breton jette sur le papier un « Poème avec vocabulaire » où glissent les fantômes de ses journées : « C'étaient les ressemblances mouvantes les bonnes à tout faire de la réalité. » Suivent, un quart d'heure après, un *Poème exhibitionniste* qui met à nu ses désirs du moment; et une demi-heure plus tard un *Poème fin du monde* :

*Un cocon oublié sur le bord de la table où j'écris ces dernières volontés*
*Passe de la nuit à l'oubli*

Le lendemain, à 2 h 30 c'est un *Poème prophétique* qui jaillit spontanément :

*La femme que j'aimerai belle comme un troupeau d'antilopes...*

suivi aussitôt d'un *Poème scatologique* en raison de sa tonalité, de ses images dévalorisantes, plus que de son vocabulaire. Enfin, à 3 h 15, un *Poème genre scolaire,* bâti sur un calembour, et hanté de leçons de choses :

*Le mètre d'école est conservé aux Arts et Métiers.*

On décèle dans ces textes l'alternance des moments d'espoir et de désespoir. Cependant, si ces poèmes ont pu venir au jour, à une telle vitesse, c'est que le poète s'est lui-même retrouvé.

## *Valentine, une pierre blanche dans la nuit*

Sur ce fond grisâtre où le cœur est sérieusement mis à mal, où rêve et réalité se confondent, s'avance Valentine Hugo « qui venait d'entrer dans la vie de Breton par la petite porte. Cette femme adorable, intelligente, d'une inépuisable douceur, aimait passionnément l'auteur des *Vases communicants.* En revanche, celui-ci ne lui accordait que la sympathie émue, un peu agacée, de l'homme qui pense encore à quelqu'un d'autre et qui sait, lui, que celle qui est à ses côtés a perdu d'avance. Valentine avait sans doute quelques années de trop », écrit Thirion.

En effet, Valentine Gross était née le 16 mars 1887 à Boulogne-sur-Mer. Après des études à l'École des beaux-arts à Paris, elle avait travaillé pour les Ballets russes, exposé au théâtre des Champs-Élysées. C'est dans son salon de la rue Montpensier que Cocteau avait donné lecture du *Cap de Bonne-Espérance* en présence de Misia Sert, Picasso, et... André Breton en uniforme de médecin militaire, muet, visage de glace. Elle avait épousé Jean Hugo en 1919, mais dès 1927 celui-ci s'en allait vivre seul dans la propriété familiale de Fourques. Ils divorcèrent en 1932. Elle s'était rapprochée des surréalistes en 1926, lors de l'exposition de la rue Jacques-Callot.

Entre Eluard et elle devait s'établir une vive et durable amitié, tendre, complice et protectrice : « Il faisait nuit, j'étais avec le prince de Faucigny-Lucinge, et c'est André Breton, que je connaissais depuis 1918, qui fit les présentations », dit-elle à Claude Rostand. Elle acheta *les Muses inquiétantes* de Chirico et l'accrocha dans son salon, s'inscrivit au parti communiste et participa aux réunions de la cellule de Billancourt. « Breton lui apparut plusieurs fois en songe : ses yeux brillaient dans un ciel de nuit, ou bien, de son visage, croissant de lune aux cornes tournées vers la terre, un rayon de lumière sortait et allait se perdre dans les nuées », se souvient Jean Hugo.

Touché de son affection Breton lui dédicace un exemplaire de luxe de *l'Immaculée Conception* : « A madame Valentine Hugo, pour marquer devant sa porte la nuit d'une pierre blanche. »

Le dimanche 12 juillet, Eluard et Nusch, Breton et Valentine partent en voiture pour Lorient saluer les parents d'André. Puis ils passent une nuit à Quimper, hôtel de l'Épée, contemplent le retable doré de Rumengol, s'arrêtent à Locronan, le village de granit d'Yves Tanguy; passent par Camaret pour contempler le manoir de Saint-Pol Roux. Dans l'église de Comfort, ils font tourner le moulin aux vertus miraculeuses qui accorde le don de belles paroles et redonne la voix aux muets. A Audierne, ils attendent la fin de la tempête pour embarquer vers l'île de Sein où Sadoul les rejoint quelques jours plus tard.

Eluard et Breton, en vareuse de marin, se font tirer le portrait en gisants dans les sarcophages de granit où les paysannes brûlent le goémon. Un jour, Breton aperçoit un porc jouant avec les vagues, sur la grève. « Voici Dieu », dit-il à Eluard. « En effet, rétorque Valentine, s'il est partout. » Puis tous explorent les chambres rouillées d'un cargo échoué.

Mais il pleut sans cesse. Les vacanciers souhaitent des terres plus sèches, en Ardèche peut-être. Bronchiteux, Eluard regagne Paris par le train avec Nusch. Les autres reviennent en voiture par Fougères, où ils évitent de justesse un banquet organisé pour fêter le passage d'une personne portant le nom illustre de Hugo. Le 5 août, ils traversent Tinchebray. Breton célèbre son lieu de naissance en envoyant à Eluard une carte postale de la chapelle Saint-Rémy, avec pour seul message : « 19 février 1896, 22 h 30 », la date et la signature. Valentine photographie André et Sadoul sur les marches de l'église. Au retour vers Paris, Sadoul dort dans le spider. Valentine, qui habite rue Vignon, dans l'immeuble de Cocteau, prépare son déménagement.

Les premiers nuages viennent troubler ses relations avec Breton. Néanmoins, le 14 août, ils repartent dans la petite Ford de Valentine, pour le Midi cette fois, emmenant à nouveau Sadoul et Melmoth, le skye-terrier de Breton. Après Grenoble ils empruntent la route Napoléon. Tous les hôtels étant pleins, ils échouent dans un endroit horrible, à Malamaire, hôtel Reine des Alpes, où Breton oublie une écharpe à laquelle il tenait beaucoup. Elle reparaîtra au cours du rêve qu'il relate dans *les Vases communicants.*

Valentine rentre seule à Paris, laissant les deux amis pêcher des écrevisses dans les flaques d'eau des torrents asséchés, prendre des papillons et des mantes religieuses. Ils sont installés à Castellane, à l'hôtel du Levant, où Breton achève les deux premières parties de son nouveau livre. Pour l'heure, il pense seulement écrire « quelque chose d'assez long dans le genre bien connu des manifestes », confie-t-il à Tzara. Il met l'accent sur la nature du rêve dans ses rapports avec la veille, sur le rôle qu'il convient d'attribuer, respectivement, à la psychanalyse et au marxisme dans l'interprétation de l'homme et du monde. Il écrit difficilement, raturant beaucoup. Il donne lecture des pages définitives à Sadoul qui, de son côté, perfectionne sa culture philosophique avec Marx, Engels, Feuerbach. Ils se querellent au sujet du voyage de Sadoul en Russie, l'automne précédent avec Aragon pour éviter une incarcération.

En effet, un jour qu'ils avaient trop bu en attendant le tortillard dans une gare du Midi, Sadoul et Caupenne avaient adressé une lettre comminatoire à un certain Keller, reçu premier à l'école militaire de Saint-Cyr, lui enjoignant de démissionner sous peine d'une publique fessée. N'entendant point ce genre de plaisanterie, l'intéressé fit suivre le courrier à ses supérieurs hiérarchiques, jusqu'au gouverneur militaire de la place de Paris. Le général Gouraud, auquel les tâches de la Défense nationale laissaient de nombreux loisirs, y vit une offense à l'armée. Il exigea des excuses publiques (que Caupenne rendit sans tarder) et fit poursuivre et inculper Sadoul.

Breton reproche donc à Sadoul de lui avoir dissimulé des textes marxistes. Les conversations vont bon train sur ce point, et il en reste de nombreux échos dans le livre en cours. Les deux compères se rendent au cinéma local, qui affiche *Trois Jeunes Filles nues* avec Jean Gabin, perdent beaucoup d'argent dans les appareils à sous de l'Eden-Casino. Dans la montagne, des ouvriers allemands édifient un barrage, au titre des dommages de guerre. A la terrasse de l'hôtel, sous les arcades où il a pris l'habitude d'écrire, Breton s'intéresse à une jeune Allemande, sans doute l'épouse d'un des ingénieurs.

A la fin du mois, Valentine rejoint les deux compagnons. Dans son carnet elle relève l'exactitude des détails du rêve d'André : le panneau indiquant le Pont de Soleil, la chauve-souris volant sous les arcades... Ils reprennent les excursions, dans les gorges du Verdon, à Saumane où ils saluent les mânes du marquis de Sade. A la fin septembre, ils remontent vers Paris. Sur le chemin du retour, ils visitent le Palais idéal du facteur Cheval à Hauterive, dans la Drôme, dont l'étrangeté leur a été signalée par un nouveau venu dans le groupe surréaliste, J.-B. Brunius. Ils prennent des photos, dont l'une illustrera la seconde édition de l'ouvrage en préparation. Breton compose un poème en l'honneur de l'inspiré et de sa demeure :

*Nous les oiseaux que tu charmes toujours du haut de ces [belvédères*
*Et qui chaque nuit ne faisons qu'une branche fleurie*
*de tes épaules aux bras de ta brouette bien-aimée...*

Dès son retour à Paris, Breton rassemble ses amis pour leur lire les deux premiers chapitres de son livre : « C'est très important et je pense que ça nous mettra définitivement dans la voie du matérialisme dialectique », écrit Eluard à Gala.

Dans ces chapitres, Breton soutenait « qu'il n'était pas d'issue poétique, philosophique, pratique à l'activité à laquelle ses amis et lui étaient voués, hors de la Révolution sociale, conçue sous sa forme marxiste-léniniste ». A la défiance témoignée par les dirigeants du parti communiste (qui se concrétise par l'exclusion de Thirion en novembre) les surréalistes répondent en menant une importante activité anticolonialiste et antireligieuse.

Depuis le début de l'année, Breton se préoccupe de la publication du numéro 3 du *SASDLR* : « Des difficultés extérieures au désir de poursuivre l'activité surréaliste se sont faites jour (le voyage d'Aragon et Sadoul en Russie, les décisions obscures du congrès de Kharkov, le projet d'une association des artistes et écrivains révolutionnaires dont la fondation demeure pleine de vicissitudes, etc.) », confie-t-il, le 7 janvier, à Maurice Heine en faisant allusion à des événements dont la gravité éclatera deux ans après. En vérité, seulement le quart du tirage, pourtant faible (quinze cents exemplaires) des deux premières livraisons s'est vendu. Eluard et Tzara considèrent qu'il n'y a rien à changer au contenu de la revue : la qualité suppléera à la quantité. Breton estime nécessaire de s'adapter au public recherché : « Je ne veux donner aucune pâture aux aristocrates et aux bourgeois, je prétends écrire pour les masses [...] quitte à abandonner le surréalisme au besoin, il faut refaire le public à tout prix. » La réunion du 6 octobre, relatée par Thirion, s'achève sur une résolution unanime, rédigée par Aragon, réaffirmant l'adhésion de tous au « matérialisme dialectique dans ses plus lointaines conséquences ».

La vente par Eluard et Breton de leur collection de sculptures d'Afrique, d'Amérique et d'Océanie permet de financer la revue en souffrance. Organisées les 2 et 3 juillet à l'hôtel Drouot par le marchand Charles Ratton, les enchères ont rapporté deux cent quinze mille cent trente-cinq francs en tout, malgré des circonstances défavorables, soit plus de cinq cents mille francs actuels pour Breton.

Les numéros 3 et 4 du *Surréalisme au service de la révolution* paraissent simultanément en décembre. Breton y publie deux poèmes, deux fragments des *Vases communicants*, un détournement d'une enquête de Marinetti, par lequel il dénonce la conversion du futuriste au fascisme. Les illustrations reproduisent divers objets à fonctionnement symbolique. Celui de Valentine Hugo (dont l'original lui est dédié) fait allusion à leur position sentimentale : sur un tapis vert, une main gantée de blanc tenant un dé qui présente le chiffre trois; une autre gantée de rouge à poignet d'hermine, l'index passé dans l'ouverture du premier; l'ensemble est pris dans un réseau ténu de fils blancs.

Fin décembre, la troupe bruxelloise du théâtre du Marais, animée par Raymond Rouleau, présente *Mal de la jeunesse* de l'Autrichien Ferdinand Bruckner, au théâtre de l'Œuvre. Breton, qui n'aime guère le théâtre, s'y rend à plusieurs reprises, sensible, comme ses camarades, à la révolte et au désespoir final des jeunes opposés à un monde d'incompréhension.

## *Rupture du pacte secret*

Pour Breton, le premier trimestre de 1932 est dominé par ce qu'il appelle « l'Affaire Aragon », comme on a dit « l'Affaire Barrès », qui pose à nouveau la question de la responsabilité de l'intellectuel devant l'opinion publique. Mais ici il s'agit d'un poète qui se veut, comme lui, au service de la Révolution. Le 16 janvier, le juge Benon inculpe Aragon « d'excitation de militaires à la désobéissance et de provocation au meurtre dans un but de propagande anarchiste ».

Le motif est assez cocasse quand on le rapporte à l'objet du délit, le poème *Front rouge*, publié par la revue soviétique *Littérature de la Révolution mondiale*, en juillet 1931, où se trouvent ces lignes :

*Feu sur Léon Blum*
*Feu sur Boncour Frossard Déat*
*Feu sur les ours savants de la social-démocratie...*

Comme aux temps du symbolisme, la justice ne distinguait pas l'anarchisme du communisme et confondait l'œuvre littéraire avec la propagande par le fait.

Aussitôt, Breton prend l'initiative d'une pétition. Il rappelle la position constante du surréalisme qui refuse l'isolement de « l'art pour l'art » en appelant à une révolution prolétarienne, mais qui n'accepte pas pour autant que la phrase poétique soit réduite à une interprétation littérale par l'appareil judiciaire (hypothèse déjà envisagée et aussitôt réfutée dans le *Manifeste du surréalisme*). S'il avait lieu, le procès marquerait une régression au XIX^e siècle et surtout il entraînerait l'artiste à dissimuler sa pensée afin de ne pas tomber sous le coup de la loi.

Ainsi Breton pose bien un *problème moral* à tous ceux dont il sollicite le soutien. Le 10 février, Eluard informe Gala : « Breton écrit seul un manifeste pour répondre aux gens qui, de la gauche (*Huma*) à Gide, disent que nous avons peur pour Aragon. » Ce manifeste est une brochure de trente-deux pages, *Misère de la poésie,* dont le manuscrit est achevé le 26 février. Breton énumère les trois cents signatures recueillies et répond aux objections qui lui sont parvenues. S'il concède que la forme de l'appel manquait d'unité, il ne lâche rien sur le fond :

1° un poème n'est en rien comparable aux autres formes de l'écrit, il n'a pas la même source;

2° la parole poétique n'a pas pour but l'action immédiate (elle n'a pas de valeur performative dirions-nous aujourd'hui);

3° la fonction du poète est d'élargir la culture mondiale, son action politique se situe sur un autre plan.

Malheureusement, *Front rouge* ne répond pas exactement à ces critères : loin d'être un poème automatique (ou surréaliste) il marque un retour au sujet extérieur; « poétiquement régressif », il ne fait pas avancer le débat politique sur les rapports de l'art et de la révolution.

D'où la mise au point destinée à *L'Humanité,* dont un article anonyme du 9 février reprochait aux surréalistes leur révolutionnarisme verbal : non seulement ils savent prendre position sur le plan politique lorsque c'est nécessaire, par exemple dans la lutte anticolonialiste et antireligieuse menée l'année antérieure, mais encore ils savent distinguer la véritable avant-garde, au service du prolétariat, des faux-semblants bourgeois (genre Cocteau ou Berl) encensés par les collaborateurs de l'organe communiste.

Breton s'insurge contre la mauvaise foi du PC qui tient les surréalistes à l'écart de l'Association des écrivains et artistes révolutionnaires et tente de faire passer Le *SASDLR* « pour une publication pornographique et contre-révolutionnaire ». Ici une note fait allusion à la convocation, le 3 février, des quatre surréalistes communistes – Maxime Alexandre, Aragon, Sadoul, Unik – au siège du Parti, rue Lafayette. « Le décor, quelques chaises, une table sur laquelle, bien en évidence, la collection complète de nos deux périodiques, *la Révolution surréaliste* et le *SASDLR*. Debout, un personnage haut comme trois pommes. Il prend le dernier numéro paru et se met à commenter un texte de Dali, à vrai dire assez gratiné, *Rêverie pananoïaque* au cours de laquelle le dormeur, ou demi-endormi, se fourre une boulette de pain dans le prépuce, puis l'en sort pour se la mettre dans le nez ou peut-être bien dans la bouche. " Vous puez la décomposition bourgeoise ", nous lance-t-il », raconte Maxime Alexandre. Le propos est confirmé par une lettre de protestation de Pierre Unik au secrétaire général du PC, Maurice Thorez. Aragon a rendu compte aussitôt de cette séance à Breton qui, retenant cette autre accusation du PC : « Vous ne cherchez qu'à compliquer les rapports si simples et si sains de l'homme et de la femme », l'ajoute sur les épreuves de sa brochure.

Aragon souscrit en tout point à l'argumentation de Breton, mais il considère qu'on ne peut rendre public un débat interne au Parti. Le maintien de cette note serait, à ses yeux, motif de rupture.

Breton, qui n'est pas tenu par la même discrétion puisqu'il a cessé de militer depuis cinq ans, passe outre. Le 10 mars, *L'Humanité* publie une mise au point d'Aragon qui se déclare entièrement étranger à la brochure, dont il condamne le contenu et les attaques « objectivement contre-révolutionnaires ».

Sadoul et Giacometti suivent Aragon; Maxime Alexandre et Pierre Unik condamnent son outrance verbale tandis que Crevel (approuvé par Char, Eluard, Tzara Tanguy, Péret et Thirion) affirme sa complète solidarité avec Breton dans son refus de mettre l'activité surréaliste aux ordres du Parti.

Un tract, « Paillasse », rédigé par Crevel et mis au point par Thirion, dénonce la duplicité constante d'Aragon depuis son voyage en URSS. Eluard, qui l'a contresigné, le juge encore trop timoré. Il délivre à son ancien camarade un « Certificat », comme on fait pour les employés congédiés : « L'incohérence devient calcul, l'habileté devient intrigue. Aragon devient *un autre* et son souvenir ne peut plus s'accrocher à moi... »

C'est est fini d'une amitié stellaire (selon le mot de Nietzsche) de quinze ans et du pacte conclu en 1917 entre Aragon et Breton. Paradoxalement, l'ouvrage en cause avait été dicté par de seules considérations amicales, puisque Breton n'appréciait pas du tout le poème qui avait mis en branle la justice (laquelle ne poursuivit pas). La rupture fut « ressentie douloureusement de part et d'autre » dit Breton en 1952. Qu'on en juge par ce billet d'Aragon, le 30 octobre 1966 : « Impossible ici de dire ce que j'aurais aimé dire de l'ami de ma jeunesse, de ce grand poète que je n'ai jamais cessé d'aimer, impossible de dire autre chose qu'une phrase à l'écho qui rend les paroles vaines et m'enlève jusqu'au goût de répondre aux sottises qu'on a pu ces temps lire dans les journaux, une phrase qui me rend aveugle à bien des choses :

mais André
Breton
vient de
mourir. »

Il y allait de bien plus que de l'amitié : la ligne directrice du surréalisme était en jeu. Aragon avait eu près de dix-huit mois pour choisir entre son parti et ses amis. Accompagnant Elsa Triolet en visite familiale à Moscou, il avait, avec Georges Sadoul, participé au Congrès des écrivains de Kharkov du 6 au 15 novembre 1930. Représentant les écrivains français dans une instance dominée par l'Association des écrivains prolétariens, tous deux étaient parvenus à faire prévaloir les conceptions surréalistes au détriment de celles de Barbusse et de son journal *Monde* qu'ils accusaient d'être « le promoteur des idéologies hostiles au prolétariat ». Ceci n'avait pas empêché l'auteur du *Feu*, considéré comme une grande figure intellectuelle nécessaire au Parti, d'être élu au présidium de l'Union internationale des écrivains révolutionnaires. De plus, les deux surréalistes avaient dû, au moment de leur départ, signer à Moscou, le 1er décembre, une sorte d'autocritique. Ils auraient dû soumettre leur activité littéraire au contrôle du Parti, avaient eu tort de critiquer sa presse, et se désolidarisaient du *Second Manifeste* de Breton « dans la mesure où il contrarie le matérialisme dialectique ». Enfin ils s'engageaient à combattre le freudisme et le trotskysme à l'œuvre au sein du surréalisme.

Revenu à Paris le premier, Sadoul, fort gêné, relate les événements à Breton ébahi. Il se demande comment ses deux amis ont pu accepter le contrôle du Parti, serait-ce même afin de pouvoir travailler dans ses organisations culturelles! Les deux voyageurs sont appelés à s'en expliquer dans une adresse « Aux intellectuels révolutionnaires », où, brandissant le procès du parti industriel, l'une des premières grandes purges staliniennes, et la menace d'intervention des États capitalistes contre l'URSS, ils montrent qu'en France les surréalistes sont les plus qualifiés pour réaliser l'union des intellectuels révolutionnaires. Ils retournent la psychanalyse comme une arme contre la bourgeoisie, et dédouanent Breton de tout parti pris en faveur de Trotsky.

Cependant, l'attitude d'Aragon entravant la publication de l'organe surréaliste, Breton offre de démissionner de sa fonction de directeur du *SASDLR*. Eluard, approuvé par six camarades, l'invite à se raviser « même s'il faut pour cela mettre en demeure Aragon de renoncer à ses erreurs et même, s'il s'y refusait, se priver de lui en publiant les raisons ». Un compromis est adopté, par lequel les surréalistes s'abstiennent de toute critique ouverte du PC, ce qui permet à Aragon d'occuper d'importantes fonctions dans les organismes culturels communistes, tout en maintenant une collaboration nettement surréaliste.

On aurait pu en demeurer là, tant pour Sadoul à qui, on l'a vu, Breton ne ménagea pas son amitié durant l'été 1931, que pour Aragon s'il ne rechignait pas à préciser sa position dans le numéro 3 du *SASDLR*. Appuyé par Eluard, Breton dut le mettre en demeure, le 22 octobre, de justifier l'activité surréaliste, d'indiquer les raisons et les formes de sa prolongation. Ce qu'Aragon fit le mois suivant, dans l'article « Le surréalisme et le devenir révolutionnaire ». Protestant de sa fidélité à ses amis, il y précise le rôle du mouvement surréaliste comme facteur d'interprétation du réel et de transformation sociale, tout en soulignant sa tâche, particulière, d'expérimentation.

Pourtant, la tension monte avec l'annonce par Jean Fréville, dans *L'Humanité* du 5 janvier 1932, de la création de l'AEAR. S'étonnant de ne pas avoir été invité à en faire partie, malgré les efforts qu'il déploie dans ce sens depuis dix ans, Breton écrit aussitôt à Fréville, demandant à être convié à la prochaine réunion de l'organisation. Le même soir, 6 janvier, il réunit ses camarades dans son atelier. Certains sont membres du Parti, tandis que les autres sont bien décidés à ne pas y adhérer. Les premiers refusent de débattre de certaines questions; il est évident qu'on cherche à les exécuter, proclame-t-il, en désignant le bureau politique du PC.

Quelques jours après, Breton presse Aragon de réagir devant les attaques répétées de *L'Humanité*. Celui-ci écrit à Léon Moussinac, non sans mauvaise volonté. La suite fut ce revirement conduisant à la rupture du 10 mars 1932.

On ne peut s'empêcher de penser que la belle amitié des deux principaux animateurs du surréalisme était le jouet d'une immense duperie. En URSS, les Écrivains prolétariens qui avaient conduit les débats à Kharkov ne tardèrent pas à être éliminés par Staline, reprenant en main l'appareil culturel du Parti. Faisant écho – mais un peu tard – à ses nouvelles directives, l'AEAR préconisait l'alliance de tous les intellectuels de gauche. En octobre le même Fréville allait convier Breton à siéger au bureau exécutif de l'association.

## *La fleur axiale du surréalisme*

De même qu'il refuse l'emprise du parti communiste, Breton s'efforce d'interdire la captation du mouvement par la littérature. Ses réflexions vont le conduire à approfondir concrètement un programme d'interprétation et de transformation du monde, s'épanouissant sur le plan moral, philosophique et politique. Il le nomme, dans *les Vases communicants*, « la fleur axiale du surréalisme ».

Dans la *NRF* de février, André Rolland de Renéville, un ancien du Grand Jeu, analyse avec sympathie et une certaine acuité critique les dernières productions des surréalistes. « Déjà ils ont retrouvé les fins véritables de la Poésie, et nous somment de reconquérir la totalité de notre esprit », conclut-il. Suit une note relative aux numéros 3 et 4 du *SASDLR* qui marquent, à ses yeux, un reniement de l'idéalisme au profit du matérialisme dialectique.

Dès le 2 février, en pleine affaire Aragon, Breton lui répond « longuement et très bien » selon Eluard. Le texte paraît dans la *NRF* de juillet. Il défend chaque position du groupe, son évolution reproduisant celle de la philosophie, passée du matérialisme primaire au matérialisme historique à travers l'idéalisme. Breton refuse la conception de son contradicteur, pour qui la poésie est une voie initiatique, lorsqu'il dresse un panorama de son mouvement pour la revue *This Quarter*, publiée à Paris en septembre, dont il est l'éditeur-invité.

Son article « Le surréalisme hier, aujourd'hui, demain », traduit en anglais, n'a jamais paru en français. Mais l'essentiel en sera repris, en 1934, dans *Qu'est-ce que le surréalisme*? Le texte original développe les aspects poétique, philosophique, artistique du mouvement pour un public anglo-saxon. Breton y insiste sur sa dette à l'égard de Swift, de Walpole, Ann Radcliffe, Monk Lewis, Maturin, Young, J.-M. Synge. Il fait écho à sa récente mise au point à la *NRF* : « La pensée surréaliste adopte le matérialisme dialectique en parcourant toute l'histoire de la pensée moderne. De la même façon qu'elle est arrivée à Marx à travers Hegel, elle est venue à Hegel, par Berkeley – sur qui elle s'est arrêtée davantage que sur d'autres – et par Hume. » La suite emprunte de larges extraits à ses écrits théoriques, explique les plus récentes prises de position par le souci de maintenir le mouvement à l'abri des tendances opportunistes, tant sur le plan artistique que politique.

Breton réaffirme son option philosophique dans une réponse à l'enquête sur le désir, publiée en juin par la revue yougoslave *Le Surréalisme aujourd'hui et ici* : « Moniste matérialiste, je n'aperçois pas de différence essentielle entre les besoins sensoriels, matériels et les besoins spirituels. L'esprit n'ayant pas pour moi d'existence indépendante du corps ne peut être tenu que pour une propriété de la matière organisée d'une certaine façon. Les besoins de l'esprit n'ont pas davantage à être identifiés à ces besoins ou niés au bénéfice de ces besoins [...]. Le désir est, à ses yeux, un moyen de connaissance de l'homme et de transformation du monde. Refusant de hiérarchiser ses attitudes, il confesse la plus grande sympathie pour ceux qui, en s'abandonnant à leur subjectivité, contribuent à la dissolution de la société actuelle. Aussi salue-t-il la révolution soviétique, en espérant qu'elle s'accompagne de « l'indispensable révolution morale dont il n'eût pu être question sans elle ».

Il reprend l'ensemble de ces questions, un ton au-dessus, dans la troisième partie des *Vases communicants* où il définit le rôle de l'intellectuel révolutionnaire. Résumant son débat avec le PC, il conteste la thèse stalinienne du socialisme dans un seul pays et le rôle d'éducateur du peuple qui serait réservé à l'intelligentsia. D'abord parce qu'une telle position ne tient pas compte des particularités de la nature humaine (conflit entre théorie et pratique, entre individu et société) dont la fin n'est pas une révolution abstraite. Ensuite parce que prenant acte des frontières séparant le monde soviétique de l'autre, il lui paraît indispensable d'adapter la tactique au terrain – ce qui revient à critiquer les mots d'ordre désastreux du Komintern (comme on s'en rendra compte en Allemagne l'année suivante).

Aux surréalistes il assigne la tâche de « concevoir une attitude synthétique dans laquelle se trouvent conciliés le besoin de transformer radicalement le monde et celui de l'interpréter le plus complètement possible ». Encore ne faut-il pas renoncer à étudier l'homme dans le monde. Les suicides d'Essenine et de Maïakovski ou encore la décadence poétique du constructiviste Selvinski en Union soviétique ne laissent pas d'être alarmants. Aussi doit-on « réhabiliter l'étude du moi », conscient et inconscient.

L'action, le triomphe d'une volonté n'est pas le seul critère. La recherche de l'efficacité concrète ne doit pas nous empêcher de connaître, d'analyser le monde, quoi qu'en disent de mauvais interprètes de la pensée marxiste. Ainsi des rapports de la veille et du sommeil, du pouvoir et de l'amour. D'ailleurs, l'homme connaît toujours des chutes de tension (ce par quoi il est le plus humain).

Il est la synthèse, le point de rencontre de tensions opposées, comme l'arc et la lyre, pour reprendre l'image d'Héraclite.

En d'autres termes, Breton persiste et signe. Oui, il est révolutionnaire, oui il se réfère à Marx et Lénine, mais il ne renie rien de Trotsky ni de Freud!

Ainsi le surréalisme entend préserver son esprit critique à l'égard du PC, conjuguer le passé et l'avenir pour rompre définitivement avec ce passé. C'est en somme ce que déclarait le tract « La mobilisation contre la guerre n'est pas la paix », en réponse à l'appel lancé par Henri Barbusse et Romain Rolland (publié par *L'Humanité* le 27 mai 1932) en faveur d'un congrès mondial qui se serait tenu à Genève. Ironisant sur le pacifisme humanitaire et le mysticisme des deux écrivains, les surréalistes annonçaient leur adhésion en concluant sur cette radicale formule éluardienne : « Si vous voulez la paix, préparez la guerre civile. » De fait, aucun d'entre eux ne participa aux congrès réunis l'année suivante à Amsterdam et salle Pleyel à Paris.

## *L'incommunicabilité*

La même réponse à l'enquête sur le désir définit la passion comme « la prise de conscience de l'unité de deux êtres en tant que fin substantielle [...] elle repose sur le désir de fusion de ces deux êtres en une seule et même personne ». Visiblement, sa relation avec Valentine Hugo n'est pas conforme à une telle aspiration, même s'ils sont tous deux libres d'entraves sociales.

Affreusement jalouse, Valentine est secouée de crises de nerfs, plus ou moins simulées. A la fin de l'hiver, après un séjour chez Dali à Cadaquès suivi d'une visite à Eluard à Grimaud, dans le Var, Breton jure de ne plus remettre le pied sur la marche de sa voiture. Sous la protection de Max Ernst, chargé de détourner les recherches, il se réfugie à Saint-Étienne de Boulogne dans un petit hôtel « beau comme un repaire de brigands d'opéra comique », tandis que Valentine part à Aubenas. Il est amoureux d'une jeune fille que les poètes n'impressionnent pas. L'amitié avec Eluard lui procure un réconfort moral. Lorsque *le Revolver à cheveux blancs*, qui recueille ses poèmes de 1915 à 1932, sort des presses fin juin, il le lui dédicace ainsi : « A Paul Eluard à/l'ami unique/et à l'admirable construction de rêve,/de liberté, de poésie, d'amour et de jeunesse/éternelle à laquelle est attaché son nom. » Eluard, lui aussi très éprouvé sur le plan affectif, confie à Gala :

« Breton a *définitivement* rompu avec Valentine qui essaie de prendre patience, dans l'espoir d'être un jour avec lui sur le plan de l'amitié. Ceci s'est passé à la faveur d'un nouvel amour de Breton, amour qui a d'ailleurs tourné tout de suite très mal. Tout ceci entre nous, strictement. *Secret*! [...] Breton est décidé à voir le plus de gens possible. Mais il est quand même bien, bien bas. Envoyez-lui des cartes mais en paraissant ignorer à la fois Valentine et toute cette histoire. »

Valentine multiplie les gestes de tendresse : elle recopie ses notes sur le manuscrit des *Champs magnétiques*, compose des tableaux où son visage sort du noir comme d'un songe. Une image l'obsède : l'enlèvement de Ganymède, le plus beau des mortels. Il lui échappe!

La rupture est moins absolue que ne l'annonce Eluard. Breton et Valentine vont passer le mois d'août à Castellane avec Eluard et Nusch, à l'hôtel du Levant où, l'année précédente, le premier écrivait *les Vases communicants*. A la parution du livre, en décembre, il lui dédicacera le manuscrit avec cet envoi : « A Valentine Hugo, cette copie des *Vases communicants* faite pour elle et sous ses yeux. » Ils excursionnent dans la région puis retournent voir Dali à Cadaquès, sans Eluard qui n'a toujours pas de visa pour l'Espagne. Breton se plaint des insectes et des mouches trop empressés autour de sa personne et trouve que le pays est des plus inhospitaliers. En septembre, rien ne va plus. Breton est dans le Gers, chez Max Ernst, passionnément amoureux – « l'amour fou », écrit-il à Eluard, – d'une jeune femme de vingt-cinq ans, à qui il propose le mariage après trois jours. Valentine s'inquiète, elle lance des appels à Paul Eluard, qui est chez l'éditeur et poète René Laporte, à Saint-Paul-d'Espis (Tarn-et-Garonne). Celui-ci télégraphie le 12 septembre : « Ignore où est André »; puis, une semaine après : « Inutile écrire, André ici. »

Valentine doit se convaincre que sa passion n'est pas partagée par Breton. L'amitié s'installe entre eux comme de bons collaborateurs (elle habitera le même immeuble jusqu'en 1936). Elle illustre pour les éditions Les Cahiers Libres, les *Contes bizarres* d'Arnim, que Breton préface en 1933. Il lui écrit alors : « Je ne saurais trop dire encore une fois combien mon introduction me paraît peu à la hauteur de ces dessins qui sont devenus inséparables pour moi d'un des deux ou trois plus beaux livres du monde. » Elle entreprend l'illustration des *Chants de Maldoror* dont Breton publie une planche (la seule connue) dans *Le SASDLR* n° 5. Puis ses tableaux figureront dans les expositions surréalistes de 1935 aux Canaries, de 1936-1937 à New York.

Rétrospectivement, elle a tracé le portrait le plus contrasté, le plus attachant, que nous ayons de lui : « André Breton pouvait être devant une herbe, une fleur, un arbre, devant un objet ou un animal [...] à la fois un tout jeune homme très enthousiaste, séducteur et charmant, et un vieux juge sévère. Il me semble que durant ces années où nous voyagions ensemble avec Paul Eluard et d'autres amis, André Breton d'une heure à l'autre, d'un jour à l'autre, pouvait varier d'humeur et de visage suivant l'air secret du temps. Cette humeur pouvait aller de la plus belle à la plus insupportable pour revenir à une plus belle encore. »

En juin, Breton avait contacté René Laporte, le directeur des éditions des Cahiers Libres. Moyennant un apport personnel de mille francs, il lui avait confié l'édition pour la fin du même mois du *Revolver à cheveux blancs*, tiré à mille exemplaires ordinaires (vendus 15 francs), et dix de luxe, sur japon nacré avec une eau-forte de Dali, à cinq cents francs. Des dispositions plus courantes avaient été adoptées pour l'édition des *Vases communicants*, avec un tirage de luxe de vingt-cinq exemplaires sur japon impérial à 200 francs, achevé d'imprimer le 26 novembre.

Quelles seront les fins de l'homme dans la société nouvelle? A quoi est-il destiné? interroge Breton dans les conclusions des *Vases communicants*. Pour le savoir, on ne peut se dispenser de consulter les poètes, de défricher le terrain de la subjectivité, d'analyser ce tissu capillaire qui maintient l'échange entre la vie intérieure et le monde extérieur, entre la veille et le sommeil. Breton attend du poète qu'il replace l'homme au cœur de l'univers, qu'il « surmonte l'idée déprimante du divorce irréparable de l'action et du rêve », qu'il cueille le fruit de l'arbre de la connaissance, qu'il tende « à devenir tous les hommes ».

L'ouvrage aussitôt paru, Breton l'envoie à Freud avec une dédicace signalant ce qu'il nomme ses « impertinences ». Elles sont de taille puisque, tout en s'appuyant sur *la Science des rêves*, il croit devoir reprocher au fondateur de la psychanalyse ses traces de pensée dualiste, son silence abusif devant le mur de la vie privée et, en somme, le recours à la théorie pour expliquer des rêves dont l'interprétation s'épuise par référence aux restes diurnes. Coup sur coup, le 13 et le 14 décembre, Freud bondit sur un reproche de détail en reportant la faute sur le traducteur puis sur son collaborateur. A une lettre toujours aimable de Breton, il répond longuement le 26 en se justifiant plus sérieusement : s'il a limité l'analyse de ses propres rêves, c'était en raison de la mort récente de son père. Il avoue à son correspondant qu'il ne comprend pas le surréalisme, lui qui est « si éloigné de l'art ». Breton publie ces lettres dans *Le SASDLR* n° 5 (mai 1933) en les accompagnant d'une réplique où, après avoir ironisé sur les complexes non surmontés de Freud, il conclut par une grande déférence envers « sa merveilleuse sensibilité toujours en éveil et [...] le gage très précieux de sa *vie* ».

Pas de polémique, pas de confrontation d'idées, pas de reconnaissance non plus. A nouveau c'est l'échec, comme en 1921. Freud refuse le débat qu'il reporte sur l'art, à quoi il réduit le surréalisme. A son tour, Breton opère un déplacement inverse, de la théorie vers l'existence. La communication ne passe pas.

## *Apprivoiser le Minotaure*

Le groupe surréaliste poursuit les recherches sur la connaissance irrationnelle, par quoi il entend se caractériser, parallèlement à l'activité déployée au sein d'une organisation culturelle conduite par le PC. Tantôt l'on choisit un objet sur lequel on établit une liste de questions, auxquelles chacun répond par écrit. Pour la boule de cristal des voyantes, Breton associe Héraclite comme système philosophique, Circé comme personnage historique; il aimerait la voir dans un désert avec « la plus belle pièce de lingerie de luxe dans l'armoire des demoiselles Papin et le pot d'étain du crime », se référant à un cas psychopathologique qui avait récemment défrayé la chronique et suscité un mémoire du Dr Lacan sur ces jeunes domestiques ayant assassiné leur patronne.

Tantôt c'est un tableau de Chirico, *l'Énigme d'une journée* dans lequel on doit pénétrer et s'orienter. La première personne arrivant sur la place sera, pour Breton, « un automate traînant un miroir trop lourd. Il vient inspecter les totems placés devant la mer, en avant ». Lorsqu'il s'agit d'examiner, les possibilités de vie à une date quelconque, tirée aux dés, voici selon lui, comment on abordait les femmes en 409 : « On les jetait en l'air à plusieurs mètres en avant, ce qui les faisait rire; puis on les portait horizontalement sous son bras en les inclinant de temps en temps pour les embrasser. »

Envisageant enfin les possibilités d'embellissement irrationnel d'une ville, il voudrait transporter l'obélisque à l'entrée des abattoirs « où une immense main gantée de femme le tiendra »; quant au bordel, il le transformerait en exposition permanente d'horticulture.

Le résultat de ces enquêtes doit être publié dans *Le SASDLR*. Or, rien n'est sorti depuis décembre 1931. Les numéros 5 et 6 devraient paraître simultanément en février 1933, mais Breton, démoralisé, n'a pas le courage de régler l'affaire avec l'éditeur, René Laporte. Par ailleurs, Albert Skira lui a demandé de diriger une revue de grand luxe, à condition de prendre Bataille et Masson comme collaborateurs. Difficile de se réconcilier avec les animateurs de *Documents*, qui avaient pris l'initiative du pamphlet contre lui! Eluard pense qu'une collaboration avec ces « fripouilles » qui ne cessent de les attaquer serait fatale au groupe. S'il faut se compromettre, autant travailler avec *Europe* ou la *NRF*, ce sera plus payant, publicitairement parlant. A son retour de Haute-Savoie, où il soignait une rechute de tuberculose, Eluard quitte son studio du 42, rue Fontaine pour s'installer dans un appartement rue Legendre et, le 10 avril, il passe contrat avec Laporte qui s'engage à publier les deux livraisons en souffrance et à solder la facture de l'imprimeur contre un apport immédiat de

3 000 francs et un prêt du même montant, gagé sur une vente de tableaux au vicomte de Noailles. A la même date, Eluard informe Gala que « Bataille est vidé de la revue de Skira ». Les surréalistes entreront en nombre à *Minotaure* : « Notre politique a été bonne », conclut-il.

Eluard a sauvé la situation. Les derniers numéros du *SASDLR* paraissent simultanément le 15 mai 1933. Breton en a arrêté le sommaire. L'ensemble représente parfaitement l'activité surréaliste sur tous les plans où elle entend s'exercer : poétique, politique, esthétique, moral. Viennent même s'y adjoindre les « Antillais de langue française » qui avaient lancé en juin 1932 une revue éphémère, *Légitime Défense*. Breton y publie son opinion sur la littérature prolétarienne, sa correspondance avec Freud et il y présente les notes de Marcel Duchamp pour *le Grand Verre, la Mariée mise à nu*... En outre, il reproduit deux de ses collages, significatifs de ses préoccupations antireligieuses et antipolicières, ainsi que des illustrations de Valentine et un collage, à la façon de Magritte, de Suzanne (dont seules paraissent les initiales). Son texte le plus important est un extrait de l'introduction aux *Contes bizarres* d'Arnim, qui sortira en librairie le mois suivant.

Remarquable préface, fort documentée, qui situe le maître du romantisme allemand dans son contexte idéologique (le débat entre la méthode expérimentale et la méthode spéculative), analyse sa vision du monde où l'objet « ne connaît de fait aucune stabilité entre le réel et l'imaginaire », ce qui conduit le poète à se faire voyant, et retrace son évolution sentimentale au côté de Bettina, celle qui joua le rôle de Sibylle entre Goethe et lui.

Texte capital pour le biographe : bien qu'il y parle précisément d'Arnim, on ne peut s'empêcher d'y voir, en filigrane, un autoportrait affectif et spirituel, s'achevant sur ce constat : « De nos jours, le monde sexuel, en dépit des sondages entre tous mémorables que, dans l'époque moderne, y auront opérés Sade et Freud, n'a pas, que je sache, cessé d'opposer à notre volonté de pénétration de l'univers son infracassable noyau de *nuit*. »

Début juin, le premier numéro de *Minotaure* est en librairie. Revue de luxe à prix modique, couverture en couleurs de Picasso, avec de nombreuses planches sur papier spécial. Un compromis s'est établi entre les deux directeurs, Skira et Tériade, ancien chroniqueur à *L'Intransigeant* et secrétaire des *Cahiers d'art* de Zervos. De son côté collaborent Maurice Raynal, Pierre Reverdy, Masson, Leiris. Côté surréaliste : Eluard, Crevel, Dali et ses délires paranoïa-critiques sur *l'Angélus* de Millet, le Dr Lacan, Maurice Heine introduisant des pages de Sade.

Breton présente « Picasso dans son élément », avec de très belles photographies d'atelier par Brassaï. Se gardant de l'annexer au surréalisme, il témoigne de sa totale admiration pour le peintre et l'ami qui prouve l'unité des trois règnes de la nature, surmonte les contradictions animé-inanimé, objectif-subjectif, dans une conception dialectique et moniste : « Un esprit aussi constamment, aussi exclusivement inspiré est capable de tout poétiser, de tout ennoblir ».

Dans le même temps, du 7 au 19 juin, se tient une exposition surréaliste d'objets à la galerie Pierre Colle. Elle associe peintres et poètes dans l'exploration de « l'irrationalité concrète », à la suite des articles de Dali. Elle prouve la cohésion du groupe, son commun souci de sortir l'art du champ traditionnel.

L'été passe, plutôt morose pour Eluard et Breton qui ont décidé de ne pas se plaindre pendant huit jours sous peine d'une taxe d'un franc. Skira les a bien gratifiés chacun d'un exemplaire des *Métamorphoses* illustrées par Picasso et des *Poésies* de Mallarmé par Matisse, mais la vente de *Minotaure* n'atteint pas le succès escompté. Le numéro 2 entièrement consacré à la mission ethnographique Dakar-Djibouti, ils s'occupent du 3, passant deux à trois heures par jour à discuter chaque détail avec Skira, à solliciter des collaborations qui assureront l'emprise du surréalisme. Char refuse : il n'entend pas serrer la main aux gens du *Cadavre*. Tzara compensera avec un texte plein d'humour sur la mode des chapeaux, photos de Man Ray à l'appui; Dali parlera « De la beauté terrifiante et comestible du modern, style », et le fidèle Maurice Heine continuera de faire entendre sa voix sur Sade.

Par mesure d'économie, Skira décide de changer d'imprimeur et de grouper les numéros 3 et 4 qui sortiront en décembre.

Épuisé, Breton part à Lorient, chez ses parents. Dans le prolongement de sa discussion avec Rolland de Renéville, il y médite sur le message automatique verbo-auditif qui fut le générateur du surréalisme. Il comptait sur ce moyen pour nettoyer définitivement l'écurie littéraire : comme un révélateur photographique, il aurait dû démonter les mécanismes de l'invention. Récapitulant ses lectures de Charcot, Myers, Flournoy, Breton revient à la perception subliminale. Il faut absolument éviter la confusion avec les médiums : ils croient que la voix provient de l'au-delà alors qu'elle ne peut venir que de l'individu lui-même. Le surréalisme cherche à unifier la personnalité, il lui faut retrouver l'état de grâce particulier à l'enfance, où justement rien n'est encore dissocié. Donc revenir aux principes, reconnaître que certains compagnons se sont laissé gagner par le souci littéraire en oubliant d'observer ce qui se déroulait en eux. Montrer, à l'aide de reproductions, la qualité des dessins médiumniques, agir en sorte que l'écriture automatique cesse d'être « l'histoire d'une infortune continue ».

Breton rêve aussi sur la maquette d'un album de photographies de Man Ray, qui paraîtra l'année suivante aux États-Unis et à Paris. Ces « visages de la femme » composent à ses yeux une *Ballade des dames du temps présent*, alliant la modernité de l'art à l'éternité juvénile de l'amour. Devant eux, son cœur bat comme lorsqu'il s'éveillait au monde. Et tous ces visages divers en viennent à composer une image unique, « par-delà la ressemblance immédiate (l'artiste a su) viser à la ressemblance profonde qui engage physiquement, moralement tout le devenir ». Quel est ce sphinx, de quel oracle est-il porteur? Pour essayer de le savoir, Eluard et Breton ont lancé une enquête sur la rencontre, dont les réponses seront publiées dans *Minotaure*. En attendant, ils s'émeuvent en faveur d'une parricide de dix-huit ans : Violette Nozière. L'occasion est belle, pour les surréalistes, de régler son compte à une société fondée sur la sainte famille. Surtout quand la jeune meurtrière accuse, à son tour, son père d'avoir abusé d'elle depuis six ans. Contrairement à l'opinion publique, ils sont convaincus de l'inceste. Ils éditent à Bruxelles une plaquette de poèmes et de dessins aux éditions Nicolas Flamel, fondées pour la circonstance dans le but d'éviter les poursuites (puisque l'instruction est en cours). Eluard y salue celle qui a défait « l'affreux nœud de serpents des liens du sang »; et Breton y voit la figure mythique des générations futures : « Tu ne ressembles à personne de vivant ni de mort. »

Luttant contre l'hypocrisie bourgeoise, le surréalisme dénonce les nouvelles formes de colonialisme. Dans le tract « Humanisme meurtrier », rédigé par Breton et divers collaborateurs, dont les Antillais Monnerot et Yoyotte, traduit en anglais par Samuel Beckett et publié par Nancy Cunard dans *Negro Anthology 1931-1933*, ils montrent la démagogie de la bourgeoisie des peuples de couleur, aussi féroce que toute autre, ainsi que les illusions de leurs intellectuels qui endorment le prolétariat avec leurs visions passéistes, d'une nostalgie idyllique. Enfin ils s'insurgent contre le silence sur les révoltes qui, de par le monde, témoignent d'une volonté d'émancipation réelle.

### *Antifascisme.*

La vie a de ces retournements ! Les surréalistes enfin admis, en 1933, à l'Association des écrivains et artistes révolutionnaires vont y retrouver Aragon et ceux qui avaient épousé sa cause, Sadoul, Unik. André Breton, qui entretient de bonnes relations avec son fondateur, Paul Vaillant-Couturier, siège au bureau de l'organisation. Sans trop savoir où cela va l'entraîner au juste, il a accepté d'assumer, conjointement avec celui-ci, la direction de la revue que l'association compte publier à la fin mars. Eluard l'approuve tout à fait, à condition qu'il en soit *nominalement* le responsable, mais il doute que ce rapprochement puisse être durable. Du moins les surréalistes seront-ils délivrés de leur prurit politique, en prouvant leur bonne volonté. Breton en est bien d'accord. Le 23 février, en gage de sa bonne foi, il donne une conférence sur la littérature prolétarienne, à la salle du Grand Orient de France, rue Cadet, sous les auspices de l'AEAR. Prolongeant la thèse exposée dans *Misère de la poésie*, Lénine à l'appui, il considère qu'une telle littérature ne peut exister que dans une période de transition, en attendant la société sans classes, et sous certaines conditions historiques, en URSS ou en Allemagne, mais certainement pas en France. La tâche de l'AEAR est donc de renouer avec la tradition populaire et révolutionnaire de notre littérature en levant le conditionnement que subissent les ouvriers par la presse et l'école. Elle devra élaborer un plan de lectures et un « manuel marxiste de littérature générale » (par opposition à littérature prolétarienne). Le souci pédagogique va jusqu'au détail! Il est vivement approuvé par *L'Humanité* du lendemain.

En attendant la publication d'une revue bien à elle, l'AEAR décide la création d'un journal d'intervention à chaud, sur le modèle de l'agit-prop soviétique. Sa première *Feuille rouge* sort des presses le 8 février. L'AEAR s'incline devant les victimes d'une explosion de chaudière qui a causé 5 morts et 150 blessés, « et fait appel aux correspondants ouvriers ». Breton contresigne l'éditorial et publie, en première page un article de ton politique : « M. Renault est très affecté », où il analyse l'accident comme la conséquence de la politique patronale de rationalisation et d'exploitation de la classe ouvrière.

Sa signature accompagne les éditoriaux des livraisons suivantes. En mars pour protester contre la terreur nazie et les provocations d'Hitler en Allemagne, qui vient de faire incendier le Reichstag, jette les opposants en prison ou en camp de concentration. Le 1er mai, pour saluer les grévistes de l'usine Citroën et appeler à l'Union des travailleurs. Le 28 mai encore, « contre le fascisme mais aussi contre l'impérialisme français ». Pas de nuance, même quand Hitler brûles les livres. Pas de collaboration avec les démocraties libérales! Tel est le mot d'ordre de Moscou. Le 6 mars, quand les électeurs allemands portent Hitler au pouvoir avec une majorité relative de 16 700 000 voix, *L'Humanité* titre sur le recul des sociaux-démocrates (6 650 000 voix) et la forte résistance du PC recueillant 4 700 000 voix. Quel aveuglement! Breton n'est pas dupe. Au bureau de l'AEAR, il critique l'inadéquation entre la politique culturelle du PC et sa ligne générale. Il passe au crible le feuilleton des livres de *L'Humanité*. C'est pourquoi il est vite assimilé à l'opposition de gauche (trotskyste). De sorte que le premier prétexte sera bon pour l'exclure. Ce sera, le 27 juin, une lettre que lui adressait Ferdinand Alquié, dénonçant « le vent de crétinisation systématique qui souffle d'URSS », publiée par *Le SASDLR*. Bien qu'il n'en approuve pas tous les termes, Breton refuse de la désavouer. Finalement, *Commune*, la revue de l'AEAR, paraîtra à partir de juillet, sans aucune collaboration surréaliste. Animée par des permanents du PC – d'abord Aragon et Nizan – elle se dote d'un comité prestigieux : Barbusse, Gide, Romain Rolland et Vaillant-Couturier, qui ne sera jamais consulté.

Une nouvelle fois les surréalistes sont écartés du mouvement ouvrier – serait-ce de ses organismes culturels – auquel ils souhaitaient apporter leurs compétences particulières, leurs initiatives paraissant incompatibles avec la discipline politique.

Le début de l'année 1934 est marqué par l'émeute du 6 février à Paris, qui faillit renverser la République. Face à la menace fasciste, les surréalistes ne sauraient rester inactifs. En prélude, la menace d'exclusion qui frappe Dali ne manque pas de signification.

Celui-ci ne vient-il pas d'exposer, à titre individuel, au Salon des Indépendants ouvert le 2 février, *l'Énigme de Guillaume Tell*, tableau représentant un Lénine à la fesse molle? De plus, il se répand en propos délirants sur Hitler. Breton convoque ses compagnons pour trancher : « Ordre du jour. – Dali s'étant rendu coupable, à diverses reprises, d'actes contre-révolutionnaires tendant à la glorification du fascisme hitlérien, les soussignés proposent [...] de l'exclure du surréalisme comme élément fasciste et de le combattre par tous les moyens. »

Conviés à donner leur opinion, Eluard et Tzara, qui sont à Nice, prennent le parti de Dali, auquel ils suggèrent de modérer ses propos. Le 5 au soir, Dali, fiévreux, flanqué de son *driver*, Gala, arrive chez Breton couvert de plusieurs couches de vêtements, un thermomètre dans la bouche, qu'il consultera quand la discussion s'échauffera. Pour sa défense, il propose un texte qui devrait mettre tout le monde d'accord, considérant l'hitlérisme comme un phénomène paranoïaque! Puis il explique à Breton qu'il se borne à reproduire ses rêves, le plus exactement possible, en se gardant de toute censure morale. Il a peint Lénine tel qu'il l'a vu; il ferait de même s'il rêvait de sodomiser Breton – « Je ne vous le conseille pas », réplique ce dernier. Se dépouillant de ses chandails un par un, Dali finit, torse nu, par demander pardon à genoux devant son interlocuteur estomaqué. La décision est reportée, conclut Georges Hugnet, qui relate la scène. Dali la décrit aussi dans son

*Journal d'un génie* en maintenant que son obsession « était strictement paranoïaque et apolitique ». Mais il y commet un lapsus révélateur au sujet du tableau qu'il dénomme *l'Énigme d'Hitler!*

« C'est au soir même du 6 février 1934, soit dans les trois ou quatre heures qui suivent le putsch fasciste dont nous avions été quelques-uns à observer le développement concret, les uns sur les grands boulevards, les autres aux environs de la place de la Madeleine, qu'à mon instigation il fut décidé d'appeler à se réunir sur-le-champ le plus grand nombre possible d'intellectuels de toutes tendances décidés à faire face à la situation », rapporte Breton dans ses *Entretiens*. La discussion dure toute la nuit et débouche sur un « Appel à la lutte » qui paraît dans la presse le 10 février avec près de 90 signatures, d'Alain à Malraux, de Guéhenno à Jean Vigo. Il s'agit de créer l'organisme unique capable, dans le plus « large esprit de conciliation », de concrétiser l'action de la classe ouvrière. La grève générale du 12, préconisée par la CGT, y est approuvée.

Breton est chargé par les rédacteurs de cet appel de contacter Léon Blum, secrétaire général de la SFIO, afin de lui communiquer ce qu'ils attendent de lui. C'est-à-dire, vraisemblablement dans leur esprit, qu'il prenne l'initiative d'une action unitaire et révolutionnaire. Blum reçoit Breton dans son cabinet de travail de l'île Saint-Louis. Se souvenant qu'il avait été un critique littéraire fort prisé de *La Revue blanche*, il entraîne son visiteur, durant toute une matinée, sur le terrain esthétique et ne l'en laisse pas sortir alors que Breton tente, sans y parvenir, d'aborder le sujet pour lequel on l'avait mandaté. Étrange jeu de rôles! Avec une extrême courtoisie, l'homme politique oppose une résistance obstinée : il ne veut pas même entendre le message des intellectuels à tendance révolutionnaire. Une fois de plus, Breton est renvoyé à ses spéculations artistiques. Mais il ne désespère pas d'orienter le cours de la politique.

Les surréalistes adhèrent, dès sa création, au Comité de vigilance des intellectuels antifascistes, constitué par Alain, Paul Langevin et Paul Rivet, représentant les trois grands courants de la gauche, respectivement le radicalisme, le communisme, et le socialisme, comité qui se déclare « à la disposition des organisations ouvrières ».

Cependant la mobilisation n'est pas assez rapide à leurs yeux. Les mots d'ordre sont trop confus, chaque parti reste sur son quant-à-soi en dépit de la fraternisation de leurs troupes lors de la manifestation du cours de Vincennes, le 12 février. Aussi Breton et ses amis prennent-ils l'initiative d'une « Enquête sur l'unité d'action ». Le questionnaire signé par des personnalités diverses allant de Jean-Richard Bloch et André Malraux à Ramon Fernandez portait sur l'entente possible entre organisations de la classe ouvrière. A quel niveau devait être envisagée l'unité, par un accord au sommet ou par le front unique à la base, et quels en devaient être les objectifs prioritaires? Accessoirement, on s'inquiétait de savoir si l'abandon de la polémique pouvait servir l'unité, et quels moyens pratiques devaient la favoriser.

La réponse ne suscite pas l'unanimité parmi les surréalistes. Tzara (entraînant avec lui Char et Crevel) n'entend surtout pas se mêler du cas Trotsky; il considère que les intellectuels n'ont pas à se substituer au PC.

Or, le compagnon de Lénine, qui avait trouvé asile à Barbizon, est menacé d'expulsion. Breton et ses camarades protestent. Sans partager ses positions, ils saluent dans un tract l'exilé de « La planète sans visa » et mettent leurs lecteurs en garde contre un gouvernement qui, sous prétexte de trêve, mène à la régression économique et à la répression politique. C'est d'ailleurs à ce propos qu'ils critiquent le bureau provisoire du CVIA, lors de l'assemblée générale du 8 mai, salle des Sociétés savantes : pourquoi n'a-t-il pas protesté? Pourquoi ne diffuse-t-il pas leur questionnaire sur l'unité d'action? Le bureau définitif se passera de leurs sept voix.

L'ensemble de ces textes d'ordre politique est publié en juin dans la revue belge *Documents 34*, sous-titré « Intervention surréaliste ». Invité par Mesens et Nougé à l'occasion de l'exposition *Minotaure*, inaugurée le 12 mai au musée royal des Beaux-Arts, Breton prononce une conférence le 1er juin à Bruxelles, Maison des huit heures : « Qu'est-ce que le surréalisme? »

Sceptique sur la manière dont on mène le combat en Europe, il insiste sur le péril fasciste. Il est effaré de voir les intellectuels baisser les bras à l'avance : « Aujourd'hui plus que jamais la *libération de l'esprit*, fin expresse du surréalisme, aux yeux des surréalistes, exige pour première condition la *libération de l'homme*, ce qui implique que toute entrave à celle-ci doit être combattue avec l'énergie du désespoir, qu'aujourd'hui plus que jamais les surréalistes comptent pour cette libération de l'homme en tout et pour tout sur la Révolution prolétarienne. »

Le surréalisme, rappelle-t-il, est approfondissement du réel, dans sa volonté d'unifier la réalité extérieure et la réalité intérieure. Son historique distingue deux époques dans le mouvement : *intuitive* de 1919 à 1925, *raisonnante* depuis, c'est-à-dire à partir de sa prise de position contre la guerre du Rif.

Dans sa péroraison, il répète que l'art prolétarien n'a pas d'existence. En revanche, les artistes et les intellectuels ont pour tâche de faire prendre conscience au prolétariat de la mystification artistique et de l'exploitation qu'il subit. N'est-ce pas le rôle que joue le surréalisme à l'égard des créateurs, même s'il est incapable de se plier à la discipline d'une des organisations existantes?

La visite de Breton à Bruxelles le rend optimiste. Il croit à un changement favorable des conditions de l'action surréaliste. L'accueil chaleureux le persuade que le mouvement s'internationalise.

A son retour à Paris, il projette une réédition mise à jour du *Surréalisme et la Peinture*. Se proposant d'y parler de Magritte, il demande au peintre, le 1er juillet, la description d'une huitaine de tableaux ou dessins accompagnée de photos pour la reproduction. Mais l'ouvrage ne ressortira pas avant 1965 chez Gallimard, l'éditeur s'en étant tenu au volume initial, comme il l'indiquait dès janvier. Breton n'a donc pu le fléchir, ni le convaincre de publier la *Petite Anthologie poétique du surréalisme*. S'il est certain qu'Aragon aurait refusé d'y paraître, les autres arguments de Gaston Gallimard pour ne pas autoriser la reproduction des textes publiés sous sa marque ne sont que de faux prétextes, contre lesquels Breton s'insurge vigoureusement : « Quelle qu'ait été la volonté de particularisation extrême qui a caractérisé durant des années la démarche surréaliste (je continue à penser que c'est seulement à ce prix qu'elle a pu être et l'on tend, me semble-t-il, à nous accorder de plus en plus que cela résulte, en effet, de toutes les déterminations historiques auxquelles elle a été soumise) je ne puis croire

– lui avait-il écrit le 12 mai – que vous êtes tout à fait décidé à nous priver d'une partie de nos moyens d'expression. » L'ouvrage, précédé d'une introduction de Georges Hugnet, a paru en juin chez Jeanne Bucher. Rassemblant tous les surréalistes du moment, de Breton à Tzara sans omettre les Belges, il ne contient aucun extrait provenant des éditions Gallimard.

En compensation, le même éditeur publie en septembre *Point du jour*, un recueil des textes théoriques, articles et préfaces écrits par Breton durant les dix dernières années, reprenant, en particulier, l'*Introduction au discours sur le peu de réalité*, épuisée. Ce titre part d'une locution toute faite, investie de plusieurs sens : le jour commence à naître, sur le plan sentimental, et le penseur fait le point du jour comme un navigateur détermine sa position. Position qu'il donne à nouveau, fin novembre, à l'occasion de l'exposition de Victor Brauner, à la galerie Pierre. En une seule « Botte rose blanche » il rassemble toutes ses propositions du moment. Le peintre roumain n'a-t-il pas un pouvoir inconscient, de sorte que les productions de son imagination déchaînée où combattent l'instinct sexuel et l'instinct de mort revêtent une signification sociale? En tout état de cause, son œuvre renvoit au néant « la prétendue peinture de propagande révolutionnaire », comme le prouve sa fresque *l'Étrange Cas de M. K.*, sorte d'Ubu contemporain, symbolisant les puissances d'asservissement, que la vision de Brauner frappe en plein cœur.

## CHAPITRE II

# *De l'amour fou à l'humour noir*
(1934-1940)

### *L'ondine*

Une fois de plus, l'existence se charge de prouver à Breton que ce qui pouvait lui paraître le moins explicable exprimait en réalité une nécessité future.

La confiance dans l'avenir affirmée tout au long des articles de *Point du jour* et même dans les *Vases communicants* va enfin trouver confirmation au cours de l'été, marqué par une succession d'événements dont il est à la fois le sujet hagard et le témoin lucide.

En avril, préparant un article pour *Minotaure* (n° 5, 12 mai 1934) sur « La beauté convulsive » dont il posait l'axiome à la fin de *Nadja*, il en définit les trois critères simultanés à ses yeux : elle « sera érotique – voilée, explosante – fixe, magique – circonstancielle ou ne sera pas ». Cette union d'éléments contraires résulte de sa propre expérience. Les seules beautés naturelles ou artistiques émouvantes s'annoncent à lui par « la sensation d'une aigrette de vent aux tempes susceptible d'entraîner un véritable frisson ». Trouble physique lié au plaisir érotique, dit-il, qui ne se révèle que par l'interprétation. De même, la « convulsion » résulte du mouvement brusquement arrêté, comme une locomotive prise dans la forêt vierge, une larme batavique – goutte de verre obtenue en versant l'amalgame en fusion dans l'eau froide – ou bien le drapé des concrétions calcaires qu'il a pu voir dans la grotte des Fées, lors d'un voyage vers Cadaquès, deux ans auparavant. Ainsi l'écriture, quelques moments privilégiés de l'existence ont-ils l'apparence du cristal. Ils surviennent fortuitement, par l'écriture automatique, la trouvaille d'objets ou la rencontre.

Parallèlement à cette réflexion d'ordre esthétique, s'appuyant, dans la revue, sur de magnifiques photos de Brassaï, se développe une méditation sur le thème romantique de l'amour unique, procédant, selon lui, d'une attitude mystique, à laquelle il oppose la notion de « type », c'est-à-dire la synthèse des qualités retenues chez tous les êtres successivement aimés.

Et soudain, irrépressiblement, l'écriture va servir d'appât au « merveilleux précipité du désir ». Sans aucune raison narrative ni démonstrative, Breton éprouve le besoin de parler de la journée du 10 avril, placée astrologiquement sous le signe de Vénus occultant la Lune. Il relate son déjeuner dans un restaurant de l'avenue Rachel. La serveuse y a des attraits poétiques, le plongeur y fait des calembours : « Ici l'on dîne. Ici l'Ondine ». Quel sens attribuer à cette séquence, se demande-t-il le soir même, alors qu'il assiste au massacre de la pièce de John Ford, *Dommage qu'elle soit une prostituée*, au théâtre de l'Atelier.

Développant son propos sur l'attente et la trouvaille, il pose une « Équation de l'objet trouvé » pour le numéro belge d'*Intervention surréaliste*. Elle se résume ainsi : comme le rêve, la trouvaille aide à franchir l'obstacle. Elle est favorisée par une certaine communauté affective, elle est susceptible de la même analyse interprétative que le rêve, le lapsus, les actes manqués. Témoin ce masque de fer qu'au mois de mai Alberto Giacometti acquiert, en sa compagnie, au marché aux Puces, qui va lui permettre de lever ses hésitations relatives à une sculpture en chantier de personnage féminin. Le masque, photographié par Man Ray, est reproduit en juin dans *Documents 34*. Il suscite une lettre de Joë Bousquet que « sans doute symptomatiquement », dit-il lui-même dans un post-scriptum de 1936, Breton a perdue. Un fragment en a été recueilli dans la *Correspondance* du premier. Il y signale son angoisse lorsqu'on lui remit pareil objet en juillet 1917. Ce loup de métal était destiné à protéger les guetteurs des tranchées, mais la tôle ne pouvait arrêter les projectiles. En outre, « elle faisait basculer en avant l'héroïque coiffure et aveuglait complètement celui qui la portait. Et, par-dessus le marché, quand même on aurait cloué le casque ainsi complété sur le crâne du fantassin, le rebord inférieur du loup de métal aurait toujours heurté le canon du fusil bien avant que le fusilleur eût pris la ligne de mire, et le premier office de cet ustensile de guerre était de glisser un obstacle infranchissable entre l'œil du combattant et ses bras ».

Témoin encore l'objet acquis par Breton au cours de la même promenade : une grande cuiller de bois dont le manche repose sur un petit soulier pris dans la masse. L'interprétation décèle la nature érotique d'un tel achat, et souligne, à l'évidence, une certaine mise en commun de la pensée avec Giacometti, comme il arrive dans les jeux surréalistes dont Breton donnait un exemple à la suite, sous le titre « Le dialogue en 1934 », dans la même revue.

Cependant le plus important, dans cette contribution, n'est pas la suite d'observations, de coïncidences, que Breton et ses amis relèvent, c'est le magnifique espoir d'une attente bouleversante qu'il dénote, le « désir d'aimer et d'être aimé » par l'écriture.

La rencontre, appelée implicitement tout au long de ces textes, depuis le départ définitif de Suzanne, ne manque pas de se produire, dans des conditions si troublantes que Breton a longtemps hésité à les rendre publiques (*Minotaure* n° 7, juin 35). La relation de cet épisode capital de sa vie, qui a lieu le 29 mai à Paris, se calque sur l'observation médicale. Mais elle est toute frémissante d'inquiétude : ne se trompe-t-il pas sur le sens des coïncidences énumérées ?

Il se trouve au café lorsqu'y pénètre une jeune femme aperçue deux ou trois fois auparavant. Elle demande de quoi écrire. Et si elle lui écrivait ! pense-t-il. Lorsque enfin il se décide à l'aborder, elle lui donne rendez-vous à minuit, après le spectacle aquatique où elle se produit, s'étonnant même qu'il n'ait pas reçu son message. Il se révèle qu'ayant entendu parler de Breton par son cousin André Delons, du Grand Jeu, l'ayant lu, elle désirait le connaître. Ils se promènent côte à côte dans le Paris nocturne, des Halles à la tour Saint-Jacques et au quartier Latin par le quai aux Fleurs. Or cette rencontre, ce parcours paraissent avoir été inscrits dans le poème *Tournesol* composé onze ans plus tôt (le manuscrit, laissé à Simone, est daté du 26 août 1923). Breton ne peut-il, à bon droit, le considérer comme un poème-prophétie, annonçant la femme réelle désormais présente, Jacqueline Lamba? Chaque vers, chaque repentir même, revêt désormais un sens.

En compagnie d'Eluard et de Char, Breton s'étonne de telles coïncidences : d'abord la formule prémonitoire du plongeur, lors du déjeuner avenue Rachel : l'Ondine, Jacqueline, danseuse aquatique, était venue là en quête d'un appartement quelques jours plus tôt dans cette artère; ensuite, la nuit du Tournesol, annoncée par le poème dédié à Reverdy : à la mairie où il se rend le 23 juillet pour les formalités de son mariage, Char lui signale une affiche : « Legs Reverdy »; enfin, Jacqueline occupait alors au Médical-Hôtel, 26, rue du Faubourg Saint-Jacques, la chambre même où André, bien des années plus tôt, écoutait monter les cris de la Maternité voisine.

Dès ce moment, Breton pense donner une longue suite aux articles de *Minotaure* et de *Documents 34* pour rendre compte de ces événements : ils ont rempli ses derniers mois pour aboutir à un nouveau mariage.

Construites par le baron Haussmann, toutes les mairies de Paris se ressemblent. Les célébrations de mariage aussi. Seuls diffèrent les couples et leur suite. Pas de famille pour accompagner Jacqueline Lamba, orpheline, et André Breton, à la mairie du ixe arrondissement, le 14 août. Toute menue, la mariée est une jeune dessinatrice de vingt-trois ans. « Les cheveux de pluie claire sur des marronniers en fleurs », elle est scandaleusement belle! Deux témoins les suivent : Paul Eluard et Alberto Giacometti. La poésie et la peinture mêmes. Breton organise ensuite un pique-nique avec les deux témoins. Sa femme pose nue à côté d'eux, recomposant le *Déjeuner sur l'herbe* de Manet en un tableau vivant, fixé sur la pellicule par Man Ray.

La semaine suivante, à la mairie du xviie, Breton et Char sont témoins au mariage d'Eluard avec Nusch. Les surréalistes céderaient-ils aux conventions? Pour Eluard, il n'y aura rien de changé à sa vie, sinon qu'il aurait moins de scrupules à quitter sa femme, sachant sa situation matérielle assurée. Raisonnement spécieux qu'il tient à Gala et ne vaut certainement pas pour Breton qui n'a pas d'héritage et vit « dans des conditions matérielles *extrêmement* pénibles », comme il l'écrit alors à René Lalou et à Joë Bousquet, à qui il vend une aquarelle de Kandinsky et une sanguine de Derain. Manière de conjuration plutôt, afin de préserver l'amour fou, envers et contre tout.

A la campagne avec Jacqueline, Breton lui consacre un long épithalame suscité par l'éblouissement amoureux. Le titre, *l'Air de l'eau*, en désigne la destinataire, l'Ondine. Il chante « la lumière unique de la coïncidence », la rencontre élective de l'homme et de la femme, sa beauté de cristal, union de la neige et du feu. Des notations prosaïques indiquent la source de l'inspiration : une promenade en forêt, la lecture du premier tome des Œuvres de Sade établi par Maurice Heine (celui-ci le lui a fait tenir en septembre 1933), un reportage de *L'Humanité*; une lettre d'Oscar Dominguez l'invitant aux Canaries avec Eluard. « L'aigle sexuel exulte », la poésie est révélation du bonheur advenu :

*Il y a*
*qu'à me pencher sur le précipice*
*De la fusion sans espoir de ta présence et de ton absence*
*j'ai trouvé le secret*
*De t'aimer*
*Toujours pour la première fois.*

Des extraits figurent dans *Minotaure* en décembre. Le recueil, composé de quatorze séquences, paraît le même mois aux éditions des Cahiers Libres. Phrases de demi-sommeil, rêves, trouvailles, et pour conclure, cette rencontre illuminante, désirée, prévue de part et d'autre, tout cela témoigne de la disponibilité de Breton au vent de l'éventuel, de sa faculté d'étonnement devant ce qui advient.

C'est ce que lui reproche le jeune normalien Roger Caillois, récemment rallié au surréalisme, dans « l'affaire des haricots sauteurs ». Le 26 décembre, Caillois, le psychanalyste Jacques Lacan et Breton sont attablés devant ces petites graines bariolées du Mexique qui font des bonds imprévisibles. Le premier voudrait qu'on en découpe une afin de voir si elle ne contient pas un insecte capable de la mouvoir; Lacan aimerait qu'on s'en dispense absolument puisque seul compte l'étonnement des observateurs; Breton tient à prolonger la rêverie devant le prodige, jusqu'à épuisement de la discussion. Caillois voit dans ces différents comportements la marque d'une divergence fondamentale entre l'attitude magique du surréalisme, toute de jouissance, et celle du chercheur. Il se sépare de Breton par une lettre où il aggrave le contraste entre leurs deux démarches. « Permettez-moi, dit-il de ne plus être qu'une sorte de correspondant du surréalisme. » Ce qu'il sera, effectivement, durant la guerre, en Argentine.

### *Trois départs*

Les dissensions continuent de secouer le groupe. Tzara, qui déjà, était d'opinion de suivre le PC sans discuter, n'apprécie pas l'article « La grande actualité poétique », publié par *Minotaure*, dans lequel Breton propose d'instaurer un front commun de l'art, allant de Jouve à Malraux. L'affaire du numéro surréaliste de *This quarter* lui était aussi restée sur le cœur : Breton n'avait-il pas allègrement daté le surréalisme de 1919, faisant abstraction de dada et, particulièrement de son activité à lui, Tzara?

Avec Char et Crevel, il se propose d'éditer une plaquette reprenant les critiques de chacun, expliquant les raisons d'une rupture. Crevel se soigne à Davos, avec Eluard qu'il aime bien et qui lui apporte un grand réconfort moral. Pas question de l'affecter : « Je ne veux ni injures ni linge sale », répond-il à Tzara, poursuivant : « Il s'agirait de dire que les acquisitions du surréalisme demeurent, se continueront, etc., mais que le groupe ne nous comporte plus parce qu'à l'heure actuelle les contradictions chez les intellectuels issus de la bourgeoisie sont telles que nous assistons à une décomposition, d'ailleurs prometteuse, selon la marche dialectique, de nouvelles germinations. »

Tzara jette sur le brouillon quelques phrases : le surréalisme fait fausse route en s'exprimant dans une revue luxueuse; il n'y a pas lieu de concevoir l'union avec des personnes comme Valéry ou le marchand de tableaux Ambroise Vollard quand on soutient les positions exprimées jusqu'à présent, et quand l'idéologie fasciste gagne la Hongrie après l'Italie et l'Allemagne. « Il nous a semblé nécessaire, à ce moment critique que nous traversons, écrit-il, de nous désolidariser de cette nouvelle phase du surréalisme que Breton vient d'inaugurer. »

Fin janvier, Char rend visite à ses amis, à Davos. Il convainc Eluard de ne plus collaborer à *Minotaure* et de renoncer, à l'avenir, à ces réunions de café qui ne mènent à rien. Avec Crevel, il juge préférable de quitter le groupe en taisant les motifs de leurs désaccords. Et en juin, ce dernier écrira dans son ultime message : « Je déclare que j'ai cessé d'appartenir à ce groupe dont les recherches, en dépit de leur intérêt culturel, ne sollicitent plus une attention que, seule, l'actualité immédiate, l'actualité à mon avis catégoriquement révolutionnaire de 1935, appelle et retient de toute sa violence. » Tzara se retrouve seul à rendre public son désaccord. Le motif en est un article de Pierre-Olivier Lapie qui, dans les *Cahiers du Sud*, présente un résumé de ses thèses sur la situation de la poésie, sans le nommer, comme si elles étaient partagées par tout le groupe. Il adresse donc à cette revue une mise au point attaquant les productions surréalistes récentes : l'automatisme qui ne l'est guère, les poèmes logiquement ordonnés qui n'apportent rien à la connaissance. Il ajoute, « une récente tentative de quelques surréalistes, de constituer un « front commun » de la poésie dans une revue parisienne, à laquelle René Char et moi avons refusé de collaborer, tentative confusionnelle que je réprouve violemment, démontre que la poésie est considérée par eux comme un *but en soi*, ce contre quoi, en raison même de l'affectation révolutionnaire de celle-ci, je ne saurais jamais assez m'élever ».

Char estime que son nom a été prononcé inutilement. Dans une lettre aux mêmes *Cahiers du Sud* (avril 1935), il explique que son refus de collaborer à *Minotaure* est motivé par des raisons personnelles, que le public n'a pas à connaître, tout comme sa non-participation aux éventuelles activités surréalistes. En réalité, il ne désavoue pas Tzara. Sa lettre ouverte à Benjamin Péret atteste qu'il a quitté le groupe à ce moment-là « sans éprouver en revanche le besoin de cracher sur ce qui durant cinq années avait été pour [lui] tout au monde ».

Comme par un effet de vases communicants, le surréalisme gagne sur le plan international ce qu'il perd en son propre sein. Du 15 au 28 janvier, se tient à Copenhague une exposition internationale consacrée au cubisme et au surréalisme. Breton préface le catalogue. Son texte est un extrait des conférences qu'il prononcera à Prague et à Santa Cruz de Tenerife.

### *L'internationale surréaliste*

A Prague, « Les aiguilles de l'horloge du quartier juif vont à rebours ». Ce vers d'Apollinaire chante à la mémoire de Breton lorsqu'avec Jacqueline et Paul Eluard, qui a dû emprunter 1 000 F pour l'accompagner, il prend le train le 27 mars. Prague, « la capitale magique de la vieille Europe », la ville du Golem, d'où surgissent tous les enchantements. Elle polarise sa rêverie.

Il se reporte à la chambre du château du Pouy, dans le Gers, chez Max Ernst, où il a préparé le texte de ses conférences. Il revoit le paysage à la fois ensoleillé et mouillé, l'arc-en-ciel s'enfonçant dans une maison en ruine. Soudain ses émotions d'enfant ressurgissent : le mystère, la beauté, la peur qu'il eut naguère en explorant un lieu semblable. C'est là « le foyer vivant », à l'origine de la personnalité, qu'il faut divulguer à Prague.

Avec Eluard dont rien ne le sépare, il évoque les amis qui les ont invités pour la première exposition du Groupe surréaliste tchécoslovaque. Breton se sent en parfaite communion d'idées avec Karel Teige, le théoricien, et Vitezslav Nezval, le poète qui, comme lui, recense les irruptions du hasard objectif dans sa vie. Celui-ci l'avait rencontré, au café Cyrano, le 9 mai 1933, presque par hasard, puisqu'il ne savait pas que les surréalistes s'y tenaient régulièrement à l'heure de l'apéritif. Et dès le lendemain, il lui avait adressé une lettre d'adhésion collective, publiée aussitôt dans *Le SASDLR* n° 5. Ainsi le poétisme tchèque, évoluant parallèlement au surréalisme depuis dix ans, s'y ralliait en constatant que ses membres partageaient le même point de vue sur le marxisme vulgaire de Kharkov, la politique absurde des correspondants ouvriers. Le groupe surréaliste de Prague était une réalité depuis un an. Il publiait de passionnantes discussions, s'attachait au merveilleux quotidien, dont il dégageait la réalité en des textes pleins d'humour. Et puis il y avait les peintres, Jindrich Stirsky, le magnifique collagiste, et son amie Toyen, dont les toiles annoncent les failles de l'histoire. Sans parler des traductions des *Manifestes*, de *Nadja* et, tout récemment, des *Vases communicants* par Nezval, qui s'est mis en quatre pour financer le voyage de Breton et l'attend « avec un enthousiasme fanatique ».

Mais, surtout, Prague pourrait être la porte de Moscou. Les surréalistes tchèques étaient bien vus du PC local qui rendait compte de leurs activités, les consultait pour l'élaboration de sa ligne culturelle et leur ouvrait même les colonnes de l'organe officiel, *Rude Pravo*.

Le dernier Congrès des écrivains soviétiques, fin août 1934, n'avait-il pas donné raison aux surréalistes ? Il était même important qu'un dialecticien de premier plan comme Boukharine présente le rapport sur la poésie et conclue que l'image irrationnelle ne s'oppose pas au réalisme socialiste dont l'objectif est bien l'homme lui-même. Approfondir la connaissance du social et du psychologique : les Anglais Stephen Spender, Day Lewis avaient souligné le rôle du poète dans cette élucidation. Délégué de la France, Malraux n'avait-il pas enfoncé le clou en rappelant le mot d'ordre de Marx : « Plus de conscience » ?

Il faut tenir bon contre les critiques de Tzara, le front unique des intellectuels étant la seule politique concevable. Découvrir le dénominateur commun à Jouve, Malraux, Tzara lui-même, dans le processus de symbolisation. Et, pour les surréalistes, maintenir la nécessité de l'automatisme, seul moyen de révéler à chacun son mythe personnel afin de le fondre en un mythe collectif, et se tenir à égale distance de l'apolitisme et de la politique. Il y va de l'authenticité de leur témoignage.

Mais le surréalisme ne court-il pas un danger en essaimant à Bruxelles, à Prague, aux Canaries, à Londres, à New York et même au Japon ? Certains, du genre Cocteau, profitent déjà de la publicité. Des groupes étrangers à leurs idées, en Hollande, en Suisse, en Angleterre, se font passer pour tels. Et le public, mal informé, ne saisit pas la différence. Avec son humour pratique, Man Ray a suggéré de fabriquer une estampille de garantie, comme sur les bouteilles d'apéritif et d'eau de Cologne. Il faudrait y songer...

A Prague, les conférences se succèdent. A la salle Manes, le 29 mars, Breton traite de la « Position surréaliste de l'objet, position de l'objet surréaliste » devant 700 personnes qui n'ont pas toutes pu voir les projections étayant son propos. Prenant l'objet au sens philosophique, entre le sensible et le rationnel comme dit Hegel, tant décrié par les marxistes primaires, il montre que la même démarche anime le peintre et le poète libérés du souci de la représentation, ne « considérant la nature que dans son rapport avec le monde intérieur de la conscience ». Les œuvres d'Arp, de Dali, l'architecture modern'style comme le palais idéal du facteur Cheval participent de l'irrationalité concrète, au même titre que les poèmes-objets récemment mis en circulation. D'abord parce que l'objet poétique, comme l'objet artistique, a cessé d'être posé à priori depuis Lautréamont. Ensuite parce qu'ils sont soumis à l'humour et au hasard objectifs, ce qu'a bien compris Apollinaire avec ses poèmes-conversations. Peintre et poète ont la même fonction : objectiver la représentation mentale par l'image et spécialement la métaphore, en libérant l'automatisme psychique, en exacerbant la paranoïa-critique comme Dali, ou en pratiquant le collage comme Max Ernst.

Le lendemain, 1er avril, Eluard et Breton sont accueillis par l'association Front gauche, union d'intellectuels et d'ouvriers antifascistes. Trois cent cinquante personnes sont réunies pour les entendre parler, respectivement, de « la poésie surréaliste » et de la « Position politique de l'art d'aujourd'hui » à la bibliothèque municipale. Breton fait part de ses réticences devant l'attitude du parti communiste français qui traite avec tous les honneurs des écrivains réactionnaires comme Claudel, des auteurs idéologiquement à gauche mais artistiquement dépassés comme Barbusse, tandis que la droite se montre dangereusement accueillante à l'avant-garde artistique. Dans une société dominée par le capitalisme, on ne saurait assimiler le domaine artistique au politique. Le grand peintre de scènes révolutionnaires, David, était le pire académique; quant à Courbet le communard qui fit tomber la colonne Vendôme, il traite les mêmes sujets que les autres peintres. C'est par la recherche d'un langage nouveau que Rimbaud se montre révolutionnaire, non dans ses poèmes inspirés par la Commune. Le problème réside dans l'absence de lien direct entre l'art et la politique, entre l'émotion et l'expression. Reprenant les thèses exposées dans *les Vases communicants*, Breton en souligne la pertinence, au regard de la politique communiste.

Le surlendemain, il s'adresse aux étudiants, à la Faculté des Lettres : il lit des passages de *Qu'est-ce que le surréalisme?* publié à Bruxelles en juillet, devant deux cent cinquante personnes, alors que Bergson n'en avait réuni que cinquante. Il répète sa conférence sur l'objet à Brno le 4 avril, là encore devant un public nombreux. Les Parisiens sont choyés, ils s'adressent à la radio, leurs photos paraissent dans les journaux. Un homme, en particulier, les écoute avec attention, analyse leurs livres dans la presse communiste, prépare le public à les bien comprendre. Il n'est ni poète, ni surréaliste, mais il leur est précieux. C'est Zavis Kalandra, dont Breton essaiera de sauver la tête en 1950, face à Eluard hostile. *Halo-Noviny*, organe de l'unité ouvrière, les interroge longuement sur leurs rapports avec les autres groupes d'avant-garde, l'art soviétique, le legs culturel de l'humanité, l'art de propagande, le texte automatique, leurs actions prochaines.

Toute cette activité est consignée dans un *Bulletin international du surréalisme*, le premier du genre, daté du 9 avril. Le texte central, composé en commun et rédigé dans les deux langues, est signé de l'ensemble des surréalistes tchèques et de leurs visiteurs.

Un mois après le départ de ceux-ci, le théâtre Novi Divadlo créera, pour la première fois dans le monde, *le Trésor des jésuites* d'Aragon et Breton, dans une mise en scène de Jindrich Honzl. C'est dire que le succès des messagers de Paris n'était pas seulement de curiosité. On traduira *la Rose publique* d'Eluard. En quelques jours Breton a signé plus de quatre cents exemplaires des *Vases communicants*!

Les voyageurs, accompagnés de Nezval et Teige se rendent à Zurich où Breton devait prononcer une conférence, puis ils regagnent Paris, l'image de Prague dans la tête : « A flanc d'abîme, construit en pierre philosophale, s'ouvre le château étoilé. »

De façon significative, cette phrase de Breton se rapportant au diamant monumental pragois clôt le chapitre v de *l'Amour fou* qui relate l'ascension du pic du Teide, à Santa Cruz de Tenerife. Dans ce récit, le souvenir de la Tchécoslovaquie se mêle à la découverte enchantée des Canaries, tant pour lui les deux voyages se confondent, puisqu'il les a effectués avec Jacqueline.

Aux îles Fortunées, selon l'antique dénomination, tout paradis n'est pas perdu. Sur l'entremise du peintre Oscar Dominguez, lui-même originaire des Canaries, et à l'invitation du directeur de *Gaceta de arte*, Teodoro Westerdahl, Jacqueline et André ont quitté Paris à la fin avril pour embarquer sur un bananier norvégien, le *San Carlos*, avec Benjamin Péret. Sans le sou, Eluard n'a pu se joindre à eux. Ils doivent inaugurer le 10 mai, une grande exposition de peinture surréaliste (soixante-dix tableaux), pour laquelle Breton a rédigé une préface reprenant en partie sa conférence sur l'objet surréaliste. Le vernissage s'accompagne d'une conférence de Breton à l'Ateneo de Santa Cruz, démarquée de « Position politique de l'art d'aujourd'hui ». Conférence qu'il répète à Puerto de la Cruz sous l'égide du cercle d'Amitié XIV avril. L'invitation est superlative, à la mode espagnole. Les amis sont si chaleureux qu'on peut bien leur pardonner ces conventions ! Mais on ne fera pas grâce aux autorités d'avoir interdit la projection de *l'Age d'or*, pour de prétendues raisons de moralité !

Comme à Prague, un *Bulletin international du surréalisme* est élaboré en français et en espagnol, signé par les membres du nouveau groupe canarien : Espinosa, Cabrera, Lopez Torres, Perez-Minik, Westerdhal et, bien sûr, Breton et Péret. On peindra la situation culturelle en Espagne, celle, encore plus désastreuse, des Canaries. On attaquera les conservateurs et réactionnaires mais aussi les avant-gardistes hors du champ révolutionnaire et les communistes opportunistes, mettant dans le même sac Aragon et Rafael Alberti. On citera longuement les réponses de Breton à *Indice*, la revue socialiste de culture, sur la peinture sociale, sur les causes de sa rupture avec Aragon, sur l'art révolutionnaire nécessairement indépendant du pouvoir politique. La brochure ne paraîtra qu'en octobre.

Touriste obligeant, Breton assiste à une corrida, sans desserrer les dents. Plus joyeusement, il excursionne dans la grande île, surpris du sable noir, d'origine volcanique, dont sont recouvertes les plages. Il a le sentiment d'être parvenu au terme de sa quête. La nature y est unique comme l'amour. Les flamboyants, l'euphorbe, le dragonnier, la pitanga, le semper-vivum, le datura, le retama, la sensitive, tous les végétaux qui peuplent ce jardin d'Eden, rythment l'exaltation des amants aux premiers jours du monde. Breton exprime son émotion dans deux proses poétiques : *Au lavoir noir*, (tiré à soixante-dix exemplaires par Guy Levis-Mano en janvier 1936), et le cinquième chapitre de *l'Amour fou*. « Teide admirable, prends ma vie ! » s'exclame-t-il. Hélas, il faut quitter ces coteaux, ces vallons où les dieux ont établi leur gloire et, le 27 mai, rentrer par le même bateau, chargé de fruits et de tabac, vers Paris où s'organise un rassemblement international d'intellectuels.

## *Le Congrès des écrivains*

Avant de partir aux Canaries, le 20 avril Breton avait écrit à René Lalou, secrétaire du comité d'organisation, pour lui demander d'enregistrer l'adhésion d'Eluard, Hugnet et Péret, outre lui-même, au prochain Congrès international des écrivains pour la défense de la Culture, qui devait tenir ses assises à la Mutualité le mois suivant. Il savait bien, avec ses amis surréalistes, que la manifestation qui devait réunir les grands ténors de l'antifascisme, Aldous Huxley, Robert Musil, Max Brod, Bertolt Brecht, Heinrich Mann, Roger Martin du Gard, Gide, Malraux, émanait des directives de Moscou. Et il se défiait de ces grandes réunions ratissant large, surtout du côté d'écrivains bourgeois récemment convertis à l'Union soviétique comme Gide. Aussi avait-il insisté pour que le Congrès traitât bien du devenir de la culture dans une perspective révolutionnaire, en mettant explicitement à son ordre du jour des questions telles que la recherche de moyens d'expression nouveaux et « l'approfondissement du problème humain sous toutes ses formes ».

En confirmant l'inscription des surréalistes, Lalou leur avait indiqué qu'un seul d'entre eux serait autorisé à prendre la parole. En l'absence de Breton (mais bien entendu avec son accord) Eluard l'avait désigné, au nom du groupe.

Breton s'apprêtait donc à prononcer un discours d'autant plus vigoureux qu'il avait appris, à son retour, la signature par Laval, à Moscou, le 2 mai, du pacte franco-soviétique d'assistance mutuelle. Staline n'hésitait pas à approuver pleinement la politique de défense nationale de la France, au grand étonnement des pacifistes et des militants communistes qui, depuis la guerre, œuvraient contre la militarisation du pays.

Le 14 juin au soir, André venait de dîner avec Jacqueline, Péret et les amis tchèques venus pour ce congrès, quand, sur le boulevard Montparnasse, Toyen fit remarquer à Nezval qu'Ilya Ehrenbourg sortait de la Closerie des Lilas. Aussitôt Breton traverse le boulevard et gifle d'abondance l'auteur de *Vus par un écrivain d'URSS*, ouvrage dans lequel les surréalistes étaient comparés à une viande faisandée. « Ils veulent bien et de Hegel et de Marx et de la Révolution, mais ce qu'ils refusent, c'est de travailler. Ils ont leurs occupations. Ils étudient, par exemple, la pédérastie et les rêves... » Celui que Staline appelait son bouffon ne se défend pas. Il bredouille à la fin : « Vous avez eu tort de faire ça ! » En corrigeant son diffamateur, qu'il tenait pour un polygraphe russe installé en France, Breton ne savait pas qu'il venait de s'attaquer à l'un des membres de la délégation soviétique au Congrès. Il s'étonne, auprès de René Lalou, de n'avoir reçu aucune précision sur le moment de son intervention : « De divers côtés on m'informe aujourd'hui qu'il n'est plus dans les intentions du comité organisateur de me convoquer, en raison d'un incident entre moi et M. Ehrenbourg. Je ne puis croire que l'on me fait grief d'avoir répondu comme je l'ai fait aux infâmes accusations portées contre mes amis et contre moi... », lui écrit-il le 19 juin.

Breton a d'autant plus de raisons de s'alarmer que, la veille, René Crevel s'est donné la mort à l'issue d'épuisantes discussions avec le même comité pour tenter de lui faire donner la parole. Certes, leurs rapports s'étaient distendus depuis que Crevel avait rejoint Aragon et Tzara à la Maison de la Culture, mais ils n'en avaient pas moins conservé une mutuelle estime, et le surréalisme ne pouvait oublier l'un de ceux qui avaient contribué à la formation de son état d'esprit.

Marcel Jouhandeau, qui avait été de ses intimes, écrivit dans la *NRF* de juillet : « Qui a conduit ce drame ? Rien ne ressemble à un crime comme un suicide, et vu l'ordre inhabituel qui règne ici, révolutionnaire, serait-ce la police qui l'aurait tué ? A moins que ce ne soient ses amis ? On les voit errer autour de la maison qu'il habitait et de l'hôpital où il repose comme s'ils étaient responsables de tout. » Ces insinuations étaient fort graves. Chacun de son côté, Tzara et Breton se crurent mis en cause. Celui-ci usa de son droit de réponse pour expliquer aux lecteurs de cette revue la démarche des surréalistes : il était exact que le 23 dans l'après-midi, Breton, Eluard, Péret et Tanguy s'étaient rendus à l'hôpital Boucicaut pour interdire un service religieux à la mémoire de celui qui n'avait cessé de dénoncer les mascarades de la bondieuserie. La famille de Crevel, ayant eu vent de leurs intentions, préféra se passer de prêtre.

La veille de cette tragique disparition, Breton avait reçu une lettre de Lalou, lui demandant, au nom du comité, si, pour lui, le recours à la brutalité était synonyme de Culture. Il lui annonçait que la parole lui était retirée au profit d'Eluard. Cependant, tout le groupe s'était rendu à la Mutualité pour assister à la séance d'ouverture du Congrès, aussi solennelle qu'ennuyeuse. Le samedi soir, le groupe retourne au Congrès pour écouter Gide, « le vieux comédien », disait Breton, parler de l'individu. Breton, seul, l'applaudit avec un tel enthousiasme quand il déclara que la littérature de qualité avait toujours été d'opposition, qu'on crut à une provocation. Magdeleine Paz et Charles Plisnier, autrefois collaborateurs de Barbusse à *Monde,* soulevèrent la question du sort de Victor Serge, détenu en URSS. Ils n'obtinrent que des réponses ironiques. Le dimanche soir, la salle était clairsemée. A la tribune, Aragon ne cessait de regarder Breton, comme hypnotisé par celui qu'il avait secondé pendant des années.

Tout l'après-midi du lundi 24, Nezval attendit vainement son tour de parole : il fallait faire place à Boris Pasternak qui venait d'arriver, ou bien Jean-Richard Bloch se déclarait incompétent. Il plaida aussi inutilement pour les surréalistes auprès de Mikhaïl Koltsov, un délégué soviétique qu'il connaissait bien. A la fin, minuit passé, Eluard put lire le discours de Breton à la tribune, coincé entre Aragon et Tzara. Le propos était sévère contre le récent pacte franco-soviétique. Il appelait les intellectuels à conserver leur sens critique et à surveiller les modalités de ce rapprochement pour qu'il ne favorise pas le retour à l'idée de patrie, et qu'il ne soit pas dirigé contre le peuple allemand. Certes, il fallait prendre en considération le legs culturel du passé, mais pour l'inventorier, le réévaluer et s'en servir contre la bourgeoisie.

A ce moment, le président de séance expliqua, vieux truc bureaucratique, que, la salle n'étant louée que jusqu'à minuit et demi, on risquait de couper la lumière. La voix d'Eluard se perdit dans le brouhaha. On n'entendait plus ce qu'il disait sur le contenu latent des œuvres, sur le refus de toute régression artistique, sur la connaissance des problèmes humains. Les noms de Sade, Freud, Marx et Lénine, prononcés à la suite, émergèrent à peine. Rares furent ceux qui purent saisir la formule finale : « Transformer le monde », dit Marx, « changer la vie » a dit Rimbaud : « Ces deux mots d'ordre pour nous n'en font qu'un. »

Nezval dut rempocher son texte, qu'on ne l'avait pas autorisé à lire. Le Congrès était terminé.

Peu après, Barbusse traduit dans *Monde* : « Eluard se prononça contre l'alliance franco-soviétique et contre une collaboration culturelle entre la France et l'URSS. » *Commune*, l'organe de l'AEAR, renchérit : « La mesquinerie de quelques trotskystes, l'esprit petit-bourgeois de quelques surréalistes ont été pour tous un objet de mépris ou de pitié ».

Est-ce ainsi que les hommes lisent? Le texte intégral du discours de Breton est publié le 1$^{er}$ juillet dans *La Bête noire*, mensuel artistique dirigé par Tériade – preuve d'honnêteté intellectuelle en dépit de son éviction de *Minotaure* – puis dans le numéro 3 du *Bulletin international du surréalisme,* à Bruxelles le 20 août. Tout le groupe belge, de Magritte à Servais, appuie fermement la position adoptée par Breton contre le pacte franco-soviétique, contre l'idée de patrie, et en appelle à la Révolution prolétarienne mondiale.

Il importait de tirer une claire leçon de ces événements. Le mardi 2 juillet, après avoir dîné chez Yves Tanguy, avec Miró, Man Ray et Max Ernst, Breton réunit tout le groupe chez Maurice Heine. Il était favorable à l'idée de publier un manifeste, pourvu qu'on élargît le débat politique aux questions morales et culturelles. « Du temps que les surréalistes avaient raison », rédigé par Breton, contresigné par tout le groupe, paraîtra durant la première quinzaine d'août. Ce congrès, disait-il, avait procédé à l'étouffement systématique des problèmes véritables comme des individus. D'anciens surréalistes passés au PC (entendez Aragon) payaient leur trahison en injures, et les symptômes les plus alarmants venaient d'URSS, tant au sujet de la famille, de l'amour, que de l'art prolétarien, du réalisme socialiste que du culte rendu à Staline : « Ce régime, ce chef, nous ne pouvons que leur signifier formellement notre défiance. »

La conclusion de ces tristes journées de juin n'est que trop claire. Jamais le surréalisme ne parviendra à convaincre le parti communiste tant que celui-ci sera stalinien. Jamais il ne réussira à mettre en pratique, parmi les masses, ses conceptions révolutionnaires.

Compte tenu de cette agitation, il avait été impossible de maintenir le « cycle systématique de conférences sur les plus récentes positions du surréalisme », prévu depuis le voyage à Prague, pour lequel Breton avait calligraphié un prospectus de souscription. Les amis étrangers présents à Paris (Nezval, Mesens, Bjerke-Peterson, Gascoyne) auraient expliqué pourquoi ils étaient surréalistes. L'attention était ailleurs. Au cours de sa visite chez Breton, Nezval avait remarqué une lampe à pétrole verte : l'électricité était coupée depuis plusieurs mois. Pour régler ses dettes et se payer des vacances, Breton vend pour 4 000 francs deux tableaux de Tanguy et divers documents à Alfred Barr, le collectionneur américain, qui organisait une exposition à New York pour l'année suivante : *Fantastic Art, Dada, Surréalism.* Puis, avec Jacqueline, Eluard et sa femme, il se rend à une invitation de Lise Deharme dans sa propriété des Landes, « Le Miquet », à Montfort-en-Chalosse. Pour tuer le temps, Man Ray décide de tourner un film, surréaliste bien entendu, avec les vacanciers comme acteurs. Eluard et Breton rédigent un scénario. La fille d'un fermier voisin, revêtue d'un collant blanc, pour la décence, monte un cheval à cru. Dans une autre séquence, Breton lit, assis à côté d'une fenêtre, une grande libellule posée sur le front. Le tournage est long. Breton, très mauvais acteur, perd patience. Sa colère imprévue constitue la meilleure partie du film, dira Man Ray. Mais le matériel étant défectueux, il n'y a pas même de quoi en tirer un court métrage. On se contentera d'en extraire des photos, pour les *Cahiers d'art*, intitulées « Essai de simulation du délire cinématographique ».

## *Contre-attaque*

Après sa déception du Congrès des écrivains, Breton en connaîtra une nouvelle en septembre lorsqu'avec Maurice Wullens, le directeur prolétarien de la rue *Les Humbles*, et Gaston Ferdière, il entreprend d'exposer dans une petite salle du VII$^{e}$ arrondissement le cas de Victor Serge, toujours détenu sans raison en URSS. Les communistes avaient décidé de clouer le bec des orateurs. On les hue, on leur jette des projectiles. Imperturbable, Breton lit un poème de Victor Serge qui vient de lui parvenir. Il faut se frayer un chemin à force ouverte.

Tout dialogue est impossible avec les partisans de Moscou. Comme souvent en pareil cas, Breton se porte vers une tendance extrême. Le groupe surréaliste se rapproche du Cercle communiste démocratique, rassemblé autour de Boris Souvarine, qui s'exprime dans *la Critique sociale.* Il y retrouve des exclus du groupe : Leiris, Baron, Queneau, et surtout Georges Bataille, qui fait figure de meneur. Tous ensemble fondent Contre-attaque, union de lutte des intellectuels révolutionnaires. Une résolution du 7 octobre résume leur programme : contre les idées persistantes de patrie et de nation, le Front populaire étant voué à l'échec, il faut inventer une nouvelle violence contre les démocraties : « La constitution d'un gouvernement du peuple, d'une direction de salut public, exige *une intraitable dictature du peuple armé.* » Acceptant les principes fondamentaux du marxisme, s'appuyant sur l'étude des superstructures, les surréalistes veulent constituer une structure sociale nouvelle. Ils se serviront des armes du fascisme pour une révolution qu'ils souhaitent violente, universelle.

Le mois suivant, un programme de publications est élaboré et inséré dans l'ouvrage de Breton, rassemblant ses récentes conférences internationales, *Position politique du surréalisme,* publié par les éditions du Sagittaire. A l'occasion de la sortie du livre, celui-ci accorde une interview au *Figaro.* Le journaliste évoque l'incident avec Ehrenbourg et souligne la brutalité de la rupture avec l'URSS signifiée par ce qu'il appelle un pamphlet. Breton répond : « Brutale, notre rupture avec le communisme? C'est que vous n'avez pas connu le malaise que j'ai éprouvé depuis mon adhésion au Parti en 1926. Un curieux accueil, vraiment : j'ai été convoqué devant cinq commissions de contrôle et soupçonné d'être un espion bourgeois! Le Parti a refusé d'enregistrer la production picturale du surréalisme et cela a créé une source de conflits permanents. Et puis, avant tout, pas de liberté. Les communistes ne pensent qu'à la littérature de propagande. Or l'activité politique telle que la conçoit le surréalisme ne peut subir un contrôle de ce genre : Baudelaire, Rimbaud, Lautréamont, Apollinaire ont créé une sorte de déterminisme de la poésie qui rend impossible le souci de la propagande. D'ailleurs la rupture est sans regrets, la Russie soviétique n'a plus d'effervescence révolutionnaire. C'est même inquiétant : on va là-bas jusqu'à publier de misérables élucubrations sur la famille dont ne voudraient même pas les journaux des patronages en France [...]. » Il s'interroge sur le nouveau conformisme communiste de Gide; puis il dégage les nouvelles directions du surréalisme, autant avec Contre-attaque que dans l'approfondissement de l'humour et du hasard objectifs.

A Contre-attaque, Breton et Bataille doivent traiter, ensemble, de « l'autorité, la foule, les chefs ». Les surréalistes se réservent Sade et les questions sexuelles; les souvariniens entendent élucider la dialectique hégélienne du maître et de l'esclave, soustraire Nietzsche à l'aura fasciste où certains tentent de l'enfermer. On forme deux groupes, rive gauche Sade, rive droite Marat. Plusieurs réunions touchent une centaine de personnes.

Le 5 janvier 1936, Breton parle avec Bataille, Péret et Maurice Heine de la patrie et de la famille au Grenier des Augustins prêté par Jean-Louis Barrault. Paradoxalement, il est conduit à condamner la structure familiale au moment où il s'enchante du phénomène merveilleux qu'est la naissance d'un enfant, son propre enfant. Guéri de la grippe qui le rendait contagieux, il a été autorisé à prendre dans ses bras sa fille, mise au monde le 20 décembre dans une clinique du XIII^e^ arrondissement par le D^r^ Mabille. Celui-ci s'est empressé de dresser son thème astral. L'enfant s'appelle Aube. Eluard a su convaincre l'employé de l'état civil qu'un tel prénom était parfaitement légal, en jouant sur la synonymie avec Aurore, l'homonymie avec Aude.

De l'apparente contradiction entre la condamnation de la famille et la joie manifestée à cette occasion, le père devait s'expliquer dans une magnifique lettre destinée à la jeune fille lorsqu'elle aurait seize ans : « Vous saurez alors que tout hasard a été rigoureusement exclu de votre venue », lui écrira-t-il. Conçue par amour fou, elle était l'aboutissement, sous une autre forme, de la poésie s'assurant de son devenir. Par-là même, elle échappait aux sordides conventions sociales et (presque) aux contingences matérielles.

L'agitation ne cesse pas dans la rue. Les Camelots du roi de l'Action française, les Croix de feu du colonel de La Roque saisissent n'importe quel prétexte pour se manifester. Le 13 février, lors des funérailles du monarchiste Jacques Bainville, leurs troupes prennent à partie Léon Blum qui a menacé de faire nettoyer le quartier Latin par les ouvriers des faubourgs. Blum est blessé à la tête. Contre-attaque appelle à « l'offensive révolutionnaire ». Breton se rend place du Panthéon le 17 février à la manifestation organisée par les trois partis du Front populaire pour protester contre cette agression.

En mars, Contre-attaque s'emballe. Tandis que Hitler réarme, Bataille déclare préférer sa « brutalité antidiplomatique [...] moins sûrement mortelle pour la paix que l'excitation baveuse des diplomates et des politiciens », et il justifie dialectiquement la réoccupation de la Rhénanie par les troupes allemandes. Ce n'était pas la peine d'avoir condamné l'hitlérisme paranoïaque de Dali pour en arriver là!

Consulté ou non pour la rédaction de ces derniers tracts, Breton prend conscience que ce type de raisonnement, coupé de la réalité, va se retourner contre ce qu'il a constamment défendu, et particulièrement les traditions révolutionnaires. Un communiqué est publié le 24 mars : « Les adhérents surréalistes du groupe Contre-attaque enregistrent avec satisfaction la dissolution dudit groupe, au sein duquel s'étaient manifestées des tendances dites « surfascistes », dont le caractère purement fasciste s'est montré de plus en plus flagrant. »

Il était temps : on se demande par quel aveuglement les surréalistes avaient pu souscrire à une entreprise dont les prémisses étaient si manifestement erronées ! Comment, bien informés sur ce qui se déroulait en Union soviétique, pouvaient-ils être si peu au courant des méthodes hitlériennes, alors qu'ils accueillaient chaque jour des réfugiés politiques allemands, et comment pouvaient-ils s'illusionner, à ce point, sur leur propre capacité à mobiliser le peuple pour une action révolutionnaire ?

## *Crises*

L'échec de Contre-attaque conduit Breton à désespérer de toute action collective : « Voici trop d'années que les forces oppositionnelles se sont constituées en groupes autonomes et rivaux pour qu'il nous appartienne de les unifier, de les aider à se constituer en un tout menaçant », écrit-il à l'Égyptien Georges Henein le 8 avril 1936. Il reconnaît qu'une telle tâche lui reviendrait, mais il n'a pas le moyen de s'y consacrer entièrement et il lui manque le minimum d'optimisme nécessaire à une activité continue : ses relations avec Jacqueline connaissent une période orageuse. De la même façon, il devrait maintenir des contacts avec les groupes qui se réclament du surréalisme à l'étranger, les encourager, les aider à se faire connaître. Envoyer, comme le lui propose Georges Henein, un article pour la revue *Un effort* que celui-ci désire fonder au Caire ; cependant, poursuit-il, « je ne vous cache pas que je suis un peu las des mises au point écrites que m'inflige sans cesse la diffusion des idées surréalistes dans le monde ». En revanche, il est très désireux de publier un compte rendu complet sur la situation en Égypte dans la « nouvelle revue surréaliste pleinement indépendante », d'apparence modeste et de caractère international avant tout, dont il vient de décider la création pour le mois de mai, avec ses amis. De fait, cet organe ne verra pas le jour, et les surréalistes devront se satisfaire de tracts ou de revues établies comme *Minotaure* et les *Cahiers d'art*.

Dans ceux-ci, Breton publie un texte (achevé le 20 avril), significativement intitulé : « Crise de l'objet. » L'exposition surréaliste d'objets, présentée chez Charles Ratton, rue de Marignan, du

22 au 29 mai, lui suggère un rapprochement entre les sciences et les arts par le biais des objets et du regard nouveau qu'on leur porte. Ainsi les débuts de la géométrie non euclidienne, en 1830, coïncident avec ceux du romantisme ; quarante ans après, à la géométrie « généralisée », contradiction surmontée des deux formes de géométrie, correspondent les œuvres de Rimbaud et de Lautréamont. Le nouvel esprit scientifique assimile maintenant certains éléments irrationnels avec le concept de surrationalisme forgé par Bachelard. En même temps, le surréalisme intègre les mécanismes du rêve, de l'invention. A la physique contemporaine fait donc écho la « physique de la poésie », selon l'heureuse expression d'Eluard.

Les objets rassemblés pour l'exposition (Breton a prêté des masques eskimos et de Nouvelle-Guinée, des poèmes-objets de Jacqueline et de lui-même) qu'ils soient naturels ou créés par l'homme, issus des croyances, du raisonnement mathématique, du hasard ou des rêves, indiquent une fonction d'ensemble : le passage de l'abstrait au concret, l'objectivation de la pensée.

Crise de l'objet, provenant d'une mutation de son rôle, d'une contradiction surmontée. Crise de l'amitié aussi, au même moment, surmontée elle aussi. A Gala devenue sa confidente après avoir été sa femme, Eluard annonce : « J'ai rompu définitivement avec Breton, à la suite d'une discussion relativement calme, au café. Ma décision a été entraînée par son affreuse manière de discuter, quand il est devant les gens. C'est fini, je ne participerai plus à aucune activité avec lui. J'en ai assez. Tout cela manquait trop souvent, à cause de Breton, de sérieux. J'étais depuis longtemps décidé à ne plus supporter les puérilités ni l'inconséquence ni la mauvaise foi. Je voulais pouvoir critiquer sans que Breton s'appuie pour me répondre sur des gens qui se foutent de tout, sur un troupeau de moutons. Le surréalisme ne devait pas devenir une école, une chapelle littéraire où l'enthousiasme et je ne sais quelle misérable action devaient répondre à la commande. »

Comme surpris de son audace, Eluard se demande ce qui changera dans sa vie, mais il n'est pas mécontent de briser une relation qui, depuis dix-huit ans, virait à la routine. Il se refusera à toute explication mais il tiendra ses engagements antérieurs, avec Zervos aux *Cahiers d'art,* avec Penrose pour l'Exposition internationale de Londres.

Celle-ci, qui se tient aux Burlington Galleries du 11 juin au 4 juillet, marque l'apogée du surréalisme international. A l'initiative d'Herbert Read, aidé par les animateurs du groupe anglais, Roland Penrose (ami de Max Ernst, futur biographe de Picasso) et David Gascoyne, auteur du *Premier Manifeste anglais du surréalisme* et traducteur de Breton, trois cent soixante tableaux et objets ont été rassemblés là. Eluard, Breton et Mesens ont aidé à la sélection des œuvres venant de France et de treize autres pays. Mais, pour ce qui est de l'Angleterre, bien des tableaux leur ont échappé. Finalement, Breton prend conscience qu'il s'agit plus d'un amalgame de diverses tendances modernes profitant de la célébrité soudain admise que d'un panorama représentatif de ce que désire être le mouvement.

Le soir du vernissage, devant plus de mille visiteurs, Breton prononce une allocution, déjà employée à Copenhague et à Tenerife, sur la situation de l'objet, pendant que parmi la foule erre le fantôme surréaliste, une belle femme au visage recouvert de roses, en robe de satin blanc, bas noirs et gants de caoutchouc, une côte de porc à la main droite, une jambe artificielle sous le bras gauche. L'idée, on s'en doute, provenait de Dali. La photo de cet être de songe fit, le lendemain, la une des journaux britanniques. Le 16 juin, Breton présente sa conférence : « Limites non frontières du surréalisme. » Il soulève l'émotion de son auditoire quand il déclare que le roman noir anglais est le fruit des secousses révolutionnaires marquant la fin d'une époque. N'affirme-t-il pas, par ailleurs, en préface à des poèmes d'Henri Pastoureau, que « le vrai poète est toujours un révolutionnaire authentique »? Le 19, Herbert Read lit un papier sur « L'art et l'inconscient »; le 26, Hugh Sykes Davies traite des rapports du surréalisme avec la biologie. Auparavant, le 23, l'ensemble du groupe avait été invité à un débat par l'Association internationale des artistes, organisation anglaise proche du parti communiste, mais relativement accueillante aux thèses surréalistes. Breton était déjà reparti pour Dieppe le 20 juin, avec Jacqueline.

Pour aider ses amis à court de liquidités, Roland Penrose achète la collection de tableaux d'Eluard et un poème-objet ainsi qu'un collage de Picasso, *Tête* (1913) appartenant à Breton. Seule ombre au tableau, Eluard a évité Breton. Intentionnellement, il a attendu son départ pour se montrer à Londres. Pourtant, la rupture n'est pas si absolue qu'Eluard le prétendait, puisqu'il dédicace *Barre d'appui* avec cette belle assurance sur l'avenir : « A Jacqueline et André Breton, leur ami envers et contre tout. »

Le quatrième et dernier *Bulletin international du surréalisme*, bilingue anglais-français, paraît en septembre. Composé, comme les précédents, par le groupe local assisté des invités français, il comporte illustrations, fragments d'allocutions, extraits de presse et articles collectifs sur dix-huit pages. Sa réalisation ayant été approuvée collectivement le 7 juillet après le succès de la manifestation (520 000 visiteurs), il indique lui aussi, que le surréalisme atteint son plus haut période. Après quoi il ne pourra que décliner, pense Breton. Il en est parfaitement conscient lorsqu'il publie le texte actualisé de sa conférence, en anglais d'abord, l'année suivante en français dans la *NRF* – signe remarquable d'un retour dans la revue de Paulhan. L'exposition est replacée dans son contexte de crise internationale : conquête de l'Éthiopie par Mussolini, installation du gouvernement Léon Blum issu du Front populaire, immédiatement suivi d'une action de masse d'un type nouveau – la grève générale avec occupation d'usines –; pronunciamiento des généraux rebelles contre le tout récent gouvernement de Frente popular en Espagne le 18 juillet.

De Lorient, Breton a contresigné le tract élaboré par ses amis surréalistes le 20 juillet 1936, demandant au gouvernement français d'armer la classe ouvrière et d'arrêter le dirigeant catholique espagnol Gil Robles, même s'il émettait des réserves sur son caractère politiquement conventionnel et sur le style : « Je regrette vivement qu'il ne soit pas rédigé dans un langage qui nous soit plus propre (mettons plus lyrique) », écrivait-il à Léo Malet. Breton s'était élevé aussi avec vigueur contre la politique de neutralité adoptée par la France – sur pression de l'Angleterre, rappelons-le – qui laissait libre champ au fascisme. Le 20 août, le groupe surréaliste lançait un tract demandant à Blum d'organiser l'envoi de volontaires et de matériel en Espagne, la formation de milices prolétariennes en France.

Située entre la grève générale en France et les combats de Saragosse en Espagne, l'Exposition internationale du surréalisme revêt une nouvelle signification. Entendons qu'elle exprime, aux yeux de Breton, le seul effort concerté des intellectuels à tendance révolutionnaire pour marquer leur action sur le plan international. Ceci, sur la base des idées surréalistes dont, en dépit de son peu de goût pour la pédagogie, il trace une puissante synthèse : adhésion au matérialisme dialectique, étude des superstructures (en particulier les formes d'humour et de hasard objectifs), à travers quelques constantes : l'automatisme, la réduction des antinomies, l'expression du contenu *latent* de l'époque. L'exemple du roman noir anglais, objet d'une dilection particulière, lui sert à prouver, à travers Sade, son adéquation à la Révolution française. Même Horace Walpole, lié par M^me^ du Deffand aux encyclopédistes, anticipe sur les méthodes surréalistes : il prête une grande attention au rêve, à ce qui deviendra l'automatisme, et crée le mythe du château.

C'est pourquoi l'Exposition de Londres n'a pas seulement valeur de test. Il conclut : « Pour moi, en effet, l'objectivation et l'internationalisation des idées surréalistes, poursuivies d'une manière toujours plus active au cours de ces dernières années, touchaient ici à leur point critique. » L'Angleterre lui apparaît alors comme la seule conscience mondiale susceptible d'arbitrer les deux misérables nationalismes français et allemand.

Si la situation internationale, en dépit d'incontestables triomphes populaires, est alarmante, celle de Breton ne l'est pas moins. Sans ressources, il a dû solliciter une aide au ministère de l'Éducation nationale, en qualité de « critique d'art ». La direction des Beaux-Arts lui a fait tenir un crédit de 2 000 francs le jour même de l'installation du gouvernement Blum. Avec cela, il a pu se rendre à Londres, puis séjourner à Lorient. Des tensions surgissent avec Jacqueline, dont il se demande si elles ne résultent pas de l'influence délétère de certains lieux. Ainsi le 20 juillet après-midi, lors d'une promenade le long de la plage entre Fort-Bloqué et le Pouldu, il constate qu'une irritation croissante s'empare du couple, particulièrement à l'approche d'une maison isolée sur le Loch, ruisseau charriant des eaux boueuses qu'il leur faut franchir à pied. Passé cet obstacle, une éclaircie s'établit progressivement entre les deux promeneurs, conduits à constater que rien ne justifiait une telle défiance.

De retour chez les parents, Breton apprend que la maison en cause avait été le lieu, deux ans plus tôt, d'un crime atroce. Le 8 mai 1934, la jeune M$^{me}$ Henriot y avait été trouvée assassinée. On pensa d'abord à un crime de rôdeur, mais le coupable, Michel Henriot, son mari, fut rapidement identifié. Le procès eut lieu devant les assises du Morbihan, à Vannes, le 24 juin 1935. La presse locale, en particulier *Le Nouvelliste du Morbihan*, relata l'affaire dans ses moindres détails. Elle fut relayée par la presse nationale, à tel point que Sartre et Simone de Beauvoir s'y intéressèrent. Cette dernière l'évoque dans *la Force de l'âge.*

Fait encore plus troublant : Jacqueline et André Breton avaient pour seules lectures, dans leur chambre, deux livres : *La Renarde* de Mary Webb et *La Femme changée en renard* de David Garnett, quand ils passèrent devant l'élevage de renards, sur le lieu du crime. Enfin, les cages que Breton croyait avoir vues à travers un treillis métallique sont, il s'en rend compte lors d'une seconde visite, cernées par un mur de béton ! Breton relate cet épisode sous le titre « Les premiers pas dans la maison du vent » du 29 août au 1$^{er}$ septembre. Il sera publié par la revue *Mesures* et prendra place dans *l'Amour fou* (livre pour lequel il a signé un contrat avec Gallimard fin mai).

Causée ou non par le halo négatif des objets, la crise semble avoir affecté sérieusement le couple. Eluard, informé de bonne source, confie à Gala, fin juillet : « Jacqueline a quitté Breton, définitivement je crois. Elle a trouvé du travail en Algérie. Breton reste seul avec l'enfant. Ses parents se désintéressent de Breton. »

Quelque chose de ce trouble transparaît dans la très belle lettre à sa fille que Breton rédige en septembre. Opposant « *toujours* et *longtemps* les deux grands mots ennemis qui s'affrontent dès qu'il est question de l'amour », il choisit le premier, « même si son étoile faiblit à cette heure, même s'il doit perdre ». Il prononce cette formule conjuratoire : « Ce que j'ai aimé, que je l'aie gardé ou non, je l'aimerai *toujours.* » En effet, tandis que Benjamin Péret est à Barcelone depuis le 5 août, où il le tient très régulièrement au courant de la situation, il songe à le rejoindre pour combattre avec les républicains espagnols : « Certes ma vie ne tenait qu'à un fil », écrit-il dans *l'Amour fou.* Ce fil a nom Aube. Une première lettre, inédite, du 12 août 1936, destinée à donner indirectement des nouvelles à « la fée », le jour du second anniversaire de leur mariage, qu'ils passeront séparés, témoigne du rôle joué par l'enfant dans cet attachement à la vie et à l'espoir : « Quand vous serez presque grande, j'essaierai de vous expliquer ce que j'ai su de l'amour, de la vie, de la révolution et du reste. Vous penserez que ce n'était pas très pratique, mais que c'était honorable quand même. »

La crise affective que Breton traverse cet été-là, il en fait aussi confidence à Joë Bousquet qui lui écrit, surpris : « Je ne vous voyais que fort, résolu, et comme vous l'êtes sans doute, je ne vous imaginais pas désarmé. Au fond, je n'imaginais pas que vous puissiez souffrir. » Ne sommes-nous pas comme Bousquet, à nous représenter Breton résistant comme sa prose, alors qu'il lui est arrivé de pleurer de chagrin, de solitude, d'incompréhension?

## *Les procès de Moscou*

Malgré ces déboires sentimentaux, Breton n'a rien perdu de sa vigueur intellectuelle ni de sa combativité lorsqu'il s'agit de défendre les valeurs morales. Quand, fin août, des sympathisants de Trotsky lancent un « Appel aux hommes », dirigé vers tous les démocrates, pour dénoncer le premier procès de Moscou dit du « Centre terroriste trotskyste-zinovieviste », il est des premiers signataires. Il fait partie de la Commission d'enquête internationale préconisée par ces militants qui ne croient rien des stupéfiants aveux des anciens compagnons de Lénine, artisans de la révolution soviétique. Seize inculpés – parmi lesquels Zinoviev et Kamenev qui, avec Staline avaient constitué une troïka pour écarter Trotsky du pouvoir – sont rapidement jugés et exécutés d'une balle dans la nuque.

Au nom des surréalistes, Breton prend la parole le 3 septembre 1936, au meeting du parti communiste ouvrier internationaliste (trotskyste) : « La vérité sur les procès de Moscou. » Il dénonce la mise en scène policière de ces procès, qui témoignent de la corruption de la conscience révolutionnaire. Il désigne nommément Staline comme « le principal ennemi de la révolution prolétarienne » et propose de substituer le mot d'ordre « Défense de l'Espagne révolutionnaire » au précédent, « Défense de l'URSS ». Très lucidement, et bien informé par Benjamin Péret, membre du POUM (parti ouvrier d'unification marxiste) qui était sur le terrain, il prévoit les luttes fratricides des républicains espagnols, organisées en sous-main par les staliniens. Il propose d'agir au sein du Comité de vigilance des intellectuels pour que soit menée l'enquête souhaitée « pour la sauvegarde de la dignité humaine » et termine par un salut à Trotsky « guide intellectuel et moral de premier ordre ». Son texte est diffusé sous forme de tract et reproduit par Maurice Wullens dans le « Dossier des fusilleurs » constituant un numéro spécial des cahiers *Les Humbles.*

En Espagne, les républicains, appuyés par les brigades de volontaires internationaux, luttent corps à corps pour la défense de Madrid. Eluard écrit à ce sujet un très fort poème, *Novembre 1936*, publié par *L'Humanité* du 17 novembre. Flatté qu'une de ses œuvres soit tirée à quatre cent cinquante mille exemplaires, il s'attend à des objections de Breton. Ils en débattent certainement, mais n'en font pas état publiquement : ils n'ont pas le même point de vue sur l'URSS et son chef. C'est peut-être la raison pour laquelle Breton intervient à titre personnel lors d'un autre meeting du POI, le 17 décembre, déclarant : « Camarade Trotsky... ta place ne serait pas au Mexique mais à Barcelone », et signe seul le discours qu'il devait prononcer à nouveau devant les militants du POI à Magic City le 16 janvier 1937. Présidant avec Lucie Colliard et Pierre Monatte la séance consacrée au second procès de Moscou, alors en cours, et dont l'issue n'était que trop prévisible. Breton lit une déclaration de Victor Serge enfin libéré, réservant son propre texte pour le bulletin du comité d'enquête. Évoquant les procès en sorcellerie du Moyen Age, il y démonte le mécanisme d'auto-accusation de ces vieux militants bolcheviks, un Radek, par exemple, continuant à ironiser, persuadés d'avoir la vie sauve. « Démasquer le terrorisme et l'impérialisme de Staline » paraît à Breton la première urgence –, dans la mesure où sa politique met en danger les bases de la pensée socialiste. Pragmatique, convenant qu'il est déjà trop tard pour envoyer des observateurs impartiaux, il demande qu'on mette des avocats en rapport avec les accusés du troisième procès qui se prépare, et qu'à tout le moins l'URSS renonce à la peine de mort en matière politique. Au-delà des événements immédiats, il devine dans ces procès une conséquence de la guerre d'Espagne. Selon sa doctrine du socialisme dans un seul pays, Staline veut « empêcher une nouvelle vague révolutionnaire de déferler sur le monde » et s'efforce de faire avorter la révolution espagnole après l'allemande ou la chinoise. Et Breton d'annoncer les attaques staliniennes contre les organisations anarchistes, qui se produiront en Catalogne d'abord, puis sur l'ensemble du front, quatre mois plus tard.

Aujourd'hui, nous savons tout (ou presque) des procès truqués de Moscou et des manœuvres de Staline pour monopoliser le pouvoir. A l'époque, Breton est l'un des rares intellectuels sans parti à s'être prononcé aussi clairement sur le stalinisme et sur le sort de la révolution espagnole. Dans ces conditions, il n'est pas étonnant qu'on l'ait tenu pour trotskyste – ce qu'il n'était pas davantage.

## *Gradiva*

Très « enfoncé dans les histoires du procès de Moscou », comme dit Eluard, Breton n'en poursuit pas moins, dans le même temps, sa réflexion et son activité esthétiques.

En juin 1936, il présente dans *Minotaure* le nouveau procédé automatique pratiqué par Dominguez : « D'une décalcomanie sans objet préconçu (décalcomanie du désir). » Comme la poésie selon Lautréamont, il doit être fait par tous, non par un. A la source d'émotions nouvelles, il permet de retrouver celles de l'enfance, à l'état natif.

Le cinquantenaire du symbolisme, en octobre, est pour Breton l'occasion d'opposer « Le merveilleux contre le mystère ». Considérant les symbolistes dont l'œuvre a survécu à ses yeux : Lautréamont, Cros, Corbière, Nouveau, Jarry et même Maeterlinck, alors que « les fortes têtes mallarméennes » ont sombré dans l'oubli (ici une flèche décochée à Valéry), il revient aux deux fonctions du langage. L'une de communication consciente; l'autre d'imagination, finissant par recréer le monde. Or, comme dans la passion amoureuse, le mystère est signe de défaillance, tandis que le merveilleux assure une communication éternelle.

Cette belle confiance dans le pouvoir des mots ne triomphe pourtant pas des difficultés matérielles. Par l'intermédiaire de Jean Giraudoux, au Quai d'Orsay, Breton sollicite un poste de lecteur à l'étranger. On pense l'envoyer à Prague ou à Mexico, mais sa candidature est techniquement irrecevable : il n'a pas les diplômes requis. Louis Bomsel, un ami, notaire à Versailles, lui confie la gestion d'une galerie, rue de Seine, ouverte en février 1937 à l'enseigne de Gradiva, « celle qui avance », en hommage à l'analyse de Freud (*Délire et Rêve dans la Gradiva de Jansen*) naguère traduite par Sadoul. La porte, dessinée par Marcel Duchamp, représente la silhouette d'un homme, de dos, entrant avec sa compagne. Breton a rêvé d'y rassembler tous les signes de la beauté future. Des objets, tels qu'ils ont été présentés et classés pour l'exposition de mai, quelques tableaux, formant une brève rétrospective de la création véritable, et le paradis des livres – peu nombreux, souvent lus et relus par les enfants et les poètes.

Devait y figurer *l'Amour fou* publié chez Gallimard, dans la collection « Métamorphoses » que dirige Jean Paulhan. Le livre rassemble des articles écrits depuis 1934. Pourtant, l'ensemble donne une impression singulière d'unité, tant il reflète les préoccupations constantes d'un narrateur qui rejette toute fiction et relate la vérité d'une passion, depuis l'attente indéterminée jusqu'à sa construction dans la durée, sans rien celer des menaces qu'elle rencontre en chemin, dont elle triomphera par la confiance du poète dans le devenir humain.

## *Têtes d'orage*

Le Front populaire marque le pas. C'est la pause sociale. L'année 1937 se déroule dans une certaine morosité. La galerie Gradiva ne marche pas fort : ni Breton ni sa femme ne sont doués pour ce genre d'entreprise. Les réunions surréalistes se sont déplacées aux Deux Magots, à proximité de la rue de Seine. On scrute l'actualité. Quand s'annonce une exposition d'art international indépendant au musée du Jeu de Paume, Breton et ses amis adressent une lettre ouverte aux autorités gouvernementales, le 7 août, pour attirer leur attention sur certaines lacunes flagrantes qui sont loin de ne concerner que des surréalistes. Absence des Russes, des Allemands, des Italiens : on déplore les ravages du réalisme socialiste et les attaques contre « l'art dégénéré ».

C'est peut-être ce rappel à la vérité historique qui incite Léon Moussinac, commissaire de l'Exposition internationale de 1937 pour la section Théâtre, à accorder une place au surréalisme. La compagnie Le Diable écarlate, animée par un sympathisant du groupe, Sylvain Itkine, y présente *Ubu enchaîné* et *l'Objet aimé*, deux pièces d'Alfred Jarry créées pour la première fois dans le cadre du Théâtre d'Essai, à la Comédie des Champs-Élysées, du 22 au 26 septembre. A Prague déjà, Breton avait suggéré à Jindrich Honzl de monter la contre-partie d'*Ubu roi*. C'est donc avec grand plaisir qu'il voit Itkine s'affairer. Tous les amis sont sollicités, jusqu'à Picasso, pour élaborer une plaquette parrainant l'entreprise. Sous le titre « Éclosion et prolifération sociale d'Ubu », Breton y donne un fragment d'une anthologie de l'humour noir destinée à paraître chez GLM. Ubu est compris comme anticipation du stalinien ou du fasciste.

Sa conférence du 9 octobre à la même Comédie des Champs-Élysées dans le cadre de l'Exposition Internationale porte sur l'humour noir, concept qu'il forge à partir de Hegel, dont il avait eu l'idée deux ans plus tôt à propos de l'objet : « ... le sphinx noir de l'humour objectif ne pouvait manquer de rencontrer, sur la route qui poudroie, la route de l'avenir, le sphinx blanc du *hasard objectif* et [...] toute la création humaine ultérieure serait le fruit de leur étreinte. »

Les seuls articles qu'il publie cette année, dans *Sur* en mai, dans *Minotaure* en hiver (en cette circonstance Tériade a définitivement cédé la place à un comité de direction composé de Breton, Duchamp, Éluard, Heine, Mabille), sont consacrés à l'examen de cette notion, à proprement parler indéfinissable, chez dix auteurs que, par la même occasion, il découvre ou réévalue. Mêlant la vie et l'œuvre, il les observe à travers la théorie freudienne, selon laquelle le mot d'esprit résulterait d'un mécanisme de défense du surmoi contre les agressions extérieures. A ce titre, Swift serait l'initiateur de l'humour noir; Lichtenberg le grand maître pour l'inoubliable invention du couteau sans lame auquel manque le manche; Forneret un cas d'étrange occultation. Isidore Ducasse, usant du langage comme dissolvant et plasma nourricier, montrerait les deux faces de l'humour en passant des *Chants de Maldoror* aux *Poésies*; Brisset, autre cas méconnu, gouverne cette forme d'humour qui va de la pataphysique de Jarry à la paranoïa-critique de Dali; quant à Jarry qui se mêle étroitement à son œuvre, son père Ubu est l'incarnation magistrale de l'inconscient refoulé. De Raymond Roussel, Breton retient le procédé, de Kafka le conflit entre nécessité naturelle et nécessité humaine; de Vaché le surmoi utilisé comme parure, simulation par rapport au soi, d'où résulte l'humour noir à jet continu.

Peut-être sous-représenté à l'Exposition universelle de 1937, le surréalisme devait prendre une revanche éclatante en janvier-février 1938 à la galerie Beaux-Arts de Georges Wildenstein, 140, rue du faubourg Saint-Honoré. Pressentis par Raymond Cogniat (autre commissaire de l'Exposition internationale), Eluard et Breton s'adjoignent Marcel Duchamp comme metteur en scène, Georges Hugnet comme régisseur-factotum, pour la deuxième Exposition internationale du surréalisme. La verrière camouflée par douze cents sacs à charbon, on présente des objets détournés de leur fonction utilitaire. Chacun habille poétiquement des mannequins balisant diverses rues chères aux surréalistes. Au centre trône le « taxi pluvieux » de Dali. En guise de catalogue, Eluard et Breton composent un *Dictionnaire abrégé du surréalisme* qui, bien entendu, perturbe la forme canonique du dictionnaire par de pseudo-définitions, la plupart formées de citations. Sur 368 entrées, Breton n'en rédige qu'une trentaine, auxquelles il faut ajouter la totalité du supplément. Ainsi se trouvent recensées les personnalités ayant appartenu au groupe depuis sa formation, mais aussi des inspiratrices (Gala et Jacqueline Lamba), des personnages mythiques ou historiques, dont Lénine et Trotsky, des objets, des animaux. Sur le plan linguistique, vingt et un articles définissent les termes nouveaux forgés par le mouvement ou auxquels il a conféré un sens particulier.

Le jour de l'inauguration, le 17 janvier, Breton confie à Eluard le soin de lire la présentation qu'il a rédigée pour la circonstance. Pour sa part, outre ses poèmes-objets et les cadavres exquis auxquels il a participé, il a prêté les tableaux suivants qui donnent une idée de sa collection personnelle et de ses affinités. De Chirico : *le Cerveau de l'enfant* (1914); Dominguez : *le Tireur* (1934); Ernst : *les Hommes n'en sauront rien* (1922), *Chimère* (1928); Magritte : *Je ne vois pas la ... cachée dans la forêt* (1929); Miró : *Figure* (1928), *Personnage en étoile* (1930); Man Ray : *Danger* (1920); Styrsky : *Racine* (1934); Tanguy : *le Jardin sombre* (1928); *l'Armoire de Protée* (1931); Toyen : *Prométhée* (1933).

L'exposition est incontestablement l'événement artistique de la saison. Comme à Londres, et plus encore, l'opinion publique, consacre le surréalisme. Indirectement, l'atmosphère oppressante de l'époque, l'expansion du fascisme, s'y trouve confrontée aux aspirations du désir. Les visiteurs, munis d'une lampe de poche pour s'éclairer durant leur visite, en prendront conscience quelques années après, lorsqu'ils se retrouveront dans les abris, lors des bombardements.

Le mois suivant ce vernissage, paraît le septième des *Cahiers GLM*, dédié au rêve, dont les textes et les illustrations ont été rassemblés par Breton (il fait l'objet d'une publication séparée sous le titre *Trajectoire du rêve*). Il s'ouvre sur une note, sans titre, d'André Breton, en faveur de Freud menacé par les nazis quelques jours après l'Anschluss : « Que s'organise symboliquement autour de sa personne la garde d'honneur qui impose sa libération intégrale, immédiate et assure, où bon lui semble, l'achèvement paisible et glorieux d'une existence spirituelle à laquelle nous tenons comme à la nôtre. » Breton avait sollicité le fondateur de la psychanalyse de collaborer à ce dossier. Le 8 décembre, celui-ci lui avait répondu : « Un recueil de rêves sans associations jointes, sans connaissance des circonstances dans lesquels on a rêvé ne me dit rien, et je peux avec peine me représenter ce qu'il peut dire à d'autres. » A nouveau le scientifique s'opposait à l'artiste. Celui-ci ne lui en tenait par rigueur. Au contraire, il prenait la leçon à son compte puisque à côté des récits de rêves et des textes théoriques de Paracelse, Pouchkine, Leiris, Eluard, etc., sa contribution,

« Accomplissement onirique et genèse d'un tableau animé », relate un rêve du 3 février 1937 suivi, en guise de commentaire, des circonstances diurnes, où d'ailleurs reparaît Suzanne moqueuse.

### *Le voyage au Mexique*

Toutes ces activités situent le surréalisme dans son époque, mais elles n'assurent à Breton ni statut social ni rémunération immédiate. Ne confondons pas les prix astronomiques qu'atteignent les œuvres surréalistes sur le marché de l'art actuel avec leur valeur d'avant-guerre. Breton a charge de famille, désormais. Comment maintenir sa liberté de créateur sans la compromettre par un travail aliénant? Il obtient un « encouragement artistique » de la direction des Beaux-Arts. Sur intervention d'Anatole de Monzie, ancien ministre de l'Éducation, mille francs lui sont parvenus le 8 décembre 1937 : de quoi tenir jusqu'à l'Exposition surréaliste, mais après? Faute de mieux, le ministère des Affaires étrangères, actionné par Saint-John Perse qui en est le secrétaire général sous le nom d'Alexis Léger, et par Henri Laugier, chargé de la Recherche scientifique, lui propose une mission de conférences au Mexique, sur la littérature et l'art français du XVIIIᵉ siècle à nos jours.

Mexique! le pays de *Costal l'indien*, ce roman de Gabriel Ferry qui avait remué son imagination adolescente. Mexique! pays de la révolte populaire conduite par Zapata. Mexique! pays du général Cardenas, le seul chef d'État qui ait osé accueillir Trotsky proscrit. Mexique porteur de tous les espoirs révolutionnaires depuis que, tour à tour, les autres les ont trahis! Breton en brusque son départ. Il abandonne la galerie Gradiva. Pour la première fois, *Minotaure* paraîtra sans sa collaboration. Enfin, il a trouvé « le lieu et la formule », ou plus exactement, il va pouvoir vérifier le principe de fusion du réel et de l'imaginaire, voir se concrétiser l'humour noir à travers les splendides jouets funèbres ou les gravures sur bois de Posada qu'il avait présentées dans le précédent numéro de *Minotaure*.

A José Nunez y Dominguez venu l'interroger pour la *Revista de revistas* de Mexico, il remet son portrait par Picasso, avec cette dédicace :

« Aux poètes et aux artistes mexicains qui ont le privilège d'exprimer le lieu du monde où la nature est la plus ardente et de traduire un des plus hauts efforts historiques de l'homme pour plus de conscience et de liberté, j'adresse mon salut fraternel et je livre ma joie d'aller surprendre à son origine même le secret de son génie. »

Avec Jacqueline, ils embarquent à Cherbourg le 30 mars sur le M.S. Orinoco. Après une traversée paisible, ils débarquent à Vera Cruz le 18 avril. Stupeur! Un secrétaire de l'ambassade de France les y attend bien, mais rien n'est prévu pour leur hébergement ni leurs frais. Le billet de retour en poche, le couple s'apprête à reprendre le bateau quand se présente Diego Rivera, alerté de leur venue par la presse nationale. C'est lui qui accueille Trotsky, dans sa villa de Coyoacan, depuis son arrivée de Norvège, le 9 janvier. Le célèbre peintre muraliste leur offre l'hospitalité pendant tout leur séjour (il durera quatre mois), et de plus il leur transmet une invitation de Trotsky pour le surlendemain. Il les conduit à Mexico, d'abord chez Lupe Marin, sa première femme, avant de les installer dans sa propre maison à San Angel : Jacqueline décrit ainsi les lieux : « Deux cubes blancs à moitié en verre, reliés par un escalier extérieur sans rampe et une passerelle au sommet réservée pour nous. Une Indienne, la gardienne, faisait ses repas familiaux dans le jardin sur un feu de braises; bien en vue sous les arbres, et en complète liberté, un grand tamanoir. » Coïncidence, le tamanoir est, depuis longtemps, l'animal-totem de Breton, qu'il avait fait dessiner par Dali pour son *ex-libris*. Il y a aussi les singes-araignée, qui viennent jouer avec les visiteurs. Et partout, dans la campagne, des agaves, diverses variétés de cactus en forme de candélabre, derrière lesquels on s'attend à trouver un pistolero moustachu.

Le séjour de Breton est attendu de toutes parts avec curiosité. Dans la presse, le *Nacional* lui consacre son supplément culturel du 24 avril, ainsi que *Lettras de Mexico* du 1er mai, tandis que César Moro, acquis à la cause surréaliste, présente une brève anthologie poétique des surréalistes français. Le 14 mai, *Hoy* publie une importante interview où Breton dresse un tableau de la littérature et de la peinture françaises contemporaines, dominées par le surréalisme. Il y fait état de la déclaration surréaliste d'avril (élaborée par Benjamin Péret qui la lui a aussitôt transmise) pour un rassemblement révolutionnaire : « Nous affirmons notre indéfectible attachement au principe de la lutte des classes et à la tactique du défaitisme révolutionnaire en temps de guerre. » Puis il énumère les causes de l'échec du Front populaire, coupable à ses yeux de n'avoir pas appliqué son programme, d'avoir cassé les grèves de juin, de n'avoir pas encouragé la révolution espagnole et de n'avoir pas maîtrisé les problèmes économiques par une politique antitrust. Il appelle le prolétariat international à transformer, le cas échéant, la guerre impérialiste en guerre civile.

Ses interventions contre les procès de Moscou, son rôle au sein du Comité d'enquête, l'avaient rendu sympathique aux trotskystes. Le secrétaire de Trotsky, Jean Van Heijenoort, demande à Pierre Naville son opinion. Celui-ci répond favorablement : « Vous pouvez l'utiliser à plein en faveur de L.D. [Trotsky] car il s'est conduit sur ce chapitre avec une netteté parfaite et ce n'est pas un peureux. » De sorte que, devant les menaces de sabotage de ses conférences par le parti communiste mexicain, ce seront les trotskystes qui assureront la protection de Breton.

En effet, une lettre de René Blech, secrétaire de l'Association internationale des écrivains, a mis en garde les communistes staliniens prévenus de son arrivée contre tout malentendu susceptible de se produire à la suite des interventions de Breton « se réclamant d'un vague révolutionnarisme verbal ». Par ailleurs, Aragon les invitait à perturber ses prises de parole.

Les seuls qui, semble-t-il, ne se soient pas préoccupés de lui, ce sont les responsables de l'Université nationale de Mexico, où il devait donner une série de conférences annoncée par l'Excelsior le 9 mai. Il y avait pourtant été expressément invité par Isidro Fabela, ambassadeur du Mexique à la SDN et représentant de cette université pour l'Europe. Sa première intervention, sur le thème « Les transformations modernes de l'art et le surréalisme » eut lieu, comme prévu, le 13 mai à l'université, sous la présidence du recteur Goerne. Ce fut la seule, car les vacances universitaires, une série inexplicable de contretemps, jusqu'à la démission du même recteur, firent qu'il n'y en eut pas d'autre.

De son côté, le gouvernement, pourtant prévenu en faveur du poète par Joaquin Sierra, fils du ministre du Travail, était trop occupé pour lui ménager une tournée de conférences. Lancé dans un programme de nationalisations et de redistribution des terres, il avait fort à faire avec la rébellion du général Cedillo, dénonçant le « communisme » de Cardenas. Ce dernier s'était présenté dans la ville de San Luis Potosi insurgée, avait rallié à lui la population, si bien que, le 2 juin, l'ambassadeur de France, Henri Goiran, pouvait câbler au Quai d'Orsay que la rébellion était matée.

Après ses premières interventions publiques, à l'exposition Gutierrez le 22 avril, pour la présentation du *Chien andalou* au palais des Beaux-Arts le 17 mai, et lors de l'unique conférence universitaire, Breton se heurte à une cabale de journalistes soulignant les contradictions du surréalisme, réduisant ce dernier à une série de recettes pratiques, opposant enfin son prétendu retrait dans une tour d'ivoire à l'engagement militant d'Aragon.

Chaleureux et bouillant à son habitude, Diego Rivera prend la défense de son hôte dans une « Lettre ouverte aux gens de lettres, scientifiques et artistes qui auraient encore de la dignité au Mexique ». Opposant le « clérico-stalinisme » à la vérité et à la culture, il montre un Breton « adorateur du Mexique, comprenant le contenu de beauté, de douleur, de force opprimée, d'humour noir de ce pays comme aucun autre n'aurait pu le faire ». Cette intervention entraîne une déclaration de trente-six intellectuels appelant le public à se rendre aux conférences de Breton les 21 et 25 juin au palais des Beaux-Arts, qui, selon toute vraisemblance, n'eurent pas lieu. En revanche, Breton donna une lecture de poèmes devant l'association Mexique-France le 26 juin.

Paradoxalement, Breton est, de fait, déchargé de la mission pour laquelle il est venu. Cela lui laisse toute liberté pour rencontrer des artistes du pays, explorer les trésors de l'art populaire avec Rivera, excursionner avec Jacqueline et pêcher les axolotls avec Trotsky.

Il a relaté sa première rencontre avec le grand révolutionnaire au début mai, dans la « Maison bleue », la demeure construite à

Coyoacan par le père de Frida Kahlo (la seconde épouse de Rivera). En chemin, il revoit toutes les scènes qui en font un personnage historique : à la tête de la révolution de 1905; avec Lénine en 1917. Il songe à l'historien de la révolution soviétique, au théoricien de la révolution permanente, à l'homme poursuivi, attaqué, atteint à travers ses êtres les plus chers. Jacqueline Lamba complète le tableau : « André était extrêmement ému, et cet état n'a fait que croître quand, une fois franchies les deux portes gardées de la Maison bleue, passé un fabuleux jardin tropical de singes, d'idoles, d'oiseaux et de fleurs rares, sont apparues deux fines silhouettes pour nous accueillir. » Celles de Natalia Sedova et de Trotsky. Breton ne peut s'empêcher de marquer son étonnement devant la jeunesse de son interlocuteur, son humour affable, son air paisible par-delà les épreuves subies : « Les yeux d'un bleu profond, l'admirable front, l'abondance des cheveux tout juste argentés, la fraîcheur du teint composant un masque où l'on sent que la paix intérieure l'a emporté, l'emportera à jamais sur les formes les plus cruelles de l'adversité. Ce ne saurait être là qu'une vue statique, car dès que le visage s'anime, que les mains nuancent avec une rare finesse tel ou tel propos, il se dégage de toute la personne quelque chose d'électrisant. »

Cette prise de contact n'avait pas d'objet précis. Trotsky plaisante en français sur l'accueil réservé au conférencier et sur la manière dont les États capitalistes traitent leurs écrivains. On échange quelques propos sur Gide et Malraux, sur les procès de Moscou. Le secrétaire de Trotsky introduit deux visiteurs américains. On sort dans le patio prendre des photos, puis Natalia Sédova offre le thé à la russe. Breton, qui déteste cette boisson, la juge acceptable dans ces conditions. Peu après, Trotsky écrit à *Partisan Review,* revue américaine qui lui était favorable : « André Breton, la tête reconnue du surréalisme, est maintenant au Mexique. Comme vous le savez certainement, sur le plan artistique comme sur le plan politique il est non seulement indépendant du stalinisme, mais il lui est tout à fait hostile. Il a de sincères sympathies pour la IVe Internationale. »

Le thème des entretiens avait été davantage préparé, de part et d'autre, lors de la deuxième rencontre, dans le même cadre, le

20 mai. Trotsky s'est procuré les *Manifestes du surréalisme, Nadja, les Vases communicants,* et, probablement, *l'Amour fou.* Son goût exclusif pour le roman, ses connaissances littéraires arrêtées au symbolisme, il a quelques difficultés à comprendre la démarche surréaliste. Quant à Breton, sa lecture de Trotsky l'a depuis longtemps ébloui. Il souhaite maintenant apprendre, de la bouche même de son interlocuteur, comment s'est formée et maintenue sa conviction révolutionnaire. On parle de Zola et du roman naturaliste, où Trotsky découvrait de nouveaux aspects de l'humanité, dont Breton ne dédaignait pas l'atmosphère poétique. Puis de Freud. Trotsky se demande si Breton ne le détourne pas de son propos, s'il ne risque pas de submerger le conscient par l'inconscient. A quoi l'auteur des *Vases communicants* répond aisément en évoquant son effort permanent d'élucidation et de compréhension des phénomènes irrationnels. Trotsky tient la psychanalyse pour une thérapeutique et rien de plus. De la folie, il n'attend rien de constructif pour le devenir humain, pas même dans la représentation qu'en donne *le Roi Lear.* Leur divergence la plus sérieuse, Breton en a fait état, concerne le hasard objectif, où, là encore, Trotsky craint une dérive vers le mysticisme : « Camarade Breton, l'intérêt que vous portez aux phénomènes de hasard objectif ne me paraît pas clair. Oui, je sais bien qu'Engels a fait appel à cette notion, mais je me demande si, dans votre cas, il n'y a pas autre chose, je ne suis pas sûr que vous n'ayez pas le souci de garder – ses mains délimitaient dans l'air un faible espace – une petite fenêtre ouverte sur l'au-delà... » Breton n'a pas fini de se justifier que son interlocuteur reprend : « Je ne suis pas convaincu. Et d'ailleurs, vous avez écrit quelque part... ah oui, que ces phénomènes présentaient pour vous un caractère inquiétant. – Pardon, lui répond Breton, j'ai écrit : inquiétant dans l'état actuel de la connaissance, voulez-vous que nous vérifiions ? » Trotsky se lève assez nerveusement, fait quelques pas et revient vers lui : « Si vous avez dit... dans l'état actuel de la connaissance – je ne vois plus rien à reprendre, je retire mon objection. »

Puis on s'entretient des conférences que Breton doit prononcer. Trotsky s'offre à les examiner avec lui. On aborde enfin les rapports de l'art et de la politique. Affirmant le caractère inaliénable de la création artistique, Trotsky suggère à son visiteur de rédiger un appel qui pourrait servir de point de départ à une fédération d'artistes révolutionnaires, pour faire pièce à l'AEAR.

Trotsky et Breton décident de voyager ensemble, à plusieurs reprises. Au début juin, avec leurs compagnes, ils rejoignent Diego Rivera à Guadalajara, à six cents kilomètres de Mexico. Breton s'installe dans la voiture de Trotsky, toujours escorté de plusieurs gardes du corps. Lors d'un arrêt, Breton change de voiture : il y a eu un différend entre eux, vraisemblablement au sujet de ce manifeste que le poète ne parvient pas à écrire, ou bien pour tout autre propos malencontreux, car il suffisait de parler des anarchistes ou de certains bolcheviks pour que Trotsky se raidisse immédiatement. Les relations se refroidissent durant quelques jours. Cela n'empêche pas les touristes d'apprécier les splendeurs du paysage alpestre, sur la route des Mille Cimes bordée d'agaves géants, ni, aux arrêts, de cueillir pour leurs femmes les multiples variétés d'orchidées. Ils organisent une excursion de plusieurs jours vers le lac de Patzcuaro, à la recherche d'objets pré-colombiens. En route, dans le village où ils passent la nuit, il y a un cinéma. En dépit de tous les conseils de prudence, Trotsky tient à s'y rendre. Jacqueline se souvient du bonheur qu'il manifestait à regarder un banal western mexicain, commentant l'action avec ses voisins.

Après les promenades de la journée, les visites des marchés indiens, les soirées se passent à discuter d'art et de politique. On forme le projet de publier ces conversations entre Breton, Rivera et Trotsky sous le titre : *les Entretiens de Patzcuaro.* Dans une des îles du lac, l'instituteur, reconnaissant Trotsky et Rivera, fait chanter ses élèves dans la vieille langue tarasque. Breton tombe malade : il a la fièvre, et une étrange aphasie. Lui-même en expliquera l'origine psychosomatique à son interlocuteur, dans une lettre écrite sur le bateau de retour : « Cette inhibition relève, avant tout, je voudrais à tout prix vous le faire comprendre, de l'admiration sans bornes que je vous porte; elle n'en a été, ces derniers temps, que le revers. Bien souvent, ainsi, je me suis demandé ce qu'il adviendrait si, par impossible, je me trouvais en face d'un de ces hommes sur lesquels j'ai été amené à moduler ma pensée et ma sensibilité : disons, par exemple, Rimbaud ou Lautréamont. Je me sentais tout à coup étrangement privé de moyens, en proie à une sorte de besoin pervers de me dissimuler. C'est ce que j'appelle pour moi-même, en souvenir du *Roi Lear,* mon " complexe de Cordélia "; ne vous moquez pas, c'est tout à fait foncier, organique, j'ai tout lieu de croire indéracinable. Vous êtes précisément un de ces hommes, peut-être aussi – je ne suis pas sûr à cause de Freud – le seul vivant. » Complexe devant le père, ou plus exactement l'autorité intellectuelle, qui ne prive pas Breton de son sens critique affiné. Toujours à Patzcuaro, les deux hommes vont et viennent autour d'un patio fleuri, d'où monte le cri d'un oiseau moqueur. En caressant un chien, Trotsky lui prête des sentiments humains. Breton n'en démord pas : c'est là une vision anthropomorphiste incompatible avec la pensée matérialiste. Trotsky réclame des preuves du contraire et conclut en riant qu'il faudrait, pour les départager, une troisième personne, mi-chien, mi-homme.

A Guadalajara, Breton et Rivera recherchent des pièces artistiques, guidés par un conservateur de musée qui n'accepte d'être rétribué, dans ses transactions, qu'avec des billets de loterie. Il les conduit dans un de ces palais coloniaux délabrés, abandonné partiellement à des familles de miséreux. L'héritier, tout droit sorti d'un tableau du Greco, est à moitié fou : il offre une réception en leur honneur, et passe la soirée à déclamer des poèmes de sa composition. Son frère s'efforce de vendre les bijoux de la famille pour entretenir ce qu'il restait du palais-masure. Le lendemain matin, Breton y rencontre dans la salle principale une jeune fille nue dans une robe de soirée blanche : « Ainsi est la beauté », s'exclame-t-il devant tant de contrastes.

Quelques jours s'écoulent. Ils partent, dans les mêmes conditions, vers les sites les plus typiques du pays. Ils déjeunent au bord d'un lac glacé dans le cratère du Popocatepetl. Ils escaladent les pyramides aztèques de Xochicalco. Breton s'étonne de l'extraordinaire fond d'enfance de son compagnon qui s'humanise à ses yeux. Ils peaufinent le manifeste « Pour un art révolutionnaire indépendant ». Breton a remis un projet en neuf points, écrit à l'encre verte. Trotsky en découpe des passages qu'il colle sur son propre texte, dactylographié en russe. Enfin Van Heijenoort remet le tout en français. Le poète et le politique sont parvenus à une totale unité de conception. Surmontées les divergences sur le hasard, la psychanalyse, la fonction de l'art, ils constatent une parfaite identité de vues sur le rôle de l'artiste. Breton avait repris la formule de Trotsky en 1925 : « Toute licence en art, sauf contre la révolution prolétarienne. » Ce dernier, instruit par l'expérience, supprime le dernier membre de phrase. En revanche, il ajoute un paragraphe précisant que la révolution doit, dès le début « établir et assurer un régime *anarchiste* de liberté individuelle » pour la création intellectuelle. S'il pense la mettre ainsi à l'abri des régimes totalitaires, c'est aussi une concession à certaines tendances qu'il souhaite fédérer, car ce texte est un appel aux artistes révolutionnaires.

Pour des raisons tactiques encore, ce manifeste est signé le 25 juillet par Breton et Diego Rivera, alors que celui-ci n'a pas participé à la rédaction, mais il a l'avantage d'être connu, au plan international, comme peintre plus que comme homme politique. Lors de leur dernière entrevue, Trotsky se montre si satisfait de cette collaboration et de la formule finale de Breton : « Ce que nous voulons : l'indépendance de l'art – pour la révolution; la révolution – pour la libération définitive de l'art », qu'il lui remet le manuscrit de travail commun. « On se séparait de Breton en bons amis », écrit-il le 4 août à Gérard Rosenthal. Jacqueline estime que cette rencontre avec Trotsky constitue un événement capital dans la vie de Breton : « Il en rapportait une certitude formelle dans l'amitié et la confiance en l'union de la liberté d'expression avec la lutte révolutionnaire. » Et cette certitude, c'était l'homme politique le plus admiré qui la lui donnait.

A Vera Cruz, au moment de s'embarquer pour le retour, le 1er août, à bord de l'*Iberia,* Breton fixe définitivement quelques images de ce Mexique tant admiré. D'abord le chef de l'Armée rouge qui lui est apparu comme le maître enfin trouvé après plus de dix ans d'une recherche pour découvrir la synthèse entre l'art et la révolution. Diego Rivera ensuite, le bon géant, tout rond, l'incomparable ami, qui trouve solution à tout, avec qui il partage la même « complexion artiste ». Rivera n'a pas très bien compris son hostilité radicale envers la fiction; mais c'est qu'au Mexique l'art n'est pas frelaté comme en Europe. En témoigne son œuvre qui participe de la tradition populaire, telle qu'on pourrait la dire collective. Ses fresques ont pu traiter de l'histoire du pays en l'insérant dans le devenir de l'humanité. « Là j'ai saisi comme pour la première fois le jeu passionnant des organes sociaux, là aussi j'ai vu comme pour la première fois *en rouge* battre mon cœur », écrira Breton. Et si Rivera a délaissé l'art mural depuis plusieurs années, c'est pour des raisons politiques : un tel art ne peut se poursuivre dans des temps barbares. En revanche, ses peintures de paysages mexicains réalisent la synthèse de la conception et de la représentation, il concilie Renoir avec Max Ernst. Et puis, il a une telle connivence avec les réalités de son pays, hommes et choses, que tout ce que Breton a pu savoir du Mexique, il l'a appris par lui, par ce qui rayonne de sa personnalité.

Il y a aussi son épouse, Frida Kahlo, la seule qui puisse le dominer par la pensée et la volonté. Étrange personne, sur qui s'accumulent les accidents depuis sa poliomyélite, mêlant l'humour et l'espièglerie à la révolte et à la passion de séduire. Breton considère ses tableaux d'essence surréaliste, en dépit de ses propres dénégations. Il la présentera dans le catalogue de l'exposition que la galerie Julien Levy lui consacre, à New York, le 14 novembre 1938. En elles s'unifient – sans que leurs mobiles se confondent – la ligne politique et la ligne artistique. Il l'invitera chez lui à Paris au début de l'année suivante, mais elle ne s'y plaira pas. Affectée par une collibacillose, elle sera soignée à l'hôpital américain de Neuilly et ensuite hébergée par Marcel Duchamp.

Breton revoit encore divers spectacles, telle cette cité de Monterrey où vivent les militaires avec leur famille, visitée avec son bâtisseur, le général Almazan, lieutenant de Zapata, si affable et humain. A quoi le fondateur de l'Armée rouge rétorquait : « Et que faire, *en cas de besoin* d'une telle armée? » Et puis ces paysages si contrastés, cette flore, le petit train de Cordoba qui leur a permis de découvrir les gardenias poussant dans des palmiers évidés, ou de choisir, du marchepied du wagon, les opales et les turquoises que leur tendaient les enfants; le métissage des races, et enfin ces œuvres d'art qu'il fera reproduire dans un cahier spécial de *Minotaure* (nº 12-13, mai 1939) intitulé « Souvenir du Mexique ». Il les présentera dans une exposition, chez Renou et Colle, du 10 au 25 mars 1939. A cet effet, il a demandé – et obtenu – la franchise douanière pour ces objets, par l'intermédiaire de l'ambassadeur de France. Il y a les retables naïfs acquis chez le collectionneur Chucho Reyes Ferreira, les tableaux des XVIIIe et XIXe siècles qui échappent au modèle colonial (Peggy Guggenheim tenta de les exposer, dans sa galerie londonienne). Ils permettent de mieux comprendre la peinture de Rousseau (Breton est alors convaincu que le Douanier l'a précédé au Mexique), enfin les photographies de Manuel Alvarez Bravo, antidote du chromo touristique, donnent à voir le pathétique du Mexique, l'éternel à travers le moment fugace. Et divers objets anciens : une statuette de femme de l'époque archaïque, une statuette d'homme et un vase à tête hybride de civilisation tarasque, un masque aztèque en obsidienne, un collier de jade, et les tableaux de Frida Kahlo. Avec ces divers témoignages artistiques, Breton espérait faire partager, en quelque manière, l'émotion éprouvée dans le pays qu'il tenait pour « le lieu surréaliste par excellence ».

## *Munich*

Lorsqu'il débarque à Boulogne, le 18 août, Breton est très inquiet de la situation en France. Il pense qu'après l'Anschluss surviendront d'autres coups de force, ce sera l'engrenage. « La guerre paraît inévitable, et tout ce qu'on peut espérer est qu'elle crée plus d'opposants que la précédente, qui en profiteront pour conduire les masses à abattre le capitalisme, dont elle est le résultat », confiait-il en juin au journal de l'université de Mexico. L'affaire des Sudètes est au premier plan : encouragés par Hitler, trois millions et demi d'Allemands en territoire tchécoslovaque demandent leur rattachement au Reich. La tension internationale ne fait que croître.

De Lorient où il réside en famille, Breton se rend à La Baule pour rejoindre Pierre Mabille et André Masson. On se demande ce que l'on fera quand la guerre éclatera, quand la Pologne sera envahie, car, pour tous, cela ne fait aucun doute. Masson et Mabille se prononcent pour un désengagement total du surréalisme. Breton n'entend pas renier ses positions; au contraire, il faut à nouveau s'exprimer.

A Paris, les surréalistes rédigent un tract aux Deux Magots : « Ni de votre guerre, ni de votre paix ! » Masson en a trouvé le titre. Ils ne se contentent pas de renvoyer les adversaires dos à dos. Pour eux, la guerre qui s'annonce est un des fruits empoisonnés du traité de Versailles. Les nations impérialistes qui n'ont rien fait en Éthiopie, ni en Espagne, ni en Chine, dans le seul souci de protéger leurs intérêts poussent au conflit. Il faudra transformer ce conflit en révolution prolétarienne !

Tandis que Daladier et Chamberlain se rendent à Munich et capitulent devant Hitler, sur le dos de la Tchécoslovaquie, en France on mobilise les réservistes. Breton est rappelé le 29 septembre, il rejoint son corps, à Paris, le même jour. Il revêt à nouveau l'uniforme de médecin militaire, un képi un peu ridicule sur sa coiffure à la lionne. Dans un petit restaurant de quartier, il aborde Thérèse Treize, l'amie intime de Kiki de Montparnasse. Visage rond, très éveillé, allure primesautière, elle détone sur la faune habituelle du lieu. Et son rire est si gai, si jeune, qu'il éveille en lui des émotions d'adolescent. Il lui fait lire *les Chants de Maldoror* auxquels elle ne comprend rien, lui écrit, à l'encre toujours verte, des lettres poétiques. Elle se moque un peu de sa gaucherie, de ses manières courtoises, mais finalement elle cède à son charme d'un autre temps.

Bien que la guerre ait été évitée le 29 septembre, les soldats de ce drôle de rappel ne sont pas libérés immédiatement. Breton rentre chez lui le 8 octobre. Il lui est précisé, toutefois, que son fascicule de mobilisation demeure valable !

## *Rupture d'Eluard*

Au Mexique où les staliniens de la LEAR (équivalent de l'AEAR) avaient multiplié les obstacles à ses conférences, Breton avait appris la publication en mai, dans *Commune*, d'un poème d'Eluard : *Les vainqueurs d'hier périront.* Il l'avait aussitôt informé des manœuvres dirigées contre lui, en demandant à son compagnon de se démarquer de cette revue. Eluard n'avait pas répondu. Pourtant Breton n'avait pas ménagé les témoignages d'amitié et, avant son voyage au Mexique, il avait écrit un très beau prière d'insérer pour le recueil *Cours naturel* : « Eluard pousse un cri d'alarme pour délier, délivrer l'immense pitié de ce temps sourd aux appels déchirants... de ce temps s'ensevelissant sous les ruines de la liberté. » Certes, ils avaient des désaccords, mais n'avaient-ils pas toujours su les surmonter ? Mais il y va, maintenant, du sort qui peut leur être réservé dans tous les organismes culturels où les partisans de Moscou détiennent la haute main, d'autant plus que Breton ne cache pas son intention de fonder un rassemblement d'artistes révolutionnaires sous l'autorité de Trotsky. Eluard affirme qu'un poème de lui se défend n'importe où, dans *Commune* comme dans la *NRF*, et qu'en somme il n'est pas solidaire de ceux qui acceptent de le publier. Il aurait même collaboré à des publications fascistes, en Allemagne et en Italie ! Pour Breton, une telle attitude rompt leur commune entente, et ils n'ont, dès lors, plus rien à se dire. Ils ne se sont plus revus. « Brusquement, ainsi, c'en était fini d'une amitié qui, durant des années, n'avait fait que croître jusqu'à s'établir sur un plan fraternel », conclut-il dans ses *Entretiens*.

En vérité, depuis longtemps Eluard ne supportait plus l'entourage de Breton, ce cénacle de nouveaux venus (Georges Henein, Henri Pastoureau, J.-B. Brunius, Nicolas Calas...) toujours approbateurs qui, pensait-il, lui portaient ombrage. En novembre, il soupçonne son ancien camarade d'organiser le silence autour de lui. Un exemple : à l'enquête de la revue *GLM* sur « La poésie indispensable », tous les surréalistes envoient des listes à peu près semblables, où son nom n'apparaît pas. Eluard est d'autant plus affecté de ce procédé qu'il apprend par Georges Hugnet et Max Ernst que Breton conseille à ses amis de ne plus le fréquenter pour des raisons politiques, allant jusqu'à mettre en cause ses mœurs de « partouzard », dit-on. Solitaire d'Eluard, Hugnet qui tient une boutique de reliure, a vu ses clients reprendre toutes leurs commandes dans les quarante-huit heures. Ernst n'a pas cédé, au contraire, puisqu'il a de ce chef rompu avec Breton, transcrivant l'épisode sous forme humoristique dans un chapitre d'un roman collectif, *l'Homme qui a perdu son squelette* écrit avec Arp et Eluard. Tanguy et Péret y figurent en chiens savants, et Breton en cartomancienne, leur enjoignant de signer des textes illisibles. Eluard peut s'en amuser, mais il est plus affecté qu'il ne le prétend. Ce sont vingt ans d'activités communes, de combats pour la poésie qui prennent fin.

## *La FIARI*

Le manifeste de Mexico s'achevait sur un appel. Tous ceux qui l'approuvaient devaient participer à un congrès international où auraient été jetées les bases de la Fédération internationale de l'art révolutionnaire indépendant (FIARI). Breton s'emploie, en France, à créer le plus large rassemblement possible, allant jusqu'à contacter les écrivains prolétariens, dont il a toujours combattu l'esthétique rétrograde à ses yeux. A la fin septembre, une soixantaine d'adhésions lui sont acquises. Comme à son habitude, Gide attend pour se prononcer; mais certains refus (Gaston Bachelard, Paul Rivet, Michel Leiris) sont incompréhensibles. Magnétisé par ses rencontres avec Trotsky, Breton participe au meeting anniversaire de la révolution d'Octobre, organisé par le POI que dirige Naville. Il y raconte sa visite au vieux révolutionnaire, souligne le côté purement humain du personnage. Mais il n'adhère pas pour autant au parti trotskyste.

Il se limite – et c'est déjà beaucoup – à constituer un comité national de la FIARI, dont il assure personnellement le secrétariat. Expliquant que la révolution est inscrite « à l'ordre du siècle », et que les écrivains et artistes sont appelés à jouer un rôle spécifique dans son avènement, il annonce la création d'un organe mensuel pour la fin de l'année : *Clé.* Cependant, en dépit de la caution de Trotsky, rien n'avance sur le plan international. Les Américains de *Partisan Review* finiront par publier le manifeste de Mexico et créeront, en mars 1939, une *League for Cultural Freedom and Socialism*, mais ils n'iront pas plus loin dans la préparation du congrès mondial. A Mexico même, une controverse entre Diego Rivera et Trotsky entrave toute initiative. Dans son premier éditorial, *Clé* prend la défense des artistes étrangers menacés d'être refoulés vers l'Allemagne nazie, l'Italie fasciste, l'Espagne franquiste. L'organe ne dépasse pas le second numéro, en janvier. Seuls prolongements notables : l'article contre « Le nationalisme dans l'art » publié par la rédaction de *Minotaure* en mai 1939 et le tract « A bas les lettres de cachet », explicitement signé de la FIARI, protestant contre l'internement arbitraire, en France, de trois militants pacifistes.

Breton en tire une conclusion générale pour Trotsky auquel il s'adresse le 2 juin. Il refuse de se mêler du différend avec Rivera, dont son correspondant le prenait à témoin. Quant aux adhésions, elles n'ont pas abouti à des collaborations satisfaisantes : les surréalistes ont limité leurs interventions pour ne pas accaparer le terrain, alors que les autres l'ont déserté en les accusant de faire de *Clé* un organe surréaliste. Les partis de tendance trotskyste n'ont apporté aucun appui à la revue qui s'est mal vendue. « C'est ainsi que nous nous sommes trouvés dans cette situation absurde : assurer par les seuls moyens surréalistes, qui sont des plus réduits, la vie d'une publication aussi peu satisfaisante que possible, à travers laquelle ses collaborateurs les plus marquants n'apportent que leurs « fonds de tiroir », réservent la meilleure expression d'eux-mêmes à des revues bourgeoises », conclut-il. En somme, l'accord avec Trotsky n'a porté aucun fruit. Une revue explicitement surréaliste aurait tout aussi bien traduit le programme du manifeste de Mexico.

### *Tendances nouvelles*

Cette lettre bilan à Trotsky, Breton l'adresse du château de Chemillieu, dans l'Ain, où il est allé se « refaire une conscience (psychologique s'entend) », comme il l'écrit le même jour à Léon Pierre-Quint. Il apprécie le « très beau parc plein d'oiseaux et de serpents » en compagnie de Jacqueline, d'Aube, d'Yves Tanguy et de quelques jeunes surréalistes : Matta, Esteban Frances et l'Anglais Gordon Onslow-Ford qui leur offre l'hospitalité de sa demeure. Curieux de l'histoire locale, Breton s'intéresse aux frères Bonjour, fondateurs d'une secte de flagellants, à la veille de la Révolution.

La relève du surréalisme par les peintres est internationale. Début février, Breton leur a consacré un article, « Des tendances les plus récentes de la peinture surréaliste », qui vient de paraître dans l'ultime livraison de *Minotaure*. A la différence de la poésie, de plus en plus pénétrée par les événements historiques, la peinture surréaliste opère un retour marqué à l'automatisme, pense-t-il, avec les techniques nouvelles que sont la décalcomanie selon Dominguez, le fumage de Paalen, le grattage de Frances, les compositions non dirigées de Matta et d'Onslow-Ford. Il décèle l'influence prépondérante de son ami très cher Yves Tanguy – à qui il consacre un beau poème qui sera publié l'an suivant, *La Maison d'Yves Tanguy*. Ce lui est l'occasion de signifier publiquement l'exclusion de Dali, prononcée en janvier : il voulait trop plaire, et son éloge des théories racistes n'était plus supportable. D'autres peintres, non moins surréalistes, tels que Brauner, Seligmann, ou le photographe Raoul Ubac, cherchent à transcrire l'univers einsteinien, par diverses solidifications du temps dans la peinture. Breton témoigne de l'entente retrouvée avec André Masson, dont il détaille le « prestige ».

En ce début d'été, comme il l'indiquait à Trotsky, Breton cherche à mettre sur pied une revue strictement surréaliste dont il confie la tache à Nicolas Calas. Elle pourrait s'ouvrir par une enquête, à l'occasion du cent cinquantenaire de 1789, sur la façon de percevoir l'événement. Georges Henein avait proposé un manifeste, que Breton repousse « en raison du trop vif éloge qui y était fait de Carrier », le conventionnel tristement fameux par les noyades de Nantes. Se tournant vers Maurice Heine, il convient avec lui que les héros révolutionnaires n'étaient ni Mirabeau, ni Danton, ni même Robespierre, mais plutôt Marat, Lepelletier de Saint-Fargeau, Sade et Babeuf, les hommes de 93. Seulement on ne peut attendre 1943 pour les saluer, ni « laisser passer sans protestation tant de palabres absurdes et indignes ».

Par ailleurs, *Minotaure* se vend mal, et ne peut être considéré comme un périodique surréaliste. Fin juillet, Jacqueline n'ayant pu renoncer à visiter ses amis dans le Midi, il se rend avec Aube à Lorient. Il rencontre, comme l'année précédente, André Masson et Pierre Mabille à La Baule. Tous deux souhaitent une formule très rigoureuse, une sorte de charte commune à tous les rédacteurs de la revue projetée. La question est d'équilibrer textes critiques et textes de création. Breton s'est assuré le concours d'un nouveau venu, Julien Gracq, dont le récit, *Au château d'Argol*, lui a beaucoup plu. Il le lui a écrit, et l'a longuement vu à Nantes où ils ont évoqué les chevaliers de la Table ronde et la quête du Graal, semblable à l'aventure surréaliste.

Tous les collaborateurs pressentis semblent vouloir ainsi prendre de la distance par rapport à l'événement : le 23 août un pacte de non-agression est signé entre Hitler et Staline. Ce n'est pas véritablement une surprise pour les surréalistes; le maître du Kremlin ne fait que parachever la politique qu'ils dénoncent depuis trois ans. Mais ils ignorent qu'une clause secrète du pacte germano-soviétique a prévu le partage de la Pologne entre les deux États.

Hitler a les mains libres : il envahit la Pologne le 1er septembre. Les surréalistes n'ont pas le temps de se concerter qu'ils sont déjà mobilisés. Tanguy et Matta restent aux États-Unis, Paalen au Mexique, et Max Ernst, considéré comme « sujet allemand », lance des appels désespérés du Camp des Mille, où il est interné. Sur les interventions de ses amis, d'Eluard particulièrement, il sera libéré en décembre.

## *L'humoir noir, en effet*

Il est des situations qui ne peuvent être supportées que par une « révolte supérieure de l'esprit »; le retrait en soi permet de dominer la monstrueuse sottise du monde environnant : c'est ce que Breton nomme l'humour noir, force avec laquelle il va traverser les temps belliqueux qui s'annoncent.

Appartenant à la 22e section d'infirmiers militaires, il est rappelé à l'activité le 2 septembre 1939 et rejoint aussitôt son corps, au fort de Nogent. Il revêt l'uniforme qui lui sied si mal, au propre comme au figuré. Pour combien de temps? Nul ne le sait. Mourrait-on pour Dantzig? Les défenses de la ligne Maginot ne sont-elles pas imprenables? Les grandes puissances finiront par s'entendre, comme à Munich, pense-t-on généralement.

Le lendemain dans l'après-midi, la radio annonce que la France, suivant l'Angleterre, ouvrira les hostilités avec l'Allemagne à 17 heures. C'est le début de la Seconde Guerre mondiale. Réaction stupéfiante, une sorte d'euphorie s'empare alors des hommes. « La rumeur montante, le luxe des contorsions évoquaient une récréation d'écoliers » observe Breton. Homme de sens pourtant rassis, le médecin qui est avec lui en pleure. Comment expliquer une telle inconséquence de la part de ceux qui, ayant connu la guerre vingt-cinq ans plus tôt, s'apprêtent à « remettre ça »? Breton ne saurait l'expliquer que par une manière d'échapper aux contraintes sociales, de réagir à l'ennui des gestes quotidiens.

Affecté au fort de Sucy-en-Brie comme médecin-auxiliaire de la 401ᵉ DCA, il est très soucieux de sa famille. Heureusement, Marie Cuttoli, la femme du sénateur d'Alger qui a maintes fois témoigné son intérêt pour les surréalistes, accueille Aube et Jacqueline dans sa demeure du Midi où elles pourront « jouir quelque temps encore de beaux horizons et de propos parfaitement sensés et amis », lui écrit-il. Quant à lui, il lui faut s'adapter à une nouvelle discipline, combattue depuis un quart de siècle, et apprendre la patience puisque rien ne se produit. En poste au fort de Noisy-le-Sec jusqu'à la fin de l'année, il parvient à s'échapper quelques après-midi rue Fontaine, après quoi il retrouve quelques amis aux Deux Magots. La région de la porte des Lilas lui rappelle sa jeunesse. Il aime les immenses terrains vagues de la zone et s'égaie, comme Valéry se l'imaginait autrefois, au passage des jeunes ouvrières pimpantes. Étrangement, les événements se présentent à ses yeux « d'une manière exceptionnellement intéressante ». Peut-être espère-t-il que « la drôle de guerre » débouchera sur une crise révolutionnaire? A distance, il organise avec Wolfgang Paalen et Cesar Moro une exposition internationale qui aura lieu en février à Mexico. Quinze pays y seront représentés, manifestant la conjonction de l'art précolombien avec le grand sphinx nocturne du surréalisme.

Au début de l'année 1940, Breton est affecté à l'École « élémentaire » de pilotage de Poitiers, en qualité de médecin-chef. La visite à effectuer tous les matins, les baraquements militaires, la prairie rasée du terrain d'aviation n'ont rien d'enthousiasmant. Les autogires (ancêtres de l'hélicoptère) paraissent anachroniques dans le ciel et ne dépareraient pas dans un tableau de Jérôme Bosch. Comme Sengle, le héros de Jarry, dans *les Jours et les Nuits*, il est souvent tenté de déserter intérieurement. Son esprit dévole outre-mer, vers les pays de liberté grande.

Quand *Le Figaro* l'interroge, en février, pour son enquête « Que lisent les soldats ? », à la première question : « Avez-vous emporté et recevez-vous des livres ? Lesquels ? Les raisons de votre choix ? » il répond : « Machinalement mon choix s'est porté sur les deux livres qui m'ont été du plus grand secours durant l'autre guerre : Pascal et Rimbaud. Je ne pouvais faire moins que d'emporter Lautréamont, qui, depuis vingt ans, a été de tous mes voyages. » S'y adjoignent Péret, Gracq, *la Phénoménologie* de Hegel dans la nouvelle traduction de Jean Hippolyte, un livre sur *les Hallucinations*, sujet qui l'a toujours retenu, l'anthologie de Pierre Mabille : *le Miroir du merveilleux*, pour comparer les mythes des différentes contrées ; l'essai de Bachelard sur Lautréamont l'a bien déçu, mais il a découvert *les Hérésies au Moyen Age* d'Emmanuel Aegerter. Ce qui ne sera pas sans conséquence sur le poème futur, *Pleine Marge*. Autour de lui, à la caserne – c'est l'objet de la seconde question – on lit surtout *l'Art de piloter* et les biographies d'aviateurs illustres. Cependant, Poitiers étant une ville universitaire, les ouvrages de philosophie et les auteurs grecs ou latins y sont les plus demandés. A la troisième question : « Révélez-vous vos auteurs préférés à vos camarades ? » Breton répond qu'il a renoncé à ce genre de prosélytisme. Cependant, il a été frappé par la récurrence de citations d'*Ubu roi*, chez les jeunes gens dont il a fait la connaissance et qui l'ont convaincu « que leur lucidité n'est en rien altérée par les événements. J'ai tout lieu de penser – ajoute-t-il – que d'autres, comme eux, restent capables de débattre, hors du tumulte et de l'obscurantisme, de tout ce qui fait le prix de la « vraie vie » au moins relative, je veux dire de la vie avant cette guerre et au-delà ». Cette phrase, *Le Figaro* ne la publie pas dans son numéro du 9 février, ainsi que la moitié de ses réponses. Mécontent du procédé, Breton envoie le texte intégral à Raoul Ubac, assurant, à Bruxelles, la publication de *L'Invention collective*, la seule revue surréaliste de l'époque, qui n'aura d'ailleurs que deux livraisons. Il lui suggère de s'adresser à Péret,

Mabille, Gracq, J.-F. Chabrun, H. Diamant-Berger, G. Mouton, J.-B. Brunius, et Prévert, que l'on peut tenir pour les seuls surréalistes en France à ce moment-là. Les plus jeunes d'entre eux formeront le groupe La Main à Plume.

Dans le même temps, il demande à Marcel Marien, le 16 mars, de faire reproduire, dans la revue belge, une scène du *Trésor des jésuites* curieusement prémonitoire où l'un des personnages déclarait, en 1928 : « Que nous réserve 1940? 1939 a été désastreux. Vingt et un ans déjà depuis ce qu'on appelait si drôlement la Grande Guerre! Faut-il regretter les chevaleresques combats des tranchées ou leur préférer les peu glorieuses exterminations immobiles d'aujourd'hui? Voilà la question. » La revue paraîtra en avril, sans la scène prophétique, mais avec une « Carte postale » dédiée à Benjamin Péret, mobilisé à Nantes :

*N'y aurait-il que la guerre*
*Rien de tel pour faire renaître*
*La vie hermétique*
*Je joue à cesser d'être*
*Je joue à qui gagne perd [...]*

C'est dire son état d'esprit du moment. Peu après, constatant la fin de *l'Invention collective* il écrit à Raoul Ubac : « Il est inutile de vouloir se survivre. »

Pour l'heure, il s'agit seulement de vivre et de ne pas perdre pied. Ses rares permissions, le médecin militaire les passe à Royan, auprès de sa femme et de sa fillette hébergées par Picasso et Dora Maar. De loin en loin, il se rend à Paris, où peu d'amis demeurent. Il prend contact avec Léon Pierre-Quint, immobilisé par une tuberculose du genou, qui va s'efforcer de reprendre pour le Sagittaire *l'Anthologie de l'humour noir* bloquée chez Denoël.

Fin avril, la question est réglée entre les éditeurs, restent les détails de fabrication. Breton souhaite que les clichés soient distribués par feuillets de quatre; il fournit des indications sur la couverture en couleurs de Marcel Duchamp et l'eau-forte de Picasso, qu'il conserve avec lui. A cette date, le livre est achevé, le bon à tirer signé. Il contient les notices et le choix de textes des auteurs mentionnés à propos de « Têtes d'orage », en 1937, auxquels sont ajoutés une trentaine d'autres, sélectionnés, à la lumière de Freud et de Vaché, conjointement. Les uns figurent là parce qu'ils ont, à un titre ou un autre, su retrouver les caractères de l'enfance, avant l'instauration de la censure du surmoi; les autres parce qu'ils ont mis en cause le principe de réalité au profit du principe de plaisir; certains parce qu'ils ont tiré parti des diverses contradictions vécues; ou pour leur comportement qui nargue la logique naturelle. Enfin deux personnalités sont retenues pour la force de leur surmoi (générateur de l'humour, d'après Freud) tandis que trois auteurs sont présentés par contraste pour la raison qu'ils sont totalement dépourvus d'humour noir. Dans l'ensemble, Breton affiche ses goûts personnels, ses irritations, ses émotions devant certains comportements. L'œuvre compte moins que l'attitude morale, le potentiel orageux.

Mais c'est la France elle-même qui subit un orage de fer et de feu, auquel ses armées ne s'attendaient plus. Le 9 mai, Breton compose un poème frémissant de passion amoureuse, où il affirme superbement : « Les événements d'un autre ordre sont absolument dépourvus d'intérêt. » Le titre peut être pris dans un sens ironique : *Quels apprêts*. Le 10 mai la Wehrmacht pénètre en Belgique. Les lignes françaises sont enfoncées à Sedan le 14. Le gouvernement se replie sur Tours puis Bordeaux. Paris est déclaré ville ouverte. La population fuit devant les troupes allemandes. Le 17 juin, Pétain annonce à la radio la demande d'armistice et incite les soldats à cesser le combat. Breton est encore à Poitiers le 19 ; il n'a pas entendu, la veille, un historique appel porté par les ondes britanniques de la BBC. Tandis qu'à Rethondes la France et l'Allemagne tournent le film de l'armistice à l'envers, le 22 juin, Breton est expédié avec l'école de pilotage à Loupiac de la Réole, en Gironde plutôt qu'en Afrique du Nord. Dispensé de la casbah, il trouve une chambre au-dessus d'une boulangerie, tandis que les hommes, en attendant la démobilisation, sont casés, tant bien que mal, dans des séchoirs à tabac. Dans ce village aux jardinets fleuris de roses, il lui est assez difficile de concevoir la défaite.

Pour une fois, lui si prompt à se désespérer, il voit l'avenir avec intérêt : « Ma foi, écrit-il à l'une de ses jeunes correspondantes poitevines, je crois qu'une époque assez intéressante pourrait commencer, à condition toutefois de pouvoir la vivre. Le côté

" douloureuse satisfaction ", " stupeur attristée ", bien rendu par les derniers communiqués antagonistes anglais-français reste absolument prédominant. Voilà pour l'état de conscience qui se manifeste ici sans la moindre discrétion. Tout doucement ces messieurs retournent d'ailleurs leur veste de couleur kaki. On recommande aux hommes d'être " polis " avec les troupes d'occupation. Polis " sans obséquiosité, ajoute-t-on même assez psychologiquement. » Breton a le sentiment de vivre une période où l'humour noir se répand. Il ne sait trop où aller lors de sa démobilisation « le climat de Paris avec M. Chiappe me paraît des moins salubre ». Aussi restera-t-il en zone libre, peut-être à Montfort, chez Lise Deharme, qu'il a revue à la fin du mois, en toute quiétude, et qui propose de l'y accueillir.

Durant la débâcle, il n'était plus question de *l'Anthologie.* Lorsque, sept mois après la proclamation de « l'État français », Léon Pierre-Quint reprend contact avec lui, c'est pour annoncer qu'il va soumettre le livre à la censure, condition nécessaire à la vente. Breton lui répond, le 4 février 1941 : « Rien ne m'intéresserait tant que sa publication à pareille époque. Il me semble que c'est précisément là l'aventure que cet ouvrage ingrat (envers son auteur), que cet ouvrage, dis-je, des plus fourbes et ombrageux doit courir et que là résident *aussi* ses principales chances... » La censure, par définition, n'a pas le sens de l'humour, quelle qu'en soit la couleur. Elle refuse la publication d'un ouvrage de si haute démoralisation!

Ainsi, pendant cinq ans, Breton a vainement tenté d'organiser les intellectuels, en France, en vue d'une action commune, à la fois contre le péril fasciste et contre la perversion du marxisme que représente, à ses yeux, le stalinisme. La révolution surréaliste appelée par ses publications, où la liberté artistique s'accompagne d'une transformation radicale des rapports économiques et sociaux, fondée sur une connaissance approfondie de l'homme, est étouffée par la prétendue « Révolution nationale », incarnée par le vieux maréchal Pétain. La vigilance révolutionnaire, si dérangeante pour les hommes en place, n'a pu arrêter la progression des forces obscures. Breton ne perd toutefois pas espoir : le surréalisme rayonne internationalement. Le grain germe, prometteur de moissons nouvelles.

CINQUIÈME PARTIE

# L'EXODE ET L'EXIL
# (1940-1946)

## CHAPITRE PREMIER

# *Quels apprêts?*
(1940-1941)

### *Pleine Marge*

Démobilisé le 1er août, sans ressources, en cette période où Pétain et Laval considèrent la défaite comme une juste punition et un moyen de faire payer aux Français leurs débordements, Breton accepte l'invitation de Pierre Mabille et le rejoint, avec femme et enfant, à Salon-de-Provence. Cet ami, qu'il connaît depuis 1934, se retrouve dans la même situation que lui. Du moins son optimisme, son sens pratique, sa rapidité de décision et sa belle humeur l'aideront-ils à conjurer les maléfices qui s'abattent sur eux. Il saura faire triompher les droits de l'esprit et dégager une solution d'avenir. Breton apprécie ses compétences scientifiques, associées à un grand savoir occultiste. Dans la ville où mourut Nostradamus, les deux amis passent des heures sous les platanes du café à sonder les *Centuries* et à explorer leurs possibilités d'action présente. Un retour à Paris, en zone occupée, est exclu. Reste l'exil. Le 10 août, Breton s'adresse à Kurt Seligmann, peintre surréaliste spécialiste de la magie émigré à New York: « Nous sommes arrivés à cette conclusion que notre place serait actuellement où vous êtes vous-même et où les circonstances veulent que règne la plus grande effervescence des idées; c'est là indiscutablement que peut être poursuivie de la manière la plus efficace la lutte contre tous les facteurs de décomposition que nous n'avons cessé de dénoncer avant qu'il ne fût trop tard. »

Dans cette atmosphère initiatique et fraternelle entretenue par

Mabille; Breton conçoit le poème *Pleine Marge*. Il y évoque les femmes qui, pour lui, ont eu à se débattre avec leur temps, puis la cohorte des hérésiarques : Pélage, Joachim de Flore, Maître Eckhart, Jansénius, le diacre Pâris, Marie-Catherine La Cadière, la visionnaire, et les frères Bonjour. Tous ceux qui, en pleine marginalité, se sont donné toute latitude pour agir.

Fin août, parvient la nouvelle de l'assassinat de Trotsky à Mexico. Mabille comprend aussitôt qu'il n'y a plus aucun recours possible contre Staline. Plus émotif, moins maître de ses sentiments qu'il n'y paraît, Breton fond en sanglots (il l'avouera lui-même dans un texte d'hommage à Mabille, « Pont-levis »). Tous deux, avec leurs familles, traversent le magnifique étang de Berre et s'installent à Martigues, dans un cabanon, à cinquante mètres de la mer. Breton y achève *Pleine Marge* qu'il adresse à Jean Ballard pour *Les Cahiers du Sud*, lui faisant valoir que les lecteurs prendront intérêt à entendre sa voix après un an de silence, d'autant plus qu'il tient à marquer son opposition à ce qui recommence à s'écrire. Il organise de superbes combats de mantes religieuses et d'empuses, sous un masque d'éleveur d'abeilles, part à la chasse des rares papillons, ou rapporte de la plage des faïences usées à petites fleurs. Le temps est beau mais les perspectives ne se dégagent pas et la situation reste précaire. Comment finir le mois, comment, surtout, prévoir à plus long terme? A Joë Bousquet qui depuis plus de vingt ans supporte sa blessure, avec quelle admirable patience, avec quelle force de transmutation, Breton écrit : « Je crains que vous ne sous-estimiez encore la sévérité des temps qui se préparent pour nous, pour les formes sensibles qui nous modèlent. Cela peut assez rapidement devenir intenable si ce ne l'est déjà. » Mabille fait un saut à Vichy, où est installé le gouvernement de Pétain, pour essayer de proroger leurs passeports et surtout pour obtenir un visa de sortie vers le pays le plus accessible, États-Unis ou Mexique. A la fin septembre, il part comme chirurgien pour la Guadeloupe et Haïti, où Breton le retrouvera plus tard.

Le 10 octobre, Kurt Seligmann, qui s'est entremis dès le premier appel auprès de l'Emergency Rescue Committee en faveur de Breton, Mabille, Masson et Péret, informe Breton que sa présence aux États-Unis est « tout à fait désirable » : Alfred Barr, le directeur du musée d'Art moderne, serait prêt à organiser à son intention une tournée de conférences dans le pays. Wolfgang Paalen, pour sa part, agit de même à Mexico. Si bien que Breton reste suspendu entre le désir de quitter un pays où il ne peut plus s'exprimer et la crainte de s'expatrier : « L'Amérique ne s'impose, du reste, que d'une manière toute négative : je n'aime pas l'exil et je doute des exilés », écrit-il à une amie.

### *Le jeu de Marseille*

Depuis le mois d'août, Varian Fry a créé à Marseille le Centre Américain de Secours, en liaison avec l'Emergency Rescue Committee de New York. Il s'agit d'aider les intellectuels les plus menacés par la politique de Vichy à gagner les États-Unis. Son adjoint, Daniel Bénédite, un socialiste précédemment employé à la Préfecture de Paris, l'aide dans ses démarches. (Il relatera l'histoire de cette entreprise de sauvetage dans *la Filière marseillaise.*) En octobre, Bénédite découvre une grande villa de huit chambres à louer dans le quartier La Pomme, à l'extérieur de la ville. Le propriétaire en est un vieux médecin avare, fou d'oiseaux. Au 63, avenue Jean-Lombard, la villa ne craint pas de s'appeler « Château Air-Bel ». Elle est entourée d'un grand parc, avec vue sur les montagnes. Bénédite propose à Victor Serge de partager la location avec d'autres amis. Serge suggère le nom d'André Breton, rencontré à Marseille, qu'il sait dans une situation précaire. Il n'ignore aucune de ses multiples démarches en sa faveur, alors qu'il était prisonnier de Staline.

Fin octobre, Bénédite héberge André Breton, sa femme et sa fille dans la meilleure chambre, au premier étage de cette villa qui prendra bientôt allure de phalanstère. Les locataires partagent les frais et chacun assure sa part des corvées ménagères. Grâce à Varian Fry, Victor Serge et Breton reçoivent une allocation de l'Emergency Rescue Commitee de New York. Bénédite, qui craignait un peu le caractère du « chef » du surréalisme, qu'il s'imaginait sectaire et mal commode, est surpris de fréquenter « un personnage parfaitement vivable, amène, plein d'entrain et pas le moins du monde pontifiant ».

Dans la journée, chacun s'affaire de son côté : Victor Serge écrit un roman, *l'Affaire Toulaëv*. Son fils Vlady peint. Bénédite et Fry travaillent en ville, au Centre américain de secours. Aube est à l'école, Jacqueline et André se retrouvent dans la serre où il compose un long poème, *Fata Morgana* où le dit de la force d'amour se mêle à la transmutation hermétique et s'achève sur le mot « soleil », pour signifier l'espoir. « Ce poème fixe ma position de résistance plus intransigeante que jamais aux entreprises masochistes qui tendent, en France, à restreindre la liberté poétique ou à l'immoler sur le même autel que les autres », dira-t-il quelques mois après. Il propose à Léon Pierre-Quint de l'éditer à l'enseigne du Sagittaire et d'en organiser la diffusion, lui-même assurant les frais d'un tirage à deux ou trois cents exemplaires, avec des illustrations de Wifredo Lam.

Dans le parc, Breton capture des mantes religieuses dont les mœurs amoureuses lui paraissent éclipser les faits divers passionnels des journaux. Le soir et le dimanche, Breton se transforme en animateur. Il suggère des jeux, organise une vente aux enchères à laquelle participent tous les amis regroupés pour l'occasion : Oscar Dominguez, Victor Brauner qui souhaite également partir aux États-Unis et que Breton rassure amicalement, Wifredo Lam, dernière recrue du surréalisme, un tout jeune peintre né de père chinois et de mère cubaine (noire). Benjamin Péret – arrêté en mai pour menées subversives et qui s'est échappé de la prison de Rennes au moment de l'invasion allemande – vient avec sa femme Remedios. Il travaille avec Sylvain Itkine au Croque-fruits, une coopérative fondée pour aider les artistes réfugiés qui, en période de restriction alimentaire, fabrique une gourmandise à base de dattes. Son slogan : « Je pense donc je suis – Descartes ; je mange donc Croque-fruits – sans cartes. » Parfois passent Max Ernst avec sa dernière conquête, Peggy Guggenheim, André Masson, Marcel Duchamp, René Char, Frédéric Delanglade, etc. Il s'agit d'aider les plus inquiets, les plus angoissés, et de leur montrer que l'espoir demeure.

Le maréchal Pétain annonce sa visite à Marseille. La police trop zélée interpelle ceux qu'elle suspecte de ne pas témoigner une grande déférence à l'égard du chef de l'État. Le 3 décembre elle investit la villa « Château Air-Bel », à la recherche d'armes et de documents prouvant de prétendues activités communistes – un comble pour Fry comme pour ses hôtes ! On découvre un revolver d'alarme chez Victor Serge, le pistolet d'ordonnance de Breton et des papiers suspects, ce qui justifie une vérification au poste. Breton a relaté la scène : les policiers font « main basse sur un dessin surréaliste, ou plutôt sur une page de dessins de divers auteurs de nos amis, parmi lesquels ils avaient discerné une sorte de portrait non figuratif, orné d'une inscription malséante ». C'est un collage : une cuiller et une fourchette croisées, découpées dans un catalogue de Christofle, surmontées d'un képi, avec pour légende : « Ce sacré crétin de Pétain. »

Deux paniers à salade conduisent tout le monde à l'Évêché, siège de la police. « Longs interrogatoires, poursuit Breton : Qu'est-ce que le surréalisme ? Quelle est votre position à l'égard du gouvernement national, etc. » Il en va de même pour ses compagnons, dont les opinions politiques sont évidemment différentes de celles qui prévalent à ce moment. Des bureaux des Renseignements généraux, on les conduit la nuit venue à bord du *Sinaïa* où se retrouvent près de six cents « internés administratifs suspects de pouvoir troubler l'ordre public », parmi lesquels Varian Fry, citoyen américain !

Arrivé à Marseille le 4 décembre à 9 h 30 par la gare Saint-Charles, Pétain peut se faire acclamer en toute tranquillité. Les suspects vont demeurer trois jours sur le bateau, amarré au bout du quai de la Joliette. Chaque groupe de dix envoie un délégué aux cuisines pour ramener la nourriture. Breton s'en charge pour ses amis. L'après-midi du deuxième jour, tous sont cantonnés dans les cales : le Maréchal visite le navire-hôpital voisin. Cependant le consul américain multiplie les démarches pour obtenir l'élargissement de ses protégés. On lui objecte que Breton est un « anarchiste dangereux recherché depuis longtemps par la police française ». Le quatrième jour, enfin, ils sont relâchés, non sans avoir joué, ri et chanté de bon cœur. Les pistolets et quelques papiers leur sont confisqués. L'intendant de police explique que la voie ferrée traversant la propriété d'Air-Bel, il avait craint un attentat. La police ne cesse pas pour autant de les surveiller. Fort de l'avertissement, Breton prie Jean-François Chabrun et Robert Rius, les jeunes de La Main à Plume, d'enlever de son appartement, rue Fontaine, toute pièce compromettante. Ils n'en retirent que des papillons surréalistes.

A cette date, Breton dispose d'un visa mexicain et d'un visa américain. Jacqueline possède même son visa de sortie. Il met l'absence du sien sur le compte de la pagaille. Cette formalité remplie, ne manqueraient plus que les visas portugais et espagnol – ce qui signifie qu'il compte s'embarquer à Lisbonne. Encore un ou deux mois de patience : il tiendra bon!

Le bureau du contrôle de presse de Clermont-Ferrand diffère la publication de *Fata Morgana* « jusqu'à la conclusion définitive de la paix », de sorte qu'il n'a pu en être tiré le 10 mars que cinq épreuves coloriées à la main par l'artiste et signées. La plaquette sera reprise l'année suivante à Buenos Aires, aux Lettres françaises de Roger Caillois, exilé en Argentine.

Auparavant, en janvier, Breton a cherché à organiser avec Jean Ballard une exposition surréaliste, profitant de la présence de Masson, Brauner, Dominguez, Lam, Hérold, Wols. A défaut, il décide d'élaborer un nouveau jeu de cartes. Le jeu de Marseille témoignera que la recherche de la connaissance et la volonté d'interpréter librement le monde ne sont pas exclues de l'activité ludique des surréalistes. Des investigations, à la bibliothèque de Marseille, sur les origines et l'histoire des cartes à jouer, lui ont enseigné que leurs modifications sont liées à des revers militaires. Aussi les surréalistes vont-ils remplacer les couleurs belliqueuses par des marques accordées à leur état de pensée : l'Amour, illustré par une flamme, le Rêve, par une étoile noire, la Révolution par une roue sanglante et la Connaissance par une serrure. Le Génie se substitue au Roi, la Sirène à la Dame, le Mage au Valet, le Joker étant le véritable portrait d'Ubu par Jarry. Chaque famille engendre une série de personnages, illustrés par chaque surréaliste, après tirage au sort. A Brauner échoient Hegel et Hélène Smith, à Breton Paracelse et la serrure de la Connaissance, à Dominguez et Lam le Rêve, à Max Ernst Pancho Villa et l'Amour, à Hérold, Sade et Lamiel, à Jacqueline la Révolution, à Masson la Religieuse portugaise et Novalis. Les originaux seront exposés quelques mois plus tard à New York. Quant au jeu, il ne sera diffusé qu'en 1986 par un éditeur marseillais.

Phalanstère, jeux, créations picturales ou poétiques, les surréalistes n'oublient cependant pas que leur liberté est menacée. Dès que les visas de sortie arrivent, Aube, Jacqueline et André Breton embarquent le 24 mars vers l'Amérique.

### *Martinique charmeuse de serpents*

Le *Capitaine Paul-Lemerle*, de la Compagnie des transports maritimes à vapeur, est un des derniers navires, ou plutôt une coque de noix pourrie, à quitter Marseille pour les Antilles. A son bord il y a la famille Breton (les frais de voyage ont été payés par Peggy Guggenheim), la famille Victor Serge, Wifredo Lam et Claude Lévi-Strauss, qui a décrit, au début de *Tristes Tropiques*, le bateau et ses passagers. Il y avait seulement deux cabines, qui furent attribuées aux femmes et aux protégés du capitaine, dont un Tunisien, Henry Smadja, le futur patron de *Combat*, et l'ethnologue, habitué de la ligne pour ses missions au Brésil. Les trois cent cinquante autres, Autrichiens, Allemands, Tchèques, Espagnols, et quelques rares Français fuyant l'ordre nouveau, restent confinés en cale, dormant sur des bat-flanc grossièrement rabotés. Lévi-Strauss avait identifié Breton à l'escale de Casablanca lorsqu'il montrait son passeport : « André Breton, fort mal à l'aise sur cette galère, déambulait de long en large sur les rares espaces vides du pont; vêtu de peluche, il ressemblait à un ours bleu. Entre nous, une durable amitié allait commencer par un échange de lettres, qui se prolongea assez longtemps au cours de cet interminable voyage, et où nous discutions des rapports entre beauté esthétique et originalité absolue. »

Les relations avec Victor Serge suivent un autre cours. Au souvenir de Vlady, le fils du militant révolutionnaire, il semble qu'un froid se soit établi entre le poète et le romancier, par trop philistin en matière artistique.

La traversée dure un mois. Après des menaces de débarquement à Dakar et une petite mutinerie des passagers exigeant l'abattage du bétail parqué sur le pont, le *Capitaine Paul-Lemerle* approche de la Martinique. Les voyageurs, oubliant déjà les vexations inutiles des gendarmes, les conditions matérielles plus que précaires, plient définitivement leur paillasse et, l'espoir en vue, achèvent à la hâte leur toilette matinale. Tandis que le bateau contourne l'île pour jeter l'ancre à Fort-de-France, ils se pressent au bastingage pour regarder les poissons volants et contempler le spectacle qu'offre la nature luxuriante, découvrant avec surprise un village à l'ombre des cocotiers, une chute d'eau sur le sable volcanique. Ils se demandent s'ils seront autorisés à se rendre à terre et combien de temps il leur faudra attendre encore pour parvenir à leur destination finale. Ils en oublient que la Martinique est une colonie française sous le régime de Vichy, qu'exacerbe le zèle de petits chefs jaloux de leurs prérogatives, donnant libre cours à leur racisme, à leur antisémitisme. Breton a rapporté pour un journal français d'Amérique l'accueil qui lui fut réservé dans cette île, « la honte de la France », selon les termes du capitaine du bateau.

Ce sont d'abord les vexations du contrôle : « Écrivain. Soi-disant invité à donner des conférences, à publier des ouvrages d'art. Ça leur fera une belle jambe, en Amérique ! Français ? Qu'il descende, mais surveillance discrète *(sic)*. » Soudain on se ravise : Breton est dirigé avec sa femme et sa fille au Lazaret. Une ancienne léproserie pour ces pestiférés de l'Europe, ça ne manque pas d'humour ! On lui fait payer mille cinq cents francs de frais « d'hébergement », outre neuf mille francs de caution, totalement injustifiée. Sentinelles armées, appels matin et soir, c'est un camp d'internement. Les Français ont l'autorisation d'entrer en ville durant la journée, mais le « conseil de sécurité » s'oppose à ce que Breton pénètre à Fort-de-France : un rapport de la police de Marseille, le présentant comme un dangereux agitateur, l'a précédé ! Breton s'en explique avec le gouverneur civil qui, finalement, lui délivre une autorisation de résidence en ville, charge à lui de se présenter au capitaine de gendarmerie, lequel lui tient ces propos fort clairs : « Alors, vous me donnerez le nom de votre hôtel, mais prenez garde. Poète surréaliste, hyperréaliste, aucun besoin de ça à la Martinique. Rappelez-vous que vous n'avez personne à voir ici.

Évitez surtout les éléments colorés. Ce sont de grands enfants. Ce que vous pourriez leur dire, ils le comprendraient tout de travers. Vous pourrez faire tous les bouquins que vous voudrez quand vous serez parti. » Plus tard, Breton comprendra qu'on cherchait surtout à l'empêcher de donner des conférences. C'est pourquoi il aura été accompagné, durant son séjour de près d'un mois, de deux mulâtres obligeants mais un peu trop ombrageux et même provocateurs qui se révéleront employés de la police secrète.

Philosophes, les Martiniquais savent que les fonctionnaires de Vichy perdront leur zèle dans les trois mois. Ils ont trois alliés naturels : les femmes, le Pernod et les moustiques.

La liberté retrouvée, Breton se jette avec avidité dans les rues de la ville, en quête de nouveauté, d'inattendu. De ces promenades à corps perdu, il ramasse les poèmes en prose *Des épingles tremblantes*, rassemblés dans *Martinique charmeuse de serpents*, traduisant l'éblouissement du marché aux poissons, la saveur des fruits de corossol et de caïmite, le port altier des femmes qui lui rappellent Baudelaire, l'enchantement des noms de lieux, l'étrangeté d'une enseigne de naturaliste ou du monument de Joséphine entre les cocotiers, telle une statue de Chirico dans sa période métaphysique.

Un jour, en achetant un ruban pour sa fille, Breton trouve dans une mercerie le premier numéro de la revue *Tropiques*. Les trente-quatre lignes de la présentation par Aimé Césaire font tomber toutes ses préventions sur la misère intellectuelle de l'île. A travers les références à Rimbaud et Lautréamont, aux accents du message refusant l'abdication générale de l'esprit, il reconnaît un poète frère. Par la mercière, qui se trouve être la sœur du philosophe René Ménil, il rencontre les deux principaux animateurs de la revue. Durant un mois, ils ne se quittent pas. Césaire et sa femme lui font découvrir l'île aux fleurs et aux iguanes, le gouffre d'Absalon, où il voit la représentation matérielle du creuset où s'élabore l'image poétique, et la fleur du balisier, « un triple cœur pantelant au bout d'une lance », symbolisant le surréalisme même. Césaire notera de son côté : « Je l'ai rencontré, et il m'a littéralement *fasciné*. C'était un homme d'une culture extraordinaire, avec un sens *étonnant* de la poésie. Il sentait la poésie, il la reniflait comme n'importe quel pollen dans l'air. C'était un détecteur prodigieux, une sorte de « tête chercheuse »...

*Tropiques* ne deviendra pas un nouvel organe du surréalisme, mais la rencontre avec Breton sera déterminante pour confirmer ses orientations, définir de nouvelles voies poétiques. Inversement, c'est par l'équipe de *Tropiques* que l'auteur de *l'Amour fou*, retrouvant en cette île l'exaltation vécue aux Canaries, apprend à déchiffrer les insidieuses pratiques coloniales et instruit le dossier du système féodal que font régner les propriétaires des rhumeries. Il observe les méthodes répressives des tenants de la « Révolution nationale » (300 arrestations en un seul jour) et constate l'accueil ironique qui leur est réservé par la population dont il s'assure qu'elle « n'a pas cessé d'être acquise très profondément au général de Gaulle ». Ces lignes ont été publiées à New York le 7 février 1942 dans le journal gaulliste *Pour la victoire*. Peut-être sont-elles gauchies en fonction de l'organe qui les a commandées? Elles procèdent, plus certainement, d'une vive réaction contre l'amiral Robert, le très Vichyssois gouverneur de la Martinique.

André Masson qui, à Marseille, attendait lui aussi un transport pour les États-Unis, est arrivé à la Martinique huit jours après Breton. Il se joint au petit groupe et, malgré l'incertitude du lendemain, il écrit avec le poète le « Dialogue créole » (publié aux *Lettres françaises* de Buenos Aires en janvier 1942 avant sa reprise dans *Martinique charmeuse de serpents* en 1948). C'est la transcription, tantôt lyrique, tantôt simplement descriptive de leur sentiment de séduction devant une nature qui reproduit pour eux un rêve rimbaldien. Ils en viennent à se demander si un esprit naïf comme le Douanier Rousseau peignant *la Charmeuse de serpents* n'était pas doué d'une puissance médiumnique lui permettant d'entrer en communication avec de tels paysages étrangers aux lois de la perspective. N'étaient les conditions ambiantes, Breton finirait par se plaire dans cette île, avec ses nouveaux amis noirs et surtout Aimé Césaire, si naturellement poète qu'il préfacera (en 1943) son *Cahier d'un retour au pays natal*. Mais il lui faut s'arracher à ces ferrets des caraïbes pour gagner un asile plus sûr, aux États-Unis.

## CHAPITRE II

# *New York*
(1941-1946)

### *« L'arbre de Noël du monde »*

Le 16 mai, Breton, Masson, Lam embarquent à bord du *Presidente Trujillo* à destination de New York. A l'escale de Pointe-à-Pitre, en Guadeloupe, Pierre Mabille est venu leur rendre visite, depuis Basse-Terre où il exerce la médecine. Une semaine après, ils font relâche dans le paradis tropical qu'est, alors, la république Dominicaine, porte d'entrée du Nouveau Monde, point de ralliement temporaire des réfugiés d'Europe, particulièrement les républicains espagnols. André Breton s'entretient avec l'un d'eux, l'écrivain et peintre surréaliste, E.F. Granell, originaire de La Corogne. Il gagne sa vie comme reporter au quotidien *La Nacion.* Leur entrevue a lieu à l'hôtel Palace, à Ciudad Trujillo, la capitale du pays (redevenue aujourd'hui Saint-Domingue), ainsi dénommée en hommage au chef de l'État, alors adulé, qui l'a entièrement rebâtie après un terrible cyclone. Pour éviter le parasitage d'une communication bilingue, Breton répond aux questions par écrit. Il analyse les raisons qui l'ont conduit à s'expatrier. L'impossibilité où lui-même et ses amis étaient de s'exprimer – sauf peut-être Picasso, qui parviendrait même à graver sur les murs de sa prison, s'il le fallait. Il approuve le silence adopté, à des titres divers, par Malraux, Péret, Tzara ou Prévert. En revanche, il se demande si l'attitude de Gide et de Valéry, compte tenu de la position qu'ils occupent, n'est pas le signe d'une abdication. Quant à Eluard, dont la signature se retrouve à côté de celle de Montherlant dans une *NRF* dirigée par le fasciste Drieu, il ne mérite que son sarcasme. De nombreuses conversations à la terrasse des cafés suivent cette interview pendant les deux ou trois jours de la présence de Breton à Saint-Domingue. On s'informe de l'état du monde, des intentions des États-Unis, qui ne sont pas encore entrés en guerre, on joue au cadavre exquis. Lam change de navire pour se rendre à Cuba, sa terre natale.

Ellis Island, la statue de la Liberté, les docks, les gratte-ciel, ces images tant de fois rebattues deviennent enfin une réalité pour Breton et sa famille. Au début de juillet, le bateau entre dans le port de New York. Les amis surréalistes, prévenus, les attendent. Kay Sage, la compagne d'Yves Tanguy, a loué à leur intention un petit appartement dans la 11e Rue Ouest. Le peintre S.W. Hayter est allé les accueillir à la descente de la passerelle et les a emmenés prendre l'apéritif au *Brevoort*, le seul café doté d'une terrasse à la française.

Au cinquième étage, l'atelier sous les combles rappelle celui de la rue Fontaine. Jacqueline écrit à Varian Fry, à Marseille : « L'Amérique est vraiment l'arbre de Noël du monde. »

André Masson a déniché une maison dans la nature, à Long Island. Yves Tanguy, émigré depuis deux ans s'apprête à épouser Kay Sage; il est à Woodbury, dans le Connecticut. Max Ernst vit avec Peggy Guggenheim, dont le premier soin est de rendre visite à Breton. Inquiet de l'avenir, désireux de poursuivre l'activité surréaliste avec de nouvelles recrues américaines, comme il l'indiquait à Seligmann, celui-ci se refuse à parler anglais, par timidité, pour ne pas écorcher une langue qu'il maîtrise mal et ne pas formuler des pensées approximatives. Afin de lui permettre de s'insérer à son aise dans la société américaine, Peggy lui demande de la conseiller pour le choix des tableaux qu'elle compte présenter au public. Elle lui garantit deux cents dollars par mois pendant un an, charge à lui d'en établir le catalogue et la préface, qu'elle lui avait déjà demandée quand elle pensait s'installer à Grenoble en 1940. Le projet prend de l'ampleur, jusqu'à devenir une anthologie de l'art moderne comprenant les manifestes des mouvements d'avant-garde depuis 1910, des témoignages de chaque artiste présenté, et pour chacun la photographie de ses yeux. Sous le titre « Art of this

Century », l'exposition sera inaugurée le 20 octobre 1942, au musée d'Art moderne. La préface de Breton, « Genèse et perspectives artistiques du surréalisme », retrace l'histoire du mouvement, du point de vue plastique et pictural, et souligne la synthèse opérée par les artistes entre l'objet extérieur et le modèle intérieur. Au passage, justice est rendue à Chagall, trop longtemps suspecté de mysticisme, tandis que Salvador Dali, désormais dénommé Avida Dollars, est définitivement abandonné à l'académisme et au succès commercial. Une fois de plus, l'accent est mis sur la nécessité interne de la peinture surréaliste dont les techniques, quelles qu'elles soient, ne font qu'exprimer la personnalité intime de l'artiste.

Dans son *Journal d'un génie,* dont les souvenirs sont plus qu'approximatifs, Dali prétend avoir téléphoné à Breton le jour de son arrivée pur lui souhaiter la bienvenue et l'entretenir, dès le lendemain, de sa nouvelle plate-forme idéologique. « Nous allions lancer un grand mouvement mystique destiné en quelque sorte à rehausser notre expérience surréaliste et à la détourner définitivement du matérialisme dialectique ! » C'était s'illusionner sur l'état d'esprit de Breton qui n'avait pas changé d'opinion en traversant les mers et n'entendait rien céder au thuriféraire d'Hitler et du pape, devenu la coqueluche des Américains. Éloigné du théâtre des opérations, Breton ne laisse pas d'être préoccupé par la psychose collective qui a accompagné les coups de force successifs d'Hitler. A Charles-Henri Ford, qui l'interroge pour *View,* il commente sa découverte de l'espace américain : la nature, la végétation, la faune, les papillons-lune, les îles flottantes de l'Hudson, non pas la ville de New York, qu'il ne semble pas apprécier. Ironisant sur les palinodies d'Aragon, sur l'espèce de maladie mentale qui atteint certains grands artistes conduits à se déjuger après un certain âge, il précise la position du surréalisme. Ce qui prend fin : l'illusion d'indépendance de l'œuvre d'art. Ce qui continue : l'approfondissement de certains phénomènes tels que le dépaysement de la sensation, le hasard objectif, l'humour noir. Ce qui commence : la révision des principes rationalistes : « C'est, avec le surréalisme, tout ce qui peut répondre à l'ambition d'apporter les solutions les plus hardies au problème posé par les événements actuels. » Il songe particulièrement à l'éclairage que peuvent fournir la théorie de la forme et le calcul des probabilités.

Contrairement à ce qu'il escomptait, Breton n'obtient pas de chaire à la New School of Social Research, institut universitaire fondé pour accueillir des intellectuels en danger immédiat dans leur pays d'origine (c'est là qu'enseigneront Roman Jakobson et Claude Lévi-Strauss). Kurt Seligmann commente : « Je vois à quel point André est handicapé par la question langue; et son idée de ne pas l'apprendre du tout est erronée... »

Après l'attaque surprise de Pearl-Harbor, les États-Unis entrent en guerre. En mars 1942, Breton occupe un emploi de speaker à l'Office of War Information, organisme américain qui diffuse des bulletins en français relayés par la BBC de Londres vers la France : La voix de l'Amérique parle aux Français. Pierre Lazareff, ancien rédacteur en chef de *Paris-Soir*, est le responsable de cette section. Il a réuni toute une équipe de rédacteurs, de différentes tendances. Avec Amédée Ozenfant, Georges Duthuit et Sacha Pitoëff, Breton lira pendant trois ans la copie devant le micro, tous les jours sauf le mardi, jour de l'émission destinée aux catholiques et protestants! Denis de Rougemont, chargé des commentaires politiques, a laissé une vive description de sa présence à l'OWI : « André Breton, superbement courtois, patient comme un lion bien décidé à ignorer les barreaux de sa cage, apparaît vers cinq heures au fond de la grande salle. Il vient nous prêter sa voix noble, agrémentée d'un léger sifflement, mais il garde pour lui son port de tête et sa présence d'esprit indiscernablement ironique, admirante et solennelle. Qu'on lui donne un royaume! Ou plutôt non : qu'on lui donne une église à régir, et le beau nom du sacerdoce à restaurer dans une atmosphère orageuse! Mais l'Amérique n'est pas son fort! »

En vérité, Breton considère cette activité monotone et humblement servile comme la rançon de sa liberté et de sa position à la tête du surréalisme. Sans reconstituer un groupe à New York – les distances entre les uns et les autres sont trop grandes, et leurs occupations trop diverses – il rassemble autour de lui tous ceux qui se réclament d'une pensée libre, insoumise. Ce sont essentiellement des peintres européens, la barrière de la langue et aussi, il faut le dire, des préoccupations artistiques d'un tout autre ordre, éloignant les Américains d'origine. Au début de cette année 1942, il reprend contact, épistolairement, avec Benjamin Péret, qu'il tient régulièrement au courant de ses efforts de regroupement, de ses démarches pour publier une revue acceptable en Amérique, sur une base débordant le surréalisme en sollicitant les collaborations d'Étiemble, Caillois, Duthuit.

### *Un mythe nouveau?*

Avec l'allocution prononcée au vernissage de l'exposition Masson au Museum of Art de Baltimore, puis la présentation des tableaux de Wifredo Lam à la galerie Pierre-Matisse, à New York, Breton signale les éléments premiers, le merveilleux, l'invention caractérisant l'art à venir. Ici s'amorce la problématique du mythe nouveau, dont l'humanité aura besoin à la fin des hostilités. Breton s'en entretient, par correspondance, avec Étiemble qui lui a suggéré ce thème au début de l'année. Il croit nécessaire de créer un rituel avant de formuler quelque dogme que ce soit. Au demeurant, ce mythe ne doit pas être créé de toutes pièces puisqu'un embryon existe chez Rimbaud, Lautréamont, Chirico, et plus avant chez Saint-Just ou encore quelques hérétiques. Il lui revient même certains propos de Valéry, en 1915, qui allaient dans le même sens. Par sa vitalité, sa révolte innée, son rire noir, une femme l'incite à agir dans ce domaine sans aucune prudence : c'est Léonora Carrington. Au restaurant, elle s'enduit les pieds de moutarde, tout en prenant part attentivement à la conversation. Chez elle, elle traite ses invités d'un mémorable lièvre aux huîtres, selon une recette anglaise du XVI^e^ siècle. Son départ pour le Mexique fait retomber la tension, sans toutefois éliminer le propos. Breton y vient explicitement dans l'article « Vie légendaire de Max Ernst précédée d'une brève discussion sur le besoin d'un nouveau mythe » (*View*, avril 1942). Impossible, à ses yeux, de laisser se perpétuer des signes dénués de contenu. « Pourquoi se refuserait-on à chercher chez les poètes, chez les artistes d'aujourd'hui ce qu'on a toujours trouvé à distance chez leurs devanciers, pourquoi leur évolution ne traduirait-elle pas en langage chiffré mais déchiffrable de ce qui *doit* être, ce qui *va* être? » Ainsi à l'écoute de créateurs doués d'un grand pouvoir d'anticipation comme Rimbaud, Nietzsche, Sade, Lautréamont, etc., les artistes contemporains *préfigurent* le monde à venir. Tel est le cas de Max Ernst, dont l'œuvre et la vie mêlées enseignent sept commandements : libérer les objets de leur gangue; trouver par l'errance; recréer le désir; montrer la beauté convulsive; se priver pour atteindre la révélation; ne jamais douter; aimer car l'amour est toujours en avant. Le mythe nouveau, que Breton cherche à déterminer, devra se calquer sur une telle attitude.

Les rapports de Breton avec Max Ernst ne relèvent pas de la plus totale confiance. Depuis la rupture avec Eluard, Breton reste sur l'expectative : le peintre ne va-t-il pas lancer une saillie qui le laissera sans repartie? A diverses reprises, Peggy Guggenheim le prend à témoin de leurs démêlés sentimentaux. Néanmoins, il admire sa faculté d'adaptation, son insertion dans la société américaine, sans renoncer en rien à ses objectifs créateurs.

Avec Tanguy, la compréhension est plus intuitive : il l'a vu vivre rue du Château à Paris, dans l'auberge maternelle de Locronan en Bretagne; il sait quelle légende de la ville d'Ys engloutie traverse son regard. Tanguy connaît le chemin qui mène au royaume des Mères, les matrices originelles mais aussi le principe de toute métamorphose; il est le frère de Nerval. Son génie est de saisir et de montrer le spectre des êtres immatériels qui nous environnent, ces « grands transparents » dont Breton fixera la structure dans un projet de manifeste.

Lors de l'exposition « Artists in exile », organisée à la Whitelaw Reid Mansion du 14 octobre au 17 novembre 1942 pour le Comité de coordination des sociétés de secours françaises au bénéfice des enfants de prisonniers, le catalogue, *First Papers of Surrealism* (allusion aux premiers documents à remplir pour l'immigration) comporte une section intitulée : « De la survivance de certains mythes et de quelques autres mythes en croissance ou en formation. » Breton y met en scène, à sa manière, les mythes suivants, accompagnés de reproductions ou de très brèves citations : l'Age d'or, Orphée, le Péché originel, Icare, la Pierre philosophale, le Graal, l'Homme artificiel, la Communication interplanétaire, le

Messie, la Mise à mort du roi, l'Ame sœur, la Science triomphante, le mythe de Rimbaud, le Surhomme, les Grands Transparents. Cette énumération éclaire la nature de ses réflexions, à ce moment : le mythe nouveau s'appuiera sur tous ces mythes, pour les transcender. Avec « son jumeau » Marcel Duchamp, il a organisé l'accrochage des tableaux surréalistes d'artistes résidant sur le continent américain ou dont les œuvres se trouvaient dans des collections américaines. Les boiseries de cet immense hôtel particulier inoccupé étant par trop inadéquates, Duchamp eut l'idée de tendre au plafond et devant les toiles tout un réseau de ficelle. Calder proposa même d'y attacher des papillotes, mais Breton jugea la plaisanterie trop lourde. On se contenta de laisser deux enfants jouer au ballon entre les ficelles pendant le vernissage. L'atmosphère était très gaie et la manifestation recueillit un succès public considérable. Elle témoignait, à sa manière, de la vitalité du surréalisme, de son actualité et de son ouverture aux investigations contemporaines, comme le souhaitait Breton dans sa note introductive à la revue *VVV*, équivalent américain de *Minotaure* édité par David Hare; Duchamp, Ernst et Breton en constituant le comité de rédaction. Victoire sur le fascisme, victoire sur l'oppression de l'homme par l'homme, victoire sur l'aliénation de l'esprit. Mais aussi triple vue : autour de nous, en nous, par la synthèse de l'intérieur et de l'extérieur. *VVV* se voulait une revue de recherche, d'aventure, dans la tradition des revues de combat surgies lors de la précédente guerre mondiale, pour donner le départ, tracer les grandes lignes du futur.

Le même numéro initial de *VVV*, paru en juin 1942, contient un article, en français et en anglais, « Prolégomènes à un troisième manifeste du surréalisme ou non », où Breton cherche à dégager le champ intellectuel avant d'énoncer les lignes directrices d'une nouvelle période du surréalisme. Il sait trop bien ce que fut la « troisième période » du communisme pour ne pas condamner d'avance toute déférence absolue envers un seul homme, quels que soient ses mérites pour l'humanité. Le surréalisme lui-même, en tant qu'entreprise collective, est loin de souscrire à tout ce qui s'accomplit en son nom. Cet écart entre la volonté et la réalisation tient à la précarité de la condition humaine. Après avoir énoncé les raisons de désespérer de l'homme (et encore, la liste n'est pas exhaustive!) par un renversement qui lui est désormais familier, Breton envisage les signes d'espérance en ce printemps de 1942, pourtant fort critique sur le plan militaire : « Il y a la merveilleuse jeune femme qui tourne en ce moment, tout ombrée de ses cils, autour des grandes boîtes de craie en ruine de l'Amérique du Sud, et dont un regard suspendrait pour chacun le sens même de la belligérance. » Phrase prémonitoire : on ne peut s'empêcher de voir ici se profiler la silhouette d'Élisa, qui, venue du Chili, ne lui apparaîtra que dix-neuf mois plus tard!

Autres signes de frémissement : la Nouvelle-Guinée, Aimé Césaire, et les hommes de caractère qui sauront tenir compte des revendications abandonnées ou trahies par les partis constitués, qui définiront les nouveaux rapports de l'homme et de la femme, et se tourneront vers les artistes et les poètes.

Après un bref intermède prophétique annonçant la liberté, Breton estime possible d'imposer un nouveau mythe social, recherché par les esprits les plus dissemblables qu'il côtoie, destiné à suppléer l'insuffisance des théories économiques du marxisme, développant en quelque sorte une culture d'opposition. (Il parle de *mythe,* et non de théorie, pour mobiliser toutes les facultés humaines, y compris l'imagination. C'est dire qu'il n'entend pas élaborer un programme.) Ici *Le Père Duchesne* fait une courte apparition, avec son rude langage révolté, pour fustiger « la moustache gelée » (Pétain), « une cravate de vomi » (Laval), et annoncer un puissant coup de balai. Breton avance alors une hypothèse : le monde ne serait-il pas hanté par des êtres invisibles qui dominent nos comportements? Ces êtres, il propose de les nommer les Grands Transparents. Mirage ou réalité? La question est posée à l'imagination poétique dans *les États généraux* :

*Dis ce qui est sous le matin sous le soir*
*Que j'aie enfin l'aperçu topographique de ces poches extérieures aux éléments et aux règnes*
*Dont le système enfreint la distribution naïve des êtres et des choses*
*Et prodigue au grand jour le secret de leurs affinités*
*De leur propension à s'éviter ou à s'étreindre*

*A l'image de ces courants*
*Qui se traversent sans se pénétrer sur les cartes maritimes...*

Dans un autre poème, *Guerre*, publié par *VVV*, Breton écrit :

*Je regarde la Bête pendant qu'elle se lèche*
*Pour mieux se confondre avec tout ce qui l'entoure...*

Comment ne pas songer constamment à ce monstre tricéphale, le fascisme, le franquisme, le nazisme, lorsqu'on veut *situer* le surréalisme devant des étudiants américains appelés à risquer bientôt leur vie? Il ne suffit pas de combattre le mal et de le vaincre. Encore faut-il en supprimer la cause. C'est parce que le surréalisme a toujours recherché les causes premières que Breton peut parler en confiance à l'université de Yale, le 10 décembre 1942, à l'invitation du Pr Henri Peyre. Se retournant sur son passé, confronté à une nouvelle génération, le surréalisme garde une valeur opératoire, car il n'a jamais transigé sur le sens de la liberté. Ses investigations, dans le domaine de l'inconscient, ne sont toujours pas dépassées.

## *Elisa, l'étoile*

Malgré la légitime assurance du discours aux étudiants de Yale, on sent une angoisse dans le ton de Breton, qui n'est pas uniquement liée aux circonstances historiques ni à la confrontation des générations. Une nouvelle crise sentimentale surgit, dont rend compte un poème comme : *Intérieur*

*Une table servie du plus grand luxe*
*Démesurément longue*
*Me sépare de la femme de ma vie...*

A refuser de parler l'anglais, Breton s'est peu à peu replié sur lui-même, tandis que Jacqueline, plus expansive, lui servant d'interprète auprès de David Hare, a fini par lui préférer ce jeune peintre américain élevé parmi les Indiens d'Arizona, disciple de Gurdjieff, qui, lui au moins, sait apprécier sa peinture. L'auteur d'*Arcane 17* évoque cette époque comme le comble du désespoir. Tout se ligue pour renforcer la vague de profonde dépression qui l'accable : « Une grande partie de la terre ne présentait plus qu'un spectacle de ruines. En moi-même, il avait bien fallu en convenir sans pour cela m'y résigner, tout ce que j'avais tenu pour indéfectible dans le domaine du sentiment, sans même que je pusse savoir sous quelle rafale, avait été emporté... » Vivant témoignage de l'amour fou, Aube lui est retirée. En octobre, elle va vivre avec sa mère : « Cette enfant, toute l'injustice, toute la rigueur du monde l'avaient séparée de moi, m'avaient privé de ses beaux réveils qui étaient ma joie, m'avaient fait perdre avec elle le contact merveilleux de chaque jour, se préparaient à l'éloigner de moi encore davantage... »

La solitude, jointe à la mise en cause des idées pour lesquelles il avait combattu jusqu'alors, explique le pessimisme dont font état ses relations new-yorkaises. Charles Duits, alors étudiant à Harvard, lui a écrit le 2 septembre 1942 et l'a rencontré peu après dans son petit logement de Bleker Street (que Breton laissera bientôt à Jacqueline et Aube, pour se loger dans la 56e Rue). Il le décrit ainsi dans son essai, *André Breton a-t-il dit passe* :

« Il avait à cette époque quarante-cinq ans, mais il paraissait beaucoup plus âgé, humainement parlant, car il était également sans âge, comme un arbre ou un rocher. Il paraissait las, amer, seul, terriblement seul, supportant la solitude avec une patience de bête, silencieux, pris dans le silence comme dans une lave qui achevait de durcir. »

Aux causes de désespérance se sont pourtant mêlées des occasions de joie, comme de déjeuner de loin en loin dans un restaurant français avec Marcel Duchamp, de discuter à perte de vue avec l'historien d'art Meyer Shapiro sur le pichet dans la peinture figurant l'homme le poing sur la hanche, ou bien de découvrir avec Lévi-Strauss, Georges Duthuit ou Max Ernst un masque en pierre aztèque, ou des sculptures de la côte nord-ouest du Pacifique chez un petit antiquaire de la 3e Avenue ou encore, dans la 55e Rue, des vases inca. S'il ne possédait pas la connaissance du savant sur l'art précolombien, il avait le coup d'œil infaillible pour dénicher la pièce rare, d'origine incontestable. Il faut dire qu'à l'époque, les amateurs de ces sortes d'antiquités n'étaient pas nombreux. Il lui en coûtera même des éruptions et démangeaisons cutanées pendant un mois, attrapées en manipulant de ces objets. Son médecin, certainement nominaliste, lui prescrivit des bains de fécule de maïs (ou de *blé indien*) toutes les quatre heures, pour l'en guérir.

Plus encore qu'aujourd'hui, New York était alors une ville formée de plusieurs villages juxtaposés, chacun occupé par une ethnie de la vieille Europe. Les immigrés récents ou temporaires se rassemblent à la première occasion. Ainsi se retrouvent Zadkine, Mondrian, Léger, Chagall, Lipchitz, Robert Lebel, Kiesler, Jean Wahl, et quelques Américains de souche tels Calder ou David Hare. Avec Denis de Rougemont, Breton rêve d'organiser une fête qui durerait trois jours, dans une demeure aux portes condamnées où chaque convive viendrait accompagné d'une personne inconnue des autres, tous suivant un protocole rigoureusement prescrit d'avance... Rêve sadien de compensation par rapport au cadre où ils évoluent quotidiennement.

Les jeux surréalistes expérimentaux reprennent. Étiemble qui participe au jeu de la vérité, en sort « écœuré du *sordide* précisément, de l'*égrillard,* du *gâteux* de ce rite, partouze de vieux potaches ». Mais tous n'ont pas son jugement acerbe. Peggy Guggenheim s'amuse du contraste entre l'attitude des joueurs et de Breton, le sérieux meneur de jeu, criant « gage » à chaque instant. Le gage consistait pour le coupable à deviner, les yeux bandés, qui l'embrassait. Un autre soir, Breton fait distribuer du papier et invite ses hôtes à improviser des textes érotiques. Le sien était incroyablement chaste, au souvenir de Duits, « j'aime ton genou » ainsi commençait-il, contrastant par sa nudité sur les extravagances élaborées des autres. Ce n'est évidemment pas la gaieté qu'il recherche, décidé, une fois pour toutes, à paraître ennuyeux comme la pluie. Cependant le sarcasme et l'ironie ne manquent pas de faire contrepoids à ses propos les plus pondérés. Il lui arrive même de se fâcher. Un jour de mai, il apprend que Benjamin Péret, réfugié à Mexico, a confié à *View,* revue rivale de *VVV,* une magnifique préface à une anthologie des contes et légendes d'Amérique. C'est comme si, à Paris, il s'était adressé à Cocteau! Breton lui enjoint, par télégramme, de retirer son texte. Mais il s'emploie, pour sa part, à le faire éditer en plaquette, à ses frais, sous le titre *la Parole est à Péret,* précédé d'une notice chaleureuse à laquelle sont associés les surréalistes présents à New York et ceux dont l'attitude antérieure implique une entière solidarité avec l'auteur. Ainsi est-il, violence et générosité!

Pour lui, le mal doit nécessairement être tourné au bien. « Lumière noire », tel est le titre d'un article résumant sa réflexion sur la guerre, confié en ce même mois de mai 1943 à un journal de Montréal, *Le Monde libre.* Il paraîtra en décembre. Alors que les Alliés réoccupent l'Afrique du Nord depuis six mois, que les Allemands ont été repoussés à Stalingrad, que les puissances de l'Axe vaincues en Libye viennent de capituler en Tunisie, il pense que le cours des événements s'inverse. Mais au-delà de la victoire souhaitée, reste à œuvrer pour la suppression définitive de la guerre. « On ne saura réprimer alors trop énergiquement les années du fatalisme, voire du cynisme », écrit-il en demandant de bien considérer la structure de la guerre, les mythes et les passions profondes sur lesquels elle repose. C'est parce qu'il y a le désespoir humain et la misère morale que certains, et pas seulement les fascistes, présentent la guerre comme une solution aux divergences sociales et nationales. Il faut *repassionner* la vie humaine sans cesser d'interpréter le monde. Maintenir donc la rêverie utopique contre la routine et la convention.

On pourrait s'étonner qu'en de telles circonstances Breton ne mentionne pas l'activité surréaliste poursuivie, avec un courage frisant l'inconscience, par le groupe La Main à Plume dans Paris occupé. Mais les nouvelles ne lui parviennent pas. Ainsi, une longue lettre, signée par Noël Arnaud, Jacques Bureau, Jean-François Chabrun et Marc Patin, présentant la situation du mouvement en France, maintenu contre toute tentative de récupération politique ou patriotique, lui est adressée le 14 juillet 1943 par un intermédiaire *via* la Suisse. Il ne l'a jamais reçue. En revanche, les quatre épistoliers ont été cueillis par l'Abwehr au petit matin, quand ils en achevaient la rédaction. Ils seront heureusement relâchés peu après, à l'exception de Jacques Bureau, agent de transmission d'un réseau clandestin anglais, qui parviendra à s'évader. Breton n'aura pas davantage connaissance de la publication collective procurée par le même groupe clandestin, *Le Surréalisme encore et toujours*, en septembre 1943, contenant, de lui, un dessin inédit, des extraits du *Second Manifeste* et de l'*Anthologie de l'humour noir* sur Jarry et Vaché. Aucune communication ne parvient de France.

Durant cet été 1943, David Hare loue un vaste chalet dans Long Island. Avec Jacqueline, ils se baignent nus, au grand émoi de Charles Duits et, en fin de semaine, de Breton qui rend visite à sa fille. N'aimant ni la mer ni les bains, évitant la nudité splendidement impudique de celle qu'il nomme encore sa femme, Breton se promène dans la campagne avec son jeune disciple, lui faisant partager ses connaissances et ses interrogations. Devant la véranda, il fait les cent pas. Entre les silences d'une phrase perçue au réveil : « Il y aura-toujours-une pelle-au vent-dans les sables-du rêve » il compose un poème : *Les États généraux*, auquel il met la dernière main en octobre. C'est à la fois un poème-programme, récapitulant son sentiment sur les Grands Transparents, la guerre, la liberté, l'appel au génie de chaque race, au peuple en tant que tel, la résurrection de la poésie; une convocation des grands Initiés : Fabre d'Olivet, Victor Hugo, Saint-Yves d' Alveydre; et un retour sur soi-même, « je suis celui qui va », jusqu'à la projection prophétique dans l'avenir, au testament à la manière de Sade, au rite conjuratoire amenant la cicatrisation de la blessure, le retour de la lumière. Symboliquement la poésie et la femme s'unissent en l'étoile d'Esclarmonde – la clarté du monde – venue de la geste d'Huon de Bordeaux. Elle préfigure la fée Mélusine qui surgira dans*Arcane 17* et désigne toujours la même personne, « une étoile rien qu'une étoile perdue dans la fourrure de la nuit ».

Convoqués comme, autrefois, les trois ordres de la nation, l'espoir, la poésie et la vie ont repris le dessus. Raison de plus pour rejeter la crise de l'esprit critique instaurée en temps de guerre. Aucun fidéisme n'est tolérable, quelles que soient les circonstances. De la même façon, Breton convie dans un bref essai : « Silence d'or », poètes et musiciens à surmonter leurs oppositions, refondre les principes de ces deux arts dans l'expression de l'amour.

Tandis que Fernand Leduc, au nom de Borduas et de ses amis québécois, apporte son adhésion à *VVV* et se déclare prêt à se rallier au surréalisme, Masson se fâche définitivement avec Breton, lui reprochant, comme en 1929, de perpétuer un académisme d'un nouveau genre. Quant à Duits, toujours impressionné par l'allure jupitérienne du poète, il se met à douter de ses principes et se voit abandonné à ses essais d'émancipation. Reste Matta l'imprévisible, toujours en mouvement et en quête d'invention, à qui Breton dédie un poème composé de mots-valise « dans la langue totémique » et auquel il consacre une préface pour le catalogue de son exposition à la galerie Pierre-Matisse. Par son animisme, par sa manière d'appréhender l'objet en lui ôtant sa gangue, par la décomposition spectrale de la lumière noire, par la maîtrise du feu, Matta est alors le plus proche de lui. Seul Duchamp reste le parfait ami qu'il a toujours été à son endroit lorsque la préface de Breton à l'exposition du peintre d'origine italienne Enrico Donati déclenche un débat passionnel chez les surréalistes. Le préfacier considère Donati pour son message d'harmonie et son dynamisme, comme le seul capable de maintenir un lien entre la réalité extérieure et la nécessité intérieure. Si, depuis la guerre, il est permis de parler d'une peinture surréaliste américaine avec David Hare, Joseph Cornell, Jérôme Kamrowski, Arshile Gorky, c'est à Breton seul qu'on le doit. Mais les autres lui reprochent de vouloir unifier artificiellement un groupe de personnalités disparates et cette activité de groupe s'éteindra dès son départ des États-Unis.

Par la suite, Breton conviendra que son texte sur Donati résultait de dispositions affectives exceptionnelles. Atteintes les bornes du désespoir, l'individu ne peut que retrouver la joie de vivre et le bonheur. Ce qui ne manque pas de survenir en janvier 1944. Par un de ces jours de l'hiver new yorkais aux épouvantables tempêtes de neige, il est entré déjeuner Chez Larré, un petit restaurant français de la 56ᵉ Rue, juste en face de chez lui. Survient une brune Chilienne aux yeux bleus d'une trentaine d'années, qui parle à merveille plusieurs langues, Elisa. Elle-même vient d'éprouver un drame. A la suite de la mort accidentelle de sa fillette, elle a tenté de se suicider. C'est sans hésitation, écrit-il dans *Arcane 17*, qu'il l'a reconnue pour celle qui lui était prédestinée, selon le mythe platonicien de l'amour : « Dans la rue glacée je te revois moulée sur un frisson, les yeux seuls à découvert. Le col haut relevé, l'écharpe serrée de la main sur la bouche, tu étais l'image même du secret, d'un des grands secrets de la nature au moment où il se livre et dans tes yeux de fin d'orage on pouvait voir se lever un très pâle arc-en-ciel. » Tous ces motifs sont développés dans *Arcane 17* que Breton écrit du 20 août au 20 octobre 1944, au cours d'un séjour avec Elisa en Gaspésie, presqu'île du Québec, au sud de l'estuaire du Saint-Laurent, à mille kilomètres de Montréal.

Le voyage depuis New York est long et éprouvant. Sur l'interminable piste parallèle au fleuve, ils traversent la Nouvelle-France aux villages plantés à la lisière d'une forêt abandonnée aux ours et aux maringouins. Au terme de trois jours et trois nuits, Elisa et André trouvent une « cabine », comme on dit là-bas, à Sainte Agathe, à la pointe de Gaspé, près du Rocher Percé. L'été, de la côte, on aperçoit les icebergs dériver. Les journées sont encore longues. Breton se lève à 5 heures pour écrire jusqu'à midi. L'après-midi, ils se rendent sur la plage pour ramasser les agates brutes apportées par la mer. Très imprécises, leur parviennent les informations sur la libération de Paris. Ils se plaisent, dans l'air admirablement limpide, à observer les colonies de fous de Bassan, au cours d'une traversée à l'île Bonaventure, la bien nommée. La légende conte qu'elle était le repaire d'un ogre qui venait s'emparer des jeunes filles et, son repas terminé, lavait son linge qu'il suspendait aux falaises.

Sous un certain angle, le Rocher Percé présente une vision anamorphique en deux parties : un vaisseau qui ressemble à un orgue, une tête de profil perdu qui ne peut être que celle de Bach. Entre les deux, sous l'arche passaient naguère les voiliers. Le principe de relativité enseigne qu'il faudrait échapper à notre système solaire pour pouvoir rendre compte en toute objectivité des mouvements de la planète. A défaut de le projeter dans l'espace intersidéral, c'est là que Breton voudrait y situer l'observateur idéal. De la côte, il médite sur le travail du temps, visible dans les couches géologiques à nu et la roche délitée par le gel. La terre est en permanente métamorphose. Elle s'enveloppe de brume en émergeant soudain comme si elle déchirait le rideau pour annoncer que la malédiction dont parlait Nerval est levée. Breton pense à l'affection de ce dernier pour les vieilles chansons du Valois lorsqu'il ouvre son paquet de tabac Alouette ou lorsqu'il entend les pêcheurs parler sa langue tout empreinte du passé.

Le manuscrit d'*Arcane 17* est écrit sur un cahier d'écolier canadien, la page de gauche étant réservée à des documents, un ticket d'autocar, l'itinéraire d'une route, une publicité – « Il n'est pas de pays, pas d'endroit sur la terre où souffle un vent plus pur, où vit tant de beauté » dit une poétesse gaspésienne – une feuille d'érable et même une coupure de presse postérieure à la date d'achèvement. Il porte cette dédicace : «Elisa, toi, devant qui je retrouve sans cesse les yeux que j'eus à quinze ans pour la Beata Beatrix. »

Le texte d'*Arcane 17* ne se comprendrait pas sans cette présence inspirante, sans cette volonté de la retenir à la vie. Il ne s'entend pas davantage privé de son contexte historique et même géographique. Breton s'y livre à une méditation confiante, apparemment fragmentaire, tissée de souvenirs et d'anticipations sur la pensée poétique, le détour par l'essence dont il a fait une condition de son existence, l'amour réciproque advenu au plus sombre de l'épreuve, la pensée utopique de Fourier, Flora Tristan et du Père Enfantin, gage de liberté.

Un deuxième mouvement se développe à l'invocation de Mélusine, la femme-fée des collines boisées de Gaspé, parée des reflets de l'été indien, qui devra « rédimer cette époque sauvage ». Pour elle, Breton invente un deuxième cri, non plus celui du malheur frappant la maison des Lusignan mais celui du bonheur, « le rêve de l'enfantement sans la douleur ». Dans le cadre de la nuit enchantée apparaît l'Étoile du matin, celle qui figure l'Arcane XVII des tarots, qui est aussi la reine de Saba. Au moment où il se demande quelle allure aura Paris libéré et où il justifie le surréalisme resté le plus fidèle au véritable esprit, il se tourne vers le savoir de l'Égypte ancienne, vers l'ésotérisme et la haute magie comme clé du symbolisme universel. « Osiris est un dieu noir », apprenait l'initié pour se convaincre du principe de transmutation de toute chose. Ainsi s'explique le passage du négatif au positif, l'appel renouvelé à la liberté qu'il ne peut concevoir que sous sa forme dynamique : « C'est la révolte même, la révolte seule, qui est créatrice de lumière. » Et cette lumière ne peut se connaître que trois voies, « la poésie, la liberté et l'amour... ».

On n'a pas encore achevé de dresser la liste des auteurs qui ont nourri sa réflexion, à l'image des strates géologiques de l'île Bonaventure. Sous les plus manifestes, Nerval, Baudelaire, Hugo, Novalis, pointent les voix les plus autorisées du courant ésotérique, Swedenborg, Eliphas Levi, Fabre d'Olivet aussi bien que Jarry, Jules Verne ou Jean d'Arras. L'ouvrage est publié chez Brentano's à New York à la fin du mois de décembre : trois cent vingt-cinq exemplaires, comme pour un recueil de poèmes! Le même éditeur reprendra en avril 1945 *le Surréalisme et la Peinture* augmenté de « Genèse et perspectives artistiques du surréalisme » et des textes antérieurement consacrés à Duchamp, Dominguez, Masson, Ernst, Tanguy, Paalen, Matta, Donati, Gorky. Pour la mise en vente, Duchamp a composé la vitrine de la librairie Brentano's comme une synthèse du regard surréaliste porté sur les objets de notre culture. Le père de *la Mariée* est le seul à ne jamais vieillir, observe Breton dans l'éditorial du numéro spécial de *View* qu'il lui consacre.

## *Le vent du souvenir et de l'avenir*

Depuis le débarquement allié en Normandie, personne ne doute de la victoire malgré la résistance des troupes allemandes en Ardenne et dans la poche de Lorient. Ce qui autorise Breton à parler, dans *Arcane 17*, des régimes démocratiques et des partis, revenus dans les bagages des militaires sans avoir rien appris ni rien oublié. Les nouvelles commencent à parvenir directement de la France libérée. Des journaux parisiens issus de la Résistance, Breton ne retient qu'*Action, Volontés* et *Combat* dont l'envoyé spécial, Sartre, effectue un séjour à New York à partir de la mi-janvier. Au cours d'un assez long entretien, celui-ci confirme que les anciens amis Aragon, Eluard, Picasso tiennent le haut du pavé. L'auteur du *Crève-cœur* fait régner la terreur dans les lettres, et il serait périlleux d'émettre la moindre critique à son endroit. Les staliniens s'emparent des réseaux d'information et de distribution de la presse. Breton en déduit que son retour en Europe serait grandement prématuré. N'ayant pas plus qu'avant-guerre de moyens d'existence assurés, il songe à donner des conférences en Amérique latine ou en Haïti.

En avril, les armées soviétique et américaine opèrent leur jonction sur l'Elbe. Le 7 mai, le Reich allemand signe la capitulation sans condition à Reims, le 8 à Berlin. Quand la nouvelle en parvient à New York, Duchamp, Man Ray et Breton vont dîner ensemble. Tous les restaurants sont complets. Partout on célèbre l'événement. Les trois amis échouent dans un vieux restaurant allemand de la 14e Rue, chez Lüchow. Man Ray se souvient que les clients allemands atterrés se levaient respectueusement quand le pianiste jouait des mélodies de leur pays, tandis qu'eux-mêmes restaient assis, imperturbables.

La paix revenue, c'est l'époque où Breton se prend de passion pour Charles Fourier, le théoricien de l'harmonie universelle. Il s'intéresse plus au penseur des lois d'attraction et d'analogie qu'à l'économiste. Son ombre était déjà apparue dans *Arcane 17* au côté d'autres socialistes. L'article de Breton sur Arshile Gorky, à l'occasion de son exposition à la galerie Julien Lévy, constitue la matrice de *l'Ode à Charles Fourier*, par le biais de l'analogie. Les volumes des *Œuvres complètes* de Fourier l'accompagnent durant le voyage qu'il effectue dans l'Ouest américain avec Elisa. Ils se rendent d'abord à Reno, la capitale du jeu, dans le Nevada, bien connue pour les facilités qu'elle offre aux couples désireux de divorcer et de se remarier sur-le-champ. Ce qu'ils font le 31 juillet 1945. Divorcé de Jacqueline, André Breton épouse sans contrat Elisa. Au retour, ils oublieront de faire transcrire l'acte sur les registres d'état civil du consulat de France, ce qui les obligera, bien plus tard, à recommencer les formalités.

« C'est dans le jardin de la pension qui nous abritait, ma future femme et moi, que j'ai commencé à écrire *l'Ode* – indique Breton à son commentateur, Jean Gaulmier. Il se peut qu'elle participe de la si singulière atmosphère de Reno où les " machines à sous " [...] tapissent les murs, tant des magasins d'alimentation que des bureaux de poste, et qui agglomèrent tant bien que mal la foule de ceux qui aspirent à une autre vie conjugale, aux cow-boys et aux derniers chercheurs d'or. » Les trois mouvements du poème reflètent les circonstances du voyage. Au plan international, on commence à découvrir la réalité des camps d'extermination nazis, l'Europe a subi un hiver d'une rigueur inconnue, les jours de disette se prolongent, la première bombe atomique souffle Hiroshima le 5 août, et reviennent « indigence, fourberie, oppression, carnage ». Confronté à ces désastres, le système socialiste de Fourier demeure opératoire. Renversant la vapeur poétique, le deuxième mouvement du poème, très prosaïque, pointe ce qu'il en reste. Le troisième mouvement éclaire l'analogie entre le bonheur présent et l'avenir de l'humanité : « C'est au plus haut période de l'amour électif pour tel être que s'ouvrent toutes grandes les écluses de l'amour pour l'humanité non certes telle qu'elle est mais telle qu'on se prend à vouloir activement qu'elle *devienne.* »

Des différentes étapes de son parcours, Breton salue le philosophe. Du grand cañon du Colorado, de la forêt pétrifiée, du Nevada des chercheurs d'or et des villes fantômes, et pour finir, du centre de la chambre souterraine et sacrée des Indiens hopis, le « 22 août 1945 à Mishongnovi ». La date et le lieu inscrits dans le poème ont leur importance. Ils marquent l'intérêt de Breton pour le destin et la culture des Indiens pueblos. Des notes inédites, ornées de dessins, en témoignent. Il relève ce qui concerne les végétaux, les maisons, les coutumes, en particulier les danses, dont il consigne brièvement les évolutions, les costumes des danseurs, leurs bijoux. Il rapporte un ensemble de poupées katchinas, mais les Hopis se refusent à lui vendre leurs masques. Quant aux Zunis, on prétend qu'ils peuvent aller jusqu'à tuer le Blanc qui serait trouvé en possession d'un de leurs masques. « Je n'ai pas abandonné l'idée de relater les impressions si vives que j'ai éprouvées dans leurs villages (Shungopavi, Wolpi, Zuni, Acoma) où j'ai pu me pénétrer de leur dignité et de leur génie inaliénables, en si profond et bouleversant contraste avec la condition misérable qui leur est faite », dira-t-il dans ses *Entretiens*, en s'insurgeant contre le déni de justice des Blancs à leur égard. Pourtant ni ce livre de voyage, qui aurait nécessité d'abondantes reproductions, ni l'ouvrage *les Grands Arts primitifs d'Amérique du Nord*, conçu en 1947 pour la galerie Jeanne Bucher, avec la collaboration de Lévi-Strauss, Robert Lebel et Max Ernst, ne virent jamais le jour. Ils auraient mis en évidence le regard précurseur de Breton sur les sociétés amérindiennes tout en satisfaisant un rêve de toujours au cours de ce voyage au Nouveau-Mexique. Quand paraîtra en 1959 la traduction française de *Soleil hopi*, de don C. Talayesva, Breton saluera en lui l'homme originel et témoignera, à nouveau, de ce que sa visite dans les réserves des Indiens, leurs danses et leurs cérémonies rituelles lui ont fait découvrir le contrepoids aux formes aliénées de la société moderne.

En somme, Elisa, Fourier, les Indiens hopis participent d'une même attraction passionnelle : la quête d'un bonheur individuel dans l'harmonie sociale.

## *Haïti 1945*

Breton aurait pu intégrer à ce récit de voyage, promis au Sagittaire, les impressions du séjour en Haïti, d'autant plus intéressantes qu'on attribue au poète la responsabilité du déclenchement d'une révolution.

Aussitôt nommé attaché culturel auprès de l'ambassade de France, Pierre Mabille s'était empressé de l'inviter à y prononcer une série de conférences. Résistant notoire, le nouvel attaché y jouissait d'une excellente réputation. Grâce à l'appui du président de la République haïtienne, le D^r^ Lescot et de son fils, ministre des Affaires étrangères, très francophile, il avait pu faire signer, le 24 septembre 1945, un important accord culturel franco-haïtien consacrant la création d'un institut français à Port-au-Prince.

Breton n'avait pas attendu cet acte solennel pour donner son accord à Mabille et préparer une tournée de conférences, avec l'appui de Claude Lévi-Straus, responsable des services culturels français à New York. Ressentant « la disgrâce de n'être né ni avocat ni professeur », Breton demande à Mabille de lui « ménager quelque solide perche » pour ces conférences, reportées de mois en mois. Finalement, un ordre de mission lui est officiellement délivré par le directeur général des Affaires culturelles (on disait alors service des Œuvres), Henri Laugier (qui avait été à l'origine de son voyage au Mexique).

Accompagné d'Elisa, Breton atterrit le 4 décembre à Bowen

Field, l'aérodrome de la Pan American Airways. Il est accueilli par ses amis Pierre Mabille, Wifredo Lam, l'amabassadeur de France Peillon et les jeunes écrivains haïtiens Paul Laraque, René Bélance, Regnor Bernard, Edris Saint-Amand. Il n'a pas encore déposé son manteau qu'on lui demande, en exclusivité pour *Haïti journal*, ce qu'il pense d'Haïti ! Poliment, il répond qu'il se propose d'avoir des entretiens avec les jeunes poètes venus le fêter. Le journal titre sur son arrivée en souhaitant un agréable séjour au « Grand prêtre du surréalisme ».

Pierre Mabille a très bien fait son travail avant de l'emmener chez lui, dans le quartier résidentiel de Pétionville, où il l'héberge pendant ces trois ou quatre mois de résidence à Haïti. Les écrivains haïtiens enthousiastes le reçoivent en hôte officiel, se rassemblant autour de lui, dès le lendemain, pour l'entendre parler de la poésie. Il y a là, au Savoy, devenu pour l'occasion le grand quartier général des lettres, tout ce que la première république noire compte d'écrivains marquants : Michel Roumain, Edris Saint-Amand, Roger Gaillard, Thoby Marcellin, Jean Brierre, René Bélance, Pierre Mayard, Clément Magloire Saint-Aude, Paul Laraque, René Depestre, Regnor Bernard, F. Morisseau Leroy, Roussau Camille.

Peu après, *Haïti journal* annonce « une sensationnelle interview de M. André Breton » par René Bélance. L'article met en exergue ses propos sur les Noirs : « Le surréalisme a partie liée avec les peuples de couleur parce qu'il a toujours été à leurs côtés contre toutes les formes d'impérialisme et de brigandage blancs. »

Les réponses, rédigées par Breton lui-même, portent sur la poésie comme puissance émancipatrice et annonciatrice, sur la nécessité pour le surréalisme de maintenir sa pleine liberté de recherche artistique. Breton considère la poésie de circonstance comme un phénomène sans lendemain et la peinture réaliste comme une réaction pure et simple, sans avenir. Quant au reproche d'obscurité adressé au surréalisme, il l'explique par la nature complexe du langage poétique. Ce mouvement désirant identifier l'homme à son langage, il n'est pas étonnant qu'il ait cherché modèle dans le matérialisme dialectique et la psychanalyse, ce qui n'est pas incompatible avec la recherche d'un mythe nouveau. Le dialogue s'achève sur cette réponse, qui n'est pas reproduite dans le recueil de ses *Entretiens*, à propos de son exil : « Il m'a du moins confirmé dans cette opinion qu'il est plus que temps de " transformer " le monde, après quoi rien ne s'opposera plus à ce que, de haute lutte, nous entreprenions tous ensemble de " refaire l'entendement humain ". J'émets le vœu que les peuples de couleur – tout particulièrement noir et rouge – soient alors les premiers entendus, dans la mesure où ce sont eux qui sont restés le plus près des sources. »

Le lendemain, 14 décembre, l'ensemble des écrivains et artistes haïtiens reçoit André Breton, Wifredo Lam et Pierre Mabille pour un superbe banquet au Savoy. Pierre Brierre présente chacun des convives et décrit, très vivement, la condition de l'écrivain en Haïti. Émeu ccomme toujours en pareilles circonstance, Breton explique sa réserve initiale par les charmes de l'île, le souci de ne parler qu'après s'être informé de la situation induite par l'insularité. Il rappelle le prestige qu'ont eu les hommes de couleur dans le surréalisme en citant l'exemple de Césaire et de Lam. Puis il s'adresse plus particulièrement aux jeunes : « J'ai demandé et je demande encore quand la jeunesse parviendra à se faire accorder voix prépondérante au chapitre et à faire prévaloir sur la routine les solutions audacieuses qui sont les siennes. Il faut absolument que la jeunesse se libère du complexe d'infériorité, au plus haut point paradoxal, que depuis des siècles on fait l'impossible pour entretenir en elle. Le surréalisme, quand il aurait cent ans, maintiendrait que c'est dans la jeunesse que réside la lucidité aussi bien que la vraie puissance. » Enfin il conlut sur l'indépendance et l'émancipation de la communauté haïtienne en citant le roman de Jacques Roumain, *Gouverneurs de la rosée.* Son discours est ovationné et l'on propose, comme autrefois en France à la Convention, de l'imprimer intégralement. *La Ruche* fera paraître un numéro spécial, où le passage qu'on vient de lire est placé en chapeau. Les agapes, réellement fraternelles selon la presse, s'achèvent sur une lecture de poèmes, où Breton de sa voix bien timbrée lit un fragment de Novalis, vivement acclamé.

La première conférence publique a lieu le 20 décembre dans la salle du cinéma Rex, devant six cents jeunes élèves et étudiants, en présence du président Lescot et des autorités françaises. Présenté par Pierre Mabille, qui atteste de la fidélité de Breton à ses principes, de son rôle d'éveilleur et de rassembleur, il parle du surréalisme. Mais avant d'aborder son sujet, observant que « la condition de l'homme haïtien n'est pas seulement précaire, elle est pathétique », il assure vouloir la faire connaître en France et auprès des organismes internationaux. Mais cette condition est aussi privilégiée, assure-t-il « dans la mesure où elle maintient l'homme à l'abri de l'aliénation de lui-même qui le guette si elle ne l'a pas déjà terrassé dans les pays industriels ». Les deux termes du préambule sont indissociables. Il les développe en soulignant la richesse de la culture haïtienne. La faculté de se ressourcer propre au peuple haïtien est une supériorité face au désarroi des Occidentaux devant la désintégration de l'atome. L'exposé sur le surréalisme lui-même est, pour l'essentiel, un rappel de la doctrine élaborée durant un quart de siècle. La péroraison aurait pu faire dresser l'oreille : « Messieurs, les journaux haïtiens d'hier et d'avant-hier reproduisaient de très hauts propos touchant les impérialismes nullement conjurés de cette fin de guerre et ce jeu de la souris avec le chat qui se poursuit cruellement entre les idéaux proclamés et les égoïsmes éternels. Ces propos devaient être appelés à s'illustrer pour moi d'une manière poignante en tournant la feuille où je les lisais. Un entrefilet de seconde page donnait en effet de terribles précisions sur la misère où deux années de sécheresse ont réduit l'île de la Gonave. Sous le coup de cette nouvelle qui m'atteint autant que vous, je puis dire que je m'abîmai de honte pour l'espèce humaine. Durant un temps qui me parut fort long, je vous avoue que je fus assailli de sentiments d'indignité et pris de panique à l'évocation de l'accueil inespérable que j'ai reçu de vous en Haïti... » Réaction affective, plus que politique, ne visant nullement le gouvernement en place mais bien l'égoïsme des grandes puissances. D'ailleurs ni le président ni son fils n'émirent d'objections après la conférence, chaleureusement approuvée par toute la salle. La presse rapporta l'événement avec une vive satisfaction, *Le Soir* réclamant que la conférence fût diffusée par radio. Dans *Le Nouvelliste*, Edris Saint-Amand s'enflamme pour : « L'attitude antifasciste du surréalisme lorsque le conférencier s'écrie dans un accent pathétique qui convulsionne son visage : “ Celui qui attente aux libertés d'un peuple mérite d'être abattu comme un chien. ” La haine antibourgeoise de M. André Breton fait de sa parole une langue de feu... » La relation journalistique risquait d'entraîner l'orateur plus loin qu'il ne le souhaitait lors de cet exposé initial.

A l'issue du banquet au Savoy, Breton avait accepté de rencontrer ses amphitryons chaque vendredi, dans le même café, pour une sorte de réunion littéraire sur les problèmes de l'heure, annoncée par voie de presse. A l'issue de la première séance, Breton confia à Mabille qu'il avait eu l'impression qu'on cherchait à l'entraîner sur le terrain politique et à interpréter ses paroles. Aussi décida-t-il de mettre un terme à ces rencontres, et de refuser tout contact personnel avec les meneurs de la jeunesse, dès le 29 décembre. Or, le 1er janvier, paraît en hommage à Breton, un numéro spécial de *La Ruche*, « organe de la jeune génération » récemment fondé par René Depestre, reproduisant l'allocution au banquet du Savoy. En soi, elle n'est pas de nature révolutionnaire. L'éditorial, vraisemblablement de René Depestre, dresse l'éloge d'André Breton « dont le verbe phosphorique a conquis nos cœurs et rallié notre sympathie pour le surréalisme [...] ». Il poursuit encore plus vigoureusement : « En consacrant ainsi la pérennité des revendications de la jeunesse en général sa parole nous anime, nous autres de la jeune génération, d'un regain de force et d'espérance en vue des assauts répétés que nous aurons à lancer contre tous ceux qui refusent de comprendre que notre montée est un chant puissant au devenir de la démocratie réelle sur toute l'étendue de la terre d'Haïti. »

Plus grave, d'autres articles mettent en cause l'application par « les nations impérialistes » de la charte de San Francisco qui, sous prétexte d'aide aux pays du continent américain, les plaçait sous la coupe des États-Unis. Un pseudonyme Jean La Colère (Jacques Stephen Alexis) déclare : « Écoutez, les Hommes vieux, il est des moments de l'histoire où les peuples régis à la matraque par les bourgeoisies lippues et les gouvernements réactionnaires, outrés, portés à bout, n'en pouvant plus emploient certains moyens; vous savez lesquels. Prenez garde. » Le gouvernement d'Haïti se reconnaît-il dans ce portrait? Il fait interdire la publication et jette en prison ses principaux responsables.

En signe de protestation, les étudiants se mettent en grève le 7 janvier, suivis, le lendemain, par l'ensemble des travailleurs de Port-au-Prince. Le peuple, rassemblé dans les rues, danse le mérengué en criant : « A bas Lescot le tyran. » Le président est assiégé dans son palais. Le 11, une junte militaire le dépose. Il prend l'avion pour Miami. Frank Lavaud, président du Comité exécutif provisoire, chef d'état-major général de la garde d'Haïti, assure les puissances amies qu'il maintient l'ordre et annonce des élections démocratiques. La révolte des masses se trouve détournée de ses objectifs, faute d'organisation politique.

L'ambassadeur de France, Peillon, câble à son ministre : « L'insistance apportée par le gouvernement américain à recommander ici comme ailleurs le rétablissement des institutions démocratiques est à l'origine de ce soulèvement populaire et de la formation du groupement politique clandestin qui l'a fomenté. » On ne peut désigner plus clairement le fauteur de troubles! Cinq jours après, le gouvernement français reconnaît le Comité militaire exécutif.

En raison de ces troubles, la conférence de Breton sur les « Sources étrangères et occultes du romantisme français – Victor Hugo méconnu », prévue le 8 janvier, est annulée. Pour éviter tout incident aux conséquences diplomatiquement fâcheuses, Breton ne descend pas en ville du 7 au 12. Cela ne veut pas dire qu'il reste enfermé dans la villa de Pétionville, à l'ombre des flamboyants et de l'arbre du voyageur. Avec Pierre Mabille et sa famille il se rend à la plage, toujours enchanté d'une nature édénique. Elle remue en lui les mêmes sentiments que les Canaries et la Martinique. La nuit tombée, son cicérone, qui jouit de contacts privilégiés avec toutes les catégories de la population, le conduit en secret vers une cérémonie du culte vaudou. Breton est très impressionné par les petites lampes à huile guidant leurs pas vers l'*oumphor*, lieu des cérémonies rituelles, le bruit sourd des tam-tams, l'accueil de l'Hougan ou de la Mambo qui va procéder au culte. Il se grise aux vapeurs du sang des poulets propitiatoires et du rhum.

L'occasion d'assister à de telles cérémonies se renouvellera une huitaine de fois au cours de son séjour. Avec Mabille, ils pensent que la transe des fidèles à quelque analogie avec l'hystérie étudiée à la Salpêtrière et, par-delà, avec la théorie du magnétisme animal développée par Mesmer. Ils émettent l'hypothèse, sans pouvoir la vérifier, que son disciple, Martinez de Pasqually, qui s'installa en Haïti pendant la Révolution française, en aurait introduit certaines pratiques. D'autres soirs, quand la lune donne, en barque sur le lac ils s'approchent précautionneusement de petits îlots pour assister au libre éveil des oiseaux, à l'envol des aigrettes blanches.

Dans une lettre à Enrico Donati, (datée de décembre 1945) Breton énumère les attractions de l'île : « Les cactus, les cocotiers, les palétuviers, les caoutchoucs, les bananiers, les avocatiers, le sablier, l'arbre à pain, l'arbre des voyageurs, les bagahondes, les madrépores, les gorgones, le poisson-coffre, le poisson-lune, les aigrettes, les hérons, les « charpentiers », le tambour-Assotor, le sang répandu des cochons noirs, les colliers vaudou, les haches pétaloïdes, Ogoum Ferraille et Erzulie Freda-Dahomey, le général Toussaint Louverture, et les empereurs Dessalines et Christophe... »

De tels spectacles animent Breton lorsqu'il présente la peinture de Wifredo Lam au Centre d'art du 24 janvier au 3 février : « La nuit en Haïti les fées noires successives portent à sept centimètres au-dessus des yeux les pirogues du Zambèze, les feux synchrones des mornes, les clochers surmontés d'un combat de coqs et les rêves d'éden qui s'ébrouent effrontément autour de la désintégration atomique. » Pour lui, Lam peint des vevers, c'est-à-dire des dessins magiques du culte vaudou. Il en discute avec le peintre naïf Hector Hyppolite, qui présente ses propres toiles dans le même centre en décembre. Mais le peintre haïtien, initié au Dahomey, considère que Lam trace des signes évocatoires chinois et non africains.

Breton s'enthousiasme de l'œuvre poétique, extrêmement concise, de Clément Magloire Saint-Aude, dont « les accents d'un soir – porteurs de l'île prodigieuse – » témoignent, comme le vaudou, de la rencontre de la fée caraïbe et de la fée africaine s'exprimant en français.

Le calme revenu à Port-au-Prince, le cycle de conférences reprend à la Faculté de droit, le vendredi et le mardi. La première intervention de Breton après la révolution est attendue avec curiosité. Le texte en a été retrouvé dans les papiers de Mabille et publié, par erreur, sous son nom dans *Traversées de nuit.* Le préambule, malgré les précautions oratoires, porte un jugement sur les événements récents : « Il vient d'être démontré ici même, avec une sobriété de moyens, une économie de vies humaines, une rapidité, une rigueur et une évidence qui semblent sans précédent, que la jeunesse peut tout, du moins qu'elle peut tout conquérir. » Il lui conseille de ne pas se laisser déposséder ni trahir en tenant compte de deux impératifs :

– subordonner l'intérêt individuel au collectif,

– « le reniement équivaut à un véritable suicide spirituel ».

Breton prend à témoins Toussaint Louverture, Marat et Victor Hugo. Commençant par réfuter l'enseignement habituel, il expose que le romantisme – comme le surréalisme – ne peut se concevoir que dans son ensemble, comme mouvement littéraire, social et philosophique. Aussi retrace-t-il les influences étrangères. Moins connues, les œuvres d'Eliphas Levi éclairent les propos de la Bouche d'ombre, rapportés par un Victor Hugo, dont on ne le savait pas si proche.

La communication suivante, tout aussi exaltante pour la jeunesse haïtienne, traite de « Trois œuvres romantiques de haute percussion : Aloysius Bertrand, Petrus Borel, Nerval – situation de Baudelaire. » Il y est question de la force mystérieuse avec laquelle se propage la poésie à travers ces trois écrivains qui conduisent à Baudelaire, le premier par la forme, le second par la subversion, le troisième par le rêve éveillé. La théorie baudelairienne des correspondances et de l'analogie est rapportée à celle de Fourier.

Ce dernier, avec Saint-Simon et le père Enfantin est le sujet de la causerie du 25 janvier. *Haïti journal* publie, le lendemain, un résumé qui donne en même temps le ton avec lequel la presse rend compte de ces interventions publiques : « Une fois de plus [Breton] a parlé avec une profondeur de pensée, dépouillée de toute prévention et il a situé pour le commun de nos hommes d'études et pour notre jeunesse estudiantine surtout, les véritables démarches de Saint-Simon, d'Enfantin et de Fourier, qu'une littérature bourgeoise intéressée s'est plue à couvrir de ridicule. »

Breton observe qu'il y a de plus en plus de Noirs parmi ses auditeurs.

Les interventions sur Seurat et le Douanier Rousseau; Matisse, la découverte de l'art « primitif », Picasso, etc., s'appuyaient sur des projections. On n'en trouve pas trace, à l'exception d'un extrait, publié postérieurement, sur Wifredo Lam, qui a « retrouvé le secret de l'unification de la perception *physique* et de la *représentation mentale* », objectif permanent du surréalisme. Sans doute ont-elles suscité le même intérêt du public, en l'absence des autorités politiques, occupées ailleurs. Quelques jours avant son départ, *Le Matin* suggère au Comité militaire exécutif de mettre à la disposition du poète une voiture pour lui permettre de visiter les beaux sites du pays!

Avec le recul, et toutes pièces diplomatiques étant désormais accessibles, il est clair, comme l'affirmait Breton lui-même, qu'il a été vivement ému par la misère d'une grande partie des Haïtiens, que ses propos ont cristallisé les aspirations latentes de la jeunesse révoltée, de sorte qu'il passe pour avoir mis le feu aux poudres. Mais, invité par un intime de Lescot, il n'a rien dit ni entrepris contre lui, visant plutôt les détenteurs réels du pouvoir dans cette région que sont les Américains. Il craindra d'ailleurs des difficultés à son retour aux États-Unis, heureusement écartées par Saint-John Perse (qui avait l'oreille du président Truman) à qui il expliquera, dans une lettre du 17 avril 1946 : « ... la vérité est que je me suis trouvé pris dans les remous de toutes sortes qui agitaient l'île en janvier dernier et que mon témoignage a été dénaturé par le jeu des factions qui se la disputaient. J'ai conscience, pour ma part, de n'avoir en rien outrepassé les limites auxquelles m'astreignaient les termes de la mission que je devais accomplir, aussi bien que l'hospitalité que je recevais. A ceux qui croyaient pouvoir disposer de moi sans mon aveu, j'ai d'ailleurs rappelé avec insistance la belle sentence de Toussaint Louverture : “ Je suis incapable d’être l’instrument ou le jouet des hommes. ” Mais certains de ceux-ci étaient difficiles à décourager... » Il a certes provoqué le mécontentement de la bourgeoisie locale et des missionnaires français – mais ce ne sont pas eux qui font la révolution. En vérité, sa présence a été utilisée par un habile manipulateur, l’attaché culturel américain Montlore, excitant en sous-main l’agitation de la jeunesse puis, à l’arrivée de la junte militaire – elle-même rien moins que révolutionnaire – accusant Mabille d’entretenir des contacts avec des organisations révolutionnaires à Cuba et à Mexico. Sacrifié par son nouvel ambassadeur, Mabille est relevé de ses fonctions à la fin du mois de février 1946.

### *A rebours*

Pour sa part, André Breton a franchi, le 18 février, la frontière séparant Haïti de la république dominicaine. Il se rend à nouveau à Ciudad Trujillo, la capitale, pour y attendre l’avion ramenant Elisa du Chili, où elle est allée visiter sa famille tandis qu’il donnait ses conférences. Il y retrouve Eugenio F. Granell, fait la connaissance d’autres peintres espagnols émigrés, et rencontre l’équipe de la revue *Poesia sorprendida* dirigée par Alberto Baeza Flores. On prend une photo de groupe. Malgré les sourires affichés, l’atmosphère n’est plus à la joie. Le généralissime Trujillo, qui a accueilli ces réfugiés, devient de plus en plus mégalomane et proscrit les opinions politiques hostiles à sa personne. Breton a dû se défendre de ses assauts opportunistes, lui préférant la solidarité des poètes.

Refaisant, à rebours, son trajet de 1941, il est accueilli, dix jours après, par Aimé Césaire, devenu le maire de Fort-de-France. Si Breton a révisé ses positions théoriques sur le poème à thème en raison de l’éblouissement que lui a procuré le *Cahier d’un retour au pays natal*, il est douteux qu’il se soit laissé convaincre par les arguments politiques du nouveau député communiste – qui d’ailleurs ne tardera pas à fonder son propre parti. Mais la Martinique se présente sous un jour nouveau, et Breton ne se lasse pas de parcourir la savane en compagnie d'Elisa. Au bout de huit jours, tous deux reprennent le bateau pour les États-Unis. A la joie de revoir bientôt sa fille, Breton compose pour elle un poème, sur mer entre La Havane et La Nouvelle-Orléans : *Écoute au coquillage* :

*... Dix ans après*
*Je te retrouve dans la fleur tropicale*
*Qui s'ouvre à minuit*
*Un seul cristal de neige qui déborderait la coupe de tes deux [mains...*

De retour à New York, Breton rencontre Albert Camus venu fin mars 1946, pour une tournée de conférences, à l'invitation du gouvernement des États-Unis, comme représentant du journal *Combat*. Sa voix lui apparaît comme « la mieux timbrée et la plus claire qui fût montée dominant cette période de ruine ». Ayant particulièrement apprécié ses premiers articles, signes de l'embellie, il s'informe auprès de lui de la situation en France, de la toute-puissance des organisations communistes dans la presse et l'édition. Tous deux se concertent sur la meilleure façon de préserver le témoignage de certains hommes libres des distorsions idéologiques. Ils rêvent à une sorte de pacte par lequel des gens de leur trempe s'engageraient à ne s'affilier à aucun parti politique, à lutter contre la peine de mort, à ne jamais prétendre aux honneurs, quels qu'ils soient. Breton tiendra à rappeler ces propos dans un discours à la salle Pleyel, en 1948. Curieusement, Camus n'a laissé aucune trace de cette rencontre dans ses carnets ni dans ses *Journaux de voyage*. Préoccupé de son image à la Bogart, avait-il déjà effacé le surréalisme ? Il est vrai qu'en dehors des arts plastiques, la greffe surréaliste n'avait guère pris aux États-Unis. En revanche, le visiteur français avait beaucoup à apprendre des romanciers américains. Depuis la fin des hostilités, Breton, qui s'est toujours considéré en exil aux États-Unis – et qui n'a nullement l'intention d'y finir sa vie, comme Saint-John Perse par exemple –, songe à rentrer en France. Dans ses *Entretiens*, il évoque très succinctement les cinq années new-yorkaises, expliquant sa tentation de passer très vite là où la liberté lui est mesurée. Il convient cependant que lui-même limitait sa liberté, et non le jeu des institutions américaines. Un retour, sur le même bateau, avec Benjamin Péret venant de Mexico, lui paraîtrait hautement symbolique. A eux deux, ils redonneraient l'élan nécessaire au surréalisme occulté pendant l'Occupation. Vue des États-Unis, la situation, sur le front esthétique, paraît assez confuse. Dès la reprise des relations postales, Breton a reçu des nouvelles des anciens compagnons qu'il rassemblait à la villa « Château Air-Bel » : Brauner, Dominguez, Delanglade, Maurice Henry, Bellmer; du Dr Acker, l'un de ceux qui ont assuré la continuité du mouvement à travers La Main à Plume; et surtout de Julien Gracq qui jouit de toute sa confiance. Mais il ne parvient pas à se représenter leur volonté d'action commune, dans un contexte totalement bouleversé. Reçue à Port-au-Prince, *l'Histoire du surréalisme* (parue en 1945) de Maurice Nadeau, forte synthèse de l'aventure collective menée avant-guerre, lui donne acte de sa contribution majeure à la définition nouvelle du rôle de l'artiste dans la société; mais l'historien ne s'empresse-t-il pas, un peu trop hâtivement, de borner le mouvement à 1940, comme s'il n'avait plus de place dans la France libérée?

Breton se demande ce que les Français ont bien pu lire de ses principales interventions pendant l'Occupation. Elles avaient paru dans les revues *Fontaine* et *L'Arche* à Alger, *Labyrinthe* à Genève. Quelle était leur audience réelle? Comment le public les percevait-il? *Nadja*, réimprimé par Gallimard qui demande instamment de lui réserver ses productions américaines et même toutes ses œuvres futures (sans doute pour faire contrepoids aux auteurs de la maison désormais trop envahissants, comme Eluard et Aragon) constituent des preuves tangibles que les circonstances favorisent son retour. Au début de 1946, un numéro spécial de la revue *Quatre vents*, dirigée par Henri Parisot, a repris *Fata Morgana* et ouvert la voie à un regroupement des surréalistes.

Pourtant, quelle place pourront-ils occuper entre la toute-puissance du CNE (Comité national des écrivains), issu de la Résistance, et le triomphe de l'Existentialisme? Aragon ne leur passera rien, et sans doute pas ce pamphlet qu'avec une belle inconscience Benjamin Péret a consacré au *Déshonneur des poètes* pour fustiger la poésie de la Résistance retombée dans les formes régressives de la litanie patriotique. Même si Gracq l'assure que « la vague de la littérature mobilisée s'effondre de jour en jour », il n'est pas évident que ses thuriféraires lâcheront le terrain pour une poésie résolument tournée vers le futur.

Sur le plan philosophique, Breton conçoit le succès de Nietzsche, de Jaspers et même de Heidegger, à travers les écrits de Bataille, Monnerot, Sartre et Camus. Mais il ne saurait souscrire, en aucune façon, à la morale de l'existentialisme qui, sous prétexte d'un « engagement » de l'artiste, se met à la remorque du parti communiste – comme si la longue expérience des surréalistes dans ce domaine, n'avait servi à rien. Mieux vaut considérer les J 3, ces jeunes prétendument existentialistes, qui, toute la nuit, dans les caves de Saint-Germain-des-Prés, dansent le jazz, écoutent Juliette Gréco chanter Prévert et Queneau ou Boris Vian jouer de la trompinette. Ceux-là représentent assurément la vie et l'avenir. Mais sur quel ton faut-il leur parler? Sauront-ils même entendre?

SIXIÈME PARTIE

# UNE MORALE EFFERVESCENTE (1946-1966)

## CHAPITRE PREMIER

# *Signe ascendant*
(1946-1952)

### *Devant le rideau*

Maintenir l'exigence morale du surréalisme, trouver le mot juste, c'est ce dont Breton s'inquiète lorsque après cinq ans d'absence il débarque au Havre avec Elisa et Aube, le 25 mai 1946. Il ne soupçonne pas la nature des difficultés quotidiennes qui l'attendent. En payant régulièrement le loyer, rue Fontaine, son père a pu préserver l'atelier, les tableaux et les livres. Mais les verrières sont brisées, l'eau filtre partout, les balustrades sont à changer, le téléphone est coupé. D'une manière générale, la reconstruction s'engage dans la pagaille. Depuis le départ du général de Gaulle, en janvier, s'instaure le système du tripartisme (MRP, SFIO, PC), vaste partie de poker menteur. Savoir lequel roulera l'autre dans la farine dont tout le monde manque. A tel point que le gouvernement maintient les cartes d'alimentation. Ce qui développe le marché noir et la fortune des BOF. La morale publique est en piètre état.

A peine Breton a-t-il déposé sa valise qu'il est sollicité par Jean Paulhan, Arthur Adamov et Marthe Robert pour prendre la parole en faveur d'Antonin Artaud, sorti de l'asile de Rodez. Pour Breton, il s'agit de montrer, comme il l'a écrit peu de temps auparavant dans l'avertissement précédant la réédition du *Second Manifeste du Surréalisme,* que certaines crises, liées aux circonstances antérieures, sont désormais résolues du fait même de l'histoire et, dans le cas particulier d'Artaud, des épreuves infligées par la vie. Il le revoit avec émotion : son visage, son corps entier porte la trace des douleurs, mais il n'a rien perdu de la fougue de sa jeunesse, tempérée par un rire qu'on a trop vite oublié. Son intelligence ne semble en rien atteinte, mais, dans son délire extrêmement circonscrit, il lui arrive de soutenir des propos inconcevables. Artaud est persuadé que Breton est mort en 1937 en se portant à son secours. En tête à tête aux Deux Magots, celui-ci tente de lui en démontrer, avec le plus grand tact, l'impossibilité matérielle. Désolé, convaincu que Breton aussi est le jouet de ses ennemis, Artaud se détourne. Dans une lettre du 3 juin, il se rend partiellement à ses raisons.

Le 7 juin 1946, le « Tout-Paris » des lettres s'était rendu, au théâtre Sarah-Bernhardt, moins pour rendre hommage à un réprouvé de la société que pour entendre et voir Breton retour d'Amérique. Philippe Audoin, l'un des jeunes que son verbe va rallier, le décrit tel qu'il lui apparut alors : « Pour la tête, la carrure, il paraît toujours " un peu plus grand que nature ". La face s'est à la fois durcie et alourdie ; les sillons qui en soulignent l'expression distante ou familière, composent le faciès d'une " Méduse " mâle qui rendrait la vie aux pierres ; le regard pareillement à fleur d'œil entre les silex du sévère et la buée émotive. Il se comporte comme s'il s'ignorait ce pouvoir exorbitant, simple et courtois. Mais à l'occasion rageur. »

Sur scène, Breton fait part de sa résistance à parler en public, en raison de sa longue absence de Paris, et surtout parce que le surréalisme, qu'il incarne à peu près seul à ce moment, doit se mouvoir loin des projecteurs et des tréteaux, se souciant peu de l'approbation du grand nombre. A l'intention des existentialistes, il précise : « ... me paraît frappée de dérision toute forme d' " engagement " qui se tient en deçà de cet objectif triple et indivisible : transformer le monde, changer la vie, refaire de toutes pièces l'entendement humain ». Écartant toute anecdote et toute polémique passées, Artaud représente la revendication surréaliste à l'état pur. Breton impute les conditions de son traitement à l'institution psychiatrique, et non à son médecin. Dans une autre société, moins imbue de rationalité, il eût été un chaman, car il est passé de l'autre côté du miroir et a *vu* ce qu'il ne nous est pas donné de connaître. Acclamant son retour à la liberté, il salue « la négation éperdue, héroïque, de tout ce que nous mourons de vivre ».

Cette dernière formule est fort adaptée à sa perception de la France en cette période de reconstruction, où, pour parler comme Ubu, « nous n'aurons point tout démoli si nous ne démolissons même les ruines ». Il est à même d'en observer de magnifiques à Lorient. A la suite des bombardements anglais contre la base de sous-marins allemands et des ultimes combats de 1945, la ville compte à peine trois cents habitants. Presque seule la maison de ses parents subsiste dans le quartier de la mairie. L'immeuble qu'ils possédaient au 2, rue de Liège, totalement sinistré, sera vendu en l'état pour cent soixante mille francs en 1949. « Lorient, que je haïssais entre toutes les villes de France, est assez attrayante dans ses ruines. Tous les murs sont ajourés, on aperçoit d'ici par la fenêtre trois ou quatre épaisseurs de maisons avec l'indication de leurs cheminées, de leurs escaliers. C'est fascinant comme les premiers Braque », écrit-il à Léon Pierre-Quint le 25 juillet 1946. Ne pouvant trouver les conditions requises pour le travail, il se réfugie dans la forêt d'Huelgoat, en pleines terres. A l'hôtel, il fait la connaissance d'un jeune poète de dix-huit ans, Alain Jouffroy, qu'il encourage. Celui-ci ne l'oubliera jamais : tous ses livres en portent l'empreinte. Breton comprend qu'il occupe une position forte dans la jeunesse, qui vient souvent à lui par l'histoire du surréalisme telle que Nadeau l'a contée (ce sera le cas de Gérard Legrand). Tout lui paraît désormais possible, comme si la révolution surréaliste avait eu lieu. Elle est entrée dans les mœurs, dans la manière de voir, explique-t-il à Péret dont il souhaite le retour à Paris.

Cet optimisme caractérise ses réponses à Jean Duché, publiées dans *Le Littéraire* (hebdomadaire spécialisé du *Figaro*) au début d'octobre. La bombe atomique menace le destin de l'humanité, mais il appartient aux intellectuels d'adresser des remontrances aux « grands irresponsables de l'heure », de procéder à une refonte totale des idées, d'en finir avec tous les poncifs de la morale universelle. Il rappelle les termes du manifeste de Mexico sur l'indépendance absolue de l'art et rejette le précepte jésuite, repris par les staliniens, selon lequel « la fin justifie les moyens ». Critiquant le pessimisme de Camus, il affirme : « le rocher de Sisyphe se fendra un jour ». Si l'homme a perdu les clés originelles de la nature, il peut les retrouver en interrogeant les mythes, à l'aide du désir, ce « grand porteur des clés ». La tâche la plus urgente pour l'artiste est bien d'édifier une nouvelle morale, à laquelle l'œuvre de Fourier, à la jonction de l'artistique et du social, pourrait contribuer. Il annonce son intention d'organiser une exposition internationale, de façon à mettre en place les éléments du mythe nouveau réclamé par l'humanité à l'ère atomique.

De ce mythe en formation participe l'œuvre de Brauner, tant ses toiles sont parfaitement « situées », reflétant les angoisses et les aspirations profondes de l'époque. A ceux qui voudraient s'en tenir au seul réalisme socialiste, Brauner montre la richesse du monde intérieur et confirme le surréalisme dans sa volonté de dépassement permanent des acquis artistiques. En ce sens, Brauner est l'opposé de Magritte qui s'enferre dans une technique répétitive. Celui-ci entend souscrire à la doctrine jdanovienne adoptée par le Comité des écrivains à Leningrad. Breton a refusé de signer le manifeste « Le surréalisme en plein soleil », élaboré par les Belges Magritte, Nougé et Marien, qu'il juge sur la mauvaise route. Il leur câble : « Texte antidialectique et par ailleurs cousu de fil blanc. Vous plaisantez. » Riposte immédiate : « Le fil blanc est sur votre bobine. » Dans une lettre qui reste très courtoise, datée d'Huelgoat, 14 août 1946, Breton expose à Magritte que son œuvre actuelle ne lui semble guère solaire. Rappelant ses goûts anciens pour Watteau, Seurat, Charles Cros et Rimbaud aussi bien que le Gréco et Kleist, il assure : « je suis *aussi* amoureux de la lumière, mais seulement de la lumière créée ». A son correspondant qui pourrait croire y échapper, il remémore le sort de Chirico après sa période onirique et conclut qu'il reste « bien décidé à situer l'âge d'or dans les limites de notre vie », en refusant d'être « utilisé » par le socialisme, auquel il reste fidèle par ailleurs. Un large tour d'horizon le conduit rapidement à distinguer ses véritables amis de ceux qui se sont placés, peu ou prou, sous la coupe du PC, après l'extraordinaire ralliement de Picasso. Tandis que paraît son interview dans *Le Littéraire*, un télégramme de son père le rappelle d'urgence à Lorient. Sa mère agonise. Dans son délire, elle ne cesse d'appeler la petite Aube. Elle meurt le 13 octobre. André Breton assiste à l'inhumation et, sans s'attarder, rentre à Paris.

Au cours de l'automne, il examine les conditions d'une relance surréaliste. Il rencontre Yves Bonnefoy (l'actuel successeur de Valéry au Collège de France), « très sympathique », dit-il, dont le cahier *La Révolution la nuit*, paru au début de l'année, lui a semblé courageux. Bonnefoy ne déclarait-il pas, avec Éliane Catoni, Iaroslev Serpan, Claude Tarnaud : « ... nous pensons que l'aide la plus efficace que le surréalisme peut apporter à la cause de la Révolution est de reprendre en 1946 le procès des valeurs fondamentales de notre société, dont notre seul regret est de voir les militants révolutionnaires insuffisamment dégagés. » Breton se propose de diriger une revue au Sagittaire qu'il hésite à consacrer au seul surréalisme « compte tenu en ce cas d'un très sérieux poids mort ». Il envisage une triple activité de groupe : d'abord des publications et des expositions internationales; ensuite une « activité d'élucidation sociale et morale »; enfin une activité de « caractère prémythique ».

« Je songe à quelque chose qui soit au Collège de sociologie ce que la poésie est à la critique de cette poésie », dit-il. Le moment est d'autant plus opportun que Bataille s'en tient à un syllogisme paralysant qui le pousse à ne rien entreprendre sous le fallacieux prétexte que l'absence de mythe est encore un mythe. Aussi adhère-t-il d'emblée à la Nouvelle École sociétaire, créée dans le but d'étudier et de mettre en œuvre la doctrine socialiste de Fourier dont les lois des groupes et des séries, fondant une bonne société, lui sont familières.

En accord avec Marcel Duchamp qui, depuis New York l'y encourage, il organise la seconde exposition internationale du surréalisme à Paris, galerie Maeght. Le 12 janvier 1947, il adresse une lettre d'invitation aux participants, décrivant son projet initial. Dans l'espace attribué, relativement modeste, il s'agira de réaffirmer la cohésion du groupe et de marquer le déplacement des aspirations surréalistes traduisant un *mythe nouveau* à l'état embryonnaire ou latent. La structure générale de l'exposition retrouve les phases successives d'une initiation, d'une pièce à l'autre. Le rez-de-chaussée sera réservé aux surréalistes malgré eux et aux peintres qui ont « cessé de graviter dans son orbite (Chirico, Picasso, Masson, Dali, Paalen, Magritte, Dominguez... ». On accédera au premier étage par un escalier de vingt et une marches modelées en dos de livre portant les titres correspondant aux arcanes majeurs des tarots. La salle des superstitions « qui ouvre le cycle théorique des épreuves doit réaliser la synthèse des principales superstitions existantes et obliger à les surmonter pour pouvoir continuer à avancer ». La salle suivante, divisée en douze alvéoles octogonaux contenant chacun un autel, édifié sur le modèle du culte vaudou, dédié à des êtres ou objets doués de vie mythique comme la chevelure de Falmer des *Chants de Maldoror,* Jeanne Sabrenas héroïne de *la Dragonne* de Jarry, Léonie Aubois d'Ashby du sonnet *Dévotion* de Rimbaud, que Breton édifiera lui-même, les Grands Transparents, etc. Les douze autels seront rapportés aux signes du zodiaque et aux heures du *Nuctameron* d'Apollonius de Thyane. La dernière salle du parcours était affectée à une cuisine « où l'on apprêtera et servira un mets surréaliste, se distinguant avant tout par une saveur nouvelle »... Outre ce parcours obligé, l'exposition proprement dite devait accueillir un choix de toiles librement proposées. Chaque destinataire est prié de soumettre des propositions concrètes et de déterminer ainsi sa version du sacré. Parmi les réponses des collaborateurs pressentis, celle d'Antonin Artaud est la plus significative. Choqué que Breton lui ait reproché de se commettre sur les planches lors de sa fameuse séance au Vieux-Colombier du 13 janvier, il refuse surtout une exposition se soumettant aux rites initiatiques. Le surréalisme ne peut être mis en parallèle avec l'occultisme ou la magie. « Rien que l'insurrection irrédimée, active, énergique contre tout ce qui prétend être, à perpétuité », lui répond-il.

Pensant à une telle critique, « Devant le rideau » – alors qu'il tenait précédemment le public à distance – Breton explique les objectifs et la raison d'être de l'exposition. Avec le recul, les diverses grandes manifestations du surréalisme lui semblent avoir révélé un climat mental, prémonitoire en quelque sorte. Alors que l'existentialisme lui paraît un moment transitoire, contingent, de l'intelligence en France, le surréalisme vise une plus longue portée.

La pensée utopique, une conception ésotérique du monde sont intemporelles. C'est pourquoi il a choisi un cadre initiatique, non comme une série d'épreuves, mais comme une amorce poétique, ouvrant sur un mythe nouveau auquel la collectivité aspire sans le savoir.

Dans un article postérieur, intitulé « Comète surréaliste », comme pour indiquer la forme que prend le groupe entouré d'une nébulosité lumineuse et sa trajectoire parabolique, il dégage le sens de cette exposition dont Frederick Kiesler, l'architecte viennois qui avait contribué à l'exposition de New York cinq ans plus tôt, a dirigé la réalisation : une salle des superstitions conçue comme une grotte toute blanche, une salle de la pluie avec un billard, un labyrinthe.

L'exposition, inaugurée le 7 juillet, est visitée pendant trois mois par une foule curieuse, narquoise, ravie ou choquée devant les œuvres d'une centaine d'artistes de vingt-quatre pays dont les plus notables sont Max Ernst, Tanguy, Matta, Brauner, Miró... Son retentissement est considérable. Cela n'empêche pas Breton de juger sévèrement la peinture surréaliste récente, à l'exception de celle de Victor Brauner et de Jacques Hérold. Il considère que, sur le plan international, le mouvement ne donne de signes d'activité réelle qu'en Tchécoslovaquie et en Roumanie. Les attaques ne lui sont pas non plus épargnées. Reprenant un mot de Duchamp, co-organisateur de cette manifestation, Breton s'exclame : « C'est merveilleux d'être autant méprisés à *notre âge.* »

En réaction contre la peinture figurative, à l'écart des rapports de production-consommation du commerce de l'art, le surréalisme plastique a montré qu'il savait déjouer l'esprit conservateur et se renouveler sans cesse, appuyé par la poésie. Rejetant aussi bien le réalisme que l'abstraction pure, le surréalisme est d'abord un état d'esprit, une approche symbolique ou visionnaire au moyen de l'automatisme. La référence initiatique a seulement valeur d'indication pour des hommes qui n'ont cessé de se réclamer de « la libre pensée intégrale » et qui souscrivent à un triple pacte : « Aider, dans toute la mesure du possible, à la libération sociale de l'homme, travailler sans répit au désencroûtement *intégral* des mœurs, refaire l'entendement humain. »

Pour défendre ce pacte contre tout détournement, Breton se rend, avec ses fidèles, à la conférence de Tristan Tzara, « Le Surréalisme et l'après-guerre », le 17 mars, au grand amphithéâtre de la Sorbonne, placée sous l'égide de Travail et Culture, organisation d'obédience communiste. Breton avait refusé, comme le lui proposaient les organisateurs, de prendre la parole en fin de séance, contestant ce jeu poli qui consiste à écouter sagement un personnage qui vous révolte pour le critiquer ensuite. Il entre dans une salle comble, emplie des partisans des deux héros qui, nul n'en doute, s'affronteront en un combat singulier. A Jean Cassou, le président de séance, ancien commissaire de la République à Toulouse, qui présente son vieil ami Tzara, Breton lance d'emblée : « Nous nous en foutons de tout ça, cher monsieur Cassou. » Les apostrophes fusent : « Breton au *Figaro*! » Tzara feint de ne pas entendre son ancien compagnon lorsqu'il lui reproche de parler dans un tel lieu, et il commence à lire d'une voix monotone un long texte qui retrace les aventures de la poésie dans ses rapports avec les grandes secousses historiques. Lorsqu'il expose que les principes cartésiens ont préparé le terrain à la Révolution de 1789, Breton l'interrompt : « Écoutez, M. Tzara parle de Descartes en 1947. » Une voix dans les tribunes rétorque : « Écoutez, M. Breton parle de lui en 1947. » Le tumulte revient, empêchant d'entendre l'orateur exposer de quelle façon la tradition idéologiquement révolutionnaire a rencontré la tradition poétiquement révolutionnaire avec dada et le surréalisme, et condamner, au passage, tout retour à des formes périmées. Qualifier de réactionnaires les poèmes en vers réguliers d'Eluard et d'Aragon, témoigne de son indépendance d'esprit! Breton est alors aux prises avec des perturbateurs jetant des tracts vilipendant la démocratie. Monté sur son banc, il leur crie : « Vive l'Internationale communiste », ce qui ne fait qu'accroître la confusion. A qui s'adressait son interjection « chiens »? A ceux-ci, à ses propres adversaires, ou à Tzara déclarant que le surréalisme avait été « absent de cette guerre, absent de nos cœurs et de notre action »? Imperturbablement, celui-ci poursuit son réquisitoire, même quand Breton boit dans le verre du conférencier, jetant à la cantonade : « je peux encore boire dans le verre de Tzara ». Toutes ses interventions, depuis son retour, sont passées au crible d'une critique impitoyable : sa signature au bas du tract « Liberté est un mot vietnamien », rédigé par Yves Bonnefoy avec tout le groupe des anciens surréalistes, dirigé contre le tripartisme et singulièrement contre le parti communiste, complice, par son silence, de l'absurde comportement du « moine-amiral » Thierry d'Argenlieu faisant bombarder Haiphong au moment précis où les négociations entre le Vietnam et la France devaient aboutir, empêchant l'émancipation pacifique d'un peuple; sa condamnation du principe « la fin justifie les moyens » dans l'entretien avec Jean Duché; sa conception de la liberté, à partir des États-Unis, dans des circonstances bien différentes de celles qu'avaient connues les poètes restés en France; l'insulte que représentait un titre comme *le Déshonneur des poètes* pour ceux de la Résistance; l'impossible conciliation du marxisme et de la psychanalyse...

Ces critiques, Breton et ses amis ne peuvent les entendre, car ils ont quitté les lieux avec la moitié de la salle, après une brève échauffourée avec Jean Marcenac et Francis Crémieux essayant de rétablir le silence. Ils ne peuvent pas davantage percevoir les points d'accord entre eux : l'auteur de *l'Homme approximatif* avait trop visiblement pris le parti, depuis le début de son intervention, d'Aragon et de la politique culturelle du parti communiste pour qu'ils puissent entendre sa voix personnelle. Comme sur le plan international, la lutte « bloc contre bloc » commence. Ses adversaires rejettent Breton dans le camp capitaliste, à son corps défendant.

Quelques jours après, alors qu'il est au vert dans les environs de La Chaise-Dieu, il écrit à Georges Henein : « L'intervention à la conférence Tzara n'a répondu de ma part à rien de prémédité... ç'a été presque plus fort que moi si je n'ai pu rester impassible. » Le tour d'horizon auquel il se livre à cette occasion n'est pas optimiste : il n'est pas question d'inviter les Belges à l'exposition; les jeunes du *Troisième Convoi*, manipulés par Bataille, s'opposent à toute action sur le plan social; Christian Dotremont n'est pas fiable. (Celui-ci ne tardera pas à organiser à Bruxelles avec Noël Arnaud une conférence internationale du surréalisme révolutionnaire, qui se considère à l'avant-garde en épousant les thèses staliniennes.) Il regrette l'absence d'un organe propre au surréalisme – les jeunes revues n'étant pas à la hauteur de ses espérances : « Il me semble de plus en plus que les esprits les plus originaux de la dernière génération – je crois en avoir rencontré quelques-uns – préfèrent attendre d'autres occasions de se manifester. »

Pour sa part, à défaut de diriger une revue surréaliste ou une collection au Sagittaire, dont le projet a fait long feu, il a diverses possibilités de publication. *Les Manifestes* ont paru au Sagittaire à la fin de 1946, *l'Ode à Charles Fourier* aux éditions de la Revue Fontaine en février. En complément à l'édition française d'*Arcane 17*, qui sortira en juin, il adresse trois « ajouts » à Léon Pierre-Quint, le 5 mai.

Le premier est un rappel à l'esprit de résistance, sur lequel il fondait ses espoirs trois ans auparavant. Le second répond à une critique du sociologue J.-M. Monnerot concernant le caractère « surdéterminé » des exclusions surréalistes; Breton le rapporte à la conception que chacun se faisait de l'amour. Le troisième relate un phénomène de hasard objectif lié à la tour Saint-Jacques. Ce même hasard se reproduit le matin du 9 mai, un rossignol pénétrant dans son atelier, de la même façon qu'un oiseau était venu frapper à la vitre de la « cabine » où il écrivait *Arcane 17*, au Canada, comme pour étayer une phrase restée à l'état manuscrit. Un tel phénomène lui paraît devoir se reproduire au sujet de Toyen, dont il présente alors l'exposition à la galerie Denise René, du 13 juin au 12 juillet.

Ces indices confirment l'espoir qu'il persiste à placer dans l'automatisme verbal. Il le dit à Dominique Arban, au cours d'un entretien publié par le journal *Combat* du 31 mai. Il y justifie l'audience limitée de son mouvement, qui se flatte cependant d'attirer de plus en plus de jeunes. C'est en vain qu'on l'opposera à tous les mouvements nouveaux comme l'existentialisme et le lettrisme. Enfin, si la morale doit être tenue à l'écart dans l'écriture automatique, il ne refuse pas certaines valeurs, telle la fidélité à soi-même !

Les principes d'une morale nouvelle, « post-chrétienne », sont justement réaffirmés dans le tract « Rupture inaugurale », par la totalité des membres du groupe surréaliste en France, soit une cinquantaine de personnes, le seul refus notable étant celui d'Arp. Le texte en a été élaboré par Henri Pastoureau à partir des réponses à un questionnaire adressé à tous ceux qui ont eu des rapports avec le mouvement, reprenant quelques interrogations majeures abordées par Breton depuis son retour à Paris : de quelle manière l'action surréaliste doit-elle s'exercer? dans quel domaine particulier? la fin justifie-t-elle les moyens en politique? une religion peut-elle apporter un secours à l'homme? l'amour peut-il agir sur le réel?... « Rupture inaugurale » se donne comme une déclaration préjudicielle à l'égard des partis politiques trotskystes ou anarchistes et se place uniquement sur le plan éthique. En se référant à la tradition révolutionnaire du mouvement ouvrier, le surréalisme rappelle la revendication de vérité, de justice, de morale formulée par Marx. La plus grave critique émane de Benjamin Péret, encore au Mexique. Tout en approuvant le tract dans l'ensemble, il lui reproche de condamner le christianisme au nom d'une religion à créer, au risque de verser dans le mysticisme. Pour lui, la poésie suffit contre toute religion.

En réponse, le petit groupe des « surréalistes révolutionnaires », animé par Noël Arnaud et Christian Dotremont, lance successivement deux tracts : « La cause est entendue » et « Les Grands Transparents », dénonçant l'abandon du matérialisme dialectique par Breton et ironisant sur son penchant vers l'occultisme. Depuis lors, ces deux fondateurs du mouvement Cobra sont bien revenus de leurs critiques! Breton écrit, à leur propos, à Pastoureau : « A mon avis, cela n'ira pas loin. S'il faisait moins chaud (39° à l'ombre à 1 200 mètres) on pourrait prévoir une grande offensive de rentrée. As-tu quelques suggestions là-dessus ? » Le destinataire s'empresse de déposer à la Préfecture de police, le 11 juillet, les statuts d'une association dénommée « Cause » qu'il anime avec Georges Hénein revenu d'Égypte cette année-là et Sarane Alexandrian. A l'origine de *Rupture inaugurale* publié par ses soins, le groupe *Cause* entendait maintenir le contact avec tous les groupes surréalistes de par le monde. Désespérant de mettre sur pied une activité collective, il prononcera son autodissolution quelques mois après.

Breton ressent cruellement l'absence de Péret, alors qu'il traverse, comme souvent après les périodes de grande activité, une phase dépressive. Seul de l'ancienne équipe à maintenir les positions initiales, il estime que les nombreux jeunes venus à lui se contentent d'attendre des mots d'ordre de sa part, au lieu d'en proposer eux-mêmes. Mais pour faire quoi? Revient alors l'à vau-l'eau qu'il ne connaît que trop. La ruine provoquée par le soudain retrait des billets de 5 000 francs (qui constituaient toute sa fortune), un été désastreux, la pluie et le froid succédant à la chaleur intolérable, des conditions matérielles déplorables l'empêchant de travailler aussi bien que de se distraire à la recherche de cristaux, ne sont pas pour le rendre optimiste. Il se passionne toutefois à la lecture d'*Heureux les pacifiques* dont il aimerait connaître l'auteur, Raymond Abellio, et de *la Défaite* de Pierre Minet (un ancien compagnon du Grand Jeu) dont il se sent très proche.

Rentré à Paris, il rédige quelques textes de présentation pour des expositions de peinture, qui relèvent de la même préoccupation éthique. Les systèmes politiques, psychologiques, sont désormais figés. A la crise des concepts fondamentaux de la civilisation, seuls peuvent répondre les artistes et les poètes. Face au « réalisme » qui prétend épuiser le réel, Jacques Hérold explore le monde mental. Matta s'aventure dans l'angoisse de l'homme intérieur et ramène, de surcroît, une révolution de perspective. La jeune berbère Baya, la femme-enfant, réunit deux courants de la pensée poétique : la tradition de l'ancienne Égypte et les pratiques magiques de l'enfant. Quant aux sculptures de la Brésilienne Maria Martins, découverte auparavant à New York, elles participent d'un cérémonial sacré, montrent le désir maître du monde. Elles témoignent de l'espoir qu'on est en droit de placer dans d'autres civilisations, apportant d'autres modes de pensée que le rationalisme desséchant. La grande loi d'analogie, par exemple.

L'exposition surréaliste qui s'ouvre à Prague en décembre est l'occasion de rappeler que le mouvement maintient intégralement les thèses que Breton exposait dans la même ville douze ans auparavant. L'art ne peut souffrir ni consigne ni discipline, il ne peut être soumis à la critique d'une morale politique. L'artiste doit assurer la transmission des pouvoirs sensibles, en s'opposant à toute servilité, à l'idée même « d'engagement » répandue par Sartre.

Ainsi, depuis son retour en France, Breton ne se lasse pas d'énumérer les divers points du programme surréaliste, le seul susceptible, à ses yeux de redonner l'espoir, d'insérer la pensée utopique dans le présent, d'en faire le moteur de la connaissance et de l'action.

## *Lumière noire*

En janvier 1948 paraît enfin le premier numéro d'une revue surréaliste : *Néon* « *N*'être rien; *Ê*tre tout; *O*uvrir l'être. » De facture originale (elle utilise toutes les possibilités offertes par l'offset), elle est dirigée par les nouveaux venus au surréalisme : Sarane Alexandrian, Jindrich Heisler, Véra Hérold, Stanislas Rodanski, Claude Tarnaud. Le texte de présentation, fâcheusement idéaliste, parle d'un « groupe électif se situant au-delà des idées ». Craignant une sorte de dissidence, les anciens, Maurice Henry, Marcel Jean, Henri Pastoureau, s'agitent. D'Antibes, Breton écrit pour calmer les passions. Assuré de la bonne foi des jeunes (Claude Tarnaud a immédiatement regretté une formulation excessive), il est convaincu que la discussion permettra de resserrer davantage l'union. Tel est, concrètement, son rôle fédérateur au sein d'une communauté intellectuelle difficile. Cette première livraison contient un article de lui, « Signe ascendant », dont le manuscrit est daté du 30 décembre 1947. Il marque un renversement d'attitude considérable puisque, pour la première fois, il introduit *explicitement* l'éthique dans l'esthétique surréaliste. Privilégiant la pensée analogique et la métaphore poétique, il indique la tension vitale qu'elles impliquent. Ainsi l'image de Cocteau : « Guitare bidet qui chante », est-elle condamnable pour son caractère négatif.

La même conception morale dicte le poème *Sur la route de San Romano* assimilant la poésie à l'amour :

*L'étreinte poétique comme l'étreinte de chair*
*Tant qu'elle dure*
*Défend toute échappée sur la misère du monde*

On perçoit là l'influence des théories de Malcolm de Chazal. Ce poète mauricien soutient, dans *Sens plastique II*, que la volupté est source de connaissance, approfondissement des rouages humains. Breton l'a découvert à l'automne précédent. Il a tenté de faire partager son enthousiasme au groupe qui, après de longues discussions au café de la place Blanche, a conclu que ce gnostique ne pouvait être compté au nombre des surréalistes pour son recours suspect à la spiritualité. En réaction à l'incompréhension de ses jeunes amis, Breton écrit à Antibes, à la fin de février, un vif éloge de ce « grand message isolé » sous le titre « La lampe dans l'horloge », le présentant comme une vérité révolutionnaire, faite à la fois de rupture et de dépassement.

Au moment même du coup de Prague, qui fait tomber la Tchécoslovaquie dans l'orbite soviétique, il affirme que l'espérance, le signe ascendant auquel le surréalisme aspire désormais, ne réside plus dans aucun système philosophique. Il ne peut venir que de rares individus, les poètes, puisant leur savoir dans la tradition ésotérique : « Assez de fariboles. Il est désespérément temps de rendre l'homme à une plus haute conscience de sa destinée. Les grands poètes, en relation souvent insoupçonnée d'eux-mêmes avec les *supérieurs inconnus* [...] n'ont cessé de le proclamer depuis cent ans. » Au nombre de ces « supérieurs inconnus », il faut compter Raymond Roussel. Breton avance l'hypothèse d'un Roussel adepte de la haute magie dans « Fronton-virage », préface à une étude de Jean Ferry. S'aidant de l'ouvrage de Fulcanelli sur le mystère des cathédrales, il propose une lecture – indémontrable – des *Nouvelles Impressions d'Afrique* comme un texte cryptique énonçant les diverses opérations du grand œuvre.

Breton est alors fort préoccupé de la tradition initiatique. Il s'en explique avec Aimé Patri à son retour d'Antibes. A l'accusation d'abandonner l'esprit révolutionnaire pour l'évasion hors du temps, il rétorque que les poètes doivent objectiver le contenu latent de l'existence, en constituer le mythe, seul moyen de résister à l'effondrement d'une civilisation. Ce qui ne saurait justifier la civilisation chrétienne dont il rejette vigoureusement les dogmes, l'idée du péché originel et la conception du salut dans un autre monde. Si, en revanche, il défend l'utopie, c'est pour sa « fécondité sur le plan réel ».

Comme celui des Hopis visités aux États-Unis, l'art océanien – dont une exposition s'ouvre en juin à Paris – est là pour démontrer la validité de ces assertions en rendant compte de « l'interpénétration du physique et du mental pour triompher du dualisme de la perception et de la représentation, pour ne pas s'en tenir à l'écorce et remonter à la sève ». Les poèmes qu'il compose, dans le même temps, sur les sculptures et objets des îles : Korwar, Uli, Dukduk, Tiki, Rano Raraku, témoignent que Breton a conservé à leur endroit les yeux de sa jeunesse, du temps où avec Eluard il écumait Berlin à leur recherche. Significativement, ces poèmes, sous le titre collectif *Xénophiles*, constituent la seule section inédite du recueil de *Poèmes*, édité en décembre par Gallimard. Tandis que ce livre fournit une rétrospective de sa production poétique durant plus de trente ans, un entretien en juin avec Claudine Chonez lui donne l'occasion de faire le point, pour le mouvement qu'il continue d'animer, face aux attaques dont il est l'objet. Contre la thèse d'une récupération bourgeoise, il rétorque vivement : « Dans mon idée du bien et du mieux nécessaires, à venir, on ne ment pas, on ne triche pas, on ne cherche pas à habiliter le plus désespéré des faux témoignages à l'orée de la mort, on ne détruit pas l'esprit à coups de piolet. » Ce rappel pour Eluard, Aragon, Tzara, s'ils avaient oublié les procès de Moscou et le meurtre de Trotsky. Contre le détournement du surréalisme par les chrétiens, il oppose le tract « A la niche les glapisseurs de Dieu » rédigé par H. Pastoureau et signé par plus de cinquante membres, où « l'attitude surréaliste se définira tant par rapport au « luciférianisme » avec lequel on veut le confondre, qu'à l'idée exorbitante de la « mort de Dieu qui constitue à nos yeux un non-sens absolu ». Ceci pour Michel Carrouges, Claude Mauriac et les dominicains. A la morale chrétienne il oppose le mot d'ordre « à chacun selon ses désirs », ce qui ne veut pas dire licence. Contre Roger Vailland dont le pamphlet, *le Surréalisme contre la révolution*, lui fait grief de sa violence initiale, il en appelle à la variation des sentiments. Contre Sartre qui dans un article célèbre des *Temps modernes* : « Qu'est-ce que la littérature? » voit dans le surréalisme une révolte de fils à papa, il oppose « Rupture inaugurale » et ses propres écrits définissant la fonction du poète comme porteur de clés, déchiffrant le monde. En somme, le surréalisme demeure irréductible à tout système de pensée catalogué. Une exposition de tracts surréalistes, organisée par la librairie-galerie La Hune, du 29 juin au 17 juillet, à l'occasion de la publication des *Documents surréalistes* réunis par Maurice Nadeau, illustre opportunément le propos.

Ce nouveau rappel des principes surréalistes, à l'intention du grand public, vaut aussi pour le groupe dont la cohésion ne peut être maintenue qu'au prix de leur respect absolu. C'est parce qu'il met en péril le pacte surréaliste que Matta, alors à New York, est exclu le 25 octobre à la demande pressante de Breton. Son libertinage cynique, sa licence morale, auraient aggravé l'état psychique d'Arshile Gorky, le conduisant au suicide. Brauner refusant de s'associer à cette mesure, injustifiée à ses yeux, sera lui-même exclu quelques jours plus tard avec le groupe de jeunes qui se solidarisent avec lui : Alexandrian, Bouvet, Jouffroy, Rodanski, Tarnaud. Breton les accuse de mener un « *travail fractionnel* dont chacun sait qu'il est absolument incompatible avec l'appartenance à toute espèce de formation collective et au surréalisme plus particulièrement ». A ce moment-là, il songe sérieusement à mettre fin aux activités du surréalisme. (Ces sanctions seront rapportées onze ans plus tard, Breton se montrant par-dessus tout soucieux de vérité et de justice).

Mais le sentiment de l'avenir triomphe de cette phase dépressive. Grâce à l'amitié de Benjamin Péret enfin revenu de Mexico, de Jindrich Heisler, de Toyen, qui l'ont accompagné l'été à l'île de Sein, il se persuade de reprendre la direction de *Néon*. Conservant seulement Heisler, de l'ancienne équipe, un nouveau comité est nommé, comprenant, outre lui-même, Péret, J.-L. Bédouin et Pierre Demarne. Pour resserrer davantage les liens et dégager des voies nouvelles, on revient à la formule d'origine. Un « centre de coordination » se crée à la galerie Nina Dausset, rue du Dragon, sous le nom de « *Solution surréaliste* ». Deux membres du groupe tiendront la permanence, un cahier enregistrera leurs observations. Outre les visites, on note l'adhésion de nouveaux venus : André Liberati, Adrien Dax, Jean-Pierre Duprey, Gaston Puel. On y organise des expositions rétrospectives : documents surréalistes, cadavres exquis... Le « Centre » ne durera qu'une saison. *Néon* nouvelle formule n'aura qu'un numéro : la relève ne s'est pas opérée, les jeunes semblent incapables d'assumer une activité collective. Breton se tourne vers d'autres centres d'intérêt, délaissés depuis trop longtemps. Il participe à la fondation, avec Jean Dubuffet, de la Compagnie de l'art brut, où il se prend de passion pour l'œuvre médiumnique d'un plombier-zingueur, Joseph Crépin, dont les propos évoquent ceux du « Sujet » fréquenté à Saint-Dizier en 1917.

A la demande, de Jean Paulhan et pour annoncer une entreprise de sauvegarde d'œuvres jusqu'alors non considérées, Breton lui confie un article : « L'art des fous, la clé des champs. » Il voit dans l'art brut une réparation éclatante à l'égard des malades mentaux. Amorcée par Marcel Réjä (1905), Hans Prinzhorn (1922), Jacques Lacan (1932), elle justifie le combat des surréalistes contre les causes majeures de leur exclusion : le christianisme et le rationalisme. A la critique d'art, dont le rôle eût été d'éclairer le public à ce sujet, il oppose la production authentique de ces personnes qui n'œuvrent ni pour la gloire ni pour l'argent : « Je ne craindrai pas d'avancer l'idée, paradoxale seulement à première vue, que l'art de ceux qu'on range aujourd'hui dans la catégorie des malades mentaux constitue un réservoir de santé morale. »

De même qu'il défend l'art primitif, les créations des naïfs et des fous, Breton est toujours en quête d'inattendu. Il renouvelle ses promenades hebdomadaires aux Puces avec Benjamin Péret, Lévi-Strauss, René Clair, Germaine Taillefer, et Lise Deharme. Encore sous le charme, note ses sorties dans son journal : « Il n'a pas changé et la vie avec lui donne sa pleine mesure. »

Si les rapports affectifs ne sont pas dénués de nostalgie, Breton n'en poursuit pas moins, avec constance, son entreprise de libération de l'esprit. On le lui reproche de toutes parts, sans comprendre que les concepts d'utopie, d'ésotérisme, voir de mysticisme composent, pour lui, une lumière noire, irradiant une connaissance active de l'homme dans l'univers.

## *Citoyens du Monde*

Alerté par les propos d'Albert Einstein sur le péril nucléaire, outré de voir les anciens partis reconstitués sur la base des systèmes qui ont conduit à la faillite de l'intelligence, Breton cherche une fenêtre ouverte sur une issue nouvelle. Écrivant *la Lampe dans l'horloge* à Antibes en février 1948, il y annonce son adhésion personnelle à Front humain, le regroupement mondialiste de Robert Sarrazac, à l'écart des doctrines et des partis constitués. Le 30 avril, il prononce une allocution à la salle des horticulteurs, à Paris, pour la première réunion publique de cette organisation, qui bientôt s'intitulera Citoyens du Monde. Énonçant les symptômes du mal qui se développe à nouveau depuis la fin de la guerre, parmi lesquels le stalinisme n'est pas le moindre, il ne voit d'éradication possible que dans la résolution de l'antagonisme opposant, de temps immémorial, les gouvernés aux gouvernants. Une solution serait à chercher du côté de l'occultiste Saint-Yves d'Alveydre et, au-delà, dans le *Contrat social* de Jean-Jacques Rousseau. Approuvant Robert Sarrazac, dont il apprécie la démarche et la personnalité, il soutient son appel à l'élection d'une Assemblée constituante mondiale, en vue des États-Unis du Monde. Il espère que la France, d'où sont partis tant de grands mouvements d'émancipation, saura donner le signal.

Membre, avec Camus, Emmanuel Mounier et Richard Wright du « Conseil de solidarité » formé depuis le 22 octobre autour du « petit homme », Garry Davis, ancien bombardier américain ayant déchiré son passeport pour se mettre au service de la cause mondialiste, devenu le symbole des Citoyens du Monde, Breton est de ceux qui le soutiennent lorsque celui-ci intervient à l'Assemblée générale des Nations unies, le 19 novembre au palais de Chaillot pour réclamer la convocation d'une Assemblée constituante mondiale. Dans la salle se trouvent, dispersés, Albert Camus, Emmanuel Mounier, Jean Paulhan, Louis Martin-Chauffier et les surréalistes : Breton, Péret, Marcel Jean, Maurice Henry, Pastoureau. Davis est appréhendé. Le lendemain, Camus écrit dans *Franc-Tireur* : « Nous sommes avec Davis » ; Breton dans *Combat* : « Un pour tous, hormis quelques-uns. » Le grand fauteur du désordre mondial est le nationalisme qu'il convient de « mettre hors d'état de consommer le sacrifice de nos vies ».

Une rencontre conjoncturelle de Breton avec Albert Camus, Jean Paulhan, Jean-Paul Sartre et David Rousset, les conduit à fonder le Rassemblement démocratique révolutionnaire (RDR), une organisation échappant au monolithisme des partis traditionnels. Elle convoque un meeting, auquel participent cinq mille personnes, sur le thème « L'internationalisme de l'esprit », salle Pleyel, le 13 décembre 1948. Breton y prend la parole pour y décrire les partis comme des zombies se survivant à eux-mêmes. Il appelle à la constitution d'une formation capable de traduire les aspirations collectives, s'opposant à la fois aux staliniens qui versent dans la dictature policière et aux gaullistes qui, par réaction ne visent qu'à renforcer la Défense nationale. Or le surréalisme, fidèle à ses aspirations initiales, n'a cessé de fournir des armes pour le combat international de l'esprit, que ce soit avec l'automatisme, ses prises de position contre les procès de Moscou ou la déclaration de Mexico. Il est vivement applaudi lorsqu'il dénonce la discrimination raciale ainsi que la politique française en Indochine et à Madagascar et même lorsque, refusant la notion de responsabilité collective, il appelle à la réintégration du peuple allemand dans la communauté humaine.

S'ils souscrivent à de telles analyses, les surréalistes parisiens ne sont pas tous, d'emblée, partisans d'engager le mouvement dans une autre formation que la leur. Le RDR ne les verra pas très actifs, pas plus que Sartre, qui s'en est retiré dès janvier. Il faut toute la persuasion de Breton, le rappel de l'action passée contre l'idée de nation pour que le groupe en totalité demande à être inscrit sur le registre des Citoyens du Monde, ouvert par Garry Davis.

Conscient des difficultés rencontrées par Garry Davis dans l'organisation de ses actions, Breton conseille aux jeunes mondialistes de ne pas se laisser gagner par l'impatience, de ne pas se contenter de gestes symboliques afin de libérer leurs aspirations collectives. Lui qui ne s'est jamais fait vertu de la patience écrit dans *Peuple du monde*, le supplément bimensuel mis à la disposition de l'organisation par *Combat* : « Égard (et gare) à l'impatience. » Dans le même temps, il situe la personnalité de ce Garry Davis, en qui Citoyens du Monde s'est identifié. « L'Homme de nulle part », ainsi le dénomme-t-il dans un article de *Caliban*, décrit par la presse comme un petit homme, est au contraire grand par son acte de rupture, qui ne doit pas rester isolé dès lors que l'arme atomique menace toute l'humanité. Pourtant, quelques mois après, au meeting de la Mutualité pour la libération des objecteurs de conscience et l'abrogation du service militaire obligatoire, Breton sera le premier à mettre en garde contre son activité confusionnelle et son goût ostentatoire de la publicité, en dépit des protestations de la salle. Il émet des réserves sur une action qui reviendrait à obtenir un statut d'objecteur pour des motifs religieux. Ce serait refaire le lit de l'Église et des spiritualistes. Cependant, il reste acquis au mouvement *Citoyens du Monde* qui a déjà enregistré quatre cent mille demandes de citoyenneté mondiale, émanant de soixante-seize pays, de l'Est comme de l'Ouest, dont les moyens et les vrais responsables sont dignes de sa confiance. De fait, le surréalisme, en tant que groupe, se dégage alors de l'organisation dont l'impact, très fort dans l'opinion publique, n'a pas allumé la lampe dans l'horloge ! Au demeurant, si Breton prête son concours, avec quelques amis, au « Centre international de recherches et d'expression mondialistes », son attention se porte davantage, au cours de l'année 1949, sur l'activité critique.

## *L'affaire de la chasse spirituelle*

En février 1948, la réédition des *Pas perdus* est venue rappeler à ceux qui l'auraient oublié que Breton est de ceux dont le jugement critique a contribué au reclassement des valeurs de notre siècle. « Aimer, d'abord. Il sera toujours temps, ensuite, de s'interroger sur ce qu'on aime jusqu'à n'en vouloir plus rien ignorer », écrira-t-il plus tard. Ce principe le guide lorsqu'il aide à découvrir un jeune peintre canadien, Jean-Paul Riopelle, exposé à l'initiative de la galerie Solution surréaliste en mars-avril. Ce même principe dirige son plaidoyer en faveur de Francis Picabia, injustement écarté du débat artistique en cet après-guerre. Tandis qu'on dispute à perte de vue sur les mérites relatifs du réalisme et de l'abstraction, on oublie qu'au début du siècle Picabia avait déjà tout découvert, comme en se jouant.

Il ne suffit pas d'aimer, il faut aussi défendre ce que l'on a d'abord aimé; d'où la polémique nécessaire. A peine Breton a-t-il surmonté le déplaisir que cause tout déménagement, même s'il s'agit, dans ce cas, de descendre seulement d'un étage pour accueillir sa fille de retour des États-Unis, qu'il se voit contraint d'intervenir publiquement au sujet de Rimbaud.

Le 19 mai, *Combat* présente des extraits d'un prétendu inédit de Rimbaud, que publient dans le même temps les éditions du Mercure de France, avec une présentation de Pascal Pia. A la première lecture, Breton se persuade qu'il s'agit d'un faux : Rimbaud n'aurait pas écrit si maladroitement. Sachant le goût de Pascal Pia pour la mystification, il écrit le jour même au journal pour dénoncer la supercherie. La publication de sa lettre est retardée jusqu'à la semaine suivante par *Combat*. Néanmoins, elle est exposée à la librairie La Hune, et discutée par tous!

Ainsi commence ce qu'on a appelé « l'affaire de *la Chasse spirituelle* ». Désirant dauber une critique partiale et obtuse qui avait éreinté leur spectacle tiré d'*Une saison en enfer*, deux acteurs, Nicolas Bataille et Akakia Viala (M.-A. Allevy, à qui l'on doit une excellente thèse sur la mise en scène au XIXe siècle) avaient eu l'idée de combler une lacune en fournissant, à leur façon, le poème signalé par Verlaine et considéré comme à jamais perdu. Mais la chose risquant de prendre des proportions considérables, ils s'empressent de déclarer leur méfait, le 24 mai, au cours d'une conférence de presse à la brasserie Lutetia. Malgré cet aveu, le responsable de la page littéraire de *Combat*, Maurice Nadeau, reste convaincu de l'authenticité du texte. Il contre-attaque, non point les personnes liées à la divulgation du texte, mais Breton, qu'il croit monté contre Pascal Pia et contre lui-même pour la manière dont il avait rendu compte de ses *Poèmes*. Le lendemain 27 mai, Breton adresse une lettre à Pierre Macaigne, du *Figaro*, qui a relaté les faits avec probité, pour signaler le véritable problème : par quelles démarches en est-on arrivé à la publication? L'affaire s'achève le 2 juillet sur l'annonce, par le Mercure de France, que les bénéfices de l'édition du pastiche iront au musée Rimbaud.

Breton en tire les conclusions d'une portée générale concernant toute critique dans une brochure achevée le 6 juillet : *Flagrant Délit; Rimbaud devant la conjuration de l'imposture et du truquage*. Une métaphore s'impose à son esprit : le poème est semblable à un temple précolombien : certains en conservent le culte, ils détiennent l'esprit du message, même si la lettre leur échappe. Puis viennent les scientistes qui ne pourront empêcher le défilé des badauds et des marchands d'art vivant à leurs dépens. La question, comme pour les haricots sauteurs, est de suspendre « le secret d'attraction » qu'une œuvre exerce avant de la démembrer. Aimer d'abord, ressentir la beauté, telle est la qualité première exigée du critique. S'il étrille sévèrement les critiques compromis dans l'affaire Rimbaud, c'est moins pour leur ignorance, leur duplicité ou leur incompétence que pour leur absence de sensibilité. Il en va de même pour la critique universitaire, celle d'un Bouillane de Lacoste, toute bardée de certitudes mais incapable de reconnaître la qualité ou la nouveauté d'une œuvre.

En somme, la critique interne, de sympathie ou de recouvrement, prime la critique externe, l'analyse matérielle des textes, voire l'étude graphologique, qui ne peuvent que servir d'appoint et non de preuve. Ainsi une longue familiarité avec l'œuvre, précédée d'une « illumination » de jeunesse, est-elle supérieure à toutes les expertises. Ce qui ne veut pas dire qu'il n'y ait encore à élucider, par exemple, les rapports de Germain Nouveau avec Rimbaud, et l'aura que dégage son œuvre, dont il pense qu'elle se situe dans la tradition ésotérique. « Savoir aimer [...] voilà ce qui importe en poésie avant de vouloir connaître, à plus forte raison de prétendre faire connaître », écrira-t-il lors de l'édition des œuvres plus que complètes (elles contiennent un certain nombre de faux) de Nouveau en 1953. Et il mettra un point final à la polémique soulevée à ce propos par le responsable du recueil, avec cette formule : « Savoir aimer délivre. »

Dans le même ordre de préoccupations, il approuvera, une dizaine d'années plus tard, l'interprétation érotique fondée sur les métaphores graphiques du sonnet *Voyelles* avancée par Robert

Faurisson, tout en lui reprochant un excès d'ingéniosité et des affirmations gratuites.

Cette tâche de salubrité intellectuelle accomplie, Breton prend des vacances avec sa femme en Bretagne. A Pont-Aven, il découvre, signalée par Jarry, l'œuvre du peintre Filiger dont il acquiert une gouache. C'est l'enchantement. Il la compare au *Talisman* que Gauguin peignit sur un couvercle de boîte à tabac pour Sérusier. A Audierne, il prend le régulier pour l'île de Sein où il rejoint Benjamin Péret qui compose à son sujet un long poème biographique, *Toute une vie*, destiné au premier recueil d'essais et témoignages le concernant, publié en Suisse à la fin de l'année par Marc Eigeldinger.

Sur le chemin du retour, il séjourne quelque temps à l'auberge de Paimpont, au cœur de la forêt de Brocéliande où s'attachent tant de légendes. Le gîte lui plaît et davantage encore le caractère des patrons. Les vagabonds y sont accueillis avec les mêmes égards que les touristes. C'est là qu'il achève la présentation d'un ouvrage de Maurice Fourré, *la Nuit du Rose-Hôtel*, destiné à la collection « Révélation » qu'il dirige chez Gallimard. Ce sera l'unique volume. Dans l'affrontement des systèmes idéologiques, une embellie lui est apparue avec Malcolm de Chazal d'une part, le mouvement Citoyens du Monde d'autre part. Aussi pense-t-il possible de promouvoir quelques œuvres à part, permettant de « voir au large », que ce soit des rééditions ou des inédits. Maurice Fourré est à la fois un auteur récent et ancien. Il a soixante-douze ans, et a cessé d'écrire après quelques essais qui remontent à 1903. Michel Carrouges et Julien Gracq, qui l'ont rencontré à plusieurs reprises à Angers, l'ont fait connaître à Breton. Au printemps, il a déjeuné avec lui à Paris pour mettre au point ce projet de publication, et sa conversation a entretenu le sourire d'aise qu'engendre son récit, n'excluant pas « l'émotion en ce qu'elle peut avoir de profond ». Il est certain qu'un tel auteur, si peu soucieux du succès, totalement identifiable à ses personnages, témoigne du triomphe de la liberté spirituelle sur la nécessité matérielle.

Dans le même cadre familier aux chevaliers de la Table ronde, tout à l'opposé de l'infortune humaine du moment, il préface aussi un recueil de contes de Jean Ferry : *le Mécanicien.* L'ouvrage a cette particularité de nous procurer quelques remèdes à l'existence, tels l'humour, la subversion, le rêve, une conception sadienne de l'amour.

Pour Breton, Ferry et Fourré, comme Raymond Roussel à qui ils renvoient par certains côtés, semblent appartenir à la catégorie des initiés.

## *D'où venons-nous? Qui sommes-nous? Où allons-nous?*

Les vacances prennent fin. Le 19 septembre, à l'heure de l'apéritif au café de la place Blanche, Breton retrouve Pastoureau et ses amis pour regarder ensemble « en avant de la route ». Comme sur la célèbre toile de Gauguin présentée cette année-là au musée de l'Orangerie, ils s'interrogent sur la destinée humaine, celle du surréalisme aussi : *D'où venons-nous? Qui sommes-nous? Où allons-nous?*

Sur le principe de l'*Almanach du père Ubu*, élaboré par Jarry en 1900, Breton a l'idée de publier, en décembre un *Almanach surréaliste du demi-siècle* (il formera, en mars 1950, un numéro spécial de la revue *La Nef*). Depuis Paimpont, il a déjà pressenti quelques collaborateurs, dont Maurice Fourré et Pastoureau. Durant tout un trimestre, les réunions, au café, seront consacrées à l'élaboration de cette publication dont les surréalistes veulent faire le miroir et le phare de leur mouvement, pour répondre aux questions de Gauguin. La première section sera consacrée aux maîtres du demi-siècle; Kafka, Sade, Roussel, Duchamp, Jarry, évoqués par les membres du groupe. L'anachronisme au sujet du divin marquis se justifie parce qu'il n'a été véritablement connu qu'au xx^e^ siècle. Lorsqu'en décembre une revue demandera de classer les dix personnalités les plus marquantes depuis 1900, Breton désignera : « Alfred Jarry, Guillaume Apollinaire, Raymond Roussel, Franz Kalka, Henri Rousseau, Giorgio De Chirico, Marcel Duchamp, Charlie Chaplin, Sigmund Freud, Albert Einstein (pour m'en tenir aux dix noms qui me paraissent s'imposer sous l'angle du *génie.* » L'*Almanach* ne reflète qu'à moitié ses préférences.

Délibérément optimiste, la seconde section, « Le beau temps », s'ouvre sur un article de Breton : « Pont Neuf. » Il explique l'attraction de certains lieux par leur signification latente. Ainsi la Seine enferme à Paris le corps mythique d'une femme dont le sexe est exactement la place Dauphine, qui le retenait à l'époque de *Nadja.* Le « Potlatch des Grands Invitants à leurs Grands Invités », par lequel il anime le rituel d'échange des Indiens d'Amérique, rassemble des inédits d'auteurs anciens ou récents auxquels les surréalistes ouvrent la porte. Quant au « Calendrier tour du monde des inventions tolérables » dont le manuscrit est de la main de Péret, avec quelques corrections de Breton, il prolonge la tradition des jeux surréalistes et des écrits à plusieurs mains. C'est un répertoire des découvertes de l'imagination fabuleuse. Ce calendrier destiné à rythmer l'année 1950 marque une tonalité heureuse. Tout le contraire de ce qu'indique le baromètre des conversations et des journaux. La tension entre les deux blocs devient extrême. Un conflit généralisé menace. Les forces ténébreuses dominent. Une nouvelle publication de l'*Anthologie de l'humour noir* est, plus que jamais, opportune aux yeux de Breton. A la fin décembre, il ajoute quelques « têtes d'orage » à la galerie convoquée en 1939. Jean Ferry d'abord, dont le conte *le Tigre mondain* lui a paru si caractéristique d'un frisson nouveau, à son retour d'Amérique. Puis Fourier, avec qui il a si longtemps voyagé, dont il se demande quelle part d'humour teinte ses excès d'imagination prophétique, alliés à un savoir si sûr qu'il pourrait être lié à la tradition hermétique. Et deux femmes qui viennent ajouter leur moire à ces messieurs, trop nombreux, en habit : la sorcière jeune, Léonora Carrington; la femme-enfant, la toujours vivante Reine Mab : Gisèle Prassinos. Enfin, Jean-Pierre Duprey. Lisant le manuscrit de *Derrière son double* Breton lui a écrit : « Vous êtes certainement un grand poète doublé de quelqu'un d'autre qui m'intrigue. »

Où allons-nous? se demande Breton, avec ses amis, à un moment où toute morale véritable est bafouée. Il faut libérer l'homme des oppressions qui l'accablent, déblayer le terrain.

Dans la sphère artistique d'abord. Par la course aux prix, aux honneurs, aux gros tirages, l'écrivain ne s'appartient plus. C'est la « littérature à l'estomac », que Julien Gracq exécute dans un vigoureux libelle. Apprenant qu'on se propose de lui attribuer le prix de la Ville de Paris, Breton annonce qu'il le refusera. « Le bien le plus précieux, celui dont *rien* ne peut compenser la perte, c'est l'indépendance », répond-il à un journaliste de *Carrefour*, le 15 janvier 1950. Au *Libertaire*, qui mène une enquête pour savoir si Céline, alors réfugié au Danemark, doit être disculpé, il répond : « Mon admiration ne va qu'à des hommes dont les dons (d'artiste entre autres) sont en rapport avec le caractère [...] *Horreur* de cette littérature *à effet* qui très vite doit en passer par la calomnie et la souillure, faire appel à ce qu'il y a de plus bas au monde ». Les peintres auxquels il accorde l'amitié d'une préface de catalogue sont justement ceux dont l'œuvre reflète la personnalité morale, ceux qui apportent une sensation de jamais vu, qui se détachent de la foule moutonnière des écoles. Il y a Max Ernst, qui renouvelle le livre illustré, lieu des « paramythes ». Il y a Gérôme Kamrowski, découvert à New York, dont les toiles forment une sorte de tissu conjonctif parallèle à la structure des corps, des Grands Transparents en quelque sorte. Dans le domaine spirituel ensuite. Lorsque, le dimanche de Pâques, un dominicain défroqué, Michel Mourre (celui-là même qui composera avec une patience de bénédictin un dictionnaire d'histoire universelle) interrompt la messe à Notre-Dame en accusant l'Église « d'infecter le monde avec sa morale mortuaire » au grand scandale des fidèles prêts à le lyncher, Breton prend sa défense. Rappelant la longue lutte anticléricale, en France, il affirme qu'aucun tabou ne saurait demeurer. Dans le domaine politique enfin. Toujours dans *Combat*, il appelle l'opinion publique à revenir aux principes essentiels du Décalogue : « Ne pas envier, ne pas tuer, ne pas mentir ou trahir », comme base commune d'une morale critique. Il invite ses lecteurs à « Mettre au ban les partis politiques », dès lors qu'ils sont incapables de sortir de la routine. Rien ne sera possible tant qu'on n'aura pas éliminé le stalinisme. Alors qu'en 1925 il s'était tourné vers le parti communiste qui lui semblait la seule armature susceptible de mettre fin à l'exploitation de l'homme par l'homme, il déclare à Francis Dumont : « Du fait de son identification présente au stalinisme, je n'en attends plus rien que d'exécrable. » Et d'énumérer les compagnons de lutte assassinés, les procédés d'inquisition, les camps de concentration, la liberté abrogée, le mensonge et la calomnie comme moyens de propagande, le culte de la personnalité. Autant d'éléments négatifs qui le conduisent à mettre en question certains aspects de la pensée de Marx et de Lénine, « tributaires de ce qui est le plus gravement contestable chez Hegel... » N'ont-ils pas coupé les ponts avec les socialistes utopiques, avec ce que ceux-ci tenaient de l'ésotérisme? Se référant, implicitement, à l'ouvrage que Michel Carrouges a publié en février : *André Breton et les Données fondamentales du surréalisme*, il rappelle l'intérêt que les poètes ont marqué envers la pensée ésotérique, la seule capable de démêler les mythes qui nous animent. Mais il nie toute transmission secrète et se garde bien de tout « fidéisme ».

Comme pour lui donner raison d'une manière éclatante, Staline opère à force ouverte en Tchécoslovaquie, après la Pologne et la Hongrie. Le « procès des Treize », mettant le comble à une sévère épuration judiciaire, s'achève par la condamnation à mort de quatre des inculpés. Selon le modèle établi par les procès de Moscou, ils se sont eux-mêmes accusés de manœuvres contre leur pays, pour favoriser sa chute dans l'orbite impérialiste. Parmi eux, Zavis Kalandra, que Breton a connu à Prague en 1935, lors de son voyage avec Eluard. Exclu du parti communiste l'année suivante, il était devenu l'un des dirigeants trotskystes et avait été interné par les nazis qu'il combattait. A qui fera-t-on croire qu'il ait comploté contre son pays? Le 13 juin, Breton adresse une lettre ouverte à Paul Eluard, devenu en quelque sorte le poète officiel du parti communiste (comme Picasso en est le peintre, Aragon le ministre de la Culture) pour lui demander, au nom de leur commun passé – et de leur méfiance ancienne à l'égard de Staline – d'intervenir en sa faveur. Il en appelle à son respect de l'humain. « Comment, en ton for intérieur, peux-tu supporter pareille dégradation de l'homme en la personne de celui qui se montra ton ami? » Le destinataire de l'appel a cette réplique inexcusable en sa bouche : « J'ai trop à faire avec les innocents qui clament leur innocence pour m'occuper des coupables qui clament leur culpabilité » que Pierre Courtade s'empresse d'imprimer dans *Action*. L'aveuglement provoqué par l'idéologie finit donc par annihiler tout sentiment fraternel! Kalandra est exécuté.

Le 25 juin éclate la guerre de Corée. Appuyées par la Chine et l'Union soviétique, les troupes de la Corée du Nord franchissent la ligne de démarcation, au 38e parallèle. Les Américains et l'ONU interviennent. Le conflit durera trois ans. Il s'achèvera par un armistice confirmant la frontière entre les deux États. Interrogé sur « le surréalisme aujourd'hui » par deux jeunes surréalistes, Pierre Demarne et Jean-Louis Bédouin, dans le cadre d'une émission radiophonique prenant pour titre le tableau de Gauguin, Breton semble détourner la question pour parler de la peinture et de la signification des œuvres de Gauguin. « Qu'est-ce que cela a à voir avec les problèmes actuels qui nous préoccupent, les affaires de Corée, par exemple? Eh bien, je persiste à croire que cela a *tout* à voir. L'homme en est là, en train de jouer son destin (et même, que voulez-vous de plus, le destin de son espèce); il le joue sans le connaître, cela va sans dire, mais sans plus même se soucier de l'appréhender de quelque manière, ce qui est grave. Et, qui pis est, avec des cartes truquées (il commence à penser que les cartes pourraient être truquées). » Où en est donc le surréalisme? Considérant l'unité de la condition humaine, il juge vaine l'opposition du matérialisme et de l'idéalisme, s'attachant à retrouver au moyen de la poésie le fil perdu dans ce labyrinthe. Ce fil ne fait qu'un avec la tradition occulte, non pas transmise telle qu'elle fut donnée mais chaque fois « générée-génératrice ».

La même question est évoquée au cours d'un entretien avec le journaliste espagnol José M. Valverde. Après avoir écarté d'un revers de main le prétendu néo-surréalisme et l'imposture du Surréalisme révolutionnaire (d'ailleurs dissous), Breton présente le surréalisme comme la codification d'un état d'esprit, n'ayant donc ni début ni fin. A la notion d'École ou de groupe, trop fixiste, il substitue celle d'une association libre d'individus qui s'en excluent lorsqu'ils rompent le pacte implicite établi entre eux. L'idéal surréaliste demeure conforme à ses débuts, dit-il : résoudre les antinomies, agir sur le monde extérieur et intérieur en même temps. Si l'organisation fait défaut, le surréalisme n'a-t-il pas l'avenir pour lui? N'est-il pas dans l'air, comme les idées? N'a-t-il pas contribué à transformer le sensibilité du temps par sa conception de l'amour, de la liberté, d'un sacré sans religiosité?

Le franquisme rend impossible la communication avec les intellectuels espagnols, mais le surréalisme peut se prévaloir de la peinture de Miró à qui il « doit la plus belle plume de son chapeau ». S'il était provocateur, Breton pourrait mentionner Miguel Vivancos, l'adjoint de l'anarchiste Durruti. Il avait pris Teruel en décembre 1937 et s'était replié en France avec soixante-dix mille républicains espagnols. Breton avait présenté ses tableaux naïfs, pleins de candeur et de force, le 14 avril, jour anniversaire de la proclamation de la République espagnole.

Enfin il réaffirme son adhésion aux objectifs de Citoyens du Monde. En juillet, il participe, à Cahors, aux fêtes de la « mondialisation » du département du Lot. Il y découvre, haut perché, illuminé par un feu de Bengale, le village médiéval de Saint-Cirq-Lapopie. « J'ai cessé de me désirer ailleurs », déclare-t-il. Il y acquiert une maison du XIIIe siècle, l'ancienne auberge des mariniers du Lot, à moitié en ruines, avec un minuscule jardin. Ses amis l'aideront à l'aménager au cours des étés suivants et il y passera désormais les vacances, invitant successivement Suzanne, Lise, Simone avec leurs époux, comme par un besoin de renouer le fil de son passé.

En compagnie de sa femme et de sa fille, il retourne ensuite à la bonne auberge de Paimpont, chasser le papillon dans la forêt de Brocéliande. Avec Péret qui les rejoint, Breton s'amuse à imaginer une histoire universelle qui démêlerait les événements des mythes dont l'imaginaire collectif les a investis. Il projette de revoir certains passages insatisfaisants des *Vases communicants*, en fonction de l'ouvrage de John W. Dunne : *le Temps et le Rêve*, et médite sur les rapports du surréalisme avec la pensée traditionnelle. Y a-t-il recouvrement ou intersection seulement? Comme s'il pressentait l'éclat à venir, il écrit à Pastoureau : « Il y a longtemps que je suis privé du bruit de ta voix qui sonne, entre toutes, loyale et claire dans mon cœur. »

## *L'affaire Carrouges-Pastoureau*

A l'écart des tendances dominantes, également néfastes à ses yeux, de « l'abstraction géométrique » et du « réalisme socialiste »,

Breton cherche, dans les arts plastiques, quelques signes d'originalité où passe le sentiment de la nature et de la beauté. En dehors du surréaliste Wolfgang Paalen, le seul qui opère une conjonction avec la physique contemporaine « pour appréhender et nous rendre sensible la structure de l'univers », il ne voit en cette saison que Rufino Tamayo et Seigle. Le premier, qui expose en novembre à la galerie Beaux-Arts, a su d'emblée résister au concept nationaliste d'art mexicain en s'ouvrant, par la technique, au langage universel de la peinture et en dégageant, à travers la vie quotidienne, les aspects du Mexique éternel. Le second – ils sont deux, mari et femme, formant une expression unique – expose en janvier 1951 à la galerie Greuze. Il exprime les harmonies de la nature : « C'est la première vibration qui se transmet en grand mystère tout au long du fil d'Ariane par les antennes des racines, les cils de l'eau, les timbres de plus en plus clairs des métaux répondant aux planètes. » Comment ne pas songer, ici, à Fourier et au père Enfantin ?

Breton, dont l'aversion pour le genre dramatique traditionnel est avérée, se rend au théâtre de la Huchette, au début février, pour applaudir *Monsieur Bob'le* de Georges Schehadé. L'art du conteur oriental, sa fraîcheur, son ingénuité, font passer un souffle nouveau, celui de la poésie même. Mais il faut batailler pour que la pièce se maintienne à l'affiche. Péret et Breton prennent sa défense dans *Le Figaro littéraire*. « Ces messieurs de la critique théâtrale, écrit Breton, cracheraient, s'ils pouvaient, sur *le Songe d'une nuit d'été* et *Katchen de Heilbronn*. On les a vus écumer devant *le Baladin du monde occidental* et *Locus solus*, hoqueter devant *le Roi pêcheur*. Chaque fois qu'ils se répandent en turpitudes à la façon des « gloutons » dans les cérémonies indiennes, on peut être sûr que toute la poésie est en jeu... »

Dans le même temps qu'il essaie d'imposer au public cette vision d'une cité édénique indemne du péché originel, dont tous les habitants s'accordent et se comprennent sans discours, des discussions surgissent au sein du groupe surréaliste, qui vont empoisonner les relations internes pendant quatre mois et le conduire presque à sa dissolution. Le 28 février, Henri Pastoureau diffuse un long « Aide-mémoire relatif à l'Affaire Carrouges ».

Mécontent, avec quelques anciens (Acker, Maurice Henry, Marcel Jean) de la présence prépondérante du catholique Michel Carrouges aux réunions du café de la place Blanche, très réservé sur son ouvrage *André Breton et les Données fondamentales du surréalisme* auquel il reproche de passer sous silence l'athéisme et la révolution sociale, il s'est avisé de lui porter la contradiction à la conférence que celui-ci donnait dans une salle attenante à l'église Saint-Séverin, intitulée : « Où en est le surréalisme? » Dans une déclaration préliminaire il assure : « Il n'est pas pensable que le surréalisme engage un dialogue avec des catholiques », et donne lecture du tract « A la niche les glapisseurs de Dieu ». En quittant la salle, Patrick Waldberg et Marcel Jean injurient les auditeurs, reprenant le mot de Rimbaud : « Merde à Dieu. »

A la rencontre du surlendemain, Breton critique Pastoureau. Dans un factum, celui-ci reprend l'historique des événements et, sur le fond, met en cause le chef du surréalisme dont l'antistalinisme forcené avivé par la guerre de Corée serait cause d'aveuglement et de laxisme quant aux principes fondateurs du mouvement. A nouveau, Breton songe à mettre fin aux activités collectives. Après diverses réunions et tentatives de conciliation, sans résultat, Breton et Péret diffusent à leur tour, le 16 mars, une brochure ronéotypée : *l'Affaire Pastoureau et C^ie^ (Tenants et aboutissants).* Déplaçant le débat vers l'auteur du précédent mémoire, ils réfutent ses allégations et rejettent ce qu'ils considèrent comme un ultimatum visant à la disparition du surréalisme. Une assemblée générale exclut Pastoureau et Waldberg (avec lesquels Maurice Henry se solidarise). Breton abandonne Carrouges, qui s'est déconsidéré à ses yeux par une restriction mentale sur ses activités religieuses.

La presse rapporte l'épisode. Le 9 mai, interrogé par André Parinaud, dans *Opéra*, Breton déclare qu'aucune publicité ne saurait être admise en l'affaire. Le journal lui prête ces mots, en titre : « Nous ne nous suiciderons pas au gaz », par allusion à la fin de René Crevel. Breton a d'ailleurs le plaisir de voir sept de ses jeunes amis lui apporter un témoignage de solidarité : « Cette trajectoire que vous avez constamment définie entre les aspects conscient et inconscient de la vie mentale, entre l'action révolutionnaire et l'exaltation du désir, entre le matérialisme et l'idéalisme, cette trajectoire [...], nous ne pouvons, [...] que la parcourir d'emblée et la faire nôtre dans sa totalité. » Comme Maurice Saillet, qui n'avait pas encaissé la sévère leçon de morale critique infligée par *Flagrant Délit*, s'était répandu dans un long article de *Combat* sur ces incidents, comparant Breton à l'actrice déchue Gloria Swanson, interprète de son propre rôle vingt-cinq ans après dans *Boulevard du crépuscule*, Michel Zimbacca, en présence de J.-L. Bédouin et de Jean Schuster, lui administre une bonne correction rue de l'Odéon, devant la librairie d'Adrienne Monnier où il travaille.

*Le Figaro littéraire* lui faisant déclarer : « Il n'y a plus de groupe surréaliste », Breton conteste le propos, en précisant sa conception du mouvement comme « expérience, attitude commune devant la vie ». « Haute fréquence », un tract rédigé principalement par Jean-Louis Bédouin, en rappelle les principes : passion de la liberté, révolte contre toute forme d'oppression, recours à l'ésotérisme excluant les « recettes d'agenouillement » et tout fidéisme. Les trente-quatre signatures qui suivent permettent de déterminer les départs : Acker, Henry, Hérold, Marcel Jean, Lebel, Pastoureau, Waldberg, et la montée en puissance de la nouvelle génération surréaliste, certains s'étant agrégés depuis deux ans : Bédouin, Duprey, Legrand, Mandiargues, Nora Mitrani, Schuster, auxquels se joignent les architectes : Doumayrou, Rochin, Bernard Roger et la jeune équipe de *L'Age du cinéma* : Benayoun, Goldfayn, Ado Kyrou. Un numéro spécial surréaliste de cette revue (août-novembre 1951) donne la parole à Breton. Il y commente le pouvoir magnétique du septième art, qui a pratiquement le même âge que lui. Dès sa naissance, il avait tout pour être un moyen surréaliste. Il s'est, hélas, borné à mimer l'action dramatique, de sorte que le spectateur s'estime volé « comme dans un bois ». Il pourrait en dire autant au sujet de la Compagnie de l'art brut que tout soudain Jean Dubuffet a décidé de dissoudre, sans consulter personne.

## *Arts libertaires*

« Les arts ont aussi leurs trusts. » Sous ce titre, Breton expose, dans sa réponse aux questions d'André Parinaud, dans *Opéra*, les difficultés que le surréalisme rencontre à s'exprimer collectivement en toute liberté dans une revue qui lui soit propre. Alors qu'auparavant il était possible de financer une publication par les soins des seuls collaborateurs, il faut maintenant un éditeur ou un commanditaire, ce qui entraverait l'indépendance. Or les seuls qui se soient proposés envisagent une revue d'art. Ces commanditaires seraient prêts à envisager la réédition intégrale de *La Révolution surréaliste*, morte depuis vingt ans, mais refusent une formule semblable tournée vers l'avenir. Certes, la liberté d'expression est désormais plus grande qu'auparavant – les érotiques s'impriment au grand jour – mais l'expression libre se trouve mesurée. Elle est prise entre les deux blocs : le stalinien qui contrôle une multitude d'organes, et l'américain qui ne propose que des « *digests* ». « L'essentiel, pour le surréalisme, serait de pouvoir s'exprimer régulièrement, d'une manière globale. » Cela justifie le choix qu'ont fait les surréalistes de collaborer, de manière organique, au *Libertaire*, organe de la Fédération anarchiste, à partir du mois d'octobre (des « Billets » surréalistes y paraîtront jusqu'en janvier 1953) et, individuellement, à l'hebdomadaire *Arts*, dont le directeur, Georges Wildenstein, avait généreusement accueilli l'Exposition internationale du surréalisme en 1938. Sans confondre chacun des deux supports, dont les lecteurs sont forts différents, Breton usera simultanément de la tribune qu'ils lui offrent.

Son premier article dans *Arts*, « Sucre jaune », marque le début d'une polémique avec Albert Camus. L'article de celui-ci sur « Lautréamont et la banalité », extrait de *l'Homme révolté* publié dans *Les Cahiers du Sud*, provoque la stupeur et l'indignation de Breton. Le titre constitue une provocation à lui seul. Cela « témoigne de sa part, pour la première fois, d'une position morale et intellectuelle indéfendable ». Moralement, Camus suspecte à priori tous les insurgés. Intellectuellement, il témoigne d'une méconnaissance totale de l'œuvre analysée, particulièrement de

*Poésies.* Plus grave, sa thèse fondamentale, selon laquelle la révolte absolue ne peut engendrer que le goût de l'asservissement intellectuel, outre qu'elle n'est pas fondée, fait preuve d'un pessimisme intolérable. Camus, dans une lettre à l'hebdomadaire, demande d'attendre la publication de son essai pour en juger globalement. Aimé Patri et Breton discutent de l'ouvrage le mois suivant, texte en main. Breton dénonce le sophisme par lequel Camus oppose « une révolte sans mesure » à une prétendue révolte mesurée. « La révolte une fois vidée de son contenu passionnel, que voulez-vous qu'il en reste ? La révolte peut-elle être à la fois elle-même et la maîtrise, la domination parfaite d'elle-même ? Allons donc ! Une révolte ainsi châtrée ne saurait être que la " sagesse du pauvre " dont se défend Camus. » Ce dernier relève les critiques de Breton point par point et lui reproche, en somme, de sanctifier la poésie et la révolte au lieu de s'attacher à étudier le drame de l'époque. Dans une ultime réponse, Breton, qui se garde de mettre en cause la personne de Camus, considère qu'il tend la perche à la réaction et prône « le sabordage de tous les bâtiments battant pavillon de révolte ». Il en appelle à l'arbitrage du responsable de la rubrique, Louis Pauwels, que celui-ci se défend de prononcer. Le débat demeure ouvert.

Cependant l'objectif de Breton n'était pas de polémiquer systématiquement dans *Arts.* Son second article, sur Germain Nouveau, écrit à l'occasion d'une exposition à la Bibliothèque Jacques Doucet, signale au grand public une œuvre supérieure, hors de toute littérature, manifestant superbement le sens de la vie et qui, à l'époque, exigeait une édition critique soigneuse.

Le texte suivant vise une réhabilitation totale d'« Alfred Jarry, initiateur et éclaireur ». Breton souhaite qu'on ne réduise pas Jarry au guignol initial. Il met l'accent sur l'étendue encyclopédique de ses connaissances. Il s'élève contre une réduction possible : « N'en déplaise aux tenants de l'anticléricalisme primaire qui, au vu du " Calendrier du père Ubu pour 1901 " ont tôt fait d'annexer Jarry à leur entreprise, observons que la presque totalité des documents choisis et commentés par lui [dans *l'Ymagier*] sont de caractère religieux et que, de toute évidence, leur est épargné tout sarcasme. » Qui vise-t-il ? Pastoureau affirmant une telle primauté dans le surréalisme? Benjamin Péret qui déclenchera toute une enquête dans *Arts* le mois suivant sur le thème « Jarry est-il un poète chrétien? » en riposte à une émission radiophonique le présentant comme tel?

Breton est loin de partager toutes les conceptions des anarchistes lorsque son mouvement confie un billet surréaliste hebdomadaire au *Libertaire*. Pourtant ses sentiments à l'égard du drapeau noir n'ont pas varié depuis l'adolescence. En juin 1951, lors des élections législatives, il a suggéré l'impression d'un bulletin de vote fort significatif, portant en blanc sur noir cette mention : « Les surréalistes ». La « Déclaration préalable » des surréalistes, publiée dans le *Libertaire*, indique les raisons de leur rapprochement, explicite leur programme. Ils veulent une révision des doctrines, en vue d'impulser une révolution sociale portant sur les plans économique, éthique et politique. Fondamentalement hostiles aux deux blocs, ils attendent de la mobilisation des travailleurs une refonte absolue du monde actuel, tandis que le surréalisme doit agir complémentairement sur le plan de l'expression pour bouleverser les structures mentales. Le billet suivant renseigne les lecteurs anarchistes sur ce que pensent et veulent les surréalistes à l'aide d'un montage de citations essentiellement prélevées dans les textes de Breton. Le premier article que Breton signe seul, « La claire tour », situe les actions surréalistes dans le cadre de l'anarchisme, feu permanent avivé par les poètes, singulièrement les symbolistes. Il cite la célèbre *Ballade Solness* de Laurent Tailhade, chant de ralliement des spectateurs de l'Œuvre à la fin du siècle précédent :

*Frappe nos cœurs en allés en lambeaux*
*Anarchie! O porteuse de flambeaux!*
*Chasse la nuit! écrase la vermine!*
*Et dresse au ciel, fût-ce avec nos tombeaux*
*La claire tour qui sur les flots domine!*

Vingt-cinq ans après, Breton se demande encore ce qui a empêché la fusion organique avec les anarchistes (mais il ne cherche pas à savoir ce qu'est devenu Tailhade, antisémite et va-t-en guerre). Remontant aux principes, il rencontre à nouveau l'anarchisme en tant qu'expression d'une révolte et d'une générosité indissociables, le contraire même de ce qu'en fait Albert Camus.

Le même jour, *Arts* titre sur un article de Breton : « Pourquoi nous cache-t-on la peinture russe contemporaine? », qui engage la polémique avec *Les Lettres françaises* où Aragon serine la doctrine du réalisme socialiste et chante les louanges de l'art soviétique en illustrant son texte d'un autoportrait de Matisse. Rien à voir avec les thèmes imposés par les consignes du Parti, qui en vient même, dans certains pays, à établir une liste de sujets à traiter. On veut extirper l'art lui-même, au profit de la propagande. En France, Picasso et Matisse, même si heureusement ils ne se plient pas à de tels mots d'ordre, sont coupables de cautionner une entreprise opposée à ce qu'a été toute leur vie. En réponse, Aragon publie une série d'articles sur le même sujet, qui cesse lorsque Breton écrit dans *Arts*, en mai « Du " réalisme socialiste " comme moyen d'extermination morale. » A son habitude, dit-il, Aragon noie le poisson. La vérité est que les tableaux qui ont obtenu le prix Staline constituent un « art de cimetière », que le réalisme socialiste est une imposture conduisant à la disparition définitive de l'art, à l'abdication des artistes communistes. Dans ce débat par voie de presse, on sait aujourd'hui qui avait vu juste. Picasso, pour sa part, bénéficie d'un traitement spécifique. Avec Benjamin Péret, Breton lui consacre une bande dessinée, illustrée par Braig. En sept épisodes anecdotiques et dramatisés selon les lois du genre, les auteurs expliquent avec humour ses différentes « périodes », en particulier la surréaliste – de 1924 à 1930 – ses poèmes automatiques de 1935. Ils ironisent sur ses contradictions ou ses contorsions depuis son adhésion au parti communiste.

Cette bande dessinée vaut à Breton une audience internationale. Une jeune Française vivant aux États-Unis, lui écrit pour lui demander son sentiment sur l'éducation artistique des enfants. Sa réponse, « Lettre à une petite fille d'Amérique », renvoie à l'*Émile* de Jean-Jacques Rousseau : le seul maître est la nature. Une gradation s'impose, et Rimbaud ne sera accessible qu'au sortir de l'enfance. Breton propose la fabrication d'albums de tableaux choisis, de difficulté graduée, comme pour les textes, et s'en rapporte à la solution préconisée par sa propre fille (dix-sept ans), qui suggère d'alterner les exercices de reproduction et les travaux d'imagination.

Breton ne saurait rester indifférent aux événements internationaux. En Espagne, le régime de Franco se maintient par la répression policière, mais il ne peut empêcher une succession de grèves importantes, animées par les organisations anarchistes toujours vivaces. En mars, onze meneurs sont condamnés à mort. Une campagne alertant l'opinion publique européenne se déclenche en leur faveur. Breton prend la parole au meeting organisé salle Wagram. Citant les grèves de Barcelone, lancées sur un prétendu mot d'ordre de la Phalange, il prophétise à terme une victoire totale. L'humour des meneurs clandestins annonce la révolte contre la misère économique, contre le fascisme, monstre tricéphale qui a d'abord essayé ses griffes en Espagne.

De plus en plus souvent, Breton est convié à porter son regard en arrière. A partir du mois de mars, et jusqu'à la fin juin, la Radiodiffusion française (chaîne nationale) programme chaque semaine les « Entretiens » d'André Breton avec André Parinaud, élaborés et rédigés l'année précédente. Par convention expresse du réalisateur, les propos doivent porter sur le surréalisme entre les deux guerres. Dans ce cadre limité qu'il n'hésite pas à déborder, Breton parvient à donner au surréalisme la consécration de l'histoire. Il y révèle ses sources intellectuelles, fait part de ses propres goûts, de sa formation, de ses inclinations. Il s'efforce – et l'on sait combien l'épreuve est difficile pour un acteur de l'histoire – de retrouver l'état d'esprit qui l'animait à l'époque évoquée. A cinquante-huit ans, il parle avec sérénité de ce passé encore ardent, illustre son propos de savoureux portraits extrêmement vivants, égayés de quelques anecdotes aptes à faire sentir ce qu'il y avait d'imprévu dans l'aventure collective. Sa voix est claire et franche, avec, à peine perceptible à l'audition, un très léger zézaiement. Il n'empêche qu'à certains moments interfèrent des jugements actuels prenant en compte des informations récentes, à l'égard de Pierre Naville par exemple, ou de Maurice Nadeau.

Simultanément, le même journaliste mène une enquête, dans *Arts*, sur les rapports de l'art avec la science. La réponse de Breton est tranchante : « *Je ne vois pas pourquoi*, de sitôt, la science et l'art cesseraient de se regarder en chiens de faïence. Du train où la civilisation est allée, dans une direction qu'après Rousseau et Fourier je tiens pour non nécessaire et même totalement aberrante, *je ne vois pas comment* pourraient converger les deux routes labyrinthiques de la science et de l'art. » Pour lui, Freud s'est dérobé au dialogue avec l'artiste, les sociologues qui s'intéressent à l'art primitif ont une conception du progrès étrangère à l'art. Seul, peut-être, Paalen a su peindre un univers informé par la physique quantique mais, d'une façon générale, l'art ne peut rien attendre des techniques scientifiques. Seul un développement des sciences humaines serait capable d'apporter quelque révélation aux artistes, dans le domaine parapsychologique par exemple.

Au reste, l'art se suffit à lui-même. Quand, en mars, Edgar Jené présente à Sarrebruck une exposition « Peinture surréaliste en Europe », Breton préface le catalogue en marquant à nouveau les grandes options de son mouvement : refus des frontières nationales, résolution de la perception physique et de la représentation mentale, exploration des terres du désir. En mai, une rétrospective organisée au musée d'Art moderne lui permet de saluer « cent vingt-cinq œuvres de haut-vol », enfin visibles à Paris, alors que l'incurie de l'État les a, pour la plupart, laissées partir à l'étranger. Il se réjouit de voir réunis les tableaux de Seurat, Rousseau, Duchamp, Derain, Kandinsky, Mondrian, qui, de 1908 à 1916, ont marqué « les plus grands remous de l'histoire de l'art », qui ont formé son goût artistique, qui, surtout, expriment le contenu latent de l'époque, celui que la jeunesse retiendra dans son devenir. Une exposition d'art mexicain des temps précolombiens à nos jours provoque la colère des surréalistes par la présence, en bonne place, de David Alfaro Siqueiros qu'ils dénoncent comme agent de la police stalinienne ayant conduit, à deux reprises, des attentats contre Trotsky. La déclaration « A l'assassin » rédigée par B. Péret est signée par la Fédération anarchiste et le PCI (trotskyste) avec le mouvement surréaliste. C'est le dernier texte auquel Breton s'associe personnellement dans *Le Libertaire*, laissant à Jean Schuster le soin de dégager « le sens d'une rencontre » qui, par la volonté de l'appareil anarchiste, se limita à une collaboration épistolaire d'une année.

Le dernier entretien radiophonique, en juin, est l'occasion de jeter un regard général sur la formule elle-même comme sur l'état présent du mouvement. Breton a tenu à s'effacer derrière l'aventure collective dont il parlait. S'agissant d'un ensemble, il n'avait pas la même latitude qu'un Léautaud, rendu célèbre du jour au lendemain par ses entretiens avec Robert Mallet. Interrogé sur son intransigeance, Breton se flatte de ne pas avoir déchu aux aspirations de sa jeunesse. Évoquant les tâches qui s'ouvrent aux surréalistes, il conclut par un acte de foi dans le génie de la jeunesse. Il faut maintenant transmettre la parole aux jeunes, savoir quels sont leurs désirs, leurs choix, leurs émois.

« C'est à vous de parler, jeune voyant des choses » lui disait Valéry autrefois. Le propos vaut aujourd'hui aussi plus que jamais, écrit-il dans la revue d'art *xx^e^ Siècle.*

Dès la fin de ses enregistrements radiophoniques, Breton, dont la santé, depuis son retour des États-Unis s'accommode de moins en moins des hivers parisiens, part en vacances avec des amis. Après un beau voyage par le Morvan, il retourne voir le Palais Idéal du facteur Cheval puis descend jusqu'en Camargue pour y surprendre le vol des aigrettes. En remontant vers le Lot, la voiture accroche un camion, à cinquante kilomètres du but. L'accident est, heureusement, sans gravité pour les personnes, et c'est en train que les voyageurs gagnent Saint-Cirq-La-Popie.

Nouvelle catastrophe : au début août, toute la presse rend compte du « scandale » de la grotte de Cabrerets. En la visitant, Breton conçoit des doutes sur l'exactitude de certains dessins préhistoriques, qui ne résistent pas au moindre frottement du doigt. Le guide, par ailleurs député, s'en prend à lui, le moleste et dépose plainte pour « dégradation de monuments historiques ». Il est vrai que Breton n'est pas resté sans riposter du poing. Par l'intermédiaire de Benjamin Péret, il fait publier dans *Arts* le texte de sa déposition. Le procès aura lieu l'année suivante à Cahors. Malgré l'intervention de la Société des gens de lettres et d'autorités comme Malraux, Mauriac, Jules Romain, etc., il s'entendra condamner à une forte amende et aux dommages et intérêts. *Franc-tireur* titre « Un jugement " grottesque ". André Breton et le mammouth à sa mémère. » L'élection du président René Coty viendra opportunément l'amnistier.

Cet été-là, une avance du Sagittaire sur ses droits d'auteur lui permet de prolonger son séjour à Saint-Cirq jusqu'en septembre. Après un très bref passage à Lorient chez son père, il est à Paris à la mi-septembre pour signer le service de presse de ses *Entretiens*. En revanche, le recueil d'articles de 1936 à 1952, à paraître au Sagittaire sous le titre *la Clé des champs*, prend du retard, par la faute de l'imprimeur qui a refusé de le composer « pour ne pas s'associer à la publication d'un ouvrage " antimilitariste et antireligieux " ». Il ne sortira des presses qu'en août 1953.

Le 18 octobre sont diffusés les entretiens de Breton, Ponge et Reverdy, conduits par André Parinaud. Ils sont publiés dans *Arts* sous le titre « Nous avons choisi la misère pour vivre dans la seule société qui nous convienne. » Le propos est de Francis Ponge. Les trois poètes adoptent des positions convergentes. Breton revendique l'autonomie de la poésie par rapport à l'activité littéraire. Il dénie à la littérature tout rôle social et la voit à l'origine des mythes et légendes mais point des religions. Pour lui, comme pour Freud, le besoin de poésie résulte d'une inadaptation à la société, c'est une forme de compensation psychique. Il s'élève contre l'absurde distinction du fond et de la forme et souscrit à la réponse de Reverdy pour qui le poème est un rendez-vous donné aux hommes. On songe à Tzara écrivant en 1920 pour chercher des hommes ! Le rôle du poète est, selon Breton, d'exalter, de transmuter les choses. Sa révolte persiste par-delà sa propre existence.

D'octobre 1952 à janvier 1953, Breton assiste, salle de la Société de géographie, boulevard Saint-Germain, chaque dimanche en fin d'après-midi, à la conférence de René Alleau étudiant l'ouvrage alchimique d'Irénée Philalèthe : *l'Entrée ouverte au palais fermé du roi* (1669). Il apprécie l'intelligence et la clarté de l'exposé, la tenue des débats qui suivent. Mais, selon A. Thirion, il reste constamment sur sa faim. Ce disciple de Fulcanelli (qui déchiffra le mystère des cathédrales) en vient à collaborer avec les surréalistes auxquels il démontre l'analogie des expériences alchimique et poétique.

Durant les six années écoulées depuis son retour, Breton semble avoir navigué à l'estime, répondant aux sollicitations des uns et des autres, se refusant à publier le troisième manifeste que tous attendent. Mais il n'a jamais quitté des yeux le but qu'il s'était assigné. S'il consent à évoquer le passé, c'est, chaque fois, pour empêcher que le surréalisme ne soit classé dans l'histoire et déclassé dans l'actualité. Aussi œuvre-t-il pour en faire connaître les manifestations les plus récentes, sur tous les plans. Inlassablement, il énumère, explique, approfondit les données fondamentales du mouvement, aussi bien pour ses partisans qu'à l'extérieur. Comme dans sa jeunesse, il cherche la passe entre les écueils, les systèmes de pensée figés, les partis monolithes. Pour lui, le surréalisme ne se conçoit que par un constant renouvellement, même s'il use du vocabulaire commun, pour se faire entendre de tous. L'internationalisation de l'esprit, l'unité du physique et du mental, la transformation de l'homme et du monde sont objet de conquête permanente, même lorsque, par probité intellectuelle, par défi aussi, Breton s'appuie sur des auteurs anciens, la pensée traditionnelle, que d'aucuns assimilent, hâtivement, à la réaction.

Dans ses entretiens avec Parinaud, Breton évoquait ses amis : « Il est vrai que j'ai dû me séparer de certains d'entre eux qui m'étaient chers, que d'autres m'ont quitté et qu'il en est dont le souvenir m'a longtemps poursuivi, dont le souvenir m'assaille encore à certaines heures et je ne cache pas que, chaque fois, c'est une blessure qui se rouvre. » On sait, parce qu'il l'a dit dans *Arts*, quelle peine il éprouva à la mort de Pierre Mabille en octobre 1952. La blessure s'est-elle rouverte à l'annonce de la mort d'Eluard, par un matin sombre, le 18 novembre ? Nul écho public, mais nous savons assez que Breton ne commandait pas à ses sentiments : une légère buée a voilé ses yeux.

CHAPITRE II

# *L'un dans l'autre*
(1952-1960)

## *L'étoile scellée*

A partir de l'hiver 1952, l'activité d'André Breton, indissociable de celle du groupe qu'il anime, est soutenue par une revue, *Médium*, et une galerie, A l'Étoile scellée. Ce dispositif resserre les liens, permet de répartir les tâches. Cependant, Breton se crée des obligations, écrit une préface pour un catalogue d'exposition, pour le livre d'un ami, au détriment, peut-être, de son œuvre personnelle.

La première série de *Médium*, que dirige Jean Schuster, est une feuille mensuelle « d'Informations surréalistes ». Elle paraît de novembre 1952 à juin 1953. A propos du titre qui orne son papier à lettres, Breton indique à l'un de ses correspondants « croyez bien [...] que je ne verse nullement dans le spiritisme, ni d'ailleurs dans la théosophie, bien que ma curiosité me porte parfois vers certaines œuvres ésotériques très choisies ». Proposé par René Alleau, le nom de la galerie A l'Étoile scellée, qui s'ouvre le 5 décembre, 11, rue du Pré-aux-Clercs, procède de la même attraction, qui n'a rien d'exclusif. La première exposition rassemble des tableaux et des dessins des membres, anciens ou récents, du mouvement : Max Ernst, Man Ray, Wifredo Lam, etc. A cette occasion, Breton renoue avec Magritte : « Vous ne doutez pas, lui écrit-il, que j'ai toujours fait le plus grand cas de votre esprit. C'est même pourquoi je me suis vivement affecté, vous le savez aussi, du tour que vous avez cru pouvoir donner à ce qui n'eût été entre nous que dissentiment passager, s'il n'avait dépendu que de moi. Je déplore que des amitiés qui, de ma part au moins, étaient profondes, s'y soient englouties. Tant pis pour le cœur, n'est-ce pas? Ma pensée n'en reste pas moins aimantée à la vôtre. »

En dépit de l'exiguïté des lieux, Breton a tenu à accrocher un tableau-objet assez exceptionnel, déposé anonymement devant sa porte. L'auteur se révèle être Simon Hantaï, un jeune émigré hongrois. On lui consacre la deuxième exposition de la galerie, du 23 janvier au 10 février 1953. Breton se fait l'écho du puissant coup de gong qui résonne au-dessus du bruit consternant de l'art contemporain : « Une fois de plus, comme peut-être tous les dix ans, un *grand départ* », annonce-t-il. Malgré ce lancement, Hantaï, qui prétend redouter l'exploitation commerciale de son œuvre, se retrouvera, quelques années après, avec sa compatriote Judith Reigl, dans le mouvement « réactionnaire et intégriste » de Mathieu. Indifférent au drame de la Hongrie, il participera aux « cérémonies commémoratives de la deuxième condamnation de Siger de Brabant », théologien sorbonnard adversaire du thomisme. Ce qui lui vaudra un massif « coup de semonce » des surréalistes. Le « grand départ » d'Hantaï aboutirait à une gesticulation dérisoire pour qui lui avait mis le pied à l'étrier.

Le début de l'année 1953 est assombri par la mort de Jindrich Heisler (le 4 janvier). Fidèle entre les fidèles, il « a vécu intégralement pour le surréalisme » selon Breton qui rend hommage à son activité d'animateur : « C'est ainsi qu'il fut de 1948 à 1950 l'âme de *Néon* et jusqu'à ses derniers instants le plus grand enfanteur de projets que son génie lui soufflait le moyen de réaliser comme par enchantement. »

Décidément, le sort des surréalistes tchèques est des plus attristants. Stirsky disparu en 1942, Kalandra exécuté en 1950, Karel Teige suicidé fin 1951 pour échapper à la police, Heisler... Heureusement Toyen reste, pour témoigner, et sa peinture, historiquement située, répond de la liberté du peuple tchécoslovaque contre Munich, contre les invasions allemande puis soviétique. Dans une introduction à l'œuvre de Toyen (1953) Breton signale à la critique d'art professionnelle le rapport spécifique que l'art entretient avec l'esprit de chaque pays. Prague n'est plus la capitale magique de l'Europe sur quoi s'ouvraient ses yeux en 1935, mais Toyen en conserve l'atmosphère, comme le prouve en mai l'exposition à la galerie A l'Étoile scellée. Les affaires de cette galerie n'étant pas brillantes, elle doit interrompre ses activités pendant un an.

Parallèlement à la revue et à la galerie, se tiennent les réunions hebdomadaires au café, où l'actualité est commentée avec passion par les surréalistes. Staline mort, qu'en restera-t-il au regard de l'histoire? interroge *Le Figaro littéraire*. La réponse de Breton se situe sur le plan moral : « Les mains souillées du sang de ses meilleurs compagnons de lutte, le secret d'un moyen infaillible pour leur ravir l'honneur en même temps que la vie, l'attentat insigne contre le verbe qui a consisté à pervertir systématiquement les mots porteurs d'idéal, la duplicité et la terreur érigées en mode de gouvernement, je vois mal ce qui, même l'oubli aidant, joint au goût durable des foules pour les destinées individuelles spectaculaires, pourra faire contrepoids dans la balance. »

Cependant, s'il chemine avec l'histoire et prend assez de recul pour la juger, Breton ne délaisse jamais la dimension poétique de sa présence. Avec ses amis, il discute une fois de plus de l'analogie. Pour lui, la flamme de l'allumette qu'il tient en main contient en puissance l'image du lion, et réciproquement. Ainsi commence dans la grande tradition surréaliste le jeu « l'un dans l'autre » auquel vont se livrer Bédouin, Benayoun, Paalen, Péret, Man Ray, Schuster, Anne Seghers, Toyen, Zimbacca, chez Elisa et André Breton, durant l'été, à Saint-Cirq-Lapopie. La règle sera vite formulée : un joueur sort et s'identifie à un objet déterminé. Les autres fixent l'objet sous lequel il devra se décrire en les amenant à deviner celui qu'il a choisi. Il est amusant de relever les objets auxquels Breton a songé quand il s'y collait : une boucle de cheveux, une barre de chocolat, un enfant venant au monde, un sein, le cristal de la neige, un ver luisant et, pour les personnages, Pascal. Sous l'aspect ludique apparaissent les motifs les plus constants de sa poésie.

D'une telle pratique collective, divertissante et éclairante sur la nature de l'image, Breton tire plusieurs communications pour *Médium*. Elle dépasse l'antinomie jeu-sérieux, et marque les rapports *nécessaires* dans le système de correspondance sur quoi se fonde la pensée poétique. Comme il y avait été conduit dans l'article « Signe ascendant », Breton constate que ce jeu bannit le dépréciatif. S'apparente-t-il à l'énigme, selon le classement des jeux établis par Joan Huizinga? Roger Caillois en rapproche les résultats des *kenningars* islandais (poèmes-devinettes), mais il fixe des limites à l'analogie. Tout n'est pas dans tout et réciproquement!

Au gré de leur passage à Saint-Cirq, d'autres amis (Gracq, Hantaï, Legrand...) participent à d'autres jeux surréalistes présentant les mêmes caractéristiques, particulièrement dans la mise en commun de la pensée, ce qui instaure des liens très forts au sein du groupe. Ainsi le jeu « Ouvrez-vous », dont Breton rend compte dès le retour de ces vacances dans *Médium*, nouvelle série mensuelle, publiée par Losfeld. Il s'agit de savoir quelle attitude auront les joueurs, spontanément, à l'égard de certaines figures du passé. Ses propres refus ne nous surprennent pas, si ce n'est pour Marx à qui il condamne sa porte « par fatigue ». De même pour ceux qu'il accueille d'emblée avec émotion. D'autres sont admis par curiosité, d'autres enfin reflètent des lectures nouvelles (Fulcanelli), une certaine reconsidération de leur activité (Stendhal) ou bien une réflexion mûrie, pour Robespierre ou Lénine (le stratège)!

A la fin de l'été, Breton se rend à Laval, en quête d'informations sur Jarry, avant de rejoindre son père à Lorient. Puis, sur le chemin du retour, il se fait photographier au pied de la statue de Chateaubriand à Combourg. « Enfant de la Bretagne, les landes me plaisent. Leur fleur d'indigence est la seule qui ne se soit pas fanée à ma boutonnière. » Lui aussi, assure-t-il, participe de ces landes.

A la demande de Jean Grenier, qui réunit dans un ouvrage les manuscrits de quelques contemporains, il envoie le texte « Savoir aimer suffit », un article destiné au premier numéro de *Médium*, nouvelle série, commentant la présentation indigente des *Œuvres poétiques* de Germain Nouveau par J. Brenner. « Voici, dit-il, une page récente du genre manifestement " mal venue ", de celles où le signataire bénéficie aussi peu que possible de l'aide extérieure des grands jours. »

Breton ne se borne pas au plaisir ludique. Comme autrefois pour l'écriture automatique, il analyse le contenu de telles séances. Toujours la même exigence, qu'il s'applique au cours de l'émission radiophonique « Dormeurs éveillés » produite par Lise Deharme. Il y fait apparaître la rêverie sous la forme d'une gracieuse jeune femme, Titania, étroitement surveillée par un barbon, Garo. S'ensuit un dialogue sensible où interviennent les vertus de l'automatisme : « Je sais. C'est une pente irrésistible, c'est le talus semé de fleurs médiévales devant lequel je suis sûr de te retrouver à toute heure du jour. *Je sais*, je suis même de ceux qui peuvent dire qu'ils s'en sont fait une seconde conscience, l'utilitaire nous dérobe la vraie vie des choses [...] le bois dont est fait ce meuble est parcouru de veines qui s'injectent encore d'assez de lumière pour que je pense qu'il n'a pas cessé de participer à la gloire des forêts... » Cependant Garo vient l'interrompre avec les dernières nouvelles politiques.

Le même télescopage du rêve et de l'actualité caractérise la nouvelle formule de *Médium*. Breton y réplique à Dionys Mascolo, selon lequel, après avoir été longtemps en avance sur son temps, le surréalisme serait maintenant en retard sur le monde. « Nous pensions avoir assez dit et fait valoir que – quelque déchirement que nous en éprouvions – nous tenions pour indigne avant tout de l'intellectuel de pactiser si peu que ce fût avec un mode de transformation du monde (le communisme) qui admet l'assassinat et la dissolution en laboratoire de la conscience humaine. » Pour lui, c'est l'histoire contemporaine, telle que les hommes la font, qui condamne le surréalisme à l'ambivalence. S'il concède à Mascolo qu'en l'état présent il est impossible de concilier l'art et la révolution, il n'en persiste pas moins à vouloir maintenir leur communication orginelle.

Traitant de l'aspect temporel du monde sous l'angle des valeurs surréalistes, *Médium* prend position sur les événements récents. Breton et Péret se félicitent de la disparition, « enfin », du sinistre Vichinsky, le procureur général de Staline, l'homme des basses besognes que d'aucuns présentent comme « un excellent serviteur du régime soviétique » alors qu'il en était la perversion même.

Le gouvernement français, poursuivant une politique coloniale séculaire, s'affole de la révolte algérienne. Il saisit *Le Libertaire* qui soutient les insurgés. Aussitôt, le groupe surréaliste proteste contre cette atteinte aux libertés.

Dans le même temps, il fait connaître l'exclusion de Max Ernst, grand prix de peinture à la Biennale de Venise (tandis que le prix de gravure couronnait Miró et celui de sculpture Arp). A contrecœur, Breton s'est rallié à la décision majoritaire, à condition d'en rédiger lui-même la notification. Il fait valoir qu'en acceptant les honneurs publics, Ernst renie les principes initiaux du mouvement, « le non-conformisme et l'esprit révolutionnaire dont il s'était jusqu'alors réclamé ». En somme, c'est Max Ernst qui rompt le pacte surréaliste. Son éviction doit avoir une valeur d'exemple pour la jeunesse et montrer que le surréalisme ne transige pas, même avec ses plus anciens compagnons.

De plus en plus, Breton prend figure de grand témoin historique. Sur la tombe de Francis Picabia, il prononce un hommage à ce pionnier de l'esprit moderne, « Adieu ne plaise ». Il évoque la personnalité d'Apollinaire dans un article du *Flâneur des deux rives*, dénonce les erreurs du biographe de Rimbaud qui, sous prétexte d'inédit, attribue à l'auteur des *Illuminations* un sonnet de... Scarron!

Refusant toujours de ranger le surréalisme parmi les écoles du passé, il résume, à nouveau, son programme en investigations portant sur trois plans : le langage, le désir, la nature à déchiffrer comme un cryptogramme. L'article « Du surréalisme en ses œuvres vives » marque l'ambition surréaliste d'appréhender « toutes les structures du monde, manifesté ou non ». Il sera intégré à la réédition des *Manifestes du surréalisme.*

## *Celtisme*

Bien entendu, d'autres esprits, avant le surréalisme, ont déjà tenté une telle approche de l'univers, à commencer par les gnostiques, que Breton lit avec de plus en plus de ferveur. Hermès Trismégiste n'aura pour lui bientôt plus d'obscurités. Et soudain, par la grâce d'un ouvrage savant de Lancelot Lengyel : *l'Art gaulois dans les médailles*, il s'assure que ses ancêtres détenaient la réponse au débat qui oppose, de nos jours, le réalisme à l'abstraction en ayant, d'emblée, rejeté le réalisme latin. En d'autres termes, ces lointains devanciers avaient développé une philosophie des véritables lumières, avant qu'elle ne fût submergée par les envahisseurs du Sud. Il le dit dans un article d'*Arts* : « Triomphe de l'art gaulois. »

Une anecdote, rapportée par Claude Roy, éclaire son identification aux ancêtres gaulois. Au printemps de 1957, alors qu'Elisa était en Grèce, Breton partageait, en voisin, le déjeuner du critique et de sa compagne Loleh Bellon. Celle-ci, innocemment, lui demande pourquoi il ne rejoindrait pas sa femme : « Ma chère Loleh, rétorque-t-il gravement, auriez-vous été faire du tourisme en Allemagne pendant l'Occupation ? » Quel rapport y avait-il entre la Grèce et l'Allemagne ? « Il y a plus de deux mille ans, dit-il, que nous sommes *occupés* par les Gréco-Latins, jamais, de toute ma vie, je n'ai mis les pieds en Grèce ni en Italie ! » Et jamais il ne s'y rendit.

Breton, dont les attaches avec la Bretagne, depuis sa petite enfance, ne se sont jamais rompues, prend conscience de son appartenance à une culture autonome. Avec le concours de Lengyel et de Charles Estienne, le défenseur de l'abstraction lyrique, il conçoit pour le Musée pédagogique une exposition (février-mars 1955) présentant, face à face, des pièces de l'art gaulois et des peintures contemporaines, sous le titre volontairement ambigu : « Présent des Gaules. » Il s'agit bien de tirer la leçon d'une telle confrontation invitant, comme disait Duchamp, à dépasser l'art rétinien. Sur la lancée, il préface le livre de Jean Markale : *les Grands Bardes gaulois* (1956). Contre les manuels scolaires qui, même les plus novateurs, privilégient toujours l'intelligible sur le sensible, il fait l'éloge de l'illumination, de la rêverie poétique, telle qu'elle se pratiquait dans nos contrées avant de subir le joug gréco-latin. Il s'exalte de la « perplexité lucide » où la place l'ancienne poésie bretonne, recueillie par la tradition orale.

Cette même tendance unitaire est ce qu'il apprécie en peinture. Rouverte en novembre 1954, la galerie A l'Étoile scellée présente des toiles de Judith Reigl, où Breton perçoit l'exaltation du désir, puis Degottex, qui dévoile l'esprit des choses, renouant (involontairement) avec le zen, Crépin, le médium déjà mentionné pour qui il s'est rendu à Béthune, accomplissant le message du *Manifeste*, Man Ray, « le trappeur en chambre » et Max Walter Svanberg, un Suédois que Breton avait découvert l'année précédente à l'exposition des « Imaginistes ». Ce dernier se déclare lui-même d'esprit surréaliste, plaçant au-dessus de tout la figuration visionnaire. Dans les écrits qu'il consacre à ses tableaux, Breton est sensible à l'alliance de l'eau et du feu, à la place centrale qu'y occupe la femme, dans un univers du jamais vu. De même chez « Duvillier au travail » qui résoud la contradiction entre les deux tendances esthétiques dominantes par une transmutation de la nature, ou encore Marcelle Loubchansky, Philipe de la Villethéart dans son album *Ultramarines*. La peinture de Pierre Molinier, que Breton introduit A l'Étoile scellée en janvier 1956, est cependant d'un tout autre ordre. Ses vamps dénudées et provocantes tiennent de la projection des fantasmes; elles détiennent un pouvoir magique, elles sont la tentation charnelle. Devant elles, Breton sent l'aigrette de vent aux tempes qu'il avait autrefois en présence de la *Salomé* de Gustave Moreau ou, dans un autre domaine, la Solange des *Détraquées*, la Matilde du *Moine* de Lewis.

Un article précieusement illustré d'Alain Jouffroy, nous permet de pénétrer dans l'atelier d'André Breton, son « musée idéal » en quelque sorte, représentant ses goûts, sa sensibilité, ses choix artistiques. Il y a d'abord *le Cerveau de l'enfant* (1914) de Chirico, *la Figure 1927* et *le Piège* de Miró, *l'Armoire de Protée* (1931) de Tanguy, *Guillaume Tell* de Dali, *l'Étrange Cas de M.K.* (1933) et *le Lion du double* (1946) de Brauner, *le Roi manque* de W. Lam, un *Portrait de Washington* (1943) de Duchamp, une *Tête de femme* (1940) de Picasso et un Molinier qu'il vient d'acquérir. A ces tableaux participant de l'aventure surréaliste s'ajoutent une *Nature morte aux cerises* de Rousseau; des œuvres « naïves » de Wölfli, Aloyse, Crépin, un tableau symbolique, *Ogoun Ferraille*, de l'Haïtien Hyppolyte, et les peintures de Filiger qu'il vient de découvrir. Et puis des objets primitifs, des statuettes tibétaines, des monnaies gauloises, des poupées hopis, des masques ou statuettes de Nouvelle-Guinée, de Colombie britannique, du Groenland...

Cet ensemble, soigneusement constitué depuis trente ans, le

convainc d'en finir avec toutes les toiles qui encombrent les galeries. « Sus au misérabilisme » lance-t-il dans *Combat*. Considérant les diverses variétés de misère : physiologique, morale, psychologique, il souhaite la fin du misérabilisme en peinture, issu du croisement du fascisme hitlérien et du stalinisme. Qu'on nous débarrasse de l'existentialisme nauséeux, des « immondes Ève en chambre à air de Léger, et (des) christs-clowns en baleines de parapluie retourné de Buffet la dépréciation au lieu de l'exaltation, là est le *misérabilisme*, là est le crime ». Face à de telles œuvres, le travail solitaire d'un ouvrier-teinturier comme Aloys Zötl est d'une fraîcheur réjouissante. Mais Breton n'a plus la possibilité de promouvoir des artistes selon son cœur dans la galerie étoilée, fermée en 1956 par son commanditaire sans qu'il en soit avisé.

Une préface au *Voleur* de Darien, très proche de Stirner, à titre de réparation envers l'auteur honni de la bourgeoisie versaillaise, un entretien à propos de l'*Anthologie de l'amour sublime* procurée par Benjamin Péret, une enthousiaste présentation de lettres inédites de Flora Tristan, un coup de chapeau pour la création au théâtre de la Huchette d'une pièce d'Eugène Ionesco, *Jacques ou la soumission*, marquent, apparemment, ses seules activités littéraires. On observera qu'il s'agit toujours de rendre justice à des écrivains que l'institution se refuse à reconnaître. C'est aussi le moment où il recommande à ses amis la lecture de *Doucin*, un roman de Jean Dutourd à la manière du Huysmans naturaliste, dont le héros reflète étonnamment son état d'esprit, lorsqu'il se trouve seul.

Pour le reste, Breton prend quelques distances avec l'activité surréaliste proprement dite. Il s'attriste du décès d'Yves Tanguy, de l'hospitalisation de Benjamin Péret, et de sa propre toux permanente. Il salue avec joie le printemps en signalant, dans *Arts* en 1955, l'exposition du panneau central du *Jardin des délices* de Jérôme Bosch et un tableau de Svanberg, *la Grossesse étrange de la rencontre étrange* présenté A l'Étoile scellée. Pendant que s'élaborent divers projets pour donner une suite à *Médium* et que le groupe déplace son lieu de réunion dans un café du Palais-Royal, le Musset, il voyage avec Elisa en Alsace et dans la Forêt-Noire de son enfance. L'été se passe à Saint-Cirq avec, comme tous les ans, un crochet en Bretagne pour visiter son père. Ce sera le dernier. Louis Breton meurt à quatre-vingt-huit ans, le 10 novembre. Son fils se rend à l'enterrement à Lorient et confie à un notaire le soin de régler la succession.

Les aléas de la vie quotidienne ne retiennent pas son attention. Il faut bien en passer par là, c'est tout. L'intéresse davantage la morale politique, à une époque qui ne la connaît guère. Le gouvernement Mendès France a su mettre fin à la guerre d'Indochine et préparer l'indépendance de la Tunisie. Il ne franchit pas l'hiver. Il est clair que le lobby algérien entend poursuivre ce qu'il appelle pudiquement la « pacification » en Algérie. Autrement dit la guerre coloniale. Avec Jean Schuster et quelques amis, Dionys Mascolo décide de réagir. Il lance un appel et rencontre Breton qui se place aussitôt à son côté « avec une promptitude, une générosité, je dirais une imprudence qui nous parut sur-le-champ admirable [...]. Tant de jeunesse intacte, chez un homme que trente ans de tentatives semblables pour s'opposer au cours dégradant des choses auraient pu justement blaser, une telle faculté de faire confiance arrachait l'amitié en retour et une confiance également », écrit ce dernier dans un témoignage de 1966.

De là naît le « Comité d'action des intellectuels français contre la poursuite de la guerre en Algérie ». Breton appelle publiquement à le rallier lors de son discours du 20 avril 1956, au meeting pour la défense de la liberté, salle des Horticulteurs. Il y proteste contre les atteintes portées aux intellectuels Claude Bourdet, Henri Marrou, contre le leader nationaliste algérien Messali Hadj interné à Belle-Ile; contre la saisie des journaux trotskystes et anarchistes *(La Vérité, Le Libertaire)*, contre les arrestations de militants trostkystes. Réaffirmant l'anticolonialisme permanent des surréalistes, il s'en prend à la canaille qui relève la tête, en l'occurrence celle des poujadistes qui ont envoyé cinquante-deux députés à l'Assemblée nationale. Un tract surréaliste du 21 janvier, « Cote d'alerte », rédigé par Gérard Legrand, avait déjà attiré l'attention sur eux. Breton prévoit que le gouvernement trahira ses électeurs. En revanche, il énumère les raisons d'espoir : la déstalinisation va permettre de rectifier l'histoire de la révolution en Russie; le franquisme est à l'agonie en Espagne (elle se prolongera, hélas, pendant vingt ans). L'admirable *Discours sur le colonialisme* de Césaire, qui a quitté le parti communiste avec éclat, devrait être une raison de plus de négocier en Algérie et de mettre fin, une fois pour toutes, à l'ère coloniale. Le surréalisme concentre son attention sur la politique.

## *Hongrie soleil levant*

Un tract collectif des surréalistes, rédigé par Jean Schuster, remanié par André Breton, « Au tour des livrées sanglantes, » prend acte du rapport Khrouchtchev, le 25 février 1956 au XX$^{e}$ Congrès du parti communiste de l'Union soviétique, dénonçant les crimes de Staline. Il justifie, par voie de conséquence, la position des surréalistes qui, depuis 1935, s'opposaient au stalinisme sans rien abandonner de leurs objectifs révolutionnaires. Il faut renverser la bureaucratie du parti communiste français aux mains sales : « Camarades communistes, vos chefs vous ont trahis, ils ont spéculé sur la misère intellectuelle que la société vous laisse trop souvent en partage; ils ont canalisé votre révolte vers l'adoration religieuse; ils ont émoussé, sinon brisé votre volonté révolutionnaire, bafoué votre espoir [...]. Exigez, à l'intérieur des cellules, la discussion libre et immédiate à partir du XX$^{e}$ Congrès... » Cependant ni le Comité d'action, ni les espoirs énumérés au meeting n'allaient subsister au-delà du 6 novembre, jour de l'invasion de la Hongrie par les Soviétiques.

Breton salue « le prodigieux sursaut de Budapest », exprimé quelques jours avant par un écrivain comme Giula Illyès, et l'œuvre clandestine du peintre Endre Rozsda, échappé de Hongrie (qui sera exposée à la galerie Furstenberg en février-mars 1957). Il s'associe à la « Déclaration des intellectuels et universitaires français », pour témoigner sa solidarité aux écrivains hongrois. Le tract surréaliste « Hongrie soleil levant », dont le titre empreint d'espoir est de Breton, tire la conclusion des événements : on écrase le peuple au nom de la démocratie et du socialisme, avec toujours le même argument d'une menace fasciste. Les seuls fascistes sont ceux qui tirent sur le peuple. La défaite des Hongrois signe celle du prolétariat mondial.

Même constat dans *le Surréalisme même* (printemps 1957). Ceux qui sont en *même temps* partisans de la révolution hongroise et de la révolution algérienne sont peu nombreux. Une motion du Comité des intellectuels contre la poursuite de la guerre en Afrique du Nord, le 15 décembre 1956, condamnant à la fois l'enlèvement de Ben Bella par le gouvernement français et l'assassinat d'Imre Nagy par les Soviétiques, est approuvée par la majorité de l'assemblée générale, en dépit de l'obstruction communiste et sartrienne.

Le 20 décembre s'est constitué un Comité de liaison et d'action pour la démocratie ouvrière, décidé à promouvoir l'avant-garde révolutionnaire du mouvement ouvrier. Mais, comme l'observait Breton, tout cela manquait singulièrement de lyrisme. Ce qui ne l'empêche pas d'appeler à la formation d'un Cercle international des intellectuels révolutionnaires, qui se donne pour mission la recherche de la vérité à l'Est comme à l'Ouest. Libération de la pensée révolutionnaire, démocratisation de la pensée socialiste : les tâches sont clairement définies, les premiers signataires, surréalistes et transfuges du PC, prestigieux. Leur action n'éclatera que trois ans plus tard. Auparavant, avec Péret et Legrand, il associe dans une même perspective « la Révolution espagnole, la Révolution hongroise et la lutte du peuple algérien pour sa libération » lors du meeting organisé par le PCI (trotskyste) le 8 novembre 1957 salle des Horticulteurs, pour commémorer le quarantième anniversaire de la révolution d'Octobre. Empêché d'y assister en personne, il adresse un message, lu à la tribune, où il rappelle son attachement à la révolution pour mettre un terme aux monstrueuses iniquités du système capitaliste, sa fidélité à la cause la plus sacrée, celle de l'émancipation de l'homme. Comme dix ans plus tôt, dans une circonstance semblable, il évoque le regard de Trotsky, dont rien ne saurait éteindre la lumière.

La revue *Le Surréalisme même,* que dirige Breton, avec Jean Schuster comme rédacteur en chef, est éditée depuis octobre 1956 par Jean-Jacques Pauvert, qui a pris le relais d'un Losfeld épuisé par les embarras financiers. Dès avril, un prière d'insérer, rédigé par Breton lui-même, expose les raisons d'être d'une nouvelle revue surréaliste : pour marquer la continuité d'esprit, répondre aux attentes de la jeunesse, attester la vivacité du mouvement, dénoncer ses versions frelatées, « garantir la stricte autonomie du témoignage surréaliste » et poursuivre, en l'adaptant aux nouvelles perspectives, la quête libératoire.

Le témoignage que Breton apporte dans le procès intenté par le ministère public contre Jean-Jacques Pauvert, coupable de publier des ouvrages de Sade « contraires aux bonnes mœurs », est des plus significatifs. Il y soutient que le *contenu manifeste* des œuvres ne peut provoquer la réprobation; mais, en réalité, Sade s'adresse à des lecteurs susceptibles d'en atteindre le *contenu latent*, comme le montre la réaction admirative des poètes, de Lamartine et Petrus Borel à Swinburne, Apollinaire..., et des esprits scientifiques tels qu'Eugène Duerhen, Maurice Heine, Charles Henry. A ce titre, Sade est un moraliste, dépeignant les penchants humains auxquels il n'adhère pas nécessairement. Quant à Pauvert, il ne fait qu'accomplir sa mission d'éditeur en rendant accessibles Sade aussi bien que Littré.

La détermination de Breton à la direction du *Surréalisme même* est d'autant plus remarquable que ce printemps ne lui est pas favorable. Après Pâques, il a traîné une sorte de bronchite, avec fièvre permanente, ce qui le démoralise et le plonge dans une grande apathie mélancolique. Aussi est-il allé, dès juin, à Saint-Cirq-La popie. Comme chaque année, des amis sont venus lui rendre visite : Péret, Toyen, Charles Estienne. En leur compagnie, il pousse une pointe vers l'île d'Ouessant, en quête d'agates et d'air marin.

## *L'art magique*

Breton semblait ne plus écrire que quelques articles ici et là, en réponse aux sollicitations. Fin mai 1957 (l'achevé d'imprimer est du 25) paraît enfin l'ouvrage, superbement illustré, auquel il se consacrait depuis quatre ans : *l'Art magique*. Édité par le Club français du livre, il n'est pas mis dans le commerce mais distribué aux adhérents. Il devait constituer le premier tome d'une *Histoire de l'art* en cinq volumes, conçue par Marcel Brion selon un plan scientifiquement intenable : l'Art religieux, l'Art classique, l'Art baroque et ce que, faute de mieux, on appelait l'Art pour l'art (c'est-à-dire tout ce qui n'avait pu trouver place dans les volumes précédents) devait lui succéder. Une série chronologique se mêlait à des concepts plus philosophiques qu'esthétiques. L'appel à Breton s'imposait : n'avait-il pas manifesté son intérêt pour l'art magique depuis le premier *Manifeste du surréalisme*?

Breton arrive bon dernier : « Je ne me défends pas, déclare-t-il à un journaliste, d'avoir rencontré, dans l'exécution de mon projet, d'extrêmes difficultés. Peut-être tiennent-elles à la quasi-impossibilité de circonscrire, dès qu'on y prend garde, le concept d'un « art magique » qui ne demande qu'à déborder de toutes parts (il est bien entendu que tout art authentique est magique) ou à se rétrécir démesurément (quelle œuvre d'art peut se targuer, ne disons pas d'avoir changé la face du monde, mais même d'avoir transfiguré la vie de son auteur? – Non, pas même Rimbaud). Les difficultés auxquelles je m'étais heurté étaient peut-être d'un autre ordre – c'est ce que je ne saurai jamais – : la magie, même subrepticement à travers l'art, était par moi mise en cause et ceux qui ont quelque notion de ces problèmes savent à quel point, dans de tels domaines, la désoccultation est périlleuse. » En d'autres termes, il n'est pas loin de penser qu'un maléfice s'est attaché à son entreprise. A Pierre Molinier, pour lequel il emploie l'expression de « peinture magique », il explique avoir banni ce terme de son vocabulaire depuis la mise en chantier de ce livre. « Rien ne me paraissait plus simple, à l'origine, mais, à ma stupeur, des obstacles mystérieux, croissants, sont intervenus, dont le pire est maintenant, à ce sujet, une angoisse qui ne me quitte plus ni nuit ni jour... » Dans ses cauchemars, lui viennent des mots étranges.

Au long de ces quatre années, il n'a cessé d'affiner la notion de magie. A Robert Amadou, qui lui demandait de choisir lui-même une illustration pour l'important article de Jean Bruno : « André Breton et la magie quotidienne », dans la *Revue métapsychique*, il désignait le tableau de Chirico, *le Cerveau de l'enfant*, en sa possession depuis un quart de siècle, dont « le pouvoir de choc » l'avait pratiquement contraint à descendre immédiatement de l'autobus où il était quand il l'avait aperçu à la vitrine d'une galerie pour le contempler. Le même phénomène s'était produit, à quelques années d'intervalle, pour Yves Tanguy. Tardivement vient une explication psychanalytique, proposée par un critique anglais, sur les caractères féminoïdes du personnage, mais l'essentiel est bien cet « ascendant unique » de l'œuvre sur qui l'aperçoit pour la première fois.

Dans ce cadre de la Haute Science, une interview d'*Astrologie moderne* (avril 1954) désignait la place primordiale que Breton accordait à l'astrologie, perçue comme une très grande dame, détenant « un des plus hauts secrets du monde ». Formulant les rapports de l'homme avec l'univers, cette méthode singulière d'assouplissement de l'esprit permet de « démêler une destinée » à partir de la situation des planètes et de leurs aspects naturels dans les différents signes et maisons. Lui-même, depuis 1927 se plaisait à dresser le thème astral de ses proches et le sien. Mais s'il regarde, avec certains surréalistes, l'astrologie sous l'angle poétique, il entend mettre le public en garde contre les formes vénales qu'elle revêt trop souvent.

Du même ordre relèvent les coïncidences, les rencontres surprenantes énumérées dans *les Vases communicants*, auxquelles il ne cesse d'être réceptif. Ainsi, durant la semaine du 21 au 26 février 1955, il note cinq phénomènes qui ne peuvent recevoir d'explication logique. De même pour les prémonitions recensées dans l'article « Le pont suspendu » : *la Nuit du tournesol*, le tableau de Chirico marquant à l'avance la blessure temporale d'Apollinaire, l'obsession de l'énucléation de l'œil dans les tableaux de Brauner qu'un accident rendra borgne, enfin cette route peinte par Louis Fernandez, celle-là même qu'empruntera le cortège conduisant sa femme au cimetière.

S'appuyant sur l'expérience des surréalistes, la leçon des poètes – dont tout porte à croire qu'ils ont eu des liens avec la tradition occulte – Breton identifie la poésie à la science d'Hermès : « Tout se passe comme si la haute poésie et la " haute science " marquaient un chemin parallèle et se prêtaient un mutuel appui. » Cependant, ce savoir, il ne le conçoit pas en rapport avec la métaphysique, la religion ni la foi.

Que la magie soit un phénomène inné avant que d'être cultivé intellectuellement, voilà ce que tend à montrer la rencontre d'André Breton et de Nelly Kaplan. Il a abordé la jeune femme le

17 mars 1956, alors qu'il visitait une exposition d'objets précolombiens. Près d'une année s'écoule avant qu'un rendez-vous concerté au pied de la Victoire de Samothrace ne les remette en présence l'un de l'autre. « Étrange parcours que celui de ce jour baptisé par lui "Fête des Reines". Toutes les statues, même le Sphinx, semblaient endormies sur notre passage. » Au café des Bons-Enfants il dresse son horoscope : ils ont le même signe ascendant ! Ainsi commence une série de promenades quasi quotidiennes dans le Marais, au Palais-Royal, et, bien sûr, au musée Gustave Moreau où la cinéaste tournera un film consacré au peintre. Breton y prononcera quelques phrases. Au début de 1957, il s'émerveille du magirama, technique cinématographique inventée par Abel Gance et Nelly Kaplan, la seule qui ait pu transformer le spectateur au cours d'une projection, donnant idée de ce dont les surréalistes avaient rêvé pour le cinéma.

*L'Art magique*, ouvrage qui se veut encyclopédique, s'éclaire de ces démarches. Si le terme « magie » ne prête pas à équivoque, la notion d'art magique recouvre un double sens : art produit à des fins magiques ; art ayant un effet magique. Pour prévenir la contestation, Breton se réfère à Novalis, le premier qui ait usé de l'expression en lui conférant son caractère fluctuant. Dans une très dense introduction, il énumère les différentes acceptions du titre chez les scientifiques, puis les occultistes, prend exemple des arts dans les sociétés primitives, liés au rituel, de la tradition alchimique ensuite pour en conclure que l'art magique est celui « qui réengendre à quelque titre la magie qui l'a engendré ». Conscient du caractère subjectif de son propos et, peut-être pour sortir du cercle enchanté qui le paralyse, Breton a lancé, en 1954, une enquête d'assez large envergure à partir de ces prémisses. Il en publie le résultat sous neuf rubriques. Les unes portent sur le type de réponses, les autres sur l'appartenance professionnelle des personnalités interrogées. Les plus coopératifs sont les psychologues, les plus réticents les ethnologues. Claude Lévi-Strauss, jugeant le concept inadéquat, laisse à son fils le soin de répondre. Pas dupe, Breton publie scrupuleusement la réponse qui lui est parvenue sous le nom de l'auteur de *Tristes Tropiques* et dédicace un exemplaire au jeune bachelier – mais il rompt avec son père !

Le corps de l'ouvrage, rédigé avec le concours de Gérard Legrand, s'organise en trois temps : l'art comme véhicule de la magie dans les sociétés préhistoriques, archaïques et chez les peuples primitifs; la crise de la magie dans la société moderne et contemporaine, obligée de s'occulter depuis le Moyen Age chrétien; enfin la magie retrouvée dans le surréalisme dont le mot d'ordre fondamental se réclame de la tradition ésotérique : « *Libération sans conditions de l'esprit* dans le sens du mieux... »

Une exposition de « Dessins symbolistes » réalisée sur les conseils de Breton à la galerie Le Bateau Lavoir en mars-avril 1958, avec une « Préface-manifeste » de sa plume, montre quels sont les peintres qui répondent à cette conception de la vie intérieure. De cette enquête sur l'art magique relève, paradoxalement, la quête des pierres à laquelle il se livre lui-même en permanence, banal caillou des Tuileries aussi bien qu'agates du Lot. Recherche exigeante, qui requiert l'individu en sa totalité. « C'est alors comme s'il y allait quelque peu de notre destin », écrit-il dans « Langue de pierres ».

## *Constellations*

Comme en 1940, au moment où la République et la démocratie vacillent, Breton réagit en effectuant un nouveau « détour par l'essence ». Pour lui, l'hiver 1957-1958 a été mauvais : il souffre de l'asthme. Cependant, lorsque les complots d'Alger ramènent de Gaulle « aux affaires », il est le premier à refuser le pouvoir personnel : « L'équivoque de Gaulle est désormais levée », déclare un tract surréaliste le 17 mai. Le danger majeur est celui du fascisme, animé d'Alger par des généraux félons. Aussi appelle-t-il à la constitution de comités antifascistes, à une action populaire qui aurait pour objectif initial de mettre fin à la guerre d'Algérie. La grève générale doit être la réponse aux comités insurrectionnels d'Alger. Avec les surréalistes présents à Paris le 28 mai, il prend part au défilé républicain qui rassemble la gauche et l'extrême gauche opposées au putsch du 13 mai. A la demande de J.-B. Brunius, il enregistre pour la BBC un bref message radiophonique à la suite de cette manifestation. Au journal de « résistance intellectuelle » que fondent Jean Schuster et Dionys Mascolo : *14-Juillet*, il en a suggéré le titre), dont le premier numéro paraît à cette date, il déclare : « Trop pour nous. » La déstalinisation annoncée à l'Est se traduit par l'exécution du Premier ministre hongrois, Imre Nagy. En Algérie la politique de réconciliation prônée par de Gaulle commence par la condamnation à mort de Yacef Saadi. Une fois de plus, Breton lance un appel au devoir de liberté. La deuxième livraison de *14-Juillet*, qui recueille la collaboration des surréalistes, des sartriens, et d'un certain nombre de communistes en rupture de parti, lance une enquête, conçue par Breton, Blanchot, Mascolo et Schuster, sur les moyens de réagir à l'instauration du pouvoir gaulliste. Or la réponse est déjà dans la question : « Ne trouvez-vous pas surprenante la passivité quasi unanime des écrivains en face de ces événements, en rupture avec la tradition intellectuelle la plus constante de ce pays ? »

Pour Breton, son siège est fait : « Il y a Mal dès que le libre essor de nos facultés tant physiques que morales et intellectuelles est entravé ou comprimé », écrivait Charles Fourier, et ce qui concerne cet auteur, dont on lui adresse le portrait, lui apporte « une bouffée de fraîcheur et de jeunesse dont laisse aujourd'hui tellement avide le socialisme scientifique avec son pédantisme, sa raideur cadavérique, sans parler des exactions monstrueuses qu'il a couvertes ».

A la rentrée, le groupe surréaliste met sur pied, avec le concours d'Éric Losfeld – dont les finances s'améliorent – une nouvelle publication mensuelle, de grand format, *Bief*, qui servira de « jonction surréaliste » (à côté du *Surréalisme même*, revue plus luxueuse, à périodicité de plus en plus incertaine). Elle est dirigée par Gérard Legrand, avec Jean-Claude Silbermann pour secrétaire de rédaction. Elle a pour objectif de s'ouvrir largement aux communications des lecteurs et de marquer ainsi un dépassement du mouvement. Bonne raison pour Breton de décliner l'offre de Jacques Nantet, animateur du Cercle ouvert, de participer au sempiternel débat sur le thème : « Le surréalisme est-il mort ou vivant ? ». « Avis à ces fossoyeurs toujours au chômage, répond-il, le numéro 4 du *Surréalisme même* vient de paraître et le premier numéro de *Bief*, organe mensuel de jonction surréaliste, sera vendredi prochain en librairie. » Le 5 décembre, il prend la parole au gala du *Monde libertaire* en faveur des objecteurs de conscience emprisonnés. Au mot « honneur », dévalorisé, il oppose le terme de « conscience » qui s'élève contre le scandale social, contre toute atteinte à la dignité humaine – comme c'est le cas en Algérie. Il salue le combat du vieil anarchiste Louis Lecoin qui vient d'arracher au gouvernement la promesse d'un statut des objecteurs de conscience.

Comme pour achever ce détour par l'essence, une commande de l'éditeur d'art Pierre Matisse le ramène, en cet automne de 1958, à l'époque où, à New York, lui parvenait la première bouffée d'air venant de l'Europe libérée sous la forme des *Constellations* de Miró. En écho à chacune des vingt-deux gouaches que Miró avait peintes en France et en Espagne du 21 janvier 1940 au 12 septembre 1941, il compose autant de poèmes en prose. Chargées de l'idée de passage, de transmission, les peintures évoquent l'année précédant son exil et sont, surtout, empreintes du « ton » surréaliste. Ses poèmes attrapent le même ton par association libre, par une rêverie flottante. A partir du titre de la planche, ou d'un élément graphique, s'enclenchent des images provenant de la petite enfance, des contes et légendes médiévales, ou bien des méditations lyriques sur l'amour, l'automatisme, la connaissance sensible. Superbe ouvrage, issu d'une confrontation différée, *Constellations* prouve, s'il en était besoin, que le surréalisme avait toujours à dire.

Le surréalisme ne saurait se borner à la défense des terres acquises. Une nouvelle revue publiée par Losfeld, *La Brèche*, dirigée par Breton, animée par un comité de rédaction auquel il délègue le maximum de pouvoirs (Benayoun, Legrand, José Pierre, Schuster), a pour mission de témoigner de « l'action surréaliste ». Elle aura huit livraisons d'octobre 1961 à novembre 1965. Simultanément, l'ouvrage de Jean-Louis Bédouin, *Vingt Ans de surréalisme 1939-1959*, publié en novembre 1961, doit prouver que, contrairement à ce que laisse entendre Nadeau, le mouvement vit toujours, entraînant des forces nouvelles. Cette histoire du surréalisme, écrite par l'un de ses membres, n'a peut-être pas le relief nécessaire, en raison de la proximité du regard. Du moins, déclare Breton à Jacqueline Piatier, tout cela prouve-t-il que « le surréalisme continue à vivre comme esprit et comme mouvement à travers des groupes qui se renouvellent ». Il décrit le visage du groupe : une dizaine de militants, une trentaine de participants, sans compter les sympathisants. S'il n'écarte pas le triomphe diffus du surréalisme, il refuse d'en dresser le bilan, dès lors qu'il est en marche et a d'autres espaces à conquérir.

## CHAPITRE III

# *L'écart absolu*
(1960-1966)

Franchie la soixantaine, Breton s'accorde du recul. Assez de jeunes assurent le devenir des orientations qu'il a données au surréalisme. Pour autant, il ne se retire pas sur l'Aventin. Au contraire, il retrouve ses compagnons avec plaisir, chaque soir à La Promenade de Vénus, aux Halles. Il les écoute, formule un avis. Lecteur passionné, il cherche, dans les ouvrages qu'il reçoit, une étincelle, un coup de cœur. Et il écrit au jeune poète, l'invitant à venir le voir. Plusieurs ont indiqué le soutien qu'il leur avait apporté jusqu'à ce que soudain un mot malencontreux, une faiblesse, les ait renvoyés dans l'ombre. D'autres ont bénéficié de sa grâce jusqu'à la fin, peut-être parce qu'ils attendaient moins de lui. L'échange se situait à un autre niveau, plus passionnel qu'intellectuel. Claude Roy, qui fut son voisin, le décrit en sage Indien : « Le beau masque lourd, l'œil mélancolique et furieux, dédain et bonté ensemble, les lèvres épaisses de " sauvage ", les grandes rides austères retracées d'un trait de ciseau à froid (trois verticales sur le front, deux plis profonds à l'arête des narines, les deux autres descendant à la commissure des lèvres), la crinière de sachem blanchissant aux tempes, ailleurs d'un gris de sel sauvage, la belle tête mate de vieux chef indien incognito déguisé en Européen tranquille... » Breton eût sans doute préféré son portrait en eubage, guide gaulois versé dans l'astronomie et la divination, homme de grande expérience.

Une revue d'art le présente en collectionneur. Son atelier, où les livres s'entassent jusqu'au bureau orné de l'encrier d'Apollinaire, ne contient que des tableaux et des objets « magiques », pour lesquels il continue d'éprouver l'émotion de la découverte.

Physiquement, l'air lui manque, le sommeil le fuit, il doit recourir au Phénergan. Mais ce n'est pas une raison pour économiser sa plume. Il n'écrit que ce qui relève de la stricte nécessité intérieure, sous le coup d'une fascination pour un tableau, un livre, pour une mise en garde, un rappel à la conscience. Toujours préoccupé de morale, c'est-à-dire du sens de la vie, comme disait Desnos, il ne ménage pas sa foudre. A une journaliste, Madeleine Chapsal, qui lui demande ce qu'il écrit, en 1962 : « Je n'écris pas et n'ai jamais écrit en " professionnel ", répond-il superbement. Je ne me crois pas tenu à annoncer livre sur livre et ma conception de la vie n'est pas telle qu'on ait chance de me trouver, comme Gide ou Mauriac, la plume à la main à mon heure dernière. »

Prenant prétexte d'une exposition d'*Enseignes sournoises* par Jean-Claude Silbermann, il rédige une préface, « A ce prix », résumant ses vues ultimes, qui dépassent la circonstance. « Au point où nous en sommes, le poète ou l'artiste ne saurait se qualifier, ni prétendre à une reconnaissance durable, qu'autant qu'il se sera élevé contre les formes spécifiques que revêt de nos jours l'aliénation, au sens non clinique du terme. » Et d'envisager les trois domaines où porte son action :– stimuler, développer l'analogie; *« A ce prix est la poésie »*; préserver le sacré (hors des religions); *« A ce prix est l'amour »*, être attentif, ouvert à l'éventuel; *« A ce prix est la liberté »*.

Un ternaire qui domine et organise ses interventions.

En matière poétique et artistique, prime la connaissance sensible. Avec Jean Schuster, il retourne *L'art poétique* de Roger Caillois, comme il avait fait pour Valéry trente ans plus tôt : « Je n'ai pas augmenté à plaisir l'obscurité de mes vers. Mais, travaillant dans l'obscur, j'ai cherché la clarté », affirme le poéticien. « J'ai banni le clair, dénué de toute valeur. Œuvrant dans l'obscur, j'ai trouvé l'éclair... », répond le poète.

La connaissance sensible, c'est le privilège du sculpteur Agustin Cardenas, exposant en février 1959, à propos duquel Breton dresse l'éloge de la main, créée pour caresser, faire jouir. L'émotion est le premier aspect caractérisant son intérêt pour les masques à transformation de la Colombie britannique, disait-il, à l'encontre des ethnologues qui n'en perçoivent que l'histoire et des collectionneurs qui en apprécient la seule valeur marchande. Son article « Phénix du masque », en juin 1960, loue une exposition récente d'avoir présenté des masques rares mais il reproche au catalogue qui se veut scientifique, outre les lacune inévitables, de ne pas faire ressortir la sensibilité émanant de ces objets, leur participation aux forces cosmiques.

« Aimer d'abord », ce précepte s'applique tour à tour à un peintre-graveur comme le Maréchal, aussi visionnaire que Gustave Moreau qui, sous prétexte d'ingénuité, donne à voir ce qui est derrière la vue; à un peintre comme Svanberg, exposant en avril 1961, qui permet d'apprécier « du dedans » la fascination. Face à une sculpture attribuée au Douanier Rousseau, Breton renouvelle la démarche critique relative à *la Chasse spirituelle* : le critère interne, la passion, le conduit à douter de l'authenticité de cette œuvre qu'une sorte de hasard objectif lui permet d'identifier comme un bois de charrette sicilienne.

Connaissant intuitivement le raisonnement des artistes qui ne sont pas passés par l'académie, il est le mieux à même d'apprécier leurs travaux, telles ces demeures inspirées du facteur Cheval et autres photographiées par Gilles Ehrmann, qu'il a vu opérer sur les plages d'Ouessant. Le cas d'Enrico Baj, exposant à la galerie Berggruen en 1963, n'est certes pas comparable : son humour destructeur s'exerce délibérément contre les puissances établies. Toutefois ses collages, la création d'un personnage ubuesque nous ramènent à l'enfant que nous avons été, qui ne cesse de nous interpeller.

Aussi tous ces écrits, suscités par une même émotion, se retrouvent-ils assemblés dans la nouvelle édition revue et corrigée du *Surréalisme et la Peinture*, enfin publiée en octobre 1965 par Gallimard.

Il faudrait ici mentionner les comptes bizarres que Gaston Gallimard lui a fait tenir depuis *les Pas perdus*. Tantôt, dans les années cinquante, il lui verse une mensualité, pour l'aider à franchir une mauvaise passe; tantôt il porte ces sommes à son débit. Il l'assure personnellement de son soutien et cherche à inscrire tous les livres de Breton à son catalogue, selon une politique systématique de rachat des droits qui a permis à la maison de détenir les deux tiers de la littérature française contemporaine.

Au cours de l'entretien précédemment cité, Madeleine Chapsal demande à Breton s'il pratique encore l'écriture automatique. « A quoi bon? répond-il, je me suis expliqué là-dessus – [elle] ne saurait être une fin en soi. Le tout est de l'avoir obtenue aussi pure que possible... » Il n'a pourtant cessé de recueillir les phrases de réveil, qu'il tient pour des pierres de touche de son écriture, pour lui donner le *la*. En décembre 1960, il en réunit quatre, scrupuleusement datées, pour Pierre André Benoit, l'éditeur spécialiste du livre minuscule. Pour s'assurer, comme aurait dit Victor Hugo, que la bouche d'ombre souffle toujours. Mais le surréalisme ne saurait se figer dans une formule, aussi salutaire soit-elle. C'est pourquoi Breton intervient dans le débat sur la peinture contemporaine, qui oppose ses compagnons à Mathieu et Lorjou, de même qu'il dénie à Cocteau le droit de choisir le prince des poètes. Le titre est bien désuet, mais Breton entend décerner un brevet de haute tenue à Paul Fort, le dernier représentant de la génération symboliste qui vient de disparaître, et, par une large consultation, introduire un peu de démocratie dans les mœurs littéraires.

Ce n'est que de très loin, et par amitié pour Duchamp, qu'il fait partie du comité organisateur d'une exposition surréaliste à New York, galerie d'Arcy en octobre 1961. Il proteste contre la place que s'y taille Dali, pensant que Duchamp a été abusé.

Le jugement qu'il porte sur Picasso, à l'occasion de ses quatre-vingts ans, est d'un tout autre ordre : il ne peut mesurer son admiration à qui lui a procuré, vers 1913, le choc du jamais vu, dont les rapports avec le surréalisme ont toujours été des plus stimulants. Pourtant quelques ombres demeurent : son indéfectible attachement au monde extérieur, son attitude nullement désintéressée et surtout sa tolérance à l'égard du réalisme socialiste!

Une anecdote dépeint leurs relations. Un été, ils se croisent dans une rue d'Antibes. Picasso fait arrêter son chauffeur. Chaleureux, le peintre invite le poète à lui rendre visite dans son atelier. D'accord, tout de suite répond Breton. Impossible maintenant, dit l'Espagnol, mon dentiste m'attend. Alors adieu!... et jamais ils ne se revirent.

A la revue *Connaissance des arts* qui lui demande de citer les dix meilleurs peintres vivants en 1961, il désigne Brauner, Degottex, Hartung, Lam, Lapicque, Magritte, Matta, Miró, Svanberg, Toyen. Ce qui montre qu'il est revenu sur les exclusions antérieures et n'oppose pas nécessairement abstraction et surréalisme. Avec le critique d'art Charles Estienne, Édouard Jaguer, l'animateur du groupe Phases, et José Pierre le surréaliste, Breton lance un appel pour rétablir « l'art dans sa dignité la plus haute » en se proposant de fournir une boussole au public désorienté par les formes les plus trompeuses. « A vos rangs, fixe ! » est le premier article qu'il écrit dans ce sens, pour condamner le Salon de mai (en principe la plus indépendante des institutions artistiques) de prôner le « retour au sujet » dont le surréalisme avait, une fois pour toutes, fait justice. Si l'on estime que le mouvement est encore trop sur la défensive, la « Perspective cavalière », établie dans *La Brèche* d'octobre 1963, montre que le surréalisme, quarante ans après sa naissance, n'est pas moins vivace que le romantisme au même âge. Continuum donc, mais aussi dynamique : « Sa vitalité est fonction non seulement de l'approfondissement de ses vues et intentions initiales mais encore du niveau d'effervescence où il est fait pour se maintenir par rapport aux problèmes qui se posent *au gré des heures* », écrit Breton.

Quand Patrick Waldberg prétend montrer, en avril 1964 à la galerie Charpentier, une rétrospective de la peinture surréaliste, Breton tente de s'y opposer au nom de cette dynamique. D'abord parce que Waldberg (exclu du mouvement) n'est pas qualifié pour cela, et surtout parce que les expositions collectives du surréalisme ont toujours été orientées en fonction des problèmes de l'heure.

La riposte, qui tardera un peu, sera l'exposition « L'Écart absolu », organisée par les surréalistes en décembre 1965 à la Galerie de l'Œil. Dans un « générique » entretissé de citations de Picasso, Héraclite, Fourier, et autres, Breton indique le sens et la fonction de l'écart absolu, méthode intellectuelle prenant le contre-pied des usages et singulièrement de la société de consommation. Exposition de combat, proposant « autre chose », le rêve, le merveilleux, à un public qui, avec le temps, se rendra compte que le surréalisme avait mis le doigt dans la plaie. Écart absolu compris comme « harmonie des tensions opposées... comme celles de l'arc et la lyre » selon Héraclite. La poésie est à ce prix, quand l'esprit jette un pont entre deux extrêmes par l'analogie. Le recueil posthume de Pierre Mabille, *le Miroir du merveilleux* (1962) en est une bonne illustration. Dans l'avant-propos, Breton évoque l'ami disparu, homme de grand conseil, mais aussi de grand secret, partageant avec lui une conception moniste du monde. Son choix de textes participe pleinement de l'*esprit* surréaliste. De même, dans la sphère artistique, l'œuvre de Magritte, en éveillant la vie latente des objets, « jette *un pont sémantique* » du sens propre au sens figuré. C'est en quoi elle est assurée de durer. Breton l'a dit en septembre 1961, il le répéte, d'une autre façon, en février 1964 dans « Envergure de Magritte » où il s'appuie sur le philosophe Constantin Brunner pour définir cette troisième faculté de la pensée qui tresse un lien entre la réalité sensible et la fiction.

Même qualité chez Camacho – à propos duquel Breton salue la révolution cubaine d'un Castro qui ne s'est pas encore jeté dans les pattes de l'ours soviétique. Le peintre a su rester lui-même en liant son aventure esthétique à celle de son propre pays.

De manière humoristique, la « philosophie de l'ameublement » que conçoivent les Italiens De Sanctis et Sterpini par détournement d'objets est une réalisation concrète de l'analogie. Avec eux, la poésie se met « dans ses meubles ». Comme la machine à coudre, figurée de diverses manières par Konrad Klapheck reflète analogiquement la féminité.

Avec la connaissance sensible, l'amour est le deuxième pôle aimantant la réflexion de Breton dans ses dernières années, comme toute sa vie. Là encore, il se situe absolument à l'écart des conceptions généralement admises. En décembre 1959 s'ouvre à la galerie Cordier l'exposition internationale du surréalisme qu'il a conçue avec Marcel Duchamp : EROS. Aux exposants il explique que le surréalisme doit se réaffirmer dans le domaine érotique, consacrant une place à la rétrospective mais surtout une part actuelle. Pour les visiteurs, il est plus précis encore : l'érotisme proscrit la gaudriole. Il souscrit aux propos de

Georges Bataille : « L'érotisme est dans la conscience de l'homme ce qui met en lui l'être en question. L'expérience intérieure de l'érotisme demande de celui qui la fait une sensibilité non moins grande à l'angoisse fondant l'interdit qu'au désir menant à l'enfreindre. » La transgression est un besoin humain fondamental, mais l'érotisme doit demeurer voilé. Quelques jours auparavant, chez Joyce Mansour, quand Jean Benoît réalise, pour ses amis, l'Exécution du testament du marquis de Sade, au fort de l'exaltation; Matta se marque au fer rouge sur la poitrine la lettre S. Ce geste spontané abolit la sentence d'exclusion antérieure.

Peu après, Breton découvre la pièce de l'Autrichien Oskar Panizza, *le Concile d'Amour*, qu'on vient de traduire. Il en donne lecture chez lui à Claude Roy et Loleh Bellon, jouant tous les rôles, devenant le Diable à qui allait toute sa sympathie. Sa préface pose la question des poètes aux théologiens : pourquoi le Mal? Pourquoi l'amour est-il souillé par la vindicte céleste? S'il concède que le désir et le plaisir ne sont pas tout l'amour, « rien ne peut faire que la chair ne soit *une* et que l'arrêt qui les frappe, y introduisant pour toujours la suspicion, n'attente à l'amour même ». Quelles que soient les faiblesses dramatiques de sa pièce, Panizza représente l'esprit de sédition. Autant l'érotisme devait être exalté au début de l'ère gaullienne, pudibonde et répressive (Losfeld et Pauvert en savent quelque chose), autant il fallait, par la suite, empêcher les atteintes à l'amour qu'entraîne une libération sexuelle mal comprise. « C'est que, sans doute par hâte d'en finir, on a arraché le voile et ainsi profané, faute des précautions requises, le lieu même où se tissent les rêves. Ici encore le mieux est de s'en remettre au principe ésotérique qui veut que tout ce qui est révélé soit aussi, de quelque autre manière, revoilé. De ce revoilement il me semble que la poésie seule peut faire les frais », explique-t-il à Guy Dumur en décembre 1964. Un exemple parfait de cette proposition serait *la Mariée* de Duchamp. C'est pourquoi il suggère que soit trouvé, sous une forme à déterminer, une sorte de rite initiatique pour la jeunesse, au lieu des cours d'éducation sexuelle, débilitants par définition.

La morale enfin constitue le troisième bond de l'écart absolu. Le texte « A ce prix » rappelle que l'impératif surréaliste de transformer le monde et de changer de vie, du même élan, s'est heurté au dévoiement stalinien, ce qui n'ôte rien à la grandeur du but déclaré. Aussi Breton témoigne-t-il de son indéfectible attachement à la personnalité de Trotsky, en 1960, quand Khrouchtchev est reçu à Paris; en 1962 aux obsèques de Natalia Sedova-Trotsky, où il prend la parole, et chaque fois qu'en France on essaie de célébrer le peintre Siqueiros, qui s'est glorifié d'avoir contribué à l'assassinat du Vieux. Il œuvre pour une révision de l'histoire afin de ramener le processus révolutionnaire à ses objectifs initiaux. Aussi, dans un « Message aux intellectuels polonais » (juin 1959) qu'il enregistre sur bande magnétique et envoie à Varsovie, salue-t-il leur lutte, leur courage politique, les détrompant sur la nature de la France « gardienne d'une tradition émancipatrice » alors qu'elle mène un combat colonialiste d'arrière-garde.

Lorsqu'il apparaît que le gouvernement, loin de conclure la paix en Algérie, laisse gangrener la morale politique, en particulier à l'approche du procès du « réseau Jeanson », il se joint à Maurice Blanchot, Dionys Mascolo et Jean Schuster pour rédiger la « Déclaration sur le droit à l'insoumission dans la guerre d'Algérie » mise au point chez lui. Diffusée le 1er septembre 1960, elle est vite connue comme la « Déclaration des 121 », du nombre de la première liste de signataires et suscite la colère du Premier ministre Michel Debré, et un grand mouvement d'espoir chez tous les jeunes qui refusent de porter les armes contre les Algériens.

Sachant les peines encourues par les signataires (29 d'entre eux sont inculpés, les fonctionnaires suspendus, les artistes interdits d'antenne...) et décidé à assumer toutes les responsabilités, Breton écrit le 22 septembre au juge d'instruction : « ... je me tiens donc pour un de ses co auteurs et je spécifie qu'en la signant je me suis implicitement engagé à faire tout ce qui était en mon pouvoir pour assurer sa diffusion. » Lui-même insiste pour que la revue *La Brèche* publie l'ensemble du dossier où Louis Janover, s'opposant à Jehan Mayoux, discute *sur le fond* cette déclaration. Le jeune homme estime, en effe, que le texte de la déclaration est récupéré par Sartre en faveur du nationalisme algérien, alors qu'il s'agirait de trouver, avec l'Algérie, la voie vers l'internationalisme et la révolution sociale.

Autre problème de morale politique, posé par l'envoi de l'homme dans l'espace. Le 12 avril 1961 le cosmonaute soviétique Y. Gagarine accomplit le premier vol orbital. « Ainsi seraient définitivement révoqués les mythes d'Icare, de Prométhée? L'angoisse de Pascal n'attesterait que le très bas niveau de connaissances de son époque par rapport à la nôtre et perdrait toute espèce de sens aujourd'hui? » confie-t-il au *Figaro littéraire*. De toute façon, l'exploit est vicié par la compétition russo-américaine, ce qui, d'ailleurs ne saurait plaider pour l'un ou l'autre régime. A ces spéculations sur le devenir de la métaphysique, il préfère l'interrogation, plus profonde, d'Yves Bonnefoy sur Rimbaud.

Que penser de la gauche en cette fin d'année 1964? A quel prix peut-elle se retrouver? Pour Breton, répondant à Guy Dumur, toute la difficulté provient de l'hypothèque que continue à faire peser le stalinisme. En URSS, le procès du jeune poète Brodsky prouve que rien n'a changé (sans parler du silence sur l'élimination de Khrouchtchev). Or ce système bénéficie toujours d'une aura due à son avènement. En France même, Sartre, en refusant le prix Nobel, se livre à une opération de propagande favorable au bloc de l'Est (un texte surréaliste, « Le rappel de Stockholm », l'a flétri sur ce point). Toutefois, dit Breton, « la situation eût-elle considérablement empiré, la gauche serait appelée à renaître de ses cendres ». Note optimiste confirmée peu après, lors de l'élection présidentielle du 5 décembre 1965 où de Gaulle sera mis en ballottage par François Mitterrand qui rassemble sur son nom tous les suffrages de gauche. Au PCI (trotskyste) proposant aux surréalistes de les associer dans un vote au profit du « Front unique ouvrier pour le socialisme », ceux-ci rétorquent qu'il faut que cesse la fiction d'un « parti ouvrier » en France. Lorsque, quelques mois après, des organisations se réclamant de la pensée trotskyste envisagent la reconstitution d'une FIARI, leur réponse est aussi catégorique : « Ni aujourd'hui, ni de cette manière. » Les conditions socio politiques ont trop changé depuis 1938 pour qu'on recoure aux mêmes formules. On ne se baigne jamais deux fois dans la même eau!

Ce sera la dernière prise de position publique de Breton. Cet hiver-là, il souffre encore de graves troubles respiratoires. Au début du printemps, tel le héros de *la Dragonne* de Jarry, il retourne en Bretagne sur quelques lieux de prédilection, à Paimpont, à Quiberon, à Douarnenez où il rencontre Georges Perros. En juillet, il décline l'invitation de son vieil ami Ferdinand Alquié de participer à la décade de Cerisy consacrée au surréalisme. Puis il achète sur les quais une nouvelle cage pour Lojito le perroquet qu'il emporte avec lui à Saint-Cirq. A la fin septembre, son état de santé empire. Il est transporté à Cahors puis ramené en ambulance à Paris, dans son appartement. Dans la nuit du 27, le médecin de garde le fait hospitaliser à Lariboisière. Il aurait alors remarqué : « Je fais une mauvaise sortie. » Au petit matin, à 6 h 30, il s'éteint dans les bras de sa fille.

Le faire-part de son décès porte ces seules mentions : « André Breton, 1896-1966. " Je cherche l'or du temps. " » La phrase vient de l'Introduction au discours sur le peu de réalité. Son corps est porté en terre le 1er octobre au cimetière des Batignolles, où sept ans auparavant avait été inhumé Benjamin Péret. Sur la tombe, une seule couronne, au nom du groupe libertaire Louise Michel. Pas de discours, mais l'émotion d'une foule considérable de près de cinq mille personnes.

« Si la vie, comme à tout autre, m'a infligé quelques défaites, pour moi l'essentiel est que je n'ai pas transigé avec les trois causes que j'avais embrassées au départ et qui sont la poésie, l'amour et la liberté », déclarait-il à Madeleine Chapsal, soucieux de n'en avoir pas démérité.

# REMERCIEMENTS

*Depuis le décès d'André Breton, une interprétation restrictive de son testament laisse croire qu'il y aurait interdit toute publication de sa propre correspondance avant l'an 2016. Il n'en est rien. A l'exception des lettres adressées par lui à sa femme et à sa fille, dont elles disposent librement, il n'y parle que de la correspondance dont il était le destinataire. Par un émouvant retour à sa jeunesse, il désire qu'elle soit déposée à la bibliothèque littéraire Jacques Doucet, mettant un délai de cinquante ans à sa publication. Rien n'est dit des lettres adressées à des tiers. Néanmoins, respectant les clauses des autorisations qui m'ont été généreusement accordées par sa famille, je me suis abstenu de citer ici toute lettre d'André Breton qui n'aurait pas été antérieurement publiée, me bornant à en indiquer la teneur pour les besoins de l'exposé.*

*Ce travail n'aurait pu être mené à bien sans le précieux concours que m'ont apporté, à divers titres, mesdames et messieurs :*

*Pierre Adema, Sarane Alexandrian, Michel Apel-Muller, Yves Ardouin, Jean-Louis Bédouin, Pierre Bellanger, Marguerite Bonnet, Elisa Breton, Christian Burgue, François Caradec, Michel Carassou, Carlton-Lake, Aimé Césaire, François Chapon, Suzanne Cordonnier, Jean-Pierre Dauphin, Tristan Deharme, Paul Destribats, Florence de Lussy, Aube Elleouet, Étiemble, Michel Fraenkel, Jean-Charles Gateau, Christine Grandemange, François Gromaire, René Hilsum, Jean-Baptiste Hugo, Louis*

*Janover, Alain Jouffroy, Wolfgang Klein, le doyen J.-P. Kerneis, Jacqueline Lamba, Renée Laporte, Gérard Legrand, Claude Lévi-Strauss, Jean-Pierre Mabille, Anne de Margerie, Mireille (M^me Emmanuel Berl), Bernard Morlino, Jacqueline Paulhan, Nicole Racine, Étienne Ravilly, Jean Relinger, Alain Rivière, Gérard Roche, Agathe Rouart-Valéry, André Rousseau, René Ruffier, Mireille Sacotte, Robert Sarrazac, Sylvie Sator, Jean Schuster, que je remercie vivement. Je suis particulièrement reconnaissant à Elisa Breton et à Aube Elleouët d'avoir compris mon souci d'indépendance et de m'avoir libéralement donné accès aux documents de première main nécessaires à mon enquête.*

# BIBLIOGRAPHIE ET DOCUMENTATION

## I. Écrits d'André Breton


1. La bibliographie exhaustive pour les œuvres de l'auteur publiée par Michael SHERINGHAM : *André Breton*, Londres, Grant et Cutler Ltd, 1972. 122 p., coll. « Research bibliographies and cheklists », dispense de tout détail. On la complétera par la sélection bibliographique (1971-1988) établie par Rudolf E. KUENZLI dans *Dada/Surrealism*, n° 17, André Breton, p. 129-145.
2. L'édition de référence utilisée dans le présent ouvrage est :
BRETON André : *Œuvres complètes* I. Édition établie par Marguerite Bonnet avec, pour ce volume, la collaboration de Philippe Bernier, Étienne-Alain Hubert et José Pierre. Gallimard, 1988, 1 800 p. « Bibliothèque de La Pléiade ». Ce recueil ne comprenant que les textes parus avant 1931, il convient de le compléter par les éditions courantes suivantes :
*Les Vases communicants* (1932), Gallimard, « Idées », 1980, 182 p.
*Qu'est-ce que le surréalisme?* (1934), Cognac, Le Temps qu'il Fait, « Actual », 1986, 32 p.
*Point du jour* (1934), Gallimard, « Idées », 1970, 192 p.
*Position politique du surréalisme* (1935), Denoël-Gonthier, « Médiations », 1972, 192 p.
*L'Amour fou* (1936), Gallimard, « Folio », 1976, 176 p.
*Anthologie de l'humour noir* (1940-1950), Le Livre de Poche, 1970, 446 p.
*Arcane 17* (1944-47), UGE, « 10 × 18 », 1965, 183 p.
*Martinique charmeuse de serpents* (1948), UGE, « 10 × 18 », 1973, 118 p.
*Entretiens* (1952), Gallimard, « Idées », 1973, 312 p.
*La Clé des champs* (1953), UGE, « 10 × 18 », 1973.
*L'Art magique* (avec le concours de Gérard Legrand), Club français du livre, 1957, 237 p.
*Le Surréalisme et la Peinture*, nouvelle éd. (1928-1965), Gallimard, 428 p. ill.
*Clair de terre*, Gallimard, « Poésie », 1966, 194 p.
*Signe ascendant*, Gallimard, « Poésie », 1968, 188 p.
*Perspective cavalière*, texte établi par Marguerite Bonnet, Gallimard, 1970, 244 p.

3. A ces ouvrages ou recueils, on ajoutera :

a) les revues dirigées, codirigées ou conseillées par Breton :

*Littérature*, Paris, n[os] 1 à 20, mars 1919-août 1921 ; nouvelle série, n[os] 1 à 13, mars 1922-juin 1924. (Réimpression, Paris, J.-M. Place, 1978, 2 vol.)

*La Révolution surréaliste*, Paris, n[os] 1 à 12, 1er déc. 1924-15 déc. 1929. (Réimpression, Paris, J.-M. Place, 1975).

*Le Surréalisme au service de la révolution*, Paris, n[os] 1 à 6, juillet 1930-mai 1933. (Réimpression, Paris, J.-M. Place, 1976).

*Minotaure*, Paris, n[os] 1 à 12-13, février 1933-mai 1939. (Réimpression, Genève, Skira, 1980-1982).

*Bulletin international du surréalisme*, n° 1, Prague, 9 avril 1935 ; n° 2, Santa Cruz de Tenerife, octobre 1935 ; n° 3, Bruxelles, 20 août 1935 ; n° 4, Londres, septembre 1936.

*VVV*, New York, n[os] 1 à 4, juin 1942 février-1943.

*Néon*, Paris, n[os] 1 à 5, janvier 1948-1949.

*Médium*, Paris, 1re série (feuille) n° 1 à 8, novembre 1952-juin 1953 ; 2e série (revue) n[os] 1 à 4, novembre 1953-janvier 1955.

*Le Surréalisme même*, Paris, n[os] 1 à 5, octobre 1956-printemps 1959.

*Bief*, « jonction surréaliste », n[os] 1 à 12, 15 novembre 1958-15 avril 1960.

*La Brèche*, « Action surréaliste », n[os] 1 à 8, octobre 1961-novembre 1965.

b) les numéros spéciaux de revues composés à son initiative :

*Variétés*, Bruxelles, 1929, numéro hors-série « Le Surréalisme en 1929 ».

*This Quarter*, 1933, « Surrealist number ». (Réimpression New York, Arno & *New York Times*, 1969.)

*Documents 34*, Bruxelles, juin 1934, « Intervention surréaliste ». (Réimpression *L'Arc*, n° 37.)

*La Nef*, numéro spécial, mars-avril 1950, « Almanach surréaliste du demi-siècle ». (Réimpression Plasma, 1978.)

c) *Tracts surréalistes et Déclarations collectives*, présentation et commentaires de José Pierre, t. I, 1922-1939, t. II, 1940-1969, Le Terrain vague, 1980-1982, 542 p. et 462 p.

*Bureau de recherches surréalistes*. Cahier de la permanence, octobre 1924-avril 1925. Présenté et annoté par Paule Thévenin. Gallimard, 1988, 176 p. Archives du surréalisme publiées sous l'égide d'*Actual*, n° 1.

*Vers l'action politique, De la Révolution d'abord et toujours!* (juillet 1925) au projet de *La Guerre civile* (avril 1926). Présenté et annoté par Marguerite Bonnet. Gallimard, 1988, 176 p. Archives du surréalisme publiées sous l'égide d'*Actual*, n° 2.

4. Manuscrits, correspondances.

A) *Fonds publics :*

a) à la Bibliothèque nationale :

Naf. 14 316, Dossier du Congrès de Paris.
Naf. 25 094, L'affaire Aragon.
Naf. 25 095, Hommage à Saint-Pol Roux.
Naf. 15 952, Cahiers Contre-attaque et Acéphale.
Naf. 14 689, Correspondance avec René Lalou.
Naf. 16 869, Correspondance avec Fernand Vanderem.
Naf. 18 358, Correspondance avec Léon Pierre-Quint.
Naf. 24 397, Correspondance avec Maurice Heine.

Lettres adressées à Jules Romains et à Paul Valéry.
*b*) à la Bibliothèque littéraire Jacques Doucet :
7.210. 1 à 94, Lettres à Jacques Doucet.
Y 132. 1 et 2, Y 1637-87, Lettres à André Gide.
DSNC 250 à 279, Lettres à Robert Desnos.
BREC 249 à 310, Lettres à Benjamin Péret.
TZRC 548 à 599, Lettres à Tristan Tzara.
*c*) au fonds Aragon, Elsa Triolet du CNRS : 48 pièces, 1918-1919.
*d*) aux Archives de la ville de Marseille (Fonds des *Cahiers du Sud*), correspondance avec Jean Ballard. 12 pièces.
*e*) au Musée national d'art moderne, l'exemplaire truffé de *l'Amour fou* « pour l'Ondine ».

B) *Fonds privés :*
Archives Étiemble, 13 pièces, 1941-1953.
Archives Gallimard, 160 pièces, 1920-1965.
Archives René Laporte.
Archives Jean Paulhan, 56 pièces, 19/9-1955.
Archives Jacques Rivière, 9 pièces, 1920-1923.
Archives Sylvie Sator, lettres et photographies, 1920-1930.
Archives Actual, photocopies de 23 pièces à Lise Deharme, 1925-1953, et 8 pièces à Pierre Mabille, 1940-1955
Divers documents passés en salle des ventes.

C) *Documents divers :*
Archives municipales de Lorient, de Tinchebray, d'Ubexy.
Archives nationales, Archives diplomatiques, Archives départementales du Morbihan, du Finistère.
Bureau central d'archives administratives militaires; Archives de la gendarmerie.
Archives du lycée Chaptal.

## II. Études, témoignages portant sur André Breton

ALBERTAZZI, Ferdinando, *André Breton. Un uomo attento,* Ravenne, Longo, 1971, 216 p.

ALECHINSKY, Pierre, *Roue libre,* Skira, « Les Sentiers de la création », 1971, 162 p. ill.

ALEXANDRE, Maxime, *Mémoires d'un surréaliste,* La Jeune Parque, 1968, 224 p.

ALEXANDRIAN, Sarane, *Breton,* éd. du Seuil, « Écrivains de toujours », 1971, 192 p.

ALEXANDRIAN, Sarane, *Le Surréalisme et le rêve,* Gallimard, « Connaissance de l'inconscient », 1974, 510 p.

ALEXANDRIAN, Sarane, *Les Libérateurs de l'amour,* Le Seuil, 1977, 280 p.

ALQUIÉ, Ferdinand, *Philosophie du surréalisme,* Flammarion, 1955, 235 p.

ARAGON, Louis, « Chez Anna de Noailles » (rectification), *NRF*, 15e A, n° 178, 1er octobre 1967, p. 725-727.

ARAGON, *L'Œuvre poétique,* t. II, *1921-1925,* Livre Club Diderot, 1974, 352 p.

ARAGON, « Lautréamont et nous », *Les Lettres françaises,* n° 1185, 1er juin 1967, p. 5 à 9, et n° 1186, 8-14 juin 1967, p. 3-9.

ARON, Robert, *Fragments d'une vie*, Plon, 1981, 250 p.
ARTAUD, Antonin, *Œuvres complètes*, nouvelle édition revue et augmentée, Gallimard, 1976-1989, 27 vol.
ASSOULINE, Pierre, *L'Homme de l'art, D. H. Kahnweiler 1884-1979*, Balland, 1988, 550 p.
AUDOIN, Philippe, *Breton*, Gallimard, « Pour une bibliothèque idéale », 1970, 256 p.
AURIC, Georges, *Quand j'étais là*, Grasset, 1979, 224 p.
BACIU, Stefan, *Surrealismo latinoamericano. Preguntas y respuestas*, Valparaiso, Ediciones Universitarias, 1979, 116 p.
BALAKIAN, Anna, *André Breton, Magus of Surrealism*, New York, Oxford University Press, 1971, 292 p. ill.
BANDIER, Norbert, *Analyse sociologique du groupe surréaliste français et de sa production de 1924 à 1929*, Lyon II, 1988, 608 p. dactyl.
BARON, Jacques, *L'An I du surréalisme*, suivi de *L'An dernier*, Denoël, 1969, 320 p.
BATAILLE, Georges, *Œuvres complètes*, t. I et VIII, Gallimard, 1970-1976.
BEAUVOIR, Simone DE, *La Force des choses*, Gallimard, 1963, 686 p.
BEAUVOIR, Simone DE, *La Force de l'âge*, Gallimard, 1960, 624 p.
BÉDOUIN, Jean-Louis, *André Breton*, Seghers, « Poètes d'aujourd'hui », n° 18, 1950, 232 p.
BÉDOUIN, Jean-Louis, *Vingt Ans de surréalisme 1939-1959*, Denoël, 1961, 326 p.
BENDA, Julien, *La France byzantine*, Gallimard, 1945, 298 p.
BÉNÉDITE, Daniel, *La Filière marseillaise*, éd. Clancier-Guéneau, 1984, 352 p.
BERL, Emmanuel, *Interrogatoire*, par Patrick Modiano, suivi de *Il fait beau allons au cimetière*, Gallimard, 1976, 208 p.
BERL, Emmanuel, *Sylvia*, Gallimard, 1952, 264 p.
BINNI, Lanfranco, *Breton*, Florence, II Castoro, 1975, 152 p.
BIRO, Adam et PASSERON, René, *Dictionnaire général du surréalisme et de ses environs*, Fribourg, Office du Livre, Paris, P.U.F., 1982.
BLANCHOT, Maurice, *L'Entretien infini*, Gallimard, 1969, 644 p.
BOISSIER, Gilbert, « Insignifiance et sursignifiance : lecture des *Champs magnétiques* », dans : *Le Génie de la forme*, Presses universitaires de Nancy, 1982, p. 577-587.
BONNET, Marguerite, *André Breton, naissance de l'aventure surréaliste*, Librairie José Corti, 1975, 462 p.
BONNET, Marguerite, *Les Critiques de notre temps et Breton*, Garnier, 1974, 192 p.
BONNET, Marguerite, « Lettres d'Apollinaire à André Breton », *Guillaume Apollinaire* (3), 1964, p. 13-37.
BONNET, Maguerite, HUBERT, Étienne-Alain, « Sur deux types d'écriture surréaliste et leurs finalités dans *l'Immaculée Conception* d'André Breton et Paul Eluard », *R.H.L.F.*, 87^e^ A, n° 4, juillet-août 1987, p. 753-758.
BORRAS, Maria Lluisa, *Francis Picabia*, Albin Michel 1985.
BOUISSOUNOUSE, Janine, *La Nuit d'Autun*, Calmann-Lévy, 1977, 296 p.
BOUSQUET, Joë, *Correspondance*, Gallimard, 1969, 348 p.
BRETON, André, *Ode à Charles Fourier*, édition présentée avec une introduction et des notes par Jean Gaulmier, Librairie C. Klincksieck, 1961, 100 p. + h.t.
BROWDER, Clifford, *André Breton – Arbiter of Surrealism*, Genève, Librairie Droz, 1967, 214 p.

BUÑUEL, Luis, *Mon dernier soupir*, éd. Robert Laffont, 1982, 324 p.
BUTOR, Michel, *Répertoire III*, éd. de Minuit, « Critique », 1968, 408 p.
*Cahiers du Sud, la génération de 1930*, exposition à Carcassonne et à Paris, octobre-novembre 1987.
CAILLOIS, Roger, *Art poétique*, Gallimard, 1958, 202 p.
CAILLOIS, Roger, *Approches de l'imaginaire*, Gallimard, 1974, 256 p.
CAILLOIS, Roger, *La Nécessité d'esprit*, Gallimard, « Bibliothèque des sciences humaines », 1981, 192 p.
CARASSOU, Michel, *Jacques, Vaché et le Groupe de Nantes*, éd. J.-M. Place, « Bibliothèque Mélusine », 1986, 256 p. ill.
CARASSOU, Michel, *René Crevel*, Fayard, 1989, 290 p.
CARROUGES, Michel, *André Breton et les Données fondamentales du surréalisme*, Gallimard, 1950, 334 p.
CENDRARS, Blaise, *Bourlinguer* (1948), dans : *Œuvres complètes*, t. VI, éd. Denoël, 1961, 331 p.
CHENIEUX, Jacqueline, *Le Surréalisme et le Roman 1922-1950*, L'Age d'Homme, 1983, 388 p.
CHENIEUX-GENDRON, Jacqueline, Dumas, Marie-Claire, *L'Objet au défi*, Études réunies par /, P.U.F., 1987, 170 p. + h. t.
COHEN-SOLAL, Annie, *Sartre*, Gallimard, 1985, 732 p.
COLINE, Constance, *Le Matin vu du soir*, éd. Anthropos, 1980, 416 p.
CORTI, José, *Souvenirs désordonnés (... 1965)*, Librairie José Corti, 1983, 238 p.
COURTOT, Claude, *Introduction à la lecture de Benjamin Péret*, Le Terrain Vague, 1965, 198 p.
CRASTRE, Victor, *André Breton*, Arcanes, 1952, 200 p.
CRASTRE, Victor, *André Breton, Trilogie surréaliste, Nadja, Les Vases communicants, L'Amour fou*, Société d'édition d'enseignement supérieur, 1971, 118 p.
DAIX, Pierre, *Aragon, une vie à changer*, Le Seuil, 1975, 400 p. + ill.
DALI, Salvador, *Journal d'un génie* (1952-1963), La Table Ronde, 1964, 309 p.
DE CHIRICO, Giorgio, *Mémoires*, La Table Ronde, 1962, 316 p.
DEGUY, Michel, « Le demain joueur », *Les Cahiers du chemin*, n° 19, 15 octobre 1973, p. 103-110.
DEHARME, Lise, *Les Années perdues. Journal (1939-1949)*, Plon, 1961, 266 p.
DELTEIL, Joseph, *La Deltheillerie*, Grasset, 1968, 254 p.
DEPESTRE, René, *Bonjour et Adieu à la négritude*, éd. Robert Laffont, 1980, 264 p.
DESNOS, Robert, *Nouvelles-Hébrides et Autres Textes 1922-1930*, édition établie, présentée et annotée par M. C. Dumas, Gallimard, 1978, 566 p.
DESNOS, Youki, *Les Confidences de Youki*, éd. Arthème Fayard, 1957, 240 p.
DRIEU LA ROCHELLE, Pierre, *Sur les écrivains*, Essais critiques réunis, préfacés et annotés par Frédéric Grover, Gallimard, 1964, nouv. éd. 1982, 350 p.
DUGRAND, Alain, « La traversée des mal pensants », *Le Monde*, 27 juillet 1984, p. 13 et 15.
DUHAMEL, Marcel, *Raconte pas ta vie*, Mercure de France, 1972, 624 p.
DUITS, Charles, *André Breton a-t-il dit passe?* Denoël, « Lettres Nouvelles », 1969, 200 p.
DUMAS, Marie-Claire, *Robert Desnos ou l'exploration des limites*, Klincksieck, 1980, 684 p.
DUPONT-FERRIER, G., *L'Enseignement public à Paris*, Renouard et Laurens, 1913, 279 p.

DUROZOI, Gérard, LECHERBONNIER, Bernard, *André Breton. L'écriture surréaliste*, Larousse, 1974, 256 p.

EHRENBOURG, Ilia, *Duhamel, Gide, Malraux, Mauriac, Morand, Romains, Unamuno, vus par un écrivain d'U.R.S.S.*, Gallimard, 1934, 224 p.

EIGELDINGER, Marc, *André Breton*, essais recueillis par –, avec quatre portraits, Neufchatel, éd. de la Baconnière, « Langages », 1970, 288 p.

EIGELDINGER, Marc, « André Breton révélateur de Germain Nouveau », *Studi Francesi*, n° 73, janvier-avril 1981, p. 37-45.

ELUARD, Paul, *Lettres à Gala 1924-1948*, édition établie et annotée par Pierre Dreyfus, préface de Jean-Claude Carrière, Gallimard, 1984, 517 p.

ENCRENAZ, Olivier, RICHER, Jean, *Vivante Étoile*, Archives des Lettres modernes, n° 127, Minard, 1971, 100 p. + ill.

ERNST, Jimmy, *L'Écart absolu*, Balland, 1986.

ÉTIEMBLE, « Le requin et la mouette ou les armes miraculeuses », *Les Temps modernes*, 3e A, n° 27, p. 1099-1113.

EVERLING, Germaine, *L'Anneau de Saturne*, Fayard, 1970, 208 p.

FAURÉ, Michel, *Histoire du surréalisme sous l'Occupation*, La Table Ronde, 1982, 472 p.

FERDIÈRE, Gaston, *Les Mauvaises Fréquentations*, éd. J.-C. Simöen, 1978, 302 p.

FOUCHET, Max-Pol, *Les Appels*, Mercure de France, 1967, 220 p.

FOUCHÉ, Pascal, *Au Sans Pareil*, Bibliothèque de littérature française contemporaine de l'Université Paris 7, « L'Édition contemporaine », 1983, 448 p.

GATEAU, Jean-Charles, *Paul Eluard ou le frère voyant, 1895-1952*, éd. Robert Laffont, « Biographies sans masque », 1988, 418 p. ill. h. t.

GAULMIER, Jean, « Remarques sur le thème de Paris chez André Breton », dans : *Travaux de linguistique et de littérature*, 1971, IX, 2, p. 159-169.

GIDE, André, *Correspondance d'André Gide et de Paul Valéry*, Gallimard, 1955, p. 479, 482.

GIDE, André, *Journal 1889-1939*, Gallimard, « La Pléiade », 1951, 1 380 p.

GRACQ, Julien, *André Breton*, Librairie José Corti, 1948, 212 p.

GOUTIER, Jean-Michel, *Benjamin Péret*, Veyrier, 1982.

GROS, Léon-Gabriel, *Poètes contemporains II*, Cahiers du Sud, 1951, 256 p.

GUGGENHEIM, Peggy, *Ma vie et mes folies*, Plon, 1987, 318 p.

GUILLAUMIN, Jean, *Le Rêve et le Moi*, P.U.F., 1979, 336 p.

GUILLON, Jean-Pierre, « André Breton et la Bretagne », *Les Cahiers de l'Iroise*, n° 1 n.s., janvier-mars 1987, p. 1-7.

HELD, Dr René R., *l'Œil du psychanalyste*, Payot, « Petite Bibliothèque Payot », 1973, 332 p.

HÉNEIN, Georges, « L'anti-Nadja », *Le Magazine littéraire*, n° 64, mai 1972, p. 14-15.

HOOG, Armand, « Le rocher de Mélusine », *Les Nouvelles Littéraires*, n° 2040, 8 octobre 1966, p. 6.

HUGNET, Georges, *Pleins et Déliés. Témoignages et souvenirs 1926-1972*, éd. Guy Authier, 1972, 426 p.

HUGO, Jean, *Le Regard de la mémoire*, Actes Sud, 1983, 520 p.

JACCOTTET, Philippe, *L'Entretien des Muses*, Gallimard, 1968, 318 p.

JAGUER, Edouard, « André Breton, changer la vie, changer la vue », *L'orne littéraire*, n° 10, s.d. [1986].

JALOUX, Edmond, *D'Eschyle à Giraudoux*, Fribourg, Egloff, 1946, 320 p.

JAMIS, Rauda, *Frida Kahlo*, Presses de la Renaissance, 1986, 334 p.

JEAN, Marcel et MEIZI, Arpad, *Histoire de la peinture surréaliste*, Le Seuil, 1959, 384 p.

JEAN, Marcel, *Autobiographie du surréalisme*, Le Seuil, 1978, 496 p.

JENNY, Laurent, « La surréalité et ses signes narratifs », *Poétique*, n° 5, 1973, p. 499-520.

JENNY, Laurent, « Les aventures de l'automatisme », *Littérature*, n° 72, décembre 1988, p. 3-11.

JONES, Henri, *Le Surréalisme ignoré*, Montréal, Centre éducatif et culturel, 1969, 164 p. ill.

JOUFFROY, Alain, « La collection André Breton », *Œil*, n° 10, octobre 1955, p. 32-39.

JOUFFROY, Alain, *La Fin des alternances*, Gallimard, 1970, 312 p.

JOUFFROY, Alain, *Le Roman vécu*, éd. Robert Laffont, 1978, 544 p.

JOUFFROY, Alain, *Saint-Pol Roux*, Mercure de France, « Les plus belles pages », 1966, XXV, 300 p.

JOUFFROY, Alain, *La Vie réinventée*, éd. Robert Laffont, 1982, 480 p.

LAMBA, Jacqueline, « La rencontre Trotsky-Breton », *Les Lettres Nouvelles*, n° 4, septembre-octobre 1975, p. 99-111.

LAMY, Suzanne, *André Breton. Hermétisme et poésie dans Arcane 17*, Montréal, Les Presses de l'Université de Montréal, 1977, 272 p.

LAROCHE-SANCHEZ, Évelyne, *L'Aventure mexicaine du surréalisme* (1936-1948), thèse 3e cycle, Université Paris III, 1987, 283 p. dactyl.

LAVERGNE, Philippe, *André Breton et le Mythe*, Corti, 1985, 128 p.

LAVILLE, Rémy, *Pierre Mabille : un compagnon du surréalisme*, Clermont-Ferrand, Fac. des lettres et sciences humaines, 1983, 198 p., nouv. série, fascicule 16.

LÉAUTAUD, Paul, *Journal littéraire*, t. V, janvier 1925-juin 1927, Mercure de France, 1958, 412 p.

LEGRAND, Gérard, *André Breton en son temps*, Le Soleil noir, 1976, 224 p.

LEGRAND, Gérard, *Breton*, éd. Pierre Belfond, « Les Dossiers Belfond », 1977, 228 p.

LÉVI-STRAUSS, Claude, *Tristes Tropiques*, Plon, 1955 ; U.G.E., « 10 × 18 », 1963, 384 p.

LÉVI-STRAUSS, Claude, *La Voie des masques*, Genève, éd. Albert Skira, « Les Sentiers de la création », 1975, 2 vol., 148 p., 152 p.

MABILLE, Pierre, *Traversées de nuit*, Plasma, 1981, 216 p.

MALRAUX, Clara, *Le Bruit de nos pas. Nos vingt ans*, éd. Bernard Grasset, 1966, 284 p.

MARGERIE, Anne de, *Valentine Hugo 1887-1968*, éd. Jacques Damase, 1983, 144 p.

MARTIN DU GARD, Maurice, *Feux tournants*, Paris, Camille Bloch, 1925, 242 p.

MASSON, André, *Entretiens avec Georges Charbonnier*, Julliard, « Lettres Nouvelles », 1958, 206 p.

MASSON, André, *Le Rebelle du surréalisme. Écrits*, édition établie par Françoise Will-Levaillant, Hermann, 1976, XXVII, 384 p.

MASSOT, Pierre de, *André Breton le septembriseur*, Eric Losfeld, 1967, n. p. (56 p.).

MATIC, Dusan, *André Breton oblique*, éd. Fata Morgana, « Explorations », 1976, 128 p.

MATHIEU, Jean-Claude, *La Poésie de René Char ou le sel de la splendeur*, Corti, 1984, 368 p.

MATTHEWS, J.-H., *André Breton*, New York et Londres, Columbia University Press, 1967, 48 p.

MAURIAC, Claude, *André Breton*, éd. de Flore, 1949, 360 p.

MERCURIO, Vittorio, *Le Roman surréaliste : Nadja*, Cagliari, Casa Editrice Dattena, (1979), 144 p.

MONNEROT, Jules-Marcel, *La Poésie moderne et le Sacré*, Gallimard, 1945, 211 p.

MONNIER, Adrienne, *Rue de l'Odéon*, éd. Albin Michel, 1960, 288 p.

MOREL, Jean-Pierre, « Aurélia, Gradiva, X : psychanalyse et poésie dans *Les Vases communicants* », *Revue de littérature comparée*, 46e A, n° 1, janvier-mars 1972, p. 68-89.

MORRISSETTE, Bruce, *La Bataille Rimbaud, L'Affaire de la chasse spirituelle*, Nizet, 1959, 404 p.

MOURIER-CASILE, Pascaline, *André Breton explorateur de la Mère-Moire*, PUF, « Écrivains », 1986, 232 p.

NADEAU, Maurice, *Histoire du surréalisme* (1945), Le Seuil, « Points », 1964, 192 p.

NAVILLE, Pierre, *Le Temps du surréel*, Galilée, 1977, 516 p.

NEZVAL, Vitèzslav, *Rue Gît-le-Cœur*, éd. de l'Aube, 1988, 144 p. ill.

NIMIER, Roger, *Journées de lecture*, Gallimard, 1965, 278 p.

NOËL, Bernard, *Marseille-New York, une liaison surréaliste*, André Dimanche, 1985, 144 p. ill.

PAULHAN, Jean, *Choix de lettres*, Gallimard, 1986, 505 p.

PAULHAN, Jean, *Les Fleurs de Tarbes ou la terreur dans les lettres*, Gallimard, 1941, 234 p.

PENROSE, Roland, *Quatre-vingts Ans de surréalisme 1900-1981*, éd. Cercle d'art, 1983, 300 p.

PERIZ, Didier, « Autour de *Légitime défense* », *Docsur*, n° 4, octobre 1987.

PIERRE, José, *André Breton et la Peinture*, Lausanne, L'Age d'Homme, « Cahiers des Avant-Gardes », 1987, 376 p.

PIERRE, José, *L'Aventure surréaliste autour d'André Breton*, Filipacchi/Artcurial, 166 p. ill.

PIERRE, José, « André Breton et le poème-objet », dans : *L'Objet au défi*, PUF, 1987, p. 131-142.

PIERRE, José, *Surréalisme et Anarchie, les « billets surréalistes » du Libertaire (12 octobre 1951-8 janvier 1953)*, Plasma, 1983, 248 p.

PIEYRE DE MANDIARGUES, André, *Le Belvédère*, Grasset, 1958, 228 p.

PIEYRE DE MANDIARGUES, André, *Troisième Belvédère*, Gallimard, 1971, 368 p.

PIEYRE DE MANDIARGUES, André, *Le Désordre de la mémoire*, Entretiens avec Francine Mallet, Gallimard, 1975, 277 p.

*La Planète affolée*, Musées de Marseille, Flammarion, 1986, 344 p. ill.

PLOUVIER, Paule, *Poétique de l'amour chez André Breton*, Corti, 1983, 200 p.

PONGE, Francis, *Méthodes*, Gallimard, 1961, « Idées », 1971, 320 p.

RAILLARD, Georges, « Breton en regard de Mirò : *Constellations* », *Littérature* n° 17, février 1975, p. 3-13.

RAILLARD, Georges, « On signe ici », *Littérature* n° 25, février 1977, p. 3-18.

RAUZY, Dr Alain, *A propos de l'Immaculée Conception d'André Breton et Paul Eluard*, thèse pour le doctorat en médecine, Paris, 1970, 95 p. dactyl.

REVERDY, Pierre, « Trente-deux Lettres inédites à André Breton, 1917-1924 », publiées par Léon Somville, *Études Littéraires,* vol. 3, n° 1, avril 1970.
ROCHE, Gérard, « Breton-Trotsky : une collaboration », *Pleine Marge,* n° 3, mai 1986, p. 73-93.
ROCHE, Gérard, « La rencontre de l'aigle et du lion », *Cahiers Léon Trotsky* n° 25, mars 1986, p. 23-45.
ROSELLO, Mireille, *L'Humour noir selon André Breton,* Librairie José Corti, 1987, 160 p.
ROSENTHAL, Gérard, *Avocat de Trotsky,* éd. Robert Laffont, « Vécu », 1975, 336 p. ill.
ROSOLATO, Guy, *Références psychopathologiques du surréalisme,* thèse pour le doctorat en médecine, Paris, 1957, 182 p. dactyl.
ROUGEMONT, Denis de, *Journal des deux mondes,* Lausanne, La Guilde du livre, 1946, 260 p.
ROY, Claude, *Somme toute,* Gallimard, 1976, 464 p.
RUBES, Jan, « La correspondance pragoise. Histoire et jalons en marge du surréalisme », *Courrier du Centre international d'études poétiques,* Bruxelles, n° 123-128, novembre-décembre 1978, p. 5-15.
SANOUILLET, Michel, *Dada à Paris,* Jean-Jacques Pauvert, 1965, 646 p.
SAPORTA, Marc, BÉHAR, Henri, et coll., *André Breton ou le surréalisme même,* Lausanne, L'Age d'Homme, 1988, 200 p.
SARTRE, Jean-Paul, *Situations II,* Gallimard, 1947, 330 p.
SCHUSTER, Jean, *Les Fruits de la passion*, L'Insant, 1988, 186 p.
SCHWARZ, Arturo, *André Breton, Trotsky et l'Anarchie,* UGE, « 10 × 18 », 1977, 216 p.
SEBBAG, Georges, *L'Imprononçable Jour de ma naissance. André Breton,* Jean-Michel Place, 1987, n. p.
SERGE, Victor, *Mémoires d'un révolutionnaire 1901-1941,* Le Seuil, « Points », 1978, 500 p.
SIEUR, méd. G[al]. inspecteur, *Le Service de santé pendant la guerre 1914-1918,* s.l.n.d. 128 p. dactyl.
SOUPAULT, Philippe, *Histoire d'un Blanc* (1927), Lachenal et Ritter, 1986, 120 p.
SOUPAULT, Philippe, *Mémoires de l'oubli 1923-1926,* Lachenal et Ritter, 1986, 208 p.
SPADA, Marcel, « Gustave Moreau et l'Ève nouvelle d'André Breton », dans : *Des mots et des couleurs,* Lille, Presses universitaires de Lille, 1981, p. 145-163.
SURYA, Michel, *Georges Bataille, la mort à l'œuvre,* Séguier, 1987, 566 p.
THIRION, André, *Révolutionnaires sans révolution,* éd. Robert Laffont, 1972, 580 p.
THIRION, André, *Révisions déchirantes,* Le Pré aux clercs, 1987, 276 p.
*Tracts surréalistes et Déclarations collectives (1922-1969),* Présentation et commentaires par José Pierre, éd. Eric Losfeld, t. I (1922-1969), 1980, 542 p., t. II, (1940-1969), 1982, 462 p.
UNGARETTI, Giuseppe, *Innocence et Mémoire,* Gallimard, « Les Essais », 1969, 384 p., n° 143.
VACHÉ, Jacques, *Soixante-dix-neuf lettres de guerre,* suivies de deux lettres d'André Breton à Marie-Louise Vaché, réunies et présentées par Georges Sebbag, Jean-Michel Place, 1989, n. p.
VAILLAND, Roger, *Le Surréalisme contre la révolution,* éd. Sociales, 1948. Réédition : Bruxelles, Complexes, 1989.

VIELWAHR, André, *Sous le signe des contradictions : André Breton de 1913 à 1924*, Nizet, 1980, 152 p.

VIRMAUX, Alain et Odette, *André Breton, qui êtes-vous ?*, Lyon, La Manufacture; 1987, 160 p.

WALDBERG, Patrick, « Au fil du souvenir », dans : *Échanges et Communications, Mélanges Lévi-Strauss*, Mouton, 1970, p. 580-586.

WAGNER, Nicolas, « Nadja, ville de l'angoisse », dans : *Travaux de linguistique et de littérature*, XIX, 2, 1976, p. 221-229.

## NUMÉROS SPÉCIAUX DE REVUES

*Cahiers du Sud*, 53ᵉ A, nº 390-91, octobre-novembre-décembre 1966.

*L'Archibras*, nº 1, avril 1967, hommages à A. B.

*La Nouvelle Revue française*, André Breton et le mouvement surréaliste, 15ᵉ A, nº 172, 1ᵉʳ avril 1967.

*Les Pharaons*, automne 1975, « André Breton : message subliminal ».

*Revue des sciences humaines*, nº 184, « André Breton », 1981, nº 4.

*Digraphe*, juin 1983, nº 30 « Naissance du surréalisme ».

*Magazine littéraire*, nº 254, mai 1988, « André Breton ».

*Mélusine*, Cahiers du Centre de recherches sur le surréalisme, nºˢ 1 à 10, Lausane, L'Age d'Homme.

*Dada/Surrealism*, nº 17, André Breton, University of Iowa, 1989 repris en volume, *André Breton today*, ed. by Anna Balakism and Rudolf E. Kuenzli, New York, Wethis Locker & Owens, 1989, 147 p.

# INDEX DES NOMS

# *Table des matières*

## TROISIÈME PARTIE

# LA RÉVOLUTION SURRÉALISTE



## QUATRIÈME PARTIE

# VIGILANCE RÉVOLUTIONNAIRE (1930-1940)



## CINQUIÈME PARTIE

# L'EXODE ET L'EXIL (1940-1946)

SIXIÈME PARTIE

## UNE MORALE EFFERVESCENTE (1946-1966)

*Cet ouvrage a été réalisé sur*
*Système Cameron*
*par la SOCIÉTÉ NOUVELLE FIRMIN-DIDOT*
*Mesnil-sur-l'Estrée*
*pour le compte des Éditions Calmann-Lévy*
*le 3 janvier 1990*

*Imprimé en France*
Dépôt légal : janvier 1990
N° d'édition : 11557/01 – N° d'impression : 13350